ZGB FÜR DEN ALLTAG

Das Schweizerische Zivilgesetzbuch

ZGB

ausführlich kommentiert und erklärt

FÜR DEN ALLTAG

mit vollständigem Gesetzestext
und Stichwortverzeichnis

Alois Alt
Peggy A. Knellwolf
Hans Schmidt
Jürg Senn

Die Autoren dieses Buches:

Alois Alt, lic.iur. Rechtsanwalt:
Sachenrecht (Seiten 531 bis 712)

Peggy A. Knellwolf, lic.iur. Rechtsanwältin:
Natürliche und juristische Personen (Seiten 39 bis 113);
Ehe und Scheidung (Seiten 115 bis 252)

Hans Schmidt, lic.oec. Rechtsanwalt:
Kind und Familie (Seiten 253 bis 350);
Vormundschaft (Seiten 351 bis 424)

Jürg Senn, lic.iur. Rechtsanwalt:
Einleitung (Seiten 17 bis 37);
Erbrecht (Seiten 425 bis 530);
Schlusstitel (Seiten 713 bis 735)

Beobachter-Buchverlag
© 1993 Jean Frey AG, Zürich
Alle Rechte vorbehalten

Herausgeber: Der Schweizerische Beobachter, Zürich
Gesamtredaktion und Lektorat: Käthi Zeugin, Zürich
Fachlektorat: lic. iur. Stefan Hofer, Basel
Gestaltung und Herstellung: Hans Rudolf Ziegler, Zürich

ISBN 3 85569 117 7

Inhalt

Vorwort	13
1 Einleitung	17
Einmaleins für den Richter und die Richterin	20
Was ist Auslegung?	20
In die Lücke springen	21
Inhalt der Rechtsverhältnisse	24
Oberster Leitsatz: Treu und Glauben	24
Rechtsmissbrauch wird nicht geschützt	26
Der gute Glaube	28
Wann gilt richterliches Ermessen?	29
ZGB und kantonales Recht	31
Öffentliches Recht der Kantone	31
ZGB und allgemeine Bestimmungen des Obligationenrechts	34
Beweisregeln – wichtig für den Prozesserfolg	35
Wer trägt die Beweislast?	35
Beweis mit öffentlicher Urkunde	37
Beweisvorschriften	37
2 Natürliche und juristische Personen	39
Die natürlichen Personen	41
Rechtspersönlichkeit, Rechts- und Handlungsfähigkeit	41
Die Urteilsfähigkeit	43
Die Handlungsunfähigkeit	45
Verwandtschaft und Schwägerschaft	48
Heimat und Wohnsitz	49
Schutz der Persönlichkeit	53
Schutz vor übermässiger Bindung	53
Schutz vor Verletzung der Persönlichkeit	55
Wie wehrt sich die verletzte Person?	57

Das Recht auf den Namen 66
Der Name ist geschützt 67
Wann ist eine Namensänderung erlaubt? 68

Anfang und Ende der menschlichen Persönlichkeit 71
Beweis von Geburt und Tod 72

Die Beurkundung des Personenstandes 75

Die juristischen Personen: allgemeine Bestimmungen 78
Juristische Personen haben eine Rechtspersönlichkeit 79
Juristische Personen sind rechtsfähig 80
Juristische Personen sind handlungsfähig 81
Der Wohnsitz der juristischen Person 83
Das Ende einer juristischen Person 83
Juristische Personen unter anderem Recht 84

Die Vereine 85
Gründung und Eintragung 85
Die Organisation des Vereins 89
Vereine haben Mitglieder 95
Die Auflösung des Vereins 101

Die Stiftungen 103
Der Stiftungsinhalt 103
Die Organisation der Stiftung 106
Wer beaufsichtigt die Stiftungen? 107
Die Umwandlung einer Stiftung 109
Spezialfall: Familienstiftung und kirchliche Stiftung 111
Das Ende der Stiftung 111
Die Personalfürsorgestiftung 112

3 Ehe und Scheidung 115

Die Eheschliessung 117
Das Verlöbnis 117
Voraussetzungen für die Heirat 120
Die Ehehindernisse 122
Die Verkündung 125
Die Trauung 128
Wann ist eine geschlossene Ehe ungültig? 130

Die Ehescheidung ... 138
Scheidungsgründe: Wann darf geschieden werden? ... 139
Wichtigster Scheidungsgrund: die unheilbare Zerrüttung ... 144
Ehetrennung oder Scheidung? ... 148
Vorsorgliche Massnahmen im Scheidungsprozess ... 149
Das Urteil auf Scheidung oder Trennung ... 158
Die Folgen der gerichtlichen Trennung ... 158
Die Stellung der Eheparteien nach der Scheidung ... 161
Finanzielle Leistungen nach der Scheidung ... 162
Die güterrechtliche Auseinandersetzung ... 171
Was passiert mit den Kindern? ... 175
Das Scheidungsverfahren ... 182

Rechte und Pflichten in der Ehe ... 186
Familienname und Bürgerrecht ... 188
Die eheliche Wohnung ... 189
Der Unterhalt der Familie ... 190
Wer vertritt wen während der Ehe? ... 195
Berufstätigkeit miteinander absprechen ... 198
Rechtsgeschäfte unter Eheleuten ... 198
Eheleute sind sich Auskunft schuldig ... 201
Der Schutz der ehelichen Gemeinschaft ... 202

Das Güterrecht der Eheleute ... 215
Allgemeine Vorschriften zum Güterrecht ... 216
Die Errungenschaftsbeteiligung: wenn nichts anderes abgemacht ist ... 225
Auflösung der Errungenschaftsbeteiligung ... 232
Die Gütergemeinschaft: Zeichen enger Verbundenheit ... 242
Die Gütertrennung: finanziell unabhängig ... 251

4 Kind und Familie ... 253

Wie entsteht das Kindesverhältnis? ... 255
Wie kommt das Kind zum Vater? ... 255

An Kindes Statt angenommen: die Adoption ... 268
Durch Adoption zum «eigenen» Kind ... 268
Erwachsene unter Adoptionsfittichen ... 277
Was bewirkt die Adoption? ... 279
Das Adoptionsverfahren ... 280
Der Weg über eine seriöse Beratungsstelle ... 283

Das Verhältnis zwischen Eltern und Kind 284
Eltern und Kinder sind eine Gemeinschaft 284
Geld für das Kind 291
Die Unterhaltsklage 297
Unterhaltsvertrag nur mit dem Segen der Behörde 303
Was, wenn die Alimente nicht bezahlt werden? 305
Geld für Pflegeeltern 308
Geld für die unverheiratete Mutter 308

Die Gewalt der Eltern 310
Der Grundsatz 310
Vater zweiter Klasse 312
Stief- und Pflegeeltern 313
Rechte und Pflichten der Eltern in der Erziehung 314
Wer vertritt wen? 316
Wer schützt das Kind vor seinen Eltern? 319
Kindesgut ist eisern Gut 331

Recht und Familie 336
Geld her für die armen Verwandten 336
Der oder die Hausgewaltige 339
Der Lidlohn 343
Familienstiftung, Gemeinderschaft und Heimstätte 345

5 Vormundschaft 351

Die vormundschaftlichen Stellen 354
Wer ist in meinem Kanton zuständig? 354
Vormünder haben eine Schweigepflicht 355
Kurzer Überblick: Vormund, Beirat, Beistand 357
Die Stufenfolge der Massnahmen 358

Wer wird bevormundet? 360
Die Bevormundung Unmündiger 360
Wann können Mündige bevormundet werden? 361
Der Weg durch die Instanzen 371
Wer ist zuständig? 375

Wie wird man Vormund oder Vormündin? 377
Die Wahl 379

Beistandschaft und Beiratschaft 383
Die Vertretungsbeistandschaft 383
Die Verwaltungsbeistandschaft 385
Beistandschaft auf eigenes Begehren 386
Die Beiratschaft – ein Zwitter? 387
Wer ist zuständig? 390

Die fürsorgerische Freiheitsentziehung 392
Wann darf die Freiheit entzogen werden? 392
Wer darf die Freiheit entziehen? 395
Wie kann man sich wehren? 396
Verfahrensrechtliche Minimalgarantien 397

Wie wird die Vormundschaft geführt? 400
Das Amt des Vormunds 400
Das Amt des Beistands 409
Die Behörden wirken mit 410
Wann haften Vormund und Behörden? 414

Die Vormundschaft ist zu Ende 417
Nicht mehr bevormundet 417
Der Vormund hört auf 420
Was folgt nach dem Ende? 422

6 Erbrecht 425

Wer erbt? 427
Blutsverwandte zuerst 428
Überlebende Ehegatten erben mit 433
Wann erbt der Staat? 435

Testament und Erbvertrag: die Verfügungen von Todes wegen 436
Wann ist eine Verfügung gültig? 436
Pflichtteile: Schranken der Verfügungsfreiheit 437
Die Enterbung 441
Was kann in Testament und Erbvertrag angeordnet werden? 443
Der Erbvertrag 451
Formvorschriften für Testamente 454
Formvorschriften für Erbverträge 464

Später hinzukommende Pflichtteilserben … 465
Die Willensvollstrecker … 466
Die Ungültigkeitsklage … 468
Die Herabsetzungsklage … 471
Klagen aus Erbverträgen … 476

Die Eröffnung des Erbgangs: Das Erben beginnt … 478
Wer ist erbfähig, wer erbunwürdig? … 479
Verschollene als Erblasser oder als Erben … 481

Was geschieht vor der Erbteilung? … 484
Die Sicherung des Nachlasses … 484
Ja zur Erbschaft … 490
Nein zur Erbschaft: die Ausschlagung … 494
Das öffentliche Inventar: eine Zwischenlösung … 499
Die amtliche Liquidation … 505
Die Erbschaftsklage … 508

Die Teilung der Erbschaft … 511
Die Erbengemeinschaft … 511
Die Durchführung der Teilung oder: Wer erbt was? … 514
Sonderfall: das bäuerliche Erbrecht … 520
Die Ausgleichung: wenn einzelne zuviel haben … 523
Was gilt nach der Teilung? … 527

7 Sachenrecht … 531

Das Eigentum allgemein … 537
Bestandteil und Zugehör … 538

Das gemeinschaftliche Eigentum … 541
Das Miteigentum … 542
Das Gesamteigentum … 553
Gemeinschaftliches Eigentum an landwirtschaftlichen Grundstücken … 556

Das Grundeigentum … 557
Was sind Grundstücke? … 557
Der Erwerb von Grundstücken … 558
Was umfasst das Eigentum an einem Grundstück? … 564
Verantwortlichkeit des Grundeigentümers … 571
Beschränkungen des Grundeigentums … 572
Rechte an Quellen und Brunnen … 586

Das Stockwerkeigentum	590
Miteigentum mit einem Sonderrecht	591
Gemeinsame Räume oder Eigentumswohnung?	595
Vorkaufs- und Einspracherecht	598
Wie entsteht Stockwerkeigentum?	599
Das Ende des Stockwerkeigentums	602
Verwaltung und Nutzung	604
Oberste Instanz: Versammlung der Stockwerkeigentümer	610
Der Verwalter	616
Das Fahrniseigentum	620
Erwerb durch Übertragung	620
Weitere Erwerbsarten	623
Der Verlust an Fahrniseigentum	628
Die beschränkten dinglichen Rechte	629
Die Dienstbarkeiten	630
Die Grundlasten	652
Die Pfandrechte	655
Besitz und Grundbuch	690
Der Besitz	690
Das Grundbuch	700

8 Schlusstitel . . . 713

Die Anwendung bisherigen und neuen Rechts	714
Ein neues Recht wirkt nicht zurück	714
Beispiele	715
Einführungs- und Übergangsbestimmungen	733

Anhang . . . 737

Inhaltsverzeichnis des ZGB nach Artikeln	738
Verzeichnis der Abkürzungen	766
Literatur	767
Adressen	770
Stichwortverzeichnis	777

Vorwort

Verstaubt und ungebraucht schlummert in mancher Schweizer Hausbibliothek ein ZGB. War es ein Geschenk? War es Schulpflichtstoff? Hat man/frau das Gesetzeswerk in einem Anflug von Interesse gekauft und alsbald – weil einem Trockenbiskuit gleich als zu langweilig befunden – beiseite gelegt? Das vergilbte Haus-ZGB ist häufig unpraktisch. Tritt man ein, weht einem ein Hauch von Juristen-Chinesisch entgegen. Meist fehlt ein brauchbares und verständliches Stichwortverzeichnis. Und dann diese Gummiparagraphen...

Was steht denn eigentlich im ZGB? Es geht im Schweizerischen Zivilgesetzbuch wie bei einem Roman von Dostojewski um die grossen Themen des Lebens: um Geburt, Heirat, Zusammenleben, Eigentum, Vereinsleben, Erbschaften und Testamente, Eifersucht und Scheidung, Tod.

Im Gegensatz zu Dostojewskis Romanen sind die ZGB-Texte dem Zeitgeist unterworfen. Glücklicherweise, möchte man meinen. Bis 1912 war es in Neuenburg, Waadt und Tessin zum Beispiel verboten, nach dem Vater eines ausserehelichen Kindes auch nur zu suchen. Bis 1988 war der Ehemann das unumschränkte Haupt der Familie; er allein war berufen, bei Konflikten den Stichentscheid zu fällen oder seiner Frau vorzuschreiben, dass sie zu Hause bleibe und Socken wasche. Der heute bestehende Text wird sich in den nächsten Jahren nicht grundlegend ändern. Des Zeitgeists Mühlen mahlen langsam: In den letzten beiden Jahrzehnten sind das Kindes- und das Eherecht aufgefrischt worden, nachdem der Gesetzestext nicht bloss Patina, sondern zum Teil Schimmel angesetzt hatte. Als nächste grössere Revision steht diejenige des Scheidungsrechts auf dem Tapet. Doch bis diese Änderungen in Stein gehauene Gesetzeskraft erlangen, werden wohl noch Jahre vergehen – zum Leidwesen der Betroffenen und der Gerichte, die heutzutage einen

Viertel ihrer Zeit mit dem Ordnen schmutziger Wäsche verbringen müssen.

Was soll das «ZGB für den Alltag»? Es enthält den vollständigen Gesetzestext, nützliche Adressen und Querverweise. Wir haben uns bemüht, leichtfassliche ergänzende Erklärungen abzugeben und aus der bunten Gerichtspraxis die wichtigen Entscheide aus jüngerer Zeit zusammenzufassen. Der Verlag hat daraus kein billiges, aber ein preisgünstiges Buch gemacht. Und vielleicht hilft es gar den Fachleuten ab und zu, als kommentierte Kurzfassung des ZBG, wie bisher noch keine vorliegt.

Wie geht man mit dem «ZGB für den Alltag» um? Es ganz durchzulesen – das wäre unser konkreter und utopischer Vorschlag. Denn hinter einem trockenen Gesetzestext verbergen sich Schicksale, die das Leben schrieb. Warum kann Susi H. den 12jährigen Inderknaben nicht adoptieren? Darf eine Frau ihren Mann erschlagen und dann noch Witwenrente von der AHV verlangen? Muss das mongoloide Kind, das ständig aus dem Fenster schaut, in die Hinterstube geschickt werden, weil sein Anblick den Nachbarn stört? Darf ich einem Fremden, der auf meinem Mountainbike durch die Strasse radelt, mein Eigentum entreissen?

Nur, wer hat schon Zeit, das ganze Buch als zeitgenössischen Trivialroman in einem Zug durchzulesen? Deshalb haben wir Suchhilfen und Wegweiser eingebaut, die direkt zur gewünschten Information führen; wie man sie am sinnvollsten benützt, ist in der Gebrauchsanweisung erklärt. Ob ausführliche gemütliche Lektüre oder rasche Suche nach der Antwort auf eine aktuelle Frage – wir wünschen unseren Leserinnen und Lesern interessante und informative Stunden mit dem «ZGB für den Alltag».

Alois Alt
Peggy A. Knellwolf
Jürg Senn
Hans Schmidt

Gebrauchsanweisung
oder: Wo finde ich, was mich interessiert?

Wer Informationen zu einem grösseren Gebiet, zum Beispiel zur Vereinsgründung, sucht, nimmt am besten den Weg über das Inhaltsverzeichnis. Antwort auf konkrete Fragen, etwa zur Höhe von Unterhaltsbeiträgen, finden Leserin und Leser am schnellsten anhand des ausführlichen Stichwortverzeichnisses im Anhang. Querverweise zwischen den einzelnen Kapiteln führen zu zusätzlichen Informationen. Das Inhaltsverzeichnis zum Gesetzestext, das ebenfalls im Anhang zu finden ist, hilft weiter, wenn man Erläuterungen zu einem bestimmten Gesetzesartikel sucht.

Der Text des Schweizerischen Zivilgesetzbuches ist vollständig abgedruckt, und zwar in der Fassung, die ab dem 1. Januar 1994 gilt. Auf Artikel innerhalb des ZGB wird mit der Artikelnummer ohne den Zusatz «ZGB» verwiesen. Trotzdem werden Leser und Leserin im Text ab und zu auf unbekannte Abkürzungen, Ziffern- und Buchstabenkombinationen stossen. Ihre Bedeutung ist im Verzeichnis der Abkürzungen im Anhang erläutert. Ähnlich wie beim Fahrplanlesen hilft die Kenntnis der wichtigsten Zeichen zum freudvollen Gebrauch des Buches.

Einleitung 1

Bis zur Gründung des Bundesstaates von 1848 gab es keine gesamteidgenössischen Gesetze. Mit der Festigung des Bundesstaates kam auch der Wunsch nach einem einheitlichen Privatrecht. In den Volksabstimmungen von 1898 und 1905 wurde Artikel 64 der Bundesverfassung mit folgendem Wortlaut angenommen:

---

1 Dem Bund steht die Gesetzgebung zu:
über die persönliche Handlungsfähigkeit;
über alle auf den Handel und Mobiliarverkehr bezüglichen Rechtsverhältnisse (Obligationenrecht, mit Inbegriff des Handels- und Wechselrechts);
über das Urheberrecht an Werken der Literatur und Kunst;
über den Schutz gewerblich verwertbarer Erfindungen, mit Einschluss der Muster und Modelle;
über das Betreibungsverfahren und Konkursrecht.
2 *Der Bund ist zur Gesetzgebung auch in den übrigen Gebieten des Zivilrechtes befugt.*
3 Die Organisation der Gerichte, das gerichtliche Verfahren und die Rechtsprechung verbleiben, wie bis anhin, den Kantonen.

Die Vereinheitlichung des Privatrechts geschah etappenweise. 1881 war eine beschränkte Fassung des Obligationenrechts (OR) erlassen worden. Es regelte die «Rechtsverhältnisse bezüglich Handel- und Mobiliarverkehr». Eugen Huber war der «Schöpfer» des Zivilgesetzbuches (ZGB), das gleichzeitig mit einem erstmals revidierten OR am 1. Januar 1912 in Kraft trat.

ZGB und OR bilden zusammen das schweizerische Privatrecht. Das OR ist dabei gleichsam das fünfte Buch des ZGB. Es regelt das Vertrags-, Gesellschafts- und Wertpapierrecht und ist im vorliegenden Kommentar nicht behandelt. Das ZGB beginnt mit zehn Einleitungsartikeln, regelt das Personen-, Familien-, Erb- und Sachenrecht und enthält im Schlusstitel Regeln zur Ablösung von altem Recht durch neues.

Die Einleitungsartikel des ZGB gelten für das gesamte Bundesprivatrecht, also für ZGB, OR, VVG (Bundesgesetz über den Versicherungsvertrag), IPRG (Bundesgesetz über das Internationale Privatrecht) und für Teile des SVG (Bundesgesetz über den Strassenverkehr). Die gleichen Grundsätze sind auch im öffentlichen Recht (Straf-, Sozialversicherungs-, Verwaltungs-, Steuer-, Prozessrecht) wichtig, wenn dort keine eigenen Regeln bestehen (zur Abgrenzung zwischen öffentlichem und privatem Recht siehe Art. 6, Seite 31).

Allerdings sind die Einleitungsartikel des ZGB nicht ein umfassender allgemeiner Teil zum gesamten Privatrecht. Aus der Entstehungsgeschichte hat sich ergeben, dass weitere allgemeine Bestimmungen im Personen- und im Sachenrecht und vor allem als allgemeiner Teil des Schuldrechts im OR enthalten sind.

Die Einleitungsartikel bestimmen das Verhältnis zwischen dem ZGB und anderen Rechtsgebieten und sagen dem Richter und der Richterin, wie sie einen Sachverhalt ermitteln und welche Rechtsregeln sie anschliessend für ihren Entscheid beiziehen müssen.

Einmaleins für den Richter und die Richterin

Einleitung

Art. 1

A. Anwendung des Rechts

[1] Das Gesetz findet auf alle Rechtsfragen Anwendung, für die es nach Wortlaut oder Auslegung eine Bestimmung enthält.

[2] Kann dem Gesetze keine Vorschrift entnommen werden, so soll der Richter nach Gewohnheitsrecht und, wo auch ein solches fehlt, nach der Regel entscheiden, die er als Gesetzgeber aufstellen würde.

[3] Er folgt dabei bewährter Lehre und Überlieferung.

Ruth F. sitzt in Hindelbank eine zweijährige Freiheitsstrafe ab; die Vormundschaftsbehörde will sie deswegen entmündigen. Frau F. ist damit nicht einverstanden.

Die Richterin muss als wichtigste Rechtsquelle das *Gesetz* konsultieren. Sie stösst auf Artikel 371, wonach unter Vormundschaft jede mündige Person gehört, die zu einer Freiheitsstrafe von einem Jahr oder mehr verurteilt worden ist. Muss sie also die Entmündigung bestätigen?

Die Richterin prüft zunächst, ob die Norm, die sie anwenden will, *rechtsgültig* ist, ob sie bereits oder noch in Kraft steht. Das ist bei Artikel 371 der Fall.

Was ist Auslegung?

Nun muss die Richterin den Gesetzestext auslegen. Sie geht dabei vom *Wortlaut* aus, der wegen der Mehrdeutigkeit vieler Wörter oder wegen unsorgfältiger Formulierungen bei der Schaffung des Gesetzes unvollkommen sein kann. Die Richterin muss den *objektiven Sinn* ermitteln; die subjektiven Vorstellungen der Personen, die das Gesetz geschaffen haben und auf die es anzuwenden ist, oder des Gerichtes selbst sollen unbeachtet bleiben.

Den objektiven Sinn ermittelt die Richterin, indem sie verschiedene Auslegungselemente zu Hilfe nimmt:

- Das **grammatikalische Element** fragt, welche Bedeutungen einem Wort oder einer Wendung rein sprachlich zukommen können.

- Das **systematische Element** stellt eine Norm in den Gesamtzusammenhang. Dabei sind Marginalien (Randtitel) von grosser Bedeutung.
- Das **teleologische Element** fragt, welchen Sinn und Zweck eine Gesetzesbestimmung hat, wie das Parlament bei der Schaffung des Gesetzes verschiedene Interessen berücksichtigt hat.
- Das **realistische Element** berücksichtigt die tatsächlichen Verhältnisse, unter denen die Norm entstanden ist.
- Beim **historischen Element** greift die Richterin auf die Materialien (Protokolle von Sachverständigen, des Parlaments etc.) zurück, welche allenfalls den historischen Sinn erhellen. Ist dieser Sinn aber durch Veränderungen der Umstände überholt, muss ein neuer, zeitgenössischer Sinn gefunden werden.

Weil die verschiedenen Elemente nicht immer den gleichen Sinn ergeben, muss die Richterin abwägen und dem Element den Vorzug geben, mit dem sie zur sachlich überzeugendsten, gerechtesten Lösung gelangt.

In dem im Beispiel beschriebenen Fall nun hat das Bundesgericht lange Zeit die Meinung vertreten, Wortlaut und Entstehungsgeschichte von Artikel 371 seien derart eindeutig, dass die Verurteilung zu mehr als einem Jahr Freiheitsstrafe bei Ruth F. zu einer Entmündigung führen müsse. Der Entwicklung im Strafvollzug und der Idee der Resozialisierung konnte sich das Bundesgericht aber auf die Länge nicht verschliessen und erkannte, dass der *Sinn* von Artikel 371 nicht in der Verurteilung, sondern im Schutzbedürfnis einer inhaftierten Person liege (BGE 109 II 8). Es hat also entgegen dem Wortlaut vor allem dem teleologischen Element eine massgebende Bedeutung gegeben. Ruth F. könnte heute im Prozess den Nachweis erbringen, dass sie für die Wahrung ihrer Interessen auch im Strafvollzug keine persönliche Fürsorge und Hilfe nötig hat. Kann sie die Richterin davon überzeugen, so wird sie nicht unter Vormundschaft gestellt.

In die Lücke springen

Glücklicherweise kann nicht alles, was im Leben so passiert, gesetzlich geregelt werden. Im Zeitpunkt, in dem ein Gesetz entsteht, sind viele Entwicklungen nicht voraussehbar. Beim komplizierten Gesetzgebungsvorgang kann es zu Unklarheiten oder Fehlern kommen. Zwischen verschiedenen Gesetzen können Widersprüche entstehen. Eine Frage kann aber auch ganz bewusst offengelassen werden. So entstehen viele Gesetzeslücken.

Von einer Gesetzeslücke wird erst gesprochen, wenn die Auslegung kein Ergebnis liefert. Es ist schwierig zu sagen, wo die Auslegung aufhört und wo die Lückenfüllung anfängt. Weil es kein objektives Wertsystem gibt, ist vor allem wichtig, dass der Richter in seinem Entscheid klar sagt, was für Wertungen er vornimmt und ob diese in der Auslegung oder in der Lückenfüllung geschehen.

Peter Z. war, gestützt auf die Bestimmungen über die fürsorgerische Freiheitsentziehung (siehe Art. 397a, Seite 392) in eine psychiatrische Klinik eingewiesen worden. Er war damals bereits bevormundet. Als es ihm wieder besser ging, stellte er ein Entlassungsgesuch, das die Vormundschaftsbehörde guthiess. Der Vormund jedoch war gegen eine Entlassung und ging vor Gericht.

Der Richter legte Artikel 397d aus, wonach ein Entscheid über die Klinikeinweisung ans Gericht weitergezogen werden kann (über Entlassungsentscheide sagt der Artikel nichts). Die Auslegung ergab, dass das Gesetz eine gerichtliche Beurteilung von Entscheiden, die eine fürsorgerische Freiheitsentziehung aufheben, bewusst nicht vorgesehen habe (BGE 112 II 105). Man spricht von einem qualifizierten Schweigen; es liegt also keine Lücke vor. Der Entscheid der Vormundschaftsbehörde konnte nicht ans Gericht weitergezogen werden. Peter Z. musste daher aus der Klinik entlassen werden.

Franz M. hat im Testament seinen Nachbarn als Willensvollstrecker eingesetzt (siehe Art. 517). Nach seinem Tod tritt der Nachbar das Amt an, vernachlässigt aber die Vermögensverwaltung, so dass den Erben ein Schaden von 50 000 Franken entsteht. Können sie den Willensvollstrecker haftbar machen?

Das Erbrecht enthält keine gesetzliche Regel zu dieser Frage. Das bedeutet jedoch nicht, dass ein Willensvollstrecker nicht zur Rechenschaft gezogen werden kann. Das Gesetz enthält also eine Lücke. Diese hat das Bundesgericht in einem Fall so gefüllt, dass ein Willensvollstrecker für die sorgfältige Durchführung seiner Aufgabe nach den Regeln des Auftragsrechts verantwortlich sein soll (BGE 101 II 53).

Für das Füllen von Gesetzeslücken verweist Artikel 1 das Gericht zuerst auf das *Gewohnheitsrecht.* Gewohnheitsrecht ist eine längere Zeit andauernde, ununterbrochene Übung, die von den Behörden und den Betroffenen allgemein als verbindlich betrachtet wird. Dies ist kaum je der Fall. Entgegen dem Gefühl vieler Laien spielt das Gewohnheitsrecht heute in der Schweiz kaum eine Rolle.

Das Gericht soll weiter zur Lückenfüllung eine *Regel* finden wie sie das Parlament (Gesetzgeber) aufstellen würde. Es muss also *verallgemeinern* und darf nicht einfach auf den konkreten Fall abstellen. Es muss dabei bestehendes Gesetzesrecht berücksichtigen, darf also keinen Widerspruch dazu schaffen. Auch bevorstehende Gesetzesrevisionen können mitberücksichtigt werden. Das Gericht muss die verschiedenen Interessen gegeneinander abwägen und eine gerechte, sachlich überzeugende und praktikable Lösung finden. Das Vorgehen ist also ähnlich wie bei der Gesetzesauslegung, nur dass der Blickwinkel weiter gefasst sein muss, indem das Gericht zuerst eine allgemeine Regel bildet, die es dann auf den konkreten Fall anwendet.

Bei der Auslegung wie auch der Lückenfüllung muss jedes Gericht die bewährte Lehre und Überlieferung berücksichtigen. Unter *Lehre* versteht man die rechtswissenschaftliche Literatur. Bewährt ist nicht etwa die Lehre, welche am häufigsten oder von besonders wichtigen Personen vertreten wird. Massgebend ist die sachliche Überzeugungskraft einer Ansicht. Das Gericht muss sich mit verschiedenen Meinungen auseinandersetzen.

Mit *Überlieferung* ist die Rechtsprechung gemeint (sogenannte Präjudizien, das sind ähnlich gelagerte, bereits gerichtlich entschiedene Fälle). Die Bindung an die Präjudizien ist stärker als diejenige an die Lehre. Das gilt vor allem für die Entscheidungen des Bundesgerichts. Jedes Gericht kann aber auch von der Bundesgerichtspraxis abweichen. *Bewährt* bedeutet auch hier, dass nur die sachliche Überzeugungskraft eines Entscheids massgebend ist. Im übrigen ist es ja immer auch möglich, dass das Bundesgericht selbst seine eigene Praxis wieder ändert. Auf jeden Fall aber muss jedes Gericht sich begründetermassen mit den Präjudizien auseinandersetzen.

Inhalt der Rechtsverhältnisse

B. Inhalt der Rechtsverhältnisse
I. Handeln nach Treu und Glauben

Art. 2

¹ Jedermann hat in der Ausübung seiner Rechte und in der Erfüllung seiner Pflichten nach Treu und Glauben zu handeln.

² Der offenbare Missbrauch eines Rechtes findet keinen Rechtsschutz.

Artikel 2 enthält den ethischen Grundatz, dass Menschen sich gegenseitig vertrauen und glauben dürfen und aufeinander Rücksicht nehmen sollen. Gemäss Absatz 1 müssen sich Richter und Richterin bei der Auslegung und Ergänzung von Gesetzen und bei der Beurteilung von Rechtsgeschäften von diesem Grundsatz leiten lassen.

Oberster Leitsatz: Treu und Glauben

Der Grundsatz von Treu und Glauben hat eine grosse Bedeutung bei Verträgen. Ein Beispiel:
Eine Walliser Gemeinde trat einer Gesellschaft für den Bau einer Fabrik Land im damaligen Verkehrswert von 200 000 Franken ab. An Zahlungs Statt erhielt sie Aktien im Nominalwert von 20 000 Franken. Für die Dauer von zehn Jahren wurde ein Rückkaufsrecht vereinbart, das die Gemeinde im Fall einer Auflösung der Gesellschaft ausüben könne. Der massgebende Preis sollte dann durch Experten bestimmt werden; für den Fall, dass die Fabrik nicht gebaut würde, sollte der Rückkaufpreis 20 000 Franken betragen. Die Fabrik wurde zwar gebaut, die Geschäfte gingen aber schlecht, und die Gesellschaft musste ihre Geschäftätigkeit einstellen, weshalb die Gemeinde ihr Rückkaufsrecht geltend machte. Strittig war der Preis. Die Gemeinde wollte bloss 20 000 Franken bezahlen, die Gesellschaft verlangte den Verkehrswert, da ja die Fabrik gebaut sei. Das Bundesgericht schützte die Meinung der Gemeinde: Es entspreche nicht der Logik des Geschäftes, wenn die Gesellschaft nun den Verkehrswert erhalte, obwohl sie seinerzeit nur 20 000 Franken bezahlt habe. Mit dem günstigen Landpreis habe die Gemeinde die wirtschaftliche Entwicklung der Region begünstigen, nicht der Gesellschaft ein Geschenk machen wollen (BGE 99 II 282).

Es kommt bei Verträgen also nicht auf den Wortlaut allein und auch nicht auf den Willen der beiden Parteien an. Die Willensäusserung ist im Gesamtzu-

sammenhang und unter Berücksichtigung der Begleitumstände so zu verstehen, wie sie ein vernünftiger und korrekter Empfänger verstehen durfte und musste. Das nennt man das *Vertrauensprinzip*.
Die Rechtssicherheit verlangt, dass ein einmal abgeschlossener Vertrag auch eingehalten wird. Bei langfristigen Verträgen kann das allerdings zu Problemen führen.

Als Beispiel soll der Fall eines auf 15 Jahre abgeschlossenen Mietvertrages dienen, bei dem die Heizungskosten im Mietzins inbegriffen waren. Infolge des ersten Weltkrieges stiegen diese Heizungskosten aber auf ein Mehrfaches des ursprünglichen Betrages (BGE 47 II 314).

Wenn sich das Verhältnis zwischen Leistung und Gegenleistung grundlegend und unvorhersehbar geändert hat, so dass nach Treu und Glauben der eine Vertragspartner vom andern nicht mehr die Vertragserfüllung im vereinbarten Mass verlangen kann (clausula rebus sic stantibus), so kann der Richter in das Vertragsverhältnis eingreifen. Ein Gegenbeispiel zeigt, dass die Messlatte für einen solchen Eingriff hoch angesetzt wird:

Jan H. wurde in einen Vaterschaftsprozess einbezogen. Es stand zwar nicht fest, dass er Vater war, konnte aber auch nicht ausgeschlossen werden. Vergleichsweise einigte man sich, dass er Kinderunterhaltsbeiträge von 200 Franken pro Monat bezahlen solle. Zwölf Jahre später verlangte das Kind eine Erhöhung der Unterhaltsbeiträge. Das Bundesgericht gelangte zum Schluss, bereits im Zeitpunkt des Vergleichs hätten die Parteien gewusst, dass sich die finanziellen Verhältnisse ändern könnten, und auch das Risiko einer fortschreitenden Geldentwertung sei ihnen bekannt gewesen. Die Veränderung der Umstände sei also voraussehbar gewesen. Daher könne das Kind sich heute nicht auf die clausula rebus sic stantibus berufen (BGE 101 II 21).

Gegen Treu und Glauben verstösst auch die *zweckwidrige Verwendung eines Rechtsinstitutes*. Ein klassisches Beispiel dafür ist die Bürgerrechtsehe: Bis zur Revision des Bürgerrechtsgesetzes (1. Januar 1992) wurde eine Ausländerin durch Heirat mit einem Schweizer automatisch Schweizerin. Eine Ehe, die bloss geschlossen wurde, um das Schweizer Bürgerrecht zu erhalten, gilt jedoch als nichtig, was, wenn es entdeckt wird, zum Verlust des Schweizer Passes führt. Ein anderes Beispiel gibt es aus dem Handelsrecht: Für die Schulden einer AG haftet nur das Vermögen der Gesellschaft, nicht aber die Aktionäre. Wenn aber der Aktionär einer Einmann-AG unsaubere Geschäfte tätigt und dann seine Gesellschaft vorschiebt, können seine Geschäftspartner unter Berufung auf Treu und Glauben trotzdem auf ihn durchgreifen, weil er seine Gesellschaft zweckwidrig verwendet hat (BGE 108 II 214).

Dasselbe gilt für eine *Gesetzes- oder Vertragsumgehung*, wenn also der Wortlaut zwar beachtet, der Sinn jedoch missachtet wird. Auch dafür ein

Beispiel: In der Schweiz braucht ein Ausländer zum Erwerb eines Grundstücks eine Bewilligung. Diese Vorschrift kann umgangen werden, indem ein Schweizer Bürger das Grundstück kauft, die Finanzierung des Geschäftes jedoch über eine Person im Ausland läuft. Je nach Umständen liegt hier eine Gesetzesumgehung vor (BGE 107 II 44). Eine Vertragsumgehung kann es zum Beispiel sein, wenn ein Arbeitnehmer, dem in einem Konkurrenzverbot eine bestimmte Tätigkeit untersagt ist, diese unter dem Deckmantel einer vorgeschobenen juristischen Person trotzdem ausübt.

Rechtsmissbrauch wird nicht geschützt

Das Verbot des Rechtsmissbrauchs gibt der Richterin oder dem Richter die Möglichkeit, Gesetze oder Verträge zu korrigieren. Während in Artikel 1 die echten Gesetzeslücken behandelt werden, geht es hier in Artikel 2 um unechte Lücken: Das Gesetz enthält zwar eine Regel, diese ist aber sachlich unbefriedigend, stossend, ungerecht.

Anna W. ist geschieden; sie erhält von ihrem Exmann monatliche Unterhaltsbeiträge. Seit mehreren Jahren lebt sie im Konkubinat mit einem neuen Partner. Der Exmann ist nun der Ansicht, er wolle nicht mehr bezahlen. Artikel 153 regelt zwar den Wegfall von Unterhaltsbeiträgen, sobald sich eine Frau wieder verheiratet. Das ZGB enthält aber keine Regel für den Fall, dass ein Konkubinat, aber keine neue Ehe vorliegt. Das Bundesgericht geht von einer unechten Lücke aus: Wenn das Konkubinat der rentenberechtigten Ehegattin wirtschaftlich ähnliche Vorteile wie eine Ehe biete, könne es ebenso den Verlust der Unterhaltsbeiträge zur Folge haben. Von Bedeutung seien die Umstände des Einzelfalles, insbesondere auch die Dauer des Konkubinats (BGE 106 II 1).

Das Gericht muss einem Recht den Schutz versagen, wenn seine *Ausübung nutzlos* ist. Das ist dann der Fall, wenn an der Ausübung eines Rechts überhaupt kein sachliches Interesse besteht. Beim sogenannten Neidbau etwa wird eine Mauer nur zum Zweck errichtet, den Nachbarn die Aussicht zu verbauen. Auch die Vermieterin, die beim Auszug der Mieter auf der vertraglich vereinbarten Endreinigung beharrt, obwohl das Haus abgebrochen wird, handelt rechtsmissbräuchlich. Nicht missbräulich ist es andererseits, bei einem Schwimmbecken, das Wettkampfzwecken dienen soll, eine Nachbesserung zu verlangen, auch wenn es nur um wenige Zentimeter geht (BGE 93 II 317).

Einen Interessenausgleich muss das Gericht finden, wenn ein *krasses Missverhältnis der Interessen* vorliegt, wie im folgenden Fall:

Eva H. hatte einer Freundin ein Darlehen von 70 000 Franken gegeben. Sie wollte das Darlehen kündigen, weil die Freundin mit den Zinsen in Rückstand geriet. Das Bundesgericht versagte die an sich mögliche Kündigung, weil der Rückstand nur 12 Franken betrug (BGE 38 II 459).

In einem anderen Fall ging es um die Errichtung einer Bootseinfahrt, welche ein Fischereirecht tangierte. Das Bundesgericht bewilligte die Bootseinfahrt mit der Begründung, das Fischereirecht sei nur geringfügig betroffen und es bestehe daher ein krasses Missverhältnis in der Gewichtung der Interessen (BGE 95 II 14). In solchen Fällen muss das Gericht gegebenenfalls die geringfügige Beeinträchtigung durch einen Schadenersatz ausgleichen.

Das Gericht muss auch ein geltend gemachtes Recht absprechen, wenn *widersprüchliches Verhalten* vorliegt. Ein Kind kann nur mit der Zustimmung seiner leiblichen Eltern adoptiert werden. Ein Vater, der sich auf dieses Recht beruft und seine Zustimmung verweigert, obwohl er sich nie um das Kind bemüht hat, handelt widersprüchlich. Früher war das eine unechte Lücke im Gesetz, die gemäss dem Verbot des Rechtsmissbrauches korrigiert wurde; seit 1973 ist die Lücke durch Artikel 265c gefüllt, wonach in einem solchen Fall die Zustimmung des Vaters nicht nötig ist. Ein weiteres Beispiel:

In einer Scheidungskonvention hat sich der Vater von Fritz H. verpflichtet, auch über das 20. Altersjahr hinaus Unterhaltsbeiträge zu bezahlen, wenn der Sohn eine längerdauernde Ausbildung erhalte. Noch vor Abschluss der kaufmännischen Lehre meldete der Vater Fritz H. für die Hotelfachschule an. Als es kurz darauf zu Meinungsverschiedenheiten kam, widerrief er diese Anmeldung aber und wollte, als Fritz 20 wurde, auch keine Unterhaltsbeiträge mehr bezahlen. Seine Begründung: die Hotelfachschule falle nicht unter die in der Scheidungskonvention vereinbarte Ausbildung, es handle sich eher um eine Weiterbildung oder Zweitausbildung. Das Bundesgericht konnte dieser Argumentation nicht folgen, weil ja der Vater selbst seinerzeit den Sohn für die Hotelfachschule angemeldet hatte und erst wegen der Auseinandersetzung seine Zustimmung wieder zurückzog. Seine heutige Argumentation stehe in einem Widerspruch zu seinem eigenen Verhalten und könne nicht geschützt werden (BGE 107 II 478).

Auch die *rechtsmissbräuchliche Berufung auf Formungültigkeit* wird von Richterin und Richter nicht geschützt. Dazu ein Beispiel: Jeder Grundstückverkauf muss öffentlich beurkundet werden (siehe Art. 657, Seite 560); wird diese Form nicht erfüllt, ist er ungültig. Diese Bestimmung dient dem Schutz der Vertragsparteien vor Irrtümern und Übervorteilung. Wenn nun ein falscher Kaufpreis beurkundet wird, könnte sich eigentlich jede Partei auf die Ungültigkeit berufen. Waren aber beide Vertragspartner mit dem falschen Kaufpreis (und den zusätzlichen Schwarzzahlungen) einverstanden und haben den Vertrag bereits erfüllt, ist der bezweckte Schutz gar nicht mehr nötig und es ist missbräuchlich, wenn sich der eine Partner in einem späteren Zeitpunkt dennoch auf die Formungültigkeit beruft (BGE 104 II 101).

Der gute Glaube

Art. 3

II. Guter Glaube

¹ Wo das Gesetz eine Rechtswirkung an den guten Glauben einer Person geknüpft hat, ist dessen Dasein zu vermuten.

² Wer bei der Aufmerksamkeit, wie sie nach den Umständen von ihm verlangt werden darf, nicht gutgläubig sein konnte, ist nicht berechtigt, sich auf den guten Glauben zu berufen.

Nicht jeder, der guten Glaubens ein Rechtsgeschäft abschliesst, ist auch geschützt. Artikel 3 enthält nämlich keinen allgemeinen Gutglaubensschutz, sondern greift nur ein, wo eine bestimmte Einzelvorschrift einen solchen Schutz wörtlich oder sinngemäss vorsieht. Inhalt und Folgen des Gutglaubensschutzes ergeben sich aus der jeweiligen Gesetzesbestimmung. Nach Artikel 714 beispielsweise wird beim Verkauf einer Sache der Gutgläubige Eigentümer. Nach Artikel 673 kann einer Person, die gutgläubig auf fremdem Boden gebaut hat, gegen eine angemessene Entschädigung das Eigentum an Bau und Boden zugesprochen werden. Die Finessen des Gutglaubensschutzes sollen im folgenden Beispiel gezeigt werden:

Eva K. steht unter Vormundschaft. Weil sie immer zuwenig Geld hat, kommt sie auf die Idee, einen Mountainbike-Handel aufzuziehen. Beim Händler Frank R. kauft sie 20 Mountainbikes zu je 1500 Franken gegen Rechnung. Der Händler behält sich bis zur vollständigen Bezahlung das Eigentum vor. Eva K. zahlt die Rechnung nie. Sie lagert die Velos im Hinterhof, zehn davon werden schon in der ersten Nacht gestohlen. Die anderen zehn Stück verkauft sie teilweise an Freunde, teilweise an Unbekannte in der Gegend des Bahnhofs Zürich für 200 bis 500 Franken pro Velo. Frank R. will entweder seine Rechnung bezahlt oder die Fahrräder zurück haben.

Grundsätzlich ist der Vertrag zwischen Eva K. und Frank R. nicht zustande gekommen, weil der Vormund von Eva dem Geschäft nicht zustimmt (siehe Art. 410, Seite 404). Frank R. kann sich nicht darauf berufen, er habe gutgläubig angenommen, Eva K. sei nicht bevormundet; Artikel 410 sieht keinen Gutglaubensschutz vor.

Frank R. kann nun allerdings einige der neuen Besitzer seiner Mountainbikes ausfindig machen. Er will die Velos zurück. Eine Freundin von Eva K. hat ein solches Mountainbike für 500 Franken gekauft. Nach Artikel 714 wäre diese Freundin nun ihrerseits als neue Eigentümerin geschützt, wenn sie das Velo im guten Glauben erworben hätte; ihr guter Glaube wird vermutet. Eva hat ihr aber alles erzählt, vor allem auch, dass sie die Rechnung nicht bezahlt hat und der Vormund dem Geschäft nicht zugestimmt hat. Frank R. kann beweisen, dass die Freundin von allem wusste, und damit die *Vermutung widerlegen*. Er erhält das Mountainbike zurück.

Eine andere Frau hat Eva K. beim Bahnhof ein Mountainbike für 200 Franken abgekauft. Auch ihr guter Glaube wird nach Artikel 714 vermutet. Der unwahrscheinlich tiefe Preis hätte sie jedoch stutzig machen müssen; sie hätte nachfragen und allenfalls im Eigentumsvorbehaltsregister nachsehen müssen. Weil der *Rechtsmangel erkennbar* war und sie die nötige Aufmerksamkeit unterlassen hat, kann sie sich nicht auf ihren guten Glauben berufen (Art. 3 Abs. 2) und muss das Velo herausgeben.

Bei einem weiteren Mountainbike stellt sich heraus, dass es aus dem Hinterhof gestohlen wurde. Der jetzige Besitzer hat es von einem Unbekannten für 1000 Franken gekauft und weiss nichts über die Herkunft. Er ist also gutgläubig. Nach Artikel 714 wird er jedoch nur Eigentümer, wenn er nach den Besitzesregeln geschützt ist. Und diese sagen (Art. 934), dass ein Besitzer, dem eine bewegliche Sache wider seinen Willen abhanden kommt, diese während fünf Jahren jedem Empfänger abfordern kann. Frank R. kann also auch dieses Velo herausverlangen, obwohl der neue Besitzer gutgläubig ist, muss diesem aber 1000 Franken bezahlen.

In seinem guten Glauben geschützt ist also lediglich, wer eines der (verkauften, aber nicht gestohlenen) Mountainbikes zu einem reellen Preis, mit der gebotenen Aufmerksamkeit und ohne Kenntnis der Vorgeschichte gekauft hat. Sein guter Glaube wird vermutet und kann nicht widerlegt werden.

Wann gilt richterliches Ermessen?

III. Richterliches Ermessen

Art. 4

Wo das Gesetz den Richter auf sein Ermessen oder auf die Würdigung der Umstände oder auf wichtige Gründe verweist, hat er seine Entscheidung nach Recht und Billigkeit zu treffen.

Dieser Artikel behandelt eine weitere Kategorie von Lücken. Es sind Lücken, die innerhalb des Gesetzes entstehen (intra legem). Die Probleme sind im

Gesetz bewusst offengelassen in der Absicht, dass die Gerichte sie im Einzelfall lösen sollen. Dieser Weg wird beim Erlass von Gesetzen etwa gewählt, wenn vielgestaltige Rechtsfolgen möglich sind oder um eine bessere Anpassung an künftige Entwicklungen der Verhältnisse zu ermöglichen. In solchen Gesetzesbestimmungen ist etwa von *Ermessen*, von *Würdigung der Umstände* oder von *wichtigen Gründen* die Rede. Diese Aufzählung ist nicht abschliessend; richterliches Ermessen ist auch vorgesehen bei Formulierungen, der Richter *könne* etwas tun (Beispiel Art. 152) oder er müsse eine *angemessene Lösung* finden (Beispiel Art.151).

Ein typisches Anwendungsgebiet für richterliches Ermessen ist das Haftpflichtrecht. Nach schweren Unfällen ist die zukünftige Entwicklung oft ungewiss. Ist eine Wiedereingliederung ins Arbeitsleben möglich? Wie hätte sich die berufliche Laufbahn ohne Unfall entwickelt? Wie wirkt sich der Unfall im Alter aus? Auf solche Fragen gibt es nur hypothetische Antworten; eine Schadensregelung muss aber innert nützlicher Frist erfolgen können. Artikel 42 Absatz 2 OR bestimmt daher, dass der nicht ziffernmässig nachweisbare Schaden nach Ermessen des Richters mit Rücksicht auf den gewöhnlichen Lauf der Dinge und auf die vom Geschädigten getroffenen Massnahmen abzuschätzen ist.

In solchen Fällen muss das Gericht eine Billigkeitsentscheidung fällen. Sie unterscheidet sich von der Lückenfüllung gemäss Artikel 1 vor allem dadurch, dass das Gericht nicht eine generelle Regel aufstellen, sondern direkt den Einzelfall lösen muss. Dabei müssen jedoch alle Umstände dieses Einzelfalls berücksichtigt, alle Interessen objektiv erfasst und abgewägt werden. Es darf kein willkürlicher Entscheid aus einem diffusen Gefühl heraus sein. Zudem muss das Gericht auch hier die bewährte Lehre und Überlieferung berücksichtigen.

ZGB und kantonales Recht

C. Verhältnis zu
den Kantonen
I. Kantonales
Zivilrecht und
Ortsübung

Art. 5

¹ Soweit das Bundesrecht die Geltung kantonalen Rechtes vorbehält, sind die Kantone befugt, zivilrechtliche Bestimmungen aufzustellen oder aufzuheben.

² Wo das Gesetz auf die Übung oder den Ortsgebrauch verweist, gilt das bisherige kantonale Recht als deren Ausdruck, solange nicht eine abweichende Übung nachgewiesen ist.

Das Privatrecht ist umfassend und abschliessend im Bundesrecht geregelt, hauptsächlich im ZGB und OR. Kantonales Privatrecht kommt daher nur noch zum Tragen, wo im Gesetz ein *ausdrücklicher Vorbehalt* besteht. Solche Vorbehalte kennt etwa das Nachbarrecht: Die Kantone können Baumabstände zwischen nachbarlichen Grundstücken vorschreiben (Art. 688) oder nähere Vorschriften über Wegrechte aufstellen (Art. 695). Die Kantone können aber auch verpflichtet sein, gewisse Bestimmungen zu erlassen, so vor allem organisatorische Bestimmungen über Behörden, die das Privatrecht anwenden müssen, wie etwa die Einrichtung der Zivilstands-, Vormundschafts- und Grundbuchämter (Art. 52 Schlusstitel). Die Kantone haben solches kantonales Privatrecht vor allem in den Einführungsgesetzen zum ZGB geregelt.

In einzelnen Bestimmungen verweist das Bundeszivilrecht auch auf *Übung und Ortsgebrauch*. Es sind dies Erscheinungsformen der *Verkehrssitte*. Beispielsweise sind übermässige Immissionen (Rauch, Lärm etc.) von einem Grundstück auf Nachbargrundstücke verboten (Art. 684); was übermässig ist, bestimmt der Ortsgebrauch. Die Verkehrssitte kann sich aus kantonalem Recht ergeben, oder sie ist das tatsächliche, übliche Verhalten an einem bestimmten Ort oder in einem bestimmten Berufszweig (zum Beispiel Handelsusanz).

Öffentliches Recht der Kantone

II. Öffentliches
Recht der
Kantone

Art. 6

¹ Die Kantone werden in ihren öffentlich-rechtlichen Befugnissen durch das Bundeszivilrecht nicht beschränkt.

² Sie können in den Schranken ihrer Hoheit den Verkehr mit gewissen Arten von Sachen beschränken oder untersagen oder die Rechtsgeschäfte über solche Sachen als ungültig bezeichnen.

Das Privatrecht – ZGB und OR – ist die Regelung der Rechtsbeziehungen zwischen Privatpersonen untereinander sowie zwischen Privatpersonen und dem Gemeinwesen, soweit dieses nicht als Träger hoheitlicher Gewalt auftritt. Das öffentliche Recht regelt die Rechtsbeziehungen zwischen den Gemeinwesen (zum Beispiel die Verteilung der Kompetenzen zwischen Bund und Kantonen in der Bundesverfassung) sowie zwischen Privatpersonen und dem Gemeinwesen, das als Träger hoheitlicher Gewalt auftritt (Steuerrecht, Polizeirecht etc.).

Die Kantone können im Rahmen ihrer Kompetenzen, die sich aus der Bundesverfassung ergeben, das öffentliche Recht selbst regeln. Beispielsweise liegt die Organisation der Gerichte, das gerichtliche Verfahren und die Rechtsprechung immer noch bei den Kantonen (Art. 64 BV). Die Kantone müssen jedoch drei Bedingungen beachten:
- Der Bundesgesetzgeber darf eine Regelung nicht als abschliessend betrachtet haben.
- Es muss ein schutzwürdiges öffentliches Interesse bestehen.
- Die öffentlich-rechtliche Regelung darf das Bundesprivatrecht weder vereiteln, erheblich erschweren noch mit seinem Sinn und Geist in Widerspruch stehen.

Zwei Beispiele sollen das Zusammenspiel der Gesetzgebung des Bundesprivatrechts und derjenigen des öffentlichen Rechts der Kantone erläutern.
- *Der Kanton Zürich erliess am 30. November 1980 ein Gesetz über die Vermittlung von Wohn- und Geschäftsräumen. Zum Schutz der Mieter, also aus sozialpolitischen Interessen, setzte eine Tarifordnung das Maximum des zulässigen Mäklerlohns auf 75 Prozent des ersten monatlichen Nettomietzinses fest. Das Bundesgericht stellte fest, es bestehe grundsätzlich Vertragsfreiheit, aufgrund der heutigen Situation in der Bundesgesetzgebung sei die Regelung des Mäklervertrags (Art. 412 bis 418 OR) nicht abschliessend. In den Artikeln 417 und 418 OR sei der Gedanke des Schutzes der schwächeren Vertragspartei selbst enthalten, weshalb eine kantonale Tarifordnung nicht gegen den Sinn und Geist des Mäklervertrags verstosse. Die sozialpolitische Zielsetzung (Schutz der Wohnungssuchenden vor Missbräuchen der Wohnungsvermittler) sei ein schutzwürdiges öffentliches Interesse (BGE 110 Ia 111).*
- *1971 hatte der Erziehungsrat des Kantons Zürich die Benützung der Räume der Universität Zürich geregelt. Eine Bestimmung sah vor, dass der Inhaber einer Benützungsbewilligung für allfällig verursachte Schäden haftbar gemacht werden könne. Das Bundesgericht befand, diese Vorschrift müsse so verstanden werden, dass der Bewilligungsinhaber für Schäden nur haftbar*

gemacht werden könne, wenn er diese auch verschuldet habe. Denn die bundesrechtliche Haftungsordnung in den Artikeln 41 ff. OR ist eine abschliessende Regelung, welche keinen Raum für kantonales öffentliches Recht lässt (BGE 98 la 371).

Verkehrsfähigkeit bestimmter Sachen

Absatz 2 des Artikels 6 nennt einen Spezialfall der öffentlich-rechtlichen Befugnisse der Kantone: Sie können den Rechtsverkehr mit bestimmten Sachen beschränken oder verbieten. Es geht dabei um öffentliche Sachen (zum Beispiel Verwaltungsgebäude), gefährliche Sachen (Gifte, Explosionsstoffe etc.), anstössige Sachen (Schundliteratur) sowie seltene Sachen (geschützte Pflanzen, Tiere, Kunstgegenstände). Selbstverständlich muss auch hier ein öffentliches Interesse bestehen.

ZGB und allgemeine Bestimmungen des Obligationenrechts

Art. 7

D. Allgemeine Bestimmungen des Obligationenrechtes

Die allgemeinen Bestimmungen des Obligationenrechtes über die Entstehung, Erfüllung und Aufhebung der Verträge finden auch Anwendung auf andere zivilrechtliche Verhältnisse.

Die formelle Trennung von ZGB und OR hat historische Gründe; sachlich handelt es sich um eine Einheit. Neben den allgemeinen Bestimmungen des OR über die Entstehung, Erfüllung und Aufhebung von Verträgen (Art. 1 bis 40, 68 bis 109 und 114 bis 142 OR) sind auch alle anderen Bestimmungen des allgemeinen Teils des OR sowie allgemeine Bestimmungen anderer Teile des OR auf Rechtsverhältnisse des ZGB anwendbar (etwa die Bestimmungen über die Geschäftsführung ohne Auftrag, Art. 419 ff. OR). Beispielsweise enthält das ZGB keine Bestimmung darüber, dass für eine Scheidungsrente (Art. 151) Sicherheitsleistungen angeordnet werden können. Es ist deshalb Artikel 43 Absatz 2 OR über die Sicherstellung von Schadenersatz in Form einer Rente analog anwendbar (BGE 107 II 396).

Allerdings werden die Bestimmungen des OR nie blindlings, sondern nur sinngemäss auf Fragen des ZGB angewendet. Es muss immer geprüft werden, ob die besondere Natur des betreffenden Rechtsinstituts oder eine abweichende Vorschrift des ZGB eine solche analoge Anwendung verbietet.

Infolge der sachlichen Einheit von OR und ZGB als Bundeszivilrecht sind umgekehrt auch die Bestimmungen des ZGB auf Rechtsverhältnisse des OR anwendbar, so zum Beispiel gerade die zehn Einleitungsartikel.

Beweisregeln – wichtig für den Prozesserfolg

E. Beweisregeln
I. Beweislast

Art. 8

Wo das Gesetz es nicht anders bestimmt, hat derjenige das Vorhandensein einer behaupteten Tatsache zu beweisen, der aus ihr Rechte ableitet.

Das *Privatrecht* sagt, ob einer Person ein bestimmtes Recht zusteht, das *Prozessrecht* sagt, wie ein solcher Anspruch durchgesetzt wird. Während das Privatrecht für die ganze Schweiz einheitlich ist, wird eine Vereinheitlichung des Prozessrechts zwar immer wieder gefordert, ist aber politisch umstritten. Heute hat also jeder Kanton immer noch sein eigenes Prozessrecht. Beweisfragen (Welche Beweismittel sind zulässig, welche Beweiskraft hat ein Beweismittel?) sind grundsätzlich prozessuale Fragen. Einheitlich geregelt werden aber musste in Artikel 8 die *Beweislastverteilung*, die Frage also, wer in einem Streit seine Behauptung beweisen müsse. Damit ist nämlich auch geregelt, was gilt, wenn keine der Parteien ihre Ansicht beweisen kann. Wenn die Kantone diese Frage verschieden regeln dürften, könnten sie vom Prozessrecht her entscheiden, ob ein bestimmter privatrechtlicher Anspruch durchgesetzt werden kann oder nicht, und damit auch Bundesprivatrecht vereiteln. Das wollte man vermeiden.

Wer trägt die Beweislast?

Maria Sch. mietet in einem Sportgeschäft ein Paar Ski und Schuhe und lässt die Sicherheitsbindungen einstellen. Am nächsten Tag stürzt Frau Sch. auf einer Abfahrt, bricht sich das Schienbein, muss deshalb operiert werden und ist längere Zeit arbeitsunfähig. Sie verlangt vom Sportgeschäft Schadenersatz und Genugtuung mit der Begründung, die Sicherheitsbindungen seien zu hart eingestellt gewesen. Mit verschiedenen Einwänden stellt sich das Sportgeschäft gegen diese Forderung.

Grundsätzlich muss jede Prozesspartei ihren Standpunkt beweisen. Frau Sch. muss die Tatsachen, die sie durch das Gericht gewürdigt haben will, vorbringen. Diese Tatsachen, von denen sie ihr Recht ableitet, bilden das *Klagefundament*. Wenn sie das Klagefundament nicht beweisen kann, weist das Gericht ihre Klage ab. Frau Sch. muss also beweisen, dass sie mit dem Sportgeschäft einen Mietvertrag abgeschlossen hat, dass sie verunfallt ist und einen Beinbruch erlitten hat und vor allem dass diese Folgen auf die falsche Einstellung der Sicherheitsbindungen zurückzuführen sind. Das Sportgeschäft kann und muss *Einwendungen und Einreden* machen. Es kann etwa sagen, Frau Sch. habe ausdrücklich die Bindung selbst einstellen wollen, die Bindung sei richtig eingestellt gewesen, Frau Sch. hätte sich auch mit richtig eingestellter Bindung das Bein gebrochen oder etwa die Forderung sei längst verjährt. Solche Tatsachen, welche den Anspruch von Frau Sch. bestreiten, müsste das Sportgeschäft beweisen.

In diesem Fall gelang Frau Sch. der Beweis ihres Standpunkts: Die stark von den Erfahrungswerten abweichende, harte Einstellung der Bindung war geeignet, einen Beinbruch zu verursachen. Die Einwendungen des Sportgeschäfts waren nicht stichhaltig. Das Bundesgericht sprach Frau Sch. deshalb den verlangten Schadenersatz und die Genugtuung zu (BGE 107 II 426).

Gesetzliche Ausnahmen

In Einzelbestimmungen des Privatrechts sind *gesetzliche Vermutungen* enthalten. Zum Beispiel gilt das Vermögen eines Ehegatten bis zum Beweis des Gegenteils als Errungenschaft (siehe Art. 200, Seite 230), was zur Folge hat, dass es etwa bei einer Scheidung mit dem Ehepartner geteilt werden muss. Die Zugehörigkeit des Vermögens zur Errungenschaft wird also vermutet. Eine solche Vermutung kann durch einen Gegenbeweis entkräftet werden. So könnte beispielsweise die Ehefrau mit einer datierten Quittung beweisen, dass ein bestimmter Vermögensgegenstand schon vor der Ehe ihr gehört hat, also Eigengut ist und nicht geteilt werden muss.

Eine Gesetzesbestimmung kann aber auch eine *Fiktion* enthalten, bei der kein Gegenbeweis zulässig ist. So gilt von Gesetzes wegen ein Arbeitsvertrag auch dann als abgeschlossen, wenn er weder schriftlich noch mündlich ausgemacht wurde, der Arbeitgeber aber während einer bestimmten Zeit Arbeit entgegennimmt, die üblicherweise nur gegen Lohn verrichtet wird (Art. 320 OR).

Beweisfragen sind vielfach entscheidend dafür, ob und wie ein Prozess geführt werden kann. Es stellen sich hier viele schwierige Probleme, bei denen Laien oft überfordert sind. Es empfiehlt sich deshalb, Fachleute beizuziehen.

Beweis mit öffentlicher Urkunde

II. Beweis mit öffentlicher Urkunde

Art. 9

¹ Öffentliche Register und öffentliche Urkunden erbringen für die durch sie bezeugten Tatsachen vollen Beweis, solange nicht die Unrichtigkeit ihres Inhaltes nachgewiesen ist.

² Dieser Nachweis ist an keine besondere Form gebunden.

Die Zulässigkeit und Würdigung von Beweismitteln ist grundsätzlich eine Frage des kantonalen Prozessrechts. Lediglich bei öffentlichen Urkunden und Registern greift dieser Artikel ein. Öffentliche Urkunden sind etwa die gesetzlich vorgeschriebene öffentliche Beurkundung eines Grundstückkaufvertrags (Art. 657, Art. 216 OR) oder eines Erbvertrags (Art. 512); öffentliche Register sind das Grundbuch, das Handelsregister und das Zivilstandsregister. Es besteht die gesetzliche Vermutung, dass ihr Inhalt richtig ist. Diese Vermutung kann jedoch, mit irgendeinem tauglichen Beweismittel, widerlegt werden.

Aus einem Erbvertrag, der öffentlich beurkundet ist, geht hervor, dass bei der Beurkundung zwei Zeugen anwesend waren. Es wird daher vermutet, der Erbvertrag sei in der richtigen Form zustande gekommen (siehe Art. 501). Wenn sich ein Erbe dagegen stellen will, kann und muss er, zum Beispiel mit einer schriftlichen Bestätigung der angeblichen Zeugen, beweisen, dass bei der Beurkundung gar keine Zeugen anwesend waren, der Vertrag also ungültig ist.

Beweisvorschriften

III. Beweisvorschriften

Art. 10

Wo das Bundesrecht für die Gültigkeit eines Rechtsgeschäftes keine besondere Form vorsieht, darf das kantonale Recht auch für die Beweisbarkeit des Rechtsgeschäftes eine solche nicht vorschreiben.

Es ist klar, dass das Bundesprivatrecht für Rechtsgeschäfte, die es regelt, auch die Form abschliessend bestimmt; kantonale Beweisvorschriften dürfen dies nicht vereiteln. Derselbe Gedanke ist auch in Artikel 11 OR enthalten: Verträge bedürfen zu ihrer Gültigkeit nur dann einer besonderen Form, wenn das Gesetz (gemeint ist das Bundesprivatrecht) eine solche vorschreibt.

Natürliche und juristische Personen 2

Im Personenrecht geht es um die Frage, wer überhaupt eine Person im rechtlichen Sinn ist. Sind dies etwa nur die Erwachsenen, oder gehören auch Kinder dazu? Weiter wird festgelegt, welche Personen welche Rechte und Pflichten haben und ausüben können. Auch Kinder können beispielsweise Vermögen haben und je nach Alter Rechtsgeschäfte, etwa einen Kaufvertrag, abschliessen.

Die Handlungen der Rechtsträgerinnen und Rechtsträger, der sogenannten *Rechtssubjekte*, bilden die Bestandteile jedes Rechtsverhältnisses und damit die Grundlage des gesamten Privatrechts. Das Gesetz unterscheidet zwei Gruppen von Rechtssubjekten:

- **Die natürlichen Personen** sind wir Menschen aus Fleisch und Blut als Einzelwesen. Will zum Beispiel die 34jährige Ingrid N. ihr Haus verkaufen, kann sie das aufgrund ihrer Handlungsfähigkeit. Kinder oder urteilsunfähige mündige Personen können dagegen nicht selbständig über ein Haus verfügen.
- **Die juristische Person** ist eine Erfindung des Rechts; sie entstand aus einem praktischen Bedürfnis heraus. Wie sollte zum Beispiel eine Gruppe von Kaufleuten im Geschäftsverkehr auftreten und rechtlich behandelt werden? Die juristischen Personen sind also Zusammenschlüsse von Personen, genannt Körperschaften. Die Mitglieder dieser Personengemeinschaften können natürliche oder juristische Personen sein. Es gibt auch juristische Personen ohne Mitglieder, die Anstalten, bei denen ein Vermögen die Grundlage bildet (wichtigstes Beispiel: die Stiftung). Juristische Personen (Verein, Aktiengesellschaft etc.) haben eine selbständige Rechtspersönlichkeit, losgelöst von ihren Mitgliedern, und sind handlungsfähig. Der Verein zum Schutz der Singvögel kann also einen Saal für seine Vereinsversammlung mieten. Für die Saalmiete haftet das Vereinsvermögen, und nicht etwa die Vereinsmitglieder.

Die natürlichen Personen

Das Gesetz erklärt im ersten Abschnitt (Art. 11 bis 26) Grundbegriffe wie Rechts- und Handlungsfähigkeit, aber auch Heimat und Wohnsitz. Das Gesetz zeigt weiter auf, wie die Persönlichkeit geschützt werden kann, zum Beispiel wenn eine Zeitung Unwahres über eine Person berichtet oder berichten will (Art. 27 bis 30). Wann beginnt und endet das Leben einer natürlichen Person? Auch darauf gibt das Personenrecht in den Artikeln 31 bis 38 Antwort. Schliesslich behandelt der zweite Abschnitt (Art. 39 bis 51) die Beurkundung des Personenstands und die verschiedenen Zivilstandsregister.

Rechtspersönlichkeit, Rechts- und Handlungsfähigkeit

Alle wesentlichen Rechte, die den verschiedenen natürlichen Personen ihrer Natur nach zukommen, ergeben miteinander die *Rechtspersönlichkeit*. Die Rechtspersönlichkeit des 25jährigen Roland A. umfasst also seine Rechtsfähigkeit, seine Handlungsfähigkeit, sein Recht auf seinen Namen etc.

Erster Teil: Das Personenrecht
Erster Titel: Die natürlichen Personen
Erster Abschnitt: Das Recht der Persönlichkeit

Art. 11

A. Persönlichkeit im allgemeinen
I. Rechtsfähigkeit

[1] Rechtsfähig ist jedermann.

[2] Für alle Menschen besteht demgemäss in den Schranken der Rechtsordnung die gleiche Fähigkeit, Rechte und Pflichten zu haben.

Art. 12

II. Handlungsfähigkeit
1. Inhalt

Wer handlungsfähig ist, hat die Fähigkeit, durch seine Handlungen Rechte und Pflichten zu begründen.

Art. 13

2. Voraussetzungen
a. Im allgemeinen

Die Handlungsfähigkeit besitzt, wer mündig und urteilsfähig ist.

Art. 14

b. Mündigkeit

¹ Mündig ist, wer das 20. Lebensjahr vollendet hat.
² Heirat macht mündig.

Art. 15

c. Mündigerklärung

¹ Wer das 18. Lebensjahr vollendet hat, kann mit seinem Einverständnis und unter Zustimmung der Eltern von der vormundschaftlichen Aufsichtsbehörde für mündig erklärt werden.
² Ist er bevormundet, so soll der Vormund über das Begehren angehört werden.

Die Rechtsfähigkeit

Die Rechtsfähigkeit ist die Fähigkeit, Rechte und Pflichten zu haben, also Rechtsträger oder Rechtsträgerin zu sein (Art. 11). Rechtsfähig im Sinn des Gesetzes sind alle Menschen, ob Kind oder erwachsene Person. Tiere sind nicht rechtsfähig. Allerdings besteht die Rechtsfähigkeit eines einzelnen Menschen immer nur im Rahmen der Rechtsordnung. Jugendliche zum Beispiel sind zwar rechtsfähig, können aber keine Ehe schliessen, da das Gesetz für die Heirat ein Mindestalter verlangt.

Handlungsfähigkeit und Mündigkeit

Die Handlungsfähigkeit – mit anderen Worten die Fähigkeit, Rechte und Pflichten zu begründen – ist die Voraussetzung, um irgendwelche Geschäfte zu tätigen: einen Mietvertrag abzuschliessen, ein Testament zu errichten etc. Alle mündigen und urteilsfähigen Personen sind handlungsfähig.
   Für die Mündigkeit werden folgende Bedingungen im Gesetz aufgestellt:
- Mündig ist, wer das 20. Altersjahr vollendet hat. Gemäss Artikel 15 können auch 18jährige für mündig erklärt werden. Dies kommt nur selten vor; ein Beispiel aus Uster: Die Vormundschaftsbehörde erklärte im Februar 1990 eine schwangere Jugendliche für mündig. Ihre Eltern hatten darum ersucht mit der Begründung, die Tochter erwarte ein Kind und lebe mit dem Vater des Kindes zusammen, wolle aber mit Rücksicht auf ihr Alter noch nicht heiraten.
- Mündig ist, wer verheiratet ist. In gewissen Fällen dürfen Frauen und Männer heiraten, bevor sie mündig sind (siehe Art. 96, Seite 120); durch die Heirat werden sie mündig.
- Mündig ist, wer volljährig und nicht bevormundet ist.

Die Urteilsfähigkeit

Eine urteilsunfähige Person kann grundsätzlich weder Rechte noch Pflichten begründen. Ihre Handlungen haben *keine rechtlichen Wirkungen*. Die Urteilsfähigkeit eines Menschen bildet also den Ausgangspunkt für die Frage, ob und wie weit er für seine Handlungen zur Verantwortung gezogen werden kann. Menschen schliessen zum Beispiel Verträge ab oder werden in Unfälle verwickelt. Dadurch entstehen Rechts- beziehungsweise Schuldverhältnisse. Die Urteilsfähigkeit eines Menschen ist grundsätzlich der Massstab dafür, wie weit er durch diese Rechtsverhältnisse verpflichtet werden kann. In der Praxis ist es nicht immer leicht zu beurteilen, ob eine Person urteilsfähig ist oder nicht.

d. Urteilsfähigkeit

Art. 16

Urteilsfähig im Sinne dieses Gesetzes ist ein jeder, dem nicht wegen seines Kindesalters oder infolge von Geisteskrankheit, Geistesschwäche, Trunkenheit oder ähnlichen Zuständen die Fähigkeit mangelt, vernunftgemäss zu handeln.

Das Gesetz geht davon aus, dass jeder Mensch urteilsfähig ist. Die Urteilsfähigkeit ist also der Normalfall, die Urteilsunfähigkeit die Ausnahme.

Wer *vernunftgemäss* handelt, ist urteilsfähig. Das heisst, dass eine Person fähig sein muss, mit dem Verstand etwas «vernünftig», also «richtig» zu erkennen (Einsichtsfähigkeit) und entsprechend dieser Einsicht zu handeln (Willensfähigkeit). Was vernünftig sei, ergibt sich primär aus den Werten, welche in einer bestimmten Gesellschaft zu einem bestimmten Zeitpunkt gelten. Der Begriff Vernunft ist weit zu verstehen; damit ein Verhalten als unvernünftig bezeichnet werden kann, muss es so weit ausserhalb der gesellschaftlichen Normen liegen, dass es krankhaft wirkt. Auch der Begriff krankhaft unterliegt natürlich einer gesellschaftlichen Wertung, die sich in den Diagnosen medizinischer Fachleute zeigt.

Das Fehlen der Urteilsfähigkeit muss sich mindestens teilweise durch biologische oder physiologische Ursachen erklären lassen. Das Gesetz nennt verschiedene «Zustände» für Urteilsunfähigkeit:
- **Kindesalter**: Manchmal erklärt das Alter eines Kindes, warum es nicht urteilsfähig handeln kann: Ein siebenjähriges Kind beispielsweise kann beim Spiel mit Pfeil und Bogen die Gefahren noch nicht erkennen, ist also in dieser Hinsicht nicht urteilsfähig. Das Gesetz legt keine Altersgrenze fest, da die Urteilsfähigkeit nur in einer konkreten Situation beurteilt werden kann.

- **Geisteskrankheit und -schwäche:** Die rechtliche Definition stimmt nicht mit der medizinischen überein. Das Gericht entscheidet zwar aufgrund medizinischer Gutachten, ob eine Urteilsunfähigkeit vorliege oder nicht. Das Gutachten ist aber lediglich fürs Verständnis des krankhaften Zustands notwendig; der Entscheid über die Konsequenzen, welche dieser Zustand in rechtlicher Hinsicht hat, steht allein dem Gericht zu.
- **Trunkenheit und ähnliche Zustände:** Dazu gehören etwa die Einwirkung von Drogen, Schlafwandel oder Schock.

Allenfalls hat eine Person zwar genügend Einsichtsfähigkeit, aber mangelnde Willensfähigkeit. Ist zum Beispiel das Gemütsleben eines Menschen stark gestört, so schliesst dieser Zustand vernunftgemässes Handeln aus, obwohl der Betroffene aufgrund seiner intellektuellen Fähigkeiten seine Handlungen und deren Tragweite ohne weiteres beurteilen könnte.

Die Urteilsfähigkeit einer Person kann dauernd oder auch bloss vorübergehend gestört sein. Der betrunkene Autofahrer ist bloss vorübergehend, während seines Rauschzustandes, urteilsunfähig; geistesschwache Menschen sind in der Regel dauernd urteilsunfähig.

Nicht für alle Handlungen braucht es den gleichen Grad an Urteilsfähigkeit. Alltägliche Handlungen wie der Kauf von Lebensmitteln erfordern nicht dasselbe wie etwa der Abschluss von Engrosgeschäften. Die gleiche Person kann also für eine bestimmte Handlung urteilsunfähig, für eine andere aber durchaus urteilsfähig sein. Die Urteilsfähigkeit ist *relativ*, das heisst, sie muss immer an einer bestimmten Handlung gemessen, auf eine bestimmte Situation bezogen werden. Am besten lässt sich dies am Beispiel des in Artikel 16 genannten Kindesalters zeigen: Das Gesetz legt kein bestimmtes Alter fest, ab welchem ein Kind urteilsfähig sei. Je älter das Kind ist, desto besser kann es zwar die Zusammenhänge verschiedener Dinge erfassen und danach vernunftgemäss handeln. Kinder sind aber in ihrer Entwicklung sehr unterschiedlich. Für jedes Kind muss deshalb sein persönlicher Entwicklungsgrad in einer bestimmten Situation massgebend sein. Dazu zwei Beispiele:

– *Ein achtjähriger Knabe schlittelte auf dem Schulweg auf einen unübersichtlichen Bahnübergang zu und konnte vor dem herannahenden Zug nicht mehr bremsen. Es kam zur Kollision, der Knabe wurde schwer verletzt. Da er die drohende Gefahr kannte und wusste, dass er an diesem Ort nicht schlitteln durfte, sah das Bundesgericht ihn für diese Situation als urteilsfähig an. Auch kleinen Kindern gegenüber darf ein etwas strengerer Massstab angelegt werden, wenn sie im Verkehrsunterricht über die elementaren Vorsichtspflichten aufgeklärt worden sind und die Verhältnisse aus ihrer täglichen Erfahrung kennen (BGE 72 II 198).*

– Ein dreizehnjähriges Mädchen sprang aus Angst, es komme zu spät in die Schule, auf den anfahrenden Zug auf, stürzte auf das Geleise und wurde schwer verletzt. Das Bundesgericht ging davon aus, dass das Mädchen im Zeitpunkt des Unfalls nicht urteilsfähig gewesen sei. Es habe zwar die Einsicht in die Gefährlichkeit seines Tuns besessen, aber es habe ihm die Willenskraft gefehlt, die als gefährlich erkannte Handlung zu unterlassen (BGE 102 II 363).

Die Handlungsunfähigkeit

III. Handlungsunfähigkeit
1. Im allgemeinen

Art. 17

Handlungsunfähig sind die Personen, die nicht urteilsfähig, oder die unmündig oder entmündigt sind.

2. Fehlen der Urteilsfähigkeit

Art. 18

Wer nicht urteilsfähig ist, vermag unter Vorbehalt der gesetzlichen Ausnahmen durch seine Handlungen keine rechtliche Wirkung herbeizuführen.

3. Urteilsfähige Unmündige oder Entmündigte

Art. 19

[1] Urteilsfähige unmündige oder entmündigte Personen können sich nur mit Zustimmung ihrer gesetzlichen Vertreter durch ihre Handlungen verpflichten.

[2] Ohne diese Zustimmung vermögen sie Vorteile zu erlangen, die unentgeltlich sind, und Rechte auszuüben, die ihnen um ihrer Persönlichkeit willen zustehen.

[3] Sie werden aus unerlaubten Handlungen schadenersatzpflichtig.

Bis hierher beschrieb das Gesetz die Voraussetzungen der Handlungsfähigkeit. In den Artikeln 17 bis 19 werden zwei Kategorien von handlungsunfähigen Personen aufgeführt, die *voll handlungsunfähigen* (Art. 17 und 18) und die *beschränkt handlungsunfähigen*, denen in Artikel 19 ein gewisser Handlungsspielraum eingeräumt wird.

Fehlt einer Person die Urteilsfähigkeit, bleiben ihre Handlungen grundsätzlich ohne Rechtswirkung. Es kommt nicht darauf an, ob Dritte davon ausgehen konnten, es sei genügend Urteilsfähigkeit vorhanden. Das Gesetz stellt den Schutz der Urteilsunfähigen über den Schutz des allfälligen guten Glaubens eines Dritten. Schliesst zum Beispiel ein zwölfjähriges Kind, das tatsächlich älter aussieht, einen Kaufvertrag über ein Velo für 1000 Franken ab, ist dieser Kaufvertrag nicht verbindlich.

Artikel 18 erwähnt «gesetzliche Ausnahmen» zum Grundsatz der fehlenden rechtlichen Wirkung. Diese sind alle im ZGB und im OR festgeschrieben; die wichtigste davon ist die Billigkeitshaftung in Artikel 54 OR: Grundsätzlich ist nach den allgemeinen Regeln des Haftpflichtrechts zu Schadenersatz verpflichtet, wer absichtlich oder fahrlässig (also verschuldet) einen Schaden verursacht hat (Art. 41 ff. OR). Wie ausgeführt, kann einer urteilsunfähigen Person grundsätzlich keine Verantwortlichkeit und damit auch kein Verschulden angelastet werden. Eine urteilsunfähige Person müsste also eigentlich in keinem Fall für ihre Handlungen haften. Das kann aber im Einzelfall ungerecht sein; ein Beispiel:

Die sechsjährige Hanneli O. verletzt beim Steinewerfen den Nachbarn am Auge. Für den Vorfall selber wird sie nicht als urteilsfähig angesehen. Da sie aber aus einer Erbschaft ihres verstorbenen Vaters sehr vermögend und der Nachbar finanziell schlecht gestellt ist, wird sie vom Gericht nach Billigkeit (Art. 54 OR) trotzdem dazu verpflichtet, ihm einen angemessenen Schadenersatz zu bezahlen.

Kinder, Jugendliche und entmündigte Personen sind grundsätzlich handlungsunfähig. Artikel 19 nennt vier Möglichkeiten, wie ihre Handlungen trotzdem Rechtswirksamkeit erreichen können:

- **Zustimmung des gesetzlichen Vertreters**: Stimmen die Eltern oder der Vormund zum Beispiel dem Kaufvertrag des zwölfjährigen Kindes für ein tausendfränkiges Velo zu, ist das Kaufgeschäft rechtsgültig und einklagbar. Diese Zustimmung kann vor oder nach dem Kauf, mündlich oder schriftlich erteilt werden. Allenfalls genügt es sogar, wenn aus den Umständen auf die Zustimmung der Eltern geschlossen werden kann. Bringt das Kind beispielsweise beim Velokauf ein Kuvert mit der Aufschrift «Weihnachtsgeld für ein Velo von Deinen Eltern» und 1000 Franken darin, darf der Velohändler davon ausgehen, dass das Kind mit Einwilligung der Eltern (der gesetzlichen Vertreter) handelt. Allerdings wäre auch in diesem Fall eine Rückfrage vorsichtig und sinnvoll.

Im Rahmen ihres Taschengeldes können urteilsfähige unmündige und entmündigte Personen Rechtsgeschäfte abschliessen; die vorgängige Zustimmung der gesetzlichen Vertreter dazu wird angenommen.

- **Unentgeltliche Vorteile** darf ein Unmündiger oder Entmündigter entgegennehmen. Das sind Leistungen, die an keine Gegenleistung gebunden sind. Zum Beispiel kann ein fünfjähriges Mädchen von ihrer Nachbarin einen Goldring als Geschenk rechtswirksam annehmen. Die Nachbarin darf ihn nicht zwei

Wochen später zurückfordern, weil ihr das Mädchen in der Zwischenzeit die Zunge herausgestreckt hat. Entscheidendes Kriterium für die Frage, ob es sich um einen unentgeltlichen Vorteil handelt ist nicht, ob dieser wirtschaftlich günstig oder nachteilig ist. Wichtig ist, dass damit keine Nachteile, Verpflichtungen oder Belastungen für die beschenkte Person verbunden sind.
- **Die höchstpersönlichen Rechte** kann eine urteilsfähige unmündige oder entmündigte Person selbst ausüben; der gesetzliche Vertreter kann dies nicht für sie tun. Dazu gehören die sogenannten Persönlichkeitsrechte (siehe Art. 28, Seite 55), etwa das Recht auf Leben und körperliche Unversehrtheit. Zum Beispiel kann eine urteilsfähige entmündigte Patientin selbst die Einwilligung zu einer Operation (die grundsätzlich eine Körperverletzung darstellt) erteilen. Auch das Recht auf Namensänderung ist ein höchstpersönliches. Im Familienrecht gehören dazu: das Recht auf Ehescheidung, das Recht auf Feststellung der Vaterschaft und Anerkennung eines Kindes. Den höchstpersönlichen Rechten ist gemeinsam, dass sie grundsätzlich die Vermögensrechte einer Person nicht berühren.

Bemerkenswert ist übrigens, dass urteilsfähige entmündigte Personen rechtsgültig für Dritte handeln können, sei es in Stellvertretung oder als Organ einer juristischen Person. Die Zustimmung des gesetzlichen Vertreters oder der Vertreterin ist vom Gesetz nur verlangt, wenn Minderjährige oder Entmündigte sich selber verpflichten. So kann also ein Entmündigter durchaus einem Vereinsvorstand angehören und in dieser Funktion rechtlich wirksame Geschäfte abschliessen.
- **Unerlaubte Handlungen**: Für unerlaubte Handlungen sind urteilsfähige Unmündige und Entmündigte schadenersatzpflichtig. Unerlaubt handeln heisst, rechtswidrig und verschuldeterweise einer Drittperson Schaden zufügen (Art. 41 ff. OR). Rechtswidrig handelt, wer gegen geschriebene und ungeschriebene Gebote und Verbote in der Rechtsordnung verstösst, zum Beispiel Dritte verletzt. Kann ihm dabei ein Verschulden nachgewiesen werden, wird er oder sie schadenersatzpflichtig. Ein Beispiel:

Ein fünfzehnjähriger Jugendlicher kauft ein Tonbandgerät für 500 Franken auf Kredit. Die Eltern sind mit dem Kauf nicht einverstanden, der Kaufvertrag ist also ungültig, und der Jugendliche muss das Gerät zurückbringen. Da dieses jetzt nur noch zum Occasionswert weiterverkauft werden kann, ist die Verkäuferin geschädigt. Sie wird versuchen, ihren Schaden gestützt auf Artikel 19 Absatz 3 einzufordern. Wenn dem Jugendlichen ein Verschulden nachgewiesen werden kann, beispielsweise weil er der Verkäuferin vorgemacht hat, er sei bereits zwanzig, wird er schadenersatzpflichtig.

Verwandtschaft und Schwägerschaft

IV. Verwandtschaft
und Schwägerschaft
1. Verwandtschaft

Art. 20

¹ Der Grad der Verwandtschaft bestimmt sich nach der Zahl der sie vermittelnden Geburten.

² In gerader Linie sind zwei Personen miteinander verwandt, wenn die eine von der andern abstammt, und in der Seitenlinie, wenn sie von einer dritten Person abstammen und unter sich nicht in gerader Linie verwandt sind.

Art. 21

2. Schwägerschaft

¹ Wer mit einer Person verwandt ist, ist mit deren Ehegatten in der gleichen Linie und in dem gleichen Grade verschwägert.

² Die Schwägerschaft wird durch die Auflösung der Ehe, die sie begründet hat, nicht aufgehoben.

Gemäss ZGB ist verwandt, wer blutsverwandt ist; die Verschwägerung entsteht durch eine Heirat. Die Verwandschaft wird in Graden und Linien ausgedrückt; Geschwister beispielsweise sind miteinander im zweiten, Tante und Nichte im dritten Grad verwandt. Das Verhältnis der Ehefrau zu den Verwandten des Ehemannes (und umgekehrt) wird Schwägerschaft genannt. Nicht mehr unter die Schwägerschaft fällt zum Beispiel die Beziehung zwischen dem Ehemann und den Verschwägerten seiner Frau; hier bestehen keine familienrechtlichen Bande mehr. Laut ZGB sind also die Ehefrauen zweier Brüder keine Schwägerinnen. Die halbbürtige Verwandtschaft (Stiefschwester etc.) wird der vollbürtigen gleichgestellt.

Auch das Adoptivkind gilt im gleichen Sinn wie das leibliche als verwandt mit den Eltern, Kindern und anderen Angehörigen der Adoptiveltern. Es ist aber zu beachten, dass, wenn es um Fragen der Eheschliessung geht, auch die leiblichen Blutsverwandtschafts- und Schwägerschaftsverhältnisse weiterwirken (siehe Art. 100 Abs. 3, Seite 122).

An die verwandtschaftlichen und schwägerschaftlichen Beziehungen werden vom Gesetz zahlreiche Rechtsfolgen geknüpft. Zum Beispiel ist gemäss Artikel 100 Absatz 1 die Eheschliessung zwischen Verwandten in gerader Linie oder zwischen voll- und halbbürtigen Geschwistern verboten.

Heimat und Wohnsitz

V. Heimat und Wohnsitz
1. Heimatangehörigkeit

Art. 22

¹ Die Heimat einer Person bestimmt sich nach ihrem Bürgerrecht.

² Das Bürgerrecht wird durch das öffentliche Recht bestimmt.

³ Wenn einer Person das Bürgerrecht an mehreren Orten zusteht, so ist für ihre Heimatangehörigkeit der Ort entscheidend, wo sie zugleich ihren Wohnsitz hat oder zuletzt gehabt hat, und mangels eines solchen Wohnsitzes der Ort, dessen Bürgerrecht von ihr oder ihren Vorfahren zuletzt erworben worden ist.

2. Wohnsitz
a. Begriff

Art. 23

¹ Der Wohnsitz einer Person befindet sich an dem Orte, wo sie sich mit der Absicht dauernden Verbleibens aufhält.

² Niemand kann an mehreren Orten zugleich seinen Wohnsitz haben.

³ Die geschäftliche Niederlassung wird von dieser Bestimmung nicht betroffen.

b. Wechsel im Wohnsitz oder Aufenthalt

Art. 24

¹ Der einmal begründete Wohnsitz einer Person bleibt bestehen bis zum Erwerbe eines neuen Wohnsitzes.

² Ist ein früher begründeter Wohnsitz nicht nachweisbar oder ist ein im Ausland begründeter Wohnsitz aufgegeben und in der Schweiz kein neuer begründet worden, so gilt der Aufenthaltsort als Wohnsitz.

c. Wohnsitz nicht selbständiger Personen

Art. 25

¹ Als Wohnsitz des Kindes unter elterlicher Gewalt gilt der Wohnsitz der Eltern oder, wenn die Eltern keinen gemeinsamen Wohnsitz haben, der Wohnsitz des Elternteils, unter dessen Obhut das Kind steht; in den übrigen Fällen gilt sein Aufenthaltsort als Wohnsitz.

² Bevormundete Personen haben ihren Wohnsitz am Sitz der Vormundschaftsbehörde.

Art. 26

d. Aufenthalt in Anstalten

Der Aufenthalt an einem Orte zum Zweck des Besuches einer Lehranstalt und die Unterbringung einer Person in einer Erziehungs-, Versorgungs-, Heil- oder Strafanstalt begründen keinen Wohnsitz.

Heimat und Wohnsitz haben im schweizerischen Recht eine grosse Bedeutung. Ihre Zuordnung ergibt nur einen Sinn im Zusammenhang mit der gesamten Gesetzgebung. In dieser werden in zahlreichen speziellen Bestimmungen über die Begriffe Wohnsitz und Heimat die Zuständigkeiten von Behörden und Gerichten begründet. Einige Beispiele:
– Gemäss Artikel 375 muss die Bevormundung einer erwachsenen Person mindestens einmal im amtlichen Blatt des Wohnsitzes und des Heimatorts veröffentlicht werden.
– Gemäss dem Bundesgesetz über Schuldbetreibung und Konkurs ist grundsätzlich der zivilrechtliche Wohnsitz des Schuldners Betreibungsort.
– Besonders grosse Bedeutung besitzt der Wohnsitz im Steuerrecht. Er ist nämlich gemäss Bundesgericht das vorrangige Steuerdomizil für natürliche Personen.

Im öffentlichen kantonalen Recht kann vom zivilrechtlichen Wohnsitzbegriff abgewichen werden. Den Kantonen steht es frei, ob sie auf das ZGB verweisen oder eigene Wohnsitzbestimmungen aufstellen wollen.

Die Heimat einer Person ist dort, wo sie das Bürgerrecht besitzt. Man kann mehrere Bürgerrechte besitzen; verheiratete Frauen beispielsweise erhalten zu ihrem eigenen Bürgerrecht auch dasjenige ihres Ehemanns. Jede Schweizerin und jeder Schweizer ist Bürgerin oder Bürger mindestens eines Kantons und einer darin gelegenen Gemeinde. Die Erlasse des Bundes und der Kantone bestimmen, wer Schweizer Bürgerin oder Bürger ist und wer dies wie werden kann.

Der Wohnsitz kann grundsätzlich frei gewählt werden; die Absicht, dauernd an diesem Ort zu bleiben, muss deutlich werden. Der Wohnsitz einer Person wird an den räumlichen *Mittelpunkt ihrer Lebensbeziehungen* geknüpft. Wo dieser Mittelpunkt liegt, wird aus dem tatsächlichen Verhalten geschlossen. Nicht entscheidend ist, wo die Person ihre Papiere hinterlegt hat oder wo sie angemeldet ist. Der Begriff Lebensmittelpunkt beinhaltet, dass eine Person nur einen Wohnsitz haben kann.

Ruth I. wohnt in Bern und arbeitet in Zürich. Hin und wieder übernachtet sie beruflich in Zürich, die Wochenenden verbringt sie aber immer in Bern im Freundes- und Familienkreis. Der Mittelpunkt ihrer persönlichen Beziehungen liegt in Bern, Bern ist also ihr Wohnsitz. Würde Ruth I. in ihrer freien Zeit nicht regelmässig nach Bern zurückkehren, könnte sich der Mittelpunkt ihrer persönlichen Verhältnisse nach Zürich, dem Zentrum ihrer beruflichen Tätigkeit, verlagern. Dann hätte sie ihren Wohnsitz dort.

Verlässt eine Person die Schweiz für beispielsweise sechs Monate, begründet sie damit keinen Wohnsitz im Ausland. Entschliesst sie sich aber während der Reise, auf unbestimmte Zeit nicht mehr in die Schweiz zurückzukehren, fragt sich, wo denn nun der neue Wohnsitz sei. Solange sie sich auf der Reise befindet und keinen neuen Lebensmittelpunkt im Ausland begründet, bleibt der letzte Wohnsitz in der Schweiz bestehen.

Jede Person muss einen Wohnsitz haben. Kann der Wohnsitz nicht nachgewiesen werden oder besteht offensichtlich keiner, weil jemand dauernd herumreist, gilt der Aufenthaltsort als Wohnsitz. Der Aufenthaltsort befindet sich dort, wo jemand vorübergehend oder für längere Zeit verweilt. Sobald sich eine festere Verknüpfung zu diesem Ort ergibt, wird der Aufenthaltsort zum Wohnsitz. Es ist dabei nicht massgebend, was jemand wirklich will, sondern auf welche Absicht die Umstände objektiv schliessen lassen.

Gemäss Bundesgericht liegt das Hauptgewicht für den Lebensmittelpunkt nicht dort, wo ein Mensch berufstätig ist, sondern dort, wo die persönlichen Beziehungen zu nahen Angehörigen und zu Freunden und Bekannten gelebt werden. Dass an einem Ort die Steuern bezahlt werden oder das Stimmrecht ausgeübt wird, ist demnach genauso wie die Hinterlegung der Papiere höchstens ein Indiz, aber kein Beweis dafür, dass dort auch der Wohnsitz sei. Im Zweifelsfall entscheidet die Rechtsprechung eher zugunsten des bisherigen Wohnsitzes als für einen neuen.

Artikel 25 definiert den *unselbständigen* Wohnsitz: Kinder sind rechtlich abhängig von ihren Eltern; sie haben deshalb ihren Wohnsitz am Wohnsitz der Eltern (oder des Elternteils, der die Obhut über sie hat), unabhängig davon, wo sie sich aufhalten und wo ihr Lebensmittelpunkt ist. Auch Bevormundete sind rechtlich abhängig; sie haben ihren Wohnsitz am Sitz der Vormundschaftsbehörde.

Nach dem neuen Eherecht ist nicht nur der Mann, sondern auch die Frau dazu berechtigt, einen *selbständigen* Wohnsitz zu begründen. Es muss aber deutlich werden, dass eine Ehegattin tatsächlich den gemeinsamen Wohnsitz aufgegeben und einen neuen begründet hat, zum Beispiel indem sie am neuen Ort eine eigene Wohnung mietet und bezieht. Im Zweifelsfall gilt immer noch der bisherige eheliche Wohnsitz als Wohnsitz der Ehegattin.

Hält sich eine Person längere Zeit zu Ausbildungszwecken an einem Ort auf oder weilt sie beispielsweise in einem Sanatorium, begründet sie damit keinen neuen Wohnsitz. Die Aufzählung dieser Orte zu einem sogenannten *Sonder-*

zweck in Artikel 26 ist nicht abschliessend; dazu gehört zum Beispiel auch ein längerer Aufenthalt zur Ausübung der Berufstätigkeit oder für Ferien. Es kann andererseits durchaus sein, dass sich am Aufenthaltsort zu einem Sonderzweck tatsächlich der Lebensmittelpunkt und damit der Wohnsitz befindet. Eine Studentin etwa hat Wohnsitz an ihrem Studienort, wenn sie ihre Beziehungen zur Familie und zu Freunden am früheren Wohnsitz stark reduziert hat und auch die Ferien am Studienort verbringt. Es ist oft schwierig zu entscheiden, ob eine Person an ihrem Aufenthaltsort Wohnsitz oder Aufenthalt begründet.

Unter «Anstalt» versteht das Gesetz öffentliche wie private Einrichtungen; dazu gehören nicht nur die in Artikel 26 erwähnten, auch ein Lehrlings- oder ein Altersheim ist eine solche Anstalt. Grundsätzlich ist nicht wichtig, wie lange ein Anstaltsaufenthalt dauert. Selbst wenn jemand, allenfalls mit der Absicht, bis an sein Lebensende zu bleiben, in ein Altersheim eintritt, bedeutet das nicht unbedingt, dass er dort auch Wohnsitz begründet. Gerade beim Eintritt ins Altersheim wird das in der Regel aber angenommen.

All diese Bestimmungen haben keine Geltung für Handels-, Fabrikations- oder andere nach kaufmännischer Art geführte Gewerbe. Für diese kann die sogenannte geschäftliche Niederlassung, der «Wohnsitz des Betriebs», frei gewählt werden.

Schutz der Persönlichkeit

Die Persönlichkeit eines Menschen umfasst alle seine Eigenschaften und Werte, die ihm als Mensch, mit Rücksicht auf sein Dasein, seine geistigen und körperlichen Kräfte zustehen. Diese Werte sind untrennbar mit dem einzelnen Menschen verbunden, sie machen das Wesentliche seiner persönlichen Sphäre aus. Um den Schutz dieser Persönlichkeit, um die Freiheit der einzelnen Person geht es in den Artikeln 27 bis 30. Die einzelnen Rechte, welche der Persönlichkeit zustehen, werden *Individualrechte* genannt. Das Recht auf Leben, auf körperliche und geistige Unversehrtheit, auf Privat- und Geheimsphäre etc. – all dies sind solche Persönlichkeitsrechte.

Besonders wichtige Individualrechte werden in der Schweizerischen Bundesverfassung als Grundrechte ausdrücklich garantiert. Das Recht der persönlichen Freiheit gilt nach neuerer Rechtsprechung als ungeschriebenes Verfassungsrecht. Der Schutz der Persönlichkeit wird nicht nur durch das Verfassungsrecht und das ZGB gewährt, sondern auch durch andere Rechtsbereiche wie das OR, weitere Bundesgesetze (Kartellgesetz, Datenschutzgesetz etc.) und das Strafrecht. Auch die Europäische Konvention zum Schutz der Menschenrechte und Grundfreiheiten (EMRK) schützt gewisse Persönlichkeitsrechte, zum Beispiel das Recht auf Leben.

Der Persönlichkeitsschutz gilt nicht nur für die natürlichen, sondern – allerdings mit Einschränkungen – auch für die juristischen Personen.

Schutz vor übermässiger Bindung

B. Schutz der Persönlichkeit
I. Vor übermässiger Bindung

Art. 27

[1] Auf die Rechts- und Handlungsfähigkeit kann niemand ganz oder zum Teil verzichten.

[2] Niemand kann sich seiner Freiheit entäussern oder sich in ihrem Gebrauch in einem das Recht oder die Sittlichkeit verletzenden Grade beschränken.

Diese Bestimmung schützt die Person vor sich selbst. Der Artikel gibt keinen Aufschluss darüber, ab wann ein Mensch auf seine Rechts- und Handlungsfähigkeit ganz oder zum Teil verzichtet, wann er sich seiner Freiheit entäussert oder sich in ihrem Gebrauch rechtswidrig einschränkt. Erst die Rechtsprechung verleiht diesem Artikel Fleisch und Blut und entwickelt den Persönlichkeitsschutz. Eine Person kann zum Beispiel nicht auf ihre Ehefähigkeit verzichten, sie kann sich auch nicht verpflichten, in einen religiösen Orden einzutreten. Bindungen können aber nicht nur wegen ihres Gegenstandes, sondern auch wegen ihrer Intensität und Dauer übermässig sein. Ob die vertragliche Bindung einer Person übermässig sei, muss aufgrund der konkreten Umstände im Einzelfall entschieden werden.

Als Grenzen für eine übermässige vertragliche Bindung nennt Artikel 27 Absatz 2 das Recht und die Sittlichkeit. Der Begriff Recht umfasst sämtliche Normen des Rechtes, der Begriff Sittlichkeit alle allgemein anerkannten moralischen Grundsätze einer Gesellschaft. Einige Beispiele:
- Als unsittlich gelten etwa Prostitution oder Spiel und Wette. Deshalb kann weder der Dirnenlohn noch ein Spielgewinn eingefordert werden. Dies ist der Grund, dass beim Kartenspiel die Einsätze in bar auf den Tisch kommen, ein Schreiben («Ich setze mein Haus und meinen Hof.») wäre für den Gewinner nichts wert.
- Verträge können nicht «auf Ewigkeit» abgeschlossen werden. Wann allerdings der Kündigungszeitpunkt gekommen ist, lässt sich nur von Fall zu Fall entscheiden, es hängt auch vom Verhältnis zwischen Leistung und Gegenleistung ab. Bei einem Bierlieferungsvertrag beispielsweise sah das Bundesgericht 15 Jahre als eine zulässige Dauer an.
- Auch aussergewöhnliche Verpflichtungen finanzieller Art können eine Person in ihrer zukünftigen Freiheit übermässig einschränken. Laut Bundesgericht traf dies zu bei einem Schuldner, der alle seine zukünftigen Lohnforderungen an die Bank abtrat, welche ihm einen Kredit gewährt hatte. (Heute ist diese sogenannte Lohnzession nicht mehr zulässig; einzige Ausnahme bilden familienrechtliche Unterstützungspflichten.) Es ist aber durchaus möglich, dass eine Person Verträge eingeht, die ihre finanziellen Möglichkeiten bei weitem überschreiten, ohne dass dies unter Artikel 27 fällt.
- Ein Mensch darf sich nicht in völlige Abhängigkeit von einem anderen begeben. Solche Bindungen können wegen ihrer Intensität und Dauer widerrechtlich sein. Dies war der Fall, als eine Sängerin ihrer Managerin sämtliche Rechte betreffend Auftritte, Schallplatten und Finanzen umfassend übertrug, so dass diese allein darüber verfügte. Die Sängerin verpflichtete sich zudem, alle Weisungen der Managerin zu befolgen, alle Termine zu erfüllen und sich nach Bedarf zur Verfügung zu halten. Das Bundesgericht entschied, dass eine solche Bindung die persönliche Freiheit der Künstlerin schwer beschränke und damit ihr Persönlichkeitsrecht verletze, weshalb der Vertrag ungültig sei.

Schutz vor Verletzung der Persönlichkeit

Art. 28

II. Gegen Verletzungen
1. Grundsatz

¹ Wer in seiner Persönlichkeit widerrechtlich verletzt wird, kann zu seinem Schutz gegen jeden, der an der Verletzung mitwirkt, den Richter anrufen.

² Eine Verletzung ist widerrechtlich, wenn sie nicht durch Einwilligung des Verletzten, durch ein überwiegendes privates oder öffentliches Interesse oder durch Gesetz gerechtfertigt ist.

Dieser Artikel bietet Schutz vor Verletzungen der Persönlichkeit durch Dritte. Es gibt keinen numerus clausus der Persönlichkeitsrechte, eine abschliessende Aufzählung ist unmöglich. Der Begriff umfasst alles, was zur Individualisierung einer Person dient und im Hinblick auf die Beziehungen zwischen den Individuen und im Rahmen der guten Sitte als schützenswert erscheint. Aufgabe der Rechtsprechung ist es, den Begriff der Persönlichkeit auszulegen anhand der gegenwärtigen Entwicklung, der von der Gesellschaft anerkannten Werte und insbesondere anhand der Fortschritte von Wissenschaft und Technik.

Die sich wandelnden Auffassungen bringen unweigerlich eine gewisse Rechtsunsicherheit mit sich. Zum Beispiel sind Persönlichkeitsverletzungen durch das Speichern von persönlichen Daten (Gesundheitszustand, finanzielle Situation etc.) auf elektronischen Datenträgern der Gerichtspraxis erst zugänglich, seit elektronische Datenträger existieren. Bis sich die Rechtsprechung in einem neuen Gebiet einigermassen gefestigt hat und – beispielsweise im Datenschutzgesetz – zusammengefasst ist, haben die Betroffenen oft längere Zeit keine Informationen über ihre Abwehrmöglichkeiten gegen solche «neuen» Persönlichkeitsverletzungen. Dies alles hat zur Folge, dass die Entwicklung der Rechtsprechung zu Artikel 28 langsam vor sich geht.

Schützenswert sind körperliche, emotionale und soziale Rechtsgüter des Menschen:
- **Das Recht auf Leben und auf körperliche Unversehrtheit** oder körperliche Integrität: Die körperliche Integrität umfasst auch die psychische Unversehrtheit, die sexuelle Freiheit und die Bewegungsfreiheit.
- **Die emotionale Persönlichkeit** eines Menschen umfasst vor allem seine familienrechtlichen Beziehungen. Stört zum Beispiel ein Mann absichtlich und wiederholt das Familienleben eines Ehepaars mit der Behauptung, er sei der Vater eines der Kinder, verletzt er die Eheleute in ihren persönlichen Verhältnissen. Stirbt jemand durch Unfall, können unter Umständen die ihm nahestehen-

den Menschen eine Verletzung ihrer Persönlichkeit und damit einen Genugtuungsanspruch geltend machen. Angehörige eines Toten müssen angefragt werden, bevor der Leiche ein Organ entnommen wird, es sei denn, der Verstorbene habe schon zu Lebzeiten eigene Anordnungen getroffen.
- **Die soziale Persönlichkeit** umfasst den Schutz der persönlichen Sphäre. Jeder Mensch muss von der Öffentlichkeit Tatsachen aus seinem Privatleben fernhalten können, die nicht für einen weiteren Kreis bestimmt sind. Das Bundesgericht zählt zum Privatbereich eines Menschen all jene Lebensäusserungen, die der oder die einzelne mit einem begrenzten, bestimmten, ihm oder ihr relativ nah verbundenen Personenkreis, also mit Angehörigen, Freunden und nahen Bekannten, teilen will. Geschützt in dieser *Privatsphäre* sind auch Fotos und Tonbandaufnahmen der Person. Auch das berufliche, wirtschaftliche und gesellschaftliche Ansehen, das heisst die Ehre eines Menschen, gehört zur sozialen Persönlichkeit und ist geschützt. Die Verbreitung von persönlichen Daten (etwa über den Gesundheitszustand) an Personen, für die sie nicht bestimmt sind, verletzt die Privatsphäre. Dies gilt auch, wenn die Daten nicht weitererzählt, sondern in einem Computer gespeichert werden.

Von der Privatsphäre abgegrenzt ist die *Gemeinsphäre*, welche die allgemein zugänglichen Tatsachen über eine Person, zum Beispiel Adresse und Telefonnummer, umfasst. Es ist nicht immer einfach festzustellen, welche Tatsache in welche Sphäre gehört, denn der Umfang des Gemeinbereichs ist nicht bei jeder Person gleich. Menschen, die im öffentlichen Leben auftreten, bringen oft Tatsachen zum Beispiel aus ihrem Familienleben selber an die Öffentlichkeit oder exponieren sich mit ihren Meinungen. Insofern sind sie auch weniger gegen Persönlichkeitsverletzungen geschützt.

Welche Persönlichkeitsverletzungen sind widerrechtlich?

Absatz 2 von Artikel 28 definiert eine Verletzung als widerrechtlich, wenn sie nicht gerechtfertigt ist. Das bedeutet, dass jede Verletzung widerrechtlich ist, wenn sie nicht durch einen der folgenden Rechtfertigungsgründe rechtens wird.
- Einwilligung des oder der Verletzten: Die Ärztin, die ihren Patienten ohne seine Einwilligung und ohne dass ein Notfall vorliegt operiert, verletzt seine Persönlichkeit (Körperverletzung). Hat sie ihn aber vorher über die Behandlung und über das Risiko des Eingriffs genügend aufgeklärt und gibt er seine Einwilligung dazu, wird die Operation rechtmässig.
- Überwiegendes öffentliches oder privates Interesse: In jedem Einzelfall muss zwischen dem Interesse der verletzten und demjenigen der verletzenden

Person abgewogen werden. Diese vergleichende Abwägung gegensätzlicher Interessen hat je auf deren besonderen Wert Rücksicht zu nehmen. Das geltend gemachte private Interesse muss von allgemein anerkanntem Wert sein. Dazu ein Beispiel:

Bei einer dringenden Organtransplantation, zu der die Einwilligung des Spenders fehlte, entschied das Bundesgericht, dass das Interesse des Organempfängers auf Besserung seines Gesundheitszustands schwerer wiege als dasjenige des Spenders (und seiner Angehörigen), über die Leiche verfügen zu können (BGE 101 II 177).

Aber nicht nur private Interessen, auch das öffentliche, das Interesse der Allgemeinheit kann wichtiger sein als dasjenige der verletzten Person. Die Öffentlichkeit hat zum Beispiel ein schutzwürdiges Interesse daran, über Ereignisse von genereller Bedeutung, etwa über eine politisch aktive Person, durch die Medien informiert zu werden. Das Gericht muss also diese besondere Aufgabe der Medien bei der Auslegung der Persönlichkeitsschutzartikel berücksichtigen. Klar ist, dass die Medien den Wahrheitsgehalt ihrer Informationen nachprüfen müssen und keine falschen Tatsachen verbreiten dürfen.

– Rechtfertigung durch das Gesetz: Die Publikation der Entmündigung etwa stellt – obwohl sie ein schwerwiegender Eingriff in die Privatsphäre eines Menschen ist – keine Persönlichkeitsverletzung dar, da sie vom Gesetz (Art. 375) verlangt wird.

Wie wehrt sich die verletzte Person?

Art. 28a

2. Klage

¹ Der Kläger kann dem Richter beantragen:
1. eine drohende Verletzung zu verbieten;
2. eine bestehende Verletzung zu beseitigen;
3. die Widerrechtlichkeit einer Verletzung festzustellen, wenn sich diese weiterhin störend auswirkt.

² Er kann insbesondere verlangen, dass eine Berichtigung oder das Urteil Dritten mitgeteilt oder veröffentlicht wird.

³ Vorbehalten bleiben die Klagen auf Schadenersatz und Genugtuung sowie auf Herausgabe eines Gewinns entsprechend den Bestimmungen über die Geschäftsführung ohne Auftrag.

Natürliche und juristische Personen

3. Gerichtsstand

Art. 28b

¹ Zuständig zur Beurteilung von Klagen zum Schutz der Persönlichkeit ist der Richter am Wohnsitz des Klägers oder des Beklagten.

² Macht der Kläger gleichzeitig aus der Verletzung Ansprüche auf Schadenersatz, Genugtuung oder Gewinnherausgabe geltend, so kann er diese an seinem Wohnsitz erheben.

Wird eine Person in ihrer Persönlichkeit verletzt, muss sie selbst aktiv werden und beim Gericht Klage einreichen. Was diese Klage beinhaltet und was verlangt werden kann, sagt Artikel 28a.

– Wer eine zukünftige Verletzung seiner Persönlichkeit verhindern will, wehrt sich mit der sogenannten Unterlassungsklage. Ein Beispiel:
Die Biographie eines «Finanzhais» soll demnächst erscheinen. Dieser hat sie jedoch nicht autorisiert und lässt deshalb über das Gericht die Verbreitung des Buches verbieten. Dazu muss er aber die drohende Gefahr einer Persönlichkeitsverletzung durch das Buch nachweisen können.

– Eine Beseitigungsklage ist dann nötig, wenn eine Persönlichkeitsverletzung fortdauert, ihr aber noch ein Ende gesetzt werden kann. Zum Beispiel kann das Gericht anordnen, dass die Verbreitung einer Zeitung, welche einen persönlichkeitsverletzenden Artikel enthält, unterbrochen wird.

– Die Feststellungsklage kommt zum Zug, wenn eine Verletzung zwar beendigt ist, die Störung sich aber weiter auswirkt.

Das Gesetz sieht zwei Mittel zur Beseitigung der Persönlichkeitsverletzung vor: die Veröffentlichung einer Berichtigung oder des Gerichtsurteils und die Mitteilung der Berichtigung oder des Urteils an Dritte. Wichtig ist vor allem die *Veröffentlichung einer Berichtigung*. Meist wird sie zusammen mit der Feststellungsklage verlangt – beispielsweise in derselben Zeitschrift, in welcher die verletzende Aussage stand.

Wer einen Vermögensschaden nachweisen kann, hat Anspruch auf Schadenersatz. Für einen immateriellen Schaden (Unbill, Kränkung, seelischer oder körperlicher Schmerz) kann auch Genugtuung verlangt werden. Die schweizerische Gerichtspraxis ist aber mit der Zusprechung und der Höhe von Genugtuungssummen eher zurückhaltend.

Grundsätzlich müssen Klagen, wenn im Gesetz nichts anderes vorgesehen ist, am Wohnsitz der beklagten Partei erhoben werden. Klagen gegen Persönlichkeitsverletzungen können dagegen – so sagt Artikel 28b – am eigenen Wohnsitz eingereicht werden.

Vorsorgliche Massnahmen während des Prozesses

Art. 28c

4. Vorsorgliche Massnahmen
a. Voraussetzungen

¹ Wer glaubhaft macht, dass er in seiner Persönlichkeit widerrechtlich verletzt ist oder eine solche Verletzung befürchten muss und dass ihm aus der Verletzung ein nicht leicht wiedergutzumachender Nachteil droht, kann die Anordnung vorsorglicher Massnahmen verlangen.

² Der Richter kann insbesondere:

1. die Verletzung vorsorglich verbieten oder beseitigen;
2. die notwendigen Massnahmen ergreifen, um Beweise zu sichern.

³ Eine Verletzung durch periodisch erscheinende Medien kann der Richter jedoch nur dann vorsorglich verbieten oder beseitigen, wenn sie einen besonders schweren Nachteil verursachen kann, offensichtlich kein Rechtfertigungsgrund vorliegt und die Massnahme nicht unverhältnismässig erscheint.

Art. 28d

b. Verfahren

¹ Der Richter gibt dem Gesuchsgegner Gelegenheit, sich zu äussern.

² Ist es jedoch wegen dringender Gefahr nicht mehr möglich, den Gesuchsgegner vorgängig anzuhören, so kann der Richter schon auf Einreichung des Gesuchs hin Massnahmen vorläufig anordnen, es sei denn, der Gesuchsteller habe sein Gesuch offensichtlich hinausgezögert.

³ Kann eine vorsorgliche Massnahme dem Gesuchsgegner schaden, so kann der Richter vom Gesuchsteller eine Sicherheitsleistung verlangen.

Art. 28e

c. Vollstreckung

¹ Vorsorgliche Massnahmen werden in allen Kantonen wie Urteile vollstreckt.

² Vorsorgliche Massnahmen, die angeordnet werden, bevor die Klage rechtshängig ist, fallen dahin, wenn der Gesuchsteller nicht innerhalb der vom Richter festgesetzten Frist, spätestens aber innert 30 Tagen, Klage erhebt.

Art. 28f

d. Schadenersatz

¹ Der Gesuchsteller hat den durch eine vorsorgliche Massnahme entstandenen Schaden zu ersetzen, wenn der Anspruch, für den sie bewilligt worden ist, nicht zu Recht bestanden hat; trifft ihn jedoch kein oder nur ein leichtes Verschulden, so kann der Richter das Begehren abweisen oder die Entschädigung herabsetzen.

² Zuständig für die Beurteilung der Schadenersatzklage ist der Richter, der die vorsorgliche Massnahme verfügt hat, oder der Richter am Wohnsitz des Beklagten.

³ Eine bestellte Sicherheit ist freizugeben, wenn feststeht, dass keine Schadenersatzklage erhoben wird; bei Ungewissheit setzt der Richter Frist zur Klage.

Wer eine Verletzung seiner Persönlichkeit fürchtet, die ihm gravierende Nachteile bringen würde, kann auch vorsorgliche Massnahmen verlangen. Die wichtigste solche Massnahme ist das vorläufige Verbieten oder Beseitigen einer Verletzung; beispielsweise kann das Gericht die Auslieferung eines verletzenden Buches vorläufig stoppen. Die verletzte Person kann auch verlangen, dass Beweise sichergestellt werden, dass sie beispielsweise Einblick in die Quellen der möglichen Verletzung erhält und etwa einen Text vor der Veröffentlichung begutachten kann. Wer vorsorgliche Massnahmen verlangt, muss die drohende Persönlichkeitsverletzung und die damit verbundenen Nachteile lediglich glaubhaft machen und nicht beweisen.

Die Gegenseite muss Gelegenheit erhalten, sich zum konkreten Begehren um vorsorgliche Massnahmen zu äussern, bevor ein Entscheid gefällt wird (Art. 28d Abs.1). Nur wenn dringende Gefahr droht, wird das Gericht ohne Anhörung der Gegenseite entscheiden und eine sogenannte *superprovisorische* Verfügung erlassen (Art. 28d Abs. 2). Allenfalls muss die verletzte Person dazu eine Sicherheit leisten. Vorsorgliche Massnahmen können auch vor Einleitung des Prozesses angeordnet werden; die verletzte Person muss dann aber innert Frist klagen. Ein Beispiel:

Ein früheres Mitglied der rumänischen Eishockey-Nationalmannschaft (H.) wollte in der Schweiz weiterhin Eishockey spielen. Sein Club stellte beim Schweizerischen Eishockeyverband (SEHV) das Gesuch, H. für die Meisterschaft der ersten Liga zu lizenzieren. Der SEHV lehnte ab. Das Kantonsgericht St. Gallen stufte dies als persönlichkeitsverletzend und widerrechtlich ein. H. werde praktisch verunmöglicht, den Eishockeysport seinen Fähigkeiten entsprechend wettkampfmässig auszuüben. H. hatte mit einer vorsorglichen Massnahme die Zulassung zur Meisterschaft der ersten Liga verlangt. Das

Gericht befand, dass H. aus der Persönlichkeitsverletzung ein nicht leicht wiedergutzumachender Nachteil drohe. Er müsse nämlich den ordentlichen Prozessweg beschreiten, was bis zum rechtskräftigen Entscheid Jahre dauern könne. In dieser Zeit würde der 23jährige H. aber den Anschluss an die Spitzenklasse verlieren. Deshalb bewilligte das Gericht die Zulassung zur ersten Liga (St. Galler Kantonsgericht, 21.12.1990).

Artikel 28c Absatz 3 enthält eine Sonderregelung für periodisch erscheinende Medien. Damit diese nicht einer Art Zensur unterliegen, muss eine Person, die beispielsweise einen Artikel über sich verhindern will, nicht nur einen besonders schweren Nachteil glaubhaft machen, sondern auch darlegen können, dass offensichtlich kein Rechtfertigungsgrund (siehe Seite 56) für die Persönlichkeitsverletzung besteht und dass die verlangte Massnahme verhältnismässig ist. Das Gericht soll mässige und nicht ohne Not spektakuläre Massnahmen, etwa den Unterbruch der Rotation einer Zeitung, treffen. Dieser besondere Schutz für die Medien einerseits bringt andererseits weniger Schutz für die Persönlichkeitsrechte. Das wird bis zu einem gewissen Grad durch das Gegendarstellungsrecht ausgeglichen.

Das Gegendarstellungsrecht

Art. 28*g*

5. Recht auf Gegendarstellung
a. Grundsatz

¹ Wer durch Tatsachendarstellungen in periodisch erscheinenden Medien, insbesondere Presse, Radio und Fernsehen, in seiner Persönlichkeit unmittelbar betroffen ist, hat Anspruch auf Gegendarstellung.

² Kein Anspruch auf Gegendarstellung besteht, wenn über öffentliche Verhandlungen einer Behörde wahrheitsgetreu berichtet wurde und die betroffene Person an den Verhandlungen teilgenommen hat.

Art. 28*h*

b. Form und Inhalt

¹ Der Text der Gegendarstellung ist in knapper Form auf den Gegenstand der beanstandeten Darstellung zu beschränken.

² Die Gegendarstellung kann verweigert werden, wenn sie offensichtlich unrichtig ist oder wenn sie gegen das Recht oder die guten Sitten verstösst.

Art. 28i

c. Verfahren

¹ Der Betroffene muss den Text der Gegendarstellung innert 20 Tagen, nachdem er von der beanstandeten Tatsachendarstellung Kenntnis erhalten hat, spätestens jedoch drei Monate nach der Verbreitung, an das Medienunternehmen absenden.

² Das Medienunternehmen teilt dem Betroffenen unverzüglich mit, wann es die Gegendarstellung veröffentlicht oder weshalb es sie zurückweist.

Art. 28k

d. Veröffentlichung

¹ Die Gegendarstellung ist sobald als möglich zu veröffentlichen, und zwar so, dass sie den gleichen Personenkreis wie die beanstandete Tatsachendarstellung erreicht.

² Die Gegendarstellung ist als solche zu kennzeichnen; das Medienunternehmen darf dazu nur die Erklärung beifügen, ob es an seiner Tatsachendarstellung festhält oder auf welche Quellen es sich stützt.

³ Die Veröffentlichung der Gegendarstellung erfolgt kostenlos.

Art. 28l

e. Anrufung des Richters

¹ Verhindert das Medienunternehmen die Ausübung des Gegendarstellungsrechts, verweigert es die Gegendarstellung oder veröffentlicht es diese nicht korrekt, so kann der Betroffene den Richter anrufen.

² Zuständig für die Beurteilung der Klage ist der Richter am Wohnsitz des Klägers oder des Beklagten.

³ Der Richter entscheidet unverzüglich aufgrund der verfügbaren Beweismittel.

⁴ Rechtsmittel haben keine aufschiebende Wirkung.

Ein wichtiger Grund für die Revision des Persönlichkeitsschutzes vom 16. Dezember 1983 war die Verbesserung des Schutzes gegen Verletzungen durch die Medien. Nach altem Recht brachte Streiten vor Gericht oft nicht den angestrebten Schutz der Persönlichkeitsrechte. Zudem dauerten die Verfahren zu lange, und die Massnahmen waren ungeeignet. Dem sollte mit dem Gegendarstellungsrecht begegnet werden.

Das Gegendarstellungsrecht erlaubt, einer Information in den periodisch erscheinenden Medien, die von der betroffenen Person vertretene Version entgegenzuhalten. Periodisch erscheinende Medien sind Zeitungen, Zeitschriften, aber auch Sendungen der Fernseh- und Rundfunkanstalten, die in mehr oder weniger regelmässigen Abständen erscheinen. Im Rahmen des Gegendarstellungsrechts wird die *Wahrheit* über die persönlichen Tatsachen geschützt. Grundsätzlich hat deshalb jede Person, die durch eine Tatsachendarstellung betroffen ist, das Recht auf Gegendarstellung. Dabei muss die Tatsachendarstellung nicht widerrechtlich sein, also keine Persönlichkeitsverletzung darstellen. Würde Widerrechtlichkeit verlangt, müsste das Gericht zuerst über diesen Punkt entscheiden, und das entspricht gerade nicht dem Ziel des Gesetzes.

Umittelbar in der Persönlichkeit betroffen sein bedeutet, dass ein Mensch bezeichnet ist oder dass seine Identifikation klar möglich sein muss. Hinweise auf einen bestimmten Personenkreis, zum Bespiel «die Arbeitgeber» oder «die Grünen» reichen nicht aus.

Geschützt sind nur *Darstellungen von Tatsachen* (also von erkenn- und beweisbaren Sachverhalten), nicht aber Meinungsäusserungen und Werturteile über Personen. Wird zum Beispiel in einer Zeitung geschrieben, eine bekannte Architektin habe an einem Architekturwettbewerb keinen Preis erhalten, muss die Betroffene antworten können, sie habe am Wettbewerb gar nicht teilgenommen. Nicht beifügen dürfte sie aber, dass sie an einem anderen Wettbewerb einen Preis gewonnen habe. Qualifizierungen − etwa jemand sei ein Anarchist oder ein skrupelloser Geschäftsmann − sind Meinungsäusserungen, gegen die keine Gegendarstellung verlangt werden kann; dagegen können sich die Betroffenen, wenn sie persönlichkeitsverletzend sind, anhand von Artikel 28 wehren.

Tatsachendarstellungen können sowohl unwahr als auch persönlichkeitsverletzend sein. Wird zum Beispiel in einem Zeitungsartikel tatsachenwidrig behauptet, eine Person habe Ehebruch begangen, kann diese Gegendarstellung verlangen und auf Verletzung der Persönlichkeit klagen.

Jede Art von Darstellung durch die Medien kann eine Gegendarstellung auslösen, ein geschriebener oder gelesener Text, ein Foto, ein Film oder gar eine Zeichnung oder Karikatur. Da die Art der Verbreitung unterschiedlich ist, kann auch die Gegendarstellung am Radio, am Fernsehen oder in den gedruckten Medien erscheinen. Auch aus Inseraten kann sich ein Gegendarstellungsrecht ergeben. Eine blosse Anspielung genügt, wenn erkennbar ist, welche Person gemeint ist.

Form und Verfahren

Das Medienunternehmen darf die Ausübung des Gegendarstellungsrechts nicht verhindern. Die betroffene Person kann von einem Medienunternehmen

Einsicht in einen Artikel (oder Anhörung einer Sendung) fordern, wenn sie darlegen kann, dass in der Darstellung ihre Persönlichkeit betroffen sein könnte. Die Gegendarstellung darf nur Tatsachen enthalten – sie antwortet ja auf eine Tatsachendarstellung. Nicht zulässig sind zum Beispiel Kritiken an der Arbeitsmethode des Journalisten. Eine bloss mündliche Reaktion genügt nicht.
Will das Medienunternehmen gewisse Teile der Gegendarstellung nicht abdrucken oder abändern, kommt dies einer Zurückweisung gleich. Können sich die Parteien nicht einigen, kann die betroffene Person das Gericht anrufen.

Veröffentlichung

Die Gegendarstellung muss im gleichen Rahmen stattfinden wie die angefochtene Darstellung. In einer Zeitung muss sie also einen Platz erhalten, wo sie die Aufmerksamkeit der gleichen Leserinnen und Leser weckt, bei Radio und Fernsehen in einer gleichartigen Sendung ausgestrahlt werden. Sie muss auch sobald als möglich veröffentlicht werden, das heisst praktisch in der nächsten Zeitungsnummer nach Entgegennahme oder in der nächsten Fernsehsendung, die den gleichen Personenkreis erreicht. Hat eine Person bereits vor der Ausstrahlung einer Sendung Kenntnis vom Inhalt, kann sie ihr Gegendarstellungsrecht unter Umständen bereits vor dem Ausstrahlungszeitpunkt ausüben und verlangen, dass ihre Gegendarstellung im Rahmen der gleichen Sendung ausgestrahlt wird.
Die Gegendarstellung muss als solche erkennbar sein und auch den Namen der Verfasserin oder des Verfassers tragen. Das Medienunternehmen kann orthographische und sprachliche Fehler korrigieren, solange dies nicht den Inhalt des Textes berührt.

Anrufung des Gerichts

Artikel 28l nennt die drei Fälle, in denen eine betroffene Person das Gericht anrufen kann, nämlich wenn das Medienunternehmen die Gegendarstellung verweigert, verhindert oder sie nicht korrekt veröffentlicht. Als Verhinderung der Gegendarstellung gelten etwa Fälle, in denen ein Medienunternehmen dem oder der Betroffenen seinen Entscheid nicht unverzüglich mitteilt (siehe Art. 28i Abs. 2), seine Ablehnung nicht begründet, an der Gegendarstellung herumflickt oder sie nicht angebracht veröffentlicht. Wird eine Gegendarstellung lediglich zu spät, sonst aber korrekt veröffentlicht, kann Artikel 28l nicht angerufen werden.
Für die Klage ist keine bestimmte Frist vorgeschrieben. Der oder die Betroffene muss aber noch ein schützenswertes Interesse nachweisen, sonst kom-

men die Fristen von Artikel 28i analog zum Zug. Die Parteien werden vom Gericht kurzfristig vorgeladen. Das Medienunternehmen kann vom Betroffenen keine Kaution verlangen, das ist mit dem vorgesehenen schnellen Verfahren nicht vereinbar. Der Entscheid des Gerichts kann weitergezogen werden; die Gegendarstellung muss aber erscheinen, wenn das erstinstanzliche Gericht so entschieden hat. Dazu ein Beispiel:

Vor den Nationalratswahlen vom 18. Oktober 1987 veröffentlichte das Badener Tagblatt am 15. September eine Agenturmeldung über das «Grüne Bündnis», in der unter anderem stand, die POCH bildeten dessen «personelles und programmatisches Rückgrat». Die dem «Grünen Bündnis» angehörende «Grüne Aargau» verlangte beim Gericht eine Gegendarstellung, in der festgehalten wurde, dass diese Behauptung jeglicher sachlichen Grundlage entbehre. Mit superprovisorischer Verfügung vom 1. Oktober 1987 ordnete das Gericht an, das Badener Tagblatt müsse die Gegendarstellung abdrucken. Diese erschien am 3. Oktober 1987. Das Badener Tagblatt zog den Entscheid weiter bis ans Bundesgericht, weil es sich seiner Meinung nach bei der Agenturmeldung gar nicht um eine Tatsachenbehauptung gehandelt habe. Das Bundesgericht entschied schliesslich, die Zeitungsmeldung sei eine Tatsachenbehauptung gewesen, auch wenn der Ausdruck «Rückgrat» eine bildhafte Formulierung sei. Für den Durchschnittsleser, und nur auf diesen komme es an, sei daraus nichts anderes zu entnehmen gewesen, als dass der POCH die tragende Rolle im «Grünen Bündnis» zukomme. Diese Aussage aber liess sich ohne grosse Schwierigkeiten widerlegen (BGE 114 II 385).

Das Recht auf den Namen

Der Name bestimmt die Identität eines Menschen. Er ist eng mit der Persönlichkeit des Trägers oder der Trägerin verbunden. Eine Person ist in der Gesellschaft unter ihrem Namen bekannt, an diesem zeigen sich auch Familienbeziehungen. Das Gesetz sieht besondere Schutzregeln für den Namen vor (Art. 29). Im schweizerischen Recht besteht der Grundsatz, dass der Name *nicht wandelbar* sei (wegen des Interesses der Allgemeinheit an der Rechtssicherheit). Dieser Grundsatz kennt aber Ausnahmen; eine Namensänderung ist erlaubt, wenn wichtige Gründe dafür vorliegen (Art. 30).

Der Name einer natürlichen Person setzt sich grundsätzlich aus dem Familien- oder Geschlechtsnamen und dem Vornamen zusammen. Jede Person ist berechtigt, in gewissen Lebenskreisen, etwa bei einer schriftstellerischen oder wissenschaftlichen Tätigkeit, einen Decknamen, ein Pseudonym zu tragen. Der Familienname aber bleibt bestehen. Geben Dritte einer Person einen Übernamen oder Beinamen, ist dies in Ordnung, solange die betroffene Person nichts dagegen hat.

Es sind die Eltern, welche dem Kind den Vornamen geben. Ihre Wahlmöglichkeiten sind aber begrenzt durch den Rechtsmissbrauch (siehe Art. 2, Seite 24, Kommentar Seite 26). Vornamen dürfen die Interessen des Kindes oder Dritter nicht verletzen. Dies wäre eindeutig der Fall bei anstössigen Namen (etwa «Adulterius»), bei widersinnigen Namen («Tubeli») oder wenn der Name das Geschlecht des Kindes nicht eindeutig erkennen lässt («Amel»). Das Bundesgericht lehnte auch die Namen «Mayor» und «Wiesengrund» als Vornamen ab, da sie nicht als solche erkennbar seien.

Grundsätzlich dürfen unbeschränkt viele Vornamen gewählt und benützt werden. Verbundene Namen können getrennt, getrennte verbunden werden. Als zweiter Vorname kann auch ein Familienname, etwa derjenige der Mutter, neben dem wirklichen Familiennamen gewählt werden. Einen solchen Wunsch müssen die Eltern aber durch einen ernsthaften und sachlich beachtlichen Grund, zum Beispiel eine Familientradition, rechtfertigen können. Dazu ein Beispiel:

Ein Ehepaar wollte seine Tochter, in Anlehnung an den Namen der Mutter vor der Ehe (Schmucki), mit den beiden Vornamen «Carla Schmuki» ins Geburtsregister eintragen lassen. Dies wurde vom Bundesgericht abgelehnt mit der Begründung, der Name Schmucki sei in der Schweiz als Name, nicht aber als Vorname bekannt, so dass eine Verwechslungsgefahr drohe. Daran ändere sich auch nichts, wenn der Buchstabe c weggelassen werde. Dass die Eltern «Schmuki» von schmuck, hübsch herleiteten, sei kein ausreichender

Grund für die Wahl dieses missverständlichen Namens. Der Name könne auch ganz andere Assoziationen wecken, und das Kind laufe Gefahr, später von seinen Schulkameraden wegen seines Namens ausgespottet zu werden (BGE118 II 243).

Der Name ist geschützt

Art. 29

III. Recht auf den Namen
1. Namensschutz

¹ Wird jemandem die Führung seines Namens bestritten, so kann er auf Feststellung seines Rechtes klagen.

² Wird jemand dadurch beeinträchtigt, dass ein anderer sich seinen Namen anmasst, so kann er auf Unterlassung dieser Anmassung sowie bei Verschulden auf Schadenersatz und, wo die Art der Beeinträchtigung es rechtfertigt, auf Leistung einer Geldsumme als Genugtuung klagen.

Geschützt werden der Familienname, der Vorname, aber auch ein Pseudonym. Dies allerdings nur, wenn es eine gewisse Originalität und Bekanntheit hat, die Person also genügend individualisiert. Ein Beispiel:

Eine Sängerin, die 1962 ein Lied mit dem Titel «Sheila» interpretierte, legte sich diesen Titel als Künstlernamen zu und erlangte damit eine gewisse Popularität. 1963/64 liess eine Firma «Sheila» als Fabrikmarke für Parfümerieartikel eintragen und brachte unter diesem Namen ein neues Parfum auf den Markt. Dagegen setzte sich die Sängerin zur Wehr. Das Bundesgericht aber entschied, der Name Sheila individualisiere die Sängerin nicht genügend, da ihm ein Mindestmass an Originalität fehle (BGE 92 II 305).

In der Praxis werden meist Namensanmassungen, vor allem im Geschäftsverkehr, eingeklagt. Eine Person verwendet unbefugterweise den Namen einer anderen, weil sie sich davon Vorteile verspricht. Auch die Verwendung eines wichtigen Teils des Namens einer Person gilt als Namensanmassung. Damit jemand sich gegen eine Namensanmassung wehren kann, muss er dadurch in seinen schützenswerten Interessen verletzt werden. Das können vermögensrechtliche, aber auch ideelle Interessen sein. Ein ideelles Interesse liegt vor, wenn jemand durch die Verwendung seines Namens in eine gar nicht vorhandene Beziehung zu Personen oder Sachen gebracht wird, die er ablehnt (und vernünftigerweise auch ablehnen darf). Auch dazu ein Beispiel:

Er sei in seinen ideellen Interessen verletzt, führte Robert David Abraham an, als er einen Antiquitätenladen «Abraham» wegen Namensanmassung ein-

klagte. Das Bundesgericht jedoch entschied, der Name Abraham sei Gemeingut, weshalb der Kläger kein Ausschliesslichkeitsrecht beanspruchen könne. Der weltweite Gebrauch dieses Namens lasse zwischen dem Laden und dem Kläger überhaupt keine Beziehung entstehen (BGE 102 II 305).

Eine Verletzung der Persönlichkeit ist es auch, wenn die Namensanmassung zu Verwechslungen führt. Tragen zwei Personen den gleichen Namen, sind sie dazu berechtigt, solange sie damit nicht bewusst Verletzungen provozieren oder die eine Person die Bekanntheit der anderen für sich ausnützen will.

Wann ist eine Namensänderung erlaubt?

Art. 30

2. Namensänderung

¹ Die Regierung des Wohnsitzkantons kann einer Person die Änderung des Namens bewilligen, wenn wichtige Gründe vorliegen.

² Das Gesuch der Brautleute, von der Trauung an den Namen der Ehefrau als Familiennamen zu führen, ist zu bewilligen, wenn achtenswerte Gründe vorliegen.

³ Wer durch Namensänderung verletzt wird, kann sie binnen Jahresfrist, nachdem er von ihr Kenntnis erlangt hat, gerichtlich anfechten.

Meistens wird mit einer Namensänderung ein neuer Familienname beantragt. Es kann aber auch die Änderung des Vornamens verlangt werden. Namensänderungen sind nur möglich, wenn wichtige Gründe zeigen, dass das Interesse einer Person an einem neuen Namen grösser ist als das Interesse der Allgemeinheit an der Rechtssicherheit. Hauptgründe für Namensänderungen sind besondere familiäre Situationen.

Beim Entscheid müssen alle Umstände des Einzelfalls berücksichtigt werden. Das Bundesgericht hat beispielsweise beim Namen «Amherd» die Änderung zu «Amherdt» zugelassen. Die Namensträgerinnen wohnten in der französischen Sprachregion, wo ihr Name durch die Art, wie er ausgesprochen wurde, lächerlich wirkte («ah!merde»). Oft werden auch Namen von Familien ausländischer Herkunft «verschweizert». Zum Beispiel wird aus der Familie Zanowski die Familie Zahn. Das Bundesgericht hat ein Namensänderungsgesuch einer Familie abgelehnt, die den früheren Namen der Frau annehmen wollte, weil dieser sonst mangels männlicher Nachkommen aussterben würde.

Es kann sein, dass jemand durch eine bewilligte Namensänderung verletzt wird. Er kann sie gestützt auf Absatz 3 von Artikel 30 beim Gericht anfechten, wenn er ein überwiegendes Interesse darlegen kann.

Der Name der Ehefrau als Familienname

Grundsätzlich ist der Name des Ehemannes der Familienname der Eheleute und der gemeinsamen Kinder (siehe Art. 160 Abs. 1). Die Brautleute können aber, gestützt auf Artikel 30 Absatz 2, beantragen, dass statt dessen der Name, den die Braut unmittelbar vor der Heirat trägt, Familienname sein soll. Trägt die Braut einen Doppelnamen, kann nur der erste Namenteil gewählt werden. Dieses Gesuch ist vor der Trauung zu stellen. Das Gesetz verlangt achtenswerte Gründe dafür: Das ist weniger streng als «wichtige» Gründe, neben dem gemeinsamen Willen der Brautleute muss aber ein Minimum an zusätzlicher Begründung vorliegen. Liegen die Gründe ausschliesslich auf der Seite des Mannes, genügen sie kaum. Hohe Anforderungen werden aber nicht gestellt. Ein Beispiel:

Die Braut leitet das alteingesessene Familienunternehmen «Eisenhart AG». Sie möchte den Namen Eisenhart beibehalten und ihn auch allfälligen Kindern weitergeben in der Hoffnung, das Unternehmen bleibe in Familienhand. Ein solches Gesuch ist zu bewilligen.

Wird der Name der Braut als Familienname gewählt, kann der Bräutigam seinen früheren Namen nicht voranstellen (wie es die Frau kann, siehe Art. 160 Abs. 2). Wird die Ehe aufgelöst, kann der Mann seinen früheren Namen wieder annehmen.

Namensänderung von Kindern

Kindern wird eine Namensänderung dann bewilligt, wenn ihnen dadurch soziale Nachteile aus der Familiensituation erspart werden können. Zum Beispiel ist es naheliegend, dass ein Kind den Namen derjenigen Person trägt, die tatsächlich die elterliche Gewalt ausübt. Deshalb kann ein Kind, das in einem dauerhaften Pflegeverhältnis lebt, den Namen der Pflegeeltern annehmen. Auch Kinder geschiedener Eltern, die bei der Mutter aufwachsen, können, wenn sie sich wieder verheiratet, den Namen des Stiefvaters annehmen. Das Bundesgericht verlangt eine gewisse Stabilität der neuen Ehegemeinschaft, in der die Scheidungskinder leben. Diese sei nach zweijähriger Dauer erwiesen.

Immer häufiger müssen sich die Behörden mit Kindern aus Konkubinatsverhältnissen befassen. Einem ausserehelich geborenen Kind wird bewilligt, den

Namen des Vaters zu tragen, wenn das Konkubinat der Eltern von dauerhafter Natur ist und auf einer stabilen Beziehung beruht. Die Gründe, weshalb die Eltern nicht heiraten wollen, sind dabei nicht massgebend. Entscheidend ist nur, dass dem Kind allfällige Nachteile, welche mit dem Zivilstand der Eltern zusammenhängen, erspart werden sollen. Leben die Eltern ausserehelicher Kinder nicht zusammen, liegen nach Bundesgericht keine wichtigen Gründe dafür vor, dass das Kind den Namen des Vaters führt.

Hat eine Frau nach der Scheidung ihren früheren Namen wieder angenommen, so wird dem unter ihrer elterlichen Gewalt lebenden Kind erlaubt, den Namen der Mutter zu tragen. Allenfalls ist es aber sinnvoll, mit der Namensänderung zuzuwarten, da die zukünftigen Lebensverhältnisse der Mutter noch unklar sind, vor allem im Hinblick auf eine mögliche Wiederverheiratung. Die zürcherischen Behörden haben für derartige Fälle eine Wartefrist von mindestens zwei Jahren vorgesehen, was das Bundesgericht für zulässig erachtet, mindestens dann, wenn in dieser Zeit keine grösseren Veränderungen, wie zum Beispiel durch einen Schuleintritt, auf das Kind zukommen.

Anfang und Ende der menschlichen Persönlichkeit

C. Anfang und Ende der Persönlichkeit
I. Geburt und Tod

Art. 31

[1] Die Persönlichkeit beginnt mit dem Leben nach der vollendeten Geburt und endet mit dem Tode.

[2] Vor der Geburt ist das Kind unter dem Vorbehalt rechtsfähig, dass es lebendig geboren wird.

Die Definition von Geburt und Tod im ersten Absatz ist in moralischer und rechtlicher Hinsicht problematisch. Sobald das Kind den Körper der Mutter vollständig verlassen hat, gilt es als geboren. Ob die Nabelschnur bereits durchschnitten wurde, ist unwesentlich. Stirbt das Kind vor oder während der Geburt, ist es nicht rechtsfähig. Nur das lebend geborene Kind erwirbt eine Rechtspersönlichkeit. Lebensfähigkeit des Kindes wird nicht vorausgesetzt, es muss aber gelebt, ein Lebenszeichen gegeben haben. Damit der Begriff des Lebens nicht zu weit gezogen wird, muss das Kind, damit es als lebend geboren gilt, auch einen Reifegrad aufweisen, welcher unter den besten Umständen ein Überleben ausserhalb des Mutterleibs möglich macht.

Das Gesetz verweist in verschiedenen Absätzen auf das gezeugte, aber noch ungeborene Kind, genannt Nasciturus. Der Nasciturus ist zum Beispiel erbfähig, unter der Voraussetzung, dass er lebend geboren wird (siehe Art. 544, Seite 480). Er hat in der Rechtsordnung ein beschränktes Recht auf Leben. In diesem Sinn werden in den Artikeln 118 bis 120 des Strafgesetzbuches Normen über den Schwangerschaftsabbruch aufgestellt. Allerdings ist dieses Recht auf Leben nicht absolut und vorrangig; es kann ein Interessenkonflikt mit dem Recht der Mutter auf körperliche und seelische Gesundheit oder sogar auf Leben entstehen. Einer Liberalisierung des Schwangerschaftsabbruchs jedenfalls steht Absatz 2 von Artikel 31 nicht entgegen. Es ist die Rechtsprechung, welche im Einzelfall festlegt, wann durch den Abbruch der Schwangerschaft die Persönlichkeit des Nasciturus verletzt wird.

Für die Feststellung des Todes sind die Richtlinien der Schweizerischen Akademie der medizinischen Wissenschaften von 1969 und 1983 massgebend. Danach tritt der Tod des Menschen mit seinem Hirntod, dem vollständigen und nicht mehr rückgängig zu machenden Ausfall der Funktionen des Gehirns, ein. Sind die Gehirnfunktionen eines Menschen in irreversibler Weise beeinträchtigt, aber nicht vollständig ausgefallen, stellt sich die Frage der passiven Sterbehilfe. Das Zivilrecht hat keine abschliessenden und klaren Antworten zur Verfügung. Die ethischen und moralischen Werte einer Gesellschaft prägen die Rechtsprechung und die Praxis in den Spitälern. Das Pflegepersonal muss abwägen, ab wann das Interesse des Menschen an einem würdigen Tod überwiegt. Frühere Erklärungen des Patienten oder die Meinung der ihm Nahestehenden können dabei eine Hilfe sein; der letzte Entscheid aber liegt beim Pflegepersonal.

Stirbt ein Mensch, erlöschen seine Persönlichkeitsrechte. Einige aber bleiben über den Tod hinaus bestehen, zum Beispiel das Recht, den Ort und die Form der Bestattung sowie die Verwendung des Leichnams (Organspende) zu bestimmen.

Beweis von Geburt und Tod

II. Beweis
1. Beweislast

Art. 32

[1] Wer zur Ausübung eines Rechtes sich darauf beruft, dass eine Person lebe oder gestorben sei oder zu einer bestimmten Zeit gelebt oder eine andere Person überlebt habe, hat hiefür den Beweis zu erbringen.

[2] Kann nicht bewiesen werden, dass von mehreren gestorbenen Personen die eine die andere überlebt habe, so gelten sie als gleichzeitig gestorben.

2. Beweismittel
a. Im allgemeinen

Art. 33

[1] Der Beweis für die Geburt oder den Tod einer Person wird mit den Zivilstandsurkunden geführt.

[2] Fehlen solche oder sind die vorhandenen als unrichtig erwiesen, so kann der Beweis auf andere Weise erbracht werden.

b. Anzeichen des Todes

Art. 34

Der Tod einer Person kann, auch wenn niemand die Leiche gesehen hat, als erwiesen betrachtet werden, sobald die Person unter Umständen verschwunden ist, die ihren Tod als sicher erscheinen lassen.

III. Verschollenerklärung
1. Im allgemeinen

Art. 35

[1] Ist der Tod einer Person höchst wahrscheinlich, weil sie in hoher Todesgefahr verschwunden oder seit langem nachrichtlos abwesend ist, so kann sie der Richter auf das Gesuch derer, die aus ihrem Tode Rechte ableiten, für verschollen erklären.

[2] Zuständig ist hiefür der Richter des letzten schweizerischen Wohnsitzes oder, wenn der Verschwundene niemals in der Schweiz gewohnt hat, der Richter der Heimat.

Art. 36

2. Verfahren

[1] Das Gesuch kann nach Ablauf von mindestens einem Jahre seit dem Zeitpunkte der Todesgefahr oder von fünf Jahren seit der letzten Nachricht angebracht werden.

[2] Der Richter hat jedermann, der Nachrichten über den Verschwundenen oder Abwesenden geben kann, in angemessener Weise öffentlich aufzufordern, sich binnen einer bestimmten Frist zu melden.

[3] Diese Frist ist auf mindestens ein Jahr seit der erstmaligen Auskündung anzusetzen.

Art. 37

3. Wegfallen des Gesuches

Meldet sich innerhalb der Frist der Verschwundene oder Abwesende, oder laufen Nachrichten über ihn ein, oder wird der Zeitpunkt seines Todes nachgewiesen, so fällt das Gesuch dahin.

Art. 38

4. Wirkung

[1] Läuft während der angesetzten Zeit keine Meldung ein, so wird der Verschwundene oder Abwesende für verschollen erklärt, und es können die aus seinem Tode abgeleiteten Rechte geltend gemacht werden, wie wenn der Tod bewiesen wäre.

[2] Die Wirkung der Verschollenerklärung wird auf den Zeitpunkt der Todesgefahr oder der letzten Nachricht zurückbezogen.

Wer aus dem Leben oder dem Tod einer Person Rechte ableiten will, muss diese Sachverhalte beweisen. Primär findet sich dieser Beweis in den Zivilstandsregistern (Geburts- und Sterberegister). Darüber hinaus kann der Beweis auf jede geeignete Weise erbracht werden. Allenfalls muss in der Folge ein Eintrag im Zivilstandsregister berichtigt oder nachgeholt werden.

Im Normalfall erstellt der Arzt oder die Ärztin eine Bescheinigung über den Tod eines Menschen; dies ist die Grundlage für den Eintrag im Sterberegister. Seltener verschwindet eine Person unter Umständen, die ihren Tod mit Sicherheit annehmen lassen. Dies ist etwa der Fall, wenn ein Skifahrer beim Niedergang einer Lawine im Lawinenkegel gesehen wurde. Gestützt auf Artikel 34 kann der Tod dieses Skifahrers als erwiesen betrachtet werden. Der Artikel wird aber streng ausgelegt. Die Umstände müssen eine andere Folge als den Tod absolut und eindeutig ausschliessen.

Gemäss Artikel 32 Absatz 2 gelten Personen als gleichzeitig verstorben, wenn nicht bewiesen werden kann, wer zuerst gestorben ist. Das hat rechtliche Folgen. Sterben zum Beispiel Vater und Sohn gleichzeitig bei einem Autounfall, kann der Sohn den Vater nicht beerben; die Erbschaft geht direkt an die nächsten Erben des Vaters, zum Beispiel an die Kinder des Sohnes. Wäre der Vater schon auf der Unfallstelle, der Sohn erst im Krankenwagen verstorben, würde der Sohn den Vater beerben, und in der Folge wäre neben den Kindern des Sohnes auch seine Ehefrau Miterbin.

Für verschollen erklärt

Ist der Tod einer Person nicht sicher, aber höchst wahrscheinlich, kann sie nur für verschollen erklärt werden. Folge der Verschollenerklärung ist, dass diejenigen, welche aus dem Tod eines Menschen Rechte ableiten (zum Beispiel Erben), vom Beweis des Todes befreit sind. Die Wirkungen der Verschollenerklärung sind also dieselben wie beim Tod, und zwar rückwirkend auf den Zeitpunkt, in dem der oder die Verschollene verschwand.

Wird eine verheiratete Person als verschollen erklärt, führt dies nicht automatisch zur Auflösung der Ehe. Der zurückgebliebene Gatte oder die Gattin kann aber verlangen, dass die Ehe gerichtlich aufgelöst wird. Die Bestimmungen des Scheidungsrechts werden anwendbar, ohne dass es sich um eine Scheidung handelt.

Lebt eine verschollene Person noch (oder kann im nachhinein der Zeitpunkt des Todes festgestellt werden), muss das Gericht die Verschollenerklärung widerrufen. Die Erben müssen die ihnen zugewiesenen Teile des Vermögens der verschollen geglaubten Person wieder herausgeben.

Die Beurkundung des Personenstandes

Zweiter Abschnitt: Die Beurkundung des Personenstandes

Art. 39

A. Im allgemeinen
I. Register

¹ Zur Beurkundung des Personenstandes werden durch die Zivilstandsämter Register geführt.

² Über die Führung der Register und die gesetzliche Anzeigepflicht erlässt der Bundesrat die nötigen Verordnungen.

Art. 40

II. Ordnung

¹ Die Umschreibung der Zivilstandskreise, die Ernennung und Besoldung der Zivilstandsbeamten sowie die Ordnung der Aufsicht erfolgt durch die Kantone.

² Die kantonalen Vorschriften, ausgenommen jene über die Ernennung und die Besoldung der Zivilstandsbeamten, bedürfen der Genehmigung des Bundes.

Art. 41

III. Beamte

¹ Die Zivilstandsregister werden von weltlichen Beamten geführt.

² Die Zivilstandsbeamten haben die Eintragungen in die Register zu besorgen und Auszüge auszufertigen.

³ Der Bundesrat kann die Vertreter der Schweiz im Ausland mit den Obliegenheiten eines Zivilstandsbeamten betrauen.

Art. 42

IV. Haftbarkeit

¹ Die Zivilstandsbeamten und die ihnen unmittelbar vorgesetzten Aufsichtsbehörden sind persönlich für allen Schaden haftbar, den sie selbst oder die von ihnen ernannten Angestellten durch ihr Verschulden verursachen.

² Für die Haftbarkeit der Aufsichtsbehörden sind die Vorschriften massgebend, die über die Verantwortlichkeit der vormundschaftlichen Behörden aufgestellt sind.

³ Wird der Schaden durch die haftbaren Beamten nicht gedeckt, so hat der Kanton den Ausfall zu tragen.

Art. 43

V. Aufsicht
1. Beschwerden

¹ Die Amtsführung der Zivilstandsbeamten unterliegt einer regelmässigen Aufsicht.

76 Natürliche und juristische Personen

² Über Beschwerden gegen ihre Amtsführung entscheidet die kantonale Aufsichtsbehörde und in oberster Instanz der Bundesrat.

Art. 44

2. Ordnungsstrafen

¹ Amtspflichtverletzungen der Zivilstandsbeamten werden von der Aufsichtsbehörde mit Ordnungsstrafen geahndet.

² Vorbehalten bleibt die strafgerichtliche Verfolgung.

Art. 45

VI. Berichtigungen

¹ Eine Eintragung darf nur auf Anordnung des Richters berichtigt werden.

² Beruht jedoch der Fehler auf einem offenbaren Versehen oder Irrtum, so kann die Aufsichtsbehörde die Berichtigung anordnen.

Es gibt verschiedene Zivilstandsregister: das Geburts-, das Todes-, das Ehe-, das Anerkennungs- und das Familienregister. Das Familienregister hat zur Aufgabe, alle Elemente des Zivilstands einer Person zusammenzufassen. Es wird am Heimatort geführt.

Die Zivilstandsregister sind nicht öffentlich, Zugang haben lediglich Gerichte und Aufsichtsbehörden. Private können Auszüge und Bescheinigungen (zum Beispiel die *Familienscheine*) verlangen. Aber auch diese erhalten nur die betroffene Person selbst, ihre engsten Verwandten und weitere Personen, die ein schutzwürdiges Interesse nachweisen können. Die Zivilstandsregisterauszüge sind vollständig und haben, wenn sie neuesten Datums sind, die gleiche Beweiskraft wie die Register selbst. Beispielsweise verlangen einige Gerichte bei Scheidungen und gerichtlichen Trennungen Familienscheine, die nicht älter als drei Monate sein dürfen. Oft wird der Familienschein mit dem Familienbüchlein verwechselt. Das Familienbüchlein, welches bei der Trauung ausgestellt wird, ist aber kein Auszug aus dem Familienregister und hat keine Beweiskraft, da nicht gewährleistet ist, dass es lückenlos nachgeführt wird. Es dient bloss als Ausweis im Verkehr mit Verwaltungsbehörden.

Die Aufgaben der Zivilstandsbehörden werden durch den Bund bestimmt. Der Bund übt auch die Aufsicht über die Kantone aus, welche die Aufgaben des Zivilstandswesens und der Registerführung vollziehen müssen. Die wichtigste vom Bundesrat erlassene Verordnung ist diejenige über das Zivilstandswesen vom 1. Juni 1953 (Zivilstandsverordnung). Weiter hat der Bund viele Kreisschreiben mit Weisungen an die Zivilstandsämter erlassen. Das Eidgenössische Justiz- und Polizeidepartement hat die Bundesaufsicht über das gesamte schweizerische Zivilstandswesen inne; die Oberaufsicht liegt beim Bundesrat.

Die Beurkundung des Personenstandes

B. Register der Geburten
I. Anzeige

Art. 46

¹ Jede Geburt und jede nach dem sechsten Monat der Schwangerschaft erfolgte Fehlgeburt soll binnen drei Tagen, nachdem sie stattgefunden hat, dem Zivilstandsbeamten angezeigt werden.

² Wer ein Kind unbekannter Abstammung findet, hat die zuständige Behörde hievon zu benachrichtigen und diese hat dem Zivilstandsbeamten Anzeige zu machen.

II. Eintragung von Veränderungen

Art. 47

Tritt in den Standesrechten einer Person eine Veränderung ein, wie infolge von Anerkennung oder Feststellung der Vaterschaft, von Adoption oder von Feststellung der Abstammung des Findelkindes, so wird dies auf amtliche Anzeige hin oder auf Begehren der Beteiligten als Randanmerkung nachgetragen.

C. Register der Todesfälle
I. Anzeige

Art. 48

Jeder Todesfall und jeder Leichenfund soll binnen zwei Tagen, nachdem er erfolgt ist, dem Zivilstandsbeamten angezeigt werden.

II. Nichtauffindung der Leiche

Art. 49

¹ Muss der Tod einer verschwundenen Person nach den gegebenen Umständen als sicher angenommen werden, so ist die Eintragung des Todesfalles auf Weisung der Aufsichtsbehörde statthaft, auch wenn niemand die Leiche gesehen hat.

² Immerhin kann jedermann, der ein Interesse hat, die gerichtliche Feststellung des Lebens oder Todes der Person beantragen.

III. Verschollenerklärung

Art. 50

Die Verschollenerklärung wird auf Anzeige des Richters in das Register der Todesfälle eingetragen.

IV. Eintragung von Veränderungen

Art. 51

Erweist sich nach der Eintragung die Anzeige als unrichtig, oder wird die Person des unbekannten Verstorbenen festgestellt, oder eine gerichtliche Verschollenerklärung umgestossen, so wird die Veränderung als Randbemerkung nachgetragen.

In diesen Artikeln wird festgehalten, innert welchem Zeitraum Geburten und Todesfälle dem Zivilstandsamt angezeigt werden müssen. Nachträgliche Veränderungen in den Standesrechten einer Person werden nachgetragen.

Die juristischen Personen: allgemeine Bestimmungen

Die juristische Person ist eine Erfindung des Rechts; sie soll beispielsweise ermöglichen, eine Gruppe von Personen, die im Geschäftsverkehr gemeinsam auftreten, rechtlich als Einheit zu behandeln. Ein Teil der juristischen Personen, die sogenannten *Körperschaften*, definiert sich also als Zusammenschluss von Personen. Die Mitglieder dieser Personengemeinschaften können natürliche oder wiederum juristische Personen sein. Diese juristischen Personen, zum Beispiel der Verein oder die Aktiengesellschaft, haben eine von ihren Mitgliedern losgelöste, selbständige Rechtspersönlichkeit.

Neben den juristischen Personen mit Mitgliedern gibt es auch solche ohne Mitglieder. Hinterlässt zum Beispiel jemand ein Vermögen und widmet es einem bestimmten Zweck, wird dieses Vermögen rechtlich als juristische Person, als sogenannte *Anstalt*, behandelt. Die Stiftung ist die einzige privatrechtliche Anstalt.

Das Privatrecht des Bundes kennt sechs verschiedene juristische Personen: den Verein und die Stiftung, beide geregelt im ZGB; die Aktiengesellschaft, die Kommanditaktiengesellschaft, die GmbH und die Genossenschaft, allesamt geregelt im OR. Andere juristischen Personen dürfen nicht errichtet werden. Der Persönlichkeitsschutz gilt nicht nur für die natürlichen, sondern grundsätzlich auch für die juristischen Personen. Diese haben auch einen Wohnsitz und einen Namen.

Die juristischen Personen des OR werden zur Verfolgung wirtschaftlicher Zwecke gebildet; für sie gilt eine detaillierte gesetzliche Regelung. Der Verein und die Stiftung, die beiden juristischen Personen des ZGB, werden errichtet, um ideelle Zwecke zu verfolgen, etwa die Förderung von Turnen und Sport. Für sie besteht lediglich eine bescheidene gesetzliche Regelung.

Die Bestimmungen über die juristischen Personen sind in drei Abschnitte gegliedert:
- Die allgemeinen Bestimmungen (Art. 52 bis 59) gelten für alle juristischen Personen, auch für diejenigen des OR.
- Der zweite Abschnitt (Art. 60 bis 79) enthält die speziellen Bestimmungen für den Verein.
- Im dritten Abschnitt (Art. 80 bis 89bis) wird die Stiftung behandelt.

Juristische Personen haben eine Rechtspersönlichkeit

Zweiter Titel: Die juristischen Personen

Erster Abschnitt: Allgemeine Bestimmungen

Art. 52

A. Persönlichkeit

[1] Die körperschaftlich organisierten Personenverbindungen und die einem besondern Zwecke gewidmeten und selbständigen Anstalten erlangen das Recht der Persönlichkeit durch die Eintragung in das Handelsregister.

[2] Keiner Eintragung bedürfen die öffentlich-rechtlichen Körperschaften und Anstalten, die Vereine, die nicht wirtschaftliche Zwecke verfolgen, die kirchlichen Stiftungen und die Familienstiftungen.

[3] Personenverbindungen und Anstalten zu unsittlichen oder widerrechtlichen Zwecken können das Recht der Persönlichkeit nicht erlangen.

Grundsätzlich erhalten Körperschaften und Anstalten ihre Rechtspersönlichkeit durch den Eintrag ins Handelsregister (Art. 52 Abs. 1). Dazu gibt es aber Ausnahmen; nach dem Prinzip der freien Bildung, also ohne Handelsregistereintrag erlangen folgende juristischen Personen ihre Rechtspersönlichkeit:
- öffentlich-rechtliche Körperschaften, zum Beispiel der Bund, die Kantone und die Gemeinden
- öffentlich-rechtliche Anstalten wie die PTT, die Kantonalbanken, Schulen etc.
- Vereine ohne wirtschaftlichen Zweck
- Familienstiftungen
- kirchliche Stiftungen

Ein Registrierzwang besteht also für alle wirtschaftlichen Körperschaften des OR, für die Vereine mit wirtschaftlichem Zweck und für die Stiftungen.
Juristische Personen mit einem unsittlichen oder widerrechtlichen Zweck können keine Rechtspersönlichkeit erlangen. Der Zweck der juristischen Person bestimmt sich nicht nur danach, wie er in den Statuten (siehe Art. 54, Seite 81) umschrieben ist, sondern auch nach den tatsächlich verfolgten Zielen. Unsittlich ist nicht nur ein unmoralischer, sondern jeder Zweck, der gegen die guten Sitten verstösst. Ein Verein, mit dem Zweck, «sportsmässig»

auf gefangene, zahme Tauben zu schiessen, wurde als unsittlich nicht zugelassen. Ein Beispiel für einen widerrechtlichen Zweck:
Der deutsche Staatsangehörige Hanns M. gründete 1972 zusammen mit zwei Schweizern eine Aktiengesellschaft. Direkt nach der Gründung erwarb die AG ein Grundstück in der Schweiz, danach wies sie keine Geschäftstätigkeit mehr auf. Zur Zeit des Kaufs dominierte Hanns M. die AG finanziell. Das Bundesgericht erklärte den Erwerb des Grundstücks als widerrechtlich und ungültig, da es in Umgehung des Bundesgesetzes über den Erwerb von Grundstücken durch Personen im Ausland gekauft worden war. Im Zeitpunkt des Erwerbs war die AG finanziell ausländisch beherrscht und verstiess gegen das Verbot, ausländische Gelder in inländischen Grundstücken anzulegen. Die AG habe von Anfang an einem widerrechtlichen Zweck gedient (BGE 112 II 1).

Artikel 52 regelt lediglich einen Ausschnitt der Rechtsfragen, die sich bei der Errichtung oder Entstehung einer juristischen Person stellen. Im übrigen werden diese durch die Gesetzesbestimmungen zu den einzelnen juristischen Personen beantwortet.

Juristische Personen sind rechtsfähig

Art. 53

B. Rechtsfähigkeit

Die juristischen Personen sind aller Rechte und Pflichten fähig, die nicht die natürlichen Eigenschaften des Menschen, wie das Geschlecht, das Alter oder die Verwandtschaft zur notwendigen Voraussetzung haben.

Der Sinn der Rechtsfähigkeit bei juristischen Personen ist nicht derselbe wie beim einzelnen Menschen. Die Rechte der juristischen Personen stehen zwar letztlich auch Menschen, nämlich den Mitgliedern der juristischen Person zu. Sie werden aber nicht von den Mitgliedern ausgeübt, sondern von speziell dazu bestimmten Personen oder Personengruppen, genannt Organe (zum Beispiel Verwaltungsrat einer AG, Vorstand eines Vereins etc.).

Einerseits ist die Rechtsfähigkeit der juristischen Person enger als die des Einzelmenschen. Es entfallen alle Rechtsregeln, die sich auf natürliche menschliche Eigenschaften beziehen, zum Beispiel über die Mündigkeit, die Urteilsfähigkeit, Geburt und Tod und die Familienrechte. Anderseits sind die Rechte und Pflichen der juristischen Personen auch weiter als diejenigen der natürlichen. Zum Beispiel hat eine juristische Person Rechte gegenüber ihren

Mitgliedern, und umgekehrt üben die Mitglieder ihr gegenüber Stimmrechte aus. Zudem hat eine juristische Person das Recht auf freie Wahl ihres Sitzes und ihres Namens.

Die Rechtsprechung hat in zahlreichen Entscheiden bestimmt, welche Rechte einer juristischen Person zugänglich sind und welche nicht. Die juristische Person kann Vermögen haben, zum Beispiel Eigentum an Grundstücken oder Forderungen. Sie kann Arbeitgeberin, Auftraggeberin und Schuldnerin sein, kann betreiben und betrieben werden und kann in Prozessen Partei sein. Sie hat eine Nationalität, kann ein Gewerbe betreiben, Stellvertreter bestimmen, und insbesondere hat sie auch die Möglichkeit Mitglied in anderen Vereinigungen zu sein (etwa als Aktionärin, Genossenschafterin, Vereinsmitglied etc.). Die juristische Person geniesst alle Persönlichkeitsrechte, welche nicht an körperliche und seelische menschliche Voraussetzungen gebunden sind. Damit steht ihr Namensschutz, Schutz der Ehre (soziale Stellung) und der wirtschaftlichen Unversehrtheit der Persönlichkeit zu.

Rechte, welche eine persönliche Ausübung verlangen, kann eine juristische Person nicht haben. Sie kann zum Beispiel nicht Trauzeugin, bevormundende Person, Prokuristin oder Mitglied des Verwaltungsrats einer AG sein. Anders ist es beim Verein und bei der Stiftung. Diesen ist vom Gesetz her in ihrer Organisation eine grosse Gestaltungsfreiheit eingeräumt; sie können eine juristische Person in den Vorstand berufen oder sogar als Vorstand bezeichnen.

Juristische Personen sind handlungsfähig

Art. 54

C. Handlungsfähigkeit
I. Voraussetzung

Die juristischen Personen sind handlungsfähig, sobald die nach Gesetz und Statuten hiefür unentbehrlichen Organe bestellt sind.

Art. 55

II. Betätigung

[1] Die Organe sind berufen, dem Willen der juristischen Person Ausdruck zu geben.

[2] Sie verpflichten die juristische Person sowohl durch den Abschluss von Rechtsgeschäften als durch ihr sonstiges Verhalten.

[3] Für ihr Verschulden sind die handelnden Personen ausserdem persönlich verantwortlich.

Wie beim Menschen bedeutet auch bei der juristischen Person Rechtsfähigkeit nicht gleichzeitig Handlungsfähigkeit. Handlungsfähig ist eine juristische Person erst, wenn ihre Organisation feststeht, das heisst, wenn ihre *Organe* (Verwaltungsrat, Vorstand etc.) bestimmt und in ihren Funktionen eingesetzt sind. Die Organe der einzelnen juristischen Personen sind zum Teil im Gesetz vorgesehen, zum Teil werden sie in den Statuten geregelt. Die Statuten bilden sozusagen die Verfassung der juristischen Person.

Das Vertragsverhältnis zwischen den juristischen Personen und den Organträgerinnen und Organträgern ist gemäss Rechtsprechung und Lehre ein Arbeitsvertrag oder ein Auftrag gemäss OR.

Es gibt Organe, die zuständig sind für interne Angelegenheiten, etwa für das Aufstellen von Reglementen, für die Vorbereitung und Änderung von Statuten etc. Die Organe, welche die Geschäfte gegen aussen führen, verpflichten durch ihre Handlungen direkt die juristische Person. Das gilt auch, wenn sie ihre Befugnisse überschreiten. Kauft beispielsweise der Vorstand eines Turnvereins Geräte für 6000 Franken, obwohl er eigentlich nur interne Kompetenzen für 5000 Franken hat, muss der Verein trotzdem die ganze Summe bezahlen. Wird der Verein dadurch geschädigt, haftet ihm der Vorstand für den Schaden. Sind juristische Personen im Handelsregister eingetragen, sind Dritte allerdings in ihrem guten Glauben nur im Umfang des im Handelsregister umschriebenen Zwecks und der dort festgelegten Organkompetenzen geschützt.

Auch wenn die Organe unerlaubt, das heisst widerrechtlich und schuldhaft, handeln und Dritten Schaden zufügen, verpflichten sie damit die juristische Person. Ein Verein haftet also für den Schaden, den sein Vorstand anrichtet, dies aber nur, wenn die Vorstandsmitglieder in ihrer Eigenschaft als Vereinsorgan und nicht als Privatpersonen gehandelt haben. So wurde ein Hockeyclub haftbar erklärt für die Verletzungen eines Zuschauers, weil der Vorstand den Match trotz ungenügender Sicherung der Zuschauer durchführen liess.

Die Mitglieder der Organe haften persönlich und solidarisch neben der juristischen Person. Geschädigte können also gegen die juristische Person, gegen ihr Organ oder aber gegen beide klagen. Intern steht der juristischen Person gegenüber ihrem Organ allenfalls ein Rückgriffsrecht zu. Die juristische Person als solche ist grundsätzlich nicht strafbar (Ausnahmen im Verwaltungsstrafrecht vor allem bei Steuerdelikten). Die Mitglieder der verantwortlichen Organe aber werden allenfalls für ihre Handlungen auch strafrechtlich zur Verantwortung gezogen. Ein Beispiel:

Der Sekretär eines Verbandes fälschte für die Aufnahme eines Darlehens die Unterschrift des Präsidenten. Das Bundesgericht erklärte, der Verband sei für diese Darlehensaufnahme privatrechtlich verantwortlich. Bestraft werden konnte aber nur der Sekretär (BGE 48 II 1).

Der Wohnsitz der juristischen Person

D. Wohnsitz

Art. 56

Der Wohnsitz der juristischen Personen befindet sich, wenn ihre Statuten es nicht anders bestimmen, an dem Orte, wo ihre Verwaltung geführt wird.

Auch die juristische Person muss einen (und nur einen) Wohnsitz haben. Dieser wird Sitz genannt. Wie bei der natürlichen Person bleibt dieser Wohnsitz bestehen bis zum Erwerb eines neuen.

In den Statuten kann der Sitz der juristischen Person frei bestimmt werden in jeder schweizerischen politischen Gemeinde. Nur wenn die Statuten nichts bestimmen, greift die gesetzliche Regelung von Artikel 56 ein (Auffangsitz).

Juristische Personen sind grundsätzlich an ihrem Sitz einzuklagen und zu betreiben. Rechtliche Schritte gegen die nicht im Handelsregister eingetragenen juristischen Personen sind dagegen am Hauptsitz der Verwaltung einzuleiten. Wo die juristische Person besteuert wird, kann sie nicht frei wählen. Dies bestimmt sich danach, zu welcher Gemeinde der Betrieb örtlich gehört.

Das Ende einer juristischen Person

E. Aufhebung
I. Vermögensverwendung

Art. 57

[1] Wird eine juristische Person aufgehoben, so fällt ihr Vermögen, wenn das Gesetz, die Statuten, die Stiftungsurkunde oder die zuständigen Organe es nicht anders bestimmen, an das Gemeinwesen (Bund, Kanton, Gemeinde), dem sie nach ihrer Bestimmung angehört hat.

[2] Das Vermögen ist dem bisherigen Zwecke möglichst entsprechend zu verwenden.

[3] Wird eine juristische Person wegen Verfolgung unsittlicher oder widerrechtlicher Zwecke gerichtlich aufgehoben, so fällt das Vermögen an das Gemeinwesen, auch wenn etwas anderes bestimmt worden ist.

II. Liquidation

Art. 58

Das Verfahren bei der Liquidation des Vermögens der juristischen Personen richtet sich nach den Vorschriften, die für die Genossenschaften aufgestellt sind.

Es gibt vier Möglichkeiten, wie eine juristische Person aufgehoben wird:
- Die Mitglieder selber können beschliessen, dass sich die Körperschaft auflöst. Bei der Stiftung besteht diese Möglichkeit nicht, da gar keine Mitglieder vorhanden sind.
- Eine juristische Person kann durch richterliches Urteil aufgehoben werden, zum Beispiel wenn sich ihr Zweck als unsittlich oder widerrechtlich erweist (siehe Art. 57 Abs. 3, Seite 83).
- Wenn bestimmte Voraussetzungen vorliegen, kann eine juristische Person aufgrund gesetzlicher Bestimmungen aufgelöst werden. Eine Stiftung beispielsweise wird aufgelöst, wenn ihr Zweck unerreichbar geworden ist (siehe Art. 88 Abs. 1, Seite 111).
- Auch durch Statutenbestimmungen kann die Lebensdauer einer juristischen Person beschränkt sein. Wird zum Beispiel ein Verein gegründet mit dem Zweck, einen bestimmten Kongress zu organisieren, kann in den Statuten die Auflösung nach diesem Kongress vorgesehen werden.

Fällt das Vermögen einer aufgelösten juristischen Person dem Gemeinwesen zu, soll es für einen wesensverwandten Zweck verwendet werden. Es sollen möglichst die gleichen Personen (Destinatäre und Destinatärinnen) bedacht werden. Jede Person, die ein Interesse daran hat, kann eine gesetzeskonforme Verwendung verlangen.

Juristische Personen unter anderem Recht

Art. 59

F. Vorbehalt des öffentlichen und des Gesellschafts- und Genossenschaftsrechtes

[1] Für die öffentlich-rechtlichen und kirchlichen Körperschaften und Anstalten bleibt das öffentliche Recht des Bundes und der Kantone vorbehalten.

[2] Personenverbindungen, die einen wirtschaftlichen Zweck verfolgen, stehen unter den Bestimmungen über die Gesellschaften und Genossenschaften.

[3] Allmendgenossenschaften und ähnliche Körperschaften verbleiben unter den Bestimmungen des kantonalen Rechtes.

Artikel 59 sieht vor, dass für gewisse juristische Personen in erster Linie anderes Recht gilt. So sind beispielsweise öffentlich-rechtliche Körperschaften und Anstalten (Bund, Kantone und Gemeinden; PTT, Kantonalbanken und Schulen) dem öffentlichen Recht des Bundes und der Kantone unterstellt.

Die Vereine

Die schweizerische Bundesverfassung (Art. 56 BV) hält fest, dass die Bürgerinnen und Bürger das Recht haben, Vereine zu bilden, solange diese weder in ihrem Zweck noch in den verwendeten Mitteln rechtswidrig oder staatsgefährdend sind. Sich in Vereinen zu betätigen hat in der Schweiz denn auch eine alte traditionelle Bedeutung; kaum jemand, der oder die nicht zu mindestens einem Verein gehört. Die Gründung eines Vereins ist denn auch keine schwierige Sache. Das Vereinsleben kann weitgehend frei gestaltet werden, es braucht keine Bewilligung, keinen Registereintrag, kein Kapital. Vorausgesetzt sind lediglich Mitglieder, welche das Vereinsleben prägen. Mit dem Verein werden ideelle und nicht wirtschaftliche Zwecke verfolgt. Zulässig ist aber, dass ein Verein wirtschaftliche Mittel, zum Beispiel eine kaufmännische Tätigkeit, einsetzt, um seinen ideellen Zweck zu erreichen. Als einzige Ausnahme zu dieser Regel können auch Kartelle, Gewerkschaften und ähnliche Vereinigungen (ohne kaufmännische Tätigkeit) in Vereinsform errichtet werden, obwohl sie einen wirtschaftlichen Zweck verfolgen (siehe Seite 88). In den allermeisten Vereinen aber wird politisiert, Hundezucht betrieben, gejodelt...; es werden keine einträglichen Geschäfte getätigt.

Gründung und Eintragung

Zweiter Abschnitt: Die Vereine

Art. 60

A. Gründung
I. Körperschaftliche Personenverbindung

¹ Vereine, die sich einer politischen, religiösen, wissenschaftlichen, künstlerischen, wohltätigen, geselligen oder andern nicht wirtschaftlichen Aufgabe widmen, erlangen die Persönlichkeit, sobald der Wille, als Körperschaft zu bestehen, aus den Statuten ersichtlich ist.

² Die Statuten müssen in schriftlicher Form errichtet sein und über den Zweck des Vereins, seine Mittel und seine Organisation Aufschluss geben.

Art. 61

II. Eintragung

¹ Sind die Vereinsstatuten angenommen und ist der Vorstand bestellt, so ist der Verein befugt, sich in das Handelsregister eintragen zu lassen.

² Betreibt der Verein für seinen Zweck ein nach kaufmännischer Art geführtes Gewerbe, so ist er zur Eintragung verpflichtet.

³ Der Anmeldung sind die Statuten und das Verzeichnis der Vorstandsmitglieder beizufügen.

Art. 62

III. Vereine ohne Persönlichkeit

Vereine, denen die Persönlichkeit nicht zukommt, oder die sie noch nicht erlangt haben, sind den einfachen Gesellschaften gleichgestellt.

Art. 63

IV. Verhältnis der Statuten zum Gesetz

¹ Soweit die Statuten über die Organisation und über das Verhältnis des Vereins zu seinen Mitgliedern keine Vorschriften aufstellen, finden die nachstehenden Bestimmungen Anwendung.

² Bestimmungen, deren Anwendung von Gesetzes wegen vorgeschrieben ist, können durch die Statuten nicht abgeändert werden.

Der Verein kann in freiem Rahmen gestaltet werden; nur wenige Bestimmungen im ZGB regeln das Nötigste. Diese Gesetzesbestimmungen sind verschieden ausgestaltet: Einige dürfen nicht abgeändert werden und haben immer Geltung (zwingendes Recht); andere gelten nur dann, wenn in den Statuten nichts anderes festgelegt wird (nachgiebiges oder dispositives Recht). Das zwingende Gesetzesrecht bildet die Schranke der grundsätzlichen Vereinsfreiheit. Die zwingenden Gesetzesbestimmungen des Vereinsrechts finden sich in den folgenden Artikeln: 64 Absatz 3, 65 Absatz 3, 68, 70 Absatz 2, 75, 76, 77 und 78. Das Gesetz kennzeichnet sie mit der Wendung «von Gesetzes wegen». Nicht jeder dieser Artikel hat einen umfassenden zwingenden Charakter. Allenfalls darf eine Gesetzesbestimmung abgeändert werden, wenn dadurch ihr Sinn noch besser erreicht wird. So darf zum Beispiel das Quorum (Art. 64, Abs. 3), dessen Zweck der Schutz von Minderheiten unter den Vereinsmitgliedern ist, in den Statuten beliebig gesenkt, aber nicht erhöht werden.

In einem Rechtsstreit können je nach Natur des Falls vom Gericht auch andere Gesetzesbestimmungen als zwingend angesehen werden. Dies ist immer dann möglich, wenn sehr wichtige Rechte und Pflichten der Vereinsmitglieder oder des Vereins betroffen sind. Zudem gibt es auch ungeschriebenes zwingendes Recht: Statutenbestimmungen dürfen zum Beispiel die guten Sitten nicht verletzen. Auch der Grundsatz der Gleichbehandlung der Vereinsmitglieder ist ungeschriebenes zwingendes Recht.

Sobald der Wille der Mitglieder, einen Verein zu gründen, übereinstimmend vorliegt und dies auch schriftlich in den Statuten steht, erlangt der Verein Rechtspersönlichkeit. Es braucht dazu *keinen* Handelsregistereintrag (Ausnahme: Vereine mit kaufmännischer Tätigkeit, Kartelle und ähnliche). Mündliche Statuten allerdings genügen nicht. Die Statuten müssen mindestens von den Personen, welche den Verein rechtsverbindlich vertreten dürfen, unterzeichnet sein. Auch ein unterschriebenes Protokoll der Gründungsversammlung, welches die Annahme der Statuten feststellt, genügt als Begründungsurkunde. Der Verein erhält einen Namen.

Die Statuten können kurz gefasst sein. Sie müssen aber mindestens Auskunft geben über den *Zweck* des Vereins, seine *finanziellen Mittel* und die *Organisation*. Minimalbestimmungen über die finanziellen Mittel und die Organisation sind in den Artikeln 63 bis 71 enthalten, so dass es grundsätzlich ausreicht, wenn in den Statuten nur der Zweck umschrieben wird. Es empfiehlt sich auch, die Mitgliederzahl des Vorstands festzuhalten, da das Gesetz dafür keine Regelung vorsieht.

Ein Verein kann keine Rechtspersönlichkeit erlangen, wenn er fehlerhaft gegründet wurde; urteilsunfähige Personen beispielsweise können keinen Verein gründen. Auch einem Verein mit einem wirtschaftlichen Zweck kann grundsätzlich keine Rechtspersönlichkeit zukommen (Art. 60 Abs. 1; eine Ausnahme bilden Kartelle und ähnliche Vereinigungen, siehe Seite 88). Vereine ohne Rechtspersönlichkeit werden den Vorschriften über die einfache Gesellschaft (Art. 530 bis 551 OR) unterstellt. Die wichtigste Folge ist die, dass eine einfache Gesellschaft, da sie nicht rechtsfähig ist, nicht in Prozessen auftreten kann. Das bedeutet, dass jedes Mitglied für die Verpflichtungen eines solchen «Vereins» persönlich und in vollem Umfang haftet.

Vereine mit kaufmännischer Tätigkeit

Jeder Verein kann sich ins Handelsregister eintragen lassen, er muss aber nicht. Betreibt er jedoch, um seinen ideellen Zweck zu erreichen, ein nach kaufmännischer Art geführtes Gewerbe, das jährlich mindestens 100 000 Franken umsetzt, wird der Handelsregistereintrag obligatorisch. Obwohl der Verein keinen wirtschaftlichen Zweck verfolgen darf, kann er sich nämlich zur Erreichung seines ideellen Zwecks kaufmännisch betätigen (Art. 61 Abs. 2).

Unter einem «nach kaufmännischer Art geführten Gewerbe» versteht das Gesetz eine selbständige wirtschaftliche Tätigkeit, welche auf dauernden Erwerb ausgerichtet ist. Gelegentliche einzelne Erwerbsgeschäfte eines Vereins, zum Beispiel ein Bazar, eine Tombola oder eine Festwirtschaft, fallen nicht darunter. Ein nach kaufmännischer Art ausgerichtetes Gewerbe betreibt aber zum Beispiel ein Verein, der den Zweck verfolgt, in verschiedenen Restaurants erschwingliche Kost in alkoholfreier Umgebung anzubieten (wirtschaftliche Tätigkeit zur Erfüllung des ideellen Zwecks).

Auch wenn ein Verein kein kaufmännisches Gewerbe betreibt, kann ein wirtschaftlicher Zweck vorliegen, der nicht zulässig ist. Das wäre zum Beispiel der Fall, wenn ein Verein den Zweck hätte, Vermögen anzulegen und zu erhalten, um seinen Mitgliedern Gewinne und Erträge auszuzahlen.

Möglich sind aber Vereine mit wirtschaftlichem Nebenzweck, mit sogenanntem *gemischtem Zweck*. Sie verfolgen ideelle Zwecke, daneben aber auch wirtschaftliche zugunsten der Mitglieder. Dazu gehören in erster Linie Vereine, die ihren Mitgliedern Vorteile in der Form von Benutzungsrechten, etwa einen Beratungsdienst in rechtlichen und wirtschaftlichen Fragen, zur Verfügung stellen. Meist berechtigt die Bezahlung des Mitgliederbeitrags zum Bezug dieser Vorteile, oder die Beratungen werden zu einem Mitgliedertarif angeboten. Vereine mit einem derart gemischten Zweck sind solange zulässig, als der wirtschaftliche dem ideellen Zweck untergeordnet ist.

Dürfen Vereinigungen, die weder gewinnstrebig sind noch ein nach kaufmännischer Art geführtes Gewerbe betreiben, aber trotzdem das Wirtschaftsleben beeinflussen wollen, in Vereinsform errichtet werden? Beispiele dafür sind Wirtschaftsverbände, Gewerkschaften, Kartelle und anderes mehr. Über Jahrzehnte wurde dies praktiziert, bis das Bundesgericht 1962 das Kartell von Eisenhändlern in Vereinsform als unzulässig erklärte. Aber schon zwei Jahre später kehrte das oberste Gericht von dieser Praxis wieder ab und meinte neu dazu: Eine Vereinigung, welche allgemein geartete wirtschaftliche Zwecke anstrebe, ohne selber ein kaufmännisches Gewerbe zu betreiben, könne sich der Vereinsform bedienen. Praktische Erwägungen führten zu diesem Schluss, da keine andere rechtliche Struktur für die Bedürfnisse dieser «wirtschaftlichen Vereinigungen» geeigneter sei.

Vereine, die im Handelsregister eingetragen werden müssen, haben dem Handelsregisterführer ein Statutenexemplar einzureichen, welches vom Präsidenten und vom Protokollführer der Gründungsversammlung unterzeichnet ist.

Die Organisation des Vereins

Das Gesetz sieht zwei Vereinsorgane vor: die Mitgliederversammlung und den Vorstand. Daneben können durch die Statuten andere Organe vorgesehen werden. Meist wird zusätzlich ein Präsident oder eine Präsidentin gewählt, üblicherweise aus dem Kreis der Vorstandsmitglieder. Häufig wird auch ein Kontrollorgan mit Revisoren eingesetzt, welche das Rechnungswesen oder die gesamte Geschäftsführung des Vereins prüfen. Sie erstellen in der Regel einmal jährlich einen schriftlichen Bericht zuhanden der Vereinsversammlung. Darin stellen sie den Antrag auf Erteilung oder Verweigerung der Décharge (Abnahme der Geschäftsführung) des Vorstands oder Kassiers.

Vor allem Wirtschafts- und Berufsverbände bestimmen oft auch ein Schiedsorgan, welches zuständig ist für Entscheide über vereinsinterne Streitigkeiten. Streit kann entstehen zwischen dem Verein und seinen Mitgliedern, aber auch zwischen den Mitgliedern untereinander.

Oft wird die Geschäftsführung, Verwaltung und Vertretung des Vereins einem besonderen Organ, zum Beispiel einem Sekretariat oder einer Direktion, übertragen. Dies ist sinnvoll, wenn der Verein ein kaufmännisches Gewerbe, ein Unternehmen betreibt.

In den Statuten können auch die im Gesetz vorgesehenen Aufgaben anders verteilt werden. Zum Beispiel kann die Kompetenz für Aufnahme und Ausschluss von Mitgliedern, die laut Gesetz bei der Vereinsversammlung liegt (Art. 65 Abs. 1), dem Vorstand übertragen werden. Gewisse Kompetenzen aber sind durch zwingendes Recht festgelegt. So darf der Vereinsversammlung das Recht, den Vorstand aus wichtigen Gründen abzuberufen (Art. 65 Abs. 3), nicht entzogen werden.

Die Vereinsversammlung

Art. 64

B. Organisation
I. Vereinsversammlung
1. Bedeutung und Einberufung

[1] Die Versammlung der Mitglieder bildet das oberste Organ des Vereins.

[2] Sie wird vom Vorstand einberufen.

[3] Die Einberufung erfolgt nach Vorschrift der Statuten und überdies von Gesetzes wegen, wenn ein Fünftel der Mitglieder die Einberufung verlangt.

2. Zuständigkeit

Art. 65

[1] Die Vereinsversammlung beschliesst über die Aufnahme und den Ausschluss von Mitgliedern, wählt den Vorstand und entscheidet in allen Angelegenheiten, die nicht andern Organen des Vereins übertragen sind.

[2] Sie hat die Aufsicht über die Tätigkeit der Organe und kann sie jederzeit abberufen, unbeschadet der Ansprüche, die den Abberufenen aus bestehenden Verträgen zustehen.

[3] Das Recht der Abberufung besteht, wenn ein wichtiger Grund sie rechtfertigt, von Gesetzes wegen.

Das oberste Organ des Vereins ist normalerweise die Mitgliederversammlung. Wann, warum, wie und durch wen sie einberufen werden soll, kann in den Statuten frei bestimmt werden. Das Gesetz legt nur wenige zwingende Vorschriften fest; zum Beispiel werden mit Absatz 3 von Artikel 64 Minderheiten unter den Vereinsmitgliedern geschützt. Ein Fünftel der Mitglieder reicht, um eine Versammlung einzuberufen (siehe auch Seite 86). Begehren um Einberufung der Mitgliederversammlung sind an keine Form gebunden. Sinnvoll ist aber, die Einberufung schriftlich vorzunehmen und zusätzlich in groben Zügen zu begründen. So kann die Versammlung sinnvoll beraten und abstimmen. Müssen die Traktanden, über die beraten und abgestimmt werden soll, vorher verschickt werden, und wenn ja, wie lange vor der Versammlung? Das Gesetz schweigt dazu, es sagt nur, dass Traktanden, über die an der Versammlung entschieden werden soll, «gehörig angekündigt» werden müssen (siehe Art. 67 Abs. 3, Seite 92).

Grundsätzlich ist die Vereinsversammlung zuständig für alle Entscheidungen, die nicht vom Gesetz oder von Statuten einem anderen Organ übertragen sind (Art. 65, sogenannte Kompetenzgeneralklausel). Folgende Kompetenzen können der Vereinsversammlung auch durch die Statuten nicht entzogen werden:
- das Recht, andere Organe, zum Beispiel den Vorstand aus wichtigen Gründen abzuberufen
- das Aufsichtsrecht über die anderen Organe
- das Recht, dem Vorstand oder der Geschäftsführung Décharge zu erteilen
- die Kompetenz, Statuten zu erlassen, zu revidieren und aufzuheben

Im übrigen können alle Kompetenzen auch von anderen Vereinsorganen ausgeübt werden; die Bestimmungen des Gesetzes sind in dieser Beziehung abänderbar.

Da die Vereinsversammlung die Aufsicht über die anderen Organe hat, sind ihr diese informations- und auskunftspflichtig. Hat die Mehrheit der Mitglieder das Vertrauen zum Beispiel in den Vereinspräsidenten verloren, besteht die Gefahr, dass durch ihn Vereinsinteressen beeinträchtigt werden können. Für diesen Fall sieht Artikel 65 Absatz 2 die gesetzliche Möglichkeit vor, Organe jederzeit abzuberufen. Der Präsident hat dann nicht mehr das Recht, für den Verein tätig zu sein. Der Verein muss ihn aber allenfalls finanziell entschädigen, gemäss den Bestimmungen in seinem Auftrags- oder Arbeitsvertrag, falls ein solcher abgeschlossen wurde. In den Statuten können Gründe festgelegt werden, aufgrund welcher Vereinsorgane abberufen werden können; eine Abberufung kann auch ausgeschlossen werden.

Die Abberufung aus *wichtigen Gründen* (Art. 65 Abs. 3) allerdings ist immer möglich. Was ein wichtiger Grund sei, muss im Einzelfall je nach dem Zweck des Vereins, der organisatorischen Ausgestaltung und den betroffenen Organen entschieden werden. Ein wichtiger Grund für die Abberufung eines Präsidenten liegt zum Beispiel vor, wenn dieser das Vereinsvermögen für seine eigenen Zwecke verwendet.

Darüber, wie die Vereinsversammlung durchgeführt wird, über die Leitung, die Führung des Protokolls und anderes mehr steht nichts im Gesetz. Dies ist also den Statuten und allfälligen Reglementen, letzlich den Gepflogenheiten des Vereins überlassen. Allerdings lässt sich aus Artikel 75 (siehe Seite 100) schliessen, dass mindestens ein Beschlussprotokoll zu führen ist, damit ein Mitglied einen Beschluss der Versammlung gemäss Artikel 75 überhaupt anfechten kann.

Vereinsbeschlüsse

Art. 66

3. Vereinsbeschluss
a. Beschlussfassung

[1] Vereinsbeschlüsse werden von der Vereinsversammlung gefasst.

[2] Die schriftliche Zustimmung aller Mitglieder zu einem Antrag ist einem Beschlusse der Vereinsversammlung gleichgestellt.

Art. 67

b. Stimmrecht und Mehrheit

[1] Alle Mitglieder haben in der Vereinsversammlung das gleiche Stimmrecht.

[2] Die Vereinsbeschlüsse werden mit Mehrheit der Stimmen der anwesenden Mitglieder gefasst.

[3] Über Gegenstände, die nicht gehörig angekündigt sind, darf ein Beschluss nur dann gefasst werden, wenn die Statuten es ausdrücklich gestatten.

Art. 68

c. Ausschliessung vom Stimmrecht

Jedes Mitglied ist von Gesetzes wegen vom Stimmrecht ausgeschlossen bei der Beschlussfassung über ein Rechtsgeschäft oder einen Rechtsstreit zwischen ihm, seinem Ehegatten oder einer mit ihm in gerader Linie verwandten Person einerseits und dem Vereine anderseits.

Grundsätzlich werden Vereinsbeschlüsse durch die Mitgliederversammlung gefasst (Art. 66). Dieser Grundsatz kann in den Statuten aber abgeändert werden. Zum Beispiel können Vereinsbeschlüsse durch eine Delegiertenversammlung gefasst werden, die damit anstelle der Mitgliederversammlung faktisch zum obersten Organ des Vereins wird. Dies ist zulässig.

Auch auf dem schriftlichen Weg können Beschlüsse gefasst werden (Art. 66 Abs. 2). Schriftliche Abstimmungen werden Urabstimmungen genannt. Statt der gesetzlich vorgesehenen schriftlichen Einstimmigkeit kann auch festgelegt werden, dass schriftliche Mehrheitsentscheide genügen.

Das Gesetz legt fest, dass alle Mitglieder das gleiche Stimmrecht haben (Kopfstimmprinzip). In den Statuten kann von diesem Prinzip abgewichen werden. Es ist möglich, gewissen Mitgliedern kein Stimmrecht, andern aber mehrere Stimmen einzuräumen. Eine solche Vorschrift muss aber sachliche Gründe haben, sonst ist sie willkürlich und verstösst gegen den Grundsatz der Gleichbehandlung der Mitglieder. Zum Beispiel dürften in einem Turnverein die Passivmitglieder bei der Frage, welche Geräte anzuschaffen seien, vom Stimmrecht ausgeschlossen werden.

Das Gesetz verlangt für die Beschlussfassung weder die Anwesenheit einer bestimmten Mindestzahl von Mitgliedern noch die Zustimmung eines besonderen Anteils der Anwesenden. Es verlangt bloss «die Mehrheit der Stimmen der anwesenden Mitglieder». Gemeint sind damit alle Mitglieder, die sich an der Wahl oder Abstimmung beteiligen, jedoch ohne die ungültigen Stimmen und die Enthaltungen. Die Rechtsprechung lässt auch zu, dass Stimmenthaltungen mitgezählt werden; dies jedoch nur, wenn es in den Statuten vorgesehen ist.

Das Stimm- und Wahlrecht der Mitglieder umfasst auch das Recht, sich auf die Verhandlungen in der Vereinsversammlung und die Stimmabgabe gehörig vorzubereiten. Die Mitglieder müssen sich Informationen zu einem Traktandum beschaffen und sich eine Meinung dazu bilden können. Dies ist das Ziel von Artikel 67 Absatz 3, der allerdings durch die Statuten abgeändert werden kann. Was «gehörig angekündigt» bedeutet, ergibt sich aus den Umständen des Einzelfalls. Dazu ein Beispiel:

Ein Vereinsmitglied wurde an der Hauptversammlung aus dem Verein ausgeschlossen. Dieses Traktandum wurde in der Einladung zur Versammlung nicht besonders angekündigt, sondern der Beschluss wurde unter dem allgemeinen Punkt «Anträge» gefasst. Das Mitglied verlangte die Aufhebung des Vereinsbeschlusses wegen nicht gehöriger Ankündigung und erhielt vom St. Galler Kantonsgericht recht (GVP 1989 Nr. 18).

Allgemein hält das Bundesgericht fest, dass ein Gegenstand dann gehörig angekündigt worden sei, wenn die Vereinsmitglieder nach Einsicht in die Tagesordnung und in die Statuten leicht erkennen können, über welche Gegenstände zu beraten und allenfalls abzustimmen sein wird.

Artikel 68 schliesst ein Mitglied vom Stimmrecht aus, wenn über Geschäfte zwischen ihm, seinem Ehepartner oder seiner Ehepartnerin oder seinen in gerader Linie Verwandten und dem Verein beschlossen wird. In gerader Linie verwandt ist ein Vereinsmitglied mit seinen Eltern, Grosseltern etc. (Aszendenten) und mit seinen Kindern, Enkeln etc. (Deszendenten). Diese Bestimmung ist zwingend; auch wenn im Einzelfall keine tatsächliche Gefährdung des Vereinsinteresses besteht, gilt die Ausstandspflicht. Sie gilt nicht in bezug auf andere dem Vereinsmitglied irgendwie nahestehenden Personen, seien dies Verwandte (Geschwister, Onkel, Tante) oder aber Freunde.

In den Statuten kann der Verein individuell den Kreis der ausstandspflichtigen Personen ausdehnen. Dies muss aber sachlich begründet sein. Zum Beispiel könnte ein Angestellter des Vereins vom Stimmrecht ausgeschlossen werden, wenn es um sein Anstellungsverhältnis geht.

Der Vorstand

Art. 69

II. Vorstand

Der Vorstand hat das Recht und die Pflicht, nach den Befugnissen, die die Statuten ihm einräumen, die Angelegenheiten des Vereins zu besorgen und den Verein zu vertreten.

Zwischen den einzelnen Organen, vor allem dem geschäftsführenden Vorstand, und dem Verein besteht entweder ein Auftragsverhältnis (nach Art. 394 ff. OR) oder ein Arbeitsvertrag (nach Art. 319 ff. OR). Vereinbarungen zwischen dem Verein und dem einzelnen Vorstandsmitglied dürfen also dem zwingenden Auftrags- oder Arbeitsvertragsrecht nicht widersprechen. Die meistens Verträge zwischen Vereinen und ihren Mitgliedern werden als Aufträge angesehen.

Der Vorstand entnimmt seine Rechte und Pflichten den Statuten. Wie muss er aber funktionieren (zum Beispiel beim Fassen von Beschlüssen), wenn in den Statuten nichts vorgesehen ist? Literatur und Rechtsprechung sagen dazu, dass die Regeln über die Vereinsversammlung (Art. 66 bis 68) analog heranzuziehen seien. Dabei geht es vor allem um folgende Punkte: Jedes einzelne Vorstandsmitglied muss das Recht und die Pflicht haben, eine Vorstandssitzung einzuberufen, wann immer das im Interesse des Vereins nötig ist. Der Präsident hat die Einberufung vorzunehmen und sie an alle Vorstandsmitglieder zu richten. Die Traktanden müssen vorher bekanntgegeben und an der Sitzung muss ein Beschlussprotokoll geführt werden.

Der Vorstand besorgt die Angelegenheiten des Vereins und vertritt diesen. Das bedeutet, dass er entsprechend dem Vereinszweck und den Beschlüssen der Vereinsversammlung die laufenden Geschäfte führt. Einerseits betreut er die vereinsinternen Aufgaben (Verwaltung und Anlage des Vermögens, Buchführung etc.), anderseits vertritt er den Verein nach aussen gegenüber Dritten, zum Beispiel beim Kauf von Noten für einen Chor. Die meisten Statuten halten detailliert fest, worin die Aufgaben des Vereinsvorstands bestehen. Falls es keine abschliessende Regelung gibt, gilt die Grundregel, dass dem Vorstand «die gesamte ordentliche Verwaltung des Vereins» obliegt.

Für das Verhalten der Vorstandsmitglieder ist der Verein verantwortlich. Er haftet mit seinem ganzen Vermögen für einen Schaden, den ein Vorstandsmitglied in Ausübung seines Amtes verursacht. Anderseits haften auch die einzelnen Vorstandsmitglieder persönlich mit ihrem ganzen Vermögen für den Schaden, den sie Dritten, den Vereinsmitgliedern oder dem Verein in Ausübung ihrer Funktion zufügen. Die gesetzlichen Grundlagen dazu finden sich in Artikel 55 (siehe Seite 81).

Die Erteilung der Décharge ist die Erklärung der Vereinsversammlung gegenüber dem Vorstand, dass sie die Jahresrechnung abgenommen hat und keine Ansprüche an den Vorstand mehr bestehen. Diese Décharge wird im Gesetz nirgends erwähnt. Gemäss Lehrmeinung handelt es sich aber beim Anspruch auf Décharge um ein ungeschriebenes (wenn auch abänderbares) Recht. Décharge wird denn auch in den meisten Vereinen erteilt.

Vereine haben Mitglieder

C. Mitgliedschaft
I. Ein- und Austritt

Art. 70

¹ Der Eintritt von Mitgliedern kann jederzeit erfolgen.

² Der Austritt ist von Gesetzes wegen zulässig, wenn er mit Beobachtung einer halbjährigen Frist auf das Ende des Kalenderjahres oder, wenn eine Verwaltungsperiode vorgesehen ist, auf deren Ende angesagt wird.

³ Die Mitgliedschaft ist weder veräusserlich noch vererblich.

Es gibt keine gesetzliche Vorschrift über die Höchstzahl von Mitgliedern eines Vereins; in den Statuten kann die Mitgliederzahl aber begrenzt werden. Grundsätzlich sind natürliche und juristische Personen fähig, Mitglieder eines Vereins zu sein. Der Verein kann dies aber statutarisch eingrenzen, indem er zum Beispiel persönliche Fähigkeiten und Eigenschaften als Voraussetzung für eine Mitgliedschaft verlangt (etwa eine geübte Singstimme als Voraussetzung für Mitgliedschaft in einem Chor).

Statuten, Reglemente und sonstige Gepflogenheiten eines Vereins gelten auch für neueintretende Mitglieder. Unbekannten Statuten und Reglementen ist ein neueintretendes Mitglied aber nicht unterworfen, solange es nicht eine «Blanko-Beitrittserklärung» unterschrieben und darauf verzichtet hat, die Bestimmungen einzusehen. Für den Beitrittsvertrag ist keine Form vorgeschrieben; er kann auch mündlich abgeschlossen werden.

Besteht ein Rechtsanspruch darauf, Mitglied in einem Verein zu werden? Nein; gerade dieser Punkt ist ein wichtiger Teil der Vereinsautonomie, des Selbstbestimmungsrechts des Vereins. In den Statuten kann aber zum Beispiel für eine bestimmmte Berufsgruppe die Aufnahme obligatorisch vorgeschrieben sein. Zudem gibt es gesetzlich vorgeschriebene Aufnahmeobligatorien, zum Beispiel bei Schiessvereinen. Gibt es umgekehrt die Pflicht, einem Verein beizutreten? Nein; niemand ist dazu verpflichtet, Mitglied eines Vereins zu werden. Zum Beispiel können Arbeitnehmerinnen und Arbeitnehmer nicht dazu gezwungen werden, einer Gewerkschaft beizutreten.

Die Kündigungsfrist für einen Austritt beträgt ein halbes Jahr (jeweils auf Ende Jahr). Will ein Mitglied fristgemäss austreten, muss seine Mitteilung also spätestens am 30. Juni bei der zuständigen Stelle eintreffen. Die Statuten eines Vereins können die Austrittsfrist von einem halben Jahr (Art. 70 Abs. 2) nicht verlängern; insofern ist dieser Artikel zwingend. Die Frist kann aber verkürzt werden bis zur Möglichkeit des fristlosen Austritts der Mitglieder.

Eine Begründung für den fristgemässen Austritt schuldet das Mitglied nicht; eine solche darf auch nicht in den Statuten verlangt werden. Will jemand aber vor Ablauf der Kündigungsfrist austreten, ohne dass dies in den Statuten vorgesehen ist, muss er laut Bundesgericht den Austrittsgrund mindestens grob angeben. Bei einem fristlosen Austritt aus wichtigen Gründen müssen diese dargelegt werden.

Das Bundesgericht hat das Recht auf Austritt gestützt auf einen wichtigen Grund als ungeschriebenes und zwingendes Recht anerkannt. Im Einzelfall muss es für das Mitglied unzumutbar sein, dem Verein noch bis zum Ende der ordentlichen Austrittsfrist anzugehören. Will zum Beispiel eine Person aus einer Religionsgemeinschaft austreten, weil sie seine religiöse Überzeugung geändert hat, kann es gegen ihre Persönlichkeitsrechte verstossen, wenn sie Austrittsfristen beachten müsste. Aber nicht nur das Mitglied selbst, auch der Verein kann einen wichtigen Austrittsgrund gesetzt haben. Dies wäre etwa der Fall, wenn eine politische Partei in einer wichtigen Frage ihre Stellungnahme ändert.

Stirbt ein Mensch, endet auch seine Vereinsmitgliedschaft. In den Vereinsstatuten kann aber vorgesehen werden, dass sich die Mitgliedschaft vererbt. Genauso können die Statuten bestimmen, dass eine Mitgliedschaft beispielsweise durch einen schriftlichen Vertrag übertragen werden kann.

Mitglieder müssen Beiträge bezahlen

Art. 71

II. Beitragspflicht

^{1} Die Beiträge der Mitglieder werden durch die Statuten festgesetzt.

^{2} Solange es an einer solchen Festsetzung fehlt, haben die Mitglieder die zur Verfolgung des Vereinszweckes und zur Deckung der Vereinsschulden nötigen Beiträge zu gleichen Teilen zu leisten.

Mit dem Eintritt in einen Verein entstehen nicht nur Mitgliedschaftsrechte, sondern auch Pflichten. Diese Rechte und Pflichten sind dem Gesetz und den Statuten zu entnehmen. Es gibt Rechte vermögenswerter, das heisst in Geld ausdrückbarer, Art (wie das Recht, die Geräte des Turnvereins zu benutzen) oder aber nicht vermögenswerte Rechte, zum Beispiel das Stimmrecht. Auch die Pflichten können vermögenswerter oder nicht vermögenswerter Art sein; neben dem Vereinsbeitrag kann von den Mitgliedern beispielsweise auch verlangt werden, dass sie persönlich zur Förderung des Vereinszwecks beitragen.

Die Art der Beitragsleistung kann in den Statuten frei bestimmt werden. Meist sind es finanzielle Leistungen, möglich sind aber auch Natural- oder Arbeitsleistungen. Der Vereinsbeitrag kann einmalig oder in periodischen Abständen anfallen. Es ist zulässig, die Mitgliederbeiträge abzustufen, zum Beispiel nach den finanziellen Möglichkeiten der Mitglieder. Eine solche Ungleichbehandlung darf aber nicht willkürlich sein; sachliche Gründe müssen sie rechtfertigen.

Kommt ein Mitglied seinen Pflichten nicht nach, hat der Verein verschiedene Rechtsbehelfe. Werden zum Beispiel die Vereinsbeiträge nicht bezahlt, kann er das Mitglied betreiben. Der Verein kann ein Mitglied auch mit einer Strafe belegen, falls dies in den Statuten vorgesehen ist. In gravierenden Fällen kann der Verein ein Mitglied ausschliessen (siehe Art. 72).

Normalerweise wird in den Statuten die Beitragspflicht begrenzt, zum Beispiel auf 100 Franken pro Jahr. Wird dies unterlassen, haften alle Mitglieder dem Verein zu gleichen Teilen mit ihrem ganzen Vermögen für Schulden, die während ihrer Mitgliedschaft entstanden sind. Praktisch ist deshalb unbedingt zu empfehlen, die *Mitgliederbeiträge zu begrenzen*. Ein Schuldenberg könnte sonst zum Verhängnis für ahnungslose Mitglieder werden.

Die Ausschliessung eines Mitglieds

Art. 72

III. Ausschliessung

[1] Die Statuten können die Gründe bestimmen, aus denen ein Mitglied ausgeschlossen werden darf, sie können aber auch die Ausschliessung ohne Angabe der Gründe gestatten.

[2] Eine Anfechtung der Ausschliessung wegen ihres Grundes ist in diesen Fällen nicht statthaft.

[3] Enthalten die Statuten hierüber keine Bestimmung, so darf die Ausschliessung nur durch Vereinsbeschluss und aus wichtigen Gründen erfolgen.

Art. 73

IV. Stellung ausgeschiedener Mitglieder

[1] Mitglieder, die austreten oder ausgeschlossen werden, haben auf das Vereinsvermögen keinen Anspruch.

[2] Für die Beiträge haften sie nach Massgabe der Zeit ihrer Mitgliedschaft.

Artikel 72 sagt indirekt, dass die Ausschliessung aus einem Verein nie ohne einen Grund erfolgen darf. Auch wenn in den Statuten vorgesehen ist, dass eine Ausschliessung möglich ist, ohne dass die Gründe mitgeteilt werden, so müssen doch solche vorliegen. Die Gründe für den Ausschluss dürfen nicht rechtsmissbräuchlich sein. Wird also ein Mitglied ohne Angabe von Gründen ausgeschlossen, kann es zwar nicht verlangen, dass ihm diese bekanntgegeben werden. Es kann aber das Gericht anrufen und die Frage des Rechtsmissbrauchs überprüfen lassen. Dazu muss der Verein im Prozess die Ausschliessungsgründe bekanntgeben.

Will ein Verein ein Mitglied aus wichtigen Gründen ausschliessen, muss für ihn die Fortsetzung der Mitgliedschaft unzumutbar sein. Solche Gründe sind etwa gegeben, wenn ein Mitglied die statutarischen Voraussetzungen für eine Mitgliedschaft nicht mehr erfüllt, wenn es seine Mitgliedschaftspflichten verletzt oder sich vereinsintern streitsüchtig verhält. Ob im Einzelfall ein Ausschluss tatsächlich gerechtfertigt ist, hängt von verschiedenen Faktoren ab. Die Argumente auf seiten des Mitglieds (die Schwere des Verschuldens, frühere Verwarnungen, aber auch Verdienste etc.) müssen gegen diejenigen des Vereins (zum Beispiel die Schwere des Schadens für den Vereinszweck) abgewogen werden. Es gibt nur wenige Gerichtsurteile dazu. Zulässig war zum Beispiel der Ausschluss des Mitglieds eines Kartells, welches Dritte, die dem Kartellzweck entgegenarbeiteten, unterstützte.

Zuständig für den Ausschluss eines Mitglieds ist grundsätzlich die Vereinsversammlung. Die Statuten können diese Kompetenz auch einem anderen Vereinsorgan zuweisen.

Muss ein Mitglied vor seiner Ausschliessung angehört werden? Die Literatur bejaht dies mehrheitlich, und zwar auch dann, wenn der Ausschluss ohne Angabe der Gründe erfolgen soll. Was kann das betroffene Vereinsmitglied gegen einen Ausschliessungsentscheid unternehmen? In den Statuten kann eine Möglichkeit vorgesehen werden, den Entscheid vereinsintern an ein übergeordnetes Organ weiterzuziehen. Verzichtet das Mitglied auf einen solchen vereinsinternen Weiterzug, ist der Ausschluss gültig.

Eine Anfechtungsklage vor Gericht kann nur erhoben werden gegen eine letztinstanzliche Ausschliessung durch den Verein. Das bedeutet, dass zuerst die Weiterzugsmöglichkeiten innerhalb des Vereins genutzt werden müssen. Dabei dürfen keine Weiterzugsfristen verpasst werden! Das Vereinsmitglied kann eine Ausschliessung aber auch beim Gericht anfechten, etwa wenn ein formeller Mangel in der Beschlussfassung vorliegt. Bei einem Ausschlussverfahren beispielsweise wurde ein Teil der Vereinsmitglieder nicht zur Versammlung eingeladen. Ein an dieser Versammlung gefällter Ausschliessungsentscheid wurde vom Bundesgericht als nichtig erklärt.

Austretende Mitglieder – egal aus welchem Grund – haben keinen Anspruch an das Vereinsvermögen.

Änderung des Vereinszwecks

Art. 74

V. Schutz des Vereinszweckes

Eine Umwandlung des Vereinszweckes kann keinem Mitgliede aufgenötigt werden.

Eine Änderung des Vereinszwecks ist nur möglich, wenn alle Mitglieder einverstanden sind. Artikel 74 schützt die Vereinsmitglieder vor einer gegen ihren Willen vorgenommenen Abänderung des Vereinszwecks. Eine Anfechtung muss aber innert Monatsfrist erhoben werden, sonst wird die Umwandlung rechtens (siehe Art. 75). Die ältere Lehrmeinung vertritt die Auffassung, Artikel 74 sei zwingend, für jede Zweckänderung also Einstimmigkeit nötig. Die neuere Lehrmeinung erachtet eine in den Statuten vorgesehene Mehrheitsentscheidung für zulässig, da die demokratischen Richtlinien gewahrt seien und überdies jedem Vereinsmitglied nach einer Zweckänderung gegen seinen Willen das Recht zustehe, aus dem Verein auszutreten.

Eine Anpassung des Vereinszwecks an veränderte Verhältnisse oder an neue Bedürfnisse der Mitglieder ist noch keine Zweckänderung. Eine solche muss eine Veränderung im Wesen des Vereins bewirken. Bei der Beurteilung ist nicht nur die subjektive Auffassung der Mitglieder massgebend, es kommt darauf an, ob der Zweck auch aus objektiver Sicht in einem wesentlichen Punkt geändert worden ist. In der Praxis haben etwa Änderungen in der politischen oder religiösen Ausrichtung eines Vereins eine Rolle gespielt. Zum Beispiel wurde es als eine (gegen Art. 74 verstossende) Zweckumwandlung angesehen, als ein politisch neutraler Turnverein sich in den Dienst der Arbeiterpartei stellte oder als ein religiöser Verein sich plötzlich atheistisch bekannte. Eine Zweckumwandlung hat das Bundesgericht auch angenommen bei der Umwandlung eines Alpenklubs in einen Segelklub oder eines Wandervereins in einen solchen zur Förderung des Motorsports.

Auch Mitglieder, welche sich bei der Abstimmung über eine Zweckänderung der Stimme enthalten, ungültig gestimmt oder gar nicht teilgenommen haben, besitzen laut Bundesgericht ein Anfechtungsrecht. Allerdings ist empfehlenswert, in der Abstimmungsversammlung eine klare Stellungnahme, am besten ein Nein zur Zweckumwandlung, abzugeben, damit bei der Anfechtung von einer «Aufnötigung» im Sinn von Artikel 74 gesprochen werden kann.

Gegen gesetzeswidrige Beschlüsse kann sich jedes Mitglied wehren

Art. 75

VI. Schutz der Mitgliedschaft

Beschlüsse, die das Gesetz oder die Statuten verletzen, kann jedes Mitglied, das nicht zugestimmt hat, von Gesetzes wegen binnen Monatsfrist, nachdem es von ihnen Kenntnis erhalten hat, beim Richter anfechten.

Dieser Artikel legt ein wichtiges Schutzrecht fest: Gegen gesetzes- und statutenwidrige Vereinsbeschlüsse kann sich jedes Mitglied innert Monatsfrist mit einer Anfechtung wehren. Wird in den Statuten vorgesehen, dass Vereinsbeschlüsse intern weitergezogen werden können, muss zuerst diese Möglichkeit ausgeschöpft werden. Erst dann kann ans Gericht gelangt werden.

Mit dem Begriff Beschlüsse sind Vereinsbeschlüsse im Sinn von Artikel 66 Absatz 1 gemeint. Laut Rechtsprechung und Lehrmeinung können aber auch gesetzes- und statutenwidrige Vorstandsbeschlüsse beim Gericht angefochten werden. Dies gilt jedoch nur, wenn es um Mitgliedschaftsrechte geht. Die Klage richtet sich in jedem Fall gegen den Verein.

Alle Mitglieder eines Vereins haben das Recht zur Anfechtungsklage. Dies gilt auch für Mitglieder, die beim angefochtenen Beschluss nicht stimmberechtigt waren oder die überhaupt kein Stimmrecht haben (zum Beispiel Passivmitglieder). Auch wer sich bei der Abstimmung oder Wahl der Stimme enthalten hat oder abwesend war, ist klageberechtigt. Mitgliedern, die dem Beschluss zugestimmt haben, steht kein Anfechtungsrecht zu, es sei denn, sie hätten dies aufgrund einer Drohung, eines Irrtums oder eines sonstigen Willensmangels getan. Dies wurde zum Beispiel entschieden in einem Fall, in dem Vereinsmitglieder zur Zustimmung gezwungen wurden mit der Drohung, «man schlage ihnen den Grind voll» (ZR 24 Nr. 107).

Die Monatsfrist beginnt in dem Moment, da ein Mitglied von einem Beschluss Kenntnis hat, und wird wie folgt berechnet: Hat zum Beispiel ein Mitglied am 25. eines Monats vom Beschluss Kenntnis erhalten, beginnt die Frist am 26. zu laufen und endet am 25. des folgenden Monats um Mitternacht, und zwar unabhängig davon, wieviele Tage der Monat aufweist. Erfährt das Mitglied von einem Beschluss am letzten Tag eines Monats, beginnt die Frist am ersten Tag des nächsten Monats zu laufen und endet um Mitternacht am letzten Tag dieses Monats (die Monatsfrist kann also vom 30. April bis 31. Mai dauern, aber auch vom 31. Januar bis 28. Februar). Fällt der letzte Tag der Frist auf einen Samstag, Sonntag oder Feiertag, gilt stets der nächstfolgende Werktag als letzter Tag, solange diese Regelung in den Statuten nicht ausgenommen ist.

Die Klagefrist beginnt nicht für jedes Mitglied im gleichen Zeitpunkt zu laufen, da die Kenntnisnahme durch den einzelnen massgebend ist. Die Frist ist auch auf keine Maximaldauer beschränkt, was bedeutet, dass ein Mitglied, welches vom Beschluss erst nach acht Monaten erfährt, auch dann noch eine Anfechtung starten kann. Diese Situation schafft für den Verein eine unangenehme Rechtsunsicherheit. Deshalb geht die Gerichtspraxis davon aus, dass bei einem Mitglied, das bei der Versammlung anwesend war, vorausgesetzt werden kann, dass es vom Beschluss Kenntnis hat. Ist ein Mitglied abwesend, beginnt der Fristenlauf spätestens in dem Zeitpunkt, da es die Möglichkeit der Kenntnisnahme hat. Wird ein Vereinsmitglied ausgeschlossen, muss es nicht nur vom Ausschluss Kenntnis haben, sondern auch die Begründung dafür kennen, damit die Anfechtungsfrist zu laufen beginnt.

Die Auflösung des Vereins

Art. 76

D. Auflösung
I. Auflösungsarten
1. Vereinsbeschluss

Die Auflösung des Vereins kann jederzeit durch Vereinsbeschluss herbeigeführt werden.

Art. 77

2. Von Gesetzes wegen

Die Auflösung erfolgt von Gesetzes wegen, wenn der Verein zahlungsunfähig ist, sowie wenn der Vorstand nicht mehr statutengemäss bestellt werden kann.

Art. 78

3. Urteil

Die Auflösung erfolgt durch den Richter auf Klage der zuständigen Behörde oder eines Beteiligten, wenn der Zweck des Vereins widerrechtlich oder unsittlich ist.

Art. 79

II. Löschung des Registereintrages

Ist der Verein im Handelsregister eingetragen, so hat der Vorstand oder der Richter dem Registerführer die Auflösung behufs Löschung des Eintrages mitzuteilen.

In der Praxis werden die Vereine meist durch Vereinsbeschluss aufgelöst. In den Statuten darf nicht festgelegt werden, dass ein Verein «unauflösbar» sei. Damit würde die Vereinsautonomie aufgehoben.

Von Gesetzes wegen kann ein Verein aufgehoben werden, wenn er zahlungsunfähig ist. Wenn die Überschuldung eines Vereins gross ist und keine

Aussicht auf Veränderung der schlechten finanziellen Lage besteht, ist der Vorstand verpflichtet, die Mitglieder innert nützlicher Frist an einer Vereinsversammlung zu orientieren. Die Versammlung kann dann allenfalls die Auflösung des Vereins beschliessen.

Auch wenn der Vorstand nicht mehr statutengemäss bestellt werden kann, wird der Verein von Gesetzes wegen aufgelöst. Dem kann allenfalls mit einer Statutenänderung begegnet werden, indem beispielsweise eine vorgesehene Mindestzahl von Vorstandsmitgliedern reduziert wird. Es ist auch möglich, Nichtmitglieder in den Vorstand zu wählen.

Es gibt nur den in Artikel 78 festgehaltenen richterlichen Aufhebungsgrund: der widerrechtliche oder unsittliche Zweck eines Vereins. Insbesondere gibt es keine Möglichkeit, dass Vereinsmitglieder vom Gericht die Auflösung des Vereins aus wichtigen Gründen verlangen könnten. Auch in den Statuten kann dies nicht vorgesehen werden.

Je nachdem, aus welchem Grund ein Verein aufgelöst beziehungsweise liquidiert wird, sind die Folgen verschieden. Bei einem Konkurs kommt das Schuldbetreibungs- und Konkursrecht zur Anwendung. Sonst wird ein Verein privatrechtlich liquidiert, und zwar (gemäss Art. 58) nach Genossenschaftsrecht. Ist ein Verein im Handelsregister eingetragen, muss dem Registerführer sofort mitgeteilt werden, dass eine Auflösung im Gang ist, damit er den Vermerk «in Liquidation» dazu setzen kann. Auch die Beendigung der Liquidation muss gemeldet werden, damit der Handelsregistereintrag gelöscht werden kann. Mit der Löschung geht die Rechtspersönlichkeit des Vereins unter.

Die Durchführung der Liquidation erfolgt durch Liquidatoren, die in der Regel mit dem Vorstand identisch sind. Sie haben die Aufgabe, die laufenden Geschäfte zu beenden, die restlichen Mitgliederbeiträge einzuziehen, Aktiven zu verwerten und Schulden zu bezahlen. Schliesslich müssen sie auch einen Schlussbericht mit Schlussrechnung erstellen. Falls Vermögen übrigbleibt, wird dies entsprechend den Vereinsstatuten verwendet. Sagen die Statuten dazu nichts, können die zuständigen Vereinsorgane, meist die Vereinsversammlung, darüber bestimmen. Liegt weder eine Statutenbestimmung noch ein solcher Beschluss vor, fällt das Vereinsvermögen an das Gemeinwesen (siehe Art. 57 Abs. 1). Dieses muss das Vermögen möglichst dem Vereinszweck entsprechend verwenden.

Die Stiftungen

Das Stiftungsrecht des ZGB umfasst lediglich elf Artikel. Daneben gibt es zahlreiche weitere Bestimmungen in anderen Erlassen des Bundes (zum Beispiel im OR) und der Kantone (beispielsweise in den Einführungsgesetzen zum ZGB, in denen die Aufsichtsorgane über die Stiftungen festgelegt werden). Im Stiftungsrecht müssen viele Rechtsfragen durch die Praxis beantwortet werden, da das Gesetz Lücken aufweist. Vor allem die Verwaltungspraxis des Bundes hat zur Fortbildung des Stiftungsrechts beigetragen.

Die wichtigste Erscheinungsform der Stiftung ist heute die Personalvorsorgestiftung (siehe Art. 89bis, Seite 112). Die Personalvorsorge der zweiten Säule wird aber vor allem im Bundesgesetz über die berufliche Alters-, Hinterlassenen- und Invalidenvorsorge (BVG) geregelt. Andere Stiftungen befassen sich mit dem Thema Wohnungsbau, mit Fürsorgefragen oder kulturellen und ideellen Zielen. Weiter gibt es viele Stiftungen der katholischen Kirche. Da für sie keine Eintragungspflicht im Handelsregister besteht (siehe Art. 52 Abs. 2, Seite 79), ist weder ihre Zahl noch ihr Vermögen bekannt. Auch die Familienstiftungen sind nicht eintragungspflichtig (siehe Art. 52 Abs. 2); ihr Vermögen wird allerdings auf über eine Milliarde Franken geschätzt (siehe Art. 87, Seite 111).

Der Stiftungsinhalt

Dritter Abschnitt: Die Stiftungen

Art. 80

A. Errichtung
I. Im allgemeinen

Zur Errichtung einer Stiftung bedarf es der Widmung eines Vermögens für einen besondern Zweck.

Art. 81

II. Form der Errichtung

[1] Die Errichtung erfolgt in der Form einer öffentlichen Urkunde oder durch letztwillige Verfügung.

[2] Die Eintragung in das Handelsregister erfolgt auf Grund der Stiftungsurkunde und nötigenfalls nach Anordnung der Aufsichtsbehörde unter Angabe der Mitglieder der Verwaltung.

Art. 82

III. Anfechtung

Eine Stiftung kann von den Erben oder den Gläubigern des Stifters gleich einer Schenkung angefochten werden.

Basis einer Stiftung bildet ein Vermögen, gewidmet – oder mit anderen Worten zugeeignet, «geschenkt» – von einer Person für einen bestimmten Zweck. Alle natürlichen und juristischen Personen, die handlungsfähig sind, können eine Stiftung errichten.

Für ein gültiges Stiftungsgeschäft müssen drei Willensäusserungen der stiftenden Person vorliegen:
– der Wille, eine selbständige Stiftung zu errichten
– die Bezeichnung oder Umschreibung des der Stiftung zu widmenden Vermögens
– die Umschreibung des Zwecks der Stiftung

Diese drei Punkte müssen dem Willen der stiftenden Person selbst entstammen, niemand kann diesen ersetzen. Auch die stiftende Person kann diese drei grundsätzlichen Elemente zur Bestimmung nicht delegieren. Das Stiftungsgeschäft kann darüber hinaus weitere Bestimmungen enthalten, etwa über den Namen der Stiftung oder ihre Organisation.

Dingliche Rechte (Barvermögen, eine Liegenschaft etc.) sowie persönliche Rechte (etwa das Recht an einem Patent) können zum Stiftungsvermögen gehören. Es ist auch möglich, eine belastete Liegenschaft zu übertragen; dann bildet die Differenz zwischen Aktiven und Passiven das Stiftungsvermögen.

Aufgabe und Ziel der Stiftung wird im Zweck umschrieben. An diesen Zweck müssen sich die Stiftungsorgane halten. Nicht nur die Umschreibung der Aufgabe ist verpflichtend, sondern auch diejenige der Destinatäre und Destinatärinnen, derjenigen Personen also, welche aus der Stiftung unterstützt werden sollen. Manchmal ergibt sich der Kreis der Destinatäre und Destinatärinnen auch direkt aus dem Stiftungszweck und braucht nicht speziell umschrieben zu sein.

Das Gesetz spricht von einem «besonderen Zweck». Das bedeutet, dass die Zweckumschreibung bestimmt und deutlich sein muss. Umschreibt der Stifter oder die Stifterin den Zweck eher weit, besteht die Gefahr, dass die Stiftung eines Tages Aufgaben übernimmt, die mit den ursprünglichen Vorstellungen nicht mehr übereinstimmen. Ist der Zweck aber sehr eng umschrieben, kann er rasch überholt sein, so dass allenfalls eine Zweckänderung nötig wird. Das Bundesgericht hat zum Beispiel die Zweckumschreibung «Heranbildung von katholischen Priesteramtskandidaten» als nicht rechtsbeständig angesehen, da ein solcher Zweck einer näheren, auf jeden Fall geografischen Eingrenzung bedürfe. Ungenügend sind auch Formulierungen wie «zu wohltätigen Zwecken», «zu idealen Zwecken», «zu Erziehungszwecken» oder gar «zu beliebiger Verwendung». Ausreichend ist etwa die Beschreibung «Personalfürsorge für die Arbeitnehmerinnen der Firma XYZ». Dieser Zweck ist genügend umrissen, so dass die Einzelheiten in einem Stiftungsreglement geregelt werden können.

Die Form der Errichtung

Gemäss Artikel 81 erhält die Stiftung ihre Rechtspersönlichkeit mit dem Eintrag ins Handelsregister. Absatz 1 nennt die zwei Formen der Errichtung (andere Formen sind nicht möglich):
- durch ein Rechtsgeschäft unter lebenden Personen mit einer öffentlich beurkundeten Schrift
- durch ein Rechtsgeschäft von Todes wegen, vor allem durch ein Testament

Die durch ein Testament errichtete Stiftung kann von der stiftenden Person bis zu ihrem Tod widerrufen werden. Mit dem Tod wird sie jedoch unwiderruflich. Die Erben können die Stiftung nicht widerrufen, aber allenfalls anfechten. Stiftungen, die durch Testament errichtet wurden, sind beim Tod des Stifters lediglich rechtsfähig im Hinblick auf den Erwerb des gestifteten Vermögens. Handlungsfähig werden sie erst mit dem Eintrag ins Handelsregister.

Umstritten ist, ob eine unter Lebenden errichtete Stiftung bereits mit der öffentlichen Beurkundung oder erst mit dem Registereintrag unwiderruflich wird. Jedenfalls kann die stiftende Person, sobald die Unwiderruflichkeit bejaht wird, nicht mehr über das Vermögen verfügen, auch nicht, wenn sie sich später umbesinnt und das Vermögen anderweitig verwenden möchte.

Stiftungserrichtungen können angefochten werden

Möglicherweise hat eine Person, die ihr Vermögen in eine Stiftung einbringen will, Gläubigerinnen und Gläubiger oder gesetzliche Erben, die damit nicht einverstanden sind. Artikel 82 schützt diese und gibt ihnen Mittel in die Hand, um ihre Rechte zu wahren. Wurde eine Stiftung in einem Testament errichtet, haben die Erben die erbrechtlichen Anfechtungsmöglichkeiten zur Verfügung, nämlich die Ungültigkeitsklage (siehe Art. 519 ff., Seite 468) und die Herabsetzungsklage (siehe Art. 522 ff., Seite 471). Für eine Stiftung unter Lebenden gelten die Regelungen betreffend Schenkungen im OR. Stirbt aber die stiftende Person vor Ablauf von fünf Jahren seit der Stiftungserrichtung, können die Erben ebenfalls eine Herabsetzungsklage einreichen (siehe Art. 527 Ziff. 3). Die Gläubiger eines Stifters können ihre Interessen mit der sogenannten Schenkungspaulina, einer Klage aus dem Schuldbetreibungs- und Konkursrecht, wahren. Danach sind Schenkungen (mit Ausnahme von Gelegenheitsgeschenken), welche ein Schuldner innerhalb der letzten sechs Monate vor der Pfändung oder Konkurseröffnung vorgenommen hat, gerichtlich anfechtbar.

Die Organisation der Stiftung

Art. 83

B. Organisation

¹ Die Organe der Stiftung und die Art der Verwaltung werden durch die Stiftungsurkunde festgestellt.

² Ist die vorgesehene Organisation nicht genügend, so hat die Aufsichtsbehörde die nötigen Verfügungen zu treffen.

³ Können diese nicht zweckdienlich getroffen werden, so hat die Aufsichtsbehörde das Vermögen, sofern der Stifter keinen Einspruch erhebt oder nicht eine Bestimmung der Stiftungsurkunde ausdrücklich entgegensteht, einer andern Stiftung mit möglichst gleichartigem Zwecke zuzuwenden.

Eine Stiftung muss mindestens ein Organ aufweisen, welches die Geschäfte führt und sie vertritt, damit sie handlungsfähig ist. Dieses Organ kann aus natürlichen oder juristischen Personen zusammengesetzt sein und verschieden bezeichnet werden. An der Spitze steht meist ein *Stiftungsrat* (auch Direktion, Stiftungsvorstand oder Stiftungskommission genannt). Es können auch mehrere Organe vorgesehen sein, zum Beispiel neben dem Stiftungsrat ein Stiftungsvorstand, eine Kontrollstelle und ein stiftungsinternes Aufsichtsorgan.

Im Stiftungsrecht selber ist nichts über die Rechte und Pflichten der Stiftungsorgane festgehalten. Das Bundesgericht führt dazu aus, dass die Organe einer Stiftung zur getreuen und sorgfältigen Verwaltung des Stiftungsvermögens verpflichtet sind. Sie müssen es entsprechend dem Willen des Stifters oder der Stifterin erhalten. Die Organe der Stiftung haften dieser aus Auftrag oder Arbeitsvertrag (zum Verhältnis zwischen Stiftungsorganen und Dritten siehe Art. 55, Seite 81).

Für die Beschlussfassung ist, soweit die Stiftungsurkunde oder das Reglement nichts anderes vorsehen, das Vereinsrecht anwendbar (siehe Art. 66 bis 68, Seite 91). Auch Artikel 69 über die Geschäftsführungs- und Vertretungsorgane findet analog Anwendung, falls in Urkunde und Reglement nichts anderes bestimmt ist. Gemäss Bundesgericht kann die gesamte Organisation statt in der Stiftungsurkunde in einem Reglement umschrieben werden. Dieses Reglement muss spätestens im Zeitpunkt der Anmeldung beim Handelsregister vorliegen.

Ist die in der Stiftungsurkunde festgehaltene Organisation ungeeignet oder unvollständig, kommt Artikel 83 Absatz 2 zum Zug; die Aufsichtsbehörde greift ein. In der Praxis ist dies meist der Fall, wenn es sich um eine Stiftung von Todes wegen handelt. Bei der Stiftung unter Lebenden achtet die Person, welche die Stiftung beurkundet, darauf, dass die Organisation gesetzmässig festgelegt ist. Die Aufsichtsbehörde kann die Organisation entweder selbst bis in alle Einzelheiten bestimmen oder die Detailregelungen zum Beispiel dem zukünftigen Stiftungsrat überlassen. Entscheidet die Aufsichtsbehörde selbst, können ihre Verfügungen auf dem Verwaltungsweg bis letztlich vor Bundesgericht angefochten werden. Wählt die Aufsichtsbehörde bei einer unter Lebenden errichteten Stiftung eine Lösung, mit der die stiftende Person nicht einverstanden ist, kann diese das Vermögen zurückverlangen. Dies geht nicht bei einer Stiftung von Todes wegen, es sei denn, die stiftende Person habe dies in einer Bestimmung ausdrücklich festgehalten.

Mit Artikel 83 werden nicht nur Fehler in der Organisation behoben; er ist auch anwendbar, wenn nicht genügend Vermögen vorhanden ist, um den Stiftungszweck zu erreichen.

Fehlen die nötigen Personen zur Bestellung der Organe, kann unter Umständen die Vormundschaftsbehörde für diese Stiftung einen Beistand bestellen (siehe Art. 393 Ziff. 4). Möglich ist auch, dass eine Organisationsform erst in Ausarbeitung ist und der Beistand in dieser Zeit für die Stiftung handelt oder das Stiftungsvermögen verwaltet.

Wer beaufsichtigt die Stiftungen?

Art. 84

C. Aufsicht

[1] Die Stiftungen stehen unter der Aufsicht des Gemeinwesens (Bund, Kanton, Gemeinde), dem sie nach ihrer Bestimmung angehören.

[2] Die Aufsichtsbehörde hat dafür zu sorgen, dass das Stiftungsvermögen seinen Zwecken gemäss verwendet wird.

Die Aufsicht über eine Stiftung hat das Gemeinwesen, dem die Stiftung «nach ihrer Bestimmung» angehört. Dies wird vor allem anhand des Stiftungszwecks entschieden. Massgebend ist, welches Gemeinwesen, ob Bund, Kanton oder Gemeinde, die Aufgabe übernehmen müsste, welche sich die Stiftung als Ziel gesetzt hat. Auch der geografische Wirkungskreis ist ein Kriterium. Zahlt eine Stiftung zum Beispiel Beiträge zur Unterstützung studierender Frauen aus ländlichen Gebieten des Kantons Tessin, wäre der Kanton Tessin zuständig für die Aufsicht. Bei Personalfürsorgestiftungen ist grundsätzlich die Aufsichtsbehörde am Sitz des Unternehmens zuständig, auch wenn dieser nicht identisch ist mit dem Sitz der Stiftung.

Gestützt auf Artikel 6 Absatz 1 haben die meisten Kantone Verordnungen über die Stiftungen erlassen und Aufsichtsbehörden eingesetzt. Der Kanton Zürich zum Beispiel legt in seinem Einführungsgesetz zum ZGB fest, dass der Gemeinde-, der Bezirks- oder der Regierungsrat für die Aufsicht über die Stiftungen zuständig ist, je nachdem, ob sie der Gemeinde, dem Bezirk oder dem Kanton angehören. Die Aufsichtsbehörden müssen einerseits überprüfen, ob, und anderseits durchsetzen, dass der Wille des Stifters oder der Stifterin eingehalten wird. Zudem müssen sie überwachen, dass die Stiftungsorgane gesetzeskonform handeln. Dazu stehen den Behörden präventive (vorbeugende) und repressive (durchsetzende) Mittel zur Verfügung.

Zu den **präventiven Mitteln** gehört die Pflicht der Stiftungsorgane, Reglemente und Reglementsänderungen einzureichen. Die Aufsichtsbehörde hat ein Weisungsrecht, falls sie an diesen Urkunden Korrekturen vornehmen will. Die meisten Aufsichtsbehörden verlangen von den Stiftungen jährliche Berichterstattung und Rechnungslegung. Meist haben sie auch die Möglichkeit, Einsicht in die Belege zu nehmen und die Anlage des Stiftungsvermögens zu überwachen. Die Stiftungsorgane haben die Pflicht, das Kapital sicher anzulegen; die Substanz muss erhalten bleiben. Sie müssen darauf achten, dass die Stiftung liquid bleibt und das Vermögen eine angemessene Rendite abwirft.

Repressiv hat die Aufsichtsbehörde folgende Möglichkeiten. Bei geringen Unregelmässigkeiten, zum Beispiel wenn ein Stiftungsrat die jährliche Rechnung versäumt, kann sie ihn zur Erfüllung seiner Pflicht mahnen. Auch eine Verwarnung oder ein förmlicher Verweis mit Verfügungen sind möglich. Weiter hat die Aufsichtsbehörde die Möglichkeit, konkret auf die Tätigkeit der Stiftung einzuwirken, indem sie Weisungen mit einer Frist zur Erfüllung erteilt (etwa die Weisung, innert einer bestimmten Frist das Stiftungsvermögen besser anzulegen). Solche Weisungen können auch mit der Androhung einer Strafe verbunden werden. Aufsichtsbehörden können zudem gesetzes- oder statutenwidrige Entscheide der Stiftungsorgane aufheben, dürfen dabei aber nicht den Autonomiebereich der Stiftung tangieren. Sieht es eine Aufsichtsbehörde als notwendig an, kann sie im Extremfall sogar ein Stiftungsorgan (oder auch alle) absetzen und durch ein neues ersetzen lassen. Sie hat auch die Möglichkeit,

Schadenersatzklage gegen Stiftungsorgane zu erheben, Stiftungsvermögen und Unterlagen zu beschlagnahmen etc. Grundsätzlich muss die Aufsichtsbehörde von Amtes wegen tätig werden. Jede Person hat das Recht, ihr Unregelmässigkeiten anzuzeigen. Eine Aufsichtsbeschwerde können aber nur Personen erheben, welche ein persönliches Interesse darlegen können. Gemäss Bundesgericht genügt es, wenn jemand in die Lage kommen könnte, Leistungen von der Stiftung zu erhalten.

Fehlerhafte Entscheide zum Beispiel eines Stiftungsrats können von der Aufsichtsbehörde aufgehoben werden. Allerdings hat die Behörde nicht das Recht, in Ermessensentscheide der Stiftungsorgane einzugreifen; sie muss ihnen einen Handlungsspielraum lassen. Auch darf die Behörde nicht an Stelle der Organe entscheiden, sondern muss fehlerhafte Entscheide zur Neubeurteilung an sie zurückweisen. Dazu ein Beispiel:

Der Stiftungsrat einer Stiftung zur Unterstützung fürsorgebedürftiger und alleinstehender Personen beschloss, in Zukunft auch Beiträge an fürsorgebedürftige Familien auszuzahlen. Diesen Beschluss hob die Aufsichtsbehörde auf, weil er dem Stiftungszweck widersprach. Sie entschied aber selber nicht über die Verwendung der Gelder, sondern wies den Stiftungsrat an, neue Beschlüsse zu fassen.

Entscheide der Aufsichtsbehörde können zuerst auf kantonaler Ebene und letztinstanzlich bis ans Bundesgericht weitergezogen werden.

Die Umwandlung einer Stiftung

D. Umwandlung der Stiftung
I. Änderung der Organisation

Art. 85

Die zuständige kantonale Behörde oder, wo die Stiftung unter der Aufsicht des Bundes steht, der Bundesrat darf auf Antrag der Aufsichtsbehörde und nach Anhörung des obersten Stiftungsorganes die Organisation der Stiftung abändern, wenn die Erhaltung des Vermögens oder die Wahrung des Zweckes der Stiftung die Abänderung dringend erheischt.

II. Änderung des Zweckes

Art. 86

[1] Die zuständige kantonale Behörde oder, wo die Stiftung unter der Aufsicht des Bundes steht, der Bundesrat darf auf Antrag der Aufsichtsbehörde und nach Anhörung des obersten Stiftungsorganes den Zweck der Stiftung abändern, wenn ihr ursprünglicher Zweck eine ganz andere Bedeutung oder Wirkung erhalten hat, so dass die Stiftung dem Willen des Stifters offenbar entfremdet worden ist.

² Unter den gleichen Voraussetzungen können Auflagen oder Bedingungen, die den Stiftungszweck beeinträchtigen, aufgehoben oder abgeändert werden.

Die Stiftung ist grundsätzlich ein starres Gebilde. Sie ist gebunden an eine festgelegte Organisation und einen umschriebenen Zweck. Sozialer Wandel, Veränderungen in den Anschauungen, in Politik und Wirtschaft können jedoch die Verhältnisse so sehr ändern, dass es sich aufdrängt, den Zweck und/oder die Organisation einer Stiftung neu zu definieren. Wurde zum Beispiel in einer Schulgemeinde eine Stiftung errichtet, um fremdsprachigen Primarschülern Deutschunterricht zu erteilen, so erübrigt sich dies, wenn dieser Deutschunterricht von der öffentlichen Schule angeboten wird. Es fehlt die Basis für die Erreichung des Stiftungszwecks. Auch aus der Stiftung selbst kann sich das Bedürfnis für eine Neuorientierung ergeben, etwa wenn die finanziellen Mittel nicht mehr ausreichen, um die ursprünglich vorgesehene Organisationsstruktur zu erhalten.

Das Gesetz räumt den staatlichen Behörden die Möglichkeit ein, den Zweck oder die Organisation einer Stiftung den veränderten Verhältnissen anzupassen, wenn dadurch die Stiftung gerettet werden kann. Kann angenommen werden, dass der Stifter oder die Stifterin unter den neuen Umständen den Zweck anders umschrieben hätte, ist Artikel 86 erfüllt und eine Zweckänderung zulässig. Der neue Stiftungszweck muss dem alten möglichst ähnlich sein, und der mögliche Wille des Stifters unter den neuen Umständen muss erforscht werden. Die Stiftungsbehörde kann auch Auflagen oder Bedingungen, welche den Stiftungszweck beeinträchtigen, aufheben oder abändern. Zum Beispiel wurde die Zweckänderung gutgeheissen bei einer Stiftung, die ursprünglich auf die Schaffung einer Armenanstalt abzielte. Ihr Zweck wurde dahingehend geändert, dass die Zinsen des Stiftungskapitals zugunsten der Armenfürsorge mittels Erziehung in Familien verwendet wurde. Verweigert wurde anderseits eine Zweckänderung, als der Fonds zur Erstellung eines Altersasyls an eine Waisenschule übergehen sollte.

Zwingend schreiben die Artikel 85 und 86 das Abänderungsverfahren vor. Nur die Aufsichtsbehörde kann solche Anträge stellen. Dies bedeutet aber nicht, dass die Stiftungsorgane nicht selbst den Anstoss zu einer Änderung geben können. Das oberste Stiftungsorgan muss vor einer Umwandlung so oder so angehört werden; seine Zustimmung ist aber nicht unbedingt notwendig. Umwandlungen müssen im Handelsregister eingetragen werden.

Spezialfall: Familienstiftung und kirchliche Stiftung

E. Familienstiftungen und kirchliche Stiftungen

Art. 87

¹ Die Familienstiftungen und die kirchlichen Stiftungen sind unter Vorbehalt des öffentlichen Rechtes der Aufsichtsbehörde nicht unterstellt.

² Über Anstände privatrechtlicher Natur entscheidet der Richter.

Familienstiftungen und kirchliche Stiftungen sind nicht der Aufsicht des Staates unterstellt.

Die Besonderheit der Familienstiftung liegt darin, dass der Kreis der Bezügerinnen und Bezüger auf die Angehörigen einer bestimmten Familie beschränkt ist (siehe auch Art. 335, Seite 345). Familienstiftungen können nur zum Zweck der Erziehung, Ausstattung, Unterstützung oder ähnlichem errichtet werden, nicht aber für die Deckung des blossen Lebensunterhalts einer Familie. Die Zahl der Familienstiftungen ist nicht bekannt, muss aber, angesichts eines Vermögens von über einer Milliarde Franken, beträchtlich sein. Die Gerichts- und Verwaltungspraxis musste sich verschiedentlich mit zweifelhaften Gründungen von unzulässigen Familienstiftungen befassen, die vor allem errichtet wurden, um Vermögen der Steuer zu entziehen.

Die kirchliche Stiftung ist definiert durch ihren kirchlichen Zweck und ihre Verbindung zu einer bestimmten Religionsgemeinschaft. Zulässig sind nur Zwecke, die dem Glauben an Gott dienen, etwa die Erforschung kirchlicher Lehren. Vor allem die katholische Kirche hat viele ihrer Institutionen in Form der Stiftung errichtet, zum Beispiel Seminare für die Heranbildung katholischer Priester oder Kapellenstiftungen zum Unterhalt einer Kapelle.

Das Ende der Stiftung

F. Aufhebung
I. Von Gesetzes wegen und durch den Richter

Art. 88

¹ Die Aufhebung einer Stiftung erfolgt von Gesetzes wegen, sobald ihr Zweck unerreichbar geworden ist.

² Sie erfolgt durch den Richter, wenn der Zweck der Stiftung widerrechtlich oder unsittlich geworden ist.

Art. 89

II. Klagerecht und Löschung im Register

¹ Zur Klage berechtigt ist die Aufsichtsbehörde sowie jedermann, der ein Interesse hat.

² Die Aufhebung ist dem Registerführer behufs Löschung des Eintrages anzuzeigen.

Eine Stiftung kann sich nicht selber aufheben. Sie wird aber gerichtlich aufgehoben, wenn ihr Zweck wegfällt oder unerreichbar geworden ist. Dies kann durch äussere Umstände geschehen (wenn etwa alle Destinatäre und Destinatärinnen wegfallen), aber auch durch Umstände innerhalb der Stiftung (wenn zum Beispiel das Vermögen zur Neige geht). Zudem kann auch geschehen, dass ein Sitftungszweck im nachhinein widerrechtlich oder unsittlich wird und die Stiftung deshalb aufgehoben werden muss. Wird zum Beispiel eine politische Partei verboten, wird eine Stiftung mit dem Ziel, diese zu unterstützen, widerrechtlich.

Eine Aufhebungsklage muss beim ordentlichen Gericht am Sitz der Stiftung erfolgen. Wird eine Stiftung von Gesetzes wegen oder durch das Gericht aufgehoben, tritt sie in das Liquidationsverfahren ein, welches nach den Grundregeln für die juristischen Personen abläuft (siehe Art. 58, Seite 83).

Die Personalfürsorgestiftung

Art. 89bis

G. Personalfürsorgestiftungen

¹ Für Personalfürsorgeeinrichtungen, die gemäss Artikel 331 des Obligationenrechts in Form der Stiftung errichtet worden sind, gelten überdies noch folgende Bestimmungen.

² Die Stiftungsorgane haben den Begünstigten über die Organisation, die Tätigkeit und die Vermögenslage der Stiftung den erforderlichen Aufschluss zu erteilen.

³ Leisten die Arbeitnehmer Beiträge an die Stiftung, so sind sie an der Verwaltung wenigstens nach Massgabe dieser Beiträge zu beteiligen; soweit möglich haben die Arbeitnehmer ihre Vertretung aus dem Personal des Arbeitgebers zu wählen.

⁴ Das Stiftungsvermögen darf in der Regel in dem den Forderungen der Arbeitnehmer gemäss den Artikeln 331a und 331b OR entsprechenden Verhältnis nicht in einer Forderung gegen den Arbeitgeber bestehen, es sei denn, sie werde sichergestellt.

[5] Die Begünstigten können auf Ausrichtung von Leistungen der Stiftung klagen, wenn sie Beiträge an diese entrichtet haben oder wenn ihnen nach den Stiftungsbestimmungen ein Rechtsanspruch auf Leistungen zusteht.

[6] Für Personalfürsorgestiftungen, die auf dem Gebiet der Alters-, Hinterlassenen- und Invalidenvorsorge tätig sind, gelten überdies die folgenden Bestimmungen des Bundesgesetzes vom 25. Juni 1982 über die berufliche Alters-, Hinterlassenen- und Invalidenvorsorge: Artikel 52 betreffend die Verantwortlichkeit, Artikel 53 betreffend die Kontrolle, die Artikel 61 und 62 betreffend die Aufsicht sowie die Artikel 73 und 74 betreffend die Rechtspflege.

Gerade im Bereich der beruflichen Vorsorge ist die Form der Stiftung wesentlich. Rund 99 Prozent der privatrechlich organisierten Pensionskassen sind als Stiftungen errichtet. Die Personalvorsorge der zweiten Säule wird gesetzlich vor allem im Bundesgesetz über die berufliche Alters-, Hinterlassenen- und Invalidenvorsorge (BVG) und im Arbeitsvertragsrecht des OR geregelt. Artikel 89bis des ZGB enthält einige zusätzliche Sondervorschriften mit Schutzbestimmungen für die Destinatäre. Ihre Stellung wird dadurch verstärkt, dass ihnen ein Recht auf Aufschluss (in der Regel in Form eines jährlichen Berichts) eingeräumt wird (Abs. 2). Allenfalls steht ihnen ein Mitverwaltungsrecht zu (Abs. 3). Absatz 4 beschränkt die Anlage des Stiftungsvermögens in der stiftenden Firma, da dies mit einem beträchtlichen Risiko verbunden sein kann. Sämtliche Personalfürsorgestiftungen sind ausserdem auch den generellen Stiftungsregeln (Art. 80 bis 89) des ZGB unterworfen.

Ehe und Scheidung 3

In den Artikeln 90 bis 251 des ZGB wird ein wichtiger Teil des Lebens vieler Menschen gesetzlich geregelt: die Ehe von der Heirat und den Ehewirkungen über das eheliche Güterrecht bis hin zum Tod, zur Trennung oder Scheidung.
- Das Verlöbnis, die Ehehindernisse und die formellen Voraussetzungen für Verkündung und Trauung werden in den Artikeln 90 bis 136 behandelt.
- Die Artikel 137 bis 158 regeln die Scheidung und die gerichtliche Trennung.
- Die allgemeinen Wirkungen der Ehe, also Rechte und Pflichten der Eheleute, Familienname, Bürgerrecht, Unterhalt der Familie etc., sind in den Artikeln 159 bis 180 festgeschrieben.
- Die finanziellen Fragen schliesslich sind im Güterrecht der Eheleute, in den Artikeln 181 bis 251, besprochen.

Bei der Einführung des ZGB im Jahr 1912 standen die Begründung und die Auflösung der Ehe schon seit beinahe vierzig Jahren unter der einheitlichen Gesetzgebung des Bundes. Dies und der Zusammenhang zwischen den Sachgebieten – zum Beispiel führen sowohl Ungültigkeitsgründe als auch Scheidung zur Auflösung der Ehe – erklärt, weshalb die Entstehung und das Ende der Ehe durch Scheidung direkt hintereinander und vor den weiteren Wirkungen der Ehe geregelt werden.

Das Eherecht wurde 1984 umfassend revidiert, und seit dem 1. Januar 1988 ist das neue Eherecht in Kraft. Dieses betrifft grundsätzlich nur die Wirkungen der Ehe und vor allem das Güterrecht. Scheidungsfragen werden lediglich durch einzelne Bestimmungen berührt, vor allem wenn es darum geht, wie bei einer Scheidung das eheliche Vermögen geteilt werden soll. Ein neues Scheidungsrecht ist im Entstehen begriffen; bis zur Inkraftsetzung wird es jedoch noch einige Jahre dauern. Bis dahin gelten die alten Scheidungsgründe und die alte Frage: «Wer ist schuld am Scheitern der Ehe?» Gerade bei Kampfscheidungen wird noch viel schmutzige Wäsche vor Gericht gewaschen werden müssen.

Die Eheschliessung

In den Artikeln über die Eheschliessung geht es darum, welche Voraussetzungen (Alter, Urteilsfähigkeit etc.) erfüllt sein müssen, damit eine Person heiraten darf. Ehehindernisse, etwa eine Blutsverwandtschaft oder eine frühere Ehe, können der Heirat entgegenstehen. Und unter gewissen Umständen sind geschlossene Ehen ungültig oder nichtig, zum Beispiel wenn eine der Parteien bei der Heirat einem grundlegenden Irrtum unterlegen ist oder die Trauung vor einem Gemeindepräsidenten stattfand.

Das Verlöbnis

Zweiter Teil: Das Familienrecht

Erste Abteilung: Das Eherecht

Dritter Teil: Die Eheschliessung

Erster Abschnitt: Das Verlöbnis

Art. 90

A. Verlobung

¹ Das Verlöbnis wird durch Eheversprechen begründet.

² Unmündige oder entmündigte Personen werden ohne die Genehmigung der gesetzlichen Vertreter durch ihre Verlobung nicht verpflichtet.

Art. 91

B. Wirkung des Verlöbnisses
I. Ausschluss der Klage auf Eingehung der Ehe

¹ Aus dem Verlöbnis entsteht keine Klage auf Eingehung der Ehe.

² Eine Vertragsstrafe, die für den Fall des Verlöbnisbruches festgesetzt ist, kann nicht eingeklagt werden.

Art. 92

II. Folgen des Verlöbnisbruches
1. Schadenersatz

Bricht ein Verlobter ohne wichtige Gründe das Verlöbnis, oder wird es aus einem Grunde, an dem er selbst schuld ist, von ihm oder dem andern Verlobten aufgehoben, so hat er diesem, dessen Eltern, oder dritten Personen, die an Stelle der Eltern gehandelt haben, für die Veranstaltungen, die mit Hinsicht auf die Eheschliessung in guten Treuen getroffen worden sind, einen angemessenen Ersatz zu leisten.

	Art. 93
2. Genugtuung	[1] Erleidet durch den Verlöbnisbruch ein Verlobter ohne sein Verschulden eine schwere Verletzung in seinen persönlichen Verhältnissen, so kann ihm der Richter bei Schuld des andern Verlobten eine Geldsumme als Genugtuung zusprechen.
	[2] Dieser Anspruch ist nicht übertragbar, geht aber auf die Erben über, wenn er zur Zeit des Erbganges anerkannt oder eingeklagt ist.
	Art. 94
III. Rückerstattung der Geschenke	[1] Geschenke, die Verlobte einander gemacht haben, können bei Aufhebung des Verlöbnisses zurückgefordert werden.
	[2] Sind die Geschenke nicht mehr vorhanden, so erfolgt die Auseinandersetzung nach den Vorschriften über die ungerechtfertigte Bereicherung.
	[3] Wird das Verlöbnis durch den Tod eines Verlobten aufgelöst, so ist jede Rückforderung ausgeschlossen.
	Art. 95
IV. Verjährung	Die Ansprüche aus dem Verlöbnis verjähren mit Ablauf eines Jahres nach der Auflösung.

Mit dem Verlöbnis wird die zukünftige, nicht die sofortige Eheschliessung versprochen. Nach dem Eheversprechen heissen die Verlobten Braut und Bräutigam. Die Verlobung muss nicht in einer besonderen Form geschehen; es genügen Worte, Briefe oder sogar Handlungen, zum Beispiel das Austauschen von teuren Geschenken, wenn daraus deutlich wird, dass sich das Paar verloben will. Dazu ein Beispiel:

Ein Paar lebte mehrere Jahre zusammen im Konkubinat. Das Kantonsgericht Freiburg stellte fest, dass Konkubinat nicht notwendigerweise Verlöbnis bedeute; oft lebten Paare im Konkubinat, weil sie gerade nicht heiraten wollten oder darüber noch nicht schlüssig seien. Damit von einem Verlöbnis gesprochen werden könne, müssten beide Seiten die Ehe schliessen wollen und diese Absicht auch äussern, zum Beispiel durch Austauschen von Ringen, eine Verlobungsfeier oder Vorbereitungen zur Eheschliessung. Allein der Wille, sich für längere Zeit zu binden, erfülle die Voraussetzung für ein Verlöbnis nicht.

Verloben können sich auch Unmündige oder Entmündigte, jedoch nur mit Einwilligung der Eltern beziehungsweise des Vormunds. Ehefähigkeit (siehe Art. 96 ff., 100 und 120) und Urteilsfähigkeit (siehe Art. 16, Seite 43) wird aber verlangt, das heisst, die sich Verlobenden müssen sich über ihr Versprechen ein Bild machen und ein vernünftiges Urteil bilden können.

Die Verlobten müssen sich, genau wie Eheleute, treu sein. Braut und Bräutigam sind aber nicht verpflichtet zu heiraten (Art. 91). Dieser Entscheid steht ihnen weiterhin völlig frei.

Das Wesen des Verlöbnisses besteht im Erproben des Partners und der Partnerin. Aus wichtigen Gründen kann deshalb eine Verlobung aufgelöst werden (Art. 92). Hat sich zum Beispiel die Braut über das Vorleben oder wesentliche Charakterzüge des Bräutigams geirrt, darf sie das Verlöbnis brechen. Die Auflösung darf aber nicht auf eine unnötig verletzende oder beleidigende Art geschehen, sonst kann der verlassene Bräutigam neben allfälligem Schadenersatz (Art. 92) auch eine Genugtuung verlangen (Art. 93). Als schwere Verletzung der verlassenen Partei wurde zum Beispiel ein Verlöbnisbruch vor dem «Traualtar» angesehen. Gestützt auf Artikel 93 haben die Gerichte Genugtuungssummen zwischen 1000 und 5000 Franken zugesprochen.

Für Auslagen, die in guten Treuen im Hinblick auf die Eheschliessung gemacht wurden (Vorbereitungen für das Hochzeitsfest, Abzahlungsverträge für die Aussteuer oder Kündigung am Arbeitsplatz wegen der bevorstehenden Hochzeit), muss die Seite aufkommen, die schuld ist am Verlöbnisbruch. Dazu ein Beispiel:

Der zukünftige Schwiegervater hat eine Blaskapelle für den Apéro vor der Kirche bestellt. Er weiss nicht, dass die Braut unterdessen eine neue Beziehung eingegangen ist und deshalb das Verlöbnis auflösen will. Für den Schaden, welcher der Blaskapelle durch die kurzfristige Absage entsteht, muss schliesslich die Braut aufkommen, weil sie an der Auflösung des Verlöbnisses schuld ist.

Geschenke mit einem gewissen bleibenden Wert, die im Hinblick auf die Heirat gemacht worden sind, müssen bei einer Auflösung des Verlöbnisses zurückgegeben werden (Art. 94). Dies gilt auch für Geschenke, welche zum Beispiel Eltern der zukünftigen Schwiegertochter gemacht haben. Kleine Gelegenheitsgeschenke fallen nicht darunter. Rückfordern können die Braut oder der Bräutigam unabhängig davon, wer die Schuld an der Auflösung des Verlöbnisses trägt. Liebesbriefe können die Brautleute grundsätzlich nicht zurückfordern. Die Ansprüche aus der Verlobung verjähren ein Jahr, nachdem die Brautleute Kenntnis von den Auflösungsgründen haben.

Voraussetzungen für die Heirat

Zweiter Abschnitt: Ehefähigkeit und Ehehindernisse

Art. 96

A. Ehefähigkeit
I. Ehemündigkeit

[1] Um eine Ehe eingehen zu können, muss der Bräutigam das 20., die Braut das 18. Altersjahr zurückgelegt haben.

[2] Die Regierung des Wohnsitzkantones kann jedoch in ausserordentlichen Fällen, wenn schwerwiegende Rücksichten es rechtfertigen, eine Braut, die das 17., oder einen Bräutigam, der das 18. Altersjahr zurückgelegt hat, unter Zustimmung der Eltern oder des Vormundes für ehemündig erklären.

Art. 97

II. Urteilsfähigkeit

[1] Um eine Ehe eingehen zu können, müssen die Verlobten urteilsfähig sein.

[2] Geisteskranke sind in keinem Falle ehefähig.

Art. 98

III. Einwilligung der Vertreter
1. Bei unmündigen Personen

[1] Unmündige Personen können eine Ehe nur mit Einwilligung ihres Vaters und ihrer Mutter oder des Vormundes eingehen.

[2] Hat zur Zeit der Verkündung nur eines der Eltern die elterliche Gewalt, so genügt dessen Zustimmung.

Art. 99

2. Bei entmündigten Personen

[1] Entmündigte Personen können eine Ehe nur mit Einwilligung des Vormundes eingehen.

[2] Gegen die Verweigerung des Vormundes kann der Entmündigte bei den vormundschaftlichen Behörden Beschwerde erheben.

[3] Die Weiterziehung an das Bundesgericht bleibt vorbehalten.

Die Ehemündigkeit ist nicht dasselbe wie die gewöhnliche Mündigkeit (Art. 14); Frauen sind bereits mit 18, Männer mit 20 ehemündig. Durch Heirat wird jede Person auch im allgemeinen Sinn mündig, selbst wenn sie das Mündigkeitsalter noch nicht erreicht hat. In ausserordentlichen Situationen können Frauen schon mit 17, Männer mit 18 für ehemündig erklärt werden.

Dafür müssen aber schwerwiegende Gründe vorliegen (Hauptbeispiel ist die Schwangerschaft der Braut), und die zukünftige Ehe darf nicht zum vornherein als chancenlos erscheinen. Mündig erklärte Personen sind nicht automatisch auch ehemündig; will also beispielsweise ein mündig erklärter 18jähriger heiraten, muss er bei der Regierung seines Wohnsitzkantons ein Ehemündigkeitsgesuch stellen.

Für die Ehefähigkeit wird nicht dasselbe verlangt wie für die allgemeine Handlungsfähigkeit. Die Eheleute müssen aber in bezug auf den Abschluss und die Führung der Ehe urteilsfähig sein (siehe Art. 16, Seite 43). Praktisch werden keine grossen Anforderungen gestellt; bei ehemündigen Personen wird die Urteilsfähigkeit vermutet. Wer geisteskrank ist, darf gemäss Artikel 97 Absatz 2 nicht heiraten. Ob eine Geisteskrankheit im Sinn dieses Artikels vorliege, wird juristisch bestimmt, die Gerichte stützen sich dabei in der Regel auf ein psychiatrisches Gutachten. Auch wenn Verlobte geistesschwach sind und ungenügende moralische und intellektuelle Einsichten über die Ehe besitzen, muss ein psychiatrisches Gutachten angeordnet werden. Geistige Schwächen oder Geisteskrankheiten, welche die eheliche Gemeinschaft nicht bedrohen, sind kein Grund, die Heirat zu verweigern. Ein Beispiel:

Emil K. will heiraten. In einem psychiatrischen Gutachten wird eine Grenzdebilität festgestellt, welche für sich allein einer Ehe nicht im Weg stehen würde. Zusätzlich zu dieser Intelligenzschwäche weise Emil K. aber auch krankhafte psychische Störungen auf, die seit Jahren wiederholt und immer häufiger zu unberechenbarem, gewalttätigem Verhalten und schliesslich zu einem praktisch dauernden Aufenthalt in psychiatrischen Kliniken führten. Sein Zustand sei für seine nächsten Angehörigen oder für eine eheliche Gemeinschaft eine ständige Bedrohung. Aufgrund dieses Gutachtens wird Emil K. als nicht ehefähig erklärt; er darf nicht heiraten.

Gemäss Artikel 98 brauchen unmündige Personen zur Heirat die Einwilligung ihrer Eltern oder ihres Vormundes. Diese Einwilligung kann nicht generell erteilt werden; sie muss für eine bestimmte Heirat unter Nennung der Namen von Braut und Bräutigam schriftlich abgefasst und mit einer beglaubigten Unterschrift versehen sein. Bis zur Eheschliessung kann die Einwilligung widerrufen werden.

Können Kinder, deren Eltern die Einwilligung verweigern, etwas dagegen unternehmen? Grundsätzlich nicht; in krassen Fällen könnte höchstens die Vormundschaftsbehörde eingreifen und den Eltern die elterliche Gewalt entziehen. Dies geschieht jedoch praktisch nie; man geht davon aus, dass die Fürsorge für die Kinder und ihre Vertretung Aufgabe der Eltern sei und dass diese entscheidungsfähiger seien. So haben beispielsweise die Eltern einer schwangeren 19jährigen dieser die Einwilligung für die Ehe mit dem Vater des

Kindes verweigert, weil sie der Ansicht waren, ihre Tochter werde in dieser Ehe unglücklicher, als wenn sie das Kind ausserehelich zur Welt bringe.

Entmündigte Personen werden mit Einwilligung ihres Vormunds ehefähig (Art. 99 Abs. 1). Die Bevormundung dauert auch nach der Heirat weiter an. Auch hier muss die Einwilligung schriftlich und mit beglaubigter Unterschrift erfolgen und die Namen von Braut und Bräutigam müssen genannt sein. Verweigert wird die Einwilligung, wenn zum Beispiel die ökonomischen oder gesundheitlichen Interessen der oder des Bevormundeten durch die Ehe gefährdet würden.

Die bevormundete Elisabeth S. will Anton K. heiraten. Dieser ist spielsüchtig und hat seiner Freundin schon während der halbjährigen Bekanntschaftszeit jeweils alles Geld abgenommen, das ihr der Vormund für ihre wöchentlichen Bedürfnisse zur Verfügung stellte. Der Vormund verweigert die Einwilligung zur Ehe, weil er der Meinung ist, die ökonomischen Interessen von Elisabeth S. seien dadurch gefährdet.

Bevormundete, denen die Einwilligung zur Ehe verweigert wird, haben ein Beschwerderecht und können den Entscheid letztinstanzlich ans Bundesgericht weiterziehen (siehe Art. 420). Stehen Entmündigte unter elterlicher Gewalt, haben sie dasselbe Beschwerderecht.

Die Ehehindernisse

B. Ehehindernisse
I. Verwandtschaft

Art. 100

¹ Die Eheschliessung ist verboten:

1. zwischen Verwandten in gerader Linie, zwischen voll- und halbbürtigen Geschwistern und zwischen Oheim und Nichte, Neffe und Tante, seien sie einander durch Abstammung oder durch Adoption verwandt,

2. zwischen Schwiegereltern und Schwiegerkindern und zwischen Stiefeltern und Stiefkindern, auch wenn die Ehe, die das Verhältnis begründet hat, für ungültig erklärt oder durch Tod oder Scheidung aufgelöst worden ist.

² Die Regierung des Wohnsitzkantons kann, wenn schwerwiegende Rücksichten es rechtfertigen, die Eheschliessung zwischen Adoptivverwandten gestatten, ausgenommen zwischen denen in gerader Linie.

³ Die Adoption hebt das Ehehindernis der Verwandtschaft und der Schwägerschaft zwischen dem Adoptivkind und seinen Nachkommen einerseits und seiner angestammten Familie anderseits nicht auf.

Art. 101

II. Frühere Ehe
1. Beweis der Auflösung
a. Im allgemeinen

Wer eine neue Ehe eingehen will, hat den Nachweis zu erbringen, dass seine frühere Ehe für ungültig erklärt oder durch Tod oder Scheidung aufgelöst worden ist.

Art. 102

b. Bei Verschollenheit

[1] Ist ein Ehegatte für verschollen erklärt, so kann der andere Ehegatte eine neue Ehe nur eingehen, wenn die frühere Ehe gerichtlich aufgelöst worden ist.

[2] Er kann die Auflösung der Ehe zugleich mit der Verschollenerklärung oder in besonderem Verfahren verlangen.

[3] Für das Verfahren gelten die gleichen Vorschriften wie bei der Scheidung.

Art. 103

2. Wartefrist
a. Für Frauen

[1] Witwen und Frauen, deren Ehe aufgelöst oder für ungültig erklärt worden ist, dürfen vor Ablauf von 300 Tagen nach der Auflösung oder Ungültigerklärung der früheren Ehe eine neue Ehe nicht eingehen.

[2] Tritt eine Geburt ein, so endigt die Wartefrist.

[3] Ausserdem kann der Richter die Frist abkürzen, wenn eine Schwangerschaft der Frau aus der früheren Ehe ausgeschlossen ist, sowie wenn geschiedene Ehegatten sich wieder miteinander verheiraten.

Art. 104

b. Für Geschiedene

[1] Ein geschiedener Ehegatte darf während der ihm auferlegten Wartefrist eine neue Ehe nicht eingehen.

[2] Wenn geschiedene Ehegatten sich wieder miteinander verheiraten, so kann der Richter diese Frist abkürzen.

Werden Ehehindernisse missachtet, so ist eine Ehe nichtig (siehe Art. 120 ff., Seite 130). Das Gesetz zählt folgende Ehehindernisse auf:
- **Verwandtschaft** (Art. 100): Die Bluts- und Adoptivverwandtschaft sowie die Schwägerschaft sind Ehehindernisse. Das Gesetz will damit die Beziehungen im engeren Familienkreis aus dem geschlechtlichen Spannungsfeld heraushalten. Blutsverwandt sind zwei Personen, die von einander abstammen (Tochter vom Vater) oder die beide von derselben Person abstammen (Geschwister von Eltern). Die ausserehelichen Verwandten sind den ehelichen gleichgestellt. Wollen Onkel (Oheim) und Nichte heiraten, ist dies nur verboten, wenn der Vater der

Nichte ein vollblutiger Bruder (oder die Mutter eine vollblutige Schwester) des Onkels ist. Stiefgeschwistern ohne gemeinsamen Elternteil ist die Ehe nicht verboten. Heiraten dürfen auch Grosstante und Grossneffe, Grossnichte und Grossonkel. Das Ehehindernis der Schwägerschaft wird nur durch die Ehe begründet; aus einem Konkubinatsverhältnis kann keine Schwägerschaft entstehen.
- **Frühere Ehe** (Art. 101 und 102): Verboten ist die Doppelehe, die Bigamie. Der Nachweis dafür, dass eine frühere Ehe aufgelöst ist, wird erbracht durch den Todesschein des Gatten oder der Gattin, durch einen Urteilsauszug über die Scheidung oder durch einen Auszug aus dem Familienregister. Praktisch kommt es zuweilen zu Doppelehen, wenn Personen im Ausland eine Ehe geschlossen haben, von der die Schweizer Behörden nichts wissen.

Ist der frühere Ehegatte oder die Ehegattin verschollen (siehe Art. 35 ff., Seite 72), ist für diese Ehe eine besondere Auflösungsform, die gerichtliche Auflösung, vorgesehen. Sie ist endgültig, auch wenn der oder die Verschollenerklärte wieder zurückkehrt. Ein richterliches Auflösungsurteil gibt auch einem zurückgekehrten Verschollenerklärten die Möglichkeit, erneut zu heiraten.
- **Wartefrist für Frauen** (Art. 103): Die Wartefrist für Frauen will Unklarheiten über die Vaterschaft eines Kindes verhindern, die entstehen könnten, wenn schwangere Frauen eine neue Ehe eingehen. Diese Wartefrist beginnt zum Beispiel bei Auflösung der Ehe durch Scheidung im Zeitpunkt, da das Scheidungsurteil rechtskräftig wird. Auch wenn ein Ehepaar gerichtlich getrennt lebte oder während langer Zeit ein erbitterter Scheidungskampf tobte, gilt dies nicht als Beweis, dass eine Schwangerschaft aus der früheren Ehe ausgeschlossen ist. Vor Gericht kann aber die Abkürzung der Wartefrist verlangt werden, wenn ein Arztzeugnis belegt, dass keine Schwangerschaft besteht. Geschiedene Ehemänner unterliegen keiner Wartefrist, sie können, sobald ihr Scheidungsurteil rechtskräftig ist, ein Gesuch um Verkündung und Heirat stellen. Auch Frauen, deren Ehe aufgrund einer Verschollenerklärung aufgelöst wurde, müssen keine Wartefrist beachten.

Wird eine Ehe vor Ablauf der gesetzlichen Wartefrist eingegangen, kann sie aus diesem Grund nicht für ungültig erklärt werden (siehe Art. 130). Die Eheleute werden allenfalls verzeigt.
- **Wartefrist für schuldig Geschiedene** (Art. 104): Im Scheidungsurteil kann der an der Scheidung schuldigen Ehepartei eine Wartefrist von ein bis drei Jahren auferlegt werden (siehe Art. 150, Seite 161). Es handelt sich dabei um eine Strafwartefrist. Solche Strafwartefristen werden nirgends eingetragen, so dass sie für die Zivilstandsbeamtin oder den Zivilstandsbeamten lediglich aus dem Scheidungsurteil ersichtlich sind. Strafwartefristen werden nicht abgekürzt, ausser wenn sich die geschiedenen Eheleute wieder miteinander verheiraten. Auch Ehen, die vor Ablauf einer vom Gericht auferlegten Wartefrist

eingegangen werden, können deswegen nicht für ungültig erklärt werden (siehe Art. 130, Seite 133, Kommentar Seite 135).

Die Verkündung

In der Schweiz dürfen nur Zivilstandsbeamte und -beamtinnen Verkündverfahren und Trauungen vornehmen. Geistliche können lediglich eine zivilstandsamtlich bereits geschlossene Ehe kirchlich einsegnen.

Dritter Abschnitt: Verkündung und Trauung

Art. 105

A. Verkündung
I. Form des Gesuches

[1] Um die Verkündung zu erwirken, müssen die Verlobten ihr Eheversprechen beim Zivilstandsbeamten anmelden.

[2] Die Anmeldung erfolgt durch die Verlobten persönlich oder mit einer schriftlichen Erklärung, in der die Unterschriften amtlich beglaubigt sind.

[3] Dem Gesuche sind beizufügen: die Geburtsscheine der Verlobten sowie gegebenen Falles die schriftliche Einwilligung der Eltern oder des Vormundes und der Totenschein des Ehegatten aus früherer Ehe oder das richterliche Urteil über deren Ungültigerklärung oder Scheidung.

Art. 106

II. Ort des Gesuches und der Verkündung

[1] Das Gesuch um Verkündung ist beim Zivilstandsbeamten am Wohnsitze des Bräutigams anzubringen.

[2] Ist jedoch der Bräutigam ein Schweizer, der im Auslande wohnt, so kann das Gesuch beim Zivilstandsbeamten seines Heimatortes angebracht werden.

[3] Die Verkündung erfolgt durch die Zivilstandsämter des Wohnsitzes und des Heimatortes beider Brautleute.

Art. 107

III. Abweisung des Gesuches

Die Verkündung wird verweigert, wenn die Anmeldung nicht richtig erfolgt, wenn eines der Verlobten nicht ehefähig ist, oder wenn ein gesetzliches Ehehindernis vorliegt.

Der Zivilstandsbeamte prüft die Ehefähigkeit von Braut und Bräutigam und allfällige Ehehindernisse sowie die formellen Voraussetzungen des Verfahrens.

Das Eheversprechen wird verkündet, das heisst veröffentlicht, damit von dritter Seite Einwände, zum Beispiel über bekannte Ehehindernisse, gegen die Heirat vorgebracht werden können.
Zuständig ist der Zivilstandsbeamte am Wohnsitz des Bräutigams oder, wenn der Bräutigam im Ausland wohnt, an seinem Heimatort. Ist der Bräutigam Ausländer und wohnt auch im Ausland, kann das Gesuch um Verkündung auch am schweizerischen Wohnsitz oder Heimatort der Braut eingereicht werden. Die Zuständigkeit für die Verkündung bleibt gleich, auch wenn die Trauung im Ausland stattfindet. Verkündet wird am Wohnsitz und am Heimatort beider Brautleute. Das zuständige Amt behält das Verfahren bis zur Trauung in den Händen; die mitwirkenden Zivilstandsbeamten und -beamtinnen zum Beispiel am Wohnsitz und Heimatort der Braut haben keinen Einfluss darauf.
In der Praxis wird nicht nur am gegenwärtigen Wohnort der Brautleute verkündet, sondern auch am früheren, wenn dieser erst kurz vorher gewechselt wurde. Bei mehreren schweizerischen Bürgerrechten muss an jedem Heimatort verkündet werden.
Die Unterlagen für die Verkündung werden während zehn vollen aufeinander folgenden Tagen öffentlich angeschlagen (Art. 154 Zivilstandsverordnung). Auf diese Form und Frist kann nicht verzichtet werden.
Der Zivilstandsbeamte kann die Verkündung aus verschiedenen Gründen verweigern:
- Ein Fehler in der Anmeldung, ein formeller Mangel also, kann in der Regel rasch behoben werden.
- Auch Ehehindernisse aus familiären Gründen, an sich schwerwiegende Mängel, können meist rasch geklärt werden.
- Schwieriger wird es bei einem Mangel in der Ehefähigkeit, zum Beispiel wenn ein Bräutigam nicht urteilsfähig erscheint. Die Urteilsfähigkeit kann kaum vom Zivilstandsbeamten selbst beurteilt werden. Dieser muss deshalb ein Einspruchsverfahren zur Abklärung einleiten (siehe Art. 108 ff.).

Im Zweifelsfall darf ein Zivilstandsbeamter nicht die Verkündung verweigern, sondern er muss ein Einspruchsverfahren einleiten.

Einspruch gegen die Ehe

Art. 108

B. Einspruch
I. Einspruchsrecht

[1] Während der Verkündungsfrist kann jedermann, der ein Interesse hat, Einspruch gegen die Eheschliessung erheben unter Berufung auf den Mangel der Ehefähigkeit eines der Verlobten oder auf ein gesetzliches Ehehindernis.

² Der Einspruch ist bei einem der verkündenden Zivilstandsbeamten schriftlich anzubringen.

³ Ein Einspruch, der weder den Mangel der Ehefähigkeit noch ein gesetzliches Ehehindernis betrifft, wird vom Zivilstandsbeamten ohne weiteres zurückgewiesen.

Art. 109

II. Einspruch von Amtes wegen

Steht der beabsichtigten Ehe ein Nichtigkeitsgrund entgegen, so ist der Einspruch durch die zuständige Behörde von Amtes wegen zu erheben.

Art. 110

III. Verfahren
1. Mitteilung des Einspruches

¹ Ist ein Einspruch erhoben worden, so hat der Zivilstandsbeamte, der das Verkündungsbegehren entgegengenommen hat, nach Ablauf der Verkündungsfrist den Verlobten sofort davon Kenntnis zu geben.

² Wird der Einspruch von einem der Verlobten nicht anerkannt, so ist dem Einsprecher sofort davon Kenntnis zu geben.

Art. 111

2. Entscheidung über den Einspruch

Will der Einsprecher den Einspruch aufrecht erhalten, so hat er bei dem Richter des Ortes, wo das Verkündungsbegehren angebracht worden ist, auf Untersagung des Eheabschlusses zu klagen.

Art. 112

3. Fristen

¹ Die Fristen für die Anmeldung des Einspruches, für die Verweigerung der Anerkennung sowie für die Erhebung der Klage auf Untersagung des Eheabschlusses betragen zehn Tage.

² Sie beginnen mit dem Tage, an dem die Verkündung erfolgt, der Einspruch den Verlobten mitgeteilt, oder die Verweigerung der Anerkennung dem Einsprecher eröffnet worden ist.

Gegen eine Ehe kann Einspruch erhoben werden von allen, die ein schützenswertes Interesse nachweisen (Art. 108). Interessen vermögensrechtlicher Art genügen, zum Beispiel von Erben des Bräutigams, welche durch die Heirat um ihr Erbrecht gebracht werden. Die Einsprechenden müssen einen Mangel der Ehefähigkeit (siehe Art. 97, Seite 120) oder ein Ehehindernis (siehe Art. 100 und 101, Seite 122; Nichtigkeitsgründe Art. 120, Seite 130) geltend machen. Da die Behörden bei Mängeln von Amtes wegen eingreifen, bleibt für private

Einsprüche nur wenig Raum. Praktisch geht es dabei meist um noch nicht aufgelöste frühere Ehen im Ausland.

Wer gegen eine Ehe Einsprache erhebt, muss im gerichtlichen Verfahren mindestens Indizien vorbringen. Er kann sich nicht einfach darauf berufen, dass ein Gutachten einen Ehemangel schon beweisen werde.

Wer für den amtlichen Einspruch zuständig ist, bestimmen die Kantone in ihren Einführungsgesetzen zum ZGB. Einsprüche von Amtes wegen werden praktisch nur erhoben, wenn die finanziellen Interessen der Gemeinde tangiert sind. Wurde während der Verkündung kein Einspruch erhoben, können die Behörden später immer noch die Nichtigkeitsklage einreichen.

Die Trauung

Art. 113

C. Trauung
I. Voraussetzungen
1. Zuständigkeit des Beamten

[1] Sofern ein Einspruch nicht vorliegt oder der angebrachte Einspruch beim Richter nicht anhängig gemacht oder abgewiesen worden ist, hat auf Verlangen der Brautleute der Zivilstandsbeamte des Ortes, wo das Verkündungsbegehren angebracht worden ist, die Trauung vorzunehmen oder den Verkündschein auszustellen.

[2] Der Verkündschein ermächtigt die Verlobten, sich während der folgenden sechs Monate bei einem beliebigen schweizerischen Zivilstandsbeamten trauen zu lassen.

Art. 114

2. Verweigerung der Trauung

[1] Der Zivilstandsbeamte hat die Vornahme der Trauung zu verweigern, sobald ein Grund vorliegt, aus dem die Verkündung verweigert werden muss.

[2] Nach Ablauf von sechs Monaten verliert die Verkündung ihre Wirkung.

Art. 115

3. Trauung ohne Verkündung

Besteht wegen Erkrankung eines der Verlobten die Gefahr, dass bei Beobachtung der Verkündungsfristen die Ehe nicht mehr geschlossen werden könnte, so darf die Aufsichtsbehörde den Zivilstandsbeamten ermächtigen, die Trauung unter Abkürzung der Fristen oder ohne Verkündung vorzunehmen.

Statt des in Artikel 113 erwähnten Verkündscheins erhalten Brautleute heute die sogenannte Trauungsermächtigung. Diese berechtigt lediglich zur Trauung in der Schweiz, für eine Heirat im Ausland ist ein Ehefähigkeitszeugnis notwendig.

In zwei Fällen kann der Vollzug der Trauung verweigert werden, obwohl die Verkündung ordnungsgemäss durchgeführt worden ist:
- wenn ein Grund vorliegt, der eigentlich schon die Verkündung hätte verhindern müssen.
- wenn die Gültigkeit der Verkündung (sechs Monate) abgelaufen ist.

Formelle Mängel bei der Verkündung sind kein Grund für die Verweigerung der Trauung. Wird die Trauung verweigert, können die Betroffenen eine Beschwerde an die Aufsichtsbehörde richten.

Artikel 115 regelt die sogenannte Nottrauung. Sie ist zulässig bei einer lebensgefährlichen Erkrankung (oder nach einem Unfall) von Braut oder Bräutigam, aber auch bei einer Krankheit, die allenfalls eine Urteilsunfähigkeit nach sich ziehen könnte. Der Zustand muss mit einem ärztlichen Zeugnis bescheinigt werden. Aus praktischen Gründen wird der Zivilstandsbeamte am Wohnsitz der oder des Erkrankten tätig.

II. Trauhandlung
1. Öffentlichkeit

Art. 116

[1] Die Trauung erfolgt öffentlich in dem Trauungslokal vor zwei mündigen Zeugen.

[2] Ausserhalb des Trauungslokales ist die Trauung nur dann statthaft, wenn durch ärztliches Zeugnis festgestellt wird, dass der Bräutigam oder die Braut wegen Krankheit verhindert ist, auf dem Amte zu erscheinen.

Art. 117

2. Form der Trauung

[1] Der Zivilstandsbeamte richtet an den Bräutigam und an die Braut die Frage, ob sie die Ehe miteinander eingehen wollen.

[2] Nach Bejahung dieser Frage erklärt der Zivilstandsbeamte, dass durch diese beidseitige Zustimmung die Ehe kraft des Gesetzes geschlossen sei.

Art. 118

III. Eheschein und kirchliche Feier

[1] Den Ehegatten wird sofort nach der Trauung vom Zivilstandsbeamten ein Eheschein ausgestellt.

[2] Die kirchliche Trauungsfeierlichkeit darf ohne Vorweisung des Ehescheines nicht vorgenommen werden.

[3] Im übrigen bleibt die kirchliche Ehe als solche von den Bestimmungen dieses Gesetzes unberührt.

Ehe und Scheidung

D. Verordnungen

Art. 119

Der Bundesrat und im Umfang ihrer Zuständigkeit die kantonalen Behörden werden über die Verkündung, die Trauung und die Führung der Eheregister die nähern Vorschriften aufstellen.

Wann ist eine geschlossene Ehe ungültig?

Ehen können nichtig oder anfechtbar sein. Die Nichtigkeit beruht auf anderen Gründen als die Anfechtbarkeit.

Liegt eine schwere Verletzung der Grundlagen der Ehe vor (zum Beispiel Bigamie), ist die Ehe *nichtig*. Durch nichtige Ehen werden auch öffentliche Interessen tangiert. Deshalb können nicht nur die Eheleute selbst auf Nichtigkeit der Ehe klagen, sondern auch interessierte Drittpersonen und der Staat. Eheleute und Drittpersonen haben ein zeitlich unbeschränktes Klagerecht, solange der Nichtigkeitsgrund weiter besteht. Wird eine Ehe durch Tod oder Scheidung aufgelöst, hat der Staat kein Klagerecht mehr (Art. 122 Abs. 2).

Die *Anfechtbarkeit* der Ehe beruht auf Mängeln anlässlich der Trauung selbst (wenn zum Beispiel die Ehe unter Drohung eingegangen wurde). Das Klagerecht steht den Eheleuten zu und ist höchstpersönlicher Natur (siehe Art. 19, Seite 45, Kommentar Seite 47). Ausnahmsweise haben Eltern oder der Vormund ein Klagerecht, wenn ihre nicht ehefähigen, unmündigen oder entmündigten Schützlinge ohne ihre Einwilligung geheiratet haben (Art. 128). Wird die Ehe nicht angefochten, so werden die Mängel geheilt. Die Klagefrist ist kurz, nämlich sechs Monate nach Entdecken des Anfechtungsgrundes. Nach fünf Jahren Ehe besteht keine Klagemöglichkeit mehr (Art. 127).

Die Nichtigkeit einer Ehe

Vierter Abschnitt: Die Ungültigkeit der geschlossenen Ehe

Art. 120

A. Nichtigkeit
I. Nichtigkeitsgründe

Eine Ehe ist nichtig:

1. wenn zur Zeit der Eheschliessung einer der Ehegatten schon verheiratet ist;

2. wenn zur Zeit der Eheschliessung einer der Ehegatten geisteskrank oder aus einem dauernden Grunde nicht urteilsfähig ist;

3. wenn die Eheschliessung infolge Verwandtschaft oder Schwägerschaft unter den Ehegatten verboten ist.

Art. 121

II. Pflicht und Recht zur Klage

¹ Die Klage auf Nichtigerklärung ist von der zuständigen Behörde des Kantons von Amtes wegen zu erheben.

² Überdies kann sie von jedermann, der ein Interesse hat, namentlich auch von der Heimat- oder Wohnsitzgemeinde, erhoben werden.

Art. 122

III. Beschränkung und Ausschluss der Klage

¹ Nach Auflösung der Ehe wird die Nichtigkeit in den Fällen von Artikel 120 Ziffern 1—3 nicht mehr von Amtes wegen verfolgt, es kann aber jedermann, der ein Interesse hat, die Nichtigerklärung verlangen.

² Ist die Urteilsunfähigkeit oder die Geisteskrankheit eines Ehegatten gehoben, so kann die Nichtigerklärung nur noch von dem einen oder andern Ehegatten verlangt werden.

³ Ist im Falle der Eheschliessung einer schon verheirateten Person der andere Ehegatte in gutem Glauben gewesen und die frühere Ehe seither aufgehoben worden, so ist die Nichtigerklärung ausgeschlossen.

Mangelnde Ehefähigkeit (siehe Art. 97) und Ehehindernisse (siehe Art. 100 und 101) begründen die Nichtigkeit einer Ehe. Die nichtige Ehe ist aber solange gültig, bis das Gericht die Ungültigkeit ausgesprochen hat. Kommt während einer nichtigen Ehe ein Kind zur Welt, so gilt dieses als ehelich geboren. Das Gesetz geht davon aus, dass die Ehe bestanden hat und dass aus ihr Folgen entstanden sind, die teilweise nicht mehr aus der Welt zu schaffen sind (siehe Art. 133 und 134, Seite 136).

Die klagenden Personen, seien dies der Staat oder Private, müssen den Nichtigkeitsgrund beweisen. Dies geschieht meist anhand von Zivilstandsurkunden oder medizinischen Gutachten.

Unter gewissen Umständen ist die Nichtigkeit einer Ehe heilbar. In Artikel 122 sind die Voraussetzungen dafür zusammengefasst. Zum Beispiel kann der geistige Zustand einer Ehepartei seit der Eheschliessung gebessert haben, so dass eine Nichtigerklärung nicht mehr gerechtfertigt ist. Die Klagemöglichkeiten sind je nach Nichtigkeitsgrund verschieden:

- Für die Nichtigkeitsgründe der Doppelehe, Geisteskrankheit, Urteilsunfähigkeit, Blutsverwandtschaft oder Schwägerschaft entfällt die amtliche Verfolgung, sobald die Ehe durch Tod oder Scheidung aufgelöst ist. Weiterhin

möglich bleibt die Klage für die Eheparteien selbst und für interessierte Dritte (vor allem Erben).
– Ist bei bestehender Ehe die Geisteskrankheit oder die Urteilsunfähigkeit eines Ehegatten behoben, können nur noch die Eheparteien auf Nichtigkeit klagen.
– Die Klagemöglichkeit entfällt ganz, wenn bei einer Doppelehe beispielsweise des Ehegatten die frühere Ehe aufgehoben ist. Allerdings muss die Ehegattin bei der Heirat gutgläubig gewesen sein, darf also nicht gewusst haben, dass noch eine Ehe bestand.

Auffällig ist, dass die Vorschriften des Artikel 122 *keiner Verjährung* unterliegen. Das bedeutet, dass zum Beispiel gegen eine bigamistische Ehe noch nach Jahren Klage erhoben werden kann.

Die Anfechtbarkeit einer Ehe

Art. 123

B. Anfechtbarkeit
I. Klage des Ehegatten
1. Urteilsunfähigkeit

Ein Ehegatte kann die Ehe anfechten, wenn er bei der Trauung aus einem vorübergehenden Grunde nicht urteilsfähig gewesen ist.

Art. 124

2. Irrtum

Ein Ehegatte kann die Ehe anfechten:
1. wenn er aus Irrtum sich hat trauen lassen, sei es, dass er die Trauhandlung selbst oder dass er die Trauung mit der angetrauten Person nicht gewollt hat;
2. wenn er zur Eheschliessung bestimmt worden ist durch einen Irrtum über Eigenschaften des andern Ehegatten, die von solcher Bedeutung sind, dass ihm ohne ihr Vorhandensein die eheliche Gemeinschaft nicht zugemutet werden darf.

Art. 125

3. Betrug

Ein Ehegatte kann die Ehe anfechten:
1. wenn er durch den andern oder mit dessen Vorwissen durch einen Dritten arglistig über die Ehrenhaftigkeit des andern Ehegatten getäuscht und dadurch zur Eheschliessung bestimmt worden ist;
2. wenn ihm eine Krankheit verheimlicht worden ist, die die Gesundheit des Klägers oder der Nachkommen in hohem Masse gefährdet.

Art. 126

4. Drohung

Ein Ehegatte kann die Ehe anfechten, wenn er zur Eheschliessung nur eingewilligt hat infolge der Drohung mit einer nahen und erheblichen Gefahr für das Leben, die Gesundheit oder die Ehre seiner selbst oder einer ihm naheverbundenen Person.

Art. 127

5. Verjährung der Klage

Die Anfechtungsklage verjährt mit Ablauf von sechs Monaten, nachdem der Anfechtungsgrund entdeckt worden ist oder der Einfluss der Drohung aufgehört hat, und in jedem Falle mit Ablauf von fünf Jahren seit der Eheschliessung.

Art. 128

II. Klage der Eltern oder des Vormundes

¹ Ist eine nicht ehefähige oder unmündige oder entmündigte Person ohne die Einwilligung der Eltern oder des Vormundes getraut worden, so kann die Ehe von Vater oder Mutter oder von dem Vormunde angefochten werden.

² Eine Ungültigerklärung darf jedoch nicht mehr erfolgen, wenn inzwischen der Ehegatte ehefähig oder mündig oder wenn die Frau schwanger geworden ist.

C. Ausschluss der Ungültigkeit
I. Ehe im Falle der Kindesannahme

Art. 129
(aufgehoben)

Art. 130

II. Verletzung der Wartefrist

Ist eine neue Ehe vor Ablauf der gesetzlichen oder vom Richter auferlegten Wartefrist eingegangen worden, so kann sie aus diesem Grunde nicht für ungültig erklärt werden.

Art. 131

III. Verletzung von Formvorschriften

Wegen Nichtbeobachtung der gesetzlichen Formvorschriften kann eine vor dem Zivilstandsbeamten geschlossene Ehe nicht für ungültig erklärt werden.

Liegen Mängel anlässlich der Trauung selbst vor, kann eine Ehe angefochten werden. Anfechten können nur die Eheleute selber; dieses Recht ist höchstpersönlicher Natur, ein gesetzlicher Vertreter kann es nicht ausüben. Hat eine nicht ehefähige, unmündige oder entmündigte Person geheiratet, können auch die Eltern oder der Vormund die Ehe anfechten. Eine Ehe kann aus folgenden Gründen angefochten werden:

- **Vorübergehende Urteilsunfähigkeit** (Art. 123): Ein sturzbetrunkener Bräutigam ist vorübergehend urteilsunfähig. Um dem entgegenzuwirken, wird vor allem in städtischen Verhältnissen oft nur am Vormittag getraut.
- **Irrtum** (Art. 124): Wer eine Ehe wegen Irrtums anfechten will, muss beweisen, dass er oder sie sich gar nicht oder nicht mit der angetrauten Person hat verheiraten wollen oder sich in ihr grundlegend getäuscht hat.

Wann ist ein Irrtum über die persönlichen Eigenschaften der andern Ehepartei so gross, dass er eine Anfechtung rechtfertigt? Zum Beispiel, wenn die Ehrenhaftigkeit, die sittliche Integrität (Prostitution der Ehegattin etc.) oder die Fähigkeit zum Beischlaf (etwa Impotenz des Ehegatten) fehlen. Zeugungsunfähigkeit stellt keinen bedeutenden Grund dar. Allerdings muss der Grund für die Eingehung der Ehe wichtig gewesen sein, und der Irrtum muss die Fortsetzung der ehelichen Gemeinschaft unzumutbar machen. Ist zum Beispiel eine Braut bei der Heirat schwanger und verschweigt sie ihrem zukünftigen Ehemann, dass das Kind von einem anderen gezeugt wurde, kann der Ehemann die Ehe anfechten. Die Fortführung der Ehe, welche in einer grundlegenden Frage auf einer Unwahrheit aufbaut, ist für ihn nicht zumutbar. Nicht als grundlegender Irrtum akzeptiert wurde der folgende Fall:

Die Parteien hatten sich in der Türkei verheiratet. Claudia A. wollte diese Ehe in der Schweiz für ungültig erklären. Sie sei in die Türkei gereist, um Serafettin A. zu einer Aufenthaltsbewilligung für die Schweiz zu verhelfen; dazu habe sie auf dem Amt Papiere unterschreiben müssen, die sie nicht verstanden habe. Erst nachdem sich die Fremdenpolizei in der Schweiz drei Monate später mit ihr in Verbindung setzte, habe sie erfahren, dass sie verheiratet sei. Sie habe nie den Willen gehabt, Serafettin A. zu heiraten. Das Gericht entschied, dass Claudia A. sehr wohl bemerkt haben müsse, dass sie getraut worden sei. Die Fälle, dass jemand nicht gemerkt haben soll, dass er getraut wurde, gehörten eher ins Gebiet der Zeitungsenten als der Zivilstandspraxis.

- **Betrug** (Art. 125): Wer von der anderen Ehepartei über deren Ehrenhaftigkeit oder eine Krankheit getäuscht wurde, kann die Ehe anfechten. Dieser Anfechtungsgrund unterscheidet sich vom vorhergehenden darin, dass der Irrtum durch ein aktives arglistiges Tun (Täuschen oder Verheimlichen) der Ehepartei oder eines Dritten entstanden ist. Die Ehrenhaftigkeit ist weit zu verstehen und umfasst das ganze Vorleben; das frühere Verhalten darf nicht auf einen verdorbenen Charakter oder eine gemeine und ehrlose Gesinnung schliessen lassen. Ein blosses Verschweigen von Gegebenheiten gilt nicht als arglistig. Allerdings wird beim Vertuschen einer Krankheit rasch ein Verheimlichen angenommen. Gemeint ist in diesem Artikel mehr die physische Krankheit, vor allem wenn sie vererblich ist, und weniger die psychische. Besteht Aussicht auf eine baldige Heilung der Krankheit, hat man kein Anfechtungsrecht.

- **Drohung** (Art. 126): Eine Ehe, die nur unter massiver Drohung geschlossen wurde, ist anfechtbar. Drohmittel ist dabei psychischer Zwang, nicht physische Gewalt. Die bedrohte Person muss subjektiv eine nahe und erhebliche Gewalt gegen sich oder ihr nahestehende Menschen befürchten. Die Drohung kann auch von einem Dritten ausgegangen sein, ohne dass der Ehepartner oder die Partnerin etwas davon wusste. So wurde beispielsweise die Anfechtungsklage einer Frau gutgeheissen, welche durch die Drohung, ihr Vater werde sonst hingerichtet, zur Heirat bewogen wurde (Fall aus dem italienischen Partisanenkrieg). Auch die Drohung, es werde sonst ein für die Betroffene nachteiliges Recht geltend gemacht, rechtfertigt die Anfechtung der Ehe: Ein Verlobter drohte seiner Braut, er werde sie wegen einer ihm bekannten Abtreibung anzeigen, wenn sie ihn nicht heirate. Nicht gedeckt ist die Drohung mit wirtschaftlichen Nachteilen, zum Beispiel, der Bräutigam verliere einen einträglichen Auftrag, wenn er nicht in die Ehe einwillige.
- **Klage der Eltern oder des Vormunds** (Art. 128): Eltern oder ein Vormund können die Ehe ihrer eheunmündigen Schützlinge anfechten, wenn diese ohne ihre Zustimmung geheiratet haben. Solche Ehen können praktisch nur im Ausland abgeschlossen werden. Die Eheleute selbst können sich nicht auf diesen Anfechtungsgrund berufen. Fallen die Gründe für die Anfechtung nachträglich weg (weil zum Beispiel eine eheunmündige Frau 18 geworden ist), wird die Ehe geheilt und unanfechtbar (Art. 128 Abs. 2).
- **Verletzung der Wartefristen** (Art. 130): Wenn Wartefristen (siehe Art. 103 und 104) verletzt wurden, kann die Ehe deswegen *nicht* für ungültig erklärt werden. Oft werden Eheschliessungen, zum Beispiel um die Wartefrist der Frau zu umgehen, ins Ausland verlegt, damit ein Kind in der neuen Ehe geboren wird. Meist weiss der erste Ehemann nichts davon, und die Sache regelt sich von selbst. Der Zivilstandsbeamte, welcher über den Eheschein feststellt, dass im Ausland innerhalb der Wartefrist geheiratet wurde, muss die kantonale Aufsichtsbehörde unterrichten. Allenfalls kommt es zu einer Verzeigung.

Werden gesetzliche **Formvorschriften nicht beachtet**, ging zum Beispiel die Verkündung aus Nachlässigkeit vergessen, beeinträchtigt dies die Gültigkeit der Ehe nicht (Art. 131). Eine wichtige Formvorschrift muss aber allenfalls nachgeholt werden, weil sonst die Ehe an einem Nichtigkeitsgrund leidet. Dies trifft zum Beispiel zu bei einer Trauung durch den Gemeindepräsidenten oder wenn die Ehe ins Zivilstandsregister eingetragen wird, ohne dass eine Trauung stattgefunden hat.

Die Ehe wird ungültig erklärt

Art. 132

D. Ungültigerklärung
I. Bedeutung

¹ Die Ungültigkeit einer Ehe wird erst wirksam, nachdem der Richter die Ungültigerklärung ausgesprochen hat.

² Bis zu diesem Urteil hat die Ehe, selbst wenn sie an einem Nichtigkeitsgrund leidet, die Wirkungen einer gültigen Ehe.

Art. 133

II. Folgen
1. Für die Kinder

¹ Wird eine Ehe für ungültig erklärt, so gilt der Ehemann gleichwohl als Vater der Kinder selbst dann, wenn weder er noch die Mutter gutgläubig waren.

² Das Verhältnis zwischen den Kindern und den Eltern wird nach den gleichen Vorschriften geordnet wie bei der Scheidung.

Art. 134

2. Für die Ehegatten

¹ Wird die Ehe für ungültig erklärt, so behält die Frau, die sich bei der Trauung in gutem Glauben befunden hat, das durch die Heirat erworbene Kantons- und Gemeindebürgerrecht.

² Der Ehegatte, der seinen Namen geändert hat, behält den bei der Heirat erworbenen Familiennamen, sofern er nicht binnen sechs Monaten, nachdem das Urteil rechtskräftig geworden ist, gegenüber dem Zivilstandsbeamten erklärt, dass er den angestammten Namen oder den Namen, den er vor der Heirat trug, wieder führen will.

³ Für die güterrechtliche Auseinandersetzung sowie die Ansprüche der Ehegatten auf Entschädigung, Unterhalt oder Genugtuung gelten die gleichen Vorschriften wie bei der Scheidung.

Art. 135

E. Vererblichkeit

¹ Das Recht, die Ungültigerklärung einer Ehe zu verlangen, ist unvererblich.

² Die Erben des Klägers können jedoch die erhobene Klage fortsetzen.

Art. 136

F. Zuständigkeit und Verfahren

Die Ungültigerklärung einer Ehe steht mit Hinsicht auf die Zuständigkeit des Richters und das Verfahren unter den gleichen Vorschriften wie die Scheidung.

Bis zur Ungültigerklärung durch das Gericht wird die Ehe als eine gültige behandelt. Mit dieser Regelung werden die Interessen der gutgläubigen oder nichtschuldigen Eheparteien und der Kinder berücksichtigt.

Die beklagte Ehegattin zum Beispiel kann im Prozess behaupten, es sei ihr vom Ehegatten verziehen worden. Dafür muss sie aber beweisen können, dass der Ehegatte den Mangel vollständig gekannt hat. Eine Verzeihung muss zudem ausdrücklich erklärt worden sein oder sich klar aus dem Verhalten der klagenden Seite ergeben. Setzt ein Ehegatte oder eine Gattin die eheliche Gemeinschaft trotz Kenntnis des Ungültigkeitsgrunds fort, bedeutet dies allein laut Bundesgericht noch keine Verzeihung.

Im Ungültigkeitsurteil muss stehen, ob die Ehefrau bei der Heirat gut- oder bösgläubig war. Dies wird auch im Familienregister eingetragen, da je nachdem verschiedene Wirkungen eintreten. War die Frau bei der Trauung in gutem Glauben, behält sie das durch die Heirat erworbene Bürgerrecht, im andern Fall verliert sie es.

Kinder, die während der ungültigen Ehe bis zum Datum des rechtskräftigen Urteils und noch 300 Tage danach geboren werden, gelten als ehelich (Art. 133). Sie erhalten also den Familiennamen und das Bürgerrecht des Ehemannes und sind ihm gegenüber erbberechtigt. Andernfalls kann ein Kind im Rahmen der Ungültigkeitsklage als ausserehelich erklärt werden.

Da die ungültige Ehe bis zur Ungültigerklärung durch das Gericht als gültige behandelt wird, gilt für die Regelung der Elternrechte und die gegenseitigen finanziellen Ansprüche der Eheleute das Scheidungsrecht. Genau wie im Scheidungsverfahren kommen während des Prozesses vorsorgliche Massnahmen zur Anwendung, mit denen die persönlichen und finanziellen Verhältnisse vorläufig geregelt werden (siehe Art. 145, Seite 149).

Stirbt die klageberechtigte Ehepartei während des Ungültigkeitsprozesses, können ihre Erben diesen weiterführen (Art. 135). Ansonsten ist das Klagerecht auf Ungültigkeit der Ehe gemäss Bundesgericht ein höchstpersönliches Recht. Es kann also nicht durch gesetzliche Vertreter ausgeübt werden, selbst wenn zum Beispiel ein Ehemann handlungsunfähig geworden oder bevormundet ist.

Die Ehescheidung

Ein neues Scheidungsrecht ist im Entstehen begriffen. Bis es allerdings in Kraft gesetzt werden kann, wird es noch einige Jahre dauern. Hauptziel der Neuerungen ist es, das Verschuldensprinzip und damit die Querelen vor Gericht, die vor allem in Kampfscheidungen heute gang und gäbe sind, abzuschaffen. Das neue Eherecht, das seit dem 1. Januar 1988 in Kraft ist, berührt das Scheidungsrecht nur mit einzelnen Bestimmungen, zum Beispiel mit den Anordnungen über die güterrechtliche Auseinandersetzung, die bestimmen, wie das Vermögen der Eheleute bei der Scheidung verteilt wird.

Die Ehe wird vom ZGB verstanden als dauernde, leiblich, geistig-seelisch und wirtschaftlich umfassende und ausschliessliche (monogame) Lebensverbindung der Eheparteien. Gleichzeitig sollen sich Eheleute aber auch selbst entfalten können. Dabei müssen sie ihre Individualität insofern unterordnen, als von ihnen ein dauernder, persönlicher Einsatz zur Aufrechterhaltung und zum Gedeihen der ehelichen Gemeinschaft gefordert ist. Liegen alle diese Voraussetzungen nicht mehr vor, müssen Verheiratete aber auch die Möglichkeit haben, aus der Ehe auszusteigen. Dieses Recht steht beiden Eheleuten als Persönlichkeitsrecht zu und wird aktuell, sobald die Weiterführung der Ehe nicht mehr zumutbar ist. Ob eine Ehe noch zumutbar sei oder nicht, wird im Scheidungsprozess aufgrund der Interessen aller beteiligten Personen, auch der Kinder, entschieden. Wird eine Scheidungsklage vom Gericht nicht gutgeheissen, kann erst dann eine neue eingereicht werden, wenn sie durch neue Tatsachen begründet werden kann. Praktisch ist es heute aber einfacher geworden, sich scheiden zu lassen. Nur ganz wenige Klagen werden abgewiesen.

Die meisten Scheidungen und gerichtlichen Trennungen sind *Konventionalverfahren*, bei denen beide Seiten einig sind, dass sie scheiden (oder gerichtlich trennen) wollen und wie die Nebenfolgen (Unterhaltsbeiträge, Besuchsrecht etc.) geregelt werden sollen. Konventionalscheidungen verhindern Streit vor Gericht und sparen Kosten und belastenden Nervenkrieg. Nach heutigem schweizerischem Recht kann eine Ehe allerdings nur geschieden werden, wenn einer der in den Artikeln 137 bis 142 festgehaltenen Scheidungsgründe vorliegt. Das Gericht muss sich vom Scheidungsgrund überzeugen können, zum Beispiel davon, dass die Ehe tief und unheilbar zerrüttet ist. Das Einverständnis der Eheleute, dass sie scheiden wollen, reicht auch bei der Konventionalscheidung nicht aus. In der Konvention werden lediglich die Nebenfolgen geregelt, über den Hauptpunkt (die Scheidung oder gerichtliche Trennung selbst) können die Eheparteien nicht selber entscheiden, sondern nur dem Gericht einen übereinstimmenden Antrag stellen (siehe Art. 158

Ziff. 1, Seite 182). Zum Schutz aller Beteiligten überprüft das Gericht auch die Regelung der Nebenfolgen (Alimente, güterrechtliche Ansprüche, Besuchsrecht etc.) mindestens rudimentär.

Seltener als die Scheidung ist die gerichtliche Ehetrennung (siehe Art. 143, Seite 148). Sie wird meist eingegangen, weil eine Scheidung aus religiösen Gründen nicht möglich ist oder weil eine Partei (oder beide) auf Wiedervereinigung hofft. Die gerichtliche Trennung kann für die Dauer von ein bis drei Jahren oder für unbestimmte Zeit ausgesprochen werden. Die Gründe für eine Trennung sind dieselben wie für die Scheidung.

Scheidung und gerichtliche Trennung unterliegen dem gleichen Verfahren. In fast allen Kantonen findet zuerst ein Aussöhnungsversuch statt, je nach Kanton vor einem Friedensrichter, einer Gemeindepräsidentin oder einer anderen zuständigen Person. Scheitert der Aussöhnungsversuch, erhält die auf Scheidung oder Trennung klagende Ehepartei eine Weisung, auch Leitschein, Klagebewilligung etc. genannt. Damit kann beim zuständigen Bezirks-, Kantons- oder Amtsgericht die eigentliche Klage eingereicht werden. Wo und innert welcher Frist diese Klage eingereicht werden muss, steht in der Weisung. In den einen Kantonen lädt das Gericht anschliessend zu einer mündlichen Hauptverhandlung ein, in den anderen findet ein schriftliches Verfahren statt. Die finanziellen und persönlichen Verhältnisse zwischen den Eheleuten während des Trennungs- oder Scheidungsprozesses werden durch sogenannte vorsorgliche Massnahmen (siehe Art. 145, Seite 149) geregelt.

Scheidungsgründe: Wann darf geschieden werden?

Das schweizerische Eherecht basiert auf dem sogenannten Zerrüttungsprinzip. Die «unheilbare Zerrüttung der Ehe» (Art. 142, siehe Seite 144) ist der grundlegende Scheidungsgrund. Die meisten Ehen werden heute gestützt auf diesen Artikel 142 geschieden. Daneben hat nur noch der Ehebruch (Art. 137) eine gewisse Bedeutung. Die anderen Scheidungsgründe kommen in der Gerichtspraxis selten vor. Das mag daran liegen, dass einerseits sehr kurze Verjährungsfristen bestehen (zum Beispiel muss bei schwerer Misshandlung innert sechs Monaten geklagt werden) und andererseits ein Grund lange andauern muss (beispielsweise eine böswillige Verlassung wenigstens zwei Jahre ertragen werden muss). Zudem kann bei sämtlichen dieser Scheidungsgründe auch argumentiert werden, sie führten letztlich zur unheilbaren Zerrüttung der Ehe.

Ehebruch

Vierter Titel: Die Ehescheidung

Art. 137

A. Scheidungsgründe
I. Ehebruch

¹ Hat ein Ehegatte einen Ehebruch begangen, so kann der andere Ehegatte auf Scheidung klagen.

² Die Klage verjährt mit Ablauf von sechs Monaten, nachdem der klageberechtigte Ehegatte von dem Scheidungsgrunde Kenntnis erhalten hat, und in jedem Falle mit Ablauf von fünf Jahren seit dem Ehebruch.

³ Keine Klage hat der Ehegatte, der dem Ehebruch zugestimmt oder ihn verziehen hat.

Eheleute müssen sich während der ganzen Dauer der Ehe treu sein (siehe Art. 159 Abs. 3, Seite 186). Ein Ehebruch gemäss Artikel 137 liegt dann (und nur dann) vor, wenn der Gatte oder die Gattin mit einer dritten Person des anderen Geschlechts den Beischlaf vollzieht. Andere sexuelle Betätigungen (intime Vertraulichkeiten, beischlafähnliche Handlungen, Homosexualität etc.) gelten genausowenig wie eine künstliche Samenübertragung als Ehebruch. (Allenfalls können sie aber zur Zerrüttung der Ehe und damit schliesslich zur Scheidung führen.) Ein Ehebruch muss mit Wissen und Willen und im Zustand der Urteilsfähigkeit begangen werden.

Den eindeutigen Beweis für einen Ehebruch zu erbringen ist meist praktisch unmöglich. Das Bundesgericht lässt deshalb den Indizienbeweis genügen, den Nachweis von Tatsachen also, die unter Berücksichtigung aller Umstände mit an Sicherheit grenzender Wahrscheinlichkeit auf einen Ehebruch deuten. Als genügendes Indiz wurde beispielsweise angesehen, dass eine Drittperson im Bett der Ehepartei angetroffen wurde. Auch das Übernachten im selben Zimmer oder die Wohngemeinschaft mit einer Person des anderen Geschlechts gilt in der Regel als genügendes Indiz für einen Ehebruch; Ausnahmen hat das Bundesgericht angenommen, wenn eine der zusammenwohnenden Personen sehr alt oder krank war.

Die Treuepflicht gilt weiter, auch wenn Mann und Frau getrennt leben, zum Beispiel nach einer eheschutzrichterlichen Trennung (siehe Art. 175, Seite 207), nach einer richterlichen Trennung (Art. 146, Seite 158) oder während des laufenden Ehescheidungsverfahrens.

Wer einem Ehebruch zugestimmt oder ihn verziehen hat, kann nicht mehr auf Scheidung klagen. Dies kann ausdrücklich oder stillschweigend, für einen bestimmten Fall oder generell, gegenüber der andern Ehepartei oder gegenüber

Dritten geschehen. Nimmt zum Beispiel die Ehefrau das gemeinsame Leben mit ihrem ehebrecherischen Mann wieder auf, kann allein daraus noch nicht auf eine Zustimmung zum Ehebruch oder auf ein Verzeihen geschlossen werden. Duldet sie aber über Jahre ehebrecherisches Verhalten ihres Partners, kann es als rechtsmissbräuchlich angesehen werden, wenn sie sich plötzlich auf Artikel 137 berufen will.

Zu beachten sind die Klagefristen: Die verletzte Ehepartei muss innert sechs Monaten, seit sie vom Ehebruch Kenntnis hat, spätestens aber nach fünf Jahren klagen.

Angriffe auf Leben, Körper und Ehre

Art. 138

II. Nachstellung nach dem Leben, Misshandlung und Ehrenkränkung

[1] Hat ein Ehegatte dem Leben des andern nachgestellt oder ihn schwer misshandelt oder ihm eine schwere Ehrenkränkung zugefügt, so kann dieser auf Scheidung klagen.

[2] Die Klage verjährt mit Ablauf von sechs Monaten, seitdem der Verletzte den Scheidungsgrund kennt, und in jedem Falle mit Ablauf von fünf Jahren seit dessen Eintritt.

[3] Keine Klage hat der Ehegatte, der dem Schuldigen verziehen hat.

Nicht nur ein Mordversuch gilt als *Nachstellen nach dem Leben* des Partners oder der Partnerin, sondern jedes Verhalten mit Tötungsabsicht. Darunter fällt zum Beispiel auch die unerlaubte Beihilfe zum Selbstmord oder das Im-Stich-Lassen eines Verletzten (Art. 128 StGB), etwa wenn der Ehegatte seine Frau nach einem schweren Sturz in den Bergen in der Gletscherspalte liegen lässt, obwohl er ihr erste Hilfe leisten könnte. Die Nachstellung nach dem Leben hat von Gesetzes wegen in jedem Fall eine unheilbare Zerrüttung der Ehe zur Folge.

Als *Misshandlungen* gelten schwere Angriffe auf den Körper oder die Gesundheit. Physische Rohheiten allein reichen nicht unbedingt aus; wichtig ist die Einschätzung der ganzen Situation, der ehewidrige Wille der schuldigen Seite und das Empfinden der verletzten Partei. Von Bedeutung sind dabei die individuellen Verhältnisse zwischen Eheleuten, also Charakter, Bildungsgrad, Gefühls- und Denkwelt, vor allem aber die generelle Umgangsart miteinander. Vereinzelte grobe Handgreiflichkeiten, zum Beispiel Ohrfeigen, können unter besonders verletzenden Umständen, etwa auf offener Strasse oder vor Dritten, als schwere Misshandlung gelten.

Eine *Ehrenkränkung* kann auf verschiedene Art erfolgen: durch Worte, schriftlich, durch Gebärden und Tätlichkeiten. Schwer ist die Ehrenkränkung dann, wenn sie ohne Grund und mit der Absicht zu beleidigen ausgesprochen wird. Die Äusserung muss einerseits objektiv Ruf und Ansehen der Ehepartei bei Dritten herabmachen, anderseits muss sie subjektiv zu einer tiefen und unheilbaren Zerrüttung der Ehe führen. Provoziert zum Beispiel ein Ehemann seine Gattin durch sein ehebrecherisches Verhalten zu berechtigtem Zorn, Eifersucht und Empörung, gelten auch beleidigende Worte von ihr nicht als Ehrenkränkung. Sind gegenseitige Beschimpfungen und ein roher Umgangston in einer Ehe an der Tagesordnung, kommt dieser Artikel als Scheidungsgrund kaum zur Anwendung. In der Rechtsprechung wurde vor allem der grundlose Vorwurf der ehelichen Untreue auch in Gegenwart von Dritten als schwere Ehrenkränkung beurteilt.

Verbrechen und unehrenhafter Lebenswandel

Art. 139

III. Verbrechen und unehrenhafter Lebenswandel

Hat ein Ehegatte ein entehrendes Verbrechen begangen, oder führt er einen so unehrenhaften Lebenswandel, dass die Fortsetzung der ehelichen Gemeinschaft dem andern Ehegatten nicht zugemutet werden darf, so kann dieser jederzeit auf Scheidung klagen.

Als *entehrendes Verbrechen* im Sinn von Artikel 139 gilt ein Verhalten, das auf eine ehrlose und niedrige Gesinnung schliessen lässt. Es ist nicht Bedingung, dass dieses Verhalten zu einer strafrechtlichen Verurteilung führt. Umgekehrt ist auch nicht jede strafrechtliche Verurteilung des Ehepartners ein Scheidungsgrund. Als entehrende Verbrechen wurden etwa eingestuft: unehrliches Verhalten mit dem Eigentum der Partnerin oder des Partners (Diebstahl, Betrug etc.), Sexualdelikte, aber auch die Misshandlung und Vernachlässigung eines Stiefkindes.

Wenn das Verhalten eines Ehepartners eine ehrlose Gesinnung zeigt, welche die Ehre seiner Partnerin im gemeinsamen Umfeld so sehr verächtlich macht und herabmindert, dass diese das weitere Zusammenleben als unzumutbar empfindet, gilt dies als *unehrenhafter Lebenswandel*. Ein einmaliger Vorfall reicht dafür nicht aus. Beispiele sind etwa die Ehefrau als Bordellhalterin oder der Ehegatte als Wucherer. Beharrlicher und gewohnheitsmässiger Alkoholismus gilt dann als unehrenhafter Lebenswandel, wenn er zu Ausschreitungen in der Öffentlichkeit führt.

Böswillige Verlassung

Art. 140

IV. Verlassung

^{1} Hat ein Ehegatte den andern böswillig verlassen, oder ist er ohne wichtigen Grund nicht zum ehelichen Wohnsitz zurückgekehrt, so kann der andere Ehegatte, solange dieser Zustand dauert, auf Scheidung klagen, wenn die Abwesenheit wenigstens zwei Jahre gewährt hat.

^{2} Auf das Begehren des Klageberechtigten hat der Richter den abwesenden Ehegatten, nötigenfalls öffentlich, aufzufordern, binnen sechs Monaten zurückzukehren.

^{3} Die Klage darf erst nach Ablauf dieser weitern Frist angebracht werden.

Wer bewusst und ohne Zustimmung der anderen Ehepartei die häusliche Gemeinschaft für lange Zeit aufhebt, der verlässt die andere Seite böswillig, das heisst grundlos. Nicht als böswillige Verlassung gilt es also, wenn eine Ehefrau, die von ihrem Mann geschlagen wird, ins Frauenhaus flieht (sie hat ja einen triftigen Grund). Damit in einer späteren Scheidung aber nicht doch eine böswillige Verlassung behauptet werden kann, sollte sie sich die Verletzungen und die sie gefährdende Situation umgehend durch ein ärztliches Zeugnis bestätigen lassen. Besteht kein Wunsch auf Scheidung, ist es sinnvoll, wenn immer möglich vor dem Verlassen des Partners oder der Partnerin beim Eheschutzgericht die Aufhebung des gemeinsamen Haushalts zu verlangen (siehe Art. 175).

Nach Einreichen der Scheidungsklage besteht von Gesetzes wegen ein Anspruch auf Getrenntleben, so dass nicht mehr von böswilliger Verlassung gesprochen werden kann.

Geisteskrankheit

Art. 141

V. Geisteskrankheit

Ist ein Ehegatte in einen solchen Zustand von Geisteskrankheit verfallen, dass dem andern die Fortsetzung der ehelichen Gemeinschaft nicht zugemutet werden darf, und wird die Krankheit nach dreijähriger Dauer von Sachverständigen für unheilbar erklärt, so kann der andere Ehegatte jederzeit auf Scheidung klagen.

Eine Geisteskrankheit der einen Ehepartei wird dann als Scheidungsgrund akzeptiert, wenn die Fortsetzung der ehelichen Gemeinschaft für die andere nicht mehr zumutbar ist. Dies wird einerseits durch die Schwere der Geisteskrankheit und die Art, in der sie sich äussert, bestimmt, andererseits durch die psychischen Kräfte der gesunden Ehepartei.

Was gilt als Geisteskrankheit gemäss Artikel 141? Der Begriff wird primär nicht im medizinischen, sondern im rechtlichen Sinn ausgelegt und erfasst neben allen Geisteskrankheiten mit medizinischen Diagnosen auch Krankheitszustände, welche medizinisch gesehen nicht als Geisteskrankheit gelten. Alle psychischen Störungen und Verhaltensweisen, die für einen besonnenen Laien uneinfühlbar, tiefgehend abwegig und grob befremdend wirken, fallen darunter. Kann aus medizinischer Sicht eine Heilung der Krankheit mit grosser Wahrscheinlichkeit ausgeschlossen werden, gilt sie als unheilbar. Kann jedoch ein kranker Partner, ohne medizinisch geheilt zu sein, wieder ein normales Eheleben aufnehmen, gilt er als sozial geheilt, und seine Krankheit bildet keinen Scheidungsgrund.

Wichtigster Scheidungsgrund: die unheilbare Zerrüttung

Art. 142

VI. Zerrüttung des ehelichen Verhältnisses

[1] Ist eine so tiefe Zerrüttung des ehelichen Verhältnisses eingetreten, dass den Ehegatten die Fortsetzung der ehelichen Gemeinschaft nicht zugemutet werden darf, so kann jeder Ehegatte auf Scheidung klagen.

[2] Ist die tiefe Zerrüttung vorwiegend der Schuld des einen zuzuschreiben, so kann nur der andere Ehegatte auf Scheidung klagen.

Eine zerrüttete Ehe ist eine zerstörte Ehe. Juristisch wird die Zerrüttung folgendermassen umschrieben: «Die gegenseitige Verbundenheit der Eheparteien zur ehelichen Gemeinschaft ist zerstört (oder hat sich nie verwirklicht), die eheliche Gesinnung und der Wille zu äusserer und innerer Gemeinsamkeit sind erloschen und Gleichgültigkeit, Abneigung und Entfremdung an ihre Stelle getreten, die Ehe entbehrt ohne Aussicht auf Gesundung des inneren Gehaltes und hat ihren Sinn als Lebensgemeinschaft verloren...»

Die Zerrüttung einer Ehe kann auf subjektive Gründe, also auf ein Verschulden der Eheparteien, oder aber auf verschuldensunabhängige, sogenannt objektive Gründe zurückgeführt werden. Manchmal liegen auch verschiedene Ursachen nebeneinander vor. Als objektiv gelten Ursachen, die unabhängig vom Willen der Eheleute eine Zerrüttung bewirken, zum Beispiel eine besondere psychische Veranlagung eines Partners oder die Schwierigkeiten einer Früh- oder einer Mussehe. Auch eine grosse Unvereinbarkeit der Eheleute (etwa wegen ihrer verschiedenen Herkunft, ihrer unterschiedlichen Bildung und Temperamente), die sie trotz aller Anstrengung nicht zu überwinden vermögen, kann ein objektiver Zerrüttungsgrund sein.

Wer auf Scheidung klagt, muss die unheilbare Zerrüttung und die Unzumutbarkeit einer Fortsetzung der Ehe durch Tatsachen beweisen. Auch wenn beide Eheleute mit einer Scheidungskonvention vor Gericht erscheinen, muss das Gericht überprüfen, ob die Ehe tatsächlich unheilbar zerrüttet ist. Es hört sich die Ehegeschichte an und wird, wenn nötig, Fragen stellen. Allerdings ist es nicht notwendig, «schmutzige Wäsche zu waschen», da bei einer Konventionalscheidung nicht nach der Schuld an der Ehemisere gefragt wird. Anders ist dies bei Kampfscheidungen, wo das Verschulden der Eheleute die Basis bildet für die Frage, ob überhaupt geschieden wird, aber auch für die Höhe und Dauer einer Scheidungsrente.

Für eine Scheidung ist nicht nötig, dass beide Seiten scheidungswillig sind. Es reicht aus, wenn aus der Sicht des Klägers oder der Klägerin die Ehe unheilbar zerrüttet ist. Aber Achtung: wer die ausschliessliche oder überwiegende Schuld an der Zerrüttung trägt, hat kein Klagerecht (siehe Kommentar zu Art. 142 Abs. 2, Seite 147).

Der Kläger oder die Klägerin muss nachweisen, dass die Fortsetzung der ehelichen Gemeinschaft für sie unerträglich geworden ist. Das Gericht wägt ab zwischen der Aufrechterhaltung der Ehe als allgemeiner Institution und den Einzelinteressen von Mann und Frau. (Wenn die beklagte Seite an der Ehe festhalten möchte, wird auch geprüft, ob ihr eine Scheidung zugemutet werden darf.) Die Eheleute müssen mit all ihren Kräften und ihrem ganzen guten Willen versuchen, Schwierigkeiten und Störungen zu beheben. Könnte ein Kläger zum Beispiel dadurch, dass er an einer Ehetherapie teilnimmt, die Beziehung verbessern, wird das Gericht eine unheilbare Zerrüttung der Ehe verneinen. Je mehr aber die Schwierigkeiten auf objektive Ursachen zurückgehen und je weniger der Kläger zur Verbesserung der Situation beitragen kann, um so eher wird die Unzumutbarkeit der Ehe bejaht werden.

Wichtig für die Beurteilung der Unzumutbarkeit einer Ehe sind auch die Interessen der unmündigen Kinder sowie die Dauer der Ehe und das Alter der Eheparteien. Hat eine Seite eheliche Pflichten verletzt, wird ihr dies als Verschulden angerechnet. Vor allem Charakterfehler, die durch Willensanstrengung korrigiert werden könnten, werden als verschuldete Zerrüttungsursachen

gewertet, also etwa Reizbarkeit, Starrsinn, jähzorniges Verhalten, Eifersucht, Pedanterie oder chronische Unzufriedenheit. Als tief zerrüttet gilt eine Ehe, wenn folgende Bereiche gestört sind:
- **Geistig-seelische Gemeinschaft**: Eheleute müssen Konflikte kooperativ austragen, Schwierigkeiten gemeinsam überwinden und sich gegenseitig respektieren. Eigenmächtiges Handeln ist genauso ehewidrig wie sich ständig zurückzuziehen. Als Verletzung der geistig-seelischen Gemeinschaft gilt auch andauernde Lieblosigkeit, herabwürdigende Behandlung, ständiges gehässiges, quälendes oder nörglerisches Benehmen, Geiz, Egoismus, Rechthaberei, tyrannische Eifersucht, physische und psychische Rohheiten, das Öffnen der privaten Briefe des Partners oder der Partnerin... Auch wer Dinge vor allem aus dem intimen Eheleben an Drittpersonen weitererzählt, kann dadurch die geistig-seelische Gemeinschaft beeinträchtigen und zu einer Zerrüttung beitragen.
- **Die Treuepflicht** besteht im gefühlsmässigen, aber auch im wirtschaftlichen Bereich. Verlangt wird Rücksichtnahme auf den Ehepartner oder die Partnerin bei der Durchsetzung der eigenen Interessen. Ehewidrig ist jeder intensive Kontakt mit Dritten, der die eheliche Gemeinschaft als umfassende und vorrangige Beziehung in Frage stellt. Die geschlechtliche Treuepflicht verbietet also nicht nur den Ehebruch, sondern jede Art von sexuellen oder erotischen Beziehungen und auch den sonstigen sehr intensiven Umgang mit Dritten des anderen oder des eigenen Geschlechts. Dies gilt auch für zu enge Beziehungen zu den eigenen Eltern oder Geschwistern; ein Ehemann beispielsweise, der übermässig stark an seiner Mutter hängt, muss sich allenfalls mit psychiatrischer Hilfe von dieser Bindung lösen. Die Treuepflicht gilt auch ausserhalb der geschlechtlichen Sphäre. Eine Frau darf sich beispielsweise ohne Zustimmung ihres Ehemannes keine fremden Samen zur Befruchtung übertragen lassen. Die Treuepflicht verlangt Verlässlichkeit und vorbehaltloses gegenseitiges Vertrauen. Lügen und unaufrichtiges Benehmen, Hinterhältigkeiten oder das Verheimlichen von Tatsachen, welche die Interessen des Partners oder der Partnerin berühren, sind ehewidrig.
- **Die Geschlechtsgemeinschaft** ist eine wesentliche Basis der Ehe. Eine langandauernde und konsequente Verweigerung des Geschlechtsverkehrs kann deshalb ehewidrig sein. Wenn keine gesundheitlichen oder anderen wichtigen Gründe dagegen sprechen, kann auch die grundsätzliche Verweigerung, Kinder zu haben, als ehewidrig gelten; dies vor allem, wenn die Eheleute vor oder nach der Heirat Kinder wollten. Umgekehrt kann aber auch ehewidrig sein, wenn eine Ehepartei den Geschlechtsverkehr nur auf die Zeugung von Kindern ausrichtet.
- **Beistands- und Unterhaltspflicht**: Eheleute sind verpflichtet, einander zu helfen, wo es nötig ist, sei dies mit materiellen Mitteln oder sonstiger

Unterstützung. Beide haben die gleiche Unterhaltspflicht für den Lebensbedarf der Familie (siehe Art. 163, Seite 190). Sie müssen auch gemeinsam für die Kinder und Stiefkinder sorgen, und zwar in leiblicher wie in geistiger Hinsicht.
- **Häusliche Gemeinschaft**: Die Ehe ist grundsätzlich eine ungeteilte Lebensgemeinschaft. Die Wohnung wird gemeinsam bestimmt und der Haushalt gemeinsam geführt. Bei der Wahl der Wohnung müssen die Interessen beider Eheleute und der Kinder berücksichtigt werden. Mann und Frau haben grundsätzlich das Recht, eine eigene, für die Familie geeignete Wohnung zu beziehen. Wer eine geeignete Wohnung grundlos ablehnt oder die einmal bestimmte gemeinsame Wohnung ohne zureichende Gründe verlässt, handelt ehewidrig. Aus einem langjährigen, freiwilligen Getrenntleben kann aber nicht ohne weiteres eine tiefe Zerrüttung abgeleitet werden.
- **Krankheit und Alkoholismus**: Nur ausnahmsweise kann eine unverschuldete Krankheit einen Zerrüttungsgrund bilden, da eigentlich die eheliche Beistandspflicht vom gesunden Partner Hilfe und Unterstützung verlangt. Die Auswirkungen der Krankheit auf die eheliche Gemeinschaft müssen gravierend sein wie zum Beispiel bei schweren chronischen Krankheiten. Eine ansteckende Krankheit wird grundsätzlich erst dann zum Scheidungsgrund, wenn beispielsweise der kranke Partner die nötigen Vorsichtsmassnahmen zur Vermeidung der Ansteckung missachtet. Ehewidrig handelt zum Beispiel, wer seine Partnerin oder seinen Partner über eine Infizierung mit dem HIV-Virus nicht informiert und beim Geschlechtsverkehr keine Schutzmassnahmen trifft.

In vielen Scheidungsprozessen wird Alkoholismus als Hauptzerrüttungsgrund genannt (Medikamenten- oder Drogensucht wird analog behandelt). Für eine Scheidung ist nicht nötig, dass eine unbeherrschbare Sucht vorliegt. Es genügt, dass die eine Seite so sehr dem Alkohol frönt, dass bei der anderen Achtung, Zuneigung und eheliche Gesinnung zerstört werden. Da zum Beispiel Alkoholismus heilbar sein kann, ist das Bundesgericht bei derartigen Scheidungen eher zurückhaltend. Die Sucht wird erst dann als Scheidungsgrund akzeptiert, wenn die Partnerin oder der Partner ihr Möglichstes getan haben, um dem oder der Alkoholsüchtigen im Kampf gegen die Sucht zu helfen. Wenn beispielsweise eine erfolgversprechende Entziehungskur und Suchtbehandlung noch nicht abgeschlossen ist, wird die Scheidung kaum ausgesprochen werden.

Widerstandsrecht gegen die Scheidung

Gemäss Artikel 142 Absatz 2 wird das Zerrüttungsprinzip eingeschränkt durch das *Verschuldensprinzip*: Die Ehepartei, welche an der tiefen Zerrüttung hauptsächlich schuld ist, kann nicht auf Scheidung klagen. Verlangt ist eine klar und deutlich überwiegende Scheidungsschuld, sei dies im Vergleich mit einem Mitverschulden der anderen Ehepartei oder mit bestehenden objektiven Zerrüttungsursachen.

Das Widerstandsrecht gegen die Scheidung darf nicht rechtsmissbräuchlich ausgeübt werden. Wer also gar nicht daran denkt, die eheliche Lebensgemeinschaft fortzusetzen, darf sich einer Scheidung nicht widersetzen. Das Festhalten an der Ehe darf auch nicht völlig sinnlos sein; es müssen schützenswerte Interessen daran bestehen, wobei gefühlsmässige und/oder finanzielle Gründe angeführt werden können. Das Bundesgericht hat die (widerlegbare) Vermutung aufgestellt, dass nach einer 15jährigen Trennung der Ehewillen beider Eheparteien erloschen sei.

Ehetrennung oder Scheidung?

B. Klage
I. Inhalt der Klage

Art. 143

Die Klage geht entweder auf Scheidung der Ehe oder auf Trennung der Ehegatten.

II. Zuständigkeit

Art. 144

Für die Klage ist der Richter am Wohnsitze des klagenden Ehegatten zuständig.

Bei der Trennung, von der in Artikel 143 die Rede ist, handelt es sich um die gerichtliche Trennung. Sie ist nicht dasselbe wie die praktisch wichtigere Aufhebung des gemeinsamen Haushaltes durch das Eheschutzgericht (eheschutzrichterliche Trennung, siehe Art. 175, Seite 207). Ob Scheidung oder gerichtliche Trennung, die Voraussetzungen sind dieselben; in beiden Fällen muss ein Scheidungsgrund vorliegen.

Die Wirkungen und Folgen von gerichtlicher Trennung und Scheidung sind jedoch verschieden. Durch die Scheidung wird die Ehe aufgelöst, nach einer Trennung bestehen die Ehebande weiter, allerdings teilweise mit veränderten Rechten und Pflichten (siehe Art. 146 ff., Seite 158). Die Unterhaltsbeiträge bei einer Trennung bestimmen sich nach derselben Methode wie bei der Aufhebung des gemeinsamen Haushaltes zum Beispiel während des Scheidungsprozesses oder bei einer eheschutzrichterlichen Trennung.

Besinnung und Beruhigung ist der Sinn der gerichtlichen Trennung. Sie kann nur verlangt werden durch eine Ehepartei, welche die Hoffnung auf eine künftige Wiedervereinigung noch nicht aufgegeben hat. Gründe dafür sind neben emotionalen Banden auch religiöse oder weltanschauliche Widerstände gegen eine Scheidung, Rücksicht auf die minderjährigen Kinder oder ökonomische Interessen der einen Ehepartei. Verlangt werden kann die gerichtliche Trennung für ein bis drei Jahre oder auf unbestimmte Zeit.

Zuständig für die Trennungs- oder Scheidungsklage ist das Gericht am Wohnsitz des Klägers oder der Klägerin. Dieser Gerichtsstand ist zwingend, die Eheleute können keinen anderen vereinbaren.

Vorsorgliche Massnahmen im Scheidungsprozess

Art. 145

III. Vorsorgliche Massnahmen

[1] Ist die Klage eingereicht, so kann jeder Ehegatte für die Dauer des Prozesses den gemeinsamen Haushalt aufheben.

[2] Der Richter trifft die nötigen vorsorglichen Massnahmen, namentlich in bezug auf die Wohnung und den Unterhalt der Familie, die güterrechtlichen Verhältnisse und die Obhut über die Kinder.

Sobald eine Scheidungs- oder Trennungsklage eingereicht ist, sind beide Eheparteien dazu berechtigt, getrennt zu leben.

Sind sich die Eheleute über die Regelung ihrer finanziellen und persönlichen Verhältnisse für die Dauer des Prozesses einig, besteht kein Grund für eine gerichtliche Ordnung. Oft führt aber die Einreichung einer Klage zu verschärften Spannungen zwischen den Beteiligten, und sie sind nicht mehr in der Lage, eine vorläufige Neuordnung für die getrennte Situation selber vorzunehmen. Dann regelt das Gericht auf Begehren einer Ehepartei die Verhältnisse. Das Gericht kann alle Massnahmen treffen, welche im konkreten Fall sinnvoll erscheinen. Es ist nicht an die im Gesetz ausdrücklich vorgesehenen gebunden, ihm steht ein weiter Ermessensspielraum zur Verfügung. Zuständig für die Anordnung vorsorglicher Massnahmen ist das Scheidungsgericht.

Im Prozess über vorsorgliche Massnahmen müssen die Verhältnisse rasch geklärt werden. Es gilt deshalb ein spezielles Verfahren, welches von den einzelnen Kantonen bestimmt wird. Der Kanton Zürich zum Beispiel kennt das *summarische Verfahren*: ein schnelles abgekürztes Verfahren, in dem auf weitläufige Beweisabnahmen, insbesondere auf die Anhörung von Zeugen, oder auf Gutachten verzichtet wird.

Einigen sich die Eheleute selbst über die vorsorglichen Massnahmen, können sie ihre Vereinbarung analog zur Scheidungskonvention richterlich genehmigen lassen. Aber auch die dem Gericht nicht unterbreiteten Vereinbarungen sind gültig und können nicht widerrufen werden. Allerdings kann es beim Durchsetzen zu Schwierigkeiten kommen, da kein gerichtlicher Beschluss dahinter steht (siehe Art. 158 Ziff. 5, Seite 183).

Verändert sich nach einem Entscheid die Situation, kann dieser vom Gericht wieder abgeändert oder aufgehoben werden. Voraussetzung ist aber eine wesentliche und dauerhafte Veränderung der Verhältnisse. Wesentlich ist auch, dass die antragstellende Partei nicht selbst an der Veränderung schuld ist. Ein Ehemann beispielsweise, der freiwillig seine Erwerbstätigkeit reduziert hat und nun wegen des tieferen Lohnes eine Herabsetzung der Unterhaltsbeiträge verlangt, würde abgewiesen.

Die vorsorglichen Massnahmen dauern vom Beginn des Prozesses bis zu dessen Ende, der Rechtskraft des Urteils. Was kann das Massnahmegericht alles anordnen?

Zuteilung der ehelichen Wohnung

Wer in der ehelichen Wohnung oder im Haus bleiben darf, hängt von den konkreten Umständen ab. In der Regel erhält diejenige Seite die Wohnung zugewiesen, der sie besser dient. Das Interesse der Kinder steht dabei im Vordergrund, sie sollen ihre bisherige Umgebung (Schule und Beziehungsnetz) beibehalten können. Berücksichtigt werden auch das Alter, der Gesundheitszustand und der Beruf der Eheleute. Es kommt grundsätzlich nicht darauf an, wer Mieter oder Eigentümer der Wohnung ist.

Meistens wird die Wohnung mit einer Grundmöblierung zugewiesen. Vom restlichen Hausrat erhalten beide Seiten, was sie zum Getrenntleben benötigen. Die Eigentumsverhältnisse sind erst in zweiter Linie von Bedeutung. Anspruch haben beide Eheparteien auf den Besitz ihrer persönlichen Gebrauchsgegenstände (Kleider, Werkzeug, Berufsausrüstung, Bücher etc.). Beide Seiten nutzen und verwalten die für die Prozessdauer zugewiesenen Sachen in Vertretung der ehelichen Gemeinschaft. Während der Dauer der Ehe, also auch während des Scheidungsprozesses, kann der Mann nur mit ausdrücklicher Einwilligung der Frau (und umgekehrt) die eheliche Wohnung oder das Haus kündigen oder verkaufen (siehe Art. 169, Seite 199).

Unterhalt der Familie

Mann und Frau haben gemeinsam für den Unterhalt der Familie zu sorgen, sei dies mit der Haushaltführung, der Kinderbetreuung oder einer Erwerbstätigkeit (siehe Art. 163 und 164, Seite 190 und 192). Nach der Aufhebung des gemeinsamen Haushalts wandelt sich die Pflicht des nicht mit der Kinderbetreuung betrauten Ehemannes (seltener der Ehefrau) in eine reine Unterhaltsbeitragspflicht. Solange die Ehe noch besteht, spielt das Verschulden am ehelichen Zerwürfnis für die Höhe der Unterhaltsbeiträge keine Rolle. Eine haushaltführende und kinderbetreuende Mutter hat, auch wenn der gemeinsame Haushalt aufgehoben ist, Anspruch auf Unterhaltsleistungen, wenn sie den bisherigen Lebensstandard aus eigenen Mitteln oder eigenem Erwerb nicht aufrechterhalten kann. Sie hat überdies den Betrag zur freien Verfügung zugut (siehe Art. 164, Seite 192). Reichen die gemeinsamen finanziellen Mittel in den getrennten Verhältnissen nicht aus, müssen beide Eheparteien im gleichen Mass Abstriche am bisherigen Lebensstandard machen. Allerdings kann je nach Umständen auch verlangt werden, dass die eine Seite ihre Erwerbstätigkeit ausdehnt, um erhöhte Kosten finanzieren zu helfen.

Unterhaltsleistungen können für die Zukunft, aber auch für ein Jahr zurück verlangt werden. Allerdings ist die Einreichung der Scheidungsklage der frühestmögliche Beginn der Unterhaltspflicht im Rahmen der vorsorglichen Massnahmen. Vorgängig können aber die Unterhaltsbeiträge beim Eheschutzgericht verlangt werden (siehe Art. 176, Seite 207).

Die Leistungsfähigkeit von Frau und Mann wird nicht anhand des tatsächlich erzielten Einkommens berechnet, sondern anhand des Einkommens, das sie bei gutem Willen erzielen könnten. Verdient eine Partei aus bösem Willen, grober Nachlässigkeit oder mangelhaftem Einsatz zuwenig oder verzichtet sie freiwillig auf eine gute Arbeitsstelle, wird ihr dieses hypothetische Einkommen angerechnet. Wer Vermögen besitzt, gilt als leistungsfähig und muss sich nicht nur den Vermögensertrag anrechnen lassen, sondern allenfalls auch das Kapital anzehren.

Bei der Beurteilung der Leistungsfähigkeit wird auch die vor der Trennung gelebte Rollenverteilung, die Dauer der Ehe, das Alter, die Gesundheit und die Ausbildung der Eheparteien und vor allem der Aufwand für die Kinderbetreuung berücksichtigt. Reicht das Einkommen zum Beispiel des Ehemannes, um auch die durch die Trennung entstehenden Mehrkosten zu decken, kann von der Frau, vor allem nach längerer Ehe und wenn sie Kinder zu betreuen hat, nicht einfach verlangt werden, dass sie neu (oder mehr) auswärts arbeiten geht. Auf jeden Fall muss ihr für eine Umstellung genügend Zeit eingeräumt werden. Nur wenn es für den notwendigen Lebensbedarf der Familie unum-

gänglich ist, kann verlangt werden, dass eine Ehepartei Überstunden leistet oder einen zusätzlichen Nebenerwerb aufnimmt.
Das Gericht berechnet den notwendigen Lebensbedarf der getrennt lebenden Familie. Dabei geht es in der Regel von den sehr knapp bemessenen betreibungsrechtlichen Richtlinien für die Festlegung des Existenzminimums aus. Dieser **Notbedarf** umfasst:
- einen Grundbedarf für beide Eheparteien (Hauptanteil für Nahrung und Kleider gedacht)
- einen Zuschlag pro Kind (abgestuft nach Alter)
- die Wohnungskosten (inkl. Strom, Gas, Wasser etc.)
- die Prämien der Krankenkasse (plus andere feste Gesundheitskosten)
- Versicherungsprämien (Unfall, Hausrat, Haftpflicht)
- spezielle Ausgaben für die Kinder (hauptsächlich für Schule und Hort)
- Berufsauslagen (zum Beispiel Fahrtkosten)
- Abzahlungsverpflichtungen für notwendiges Mobiliar und weitere von der Familie eingegangene notwendige Verbindlichkeiten
- Unterhaltsbeiträge für Partnerinnen oder Partner aus früheren Ehen und für vor- oder ausserehelich Kinder
- Je nach kantonaler Gerichtspraxis werden auch die Kosten für PTT und die Einkommens- und Vermögenssteuern im Existenzminimum berücksichtigt.

Reicht das eheliche Einkommen nicht, den Notbedarf der getrennt lebenden Familie zu decken (Mankosituation), muss die Fürsorgebehörde einspringen. Es ist umstritten, ob dem erwerbstätigen und unterhaltspflichtigen Ehepartner der minimale Existenzbedarf belassen werden soll, so dass nur die andere Seite (meist die Frau) den Gang zur Fürsorgebehörde antreten muss. Der Gedanke der Gleichberechtigung von Mann und Frau fordert aber eine verhältnismässige Aufteilung der vorhandenen Mittel auf beide. Treten Mankos auf, wird der haushaltführenden Seite eher zugemutet, eine Erwerbstätigkeit aufzunehmen.
Wenn das Einkommen der Eheleute ausreicht, wird die Berechnung des Notbedarfs ergänzt zum sogenannten **erweiterten Lebensbedarf**. Dazu gehören:
- monatliche Beträge an die PTT
- Einkommens- und Vermögenssteuern
- Schuldenrückzahlungen
- Prämien für Lebensversicherungen
- Rückstellungen für Ferien
- Beträge für Erholung, Freizeit, Unterhaltung
- Taschengeld
- Autokosten

Zum Lebensbedarf der überwiegend für die Kinderbetreuung und Hausarbeit zuständigen Ehepartei wird der Betrag zur freien Verfügung gemäss Artikel 164 (siehe Seite 192) gerechnet, soweit genügend Mittel vorhanden sind. Lässt dies das eheliche Einkommen zu, stellt das Gericht für die Höhe der Unterhaltsbeiträge auf den bisherigen Lebensstandard der Familie ab.

Bleibt nach der Deckung des Lebensaufwandes der Eheleute und der Kinder ein Überschuss, der sogenannte **Freibetrag**, wird dieser in der Regel zwischen Mann und Frau geteilt. Da die Grundbeträge für die Kinder auf den knappen betreibungsrechtlichen Richtlinien beruhen und daher grundsätzlich zu tief angesetzt sind, drängt sich, vor allem wenn eine Ehepartei mehrere Kinder betreut, eine ungleiche Verteilung zu ihren Gunsten auf. Auch eine steuerliche Mehrbelastung des oder der Zahlungspflichtigen kann im Rahmen des Freibetrags berücksichtigt werden, soweit dies nicht schon beim erweiterten Lebensbedarf geschehen ist.

Bei einem sehr grossen Familieneinkommen kann sich nach Deckung des bisherigen Lebensstandards ein grosser Überschuss ergeben. Dieser wird gemäss Lehre und Praxis nicht hälftig zwischen den Eheleuten geteilt, wenn es der nicht erwerbstätigen, kinderbetreuenden und haushaltführenden Seite gelingen würde, damit Vermögen zu bilden. Es sollen während des Prozesses keine Vermögensverschiebungen stattfinden, welche die güterrechtliche Auseinandersetzung vorwegnehmen würden. In dieser Praxis kommt letztlich eine ungleiche Bewertung von Betreuungs- und Hausarbeit einerseits und Erwerbsarbeit anderseits zum Ausdruck, die schlecht zum Gedanken der Gleichberechtigung passt.

Bei wem leben die Kinder?

Meist wird die Obhut über die Kinder für die Zeit des Prozesses einem Elternteil zugewiesen. Diese Obhutszuteilung hat keinen Einfluss auf die elterliche Gewalt; dafür sind nach wie vor beide Eltern zuständig, denn über die endgültige Zuteilung wird erst im Scheidungsurteil entschieden. Der obhutsberechtigte Elternteil bestimmt, wo das Kind wohnt, und entscheidet über die alltäglichen Fragen der Erziehung und Pflege. Der andere Elternteil hat das Recht zur Mitsprache und Mitbestimmung in wichtigen Grundsatzfragen, zum Beispiel über die Schule, die Berufswahl, die religiöse Erziehung und wesentliche medizinische Eingriffe. Besteht ein ansehnliches Kindesvermögen, sollte dessen Verwaltung während des Prozesses ausdrücklich geregelt werden.

Die Kriterien, nach denen die Obhut über die Kinder dem einen oder andern Elternteil zugewiesen wird, sind dieselben wie bei der Regelung der Elternrechte in der Scheidung (siehe Art. 156, Seite 175). Im Mittelpunkt steht das Wohl des Kindes. Eine kurzfristig wechselnde Obhut zwischen Vater und Mutter lehnte das Bundesgericht ab, weil es dabei an Stabilität für das Kind mangle. Weiter führte das Bundesgericht aus, dass die Frage, bei welchem Elternteil das Recht der Kinder auf optimale Fürsorge und Erziehung in Zukunft besser gewährleistet sei, erst im Rahmen der Scheidung zu beantworten sei. Das Massnahmegericht habe lediglich zu entscheiden, ob die Kinder während der Prozessdauer besser bei der Mutter oder beim Vater aufgehoben seien. Dabei sei entscheidend, dass die Kinder in ihrer gewohnten Umgebung bleiben könnten. Massgebend sei auch, wer die Kinder bisher betreut habe und wer bereit sei, die Kinder persönlich zu betreuen. Auch wenn sich ein Elternteil – zum Beispiel wegen einer Teilzeitarbeit – nicht dauernd dem Kind widmen kann, steht dies der Obhutszuteilung nicht entgegen. Auch die Tatsache, dass die Mutter mit einem anderen Mann zusammenlebt, ist kein Grund, ihr die Obhut über die Kinder nicht zuzuteilen.

Obwohl die Obhut während der Prozessdauer vorläufigen Charakter hat, ist es sicher sinnvoll, diejenige Lösung anzustreben, die voraussichtlich auch im Rahmen der Scheidung getroffen wird. Faktisch kann deshalb die Zuteilung der Kinder durch das Massnahmegericht eine präjudizierende (vorausbestimmende) Wirkung auf die endgültige Ordnung der Elternrechte nach der Scheidung haben.

Das Massnahmegericht ist auch zuständig für die Anordnung von Kindesschutzmassnahmen während der Dauer des Prozesses. Zulässig sind nur Massnahmen die im Kindesrecht vorgesehen sind, etwa die Anordnung einer Beistandschaft oder der Entzug der elterlichen Gewalt (siehe Art. 115a in Verbindung mit Art. 307 ff.).

Unterhalt für die Kinder

Ein Teil des Unterhalts der Familie (siehe oben) entfällt auf den Unterhalt der Kinder. Die Höhe des Unterhaltsbeitrags bemisst sich nach den Grundsätzen des Kindesrechts (siehe Art. 285, Seite 300), das heisst nach der bisherigen Lebenshaltung der Familie, nach der Leistungsfähigkeit der Eltern, aber auch nach den durchschnittlichen Bedürfnissen des Kindes selbst. Ist ein Kind voll erwerbstätig, entfällt die Beitragspflicht. Grundsätzlich steht der Unterhaltsbeitrag dem Kind selber zu; er wird jedoch meist von dem Elternteil, der die Obhut innehat, geltend gemacht. Werden Kinderalimente nicht bezahlt, kann die unentgeltliche Inkassohilfe und allenfalls eine Bevorschussung beansprucht werden (siehe Art. 290 und 293 Abs. 2, Seite 305). Die Unterhaltspflicht steht in keinem Zusammenhang mit dem Recht, das Kind zu besuchen. Verzichtet zum Beispiel der Vater auf sein Besuchsrecht oder gibt es dauernd Schwierigkeiten damit, befreit ihn dies nicht von seiner Zahlungspflicht. Verbringt das Kind bei ihm die Ferien, muss er während dieser Zeit den Unterhaltsbeitrag trotzdem bezahlen.

Das Recht, sein Kind zu besuchen

Dem Elternteil, der die Kinder nicht in Obhut hat, steht ein Besuchsrecht zu (siehe Art. 273, Seite 289). Wie dieses ausgestaltet wird, hängt vom Kindeswohl ab. Nötigenfalls kann das Massnahmegericht das Besuchsrecht einschränken oder sogar ausschliessen. Dies ist zum Beispiel gerechtfertigt, wenn eine Entführung des Kindes ins Ausland droht.

Für die konkrete Ausgestaltung des Besuchsrechts sind die persönlichen Beziehungen zwischen den Eltern und den Kindern massgebend. Meist werden kürzere periodische Besuche – etwa der erste Samstag oder das erste Wochenende jedes Monats – angeordnet. Für kleinere Kinder wird das Besuchsrecht während des Scheidungsprozesses zum Beispiel auf zwei Nachmittage pro Monat beschränkt. Das Besuchsrecht kann auch mit einer Auflage verknüpft werden; es kann zum Beispiel verlangt werden, dass das Kind nicht mit der Geliebten des Vaters zusammenkommt. Auf ein Ferienbesuchsrecht wird im Rahmen vorsorglicher Massnahmen meist verzichtet. Das Gericht legt vor allem in strittigen Verhältnissen nur ein Minimum an Besuchen fest; die Eltern haben es in der Hand, das Besuchsrecht über dieses Minimum hinaus in freier Vereinbarung anders oder weiter zu gestalten.

Stehen die Eltern im Scheidungskampf, sind die Kinder meist von riesigen Loyalitätskonflikten hin- und hergerissen. Dies rechtfertigt, dass das Besuchsrecht stärker eingeschränkt wird, besonders dann, wenn auch die Elternrechte umstritten sind. In derartigen Fällen wird das Gericht oft weitere Einzelheiten wie Ort, Datum, Zeit etc. festlegen müssen. Das Gericht hat auch die Möglichkeit, eine Besuchsbeistandschaft (siehe Art. 308 Abs. 2, Seite 321) anzuordnen. Es fordert beispielsweise einen Mitarbeiter oder eine Mitarbeiterin des Jugendsekretariats auf, das Besuchsrecht zu überwachen oder es in den Räumen des Jugendsekretariats durchzuführen. Es ist möglich, unter gewissen Umständen auch Drittpersonen, zum Beispiel den Grosseltern, ein Besuchsrecht einzuräumen, wenn das dem Wohl des Kindes dient.

Die Eltern können über die Kinderzuteilung und das Besuchsrecht selbst eine Vereinbarung treffen. Allerdings muss diese, damit sie durchsetzbar ist, vom Gericht genehmigt werden. Das Gericht ist nämlich, was die Kinder angeht, an die sogenannte Offizialmaxime gebunden, das heisst, es muss von Amtes wegen die Versorgung der Kinder überprüfen (siehe Art. 156,

Seite 175). Ein wesentliches Kriterium für die Genehmigung der Vereinbarung ist, dass sich die Eltern miteinander verständigen können.

Prozesskostenvorschuss und unentgeltliche Rechtspflege

Die leistungsfähigere Ehepartei kann im Rahmen der vorsorglichen Massnahmen dazu verpflichtet werden, der unbemittelten Seite die finanziellen Mittel für die Führung des Scheidungsprozesses, vor allem für Anwaltskosten, zur Verfügung zu stellen. Das ist eine Folge der Unterhaltspflicht nach Artikel 163. Unwesentlich ist, ob die unbemittelte Ehepartei den Prozess eingeleitet hat oder selbst auf der beklagten Seite steht. Eine Einschränkung besteht allerdings: Der Prozessstandpunkt darf nicht offensichtlich aussichtslos sein; das ist jedoch in Streitscheidungen kaum je der Fall.

Hat die Gattin oder der Gatte nicht genügend finanzielle Mittel, um den Prozess zu führen, und kann die andere Seite keinen Prozesskostenvorschuss bezahlen, besteht die Möglichkeit der unentgeltlichen Rechtspflege. Der mittellosen Prozesspartei wird, sofern dies wegen der Schwierigkeit des Falles nötig ist und ihr Prozessstandpunkt nicht von vornherein aussichtslos erscheint, unentgeltlich eine Anwältin oder ein Anwalt zur Seite gestellt. Zusätzlich zu den Anwaltskosten werden allenfalls auch die Gerichtskosten vom Staat übernommen. Wem unter welchen Umständen die unentgeltliche Rechtspflege bewilligt wird, ist in der kantonalen Gesetzgebung geregelt.

Was passiert mit dem Vermögen?

Grundsätzlich lässt eine Scheidungsklage die Vermögensverhältnisse der Eheleute unberührt. Die güterrechtliche Auseinandersetzung wird erst im Zeitpunkt des Urteils vorgenommen. Nun besteht aber die Gefahr, dass während des Prozesses die güterrechtliche Auseinandersetzung verfälscht wird, zum Beispiel durch böswillige Verkäufe. Dem kann mit vorsorglichen Massnahmen begegnet werden; die wichtigsten sind:
- **Auskunft über die Vermögensverhältnisse**: Die Eheleute sind während der ganzen Dauer der Ehe verpflichtet, sich über ihr Einkommen, ihr Vermögen und ihre Schulden Auskunft zu geben (siehe Art. 170, Seite 201). Diese Auskunftspflicht wird vor allem im Scheidungsprozess aktuell. Das Gericht kann auch Dritte verpflichten, Auskunft zu geben oder Urkunden herauszurücken. Die Frau oder der Mann können auch verlangen, dass ein Inventar erstellt wird; dies ist vor allem zu Beginn des Prozesses sinnvoll.

- **Gütertrennung**: Falls notwendig, kann das Massnahmegericht die Gütertrennung anordnen. Wer dies beantragt, muss einen wichtigen Grund dafür angeben können, zum Beispiel die Überschuldung des Ehepartners, seine Weigerung, Auskunft über Einkommen und Vermögen zu geben, oder unter gewissen Umständen auch die Aufhebung des gemeinsamen Haushaltes (siehe Art. 185 Abs. 2 und 176 Abs. 1 Ziff. 3). Die in diesen Artikeln erwähnten Gründe sind nicht abschliessend, das Massnahmegericht kann auch in weiteren Situationen die Gütertrennung anordnen. Es prüft dabei, ob nicht mildere Massnahmen möglich wären.
- **Hinterlegung und andere Verfügungsbeschränkungen**: Mit der Hinterlegung von Sachen oder Vermögenswerten und anderen Verfügungsbeschränkungen soll verhindert werden, dass während schweren Ehekrisen eine Seite die andere schädigt. Die Eheleute können ihren güterrechtlichen Anteil, aber auch andere Forderungen, welche die wirtschaftlichen Grundlagen der Familie betreffen, sicherstellen lassen. Sie müssen dazu aber nachweisen, dass diese Ansprüche ernsthaft gefährdet sind. Wenn beispielsweise der Ehemann wertvolle Bilder, die einen grossen Teil des gemeinsam erarbeiteten Vermögens ausmachen, zu einem Spottpreis anbietet, um rasch zu Bargeld zu kommen, kann die Ehefrau beim Gericht verlangen, dass diese Bilder hinterlegt werden. Das Gericht kann einer Ehepartei auch verbieten, über bestimmte Bankkonten zu verfügen. Über Liegenschaften kann eine Verfügungsbeschränkung (die Grundbuch- oder Kanzleisperre) angeordnet und im Grundbuch vorgemerkt werden.
- **Anweisung an die Schuldner**: Das Massnahmegericht kann den Arbeitgeber (oder auch andere Schuldner) beispielsweise des zahlungspflichtigen Ehemanns anweisen, den Lohn ganz oder teilweise an die unterhaltsberechtigte Frau auszuzahlen. Dies darf allerdings nicht schon bei einem leichten Zahlungsrückstand geschehen; Voraussetzung ist, dass eine ernste Gefahr besteht, dass die Unterhaltsbeiträge ausbleiben.
- **Entzug der Vertretungsbefugnis**: Vor allem, wenn die Eheleute noch zusammenleben, kann das Gericht dem Mann oder der Frau die Vertretungsbefugnis (siehe Art. 174, Seite 205) für die Familie ganz oder teilweise entziehen.

Das Urteil auf Scheidung oder Trennung

Art. 146

C. Urteil
I. Scheidung oder Trennung

¹ Wenn ein Scheidungsgrund nachgewiesen ist, so hat der Richter entweder die Scheidung oder die Trennung auszusprechen.

² Wird nur auf Trennung geklagt, so kann die Scheidung nicht ausgesprochen werden.

³ Wird auf Scheidung geklagt, so kann nur dann auf Trennung erkannt werden, wenn Aussicht auf die Wiedervereinigung der Ehegatten vorhanden ist.

Wenn die Klage gutgeheissen wird, lautet das Urteil auf Scheidung oder gerichtliche Trennung. Haben die Eheparteien verschiedene Klagen erhoben – zum Beispiel die Hauptklage der Gattin auf Scheidung und eine Widerklage des Gatten auf gerichtliche Trennung – muss das Gericht im Urteil über jede der Klagen befinden. Es muss entscheiden, wessen Begehren gutgeheissen, ob also geschieden oder gerichtlich getrennt wird.

Die Folgen der gerichtlichen Trennung

Art. 147

II. Dauer der Trennung

¹ Die Trennung wird entweder auf ein bis drei Jahre oder auf unbestimmte Zeit ausgesprochen.

² Nach Ablauf der bestimmten Zeit fällt die Trennung dahin, und es kann ein jeder Ehegatte, wenn eine Wiedervereinigung nicht erfolgt ist, die Scheidung verlangen.

³ Hat die auf unbestimmte Zeit ausgesprochene Trennung drei Jahre gedauert, so kann jeder Ehegatte, wenn eine Wiedervereinigung nicht erfolgt ist, die Scheidung oder die Aufhebung der Trennung verlangen.

Art. 148

III. Urteil nach Ablauf der Trennung

¹ Wird nach Ablauf der bestimmten Trennungszeit oder, wenn die Trennung auf unbestimmte Zeit ausgesprochen wurde, nach Ablauf von drei Jahren die Scheidung auch nur von einem Ehegatten verlangt, so muss sie ausgesprochen werden, es sei denn, dass sie auf Tatsachen gegründet werde, die ausschliesslich den nunmehr die Scheidung verlangenden Ehegatten als schuldig erscheinen lassen.

² Die Scheidung ist indessen auch in diesem Falle auszusprechen, wenn der andere Ehegatte die Wiedervereinigung verweigert.

³ Im übrigen erfolgt das Urteil auf Grund der im früheren Verfahren ermittelten und der seither eingetretenen Verhältnisse.

Die Folgen für die güterrechtlichen Verhältnisse und die Elternrechte nach der gerichtlichen Trennung werden zum Teil im Gesetz geregelt (siehe Art. 155 bis 157). Im übrigen werden sie aus dem Wesen und Zweck der gerichtlichen Trennung abgeleitet. Die Ehe dauert als rechtliche und moralische Bindung weiter an. Allerdings ist die Lebensgemeinschaft aufgehoben, dementsprechend hat sich der Inhalt der Bindung geändert:
— Es gibt weder die Pflicht, zusammenzuwohnen, noch eine Pflicht zum ehelichen Geschlechtsverkehr; die Treue- und Beistandspflicht (siehe Art. 159 Abs. 2) bleibt aber bestehen.
— Beim Tod der einen Seite wird die andere Witwer oder Witwe.
— Ob das Gericht auch für die Trennungszeit die eheliche Wohnung einer Seite zuordnen darf, wenn sie beide beanspruchen, ist umstritten. (Im Rahmen der vorsorglichen und eheschutzrichterlichen Massnahmen hat das Gericht diese Kompetenz, im Scheidungsprozess kann es die eheliche Wohnung nicht zuteilen.)
— Das Recht, die eheliche Gemeinschaft im Sinn von Artikel 166 zu vertreten, entfällt nach der gerichtlichen Trennung.
— Name und Bürgerrecht der Ehefrau werden nicht berührt.
— Die gegenseitige Unterhaltspflicht bleibt bestehen, der bisherige Lebensstandard wird bei der Berechnung der Alimente berücksichtigt (siehe Art. 145, Unterhalt der Familie, Seite 151). Bei der gerichtlichen Trennung hängen die Unterhaltsbeiträge nicht vom Verschulden der Eheleute an der Ehemisere ab. Geschuldet bleibt auch der Betrag zur freien Verfügung (siehe Art. 164, Seite 192); seine Höhe kann sich beim Getrenntleben allerdings verändern. Das Gericht kann auch beispielsweise den Arbeitgeber anweisen, den Lohn des Ehemanns ganz oder teilweise direkt an die Ehefrau auszuzahlen. Die güterrechtliche Auseinandersetzung wird mit dem Trennungsurteil vorgenommen, kann aber bei sehr komplizierten Verhältnissen in ein separates Verfahren verwiesen werden.

Verändern sich während des Getrenntlebens die tatsächlichen Verhältnisse massgeblich und dauernd, kann mit einer Abänderungsklage die Anpassung des Urteils verlangt werden. Dies gilt nicht nur für die Kinderbelange, für die das Gesetz es explizit (siehe Art. 157) vorsieht, sondern auch für die Unterhaltsbeiträge. Die Abänderungsklage muss am Wohnsitz der beklagten Partei eingereicht werden.

Nach der Trennung die Scheidung?

Finden sich die Eheleute während der Trennungszeit wieder, endet diese, und das Urteil hat keine Geltung mehr. Die beiden müssen aber tatsächlich wieder zusammenleben, damit die vollen rechtlichen Wirkungen der Ehe neu in Kraft treten können. Kindesschutzmassnahmen und eine allenfalls angeordnete Gütertrennung fallen nicht automatisch dahin. Die Aufhebung der Gütertrennung kann aber vom Gericht angeordnet werden (siehe Art. 155, Seite 175).

Die auf eine bestimmte Zeit ausgesprochene Trennung endet mit dem Ablauf dieser Dauer. Beide Seiten können danach, wenn sie nicht wieder zusammenleben, die Scheidung, aber auch die Wiederaufnahme des ehelichen Zusammenlebens verlangen. Wird eine Ehe auf unbestimmte Zeit getrennt, kann beides frühestens nach drei Jahren verlangt werden. Die Verpflichtung, die eheliche Gemeinschaft wieder aufzunehmen, kann allerdings praktisch nicht durchgesetzt werden. Eine Weigerung kann aber zivilrechtliche Konsequenzen haben, zum Beispiel, dass Unterhaltsleistungen gestrichen werden.

Praktisch führt fast jede gerichtliche Trennung früher oder später zur Scheidung. Grundsätzlich kann vor Ablauf der bestimmten Trennungszeit (beziehungsweise der drei Jahre bei unbestimmter Dauer) nicht auf Scheidung geklagt werden. Eine Ausnahme besteht nur, wenn nach dem Trennungsurteil neue scheidungsbegründende Dinge passiert sind.

Nach der gerichtlichen Trennungszeit gelten erleichterte Voraussetzungen für die Scheidung. Nun hat auch beispielsweise ein hauptsächlich schuldiger Partner das Recht, die Scheidung durchzusetzen, selbst wenn die schuldlose oder weniger schuldige Partnerin eine Wiedervereinigung wünscht. Nur wer ausschliesslich schuld an der Ehemisere ist, wird nicht durchkommen, solange die andere Seite bereit ist, die Lebens- und Hausgemeinschaft wieder aufzunehmen. Aber eine solche ausschliessliche Scheidungsschuld liegt sehr selten vor.

Die Stellung der Eheparteien nach der Scheidung

<table>
<tr><td>IV. Stellung des geschiedenen Ehegatten</td><td>

Art. 149

[1] Die geschiedene Frau behält das durch die Heirat erworbene Kantons- und Gemeindebürgerrecht.

[2] Der Ehegatte, der seinen Namen geändert hat, behält den bei der Heirat erworbenen Familiennamen, sofern er nicht binnen sechs Monaten, nachdem das Urteil rechtskräftig geworden ist, gegenüber dem Zivilstandsbeamten erklärt, dass er den angestammten Namen oder den Namen, den er vor der Heirat trug, wieder führen will.

</td></tr>
<tr><td>V. Wartefrist</td><td>

Art. 150

[1] Wird die Ehe geschieden, so ist im Urteil dem schuldigen Ehegatten die Eingehung einer neuen Ehe auf ein bis zwei Jahre und im Falle der Scheidung wegen Ehebruchs auf ein bis drei Jahre zu untersagen.

[2] Die Dauer einer vorausgegangenen gerichtlichen Trennung wird in diese Frist eingerechnet.

</td></tr>
</table>

Die Frau (aber auch der Mann) kann nach einer Scheidung dem Zivilstandsbeamten erklären, sie wolle wieder ihren angestammten Namen oder denjenigen, den sie vor der Heirat trug, führen. Dies kann auch ein Doppelname im Sinn von Artikel 160 Absatz 2 sein. Hat die Frau vor der Heirat bereits den Namen eines früheren Ehemannes getragen, kann sie auch ihren angestammten Namen wieder annehmen.

Das Gericht kann einer Ehepartei eine Strafwartefrist auferlegen, wenn diese wichtige eheliche Pflichten erheblich verletzt hat. Es muss ein ausserordentlich schweres Verschulden vorliegen, das für die Zerrüttung der Ehe eine massgebliche Rolle gespielt hat. Artikel 150 kommt praktisch nicht zur Anwendung; die Strafwartefrist ist umstritten und kann zudem durch Heirat im Ausland umgangen werden.

Finanzielle Leistungen nach der Scheidung

Mit der Scheidung enden grundsätzlich die persönlichen und die wirtschaftlichen Beziehungen zwischen den Eheleuten. Der eheliche Güterstand wird «auseinandergesetzt», das heisst, das Vermögen wird verteilt. Gegenseitige Ansprüche aus Erbrecht und Ehevertrag fallen dahin.

Durch die Scheidung entstehen aber meist neue Ansprüche, nämlich solche auf Entschädigung (die sogenannte *Verschuldensrente*, Art. 151 Abs. 1) und Genugtuung (Art. 151 Abs. 2) oder auf Unterhalt (die sogenannte *Bedürftigkeitsrente*, Art. 152). Die Festlegung und die Höhe von Alimenten – meist für die Frau, welche die Kinder betreut hat oder nach langer Ehe nur mit Schwierigkeiten in den Erwerbsprozess einsteigen kann – ist ein zentrales Thema im Scheidungsprozess.

In Streitscheidungen muss das Gericht für die Festlegung der Alimente prüfen, wer und was für die zerrüttete Ehe verantwortlich ist, das heisst, wer allenfalls ein *Verschulden* daran zu tragen hat. Das Gesetz spricht von «schuldigen» und «unschuldigen» Eheparteien und macht die Unterhaltsansprüche davon abhängig. Schuldlos ist ein Ehemann oder eine Ehefrau dann, wenn sie während der Ehe weder einen Grund zur Scheidung setzten noch eine ehewidrige Gesinnung zeigten. In den wenigsten Fällen aber ist die eine Seite allein schuldig, meist hängen verschiedene schuldhafte Verhalten beider eng zusammen. Im Einzelfall muss die Ehegeschichte aufgerollt werden, und das Gericht hat die Verhaltensweisen von Mann und Frau zu untersuchen und zu gewichten. Nur die wenigsten Begebenheiten zwischen Eheleuten sind beweisbar. Der klassische Ehebruch wird am häufigsten ins Feld geführt und als Aufhänger für die Schuldzuweisung benutzt.

Die Rechtsprechung hat deshalb den Begriff «schuldlos» entschärft: Ist beispielsweise die unterhaltsberechtigte Gattin zwar mitschuldig, im Vergleich zum Gatten aber nur in geringem Mass, ist die Verschuldensrente nach Artikel 151 nicht ausgeschlossen; je nach Grad des Mitverschuldens wird aber ihre Höhe herabgesetzt. Eine Bedürftigkeitsrente nach Artikel 152 kann zugesprochen werden, auch wenn die unterhaltsberechtigte Seite ein leichtes Verschulden trägt.

Entschädigung, Genugtuung oder Unterhaltsbeitrag werden in der Regel in Geld (Rente oder Kapitalleistung), ausnahmsweise in Sachleistungen (zum Beispiel Wertschriften, Immobilien) oder in einer Mischform erbracht.

Die Verschuldensrente nach Artikel 151

VI. Leistungen bei Scheidung
1. Entschädigung und Genugtuung

Art. 151

¹ Werden durch die Scheidung die Vermögensrechte oder die Anwartschaften für den schuldlosen Ehegatten beeinträchtigt, so hat ihm der schuldige Ehegatte eine angemessene Entschädigung zu entrichten.

² Liegt in den Umständen, die zur Scheidung geführt haben, für den schuldlosen Ehegatten eine schwere Verletzung der persönlichen Verhältnisse, so kann ihm der Richter eine Geldsumme als Genugtuung zusprechen.

Nach Artikel 151 wird die Seite, die keine oder nur eine geringe Schuld an der Scheidung trifft, dafür entschädigt, dass ihr durch die Scheidung finanzielle Nachteile entstehen und Vorteile entgehen. Bedeutet die Scheidung eine tiefe Verletzung der Persönlichkeitsrechte dieser Ehepartei, kann ihr dafür auch eine Genugtuung zugesprochen werden.

Unter **Vermögensrechten** versteht das Gesetz die gegenseitigen Ansprüche der Eheleute auf Unterhalt, aus dem ehelichen Güterrecht und aus einem Ehevertrag, die durch die Scheidung alle wegfallen. Vor allem die Vermögensrechte der haushaltführenden Seite (meist der Frau) werden beeinträchtigt, wenn sie nach der Scheidung neben Haushalt und Kinderbetreuung auch noch einem Verdienst nachgehen muss. Aber auch eine kinderlose Ehepartei kann geltend machen, ihre wirtschaftliche Position sei nach der Scheidung geschwächt. Sie muss allerdings nachweisen, dass ihre Lebensbedingungen durch das Zusammenwirken in der Ehe besser und sicherer waren.

Anwartschaften sind zukünftige Vermögensrechte, die in der Ehe voraussichtlich angefallen wären, zum Beispiel Erbschaften oder der Anspruch der Ehefrau an die AHV, IV oder die Pensionskasse ihres Ehemannes bei seinem Tod oder mit seiner Rentenberechtigung. Die geschiedene Frau ist, gerade was die Sozialversicherungen betrifft, immer noch viel schlechter gestellt als die verheiratete, weil zum Beispiel ihre AHV-Rente (1. Säule) nach der Scheidung nicht mehr auf den Beiträgen ihres Ehemannes basiert, sondern nur noch auf ihren eigenen. Hat sie während der Ehe Kinder betreut und den Haushalt geführt und selber kaum Erwerbseinkommen gehabt, wird sie mit der Minimalrente bestraft. (Ab 1994 wird diese Schlechterstellung gemildert durch Erziehungsgutschriften, welche geschiedene Frauen für die Jahre der Kinderbetreuung beantragen können.) Noch krasser ist die Lage bei der Pensionskassenrente (2. Säule). Während der erwerbstätige Mann Guthaben äufnet als Basis für die Rente im Alter, geht die Frau nach der Scheidung leer aus. Solche finanzielle Einbussen im Alter sind mit einer Verschuldensrente zu entschädigen.

Je mitschuldiger, desto weniger

Die Entschädigung wird in der Regel als Rente festgelegt, welche für eine bestimmte oder unbestimmte Zeit bezahlt werden muss. Wer eine Entschädigung beansprucht, muss das Verschulden der anderen Partei an der Ehemisere und den eigenen Schaden beweisen.

Schuldig gemäss Artikel 151 Absatz 1 sind Eheleute dann, wenn ihnen eine erhebliche Verletzung ehelicher Pflichten vorgeworfen werden kann. Diese Schuld an der Scheidung muss aber weder schwer, überwiegend noch ausschliesslich sein. Gestützt auf Artikel 151 soll nur die schuldlose Seite eine Entschädigung erhalten; ein schweres Selbstverschulden schliesst eine Entschädigung aus. Bei der Abwägung der Schuldlosigkeit ist entscheidend, wie schwer eigene Pflichtverletzungen der Ehepartei, die eine Rente verlangt, sind und ob diese zur Scheidung beigetragen haben (kausales Verschulden). Nichtkausale oder leichte kausale Selbstverschulden führen zu einer Herabsetzung der Entschädigung. Dazu ein Beispiel:

Die erwerbstätige Monika B. wirft ihrem Mann Christoph, der den Haushalt führt und die Kinder betreut, vor, er vernachlässige sie, die Kinder und den Haushalt. Da sie vor einem Jahr aber Ehebruch begangen hat, erhält Christoph B. trotz der Vernachlässigung eine herabgesetzte Unterhaltsentschädigungsrente. Im Vergleich zu Monika, deren Ehebruch ein schweres kausales Verschulden darstellt, trägt er an der Zerstörung der Ehe viel weniger Schuld.

Wie wird die Rente berechnet?

Angemessen entschädigen heisst nicht, dass im vollen Umfang entschädigt wird. Dem Gericht steht ein weiter Ermessensspielraum zur Verfügung. Einerseits ist (im Gegensatz zu den vorsorglichen Massnahmen während des Scheidungsprozesses) die Schwere des Verschuldens an der Scheidung ein massgebendes Kriterium, andererseits kommt bei der Festlegung der Scheidungsalimente die Entschädigung für die entgehende Altersvorsorge dazu.

Die Überlegungen bei der Berechnung des Schadens (beziehungsweise der Höhe und Dauer der Rente) sind grundsätzlich dieselben, wie sie im Kommentar zu Artikel 145 (siehe Seite 151) dargelegt wurden. Entscheidend sind die gesamten persönlichen Umstände der Eheleute, also ihr Alter, ihr Gesundheitszustand und die Dauer der Ehe. Weiter sind die wirtschaftlichen Verhältnisse massgebend: bestehende und künftige mögliche Einkünfte, die Vermögenssituation nach der güterrechtlichen Auseinandersetzung und allfällige Anwartschaften. Auch der dem Lebensstandard angemessene Betrag zur freien Verfügung an die haushaltführende Partei gehört mit zu den beeinträchtigten Vermögenswerten. Das Gericht muss beurteilen, ob die Ehepartei, die eine Rente beansprucht, in der Lage ist, sich wirtschaftlich so einzurichten, dass aus der Scheidung kein Schaden mehr resultiert. Dabei muss auch der Aufbau einer angemessenen Altersvorsorge berücksichtigt werden. Verglichen wird die finanzielle Lage, wie sie bei fortdauernder Ehe gewesen wäre, mit der Lage nach der Scheidung. Die Differenz ergibt die Entschädigungsforderung. Die von den Eheleuten gelebte Rollenverteilung ist also von massgebender Bedeutung bei der Berechnung der Rentenhöhe. Das Leistungsvermögen der zahlungspflichtigen Seite bildet die obere Grenze. Ein Beispiel:

Anna L. ist bei der Scheidung 56, ihr Mann Frank 53 Jahre alt. Sie sind seit 30 Jahren verheiratet, die drei Kinder sind erwachsen. Anna ist seit 30 Jahren nicht mehr erwerbstätig gewesen; sie hat den Haushalt geführt und zu den Kindern geschaut. Sie hat nie eine Ausbildung genossen und war vor der Ehe nur kurz als Hilfskraft berufstätig. Frank L. verdient monatlich 6000 Franken. Anna kann im Scheidungsverfahren beweisen, dass ihr Mann wegen seiner übermässigen Eifersucht und seines ständigen Nörgelns schuld an der kaputten ehelichen Beziehung ist. Das Gericht geht davon aus, dass Anna bei ihrem Alter und ihrer geringen Ausbildung nach 30jähriger Hausfrauenehe nicht zugemutet werden könne, auf dem schlechten Arbeitsmarkt eine Stelle zu suchen. Ihr wird unter Berücksichtigung des Verschuldens von Frank eine lebenslängliche Unterhaltsersatzrente von monatlich 2800 Franken zugesprochen.

Hat eine Ehe längere Zeit gedauert und hat sich die Frau (seltener der Mann) ganz dem Haushalt und/oder der Kinderbetreuung gewidmet, kann ihr zwar nicht eine volle Arbeitsstelle, aber allenfalls eine Teilzeitbeschäftigung zugemutet werden. Ob jemandem die Wiederaufnahme der Erwerbstätigkeit zuzumuten ist, ergibt sich nicht nur aus der Rollenverteilung, sondern auch aus den konkreten Umständen, wie in den folgenden Beispielen:

– *Die 37 Jahre alte Rosemarie F. kann nur zu 35 Prozent arbeiten, da sie die beiden elf und neun Jahre alten Kinder betreut. Erst in einigen Jahren wird sie ihre Erwerbstätigkeit ausbauen können.*

– *Für die 27jährige Maya B. ist auf Jahre hinaus jede Erwerbstätigkeit ausgeschlossen, da ihre beiden Kinder erst zwei- und vierjährig sind.*

Zeitlich begrenzte Renten

Braucht die berufliche Wiedereingliederung der haushaltführenden Frau (oder des Mannes) Zeit, so ist mindestens für diese Spanne eine Übergangsrente festzulegen. Gemäss Bundesgericht erhält der die Kinder betreuende Elternteil mindestens solange einen Unterhaltsbeitrag, bis das jüngste der gemeinsamen Kinder 16 Jahre alt ist. Das Bundesgericht mutet diesem Elternteil aber bereits ab dem zehnten Altersjahr des jüngsten Kindes eine Teilzeitarbeit zu. Diese groben Faustregeln müssen auf die konkreten Verhältnisse jedes Ehepaars angepasst werden.

Das Gericht muss weiter feststellen, ob der Schaden durch die Scheidung dauernd oder lediglich vorübergehend ist. Grundsätzlich ist eine zeitlich unbegrenzte Rente geschuldet, wenn die haushaltführende und/oder kinderbetreuende Seite in gegenseitiger Absprache auf eine Erwerbstätigkeit verzichtet hat und im Zeitpunkt der Scheidung (nach einer langjährigen Ehe) bereits 45 Jahre alt ist. Nur besondere Umstände, zum Beispiel ein mindestens teilweiser Wiedereinstieg ins Erwerbsleben, erlauben, diese Regel zu durchbrechen. Sind bei einer Scheidung die Eheleute noch jung, die Kinder nicht mehr sehr klein und ist die haushaltführende Partei bereits wieder teilweise ins Erwerbsleben eingegliedert, lässt das Bundesgericht eine zeitliche Beschränkung der Rente zu. Dazu ein Beispiel:

Karin N. M. und Ferdinand M. sind beide 29 Jahre alt und seit neun Jahren verheiratet. Ihre Kinder sind neun- und siebenjährig. Ferdinand ist voll berufstätig, Karin betreut Kinder und Haushalt und arbeitet daneben einen Tag in der Woche auf ihrem Beruf. Nach der Scheidung erhält sie für mindestens neun Jahre eine Unterhaltsersatzrente, dazu eine Entschädigung für den Aufbau ihrer Altersvorsorge. Das kann in Form von erhöhten monatlichen Beiträgen während der neun Jahre oder (wenn die finanziellen Verhältnisse dies nicht zulassen) mit einer über die neun Jahre hinaus dauernden Rente berücksichtigt werden.

Renten werden gemäss Rechtsprechung zur Anpassung an die Teuerung mit einer *Indexklausel* versehen. Massgebend sind die Indexwerte des Bundesamtes für Statistik. Üblicherweise werden die Renten auf den 1. Januar jedes Jahres, gemäss dem Indexstand von Ende November des Vorjahres, angepasst.

Die Genugtuung

Absatz 2 von Artikel 151 sieht vor, dass in bestimmten Fällen der schuldlos geschiedenen Seite auch eine Genugtuung zusteht. Bei dieser Genugtuung handelt es sich um einen Anwendungsfall von Artikel 28a Absatz 3 (Verletzung der Persönlichkeit, siehe Seite 57). Die Persönlichkeit der schuldlosen Ehepartei muss schwer verletzt worden sein, zum Beispiel durch Enttäuschung, Kummer und Leid oder gar durch eine gesundheitliche Schädigung. Art und Ausmass der Verletzung bestimmen die Höhe der Genugtuungssumme; Eheverfehlungen des verletzten Partners bewirken allenfalls eine Reduktion oder den Wegfall.

Die Unterhaltsrente nach Artikel 152

2. Unterhalt

Art. 152
Gerät ein schuldloser Ehegatte durch die Scheidung in grosse Bedürftigkeit, so kann der andere Ehegatte, auch wenn er an der Scheidung nicht schuld ist, zu einem seinen Vermögensverhältnissen entsprechenden Beitrag an dessen Unterhalt verpflichtet werden.

Die sogenannte *Bedürftigkeitsrente* ist eine Folge der Beistandspflicht der Eheleute (siehe Art. 159 Abs. 3) und steht der Ehepartei zu, die wegen der Scheidung, an der sie keine oder nur geringe Schuld trifft, in grosse finanzielle Schwierigkeiten gerät. Grund für diese Rente ist also nicht das Verschulden der Seite, die zahlen muss, sondern die Notlage der anderen. Allerdings bleibt die Rechtsprechung dabei, dass, wer eine Bedürftigkeitsrente verlangt, grundsätzlich schuldlos sein muss. Nur eine leichte, untergeordnete Mitschuld liegt noch drin.

Was heisst «grosse Bedürftigkeit»? Wer den Lebensunterhalt für sich und seine Familie wegen der Scheidung nicht aufbringen kann, ist bedürftig. Mit dem Zusatz gross wird betont, dass der oder die Berechtigte wirtschaftlich erheblich geschwächt sein muss. Bei der Bestimmung der Bedürftigkeit werden auch zukünftige Tatsachen, die mit grosser Wahrscheinlichkeit eintreffen werden (etwa eine krankheitsbedingte Erwerbsunfähigkeit) miteinbezogen. Berücksichtigt wird auch die Altersvorsorge der rentenberechtigten Seite (meist der Frau), besonders wenn sie während der Ehe nicht erwerbstätig war.

Auch die Bedürftigkeitsrente wird mit einer Indexklausel an die Teuerung angepasst (siehe Seite 166).

Wie wird die Höhe berechnet?

Die Höhe der Bedürftigkeitsrente misst sich nicht nur an der Notlage der berechtigten Ehepartei. Die wirtschaftlichen Verhältnissen des oder der Zahlungspflichtigen werden ebenfalls berücksichtigt: Ihre finanzielle Situation muss ihnen erlauben, die Rente zu zahlen, ohne selbst in wirtschaftliche Not zu geraten oder die eigene Lebenshaltung wesentlich einschränken zu müssen. Auch die in der Ehe gelebte Rollenverteilung ist von Bedeutung. Im übrigen sind für die Festlegung der Rente ähnliche Kriterien wie beim Unterhaltsbeitrag gemäss Artikel 151 (siehe Seite 164) massgebend. Meist wird eine Rente ausgesprochen; aber auch eine Kapitalleistung ist möglich.

Die Bedürftigkeitsrente dient nach Lehre und Rechtsprechung nicht dazu, ein standesgemässes Leben zu finanzieren. Auch wenn die zahlungspflichtige Ehepartei mehr leisten könnte, wird die Höhe in Anlehnung an das betreibungsrechtliche Existenzminimum berechnet. Gemäss einem neueren Entscheid des Bundesgerichts ist die Bedürftigkeit gedeckt, wenn der Unterhaltsbeitrag 20 Prozent über dem Notbedarf liegt. Daneben bleiben aber die wirtschaftlichen Voraussetzungen und die soziale Stellung der Eheleute mitbestimmend. Je nach den finanziellen Verhältnissen des oder der Zahlungspflichtigen kann die Bedürftigkeitsrente über, aber auch unter dem Notbedarf liegen.

Auch der Unterhaltsanspruch gemäss Artikel 152 ist grundsätzlich auf Lebzeiten ausgerichtet. Bei vorübergehender Bedürftigkeit werden Übergangsrenten zugesprochen, die nach den bei Artikel 151 entwickelten Kriterien befristet sind (siehe Seite 165).

Renten für den Unterhalt können geändert werden

Art. 153

3. Rente

¹ Wird als Entschädigung, Genugtuung oder Unterhaltsbeitrag durch das Urteil oder durch Vereinbarung eine Rente festgesetzt, so hört die Pflicht zu ihrer Entrichtung auf, wenn der berechtigte Ehegatte sich wieder verheiratet.

² Eine wegen Bedürftigkeit ausgesetzte Rente wird auf Verlangen des pflichtigen Ehegatten aufgehoben oder herabgesetzt, wenn die Bedürftigkeit nicht mehr besteht oder in erheblichem Masse abgenommen hat, sowie wenn die Vermögensverhältnisse des Pflichtigen der Höhe der Rente nicht mehr entsprechen.

Grundsätzlich bewirkt die Wiederverheiratung der oder des Rentenberechtigten das Erlöschen jeder Rentenverpflichtung. Auch ein eheähnliches Konkubinat kann allenfalls dazu führen. Die Eheleute können in ihrer Scheidungsvereinbarung allerdings vorsehen, dass die Rentenverpflichtung auch bei Wiederverheiratung bestehen bleibt oder dass sie, falls die zweite Ehe scheitert, anschliessend wieder auflebt. Mit dem Tod der rentenberechtigten oder der rentenverpflichteten Person gehen sowohl die Bedürftigkeitsrente nach Artikel 152 als auch die Unterhaltsersatzrente nach Artikel 151 unter. Nur Verschuldensrenten, welche auf anderen beeinträchtigten Vermögensrechten und Anwartschaften basieren, sind passiv vererblich, das heisst, sie müssen von den Erben des Zahlungspflichtigen weiterbezahlt werden. Ist eine Enschädigungsrente als Kapitalleistung festgelegt, geht die Schuld auch auf die Erben des zur Zahlung Verpflichteten über.

Verändern sich die tatsächlichen Verhältnisse nach der Scheidung, kann gestützt auf Absatz 2 von Artikel 153 auf Abänderung des Scheidungsurteils, das heisst auf Aufhebung oder Herabsetzung der Rentenverpflichtung, geklagt werden. Von Gesetzes wegen sind grundsätzlich nur Bedürftigkeitsrenten (Art. 152) abänderbar, Entschädigungsrenten (Art. 151) jedoch nicht. Ist in einem Scheidungsurteil nicht angegeben, worauf eine Rente basiert (Art. 151 oder 152) und ob sie Vermögensrechte, Anwartschaften, Genugtuung oder Unterhalt entschädigt, muss die Seite, welche eine Änderung verlangt, nachweisen, unter welchem Titel die Rente geschuldet ist. In einem solchen Prozess wird auch auf die Scheidungsakten zurückgegriffen. Die Parteien können allerdings im Rahmen einer Scheidungsvereinbarung die Abänderbarkeit der Renten auch ausschliessen.

Voraussetzungen für eine Änderung

Gemäss Absatz 2 von Artikel 153 kann eigentlich nur die Bedürftigkeitsrente, die gestützt auf Artikel 152 zugesprochen wurde, abgeändert werden. Die Verschuldensrente nach Artikel 151 wird aber in der Rechtsprechung ebenfalls der nachträglichen Herabsetzung und Aufhebung unterstellt, soweit sie Unterhaltsersatz darstellt und nicht andere entgangene Vermögensrechte entschädigt.

Das Abänderungsverfahren ist nicht dazu da, ein Scheidungsurteil zu berichtigen. Dieses soll lediglich an die neuen tatsächlichen Verhältnisse angepasst werden. Die Veränderung muss erheblich und von Dauer sein. Sie muss sich finanziell auswirken, sonst kann keine Abänderung der Rente verlangt werden.

Einziger Grund für die Abänderung einer Unterhaltsersatzrente nach Artikel 151 ist die Tatsache, dass die Leistungsfähigkeit des zur Rentenzahlung Verpflichteten stark reduziert oder ganz weggefallen ist. Verbessern sich hingegen die Verhältnisse der rentenberechtigten Person, stellt dies keinen Grund zur Abänderung dar. Dieser Grundsatz wurde allerdings durch einen neueren Entscheid des Bundesgerichts verwässert: Die Rente einer Ehegattin wurde herabgesetzt, als es ihr wirtschaftlich besser ging, als dies im Zeitpunkt der Scheidung vorauszusehen war.

Die Bedürftigkeitsrente dagegen kann herabgesetzt werden einerseits, wenn es der rentenberechtigten Person besser geht, sie also nicht mehr bedürftig ist, und anderseits, wenn sich die Situation des oder der Zahlungspflichtigen verschlechtert hat. Es können auch mehrere verschiedene Veränderungen, etwa ein reduziertes Einkommen des zur Rente verpflichteten Exgatten und eine bessere Situation seiner Exfrau, zusammen Grund zur Abänderungsklage sein. Dabei werden die gesamten finanziellen Verhältnisse (Vermögen, Einkommen und Schulden) berücksichtigt. Ist die zur Rentenzahlung verpflichtete Person an der Verschlechterung ihrer Situation selbst schuld, weil sie zum Beispiel ohne Not ihre Erwerbstätigkeit reduziert hat, wird die Abänderung der Rente nicht gewährt.

Verheiratet sich beispielsweise der zur Rentenzahlung verpflichtete Exgatte wieder, wird dadurch seine Zahlungspflicht grundsätzlich nicht berührt. Eine Ausnahme gilt dann, wenn er den Rentenbetrag mit allen zumutbaren Anstrengungen, auch mit Unterstützung seiner neuen Frau, nicht aufbringen kann, ohne dass seine neue Familie in Not gerät oder sich noch mehr einschränken müsste als die Exfrau. Die zweite Ehefrau muss sich dabei mit einer bescheidenen Lebenshaltung begnügen. Ist sie erwerbstätig, werden von ihr aussergewöhnlich hohe Beiträge an die Haushaltkosten verlangt. Die Grenze bildet aber der Umstand, dass von einer zweiten Ehefrau nicht verlangt werden kann, die Rente der Exfrau ihres Gatten aus eigenen Mitteln zu finanzieren.

Und beim Konkubinat?

Lebt eine rentenbeziehende Person in einem Konkubinat, führt dies nicht wie die Wiederverheiratung zum automatischen Wegfall der Rente. Ein Konkubinat, das ja jederzeit wieder aufgelöst werden kann, bietet nicht dieselbe wirtschaftliche Sicherheit und Dauerhaftigkeit wie eine Ehe. Kommt aber beispielsweise der neue Lebenspartner für den Unterhalt seiner Freundin auf, ist das Konkubinat also einer Ehe ähnlich, könnte der Exmann mit einer Klage auf Aufhebung der Rente erfolgreich sein. Das Bundesgericht verlangt allerdings, dass die Rentenberechtigte aus der neuen Gemeinschaft tatsächlich ähnliche Vorteile wie aus einer Ehe zieht. Zudem muss ihr Verhalten rechtsmissbräuchlich erscheinen (sie heiratet den Konkubinatspartner allein deshalb nicht, weil sie weiter Rente beziehen will). Im Rahmen einer Scheidungskonvention kann vereinbart werden, dass eine Rente während der Zeit eines allfälligen Konkubinats aufgehoben werden soll und wieder weiterbezahlt wird, wenn das Konkubinat auseinandergeht.

Wer seinem im Konkubinat lebenden Expartner oder der Expartnerin die Rente aufheben lassen will, muss die Eheähnlichkeit des Verhältnisses beweisen. Nach fünfjähriger Dauer des Konkubinats kehrt die Beweislast um; bei einer so lange dauernden Lebensgemeinschaft wird grundsätzlich davon ausgegangen, dass sie eheähnlich sei. Allerdings muss auch hier die klagende Partei beweisen, dass alle Kriterien für eine eheähnliche, umfassende Lebensgemeinschaft (Wohn-, Tisch- und Bettgemeinschaft) erfüllt sind. Nicht alle Aspekte sind gleich bedeutsam: Fehlt zum Beispiel die Geschlechtsgemeinschaft oder die wirtschaftliche Komponente, kann eine feste, ausschliessliche Zweierbeziehung mit gegenseitiger Treue und gegenseitigem Beistand trotzdem als eheähnlich beurteilt werden. Im Streitfall muss die oder der Rentenberechtigte beweisen, dass trotz all dieser Voraussetzungen nicht die Vorteile einer Ehe resultieren.

Auch Konkubinate von weniger als fünf Jahren Dauer können als eheähnliche Lebensgemeinschaften angesehen werden. Entscheidend sind die Umstände des konkreten Falls. Zum Beispiel nahm das Bundesgericht bereits nach zwei Jahren Eheähnlichkeit an bei einer besonders intensiven Beziehung, welche sich in einem gemeinsamen Hausbau, im Tragen von Eheringen und in Mitarbeit im Geschäft des Partners ausdrückte. Auch in einem Fall, da die Konkubinatsleute aufgrund ihrer wirtschaftlichen Verhältnisse gar nicht in der Lage waren, sich gegenseitig finanziell zu unterstützen, hat das Bundesgericht die Eheähnlichkeit der Gemeinschaft bejaht.

Die güterrechtliche Auseinandersetzung

Art. 154

VII. Güterrechtliche Auseinandersetzung
1. Bei Scheidung

[1] Für die güterrechtliche Auseinandersetzung gelten die besonderen Bestimmungen über das Güterrecht.

[2] Geschiedene Ehegatten haben zueinander kein gesetzliches Erbrecht und können aus Verfügungen von Todes wegen, die sie vor der Scheidung errichtet haben, keine Ansprüche erheben.

Alle gegenseitigen Ansprüche der Eheleute aus Erbrecht fallen mit der Scheidung dahin. Für die güterrechtliche Auseinandersetzung verweist das Scheidungsrecht auf die Bestimmungen über das Güterrecht. Das eheliche Vermögen wird meist nach den Bestimmungen des neuen Eherechts, die seit Januar 1988 in Kraft sind, verteilt. Allerdings kommt in bestimmten Fällen, etwa wenn die Eheleute unter altem Eherecht einen Ehevertrag abgeschlossen und darin nichts für den Übergang zum neuen Recht festgehalten haben, das alte Güterrecht zur Anwendung. Genaueres über die güterrechtliche Auseinandersetzung findet sich im Kommentar zum Güterrecht (siehe Art. 181 ff., Seite 215). An dieser Stelle deshalb lediglich eine kurze Übersicht aus dem Blickwinkel der Scheidung, jeweils für den ordentlichen Güterstand der Errungenschaftsbeteiligung und der Gütergemeinschaft. (Bei der Gütertrennung bietet die güterrechtliche Auseinandersetzung kaum Probleme, da die beiden Vermögen ja getrennt sind.) Im Güterstand der Errungenschaftsbeteiligung besitzt jede Ehepartei ein Eigengut und eine Errungenschaft (siehe Art. 196, Seite 225), bei der Gütergemeinschaft besitzen die Eheleute zusammen das Gesamtgut und daneben je Eigengut (umfasst weniger als bei der Errungenschaftsbeteiligung, siehe Art. 221, Seite 242).

Der Güterstand wird an dem Tag, an welchem die Klage bei Gericht eingereicht ist, aufgelöst. Damit will das Gesetz mutwilligen Prozessverzögerungen entgegenwirken. Es soll verhindert werden, dass die Eheleute von allfälligen Ersparnissen des Partners während der Prozesszeit profitieren und dass sie Vermögenswerte beiseite schaffen.

In der güterrechtlichen Auseinandersetzung wird das Vermögen der Eheparteien auseinanderdividiert. Zuerst *scheidet jede Seite ihr Eigengut aus* und behält es (Errungenschaftsbeteiligung, siehe Art. 207 Abs. 1, Seite 234) beziehungsweise nimmt es erweitert zurück (Gütergemeinschaft, siehe Art. 242 Abs. 1, Seite 248). Danach wird zwischen den Eheleuten abgerechnet, indem die gegenseitigen Schulden und die sogenannten Ersatzforderungen getilgt und allfällige Mehrwertbeteiligungen ausgeglichen werden. Die so berechneten Vorschläge (bei der Gütergemeinschaft das Gesamtgut) werden schliesslich hälftig geteilt.

Zum Eigengut von Mann und Frau gehören die Gegenstände, die ihm oder ihr zum persönlichen Gebrauch dienen (zum Beispiel Kleider). Bei der Errungenschaftsbeteiligung fallen darunter auch die Vermögenswerte, welche Mann und Frau zu Beginn der Ehe gehört haben, sowie Schenkungen und Erbschaften, welche während des Güterstands anfielen (siehe Art. 198 und 225, Seite 227 und 243). Ebenfalls zum Eigengut gehören die Anschaffungen, mit denen Dinge aus dem Eigengut ersetzt wurden. Die Eigengüter werden grundsätzlich in natura zurückgenommen.

Daniela S. erbt während der Ehe mit Martin S. ein Ferienhaus sowie 30 000 Franken und diverses Mobiliar, darunter auch einen Fernsehapparat. Nach einigen Jahren wird dieser durch ein neues Modell ersetzt. Anlässlich der Scheidung nimmt Daniela ihr Eigengut, das Ferienhäuschen, das Bankbüchlein mit den 30 000 Franken und das ererbte Mobiliar samt neuem Fernsehapparat zurück.

Was passiert mit einem Vermögenswert, der im *Miteigentum* beider Eheleute steht und über dessen Zuteilung sie sich nicht einigen können? Das

Gericht kann die körperliche Teilung vorsehen oder aber die ungeteilte Zuweisung an eine Seite anordnen, gegen Entschädigung natürlich (siehe Art. 205 Abs. 2, Seite 232).

Daniela und Martin S. haben ein Jahr vor der Scheidung gemeinsam ein Auto gekauft und dieses je zur Hälfte aus ihrem Erwerbseinkommen bezahlt. Daniela braucht das Auto für die Fahrt zum Arbeitsplatz, da dieser mit den öffentlichen Verkehrsmitteln schlecht zu erreichen ist. Im Scheidungsprozess beanspruchen beide Seiten das Auto. Das Gericht weist es gegen Bezahlung einer güterrechtlichen Entschädigung Daniela S. zu, da sie für ihre Erwerbstätigkeit darauf angewiesen und eine körperliche Teilung nicht möglich ist. Die während der Ehe gemeinsam aus dem Erwerbseinkommen gekauften Zinnkrüge werden Daniela und Martin je zur Hälfte zugesprochen.

Hat die eine Seite aus ihrem Eigengut oder ihrer Errungenschaft Schulden der anderen Seite bezahlt, so steht ihr dafür eine sogenannte Ersatzforderung zu. Diese muss bei der güterrechlichen Auseinandersetzung ausgeglichen werden.

Während der Ehe bezahlte Martin S. aus seinem Lohn Steuerschulden, die Daniela mit in die Ehe gebracht hatte. Bei der Scheidung macht er dafür eine Ersatzforderung seiner Errungenschaft gegenüber dem Eigengut von Daniela geltend.

In Artikel 206 beziehungsweise 239 wird bestimmt, dass einer Ehepartei allenfalls eine *Beteiligung am Mehrwert* eines Vermögensgegenstands, welcher der anderen gehört, zusteht. Dies ist dann der Fall, wenn die eine Partei zum Erwerb, zur Verbesserung oder zur Erhaltung dieses Gegenstands beigetragen hat, ohne dafür eine Entschädigung zu erhalten. Diese Mehrwertbeteiligung kann von den Eheleuten allerdings schriftlich ausgeschlossen werden. Der Mehrwert eines Vermögensgegenstands ergibt sich aus der Differenz zwischen dem Wert, den er im Zeitpunkt der Investition hatte, und demjenigen bei der Auseinandersetzung.

Martin S. zahlte während der Ehe aus seinem Eigengut 30 000 Franken Hypothekarschulden, die auf Danielas ererbtem Ferienhaus lasteten. Weitere 30 000 Franken steckte er in Renovationen. Beim Antritt der Erbschaft wies das Ferienhaus einen Basiswert von 300 000 Franken auf; bei der Scheidung ist es 450 000 Franken wert. Martin S. erhält bei der güterrechtlichen Auseinandersetzung seine Investitionen von gesamthaft 60 000 Franken zurück und ist zudem mit 30 000 Franken am Mehrwert beteiligt. Sein Mehrwertanteil berechnet sich wie folgt:

$$\frac{\textit{Investierte Mittel} \times \textit{Mehrwert}}{\textit{Basiswert}}$$

$$\frac{60\,000 \times 150\,000}{300\,000} = 30\,000$$

Der Vorschlag wird halbiert

Der Vorschlag ist der in Geld ausgedrückte Betrag, um den die Eheleute während der Ehe wirtschaftlich «vorwärts gemacht» haben. Der Vorschlag ist aber lediglich eine rechnerische Grösse und sagt nichts darüber aus, wie schliesslich der geäufnete Gewinn – zum Beispiel ein Auto, Obligationen oder der Mehrwert einer Liegenschaft – zu verteilen sei. Dies ist letztlich davon abhängig, welche Ehepartei Eigentümerin zum Beispiel der Liegenschaft ist, das heisst, zu wessen Gütermasse diese gehört. Die Verhältnisse sind oft kompliziert: Vielleicht besteht Miteigentum beider Eheleute an der Liegenschaft, vielleicht aber nicht zu gleichen Teilen oder begründet durch verschiedene Gütermassen (Eigengut einerseits, Errungenschaft anderseits). Allenfalls hat die eine Seite nur Anspruch auf finanziellen Ausgleich, aber nicht auf einzelne Vermögensgegenstände etc.

Zur Berechnung des Vorschlags müssen für jede Gütermasse – bei der Errungenschaftsbeteiligung sind das die Errungenschaften von Mann und Frau, bei der Gütergemeinschaft das Gesamtgut – alle Aktiven aufgelistet und davon die Passiven, die Schulden, abgezogen werden. Dabei werden aber nur die Schulden abgezogen, die auch wirklich zu diesen Gütermassen gehören (Schulden aus einer Erbschaft beispielsweise belasten das Eigengut der betreffenden Ehepartei, da ja auch die Erbschaft ins Eigengut gehört). Grundsätzlich werden bei der güterrechtlichen Auseinandersetzung alle Vermögenswerte zum Verkehrswert eingesetzt. Anwartschaften, also zukünftige Ansprüche auf Vermögen, stellen weder Errungenschaft noch Gesamtgut dar. Dies trifft vor allem auch auf zukünftige Versicherungsleistungen der ersten und zweiten Säule (AHV und Pensionskasse) zu. An diesen zukünftigen Ansprüchen kann vor allem die Ehefrau bei Scheidung nur im Rahmen einer Rente (gestützt auf Art. 151) teilhaben.

Zum Vorschlag dazurechnen müssen die Eheleute bei der Errungenschaftsbeteiligung auch Zuwendungen oder Schenkungen, die sie während der letzten fünf Jahre ohne Zustimmung des Partners oder der Partnerin vorgenommen haben, oder solche, welche sie nur vornahmen, um den Beteiligungsanspruch der andern Seite zu schmälern (siehe Art. 208 Abs. 1, Seite 234).

Bei der Errungenschaftsbeteiligung haben Mann und Frau gegenseitig Anspruch auf die Hälfte des auf diese Art errechneten Vorschlags des Partners (Art. 215 Abs. 1). Ergibt sich bei der Berechnung einer Errungenschaft ein Rückschlag (also ein Verlust), muss dieser von der betreffenden Ehepartei selbst getragen werden (Art. 210 Abs. 1). Hat zum Beispiel die Frau Gewinn gemacht, der Mann aber Verlust, so muss die Frau dem Mann zwar die Hälfte ihres Gewinns abgeben, an seinem Verlust muss sie sich aber nicht beteiligen.

Bei der Gütergemeinschaft wird nach der Rücknahme der Eigengüter das verbleibende Gesamtgut hälftig zwischen den Eheleuten geteilt (siehe Art. 242 Abs. 2).

Diese gesetzlichen Bestimmungen über die Beteiligung am Vorschlag beziehungsweise am Gesamtgut können in einem Ehevertrag abgeändert werden; es kann zum Beispiel vereinbart werden, dass der Vorschlag der einen Seite ganz zukommen soll. Solche ehevertraglichen Änderungen der gesetzlichen Vorschlagsbeteiligung sind bei Scheidung nur gültig, wenn dies im Ehevertrag ausdrücklich vorgesehen ist (siehe Art. 217 und 242 Abs. 3).

Der Güterstand nach gerichtlicher Trennung

Art. 155

2. Bei Trennung

Mit der Trennung tritt von Gesetzes wegen Gütertrennung ein.

Bei der gerichtlichen Trennung tritt mit dem Urteil die Gütertrennung ein, und zwar rückwirkend auf den Zeitpunkt, da die Trennungsklage bei Gericht eingereicht wurde. Nehmen die Eheleute das Zusammenleben wieder auf, können sie in einem Ehevertrag wieder ihren früheren Güterstand vereinbaren. Tun sie dies nicht, dauert der ausserordentliche Güterstand der Gütertrennung weiter an. (Ausserordentlich wird er genannt, weil er nicht von den Eheleuten frei gewählt wurde, sondern von Gesetzes wegen eingetreten ist.)

Was passiert mit den Kindern?

Art. 156

VIII. Elternrechte
1. Ermessen des Richters

[1] Über die Gestaltung der Elternrechte und der persönlichen Beziehungen der Eltern zu den Kindern trifft der Richter bei Scheidung oder Trennung die nötigen Verfügungen nach Anhörung der Eltern und nötigenfalls der Vormundschaftsbehörde.

[2] Der persönliche Verkehr des Ehegatten mit den Kindern, die ihm entzogen werden, und der Beitrag, den er an die Kosten ihres Unterhalts zu entrichten hat, werden nach den Bestimmungen über die Wirkungen des Kindesverhältnisses geregelt.

Das Gericht entscheidet über die Elternrechte für alle unmündigen oder unter elterlicher Gewalt stehenden gemeinsamen Kinder sowie für die gemeinschaftlich adoptierten Kinder, und zwar bis zu ihrer Volljährigkeit. Es entscheidet, wer die elterliche Gewalt zugeteilt erhält, wie hoch die Unterhaltsbeiträge des anderen Elternteils sind und welches Besuchs- und Ferienrecht dieser erhält. Diese Entscheidungen über die Elternrechte muss das Gericht von Amtes wegen fällen; die Eltern können aber Anträge stellen. Einigen sich die Eltern ohne Streit im Rahmen einer Scheidungskonvention, wird ihrem gemeinsamen Antrag meist entsprochen. Die Vormundschaftsbehörde wird angehört, wenn bekannt ist oder vermutet wird, dass sie sich bereits mit den Eltern und/oder Kindern befassen musste. Neben der Vormundschaftsbehörde können auch andere Stellen der Kinderfürsorge und des Jugendschutzes angegangen werden; im Kanton Zürich sind dies zum Beispiel die Jugendsekretariate.

Die Kinder selbst haben im Prozess keine Parteistellung. Ob sie als Zeugen zugelassen sind, entscheidet das Gericht im Einzelfall vor allem aufgrund des Alters der Kinder und je nach Beweisthema. Eine Einvernahme von Kindern unter zwölf Jahren wird in der Regel aus kinderpsychiatrischen Gründen abgelehnt. Bei grösseren Kindern (bis 16 Jahre) wird versucht mit besonderen Schutzmassnahmen zu verhindern, dass sie durch den Prozess zu sehr belastet und überfordert werden. Sie werden beispielsweise formfrei vom Gericht oder von Dritten (psychologische Sachverständige, Mitarbeiter des Jugendsekretariats etc.) befragt.

Das Kind behält nach der Scheidung den Familiennamen und das Bürgerrecht des Vaters; dies auch dann, wenn es der Mutter zugeteilt wird und diese ihren früheren Namen wieder annimmt. Diese Situation ist häufig ein Grund für ein Namensänderungsgesuch (siehe Art. 30, Seite 68). Das Bundesgericht setzt dazu voraus, dass das Kind mit der Mutter mindestens zwei Jahre lang in den gleichen Verhältnissen gelebt hat.

Wer erhält die elterliche Gewalt?

Rechtsgrundlage für die Zuteilung der elterlichen Gewalt ist neben Artikel 156 das Kindesrecht (siehe Art. 297, Seite 310). Während der Ehe üben die Eltern die elterliche Gewalt gemeinsam aus; im Scheidungsfall erhält die Partei, der die Kinder anvertraut werden, die alleinige elterliche Gewalt.

Bei der Zuteilung der elterlichen Gewalt stehen nicht die Wünsche der Eltern im Vordergrund, sondern allein das Wohl des Kindes. Kinder haben Anspruch auf eine gesunde, optimale und altersgerechte Entwicklung und

Entfaltung in geistig-psychischer, körperlicher und sozialer Hinsicht. Sie sollen bei dem Elternteil unter elterliche Gewalt gestellt werden, bei dem ihr Recht auf Fürsorge und Erziehung besser gewährleistet ist. Stabile äussere Verhältnisse und eine gefestigte innere Beziehung der Kinder (vor allem der Kleinkinder) zu ihren Bezugspersonen sind von wesentlicher Bedeutung für die Zuteilung. Im Streitfall wird das Gericht ein Gutachten über das Kind, allenfalls unter Miteinbezug der Eltern, beiziehen müssen.

Wer von den Eltern an der Scheidung wieviel Schuld trägt, ist grundsätzlich nicht wesentlich für die Zuteilung der Kinder. Bis vor kurzem hatte die Mutter bei der Zuteilung Vorrang, wenn sie sich zur Erziehung und Pflege eignete und dazu auch gewillt war. Das Bundesgericht ist von dieser Sichtweise abgerückt; mindestens dann, wenn die Kinder nicht mehr ganz klein sind und Vater und Mutter sich in gleicher Weise für die Erziehung und Pflege eignen. Primär werden die Kinder dem Elternteil zugeteilt, der sie bisher hauptsächlich betreut hat und der bereit ist, seine berufliche Belastung einzuschränken, um die Kinder weiter selber zu betreuen. Diese Kriterien bieten am ehesten Gewähr für Kontinuität und Stabilität.

Ist das Kindeswohl bei beiden Eltern gewährleistet, wird je nach Alter auch auf die Wünsche der Kinder selbst Rücksicht genommen. Dies war zum Beispiel vor Bundesgericht der Fall bei zwei Kindern im Alter von 13 und 17 Jahren. Ein weiteres wichtiges Kriterium ist auch das Beziehungsgeflecht, in welches das Kind nach der Scheidung kommt. Kinder sollen nicht ohne Not aus ihrer gewohnten Umgebung, das heisst aus der Schule, der Sprachregion, dem Kulturkreis, aus Freundschaften etc., herausgerissen werden. Überdies hat der Elternteil den Vorzug, der die Kinder besser aus dem Scheidungsstreit heraushalten kann und vor allem auch einen ungestörten Kontakt mit dem anderen Elternteil besser gewährleistet. Wenn immer möglich sollen zudem Geschwister bei einer Scheidung nicht getrennt werden.

Das schweizerische Recht kennt die gemeinsame elterliche Gewalt nach der Scheidung nicht. Eine andere Lösung ist auch bei der Revision des Scheidungsrechts, die jetzt im Gang ist, lediglich in nicht strittigen Fällen zu erwarten. Als Argument dagegen werden Erfahrungen aus anderen Ländern genannt, wonach die gemeinsame elterliche Gewalt vermehrt zu Abänderungsprozessen der Scheidungsurteile führe. Dem kann insofern beigepflichtet werden, als fähige und kooperative Eltern auch ohne gerichtlichen Segen die elterliche Gewalt faktisch gemeinsam ausüben können, Pattsituationen im Streitfall durch die eindeutige Zuweisung aber verhindert werden.

Massnahmen zum Schutz der Kinder

Je nach Familienverhältnissen drängt sich die Anordnung von Kindesschutzmassnahmen auf. Die Befugnis dazu hat das Gericht gestützt auf Artikel 315a im Kindesrecht (siehe Seite 328). Neben Ermahnungen und Weisungen darf das Gericht zum Beispiel eine Besuchsbeistandschaft anordnen (siehe Art. 307 ff.). Aufgabe des Beistands ist es, den Ort und die Modalitäten der Übergabe und die Besuchszeiten festzulegen, allenfalls sogar den Ablauf der Besuche zu überwachen. Ist ein Kind erheblich gefährdet, hat das Gericht auch die Möglichkeit, den Eltern die Obhut und die elterliche Gewalt zu entziehen.

Der Unterhaltsbeitrag für das Kind

Der Beitrag, welchen der Elternteil, der nicht die elterliche Gewalt innehat, für das Kind bezahlen muss (Kinderalimente), wird nach den Bestimmungen im Kindesrecht berechnet (siehe Art. 276 ff., Seite 292). Verfügt ein Kind über genügend eigene Mittel, insbesondere durch Arbeitserwerb, ruht die Unterhaltspflicht, sie lebt aber wieder auf, wenn das Kind vor seiner Mündigkeit zum Beispiel seine Ausbildung fortsetzt und deshalb nicht mehr erwerbstätig ist. Grundsätzlich dauert die Unterhaltspflicht bis zur Mündigkeit des Kindes. Auch in einem Scheidungsurteil wird in der Regel keine die Mündigkeit überdauernde Unterhaltsbeitragspflicht festgesetzt. Ist ein Kind aber mit 20 Jahren noch in der Ausbildung, kann es je nach Umständen von Vater und/oder Mutter weitere Unterhaltsleistungen verlangen (siehe Art. 277, Seite 293).

Die Unterhaltspflicht wird in Geld geleistet, in der Regel in monatlichen Zahlungen. Die Leistung des Elternteils, bei dem das Kind lebt, ist eine Naturalleistung in Form von Lebensunterhalt und Erziehungs-, Pflege- und Betreuungsarbeit und ist der Geldleistung des anderen Elternteils gleichwertig. Während die Kinder zum Beispiel beim geschiedenen Vater in den Ferien sind, ruht seine Unterhaltspflicht nicht. Auch wenn zwischen ihm und den Kindern eine Entfremdung eingetreten ist und er sie kaum noch sieht, bleibt die Unterhaltspflicht bestehen.

Die Höhe des Unterhaltsbeitrags richtet sich nach den Bedürfnissen des Kindes und nach den Möglichkeiten und dem Lebensstandard beider Eltern. Die Bedürfnisse des Kindes umfassen Verpflegung, Unterkunft, Bekleidung, allgemeine Pflege, Gesundheitspflege, Erziehung, Ausbildung, Taschengeld. Geniessen die Elern einen hohen Lebensstandard, sind diese Kosten höher anzusetzen, denn das Kind hat Anspruch auf eine Lebensführung, die den Verhältnissen seiner Eltern entspricht.

Für die Berechnung der Unterhaltsbeiträge werden von den Gerichten immer wieder die betreibungsrechtlichen Richtlinien über das Existenzminimum herangezogen. Diese Richtlinien sind aber gerade für die Kinderbeiträge derart niedrig, dass sie nicht einmal ausreichen, um die Grundbedürfnisse zu decken. Das Bundesgericht führt denn auch aus, dass diese Richtlinien lediglich als Anhaltspunkte dienen sollen (siehe Art. 145 zum Unterhalt der Familie, Seite 153). Das Jugendamt des Kantons Zürich beispielsweise gibt «Empfehlungen zur Bemessung von Unterhaltsbeiträgen für Kinder» heraus, die jedoch von den Gerichten nur bei guten finanziellen Verhältnissen angewendet werden. Andere Kantone haben Faustregeln entwickelt; die Berner Praxis zum Beispiel legt fest, dass für ein Kind 15 Prozent, für zwei Kinder 25, für drei 32 und für vier 36 Prozent des Einkommens des unterhaltspflichtigen Elternteils zu bezahlen seien (mehr zur Höhe der Unterhaltsbeiträge siehe Art. 285, Seite 300).

Auch die Kinderalimente werden mit einer Indexklausel an die Teuerung angepasst (siehe Art. 151, Seite 166).

Bezahlen der Exgatte oder die Exgattin die Alimente nicht, gerät die Ehepartei mit den Kindern meist in eine finanzielle Notlage. In diesen Fällen kann die unentgeltliche staatliche Inkassohilfe in Anspruch genommen werden: Die staatlichen Stellen treiben die Geldforderungen für Elternteil und Kind beim säumigen Zahler ein. Kinderalimente werden zudem meist bevorschusst, das heisst ausbezahlt, bevor sie eingetrieben sind. Die Kantone schreiben dabei aber Höchstgrenzen von Einkommen und Vermögen vor (mehr zur Alimentenbevorschussung siehe Seite 306). Wenn alle Stricke reissen, bleibt nur der Gang zur Fürsorge.

Das Besuchs- und Ferienrecht

Eine Besuchspflicht des Elternteils, der die Kinder nicht bei sich hat, ist gesetzlich nicht vorgesehen. Das Kindeswohl verlangt ein begrenztes Besuchsrecht. Die Regelung im Scheidungsurteil ist als minimales Besuchsrecht für den Streitfall gedacht, weitergehende Besuche können die Eltern jederzeit selbst vereinbaren. Gerade wenn Eltern im Streit auseinandergegangen sind und weiter Spannungen bestehen, würden die Kinder durch ein häufiges Besuchsrecht stark hin- und hergerissen und grossen Loyalitätskonflikten ausgesetzt.

Im Streitfall wird das Gericht die Regeln zum Besuchs- und Ferienrecht möglichst präzise ausgestalten. Zum Beispiel ist es besser, statt irgendein Wochenende pro Monat zuzusprechen, ein bestimmtes festzulegen. Das Ferienrecht beläuft sich ab Schulpflicht der Kinder normalerweise auf zwei Wochen pro Jahr während der Schulferien. Die Eltern können jederzeit freiwillig über das im Urteil festgesetzte Besuchs- und Ferienrecht hinausgehen. Wenn es um Ferien geht, ist aber bei grösseren Kindern auf jeden Fall auch deren Meinung dazu einzuholen.

Damit das einmal festgelegte Besuchsrecht eingeschränkt oder gar entzogen werden kann, braucht es gravierende Gründe. Artikel 274 Absatz 2 nennt die Entzugsgründe, zum Beispiel eine starke Vernachlässigung der Beziehung zum Kind (siehe Seite 289). Vorher werden aber mildere Massnahmen geprüft, etwa eine besondere Ausgestaltung des Besuchsrechts wie die Festlegung eines Besuchsorts oder die Kürzung der Besuche. Eine Abwehrhaltung des Kindes gegen den besuchsberechtigten Vater reicht noch nicht für den Entzug des Besuchsrechts aus; die Wünsche des Kindes werden aber miteinbezogen.

Der besuchsberechtigte Vater (oder die Mutter) entscheidet, wie er die Zeit mit dem Kind verbringen will; einzige Schranke ist das Kindeswohl. Er hat alles zu unterlassen, was die Beziehung des Kindes zur Mutter beeinträchtigt, zum Beispiel Kritik an den Erziehungsmassnahmen, am Lebensstil etc. Umgekehrt besteht für die Mutter, welche die elterliche Gewalt ausübt, die Pflicht, das Verhältnis zwischen dem Kind und seinem Vater aktiv zu unterstützen.

Wird das Besuchsrecht erschwert oder vereitelt, kann es zwangsweise durchgesetzt werden, soweit es im Urteil genügend umschrieben wurde. Allerdings ist dies sehr problematisch, da es dem Wohl des Kindes meist mehr schadet als nützt. Das Bundesgericht schliesst aber direkten Zwang auch bei einer Weigerung des Kindes nicht aus. Für Kinder über 16 Jahren kommt eine amtliche Vollstreckung nicht mehr in Betracht. Der Elternteil, der das Besuchsrecht vereitelt und auch auf einen amtlichen Befehl hin nicht einlenkt, kann bestraft werden wegen Ungehorsams gegen eine amtliche Verfügung.

Wer sein Kind nach dem Besuchsrecht nicht wieder zurückbringt, kann wegen Entziehung von Unmündigen bestraft werden (Art. 220 StGB); Strafantrag kann nur der Elternteil, der die elterliche Gewalt inne hat, erheben. Der Problematik von Kindern, die vom besuchsberechtigten Vater oder der Mutter entführt werden, widmen sich zwei neuere internationale Abkommen: das Europäische Übereinkommen über die Anerkennung und Vollstreckung von Entscheidungen über das Sorgerecht für Kinder und die Wiederherstellung des Sorgerechts (vom 20. Mai 1980) und das Haager Abkommen über die zivilrechtlichen Aspekte internationaler Kindesentführungen (vom 25. Oktober 1980). Ziel beider Abkommen ist es, einerseits das Kind rasch wieder in das stabile soziale Umfeld, aus dem es entführt worden ist, zurückzubringen und andererseits die reibungslose Ausübung des Besuchsrechts sicherzustellen.

Wenn sich die Verhältnisse ändern

2. Änderung der Verhältnisse

Art. 157

Verändern sich die Verhältnisse infolge von Heirat, Wegzug, Tod eines der Eltern oder aus andern Gründen, so hat der Richter auf Begehren der Vormundschaftsbehörde oder von Vater oder Mutter die erforderlichen Anordnungen zu treffen.

Voraussetzung für ein Abänderungsverfahren ist eine wesentliche Veränderung der sachlichen und/oder persönlichen Umstände seit dem Scheidungsurteil. Treffen die Eltern nach der Scheidung eine neue Vereinbarung über die Gestaltung der Kinderbelange, bedarf diese grundsätzlich der richterlichen Genehmigung, um rechtsgültig zu sein. Praktisch handeln aber zahlreiche ehemalige Eheleute entgegen den Anordnungen im Scheidungsurteil, und zwar betreffend Aufenthalt, Unterhaltsbeiträge und Besuchsrecht ihrer Kinder. Zum Beispiel leben Kinder im Einverständnis aller Beteiligten bei dem Elternteil, der die elterliche Gewalt gar nicht innehat.

Allenfalls ist für die Abänderung von Regelungen, welche die Kinder betreffen, nicht das Gericht, sondern die Vormundschaftsbehörde zuständig. Aber auch sie kann nur eingreifen, wenn tatsächlich wesentliche Veränderungen in den Verhältnissen eingetreten sind. Zudem ist die Vormundschaftsbehörde nur dann zuständig, wenn durch die Änderung die Stellung des anderen Elternteils nicht unmittelbar berührt wird. Im andern Fall muss das für die Abänderung zuständige Gericht angerufen werden (siehe auch Art. 315, Seite 327).

Die im Gesetz aufgeführten Abänderungsgründe sind beispielhaft. Andere Veränderungen sind denkbar, etwa die Verschlechterung der finanziellen Situation des unterhaltspflichtigen Vaters oder die Vereitelung des Besuchsrechts durch die Mutter, welche die Kinder zugesprochen erhalten hat. Allerdings müssen die Veränderungen immer erheblich und von Dauer sein. Keiner der Gründe – mit Ausnahme des Todes des Elternteils, der die elterliche Gewalt innehat – führt zwingend zur Abänderung des Urteils. Das Gericht muss die gesamten Umstände des konkreten Falls würdigen.

Wird die *Änderung der Kinderzuteilung* verlangt, muss das Kind einer erheblichen Gefährdung oder gar Schädigung ausgesetzt sein, damit dies bewilligt wird. Es ist für das Kind nämlich meist eine Zumutung, in neue Verhältnisse versetzt zu werden. Ein möglicher Grund für die Abänderung von Elternrechten ist die Wiederverheiratung der Eltern. Heiratet beispielsweise die Mutter, welche die Kinder zugeteilt hat, wieder und ist der neue Mann gewalttätig, hat der Vater Aussicht, dass die Kinderzuteilung geändert wird. Auch die Heirat des Elternteils, welcher nicht die elterliche Gewalt hat, kann ein Grund für eine Änderung sein; nämlich dann, wenn er den Kindern dadurch wesentlich bessere Verhältnisse bieten kann als der Elternteil, bei dem sie bisher lebten. Allerdings müssen sich gleichzeitig die Verhältnisse dieses Elternteils erheblich verschlechtert haben, damit eine Änderung der elterlichen Gewalt bewilligt wird. Eine Heirat kann auch eine Veränderung des persönlichen Verkehrs mit den Kindern zur Folge haben.

Stirbt beispielsweise die Mutter, welche die elterliche Gewalt allein innehat, so fällt diese nicht ohne weiteres an den Vater. Dieser muss die Übertragung der elterlichen Gewalt durch das Gericht vornehmen lassen, hat aber einen Anspruch darauf, dass ihm diese zuerkannt wird. Ohne zwingende Gegengründe wird er sie erhalten.

An die *Abänderung des Besuchsrechts* wird kein besonders strenger Massstab angelegt. Sie wird gewährt, wenn das Besuchsrecht pflichtwidrig ausgeübt worden ist (schlechte Beeinflussung der Kinder, Misshandlung, Überanstrengung etc.) oder wenn sich der oder die Besuchsberechtigte nicht ernsthaft um das Kind gekümmert hat. Gewöhnliche Konflikte bei der Ausübung des Besuchsrechts reichen für eine Abänderung nicht aus, denn solche lassen sich kaum vermeiden. Die Tatsache, dass ein geschiedener Elternteil seine Unterhaltsbeiträge nicht zahlt, ist grundsätzlich kein Grund für die Abänderung oder Aufhebung des Besuchsrechts. Im Zusammenhang mit anderen massgebenden Tatsachen kann sie aber mit von Bedeutung sein.

Für die Frage, ob *Kinderalimente abgeändert* werden können, muss die Differenz zwischen der ursprünglichen und der veränderten Leistungsfähigkeit beider Elternteile berechnet und gewichtet werden. Kinderalimente können im Gegensatz zu den Alimenten an Ehegatten nicht nur herab-, sondern auch heraufgesetzt werden.

Gerichtsstand für die Abänderungsklage ist der Wohnort der beklagten Partei. Auch im Abänderungsprozess können vorsorgliche Massnahmen während des Verfahrens notwendig werden (siehe dazu Art. 145, Seite 149).

Das Scheidungsverfahren

Art. 158

D. Scheidungsverfahren

Das Scheidungsverfahren wird durch das kantonale Prozessrecht geordnet unter Vorbehalt folgender Vorschriften:

1. Der Richter darf Tatsachen, die zur Begründung einer Klage auf Scheidung oder Trennung dienen, nur dann als erwiesen annehmen, wenn er sich von deren Vorhandensein überzeugt hat.

2. Der Eid oder das Gelöbnis an Eides Statt darf als Beweismittel zur Erwahrung solcher Tatsachen den Parteien weder zugeschoben noch auferlegt werden.
3. Parteierklärungen irgendwelcher Art sind für den Richter nicht verbindlich.
4. Dem Richter steht die freie Beweiswürdigung zu.
5. Vereinbarungen über die Nebenfolgen der Scheidung oder Trennung bedürfen zur Rechtsgültigkeit der Genehmigung durch den Richter.

Die Parteien müssen mit einem neuen Familienschein (Auszug aus dem Familienregister) den Beweis für ihre Ehe und für allfällige gemeinsame Kinder erbringen. Über die vermögens- und güterrechtlichen Folgen können die Eheleute grundsätzlich frei verfügen, das heisst, das Gericht greift nur im Streitfall ein. Über die restlichen Prozessbelange, zum Beispiel die Scheidung selbst oder die Kinderzuteilung, muss sich das Gericht von Amtes wegen ein Bild verschaffen und entsprechend entscheiden.

Das Gericht muss den Scheidungsgrund überprüfen. Auch wenn die Eheleute mit einer Scheidungsvereinbarung, einer Konvention, vor Gericht erscheinen, müssen die Richter und Richterinnen nach dem Scheidungsgrund fragen und sich davon überzeugen. Allerdings ist es nicht notwendig, dass die Eheleute ihre Ehegeschichte im Detail schildern. Es empfiehlt sich aber, einen kurzen Überblick vorzubereiten, aus dem die Scheidungsgründe im wesentlichen hervorgehen. Allenfalls wird das Gericht Zusatzfragen zum Beispiel zum Intimleben stellen. Leben die Parteien seit längerer Zeit getrennt, haben sie keine sexuellen Kontakte mehr oder sind an andere Partner und Partnerinnen gebunden, so wird in scheidungsfreundlich gesinnten Kantonen die Zerrüttung der Ehe angenommen und die Scheidung ausgesprochen. In anderen Kantonen werden teilweise noch Beweismittel abgenommen, zum Beispiel Zeugen befragt. Da Eheleute im Scheidungsverfahren oft in einer schwierigen psychischen Situation stehen, sollte das Gericht seine Fragen über das Minimum hinaus ausdehnen, wenn eine Seite verunsichert erscheint oder nicht anwaltlich vertreten ist.

Das Gericht kann den Entscheid nach seiner frei gebildeten Überzeugung fällen. Es ist nicht an bestimmte Beweisregeln gebunden, vor allem nicht bei der Kinderzuteilung. Das Verhalten der Parteien im Prozess kann die Beweiswürdigung beeinflussen. Obligatorisch ist, dass die Parteien persönlich befragt werden. Bei den entscheidenden Verhandlungen müssen sie persönlich anwesend sein und können nicht einfach ihre Rechtsvertreter ans Gericht schicken.

Die Scheidungskonvention

In Ziffer 5 von Artikel 158 ist von Scheidungsvereinbarungen die Rede, besser bekannt unter dem Namen Konvention. Sie sind in der Praxis von grosser Bedeutung; die meisten Scheidungen sind Konventionalscheidungen. Wer eine Konvention vorlegen kann, vermeidet die Streitscheidung und den damit verbundenen Nervenverschleiss. Auch im Lauf einer Kampfscheidung können sich die Parteien auf eine Konvention einigen, was das Gerichtsverfahren beschleunigt und verbilligt, da nicht mehr nach der Schuld an der ehelichen Zerrüttung gefragt werden muss.

Die Einwilligung zur Scheidung kann, auf jeden Fall vor erster Instanz, jederzeit während des Prozesses widerrufen werden. Dies gilt für Vereinbarungen über die Nebenfolgen nur in Ausnahmefällen; denn die Eheparteien sind bereits vor der Genehmigung durch das Gericht an ihre Konvention gebunden wie an einen normalen Vertrag. Allerdings kann die eine oder andere Partei, wenn schwerwiegende Gründe dafür vorliegen, die Nichtgenehmigung der Konvention beantragen. Dies ist etwa dann der Fall, wenn nach Abschluss der Vereinbarung wesentliche Veränderungen eingetreten sind, zum Beispiel wenn die Ehefrau, weil sie ein plötzlich erkranktes Kind intensiv betreuen muss, nicht mehr der vorgesehenen Erwerbstätigkeit nachgehen kann. Allenfalls kann eine Konvention auch wegen anderen Willensmängeln angefochten werden, etwa dann, wenn eine der Eheparteien sie unter Drohung oder unter einem wesentlichen Irrtum unterschrieben hat. Dazu ein Beispiel:

Karl N. war in der Konvention gegenüber seiner angeblich an der Zerrüttung unschuldigen Frau zu grosszügigen Unterhaltsbeiträgen bereit. Nachdem er die Konvention bereits unterschrieben hatte, erfuhr er, dass die Frau schon lange ein ehebrecherisches Verhältnis hatte. Hätte Karl von diesem gewusst, wäre er zu seinem Zugeständnis nicht bereit gewesen. Er focht die Konvention wegen seines wesentlichen Irrtums vor Gericht an und erreichte eine Änderung der Unterhaltsbeiträge.

Zu den Nebenfolgen, die in der Konvention geregelt werden, gehören die Alimente für die Exgattin oder den Exgatten (Art. 151 Verschuldensrente und 152 Bedürftigkeitsrente), die güterrechtlichen Ansprüche (Art. 154), die Kinderalimente, die Besuchs- und die Ferienregelung (Art. 156) sowie Klauseln darüber, wer die Gerichts- und Anwaltskosten trägt. Werden in einer Scheidungsvereinbarung Grundeigentum oder dingliche Rechte übertragen, erübrigt sich eine nachträgliche öffentliche Beurkundung. Das Gericht muss aber die Konvention genehmigen und das Grundbuchamt anweisen, den entsprechenden Eintrag vorzunehmen.

Dass die Konvention vom Gericht genehmigt werden muss, dient dem Schutz beider Eheleute. Das Gericht prüft, ob keine Partei stossend benachteiligt wird, ob sich die Verhältnisse seit der Unterzeichnung der Konvention nicht grundsätzlich verändert haben und ob die Interessen der Kinder gewahrt sind. Ist eine Konvention den Verhältnissen nicht angemessen, unklar oder unvollständig, wird die richterliche Genehmigung nicht erteilt. Die Überprüfung durch das Gericht geschieht in der Praxis jedoch meist sehr rudimentär. In komplizierten Fällen ist es darum angebracht, vor der Unterschrift unter eine Scheidungskonvention fachlichen Rat einzuholen. Kompliziert sind Scheidungssituationen vor allem dann, wenn güterrechtliche Probleme zu lösen sind (zum Beispiel mit Liegenschaften), aber auch, wenn Alimente, insbesondere die Altersvorsorge der meist schlechter gestellten Ehefrau, in der Konvention berücksichtigt werden soll.

Nicht nur Scheidungskonventionen, auch Vereinbarungen über gerichtliche Trennungen und vorsorgliche Massnahmen während des Prozesses können dem Gericht zur Genehmigung vorgelegt werden. Sie erhalten dadurch die gleiche Rechtskraft wie Anordnungen in einem Urteil.

Nach der Scheidung können die geschiedenen Eheleute bei gegenseitigem Einverständnis von den Abmachungen in der Konvention abweichen. Was die Alimente für die Exfrau oder den Exmann und die güterrechtlichen Forderungen anbelangt, geht dies ohne richterliches Mitwirken. Dagegen müssen Änderungen bei den Kinderalimenten, dem Besuchsrecht oder der Kinderzuteilung von der Vormundschaftsbehörde oder erneut vom Gericht genehmigt werden, damit sie rechtsgültig sind.

Rechte und Pflichten in der Ehe

	Fünfter Titel: Die Wirkungen der Ehe im allgemeinen
	Art. 159
A. Eheliche Gemeinschaft; Rechte und Pflichten der Ehegatten	[1] Durch die Trennung werden die Ehegatten zur ehelichen Gemeinschaft verbunden. [2] Sie verpflichten sich gegenseitig, das Wohl der Gemeinschaft in einträchtigem Zusammenwirken zu wahren und für die Kinder gemeinsam zu sorgen. [3] Sie schulden einander Treue und Beistand.

Artikel 159 ist die Grundlage des Eherechts; auf dieser Basis werden alle anderen Gesetzesartikel ausgelegt. Die Ehe ist eine umfassende, auf Dauer angelegte Lebensgemeinschaft in seelisch-geistiger, geschlechtlicher und wirtschaftlicher Hinsicht. Sind Kinder da, wird die Ehe auch zur Erziehungs- und Sorgegemeinschaft.

Durch die Heirat werden Rechte und Pflichten zwischen den Eheleuten begründet. Frau und Mann müssen ihre eigenen Interessen nicht aufgeben, diejenigen der Gemeinschaft gehen aber immer dann vor, wenn sie gleich wichtig sind wie die persönlichen. Neben den gemeinschaftlichen ehelichen Bereichen bleiben auch solche, die den Ehegatten je allein gehören. Die Abgrenzung zwischen individuellem und gemeinschaftlichem Bereich wird in jeder Ehe anders vorgenommen; dabei muss der gemeinschaftliche Bereich im Gegensatz zum individuellen miteinander abgesprochen werden. In den individuellen Kernbereich gehören alle Persönlichkeitsrechte der Eheleute: Jede Seite kann zum Beispiel selber über religiöse und politische Ansichten oder über die Beziehungen zur eigenen Familie bestimmen, solange das Wohl der Gemeinschaft nicht darunter leidet.

Das *Wohl der Gemeinschaft wahren* heisst, bei allen Entscheidungen nicht nur die persönlichen Interessen, sondern auch diejenigen des Partners, der Partnerin und der Kinder zu berücksichtigen. Diese Interessenabwägung muss innerhalb der Gemeinschaft, aber auch gegen aussen (zum Beispiel bei beruflichen Entscheidungen) stattfinden.

Einträchtiges Zusammenwirken bedeutet, dass Gespräche konstruktiv geführt und Konflikte kooperativ ausgetragen werden. Die Ehepartner müssen sich gegenseitig in ihrer Persönlichkeit respektieren. Allenfalls kann es Pflicht der Eheparteien sein, bei einer Eheberatung oder anderer Hilfe von dritter Seite mitzuwirken.

Die *Sorge für die Kinder* umfasst ihren Unterhalt und ihre Erziehung. Auch für Stiefkinder besteht eine Sorgepflicht. Allerdings ist der Stiefelternteil nicht in erster Linie für Unterhalt und Erziehung der Stiefkinder verantwortlich. Er muss aber die andere Ehepartei unterstützen, wenn sie es allein nicht schafft, und zwar mit Rat und Tat oder mit finanziellen Leistungen. Dies ist eine Konsequenz der in Absatz 3 von Artikel 159 festgehaltenen Beistandspflicht zwischen den Eheleuten.

Mit der *Treuepflicht* meint das Gesetz in erster Linie die moralisch und ethisch begründete Pflicht zur gegenseitigen Rücksichtnahme, insbesondere im emotionalen Bereich. Die Lebensgemeinschaft soll durch Beziehungen zu Dritten nicht gestört werden. Ehewidrig sind nicht nur aussereheliche sexuelle Beziehungen, sondern jeder intensive Kontakt, der die umfassende und vorrangige Beziehung zwischen den Eheleuten in Frage stellt. Darunter fallen auch zu enge Verhältnisse zu den eigenen Eltern. Anderseits müssen die Eheleute aber Beziehungen zu Drittpersonen tolerieren und respektieren. Geheimnisse des Ehepartners oder der Partnerin dürfen gegenüber anderen Personen nicht gebrochen werden. Die Eheleute dürfen sich auch nicht wichtige Informationen vorenthalten; wesentliche Veränderungen in der finanziellen Situation müssen sie sich beispielsweise mitteilen, ohne dass die andere Seite erst um Auskunft fragen muss.

Die Treue- und die *Beistandspflicht* fliessen ineinander über. Die Beistandspflicht erfordert nicht nur Geld-, sondern auch immaterielle Leistungen. Sich mit Rat und Tat zur Seite zu stehen ist die wichtigste immaterielle Leistung. Hilfe ist immer dann geboten, wenn der Partner oder die Partnerin ein berechtigtes Ziel nicht allein erreichen kann. Eine Hilfeleistung kann aber nur soweit gefordert werden, als sie der unterstützenden Seite möglich und zumutbar ist. Die Eheleute müssen grundsätzlich gemeinsam für den Unterhalt der Familie sorgen (Art 163 Abs. 1). Wird zum Beispiel die Ehefrau arbeitslos, muss der Ehemann gestützt auf seine Unterhaltspflicht mehr an die gemeinsamen Kosten beitragen. Aufgrund seiner Beistandspflicht könnte er auch zu einer noch grösseren Leistung verpflichtet werden: Wenn beispielsweise seine Gattin in ihrem Beruf unglücklich ist und die Möglichkeit hat, sich in einem einjährigen Kurs umschulen zu lassen, kann der Ehemann je nach Situation verpflichtet sein, in dieser Zeit ihren Einkommensausfall auszugleichen.

Unter Umständen kann zum Beispiel eine Ehefrau auch verpflichtet werden, im Gewerbe ihres Mannes mitzuarbeiten; dies aber nur, wenn das Wohl der Gemeinschaft dies erfordert und nicht eigene wichtigere Interessen dagegen sprechen. Insbesondere genügen reine Karriereinteressen des Mannes nicht, um die Frau zur Aufgabe der eigenen Berufskarriere zu verpflichten; dazu ein Beispiel:

Rainer C., von Beruf Schlosser, will einen eigenen Betrieb aufbauen. Er wünscht, dass seine Frau Gabriela ihm das Sekretariat führt, da er keine geeignete Arbeitskraft findet. Gabriela C. ist damit nicht einverstanden. Sie ist Sachbearbeiterin in einer Bank und hat dort gute Aufstiegschancen. Rainer C. kann von seiner Frau nicht verlangen, dass sie ihre Karriere zugunsten seines Betriebs aufgibt.

Aus der Beistandspflicht ergeben sich auch weitere Verpflichtungen, zum Beispiel die Gewährung eines Prozesskostenvorschusses im Scheidungsprozess (siehe Seite 156) oder die Mitfinanzierung der Ausbildung des Ehepartners. Nach der Scheidung wirkt die Treue- und Beistandspflicht weiter im Rahmen von Rentenansprüchen der Eheparteien (siehe Art. 151 und 152, Seite 163 und 167). Werden Treue- und Beistandspflicht missachtet, kann das Eheschutzgericht angerufen werden (siehe Art. 172 ff., Seite 203). Eine Pflichtverletzung stellt allenfalls sogar einen Scheidungsgrund dar.

Familienname und Bürgerrecht

Art. 160

B. Familienname

[1] Der Name des Ehemannes ist der Familienname der Ehegatten.

[2] Die Braut kann jedoch gegenüber dem Zivilstandsbeamten erklären, sie wolle ihren bisherigen Namen dem Familiennamen voranstellen.

[3] Trägt sie bereits einen solchen Doppelnamen, so kann sie lediglich den ersten Namen voranstellen.

Art. 161

C. Kantons- und Gemeindebürgerrecht

Die Ehefrau erhält das Kantons- und Gemeindebürgerrecht des Ehemannes, ohne das Kantons- und Gemeindebürgerrecht zu verlieren, das sie als ledig hatte.

Der Name des Ehemannes ist grundsätzlich der Familienname der Eheleute und der gemeinsamen Kinder. Die Ehefrau muss sich vor der Trauung entscheiden, welchen Namen sie führen will (deshalb wird sie in Art. 160 Abs. 2 Braut genannt). Es sind drei Varianten möglich; wenn Erna Meier sich mit Peter Frehner verheiratet, kann sie

- den Namen des Mannes annehmen, heisst also Erna Frehner.
- ihren bisherigen Namen voranstellen und einen Doppelnamen führen (im Zivilstandsregister ohne Bindestrich geschrieben), sie heisst dann Erna Meier Frehner.
- ihren bisherigen Namen mit Bindestrich an den Namen des Mannes anfügen, dann führt sie den Allianznamen Erna Frehner-Meier.

Beim Doppelnamen kann die Frau nur ihren bisherigen Namen voranstellen, mit anderen Worten: denjenigen, den sie unmittelbar vor der Trauung, sei es durch Abstammung, Heirat oder Namensänderung, trägt. Die Brautleute können auch den Namen der Frau als Familiennamen wählen. Dafür verlangt das Gesetz allerdings achtenswerte Gründe (siehe Art. 30 Abs. 2, Seite 68).

Die eheliche Wohnung

Art. 162

D. Eheliche Wohnung

Die Ehegatten bestimmen gemeinsam die eheliche Wohnung.

Eine Grundlage der Ehe ist die gemeinsame, die eheliche Wohnung der Eheleute. Sie sind gegenseitig verpflichet zusammenzuleben. Wenn der Mann oder die Frau die gemeinsame eheliche Wohnung ohne wichtigen Grund verlässt, kann dies als böswilliges Verlassen und damit als ein Scheidungsgrund gewertet werden. Beschliessen die Eheleute allerdings gemeinsam, getrennt zu leben (zum Beispiel aus beruflichen Gründen), begeht die Partei, welche die eheliche Wohnung verlässt, keine Pflichtverletzung. Es empfiehlt sich aber, solche Abmachungen schriftlich aufzusetzen, damit die Situation bei einem allfälligen späteren Streit klar ist. Sind die Eheleute uneinig darüber, was als eheliche Wohnung dienen soll, haben sie die Möglichkeit, das Eheschutzgericht um Vermittlung zu ersuchen (siehe Art. 172, Seite 203). Beide Seiten können die eheliche Wohnung (Haus oder Wohnung der Familie) nur mit gegenseitiger ausdrücklicher Zustimmung kündigen (siehe Art. 169).

Der Unterhalt der Familie

E. Unterhalt der Familie
I. Im allgemeinen

Art. 163

¹ Die Ehegatten sorgen gemeinsam, ein jeder nach seinen Kräften, für den gebührenden Unterhalt der Familie.

² Sie verständigen sich über den Beitrag, den jeder von ihnen leistet, namentlich durch Geldzahlungen, Besorgen des Haushaltes, Betreuen der Kinder oder durch Mithilfe im Beruf oder Gewerbe des andern.

³ Dabei berücksichtigen sie die Bedürfnisse der ehelichen Gemeinschaft und ihre persönlichen Umstände.

Neben Artikel 159 ist dieser Artikel 163 die zweite grundlegende Bestimmung des Eherechts. Er umschreibt die Unterhaltspflichten und -ansprüche der Eheparteien. Wie sie ihre Rollen konkret gestalten und die Unterhaltsleistungen aufteilen wollen, ist aber jedem einzelnen Paar selber überlassen. Die Aufgabenteilung muss den wirtschaftlichen Möglichkeiten angepasst sein.

Der Unterhalt umfasst grundsätzlich den gesamten Lebensbedarf einer Familie, das heisst:
- die gemeinschaftlichen Wohn- und Haushaltkosten der Familie
- die persönlichen Grundbedürfnisse jedes Familienmitglieds inklusive Taschengeld
- die Gesundheitskosten der Familie
- Versicherungsprämien
- Berufs- und Ausbildungskosten
- Steuern
- Hobby, Sport, Freizeit- und Kulturkosten
- Ferien
- Rücklagen und Prämien für eine angemessene Alters-, Invaliden- und Hinterbliebenenvorsorge

Was versteht das Gesetz unter *gebührendem Unterhalt*? Die Leistungsfähigkeit und die persönlichen Verhältnisse der Eheleute bestimmen die Bedürfnisse über den Grundbedarf hinaus. Ist zum Beispiel ein Kleinkind behindert, so gehören ausgewogene Nahrungsmittel und spezielle Pflege zum gebührenden Unterhalt. Die Bedürfnisse werden auch vom Lebensstandard bestimmt, den die Eheleute gewählt haben. Erlauben die finanziellen Verhältnisse beispielsweise, ein Auto anzuschaffen, muss nach den wirtschaftlichen Gegebenheiten abgewogen werden, ob eine Luxuslimousine oder ein Kleinwagen gewählt wird. Bei der Festlegung des gebührenden Unterhalts sind auch die bestehenden Schulden zu berücksichtigen; allerdings nur, soweit sie sich bei bestem Willen nicht vermeiden lassen.

Reicht das Einkommen von Mann und Frau nicht aus zur Deckung des gebührenden Unterhalts, können sie deswegen verpflichtet werden, eine andere Stelle anzunehmen oder gar den Beruf zu wechseln (etwa Zeichenlehrer statt freier Kunstmaler). Grundsätzlich stellt das Gericht auf dasjenige Einkommen ab, welches die beiden bei gutem Willen erzielen könnten. Überdies müssen die Eheleute unter Umständen auf ihr Vermögen zurückgreifen.

Für den Unterhalt *gemeinsam sorgen* heisst, dass die Eheleute zusammenwirken, dass beide die Verantwortung für das Ganze, nicht nur für die Hälfte tragen. Das bedeutet nicht, dass beide betragsmässig gleich viel beitragen müssen. Gemeinsam sollen sie beschliessen, wer in welchem Umfang welche Leistungen erbringt; Massstab sind die persönlichen Möglichkeiten und materiellen Mittel. Haben sich die Eheleute beispielsweise dafür entschieden, dass der Mann sich um Haushalt und Kinder kümmert, so muss die Frau in der Regel für die gesamten Kosten des Unterhalts aufkommen. Sie kann von ihrem Mann grundsätzlich nicht verlangen, dass er sich auch noch an den Unterhaltskosten beteiligt. Haushaltführung und Kinderbetreuung gelten als vollwertiger Beitrag an den Unterhalt. Allerdings kann sich bei engen finanziellen Verhältnissen niemand auf die traditionelle Rollenverteilung berufen. Die haushaltführende Partei, ist dann verpflichtet, eine zusätzliche finanzielle Leistung zu erbringen, sei es aus ihrem Vermögen oder indem sie eine Erwerbstätigkeit aufnimmt. Im letzteren Fall ist die Haushalt- und Betreuungsarbeit den Umständen entsprechend neu zu verteilen.

Bei der Aufgabenverteilung soll auf die Eignungen und Neigungen der Eheleute, eben auf die *persönlichen Umstände*, geachtet werden. Sind beide einverstanden, können sie die einmal gewählte Rollenverteilung jederzeit wieder ändern. Allenfalls kann eine Änderung sogar gegen den Willen der einen Seite zulässig sein, wenn sich die Verhältnisse wesentlich verändert haben, zum Beispiel wenn der Partner behindert wird oder die Kinder den Haushalt verlassen.

Finden die Eheleute zu keiner Einigung, können sie, gemeinsam oder einzeln, Familienberatungsstellen aufsuchen oder das Eheschutzgericht anrufen. Einigen sich die Parteien auch mit Hilfe des Gerichtes nicht, muss dieses gestützt auf Artikel 172 ff. entscheiden. Bezüglich der Aufgabenteilung kann das Gericht die Eheparteien aber nur ermahnen, es hat keine Möglichkeit, beispielsweise den Mann zu mehr Mithilfe im Haushalt zu zwingen. Aufgrund der gelebten Rollenverteilung lassen sich aber die gegenseitigen Ansprüche in

Franken festlegen. Wird im Entscheid der Mann (seltener die Frau) zu einer Geldleistung an seine Partnerin verpflichtet, kann diese, wenn die Zahlung ausbleibt, auf dem Betreibungsweg ihre Forderung geltend machen.

Jede(r) hat den Betrag zur freien Verfügung zugut

Art. 164

II. Betrag zur freien Verfügung

¹ Der Ehegatte, der den Haushalt besorgt, die Kinder betreut oder dem andern im Beruf oder Gewerbe hilft, hat Anspruch darauf, dass der andere ihm regelmässig einen angemessenen Betrag zur freien Verfügung ausrichtet.

² Bei der Festsetzung des Betrages sind eigene Einkünfte des berechtigten Ehegatten und eine verantwortungsbewusste Vorsorge für Familie, Beruf oder Gewerbe zu berücksichtigen.

Über den gebührenden Unterhalt hinaus will Artikel 164 der nicht erwerbstätigen Frau (oder dem Mann) eine gewisse wirtschaftliche Selbständigkeit ermöglichen; allerdings nur, soweit es die finanziellen Verhältnisse der Eheleute zulassen. Ein eigenes Einkommen der nicht erwerbstätigen Frau wird bei der Festlegung des Betrags zur freien Verfügung mitberücksichtigt. Die Arten der Beitragsleistungen, für welche dieser Betrag geschuldet ist, sind in Absatz 1 nicht abschliessend aufgezählt.

Erhält beispielsweise die Gattin für ihre Mitarbeit im Beruf oder Gewerbe des Mannes eine Entschädigung (siehe Art. 165), wird ihr Anspruch auf einen Betrag zur freien Verfügung vermindert oder ganz aufgehoben. Dieser Betrag ist im übrigen ein familienrechtlicher, nicht ein arbeitsrechtlicher Anspruch und wird deshalb nicht nach Lohnkriterien bemessen.

Der Betrag zur freien Verfügung wird in Bargeld ausgerichtet, und zwar in regelmässigen Zeitabständen, zum Beispiel monatlich. Über die Verwendung sind sich die Eheleute nicht abrechnungspflichtig. Angemessen ist der Betrag, wenn er den finanziellen Verhältnissen der Familie und ihrem Lebensstandard entspricht.

Bei Uneinigkeit über die Höhe des Betrags zur freien Verfügung kann das Eheschutzgericht angerufen werden. Die Norm will dem Egoismus und dem Geiz entgegenwirken. Grundsätzlich sollen beide Eheleute den gleichen wirtschaftlichen Freiraum zur Verfügung haben. Gönnt sich der erwerbstätige Ehemann selber unverhältnismässig wenig, könnte der freie Betrag für die Frau sogar höher ausfallen. Bei Einkommen bis 5000 Franken monatlich bleiben nach Deckung des Unterhalts einer vierköpfigen Familie erfahrungsgemäss etwa 200 bis 300 Franken übrig, welche zwischen den Eheleuten zu halbieren sind. Bei besonders guten finanziellen Verhältnissen braucht nicht das ganze Einkommen der Familie laufend aufgeteilt zu werden. Die Eheleute haben ja über das Güterrecht gegenseitig teil an ihren Ersparnissen, bei der Errungenschaftsbeteiligung zur Hälfte (siehe Art. 196 ff., Seite 225). Ein Beispiel:

Nach Deckung des Unterhalts der Familie und den Rücklagen für eine angemessene Vorsorge bleiben Lisa und Michael B. aus dem Arbeitsverdienst von Michael 1200 Franken. Michael braucht für seine erweiterten Bedürfnisse 400 Franken pro Monat, Lisa kann einen Anspruch von 600 Franken geltend machen. Die restlichen 200 stehen Michael B. zu.

Wenn eine Seite Ausserordentliches beiträgt

Art. 165

III. Ausserordentliche Beiträge eines Ehegatten

[1] Hat ein Ehegatte im Beruf oder Gewerbe des andern erheblich mehr mitgearbeitet, als sein Beitrag an den Unterhalt der Familie verlangt, so hat er dafür Anspruch auf angemessene Entschädigung.

[2] Dies gilt auch, wenn ein Ehegatte aus seinem Einkommen oder Vermögen an den Unterhalt der Familie bedeutend mehr beigetragen hat, als er verpflichtet war.

[3] Ein Ehegatte kann aber keine Entschädigung fordern, wenn er seinen ausserordentlichen Beitrag aufgrund eines Arbeits-, Darlehens- oder Gesellschaftsvertrages oder eines andern Rechtsverhältnisses geleistet hat.

Leistet der Partner oder die Partnerin im Betrieb des anderen mehr, als von ihrer Unterhaltspflicht her eigentlich nötig wäre, haben sie einen Anspruch auf Entschädigung; dies allerdings nur, wenn die Mitarbeit die grundsätzliche Unterhaltspflicht erheblich übersteigt und der Betrieb auch tatsächlich einen Ertrag erwirtschaftet. Ab wann für eine solche Mitarbeit eine Entschädigung bezahlt werden muss, hängt von den konkreten Umständen (Dauer, Art und Umfang der Mitarbeit) ab. Nicht nur die Rollenverteilung in der Ehe ist dabei wesentlich, sondern auch der Ertrag des Betriebs. Hätte der Ertrag erlaubt, Arbeitskräfte zu bezahlen, ist die Entschädigung an den Partner oder die Partnerin geschuldet. Diese Entschädigung stellt nicht Lohn dar, sondern einen Ausgleich der wirtschaftlichen Vorteile, die durch die Mehrarbeit entstanden sind. Bei der Berechnung wird zudem berücksichtigt, was die mitarbeitende Ehepartei an Unterhalt und als Betrag zur freien Verfügung erhalten hat. Auch im Rahmen einer unselbständigen Erwerbstätigkeit kann ein Anspruch auf Entschädigung entstehen, zum Beispiel wenn die Frau eine Hauswartstelle hat und der Mann am Feierabend bei der Arbeit mithilft. Oft entsteht eine entschädigungspflichtige Mehrleistung dann, wenn zwischen den Eheparteien keine Einigung über die Rollenverteilung zustande gekommen ist und die eine Seite sich vor allem aus moralischen Gründen gezwungen sieht, mehr zu leisten. Auch wenn zum Beispiel der Ehemann die vereinbarte Leistung nicht erbringt, wird er entschädigungspflichtig. Geschieht dies aus bösem Willen oder Nachlässigkeit, rechtfertigt sich eine höhere Entschädigung, als wenn er beispielsweise durch Krankheit verhindert ist.

Ruth und Reinhard Sch. vereinbaren, dass Ruth die Tankstelle von Reinhard jeweils am Samstag und Sonntag aushilfsweise bedient und er in dieser Zeit die beiden Kleinkinder betreut. Bald jedoch ist Reinhard unter der Woche, aber auch am Wochenende, meist im Wirtshaus nebenan oder sonst irgendwo unterwegs. Ruth muss die Tankstelle praktisch sieben Tage die Woche bedienen, natürlich neben ihrer Arbeit als Hausfrau und Mutter. Ihr Beitrag ist erheblich höher, als von ihr gemäss Artikel 163 verlangt werden könnte und entspricht auch keineswegs der Vereinbarung zwischen den Eheleuten. Reinhard Sch. muss seiner Frau eine Entschädigung bezahlen.

Ein Anspruch auf Entschädigung kann auch entstehen ohne Mitarbeit im Betrieb oder Beruf des andern, wenn nämlich die eine Seite mehr zum Unterhalt der Familie beitragen muss, als eigentlich gerecht wäre (Art. 165 Abs. 2). Auch hier ist eine bedeutende Mehrleistung verlangt, welche erheblich über die grundsätzliche Unterhaltspflicht hinausgeht. Meist entsteht auch diese Mehrleistung, weil das Paar keine oder keine genügend klare Einigung über die Unterhaltsleistungen getroffen hat oder weil sich eine Seite nicht an die Abmachungen hält. Allerdings ist zu prüfen, ob nicht zwingende Gründe, etwa eine Krankheit, den Ehepartner hindern, seine Leistung zu erbringen.

Vreni und Kurt B. haben vereinbart, dass sie Erwerbsarbeit und Kinderbetreuung/Haushalt je zur Hälfte übernehmen. Tatsächlich ist es aber so, dass Vreni neben ihrer 50prozentigen Stelle weiterhin für die gesamte Hausarbeit und für den grössten Teil der Betreuung der beiden sechs und neun Jahre alten Kinder zuständig ist. Kurt verbringt die halbe Woche, in der er nicht arbeitet, und die Wochenenden meist mit Bergsteigen und Radfahren. Seine Hobbys kosten zudem viel Geld und belasten das Familienbudget stark. Vreni B. ist zusätzlich zu ihrer grösseren Arbeitsbelastung gezwungen, auch finanziell mehr zum Unterhalt der Familie beizusteuern. Sie verlangt deshalb von Kurt eine Entschädigung für ihre bedeutenden Mehrleistungen.

Wer seine Mehrleistung aufgrund eines vertraglichen Verhältnisses erbringt, hat keine weitere Entschädigung mehr zugut. Neben den in Absatz 3 von Artikel 165 aufgezählten Vertragsverhältnissen fallen unter diese Bestimmung auch Aufträge, Mietverträge, Kaufverträge, Schenkungen und anderes mehr. Dazu ein Beispiel:

Hanne B. hat ein renovationsbedürftiges Haus geerbt. Ihr Ehemann Erich, von Beruf Dachdecker, renoviert das Dach und den Dachstock, teilweise auch in Sonntagsarbeit. Er stellt seiner Frau Rechnung für das Material und für seinen Stundenaufwand gemäss Dachdeckertarifen. Daneben kann er keine weitere Entschädigung mehr fordern.

Erhalten Frau oder Mann eine ausserordentliche Entschädigung gestützt auf Artikel 165, bedeutet dies, dass sie ihre Leistung nicht unentgeltlich erbracht haben. Deshalb ist eine weitere Beteiligung am allfälligen Mehrwert einer Sache nach Güterrecht (siehe Art. 206 und 239) ausgeschlossen. Im Beispiel von Hanne und Erich B. bedeutet das, dass Erich B. an einer Erhöhung des Verkehrswerts der Liegenschaft nicht teilhaben kann.

Die ausserordentliche Entschädigung kann jederzeit verlangt werden. Sie verjährt während der Dauer der Ehe nicht. Sie sollte aber spätestens bei Auflösung der Ehe in der güterrechtlichen Auseinandersetzung geltend gemacht werden.

Wer vertritt wen während der Ehe?

F. Vertretung der ehelichen Gemeinschaft

Art. 166

[1] Jeder Ehegatte vertritt während des Zusammenlebens die eheliche Gemeinschaft für die laufenden Bedürfnisse der Familie.

[2] Für die übrigen Bedürfnisse der Familie kann ein Ehegatte die eheliche Gemeinschaft nur vertreten:

1. wenn er vom andern oder vom Richter dazu ermächtigt worden ist;
2. wenn das Interesse der ehelichen Gemeinschaft keinen Aufschub des Geschäftes duldet und der andere Ehegatte wegen Krankheit, Abwesenheit oder ähnlichen Gründen nicht zustimmen kann.

[3] Jeder Ehegatte verpflichtet sich durch seine Handlungen persönlich und, soweit diese nicht für Dritte erkennbar über die Vertretungsbefugnis hinausgehen, solidarisch auch den andern Ehegatten.

Diese Bestimmungen kommen vor allem zum Zug bei Geschäften der Familie, die nicht in bar abgewickelt werden. Auch die haushaltführende Ehepartei ohne eigenes Einkommen kann aufgrund dieses Artikels selbständig für die Familie sorgen. Heben die Eheleute das Zusammenleben auf, fällt das Vertretungsrecht dahin. Dasselbe gilt, wenn die Frau oder der Mann urteilsunfähig oder entmündigt wird.

Bestimmt werden die *laufenden Bedürfnisse* einerseits durch die konkrete Lebensführung einer bestimmten Familie und andererseits durch die allgemeine Lebenserfahrung darüber, was in ein Haushaltbudget gehört. Im Einzelfall werden die wirtschaftlichen Möglichkeiten und der bisherige Lebensstandard der Eheleute berücksichtigt. Die laufenden Bedürfnisse umfassen dasselbe wie der im alten Eherecht entwickelte Begriff der «Schlüsselgewalt»; dazu gehören Wohnungskosten, Nahrung, Wäsche und Kleider, Medikamente und Körperpflege, eine Haushalthilfe, gemeinsame Vergnügungen, Weiterbildung im üblichen Rahmen, Versicherungen etc. Es sind also alle Geschäfte abgedeckt, welche zum häuslichen Wirkungskreis einer haushaltführenden Person gehören und den üblichen alltäglichen Unterhalt der Familie decken. Nicht mehr zu den laufenden Bedürfnissen gehört beispielsweise der Kauf eines luxuriösen Autos, ein Hauskauf oder die Aufnahme eines Bankdarlehens.

Unter dem Begriff «*übrige Bedürfnisse* der Familie» wird in Absatz 2 die ausserordentliche Vertretung geregelt. Auch Absatz 2 gilt nur bei Zusammenleben der Eheleute. Wenn sie nicht zusammenleben, darf das Gericht nicht die eine Seite zur ausserordentlichen Vertretung ermächtigen.

Zur Ausübung der ausserordentlichen Vertretung müssen sich die Eheleute gegenseitig grundsätzlich ermächtigen oder vom Gericht ermächtigt werden. Die Ermächtigung durch den Gatten oder die Gattin ist an keine bestimmte Form gebunden. Sie kann ausdrücklich (mündlich oder schriftlich) oder stillschweigend erteilt werden oder sich aus den Umständen ergeben. Damit ein Ehegatte vom Gericht zur ausserordentlichen Vertretung ermächtigt wird, muss er oder sie ein berechtigtes Interesse dartun. Die richterliche Ermächtigung beschränkt sich auf ein bestimmtes Rechtsgeschäft oder eine bestimmte Art von Rechtsgeschäften; das Gericht kann keine generelle Vertretungsbefugnis einräumen:

Alois und Claudine M. streiten darüber, ob das schadhafte Dach des ehelichen Hauses repariert werden soll. Es regnet ins Mansardenzimmer, wo die Kinder mit der Eisenbahn spielen. Alois M. verweigert die Reparatur mit der Begründung, das Dach halte noch lange und ein paar Regentropfen auf dem Kopf schadeten niemandem. Das Gericht erachtet dies als ungerechtfertigt und rücksichtslos gegenüber der Familie und erteilt Claudine M. die Ermächtigung, die Reparatur in Auftrag zu geben.

Reicht bei einem dringlichen Geschäft die Zeit nicht mehr, um das Gericht zur Ermächtigung anzurufen, kommt Ziffer 2 von Absatz 2 zur Anwendung. Es handelt sich dabei um Notfälle, wenn der Gatte oder die Gattin zum Beispiel wegen Krankheit, Abwesenheit oder ähnlichen Gründen die notwendige Zustimmung nicht geben kann.

Dritte (zum Beispiel Verkäufer) müssen im Einzelfall nicht abklären, welche Ehepartei Vertragspartnerin ist, da ihnen gemäss Absatz 3 beide Seiten für den ganzen Betrag (also solidarisch) haften, solange sie einen gemeinsamen Haushalt führen. Weiss ein Verkäufer nicht, dass die Eheleute nicht mehr zusammenleben und schliesst er mit einer Ehepartei ein Geschäft ab, besteht die solidarische Haftung der Eheleute nicht mehr: Eheleute verpflichten durch Rechtsgeschäfte, die sie während einer Trennung abschliessen, nur sich selbst. Dritte werden also in ihrer Unkenntnis nicht geschützt, das Gesetz geht davon aus, dass es einfach sei abzuklären, ob Eheparteien getrennt leben oder nicht.

Schwierig ist aber für Dritte die Grenzziehung zwischen den laufenden und den übrigen Bedürfnissen der Familie und damit die Beantwortung der Frage, wer für ihre Forderung gerade stehen muss. Die solidarische Haftung der Eheleute tritt zwar unabhängig davon ein, ob die Drittperson weiss, dass die andere Vertragspartei verheiratet ist. Unwesentlich ist auch, ob eine Ehepartei ausdrücklich im Namen der Gemeinschaft auftritt. Einziges Kriterium ist der Zweck des Geschäftes: Dient es den laufenden Bedürfnissen der Familie, haften die Eheleute solidarisch, bei den übrigen Bedürfnissen nur, wenn sie dem Geschäft zugestimmt haben. Dritte sind aber bei Überschreitungen der Vertretungsbefugnis geschützt, wenn sie nach der Lebensführung der Eheleute davon ausgehen durften, dass diesen ein Geschäft für die Befriedigung laufender Bedürfnisse diene. Gegen aussen haften auch in diesem Fall beide Eheleute; intern tragen sie die Schulden gegenüber Dritten gemäss ihrer Rollenverteilung.

Martina R. bestellt im Fachgeschäft eine teure Sitzgruppe aus Leder; ihr Mann ist nicht dabei. Dem Geschäftsführer sind die R.s als ziemlich wohlhabend bekannt. Kann er davon ausgehen, dass die Sitzgruppe zu den laufenden Bedürfnissen der Familie gehört? Oder soll er zur Sicherheit doch besser darauf bestehen, dass auch Herr R. den Kaufvertrag mit unterschreibt?

Berufstätigkeit miteinander absprechen

Art. 167

G. Beruf und Gewerbe der Ehegatten

Bei der Wahl und Ausübung seines Berufes oder Gewerbes nimmt jeder Ehegatte auf den andern und das Wohl der ehelichen Gemeinschaft Rücksicht.

Rücksichtnahme in diesem Artikel heisst, dass die Eheleute vor dem Entscheid für eine bestimmte Arbeitsstelle miteinander das Gespräch suchen und prüfen, ob diese für die Partnerin oder den Partner und für das Familienleben tragbar ist. Hauptsächlich müssen sie abklären, ob einerseits die Betreuung der Kinder und des Haushalts sichergestellt ist und ob andererseits die gewünschte Tätigkeit genügend Verdienst für den Unterhalt der Familie sichert.

Hans K. hat ohne Absprache mit seiner Frau seine Bürostelle gekündigt, weil er sich beruflich verändern möchte. Annegret K. betreut die beiden zwei- und vierjährigen Kinder und führt den Haushalt; sie kann also nicht noch einer Erwerbsarbeit nachgehen. Erst nach einiger Zeit findet Hans K. eine ihm genehme Arbeit, allerdings zu einem um einen Viertel tieferen Lohn. Die vierköpfige Familie lebt bis dahin vom Ersparten. Dabei ist aber das Existenzminimum nur knapp gedeckt, und auch in Zukunft kann der Lebensstandard wegen dieses Wechsels nicht mehr gehalten werden. Hans K. hat seine Pflicht zur Rücksichtnahme verletzt.

Verletzt eine Ehepartei die Rücksichtnahmepflicht, kann die andere das Eheschutzgericht anrufen. Das Gericht kann allerdings nur mahnen; es gibt keine direkten Mittel, um die Rücksichtnahmepflicht durchzusetzen. Unter Umständen kann das Gericht der klagenden Seite aber das Getrenntleben gestatten.

Rechtsgeschäfte unter Eheleuten

Art. 168

H. Rechtsgeschäfte der Ehegatten
I. Im allgemeinen

Jeder Ehegatte kann mit dem andern oder mit Dritten Rechtsgeschäfte abschliessen, sofern das Gesetz nichts anders bestimmt.

In beschränktem Umfang können die Eheleute wählen, ob sie zur Erreichung eines Ziels Mittel des Familienrechts oder des Obligationen- beziehungsweise

Sachenrechts einsetzen wollen. Zum Beispiel hilft der Mann bei Ferienablösungen in der Arztpraxis seiner Frau mit und schliesst dazu einen Arbeitsvertrag laut OR ab. Folglich kann diese Arbeitsleistung nicht auch noch gemäss dem familienrechtlichen Artikel 165 als ausserordentlicher Beitrag einer Ehepartei entschädigt werden.

Das Gesetz bestimmt aber Schranken für die Rechtsgeschäfte unter Eheparteien. Es gibt Grenzen unabhängig vom Zivilstand einer Person, zum Beispiel die Bestimmung, dass niemand auf seine Rechts- und Handlungsfähigkeit verzichten kann (siehe Art. 27, Seite 53). Das Versprechen einer Ehegattin, sie werde im Scheidungsfall unter allen Umständen auf eine Entschädigungsrente verzichten, würde gegen diesen Artikel 27 verstossen. Genauso wenig können Eheleute auf ihnen zustehende eheliche Rechte, zum Beispiel auf die gegenseitige Auskunftspflicht, im vornherein verzichten (siehe Art. 170). Die güterrechtliche Ordnung kann von den Eheleuten nicht durch einen Gesellschaftsvertrag ersetzt werden; Güterstände können nicht beliebig ausgestaltet, aufgehoben oder geändert werden.

Auch das Obligationenrecht setzt Grenzen, zum Beispiel mit der Bestimmung, dass ein Abzahlungs- und Vorauszahlungsvertrag zu seiner Gültigkeit der Zustimmung beider Eheleute bedarf, falls diese einen gemeinsamen Haushalt führen und die Verpflichtung 1000 Franken übersteigt.

Bei schweren Verletzungen der Rechtsordnung sind Rechtsgeschäfte ungültig und nicht rechtswirksam. Andere Verletzungen führen lediglich zu Ermahnungen durch das Eheschutzgericht oder bilden Gründe für ein Scheidungsverschulden.

Die Wohnung der Familie

II. Wohnung der Familie

Art. 169

¹ Ein Ehegatte kann nur mit der ausdrücklichen Zustimmung des andern einen Mietvertrag kündigen, das Haus oder die Wohnung der Familie veräussern oder durch andere Rechtsgeschäfte die Rechte an den Wohnräumen der Familie beschränken.

² Kann der Ehegatte diese Zustimmung nicht einholen oder wird sie ihm ohne triftigen Grund verweigert, so kann er den Richter anrufen.

Artikel 169 gilt unabhängig vom Güterstand der Eheleute, und zwar bis zur Auflösung der Ehe, sei es durch Scheidung oder gerichtliche Ehetrennung. Zur

Familienwohnung gehören sämtliche Räumlichkeiten, die nach dem Willen der Eheleute dauernd als gemeinsame Unterkunft dienen. Keine Familienwohnungen sind dagegen Zweit-, vor allem Ferien- und Wochenendwohnungen, da nur der Mittelpunkt des Familienlebens geschützt ist. Die Wohnung bleibt während der ganzen Dauer der Ehe Familienwohnung, auch wenn der gemeinsame Haushalt aufgehoben oder die Scheidung eingereicht wird. Grundsätzlich ist unwichtig, wer die Familienwohnung gemietet hat beziehungsweise Eigentümer ist.

Ist das Benützungsrecht an der ehelichen Wohnung vertraglich an eine hauptberufliche oder hauptgewerbliche Tätigkeit der einen Ehepartei gebunden (zum Beispiel bei der Hauswartwohnung), gilt der Schutz von Artikel 169 nicht. Jede Ehepartei hat das Recht, frei über ihr Arbeitsverhältnis zu entscheiden. Allerdings ist sie verpflichtet, auf die andere Seite und die Familie Rücksicht zu nehmen, doch kann diese Pflicht nicht zwangsweise durchgesetzt werden.

Was bedeutet, das Haus oder die Wohnung «veräussern»? Damit ist zum Beispiel gemeint: verkaufen, verschenken, tauschen, in eine Gesellschaft einbringen, vermieten, daran ein Nutzniessungs- oder Wohnrecht begründen. Auch für die Untermiete, den Verkauf eines Miteigentumsanteils oder das Begehren um Auflösung von Miteigentum (siehe Art. 646 ff., Seite 542) braucht ein Ehepartner die Zustimmung des anderen. Wie weit die Errichtung von Hypotheken einer Zustimmung bedarf, ist in der Rechtslehre umstritten. Mehrheitlich wird vertreten, dass dies nur dann der Fall sei, wenn das Geschäft tatsächlich mit der Absicht abgeschlossen wird, indirekt der Familie die Wohnung zu entziehen. Eine Hypothekarbelastung bis zu 80 Prozent des Verkehrswerts stellt noch kein solches Umgehungsgeschäft dar und bedarf der Zustimmung nicht.

Die Zustimmung kann schriftlich oder mündlich, vor oder nach dem Abschluss des Geschäfts erteilt werden. Sie muss aber ausdrücklich sein und darf sich nicht bloss aus den Umständen ergeben. Die Zustimmung darf nur aus triftigen Gründen, das heisst im wohlverstandenen Interesse der ehelichen Gemeinschaft verweigert werden. Verkauft eine Ehepartei ohne Zustimmung die Familienwohnung, so ist das Rechtsgeschäft ungültig und nicht rechtswirksam. Ist eine Ehepartei abwesend, muss das Eheschutzgericht entscheiden, ob die andere Seite allein bestimmen darf oder ob kein Rechtsgeschäft im Sinn von Artikel 169 vorliegt. Das Gericht kann nicht anstelle der Gattin oder des Gatten zustimmen.

Parallel zu Artikel 169 wurde im Mietrecht Artikel 271a OR zum Schutz der Familienwohnung eingeführt: Der Vermieter muss seine Kündigung nicht nur der Ehepartei, die seine Vertragspartnerin ist, mitteilen, sondern separat auch an die andere Seite richten. Beide Eheleute haben genau die gleichen Rechte gegen die Kündigung, zum Beispiel können beide die Erstreckung des Mietverhältnisses verlangen. Sie können ihre Rechte getrennt (die Rechte der mietenden Ehepartei müssen von der anderen im eigenen Namen geltend gemacht werden) oder gemeinsam ausüben.

Eheleute sind sich Auskunft schuldig

Art. 170

J. Auskunftspflicht

¹ Jeder Ehegatte kann vom andern Auskunft über dessen Einkommen, Vermögen und Schulden verlangen.

² Auf sein Begehren kann der Richter den andern Ehegatten oder Dritte verpflichten, die erforderlichen Auskünfte zu erteilen und die notwendigen Urkunden vorzulegen.

³ Vorbehalten bleibt das Berufsgeheimnis der Rechtsanwälte, Notare, Ärzte, Geistlichen und ihrer Hilfspersonen.

Artikel 170 postuliert gegenseitiges Vertrauen und Offenheit auch in finanziellen Belangen. Dies ist eine unabdingbare Voraussetzung für die Festlegung der Rollenverteilung und der Beiträge zum Unterhalt der Familie. Auch wenn eine Ehe getrennt wird, bleibt die Auskunftspflicht bestehen.

Die Auskunftspflicht besteht ohne jede Einschränkung. Das Auskunftsbegehren braucht deshalb nicht begründet zu werden. Allerdings muss ein schutzwürdiges Interesse vorhanden sein. Grundsätzlich müssen sich die Eheleute unaufgefordert über wesentliche Veränderungen in ihren finanziellen Verhältnissen orientieren. Dies trifft zum Beispiel zu auf Gehaltserhöhungen oder -einbussen, welche die Lebensführung der Familie verändern könnten. Eheleute haben gegenseitig ein Einsichtsrecht in die Belege, welche für die Beurteilung der konkreten Finanzlage, sei dies in bezug auf das Einkommen, das Vermögen oder die Schulden, wichtig sind. Ein Beispiel:

Der 58 Jahre alte Anton N. ist Aussendienstmitarbeiter in einer Aktiengesellschaft, von der er selbst einige Aktien besitzt. Im Scheidungsprozess muss er auf Begehren seiner Gattin Belege über sein gesamtes Erwerbseinkommen einreichen, auch über seine Pauschalspesen, Zulagen, Gratifikationen, Provisionen, Dienstaltersgeschenke, Gewinnbeteiligungen, Kapitalerträge etc. Auskunft verlangt Annabella N. auch über sein Vermögen, sei dies in Form von Ersparnissen, Wertpapieren (die Aktien seines Arbeitgebers), Forderungen gegenüber Dritten etc.

Verweigert eine Seite die Auskunft, hat die andere zwei Möglichkeiten: Sie ruft das Gericht an gemäss Artikel 170, oder sie verlangt gestützt auf Artikel 185 vor Gericht die Anordnung der Gütertrennung.

Die Ehepartei, welche Auskunft will, kann selber keine direkten Informationen von Drittpersonen erzwingen. Dazu braucht es einen Entscheid des Gerichts. Dritte können lediglich freiwillig Auskünfte erteilen, solange sie nicht an ein Amts- oder Berufsgeheimnis gebunden sind. Grundsätzlich kann jede urteilsfähige natürliche oder juristische Person durch das Gericht zur Auskunft verpflichtet werden. Vorbehalten sind die in Absatz 3 genannten Personen, also Rechtsanwälte, Ärzte, Notare und Geistliche. Bewusst sind gewisse Kategorien wie Banken, Vermögensverwaltungsfirmen, Treuhandfirmen und Revisoren nicht ausgenommen. Sie sind wie alle anderen Personen zur Auskunft verpflichtet und können sich nicht auf ein Zeugnisverweigerungsrecht nach kantonalen Prozessordnungen berufen: Auskunft geben ist nicht dasselbe wie Zeugnis ablegen.

Der Schutz der ehelichen Gemeinschaft

Hängt der Haussegen so schief, dass eine Ehepartei ans Eheschutzgericht gelangt, hat dieses zu vermitteln und zu entscheiden. Es steht ihm aber nicht zu, dort einzugreifen, wo die Eheleute selbst über die Ausgestaltung ihrer Ehe bestimmen wollen. Nicht die richterliche Vorstellung darüber, wie eine Ehe sein sollte, ist der Massstab; die von den Eheleuten bisher gelebte Ehe ist ausschlaggebend. Leitidee ist aber ein partnerschaftliches Eheverständnis.

Das Eheschutzverfahren wird im summarischen Verfahren durchgeführt. Es handelt sich um ein besonders rasches Verfahren, in dem die vorgebrachten Tatsachen lediglich glaubhaft gemacht, aber nicht bewiesen werden müssen. Die Beweismittel sind beschränkt.

Der Eheschutz zielt darauf ab, eine gefährdete Ehe wieder ins Lot zu bringen und allenfalls ein definitives Scheitern zu verhindern. Sobald eine Scheidungs- oder Trennungsklage eingereicht wird, ist für ein Eheschutzverfahren kein Platz mehr. Zuständig für die Regelungen der persönlichen und finanziellen Verhältnisse zwischen den Eheleute wird dann das Scheidungsgericht im Rahmen vorsorglicher Massnahmen (siehe Art. 145, Seite 149).

Die Eheberatungsstellen

Art. 171

K. Schutz der ehelichen Gemeinschaft
I. Beratungsstellen

Die Kantone sorgen dafür, dass sich die Ehegatten bei Eheschwierigkeiten gemeinsam oder einzeln an Ehe- oder Familienberatungsstellen wenden können.

Bei ehelichen Schwierigkeiten nehmen Eheleute oft lieber Beratungsstellen in Anspruch als das Eheschutzgericht. Mit Eheberatung meint das Gesetz in Artikel 171 nicht Psychotherapie im medizinischen Sinn, sondern vielmehr Partnerschafts-, Familien- oder einfach Lebensberatung. Weigert sich zum Beispiel die Frau, an Beratungsgesprächen teilzunehmen, führt dies nicht direkt zu einem Vorwurf mit Rechtsfolgen. Das Mitmachen bei einer Beratung ist keine gesetzliche Pflicht und macht sowieso nur Sinn, wenn es aus freien Stücken geschieht. Allerdings kann die Tatsache, dass sie sich grundsätzlich weigert, beim Überwinden ehelicher Schwierigkeiten mitzuhelfen, als Pflichtverletzung und damit als Verschulden an einer allfälligen Scheidung angesehen werden.

Die Kantone müssen nicht eigene Beratungsstellen einrichten. Sie können auch auf bestehende private Stellen verweisen und diese oder neue Beratungsstellen fördern. Dabei müssen sie darauf achten, dass nicht nur bestimmte weltanschauliche oder religiöse Beratungsstellen zur Verfügung stehen, sondern auch «neutrale» Ansprechpartnerinnen und -partner.

Wann greift das Gericht ein?

Art. 172

II. Richterliche Massnahmen
1. Im allgemeinen

[1] Erfüllt ein Ehegatte seine Pflichten gegenüber der Familie nicht oder sind die Ehegatten in einer für die eheliche Gemeinschaft wichtigen Angelegenheit uneinig, so können sie gemeinsam oder einzeln den Richter um Vermittlung anrufen.

[2] Der Richter mahnt die Ehegatten an ihre Pflichten und versucht, sie zu versöhnen; er kann mit ihrem Einverständnis Sachverständige beiziehen oder sie an eine Ehe- oder Familienberatungsstelle weisen.

[3] Wenn nötig, trifft der Richter auf Begehren eines Ehegatten die vom Gesetz vorgesehenen Massnahmen.

Der grundlegende Eheartikel 159 setzt in seinen Absätzen 2 und 3 den Rahmen für eheliche Pflichtverletzungen. Solche Pflichtverletzungen müssen ernsthafter Natur sein, kleinere Schwächen haben die Eheleute gegenseitig zu ertragen. Allerdings können sich unter scheinbaren Kleinigkeiten grosse Probleme eines Ehepaares verbergen, so dass keine allzu strengen Voraussetzungen für ein Eheschutzverfahren verlangt werden dürfen.

Das Partnerschaftsbild des neuen Eherechts verlangt von Frau und Mann eine grosse Kooperationsbereitschaft. Streiten sich die Eheleute um politische und religiöse Ansichten oder um Geschmacksfragen, darf sich das Gericht dazu nicht äussern. Meinungsverschiedenheiten gehören dazu; das Gericht soll nur eingreifen, wenn der Lebensnerv der ehelichen Gemeinschaft bedroht ist, zum Beispiel wenn darüber gestritten wird, wo der eheliche Wohnsitz sein soll, oder wenn es um Fragen der Kindererziehung geht.

Zuerst versucht das Gericht zu vermitteln, die Meinungsverschiedenheit zu klären und eine Aussöhnung herbeizuführen. In einer Ermahnung kann das Gericht auch mit Autorität auf eine eheliche Pflicht hinweisen; es kann jedoch ein Verhalten weder durch zivil- noch strafrechtliche Sanktionen erzwingen. Wenn die Ermahnung nichts fruchtet, hat die klagende Ehepartei die Möglichkeit, in einer zweiten Runde richterliche Massnahmen (siehe Art. 173 bis 178) zu verlangen.

Konflikte im psychischen Bereich (zum Beispiel im Sexualleben oder bei Persönlichkeitsveränderungen einer Ehepartei) sind für das Gericht schwer zu beurteilen. Es kann deshalb die Eheleute, wenn diese einverstanden sind, zur Klärung solcher Fragen an Eheberatungsstellen verweisen oder selber Sachverständige (medizinische oder psychologische Fachleute, Sozialarbeiter, Seelsorger etc.) beiziehen.

Sieht das Eheschutzgericht, dass Kindesschutzmassnahmen nötig sind, hat es die Pflicht, die Vormundschaftsbehörde zu benachrichtigen. Selber hat es keine Kompetenz, solche Massnahmen anzuordnen.

Die Massnahmen während des Zusammenlebens

Art. 173

2. Während des Zusammenlebens
a. Geldleistungen

^{1} Auf Begehren eines Ehegatten setzt der Richter die Geldbeiträge an den Unterhalt der Familie fest.

^{2} Ebenso setzt er auf Begehren eines Ehegatten den Betrag für den Ehegatten fest, der den Haushalt besorgt, die Kinder betreut oder dem andern im Beruf oder Gewerbe hilft.

^{3} Die Leistungen können für die Zukunft und für das Jahr vor Einreichung des Begehrens gefordert werden.

Art. 174

b. Entzug der Vertretungsbefugnis

¹ Überschreitet ein Ehegatte seine Befugnis zur Vertretung der ehelichen Gemeinschaft oder erweist er sich als unfähig, sie auszuüben, so kann ihm der Richter auf Begehren des andern die Vertretungsbefugnis ganz oder teilweise entziehen.

² Der Ehegatte, der das Begehren stellt, darf Dritten den Entzug nur durch persönliche Mitteilung bekanntgeben.

³ Gutgläubigen Dritten gegenüber ist der Entzug nur wirksam, wenn er auf Anordnung des Richters veröffentlicht worden ist.

Streit ums Geld

Ein häufiger Streitpunkt zwischen Eheleuten ist die Höhe des finanziellen Bedarfs der Familie und die Verteilung der Kosten auf Mann und Frau. Unter dem Begriff Unterhalt in Artikel 173 werden alle Geldmittel, Naturalien und Dienstleistungen verstanden, die zusammen den Lebensbedarf der Familie abdecken. Sind Mittel über diesen Bedarf hinaus vorhanden, streiten sich die Eheparteien allenfalls auch über die Aufteilung dieses Freibetrags. Oder sie sind sich uneinig darüber, wer mehr an den Unterhalt beitragen muss, wenn die Mittel zur Deckung des Lebensbedarfs nicht ausreichen. Das Gericht geht bei der Festlegung der Geldbeiträge von der bisher gelebten Rollenverteilung der Eheleute aus, es sei denn, gerade diese sei umstritten, weil nie eine Einigung darüber zustande kam.

Sind beide Seiten erwerbstätig und verfügen sie über ein vergleichbares Einkommen, haben sie grundsätzlich gleich hohe Geldbeiträge zu leisten. Verdient eine Seite merklich weniger, wird dies verhältnismässig berücksichtigt. Zudem muss der Mehrfachbelastung einer Seite Rechnung getragen werden; Hauptbeispiel ist die Frau, welche neben der Hausarbeit und der Betreuung der Kinder auch noch voll oder teilweise erwerbstätig ist. Die Erziehungs- und Betreuungsarbeit wird wie eine Geldleistung als Beitrag an den ehelichen Unterhalt angerechnet. Wenn der Ehemann soviel verdient, dass er für den Unterhalt der ganzen Familie ohne weiteres aufkommen kann, wird von der mehrfach belasteten Ehefrau kein finanzieller Beitrag verlangt. Sind Mann und Frau für Haushalt und Kinderbetreuung je zur Hälfte zuständig und daneben zu 50 Prozent erwerbstätig, werden die Unterhaltskosten den Einkommen entsprechend verteilt.

Reichen die Mittel nicht aus, prüft das Gericht, ob und wieweit beide Eheparteien ihre Leistungsfähigkeit ausbauen können. Es kann sein, dass zum Beispiel wegen einer Krankheit der Partnerin der Ehemann stärker belastet wird; aufgrund der Beistandspflicht (siehe Art. 159, Seite 186) ist er zur Mehrleistung verpflichtet. Nötig könnte zum Beispiel sein, dass eine Ehepartei ihre individuelle Lebensgestaltung ändert und eine besser bezahlte Stelle oder eine Vollzeitarbeit sucht. In diesem Sinn geht das Gericht bei der Berechnung der Beiträge der Eheleute allenfalls nicht vom erzielten, sondern vom erzielbaren, sogenannt hypothetischen, Einkommen aus.

Oft möchte eine Seite an der bisher gelebten Aufgabenteilung und den finanziellen Beiträgen etwas ändern, die andere aber nicht. Eine solche Veränderung wird vom Gericht bewilligt, wenn dadurch die Stellung der sich widersetzenden Ehepartei nicht in unzumutbarer Weise verschlechtert wird. Grundsätzlich haben beide Eheleute die Freiheit, einen selbstgewählten Beruf auszuüben. Eine haushaltführende Frau kann folglich arbeiten gehen, auch wenn der Haushalt in Zukunft mit weniger Aufwand betrieben wird. Allerdings wird dann von ihr ein finanzieller Beitrag verlangt. Anders liegt der Fall zum Beispiel, wenn ein Ehemann seine Arbeitstätigkeit ohne zwingenden Grund aufgeben will. Dies bringt eine wesentliche Verschlechterung für die Frau mit sich, und sie muss sich diese Veränderung nicht gefallen lassen. Verlassen Kinder den Haushalt, ist dies in der Regel kein Grund, von der haushaltführenden Mutter (oder vom Vater) nun eine Erwerbstätigkeit zu verlangen.

Können sich die Eheleute schon zu Anfang ihrer Ehe nicht über Aufgaben und Beitragsleistung einigen, wird das Gericht in der Regel von einer hälftigen Beteiligung beider an Erwerbstätigkeit und Haushalt ausgehen. Sind Kinder da, weicht es von dieser Regel ab, soweit das Kindeswohl dies verlangt. Das Gericht hat aber bezüglich der Rollenverteilung kein Weisungsrecht; es kann nur ermahnen. Über die Höhe der finanziellen Beiträge kann es die Aufgabenteilung jedoch indirekt beeinflussen.

Unterhaltsbeiträge können für die Zukunft und rückwirkend verlangt werden. Haben die Parteien vor dem Eheschutzverfahren noch nicht getrennt gelebt, werden die Beiträge für das Jahr vor Einreichung des Begehrens ausgesprochen. Bei getrennt lebenden Eheleuten können die Beiträge ab Beginn der Trennung verlangt werden.

Entzug der Vertretungsbefugnis

Beide Eheparteien sind während ihres Zusammenlebens dazu berechtigt, die eheliche Gemeinschaft für die laufenden Bedürfnisse der Familie zu vertreten (siehe Art. 166 Abs. 1). Wird diese Vertretungsbefugnis zum Beispiel vom Ehegatten missbraucht, kann die Gattin beim Gericht verlangen, dass ihm die Vertretung ganz oder teilweise entzogen wird (Art. 174).

Eine Übertretung der Vertretungsbefugnis liegt immer dann vor, wenn ein einzelnes Geschäft die laufenden Bedürfnisse der Familie übersteigt oder wenn mehrere Geschäfte zusammen das Budget der Familie sprengen. Die Überschreitung muss offenkundig sein, da die Grauzone zwischen gerechtfertigten und übertriebenen Ausgaben gross ist.

Unfähig zur Vertretung der Familie ist eine Ehepartei, wenn sie, sei es aus Unfähigkeit oder bösem Willen, sich nicht an die wirtschaftlichen Möglichkeiten hält. Eine alkoholsüchtige Ehefrau, die zuviel Geld für ihren «Stoff» ausgibt, ist gleichermassen unfähig, wie der Ehemann, der soviel Geld in seine Segeljacht steckt, dass die Grundbedürfnisse der Familie zu kurz kommen. Auch einem Ehepartner, der die Familie uneinsichtig immer tiefer in Schulden treibt, kann die Vertretungsbefugnis entzogen werden. Im Rahmen der Haushaltführung wird dazu offenkundig unvernünftiges Wirtschaften verlangt.

Absatz 2 von Artikel 174 will verhindern, dass der Entzug der Vertretungsbefugnis in einem grösseren Personenkreis veröffentlicht und dadurch die Persönlichkeit des oder der Betroffenen verletzt wird. Die persönliche Mitteilung kann durch Brief, Telefon oder im direkten Gespräch geschehen. Das Gericht darf den Entzug der Vertretungsbefugnis nur veröffentlichen (Abs. 3), wenn die persönliche Mitteilung nicht ausreicht, um Dritte zu schützen. In diesem Fall wird die Veröffentlichung im Amtsblatt vorgenommen. Mit dem Entzug der Vertretungsbefugnis bleibt die betroffene Ehepartei handlungsfähig; sie verpflichtet sich durch ihre Geschäfte aber nur noch selber.

Der gemeinsame Haushalt wird aufgehoben

3. Aufhebung des gemeinsamen Haushaltes
a. Gründe

Art. 175

Ein Ehegatte ist berechtigt, den gemeinsamen Haushalt für solange aufzuheben, als seine Persönlichkeit, seine wirtschaftliche Sicherheit oder das Wohl der Familie durch das Zusammenleben ernstlich gefährdet ist.

b. Regelung des Getrenntlebens

Art. 176

¹ Ist die Aufhebung des gemeinsamen Haushaltes begründet, so muss der Richter auf Begehren eines Ehegatten:

1. die Geldbeiträge, die der eine Ehegatte dem andern schuldet, festsetzen;

2. die Benützung der Wohnung und des Hausrates regeln;

3. die Gütertrennung anordnen, wenn es die Umstände rechtfertigen.

² Diese Begehren kann ein Ehegatte auch stellen, wenn das Zusammenleben unmöglich ist, namentlich weil der andere es grundlos ablehnt.
³ Haben die Ehegatten unmündige Kinder, so trifft der Richter nach den Bestimmungen über die Wirkungen des Kindesverhältnisses die nötigen Massnahmen.

Liegen die gesetzlichen Voraussetzungen für Artikel 175 vor, kann die betroffene Ehepartei, auch ohne Erlaubnis des Gerichts, getrennt leben. Schlägt zum Beispiel ein jähzorniger und alkoholabhängiger Ehemann seine Frau und die Kinder, sind diese berechtigt, den gemeinsamen Haushalt zu verlassen oder den Mann aus der Familienwohnung auszusperren. Damit der Frau aber in einem späteren Scheidungsverfahren keine Pflichtverletzung (böswilliges Verlassen oder Aussperren) und damit ein Verschulden vorgeworfen werden kann, sollte sie die desolate familiäre Situation, Verletzungen und weitere Gefährdungen von einer Ärztin oder einem Psychologen schriftlich bestätigen lassen. Solche Zeugnisse sind auch empfehlenswert für den Gang zum Eheschutzgericht, wenn vor dem Auszug ein Gesuch um Aufhebung des gemeinsamen Haushalts gestellt wird. Das Gesetz nennt drei Gründe für eine Aufhebung:
– Gefährdung der Persönlichkeit: Gemeint ist neben der Gefährdung des guten Rufs vor allem die Gefährdung der Gesundheit durch körperliche oder seelische Misshandlungen und Drohungen. Missachtet beispielsweise der Ehemann die Sexualsphäre seiner Frau, verletzt er sie andauernd durch grobes oder streitsüchtiges Verhalten oder schränkt er sie durch unzumutbare Kontrolliererei zu sehr ein, sind dies ebenfalls Gründe, die das Getrenntleben rechtfertigen.
– Eine Gefährdung der wirtschaftlichen Sicherheit liegt dann vor, wenn der Notbedarf der Familie nicht mehr gedeckt ist.
– Bei der Gefährdung des Familienwohls geht es vor allem um physische und psychische Gefährdungen der Eheleute und Kinder zum Beispiel als Folge von Alkoholismus oder Drogensucht. Auch wenn Eltern sich unablässig so streiten, dass die Kinder darunter leiden, ist dies eine Gefährdung des Familienwohls.

Die Aufhebung des gemeinsamen Haushalts ist so lange berechtigt, als die Gefährdung andauert. Dem Gericht ist es nur selten möglich, den Entscheid im voraus zu befristen.
Die Folgen der Aufhebung des gemeinsamen Haushalts treten unabhängig davon ein, ob das Eheschutzgericht angegangen wurde oder nicht. Die Eheleute haben kein Recht mehr, die eheliche Gemeinschaft zu vertreten (siehe Art. 166, Seite 195), und haften deshalb auch nicht mehr solidarisch für die

Haushaltschulden. In der Regel werden getrennt lebende Eheleute separat besteuert. Weitere Massnahmen ordnet das Gericht nur an, wenn eine Partei dies verlangt; mit einer Ausnahme: Wenn unmündige Kinder von der Auflösung des ehelichen Haushalts betroffen sind, muss das Eheschutzgericht von Amtes wegen die nötigen Anordnungen treffen. Folgende Regelungen kann das Gericht auf Begehren einer Ehepartei anordnen:
- **Geldbeitrag**: Je nach Rollenverteilung und Beitragsart in der bisherigen Ehe entscheidet das Gericht, ob die eine Eheseite der andern einen Geldbeitrag schuldet. Bei der vorübergehenden Auflösung des gemeinsamen Haushalts muss die haushaltführende Seite nur ausnahmsweise eine Erwerbstätigkeit neu aufnehmen oder ausdehnen. Das Gericht berücksichtigt die Einkünfte und die nicht in Geld ausdrückbaren Leistungen der Eheleute (Kinderbetreuung etc.) und legt schliesslich den Beitrag fest, den zum Beispiel der Mann der Frau zu zahlen hat. Auch der Betrag zur freien Verfügung (siehe Art. 164) ist geschuldet, wenn genügend Mittel vorhanden sind. Bleibt ein Freibetrag übrig, wird er in der Regel hälftig geteilt. Oft bringen aber zwei Haushalte soviel höhere Kosten, dass beide Parteien Abstriche an der bisherigen Lebenshaltung hinnehmen müssen. Die Unterhaltsbeiträge können für die Zukunft und, wenn das Getrenntleben schon mehr als ein Jahr gedauert hat, auch für ein Jahr zurück beantragt werden (mehr zur Berechnung der Unterhaltsbeiträge beim Getrenntleben, siehe Art. 145, Seite 149, Kommentar Seite 151).
- **Zuteilung der Wohnung oder des Hauses**: Die eheliche Wohnung wird (wie bei den vorsorglichen Massnahmen im Scheidungsprozess, siehe Seite 150) nach Kriterien der Zweckmässigkeit zugeteilt. Meist hat der Elternteil, bei dem die Kinder in Obhut sind, das grössere Interesse daran, in der Wohnung zu bleiben. In kinderlosen Ehen sind die Kriterien für die Zuteilung berufliche Bedürfnisse, Alter und Gesundheit der Eheleute. Die Eigentumsverhältnisse werden nur herangezogen, wenn die anderen Faktoren nicht zu einem Entscheid führen. Auch für die Zuteilung von Mobiliar und Hausrat sind die Eigentumsverhältnisse erst in zweiter Linie bedeutsam. Mann und Frau sollen für die vorübergehende Trennung das Notwendigste für einen eigenen Haushalt zur Verfügung haben. Das Gericht kann ein Hausverbot für eine Ehepartei aussprechen oder befehlen, dass weggeführter Hausrat wieder zurückgebracht wird.
- **Die Gütertrennung** wird angeordnet, wenn wirtschaftliche Interessen gefährdet sind. Allerdings werden zuerst andere, weniger einschneidende Massnahmen geprüft, zum Beispiel eine Verfügungsbeschränkung über bestimmte Vermögenswerte oder eine Sicherstellung. Mit Eintritt der Gütertrennung verlieren die Eheleute ihre gegenseitigen Ansprüche auf die Hälfte der Errungenschaft. Dies ist vor allem für die Ehepartei nachteilig, welche nicht erwerbstätig ist, also auch nichts auf die Seite legen kann.

Solche Anordnungen können auch getroffen werden, wenn ein Zusammenleben der Eheleute nicht möglich ist, weil die eine Seite die andere grundlos verlassen hat oder weil ein Partner für längere Zeit abwesend ist, etwa wegen einer Haftstrafe oder einem Alkoholentzug (Art. 176 Abs. 2). Zieht ein Ehepaar wieder zusammen, fallen die Regelungen des Getrenntlebens von Gesetzes wegen dahin, mit Ausnahme einer allenfalls angeordneten Gütertrennung oder der Verfügungsbeschränkungen über bestimmte Vermögenswerte.

Massnahmen für die Kinder

Kindesschutzmassnahmen (die Anordnung einer Beistandschaft, den Entzug der elterlichen Obhut etc.) darf das Eheschutzgericht nicht anordnen. Wenn solche notwendig sind, muss die Vormundschaftsbehörde orientiert werden. Alle weiteren im Gesetz für Kinder vorgesehenen Massnahmen liegen aber in der Kompetenz des Eheschutzgerichts. Es wird also zum Beispiel die Obhut über die Kinder einem Elternteil zusprechen, das Besuchsrecht des andern Elternteils umschreiben und einen Beitrag an den Unterhalt jedes Kindes festlegen.

Die Obhut über die Kinder wird grundsätzlich nach den gleichen Kriterien zugeteilt wie bei den vorsorglichen Massnahmen während der Scheidung oder für die Scheidung selbst (siehe Art. 145 und 156, Seite 153 und 175). Allerdings ist die eheschutzrichterliche Trennung nur eine vorübergehende. Deshalb wird im Eheschutzverfahren vor allem geprüft, wie die Nachteile dieser vorübergehenden Trennung für die Kinder so gering wie möglich gehalten werden können. Ein ganz wichtiges Kriterium ist die bisherige Betreuungssituation, welche aus Gründen der Kontinuität und Stabilität nach Möglichkeit beibehalten wird, und die Tatsache, dass ein Elternteil die Kinder persönlich betreuen kann. Dem Elternteil, der die Kinder nicht bei sich hat, wird ein Besuchsrecht eingeräumt.

Der Elternteil, der die Obhut über die Kinder nicht erhält, muss auch bei der eheschutzrichterlichen Trennung einen Unterhaltsbeitrag zahlen. Diese Unterhaltsbeiträge werden nach den Grundsätzen des Kindesrechts (siehe Art. 285, Seite 300) und des Scheidungsrechts (siehe Art. 145, Seite 154, und 156, Seite 178) festgelegt. Sie sollen den Bedürfnissen des Kindes sowie der Lebensstellung und Leistungsfähigkeit der Eltern entsprechen. Der Betrag ist unabhängig vom Besuchsrecht geschuldet. Er darf auch nicht gekürzt werden, weil zum Beispiel der besuchsberechtigte Vater die Kinder mehr sehen möchte oder weil das Besuchsrecht von der Mutter gestört wird. Macht das Kind gemeinsam mit dem unterhaltsverpflichteten Elternteil Ferien, sind die Unterhaltsbeiträge auch für diese Zeit geschuldet. Werden die Kinderalimente nicht bezahlt, kann auch bei der eheschutzrichterlichen Trennung die unentgeltliche Inkassohilfe beansprucht und eine Bevorschussung beantragt werden (siehe Art. 290 und 293 Abs. 2, Seite 305).

Massnahmen zur finanziellen Absicherung

Art. 177

4. Anweisungen an die Schuldner

Erfüllt ein Ehegatte seine Unterhaltspflicht gegenüber der Familie nicht, so kann der Richter dessen Schuldner anweisen, ihre Zahlungen ganz oder teilweise dem andern Ehegatten zu leisten.

Art. 178

5. Beschränkungen der Verfügungsbefugnis

^{1} Soweit es die Sicherung der wirtschaftlichen Grundlagen der Familie oder die Erfüllung einer vermögensrechtlichen Verpflichtung aus der ehelichen Gemeinschaft erfordert, kann der Richter auf Begehren eines Ehegatten die Verfügung über bestimmte Vermögenswerte von dessen Zustimmung abhängig machen.

^{2} Der Richter trifft die geeigneten sichernden Massnahmen.

^{3} Untersagt er einem Ehegatten, über ein Grundstück zu verfügen, lässt er dies von Amtes wegen im Grundbuch anmerken.

Mit Artikel 177 wird der Ehefrau (seltener dem Mann), die einen Unterhaltsbeitrag zugut hat, der Zugriff auf das Einkommen ihres Mannes an der Quelle eröffnet. Diese Massnahme wird angeordnet, wenn eine Zweckentfremdung der Mittel, beispielsweise wegen Verschwendung oder Suchtabhängigkeit, droht. Auch künftige, regelmässige Unterhaltsbeiträge können so sichergestellt werden. In den meisten Fällen wird der Arbeitgeber des erwerbstätigen Ehemannes angewiesen, einen bestimmten Teil des Lohnes direkt an die Frau zu überweisen. Die Anweisung kann aber auch an andere Schuldner und Schuldnerinnen gerichtet sein, etwa an die Stelle, welche eine AHV- oder IV-Rente auszahlt.

Eine solche Massnahme berührt die Persönlichkeits der betroffenen Ehepartei stark (Ansehen vor Dritten, Gefahr, den Arbeitsplatz zu verlieren, etc.). Sie wird deshalb nur angeordnet, wenn die Unterhaltsbeiträge tatsächlich ganz oder teilweise ausbleiben. Eine Verzögerung oder ein ausnahmsweises Ausbleiben reichen nicht aus. Die Massnahme kann angeordnet werden unabhängig davon, ob die Eheleute noch im gemeinsamen Haushalt oder schon getrennt leben. Eine ernsthafte Gefahr für die finanzielle Sicherheit der Familie liegt vor, wenn zum Beispiel Hausrat beiseite geschafft wird, die Familienwohnung übermässig mit Hypotheken belastet wird oder wenn existenzsichernde Ersparnisse aufgelöst werden. In solchen Fällen kann eine Ehepartei vom Gericht verlangen, dass es der anderen die Verfügung über Teile des ehelichen Vermögens entzieht (Art. 178). Es reicht aus, wenn die bisherige Lebenshaltung der Familie aufs Spiel gesetzt wird, man muss nicht warten, bis die Familie am Rand der Existenz steht.

Gesichert werden vor allem die finanziellen Verpflichtungen für die Familie, also der Beitrag an den Unterhalt (Art. 163), der angemessene Betrag zur freien Verfügung für die haushaltführende Seite (Art. 164) und die Entschädigung für ausserordentliche Beiträge (Art. 165). Beim Güterstand der Errungenschaftsbeteiligung kann auch der Anspruch auf den halben Vorschlag geschützt werden.

Wer eine solche Beschränkung der Verfügung über das Vermögen verlangt, muss eine ernsthafte und aktuelle Gefährdung seiner Interessen glaubhaft machen. Ernsthafte Eheschwierigkeiten allein reichen dafür nicht aus. Ein Anzeichen für eine Gefährdung kann zum Beispiel sein, dass eine Ehepartei die Auskunft über Einkommen und Vermögen verweigert oder falsche Angaben macht. Das Gericht bestimmt individuell, welche Vermögenswerte in einem konkreten Fall von der Beschränkung betroffen sind. Mit einer Sicherheitsleistung (zum Beispiel Hinterlegen von Wertpapieren) kann die Verfügungsbeschränkung abgewendet werden.

Die Handlungsfähigkeit der betroffenen Ehepartei wird von der Verfügungsbeschränkung nicht berührt. Sie begründet weiterhin durch ihre sämtlichen Handlungen Rechte und Pflichten. Aber über die vom Gericht bezeichneten Vermögenswerte kann sie nicht mehr allein bestimmen. Das Gericht muss sicherstellen, dass die Massnahme nicht unterlaufen werden kann, dass also für eine zukünftige Verfügung auch tatsächlich die Zustimmung beider Eheleute eingeholt werden muss. Dazu wird es der betroffenen Ehepartei vor allem Geld, Wertpapiere oder Wertgegenstände abnehmen und beispielsweise hinterlegen. Auch über Grundstücke kann mit der Kanzleisperre eine Verfügungsbeschränkung angeordnet werden.

Wenn die Verhältnisse ändern

Art. 179

6. Veränderung der Verhältnisse

¹ Verändern sich die Verhältnisse, so passt der Richter auf Begehren eines Ehegatten die Massnahmen an oder hebt sie auf, wenn ihr Grund weggefallen ist.

² Nehmen die Ehegatten das Zusammenleben wieder auf, so fallen die für das Getrenntleben angeordneten Massnahmen mit Ausnahme der Gütertrennung dahin.

Sind Eheschutzmassnahmen für eine bestimmte Zeit angeordnet worden, fallen sie mit Ablauf der Frist ohne weiteres dahin. Ausgenommen sind Anordnungen über die Kinder, wenn die Eltern den gemeinsamen Haushalt nicht wieder aufgenommen haben. Bei unbefristeten Massnahmen kann jede Ehepartei die Aufhebung oder Anpassung verlangen, wenn sich die Verhältnisse erheblich verändert haben. Gründe für die Anpassung können etwa neue wirtschaftliche Verhältnisse, die berufliche Entwicklung, der bessere Gesundheitszustand und anderes mehr sein.

Leben die Eheleute wieder zusammen, fallen mit Ausnahme von Gütertrennung und Verfügungsbeschränkungen alle Massnahmen für das Getrenntleben automatisch dahin. Diese Wiedervereinigung muss aber vorbehaltlos geschehen und auf Dauer angelegt sein. Wollen die Eheleute den ausserordentlichen Güterstand der Gütertrennung loswerden, können sie ihn vom Gericht aufheben lassen oder in einem Ehevertrag ihren alten oder einen neuen Güterstand vereinbaren.

Wer ist zuständig?

Art. 180

7. Zuständigkeit

¹ Zuständig für Eheschutzmassnahmen ist der Richter am Wohnsitz eines Ehegatten.

² Haben die Ehegatten verschiedenen Wohnsitz und verlangen beide Eheschutzmassnahmen, so ist der Richter zuständig, der zuerst angerufen wird.

³ Für die Änderung, Ergänzung oder Aufhebung der getroffenen Massnahmen ist der Richter am bisherigen Gerichtsstand zuständig oder, wenn kein Ehegatte seinen Wohnsitz mehr dort hat, der Richter am neuen Wohnsitz eines Ehegatten.

Diese Zuständigkeitsbestimmungen gelten nicht nur für die Eheschutzmassnahmen, welche im Gesetz unter dem Titel «Schutz der Gemeinschaft» festgehalten sind (Art. 171 ff.), sondern auch für die anderen im Gesetz umschriebenen Schutzmöglichkeiten (zum Beispiel Art. 166, Abs. 2 Ziff. 1, Art. 169 und 170).

Das Güterrecht der Eheleute

Das Güterrecht regelt die Auswirkung der Ehe auf das Vermögen der Eheleute. Folgende Grundfragen sind dabei zu lösen: Wem gehört was während der Ehe? Wer verwaltet was, und wer kann und darf worüber verfügen? Wer haftet wann, und wer ist für welche Schulden verantwortlich? Wie wird das eheliche Vermögen bei der Auflösung der Ehe auseinandergesetzt, das heisst auseinandergenommen und verteilt?

Das Gesetz sieht drei verschiedene Güterrechtsmodelle vor. Die beiden Extreme sind die Gütergemeinschaft und die Gütertrennung. Bei der Gütergemeinschaft werden die Vermögen beider Eheparteien zum Gesamtgut vereinigt. Das gemeinsame Eigentum wird gemeinsam verwaltet und genutzt, und die Eheleute verfügen zusammen darüber. Im Gegensatz dazu behält bei der Gütertrennung jede Seite das Eigentum an allen Gütern genauso wie die Verwaltung, Nutzung und Verfügung darüber. Beide Güterstände haben wohl den Vorteil einer gewissen Einfachheit, werden aber den Bedürfnissen der Gemeinschaft und der Eheleute in den meisten Fällen nicht gerecht. Bei der Gütertrennung zum Beispiel hat die haushaltführende und kinderbetreuende Seite keinen Anteil an den Ersparnissen der erwerbstätigen Ehepartei. Umgekehrt können im Rahmen der Gütergemeinschaft notwendige Verwaltungs oder Verfügungsentscheide blockiert sein, wenn sich die Eheparteien ständig uneins sind. Das alte wie das neue Recht sehen deshalb einen weiteren, dazwischenliegenden Güterstand, die Errungenschaftsbeteiligung (im alten Recht die Güterverbindung), vor. Seit der Einführung des neuen Eherechts am 1. Januar 1988 stehen die meisten Ehepaare unter dem Güterstand der Errungenschaftsbeteiligung, bei dem grundsätzlich jede Ehepartei je zwei Vermögensmassen (Eigengut und Errungenschaft) besitzt, diese selbst verwaltet und nutzt und auch selbständig darüber verfügt.

Das neue Güterrecht gilt für alle Ehen, die seit dem 1. Januar 1912 (Inkrafttreten des ZGB) geschlossen wurden und nach dem 1. Januar 1988 immer noch bestehen. Ordentlicher Güterstand ist die Errungenschaftsbeteiligung. Sämtliche unter altem Recht abgeschlossenen Eheverträge gelten weiter; der darin festgelegte altrechtliche Güterstand wird beibehalten (Ausnahme: Verträge auf Gütertrennung, die den neuen Artikeln 247 ff. unterstellt sind). Für Ehepaare, welche unter altem Recht einen Ehevertrag abgeschlossen haben, empfiehlt es sich, diesen von einer Fachperson auf die heutigen Bedürfnisse überprüfen zu lassen.

Mit dem Inkrafttreten des neuen Eherechts ist das Güterrechtsregister aufgehoben worden. Eheverträge müssen nicht mehr eingetragen werden und

bedürfen für ihre Gültigkeit auch keiner Zustimmung der Vormundschaftsbehörden mehr.
Der erste Abschnitt des Güterrechts enthält allgemeine Vorschriften (Art. 181 bis 195a). Der ordentliche Güterstand der Errungenschaftsbeteiligung wird im zweiten (Art. 196 bis 220), die Gütergemeinschaft im dritten Abschnitt (Art. 221 bis 246) und die Gütertrennung am Schluss (Art. 247 bis 251) des Güterrechts behandelt.

Allgemeine Vorschriften zum Güterrecht

Sechster Titel: Das Güterrecht der Ehegatten

Erster Abschnitt: Allgemeine Vorschriften

Art. 181

A. Ordentlicher Güterstand

Die Ehegatten unterstehen den Vorschriften über die Errungenschaftsbeteiligung, sofern sie nicht durch Ehevertrag etwas anderes vereinbaren oder der ausserordentliche Güterstand eingetreten ist.

Das Güterrecht bietet den Eheleuten Wahlmöglichkeiten: Sie können zum Beispiel die Gütertrennung oder die Errungenschaftsbeteiligung als ihren Güterstand bestimmen und den gewählten Güterstand innerhalb bestimmter Schranken auch ehevertraglich abändern. Die Errungenschaftsbeteiligung wird als *ordentlicher oder gesetzlicher Güterstand* bezeichnet, weil sie immer dann automatisch eintritt, wenn die Eheleute keine bestimmte Wahl getroffen haben.

Der ausserordentliche Güterstand der Gütertrennung (ausserordentlich, weil er von den Eheleuten nicht frei gewählt wird) tritt ein entweder auf Begehren einer Seite beim Gericht oder automatisch, wenn bestimmte Voraussetzungen vorliegen, welche die Ehe in wirtschaftlicher Hinsicht gefährden (siehe Art. 185, Seite 218). Der ausserordentliche Güterstand der Gütertrennung kann also gegen den Willen beider Eheleute oder mindestens gegen den Willen einer Seite eintreten.

Der Ehevertrag

B. Ehevertrag
I. Inhalt des Vertrages

Art. 182

¹ Ein Ehevertrag kann vor oder nach der Heirat geschlossen werden.

² Die Brautleute oder Ehegatten können ihren Güterstand nur innerhalb der gesetzlichen Schranken wählen, aufheben oder ändern.

II. Vertragsfähigkeit

Art. 183

¹ Wer einen Ehevertrag schliessen will, muss urteilsfähig sein.

² Unmündige oder Entmündigte brauchen die Zustimmung ihres gesetzlichen Vertreters.

III. Form des Vertrages

Art. 184

Der Ehevertrag muss öffentlich beurkundet und von den vertragschliessenden Personen sowie gegebenenfalls vom gesetzlichen Vertreter unterzeichnet werden.

Der Ehevertrag ist ein Rechtsgeschäft unter Eheleuten, welches einer bestimmten Form unterliegt (Art. 184). Im Ehevertrag kann ein Güterstand bestimmt, aber auch an die individuellen Bedürfnisse des Ehepaares angepasst werden. Die Eheleute wählen also zum Beispiel die Gütergemeinschaft und ändern die Regeln für die güterrechtliche Auseinandersetzung, je nachdem, ob die Auseinandersetzung nach einem Todesfall, einer Scheidung oder wegen eines Wechsels des Güterstandes während der Ehe stattfindet. Als Basis muss allerdings auch im Ehevertrag immer einer der drei vom Gesetz vorgesehenen Güterstände gewählt werden.

Wirksam wird ein Ehevertrag, sobald er öffentlich beurkundet ist, und gilt dann meistens rückwirkend, was bedeutet, dass für die ganze Ehedauer nach den vertraglich vereinbarten Regeln abgerechnet wird. Die Kantone bestimmen, in welcher Weise auf ihrem Gebiet die Beurkundung vorgenommen wird. Die in Artikel 184 festgehaltenen Minimalvorschriften müssen auf jeden Fall eingehalten werden. Praktisch schliesst heute höchstens jedes zehnte Ehepaar einen Ehevertrag ab.

Wann tritt der ausserordentliche Güterstand ein?

Art. 185

C. Ausserordentlicher Güterstand
I. Auf Begehren eines Ehegatten
1. Anordnung

¹ Die Gütertrennung wird auf Begehren eines Ehegatten vom Richter angeordnet, wenn ein wichtiger Grund dafür vorliegt.

² Ein wichtiger Grund liegt namentlich vor:

1. wenn der andere Ehegatte überschuldet ist oder sein Anteil am Gesamtgut gepfändet wird;
2. wenn der andere Ehegatte die Interessen des Gesuchstellers oder der Gemeinschaft gefährdet;
3. wenn der andere Ehegatte in ungerechtfertigter Weise die erforderliche Zustimmung zu einer Verfügung über Gesamtgut verweigert;
4. wenn der andere Ehegatte dem Gesuchsteller die Auskunft über sein Einkommen, sein Vermögen und seine Schulden oder über das Gesamtgut verweigert;
5. wenn der andere Ehegatte dauernd urteilsunfähig ist.

³ Ist ein Ehegatte dauernd urteilsunfähig, so kann sein gesetzlicher Vertreter auch aus diesem Grund die Anordnung der Gütertrennung verlangen.

Art. 186

2. Zuständigkeit

Zuständig ist der Richter am Wohnsitz eines Ehegatten.

Art. 187

3. Aufhebung

¹ Die Ehegatten können jederzeit durch Ehevertrag wieder ihren früheren oder einen andern Güterstand vereinbaren.

² Ist der Grund der Gütertrennung weggefallen, so kann der Richter auf Begehren eines Ehegatten die Wiederherstellung des früheren Güterstandes anordnen.

Art. 188

II. Bei Konkurs und Pfändung
1. Bei Konkurs

Wird über einen Ehegatten, der in Gütergemeinschaft lebt, der Konkurs eröffnet, so tritt von Gesetzes wegen Gütertrennung ein.

Art. 189

2. Bei Pfändung
a. Anordnung

Ist ein Ehegatte, der in Gütergemeinschaft lebt, für eine Eigenschuld betrieben und sein Anteil am Gesamtgut gepfändet worden, so kann die Aufsichtsbehörde in Betreibungssachen beim Richter die Anordnung der Gütertrennung verlangen.

Art. 190

b. Zuständigkeit

¹ Das Begehren richtet sich gegen beide Ehegatten.
² Zuständig ist der Richter am Wohnsitz des Schuldners.

Art. 191

3. Aufhebung

¹ Sind die Gläubiger befriedigt, so kann der Richter auf Begehren eines Ehegatten die Wiederherstellung der Gütergemeinschaft anordnen.
² Die Ehegatten können durch Ehevertrag Errungenschaftsbeteiligung vereinbaren.

Art. 192

III. Güterrechtliche Auseinandersetzung

Tritt Gütertrennung ein, so gelten für die güterrechtliche Auseinandersetzung die Bestimmungen des bisherigen Güterstandes, sofern das Gesetz nichts anderes bestimmt.

Die Eheleute können den Güterstand der Gütertrennung freiwillig vertraglich wählen. Vom ausserordentlichen Güterstand wird dann gesprochen, wenn dieser von Gesetzes wegen eintritt, zum Beispiel nach einer gerichtlichen Trennung (siehe Art. 155, Seite 175) oder weil ihn das Gericht anordnet. Artikel 185 Absatz 1 gibt beiden Eheleuten die Möglichkeit, beim Gericht aus wichtigen Gründen einseitig die Aufhebung des bestehenden Güterstands und den Eintritt der Gütertrennung zu beantragen.

Die Gütertrennung als ausserordentlicher Güterstand bezweckt die Trennung der Vermögenswerte und damit der vermögensrechtlichen Interessen der Ehepartner. Er läuft nach den Regeln für die Gütertrennung, die in den Artikel 247 bis 251 (siehe Seite 251) festgehalten sind. Für den Übergang vom ursprünglichen zum ausserordentlichen Güterstand sind die Bestimmungen des ursprünglichen massgebend (Art. 192).

Auf Begehren einer Ehepartei

Frau oder Mann können vor Gericht die Gütertrennung beantragen, wenn wichtige Gründe vorliegen. In Artikel 185 Absatz 2 sind nicht alle möglichen wichtigen Gründe aufgeführt. Alles stellt einen solchen Grund dar, was den ordentlichen Gang des Güterstandes und damit die Ehe in wirtschaftlicher Hinsicht gefährdet, sei dies unter der Errungenschaftsbeteiligung oder der Gütergemeinschaft. Bei diesen beiden Güterständen besteht im Gegensatz zur Gütertrennung zwischen den Eheleuten eine enge wirtschaftliche Bindung. Eheschwierigkeiten beeinträchtigen diese wirtschaftliche Schicksalsgemein-

schaft oft so stark (oder umgekehrt führen wirtschaftliche Probleme zu Eheschwierigkeiten), dass für die vermögensrechtliche Verquickung keine Berechtigung mehr besteht. Dann macht die Gütertrennung Sinn. Vom Gesetz werden folgende Situationen genannt:
- **Überschuldung einer Ehepartei** (Art. 185 Abs. 2 Ziff.1): Da bei der Auflösung der Errungenschaftsbeteiligung die Vorschläge der Eheleute gegenseitig geteilt werden, besteht die Gefahr, dass die Ersparnisse der leichtsinnigen Ehepartei weitgehend ihren Gläubigern zufallen würden und die haushälterische Seite erst noch die Hälfte ihres Gesparten abgeben müsste. Bei der Gütergemeinschaft kann das Gesamtgut beider Eheleute in einen Konkurs der einen oder anderen Seite einbezogen werden.
- **Gefährdung der Interessen** (Ziff. 2): Diese Voraussetzung ist erfüllt, wenn die güterrechtlichen Ansprüche und Anwartschaften einer Ehepartei oder das wirtschaftliche Fortkommen der Familie gefährdet sind. Dem Gericht, welches eine Interessenabwägung vornimmt, steht ein grosser Ermessensspielraum zu. Droht zum Beispiel ein Ehemann, seine Errungenschaft zu vermindern, oder gibt er ohne Zustimmung seiner Gattin und ohne Grund die Erwerbstätigkeit auf, sind die Interessen von Frau und Kindern gefährdet. Dies trifft auch zu, wenn die Eheleute im Güterstand der Errungenschaftsbeteiligung unterschiedlich mit ihrem Geld wirtschaften, wie im folgenden Beispiel:

Donatella R. L. und Roland L., seit drei Jahren verheiratet, teilen sich Haushalt und Erwerbstätigkeit je zur Hälfte. Sie verdienen ungefähr gleich viel, nämlich ca. 3500 Franken monatlich. Je 2000 Franken legen sie in die gemeinsame Haushaltkasse. Aus dem restlichen Geld bezahlen sie Kleider, Taschengeld etc. und legen Ersparnisse an. Während Roland monatlich 1000 Franken auf die Seite legt, verbraucht Donatella ihren gesamten Verdienst. Regelmässig streiten sie sich über diese Situation, bis Roland schliesslich die Gütertrennung verlangt.

Bei der Gütergemeinschaft sind die gemeinsamen Interessen dann gefährdet, wenn zum Beispiel das Gesamtgut schlecht verwaltet wird und wenn Gegenstände aus dem Gesamtgut für Vollschulden einer Ehepartei gepfändet werden
- **Verweigerung der Zustimmung**: Ziffer 3 betrifft lediglich Ehepaare, welche in Gütergemeinschaft leben. In diesem Güterstand können die Eheleute ausserhalb der ordentlichen Verwaltung nur gemeinsam über das Vermögen verfügen. Im Streitfall kommt es zu Pattsituationen, die letztlich nur durch die Anordnung der Gütertrennung überwunden werden können. Ein typischer solcher Fall: Der Mann möchte mit den Mitteln des Gesamtguts einen Beruf oder ein Gewerbe ausüben, seine Frau versagt ihre Einwilligung dazu. Ungerechtfertigt ist eine solche Verweigerung, wenn eine Vermögensverfügung grundsätzlich im Interesse der Gemeinschaft läge und die Unterlassung das Gesamtgut schädigen würde.

- **Auskunftsverweigerung**: Mann und Frau sind gegenseitig zu Auskunft über ihr Einkommen, Vermögen und ihre Schulden verpflichtet (siehe Art. 170, Seite 201). Wird diese Auskunft verweigert oder muss eine Seite für jede Auskunft das Eheschutzgericht anrufen, kommt die Bestimmung von Ziffer 4 zur Anwendung. Grundsätzlich kann die auskunftsberechtigte Seite wählen, ob sie die Auskunft vor Eheschutzgericht erzwingen oder die Anordnung der Gütertrennung verlangen will.
- **Fehlende Urteilsfähigkeit** (Ziff. 5): Ob ein Ehepartner urteilsunfähig sei, wird grundsätzlich nach Artikel 16 (siehe Seite 43) bestimmt. Für eine bevormundete Ehepartei kann der Vormund auch aus anderen im Gesetz vorgesehenen wichtigen Gründen die Gütertrennung verlangen (Art. 185 Abs. 3).

Neben den in Artikel 185 Absatz 1 aufgeführten Gründen für die Anordnung der Gütertrennung nennt das Gesetz an anderer Stelle weitere Anwendungsfälle (zum Beispiel durch das Eheschutz- oder Massnahmegericht im Rahmen von Art. 176 Abs. 1 Ziff. 3 oder als vorsorgliche Massnahme im Scheidungsprozess nach Art. 145).

Ist der Schutz der Gütertrennung nicht mehr notwendig, haben die Eheleute die Möglichkeit, ihre güterrechtlichen Verhältnisse den neuen Umständen anzupassen (Art. 187 Abs. 1). Zum Beispiel kann die haushaltführende Ehegattin einseitig die Anpassung des Güterstands an die neuen guten Verdienstverhältnisse des Ehemannes, welche Ersparnisse erlauben, verlangen. Allerdings kommt Artikel 187 nur dann zum Zug, wenn die Gütertrennung auf Begehren einer Ehepartei und nicht von Gesetzes wegen eingetreten ist.

Konkurs und Pfändung einer Ehepartei

Artikel 188 bezweckt einerseits den Schutz der Interessen der in Gütergemeinschaft lebenden Eheparteien, wenn eine Seite verschuldet ist. Anderseits werden aber auch die Gläubiger vor unrechtmässigen Machenschaften der Eheleute geschützt. Auch Artikel 189 bezweckt, Gläubigerinnen und Gläubigern eine wirkungsvolle Zwangsvollstreckung zu ermöglichen. Die Artikel 188 bis 190 sind zwingendes Recht und können von den Eheparteien nicht abgeändert werden. Bei der Errungenschaftsbeteiligung ist eine solche gesetzliche Anordnung nicht notwendig, da der Güterstand in dieser Beziehung weitgehend der Gütertrennung entspricht.

Fällt die Notwendigkeit des Schutzes für die Gläubiger dahin, muss es den Eheleuten möglich sein, den ausserordentlichen Güterstand wieder abzuschütteln. Wollen sie wieder die Gütergemeinschaft eingehen, wird dies vom Gericht bewilligt, wenn alle Gläubiger befriedigt sind und der Wechsel im Interesse beider Eheparteien liegt (Art. 191 Abs. 1). Die Errungenschaftsbeteiligung können die Eheleute ohne richterliche Einwilligung in einem Ehevertrag vereinbaren (Art. 191 Abs. 2). Dazu müssen sie auch nicht warten, bis die Gläubiger befriedigt sind; der Konkurs oder die Verwertung des Anteils am Gemeinschaftsvermögen muss aber auch in diesem Fall abgeschlossen sein. Im Ehevertrag können die Eheleute auch die Gütertrennung wählen; nur die Gütergemeinschaft muss, zum Schutz der Gläubiger, vom Gericht genehmigt werden.

Schutz der Gläubiger

Art. 193

D. Schutz der Gläubiger

[1] Durch Begründung oder Änderung des Güterstandes oder durch güterrechtliche Auseinandersetzungen kann ein Vermögen, aus dem bis anhin die Gläubiger eines Ehegatten oder der Gemeinschaft Befriedigung verlangen konnten, dieser Haftung nicht entzogen werden.

[2] Ist ein solches Vermögen auf einen Ehegatten übergegangen, so hat er die Schulden zu bezahlen, kann sich aber von dieser Haftung so weit befreien, als er nachweist, dass das empfangene Vermögen hiezu nicht ausreicht.

Diese Bestimmung will verhindern, dass Eheleute durch Vermögensverschiebungen einzelne Werte der Haftung gegenüber ihren Gläubigern entziehen können. Ihr Schutz kommt auch dann zur Anwendung, wenn eine verschuldete Ehepartei vor der Auflösung des Güterstands eine Vorschlagsbeteiligung der anderen Seite überträgt. Drei Voraussetzungen sind verlangt:
− eine Veränderung in den güterrechtlichen Verhältnissen
− eine Forderung einer Gläubigerin oder eines Gläubigers
− ein Vermögenswert, der den Gläubigern durch eine Änderung der güterrechtlichen Verhältnisse entzogen wird

Die Ehepartei, auf welche ein Vermögenswert übergegangen ist, muss die Gläubiger befriedigen, soweit das Empfangene dazu ausreicht. Auf Schenkungen unter Eheleuten ist Artikel 193 nicht anwendbar (BGE 108 II 86). Ein Beispiel:
Vreni und Max L. wechseln vom Güterstand der Errungenschaftsbeteiligung zur Gütertrennung. Dabei erhält Vreni von Max einen Vorschlagsanteil von 100 000 Franken. Max hat vor dem Güterstandswechsel von einem Geschäftsfreund ein Darlehen erhalten, welches er nun nicht mehr zurückbezah-

len kann. Ein Jahr nach dem Güterstandswechsel wird Max L. betrieben, aber der Geschäftspartner kommt zu Verlust und geht nun gestützt auf Artikel 193 gegen Vreni L. vor. Sie haftet bis zum Betrag von 100 000 Franken. Hätte Max seiner Ehefrau die 100 000 Franken geschenkt, hätte der Gläubiger nicht darauf greifen können. Auch Artikel 128 SchKG greift nicht, da die Frist von sechs Monaten abgelaufen ist.

Wer ist zuständig bei Streit?

Art. 194

E. Zuständigkeit für Klagen über die güterrechtliche Auseinandersetzung

Für Klagen über die güterrechtliche Auseinandersetzung unter den Ehegatten oder ihren Erben ist zuständig:

1. bei Auflösung des Güterstandes durch Tod der Richter am letzten Wohnsitz des Verstorbenen;

2. bei Scheidung, Trennung, Ungültigerklärung der Ehe oder gerichtlicher Gütertrennung der Richter am hiefür geltenden Gerichtsstand;

3. in den übrigen Fällen der Richter am Wohnsitz des beklagten Ehegatten.

Gilt für Eheparteien ab einem bestimmten Zeitpunkt ein neuer Güterstand (zum Beispiel die Gütertrennung nach der Konkurseröffnung, siehe Art. 188, Seite 218, Kommentar Seite 221), muss die güterrechtliche Auseinandersetzung, mit anderen Worten das Verteilen des ehelichen Vermögens, folgen. Dies kann zu Streit führen. Dafür legt Artikel 194 den Gerichtsstand zwingend fest. Er gilt nur für einen Streit der Eheparteien untereinander beziehungsweise mit ihren Erben, nicht aber bei einem Streit zwischen einer Ehepartei und Dritten.

Gegenseitig das Vermögen verwalten

Art. 195

F. Verwaltung des Vermögens eines Ehegatten durch den andern

¹ Hat ein Ehegatte dem andern ausdrücklich oder stillschweigend die Verwaltung seines Vermögens überlassen, so gelten die Bestimmungen über den Auftrag, sofern nichts anderes vereinbart ist.

² Die Bestimmungen über die Tilgung von Schulden zwischen Ehegatten bleiben vorbehalten.

In vielen Ehen kommen Mann und Frau ausdrücklich oder stillschweigend überein, die Verwaltung des gesamten Vermögens dem oder der Geübteren von beiden zu übergeben. Dann gelten die vertragsrechtlichen Bestimmungen des Obligationenrechts, vor allem der Auftrag. Es kommt nicht darauf an, unter welchem Güterstand die Eheleute leben. Vermögensverwaltung bedeutet, dass die damit betraute Seite das Vermögen in seiner Gesamtheit erhalten und vermehren muss. Verwalten ist nicht nutzen, mit anderen Worten, einen anfallenden Ertrag darf sie nicht für sich verwenden. Allerdings besteht ein Anspruch auf Ersatz von Auslagen, aber ohne ausdrückliche Vereinbarung nicht auf Entgelt. Eheleute können auch eine andere Vertragsart als den Auftrag wählen, zum Beispiel ein Darlehen begründen oder einen Gesellschaftsvertrag abschliessen. Wer das Vermögen seines Ehepartners oder seiner Partnerin verwaltet, haftet für Schaden aus Verletzung der Sorgfaltspflicht. Der Verwaltungsauftrag kann jederzeit widerrufen werden.

Ein Inventar schafft Klarheit

G. Inventar

Art. 195*a*

[1] Jeder Ehegatte kann jederzeit vom andern verlangen, dass er bei der Aufnahme eines Inventars ihrer Vermögenswerte mit öffentlicher Urkunde mitwirkt.

[2] Ein solches Inventar wird als richtig vermutet, wenn es binnen eines Jahres seit Einbringen der Vermögenswerte errichtet wurde.

Das Inventar soll Auskunft darüber geben, welcher Ehepartei die einzelnen Vermögenswerte (Gegenstände, Bargeld, Forderungen) gehören. Bei der Gütertrennung wird dadurch festgelegt, was je den Eheparteien zusteht. Bei der Errungenschaftsbeteiligung und der Gütergemeinschaft wird durch das Inventar zudem belegt, welche Vermögenswerte jeder Ehepartei in welche Masse, das heisst ins Eigengut, in die Errungenschaft oder ins Gesamtgut, gehören. Das Vermögen der Eheleute umfasst auch die gegenseitigen Forderungen. Nicht erfasst werden aber die Schulden gegenüber Drittpersonen. Die Eheleute haben die Pflicht, bei der Errichtung eines Inventars mitzuwirken. Weigert sich eine Seite, kann die andere das Gericht anrufen.

Bei der Beurkundung werden übereinstimmende Erklärungen der Eheparteien nicht auf ihre Richtigkeit überprüft. Wer ein Inventar als unrichtig bezeichnet, muss den Beweis dafür mindestens innert der in Absatz 2 genannten Jahresfrist antreten.

Die Errungenschaftsbeteiligung: wenn nichts anderes abgemacht ist

Zweiter Abschnitt: Der ordentliche Güterstand der Errungenschaftsbeteiligung

Art. 196

A. Eigentumsverhältnisse
I. Zusammensetzung

Der Güterstand der Errungenschaftsbeteiligung umfasst die Errungenschaft und das Eigengut jedes Ehegatten.

Der Güterstand der Errungenschaftsbeteiligung unterscheidet vier Vermögensarten:
- Eigengut der Frau
- Errungenschaft der Frau
- Eigengut des Mannes
- Errungenschaft des Mannes

Alle Vermögenswerte werden einer dieser sogenannten Gütermassen zugeordnet. Das Risiko eines Wertverlustes, aber umgekehrt auch jeder Wertzuwachs, kommt der Masse zu, in welcher sich ein Vermögenswert befindet. In den folgenden Artikeln 197 bis 220 ist festgehalten, wie die Gütermassen zusammenspielen und wie beispielsweise mit der Situation umzugehen ist, wenn Schulden des Eigengutes der Ehefrau mit Vermögen aus der Errungenschaft des Ehemanns beglichen werden. Oft investieren Eheleute auch Geld in Vermögensgegenstände der anderen Seite. Oder grössere Anschaffungen, etwa ein Auto, werden mit Mitteln aus zwei oder mehreren Gütermassen finanziert, und es stellt sich die Frage, zu welcher Gütermasse das Auto denn gehört. Die Beantwortung solcher Fragen wird wichtig bei der Auflösung des Güterstands: Das Eigengut und die Errungenschaft gehören nämlich dem Gatten oder der Gattin je allein, an den Errungenschaften sind Eheleute aber gegenseitig je zur Hälfte wertmässig beteiligt.

Was gilt als Errungenschaft?

Art. 197

II. Errungenschaft

[1] Errungenschaft sind die Vermögenswerte, die ein Ehegatte während der Dauer des Güterstandes entgeltlich erwirbt.

² Die Errungenschaft eines Ehegatten umfasst insbesondere:
1. seinen Arbeitserwerb;
2. die Leistungen von Personalfürsorgeeinrichtungen, Sozialversicherungen und Sozialfürsorgeeinrichtungen;
3. die Entschädigungen wegen Arbeitsunfähigkeit;
4. die Erträge seines Eigengutes;
5. Ersatzanschaffungen für Errungenschaft.

Grundsätzlich bildet alles, was während der Ehe entgeltlich erworben wird, Errungenschaft. Ausgenommen sind Gegenstände, welche ausschliesslich dem persönlichen Gebrauch einer Ehepartei dienen oder als Ersatz für einen Wert des Eigenguts angeschafft wurden (siehe Art. 198 Ziff. 1 und 4, Seite 228).
Entgeltlich ist eine Leistung immer dann, wenn sie auf einer Gegenleistung beruht. Es kann sein, dass ein erworbener Gegenstand nur teilweise Entgelt für eine Leistung ist, zum Beispiel bei einer gemischten Schenkung. Wichtig ist, dass die Vermögenswerte während der Dauer des Güterstandes, also während der Ehe, erworben werden.
Neben den in Absatz 2 aufgezählten Vermögenswerten gibt es noch andere, die in die Errungenschaft fallen. Dazu gehört zum Beispiel der Unterhaltsbeitrag der einen Ehepartei an die andere (Art. 163), der Betrag zur freien Verfügung (Art. 164) etc. Die Errungenschaft umfasst nicht nur Aktiven, sondern auch Passiven, zum Beispiel die Hypothekarschulden auf einer Liegenschaft. Generell ist alles, was nicht ins Eigengut fällt, Errungenschaft.
- **Der Arbeitserwerb** (Art. 197 Abs. 2 Ziff. 1) umfasst Lohn aus unselbständiger und Einkommen aus selbständiger Erwerbstätigkeit. Dazu gehört auch der Gewinn eines Gewerbes oder Unternehmens, soweit er auf unternehmerische Tätigkeit zurückzuführen ist. Geschäftsgewinne, die beispielsweise aus betriebsfremden Kapitalverzinsungen stammen, fallen zwar auch in die Errungenschaft, aber aufgrund einer anderen Bestimmung (Ziff. 4).
Bei wirtschaftlich investiertem Kapital können nebst Zinsen auch Mehrwerte anfallen, insbesondere bei Liegenschaften. Ist das investierte Kapital Errungenschaft, gehört auch der Mehrwert in die Errungenschaft. Ist das Kapital hingegen Eigengut, ist zu unterscheiden zwischen den sogenannt industriellen und den konjunkturellen Mehrwerten. Industrielle Mehrwerte entstehen durch die wirtschaftliche Tätigkeit eines Ehepartners, also durch seine Arbeit und seinen Fleiss. Diese werden immer der Errungenschaft zugezählt (BGE 112 II 385). Konjunkturelle Mehrwerte dagegen entstehen durch die Wirtschaftslage, also durch den allgemeinen Aufschwung in einer Hochkon-

junktur. Sie werden, genau wie allfällige Verluste, der Masse zugeordnet, zu welcher der Vermögensgegenstand gehört. Es ist oft schwierig, industrielle und konjunkturelle Mehrwerte von einander abzugrenzen; ein Beispiel:
Eine Treuhänderin, spezialisiert auf Anlage in ausländische Papiere, legt auch ererbte Wertschriften (Eigengut) nach den neuesten Erkenntnissen ihres Berufs an. Der Mehrwert ihres Erbes fällt in ihre Errungenschaft. Hätte sie ihre ererbten Papiere lediglich verwaltet, würde ein Mehr- oder Minderwert, der aufgrund von Marktschwankungen zustande gekommen ist, ihrem Eigengut zugeordnet.

- **Die Leistungen von AHV, IV, ALV, Pensionskassen etc.** (Ziff. 2) fallen nur dann in die Errungenschaft, wenn sie während der Ehe ausbezahlt werden. Leistungen, welche erst nach der Auflösung des Güterstands anfallen (sogenannte Anwartschaften), werden in der güterrechtlichen Berechnung nicht berücksichtigt. Bei Scheidung werden die Anwartschaften auf solche Leistungen, die meist der Frau entgehen, über die Renten (siehe Art. 151 und 152) entschädigt. Wird aber zum Beispiel ein Pensionskassenkapital während des Güterstands ausbezahlt, wird es immer zu Errungenschaft, egal, aus welcher Gütermasse die Prämien dafür stammen. Lebensversicherungen mit einem Rückkaufswert oder private reine Risiko- und Todesfallversicherungen fallen nicht unter Ziffer 2.

- Unter die **Entschädigungen infolge Arbeitsunfähigkeit** (Ziff. 3) fallen vor allem Zahlungen von Sozial- und Haftpflichtversicherungen zum Beispiel nach einem Unfall.

- **Erträge des Eigengutes** (Ziff. 4) sind die sogenannten natürlichen Früchte (siehe Art. 643 Abs. 2, Seite 538), zu denen auch die zivilen Früchte gehören (Art. 757, Seite 639). Natürliche Früchte sind Erzeugnisse des Bodens und von Tieren; zivile Früchte sind periodisch wiederkehrende Leistungen aufgrund eines Rechtsverhältnisses, zum Beispiel die Zinsen aus einem Darlehensvertrag.

- Von einer **Ersatzanschaffung** (Ziff. 5) wird gesprochen, wenn ein Vermögenswert in der Errungenschaft durch einen anderen ersetzt wird, zum Beispiel wenn anstelle des vom Einkommen der Frau gekauften, zehn Jahre alten Sofas ein neues Modell angeschafft wird. Ersetzt werden können Gegenstände, aber auch Forderungen oder andere Rechte, etwa die Forderung aus einem Kaufvertrag durch ein Darlehen. Durch diesen Wert- oder Zweckersatz soll verhindert werden, dass ein Vermögen Substanz verliert.

Was gehört ins Eigengut?

Art. 198

III. Eigengut
1. Nach Gesetz

Eigengut sind von Gesetzes wegen:
1. die Gegenstände, die einem Ehegatten ausschliesslich zum persönlichen Gebrauch dienen;
2. die Vermögenswerte, die einem Ehegatten zu Beginn des Güterstandes gehören oder ihm später durch Erbgang oder sonstwie unentgeltlich zufallen;
3. Genugtuungsansprüche;
4. Ersatzanschaffungen für Eigengut.

Art. 199

2. Nach Ehevertrag

¹ Die Ehegatten können durch Ehevertrag Vermögenswerte der Errungenschaft, die für die Ausübung eines Berufes oder den Betrieb eines Gewerbes bestimmt sind, zu Eigengut erklären.

² Überdies können die Ehegatten durch Ehevertrag vereinbaren, dass Erträge aus dem Eigengut nicht in die Errungenschaft fallen.

Artikel 198 umschreibt zwingend und abschliessend, welche Vermögensgegenstände Eigengut sind. Eigengut gehört den Eheleuten je allein und ist von der Vorschlagsbeteiligung im Sinn von Artikel 215 ausgeschlossen. Die Erträge des Eigengutes fliessen aber in die Errungenschaft.
- **Gebrauchsgegenstände** (Art. 198 Ziff. 1) sind vor allem bewegliche Sachen. Bargeld kann nicht gebraucht, sondern nur verbraucht werden, insofern fällt es nicht unter die Gebrauchsgegenstände. Abgegrenzt werden müssen im Einzelfall auch Sammlungen und Wertgegenstände, zum Beispiel wertvolle Bilder oder Juwelen. Einerseits dienen diese als Kapitalanlage, anderseits aber befriedigen sie ausschliesslich Bedürfnisse der persönlichen Lebensgestaltung. Persönlicher Gebrauch meint, dass die Sache nur dem individuellen Gebrauch einer Ehepartei dient und nicht demjenigen der ehelichen Gemeinschaft. Das schliesst einen direkten oder indirekten Nutzen der anderen Seite oder der Kinder an dem Gegenstand aus. Massgebend für die Zuordnung ist vor allem das tatsächlich Gelebte. Womit, das heisst aus welcher Vermögensmasse, ein Gegenstand finanziert wurde, ist nicht von Bedeutung.
- **Eingebrachtes Gut, Erbe und Schenkungen**: Gehören im Sinn von Ziffer 2 meint Eigentum im weitesten Sinn, geht über den streng juristischen Begriff des Eigentums (siehe Art. 641, Seite 537) hinaus und umfasst alle

rechtlichen Zuordnungen von vermögenswerten Interessen. Ins Eigengut gehört zum Beispiel auch ein unentgeltlich zur Verfügung gestelltes Velo. Alles, was Eheparteien bei Beginn des Güterstands besitzen oder danach unentgeltlich erhalten, fällt ins Eigengut. Unentgeltlich bedeutet immer ohne Gegenleistung mindestens in wirtschaftlicher Hinsicht. Ausdrücklich aufgeführt wird in Ziffer 2 nur der Erbgang. Es gibt aber weitere Beispiele für unentgeltlichen Erwerb unter Lebenden, vor allem die Schenkung.
- **Die Genugtuungsansprüche** (Ziff. 3) decken den immateriellen Schaden ab, den jemand für physische oder psychische Leiden wegen einer Persönlichkeitsverletzung erhält. Die 5000 Franken beispielsweise, welche die Gattin nach einem schweren Autounfall vom Verursacher als Genugtuung erhält, gehören in ihr Eigengut.
- **Ersatzanschaffungen** auch des Eigenguts (Ziff. 4) gehören wieder ins Eigengut (siehe Seite 227).

Artikel 199 strebt die Besserstellung der gewerbetreibenden Ehepartei beim Tod des Gatten oder der Gattin an. Nach dem Tod treten die Erben, zu denen in der Regel auch die überlebende Ehepartei gehört, in die Vermögensrechte des oder der Verstorbenen ein. Zuerst findet aber die güterrechliche Auseinandersetzung statt, bei der jeder Ehepartei ihr Eigengut zugewiesen und ihr Anteil am Vorschlag festgelegt wird. Der Anteil des Verstorbenen bildet seine Erbschaft, welche die überlebende Ehepartei mit Nachkommen etc. teilen muss. Gehört nun zum Beispiel die Kleiderboutique einer Frau zum grossen Teil in ihre Errungenschaft, so kann sie in ernsthafte Schwierigkeiten geraten, wenn sie beim Tod ihres Mannes Erben auszahlen muss. Deshalb können Eheleute in einem Ehevertag vereinbaren, dass Vermögenswerte, welche für die Ausübung eines Berufs oder den Betrieb eines Gewerbes dienen, aus der Erbteilung herausgehalten werden. Praktisch kann damit Errungenschaftskapital ins Eigengut investiert und von der Vorschlagsbeteiligung ausgenommen werden. Auch der Ertrag aus den ins Eigengut umgeteilten Gegenständen kann von der Errungenschaft ferngehalten und ins Unternehmen reinvestiert werden.

Beruf in Artikel 199 meint eine selbständig ausgeübte wirtschaftliche Erwerbstätigkeit. Unter Gewerbe fallen nicht nur landwirtschaftliche und nichtlandwirtschaftliche Betriebe, sondern auch Unternehmensbeteiligungen; allerdings nur, wenn damit eine wirtschaftliche Tätigkeit verbunden ist und es sich nicht um eine reine Kapitalanlage handelt. Sobald Vermögenswerte aus der Errungenschaftsbeteiligung ins Eigengut gewiesen werden, fallen sie nicht mehr unter die Vorschlagsbeteiligung (siehe Art. 215, Seite 239).

Im Zweifelsfall Errungenschaft

Art. 200

IV. Beweis

¹ Wer behauptet, ein bestimmter Vermögenswert sei Eigentum des einen oder andern Ehegatten, muss dies beweisen.

² Kann dieser Beweis nicht erbracht werden, so wird Miteigentum beider Ehegatten angenommen.

³ Alles Vermögen eines Ehegatten gilt bis zum Beweis des Gegenteils als Errungenschaft.

Dieser Artikel regelt die Beweislast und die Folgen der Beweislosigkeit für den Fall, dass umstritten ist, welcher Ehepartei ein Vermögenswert gehört. Können weder die Frau noch der Mann ihr Eigentum beweisen, wird Miteigentum beider angenommen. Eine weitere gesetzliche Vermutung stellt Absatz 3 auf: Ist unklar, ob ein Vermögenswert einer Ehepartei dem Eigengut oder der Errungenschaft zuzuordnen ist, wird Errungenschaft angenommen.

Jeder und jede verfügt über das eigene Vermögen selbst

Art. 201

B. Verwaltung, Nutzung und Verfügung

¹ Innerhalb der gesetzlichen Schranken verwaltet und nutzt jeder Ehegatte seine Errungenschaft und sein Eigengut und verfügt darüber.

² Steht ein Vermögenswert im Miteigentum beider Ehegatten, so kann kein Ehegatte ohne die Zustimmung des andern über seinen Anteil verfügen, sofern nichts anderes vereinbart ist.

Im Gegensatz zum früheren Eheleitbild verwaltet und nutzt heute jede Ehepartei das eigene Vermögen (also Eigengut und Errungenschaft) selbst und verfügt auch eigenmächtig darüber. Diese Selbständigkeit gilt aber nur innerhalb der gesetzlichen Schranken, die über das ganze Eherecht verstreut sind. Artikel 169 zum Beispiel schränkt die Verfügungsfreiheit über die eheliche Wohnung oder das eheliche Haus ein. Steht ein Vermögenswert im Miteigentum beider Eheleute, müssen auch beide für Verfügungen darüber zustimmen.

Haftung gegenüber Dritten

C. Haftung gegenüber Dritten

Art. 202

Jeder Ehegatte haftet für seine Schulden mit seinem gesamten Vermögen.

Mann und Frau haften für ihre Schulden mit ihrem ganzen Vermögen (Vollhaftung); der Partner oder die Partnerin jedoch haftet nicht mit. Sämtliche Aktiven aus dem Eigengut und der Errungenschaft einer Ehepartei bilden das Haftungssubstrat, mit anderen Worten die Substanz, aus der Gläubiger ihre Forderungen gegen diese Ehepartei decken können. Die Unterscheidung zwischen Eigengut und Errungenschaft ist ohne Bedeutung. Artikel 202 ist zwingend, Eheleute können auch im Ehevertrag keine andere Haftungsordnung vereinbaren.

Schulden zwischen Eheleuten

D. Schulden zwischen Ehegatten

Art. 203

[1] Der Güterstand hat keinen Einfluss auf die Fälligkeit von Schulden zwischen Ehegatten.

[2] Bereitet indessen die Zahlung von Geldschulden oder die Erstattung geschuldeter Sachen dem verpflichteten Ehegatten ernstliche Schwierigkeiten, welche die eheliche Gemeinschaft gefährden, so kann er verlangen, dass ihm Fristen eingeräumt werden; die Forderung ist sicherzustellen, wenn es die Umstände rechtfertigen.

Schulden zwischen Eheleuten können bereits vor, aber auch während der Ehe begründet werden. Das frühere Zwangsvollstreckungsverbot zwischen Eheparteien, das heisst das Verbot der gegenseitigen Betreibung, ist abgeschafft worden (BGE 117 III 49). Allerdings müssen die Eheleute gegenseitig auf ihre Situation Rücksicht nehmen. Wenn also einer Ehepartei die Rückzahlung einer Schuld grosse Schwierigkeiten bereitet, muss die andere ihr Zahlungsfristen einräumen. Können sich die Eheleute über eine solche Frist nicht einigen, wird sie das Gericht festsetzen. Eine Stundung wird zum Beispiel gewährt, wenn der Schuldner bei sofortiger Bezahlung in so grosse Finanznöte geriete, dass er seinen Unterhaltspflichten gegenüber der Familie nicht mehr nachkommen könnte. Das Gericht wird im Streitfall alle Umstände prüfen, zum Beispiel auch die Fälligkeit anderer Schulden und die Liquidität des Schuldners. Zuständig für die Fristgewährung ist das Eheschutzgericht.

Auflösung der Errungenschaftsbeteiligung

Art. 204

E. Auflösung des Güterstandes und Auseinandersetzung
I. Zeitpunkt der Auflösung

¹ Der Güterstand wird mit dem Tod eines Ehegatten oder mit der Vereinbarung eines andern Güterstandes aufgelöst.

² Bei Scheidung, Trennung, Ungültigerklärung der Ehe oder gerichtlicher Anordnung der Gütertrennung wird die Auflösung des Güterstandes auf den Tag zurückbezogen, an dem das Begehren eingereicht worden ist.

Der Zeitpunkt der Auflösung des Güterstands fällt auf den Todestag einer Ehepartei oder auf den Tag der Vereinbarung eines anderen Güterstands. In die vermögensrechtliche Stellung des oder der Verstorbenen treten die Erben ein, zu denen in der Regel auch die überlebende Ehepartei gehört. Vor der erbrechtlichen Teilung muss die güterrechtliche Auseinandersetzung durchgeführt werden.

Bei Scheidung, gerichtlicher Trennung, Ungültigerklärung der Ehe oder bei der gerichtlichen Anordnung der Gütertrennung werden Eigengut und Errungenschaft der Eheparteien nach ihrem Bestand am Tag, da das Begehren eingereicht wurde, ausgeschieden (Abs. 2). Damit soll verhindert werden, dass die Eheparteien den Prozess in die Länge ziehen, um von erfolgreichen Geschäften der anderen Seite zu profitieren. Die Rückwirkung der Auflösung des Güterstands wirkt auch gegenüber Dritten, zum Beispiel Gläubigern.

Das Vermögen zurücknehmen und die Schulden regeln

Art. 205

II. Rücknahme von Vermögenswerten und Regelung der Schulden
1. Im allgemeinen

¹ Jeder Ehegatte nimmt seine Vermögenswerte zurück, die sich im Besitz des andern Ehegatten befinden.

² Steht ein Vermögenswert im Miteigentum und weist ein Ehegatte ein überwiegendes Interesse nach, so kann er neben den übrigen gesetzlichen Massnahmen verlangen, dass ihm dieser Vermögenswert gegen Entschädigung des andern Ehegatten ungeteilt zugewiesen wird.

³ Die Ehegatten regeln ihre gegenseitigen Schulden.

Art. 206

2. Mehrwertanteil des Ehegatten

¹ Hat ein Ehegatte zum Erwerb, zur Verbesserung oder zur Erhaltung von Vermögensgegenständen des andern ohne entsprechende Gegenleistung beigetragen und besteht im Zeitpunkt der Auseinandersetzung ein Mehrwert, so entspricht seine Forderung dem Anteil seines Beitrages und wird nach dem gegenwärtigen Wert der Vermögensgegenstände berechnet; ist dagegen ein Minderwert eingetreten, so entspricht die Forderung dem ursprünglichen Beitrag.

² Ist einer dieser Vermögensgegenstände vorher veräussert worden, so berechnet sich die Forderung nach dem bei der Veräusserung erzielten Erlös und wird sofort fällig.

³ Die Ehegatten können durch schriftliche Vereinbarung den Mehrwertanteil ausschliessen oder ändern.

Frau und Mann nehmen je ihre Vermögenswerte zurück, und zwar grundsätzlich in natura. Diese Bestimmung ist nötig, da die Vermögensmassen zweier Eheleute praktisch nie klar getrennt sind.

Oft gehören Vermögenswerte beiden Eheleuten zusammen, und auch bei Unklarheiten wird Miteigentum gesetzlich vermutet. Wer bekommt schliesslich einen Vermögenswert zugesprochen, wenn sich Mann und Frau darum streiten? Das Gericht kann einen solchen Gegenstand einer Seite ungeteilt zuweisen, es kann ihn auch körperlich teilen oder versteigern lassen und den Erlös verteilen. Die Versteigerung wird selten angeordnet, und die körperliche Teilung ist bei den wenigsten Sachen ohne Wertverlust möglich. Deshalb wird ein umstrittener Vermögenswert meist einer Ehepartei gegen eine angemessene Entschädigung ungeteilt zugesprochen. Vorrang hat, wer das grössere Interesse nachweisen kann. Ein überwiegendes Interesse wird zum Beispiel bejaht, wenn eine Ehefrau den gemeinsam erstandenen alten Bauernschrank allein restauriert hat (siehe auch Seite 172).

Oft kommt es vor, dass eine Seite der anderen bei einer grösseren Anschaffung finanziell hilft oder sich etwa an der Renovation einer Liegenschaft beteiligt. Dann hat sie Anspruch auf eine anteilsmässige *Beteiligung am Mehrwert* des Vermögensgegenstandes (allerdings nur am konjunkturellen Mehrwert, siehe auch Seite 226). Der Mehrwertanteil wird erst bei der güterrechtlichen Auseinandersetzung fällig. Einen Minderwert des Vermögensgegenstandes muss die Seite, die bloss beteiligt ist, nicht mittragen. Dazu ein Beispiel: *Sabina F. kauft für 300 000 Franken eine Wohnung auf ihren Namen. Sie bezahlt 200 000 aus ihrem Eigengut, und ihr Ehemann Roland trägt weitere 100 000 Franken bei, also einen Drittel des Kaufpreises. Als die F.s nach einigen Jahren scheiden, beträgt der Verkehrswert der Wohnung 600 000 Franken. Roland F. hat Anspruch auf Rückzahlung seiner 100 000 Franken und auf einen Drittel des Mehrwertanteils von 300 000, total also auf 200 000 Franken. Wäre der Verkehrswert zum Beispiel auf 250 000 Franken gesunken, hätte Roland F. Anspruch auf Zurückzahlung der geliehenen 100 000. Hätte er den Betrag seinerzeit als verzinsliches Darlehen zur Verfügung gestellt, hätte Sabina F. regelmässig Zinsen bezahlt und müsste den Betrag mit normaler Kündigungsfrist zurückzahlen (siehe Art. 203 und 205 Abs. 3). Roland F. hätte dann keinen Anspruch auf Mehrwertbeteiligung. Den Beitrag ihres Mannes (beziehungsweise die Mehrwertbeteiligung gemäss Art. 206) kann Sabina F. nicht vorzeitig zurückbezahlen, um dadurch die Mehrwertbeteiligung abzuschütteln.*

Die Mehrwertbeteiligung ist nicht zwingendes Recht (Art. 206 Abs. 3). Eheleute können sie schriftlich abändern oder ausschliessen.

Wie wird der Vorschlag berechnet?

Art. 207

III. Berechnung des Vorschlages jedes Ehegatten
1. Ausscheidung der Errungenschaft und des Eigengutes

[1] Errungenschaft und Eigengut jedes Ehegatten werden nach ihrem Bestand im Zeitpunkt der Auflösung des Güterstandes ausgeschieden.

[2] Die Kapitalleistung, die ein Ehegatte von einer Vorsorgeeinrichtung oder wegen Arbeitsunfähigkeit erhalten hat, wird im Betrag des Kapitalwertes der Rente, die dem Ehegatten bei Auflösung des Güterstandes zustünde, dem Eigengut zugerechnet.

Art. 208

2. Hinzurechnung

[1] Zur Errungenschaft hinzugerechnet werden:

1. unentgeltliche Zuwendungen, die ein Ehegatte während der letzten fünf Jahre vor Auflösung des Güterstandes ohne Zustimmung des andern Ehegatten gemacht hat, ausgenommen die üblichen Gelegenheitsgeschenke;

2. Vermögensentäusserungen, die ein Ehegatte während der Dauer des Güterstandes vorgenommen hat, um den Beteiligungsanspruch des andern zu schmälern.

[2] Bei Streitigkeiten über solche Zuwendungen oder Entäusserungen kann das Urteil dem begünstigten Dritten entgegengehalten werden, wenn ihm der Streit verkündet worden ist.

Art. 209

3. Ersatzforderungen zwischen Errungenschaft und Eigengut

¹ Sind Schulden der Errungenschaft aus dem Eigengut oder Schulden des Eigengutes aus der Errungenschaft eines Ehegatten bezahlt worden, so besteht bei der güterrechtlichen Auseinandersetzung eine Ersatzforderung.

² Eine Schuld belastet die Vermögensmasse, mit welcher sie sachlich zusammenhängt, im Zweifel aber die Errungenschaft.

³ Haben Mittel der einen Vermögensmasse zum Erwerb, zur Verbesserung oder zur Erhaltung von Vermögensgegenständen der andern beigetragen und ist ein Mehr- oder ein Minderwert eingetreten, so entspricht die Ersatzforderung dem Anteil des Beitrages und wird nach dem Wert der Vermögensgegenstände im Zeitpunkt der Auseinandersetzung oder der Veräusserung berechnet.

Art. 210

4. Vorschlag

¹ Was vom Gesamtwert der Errungenschaft, einschliesslich der hinzugerechneten Vermögenswerte und der Ersatzforderungen, nach Abzug der auf ihr lastenden Schulden verbleibt, bildet den Vorschlag.

² Ein Rückschlag wird nicht berücksichtigt.

Ausscheidung von Eigengut und Errungenschaft

Artikel 207 legt in Absatz 1 den Zeitpunkt fest, in welchem entschieden wird, welcher Vermögenswert zur Errungenschaft oder zum Eigengut jeder Ehepartei gehört. Absatz 2 von Artikel 207 enthält eine Sonderregelung für Kapitalleistungen wegen Arbeitsunfähigkeit oder von Pensionskassen (zum Beispiel Abgangsentschädigungen), die ja zur Errungenschaft gehören: Bei der Scheidung muss sich ein Ehepartner nur den Teil als Errungenschaft anrechnen lassen (und damit teilen), der bis zur Auflösung des Güterstands ausbezahlt worden wäre, wenn die Kapitalleistung als Rente ausgerichtet worden wäre. Der andere Teil, der ihm für die Zukunft zustünde, wird als fiktiver Betrag ins Eigengut gewiesen und der Teilung entzogen. Die Berechnung dieses Kapitalwerts der zukünftigen Rente ist kompliziert und wird am besten Fachleuten überlassen. Wird der Güterstand durch den Tod der rentenberechtigten Person aufgelöst, findet keine Zurechnung des Kapitalwerts der zukünftigen Rente in ihr Eigengut statt, da der Kapitalwert der Rente eines Verstorbenen null ist.

Hinzurechnung

Artikel 208 gleicht Handlungen einer Ehepartei, zum Beispiel grössere Schenkungen, aus, welche die güterrechtliche Auseinandersetzung zum Nachteil der anderen verfälschen. Hinzurechnen bedeutet, dass es sich um einen rein rechnerischen Vorgang handelt, also der Wert des Vermögensgegenstands, der nicht mehr vorhanden ist, zur Errungenschaft der betreffenden Ehepartei addiert wird. Dies betrifft nicht nur Schenkungen, sondern beispielsweise auch Erbabfindungen, Errichtungen von Stiftungen etc. Erfasst sind alle grösseren unentgeltlichen Zuwendungen, die in den fünf Jahren vor der Auflösung des Güterstands gemacht wurden:

Alexandra S. O. hat drei Jahre vor ihrem Tod einer Stiftung 50 000 Franken geschenkt und kurz vor ihrem Tod der Tochter aus erster Ehe einen Erbvorbezug von 100 000 Franken überwiesen. Mit beiden Zuwendungen ist Franziskus O. nicht einverstanden, weshalb zur Errungenschaft seiner Frau 150 000 Franken hinzugerechnet werden.

Sämtliche Vermögensentäusserungen während der Dauer des Güterstands können der Hinzurechnung unterliegen (Art. 208 Abs. 1 Ziff. 2). Es muss aber nachweislich die Absicht bestanden haben, damit die Vorschlagsbeteiligung der anderen Ehepartei zu schmälern. Unter diese Bestimmung fallen nicht nur Schenkungen, sondern vor allem unvorteilhafte Rechtsgeschäfte, die zwar dem Anschein nach entgeltlich sind, bei denen aber Leistung und Gegenleistung in keinem vernünftigen Verhältnis stehen (zum Beispiel der Verkauf einer Liegenschaft weit unter ihrem realen Wert). In der Praxis scheitern solche Hinzurechnungen allerdings oft an mangelnden Beweisen; trotzdem ein Beispiel:

Frank M. verkauft sein Motorrad mit einem Verkehrswert von 25 000 Franken für 3000 Franken an einen Freund. Sechs Jahre später wird seine Ehe mit Anna M. geschieden. Die 22 000 Franken Differenz werden zur Errungenschaft von Frank hinzugerechnet, da Anna M. mit einer schriftlichen Erklärung des Freundes beweisen kann, dass ihr Mann diesen «Verkauf» nur getätigt hat, um ihren güterrechtlichen Beteiligungsanspruch am Motorrad zu schmälern.

Das Rechtsgeschäft mit der Drittperson wird nicht aufgehoben. Allenfalls haben aber die Ehepartei oder ihre Erben einen Schadenersatzanspruch gegenüber der dritten Person. Artikel 208 Absatz 3 sieht deshalb vor, dass dieser «der Streit verkündet» werden kann. Damit hat sie die Möglichkeit, dem güterrechtlichen Prozess beizutreten und sich für ihre Interessen zu wehren. Tut sie das nicht, gilt das Prozessurteil, ob die Zuwendung der Hinzurechnung unterworfen wird, nicht nur für die Eheparteien, sondern auch für die Drittperson.

Zuwendungen und Entäusserungen aus dem Eigengut der Eheleute fallen nicht unter Artikel 208. Am Eigengut sind sie ja von vornherein nicht gegenseitig beteiligt.

Ersatzforderungen zwischen Errungenschaft und Eigengut

Als nächstes werden die Nettowerte je des Eigengutes und der Errungenschaft der Eheleute bestimmt. Schulden müssen der richtigen Vermögensmasse zugeordnet werden. Hat beispielsweise der Ehemann Schulden seiner Errungenschaft mit Mitteln seines Eigenguts bezahlt, entsteht eine sogenannte Ersatzforderung des Eigenguts an die Errungenschaft (Art. 209). Die Ersatzforderung setzt voraus, dass die Schuld während des Güterstands beglichen wurde. Ein Beispiel:

Peter S. erbt eine mit 300 000 Franken belastete Liegenschaft mit einer Amortisationspflicht von 12 000 Franken pro Jahr. Während fünf Jahren bezahlt er die Hypothekarschulden samt Amortisation aus seinem laufenden Erwerbseinkommen. Bei der güterrechtlichen Auseinandersetzung besteht eine Ersatzforderung seiner Errungenschaft gegenüber dem Eigengut von 60 000 Franken.

Absatz 2 von Artikel 209 legt fest, dass Schulden im Zweifelsfall der Errungenschaft zugeordnet werden. Im Gegensatz zur Mehrwertbeteiligung zwischen den Eheleuten (siehe Art. 206) werden bei den Ersatzforderungen zwischen den Gütermassen einer Ehepartei nicht nur Mehr-, sondern auch Minderwerte berücksichtigt (Abs. 3). Abgerechnet wird im Zeitpunkt der güterrechtlichen Auseinandersetzung.

Der Vorschlag: eine Zusammenfassung

Der Vorschlag ist der positive Saldo, der nach der Gegenüberstellung der Vermögenswerte und Schulden in der Errungenschaft jeder Ehepartei verbleibt. Der Vorschlag ist keine Vermögensmasse, sondern eine rein rechnerische Grösse. Vom Zeitpunkt der Auflösung des Güterstandes ist der Zeitpunkt der Auseinandersetzung, also der Aussonderung und Zuordnung, zu unterscheiden. Die Bewertung der Errungenschaft wird vom Zeitpunkt der Auseinandersetzung bestimmt.

Im folgenden nun ein kurzer Überblick über die Berechnung des Vorschlags und die Vorschlagsbeteiligung der Eheparteien:
1. Auflistung aller Vermögenswerte und Schulden jeder Ehepartei; Zuordnung des Eigentums und Rücknahme der Vermögenswerte durch jede Ehepartei; Zuordnung der Schulden zum Vermögen jeder Seite (Art. 200 Abs. 1 und 2 und 205 Abs. 1 und 2)
2. Regelung der gegenseitigen Schulden der Eheparteien unter Berücksichtigung von Ersatzforderungen und Mehrwertanteilen (Art. 205 Abs. 3 und 206)

3. Ausscheidung des Eigenguts und der Errungenschaft jeder Seite innerhalb ihres Vermögens (siehe Art. 197 bis 199, 200 Abs. 3 und 207 Abs. 2)
4. Aufführen der Vermögenswerte und der Hinzurechnungen (Art. 208)
5. Festlegen der Ersatzforderungen und Mehrwertanteile innerhalb des Vermögens jeder Ehepartei (Art. 209 Abs. 1 und 3)
6. Bewertung aller Vermögenswerte der beiden Errungenschaften (Art. 211 bis 214); Berechnung der Netto-Errungenschaften, der sogenannten Vorschläge, durch Abziehen aller darauf lastenden Schulden (Art. 209 Abs. 2) von ihrem Gesamtwert
7. Ausrechnen der Beteiligungsforderung der Eheparteien gegeneinander, welche in der Regel je die Hälfte des Vorschlags beträgt (Art. 214 Abs. 1). Allerdings kann im Ehevertrag von dieser Vorschlagsbeteiligung abgewichen werden (Art. 216). Die gegenseitigen Forderungen werden miteinander verrechnet, so dass ein Saldo zugunsten einer Ehepartei verbleibt (Art. 241 Abs. 2).
8. Die Beteiligungsforderung wird mit der güterrechtlichen Auseinandersetzung fällig. Der Ehepartei, welche den Saldo ausgleichen muss, kann allenfalls ein angemessener Zahlungsaufschub gewährt werden (Art. 218).

Die Wertbestimmung

Art. 211

IV. Wertbestimmung
1. Verkehrswert

Bei der güterrechtlichen Auseinandersetzung sind die Vermögensgegenstände zu ihrem Verkehrswert einzusetzen.

Art. 212

2. Ertragswert
a. Im allgemeinen

[1] Ein landwirtschaftliches Gewerbe, das ein Ehegatte als Eigentümer selber weiterbewirtschaftet oder für das der überlebende Ehegatte oder ein Nachkomme begründet Anspruch auf ungeteilte Zuweisung erhebt, ist bei Berechnung des Mehrwertanteils und der Beteiligungsforderung zum Ertragswert einzusetzen.

[2] Der Eigentümer des landwirtschaftlichen Gewerbes oder seine Erben können gegenüber dem andern Ehegatten als Mehrwertanteil oder als Beteiligungsforderung nur den Betrag geltend machen, den sie bei Anrechnung des Gewerbes zum Verkehrswert erhielten.

[3] Die erbrechtlichen Bestimmungen über die Bewertung und über den Anteil der Miterben am Gewinn gelten sinngemäss.

Art. 213

b. Besondere Umstände

¹ Der Anrechnungswert kann angemessen erhöht werden, wenn besondere Umstände es rechtfertigen.

² Als besondere Umstände gelten insbesondere die Unterhaltsbedürfnisse des überlebenden Ehegatten, der Ankaufspreis des landwirtschaftlichen Gewerbes einschliesslich der Investitionen oder die Vermögensverhältnisse des Ehegatten, dem das landwirtschaftliche Gewerbe gehört.

Art. 214

3. Massgebender Zeitpunkt

¹ Massgebend für den Wert der bei der Auflösung des Güterstandes vorhandenen Errungenschaft ist der Zeitpunkt der Auseinandersetzung.

² Für Vermögenswerte, die zur Errungenschaft hinzugerechnet werden, ist der Zeitpunkt massgebend, in dem sie veräussert worden sind.

Die Vermögensgegenstände werden zu ihrem Verkehrswert im Zeitpunkt der Auseinandersetzung eingesetzt, also zu dem Wert, der bei einer Veräusserung im gewöhnlichen Geschäftsverkehr erzielt werden könnte. Liebhaber- und Freundschaftspreise stellen keinen Verkehrswert dar. Oft wird der Wert im Vergleich mit ähnlichen Objekten bestimmt. Allenfalls müssen Sachverständige beigezogen oder Gutachten erstellt werden.

Landwirtschaftliche Gewerbe, welche von einer Ehepartei oder von Erben übernommen werden, die sie selber weiter bewirtschaften, werden zum Ertragswert angerechnet (Art. 212). Dieses Ertragswertprinzip können die Eheleute auch in einem Ehevertrag nicht ausschliessen. Es dient vorab einer agrarpolitischen Zielsetzung und damit dem öffentlichen Interesse. Artikel 213 enthält eine Härteklausel, mit der die Strenge des Ertragswertprinzips etwas ausgeglichen wird (mehr zum bäuerlichen Bodenrecht siehe Seite 520).

Jede Seite erhält den halben Vorschlag der anderen

Art. 215

V. Beteiligung am Vorschlag
1. Nach Gesetz

¹ Jedem Ehegatten oder seinen Erben steht die Hälfte des Vorschlages des andern zu.

² Die Forderungen werden verrechnet.

Art. 216

2. Nach Vertrag
a. Im allgemeinen

¹ Durch Ehevertrag kann eine andere Beteiligung am Vorschlag vereinbart werden.

² Solche Vereinbarungen dürfen die Pflichtteilsansprüche der nichtgemeinsamen Kinder und deren Nachkommen nicht beeinträchtigen.

Art. 217

b. Bei Scheidung, Trennung, Ungültigerklärung der Ehe oder gerichtlicher Gütertrennung

Bei Scheidung, Trennung, Ungültigerklärung der Ehe oder gerichtlicher Anordnung der Gütertrennung gelten Vereinbarungen über die Änderung der gesetzlichen Beteiligung am Vorschlag nur, wenn der Ehevertrag dies ausdrücklich vorsieht.

Jeder Ehepartei steht eine hälftige Beteiligungsforderung am Vorschlag der anderen zu. Diese Forderungen werden miteinander verrechnet, und meist bleibt ein Saldo zugunsten der einen Seite, der ausgeglichen werden muss.

Häufig anzutreffen sind Eheverträge, welche gestützt auf Artikel 216 festhalten, dass der Vorschlag der Eheleute ganz oder zu einem grösseren Teil an die überlebende Seite fallen soll. Allerdings müssen dabei die Pflichtteilsansprüche der nichtgemeinsamen Kinder gewahrt werden (siehe Art. 471 Ziff. 1, Seite 438). Bei Scheidung, gerichtlicher Trennung, Ungültigerklärung der Ehe oder bei der gerichtlichen Gütertrennung haben ehevertragliche Vereinbarungen über den Vorschlag grundsätzlich keine Geltung (Art. 217), es sei denn, die Eheleute hätten ausdrücklich etwas anderes festgehalten.

Im Notfall Zahlungsaufschub

Art. 218

VI. Bezahlung der Beteiligungsforderung und des Mehrwertanteils
1. Zahlungsaufschub

¹ Bringt die sofortige Bezahlung der Beteiligungsforderung und des Mehrwertanteils den verpflichteten Ehegatten in ernstliche Schwierigkeiten, so kann er verlangen, dass ihm Zahlungsfristen eingeräumt werden.

² Die Beteiligungsforderung und der Mehrwertanteil sind, soweit die Parteien nichts anderes vereinbaren, vom Abschluss der Auseinandersetzung an zu verzinsen und, wenn es die Umstände rechtfertigen, sicherzustellen.

Oft bringt die Pflicht der sofortigen Bezahlung der Beteiligungsforderung und des Mehrwertanteils die eine Ehepartei in finanzielle Bedrängnis. Bringt die Zahlungspflicht einen spürbaren Nachteil mit sich, kann eine Zahlungsfrist eingeräumt werden. Das Gericht wird aber zwischen den Interessen beider Eheparteien abwägen.

Wohnung und Hausrat für die überlebende Ehepartei

Art. 219

2. Wohnung und Hausrat

¹ Damit der überlebende Ehegatte seine bisherige Lebensweise beibehalten kann, wird ihm auf sein Verlangen am Haus oder an der Wohnung, worin die Ehegatten gelebt haben und die dem verstorbenen Ehegatten gehört hat, die Nutzniessung oder ein Wohnrecht auf Anrechnung zugeteilt; vorbehalten bleibt eine andere ehevertragliche Regelung.

² Unter den gleichen Voraussetzungen kann er die Zuteilung des Eigentums am Hausrat verlangen.

³ Wo die Umstände es rechtfertigen, kann auf Verlangen des überlebenden Ehegatten oder der andern gesetzlichen Erben des Verstorbenen statt der Nutzniessung oder des Wohnrechts das Eigentum am Haus oder an der Wohnung eingeräumt werden.

⁴ An Räumlichkeiten, in denen der Erblasser einen Beruf ausübte oder ein Gewerbe betrieb und die ein Nachkomme zu dessen Weiterführung benötigt, kann der überlebende Ehegatte diese Rechte nicht beanspruchen; die Vorschriften des bäuerlichen Erbrechts bleiben vorbehalten.

Aufgrund dieses Artikels kann der überlebende Gatte oder die Gattin an der Wohnung oder am Haus, in dem das Ehepaar gelebt hat, die Nutzniessung (siehe Art. 745 ff., Seite 636) oder ein Wohnrecht (siehe Art. 776 ff.) verlangen und allenfalls auch das Eigentum daran beantragen. Auch den Hausrat kann sich die überlebende Seite zu Eigentum zuweisen lassen. Sie muss nachweisen, dass sie die Wohnung und/oder den Hausrat für die Beibehaltung ihrer bisherigen Lebensweise braucht. Dieser Nachweis ist leicht zu erbringen; die Lebenserfahrung spricht dafür, wenn die Umstände, vor allem auch die Gesundheit und die wirtschaftlichen Verhältnisse der überlebenden Seite, dies zulassen. Auch die Übernahme des Mietvertrags für die Familienwohnung kann verlangt werden, wenn die Vermieterin damit einverstanden ist. Bei der Berechnung des Wertes der Nutzniessung oder des Eigentums wird vom Verkehrswert ausgegangen.

Neben dieser eherechtlichen besteht eine ähnliche erbrechtliche Bestimmung, aufgrund welcher die überlebende Ehepartei verlangen kann, dass sie die zur Erbschaft des oder der Verstorbenen gehörende eheliche Wohnung oder Liegenschaft und den Hausrat zu Eigentum erhält. Sie muss sich den Wert aber an ihren Erbteil anrechnen lassen und allenfalls den weiteren Erben einen Ausgleich zahlen. Unter Umständen kann auch ein Nutzniessungs- oder Wohnrecht eingeräumt werden (siehe Art. 612a, Seite 517).

Klage gegen Dritte bei der Hinzurechnung

Art. 220

3. Klage gegen Dritte

¹ Deckt das Vermögen des verpflichteten Ehegatten oder seine Erbschaft bei der güterrechtlichen Auseinandersetzung die Beteiligungsforderung nicht, so können der berechtigte Ehegatte oder seine Erben Zuwendungen, die der Errungenschaft hinzuzurechnen sind, bis zur Höhe des Fehlbetrages bei den begünstigten Dritten einfordern.

² Das Klagerecht erlischt ein Jahr, nachdem der Ehegatte oder seine Erben von der Verletzung ihrer Rechte Kenntnis erhalten haben, in jedem Fall aber zehn Jahre nach der Auflösung des Güterstandes.

³ Im übrigen gelten sinngemäss die Bestimmungen über die erbrechtliche Herabsetzungsklage, ausgenommen diejenigen über den Gerichtsstand.

Artikel 220 schützt nur die Beteiligungsforderungen, nicht aber andere güterrechtliche Ansprüche wie zum Beispiel die Mehrwertanteile (Art. 206) oder die Ersatzforderungen zwischen den Eheleuten (Art. 209 Abs. 1). Hingegen sind die Mehrwertanteile zwischen den Gütermassen einer Ehepartei geschützt (Art. 209 Abs. 3), da sie die Berechnung des Vorschlags direkt beeinflussen.

Die Gütergemeinschaft: Zeichen enger Verbundenheit

Bei der Gütergemeinschaft steht ein Teil des Vermögens, das Gesamtgut, beiden Eheleuten zusammen zu. Die Gütergemeinschaft kann nur durch einen Ehevertrag begründet werden. Sie ist praktisch von geringer Bedeutung. Viele Bestimmungen im Güterstand der Gütergemeinschaft entsprechen denjenigen der Errungenschaftsbeteiligung. Deshalb wird oft auf deren Kommentierung hingewiesen, während Abweichungen ausgeführt werden.

Was gehört wem?

Dritter Abschnitt: Die Gütergemeinschaft

Art. 221

A. Eigentumsverhältnisse
I. Zusammensetzung

Der Güterstand der Gütergemeinschaft umfasst das Gesamtgut und das Eigengut jedes Ehegatten.

II. Gesamtgut
I. Allgemeine Gütergemeinschaft

Art. 222

¹ Die allgemeine Gütergemeinschaft vereinigt das Vermögen und die Einkünfte der Ehegatten zu einem Gesamtgut, mit Ausnahme der Gegenstände, die von Gesetzes wegen Eigengut sind.

² Das Gesamtgut gehört beiden Ehegatten ungeteilt.

³ Kein Ehegatte kann über seinen Anteil am Gesamtgut verfügen.

2. Beschränkte Gütergemeinschaften
a. Errungenschaftsgemeinschaft

Art. 223

¹ Die Ehegatten können durch Ehevertrag die Gemeinschaft auf die Errungenschaft beschränken.

² Die Erträge des Eigengutes fallen in das Gesamtgut.

b. Andere Gütergemeinschaften

Art. 224

¹ Die Ehegatten können durch Ehevertrag bestimmte Vermögenswerte oder Arten von Vermögenswerten, wie Grundstücke, den Arbeitserwerb eines Ehegatten oder Vermögenswerte, mit denen dieser einen Beruf ausübt oder ein Gewerbe betreibt, von der Gemeinschaft ausschliessen.

² Sofern nichts anderes vereinbart ist, fallen die Erträge dieser Vermögenswerte nicht in das Gesamtgut.

III. Eigengut

Art. 225

¹ Eigengut entsteht durch Ehevertrag, durch Zuwendung Dritter oder von Gesetzes wegen.

² Von Gesetzes wegen umfasst das Eigengut jedes Ehegatten die Gegenstände, die ihm ausschliesslich zum persönlichen Gebrauch dienen, sowie die Genugtuungsansprüche.

³ Was ein Ehegatte als Pflichtteil zu beanspruchen hat, kann ihm von seinen Verwandten nicht als Eigengut zugewendet werden, sofern der Ehevertrag vorsieht, dass diese Vermögenswerte Gesamtgut sind.

IV. Beweis

Art. 226

Alle Vermögenswerte gelten als Gesamtgut, solange nicht bewiesen ist, dass sie Eigengut eines Ehegatten sind.

• **Das Gesamtgut** bildet den Kern der Gütergemeinschaft. Die Eheleute bilden eine sogenannte Gemeinschaft zur gesamten Hand und entsprechen damit dem sachenrechtlichen Begriff der Gesamteigentümer (siehe Art. 652 bis

654, Seite 553). Das Gesamtgut gehört ab Begründung des Güterstands beiden Eheparteien ungeteilt. Das Gesetz sieht keine fixe Umschreibung des Gesamtguts vor; Artikel 222 nennt das Grundmodell, die Artikel 223 und 224 zwei davon abweichende Varianten:
- Das Gesamtgut der allgemeinen Gütergemeinschaft umfasst alles Vermögen und alle Einkünfte der Eheparteien mit Ausnahme des Eigenguts.
- Bei der Errungenschaftsgemeinschaft (Art. 223) umfasst das Gesamtgut die gemeinsame Errungenschaft der Eheleute, wobei dazu vor allem die während des Güterstands entgeltlich erworbenen Vermögenswerte gehören, aber auch die anderen in Artikel 197 Absatz 2 (Ziff. 2 bis 5) aufgeführten Vermögenserträge.
- Bei der sogenannten Ausschlussgemeinschaft (Art. 224) können durch Ehevertrag bestimmte Vermögenswerte, wie im Gesetz aufgezählt, von der Gemeinschaft ausgeschlossen werden. Dem Eigengut der Eheparteien kann auf diese Art sogar mehr zugewiesen werden als gestützt auf Artikel 199 bei der Errungenschaftsbeteiligung.

• **Das Eigengut** der Gütergemeinschaft (Art. 225 Abs. 2) deckt sich nicht ganz mit demjenigen der Errungenschaftsbeteiligung. Zudem umfasst das Eigengut je nachdem, ob von der allgemeinen Gütergemeinschaft abgewichen wird (Errungenschafts- oder Ausschlussgemeinschaft), mehr oder weniger Vermögenswerte. Von Gesetzes wegen umfasst das Eigengut die Gegenstände, die den Eheleuten ausschliesslich zum persönlichen Gebrauch dienen (parallel zur Errungenschaftsbeteiligung, siehe Art. 198 Ziff. 1 und 3, Seite 228). Auch Ersatzanschaffungen für das Eigengut werden wieder Eigengut (siehe Art. 198 Ziff. 4). Im Gegensatz zur Errungenschaftsbeteiligung fallen aber die Vermögenswerte, welche den Eheparteien zu Beginn des Güterstands gehören oder ihnen später durch Schenkungen und Erbschaften zufallen, ins Gesamtgut und nicht ins Eigengut. Allerdings kann diese Bestimmung ehevertraglich abgeändert werden. Zudem kann Eigengut entstehen, wenn Dritte eine Schenkung oder eine Erbschaft ausdrücklich für das Eigengut vorsehen (Art. 225 Abs. 1).

Artikel 226 begründet eine gesetzliche Vermutung zugunsten des Gesamtguts: Kann nicht bewiesen werden, dass ein Vermögenswert ins Eigengut einer Ehepartei gehört, wird er dem Gesamtgut zugesprochen.

Verwaltung, Nutzung und Verfügung

B. Verwaltung und Verfügung
I. Gesamtgut
1. Ordentliche Verwaltung

Art. 227

¹ Die Ehegatten verwalten das Gesamtgut im Interesse der ehelichen Gemeinschaft.

² Jeder Ehegatte kann in den Schranken der ordentlichen Verwaltung die Gemeinschaft verpflichten und über das Gesamtgut verfügen.

2. Ausserordentliche Verwaltung

Art. 228

¹ Die Ehegatten können ausser für die ordentliche Verwaltung nur gemeinsam oder der eine nur mit Einwilligung des andern die Gemeinschaft verpflichten und über das Gesamtgut verfügen.

² Dritte dürfen diese Einwilligung voraussetzen, sofern sie nicht wissen oder wissen sollten, dass sie fehlt.

³ Die Bestimmungen über die Vertretung der ehelichen Gemeinschaft bleiben vorbehalten.

3. Beruf oder Gewerbe der Gemeinschaft

Art. 229

Übt ein Ehegatte mit Zustimmung des andern mit Mitteln des Gesamtgutes allein einen Beruf aus oder betreibt er allein ein Gewerbe, so kann er alle Rechtsgeschäfte vornehmen, die diese Tätigkeiten mit sich bringen.

4. Ausschlagung und Annahme von Erbschaften

Art. 230

¹ Ohne Zustimmung des andern kann ein Ehegatte weder eine Erbschaft, die ins Gesamtgut fallen würde, ausschlagen noch eine überschuldete Erbschaft annehmen.

² Kann der Ehegatte diese Zustimmung nicht einholen oder wird sie ihm ohne triftigen Grund verweigert, so kann er den Richter an seinem Wohnsitz anrufen.

5. Verantwortlichkeit und Verwaltungskosten

Art. 231

¹ Für Handlungen, die das Gesamtgut betreffen, ist jeder Ehegatte bei Auflösung des Güterstandes gleich einem Beauftragten verantwortlich.

² Die Kosten der Verwaltung werden dem Gesamtgut belastet.

II. Eigengut

Art. 232

¹ Innerhalb der gesetzlichen Schranken verwaltet jeder Ehegatte sein Eigengut und verfügt darüber.

² Fallen die Erträge in das Eigengut, werden die Kosten der Verwaltung diesem belastet.

Die Eheleute sind bei der Verwaltung des Gesamtgutes gleichberechtigt. Eigentlich müssten sie es im Interesse der Gemeinschaft gemeinsam verwalten (Art. 227 Abs. 1). Aus praktikablen Gründen können die Eheleute aber einzeln die *ordentliche Verwaltung* des Gesamtgutes wahrnehmen und in diesem Rahmen darüber verfügen. Die ordentliche Verwaltung umfasst alltägliche Geschäfte wie die Bezahlung einer Schuld, die Annahme einer Zahlung, eine kleine Reparatur am gemeinsamen Haus etc. Diese Befugnis steht den Eheparteien neben der allgemeinen Vertretung der ehelichen Gemeinschaft für die laufenden Bedürfnisse der Familie zu (siehe Art. 166, Seite 195). Im übrigen müssen die Eheleute immer gemeinsam oder mit Einwilligung der anderen Seite handeln. Dritte dürfen diese Einwilligung grundsätzlich voraussetzen (Art. 228 Abs. 2).

Die Eheparteien können sich die gesetzliche Verwaltungsbefugnis nicht gegenseitig entziehen und beschränken oder dies vom Gericht verlangen. Grundsätzlich kann das Gericht auch keine verweigerte Zustimmung ersetzen. Eine Ausnahme ist in Artikel 230 Absatz 2 festgehalten: Wenn es um das Ausschlagen oder Annehmen einer Erbschaft geht, kann die Zustimmung der anderen Ehepartei gerichtlich erzwungen werden.

Wenn die Eheleute für das Gesamtgut handeln, sind sie sich gegenseitig nach den Bestimmungen des Auftrags verpflichtet (Art. 397 ff. OR).

Haftung gegenüber Dritten

Art. 233

C. Haftung gegenüber Dritten
I. Vollschulden

Jeder Ehegatte haftet mit seinem Eigengut und dem Gesamtgut:

1. für Schulden, die er in Ausübung seiner Befugnisse zur Vertretung der ehelichen Gemeinschaft oder zur Verwaltung des Gesamtgutes eingeht;

2. für Schulden, die er in Ausübung eines Berufes oder Gewerbes eingeht, sofern für diese Mittel des Gesamtgutes verwendet werden oder deren Erträge ins Gesamtgut fallen;

3. für Schulden, für die auch der andere Ehegatte persönlich einzustehen hat;

4. für Schulden, bei welchen die Ehegatten mit dem Dritten vereinbart haben, dass das Gesamtgut neben dem Eigengut des Schuldners haftet.

Art. 234

II. Eigenschulden

¹ Für alle übrigen Schulden haftet ein Ehegatte nur mit seinem Eigengut und der Hälfte des Wertes des Gesamtgutes.

² Vorbehalten bleiben die Ansprüche wegen Bereicherung der Gemeinschaft.

Das Gesetz unterscheidet zwischen Vollschulden, für die das Gesamtgut und das Eigengut der verpflichteten Ehepartei haftet (Art. 233), und Eigenschulden, für die nur das Eigengut und die Hälfte des Gesamtgutes haften (Art. 234). Zu den Vollschulden gehören zum Beispiel die Schulden aus der Vertretung der ehelichen Gemeinschaft (siehe Art. 166, Seite 195), Schulden aus der ordentlichen Verwaltung des Gesamtguts (Art. 227, Seite 245) und Schulden aus der ausserordentlichen Verwaltung des Gesamtguts (Art. 228).

Schulden zwischen den Eheleuten

Art. 235

D. Schulden zwischen Ehegatten

¹ Der Güterstand hat keinen Einfluss auf die Fälligkeit von Schulden zwischen Ehegatten.

² Bereitet indessen die Zahlung von Geldschulden oder die Erstattung geschuldeter Sachen dem verpflichteten Ehegatten ernstliche Schwierigkeiten, welche die eheliche Gemeinschaft gefährden, so kann er verlangen, dass ihm Fristen eingeräumt werden; die Forderung ist sicherzustellen, wenn es die Umstände rechtfertigen.

Auch bei der Gütergemeinschaft können Schulden zwischen den Eheleuten bestehen. Artikel 235 ist die Parallelbestimmung zu den Artikeln 203 und 218 (siehe Seite 231 und 240) bei der Errungenschaftsbeteiligung und zu Artikel 250 bei der Gütertrennung.

Auflösung und güterrechtliche Auseinandersetzung

Art. 236

E. Auflösung des Güterstandes und Auseinandersetzung
I. Zeitpunkt der Auflösung

¹ Der Güterstand wird mit dem Tod eines Ehegatten, mit der Vereinbarung eines andern Güterstandes oder mit der Konkurseröffnung über einen Ehegatten aufgelöst.

² Bei Scheidung, Trennung, Ungültigerklärung der Ehe oder gerichtlicher Anordnung der Gütertrennung wird die Auflösung des Güterstandes auf den Tag zurückbezogen, an dem das Begehren eingereicht worden ist.

³ Für die Zusammensetzung des Gesamtgutes und des Eigengutes ist der Zeitpunkt der Auflösung des Güterstandes massgebend.

Art. 237

II. Zuweisung zum Eigengut

Die Kapitalleistung, die ein Ehegatte von einer Vorsorgeeinrichtung oder wegen Arbeitsunfähigkeit erhalten hat und die Gesamtgut geworden ist, wird im Betrag des Kapitalwertes der Rente, die dem Ehegatten bei Auflösung des Güterstandes zustünde, dem Eigengut zugerechnet.

Art. 238

III. Ersatzforderungen zwischen Gesamtgut und Eigengut

¹ Bei der güterrechtlichen Auseinandersetzung bestehen zwischen dem Gesamtgut und dem Eigengut jedes Ehegatten Ersatzforderungen, wenn Schulden, die die eine Vermögensmasse belasten, mit Mitteln der andern bezahlt worden sind.

² Eine Schuld belastet die Vermögensmasse, mit welcher sie zusammenhängt, im Zweifel aber das Gesamtgut.

Art. 239

IV. Mehrwertanteil

Hat das Eigengut eines Ehegatten oder das Gesamtgut zum Erwerb, zur Verbesserung oder zur Erhaltung eines Vermögensgegenstandes einer andern Vermögensmasse beigetragen, so gelten sinngemäss die Bestimmungen über den Mehrwertanteil bei der Errungenschaftsbeteiligung.

Art. 240

V. Wertbestimmung

Massgebend für den Wert des bei Auflösung des Güterstandes vorhandenen Gesamtgutes ist der Zeitpunkt der Auseinandersetzung.

Art. 241

VI. Teilung
1. Bei Tod oder Vereinbarung eines andern Güterstandes

¹ Wird die Gütergemeinschaft durch Tod eines Ehegatten oder durch Vereinbarung eines andern Güterstandes aufgelöst, so steht jedem Ehegatten oder seinen Erben die Hälfte des Gesamtgutes zu.

² Durch Ehevertrag kann eine andere Teilung vereinbart werden.

³ Solche Vereinbarungen dürfen die Pflichtteilsansprüche der Nachkommen nicht beeinträchtigen.

Art. 242

2. In den übrigen Fällen

¹ Bei Scheidung, Trennung, Ungültigerklärung der Ehe oder Eintritt der gesetzlichen oder gerichtlichen Gütertrennung nimmt jeder Ehegatte vom Gesamtgut zurück, was unter der Errungenschaftsbeteiligung sein Eigengut wäre.

² Das übrige Gesamtgut fällt den Ehegatten je zur Hälfte zu.

³ Vereinbarungen über die Änderung der gesetzlichen Teilung gelten nur, wenn der Ehevertrag dies ausdrücklich vorsieht.

Art. 243

VII. Durchführung der Teilung
1. Eigengut

Wird die Gütergemeinschaft durch Tod eines Ehegatten aufgelöst, so kann der überlebende Ehegatte verlangen, dass ihm auf Anrechnung überlassen wird, was unter der Errungenschaftsbeteiligung sein Eigengut wäre.

Art. 244

2. Wohnung und Hausrat

¹ Gehören das Haus oder die Wohnung, worin die Ehegatten gelebt haben, oder Hausratsgegenstände zum Gesamtgut, so kann der überlebende Ehegatte verlangen, dass ihm das Eigentum daran auf Anrechnung zugeteilt wird.

² Wo die Umstände es rechtfertigen, kann auf Verlangen des überlebenden Ehegatten oder der andern gesetzlichen Erben des Verstorbenen statt des Eigentums die Nutzniessung oder ein Wohnrecht eingeräumt werden.

³ Wird die Gütergemeinschaft nicht durch Tod aufgelöst, kann jeder Ehegatte diese Begehren stellen, wenn er ein überwiegendes Interesse nachweist.

Art. 245

3. Andere Vermögenswerte

Weist ein Ehegatte ein überwiegendes Interesse nach, so kann er verlangen, dass ihm auch andere Vermögenswerte auf Anrechnung zugeteilt werden.

Art. 246

4. Andere Teilungsvorschriften

Im übrigen gelten die Bestimmungen über die Teilung von Miteigentum und die Durchführung der Erbteilung sinngemäss.

Die Auseinandersetzung bei der Gütergemeinschaft ist einfacher als bei der Errungenschaftsbeteiligung. In vielem läuft sie aber ähnlich:
- Die Auflösungsgründe und der Zeitpunkt der Auflösung sind in Artikel 236 umschrieben und entsprechen denjenigen bei der Errungenschaftsbeteiligung (siehe Art. 204 und 207 Abs. 1).
- Auch in der Gütergemeinschaft besteht eine Sonderregelung für Kapitalleistungen von Pensionskassen während der Dauer des Güterstands (Art. 237, für die Errungenschaftsbeteiligung siehe Art. 207 Abs. 2).

– Ersatzforderungen zwischen dem Gesamtgut und den Eigengütern der Eheleute sind gemäss Artikel 238 auszugleichen, ebenso gemäss Artikel 239 die Mehrwertanteile durch geleistete Beiträge (siehe Art. 205 Abs. 3, 206 und 209).
– Für die Wertbestimmung des Gesamtguts ist der Zeitpunkt der Auseinandersetzung massgebend (Art. 420), gleich wie bei der Errungenschaftsbeteiligung (Art. 214).

Beim Tod eines Ehepartners oder wenn ein anderer Güterstand vereinbart wird steht, soweit ehevertraglich nichts anderes abgemacht ist, jeder Seite (beziehungsweise den Erben) die Hälfte des Gesamtguts zu (Art. 241 Abs. 1). Auch bei der Gütergemeinschaft gelten ehevertragliche Abänderungen der Beteiligung am Gesamtgut nicht für die Auflösung der Ehe durch Scheidung, gerichtliche Trennung, Ungültigerklärung oder durch Anordnung der gerichtlichen Gütertrennung, es sei denn, die Eheleute hätten ausdrücklich etwas anderes vereinbart.

Auflösung beim Tod einer Ehepartei

Durch Ehevertrag kann der überlebenden Gattin oder dem Gatten das gesamte eheliche Vermögen ohne erbrechtliche Auseinandersetzung unmittelbar aus ehelichem Güterrecht zugewiesen werden, soweit die Pflichtteilsansprüche der Nachkommen des oder der Verstorbenen nicht verletzt werden (Art. 241 Abs. 2 und 3). Haben die Eheleute keinen solchen Ehevertrag abgeschlossen, gilt folgendes:
Die überlebende Ehepartei kann verlangen, dass ihr auf Anrechnung die Vermögenswerte überlassen werden, welche ihr im Güterstand der Errungenschaftsbeteiligung als Eigengut zustehen würden (Art. 243). Ins umfassendere Eigengut der Errungenschaftsbeteiligung fallen neben den Gegenständen zum persönlichen Gebrauch auch die Vermögenswerte, die der Ehepartei zu Beginn des Güterstands gehörten oder ihr sonstwie unentgeltlich zugefallen sind (siehe Art. 198, Seite 228). Weiter kann ein überlebender Ehepartner gleichfalls auf Anrechnung verlangen, dass ihm das Eigentum am Haus oder an der Wohnung, worin die Eheleute gelebt haben, sowie am Hausrat zugeteilt werde, soweit diese zum Gesamtgut gehören (Art. 244). Allenfalls wird anstelle des Eigentums auch die Nutzniessung oder ein Wohnrecht eingeräumt. Diese Möglichkeiten entsprechen weitgehend den Bestimmungen bei der Errungenschaftsbeteiligung (siehe Art. 219, Seite 241). Überdies kann der oder die Überlebende auch andere Vermögenswerte auf Anrechnung zu Eigentum erhalten, wenn er oder sie dafür ein überwiegendes Interesse geltend machen kann (Art. 245). Der Begriff des überwiegenden Interesses entspricht demjenigen bei der Errungenschaftsbeteiligung (siehe Art. 205 Abs. 2, Seite 232).

Auflösung aus anderen Gründen

Bei Scheidung, gerichtlicher Trennung, Ungültigerklärung oder gerichtlicher Gütertrennung nehmen die Eheparteien je aus dem Gesamtgut zurück, was ihnen bei der Errungenschaftsbeteiligung als Eigengut (siehe Art. 198) zustehen würde, also mehr, als eigentlich zum Eigengut bei der Gütergemeinschaft gehört. Diese Rücknahme geschieht ohne Anrechnung an den güterrechtlichen Anteil. Das verbleibende Gesamtgut wird hälftig geteilt (Art. 242 Abs. 1 und 2). Kann eine Seite ein überwiegendes Interesse nachweisen, kann ihr das Haus oder die Wohnung, worin das Paar gelebt hat, und der Hausrat auf Anrechnung zu Eigentum zugeteilt oder die Nutzniessung oder ein Wohnrecht eingeräumt werden (Art. 244 Abs. 3). Eine solche Zuteilung können Frau oder Mann auch bei anderen Vermögenswerten verlangen, wenn das im Gesetz verlangte überwiegende Interesse (siehe Art. 205 Abs. 2) besteht.

Die Gütertrennung: finanziell unabhängig

Vierter Abschnitt: Die Gütertrennung

Art. 247

A. Verwaltung, Nutzung und Verfügung
I. Im allgemeinen

Innerhalb der gesetzlichen Schranken verwaltet und nutzt jeder Ehegatte sein Vermögen und verfügt darüber.

Art. 248

II. Beweis

[1] Wer behauptet, ein bestimmter Vermögenswert sei Eigentum des einen oder andern Ehegatten, muss dies beweisen.

[2] Kann dieser Beweis nicht erbracht werden, so wird Miteigentum beider Ehegatten angenommen.

Art. 249

B. Haftung gegenüber Dritten

Jeder Ehegatte haftet für seine Schulden mit seinem gesamten Vermögen.

Art. 250

C. Schulden zwischen Ehegatten

[1] Der Güterstand hat keinen Einfluss auf die Fälligkeit von Schulden zwischen Ehegatten.

[2] Bereitet indessen die Zahlung von Geldschulden oder die Erstattung geschuldeter Sachen dem verpflichteten Ehegatten ernstliche Schwierigkeiten, welche die eheliche Gemeinschaft gefährden, so kann er verlangen, dass ihm Fristen eingeräumt werden; die Forderung ist sicherzustellen, wenn es die Umstände rechtfertigen.

Art. 251

D. Zuweisung bei Miteigentum

Steht ein Vermögenswert im Miteigentum und weist ein Ehegatte ein überwiegendes Interesse nach, so kann er bei Auflösung des Güterstandes neben den übrigen gesetzlichen Massnahmen verlangen, dass ihm dieser Vermögenswert gegen Entschädigung des andern Ehegatten ungeteilt zugewiesen wird.

Der Güterstand der Gütertrennung hat nur geringe praktische Bedeutung, sei dies als vertraglicher oder als ausserordentlicher Güterstand (siehe Art. 185 ff., Seite 218). Bei der Gütertrennung sind die beiden Eheparteien vermögensrechtlich selbständig; ihre finanziellen Interessen bleiben völlig getrennt. Beide Seiten können mit ihrem Einkommen und Vermögen tun und lassen, was sie wollen. Die gesetzlichen Schranken bilden die Bestimmungen der allgemeinen Ehewirkungen zum Beispiel über das Wohl der Gemeinschaft (Art. 159 Abs. 2), den Unterhalt der Familie (Art. 163 und 164), die Vertretung der ehelichen Gemeinschaft (Art. 166), die Auskunftspflicht (Art. 170) und die Sonderbestimmung bei Miteigentum (Art. 251).

Jede Ehepartei haftet für die von ihr eingegangenen Schulden mit ihrem gesamten Vermögen. Für Verpflichtungen, welche die Eheleute einzeln eingehen, werden sie lediglich aufgrund der Regeln über die Vertretung der ehelichen Gemeinschaft (Art. 166 Abs. 3) gemeinsam haftbar.

Bei der Gütertrennung gibt es keine gegenseitige Beteiligung der Eheleute am Vorschlag oder an einem Mehrwert. Dieser Güterstand eignet sich deshalb nicht für Ehen, in denen zum Beispiel die Frau den Haushalt führt und die Kinder betreut und nur der Mann erwerbstätig ist. Denn die Frau kann keinen eigenen Vorschlag bilden und ist anderseits nicht am Vorschlag ihres Mannes beteiligt. Die güterrechtliche Auseinandersetzung ist einfach, da es kaum etwas zu teilen gibt. Wie bei den anderen Güterständen können aber Schulden und Ersatzforderungen zwischen den Eheleuten entstehen, welche die Auseinandersetzung erschweren.

Die Gütertrennung ist für Eheleute sinnvoll, welche in finanzieller Hinsicht unabhängig bleiben wollen. Sind beide ungefähr im gleichen Umfang und zu gleich hohem Einkommen berufstätig und leisten sie zudem ähnliche Beiträge an den gemeinsamen Haushalt, kann eine Gütertrennung am Platz sein. Auch wenn die Eheleute Nachkommen begünstigen oder gegenseitig eine Beteiligung am Vorschlag ausschliessen wollen, ist die Gütertrennung angebracht. Im Zweifelsfall sollte der Rat von Fachleuten eingeholt werden.

Kind und Familie 4

Nach der Regelung von Eheschliessung, Scheidung und Güterrecht geht es in über 100 Artikeln um die Familie. Sehr zahlreich sind die Bestimmungen des Kindesrechts (Art. 257 bis 327). Es legt primär die rechtliche Verwandtschaft zwischen Eltern und Kindern fest und regelt die Konsequenzen dieser Familienbande. Hauptthemen sind: Wie kommt das Kind zu seinem Vater? Wie geht eine Adoption vor sich? Wer bezahlt wieviel für den Unterhalt eines Kindes oder eines jungen Erwachsenen? Wie steht es mit dem Besuchsrecht des ausserehelichen oder geschiedenen Vaters? Wer hat die «elterliche Gewalt» über die Kinder, und wie kann diese eingeschränkt werden? Können Eltern mit dem Vermögen ihrer Kinder tun und lassen, was sie wollen?

In den Artikeln 328 bis 334bis kommen schliesslich drei weitere, sehr verschiedenartige Themen aus dem Familienbereich zur Sprache: Wann müssen die reichen die armen Verwandten unterstützen? Wann haften, Eltern für Schäden, die ihre Kinder anrichten? Und wann erhalten Kinder oder Grosskinder, die ihren Eltern oder Grosseltern im gemeinsamen Haushalt unentgeltlich geholfen haben, einen sogenannten Lidlohn?

Wie entsteht das Kindesverhältnis?

1992 kamen in der Schweiz über 86 000 Kinder lebend zur Welt. Knapp 95 Prozent fielen unter die Ehelichkeitsvermutung; der mit der Mutter verheiratete Mann wurde als Vater im Geburtsregister eingetragen. Über 5000 Kinder wurden beim Zivilstandsbeamten oder vor Gericht anerkannt. Gut 1200 Kinder schliesslich (1980 waren es noch knapp 1600) wurden adoptiert, davon ca. 460 Kinder aus der Schweiz (1980 waren es noch über 1000), 279 aus Amerika und 212 aus Asien.

Wie kommt das Kind zum Vater?

Zweite Abteilung: Die Verwandtschaft

Siebenter Titel: Die Entstehung des Kindesverhältnisses

Erster Abschnitt: Allgemeine Bestimmungen

Art. 252

A. Entstehung des Kindesverhältnisses im allgemeinen

^{1} Das Kindesverhältnis entsteht zwischen dem Kind und der Mutter mit der Geburt.

^{2} Zwischen dem Kind und dem Vater wird es kraft der Ehe der Mutter begründet oder durch Anerkennung oder durch den Richter festgestellt.

^{3} Ausserdem entsteht das Kindesverhältnis durch Adoption.

Art. 253

B. Feststellung und Anfechtung des Kindesverhältnisses
I. Zuständigkeit

Die Klage auf Feststellung oder Anfechtung des Kindesverhältnisses ist beim Richter am Wohnsitz einer Partei zur Zeit der Geburt oder der Klage zu erheben.

Rechtlich hat praktisch jedes Kind eine Mutter. Die Ausnahmen dazu: Einzeladoption durch den Vater (Art. 264b) und das Findelkind. Wer gilt als die Mutter, wenn eine Frau als Leihmutter das Ei einer anderen Frau austrägt und ein «fremdes» Kind auf die Welt stellt? Im heutigen schweizerischen Recht ist es die gebärende Mutter, nicht die Ei-Spenderin.

Die Verwandtschaft zur Mutter ist praktisch immer feststellbar; beim Vater ist das etwas komplizierter. Wenn die Eltern verheiratet sind, wird vermutet, der

Ehegatte der Mutter sei auch der Vater des Kindes (Art. 255 bis 258). Der aussereheliche Vater kann rechtliche Bande zu seinem Kind durch die Anerkennung vor dem Zivilstandsbeamten knüpfen (Art. 260). Weigert sich der aussereheliche Erzeuger, dies zu tun, schweisst das Gericht die familiäre Beziehung im Vaterschaftsprozess, allenfalls gegen den Willen des Vaters, zusammen (Art. 261 ff.).

Kommt es zu Meinungsverschiedenheiten, wer nun wohl der richtige Vater sei, kann das Gericht am Wohnsitz einer Partei (Vater, Mutter oder Kind) zur Zeit der Geburt oder der Klage angerufen werden. Mögliche Prozessthemen sind:
- Der neue Erdenbürger ist als ehelich im Register eingetragen worden, weil das Gesetz die Vermutung anstellt: Ehemann gleich Vater. Doch der Schein trügt manchmal, und deshalb strengt der Ehemann (oder das Kind, vertreten durch einen Beistand) einen Prozess an und widerlegt die Vermutung. Darauf kann dem wahren, sogenannt ausserehelichen Vater zu einem Platz im Buch der Bücher des schweizerischen Familienlebens – dem Zivilstandsregister – verholfen werden.
- Das Kind wird ausserhalb der Ehe geboren. Der Vater (oder mehrere mögliche Väter) will es partout nicht als mit sich blutsverwandt anerkennen. Das Kind erhält einen Beistand, der vor allem um einen angemessenen Unterhaltsbeitrag prozessiert, den der blutsverwandte Vater der Mutter für das Kind bezahlen muss.

II. Verfahren

Art. 254

Das Verfahren zur Feststellung oder Anfechtung des Kindesverhältnisses wird durch das kantonale Prozessrecht geordnet unter Vorbehalt folgender Vorschriften:

1. Der Richter erforscht den Sachverhalt von Amtes wegen und würdigt die Beweise nach freier Überzeugung.

2. Die Parteien und Dritte haben an Untersuchungen mitzuwirken, die zur Aufklärung der Abstammung nötig und ohne Gefahr für die Gesundheit sind.

Warum diese Bestimmung? Im Zivilprozessrecht, das bestimmt, wie ein Prozess durchzuführen ist, gelten kantonale Regeln, und die sind kunterbunt und (zu) vielfältig. Das ZGB befiehlt mit diesem Artikel den kantonalen Richterinnen und Richtern, selbst nach dem richtigen Sachverhalt zu forschen (im Zivilprozess ist es sonst häufig allein Aufgabe der Parteien, den Prozessstoff zu liefern), auch dann, wenn ein Sachverhalt von keiner Seite bestritten ist. Dies ist die sogenannte Offizialmaxime.

In der Praxis wichtig ist Ziffer 2. Danach kann der unwillige Vater zu einer *Blutprobe* verknurrt werden. Eine zwangsweise Blutentnahme allerdings ist nicht zulässig. Weigert sich ein Vater aber, kann das Gericht diese Haltung frei würdigen, also zum Beispiel erklären, zusammen mit anderen Indizien deute die Weigerung klar auf eine Vaterschaft hin.

Der Normalfall: Vater gleich Ehemann

Zweiter Abschnitt: Die Vaterschaft des Ehemannes

Art. 255

A. Vermutung

[1] Ist ein Kind während der Ehe oder vor Ablauf von 300 Tagen seit Auflösung der Ehe geboren, so gilt der Ehemann als Vater.

[2] Bei späterer Geburt gilt diese Vermutung nur, wenn das Kind vor Auflösung der Ehe gezeugt worden ist.

[3] Ist der Ehemann für verschollen erklärt worden, so beginnt die Frist von 300 Tagen mit dem Zeitpunkt der Todesgefahr oder der letzten Nachricht.

Auch wenn die Parteien erst zwei Tage vor der Geburt heiraten, der Ehemann gilt gestützt auf diese (widerlegbare) gesetzliche Vermutung als Vater. Dies auch dann, wenn er zum Beispiel nicht zeugungsfähig ist oder wenn alle Beteiligten wissen, dass ein Nebenbuhler der eigentliche Erzeuger ist.

Was sind die Folgen dieser Vermutung? Automatisch übernimmt das ehelich geborene Kind den Familiennamen des Vaters und erbt sein Bürgerrecht. Der Vater wird unterhaltspflichtig und kann zusammen mit der Mutter die elterliche Gewalt ausüben.

Die gesetzliche Ehelichkeitsvermutung gilt auch bis 300 Tage über die Auflösung der Ehe (sei es durch Tod oder durch Scheidung) hinaus. Das Gesetz geht nämlich davon aus, dass die durchschnittliche Schwangerschaft 270 Tage beträgt. Die Vermutung gilt nicht, wenn das Kind nachweisbar nach Auflösung der Ehe gezeugt worden ist. Es ist Sache des Gerichts, falls eines angerufen wurde, die Korrektur des Registers vorzunehmen. Ein Beispiel aus der Praxis:

Eine im Juni geschiedene Frau gebar im folgenden Februar ein Kind. Die 300-Tage-Frist war nicht abgelaufen, weshalb der frühere Ehemann vorerst als Vater im Register eingetragen wurde. Es handelte sich jedoch um eine Frühgeburt in der dreiunddreissigsten Schwangerschaftswoche. Das Kind war – so eine medizinische Beurteilung — erst Ende Juli, also nach Auflösung der Ehe, gezeugt worden.

Ist der Tod des Ehemannes höchst wahrscheinlich, weil er in hoher Todesgefahr verschwunden oder seit langem nachrichtenlos abwesend ist, so kann das Gericht ihn für verschollen erklären (siehe Art. 35, Seite 72, Kommentar Seite 74). Diese Verschollenerklärung löst die ehelichen Bande nicht auf. Deshalb gilt auch hier die gesetzliche Vermutung, der verschollene Ehemann sei der Vater. Die Nachfrist von 300 Tagen beginnt ab seiner letzten Nachricht oder ab der Todesgefahr zu laufen.

Ein Kind, das erst nach diesen 300 Tagen seit Auflösung der Ehe zur Welt kommt, wird im Register erst einmal als vaterlos eingetragen.

Vater gegen Mutter und Kind — die Anfechtungsklage

Art. 256

B. Anfechtung
I. Klagerecht

[1] Die Vermutung der Vaterschaft kann beim Richter angefochten werden:

1. vom Ehemann;

2. vom Kind, wenn während seiner Unmündigkeit der gemeinsame Haushalt der Ehegatten aufgehört hat.

[2] Die Klage des Ehemannes richtet sich gegen das Kind und die Mutter, die Klage des Kindes gegen den Ehemann und die Mutter.

[3] Der Ehemann hat keine Klage, wenn er der Zeugung durch einen Dritten zugestimmt hat.

Art. 256a

II. Klagegrund
1. Bei Zeugung während der Ehe

[1] Ist ein Kind während der Ehe gezeugt worden, so hat der Kläger nachzuweisen, dass der Ehemann nicht der Vater ist.

[2] Ist das Kind frühestens 180 Tage nach Abschluss und spätestens 300 Tage nach Auflösung der Ehe geboren, so wird vermutet, dass es während der Ehe gezeugt worden sei.

Art. 256b

2. Bei Zeugung vor der Ehe oder während Aufhebung des Haushaltes

[1] Ist ein Kind vor Abschluss der Ehe oder zu einer Zeit gezeugt worden, da der gemeinsame Haushalt aufgehoben war, so ist die Anfechtung nicht weiter zu begründen.

[2] Die Vaterschaft des Ehemannes wird jedoch auch in diesem Fall vermutet, wenn glaubhaft gemacht wird, dass er um die Zeit der Empfängnis der Mutter beigewohnt hat.

Art. 256c

III. Klagefrist

¹ Der Ehemann hat die Klage binnen Jahresfrist einzureichen, seitdem er die Geburt und die Tatsache erfahren hat, dass er nicht der Vater ist oder dass ein Dritter der Mutter um die Zeit der Empfängnis beigewohnt hat, in jedem Fall aber vor Ablauf von fünf Jahren seit der Geburt.

² Die Klage des Kindes ist spätestens ein Jahr nach Erreichen des Mündigkeitsalters zu erheben.

³ Nach Ablauf der Frist wird eine Anfechtung zugelassen, wenn die Verspätung mit wichtigen Gründen entschuldigt wird.

Art. 257

C. Zusammentreffen zweier Vermutungen

¹ Ist ein Kind vor Ablauf von 300 Tagen seit Auflösung der Ehe der Mutter geboren und hat diese inzwischen eine neue Ehe geschlossen, so gilt der zweite Ehemann als Vater.

² Wird diese Vermutung beseitigt, so gilt der erste Ehemann als Vater.

Art. 258

D. Klage der Eltern

¹ Ist der Ehemann vor Ablauf der Klagefrist gestorben oder urteilsunfähig geworden, so kann die Anfechtungsklage von seinem Vater oder seiner Mutter erhoben werden.

² Die Bestimmungen über die Anfechtung durch den Ehemann finden entsprechende Anwendung.

³ Die einjährige Klagefrist beginnt frühestens mit der Kenntnis des Todes oder der Urteilsunfähigkeit des Ehemannes.

Soll ein fälschlicherweise als Vater eingetragener Ehemann aus dem Zivilstandsregister gelöscht werden, muss das Gericht eingeschaltet werden. Der Ehemann hat an dieser Anfechtungsklage vor allem darum ein Interesse, weil er durch den Eintrag automatisch unterhaltspflichtig wird, auch wenn das Kind ein «Kuckucksei» ist. Der eingetragene Vater kann Klage einleiten (auch wenn die Ehe noch besteht) und für die Dauer des Prozesses eine sogenannte vorsorgliche Massnahme beantragen. Damit kann er bewirken, dass der Nebenbuhler und wirkliche Vater (nach den Regeln von Art. 282 ff.) Unterhaltsbeiträge mindestens vorerst hinterlegen oder gar bereits zahlen muss.

Auch das Kind hat ein Klagerecht. Es kann aber das Gericht nur anrufen, wenn der gemeinsame Haushalt der Eltern aufgehoben ist. Es soll mit seiner Klage nicht das Zusammenleben torpedieren können. Ist das Kind urteilsfähig (je nach Komplexität des Falls und Verständigkeit des Kindes wird das ab etwa 14 Jahren angenommen), kann es selber klagen. Ist es noch nicht urteilsfähig, können nicht etwa seine Eltern ihm beistehen. Wegen des bestehenden Interessenkonfliktes muss die Vormundschaftsbehörde ihm einen Beistand ernennen (siehe Art. 308 Abs. 2, Seite 321). Die Behörde untersucht dabei, ob eine Anfechtung überhaupt im Interesse des Kindes liegt.

Kein eigenes Klagerecht haben die Mutter und der wirkliche oder vermutete Erzeuger. Sie können nur von der Vormundschaftsbehörde verlangen, dass ein Beistand im Interesse des Kindes für Ordnung im Zivilstandsregister sorgt. Hingegen können die Grosseltern unter gewissen Umständen das Heft in die Hand nehmen (Art. 258). Wenn nämlich der Ehemann vor Ablauf der Klagefrist stirbt oder urteilsunfähig wird, haben seine Eltern ein Klagerecht. Anzeigeberechtigt gegenüber der Behörde ist im übrigen jedermann.

Der im Register eingetragene Vater (oder das Kind) hat zu beweisen, dass der Eintrag falsch ist. Wenn das Kind vor Abschluss der Ehe oder zu einer Zeit, als der gemeinsame Haushalt bereits aufgelöst war, gezeugt wurde, so bedarf die Anfechtung keiner weiteren Begründung, es sei denn, die Mutter mache glaubhaft, dass sie auch während dieser Zeit mit dem Registervater intim verkehrte (Art. 256b). Diese Bestimmung und auch Artikel 257 waren vor allem vor zwanzig und mehr Jahren wichtig, als es nicht immer einfach war, den wirklichen Vater zu ermitteln. Heute gibt es nur noch sehr selten Beweisprobleme. In den letzten Jahren waren es Blutuntersuchungen von Vater, Mutter und Kind, die in fast allen Fällen die Wahrheit ans Licht brachten.

Neu wird als Analysemethode das sogenannte *DNA-Fingerprinting* angewendet, was einfacher und sicherer ist. Aus weissen Blutzellen wird die DNA (Desoxyribonukleinsäure) isoliert und analysiert. In den DNA-Molekülen ist die Erbsubstanz eines Menschen angelegt. Sie bilden ein für jeden Menschen einzigartiges Muster, ähnlich einem Fingerabdruck, das auf allfällige Familienbande mit praktisch 100prozentiger Sicherheit hinweist. Die DNA-Vaterschaftsüberprüfung kostet zur Zeit ca. 4000 Franken. Die Untersuchung kann kurz nach der Geburt des Kindes durchgeführt werden. Man braucht dazu Speichel, Samen oder Blut des potentiellen Vaters. Zur Sicherheit wird zusätzlich noch eine Originalblutprobe durchgeführt.

Das Gerichtsverfahren muss mit einem Urteil abgeschlossen werden. Ein Vergleich zwischen den Parteien ist nicht möglich. Wird die Anfechtungsklage gutgeheissen, wird der fälschlich eingetragene Ehemann als Vater aus dem Familienregister gelöscht, und zwar rückwirkend auf den Zeitpunkt der Geburt. Erst danach können der wirkliche Vater, das Kind oder die Mutter den zweiten Schritt vornehmen und die Familienbande zwischen dem wirklichen Erzeuger und dem Kind auch offiziell knüpfen.

Die Löschung hat finanzielle Konsequenzen: Der Registervater kann bereits geleistete Unterhaltsbeiträge zurückverlangen; er kann auch vom Blutsvater Schadenersatz fordern (zum Beispiel für entstandene Prozesskosten).
Und wie heisst das Kind, wenn die Klage des Registervaters gutgeheissen wird? Es erhält den Familiennamen und das Bürgerrecht der Mutter (Art. 270).

Vorsicht: Anfechtungsfrist

Die Frist für den Registervater ist knapp bemessen: Er muss *innert eines Jahres* (Art. 256c) seit Kenntnis seiner Nichtvaterschaft klagen, spätestens aber fünf Jahre nach der Geburt. Das Kind dagegen kann sich viel Zeit lassen, nämlich 21 Jahre, bis ein Jahr nach seiner Mündigkeit.
Wann hat ein Ehemann Kenntnis davon, dass er nicht der Vater ist. Blosse Zweifel oder Befürchtungen genügen nicht; es muss eine sichere Kenntnis vorliegen, damit die Jahresfrist zu laufen beginnt.
Wenn die ein- oder fünfjährige Frist abgelaufen ist, gibt es für den Vater doch noch ein Hintertürchen. Die Anfechtung wird zugelassen, wenn er die Verspätung mit «wichtigen Gründen» entschuldigen kann. Das sind zum Beispiel Urteilsunfähigkeit, Landesabwesenheit etc. Dazu ein Beispiel aus der Praxis:
Hans M. weiss zwar, dass er nicht Vater «seines» Sohnes Martin ist. Aber er möchte die Ehe weiterführen. Nach zwei Jahren zerbricht sie doch, und Martha M. zieht zum richtigen, nicht eingetragenen Vater. Die Erwartungen von Hans M. haben sich nicht erfüllt. Die einjährige Frist ist zwar abgelaufen, doch kann sie wiederhergestellt werden.
Auch eine Verspätung nach Ablauf der fünf Jahre ist manchmal entschuldbar, zum Beispiel wenn ein Ehemann von seiner Frau bezüglich ihrer ehelichen Treue während zehn Jahren an der Nase herumgeführt worden ist. Sofort aber, nachdem dem Ehemann dies klar wird, muss er die Anfechtungsklage einleiten.

Heirat macht bereits geborene Kinder ehelich

Art. 259

E. Heirat der Eltern

¹ Heiraten die Eltern einander, so finden auf das vorher geborene Kind die Bestimmungen über das während der Ehe geborene entsprechende Anwendung, sobald die Vaterschaft des Ehemannes durch Anerkennung oder Urteil festgestellt ist.

² Die Anerkennung kann angefochten werden:

1. von der Mutter;

2. vom Kind, oder nach seinem Tode von den Nachkommen, wenn während seiner Unmündigkeit der gemeinsame Haushalt der Ehegatten aufgehört hat oder die Anerkennung erst nach Vollendung seines zwölften Altersjahres ausgesprochen worden ist;

3. von der Heimat- oder Wohnsitzgemeinde des Ehemannes;

4. vom Ehemann.

³ Die Vorschriften über die Anfechtung der Anerkennung finden entsprechende Anwendung.

In der guten alten Zeit führte die ärztliche Diagnose: «Sie sind schwanger», vielfach zu hektischen, eheförderenden Aktivitäten. Das Kind sollte nicht unehelich zur Welt kommen. Heute leben Tausende mit eigenen Kindern im Konkubinat. Wenn diese Paare mit dem Älterwerden merken, dass das Heiraten seine versicherungstechnischen Vorteile hat (zum Beispiel für die Altersvorsorge der Ehefrau), kommt diese Bestimmung zum Zug. Mit dem Jawort auf dem Zivilstandsamt kann das ausserehelich geborene Kind als eheliches im Register eingetragen werden. Voraussetzung dafür ist allerdings, dass es der unvermählte Vater seinerzeit bereits anerkannt hat (siehe Art. 260 ff.).

Was bewirkt diese Änderung? Ausserehelich hat das Kind Bürgerrecht und Familiennamen der Mutter erhalten, durch die Heirat werden ihm Name und Bürgerrecht des Vaters übertragen.

In Absatz 2 werden die Rechte der Personen definiert, die ein Interesse daran haben könnten, diese Ehelichwerdung anzufechten; eine Bestimmung ohne praktische Bedeutung.

Anerkennung der Vaterschaft

Dritter Abschnitt: **Anerkennung und Vaterschaftsurteil**

Art. 260

A. Anerkennung
I. Zulässigkeit und Form

¹ Besteht das Kindesverhältnis nur zur Mutter, so kann der Vater das Kind anerkennen.

² Ist der Anerkennende unmündig oder entmündigt, so ist die Zustimmung seiner Eltern oder seines Vormundes notwendig.

³ Die Anerkennung erfolgt durch Erklärung vor dem Zivilstandsbeamten oder durch letztwillige Verfügung oder, wenn eine Klage auf Feststellung der Vaterschaft hängig ist, vor dem Richter.

Vor 1912 war es in den Kantonen Neuenburg, Tessin und Waadt gesetzlich untersagt, das Verhältnis zwischen Vater und ausserehelichem Kind zu regeln. «La recherche de la paternité est interdite», hiess es auch bis 1912 im französischen Recht. So leicht kommen ausserehelichen Väter heute nicht mehr davon.

Ein ausserehelicher Vater kann seine Vaterschaft freudig oder unter sanftem Druck freiwillig anerkennen. Dies ist nach der Empfängnis jederzeit, also allenfalls auch vor der Geburt, zulässig. Die Anerkennung erfolgt vor dem Zivilstandsbeamten, wenn sich der Vater von sich aus zu seinem Kind bekennt. Weigert er sich, leiten Mutter und/oder Kind die Vaterschaftsklage ein (siehe Art. 261). Vor Gericht kann sich der widerspenstige Vater jederzeit umbesinnen und das Kind anerkennen, so dass kein Urteil nötig wird.

Das ungeborene Kind wird unter dem Vorbehalt, dass es lebend zur Welt kommt, anerkannt. Andere Bedingungen – etwa: «Ich anerkenne das Kind, sofern der im Geburtsregister als Vater eingetragene Ehemann gestrichen wird.» – sind nicht zulässig.

Zuständig für die Anerkennung ist der Zivilstandsbeamte am Wohnsitz oder Heimatort des Vaters oder der Mutter oder am Geburtsort des neuen Erdenbürgers. Der Beamte prüft wie das Gericht, ob die gesetzlichen Voraussetzungen erfüllt sind (zum Beispiel, ob im Register kein anderes Verhältnis eingetragen ist), nicht aber, ob der Anerkennende wirklich der Erzeuger ist. Nur wenn aus Urkunden offensichtlich hervorgeht, dass der bereitwillige Vater eben nicht der ist, der zu sein er väterlich vorgibt, können der Beamte oder das Gericht die Anerkennung ablehnen.

Zur Anerkennung haben weder die Mutter noch das Kind etwas zu sagen. Auch eine Anerkennung durch Dritte (etwa die Eltern oder den Vormund eines urteilsunfähigen Vaters) ist nicht möglich, denn bei der Anerkennung der Vaterschaft handelt es sich um ein höchstpersönliches Recht (siehe Art. 19, Seite 45, Kommentar Seite 47). Ist ein Unmündiger oder Entmündigter urteilsfähig (siehe Art. 16, Seite 43), kann er in Zusammenarbeit mit seinen gesetzlichen Vertretern (Eltern oder Vormund) sein Kind anerkennen. Stirbt der Vater oder wird er vor der Anerkennung urteilsunfähig, bleibt nur der Gang vor Gericht, also die Vaterschaftsklage durch das Kind oder die Mutter.

Das anerkannte Kind wird im Register des Vaters eingetragen, und zwar rückwirkend auf den Zeitpunkt der Geburt. Die Anerkennung des ausserehelichen Kindes hat keinen Einfluss auf Familienname und Bürgerrecht. Der Registervater wird vor allem unterhaltspflichtig. Zudem ist das Kind ihm gegenüber erbberechtigt, genau gleich, wie wenn es ehelich geboren wäre. Der ausser- eheliche Vater hat auch ein Recht auf Besuch. Ihm kann ausnahmsweise die elterliche Gewalt übertragen werden, wenn die Mutter gestorben oder entmündigt ist oder ihr die elterliche Gewalt entzogen wurde.

Einspruch gegen die Anerkennung

Art. 260a

II. Anfechtung
1. Klagerecht

¹ Die Anerkennung kann von jedermann, der ein Interesse hat, beim Richter angefochten werden, namentlich von der Mutter, vom Kind und nach seinem Tode von den Nachkommen sowie von der Heimat- oder Wohnsitzgemeinde des Anerkennenden.

² Dem Anerkennenden steht diese Klage nur zu, wenn er das Kind unter dem Einfluss einer Drohung mit einer nahen und erheblichen Gefahr für das Leben, die Gesundheit, die Ehre oder das Vermögen seiner selbst oder einer ihm nahestehenden Person oder in einem Irrtum über seine Vaterschaft anerkannt hat.

³ Die Klage richtet sich gegen den Anerkennenden und das Kind, soweit diese nicht selber klagen.

Art. 260b

2. Klagegrund

¹ Der Kläger hat zu beweisen, dass der Anerkennende nicht der Vater des Kindes ist.

² Mutter und Kind haben diesen Beweis jedoch nur zu erbringen, wenn der Anerkennende glaubhaft macht, dass er der Mutter um die Zeit der Empfängnis beigewohnt habe.

Art. 260c

3. Klagefrist

¹ Die Klage ist binnen Jahresfrist einzureichen, seitdem der Kläger von der Anerkennung und von der Tatsache Kenntnis erhielt, dass der Anerkennende nicht der Vater ist oder dass ein Dritter der Mutter um die Zeit der Empfängnis beigewohnt hat, oder seitdem er den Irrtum entdeckte oder seitdem die Drohung wegfiel, in jedem Fall aber vor Ablauf von fünf Jahren seit der Anerkennung.

² Die Klage des Kindes kann in jedem Fall bis zum Ablauf eines Jahres seit Erreichen des Mündigkeitsalters erhoben werden.

³ Nach Ablauf der Frist wird eine Anfechtung zugelassen, wenn die Verspätung mit wichtigen Gründen entschuldigt wird.

Nur der richtige Vater darf ein Kind anerkennen. Es gibt aber immer wieder Fälle, dass Männer Ja zu einem Kind sagen, das nicht von ihnen gezeugt worden ist. Ein solches Kindesverhältnis kann durch eine Anfechtungklage beseitigt werden.

Wer darf klagen? Grundsätzlich jeder und jede, die ein Interesse haben, neben dem Kind oder der Mutter zum Beispiel auch erbberechtigte Verwandte des anerkennenden Vaters. Sie haben ein Interesse daran, dass ihre Erbansprüche nicht durch falsche Nachkommen geschmälert werden. Der anerkennende Vater ist zur Anfechtung nur berechtigt, wenn sogenannte Willensmängel vorliegen, wenn er also unter Drohung oder wegen eines Irrtums das Kind anerkannt hat.

Die Kläger müssen beweisen, dass der Anerkennende nicht der Vater des Kindes ist. Beweismittel ist jeweils die Blutprobe, neuerdings der genetische Fingerabdruck, die DNA-Analyse (siehe Seite 260).

Die Klagefristen sind ähnlich geregelt wie bei der Anfechtung der Vaterschaft. Es gilt eine einjährige Frist ab Kenntnis der ungerechtfertigten Anerkennung und eine maximale Frist von fünf Jahren. Mehr Zeit hat das Kind; seine Frist dauert bis ein Jahr nach Erreichen der Mündigkeit. Auch hier ist möglich, dass bei einer Verspätung aus wichtigen Gründen die Frist wiederhergestellt wird (siehe Art. 256c, Seite 259, Kommentar Seite 261).

Der Vater aus Zwang – die Vaterschaftsklage

Art. 261

B. Vaterschaftsklage
I. Klagerecht

[1] Sowohl die Mutter als das Kind können auf Feststellung des Kindesverhältnisses zwischen dem Kind und dem Vater klagen.

[2] Die Klage richtet sich gegen den Vater oder, wenn er gestorben ist, nacheinander gegen seine Nachkommen, Eltern oder Geschwister oder, wenn solche fehlen, gegen die zuständige Behörde seines letzten Wohnsitzes.

[3] Ist der Vater gestorben, so wird seiner Ehefrau zur Wahrung ihrer Interessen die Einreichung der Klage vom Richter mitgeteilt.

Art. 262

II. Vermutung

[1] Hat der Beklagte in der Zeit vom 300. bis zum 180. Tag vor der Geburt des Kindes der Mutter beigewohnt, so wird seine Vaterschaft vermutet.

[2] Diese Vermutung gilt auch, wenn das Kind vor dem 300. oder nach dem 180. Tag vor der Geburt gezeugt worden ist und der Beklagte der Mutter um die Zeit der Empfängnis beigewohnt hat.

[3] Die Vermutung fällt weg, wenn der Beklagte nachweist, dass seine Vaterschaft ausgeschlossen oder weniger wahrscheinlich ist als die eines Dritten.

III. Klagefrist

Art. 263

¹ Die Klage kann vor oder nach der Niederkunft angebracht werden, ist aber einzureichen:
1. von der Mutter vor Ablauf eines Jahres seit der Geburt;
2. vom Kind vor Ablauf eines Jahres seit Erreichen des Mündigkeitsalters.

² Besteht schon ein Kindesverhältnis zu einem andern Mann, so kann die Klage in jedem Fall innerhalb eines Jahres seit dem Tag, da es beseitigt ist, angebracht werden.

³ Nach Ablauf der Frist wird eine Klage zugelassen, wenn die Verspätung mit wichtigen Gründen entschuldigt wird.

Wenn der ausserehelicher Vater nicht freiwillig seine Vaterschaft anerkennt, heisst es klagen. Sowohl die Mutter als auch das Kind können auf Feststellung des Kindesverhältnisses zum Erzeuger klagen; dies jedoch nur, wenn kein Kindesverhältnis zu einem anderen Mann festgestellt ist. Ist das Kind bereits anerkannt oder adoptiert oder hat der Ehemann die Ehelichkeit nicht angefochten, ist der Gang zum Gericht zwecklos. Die Klage ist in den meisten Kantonen zuerst beim zuständigen Friedensrichter am Wohnort einer Partei anzubringen.

Ist das Kind urteilsunfähig – das ist ja die Regel –, wird die Klage durch einen Beistand (Art. 309 Abs. 1) oder den Vormund (Art. 298) erhoben. Die Mutter, welche die elterliche Gewalt über das Kind hat, kann wegen Interessenkollision nicht als seine Vertreterin auftreten.

Der ausserehelicher Erzeuger kann die Vaterschaft in jedem Verfahrensstadium anerkennen. Der Prozess wird dann mit einem Vergleich beendet. Bei der Anfechtung der Ehelichkeit durch den Ehemann ist das anders; dort muss ein Urteil durch das Gericht gefällt werden. Eine vergleichsweise Regelung wäre nicht möglich.

Für den Beweis der Vaterschaft oder Nichtvaterschaft ist eine an Sicherheit grenzende Wahrscheinlichkeit notwendig. Dieser 99prozentige Wahrscheinlichkeitsbeweis kann seit der Einführung des DNA-Fingerprinting immer erbracht werden (siehe Seite 260). Wegen dieses eindeutigen Beweises sind Vaterschaftsklagen immer seltener. Meist einigen sich die Parteien vor Klageeinleitung auf ein gerichtsmedizinisches Gutachten. Die Beweisregelung von Artikel 262 über die Vermutung der Vaterschaft und den Wegfall dieser Vermutung ist deshalb heute ziemlich bedeutungslos.

In der Regel wird die Vaterschafts- mit der Unterhaltsklage (siehe Art. 280 Abs. 3, Seite 297) verbunden. Ausserdem klagt die Mutter für sich selber auf Ersatz der entstandenen Auslagen für die Entbindung, für die Kosten ihres

Unterhalts vier Wochen vor und acht Wochen nach der Geburt und für die Kosten der «Ausstattung des Kindes» (Art. 295). Das Gericht ist jedoch nicht zuständig für die Regelung des Besuchsrechts und die Zuteilung der elterlichen Gewalt. Hier kommen die Vormundschaftsbehörden ins Spiel.

Die Mutter ist verpflichtet, dem Beistand ihres Kindes gegenüber den Vater zu nennen, damit die Unterhaltsklage eingereicht werden kann. Etwa 20 Mal pro Jahr weigern sich Schweizer Mütter, den Namen des Vaters bekanntzugeben. Weder Mutter noch Kind können sich aber gegenüber dem heimlichen Vater rechtsgültig verpflichten, auf die Klage zu verzichten oder seine Identität zu verschweigen.

Doris S. hatte das zu Anfang zwar mit dem Erzeuger abgemacht. Sie wolle ein Kind von ihm, das sie allein aufziehen werde. Sie brauche auch keine Unterhaltsbeiträge, sagte sie damals... Nach fünf Jahren besinnt sie sich neu. Aus Geldnot gibt sie den Namen des Vaters preis, und der von der Vormundschaftsbehörde ernannte Beistand des Kindes klagt gegen den heimlichen Blutsverwandten. Für den Vater ein teures Erlebnis im Gegenwert von über 100000 Franken, verteilt auf ca. zwanzig Jahre.

Die Klagefristen (Art. 263) sind für die Mutter, die zum Beispiel Entbindungskosten geltend machen will, nur sehr kurz bemessen (ein Jahr nach Geburt). Besteht noch eine andere Vaterschaft (wenn zum Beispiel der Ehemann fälschlicherweise als Vater eingetragen ist), laufen die Fristen erst, nachdem diese Vaterschaft erfolgreich aufgehoben wurde. Eine verpasste Frist kann wiederhergestellt werden, wenn entschuldbare Gründe vorliegen (siehe Art. 256c, Seite 259, Kommentar Seite 261). Das Kind hat wie bei den anderen Klagen zur Feststellung der Vater- beziehungsweise Nichtvaterschaft 21 Jahre Zeit.

An Kindes Statt angenommen: die Adoption

1992 wurden in der Schweiz offiziell 1139 unmündige und 84 mündige Personen adoptiert. 639 davon wurden von einem Ehepaar gemeinsam, 540 durch den Stiefvater und 22 durch die Stiefmutter adoptiert. Dazu kamen 22 Adoptionen durch Einzelpersonen. Knapp 40 Prozent der adoptierten Kinder waren Schweizer, ca. 25 Prozent stammten aus Amerika und knapp 20 Prozent aus Asien.

Wer adoptiert, möchte einem in die Familiengemeinschaft aufgenommenen Menschen die Rechtsstellung eines leiblichen Kindes gewähren. Es können Unmündige oder Mündige an Kindes Statt angenommen werden. Meist adoptieren Ehepaare gemeinsam, seltener Einzelpersonen.

Durch Adoption zum «eigenen» Kind

Oberster Grundsatz: Es muss im Interesse des Kindes liegen, dass es neue Eltern bekommt. Seine Situation muss eindeutig so sein, dass der Verlust der leiblichen Verhältnisse (Vater, Mutter, aber auch Geschwister) zu verschmerzen ist.

Es gibt zwei Formen der Adoption von Kindern: die Annahme eines familienlosen Kindes und die Eingliederung eines Stiefkindes in die neue Familie, in der es lebt.

Fremdadoption ist die Annahme eines fremden Kindes, das häufig ausserehelich geboren wurde. Heute werden meist Kinder aus aussereuropäischen Ländern zu jungen Schweizern gemacht. Während immer weniger Mütter aus der Schweiz ihre Kinder zur Adoption freigeben, treibt der Wunsch kinderloser Eltern oft verzweifelte Blüten. Um jeden Preis muss ein Nachkomme aus fernen Landen her. Wenn dann aber das herzige Baby grösser wird und nicht den Vorstellungen entspricht, wenn Probleme auftauchen, geraten diese Kinder aus aussereuropäischen Kulturen nicht selten in dramatische Situationen. Entwurzelt und von ihren Schweizer Eltern im Stich gelassen, finden sie sich nirgendwo mehr zurecht.

Sein eigenes Kind kann man in der Regel nicht adoptieren. Ein Ausnahmefall dazu:

Sonja K. ist mit Friedrich K. verheiratet. Während dieser Ehe bekommt sie von ihrem Freund Sebastian T. ein Kind. Wenn der Kindsvater nach der Schei-

dung der Eheleute K. seine Freundin heiratet, hat er zwei Möglichkeiten, die Vaterschaftsbeziehung zu seinem Kind herzustellen. Entweder er adoptiert das Kind (nach einer Wartezeit von zwei Jahren), oder das Kind beziehungsweise Friedrich K. fechten die Vaterschaft von Friedrich K. gerichtlich an, so dass anschliessend Sebastian T. sein Kind anerkennen kann. Dieser zweite Weg ist meist einfacher, da keine Wartefristen eingehalten werden müssen.

In seltenen Fällen können Grosseltern ihre Enkel adoptieren. Nach Auffassung der Behörden bewirkt aber ein zu grosser Altersunterschied (von 47 bis 50 Jahren) eine zu grosse Distanz und fehlendes Verständnis für die Bedürfnisse der Kinder.

Zuerst zwei Jahre hegen und pflegen

Vierter Abschnitt: Die Adoption

Art. 264

A. Adoption Unmündiger
I. Allgemeine Voraussetzungen

Ein Kind darf adoptiert werden, wenn ihm die künftigen Adoptiveltern während wenigstens zweier Jahre Pflege und Erziehung erwiesen haben und nach den gesamten Umständen zu erwarten ist, die Begründung eines Kindesverhältnisses diene seinem Wohl, ohne andere Kinder der Adoptiveltern in unbilliger Weise zurückzusetzen.

Wer ein unmündiges (also noch nicht 20jähriges) Kind adoptieren will, muss zuerst während zwei Jahren eine Probe- und Bedenkzeit in der Form eines *Pflegeverhältnisses* eingehen. Ist das Kind noch schulpflichtig oder noch nicht 16 und handelt es sich um ein fremdes Kind, so muss vor der Aufnahme des Kindes eine Pflegekinderbewilligung eingeholt werden. Für Kinder, die mit einem leiblichen und einem Stiefelternteil zusammenleben, gilt diese Bewilligungspflicht nicht.

Nach Artikel 5 der Verordnung über die Aufnahme von Pflegekindern darf die Bewilligung nur erteilt werden, wenn «die Pflegeeltern und ihre Hausgenossen nach Persönlichkeit, Gesundheit und erzieherischer Eignung sowie nach den Wohnverhältnissen für gute Pflege, Erziehung und Ausbildung des Kindes Gewähr bieten und das Wohl anderer in der Pflegefamilie lebender Kinder nicht gefährdet wird. Das Kind muss gegen die Folgen von Krankheit, Unfall und Haftpflicht angemessen versichert werden. Wird ein Kind zur späteren Adoption aufgenommen, so darf die Bewilligung nur erteilt werden, wenn der Adoption keine gesetzlichen Hindernisse entgegenstehen und nach den gesamten Umständen zu erwarten ist, dass die Adoption später ausgesprochen wird.» Wird ein Pflegekinderverhältnis im Hinblick auf eine Adoption eingegangen, werden die Weichen zu Recht früh gestellt.

Zuständig für die Bewilligung ist die Vormundschaftsbehörde am Ort der Pflegefamilie. Nach erteilter Bewilligung untersteht das Verhältnis der Pflegekinderaufsicht und ist ausserdem vom gesetzlichen Vertreter des Kindes zu überwachen. Wem die kantonalen Behörden die Aufnahme eines Pflegekindes verweigern, der kann sich zuerst nach kantonalem Recht und letztinstanzlich mit einer Verwaltungsgerichtsbeschwerde beim Bundesgericht wehren.

Pflegeeltern haben keine elterliche Gewalt über das Kind. Diese wird bis zur rechtsgültig besiegelten Adoption durch einen Vormund wahrgenommen. Denn, entschliesst sich eine Mutter oder entschliessen sich Eltern, ihr Kind zur Adoption freizugeben, so wird ihnen die elterliche Gewalt entzogen (siehe Art. 312 Ziff. 2), und es wird ein Vormund ernannt. Auch Kinder, die aus dem Ausland für eine spätere Adoption in die Schweiz gebracht werden, erhalten einen Vormund.

Das Pflegekind ist übrigens gegenüber seinen Pflegeeltern auch nicht erbberechtigt; eine logische Folge der Vorläufigkeit des Verhältnisses.

Während des Pflegekinderverhältnisses sollten die adoptierfreudigen Eltern auf einen Unterhaltsbeitrag von dritter Seite verzichten, auch wenn ihre Unterhaltspflicht dem Kind gegenüber erst mit der Adoption beginnt und die Unterhaltspflicht für die Dauer des Pflegeverhältnisses nicht geregelt ist. Sie dokumentieren damit, dass es ihnen nicht ums Geld, sondern ums Kind geht.

Das Adoptionsgesuch wird erst behandelt, wenn das Pflegeverhältnis zwei Jahre gedauert hat. Diese Frist kann nicht abgekürzt werden. Es darf während der zwei Jahre Unterbrüche geben, aber es muss sich beim Zusammensein um längere Zeitabschnitte handeln: Jährlich sechs Wochen Sommerferien können nicht einfach nach 18 Jahren zu einem Pflegekinderverhältnis hochstilisiert werden (BGE 111 II 230). Die Adoptionsbehörden können das Pflegeverhältnis auch verlängern, wenn nach zwei Jahren noch nicht feststeht, ob das Kindesverhältnis für die Zukunft von Dauer sein wird.

Die Pflegekinderbewilligung im Hinblick auf eine Adoption wird nur entzogen, wenn das Kindeswohl dies gebietet. Lassen sich Pflegeeltern scheiden, bestimmt nicht etwa der Scheidungsrichter über die Kinderzuteilung, sondern der gesetzliche Vertreter des Kindes entscheidet, wie das Verhältnis fortgesetzt wird.

Wie kommt man zu einem ausländischen Pflegekind?

Über zehn Prozent aller Paare bleiben ungewollt kinderlos. Oft ist ihre Verzweiflung gross. Weil immer weniger Schweizer Mütter ihre Kinder zur Adoption freigeben (Grund: Verhütungsmittel, bessere soziale Akzeptanz Alleinerziehender, Alimentenbevorschussung etc.), suchen immer mehr kinderlose Paare ihr Glück im Ausland auf eigene Faust. Rund 600 Kinder aus fremden Kulturen werden jedes Jahr zwecks späterer Adoption in die Schweiz gebracht.

Weil dabei zahlreiche Missbräuche vorkamen, ist es seit 1988 schwieriger, von der Schweiz aus ein ausländisches Kind (vor allem aus der dritten Welt) zu adoptieren. Die zukünftigen Eltern brauchen für die Schweizer Behörden einen Sozialbericht. Dieser muss entweder von einer neutralen Vermittlungsstelle oder von einer entsprechenden Fachstelle der Wohngemeinde des Paares erstellt werden. Aufgrund dieses Berichtes wird eine Pflegekinderbewilligung erteilt, und erst danach kann von der Fremdenpolizei eine Einreise- und Aufenthaltsbewilligung eingeholt werden. Die Pflegeeltern müssen sich zudem schriftlich verpflichten, für sämtliche Kosten des Unterhalts (auch Arztkosten) aufzukommen.

Relativ problemlos ist die Annahme eines ausländischen Kindes, wenn man für einige Jahre in Übersee Wohnsitz nehmen, dort das Kind legal adoptieren und anschliessend in die Schweiz zurückkehren kann. Diese häufigen ausländischen Adoptionen werden von keiner Statistik erfasst.

Es bringt aber nichts, wenn ein ausländischer Staat das Adoptionsverfahren für die Schweizer Familie während ihres Ferienaufenthalts durchführt. Eine solche ausländische Adoption wird in der Schweiz nicht anerkannt. Die Schweizer Familie muss im entsprechenden Staat Wohnsitz gehabt, das heisst sich dort mit der Absicht des dauernden Verweilens aufgehalten, haben (siehe Art. 23, Seite 49).

Generell werden Pflegeverhältnisse mit ausländischen Kindern zunehmend kritisch betrachtet. Dazu zwei Beispiele aus der Praxis:

- *Trudi F. wollte nach der Scheidung ein kolumbianisches Kind zur späteren Einzeladoption aufnehmen. Sie hätte das Kind jedoch wegen ihrer Arbeitstätigkeit tagsüber zusammen mit ihrem Sohn in Fremdpflege geben müssen. Dazu die Justizdirektion des Kantons Bern: «Das Argument, es sei für Trudi F. ein grundlegendes Bedürfnis, neben ihrem einzigen Sohn noch ein zweites Kind aufziehen zu können, vermag nicht zu stechen. Denn unter Fachleuten bestehen Vorbehalte gegenüber der Aufnahme fremdländischer Kinder. Wenn nun nicht mit Sicherheit gesagt werden kann, die Aufnahme des Pflegekindes diene dessen Wohl, ist die Pflegekinderbewilligung zu verweigern.»* (ZVW 1982 35)
- *Susi H. wollte einen fast 12jährigen Inderknaben zu sich nehmen. Der Bezirksrat Hinwil meinte dazu: «Frau H. verfügt bestenfalls über sehr beschränkte Englischkenntnisse. Die ganze mit der Herkunft des Knaben zusammenhängende Problematik stellt grosse spezifische Anforderungen. Negativ*

am stärksten ins Gewicht fällt dabei vermutlich das Alter des Knaben, ist doch die für die spätere Entwicklung weitgehend ausschlaggebende frühkindliche Lebensphase, und zwar unter ungünstigsten Rahmenbedingungen (verlassenes Waisenkind), bereits abgeschlossen und steht der Knabe schon bald vor dem Beginn der Pubertät. In diesem grossen Spannungsfeld würde nun aber zweifellos allein der gute Wille und die idealisierte Vorstellung, an einem armen verlassenen Waisenkind Mutterstelle zu vertreten, nicht genügen.» (ZVW 1980 154)

Gemeinschafts- oder Einzeladoption?

Art. 264*a*

II. Gemeinschaftliche Adoption

¹ Ehegatten können nur gemeinschaftlich adoptieren; anderen Personen ist die gemeinschaftliche Adoption nicht gestattet.

² Die Ehegatten müssen 5 Jahre verheiratet sein oder das 35. Altersjahr zurückgelegt haben.

³ Ein Ehegatte darf jedoch das Kind des andern adoptieren, wenn er 2 Jahre verheiratet gewesen ist oder das 35. Altersjahr zurückgelegt hat.

Art. 264*b*

III. Einzeladoption

¹ Eine unverheiratete Person darf allein adoptieren, wenn sie das 35. Altersjahr zurückgelegt hat.

² Eine verheiratete Person, die das 35. Altersjahr zurückgelegt hat, darf allein adoptieren, wenn sich die gemeinschaftliche Adoption als unmöglich erweist, weil der Ehegatte dauernd urteilsunfähig oder seit mehr als 2 Jahren mit unbekanntem Aufenthalt abwesend ist, oder wenn die Ehe seit mehr als 3 Jahren gerichtlich getrennt ist.

Ehepaare können in der Regel nur gemeinsam adoptieren. Zudem müssen sie «reif» dazu sein: Das Gesetz verlangt fünf Jahre Trauschein oder dass beide Partner das 35. Altersjahr zurückgelegt haben. Nicht verheiratete Personen dürfen nicht gemeinsam adoptieren.

In einem Fall – der allerdings immer häufiger wird – kann ein Ehegatte auch allein adoptieren: Der Stiefvater (oder die Stiefmutter) kann sein Stiefkind adoptieren, wenn er seit zwei Jahren mit der Mutter verheiratet oder über 35 ist. Auch hier muss ein mindestens zweijähriges Pflegeverhältnis im gemeinsamen Haushalt vorausgegangen sein. Bei den meisten Stiefkinderadoptionen verliert ein leiblicher Elternteil (meist der Vater) seine rechtliche Beziehung zum Kind. Im Einzelfall muss genau geprüft werden, ob dieser Elternwechsel im Interesse des Kindes liegt.

Neben der Gemeinschafts- und Stiefkinderadoption gibt es auch seltene Fälle von Adoptionen durch *Einzelpersonen* (weniger als 20 pro Jahr). Beispiele aus der Praxis:
– Ein behindertes Kind ist schwer zu plazieren. Die Adoptierende eignet sich wegen ihrer besonderen beruflichen Qualifikation für die Betreuung.
– Die Eltern des Kindes sind gestorben; die Adoptierende stand in einem besonders engen Verhältnis zu den Verstorbenen.
– Das Pflegeverhältnis mit dem Kind wurde als Ehepaar begonnen. Ein Partner stirbt, oder die Parteien lassen sich scheiden.

Voraussetzung für eine Einzeladoption ist neben dem Mindestalter von 35 Jahren das Unverheiratetsein im Zeitpunkt der Einreichung des Gesuches (die Ausnahmen zu dieser Regel werden in Art. 264b Abs. 2 aufgezählt). Eine spätere Heirat steht der Adoption nicht entgegen, es sei denn, das Scheitern der Ehe erscheine schon im voraus unausweichlich oder die neue Situation bezwecke eine Umgehung der Vorschriften über die gemeinsame Adoption.

Alter und Zustimmung des Kindes

Art. 265

IV. Alter und Zustimmung des Kindes

^{1} Das Kind muss wenigstens 16 Jahre jünger sein als die Adoptiveltern.

^{2} Ist das Kind urteilsfähig, so ist zur Adoption seine Zustimmung notwendig.

^{3} Ist es bevormundet, so kann, auch wenn es urteilsfähig ist, die Adoption nur mit Zustimmung der vormundschaftlichen Aufsichtsbehörde erfolgen.

Das Kind muss wenigstens 16 Jahre jünger sein als der oder die Adoptierende. Bei gemeinsamer Fremdadoption muss der Altersunterschied zu beiden Ehepartnern bestehen.

Ist ein Kind urteilsfähig, so ist zur Adoption seine Zustimmung notwendig. In der Regel gilt ein Kind mit 14 Jahren in dieser Frage als urteilsfähig. Seine Befragung erfolgt durch die zuständige Behörde. Auch wenn ein Adoptivkind noch nicht urteilsfähig ist, muss es etwa ab dem zehnten Altersjahr angehört werden. Bei bevormundeten Kindern muss auch die vormundschaftliche Aufsichtsbehörde ihre Zustimmung geben. Dies ist dann nicht notwendig, wenn das Kind noch unter elterlicher Gewalt steht.

Das Jawort der leiblichen Eltern

Art. 265*a*

V. Zustimmung der Eltern
1. Form

¹ Die Adoption bedarf der Zustimmung des Vaters und der Mutter des Kindes.

² Die Zustimmung ist bei der Vormundschaftsbehörde am Wohnsitz oder Aufenthaltsort der Eltern oder des Kindes mündlich oder schriftlich zu erklären und im Protokoll vorzumerken.

³ Sie ist gültig, selbst wenn die künftigen Adoptiveltern nicht genannt oder noch nicht bestimmt sind.

Art. 265*b*

2. Zeitpunkt

¹ Die Zustimmung darf nicht vor Ablauf von sechs Wochen seit der Geburt des Kindes erteilt werden.

² Sie kann binnen sechs Wochen seit ihrer Entgegennahme widerrufen werden.

³ Wird sie nach einem Widerruf erneuert, so ist sie endgültig.

In der Regel müssen neben dem urteilsfähigen Kind auch die Eltern Ja zur Adoption sagen:

Hanna M. ist alleinerziehende Mutter mit psychischen Problemen. Weil sie längere Zeit in einer psychiatrischen Klinik hospitalisiert ist, wird ihr die elterliche Gewalt entzogen. Trotzdem: Sie allein kann das Jawort zur Adoption geben; der Vormund darf nicht über ihren Kopf hinweg das Kind weggeben.

Erforderlich ist die Zustimmung des genetischen Erzeugers auch dann, wenn er das Kind bisher weder anerkannt hat noch durch Urteil als Vater feststeht. Die Zustimmung weiterer Verwandter oder Bekannter ist nicht erforderlich. Stehen sie aber in einer engen Beziehung zum Kind, sollten sie ebenfalls angehört werden.

Nach ihrer Zustimmung zur Adoption haben die leiblichen Eltern kein Besuchsrecht mehr. Es ist aber möglich, eine freiwillige Regelung mit den künftigen Adoptiveltern zu treffen.

Nach der Geburt eines Kindes besteht eine Wartefrist von sechs Wochen bis die Zustimmung zur Adoption gegeben werden kann. Diese Wartefrist soll die

Mutter vor übereilten Handlungen schützen. Sobald die Mutter Ja zur Adoption sagt, hat sich nochmals eine Bedenkzeit von sechs Wochen. Nach Ablauf dieser Frist wird den leiblichen Eltern die elterliche Gewalt, gestützt auf Artikel 312 Ziffer 2, entzogen (falls sie sie noch innehaben). Es muss eine Vormundschaft errichtet werden, jedenfalls dann, wenn es darum geht, das Kind an einem geeigneten Ort zu plazieren. Steht die Adoption jedoch unmittelbar bevor, kann auf die Bevormundung verzichtet werden.

Wann werden die leiblichen Eltern nicht gefragt?

Art. 265c

3. Absehen von der Zustimmung
a. Voraussetzungen

Von der Zustimmung eines Elternteils kann abgesehen werden,
1. wenn er unbekannt, mit unbekanntem Aufenthalt länger abwesend oder dauernd urteilsunfähig ist,
2. wenn er sich um das Kind nicht ernstlich gekümmert hat.

Keiner Zustimmung bedarf es, wenn ein Elternteil dauernd urteilsunfähig oder unbekannt ist, wenn sein Aufenthaltsort nicht bekannt ist oder wenn sich dieser Elternteil nicht ernstlich um das Kind gekümmert hat. Der Tod ist zwar nicht genannt, aber es ist klar: Tote können keine Zustimmung mehr erteilen. Ihr Recht geht nicht auf die Erben über und kann auch nicht testamentarisch weitergegeben werden.

Wer kümmert sich nicht ernstlich um sein Kind? Beispielsweise ein Vater, der die Schwangerschaft abbrechen lassen will, der die Mutter bei der Geburt im Stich lässt, seine Vaterschaft bestreitet und sich nach der Geburt nicht um das Kind kümmert. Vor allem bei Neugeborenen drängen die Behörden auf eine rasche Abklärung der Situation. Ein Vater, der sich bei der Geburt und in den ersten sechs Wochen danach nicht um seinen Nachkommen kümmert, riskiert damit, das Zustimmungsrecht zu verlieren. Sind die Kinder älter und hat früher eine Beziehung zwischen ihnen und dem abwesenden Elternteil (meist dem Vater) bestanden, wird man nicht bereits nach sechs Wochen die Rechte eines leiblichen Vaters beschneiden können. Der Verzicht auf die Zustimmung ist aber gerechtfertigt, wenn dieser nie in den Lebenskreis des Kindes getreten oder völlig aus diesem ausgeschieden ist. Gründe für den Verlust des Zustimmungsrechts sind etwa:
- Zwischen dem Kind und dem Elternteil bestehen eine grosse Entfernung und/oder grosse Sprachprobleme.

- Ein Elternteil übt sein Besuchsrecht nicht aus
- Das Kind zeigt gesundheitliche Störungen wegen einer tiefen Abneigung gegen einen Elternteil.
- Ein Elternteil ist unfähig, eine lebendige Beziehung zum Kind aufzubauen.

Das Problem des Sich-nicht-ernstlich-Kümmerns führt zu zahlreichen Prozessen; hier einige Entscheide:
- Gemäss Bundesgericht (BGE 113 II 381) ist es belanglos, ob ein Vater sich schuldhaft oder ohne Verschulden nicht um sein Kind kümmert. Die rein faktische Trennung genügt. Wer also ernsthaft krank ist (zum Beispiel dauernd in einer psychiatrischen Klinik hospitalisiert) und sich deshalb nicht um sein Kind bemühen kann, riskiert, zur Adoption nicht gefragt zu werden. Nach diesem neuesten Entscheid kommt es nicht in erster Linie auf das Fehlen einer echten Beziehung an, sondern darauf, ob ein Elternteil sich um das Kind kümmert. Gefragt werden muss deshalb eine Mutter, die sich um Kontakt zu ihrem Kind bemüht, aber keinen Erfolg hat, weil es sie hartnäckig ablehnt, und sich deshalb aus Vernunftgründen zurückhält.
- «Hat eine ledige Mutter ihr dreijähriges Kind, welches seit Geburt in einem Säuglingsheim lebt, während der letzten zwei Jahre nicht mehr besucht, kann von ihrer Zustimmung zur Adoption des Kindes abgesehen werden.» (Bezirksrat Zürich, ZVW 1981 30)

b. Entscheid

Art. 265*d*

^{1} Wird das Kind zum Zwecke späterer Adoption untergebracht und fehlt die Zustimmung eines Elternteils, so entscheidet die Vormundschaftsbehörde am Wohnsitz des Kindes, auf Gesuch einer Vermittlungsstelle oder der Adoptiveltern und in der Regel vor Beginn der Unterbringung, ob von dieser Zustimmung abzusehen sei.

^{2} In den andern Fällen ist hierüber anlässlich der Adoption zu entscheiden.

^{3} Wird von der Zustimmung eines Elternteils abgesehen, weil er sich um das Kind nicht ernstlich gekümmert hat, so ist ihm der Entscheid schriftlich mitzuteilen.

Normalerweise wird die Zustimmung der Eltern vor dem Pflegeaufenthalt bei den zukünftigen Adoptiveltern eingeholt; zuständig ist die Vormundschaftsbehörde am Wohnsitz des Kindes. Wird dies unterlassen, muss die Zustimmung später, das heisst vor der Adoption, eingeholt werden. Dafür ist die Adoptionsbehörde zuständig.

Die Behörde muss abklären, wem das Zustimmungsrecht zusteht. Einem Vater oder einer Mutter, auf deren Zustimmung verzichtet wird, muss dies mitgeteilt werden. An einen unbekannten Elternteil allerdings kann keine Mitteilung gesandt werden. Ist bloss der Aufenthaltsort unbekannt, wird auf die Suche durch öffentliche Publikation im kantonalen Amtsblatt (die in vielen anderen Rechtsbereichen üblich ist) verzichtet. Auch der genetische Erzeuger, zu dem kein Kindsverhältnis besteht, muss benachrichtigt werden. Wird behauptet, ein Elternteil habe sich nicht ernstlich um das Kind gekümmert, muss diesem der Entscheid schriftlich mitgeteilt werden. Das verlangt Absatz 3 von Artikel 265d.

Ein Elternteil, der nicht gefragt wird, muss sich bei verschiedenen Stellen wehren, je nachdem, welche Behörde von seiner Zustimmung abgesehen hat:
- Gegen den Entscheid der *Vormundschaftsbehörde* wehrt man sich bei der kantonalen Aufsichtsbehörde.
- Gegen den Entscheid der *Adoptionsbehörde* stehen die kantonalen Rechtsmittel zur Verfügung. Wenn behauptet wird, ein Elternteil habe sich nicht um das Kind gekümmert, kann dieser anschliessend auch noch das Bundesgericht anrufen.

Erwachsene unter Adoptionsfittichen

Art. 266

B. Adoption Mündiger und Entmündigter

[1] Fehlen Nachkommen, so darf eine mündige oder entmündigte Person adoptiert werden,

1. wenn sie infolge körperlicher oder geistiger Gebrechen dauernd hilfsbedürftig ist und die Adoptiveltern ihr während wenigstens fünf Jahren Pflege erwiesen haben,

2. wenn ihr während ihrer Unmündigkeit die Adoptiveltern wenigstens fünf Jahre lang Pflege und Erziehung erwiesen haben,

3. wenn andere wichtige Gründe vorliegen und die zu adoptierende Person während wenigstens fünf Jahren mit den Adoptiveltern in Hausgemeinschaft gelebt hat.

[2] Eine verheiratete Person kann nur mit Zustimmung ihres Ehegatten adoptiert werden.

[3] Im übrigen finden die Bestimmungen über die Adoption Unmündiger entsprechende Anwendung.

Um Missbräuche zu verhindern ist die Erwachsenen-Adoption nur beschränkt möglich. Verlangt wird Kinderlosigkeit der Adoptierenden und eine fünfjährige Hausgemeinschaft. Der mündige Adoptierte behält auch sein früheres Bürgerrecht (267a). Gäbe es diese strengen Vorschriften nicht, würde so mancher liebenswürdige Ausländer durch Adoption zum Schweizer gemacht; mancher über seine Erben verdrossene Zeitgenosse könnte durch Erwachsenen-Adoption die Pflichtteile der verhassten Verwandtschaft schmälern, ohne zum oder zur Adoptierten in einem engen, langjährigen Verhältnis zu stehen.

Nur wenn Nachkommen fehlen, dürfen Erwachsene adoptiert werden. Pech hatte Barbara R.: Ihre Mutter brachte sie und einen Bruder in die zweite Ehe mit. Nach Ablauf der gesetzlichen Frist von zwei Jahren adoptierte der Stiefvater den Sohn. Die ältere Barbara dagegen war zu diesem Schritt noch nicht bereit; man beschloss, in ihrem Fall zuzuwarten. Erst nach weiteren sieben Jahren fühlte sich die Tochter so sicher, dass sie die Adoption nachzuholen wünschte. Doch mittlerweile war sie weit über 20 Jahre alt. Damit kam ihr nun die strenge Regel von Artikel 266 in die Quere: Ihr Stiefvater war nicht mehr ohne Nachkommen; der eigene Bruder stand ihr vor der Nase, da er durch die Adoption die volle Rechtsstellung eines Kindes des Adoptivvaters erhalten hatte.

Das Pflegeverhältnis zwischen den Adoptiveltern und dem mündigen Schützling muss fünf Jahre gedauert haben. Die Erwachsenen-Adoption ist auch zulässig, wenn ein solches Pflegeverhältnis weit zurückliegt. Hingegen genügt es nicht, wenn ein Pflegeverhältnis bloss an den Wochenenden besteht, zum Beispiel wegen eines auswärtigen Studiums (BGE 106 II 6). Gründe für eine Erwachsenen-Adoption können sein:

– Der Schützling ist wegen einer Behinderung dauernd hilfsbedürftig; die Adoptiveltern halfen pflegerisch während mindestens fünf Jahren.

– Die Adoptiveltern pflegten und erzogen ihren damals noch unmündigen Schützling während mindestens fünf Jahren und möchten ihn, der unterdessen mündig geworden ist, nun adoptieren.

– Andere wichtige Gründe können ebenfalls zur Erwachsenen-Adoption berechtigen. Nicht als solche anerkannt werden jedoch steuerliche oder erbrechtliche Argumentationen. Der wichtige Grund muss in einer besonders engen Verbindung zwischen den Pflegeeltern und dem zu Adoptierenden bestehen. Zulässig ist beispielsweise die Adoption einer dreissigjährigen Haushalthilfe, die seit über zehn Jahren nicht nur die alternden Pflegeeltern (gegen Entgelt) liebevoll versorgt, sondern auch die Freizeit und Ferien häufig mit ihnen verbringt.

Neben den Sonderbestimmungen gelten für die Erwachsenen-Adoption die weiteren gesetzlichen Regelungen sinngemäss (etwa der Altersunterschied von mindestens 16 Jahren). Nicht notwendig ist dabei die Zustimmung der Eltern des Schützlings, wohl aber die Zustimmung eines allfälligen Vormunds.

Was bewirkt die Adoption?

Art. 267

C. Wirkung
I. Im allgemeinen

¹ Das Adoptivkind erhält die Rechtsstellung eines Kindes der Adoptiveltern.

² Das bisherige Kindesverhältnis erlischt; vorbehalten bleibt es zum Elternteil, der mit dem Adoptierenden verheiratet ist.

³ Bei der Adoption kann dem Kind ein neuer Vorname gegeben werden.

Art. 267a

II. Heimat

Das unmündige Kind erhält anstelle seines bisherigen das Kantons- und Gemeindebürgerrecht der Adoptiveltern.

Das adoptierte Kind scheidet aus der alten Familie aus und tritt als gleichberechtigtes Mitglied in die neue Gemeinschaft ein. Es gibt keinen rechtlichen Unterschied zwischen Bluts- und Adoptivverwandten. Das Adoptivkind wird also behandelt, wie wenn es von den Adoptiveltern geboren worden wäre. Diese Volladoption gilt seit dem 1. April 1973.

Für Kinder, die vor diesem Datum adoptiert wurden und deren Adoption nicht dem neuen Recht unterstellt wurde, gelten die alten Bestimmungen. Diese gewährten keine Volladoption; die Banden zur Ursprungsfamilie wurden nicht ganz durchschnitten. Überdies konnten Adoptierende früher im Vertrag über die Kindesannahme das Erbrecht des neuen Familienmitglieds einschränken. Heute ist das nicht mehr möglich: adoptierte sind den ehelichen Kindern gleichgestellt.

Die Blutsverwandtschaft zu den leiblichen Eltern erlischt praktisch vollständig. So gibt es beispielsweise kein Erbrecht mehr. Einzige Ausnahme: Trotz durchschnittener Familienbande kann der oder die Adoptierte die Verwandten der leiblichen Eltern aus naheliegenden Gründen nicht heiraten (siehe Art. 100, Seite 122). Wenn Adoptierte heiraten, muss der zuständige Beamte in jedem Fall einen Bericht beim Eidgenössischen Amt für das Zivilstandswesen einholen, ob die Heiratswilligen nicht blutsverwandt seien. Dieses Amt kennt nämlich – im Gegensatz zu Adoptivkind und -eltern – alle leiblichen Eltern (siehe Art. 268b, Seite 281).

Unterhaltspflicht, elterliche Gewalt etc. gehen auf die Adoptiveltern über. Unmündige Adoptierte wechseln auch das Bürgerrecht; adoptierte Erwachsene hingegen behalten das alte. Wenn sich Adoptiveltern scheiden lassen, erfolgt die Kinderzuteilung durch das Scheidungsgericht nach denselben Kriterien wie bei leiblichen Kindern.

Die blutsverwandten Eltern haben nach der Adoption keinerlei Rechte und Pflichten mehr, zum Beispiel auch kein Besuchsrecht.

Das Adoptionsverfahren

Art. 268

D. Verfahren
I. Im allgemeinen

¹ Die Adoption wird von der zuständigen kantonalen Behörde am Wohnsitz der Adoptiveltern ausgesprochen.

² Ist das Adoptionsgesuch eingereicht, so hindert Tod oder Eintritt der Urteilsunfähigkeit des Adoptierenden die Adoption nicht, sofern deren Voraussetzungen im übrigen nicht berührt werden.

³ Wird das Kind nach Einreichung des Gesuches mündig, so bleiben die Bestimmungen über die Adoption Unmündiger anwendbar, wenn deren Voraussetzungen vorher erfüllt waren.

Art. 268a

II. Untersuchung

¹ Die Adoption darf erst nach umfassender Untersuchung aller wesentlichen Umstände, nötigenfalls unter Beizug von Sachverständigen, ausgesprochen werden.

² Namentlich sind die Persönlichkeit und die Gesundheit der Adoptiveltern und des Adoptivkindes, ihre gegenseitige Beziehung, die erzieherische Eignung, die wirtschaftliche Lage, die Beweggründe und die Familienverhältnisse der Adoptiveltern sowie die Entwicklung des Pflegeverhältnisses abzuklären.

³ Haben die Adoptiveltern Nachkommen, so ist deren Einstellung zur Adoption zu würdigen.

Zuständig sind die Behörden am Wohnsitz der Adoptiveltern im Zeitpunkt der Einreichung des Gesuches.

Das Adoptionsgesuch wird erst behandelt, wenn die gesetzlichen Voraussetzungen (zweijähriges Pflegeverhältnis, Mindestdauer der Ehe und Mindestalter der Adoptierenden etc.) erfüllt sind. Was prüft die Behörde?
- Liegt ein gültiges Gesuch vor?
- Sind die zeitlichen Voraussetzungen erfüllt?
- Haben die leiblichen Eltern zugestimmt?

- Wie ist die Einstellung weiterer Betroffener (zum Beispiel, wenn die Eltern fehlen, Angehöriger)?
- Dient die Adoption dem Wohl des Kindes?

Nach der Überprüfung des Falls muss die Behörde einen Entscheid fällen und diesen begründen. Der Entscheid kann zuerst mit den kantonalen Rechtsmitteln weitergezogen werden. Die Berufung ans Bundesgericht ist zulässig, wenn die Adoption verweigert wird. Zum Weiterzug berechtigt sind nur die enttäuschten Adoptiveltern, nicht aber das Kind oder dessen leibliche Eltern.

Auf der Suche nach den leiblichen Eltern

Art. 268*b*

III. Adoptionsgeheimnis   Die Adoptiveltern dürfen ohne ihre Zustimmung den Eltern des Kindes nicht bekanntgegeben werden.

Diese Bestimmung macht anfänglich durchaus Sinn, hilft sie doch, die Adoptivbeziehung möglichst ungestört aufzubauen. Nur, wer als Säugling adoptiert worden ist, wird eines Tages vielleicht doch wissen wollen, wer seine leiblichen Eltern sind.

In England, Deutschland, Österreich und Schweden haben die Adoptierten ab dem 18. beziehungsweise 16. Altersjahr Anspruch darauf, den Namen ihrer leiblichen Eltern zu kennen. Auch nach schweizerischem Recht besteht nach Auffassung des Spezialisten für Kindesrecht, Professor Cyril Hegnauer, dieser Anspruch (ZVW 1991 101). Artikel 268b wolle nur verhindern, dass sich die leiblichen Eltern nachträglich ins Adoptionsverhältnis einmischten und dadurch die Integration des Kindes verhinderten. Dieser Zweck entfalle aber mit den Jahren, wenn das Adoptivkind in die neue Familie integriert sei.

Bei der Suche nach den leiblichen Eltern hilft vor allem die Beratungsstelle für Adoption des Gemeinnützigen Frauenvereins in Zürich. Diese Organisation stellt ein Merkblatt zu, sucht auf Wunsch die aktuelle Adresse der unbekannten Eltern und versucht ein Treffen zu organisieren. Es gibt auch eine Interessengemeinschaft Adoptierter (Idago, Zürich), die bei der Suche nach den Wurzeln behilflich ist.

Streit um die Adoption

Art. 269

E. Anfechtung
I. Gründe
1. Fehlen der Zustimmung

¹ Ist eine Zustimmung ohne gesetzlichen Grund nicht eingeholt worden, so können die Zustimmungsberechtigten die Adoption beim Richter anfechten, sofern dadurch das Wohl des Kindes nicht ernstlich beeinträchtigt wird.

² Den Eltern steht diese Klage jedoch nicht zu, wenn sie den Entscheid ans Bundesgericht weiterziehen können.

Art. 269a

2. Andere Mängel

¹ Leidet die Adoption an anderen schwerwiegenden Mängeln, so kann jedermann, der ein Interesse hat, namentlich auch die Heimat- oder Wohnsitzgemeinde, sie anfechten.

² Der Anfechtung ist jedoch ausgeschlossen, wenn der Mangel inzwischen behoben ist oder ausschliesslich Verfahrensvorschriften betrifft.

Art. 269b

II. Klagefrist

Die Klage ist binnen sechs Monaten seit Entdeckung des Anfechtungsgrundes und in jedem Falle binnen zwei Jahren seit der Adoption zu erheben.

Gegen eine bewilligte Adoption kann nur beschränkt vorgegangen werden. Anfechtungsgründe sind
– das ungerechtfertigte Fehlen der Zustimmung der leiblichen Eltern: Eltern, von deren Zustimmung die Behörden abgesehen haben, können die Adoption aber nicht mehr anfechten, wenn ihnen dieser Entscheid ordnungsgemäss mitgeteilt wurde und sie sich damals nicht dagegen wehrten. Dies dient der Rechtssicherheit.
– andere grobe Mängel: Als schwerwiegender Mangel wurde in der Gerichtspraxis bisher nur ein Fall beurteilt, bei dem der gesetzliche Altersunterschied zwischen Adoptiertem und Adoptiveltern um mehr als drei Jahre unterschritten wurde (ZVW 1975 308).

Zur Klage berechtigt ist jeder und jede, wenn sie ein genügendes Interesse nachweisen können, zum Beispiel auch die Heimat- und Wohnsitzgemeinde. Zuständig ist das Gericht am Wohnsitz einer Partei zur Zeit der Geburt oder der Klage (Art. 253).

Der Weg über eine seriöse Beratungsstelle

F. Adoptivkinder-vermittlung

Art. 269c

¹ Die Kantone üben die Aufsicht über die Vermittlung von Kindern zur spätern Adoption aus.

² Wer diese Vermittlung berufsmässig oder im Zusammenhang mit seinem Berufe betreibt, bedarf einer Bewilligung; die Vermittlung durch vormundschaftliche Organe bleibt vorbehalten.

³ Der Bundesrat erlässt die Ausführungsvorschriften.

Verschiedene Wege führen zu einem Adoptivkind: Einerseits gibt es *autorisierte Vermittlungsstellen*; das Bundesamt für Justiz gibt jedes Jahr die aktuelle Adressliste heraus. Anderseits existiert die sogenannte *Eigenvermittlung*, bei der adoptionswillige Paare unter Berücksichtigung der geltenden Gesetze und Vorschriften ihr Kind im Ausland selber suchen. Das ist nur möglich mit Hilfe eines nicht anerkannten Vermittlers. Im Anhang (Seite 768) sind Bücher und Merkblätter aufgeführt, die den legalen Weg der Adoption eines ausländischen Kindes zeigen, gleichzeitig aber auch Denkanstösse zur nicht unproblematischen kulturellen Verpflanzung aus fernen Ländern vermitteln.

Vor einem dritten Weg, der sogenannten wilden Adoption, wird hier ausdrücklich gewarnt. Denn es ist problematisch und menschenunwürdig, Kinder aus einem fremden Kulturkreis, die nicht selten von dubiosen Vermittlern für teueres Geld angeboten werden, einzukaufen und – das kommt vor! – bei Nichtgefallen nach einigen Monaten einfach wieder zurückzugeben.

Das Verhältnis zwischen Eltern und Kind

In zweiten Teil des Kindesrechts wird besprochen, welche rechtlichen Folgen und Wirkungen die spezielle Beziehung zwischen Eltern und Kind hat. Es geht dabei um vier Themen:
- Wie wirkt sich das Kindesrecht auf die Familie aus, und zwar in bezug auf die Namensgebung, das Bürgerrecht und das Recht auf persönlichen Verkehr (Art. 270 bis 275)?
- Inwieweit müssen Eltern für den Unterhalt ihrer Kinder aufkommen (Art. 267 bis 295)?
- Wie weit geht die elterliche Gewalt über die Kinder (Art. 296 bis 317)?
- Wie müssen die Eltern mit dem Vermögen ihrer Kinder umgehen (Art. 318 bis 327)?

Eltern und Kinder sind eine Gemeinschaft

Eltern und Kinder gehören zusammen. Sie haben die Pflicht, sich gegenseitig beizustehen, Rücksicht aufeinander zu nehmen und sich zu achten (Art. 272). Gegen aussen wird diese Gemeinschaft mit dem gemeinsamen Familiennamen und dem gemeinsamen Bürgerrecht deutlich gemacht. Aus der Gemeinschaft von Eltern und Kind wird auch das Besuchsrecht abgeleitet, das Recht des nicht mit der Familie zusammenlebenden Elternteils, sein Kind zu sehen, mit ihm zusammenzusein, sich um sein Wohl zu kümmern etc.

Der Familienname

Achter Titel: Die Wirkungen des Kindesverhältnisses

Erster Abschnitt: Die Gemeinschaft der Eltern und Kinder

Art. 270

A. Familienname

[1] Sind die Eltern miteinander verheiratet, so erhält das Kind ihren Familiennamen.

[2] Sind sie nicht miteinander verheiratet, so erhält das Kind den Namen der Mutter, oder, wenn diese infolge früherer Eheschliessung einen Doppelnamen führt, den ersten Namen.

Jedes Kind hat einen Familiennamen; dieser wird in Artikel 160 definiert (siehe Seite 188, Vorname siehe Seite 66). Der Familienname ist zwingend vorgeschrieben. Nur Adoption, Heirat oder ein Namensänderungsgesuch (siehe Art. 30, Seite 68) führen zu einer Änderung in den Zivilstandsregistern.
Sind die Eltern verheiratet, erwirbt das Kind den Familiennamen des Vaters. Das aussereheliche Kind dagegen erhält den ersten Namen der Mutter, und zwar denjenigen, den diese bei der Geburt führt. Heiraten die Eltern nachträglich und ist die Vaterschaft anerkannt, wechselt das Kind seinen Familiennamen; es erhält denjenigen des Vaters (Art. 259 Abs. 1).
Bei einer Scheidung der Eltern ändert sich der Familienname des Kindes nicht. Nimmt die Mutter ihren früheren Namen an oder heiratet sie wieder, heisst sie anders als ihr Kind.

Namensänderung

Aufgrund von Artikel 30 Absatz 1 (siehe Seite 68) kann die Regierung des Wohnsitzkantons einer Person die Änderung des Namens bewilligen, wenn dafür wichtige Gründe vorliegen. Das Interesse des Kindes, den Namen derjenigen Person zu tragen, die tatsächlich die Elternrolle ausübt, gilt als wichtiger Grund. Die Frage der Namensänderung stellt sich deshalb häufig nach Scheidungen und bei ausserehelichen Kindern vor allem in Konkubinatsverhältnissen. Einige Beispiele aus der Praxis:
– Der häufigste Fall: Das Kind lebt bei der geschiedenen Mutter, die nach der Scheidung ihren früheren Namen annimmt oder die wieder heiratet. Einem Gesuch, das Kind solle den neusten Namen der Mutter annehmen dürfen, wird in der Regel, allenfalls nach einer Wartefrist von zwei Jahren, entsprochen. Eine solche Bewilligung wird nicht selten vom leiblichen Vater als schwere Kränkung empfunden. Er wird zwar angehört, doch häufig wird der Namensänderung auch gegen seinen Willen zugestimmt. Diese liegt meist im Interesse des Kindes, selbst wenn sie indirekt als letzte Waffe in einer schmerzhaften Kampfscheidung benutzt wird. Das Bundesgericht umriss die Interessenlage (in der Juristensprache) folgendermassen: «Es ist für Scheidungskinder, die in die neugegründete Familiengemeinschaft ihrer Mutter und ihres Stiefvaters aufgenommen werden, sowohl in der Schule als auch später im Beruf und überhaupt im Kontakt mit ihrer Umgebung von erheblichem Nachteil, wenn sie nicht den gleichen Namen wie ihre jetzigen Eltern tragen, und dass daher ihr Interesse an einer Änderung des Familiennamens, je nach den Umständen des einzelnen Falles, das an sich ebenfalls schutzwürdige, entgegenstehende Interesse des leiblichen Vaters an der Beibehaltung des Namens überwiegen kann.» (BGE 99 Ia 565)

- Eine Namensänderung ist möglich, wenn das aussereheliche Kind, das den Namen der Mutter trägt, dauerhaft beim Vater lebt, der auch die elterliche Gewalt erhalten hat.
- Leben die Eltern des Kindes im Konkubinat, trägt dieses (es ist ja ausserehelich) den Namen der Mutter. Nach Auffassung des Bundesgerichts spielt das Motiv, warum die Eltern nicht heiraten, keine Rolle (BGE 105 II 241). Das Kind kann (mit Unterstützung eines Beistands) beantragen, so zu heissen wie sein Vater; allerdings nur, wenn Vater, Mutter und Kind in einer Haushaltgemeinschaft zusammenleben. Durch diese Namensänderung wird allerdings das Problem der Namensverschiedenheit nicht behoben. Bei einer Auflösung des Konkubinats steht nämlich der Mutter (die anders heisst) automatisch die elterliche Gewalt über das Kind zu; das aber trägt unterdessen den Namen des Vaters. Deshalb ist dieser Bundesgerichtsentscheid verschiedentlich kritisiert worden, so auch von Professor Cyril Hegnauer, dem führenden schweizerischen «Kindesrechtler». Er schlägt vor, in solchen Fällen den Namen des Vaters zu ändern und dadurch die Einheit des Familiennamens herbeizuführen. Nicht möglich sei es nach der Gerichtspraxis, dass die nicht verheiratete Mutter den Namen ihres Konkubinatspartners annehme. Das würde zu einer Rechtsunsicherheit führen: «Wenn die verheiratete Frau nicht durch Namensänderung ihren vorehelichen Namen annehmen kann, so kann auch die unverheiratete nicht auf diesem Weg den Namen eines Mannes erhalten, mit dem sie nicht verheiratet ist.» (Berner Kommentar N 90 zu Art. 270)
- Im folgenden Fall wurde eine Namensänderung abgelehnt: Der aussereheliche Vater starb an den Folgen eines Unfalls. Er hatte mit der Mutter im Konkubinat gelebt. Ein Jahr vor seinem Tod war der gemeinsame Sohn zur Welt gekommen. Die Mutter beantragte, ihr und dem Kind sei zu erlauben, den Namen des Verstorbenen zu führen. Sie habe mit ihrem Freund mehr als fünf Jahre zusammengelebt, und sie hätten vor seinem Tod ernsthaft über eine mögliche Heirat gesprochen. Das Bundesgericht mochte das Gesuch nicht bewilligen (BGE 115 II 306 französisch, auf deutsch in Praxis 1990 S. 34). Bei der Mutter lägen keine wichtigen Gründe für eine Namensänderung vor; von einer Heirat sei bloss gesprochen worden. Es sei deshalb auch nicht sinnvoll, den Namen des Kindes allein zu ändern, da dieses dadurch anders heissen würde als seine Mutter.
- Wenn ein Kind dauernd bei Dritten, zum Beispiel Pflegeeltern, aufwächst, ist eine Änderung seines Familiennamens möglich. Dies kann etwa dann sinnvoll sein, wenn eine Adoption nicht möglich ist, weil die leiblichen Eltern ihre Zustimmung verweigern.

Das Bürgerrecht

B. Heimat

Art. 271

¹ Sind die Eltern miteinander verheiratet, so erhält das Kind das Kantons- und Gemeindebürgerrecht des Vaters.

² Sind sie nicht miteinander verheiratet, so erhält das Kind das Kantons- und Gemeindebürgerrecht der Mutter.

³ Erwirbt das Kind unverheirateter Eltern durch Namensänderung den Familiennamen des Vaters, weil es unter seiner elterlichen Gewalt aufwächst, so erhält es das Kantons- und Gemeindebürgerrecht des Vaters.

Jedes Kind hat ab Geburt ein Recht darauf, zu einer staatlichen Gemeinschaft zu gehören (Bürgerrecht). Einerseits im Bundesgesetz über Erwerb und Verlust des Schweizer Bürgerrechts (BüG vom 29. September 1952), anderseits im ZGB ist geregelt, wie sich die Abstammung, die Heirat und die Adoption auf das Bürgerrecht auswirken. Die Bestimmungen des ZGB (Art. 161, 267a und 271) finden aber nur Anwendung, wenn alle Beteiligten Schweizer sind. Ansonsten gilt das Bürgerrechtsgesetz.

Der Begriff des Bürgerrechts bezeichnet einerseits die Staatsangehörigkeit, anderseits das Kantons- und Gemeindebürgerrecht. Diese Rechte sind untrennbar miteinander verbunden.

Erwerb mit der Geburt

Sind die Eltern miteinander verheiratet, geht das väterliche Heimatrecht eines Schweizer Vaters vor; das Kind erhält sein Bürgerrecht. Dieses hat ja auch die Mutter – ausgenommen Ausländerinnen, die nach dem 1. Januar 1992 geheiratet haben – bei ihrer Heirat zusätzlich zu ihrem eigenen Bürgerrecht übernommen (einheitliches Familien-Bürgerrecht). War oder ist die Mutter Ausländerin, bestimmt ihr Heimatrecht, ob ihre Staatsangehörigkeit allenfalls zusätzlich dem Kind übertragen wird.

Ist der Vater Ausländer und die Mutter Schweizerin, erwirbt das Kind das Schweizer Bürgerrecht (BüG 1 Abs. 1 lit. a). Auch dazu eine Ausnahme: Hat die Mutter das Schweizer Bürgerrecht durch Heirat mit einem Schweizer erworben (wie das vor dem 1. Januar 1992 möglich war), wird das später mit einem Ausländer gezeugte Kind nur Schweizer Bürger, wenn es durch die Geburt keine andere Staatsangehörigkeit erwerben kann oder vor seiner Mündigkeit staatenlos wird (BüG 57a Abs. 1).

Und wenn die Eltern nicht miteinander verheiratet sind? Ist die Mutter Schweizerin, erhält das Kind ihr Bürgerrecht. Unerheblich ist, wie die Mutter das Bürgerrecht erworben hat (also auch durch Heirat mit einem Schweizer vor dem 1. Januar 1992). Für einmal sind aussereheliche Kinder besser als eheliche gestellt.

Ist die Mutter verwitwet oder geschieden, erhält das Neugeborene neben dem Kantons- und Gemeindebürgerrecht, das sie als ledige Frau hatte (Stammbürgerrecht), auch dasjenige, das sie durch die nun aufgelöste Ehe erhielt.

Spätere Änderungen

Heiraten die Eltern eines ausserehelichen Kindes später, so erhält dieses dasjenige Bürgerrecht, das ihm zukäme, wenn es ehelich geboren wäre. Es gelten also dieselben Unterschiede, wie oben beschrieben, je nachdem, ob der Vater Schweizer ist oder nicht.

Ausnahmsweise kann auch der aussereheliche Schweizer Vater seinem Kind sein Bürgerrecht weitergeben. Nämlich dann, wenn es von ihm aufgezogen wird, er ihm seinen Namen gibt und die elterliche Gewalt zugesprochen erhält (Art. 271 Abs. 3).

Wird ein Kind adoptiert, erhält es neu das Bürgerrecht seiner Adoptiveltern.

Pflicht zu Beistand, Rücksicht und Achtung

Art. 272

C. Beistand und Gemeinschaft

Eltern und Kinder sind einander allen Beistand, alle Rücksicht und Achtung schuldig, die das Wohl der Gemeinschaft erfordert.

Diese Bestimmung drückt eine Selbstverständlichkeit aus; sie soll Leitlinie im praktischen Alltag sein. Rechtlich durchsetzen lässt sie sich allerdings nicht. Die Eltern können nicht via das Gericht ihre Kinder zu mehr Ordnung im Kinderzimmer anhalten. Die Kinder dürfen auch kein gerichtliches Urteil erwarten, das ihnen gestützt auf diesen Artikel vermehrt Aufgabenhilfe der Eltern sichert.

Doch indirekt hat dieser Leitsatz einen gewissen Einfluss: Ein Kind, das nach dem 20. Altersjahr noch Unterhaltsbeiträge von seinen Eltern beziehen möchte, verwirkt unter Umständen diesen Anspruch, wenn es in gravierender Weise gegen die Beistandspflicht verstossen hat (BGE 111 II 419). Auch droht allenfalls die Enterbung (siehe Art. 477 Ziff. 2, Seite 441).

Das Besuchsrecht

D. Persönlicher Verkehr I. Eltern 1. Grundsatz	**Art. 273** Die Eltern haben Anspruch auf angemessenen persönlichen Verkehr mit dem unmündigen Kind, das nicht unter ihrer elterlichen Gewalt oder Obhut steht.
2. Schranken	**Art. 274** ¹ Der Vater und die Mutter haben alles zu unterlassen, was das Verhältnis des Kindes zum andern Elternteil beeinträchtigt oder die Aufgabe des Erziehers erschwert. ² Wird das Wohl des Kindes durch den persönlichen Verkehr gefährdet, üben die Eltern ihn pflichtwidrig aus, haben sie sich nicht ernsthaft um das Kind gekümmert oder liegen andere wichtige Gründe vor, so kann ihnen das Recht auf persönlichen Verkehr verweigert oder entzogen werden. ³ Haben die Eltern der Adoption ihres Kindes zugestimmt oder kann von ihrer Zustimmung abgesehen werden, so erlischt das Recht auf persönlichen Verkehr, sobald das Kind zum Zwecke künftiger Adoption untergebracht wird.
II. Dritte	**Art. 274a** ¹ Liegen ausserordentliche Umstände vor, so kann der Anspruch auf persönlichen Verkehr auch andern Personen, insbesondere Verwandten, eingeräumt werden, sofern dies dem Wohle des Kindes dient. ² Die für die Eltern aufgestellten Schranken des Besuchsrechtes gelten sinngemäss.
III. Zuständigkeit	**Art. 275** ¹ Für Anordnungen über den persönlichen Verkehr ist die Vormundschaftsbehörde am Wohnsitz des Kindes zuständig. ² Vorbehalten bleibt die Zuständigkeit des Richters nach den Bestimmungen über die Ehescheidung und den Schutz der ehelichen Gemeinschaft. ³ Bestehen noch keine Anordnungen, so kann der persönliche Verkehr nicht gegen den Willen der Person ausgeübt werden, welcher die elterliche Gewalt oder Obhut zusteht.

Lebt ein Elternteil nicht mit seinem Kind zusammen, hat er Anspruch auf angemessenen persönlichen Verkehr. Dies gilt für geschiedene Väter und Mütter genauso wie für den Vater eines ausserehelichen Kindes. Denn gerade bei Scheidungskindern soll die aufgebaute Beziehung nicht einfach sang- und klanglos einschlafen. Die Situation nach einer Scheidung ist allerdings oft nicht einfach: Die Beziehung der Eltern ist gescheitert, es bleiben Narben zurück, Feindschaften und Geschiedene, die durch ihr Kind doch noch verbunden sind... Das Gesetz sagt dazu: Beide Eltern haben «alles zu unterlassen, was das Verhältnis des Kindes zum andern Elternteil beeinträchtigt oder die Aufgabe des Erziehers erschwert» (Art. 274 Abs. 1).

Wer hat Anspruch auf ein Besuchsrecht? Nicht bloss der Vater oder die Mutter, die keine elterliche Gewalt mehr haben. Liegen ausserordentliche Umstände vor, kann dieses Recht auch anderen Personen eingeräumt werden (Art. 274a). Zu denken ist etwa an Gross- und Pflegeeltern oder an Geschwister, die enge Bande zum Kind geknüpft haben.

Wird den Eltern die Obhut über ihr Kind entzogen (siehe Art. 310 bis 312, Seite 323), haben sie ebenso ein Besuchsrecht wie ein geschiedener Elternteil. Auch der aussereheliche leibliche Vater darf sein Kind regelmässig besuchen, allerdings erst, nachdem das Kindesverhältnis zu ihm rechtskräftig festgestellt worden ist.

Dem Besuchsrecht steht keine rechtlich durchsetzbare Besuchspflicht gegenüber. Eine geschiedene Mutter beispielsweise kann deshalb nicht verlangen, dass der Vater seine Kinder auch tatsächlich besucht.

Artikel 273 spricht von einem «angemessenen persönlichen Verkehr», der den Eltern zustehe. Auf dem Papier wird dem oder der Besuchsberechtigten jedoch vom Gericht (bei Scheidung und gerichtlicher Trennung) oder von der Vormundschaftsbehörde (bei ausserehelichen Kindern) nur ein bescheidenes Besuchsrecht garantiert. Die Regel ist: ein Wochenende pro Monat und zwei Wochen Ferien im Jahr. Viele Väter stöhnen unter diesen einschränkenden Bestimmungen, fühlen sich als Zahlväter missbraucht und verlangen mehr Zeit mit den Kindern. Die auf dem Papier fixierte Besuchsregelung kann von den Eltern mühelos und ohne Einverständnis von Gericht oder Behörde erweitert werden – vorausgesetzt, sie sind sich einig (zum Besuchsrecht siehe auch Seite 155 und 179).

Neben dem eigentlichen Besuchsrecht besteht auch das Recht, Briefe auszutauschen, zu telefonieren etc. Dies ist Bestandteil des «angemessenen Verkehrs». Darf ein geschiedener Vater beispielsweise auch direkt mit der Lehrerin über die schulischen Leistungen seiner Tochter sprechen, ohne dass die Mutter dabei ist? Ja, meinte der Ombudsmann der Stadt Zürich dazu (ZVW 1991 S. 38).

Wann kann die zuständige Behörde das Besuchsrecht einschränken, verweigern oder nachträglich einstellen? Artikel 274 nennt in Absatz 2 folgende Gründe:

– Das Kindeswohl wird durch das Besuchsrecht verletzt. Wenn es dieses Wohl verlangt, muss ein Beistand ernannt werden, der das Besuchsrecht überwacht (Art. 308 Abs. 2).
– Der oder die Besuchsberechtigte übt das Recht pflichtwidrig aus.
– Der oder die Besuchsberechtigte kümmert sich nicht ernsthaft um das Kind. Ein geschiedener Vater, der während vieler Jahre jeglichen Kontakt zu seinem Kind vermeidet, kann, weil er sich nicht ernsthaft um das Kind gekümmert hat, in einem Prozess um Abänderung des Scheidungsurteils das Besuchsrecht verlieren (BGE 118 II 21 französisch, deutsch in Praxis 1993 S. 365).
– Von Gesetzes wegen erlischt das Besuchsrecht für Eltern, die ihr Kind zur Adoption freigegeben haben (Art. 267 Abs. 2 und 274 Abs. 3).

Über das Besuchsrecht entscheidet grundsätzlich die Vormundschaftsbehörde am Wohnsitz des Kindes. Dies gilt vor allem für den Verkehr mit ausserehelichen Kindern und mit Kindern, deren Eltern die elterliche Gewalt entzogen worden ist. Für Scheidungskinder jedoch ist das Gericht zuständig (Art. 156).

Wichtig ist Absatz 3 des Artikels 275: Solange nicht die Behörden oder das Gericht über das Besuchsrecht entschieden haben, kann man es nicht durchsetzen, falls sich die Mutter (oder der Vater), welche die elterliche Gewalt oder die Obhut über das Kind innehat, dagegen wehrt.

Geld für das Kind

Die Fragen rund um Geld und Kind lassen sich folgendermassen aufteilen:
– Wer sorgt für den Unterhalt der Kinder? Antwort: Verheiratete Eltern sind dazu je nach ihren Fähigkeiten, grundsätzlich aber gemeinsam verpflichtet.
– Wie lange müssen Eltern bezahlen? Antwort: Grundsätzlich bis zur Mündigkeit; als Ausnahme und mit Einschränkungen gilt aber, dass Kinder auch über das zwanzigste Altersjahr hinaus bis zum Abschluss der geplanten Ausbildung unterstützt werden müssen.
– Wie werden die Unterhaltsbeiträge im Scheidungsverfahren und beim ausserehelichen Kindsverhältnis festgesetzt? Antwort: Grundsätzlich nach der Leistungsfähigkeit des oder der Zahlungspflichtigen.

Wer sorgt für den Unterhalt des Kindes?

Zweiter Abschnitt: Die Unterhaltspflicht der Eltern

Art. 276

A. Gegenstand und Umfang

[1] Die Eltern haben für den Unterhalt des Kindes aufzukommen, inbegriffen die Kosten von Erziehung, Ausbildung und Kindesschutzmassnahmen.

[2] Der Unterhalt wird durch Pflege und Erziehung oder, wenn das Kind nicht unter der Obhut der Eltern steht, durch Geldzahlung geleistet.

[3] Die Eltern sind von der Unterhaltspflicht in dem Mass befreit, als dem Kinde zugemutet werden kann, den Unterhalt aus seinem Arbeitserwerb oder andern Mitteln zu bestreiten.

Wer ein Kind auf die Welt stellt, muss für seinen Unterhalt sorgen. Diese Pflicht der Eltern umfasst sowohl Pflege und Erziehung des Kindes als auch dessen finanzielle Unterstützung.

Die Unterhaltspflicht dauert grundsätzlich bis zur Mündigkeit (Art. 277). Diese Pflicht wird jedoch um den Betrag reduziert, den das Kind zumutbarerweise durch Arbeitserwerb oder aus seinem Vermögen beisteuern kann. Lebt ein erwerbstätiges Kind mit seinen Eltern zusammen, können diese von ihm einen angemessenen Beitrag an die Haushaltkosten verlangen (Art. 323 Abs. 2). Zieht ein Kind ohne Bewilligung der Eltern aus, kann es nur Unterhalt verlangen, wenn ihm das Zuhausebleiben nicht zuzumuten ist (Art. 310 Abs. 2).

Die Formulierung «bis zur Mündigkeit» ist unbefriedigend. Denn die Mündigkeit von in der Schweiz lebenden Ausländerkindern richtet sich nach ihrem Heimatrecht. Dieses sieht den Eintritt der Mündigkeit oft bereits mit 18 Jahren vor. Ausserdem stehen über 20 Prozent aller Jugendlichen auch nach ihrer Mündigkeit noch in Ausbildung. Für sie gilt Absatz 2 von Artikel 277, wonach Kinder ein Anrecht auf Unterstützung haben, bis ihre Ausbildung abgeschlossen ist – wenn es die finanzielle Situation der Eltern erlaubt.

Solange das Kind bei Vater und Mutter im gleichen Haushalt lebt, gibt es vielleicht Meinungsverschiedenheiten um das Sackgeld oder um die Frage, wieviel Prozent seines Arbeitsverdienstes das Kind zu Haus abgeben muss. Solche Auseinandersetzungen dringen jedoch kaum je nach draussen an die Vormundschaftsbehörde oder an ein Gericht. Anders bei Trennung oder Scheidung der Eltern. Hier kommt es hie und da vor Gericht zum Streit um die Höhe der Unterhaltsbeiträge des Elternteils, dem die Kinder nicht zugesprochen werden (siehe Art. 176, Seite 207, und Art. 285, Seite 300).

Auch die Kosten für den Vollzug von Kindesschutzmassnahmen (zum Beispiel die Unterbringung in einem Heim) gehören zum Unterhalt. Die Heime sind aber meist so teuer, dass von den Eltern höchstens eine Kostenbeteiligung verlangt werden kann.

Wie lange muss man zahlen?

B. Dauer

Art. 277

¹ Die Unterhaltspflicht der Eltern dauert bis zur Mündigkeit des Kindes.

² Befindet es sich dann noch in Ausbildung, so haben die Eltern, soweit es ihnen nach den gesamten Umständen zugemutet werden darf, für seinen Unterhalt weiterhin aufzukommen, bis diese Ausbildung ordentlicherweise abgeschlossen werden kann.

Wenn bestimmte Voraussetzungen erfüllt sind, dauert die Unterhaltspflicht nicht bloss bis zur Mündigkeit, sondern allenfalls Jahre darüber hinaus, bis zum Ende der Ausbildung.

Diese Bestimmung enthält Zündstoff, und es kommt immer wieder zu höchstrichterlichen Urteilen, dann nämlich, wenn ein lernfreudiges Kind von seinen Eltern den Unterhalt bis zum Abschluss des Studiums über die Mündigkeitsgrenze hinaus bezahlt haben will. Häufig ist in diesen Streitfällen nach einer konfliktreichen Scheidung jeglicher Kontakt zwischen dem Kind und dem unterhaltspflichtigen Elternteil (meist dem Vater) abgebrochen. Der Ärger eines solchen Vaters, der gerade noch gut genug fürs Zahlen sein soll, ist verständlich. Die Gerichtspraxis hat folgende Grundsätze herausgeschält.

Geplante Ausbildung noch nicht abgeschlossen

Wenn der von den Eltern und dem Kind vor der Mündigkeit vorgesehene Berufsabschluss (oder das Studium, die Zusatzausbildung, die Weiterbildung) mit 20 noch nicht abgeschlossen ist, müssen die Eltern diese Ausbildung nach Kräften finanziell unterstützen. Scheitert der «Karriereplan», hört die Zahlpflicht nicht einfach auf; die Eltern müssen dem Kind wenigstens jene Ausbildung ermöglichen, welche es am ehesten zu einer Erwerbstätigkeit befähigt. Dazu drei Beispiele aus der Praxis:
- Ein Sohn hatte nach einem Werkschuljahr seine Lehre als Auto-Serviceman abgeschlossen und wollte nach Erreichen der Mündigkeit seinen Schul-

sack noch mit einer verbesserten allgemeinen Grundausbildung füllen. Das Bundesgericht (BGE 115 II 123) meinte dazu in engherziger Auslegung des Gesetzestextes und sehr zur Freude des Vaters: «Diese Bestimmung gewährt ausdrücklich nur dann einen Anspruch auf Unterhalt über die Mündigkeit hinaus, wenn sich das Kind zu diesem Zeitpunkt ‹noch in Ausbildung› befindet. Unter diesen Umständen steht dem Sohn kein Anspruch zu, seine allgemeine Schulbildung nach Erreichen der Mündigkeit auf Kosten der Eltern zu vervollständigen. Die schulische Zusatzausbildung dient nicht dazu, in der bereits vor der Mündigkeit in Aussicht genommenen Berufsausbildung Lücken zu schliessen.» Eine Zweitausbildung auf Kosten der Eltern komme nur aus gesundheitlichen Gründen in Frage – so das Bundesgericht weiter – und nur, wenn der Ausbildungsplan genau festgelegt sei. Auch diese zweite Voraussetzung erfülle der gelernte Auto-Serviceman nicht, da er gar kein Ausbildungsziel vor Augen habe: «Eine Unterhaltsklage setzt daher eine Voraussage über den ordentlichen Abschluss der Ausbildung voraus, die ihrerseits nur möglich ist, wenn das Berufsziel bekannt ist.»

– Ein Lehrerpatent ist gemäss Bundesgericht eine abgeschlossene Ausbildung, die nicht auf eine Fortsetzung ausgerichtet sei. Deshalb musste ein Vater seiner Tochter nach dem Abschluss der Lehrerausbildung nicht noch ein fünfjähriges Universitätsstudium als Heilpädagogin finanzieren. Anders wäre die Sachlage allerdings gewesen, wenn Eltern und Tochter schon vor dem 20. Altersjahr gemeinsam das Ausbildungsziel Heilpädagogin ins Auge gefasst hätten.

– Die Unterhaltspflicht über die Mündigkeit endet laut Bundesgericht (BGE 117 II 23) auch, wenn das Kind ein Lizentiat der Psychologie erworben hat. Die Lebensphase bis zur bestandenen Doktorprüfung müssen die Eltern nicht mehr finanzieren.

Für die Eltern zumutbar

Eine Unterhaltspflicht über die Mündigkeit hinaus besteht nur, wenn die finanzielle Situation der Eltern dies zulässt. Der Finanzierung über das 20. Altersjahr hinaus kommt Ausnahmecharakter zu. Während sich Mutter und Vater für den Unterhalt eines unmündigen Kindes bis zur Grenze des Existenzminimums finanziell einschränken müssen, kann dies für die Ausbildung eines volljährigen Kindes nicht mehr von ihnen verlangt werden. Zumutbar sind Unterhaltsleistungen nur, wenn das elterliche Einkommen mehr als 20 Prozent über dem um die laufende Steuerlast erweiterten Existenzminimum liegt.

Sind die Eltern knapp bei Kasse, müssen Stipendien beantragt werden, und wenn diese nicht ausreichen, ist nicht selten der Gang zum Fürsorgeamt nötig.

Die Fürsorge musste zum Beispiel einspringen, als eine Mutter ihren Sohn nicht unterstützen konnte und dieser vom Studium so intensiv beansprucht war, dass ein Nebenverdienst ganz einfach nicht drinlag (ZR 1987 Nr. 91).

Ein Tip für volljährige Kinder in der Ausbildung: Statt sich lange mit scheidungsgeschädigten Eltern herumzuschlagen, geht man besser direkt zum Fürsorgeamt. Dieses erbringt (hoffentlich) Leistungen und führt dann selbst die Verhandlungen mit den zahlungsunwilligen Eltern (siehe Art. 328).

Mündige Kinder müssen mithelfen

Studierenden Kindern ist es – vor allem wenn die Eltern nicht sehr betucht sind – unter Umständen zuzumuten, dass sie zu Hause wohnen und einem Nebenverdienst nachgehen. Sie müssen ihre Studienkosten vernünftig und gering halten. Zum Beispiel wurde drei studierenden Schwestern vorgehalten, ihr geschiedener Vater müsse ihre Bequemlichkeit angesichts seiner beschränkten Mittel (Monatsverdienst 5500 Franken) nicht beliebig finanzieren. Es sei ihnen zuzumuten, weiterhin bei der Mutter zu wohnen; jede Tochter könne zudem durchschnittlich 450 Franken pro Monat verdienen. Nach dieser Rechnung konnte jede der Schwestern neben den Stipendien von 525 Franken monatlich noch 400 Franken vom Vater fordern (ZR 1990 Nr. 80).

Achtung gegenüber den Eltern

Die Eltern müssen dann keinen Unterhalt über das Mündigkeitsalter hinaus bezahlen, wenn das Kind schuldhaft seine Pflicht zu Beistand, Rücksicht und Achtung gegenüber den Eltern verletzt (siehe Art. 272). Weiterzahlen müssen die Eltern dagegen, wenn Kinder beispielsweise gegen ihren Willen heiraten oder wenn die Eltern selbst wesentlich an der verfahrenen Beziehungssituation schuld sind. Ein Beispiel aus der für Töchter und Söhne bisweilen sehr harten bundesgerichtlichen Praxis:

Eine Tochter wurde bei der Scheidung im Alter von 15 Jahren der Mutter zugesprochen. Seither unterhielt sie keinen Kontakt mehr zum Vater, auch nicht, nachdem sie volljährig wurde. Dem Bundesgericht genügte diese strikt ablehnende Haltung, um ihre Unterhaltsforderung abzuweisen. Ein Kind müsse spätestens nach der Mündigkeit das ihm Zumutbare tun, um zum Elternteil, von dem es Alimente wünsche, minimale Beziehungen herzustellen (BGE 113 II 374). Das verlangte das Bundesgericht auch von dieser Tochter, welche die Scheidung nie verkraftet hatte und deswegen in ständiger psychiatrischer Behandlung stand.

Trödelei wird nicht bezahlt

Nicht mehr weiter unterhaltspflichtig sind Eltern, wenn das Kind nicht ernsthaft studiert. Das bedeutet nicht, dass die Ausbildung in Minimalzeit absolviert werden muss. Soweit das Kind nicht herumhängt und trödelt, werden auch Verlängerungen zum Beispiel wegen Militärdienst, praktischer Tätigkeit oder Prüfungsversagen toleriert.

Vater und Mutter: Wer zahlt was wann?

Art. 278

C. Verheiratete Eltern

¹ Während der Ehe tragen die Eltern die Kosten des Unterhaltes nach den Bestimmungen des Eherechts.

² Jeder Ehegatte hat dem andern in der Erfüllung der Unterhaltspflicht gegenüber vorehelichen Kindern in angemessener Weise beizustehen.

Die Unterhaltspflicht für das Kind verheirateter Eltern richtet sich nach den Bestimmungen des Eherechts. Danach sorgen Vater und Mutter gemeinsam für die Kinder, jeder Partner nach seinen Kräften (siehe Art. 163, Seite 190). Sie verständigen sich über den Beitrag, den sie leisten, sei es durch Geldzahlungen, Besorgen des Haushalts, Betreuen der Kinder oder durch Mithilfe im Beruf oder Gewerbe des anderen. Ist der gemeinsame Haushalt aufgehoben, sorgt derjenige Elternteil für Pflege und Erziehung, dem die Obhut über das Kind zusteht, während der andere die im Gerichtsverfahren festgesetzten finanziellen Beiträge schuldet (siehe Art. 145, Seite 149, Kommentar Seite 154, und Art. 156, Seite 175, Kommentar Seite 178).

Sind die Eltern nicht verheiratet, gilt: Pflege und Erziehung des Kindes werden von dem Elternteil besorgt, der die elterliche Gewalt innehat; gewöhnlich ist das die Mutter. Der andere Elternteil schuldet die vertraglich oder durch Urteil festgesetzten Beiträge. Leben Vater und Mutter im Konkubinat, dürfte die Aufgabenteilung ähnlich wie in der Ehe vorgenommen werden.

Solange Eltern und Kinder im gemeinsamen Haushalt wohnen, gibt es kaum Diskussionen. Sehr häufig müssen aber Scheidungs- oder Trennungsrichter bestimmen, wieviel ein nicht obhutsberechtigter Elternteil bezahlen muss. Diese Fälle sind viel zahlreicher als die Prozesse, in denen eine Mutter gegen einen Vater klagt, weil er sich weigert, sein Kind anzuerkennen und einen angemessenen Beitrag für dessen Unterhalt zu bezahlen.

Jedes Jahr verlieren mehr als 10 000 Kinder einen Elternteil durch Scheidung. Eine neue Heirat vor allem der Mutter beschert dem Kind einen Stiefvater. Das Stiefkind hat keinen direkten Anspruch auf Unterhaltsbeiträge des neuen Lebenspartners. Der leibliche Vater (seltener die Mutter) muss weiterhin für den Unterhalt seines Kindes (mit)aufkommen. In Artikel 278 Absatz 2 sieht das Gesetz allerdings eine *Beistandspflicht* von Siefvater oder Stiefmutter vor, die in finanzieller Hinsicht vor allem dann aktuell wird, wenn der leibliche Elternteil seine Unterhaltsleistungen nicht erbringt.

Über die Höhe der Unterhaltsbeiträge redet das Gesetz vor allem an zwei Stellen: im Scheidungsrecht (Art. 156, Seite 175) und im Kindesrecht (Art. 285, Seite 300).

Die Unterhaltsklage

Art. 279

D. Klage
I. Klagerecht und Zuständigkeit

¹ Das Kind kann gegen den Vater oder die Mutter oder gegen beide klagen auf Leistung des Unterhalts für die Zukunft und für ein Jahr vor Klageerhebung.

² Zuständig ist der Richter am Wohnsitz des Klägers oder des Beklagten.

³ Vorbehalten bleibt die Zuständigkeit des Richters nach den Bestimmungen über die Feststellung des Kindesverhältnisses, die Ehescheidung und den Schutz der ehelichen Gemeinschaft.

Art. 280

II. Verfahren

¹ Die Kantone haben für Streitigkeiten über die Unterhaltspflicht ein einfaches und rasches Verfahren vorzusehen.

² Der Richter erforscht den Sachverhalt von Amtes wegen und würdigt die Beweise nach freier Überzeugung.

³ Die Unterhaltsklage kann mit der Vaterschaftsklage verbunden werden.

Die sogenannte Unterhaltsklage wird meist vom Kind gegen den ausserehelichen Vater eingeleitet und verlangt Geld für die Zukunft. Die Unterhaltsbeiträge können bei Klageeinleitung auch für ein Jahr zurück verlangt werden. Die Klage ist nur nötig, wenn sich Vater und Kind (das in solchen Prozessen von einem Beistand vertreten wird) nicht über die Höhe des Unterhaltsbeitrags einigen konnten beziehungsweise wenn eine miserable Vereinbarung von der

Vormundschaftsbehörde nicht genehmigt wird. Solche Streitigkeiten entstehen meist kurz nach der Geburt. Häufig wird zusammen mit der Unterhaltsklage auch ein weiteres Begehren gestellt: Das Gericht soll feststellen, dass zwischen dem beklagten Vater und dem Kind Blutsverwandtschaft, also ein Kindesverhältnis, besteht (Vaterschaftsklage, siehe Art. 253 und 262).

Theoretisch gelten die Verfahrensvorschriften auch für ein Kind verheirateter Eltern, allerdings nur, wenn diese nicht in ein Scheidungs- oder Eheschutzverfahren verwickelt sind. Das ist vor allem der Fall, wenn erwachsene Kinder in Ausbildung gegen ihre vermögenden, aber zahlungsunwilligen Eltern prozessieren.

Wo soll man klagen? Die Situation ist etwas verwirrend. Im Scheidungsverfahren gilt der Richter am Wohnsitz des Klägers oder der Klägerin als zuständig (Art. 144). Für die Abänderung eines eherichterlichen Urteils ist das Gericht am Wohnsitz der beklagten Partei anzurufen. Einfacher ist es bei der Unterhaltsklage für das aussereheliche Kind oder beispielsweise für das mündige Kind, das sich noch in Ausbildung befindet: Hier kann die Klage wahlweise am Wohnort des Kindes oder des beklagten Elternteils angebracht werden.

Artikel 280 verlangt von den Kantonen, dass sie ein rasches Verfahren vorsehen. In den meisten Kantonen muss man die Klage deshalb nicht zuerst beim Friedensrichter einreichen, sondern kann direkt ans Gericht gelangen. Es gelten abgekürzte Fristen, und meist findet statt des langwierigeren schriftlichen Verfahrens ein mündliches statt.

Vorsorgliche Massnahmen

III. Vorsorgliche Massregeln
1. Im allgemeinen

Art. 281

[1] Ist die Klage eingereicht, so trifft der Richter auf Begehren des Klägers für die Dauer des Prozesses die nötigen vorsorglichen Massregeln.

[2] Steht das Kindesverhältnis fest, so kann der Beklagte verpflichtet werden, angemessene Beiträge zu hinterlegen oder vorläufig zu zahlen.

[3] Die Hinterlegung erfolgt durch Zahlung an eine vom Richter bezeichnete Kasse.

2. Vor der Feststellung der Vaterschaft
a. Hinterlegung

Art. 282

Ist die Unterhaltsklage zusammen mit der Vaterschaftsklage eingereicht worden und die Vaterschaft glaubhaft gemacht, so hat der Beklagte auf Begehren des Klägers schon vor dem Urteil die Entbindungskosten und angemessene Beiträge an den Unterhalt von Mutter und Kind zu hinterlegen.

Art. 283

b. Vorläufige Zahlung

Ist die Vaterschaft zu vermuten und wird die Vermutung durch die ohne Verzug verfügbaren Beweismittel nicht zerstört, so hat der Beklagte auf Begehren des Klägers schon vor dem Urteil angemessene Beiträge an den Unterhalt des Kindes zu zahlen.

Art. 284

3. Zuständigkeit

Über die Hinterlegung, die vorläufige Zahlung, die Auszahlung hinterlegter Beiträge und die Rückerstattung vorläufiger Zahlungen entscheidet der für die Beurteilung der Klage zuständige Richter.

Wenn ein Unterhaltsbeitrag für ein aussereheliches Kind eingeklagt wird (das ist der häufigste Anwendungsfall dieser Bestimmungen), kann bereits während der Dauer des Prozesses vom mutmasslichen Vater Geld verlangt werden. Das Gesetz unterscheidet drei Fälle:
– Das Kindesverhältnis steht durch Anerkennung oder Urteil bereits fest (Art. 218). Dann kann der Vater verpflichtet werden, angemessene Beiträge zu hinterlegen oder vorläufig zu zahlen. Eine Ausnahme von dieser Regel gibt's nur dann, wenn er behauptet, er habe der Mutter bereits regelmässig Geld bezahlt.
– Die Vaterschaft wird vom Kind beziehungsweise von seinem Vertreter glaubhaft dargelegt, es liegt aber keine Anerkennung beziehungsweise kein Urteil vor (Art. 282). Die Vaterschaft ist dann glaubhaft gemacht, wenn «Anhaltspunkte für die Beiwohnung des Vaters bestehen oder diese nach Ort, Zeit und weiteren Umständen dargetan ist und ihr Zeitpunkt mit der Möglichkeit einer Konzeption ernstlich zu rechnen erlaubt» (BGE 109 II 199). Der potentielle Vater muss – bereits bevor ein Gutachten vorliegt – Geld für die Entbindungskosten und den Unterhalt des Kindes *hinterlegen*.
– Die Vaterschaft ist – zum Beispiel weil ein Gutachten vorliegt – zu vermuten, und diese Vermutung kann durch die gerade verfügbaren Beweismittel nicht widerlegt werden (Art. 283). Dann muss der Vater Unterhaltsbeiträge *nicht bloss hinterlegen, sondern zahlen.* Die Vaterschaft ist zu vermuten (Art. 262), wenn feststeht, dass der Vater der Mutter in der Zeit vom 300. bis 180. Tag vor der Geburt beigewohnt hat.

Vorsorgliche Massnahmen kann auch ein mündiges Kind in Ausbildung von seinen Eltern verlangen. Es muss glaubhaft darlegen, dass es auf die Geldmittel während der Ausbildung angewiesen ist (BGE 117 II 127).

Die Höhe der Unterhaltsbeiträge

Art. 285

IV. Bemessung des Unterhaltsbeitrages

[1] Der Unterhaltsbeitrag soll den Bedürfnissen des Kindes sowie der Lebensstellung und Leistungsfähigkeit der Eltern entsprechen und ausserdem Vermögen und Einkünfte des Kindes berücksichtigen.

[2] Kinderzulagen, Sozialversicherungsrenten und ähnliche für den Unterhalt des Kindes bestimmte Leistungen, die dem Unterhaltspflichtigen zustehen, sind zusätzlich zum Unterhaltsbeitrag zu zahlen, soweit der Richter es nicht anders bestimmt.

[3] Der Unterhaltsbeitrag ist zum voraus auf die Termine zu entrichten, die der Richter festsetzt.

Art. 286

V. Veränderung der Verhältnisse

[1] Der Richter kann anordnen, dass der Unterhaltsbeitrag sich bei bestimmten Veränderungen der Bedürfnisse des Kindes oder der Leistungsfähigkeit der Eltern oder der Lebenskosten ohne weiteres erhöht oder vermindert.

[2] Bei erheblicher Veränderung der Verhältnisse setzt der Richter den Unterhaltsbeitrag auf Antrag des Elternteils oder des Kindes neu fest oder hebt ihn auf.

Diese Bestimmungen sind jedes Jahr für rund 15 000 Kinder wichtig: Über 10 000 werden im Rahmen eines Scheidungsverfahrens nicht nur der Mutter oder dem Vater zugeteilt, es werden für sie auch Unterhaltsbeiträge festgesetzt, die der andere Elternteil zu zahlen hat. Und für rund 5000 ausserehelichen Kinder sucht ein von der Vormundschaftsbehörde eingesetzter Beistand nach der richtigen Beitragshöhe, die allen Betroffenen gerecht wird.

Die Unterhaltspflicht «folgt dem Kindesverhältnis wie der Schatten dem Licht» (C. Hegnauer). Gemäss Artikel 276 Absatz 1 haben die Eltern für die Kosten von Erziehung, Ausbildung und Schutzmassnahmen aufzukommen. Artikel 285 bestimmt, dass die Beiträge den Bedürfnissen des Kindes sowie der Lebensstellung und Leistungsfähigkeit der Eltern entsprechen und ausserdem Vermögen und Einkünfte des Kindes berücksichtigen sollen. Wie hat die Gerichtspraxis diese Bestimmungen konkretisiert? Es ist auffallend, wie wenig Entscheide darüber publiziert werden. Das liegt daran, dass in Scheidungsverfahren erst zuletzt um die Alimente für die Kinder gestritten wird. Umstritten meist alles andere: der Unterhaltsbeitrag an die Ehefrau, das Besuchsrecht, die Kinderzuteilung etc.

1990 hatte das Bundesgericht Gelegenheit, Gedanken über Unterhaltsbeiträge bei einem hohen Einkommen des Vaters (700 000 Franken jährlich) zu äussern (BGE 116 II 10): Die Kinder haben einen Anspruch darauf, ihre Bedürfnisse aufwendiger und in erweitertem Umfang befriedigen zu können, wenn das die Lebensstellung der Eltern erlaubt. Allerdings muss bei besonders günstigen Verhältnissen nicht die ganze wirtschaftliche Leistungsfähigkeit der Eltern für die Berechnung herangezogen werden. Auszugehen ist von der gelebten, nicht von der maximal möglichen Geldver(sch)wendung. Wichtig erschien dem Gericht, dass Vater und Mutter im Verhältnis zu ihrer Leistungsfähigkeit gleich belastet sind und dass die Beiträge für eheliche und nicht eheliche Kinder in gleicher Höhe festgesetzt werden. Das Bundesgericht wies den konkreten Fall an die Vorinstanz zurück, weil diese zu Unrecht die Unterhaltsbeiträge auf bloss 1000 Franken bis zum sechsten Altersjahr und 1300 Franken für die Zeit danach festgesetzt hatte. Ob der Beistand die verlangten 1300 für die jüngeren beziehungsweise 1500 Franken für die älteren Kinder später erhalten hat, ist nicht veröffentlicht worden.

Angesichts der unterschiedlichen kantonalen Praxis ist es unmöglich, präzise Angaben über die Höhe des Unterhaltsbeitrags zu machen. Es kommt primär auf die Einkommensverhältnisse der Eltern und die Zahl der Kinder an. Wichtige Anhaltspunkte liefern die Empfehlungen des Jugendamtes des Kantons Zürich, die jedoch von den Gerichten nur für Eheleute in sehr guten Verhältnissen angewendet werden. Für ein Einzelkind bis zum sechsten Altersjahr wurde für 1993 folgender Bedarf errechnet (in Klammern die Zahlen für eines von drei Geschwistern):

Ernährung	Fr. 270.– (200.–)
Bekleidung	Fr. 75.– (60.–)
Unterkunft	Fr. 185.– (145.–)
Nebenkosten	Fr. 135.– (95.–)
Pflege und Erziehung (meist von der Mutter in natura erbracht)	Fr. 475.– (360.–)
Totaler monatlicher Bedarf	Fr. 1140.– (860.–)

Einen weiteren Anhaltspunkt liefert die Frage: Welche Mehrkosten verursacht die Präsenz eines Kindes im Haushalt im Vergleich zu einem kinderlosen Ehepaar. Das Institut für Wirtschafts- und Sozialwissenschaften der Universität Freiburg, das dieser Frage nachging, kam zu folgendem Ergebnis: Um den gleichen Wohlstand wie ein kinderloses Ehepaar zu erzielen, müssen Eltern mit einem Kind 24 Prozent mehr verdienen; für Eltern mit zwei Kindern sind es 43, für solche mit drei Kindern 60 Prozent!

Neben den Empfehlungen des Zürcher Jugendamts wenden die Gerichte und Vormundschaftsbehörden meist Faustregeln an, zum Beispiel: Der oder die Unterhaltspflichtige hat bei einem Kind 15 Prozent seines Einkommens, bei zwei Kindern 25 Prozent für ihren Unterhalt zu bezahlen (siehe auch Art. 156, Seite 175, Kommentar Seite 178). Angesichts der unterschiedlichen Festsetzung in den Kantonen empfiehlt es sich, bei spezialisierten Anwälten und Anwältinnen oder bei den Behörden Auskünfte über die geltende Gerichts- und Vormundschaftspraxis einzuholen.

Solange ein Kind unmündig ist, wird der Unterhaltsbeitrag an die Person geleistet, welche die gesetzliche Vertretung innehat. Meist ist das der Elternteil, dem die elterliche Gewalt oder die Obhut zusteht; es kann aber auch ein Vormund sein.

Grundsätzlich sind Kinderzulagen, Sozialversicherungsrenten und ähnliche Beiträge zusätzlich zu den festgelegten Unterhaltsbeiträgen zu leisten (Art. 285 Abs. 2). Allerdings ist es empfehlenswert, diese Kumulation in der Vereinbarung oder im Urteil ausdrücklich zu erwähnen. Immer wieder kommt es vor, dass dem Unterhaltspflichtigen nach Abschluss der Vereinbarung Sozialversicherungsleistungen zugesprochen werden (zum Beispiel die Kinderrente der Invalidenversicherung), an die man bei der Festsetzung der Unterhaltsbeiträge nicht dachte. Um den veränderten Verhältnissen Rechnung zu tragen, braucht es dann ein Abänderungsverfahren gemäss Artikel 286 Absatz 2.

Die Teuerung berücksichtigen

Kinderalimente werden in der Regel einer Indexklausel unterworfen (Art. 286). Ein Formulierungsbeispiel: «Der Unterhaltsbeitrag basiert auf dem Landesindex der Konsumentenpreise des Bundesamtes für Statistik per Ende November 1992 von 135,8 Punkten (Basis Dezember 1982). Er wird jährlich auf den 1. Januar dem Indexstand per Ende November des Vorjahres angepasst, erstmals auf den 1. Januar 1994. Berechnungsart: ursprünglicher Unterhaltsbeitrag gemäss geltendem Urteil oder Vertrag geteilt durch den ursprünglichen Indexstand multipliziert mit dem neuen Indexstand.»

Unterhaltsvertrag nur mit dem Segen der Behörde

Art. 287

E. Verträge über die Unterhaltspflicht
I. Periodische Leistungen

[1] Unterhaltsverträge werden für das Kind erst mit der Genehmigung durch die Vormundschaftsbehörde verbindlich.

[2] Vertraglich festgelegte Unterhaltsbeiträge können geändert werden, soweit dies nicht mit Genehmigung der vormundschaftlichen Aufsichtsbehörde ausgeschlossen worden ist.

[3] Wird der Vertrag in einem gerichtlichen Verfahren geschlossen, so ist für die Genehmigung der Richter zuständig.

Art. 288

II. Abfindung

[1] Die Abfindung des Kindes für seinen Unterhaltsanspruch kann vereinbart werden, wenn sein Interesse es rechtfertigt.

[2] Die Vereinbarung wird für das Kind erst verbindlich:

1. wenn die vormundschaftliche Aufsichtsbehörde, oder bei Abschluss in einem gerichtlichen Verfahren, der Richter die Genehmigung erteilt hat, und

2. wenn die Abfindungssumme an die dabei bezeichnete Stelle entrichtet worden ist.

Liegen sich Eltern in einem gerichtlichen Verfahren wegen Scheidung oder Trennung in den Haaren, genehmigt das Gericht ihre Vereinbarungen über die Unterhaltsbeiträge für die Kinder. Das Einverständnis des Gerichts braucht es auch im Fall der gerichtlichen Unterhaltsklage bei ausserehelichen Kindern.

In allen anderen Fällen hat die Vormundschaftsbehörde ein gewichtiges Wort mitzureden. Ihr muss jede Vereinbarung über Unterhaltsbeiträge (zum Beispiel auch von Konkubinatspaaren) unterbreitet werden. Von ihr genehmigt werden müssen auch nachträgliche Abänderungen, insbesondere eine Reduktion der vereinbarten Beiträge.

Die Mutter eines ausserehelichen Kindes besitzt meist auch die elterliche Gewalt und ist damit berechtigt, einen Unterhaltsvertrag auszuhandeln. Sie kann aber von der Vormundschaftsbehörde auch verlangen, dass ihr für dieses Rechtsgeschäft ein Beistand ernannt wird (Art. 308 Abs. 2).

Nur ausnahmsweise können die Parteien in der Vereinbarung spätere Änderungen des Unterhaltsbeitrags ausschliessen. Dies ist zum Beispiel dann möglich, wenn der Kindsvater bereit ist, einen höheren Betrag als üblich zu leisten. Hier, wie auch bei der Genehmigung einer Kapitalabfindung, ist grosse Vorsicht am Platz.

In fast allen Fällen kommt der Vater seiner Unterhaltspflicht in *monatlichen Zahlungen* nach. Eine Abfindung (Zahlung in einem Kapitalbetrag) muss schon sehr grosszügig sein, damit sie den Segen der Vormundschaftsbehörde oder des Gerichts findet. Denn eine lange Ausbildungsdauer, die hohe Inflation lassen einen auf den ersten Blick erfreulichen Kapitalbetrag rasch zusammenschmelzen. Eine Ausnahme bildet folgende Situation: Der Vater wandert definitiv nach Übersee aus und bietet eine Kapitalsumme an, die im Vergleich zu den kaum einzutreibenden Unterhaltsbeiträgen akzeptabel erscheint.

Zuständig für die Genehmigung der Unterhaltsverträge ist die Vormundschaftsbehörde am Wohnsitz des Kindes. Wegen des beträchtlichen Risikos von Kapitalabfindungen hat der Gesetzgeber besondere Sicherheiten eingebaut. Diese müssen zusätzlich von der vormundschaftlichen Aufsichtsbehörde oder vom Gericht genehmigt werden.

Können sich die Parteien nicht auf einen Betrag einigen, kann die Vormundschaftsbehörde nicht etwa von sich aus einen solchen festsetzen. Es bleibt dann nichts anderes übrig, als beim Gericht Unterhaltsklage einzureichen.

Unterhaltsbeiträge verjähren fünf Jahre ab Fälligkeit (Art. 125 Ziff. 3 OR). Im voraus können Kinder beziehungsweise ihre gesetzlichen Vertreter nicht auf künftige Unterhaltsbeiträge verzichten. Für fällige Beiträge kann aber der Verzicht in einer schriftlichen Erklärung abgegeben werden.

Das Kind müsste eigentlich selbst klagen

F. Erfüllung
I. Gläubiger

Art. 289

[1] Der Anspruch auf Unterhaltsbeiträge steht dem Kind zu und wird durch Leistung an dessen gesetzlichen Vertreter erfüllt.

[2] Kommt jedoch das Gemeinwesen für den Unterhalt auf, so geht der Unterhaltsanspruch mit allen Rechten auf das Gemeinwesen über.

Eigentlich müsste das Kind immer im eigenen Namen klagen, denn ihm stehen ja die Unterhaltsbeiträge zu. Im Prozess wird es auch durch seine gesetzlichen Vertreter (die Eltern, einen Elternteil oder den Vormund) vertreten. So steht es klar und eindeutig in Absatz 1 von Artikel 289. Entgegen dieser Bestimmung wird nach bisheriger konstanter Bundesgerichtspraxis dem Kind im Ehescheidungs- oder Trennungsverfahren keine Parteistellung eingeräumt. Die Mutter (wenn ihr die Kinder zugesprochen werden) klagt in eigenem Namen und erhält auch die Unterhaltsbeiträge zugesprochen. So das Bundesgericht (BGE 107 II 473): «Zwar stehen die Unterhaltsbeiträge dem Kinde selber zu, doch bis zur Mündigkeit ihrer Kinder war die Klägerin befugt, die Unterhaltsbeiträge in eigenem Namen geltend zu machen.»

Häufig muss eine alleinstehende Mutter nach der Geburt das Fürsorgeamt bemühen. In der Höhe der erbrachten Sozialleistungen tritt das Amt in die Forderung ein, die Mutter und Kind gegenüber dem Vater haben, das heisst, ein entsprechender Teil der Unterhaltsbeiträge geht ans Fürsorgeamt.

Was, wenn die Alimente nicht bezahlt werden?

Art. 290

II. Vollstreckung
1. Geeignete Hilfe

Erfüllt der Vater oder die Mutter die Unterhaltspflicht nicht, so hat die Vormundschaftsbehörde oder eine andere vom kantonalen Recht bezeichnete Stelle auf Gesuch dem andern Elternteil bei der Vollstreckung des Unterhaltsanspruches in geeigneter Weise und unentgeltlich zu helfen.

Art. 291

2. Anweisungen an die Schuldner

Wenn die Eltern die Sorge für das Kind vernachlässigen, kann der Richter ihre Schuldner anweisen, die Zahlungen ganz oder zum Teil an den gesetzlichen Vertreter des Kindes zu leisten.

Art. 292

III. Sicherstellung

Vernachlässigen die Eltern beharrlich die Erfüllung ihrer Unterhaltspflicht, oder ist anzunehmen, dass sie Anstalten zur Flucht treffen oder ihr Vermögen verschleudern oder beiseite schaffen, so kann der Richter sie verpflichten, für die künftigen Unterhaltsbeiträge angemessene Sicherheit zu leisten.

Art. 293

G. Öffentliches Recht

[1] Das öffentliche Recht bestimmt, unter Vorbehalt der Unterstützungspflicht der Verwandten, wer die Kosten des Unterhaltes zu tragen hat, wenn weder die Eltern noch das Kind sie bestreiten können.

[2] Ausserdem regelt das öffentliche Recht die Ausrichtung von Vorschüssen für den Unterhalt des Kindes, wenn die Eltern ihrer Unterhaltspflicht nicht nachkommen.

Wenn es Schwierigkeiten mit dem Schuldner der Unterhaltsbeiträge gibt (meist ist es der Vater), helfen die lokalen Behörden beim Inkasso. Sie übernehmen das Mahnwesen und starten allenfalls die Betreibung. Diese Dienstleistung ist unentgeltlich.

Die Inkassostellen tun noch mehr: Sie *bevorschussen* die fehlenden Unterhaltsbeiträge; dazu verpflichtet sie Absatz 2 von Artikel 293. Das Fürsorgeamt erbrächte ohne diese Bestimmung nur Leistungen, wenn Mutter und Kind am Hungertuch nagen. Alle schweizerischen Gemeinden sind heute durch kantonale Gesetze verpflichtet, Unterhaltsbeiträge, welche die Eltern nicht pünktlich bezahlen, vorzuschiessen. Allerdings gibt es gewisse Einkommensgrenzen.

Die Kantone sind in der Ausgestaltung der gesetzlichen Regelung weitgehend frei, insbesondere auch im Festlegen der Einkommens- und Vermögensgrenzen. Das Bundesgericht hat die Regelung des Kantons Zürich sanktioniert, wonach auch das Vermögen des Stiefelternteils mitberücksichtigt wird.

Im Kanton Zürich gelten folgende Grundsätze und Einkommensgrenzen (Stand 1993): Die Unterhaltsbeiträge werden bis höchstens 650 Franken pro Kind und Monat bevorschusst. Kein Anspruch auf Bevorschussung besteht, wenn das Kind mehr als 12 480 Franken Einkommen erzielt oder wenn der alleinstehende Elternteil (meist die Mutter) mehr als 41 600 Franken (Verheiratete 54 600 Franken) verdient. Für jedes unterhaltene Kind wird das zulässige Maximaleinkommen um 3900 Franken erhöht. Auch das Vermögen wird ab 39 000 Franken ganz oder teilweise berücksichtigt.

Wie beantragt man eine Alimentenbevorschussung?

1. Das kantonale Jugendamt oder das Sozial- und Fürsorgeamt der Gemeinde gibt Auskunft, wie im jeweiligen Kanton nicht bezahlte Unterhaltsbeiträge für das Kind bevorschusst werden.
2. In jedem Kanton gelten unterschiedliche Vermögens- und Einkommensgrenzen, die laufend der Teuerung angepasst werden. Hat man in einem Jahr knapp die Einkommensgrenze überschritten, sollte man im nächsten Jahr einen neuen Versuch wagen.
3. Sind hohe Alimente für das Kind vereinbart worden, wird je nach Kanton nur ein grösserer oder kleinerer Teil übernommen; Kinderzulagen werden häufig nicht bevorschusst.
4. Werden vom Staat Vorschüsse erbracht, muss den Behörden die Forderung gegenüber dem säumigen Elternteil zum Inkasso übergeben werden.
5. Ein wichtiger Vorteil der Bevorschussung: Diese Beträge gelten nicht als Unterstützungsleistungen. Kann der Staat das Geld beim Alimentenverpflich-

teten nicht eintreiben, darf er nicht mehr auf Mutter und Kind zurückgreifen; auch dann nicht, wenn diese zu Vermögen kommen.

Druckmittel gegen Pflichtvergessene

Artikel 291 ist eine starke Waffe gegen zahlungsmüde Väter (oder Mütter), sofern sie in einem Arbeitsverhältnis stehen. Ohne eine Betreibung einleiten zu müssen, kann man mit Hilfe des Gerichts direkt auf den Lohn des Schuldners greifen. Ist ein Zahlungspflichtiger zum Beispiel invalid und erhält eine Rente, können auch die Leistungen der Sozialversicherer beansprucht werden.

Die Anweisung an den Arbeitgeber, einen Teil des Lohns statt an den Vater an das Kind zu bezahlen, gilt nicht nur für bereits fällige Forderungen, sondern bis auf weiteres auch für die laufenden Verpflichtungen, ohne dass man dafür neu klagen müsste.

Seltener wird ein Alimentenschuldner verpflichtet werden können, zukünftige Beiträge sicherzustellen. Denn eine sich anbahnende Zahlungsunfähigkeit wird häufig erst erkannt, wenn der Schuldner kein Vermögen mehr hat. Die Sicherstellung zukünftiger Alimente (Art. 292) kann nur verlangt werden, wenn ein Vater sich beispielsweise beharrlich weigert zu zahlen oder wenn klar feststeht, dass er Anstalten zur Flucht ergreift, sein Vermögen verschleudert oder es beiseite schafft. Eine Sicherstellung ist im übrigen nur möglich, wenn der Unterhaltsbeitrag gerichtlich festgesetzt oder vormundschaftlich genehmigt worden ist.

Wer aus bösem Willen, Arbeitsscheu oder Liederlichkeit seine Unterhaltspflicht gegenüber seinem Kind missachtet, kann nach Artikel 217 des Strafgesetzbuches auf Antrag hin mit Gefängnis bestraft werden.

Geld für die Pflegeeltern

Art. 294

H. Pflegeeltern

¹ Pflegeeltern haben Anspruch auf ein angemessenes Pflegegeld, sofern nichts Abweichendes vereinbart ist oder sich eindeutig aus den Umständen ergibt.

² Unentgeltlichkeit ist zu vermuten, wenn Kinder von nahen Verwandten oder zum Zweck späterer Adoption aufgenommen werden.

Dritte, bei denen ein Kind untergebracht ist, haben als Pflegeeltern grundsätzlich Anspruch auf ein angemessenes Entgelt, das zu den Unterhaltskosten hinzugeschlagen wird. Nur wenn das Kind bei Verwandten oder wenn es im Hinblick auf eine Adoption untergebracht ist, kann davon ausgegangen werden, dass die Pflegeleistung unentgeltlich ist.

Geld für die unverheiratete Mutter

Art. 295

J. Ansprüche der unverheirateten Mutter

¹ Die Mutter kann spätestens bis ein Jahr nach der Geburt bei dem für die Vaterschaftsklage zuständigen Richter gegen den Vater oder dessen Erben auf Ersatz klagen:

1. für die Entbindungskosten;

2. für die Kosten des Unterhaltes während mindestens vier Wochen vor und mindestens acht Wochen nach der Geburt;

3. für andere infolge der Schwangerschaft oder der Entbindung notwendig gewordene Auslagen unter Einschluss der ersten Ausstattung des Kindes.

² Aus Billigkeit kann der Richter teilweisen oder vollständigen Ersatz der entsprechenden Kosten zusprechen, wenn die Schwangerschaft vorzeitig beendigt wird.

³ Leistungen Dritter, auf welche die Mutter nach Gesetz oder Vertrag Anspruch hat, sind anzurechnen, soweit es die Umstände rechtfertigen.

Die verheiratete Mutter eines Kindes hat gestützt auf das Eherecht unter Umständen auch nach der Scheidung Anspruch auf Unterhaltsbeiträge für sich persönlich. Anders die unverheiratete Mutter; sie kann gestützt auf Artikel 295 nur sehr bescheidene Leistungen verlangen.

Die Mutter muss ihren Anspruch für Entbindungskosten, für den Unterhalt (während mindestens vier Wochen vor und acht Wochen nach der Geburt) und für andere wegen Schwangerschaft und Entbindung notwendige Auslagen (zum Beispiel Umstandskleider, Arztkosten etc.) innert einem Jahr nach der Geburt geltend machen. Zuständig ist dasselbe Gericht wie für die Vaterschaftsklage. Diese Klage wird meist zusammen mit einer Forderung nach Kinderalimenten erhoben, nämlich dann, wenn es zu keiner Einigung mit dem Kindsvater kommt.

Das Gericht kann auch einen teilweisen oder vollständigen Ersatz der Kosten zusprechen, wenn eine Schwangerschaft vorzeitig beendet worden ist. Das gilt nicht nur für die spontane Fehlgeburt, sondern auch für die legale Abtreibung. Die Mutter muss sich aber Leistungen Dritter (Arbeitgeber, Krankenkasse etc.) an die Beiträge anrechnen lassen.

Die Gewalt der Eltern

Der dritte Abschnitt des Kindesrechts behandelt die «elterliche Gewalt». Ein hässliches Wort, das im französischen Gesetzestext eleganter «autorité parentale» lautet. Vor 1911 hiess dieses Gewaltverhältnis zum Beispiel im Kanton Zürich schlicht und einfach «väterliche Vormundschaft».

Die elterliche Gewalt ist die gesetzliche Pflicht und das gesetzliche Recht, für das minderjährige Kind die notwendigen Entscheidungen zu treffen, es insbesondere zu erziehen, zu vertreten, sein Vermögen zu verwalten und seinen Aufenthaltsort zu bestimmen.

Der Grundsatz

Dritter Abschnitt: Die elterliche Gewalt

Art. 296

A. Voraussetzungen
I. Im allgemeinen

¹ Die Kinder stehen, solange sie unmündig sind, unter der elterlichen Gewalt.

² Unmündige und Entmündigte haben keine elterliche Gewalt.

Art. 297

II. Verheiratete Eltern

¹ Während der Ehe üben die Eltern die elterliche Gewalt gemeinsam aus.

² Wird der gemeinsame Haushalt aufgehoben oder die Ehe getrennt, so kann der Richter die elterliche Gewalt einem Ehegatten allein zuteilen.

³ Nach dem Tode eines Ehegatten steht die elterliche Gewalt dem überlebenden Ehegatten und bei Scheidung dem Ehegatten zu, dem die Kinder anvertraut werden.

Jedes unmündige Kind soll Aufsicht und Schutz geniessen. Solange Eltern da sind, die diese Aufgabe übernehmen können, erhalten sie die elterliche Gewalt über ihr Kind. Diese Gewalt können nur Eltern ausüben; Grosseltern oder anderen Verwandten steht sie nicht zu.

Sind die Eltern selbst unmündig, können sie keine elterliche Gewalt innehaben. Dies ist zum Beispiel der Fall bei einer ledigen Mutter unter 20 Jahren.

Heiratet diese aber, wird sie dadurch mündig und erhält ohne weiteres – das heisst von Gesetzes wegen – die elterliche Gewalt. Auch Eltern, die bevormundet sind, haben keine elterliche Gewalt über ihre Kinder. Können Eltern die elterliche Gewalt nicht ausüben, wird für das Kind ein Vormund ernannt. Dafür ist die Vormundschaftsbehörde zuständig. Sie kann einen nahen Verwandten ernennen, ist dazu aber nicht verpflichtet. Auch wenn die Eltern ihre Gewalt missbrauchen – das Kind quälen, es verwahrlosen lassen, es nicht in die Schule schicken –, greift die Vormundschaftsbehörde ein. Sie kann im Interesse des Kindes verschiedene Massnahmen ergreifen, bis hin zum Entzug der elterlichen Gewalt (siehe Art. 307 ff., Seite 319).

Was passiert, wenn verheiratete Eltern sich wegen einer Erziehungsmassnahme nicht einig sind? Bis zur Gesetzesrevision des Kindesrechts Mitte der siebziger Jahre war die Antwort einfach: Der Vater hatte den Stichentscheid. Sind die Ehepartner heute nicht imstande, den Konflikt zu lösen, werden sie das Eheschutzgericht (Art. 172) oder die Vormundschaftsbehörde (Art. 307) anrufen müssen. Das Wohl des Kindes muss aber durch die Uneinigkeit der Eltern erheblich gefährdet sein, damit diese Institutionen eingreifen. Solche Entscheide sind bisher nicht publiziert worden.

Während der Ehe sind die Eltern gemeinsam für das Wohl der Kinder verantwortlich. Kommt es zur Trennung, unterstellt das Gericht im Eheschutz-, Ehetrennungs- oder Ehescheidungsverfahren die Kinder der Obhut beziehungsweise der elterlichen Gewalt eines Elternteils.

Das ZGB lässt die gemeinsame Ausübung der elterlichen Gewalt durch die geschiedenen Ehegatten *nicht* zu (BGE 117 II 523). Die Eltern sind aber nicht daran gehindert, ihre Beziehung weiterhin zusammen zu gestalten. Der oder die als Inhaber der elterlichen Gewalt Bezeichnete kann dem andern Elternteil zum Beispiel ein weitergehendes Besuchsrecht einräumen, als im Urteil festgehalten ist, ja ihm sogar die Obhut des Kindes anvertrauen oder ihn an der Ausübung der elterlichen Gewalt beteiligen. Solche Abweichungen vom Urteil gelten aber nur, solange der Inhaber oder die Inhaberin der elterlichen Gewalt damit einverstanden ist und das Kindeswohl dadurch nicht beeinträchtigt wird. Geschiedene Eltern, die sich so arrangieren können, üben faktisch eine interne gemeinsame elterliche Gewalt aus.

Vater zweiter Klasse

III. Unverheiratete Eltern

Art. 298

¹ Sind die Eltern nicht verheiratet, so steht die elterliche Gewalt der Mutter zu.

² Ist die Mutter unmündig, entmündigt oder gestorben oder ist ihr die elterliche Gewalt entzogen, so bestellt die Vormundschaftsbehörde dem Kind einen Vormund oder überträgt die elterliche Gewalt dem Vater, je nachdem, was das Wohl des Kindes erfordert.

Der Vater eines ausserehelichen Kindes hat nach Gesetz wenig zu sagen; die elterliche Gewalt steht der Mutter zu. Aber auch die alleinstehende Mutter ist, selbst wenn sie volljährig und nicht entmündigt ist, anfänglich nicht «allgewaltig». Ihr wird unter Umständen ein Beistand ernannt, der ihr vor allem bei Schwierigkeiten in bezug auf die Anerkennung der Vaterschaft und die Festlegung der Unterhaltsbeiträge für das Kind behilflich ist.

Der aussereheliche Vater ist von der elterlichen Gewalt nicht grundsätzlich und immer ausgeschlossen, er ist aber gegenüber der ausserehelichen Mutter zurückgesetzt, ja diskriminiert. Bei unverheirateten Eltern gibt es keine gemeinsame elterliche Gewalt. Der Vater kommt nur «in die Kränze», wenn die Mutter gestorben ist oder wenn ihr die elterliche Gewalt entzogen wurde und die Umstände zeigen, dass das Kind auch später nicht ihrer Obhut anvertraut werden kann.

Ganz selten einmal wird der aussereheliche Vater gegenüber einer minderjährigen, in unstabilen Verhältnissen lebenden Mutter vorgezogen. Das Gericht argumentierte in einem konkreten Fall folgendermassen (ZVW 1983 74): «Die im Gesetz vorgesehene grundsätzliche Vorrangstellung der Mutter liegt im wesentlichen darin begründet, dass das Kindesverhältnis zur Mutter schon mit der Geburt entsteht, dass das Kind meistens auch bei ihr aufwächst und dass in der Regel mit ihrem klaren gesetzlichen Vorrecht ein verhängnisvoller Kampf um das Kind vermieden werden kann. Im zu beurteilenden Fall liegen aber die tatsächlichen Verhältnisse gerade umgekehrt. Das Kind ist bisher beim Vater und dessen Eltern aufgewachsen, und gerade die Vorrangstellung der Mutter birgt die Gefahr eines für das Kind nachteiligen Kampfes in sich.»

Lebt die Mutter unverheiratet mit dem Vater ihres Kindes zusammen, so kommt dem Lebenspartner eine ähnliche Stellung wie dem Pflege- und Stiefvater zu (siehe Art. 299). Er hat, solange der Konkubinatssegen nicht schief hängt, faktisch alle Rechte eines verheirateten Vaters.

Stief- und Pflegeeltern

IV. Stiefeltern

Art. 299

Jeder Ehegatte hat dem andern in der Ausübung der elterlichen Gewalt gegenüber dessen Kindern in angemessener Weise beizustehen und ihn zu vertreten, wenn es die Umstände erfordern.

V. Pflegeeltern

Art. 300

[1] Wird ein Kind Dritten zur Pflege anvertraut, so vertreten sie, unter Vorbehalt abweichender Anordnungen, die Eltern in der Ausübung der elterlichen Gewalt, soweit es zur gehörigen Erfüllung ihrer Aufgabe angezeigt ist.

[2] Vor wichtigen Entscheidungen sollen die Pflegeeltern angehört werden.

In etwa zwanzig Jahren wird nach Auffassung von Experten die Stieffamilie bei uns die häufigste Lebensform sein. Im Gegensatz zu früher entstehen heute Zweitehen meist nicht nach dem Tod des einen Partners, sondern nach dem Tod der Ehe.

Wer zuviel Grimmsche Märchen gelesen hat und vielleicht deshalb ein (heute wissenschaftlich als unberechtigt erkanntes) Vorurteil gegen Stiefeltern hegt, erwartet, dass der Gesetzgeber mit diesen hart ins Gericht geht. Dem ist aber nicht so. Nur Artikel 299 befasst sich mit den Pflichten der Stiefeltern. Sie haben gegenüber den Kindern ihres Ehepartners eine Beistandspflicht, was sich in finanzieller Hinsicht meist dann auswirkt, wenn der andere leibliche Elternteil die Unterhaltsbeiträge nicht bezahlt. Den Stiefeltern kommt jedoch keine elterliche Gewalt zu.

Auch Pflegeeltern sind elterlich nicht gewaltig. Sie haben daher im Prinzip jeweils die Weisungen der Eltern einzuholen und sind Gehilfen der Inhaber der elterlichen Gewalt. Diese Bestimmung gilt nicht nur für die Pflegeeltern von unmündigen Kindern, sondern auch von bevormundeten Kindern oder Erwachsenen sowie auch beispielsweise für die Leiter eines Heimes, in dem ein Kind untergebracht ist. Als Pflegeeltern gelten auch Adoptionswillige, die ein Kind für die zweijährige Probezeit vor der Adoption aufnehmen.

In der Schweiz leben ca. 70 000 Pflegekinder. Artikel 300 versucht die Stellung der Pflegeeltern möglichst derjenigen von leiblichen Eltern anzupassen. Eingeschränkt sind die Pflegeeltern insbesondere in der Erziehungsfreiheit und in der religiösen Erziehung. Die gesetzliche Vertretung beschränkt sich auf die Alltagserziehung und dringliche Angelegenheiten.

Pflegeeltern haben ein Anhörungsrecht. Dieses Recht wird besonders bedeutsam, wenn die Beendigung eines langdauernden Pflegeverhältnisses zur Diskussion steht (siehe Art. 310, Seite 323, Kommentar Seite 324).

Rechte und Pflichten der Eltern in der Erziehung

B. Inhalt
I. Im allgemeinen

Art. 301

[1] Die Eltern leiten im Blick auf das Wohl des Kindes seine Pflege und Erziehung und treffen unter Vorbehalt seiner eigenen Handlungsfähigkeit die nötigen Entscheidungen.

[2] Das Kind schuldet den Eltern Gehorsam; die Eltern gewähren dem Kind die seiner Reife entsprechende Freiheit der Lebensgestaltung und nehmen in wichtigen Angelegenheiten, soweit tunlich, auf seine Meinung Rücksicht.

[3] Das Kind darf ohne Einwilligung der Eltern die häusliche Gemeinschaft nicht verlassen; es darf ihnen auch nicht widerrechtlich entzogen werden.

[4] Die Eltern geben dem Kind den Vornamen.

II. Erziehung

Art. 302

[1] Die Eltern haben das Kind ihren Verhältnissen entsprechend zu erziehen und seine körperliche, geistige und sittliche Entfaltung zu fördern und zu schützen.

[2] Sie haben dem Kind, insbesondere auch dem körperlich oder geistig gebrechlichen, eine angemessene, seinen Fähigkeiten und Neigungen soweit möglich entsprechende allgemeine und berufliche Ausbildung zu verschaffen.

[3] Zu diesem Zweck sollen sie in geeigneter Weise mit der Schule und, wo es die Umstände erfordern, mit der öffentlichen und gemeinnützigen Jugendhilfe zusammenarbeiten.

III. Religiöse Erziehung

Art. 303

[1] Über die religiöse Erziehung verfügen die Eltern.

[2] Ein Vertrag, der diese Befugnis beschränkt, ist ungültig.

[3] Hat ein Kind das 16. Altersjahr zurückgelegt, so entscheidet es selbständig über sein religiöses Bekenntnis.

Die Erziehung obliegt grundsätzlich dem Inhaber der elterlichen Gewalt, also den Eltern oder einem Vormund. Massgebende Erziehungsleitlinie auf dem zwanzigjährigen Weg zur Mündigkeit ist das *Kindeswohl.* Ziel jeder Erziehung im Sinn dieses Wohls ist die Selbständigkeit als erwachsener Mensch. Stichworte für weitere Erziehungsziele (deren Priorität natürlich einem gesellschaftlichen Wandel unterliegt) sind: Freiheit, körperliche Gesundheit, optimale Bildung, ganzheitliche Entwicklung, Schutz und Förderung der Persönlichkeit des Kindes.

In erster Linie sind die Eltern dazu berufen zu sagen, wohin der Erziehungsweg geht. Diese Erziehungskompetenz wird eingeschränkt durch die eigene Handlungsfähigkeit des Kindes, durch den Persönlichkeitsschutz, den das Kind geniesst, und durch die Pflicht zur Zusammenarbeit mit öffentlichen Stellen.

In gewissen Fragen ist das Kind schon mit 16 allein entscheidungsfähig, zum Beispiel bezüglich seiner Religion. Das Kind hat, sobald es urteilsfähig ist – je nach Thema ab zehn Jahren –, ein Mitspracherecht.

Das Kind hat auch Anspruch auf eine angemessene, seinen Neigungen und Fähigkeiten soweit möglich entsprechende allgemeine und berufliche Ausbildung. Die Eltern sind unter Umständen verpflichtet, seine beruflichen Ziele finanziell mitzutragen (siehe Art. 277, Seite 293). Das Kind hat ein Recht (wenn die Finanzen keinen Streich spielen), sein Begabungspotential auszuschöpfen. Die Wahl des Studiums oder Berufs erfolgt in gemeinsamer Absprache zwischen Kind und Eltern. Bei Meinungsverschiedenheiten geht der Wille des Kindes vor, es sei denn, sein Berufswunsch sei völlig unvernünftig.

Das Kind schuldet seinen Eltern Gehorsam. Verlässt es ohne ihre Einwilligung die häusliche Gemeinschaft, können sie die Vormundschaftsbehörde anrufen. Es ist jedoch meist kontraproduktiv, wenn Kinder über 16 Jahren zwangsweise zu den Eltern zurückgeführt werden. Es gilt, in Zusammenarbeit mit den Behörden Kompromisse zu erarbeiten, Lösungen, welche auch die Interessen des Kindes berücksichtigen.

Ob die zwangsweise Rückführung eines Kindes zu den Eltern überhaupt zulässig ist, hat das Bundesgericht noch nicht abschliessend entschieden. Immerhin hat es die sofortige polizeiliche Rückschaffung eines Kindes ohne nähere Abklärung der Verhältnisse untersagt (BGE 94 I 100). Wehrt sich ein Kind entschieden gegen eine Rückführung, muss dies als Indiz für die erhebliche Gefährdung seines Wohls im elterlichen Haushalt gewertet werden.

Dritte dürfen das Kind den Eltern weder entziehen noch vorenthalten, sonst machen sie sich strafbar. Dies gilt beispielsweise auch für den geschiedenen Vater, der das Kind nach dem Besuch nicht mehr zur Mutter zurückbringt. Artikel 220 des Strafgesetzbuches lautet: «Wer eine unmündige Person dem Inhaber der elterlichen oder vormundschaftlichen Gewalt entzieht oder vorenthält, wird auf Antrag mit Gefängnis oder mit Busse bestraft.» Sucht das Kind von sich aus Drittpersonen auf, liegt kein Straftatbestand vor.

Auch bei den sehr allgemein gehaltenen Bestimmungen über die Erziehung gilt: Sie beinhalten programmatische Selbstverständlichkeiten, die jedoch juristisch kaum durchsetzbar sind. Es hilft Eltern und Kindern bei Schwierigkeiten meist wenig, das ZGB hervorzunehmen und nach Rechtswegen zu suchen. Einfühlsame Mitarbeiterinnen und Mitarbeiter der Fürsorge- und Jugendbehörden, auf dem Land oft auch der Pfarrer oder die Pfarrerin, können konkrete Hilfe anbieten, wenn familiäre Krisensituationen nicht mehr in den eigenen vier Wänden bewältigt werden können. Das Gesetz fordert die Eltern denn auch auf, in geeigneter Weise mit der Schule und, falls erforderlich, mit der öffentlichen oder gemeinnützigen Jugendhilfe zusammenzuarbeiten (Art. 302 Abs. 3). Zwangsweise eingreifen kann die Vormundschaftsbehörde jedoch nur, wenn eine erhebliche Gefährdung des Kindeswohls vorliegt.

Wer vertritt wen?

Art. 304

IV. Vertretung
1. Dritten gegenüber
a. Im allgemeinen

¹ Die Eltern haben von Gesetzes wegen die Vertretung des Kindes gegenüber Dritten im Umfang der ihnen zustehenden elterlichen Gewalt.

² Sind die Eltern verheiratet, so dürfen gutgläubige Dritte voraussetzen, dass jeder Elternteil im Einvernehmen mit dem andern handelt.

³ Die Bestimmungen über die Vertretung des Bevormundeten finden entsprechende Anwendung mit Ausschluss der Vorschriften über die Mitwirkung der vormundschaftlichen Behörden.

Art. 305

b. Handlungsfähigkeit des Kindes

¹ Das Kind hat unter der elterlichen Gewalt die gleiche beschränkte Handlungsfähigkeit wie eine bevormundete Person.

² Für Verpflichtungen des Kindes haftet sein Vermögen ohne Rücksicht auf die elterlichen Vermögensrechte.

Art. 306

2. Innerhalb der Gemeinschaft

¹ Kinder unter elterlicher Gewalt können, wenn sie urteilsfähig sind, unter Zustimmung der Eltern für die Gemeinschaft handeln, verpflichten damit aber nicht sich selbst, sondern die Eltern.

² Haben die Eltern in einer Angelegenheit Interessen, die denen des Kindes widersprechen, so finden die Bestimmungen über die Vertretungsbeistandschaft Anwendung.

Unmündige sind handlungsunfähig (Art. 17). Sie können deshalb durch ihre Handlungen grundsätzlich keine Rechte und Pflichten begründen. Dies gilt für urteilsunfähige Unmündige vorbehaltlos. Sind Kinder dagegen urteilsfähig, geniessen sie für gewisse Rechtsgeschäfte die volle, für andere eine beschränkte Handlungsfähigkeit (siehe Art. 19, Seite 45).

• Urteilsfähige Unmündige können zum Beispiel ohne Zustimmung ihres gesetzlichen Vertreters *Vorteile und Geschenke entgegennehmen*, wenn damit keine Belastungen verbunden sind. Dazu ein Fall aus der Praxis:
Hansmartin M. ist hochverschuldet. Er möchte seinen Kindern drei ihm gehörende Grundstücke samt noch nicht fertiggestellten Häusern billig verkaufen, das heisst teilweise schenken, und diese damit auch dem Zugriff seiner Gläubiger entziehen. Weil die Kinder Hypotheken übernehmen müssten, bringt ihnen dieses Geschenk nicht nur Vorteile. Die Vormundschaftsbehörde mag deshalb ihre Zustimmung dazu nicht erteilen: Die Finanzierung der Fertigstellung der Häuser sei nicht sichergestellt, und unklar sei auch, ob alle Handwerkerrechnungen bezahlt werden könnten. Würde die Schenkung vollzogen, könne zudem der Vater die Häuser als Kindsvermögen immer noch verwalten. Dazu sei er aber nicht geeignet. Mithin ist das Rechtsgeschäft nicht unentgeltlich; die Kinder können diese «Vorteile» nicht ohne Zustimmung der Behörden entgegennehmen.

• Gemäss Absatz 2 von Artikel 19 können Kinder und Jugendliche gewisse sogenannt *höchstpersönliche Rechte selber ausüben* – zum Teil mit Unterstützung durch die Eltern oder den Vormund. Ganz allein können Kinder und Jugendliche bei Urteilsfähigkeit (dafür gibt es keine klare Altersgrenze, massgebend ist das konkrete Geschäft) in folgenden Fällen entscheiden:
– Rücktritt vom Verlöbnis (Art. 92)
– Genugtuungsanspruch aus Verlöbnisbruch
– Anmeldung des Eheversprechens (Art. 105)
– Religion (ab 16 Jahren, Art. 303 Abs. 3)
– Errichtung und Widerruf eines Testaments (Art. 467; Altersgrenze: 18 Jahre)
Kann eine Gynäkologin einem minderjährigen urteilsfähigen Mädchen ohne Zustimmung der Eltern Verhütungsmittel abgeben? Die Gerichtspraxis hat diese Frage bisher nie entschieden. Die Kommentare bejahen sie aber mehrheitlich, da die körperliche Integrität des Mädchens, ein höchstpersönliches

Recht, betroffen sei. Voraussetzung allerdings ist, dass es die Pille aus seinem Sackgeld selber bezahlen kann, weil es sonst für das Rechtsgeschäft des Kaufs die Zustimmung der Eltern bräuchte.

- Weiter gibt es auch Rechte, die nur das unmündige Kind *selber ausüben* kann, wozu es aber der *Zustimmung der Eltern* bedarf:
  - Verlobung (Art. 90 Abs. 2)
  - Begehren um Ehemündigkeit (Art. 96 Abs. 2)
  - Eheschliessung (Art. 98)
  - Anerkennung eines Kindes (Art. 260 Abs. 2)

Verweigern die Eltern in diesen Fällen ihre Zustimmung, hat das Kind keine Möglichkeit, dagegen juristisch anzukämpfen. Eltern sind diesbezüglich praktisch allmächtig.

- Eine dritte Kategorie von Rechten schliesslich übt das Kind ganz allein aus, falls es urteilsfähig ist. Fehlt die Urteilsfähigkeit, können die Eltern (oder der Vormund) an seiner Statt tätig werden *(relativ höchstpersönliche Rechte)*:
  - Klage der minderjährigen Mutter gegen den vermutlichen Vater (Art. 261 und 263 Abs. 1 Ziff. 1)
  - Klage des neugeborenen Kindes gegen den Vater
  - Strafantrag (Art. 28 StGB): Ab 18 Jahren ist ein urteilsfähiges Kind «strafantragsmündig», das heisst, es kann selber einen Strafantrag stellen.

Im Alltagsleben ist das Kind – abgesehen von den soeben erwähnten Sonderfällen – nur *bedingt geschäftsfähig*. Es kann sich nur mit Zustimmung seiner Eltern durch seine Handlungen verpflichten. Diese Zustimmung kann auch nachträglich erteilt werden. Erlauben die Eltern ihrem Kind, einen eigenen Haushalt zu führen, wird es in bezug auf die Alltagsgeschäfte, welche die Haushaltführung mit sich bringt (zum Beispiel Lebensmitteleinkauf), handlungsfähig. Ähnliches gilt für den Arbeitslohn, den das Kind mit Zustimmung seiner Eltern erwirbt. Für die Verwendung dieses Lohns ist das Kind allein zuständig.

Als Grundsatz gilt alles in allem: Die Eltern sind gestützt auf ihre elterliche Gewalt berechtigt und verpflichtet, für das Kind in dessen Namen zu handeln. Von dieser Regel gibt es die oben genannten gesetzlichen Ausnahmen. Und kommt es zu Interessenkonflikten, muss allenfalls ein Beistand ernannt werden (Art. 306 Abs. 2 und 392 Ziff. 2).

Wer schützt das Kind vor seinen Eltern?

Nicht immer haben sich die Eltern in der eigenen «Gewalt». Kinder werden misshandelt, in einer auseinanderbrechenden Ehe als Waffe gegen den verhassten Partner eingesetzt; Eltern werden süchtig und sind nicht mehr in der Lage, ihre Erziehungsaufgabe wahrzunehmen. Die nachfolgenden Bestimmungen ermächtigen die Vormundschaftsbehörden am Wohnort des Kindes, in solchen Situationen dosiert einzuschreiten. Einen Sonderfall bildet die sogenannte Ausserehelichenbeistand (Art. 309). Grundsätze für die Anordnung von Kindesschutzmassnahmen sind:

– Es liegt eine *erhebliche Gefährdung des Kindeswohls* vor, und die Eltern sind nicht in der Lage, selber für Abhilfe zu sorgen.
– Die Massnahme soll *verhältnismässig* sein. Sie soll also die Elternrechte so wenig als möglich und soviel als nötig einschränken, und die Behörden sollen versuchen, Massnahmen zusammen mit den betroffenen Eltern durchzuführen. Es geht darum, die elterlichen Fähigkeiten zu ergänzen, nicht sie kaltzustellen.
– Die Vormundschaftsbehörde hat *von Amtes wegen,* das heisst von sich aus, einzuschreiten, wenn sie von der Gefährdung eines Kindes erfährt. Zur Anzeige berechtigt ist jedermann, auch das Kind.
– Der Inhaber oder die Inhaberin der elterlichen Gewalt, das urteilsfähige Kind und auch die Pflegeeltern sind vor dem Entscheid *anzuhören*.

Die Anordnungen der Vormundschaftsbehörden können mit einer Beschwerde innert der viel zu kurz bemessenen Frist von *zehn Tagen* an die nächsthöhere kantonale Instanz weitergezogen werden. Beschweren können sich alle, die geltend machen, die Interessen des Kindes seien verletzt, zum Beispiel also auch Stief- und Grosseltern oder Stellen der freiwilligen oder gesetzlichen Jugendhilfe.

1. Stufe: Einzelmassnahmen

Art. 307

C. Kindesschutz
I. Geeignete Massnahmen

[1] Ist das Wohl des Kindes gefährdet und sorgen die Eltern nicht von sich aus für Abhilfe oder sind sie dazu ausserstande, so trifft die Vormundschaftsbehörde die geeigneten Massnahmen zum Schutz des Kindes.

[2] Die Vormundschaftsbehörde ist dazu auch gegenüber Kindern verpflichtet, die bei Pflegeeltern untergebracht sind oder sonst ausserhalb der häuslichen Gemeinschaft der Eltern leben.

³ Sie kann insbesondere die Eltern, die Pflegeeltern oder das Kind ermahnen, ihnen bestimmte Weisungen für die Pflege, Erziehung oder Ausbildung erteilen und eine geeignete Person oder Stelle bestimmen, der Einblick und Auskunft zu geben ist.

Oberster Grundsatz für Kindesschutzmassnahmen ist, wie eingangs erwähnt: Die Massnahmen müssen verhältnismässig sein. Die Vormundschaftsbehörde kann ermahnen, sie kann Weisungen erlassen oder eine Aufsicht errichten. Häufig holen die Behörden bei Fachleuten Berichte ein, um eine allenfalls bestehende Gefährdung festzustellen.

Die «weichste» Massnahme ist die Erziehungsaufsicht gemäss Absatz 3. Eine geeignete Person überwacht die Erziehung des Kindes. Sie meldet ihre Beobachtungen der Behörde und beantragt, wenn nötig, weitere Massnahmen. Diese Vertrauensperson darf den Eltern Rat und Hilfe anbieten. Wenn diese dankend (oder empört) ablehnen, muss eine schärfere Massnahme ins Auge gefasst werden, zum Beispiel eine Erziehungsbeistandschaft (Art. 308).

Im Rahmen dieser Bestimmung können auch Einzelmassnahmen angeordnet werden, beispielsweise eine psychiatrische Begutachtung. Dazu ein Fall aus der Praxis:

Das Ehepaar W. war geschieden, die Tochter lebte bei der Mutter. Mit dem Besuchsrecht des Vaters kam es wiederholt zu Schwierigkeiten. Das Jugendsekretariat veranlasste deshalb eine psychiatrische Begutachtung, um die Frage zu klären, ob es das Kindeswohl schädige, wenn der Vater das Besuchsrecht weiterhin ausüben dürfe. Die Psychiater wollten ganze Arbeit leisten und die achtjährige Tochter bei einem mehrwöchigen Aufenthalt in einem Kinderheim beobachten. Dagegen wehrte sich die Mutter bis vor Bundesgericht und bekam recht. Ihre Tochter wurde ambulant abgeklärt. «Die Wegnahme von der Mutter, bei der das Kind sich wohlfühlt, und der Aufenthalt im Kinderheim zusammen mit psychisch gestörten Kindern können durchaus geeignet sein, bei der Tochter psychische Schädigungen ... herbeizuführen ... Vom allein massgebenden Kindesinteresse her betrachtet, ist es nicht zu verantworten, eine Massnahme anzuordnen, die Gefahren für das Kindeswohl in sich birgt, wenn eine andere Massnahme zu Gebote steht, die mindestens annähernd zum selben Ergebnis führt und die Gefahr von Schädigungen weitgehend ausschliesst.» (ZVW 1980 109) Damit nahm das Bundesgericht in Kauf, dass die Mutter (sie war gegen die Weiterführung des Besuchsrechts) das Mädchen während der ambulanten Abklärung leichter beeinflussen konnte, als wenn es in einem Heim beobachtet worden wäre.

Artikel 307 ermächtigt die Vormundschaftsbehörde auch, zum Beispiel dem Grossvater Kontakte mit seinem Enkelkind zu untersagen, immer vorausgesetzt, das Kindeswohl werde durch diese Kontakte ernsthaft gefährdet. Ein solches Verbot kann mit einer Strafandrohung verbunden werden; nach Artikel 292 StGB wird mit Haft oder Busse bestraft, wer eine behördliche Anordnung missachtet.

2. Stufe: Erziehungsbeistandschaft

Art. 308

II. Beistandschaft
1. Im allgemeinen

¹ Erfordern es die Verhältnisse, so ernennt die Vormundschaftsbehörde dem Kind einen Beistand, der die Eltern in ihrer Sorge um das Kind mit Rat und Tat unterstützt.

² Sie kann dem Beistand besondere Befugnisse übertragen, namentlich die Vertretung des Kindes bei der Wahrung seines Unterhaltsanspruches und anderer Rechte und die Überwachung des persönlichen Verkehrs.

³ Die elterliche Gewalt kann entsprechend beschränkt werden.

Kann dem Kind nicht mit Einzelmassnahmen geholfen werden, stellt sich die Frage, ob eine Beistandschaft das Richtige sei. Diese setzt eine gewisse Kooperationsbereitschaft der Eltern voraus. Die Beistandschaft kann mit weiteren Massnahmen verbunden werden (zum Beispiel Schutz des Kindesvermögens, Art. 325, Entziehung der Obhut, Art. 310).

Bei der Erziehungsbeistandschaft wird das Kind nicht nur beaufsichtigt und beobachtet, hier werden den Eltern und dem Kind Ratschläge bei der Pflege, Erziehung und Ausbildung erteilt. Die Vormundschaftsbehörde kann dem Beistand besondere Kompetenzen erteilen; er ist zum Beispiel befugt, einen Unterhaltsanspruch durchzusetzen, das Besuchsrecht zu überwachen, einen Lehrvertrag abzuschliessen etc. Besteht die Gefahr, dass die Eltern die rechtlichen Schritte des Beistands durchkreuzen, kann die elterliche Gewalt beschränkt werden.

Neben einer generellen Erziehungsbeistandschaft wird ein Beistand vor allem in zwei Fällen ernannt: einerseits für die Feststellung der Vaterschaft und die Unterhaltsklage, anderseits zur Überwachung des Besuchsrechts nach einer Scheidung oder Trennung. Gerade wenn es schon während des Scheidungsprozesses Schwierigkeiten mit dem Besuchsrecht gegeben hat, sollte immer ein solcher Beistand ernannt werden (BGE 108 II 372).

Sonderfall: Beistand für aussereheliche Kinder

Art. 309

2. Feststellung der Vaterschaft

¹ Sobald eine unverheiratete Frau während der Schwangerschaft die Vormundschaftsbehörde darum ersucht oder diese von der Niederkunft Kenntnis erhält, wird dem Kind ein Beistand ernannt, der für die Feststellung des Kindesverhältnisses zum Vater zu sorgen und die Mutter in der nach Umständen gebotenen Weise zu beraten und zu betreuen hat.

² Die gleiche Anordnung trifft die Vormundschaftsbehörde, wenn ein Kindesverhältnis infolge Anfechtung beseitigt worden ist.

³ Ist das Kindesverhältnis festgestellt oder die Vaterschaftsklage binnen zwei Jahren seit der Geburt nicht erhoben worden, so hat die Vormundschaftsbehörde auf Antrag des Beistandes darüber zu entscheiden, ob die Beistandschaft aufzuheben oder andere Kindesschutzmassnahmen anzuordnen seien.

Bringt eine unverheiratete Frau ein Kind zur Welt, wird diesem ein Beistand ernannt. Er soll vor allem dafür sorgen, dass der Vater festgestellt wird und dass dieser Unterhaltsbeiträge zahlt, und soll die Mutter auch sonst beraten. Diese Bestimmung wird von vielen unverheirateten Frauen zu Recht als diskriminierend empfunden. Mütter sind nicht so dumm, wie sie das Bundesgericht noch 1985 hinstellte (BGE 111 II 3): «Die Mutter als Inhaberin der elterlichen Gewalt ist erfahrungsgemäss sehr oft zu zurückhaltend, scheu oder unbeholfen, um die Ansprüche ihres Kindes gegenüber dem Vater durchsetzen zu können...»

Diese behördliche Beistandschaft kann nach bundesgerichtlicher Rechtsprechung umgangen werden, wenn sich die Mutter mit dem Vater sehr frühzeitig, möglichst bereits vor, spätestens aber innert vier Wochen nach der Geburt einigt. Der Vater muss sein Kind durch eine Erklärung *offiziell anerkennen*; damit entsteht eine rechtliche Verwandtschaft. Verlangt wird zudem ein *Unterhaltsvertrag* mit einem frankenmässig festgelegten monatlichen Betrag. Diese Bestimmung passt vielen Konkubinatspaaren nicht. Bei gemeinsamem Zusammenleben wird deshalb oft ergänzend festgehalten: «Lebt der Vater im Einverständnis mit der Mutter mit ihr und dem Kind zusammen und entrichtet er angemessene Beiträge an den gemeinsamen Haushalt, so werden die vereinbarten Unterhaltsbeiträge durch diese Leistungen getilgt.»

Kommt diese Einigung zwischen unverheirateten Eltern nicht kurz nach der Geburt zustande, schreitet die Vormundschaftsbehörde ein: In der Regel wird die Beistandschaft für die Feststellung der Vaterschaft mit derjenigen für die Festlegung des Unterhaltsbeitrags gekoppelt.

3. Stufe: Obhutsentzug

Art. 310

III. Aufhebung der elterlichen Obhut

¹ Kann der Gefährdung des Kindes nicht anders begegnet werden, so hat die Vormundschaftsbehörde es den Eltern oder, wenn es sich bei Dritten befindet, diesen wegzunehmen und in angemessener Weise unterzubringen.

² Die gleiche Anordnung trifft die Vormundschaftsbehörde auf Begehren der Eltern oder des Kindes, wenn das Verhältnis so schwer gestört ist, dass das Verbleiben des Kindes im gemeinsamen Haushalt unzumutbar geworden ist und nach den Umständen nicht anders geholfen werden kann.

³ Hat ein Kind längere Zeit bei Pflegeeltern gelebt, so kann die Vormundschaftsbehörde den Eltern seine Rücknahme untersagen, wenn diese die Entwicklung des Kindes ernstlich zu gefährden droht.

Durch den Entzug der Obhut werden die Elternrechte geschmälert. Der Obhutsentzug ist bereits ein sehr schwerer Eingriff in die Familie: Den Eltern wird dadurch das Bestimmungsrecht über den Aufenthaltsort, die Pflege und die Erziehung weggenommen, und das Kind wird anderswo untergebracht. Die Gefährdung des Kindeswohls bei den Eltern muss schon sehr gross sein, dass eine solche Massnahme gerechtfertigt ist. Zudem muss der neue Aufenthaltsort den Bedürfnissen des Kindes entsprechen. Verwandte haben keinen Vorrang.

Ein Beispiel einer gerichtlichen Begründung für den Obhutsentzug (ZVW 1983 115): «Zusammenfassend lässt sich festhalten, dass die körperliche, geistige und sittliche Entfaltung des heute in erzieherischer Hinsicht völlig verwahrlosten 17jährigen Sohnes nur durch Aufhebung der elterlichen Obhut und Einweisung in eine geeignete Anstalt in der nötigen Weise geschützt und gefördert werden kann.»

Was bleibt den Eltern, wenn ihnen die Obhut entzogen wird? Sie bestimmen über die Berufswahl, sie sind nach wie vor gesetzliche Vertreter ihres Kindes und verwalten auch weiterhin sein Vermögen. Eltern, denen das Kind weggenommen wird, müssen für dieses im Rahmen ihrer finanziellen Möglichkeiten weiterhin aufkommen, also zum Beispiel einen Beitrag an Heimkosten leisten. Sie haben selbstverständlich auch ein Besuchsrecht, sofern das Kind darunter nicht leidet. Nur wenn die Eltern einen völligen Mangel an Verantwortungsbewusstsein an den Tag legen oder wenn sie jede Beziehung zum Kind aufgegeben haben, werden ihnen mit dem Entzug der elterlichen Gewalt alle Elternrechte weggenommen.

Meist wird die Entziehung der elterlichen Obhut mit einer Erziehungsbeistandschaft (Art. 308) verbunden. Dazu ein Beispiel aus der Praxis (ZVW 1992 199):

Zwei Söhne, die in einem Heim untergebracht waren, hingen sehr an ihrem Vater. Dieser gefährdete sie jedoch durch seine sexuelle Abartigkeit. Deshalb wurde dem Vater das Besuchsrecht (im Sinn eines ihm zustehenden Anspruchs) entzogen; den Kindern dagegen wurden (in ihrem Interesse) Besuchskontakte zugestanden. Darüber wachte der bestellte Erziehungsbeistand.

Die Bemessung anderweitiger Kontakte (Telefon, Briefverkehr) wird unabhängig vom Besuchsrecht beurteilt. Ist eine Kontrolle notwendig, kann der Telefonverkehr kaum zugelassen werden, wohl aber, mit Auflagen, der Briefverkehr.

Der Obhutsentzug kommt im übrigen relativ häufig auch auf Antrag eines Jugendlichen selbst vor. Wenn dieser regelmässig von seinem Zuhause, das ihm keine Heimat mehr bietet, abhaut und ihm eine Rückkehr aus gesundheitlichen oder anderen wichtigen Gründen nicht zuzumuten ist, kann die Vormundschaftsbehörde einschreiten.

Kampf zwischen leiblichen und Pflegeeltern

Immer wieder kommt es vor, dass eine alleinerziehende Mutter (seltener ein Vater) gezwungen ist, ihr Kind während Jahren einer Pflegefamilie zur Betreuung zu überlassen. Wenn diese Mutter wieder heiratet, möchte sie das Kind natürlich selbst betreuen. Doch die Pflegefamilie wehrt sich, gestützt auf Artikel 310 Absatz 3: Durch die Rücknahme würde die Entwicklung des Kindes ernstlich gefährdet. Dazu ein Beispiel (BGE 111 II 119):

Eine Mutter wollte ihr Kind aus dem Pflegeverhältnis herauslösen. Der Regierungsrat des Kantons Luzern rückte nur die Interessen des Kindes in der Vordergrund, die Erziehungsfähigkeit der Mutter blieb unberücksichtigt. Das kritisierte das Bundesgericht: «Neben dem Kindeswohl ist auch dem natürlichen Recht der leiblichen Mutter, ihr Kind weiterhin selbst zu betreuen, zu pflegen und zu erziehen, Rechnung zu tragen. Entgegen der Auffassung des Regierungsrates ist es deshalb entscheidend, ob die Beziehung der Mutter zu ihrem Kind auch seit der Trennung ungetrübt und genügend intensiv geblieben ist. Sodann ist es wesentlich, ob die leibliche Mutter aufgrund ihrer Persönlichkeit, ihres Verantwortungsbewusstseins und ihrer erzieherischen Fähigkeiten wie auch aufgrund der äusseren Umstände, in denen sie lebt, die Pflichten als Mutter zu erfüllen vermag.»

Weiter heisst es in diesem für alleinerziehende Mütter und Väter wichtigen Urteil: «Eltern, die sich trotz der Fremdplazierung um den Aufbau und die Pflege einer persönlichen Beziehung zu ihrem Kind bemüht haben, brauchen nicht zu befürchten, dass Art. 310 Abs. 3 mit Erfolg gegen ihre ernsthafte Absicht, das Kind eines Tages wieder selbst zu betreuen und zu erziehen, angerufen werden könnte... Eine Kindesschutzmassnahme (Verbot der Rücknahme von den Pflegeeltern) ist nur anzuordnen, wenn die Eltern in Pflege und Erziehung versagen oder wenn die alleinstehende Mutter aus Gründen, die in ihrer Persönlichkeit oder in den äusseren Umständen liegen, ihren Elternpflichten nicht nachzukommen vermag.»

Wird die Rücknahme des Kindes verboten, ist oft die Bestellung eines Beistands angezeigt, der das Pflegeverhältnis und die Beziehungen zwischen Kind, Eltern und Pflegeeltern zu überwachen hat.

Stärkster Eingriff: Entzug der elterlichen Gewalt

Art. 311

IV. Entziehung der elterlichen Gewalt
1. Durch die vormundschaftliche Aufsichtsbehörde

[1] Sind andere Kindesschutzmassnahmen erfolglos geblieben oder erscheinen sie von vornherein als ungenügend, so entzieht die vormundschaftliche Aufsichtsbehörde die elterliche Gewalt:

1. wenn die Eltern wegen Unerfahrenheit, Krankheit, Gebrechen, Ortsabwesenheit oder ähnlichen Gründen ausserstande sind, die elterliche Gewalt pflichtgemäss auszuüben;

2. wenn die Eltern sich um das Kind nicht ernstlich gekümmert oder ihre Pflichten gegenüber dem Kinde gröblich verletzt haben.

[2] Wird beiden Eltern die Gewalt entzogen, so erhalten die Kinder einen Vormund.

[3] Die Entziehung ist, wenn nicht ausdrücklich das Gegenteil angeordnet wird, gegenüber allen, auch den später geborenen Kindern wirksam.

Art. 312

2. Durch die Vormundschaftsbehörde

Die Vormundschaftsbehörde entzieht die elterliche Gewalt:

1. wenn die Eltern aus wichtigen Gründen darum nachsuchen;

2. wenn sie in eine künftige Adoption des Kindes durch ungenannte Dritte eingewilligt haben.

Durch den Entzug der elterlichen Gewalt entfallen ausser dem Anspruch auf persönlichen Verkehr mit dem Kind alle Elternrechte. Es gibt zwei Arten des Entzugs: gegen den Willen der Eltern (Art. 311) und auf Ersuchen der Eltern oder als Folge ihrer Zustimmung zur Adoption (Art. 312). Zwangsweise wird dieses stärkste Mittel angewendet, wenn die Eltern wegen Unerfahrenheit, Krankheit, Gebrechen, Ortsabwesenheit oder ähnlichen Gründen ausserstande sind, die elterliche Gewalt pflichtgemäss auszuüben. Der Entzug ist auch möglich, wenn sich die Eltern nicht ernstlich um ihr Kind gekümmert haben oder wenn sie ihre Pflichten ihm gegenüber grob vernachlässigen (Misshandlungen, sexueller Missbrauch etc.). Zwei Beispiele für die Zwangsentziehung:
- *Einer Mutter, welche ihr Kleinkind bei Pflegeeltern unterbringt, anschliessend ohne Adressangabe wegzieht und sich in der Folge während Jahren nicht mehr um das Kind kümmert, ist die elterliche Gewalt zu entziehen (ZVW 1979 32).*
- *Bei einer Mutter, welche die Sorge um ihr Kind praktisch aufgegeben hatte, führten mildere Massnahmen nicht zum Erfolg. Diese zielen nur auf die Behebung einzelner Mängel in der Erziehung und Pflege. Als letztes Mittel wurde dieser Mutter deshalb die elterliche Gewalt entzogen (ZVW 1982 61).*

Der zwangsweise Entzug der elterlichen Gewalt ist die einzige Massnahme, welche nicht von der Vormundschaftsbehörde der Wohnsitzgemeinde ausgesprochen wird. Zuständig ist vielmehr die kantonale Aufsichtsbehörde. Für den Entzug auf eigenes Begehren bleibt aber die Vormundschaftsbehörde zuständig.

Wenn von verheirateten Eltern dem einen Teil die elterliche Gewalt entzogen wird, kommt diese automatisch dem andern zu. Zwischen geschiedenen Eltern kann nicht die Vormundschaftsbehörde eine Umteilung der elterlichen Gewalt vornehmen. Muss also dem erziehungsberechtigten Elternteil die elterliche Gewalt entzogen werden, ist das Ehescheidungsgericht zuständig (siehe Art. 157, Seite 181).

Wenn beiden Eltern die elterliche Gewalt entzogen wird, muss ein Vormund ernannt werden. Der Entzug der elterlichen Gewalt ist auch gegenüber später geborenen Kindern wirksam, es sei denn, das Gegenteil werde ausdrücklich angeordnet oder die Massnahme sei ausgesprochen worden, weil das Kind adoptiert werden soll. Die Eltern, denen die Gewalt über ihre Kinder entzogen wird, bleiben *unterhaltspflichtig*. Sie haben weiterhin ein *Besuchsrecht*, soweit dieses Recht nicht gewichtige Kindesinteressen gefährdet.

Massnahmen ändern und aufheben

	Art. 313
V. Änderung der Verhältnisse	¹ Verändern sich die Verhältnisse, so sind die Massnahmen zum Schutz des Kindes der neuen Lage anzupassen. ² Die elterliche Gewalt darf in keinem Fall vor Ablauf eines Jahres nach ihrer Entziehung wiederhergestellt werden.

Kindesschutzmassnahmen werden grundsätzlich auf unbestimmte Zeit ausgesprochen. Sie sind jedoch aufzuheben, sobald das Schutzbedürfnis entfällt, oder durch mildere Massnahmen zu ersetzen, wenn es die Umstände erlauben. Wird das Kind mündig, fallen die Massnahmen von Gesetzes wegen weg.

Verfahren und Zuständigkeiten

	Art. 314
VI. Verfahren 1. Im allgemeinen	Das Verfahren wird durch das kantonale Recht geordnet unter Vorbehalt folgender Vorschriften: 1. Ist die vormundschaftliche Aufsichtsbehörde keine richterliche Behörde, so bleibt gegen die Entziehung der elterlichen Gewalt der Weiterzug an eine kantonale richterliche Behörde vorbehalten. 2. Hat eine Beschwerde gegen eine Kindesschutzmassnahme aufschiebende Wirkung, so kann ihr diese von der anordnenden oder von der Beschwerdeinstanz entzogen werden.
	Art. 314a
2. Bei fürsorgerischer Freiheitsentziehung	¹ Wird das Kind von einer Behörde in einer Anstalt untergebracht, so gelten die Vorschriften über die gerichtliche Beurteilung und das Verfahren bei fürsorgerischer Freiheitsentziehung gegenüber mündigen oder entmündigten Personen sinngemäss. ² Hat das Kind das 16. Altersjahr noch nicht zurückgelegt, so kann es nicht selber gerichtliche Beurteilung verlangen. ³ Für die Fälle, in denen Gefahr im Verzuge liegt oder das Kind psychisch krank ist, können die Kantone die Zuständigkeit der Unterbringung in einer Anstalt ausser der Vormundschaftsbehörde auch andern geeigneten Stellen einräumen.
	Art. 315
VII. Zuständigkeit 1. Der vormundschaftlichen Behörden	¹ Die Kindesschutzmassnahmen werden von den vormundschaftlichen Behörden am Wohnsitz des Kindes angeordnet.

² Lebt das Kind bei Pflegeeltern oder sonst ausserhalb der häuslichen Gemeinschaft der Eltern oder liegt Gefahr im Verzug, so sind auch die Behörden am Ort zuständig, wo sich das Kind aufhält.

³ Trifft die Behörde am Aufenthaltsort eine Kindesschutzmassnahme, so benachrichtigt sie die Wohnsitzbehörde.

Art. 315a

2. Des Richters

¹ Hat der Richter nach den Bestimmungen über die Ehescheidung die Elternrechte und die persönlichen Beziehungen der Eltern zu den Kindern zu gestalten, so trifft er auch die nötigen Kindesschutzmassnahmen und betraut die vormundschaftlichen Behörden mit der Vollziehung.

² Vorbehalten bleibt die Zuständigkeit der vormundschaftlichen Behörden:
1. wenn das Kindesschutzverfahren vor dem Scheidungsverfahren durchgeführt oder eingeleitet worden ist;
2. wenn die zum Schutz des Kindes sofort nötigen vorsorglichen Massnahmen vom Richter voraussichtlich nicht rechtzeitig getroffen werden können.

³ Verändern sich die Verhältnisse nach dem Urteil, so können die vormundschaftlichen Behörden die vom Richter getroffenen Kindesschutzmassnahmen in bezug auf einen Elternteil ändern, sofern dadurch die Stellung des andern nicht unmittelbar berührt wird.

Die vormundschaftlichen Behörden sind immer zuständig für Schutzmassnahmen bei ausserehelichen Kindern sowie bei Kindern verheirateter Eltern, ob diese nun zusammenleben oder nicht. Alle Massnahmen werden von der lokalen Vormundschaftsbehörde angeordnet; einzige Ausnahme: die zwangsweise Entziehung der elterlichen Gewalt, die durch die Aufsichtsbehörde erfolgt.

Der Eheschutzrichter ist nach Auffassung des Zürcher Obergerichts nur in Ausnahmefällen (wenn Gefahr im Verzug ist) für Kindesschutzmassnahmen zuständig. Anders, wenn eine gerichtliche Trennung oder Scheidung eingereicht ist: Dann befasst sich der Richter oder die Richterin und nicht die Vormundschaftsbehörde mit dem Fall. Von dieser Regel gibt es drei Ausnahmen; die Vormundschaftsbehörde bleibt zuständig,
- wenn das Kindesschutzverfahren vor dem Scheidungsverfahren durchgeführt oder eingeleitet worden ist (Art. 315a).
- wenn die Zeit drängt und das Gericht nicht rechtzeitig einschreiten könnte (vorläufige Anordnungen).

— wenn sich die Verhältnisse nach dem Trennungs- oder Scheidungsurteil verändern und die nötigen Massnahmen die Stellung des nicht erziehungsberechtigten Elternteils nicht unmittelbar berühren. Das Gericht bleibt aber zuständig für die Abänderung seines Urteils, wenn die Rechtsstellung des andern Elternteils betroffen ist.

Gerade in diesem letzten Punkt lässt sich eine saubere Abgrenzung nicht immer treffen. Das führt immer wieder zu Prozessen. Wann ist die Stellung des nicht erziehungsberechtigten Elternteils nicht unmittelbar berührt?
— Wenn zum Beispiel der Scheidungsrichter für die Mutter, welche die Kinder in Obhut hat, einen Erziehungsbeistand ernannt hat und dieser nicht mehr nötig ist. Dann kann die Vormundschaftsbehörde die Beistandschaft auflösen, ohne den Vater zu fragen.
— Wenn dem Elternteil, dem die Kinder im Scheidungsverfahren zugesprochen wurden, die Obhut oder die elterliche Gewalt entzogen wird. Auch wenn der oder die Erziehungsberechtigte stirbt oder entmündigt wird, ist der Gang zum Gericht nicht nötig. Die Vormundschaftsbehörde kann dem andern Elternteil die Gewalt übertragen.
— Nicht unmittelbar betroffen ist ein Vater auch dann, wenn bei der Scheidung beiden Eltern die elterliche Gewalt entzogen wurde, der Vormund aber der Mutter später das Kind versuchsweise wieder in Obhut gibt. Unmittelbar betroffen ist der Vater erst, wenn dieser Test positiv verläuft und der Mutter die elterliche Gewalt übertragen werden soll. Dazu braucht es ein gerichtliches Verfahren um Abänderung des Scheidungsurteils.

Die Vormundschaftsbehörde darf nicht das scheidungsrichterliche Besuchsrecht oder die Alimente für die Kinder ändern. Sie kann das Besuchsrecht auch nicht sistieren, wenn Schwierigkeiten auftreten. Die Behörde darf aber Kindesschutzmassnahmen errichten: eine Aufsicht neu bestellen, einen Beistand ernennen und die Obhut entziehen.
Sind bei der Vormundschaftsbehörde bereits Kindesschutzmassnahmen beantragt worden oder hat sie solche bereits eingeleitet, darf das Gericht den von der Behörde für nötig befundenen Schutz nicht unterschreiten. Es darf die Massnahmen aber ergänzen oder verschärfen.
Die Besuchsrechtsregelung im Scheidungsurteil ist keine Kindesschutzmassnahme. Für die zwangsweise Durchsetzung ist daher nicht die Vormundschaftsbehörde, sondern das Gericht zuständig. Die Vormundschaftsbehörde kann aber im Rahmen der gerichtlichen Besuchsregelung Hilfe anbieten. Sie kann beispielsweise durch eine kinderpsychiatrische Untersuchung abklären lassen, weshalb sich ein Kind weigert, seinen Vater zu sehen.

Es besteht kein eigentlicher Vorrang, welche Behörde zuständig ist, wenn Wohnsitz und Aufenthaltsort verschieden sind. Nach der Praxis des Kantons Zürich beispielsweise werden Kindesschutzmassnahmen bezüglich des Vermögens in der Regel am Wohnsitz, Vorkehrungen zum persönlichen Schutz des Kindes eher am Aufenthaltsort bestimmt.

Beschliesst eine Behörde, ein Kind in einer Anstalt unterzubringen (Art. 314a), kann das Kind, sofern es das sechzehnte Altersjahr zurückgelegt hat, innert zehn Tagen schriftlich das Gericht anrufen. Dasselbe Recht steht ihm auch zu, wenn es ein Entlassungsgesuch stellt, dieses aber abgewiesen wird. Ist das Kind unter sechzehn, kann es dieses Recht nicht selber ausüben. Die gerichtliche Beurteilung kann jedoch von jeder ihm nahestehenden Person verlangt werden (siehe auch fürsorgerischer Freiheitsentzug, Art. 397, Seite 392). Die Eltern oder die Kinder gelangen selbst kaum je schutzsuchend an die Behörden. Meist sind es Einzelpersonen, andere Behörden oder Sozialdienste, die ein Verfahren in Gang bringen.

Pflegekinderaufsicht und Jugendschutz

Art. 316

VIII. Pflegekinderaufsicht

[1] Wer Pflegekinder aufnimmt, bedarf einer Bewilligung der Vormundschaftsbehörde oder einer andern vom kantonalen Recht bezeichneten Stelle seines Wohnsitzes und steht unter deren Aufsicht.

[2] Der Bundesrat erlässt Ausführungsvorschriften.

Art. 317

IX. Zusammenarbeit in der Jugendhilfe

Die Kantone sichern durch geeignete Vorschriften die zweckmässige Zusammenarbeit der Behörden und Stellen auf dem Gebiet des zivilrechtlichen Kindesschutzes, des Jugendstrafrechts und der übrigen Jugendhilfe.

Über die Rechte und Pflichten der Pflegeeltern war schon bei Artikel 300 (siehe Seite 313) die Rede. Die Verordnung vom 19. Oktober 1977 über die Aufnahme von Pflegekindern regelt die Einzelheiten der Bewilligung und der Aufsicht. Die Bewilligungspflicht gilt für die Pflege in einer Familie wie auch in einem Heim. Nach Bundesrecht nicht bewilligungspflichtig ist die Tagespflege durch Tagesmütter. Die Kantone können aber auch dafür Regeln erlassen.

Die Jugendhilfe ist je nach Kanton sehr unterschiedlich ausgebaut. Etwa die Hälfte der Kantone kennt besondere Jugendhilfe- und Jugendschutzgesetze. Die nach Gesetz erwünschte Koordination lässt zu wünschen übrig. Denn für die strafrechtliche Erfassung Jugendlicher sind häufig sogenannte Jugendgerichte zuständig, während der zivilrechtliche Schutz meist von den Vormundschaftsbehörden, allenfalls in Zusammenarbeit mit den Jugendsekretariaten, in den einzelnen Kantonen besorgt wird.

Kindesgut ist eisern Gut

Vierter Abschnitt: Das Kindesvermögen

Art. 318

A. Verwaltung

¹ Die Eltern haben, solange ihnen die elterliche Gewalt zusteht, das Recht und die Pflicht, das Kindesvermögen zu verwalten.

² Steht die elterliche Gewalt nur einem Elternteil zu, so hat dieser der Vormundschaftsbehörde ein Inventar über das Kindesvermögen einzureichen.

³ Erachtet es die Vormundschaftsbehörde nach Art und Grösse des Kindesvermögens und nach den persönlichen Verhältnissen der Eltern für angezeigt, so ordnet sie die periodische Rechnungsstellung und Berichterstattung an.

Das Kind erwirbt ein eigenes Vermögen durch Schenkung, Erbschaft, eigene Arbeit, Unterhaltsleistungen, Schadenersatz, Leistungen der Privat- und Sozialversicherer etc. Meist entsteht Kindesvermögen, wenn ein Elternteil stirbt. Zu Lebzeiten beider Eltern ist häufig kein namhaftes Kindesvermögen vorhanden. Solange das Kind unmündig ist, wird sein Vermögen von den Eltern verwaltet und hoffentlich auch vermehrt.

Stirbt ein Elternteil oder kommt es zur Scheidung, erhält der oder die nun allein Erziehungsberechtigte Post von der Vormundschaftsbehörde: Sie müssen sich in die Karten des Kindesvermögens blicken lassen. Dies gilt auch für die alleinerziehende, ledige Mutter nach der Geburt. Verlangt wird ein Inventar des Kindesvermögens; dieses bildet eine wesentliche Grundlage für die weiteren Massnahmen.

Je nach Höhe des Vermögens und nach den persönlichen Verhältnissen der Eltern kann die Vormundschaftsbehörde periodische Rechnungsstellung und Berichterstattung verlangen. Dazu ist sie jedoch nur berechtigt, wenn ohne diese Massnahme keine genügende Gewähr für die Vermögenserhaltung besteht. Es müssen also konkrete Indizien vorhanden sein, dass der Inhaber oder die

Inhaberin der elterlichen Gewalt mit der Verwaltung überfordert sein könnte (etwa wegen Unerfahrenheit, eigener finanzieller Bedrängnis, charakterlicher Mängel etc.).

Wie müssen Eltern mit dem Geld ihrer Kinder umgehen?

Art. 319

B. Verwendung der Erträge

[1] Die Eltern dürfen die Erträge des Kindesvermögens für Unterhalt, Erziehung und Ausbildung des Kindes und, soweit es der Billigkeit entspricht, auch für die Bedürfnisse des Haushaltes verwenden.

[2] Ein Überschuss fällt ins Kindesvermögen.

Art. 320

C. Anzehrung des Kindesvermögens

[1] Abfindungen, Schadenersatz und ähnliche Leistungen dürfen in Teilbeträgen entsprechend den laufenden Bedürfnissen für den Unterhalt des Kindes verbraucht werden.

[2] Erweist es sich für die Bestreitung der Kosten des Unterhalts, der Erziehung oder der Ausbildung als notwendig, so kann die Vormundschaftsbehörde den Eltern gestatten, auch das übrige Kindesvermögen in bestimmten Beträgen anzugreifen.

Die Eltern dürfen die Erträge des Kindesvermögens in erster Linie für den Unterhalt, die Erziehung und die Ausbildung des Kindes verwenden. Deckt ein beträchtlicher Ertrag alle diese Kosten, können die Eltern auch noch Geld für die gemeinsame Haushaltkasse abzweigen, sofern sie diesen Beistand des Kindes nötig haben. Die Konstellation arme Eltern, reiche Kinder dürfte allerdings eher selten anzutreffen sein. Ein allfälliger Ertragsüberschuss gehört dem Kind und nicht etwa den Eltern. Wollen die Eltern das Kapital des Kindesvermögens angreifen, müssen sie die Bewilligung der Vormundschaftsbehörde einholen. Nur wenn das Kind eine Abfindung oder Schadenersatz erhalten hat, darf auch das Vermögen ohne Bewilligung angezehrt werden.

Diese Bestimmungen befreien die Eltern nicht von ihrer Unterhaltspflicht gegenüber dem Kind. Das Recht der Eltern an den Erträgen besteht unabhängig von ihrer eigenen finanziellen Situation; auch Millionäre können also am Kindesertrag partizipieren. Das Geld muss aber für den Unterhalt des Kindes verwendet werden.

Wird Geld auf ein Sparheft, das auf den Namen des Kindes lautet, einbezahlt, handelt es sich vermutungsweise um Kindesvermögen. Nicht erforderlich

ist, dass dem Kind das Sparheft auch übergeben wird. Probleme mit solchen Sparheften gibt es hin und wieder, wenn Eltern mit ihren volljährig gewordenen Kindern Krach haben. Dazu ein Entscheid des Bezirksrats Pfäffikon (ZVW 1986 78):
Eine Mutter wollte ihrer mündig gewordenen Tochter das Sparheft nicht herausrücken. Der Bezirksrat stellte sich auf die Seite der Tochter. «Der Mutter ist entgegenzuhalten, dass Göttibatzen ohnehin Kindesvermögen darstellen. Wenn die geldmässigen Weihnachtsgaben der Grossmutter jeweils zwecks Anschaffung von Kleidern für die Tochter übergeben worden sind und sie diese Gaben statt dessen auf das Sparheft der Tochter einbezahlt hat, mit der Absicht, den betreffenden Betrag einmal der Tochter zukommen zu lassen, hat sie eindeutig eine Schenkung vollzogen.» Eine solche Schenkung könne die Mutter aber nur widerrufen, wenn die Tochter ihr oder Angehörigen gegenüber ihre familiären Pflichten schwer verletzt hätte. Erzieherische Schwierigkeiten könnten aber nicht als eine solche Pflichtverletzung angesehen werden. Die 2500 Franken auf dem Sparheft waren also Kindesvermögen, welches die Mutter der Tochter ohne weitere Mahnung sofort herausrücken musste.

Art. 321

D. Freies Kindesvermögen
I. Zuwendungen

[1] Die Eltern dürfen Erträge des Kindesvermögens nicht verbrauchen, wenn es dem Kind mit dieser ausdrücklichen Auflage oder unter der Bestimmung zinstragender Anlage oder als Spargeld zugewendet worden ist.

[2] Die Verwaltung durch die Eltern ist nur dann ausgeschlossen, wenn dies bei der Zuwendung ausdrücklich bestimmt wird.

Art. 322

II. Pflichtteil

[1] Durch Verfügung von Todes wegen kann auch der Pflichtteil des Kindes von der elterlichen Verwaltung ausgenommen werden.

[2] Überträgt der Erblasser die Verwaltung einem Dritten, so kann die Vormundschaftsbehörde diesen zur periodischen Rechnungsstellung und Berichterstattung anhalten.

Art. 323

III. Arbeitserwerb, Berufs- und Gewerbevermögen

[1] Was das Kind durch eigene Arbeit erwirbt und was es von den Eltern aus seinem Vermögen zur Ausübung eines Berufes oder eines eigenen Gewerbes herausbekommt, steht unter seiner Verwaltung und Nutzung.

² Lebt das Kind mit den Eltern in häuslicher Gemeinschaft, so können sie verlangen, dass es einen angemessenen Beitrag an seinen Unterhalt leistet.

Das sogenannte *freie Kindesvermögen* ist der Verwaltung durch die Eltern ausdrücklich entzogen. Dazu gehören:
- Zuwendungen, welche der oder die Schenkende ausdrücklich von der elterlichen Verwaltung ausgenommen hat (ist das Kind urteilsunfähig, muss gegebenenfalls ein Beistand ernannt werden)
- ein erbrechtlicher Pflichtteil, der im Testament oder Erbvertrag von der elterlichen Verwaltung ausgenommen wird (zum Beispiel wenn der Vater enterbt wird, siehe Art. 477)
- Vermögen, das die Eltern dem Kind für den Betrieb eines eigenen Berufs oder Gewerbes herausgeben
- der eigene Arbeitserwerb des Kindes

Zum Abschluss eines Arbeitsvertrags braucht das Kind die Zustimmung der Eltern. Dann aber ist es für den Lohn, den es verdient, handlungs-, prozess- und betreibungsfähig. Ein Lehrling mit einem Monatslohn von 600 Franken, kann sich mit seinem Ersparten ein Töffli kaufen; der von ihm allein abgeschlossene Vertrag ist gültig, auch wenn die Eltern dagegen sind. Nimmt der Lehrling das Töffli mit, zahlt es aber nicht, kann der Verkäufer deshalb auch nicht die Eltern belangen. Anders verhält es sich, wenn derselbe Lehrling eine 5000fränkige Reise nach den Malediven bucht. Diese Reisekosten übersteigen das freie Kindesvermögen. Die Eltern müssen zustimmen, wenn eine Ausgabe die finanziellen Möglichkeiten des Lehrlings sprengt (siehe auch Art. 305, Seite 316).

Das Kindesvermögen vor den Eltern schützen

Art. 324

E. Schutz des Kindesvermögens
I. Geeignete Massnahmen

¹ Ist die sorgfältige Verwaltung nicht hinreichend gewährleistet, so trifft die Vormundschaftsbehörde die geeigneten Massnahmen zum Schutz des Kindesvermögens.

² Sie kann namentlich Weisungen für die Verwaltung erteilen und, wenn die periodische Rechnungsstellung und Berichterstattung nicht ausreichen, die Hinterlegung oder Sicherheitsleistung anordnen.

³ Auf das Verfahren und die Zuständigkeit finden die Bestimmungen über den Kindesschutz entsprechende Anwendung.

	Art. 325
II. Entziehung der Verwaltung	¹ Kann der Gefährdung des Kindesvermögens auf andere Weise nicht begegnet werden, so überträgt die Vormundschaftsbehörde die Verwaltung einem Beistand.

² Die Vormundschaftsbehörde trifft die gleiche Anordnung, wenn Kindesvermögen, das nicht von den Eltern verwaltet wird, gefährdet ist.

³ Ist zu befürchten, dass die Erträge oder die für den Verbrauch bestimmten oder freigegebenen Beträge des Kindesvermögens nicht bestimmungsgemäss verwendet werden, so kann die Vormundschaftsbehörde auch deren Verwaltung einem Beistand übertragen. |
| | Art. 326 |
| F. Ende der Verwaltung
I. Rückerstattung | Nach dem Aufhören der elterlichen Gewalt oder Verwaltung haben die Eltern das Kindesvermögen auf Grund einer Abrechnung an das mündige Kind oder an den Vormund oder Beistand des Kindes herauszugeben. |
| | Art. 327 |
| II. Verantwortlichkeit | ¹ Für die Rückleistung sind die Eltern gleich einem Beauftragten verantwortlich.

² Für das, was sie in guten Treuen veräussert haben, ist der Erlös zu erstatten.

³ Für die Beiträge, die sie befugtermassen für das Kind oder den Haushalt verwendet haben, schulden sie keinen Ersatz. |

Sind die Eltern mit der Vermögensverwaltung überfordert, schreitet die Behörde ein, natürlich nur, wenn sie davon etwas erfährt. Sie kann Weisungen erteilen, die periodische Rechnungsstellung, Hinterlegung von Vermögenswerten oder Sicherheitsleistungen verlangen. Sie kann auch einen Beistand ernennen, der die Vermögensverwaltung überwacht.

Normalerweise erhält das Kind sein Vermögen, wenn es mündig geworden ist. Geht die elterliche Gewalt in eine Vormundschaft über, wird das Vermögen dem Vormund übergeben.

Die Eltern, welche das Kindesvermögen verwalten, handeln rechtlich gesehen als Auftragnehmer des Kindes. Wenn sie dabei nicht «getreu und sorgfältig» vorgehen, haften sie für den entstandenen Schaden wie beispielsweise ein Anwalt, der sich seinem Klienten gegenüber einen «Kunstfehler» zuschulden kommen lässt.

Recht und Familie

In den Artikeln 328 bis 358 werden Fragen des weiteren Familienkreises geregelt. Es finden sich hier einige Bestimmungen von grosser praktischer Bedeutung. Vor allem geht es um folgende Punkte:
- Wann muss man verarmte Verwandte unterstützen (Art. 328 bis 330)?
- Wann haften Eltern für ihre Kinder oder andere Hausgenossen, wenn diese ausserhalb der Familie Schaden anrichten (Art. 333)?
- Wann haben Söhne und Töchter, die im Gewerbe ihrer Eltern mitarbeiten, einen Lidlohn zugut (Art. 334 und 334bis)?

Geld her für die armen Verwandten

Neunter Titel: Die Familiengemeinschaft

Erster Abschnitt: Die Unterstützungspflicht

Art. 328

A. Unterstützungspflichtige

^{1} Verwandte in auf- und absteigender Linie und Geschwister sind gegenseitig verpflichtet, einander zu unterstützen, sobald sie ohne diesen Beistand in Not geraten würden.

^{2} Geschwister können aber nur dann zur Unterstützung herangezogen werden, wenn sie sich in günstigen Verhältnissen befinden.

^{3} Die Unterhaltpflicht der Eltern und des Ehegatten bleibt vorbehalten.

Art. 329

B. Umfang und Geltendmachung des Anspruches

^{1} Der Anspruch auf Unterstützung ist gegen die Pflichtigen in der Reihenfolge ihrer Erbberechtigung geltend zu machen und geht auf die Leistung, die zum Lebensunterhalt des Bedürftigen erforderlich und den Verhältnissen des Pflichtigen angemessen ist.

^{2} Erscheint die Heranziehung eines Pflichtigen wegen besonderer Umstände als unbillig, so kann der Richter die Unterstützungspflicht ermässigen oder aufheben.

^{3} Die Bestimmungen über die Unterhaltsklage des Kindes und über den Übergang seines Unterhaltsanspruches auf das Gemeinwesen finden entsprechende Anwendung.

C. Unterhalt von Findelkindern

Art. 330

¹ Findelkinder werden von der Gemeinde unterhalten, in der sie eingebürgert worden sind.

² Wird die Abstammung eines Findelkindes festgestellt, so kann diese Gemeinde die unterstützungspflichtigen Verwandten und in letzter Linie das unterstützungspflichtige Gemeinwesen zum Ersatz der Auslagen anhalten, die sein Unterhalt ihr verursacht hat.

Jeder Bewohner und jede Bewohnerin der Schweiz hat einen Anspruch auf ein soziales Existenzminimum durch staatliche Leistungen. Die Voraussetzungen für diese Fürsorgehilfe sind in den kantonalen Sozialhilfegesetzen festgeschrieben. Grundsätzlich ist die Wohngemeinde für die Unterstützung von Bedürftigen zuständig. In beschränktem Mass besteht eine Pflicht des Heimatkantons oder bei Auslandschweizern des Bundes, der Wohngemeinde diese Kosten zu ersetzen. Das ist in zwei Bundesgesetzen geregelt: im Gesetz über die Zuständigkeit für die Unterstützung Bedürftiger und im Gesetz über Fürsorgeleistungen an Auslandschweizer.

Bund, Kantone und Gemeinden legen jährlich Hunderte von Millionen für die Ärmsten aus. Nicht selten klopfen danach die Sozialämter an die Türen der nächsten Verwandten. Denn die kantonalen Gesetze sehen vor, dass Sozialhilfeleistungen von Verwandten, die sich in günstigen finanziellen Verhältnissen befinden, zurückverlangt werden können. Je nach Kanton ist die Rückforderungspraxis unterschiedlich streng.

Auch wer seine Notlage selber verschuldet hat, kann Unterstützung beim Staat oder bei den nächsten Verwandten verlangen. Nur wer mit gutem Willen sich selbst erhalten könnte, dies jedoch böswillig unterlässt, geht leer aus. Praktisch in allen Fällen (vor allem bei den vielen Drogen- und Alkoholabhängigen) kann nicht von bösem Willen gesprochen werden; es handelt sich einfach um Unvermögen. Dazu ein Beispiel:

Eine geschiedene Mutter, die zwei kleine Kinder betreut, hat, wenn sie es nötig braucht, ein Recht auf Unterstützung durch ihre reichen Grosseltern. Sie ist nicht verpflichtet, zuerst ihr bescheidenes Vermögen aufzubrauchen und auch noch Überstunden zu leisten.

Wie gehen die Behörden bei der Suche nach reichen Verwandten vor? Zuerst klopfen sie das Portemonnaie der Eltern und Grosseltern, dann dasjenige der Geschwister ab. Die Geschwister müssen nur zahlen, wenn sie sich in «günstigen Verhältnissen» befinden. Doch was heisst das schon? Die Grenzen sind der Einschätzung der einzelnen Gemeinden überlassen. Fest steht, dass nicht belangt werden kann, wer selber am Rand des Existenzminimums steht und nur über ein bescheidenes Vermögen von einigen zehntausend Franken verfügt.

Die vom Gesetz geforderte Reihenfolge ist genau einzuhalten. Ein Kind, dessen Vater die Unterhaltsbeiträge nicht bezahlt, darf nicht nur die väterlichen Grosseltern belangen. Auch die Grossmutter mütterlicherseits muss, wenn sie betucht ist, um Geld angegangen werden. Verschont von Forderungen des Staates bleiben Onkel und Tanten, Nichten und Neffen, Cousins und Cousinen sowie auch Schwiegereltern und -kinder.

Wer hofft, beim Bundesgericht Hilfe gegen solche Rückforderungen zu finden, täuscht sich womöglich. 1980 verdonnerte das höchste Gericht die Eltern eines Drogensüchtigen aus dem Kanton Luzern, dem Staat 10 000 Franken für die stationäre Entziehungskur (Kosten insgesamt 17 000 Franken) zurückzuvergüten. Die Eltern verdienten 6300 Franken monatlich. Es sei ihnen problemlos möglich, davon 900 Franken für den Sohn zu verwenden (BGE 106 II 287). Pech hatten die Eltern vor allem deshalb, weil ihr Sohn mehr oder weniger freiwillig in die Klinik eingetreten war. Hätte er delinquiert und wäre vom Gericht im Rahmen einer strafrechtlichen Massnahme eingewiesen worden, hätte der Kanton die ganze Entziehungskur bezahlen müssen.

Wenn die Umstände eine Zahlungspflicht als besonders stossend erscheinen lassen, kann davon abgesehen werden. Ein erwachsen gewordenes Kind zum Beispiel muss seinen Vater nicht unterstützen, wenn dieser es seit der Scheidung nie besucht und auch keine Unterhaltsbeiträge bezahlt hat. Auch bei zwei Halbgeschwistern, die sich wegen ihres grossen Altersunterschieds kaum kennen, liegen solche besonderen Umstände vor.

Zahlt das Gemeindewesen Unterstützungsleistungen, zum Beispiel weil ein geschiedener Vater die Unterhaltsbeiträge schuldig bleibt, geht die Forderung gegenüber dem Vater an die Gemeinde über (Art. 289 Abs. 2). Das Sozialamt ist, gestützt auf diese sogenannte Subrogation, berechtigt, das Geld in eigenem Namen zurückzuverlangen.

Die geltenden Grundlagen der Verwandten-Unterstützungspflicht sind überholt. Es sollte nur noch in Ausnahmefällen auf Verwandte zurückgegriffen werden. Das Prinzip der Familiensolidarität erschwert nämlich das gesellschaftliche Solidaritätsdenken und verschleiert die Tatsache, dass Armut ein gesellschaftliches Problem ist. Zudem sollte, gerade bei einer Sucht, die Schuld nicht dem Individuum oder der Familie aufgebürdet werden.

Der oder die Hausgewaltige

Im Haushalt leben neben den unmündigen Kindern oft noch andere Personen, etwa erwachsene Kinder, Stief- und Pflegekinder, Hausangestellte. Wer steht dieser Gemeinschaft vor? Wer hat die «Gewalt» über die Hausgenossen?

Zweiter Abschnitt: Die Hausgewalt

Art. 331

A. Voraussetzung

¹ Haben Personen, die in gemeinsamem Haushalte leben, nach Vorschrift des Gesetzes oder nach Vereinbarung oder Herkommen ein Familienhaupt, so steht diesem die Hausgewalt zu.

² Die Hausgewalt erstreckt sich auf alle Personen, die als Verwandte und Verschwägerte oder auf Grund eines Vertragsverhältnisses als Arbeitnehmer oder in ähnlicher Stellung in dem gemeinsamen Haushalte leben.

Art. 332

B. Wirkung
I. Hausordnung und Fürsorge

¹ Die Ordnung, der die Hausgenossen unterstellt sind, hat auf die Interessen aller Beteiligten in billiger Weise Rücksicht zu nehmen.

² Insbesondere soll den Hausgenossen für ihre Ausbildung, ihre Berufsarbeit und für die Pflege der religiösen Bedürfnisse die nötige Freiheit gewährt werden.

³ Die von den Hausgenossen eingebrachten Sachen hat das Familienhaupt mit der gleichen Sorgfalt zu verwahren und gegen Schaden sicherzustellen wie die eigenen.

Familienhaupt ist, wer über die mit im gemeinsamen Haushalt lebenden Personen die Aufsicht hat, die bei unmündigen Kindern ihren Ausdruck in der elterlichen Gewalt findet. Familienhaupt sind also nicht nur die Eltern im Verhältnis zu ihren Kindern, auch Schüler eines Internats, Hotelgäste, Patienten eines Privatspitals sind Hausgenossen, welche unter der Gewalt der Internatsleiterin, des Hoteliers etc. stehen.

Ein Kind, das im Nachbarhaus ein paar Stunden mit seinem Freund spielt, kommt deshalb nicht unter die Hausgewalt des Vaters seines Spielkameraden. Zur Aufsicht verpflichtet ist auch für diese Zeit der eigene Vater. Die Organisatoren einer Ferienkolonie jedoch sind wegen der längeren Dauer als «hausgewaltig» zu bezeichnen. Auch wenn ein Kind in den Ferien zu Verwandten auf den Bauernhof geschickt wird, findet ein Wechsel des «Familienhäuptlings» statt. Ein Lehrling zum Beispiel kann abwechslungsweise zwei Hausgewalten unterstehen, wenn er unter der Woche beim Lehrmeister wohnt und am Wochenende zu den Eltern zurückkehrt.

Die Tatsache, dass jemand Familienhaupt ist, wird vor allem dann wichtig, wenn die in seiner Obhut stehenden Personen einen Schaden verursachen. Grundsätzlich haftet das Familienhaupt für den Schaden, den seine Hausgenossen Dritten gegenüber anrichten.

Haften die Eltern für Missetaten des Kindes?

Art. 333

II. Verantwortlichkeit

¹ Verursacht ein unmündiger oder entmündigter, ein geistesschwacher oder geisteskranker Hausgenosse einen Schaden, so ist das Familienhaupt dafür haftbar, insofern es nicht darzutun vermag, dass es das übliche und durch die Umstände gebotene Mass von Sorgfalt in der Beaufsichtigung beobachtet hat.

² Das Familienhaupt ist verpflichtet, dafür zu sorgen, dass aus dem Zustande eines geisteskranken oder geistesschwachen Hausgenossen weder für diesen selbst noch für andere Gefahr oder Schaden erwächst.

³ Nötigenfalls soll es bei der zuständigen Behörde zwecks Anordnung der erforderlichen Vorkehrungen Anzeige machen.

Kinder werfen Fensterscheiben ein, verletzen Spielkameraden, springen plötzlich auf die Strasse. Die Eltern (meist sind sie gemeinsam das «Familienhaupt») müssen den entstandenen Schaden ersetzen, wenn sie ihre Aufsichtspflichten verletzt haben.

Weitverbreitet ist die Meinung, Eltern müssten praktisch jeden Schaden vergüten, den ihre Sprösslinge einem anderen zufügen, solange diese minderjährig sind. Dies ist aber – rechtlich gesehen – keineswegs der Fall. Wenn die Eltern nämlich nachweisen, dass ihr Kind gehörig beaufsichtigt wurde, können sie sich von der Haftung befreien. Auch haften sie nur für Hausgenossen, nicht aber, wenn der Sohn im Internat weilt und dort einen Schaden anrichtet.

Dass Eltern an einem Schaden keine Schuld trifft, genügt nicht zu ihrer Entlastung. Die Haftung setzt auch kein Verschulden des Kindes voraus. Denn die Haftung des Familienhaupts ist eine *Kausalhaftung*. Sie beruht also nicht auf einem schuldhaften Verhalten des Familienhaupts oder seines Hausgenossen, sondern auf der gesetzlichen Vermutung, ein schadenstiftendes minderjähriges Kind sei mangelhaft beaufsichtigt worden. Das Familienhaupt kann sich von der Haftung nur befreien, wenn es den Beweis führt, dass das Kind den Umständen entsprechend angemessen beaufsichtigt wurde (Sorgfaltsbeweis).

Familienhaupt in solchen Haftungsfragen sind meist die Eltern, private Internate und Kinderkliniken oder Heime für geschädigte Kinder. Für öffentliche Spitäler und Strafanstalten gelten nicht die Bestimmungen des Privatrechts, sondern der öffentlich-rechtlichen Haftungsgesetze des Bundes oder der Kantone.

Die Eltern oder die Leitung eines Heims haften auch für ihre sogenannten *Hilfspersonen*. Wenn das Kindermädchen oder ein Lehrer des Heims die Kinderbetreuung vernachlässigt, wird die mangelnde Sorgfalt den Eltern oder der Heimleitung zu Last gelegt.

Meist geht es um unmündige Kinder. Aber auch Volljährige fallen unter diese Bestimmung, wenn sie geistesschwach oder -krank sind, also auch der besonderen Betreuung und Beaufsichtigung durch das Familienhaupt bedürfen (etwa ein Ehemann, der an der Alzheimerschen Krankheit leidet).

Worin besteht die Aufsichtspflicht? Das Familienhaupt muss Kinder und Hausgenossen beaufsichtigen, darf sie also nicht einfach herumlungern lassen. Das Bundesgericht stellt aber klar, «dass Kinder in ihrer Bewegungsfreiheit nicht allzusehr eingeschränkt werden dürfen und von einem gewissen Alter an keiner ständigen Überwachung mehr bedürfen» (BGE 100 II 303). Je älter die Betreuten sind, desto lockerer darf man die Zügel lassen. Auch gefährliche Waffen, zum Beispiel ein Luftgewehr, darf man einem 15jährigen überlassen, sofern seine Entwicklung etwa altersgemäss ist. Dagegen gehören nach Auffassung des Bundesgerichts Pfeil und Bogen nicht kommentarlos in die Hand eines Siebenjährigen. Als dieser seinem Freund beim Indianerspielen ein Auge herausschoss, wurden die Eltern haftbar gemacht. Sie hätten die Kinder warnen und genaue Anweisungen geben sollen. Je fragwürdiger es in einem konkreten Fall ist, den Kindern einen bestimmten Gegenstand zu überlassen, um so notwendiger sind *Beaufsichtigung, Anleitung und Warnungen*.

Ein Vorwurf wegen mangelnder Beaufsichtigung kann dem Familienhaupt nur gemacht werden, wenn das fehlerhafte Verhalten des Kindes oder Hausgenossen *voraussehbar* war. Häufige Vorwürfe sind etwa, die Eltern hätten unzweckmässige Anweisungen gegeben oder hätten dem Kind gefährliche Gegenstände überlassen, ohne es genügend zu instruieren. Massgebend ist immer der Einzelfall nach «den örtlichen, sozialen und persönlichen Verhältnissen, insbesondere den lokalen Gegebenheiten, dem Alter und Charakter des Unmündigen und der Natur des Instruments, mit dem möglicherweise ein Schaden verursacht werden kann» (BGE 100 II 301).

Wenn die Eltern nicht wissen und bei gehöriger Aufmerksamkeit auch nicht wissen können, dass ihr Kind mit einem gefährlichen Gegenstand hantiert, werden sie von der Haftung befreit. Die Eltern können sich durch den sogenannten *Sorgfaltsbeweis* befreien, indem sie dartun, dass sie das «übliche und durch die Umstände gebotene Mass von Sorgfalt in der Beaufsichtigung beobachtet haben». So kann beispielsweise nicht verlangt werden, dass Eltern ihre Kinder auf dem Schulweg begleiten, nur dass ja nichts passiert. Neben dem Sorgfaltsbeweis gibt es noch weitere Entlastungsgründe: ein Selbstverschulden des Verletzten, höhere Gewalt und Verschulden von Dritten. Nun noch einige Beispiele aus der Gerichtspraxis:
– *Der 14jährige Sohn jagt im Weinberg nach Traubendieben. Er hat von seinem Vater ein Gewehr mit Schrot erhalten und verletzt versehentlich mit einem Schuss den Begleiter des Traubendiebs. Vorwurf an die Adresse des Vaters: Er habe seinen Sohn nur mangelhaft über die Funktion des Schiesseisens instruiert und ihn zuwenig beaufsichtigt (ZR 2 Nr. 191).*
– *Kinder in den ersten Schuljahren bewerfen ein Schaufenster mit «Chlürli». Die Eltern haften für diesen Schaden nicht, da in diesem Alter der Besitz der kleinen Spielzeuge üblich ist und Eltern ihre Kinder nicht auf dem Schulweg begleiten müssen.*
– *Ein ca. achtjähriger Knabe streitet sich in der Ferienkolonnie mit einem Kollegen und verletzt diesen mit einem Weissdornast am Auge. Die zuständige Oberschwester kann sich entlasten: Beide Kinder seien ihr als wenig streitsüchtig bekannt gewesen; wenn sie die Kinder während zwanzig Minuten habe allein spielen lassen, könne ihr kein Vorwurf gemacht werden (BGE 79 II 65)*
– *Ein sechsjähriger Knabe wirft mit seinem Dreirad eine ältere Dame um. Die Haftung der Eltern wird bejaht, weil sie das Kind ohne Überwachung und ohne Aufklärung über die Gefahren des Dreiradfahrens auf einer belebten Strasse fahren liessen.*
– *Der Leiter eines Internats wurde von der Haftung entlastet, als seine Schutzbefohlenen auf einem Spaziergang mit Steinschleudern Schaden anrichteten. Er hatte den ca. 12jährigen Schülern die Steinschleudern verboten und durch regelmässige Zimmerkontrollen dafür gesorgt, dass diese gefährlichen «Waffen» beschlagnahmt wurden. Eine Sackkontrolle bei jedem Ausgang der Zöglinge konnte nicht von ihm verlangt werden.*
– *Drei Knaben in der Frühpubertät spielen mit einem Flugdrachen auf dem Pausenhof. Der Drache stürzt ab, die Schnur spannt sich über die Strasse. Ein Motorradfahrer fährt in diese Schnur, stürzt und verletzt sich. Die Eltern werden von der Haftung befreit: Die Kinder seien ihnen nicht als besonders unvorsichtig bekannt und der Pausenhof sei als Spielplatz geeignet gewesen. Kinder könnten nicht ständig überwacht werden (BJM 1969 27).*

– *Ein 13jähriger Knabe versucht einer älteren Frau die Handtasche zu entreissen. Das Opfer wird dabei erheblich verletzt; sie muss ihren Beruf aufgeben und erleidet einen beträchtlichen Verdienstausfall. Vorwurf an die Adresse der Eltern: Sie hätten ihr Kind zu häufig draussen herumlungern lassen und es wegen seines Fernbleibens nie zur Rede gestellt (BJM 1983 67).*

An sich könnte man auch die urteilsfähigen Kinder (je nach konkretem Sachverhalt ab etwa 10 bis 14 Jahren) direkt belangen. Doch häufig fehlt es dem Kind an Geld, weshalb die Geschädigten doch lieber auf die meist zahlungskräftigeren Eltern (oder die Heimleitung) zurückgreifen. Diese haben das Risiko auch meistens mit einer *Haftpflichtversicherung* abgedeckt. Nach Artikel 54 OR können aber auch selbst urteilsunfähige Kinder für Schadenersatz eingeklagt werden, vor allem wenn sie vermögend sind (sogenannte Billigkeitshaftung, siehe Seite 46).

Der Lidlohn

Art. 334

III. Forderung der Kinder und Grosskinder
1. Voraussetzungen

[1] Mündige Kinder oder Grosskinder, die ihren Eltern oder Grosseltern in gemeinsamem Haushalt ihre Arbeit oder ihre Einkünfte zugewendet haben, können hiefür eine angemessene Entschädigung verlangen.

[2] Im Streitfalle entscheidet der Richter über die Höhe der Entschädigung, ihre Sicherung und die Art und Weise der Bezahlung.

Art. 334bis

2. Geltendmachung

[1] Die den Kindern oder Grosskindern zustehende Entschädigung kann mit dem Tode des Schuldners geltend gemacht werden.

[2] Schon zu Lebzeiten des Schuldners kann sie geltend gemacht werden, wenn gegen ihn eine Pfändung erfolgt oder über ihn der Konkurs eröffnet wird, wenn der gemeinsame Haushalt aufgehoben wird oder wenn der Betrieb in andere Hände übergeht.

[3] Sie unterliegt keiner Verjährung, muss aber spätestens bei der Teilung der Erbschaft des Schuldners geltend gemacht werden.

Häufigster Anwendungsfall dieses Artikels: Kleinbauern können es sich meist nicht leisten, ihre im Betrieb mitarbeitenden Kinder voll zu entlöhnen. Diese Bestimmung will den Kindern spätestens beim Tod der Eltern eine billige Entschädigung garantieren; sie sollen nicht lebenslänglich für Gotteslohn arbeiten müssen.

Nicht anspruchberechtigt sind Geschwister, Pflege- oder Stiefkinder und andere Verwandte. Artikel 334 spricht nur von «mündigen» Kindern. Nach Auffassung verschiedener Autoren hat aber auch das unmündige Kind Anspruch auf Lidlohn, wenn es zu Hause Dienste leistet, die nach den Umständen sonst nur gegen Lohn zu erwarten sind.

Die Höhe der Entschädigung richtet sich nach einer vom Bauernverband herausgegebenen Liste, die im Normalfall angewendet wird. In jedem Einzelfall ist aber abzuklären, ob eine andere Berechnung richtiger wäre. Massgebend sind vor allem der Umfang und die Intensität der Dienste – dazu gehört auch eine angemessene Entschädigung für die im Haushalt mitarbeitende Schwiegertochter oder für den Schwiegersohn. Der Wert der Leistungen des Kindes wird auf der Basis des durchschnittlichen Barlohns für ledige landwirtschaftliche Angestellte berechnet. Davon werden die Leistungen der Eltern abgezogen. Zum Beispiel haben diese dem Kind neben freier Kost, Wohnung und Wäschebesorgung ein bescheidenes Taschengeld bezahlt und auch alle übrigen regelmässigen Auslagen wie Kleider, Zahnarzt, Reisen, Autobenützung, Versicherungen und Steuern übernommen (detailliertere Angaben siehe Literaturverzeichnis, Seite 769).

Der Lidlohn kann in der Regel erst nach dem Tod eines Elternteils eingefordert werden. Mit diesem Aufschub der Fälligkeit sollen unerwünschte Streitigkeiten zu Lebzeiten vermieden werden – jedenfalls solange der oder die Lidlohnberechtigte im gleichen Haushalt lebt und der Hof nicht verpfändet, verpachtet oder verkauft worden ist. Trotzdem empfiehlt es sich dringend, über den Lidlohn nicht erst nach dem Tod der Eltern mit den Erben zu reden, sondern *jährlich abzurechnen*. Es ist äusserst mühsam, über Jahrzehnte rückwirkend zu bestimmen, welchen Lidlohn ein Kind beanspruchen kann.

Der geschuldete Lidlohn darf im übrigen den Wert der Erbschaft nicht übersteigen. Gemäss Artikel 603 Absatz 2 (siehe Seite 511) gehört der Lidlohn zu den Erbschaftsschulden, ist also vor der Verteilung des Netto-Nachlasses unter die Erben zu bezahlen.

Besteht zwischen den Eltern und ihren Kindern ein landwirtschaftlicher Arbeitsvertrag mit einer angemessenen Entlöhnung, kann natürlich nicht noch zusätzlich ein Lidlohn verlangt werden.

Familienstiftung, Gemeinderschaft und Heimstätte

Mit den folgenden Bestimmungen wollten die Schöpfer des ZGB im Jahr 1912 den Gemeinschaftsgedanken in der Familie fördern und eine Zersplitterung des Vermögens vermeiden helfen.

– Die *Familienstiftung:* Ein Stifter oder eine Stifterin soll aus seinem Vermögen ein Stiftungskapital ausscheiden können, das ausschliesslich für die Erziehung und Unterstützung der Mitglieder der Familiengemeinschaft in Notfällen dient. Nicht erlaubt sind Stiftungen, die den allgemeinen Lebensunterhalt finanzieren helfen. Die Zahl der Familienstiftungen in der Schweiz ist nicht bekannt; man weiss aber, dass rund eine Milliarde Franken in solchen Stiftungen angelegt ist. Das Bundesgericht musste sich wiederholt mit zweifelhaften Gründungen von Familienstiftungen befassen, welche vor allem aus steuerlichen Überlegungen ins Leben gerufen wurden. Nicht gestattet ist es beispielsweise, eine Burg als Aufenthaltsort oder ein Landhaus als Ferienhaus auszuscheiden und darüber eine Stiftung zu errichten.

Nicht gestattet ist es seit 1912 auch, ein Vermögen zu stiften und dieses nach einer bestimmten Rangordnung auf die zukünftigen Generationen zu verteilen, also beispielsweise zu bestimmen, das Nutzungsrecht an einem Haus stehe immer dem ältesten männlichen Nachkommen zu (Fideikommisse, Art. 335 Abs. 2).

– Die *Gemeinderschaft* (Art. 336 ff.) hätte nach dem Willen des Gesetzgebers die Zersplitterung eines Vermögens durch Erbteilung (zum Beispiel Aufteilung von Landparzellen auf zwölf Geschwister) verhindern beziehungsweise auf spätere bessere Zeiten verschieben sollen. Das Institut der Gemeinderschaft hat heute keinerlei praktische Bedeutung mehr.

– Die *Heimstätte* (französisch «asile de famille») ist eine Idee aus Texas, die als historisches Kuriosum zu betrachten ist und in der Schweiz nie Fuss (nicht einen einzigen!) fassen konnte. Die Gründer hätten damit ein Haus ausscheiden können, das als Fluchtburg der Familienmitglieder für die Wechselfälle des Lebens gedient hätte.

Die Familienstiftungen

Dritter Abschnitt: Das Familienvermögen

Art. 335

A. Familienstiftungen

¹ Ein Vermögen kann mit einer Familie dadurch verbunden werden, dass zur Bestreitung der Kosten der Erziehung, Ausstattung oder Unterstützung von Familienangehörigen oder zu ähnlichen Zwecken eine Familienstiftung nach den Regeln des Personenrechts oder des Erbrechts errichtet wird.

² Die Errichtung von Familienfideikommissen ist nicht mehr gestattet.

Die Gemeinderschaften

Art. 336

B. Gemeinderschaften
I. Begründung
1. Befugnis

Ein Vermögen kann mit einer Familie dadurch verbunden werden, dass Verwandte entweder eine Erbschaft ganz oder zum Teil als Gemeinderschaftsgut fortbestehen lassen, oder dass sie Vermögen zu einer Gemeinderschaft zusammenlegen.

Art. 337

2. Form

Der Vertrag über die Begründung einer Gemeinderschaft bedarf zu seiner Gültigkeit der öffentlichen Beurkundung und der Unterschrift aller Gemeinder oder ihrer Vertreter.

Art. 338

II. Dauer

¹ Die Gemeinderschaft kann auf bestimmte oder unbestimmte Zeit geschlossen werden.

² Ist sie auf unbestimmte Zeit geschlossen, so kann sie jeder Gemeinder auf sechs Monate kündigen.

³ Bei landwirtschaftlichem Betriebe des Gesamtgutes ist eine Kündigung nur auf einen dem Ortsgebrauch entsprechenden Frühjahrs- oder Herbsttermin zulässig.

Art. 339

III. Wirkung
1. Art der Gemeinderschaft

¹ Die Gemeinderschaft verbindet die Gemeinder zu gemeinsamer wirtschaftlicher Tätigkeit.

² Sie sind mangels anderer Anordnung zu gleichen Rechten an der Gemeinderschaft beteiligt.

^{3} Sie können während der Gemeinschaft weder eine Teilung beanspruchen noch über ihre Gemeinschaftsanteile verfügen.

Art. 340

2. Leitung und Vertretung
a. Im allgemeinen

^{1} Die Angelegenheiten der Gemeinderschaft werden von allen Gemeindern gemeinsam geordnet.

^{2} Jeder von ihnen kann ohne Mitwirkung der übrigen gewöhnliche Verwaltungshandlungen vornehmen.

Art. 341

b. Befugnis des Hauptes

^{1} Die Gemeinder können eines der Glieder als Haupt der Gemeinderschaft bezeichnen.

^{2} Das Haupt der Gemeinderschaft hat die Vertretung im Umfang ihrer Angelegenheiten und leitet deren wirtschaftliche Tätigkeit.

^{3} Die Ausschliessung der andern von der Vertretung ist jedoch gutgläubigen Dritten gegenüber nur dann wirksam, wenn der Vertreter im Handelsregister eingetragen ist.

Art. 342

3. Gemeinschaftsgut und persönliches Vermögen

^{1} Die Vermögenswerte der Gemeinderschaft stehen im Gesamteigentum aller Gemeinder.

^{2} Für die Schulden haften die Gemeinder solidarisch.

^{3} Was ein einzelner Gemeinder neben dem Gemeinschaftsgut an Vermögen besitzt oder während der Gemeinschaft durch Erbgang oder auf andere Weise unentgeltlich für sich allein erwirbt, ist, wenn es nicht anders verabredet wird, sein persönliches Vermögen.

Art. 343

IV. Aufhebung
1. Gründe

Die Aufhebung der Gemeinderschaft erfolgt:

1. nach Vereinbarung oder Kündigung;
2. mit Ablauf der Zeit, für die eine Gemeinderschaft begründet worden ist, insofern sie nicht stillschweigend fortgesetzt wird;
3. wenn der gepfändete Anteil eines Gemeinders am Gemeinschaftsgute zur Verwertung gelangt ist;
4. wenn ein Gemeinder in Konkurs geraten ist;
5. auf Verlangen eines Gemeinders aus wichtigen Gründen.

Art. 344

2. Kündigung, Zahlungsunfähigkeit, Heirat

¹ Kündigt ein Gemeinder die Gemeinschaft, oder ist einer der Gemeinder in Konkurs geraten, oder gelangt der gepfändete Anteil eines Gemeinders zur Verwertung, so können die übrigen die Gemeinderschaft miteinander fortsetzen, indem sie den Ausscheidenden oder seine Gläubiger abfinden.

² Verheiratet sich ein Gemeinder, so kann er ohne Kündigung die Abfindung beanspruchen.

Art. 345

3. Tod eines Gemeinders

¹ Stirbt ein Gemeinder, so können die Erben, die nicht in der Gemeinderschaft stehen, nur die Abfindung beanspruchen.

² Hinterlässt er erbberechtigte Nachkommen, so können diese mit Zustimmung der übrigen Gemeinder an Stelle des Erblassers in die Gemeinderschaft eintreten.

Art. 346

4. Teilungsregel

¹ Die Teilung des Gemeinschaftsgutes oder die Abfindung eines ausscheidenden Gemeinders findet nach der Vermögenslage statt, wie sie beim Eintritt des Aufhebungsgrundes vorhanden ist.

² Ihre Durchführung darf nicht zur Unzeit verlangt werden.

Art. 347

V. Ertragsgemeinderschaft
1. Inhalt

¹ Die Gemeinder können die Bewirtschaftung des Gemeinschaftsgutes und die Vertretung einem einzigen unter ihnen übertragen, mit der Bestimmung, dass dieser jedem der Gemeinder jährlich einen Anteil vom Reingewinn zu entrichten hat.

² Dieser Anteil ist, wenn keine andere Abrede getroffen wird, nach dem Durchschnittsertrage des Gemeinschaftsgutes für eine angemessene längere Periode in billiger Weise festzusetzen, unter Berücksichtigung der Leistungen des Übernehmers.

Art. 348

2. Besondere Aufhebungsgründe

¹ Wird das Gemeinschaftsgut von dem Übernehmer nicht ordentlich bewirtschaftet, oder kommt dieser seinen Verpflichtungen gegenüber den Gemeindern nicht nach, so kann die Gemeinderschaft aufgehoben werden.

² Auf Verlangen eines Gemeinders kann der Richter aus wichtigen Gründen dessen Eintritt in die Wirtschaft des Übernehmers verfügen, unter Berücksichtigung der Vorschriften über die erbrechtliche Teilung.

³ Im übrigen steht die Ertragsgemeinderschaft unter den Regeln der Gemeinderschaft mit gemeinsamer Wirtschaft.

Die Heimstätten

C. Heimstätten
1. Befugnis der Kantone

Art. 349

Die Kantone sind befugt, die Begründung von Familienheimstätten zu gestatten und unter Beobachtung der nachfolgenden Bestimmungen näher zu ordnen.

II. Begründung
1. Voraussetzung im Gegenstand

Art. 350

¹ Zur Heimstätte kann ein landwirtschaftliches oder ein einem andern Gewerbe dienendes Gut oder ein Wohnhaus samt Zubehör unter folgenden Voraussetzungen erklärt werden.

² Das Gut oder Haus darf nicht grösser sein, als erforderlich ist, um einer Familie ohne Rücksicht auf die grundpfändliche Belastung oder auf das sonstige Vermögen des Eigentümers ihren ordentlichen Unterhalt zu gewähren oder ihr als Wohnung zu dienen.

³ Der Eigentümer oder dessen Familie muss selbst das Gut bewirtschaften, das Gewerbe betreiben oder das Haus bewohnen, sofern nicht aus wichtigen Gründen die zuständige Behörde vorübergehend eine Ausnahme gestattet.

2. Verfahren und Form
a. Auskündung

Art. 351

¹ Der Errichtung muss eine amtliche Auskündung vorausgehen, durch die die Gläubiger sowie andere Personen, die sich durch die Gründung der Heimstätte in ihren Rechten verletzt erachten, zur Anmeldung ihres Einspruches aufgefordert werden.

² Den Grundpfandgläubigern ist von der Auskündung besondere Mitteilung zu machen.

b. Wahrung der Rechte Dritter

Art. 352

¹ Entspricht das Gut oder Haus den Erfordernissen der Heimstätten und werden durch die Errichtung keine Rechte Dritter verletzt, so genehmigt die Behörde die Errichtung.

² Hat ein Gläubiger Einspruch erhoben, so darf die Heimstätte nicht errichtet werden.

³ Der Schuldner ist jedoch befugt, nicht zustimmende Gläubiger durch Zahlung zu befriedigen, ohne an eine Kündigungsfrist gebunden zu sein.

c. Grundbucheintrag

Art. 353

Rechtsgültig wird die Errichtung einer Heimstätte durch Eintragung in das Grundbuch, die von Amtes wegen zu veröffentlichen ist.

	Art. 354
III. Wirkung 1. Verfügungs- beschränkungen	¹ Auf ein Gut oder Haus, das zur Heimstätte geworden ist, dürfen keine neuen Grundpfänder gelegt werden. ² Der Eigentümer darf es weder veräussern noch vermieten oder verpachten. ³ Die Zwangsvollstreckung gegen die Heimstätte und ihre Zugehör ist unter Vorbehalt der Zwangsverwaltung ausgeschlossen.

Art. 355

2\. Aufnahme von Verwandten

Die zuständige Behörde kann dem Eigentümer die Pflicht auferlegen, seine Verwandten in aufsteigender und absteigender Linie und seine Geschwister in die Heimstätte aufzunehmen, sofern sie der Aufnahme dringend bedürfen und ihrer nicht unwürdig sind.

Art. 356

3\. Bei Zahlungsunfähigkeit

¹ Wird der Eigentümer zahlungsunfähig, so erhält das Gut oder Haus einen besonderen Verwalter, der unter Aufrechterhaltung des Zweckes der Heimstätte die Interessen der Gläubiger zu wahren hat.

² Die Befriedigung der Gläubiger erfolgt in der Reihenfolge des Datums ihrer Verlustscheine und gemäss der konkursrechtlichen Rangordnung.

Art. 357

IV. Aufhebung
1\. Beim Tode

¹ Stirbt der Eigentümer, so kann die Heimstätte nur unter der Voraussetzung weiter bestehen, dass für deren Übernahme seitens der Erben durch Verfügung von Todes wegen eine bindende Ordnung geschaffen worden ist.

² Liegt eine solche Ordnung nicht vor, so wird der Eintrag im Grundbuch nach dem Tode des Eigentümers gelöscht.

Art. 358

2\. Bei Lebzeiten

¹ Der Eigentümer kann die Heimstätte bei seinen Lebzeiten aufheben.

² Er hat zu diesem Zwecke bei der zuständigen Behörde ein Gesuch um Löschung des Eintrages im Grundbuch einzureichen, das zu veröffentlichen ist.

³ Wird kein berechtigter Einspruch erhoben, so ist die Löschung zu bewilligen.

Vormundschaft 5

Das Vormundschaftsrecht soll die Schwachen schützen, ähnlich wie in der Familie die Kinder während des Heranwachsens von ihren Eltern geschützt werden. Das Vormundschaftsrecht nimmt sich die Familie zum Vorbild und formt danach die vormundschaftlichen Massnahmen. Deshalb gehören die entsprechenden Bestimmungen auch zum Familienrecht. Die im ZGB enthaltenen Massnahmen unterstützen die schwachen Glieder unserer Gesellschaft, die des persönlichen Beistands bedürfen oder deren Vermögen geschützt werden muss. Eine vormundschaftliche Massnahme hat als Ziel also immer den *Schutz des Mündels* und nicht etwa eine Strafe. Ein Entmündigungsgrund führt deshalb nur dann zur Bevormundung, wenn die betroffene Person gleichzeitig besonders schutzbedürftig ist, also ihre eigenen Angelegenheiten nicht mehr selber besorgen kann, und die Sicherheit ihrer Umgebung gefährdet. Ein Alkoholiker, der – wenn auch auf eigenartige und allenfalls nicht sehr appetitliche Weise – mit seinem Leben zurechtkommt und niemanden gefährdet, darf also nicht bevormundet werden.

Die dritte Abteilung des Familienrechts beantwortet in drei Teilen die folgenden Fragen:
– Wer wird bevormundet, verbeiständet oder verbeiratet, und wie geschieht das? Wem wird allenfalls in fürsorgerischer Absicht die Freiheit entzogen? (Art. 360 bis 397) Die wichtigsten Bestimmungen des Vormundschaftsrechts sind in diesem Teil enthalten.
– Wie führt man das Amt des Vormunds, Beistands oder des Beirats? (Art. 398 bis 430)
– Wie endigt eine vormundschaftliche Massnahme? (Art. 431 bis 456)

Es werden drei Gruppen von Schutzbedürftigen unterschieden:
- **Urteilsunfähige**: Das sind völlig handlungsunfähige Personen, die nicht vernunftgemäss erkennen und/oder vernünftig handeln können.

- **Urteilsfähige Unmündige und Entmündigte** sind in der Regel nicht handlungsfähig. Doch gibt es Ausnahmen: Ein urteilsfähiger Jugendlicher etwa kann seinen Arbeitserwerb allein verwalten und nutzen (beschränkte Handlungsfähigkeit).
- **Verbeiratete** sind handlungsfähig, müssen aber für gewisse Ausnahmefälle die Hilfe ihres Beirats beiziehen (beschränkte Handlungsfähigkeit).

Die Begriffe urteilsunfähig, handlungsunfähig und unmündig werden in den Artikeln 17 bis 19 definiert und ausführlich kommentiert (siehe Seite 45). Die Verbeiratung findet sich in Artikel 395 (Seite 387).

Die vormundschaftlichen Massnahmen beeinträchtigen die Eigenverantwortlichkeit des Menschen. Oft müssen sie zwangsweise durchgesetzt werden. Das verletzt das Selbstwertgefühl der Betroffenen und verschärft manchmal die Probleme, die man mit der Massnahme eigentlich bekämpfen will. Unbefriedigend ist, dass im Entmündigungsverfahren die Betroffenen nicht automatisch durch unentgeltlich zur Verfügung gestellte Fachleute beraten und vertreten werden. Unbefriedigend ist, dass die gleichen Behörden für die Einführung einer Zwangsmassnahme und auch für ihre Aufhebung zuständig sind. Unbefriedigend ist schliesslich, dass die Massnahmen, welche tief in die Persönlichkeitsrechte eingreifen, für eine unbefristete Dauer ausgesprochen werden. Alle paar Jahre sollte eine unabhängige Instanz überprüfen, ob den Betroffenen nicht wieder mehr Selbstverantwortung übertragen werden könnte.

Die vormundschaftlichen Stellen

Dritte Abteilung: Die Vormundschaft
Zehnter Titel: Die allgemeine Ordnung der Vormundschaft
Erster Abschnitt: Die vormundschaftlichen Organe

Art. 360

A. Im allgemeinen

Vormundschaftliche Organe sind: die vormundschaftlichen Behörden, der Vormund und der Beistand.

Art. 361

B. Vormundschaftliche Behörden
I. Staatliche Organe

¹ Vormundschaftliche Behörden sind: die Vormundschaftsbehörde und die Aufsichtsbehörde.

² Die Kantone bestimmen diese Behörden und ordnen, wo zwei Instanzen der Aufsichtsbehörde vorgesehen sind, die Zuständigkeit dieser Instanzen.

Artikel 360 spricht nur vom Vormund und vom Beistand, der Beirat – eine Zwischenstufe – wird in Artikel 395 (siehe Seite 387) eingeführt. Das Gesetz geht stillschweigend davon aus, dass als Vormund oder Beistand sowohl eine Privatperson als auch ein Beamter des Kantons oder der Gemeinde (Amtsvormund) die Geschäfte übernehmen kann. Amts- und Privatvormund sind rechtlich gegenüber dem Schutzbefohlenen gleichgestellt. In städtischen Verhältnissen werden Mündelinteressen eher von Amtsvormündern gewahrt, weil meist geeignete Privatpersonen fehlen.

Wer ist in meinem Kanton zuständig?

Die vormundschaftlichen Behörden sind kantonal. Sie ordnen vormundschaftliche Massnahmen an, überwachen sie und heben sie allenfalls wieder auf. Sie wählen den Vormund, Beistand oder Beirat, überwachen dessen Tätigkeit und wirken bei gewissen Geschäften auch konkret mit. Je nach Kanton wird die zuständige Behörde ganz verschieden bezeichnet: In der deutschsprachigen Schweiz ist es meist der Gemeinderat oder das Waisenamt der Gemeinde, selten eine Bezirksbehörde, welche für die Durchführung der angeordneten Massnahmen zuständig sind. In der welschen Schweiz ist häufig ein Gerichtsorgan zuständig (zum Beispiel justice de paix).

Gerade in kleinen Gemeinden sind die Vormundschaftsbehörden wegen der räumlichen Nähe zu den Betroffenen und der mangelnden Erfahrung nicht selten überfordert. Der gesunde Menschenverstand reicht heute nicht mehr aus, um beispielsweise Drogensüchtigen wirksam zu helfen.

Die Aufsichtsbehörde überwacht von Amtes wegen oder auf Beschwerde hin die Tätigkeit der Vormundschaftsbehörde (siehe Art. 420 Abs. 2 und 450). Sie steht also meist deutlich im Hintergrund. Die Kantone können zwei Aufsichtsbehörden ernennen. In der welschen Schweiz ist diese Behörde meist ein Gericht; diesseits der Saane ist es fast immer der Regierungsrat, allenfalls ist (zum Beispiel im Kanton Zürich) auf Bezirksebene noch eine weitere Instanz dazwischengeschaltet.

Vormund, Beistand und Beirat führen innerhalb der ihnen durch die Behörden und Gesetze gesetzten Leitplanken die einzelnen Massnahmen durch.

Vormünder haben eine Schweigepflicht

Auch wenn es nirgends im Gesetz steht, die vormundschaftlichen Organe sind einer strengen Schweigepflicht unterworfen. Dazu einige Entscheide aus der Praxis:
– *Ein Vater versucht die elterliche Gewalt «zurückzuerobern». Um besser argumentieren zu können, möchte er in die Vormundschaftsakten, welche über die Mutter bestehen, Einsicht nehmen. Das darf er nicht.*
– *Einblick in die Akten gewährte das Zürcher Obergericht dagegen einer Behörde, die einem Vater die elterliche Gewalt entziehen und dafür in dessen Strafakten blättern wollte. Der Vater war bereits viermal wegen Unzucht mit Kindern bestraft worden.*
– *Peter S. wollte seine Lebensgeschichte aufarbeiten. Er war 1960 ausserehelich geboren und kurz darauf unter Vormundschaft gestellt worden. Ihn interessierte vor allem, ob sein Vater die Unterhaltsbeiträge auch bezahlt hatte. Das Bundesgericht verweigerte ihm die Einsicht; dies mit Rücksicht auf die Interessen der Bezugspersonen aus der Frühzeit seines Lebens. Das Bundesgericht schloss aber nicht aus, dass die Akten geöffnet werden könnten, falls vom ärztlichen Standpunkt, zum Beispiel durch ein psychiatrisches Gutachten, die Notwendigkeit der Akteneinsicht begründet sei (BGE 112 Ia 97).*

Demgegenüber kann dem Mündel selber – in einem laufenden Verfahren – die Akteneinsicht nicht verwehrt werden. Das gilt vor allem im Rahmen eines Entmündigungsverfahrens, trifft aber auch nach dessen Abschluss oder gar nach Aufhebung einer vormundschaftlichen Massnahme zu (zum Beispiel erhielten in den letzten Jahren zahlreiche Jenische, die ihren Eltern weggenommen worden waren, Akteneinsicht). Die Einsicht kann nur verwehrt oder eingeschränkt werden, wenn dadurch die Interessen Dritter gefährdet sind. Dann muss eine Interessenabwägung vorgenommen werden; eventuell kann eine Namensabdeckung genügen. In ganz seltenen Fällen kann die Verweigerung der Einsicht auch im Interesse des Mündels liegen, zum Beispiel wenn ein psychiatrisches Gutachten aus gesundheitlichen Gründen nicht gezeigt werden sollte.

Familienvormundschaft existiert nicht mehr

II. Familienvormundschaft
1. Zulässigkeit und Bedeutung

Art. 362

[1] Eine Familienvormundschaft kann ausnahmsweise für die Fälle gestattet werden, wo die Interessen des Bevormundeten wegen Fortführung eines Gewerbes, einer Gesellschaft u. dgl. es rechtfertigen.

[2] Sie besteht darin, dass die Befugnisse und Pflichten und die Verantwortlichkeit der Vormundschaftsbehörde auf einen Familienrat übertragen werden.

2. Anordnung

Art. 363

Die Familienvormundschaft wird auf Antrag von zwei nahen handlungsfähigen Verwandten oder auf Antrag eines nahen Verwandten und des Ehegatten des Bevormundeten durch Beschluss der Aufsichtsbehörde angeordnet.

3. Familienrat

Art. 364

[1] Der Familienrat wird von der Aufsichtsbehörde aus wenigstens drei zur Besorgung einer Vormundschaft geeigneten Verwandten des Bevormundeten auf je vier Jahre zusammengesetzt.

[2] Der Ehegatte des Bevormundeten kann dem Familienrat angehören.

4. Sicherheitsleistung

Art. 365

[1] Die Mitglieder des Familienrates haben für die richtige Erfüllung ihrer Pflichten Sicherheit zu leisten.

[2] Ohne diese Sicherstellung darf eine Familienvormundschaft nicht angeordnet werden.

5. Aufhebung

Art. 366

Die Aufsichtsbehörde kann die Familienvormundschaft jederzeit aufheben, wenn der Familienrat seine Pflicht nicht erfüllt oder wenn die Interessen des Bevormundeten es erfordern.

Dieses Relikt aus der «Gründerzeit» des ZGB hat nie praktische Bedeutung erlangt; Familienvormundschaften existieren schon lange keine mehr in der Schweiz. Leitgedanke war, dass ein privater Familienrat die staatliche Vormundschaftsbehörde ersetzen solle. Die Bestimmungen werden bei der nächsten Gesetzesrevision voraussichtlich ersatzlos gestrichen.

Kurzer Überblick: Vormund, Beirat, Beistand

Art. 367

C. Vormund und Beistand

¹ Der Vormund hat die gesamten persönlichen und vermögensrechtlichen Interessen des unmündigen oder entmündigten Bevormundeten zu wahren und ist dessen Vertreter.

² Der Beistand ist für einzelne Geschäfte eingesetzt oder mit Vermögensverwaltung betraut.

³ Für den Beistand gelten, soweit keine besonderen Vorschriften aufgestellt sind, die Bestimmungen dieses Gesetzes über den Vormund.

Artikel 367 ist ein Programmartikel, der die generelle Umschreibung enthält. Der Träger oder die Trägerin eines vormundschaftlichen Amtes ist entweder Vormund, Beirat oder Beistand.

Es gibt nur eine Form des vormundschaftlichen Amtes, welche eine umfassende Interessenwahrung darstellt: die Vormundschaft, durchgeführt von einem Vormund, früher auch «Vogt» genannt, der sein Mündel in allen Belangen betreut. Die Aufgaben des Vormundes lassen sich mit drei Stichworten erklären: persönliche Fürsorge (Art. 367 und 405 bis 406), Vermögensverwaltung (Art. 413 und 414) und gesetzliche Vertretung in Rechtssachen (Art. 407 bis 412).

Die Beistandschaft ist die mildeste vormundschaftliche Massnahme; sie wird «für einzelne Geschäfte» oder für die Vermögensverwaltung eingesetzt. Der Beistand wahrt also immer nur beschränkt die Interessen seines Schutzbefohlenen. Die Gerichtspraxis überlässt dem Beistand auch die persönliche Fürsorge, sofern diese nicht im Vordergrund steht.

Nicht erwähnt wird an dieser Stelle des Gesetzes die Beiratschaft als drittes mögliches Amt (darüber mehr unter Art. 395, Seite 387), die eine Zwitterstellung zwischen Vormundschaft und Beistandschaft einnimmt.

Die Stufenfolge der Massnahmen

Vormundschaftliche Massnahmen sind häufig dadurch gekennzeichnet, dass sie gegen oder ohne den Willen der Betroffenen angeordnet werden. Wenn der Staat jemandem gegen seinen Willen hilft, dürfen die Massnahmen nicht leichtfertig verhängt werden. Dem Gesetz selber kann nicht entnommen werden, welche Massnahme wann angeordnet wird. Lehre und Rechtsprechung haben eine Stufenfolge entwickelt: Scharfe Massnahmen sind nur dann zu ergreifen, wenn sich mildere als nutzlos erwiesen haben oder erweisen würden.

Entmündigte oder Bevormundete sind ihrer Handlungsfähigkeit grundsätzlich beraubt und können sich meist nicht ohne Zustimmung ihres gesetzlichen Vertreters verpflichten (Art. 410 bis 412 und 19 Abs. 1). Die *Beistandschaft* belässt den Verbeiständeten ihre Handlungsfähigkeit, die *Beiratschaft* beschränkt die Handlungsfähigkeit in gewissen Bereichen. Die Stufenfolge im einzelnen:

1. Amtsgebundene Massnahmen, das heisst, vormundschaftliche Massnahmen, für die ein Beistand, ein Beirat oder ein Vormund ernannt wird.
– Vertretungsbeistandschaft (Art. 392 Ziff. 1): Dies ist der leichteste Eingriff in die persönlichen Rechte; er wird beispielsweise angeordnet, wenn sich jemand vorübergehend in einer Klinik aufhält.
– Vermögensverwaltungsbeistandschaft (Art. 393 Ziff. 2): Eine Person mit unbekanntem Aufenthalt hat Vermögen, das verwaltet werden muss.
– Beistandschaft auf eigenes Begehren

Diese drei Massnahmen beschränken die Handlungsfähigkeit nicht und können daher auch nicht gegen den Willen des Verbeiständeten durchgesetzt werden. Schärfer sind die folgenden Massnahmen, in allen drei Fällen wird die Handlungsfähigkeit eingeschränkt:
– Mitwirkungsbeiratschaft (Art. 395 Abs. 1): Diese Beiratschaft für einzelne Handlungen schränkt die Handlungsfähigkeit für bestimmte Geschäfte ein. Der Verbeiratete handelt selbst, der Beirat wirkt als Berater mit und erteilt die Zustimmung zu den Geschäften. Der Mitwirkungsbeirat ist also nicht Vertreter, das bedingt die Kooperationsbereitschaft seines Schützlings.
– Verwaltungsbeiratschaft (Art. 395 Abs. 2): Dies ist eine Beiratschaft für das gesamte Vermögen. Dem Betroffenen wird die Verwaltung seines Kapitalvermögens entzogen, er wird auf diesem Gebiet sozusagen bevormundet. Er behält aber die Verfügungsgewalt über sein Einkommen, wozu auch die Zinserträge gehören.
– Kombinierte Beiratschaft (Mitwirkungs- und Verwaltungsbeiratschaft)

Ganz entzogen wird die Handlungsfähigkeit bei folgenden Massnahmen:
- Entmündigung auf eigenes Begehren (Art. 372)
- Entmündigung (Art. 369 bis 371)

2. **Nicht amtsgebundene Massnahmen** (ohne Vormund, Beirat oder Beistand möglich):
- Fürsorgerischer Freiheitsentzug (Art. 397a ff.): Erkrankt jemand plötzlich psychisch und liegt eine schwere Selbst- oder Fremdgefährdung vor, kann seine Freiheit durch Einweisung in eine Anstalt rasch beschränkt werden. Dabei handelt es sich um einen schweren Eingriff in die Handlungsfähigkeit. Es braucht keine Entmündigung, damit jemand nach Artikel 397a in einer Anstalt untergebracht werden kann. Der fürsorgerische Freiheitsentzug kann aber auch gegenüber einer verbeiständeten, verbeirateten oder bevormundeten Person ausgesprochen werden, wenn rasches Handeln nötig ist (Art. 405a und 406). Mehr zu den Voraussetzungen und Auswirkungen des fürsorgerischen Freiheitsentzuges findet sich auf Seite 392.
- Es können auch andere Sofortmassnahmen (gemäss Art. 386) getroffen werden, zum Beispiel eine Kontosperrung bei einem Prasser oder die Kündigung eines viel zu teuren Mietvertrags einer Fürsorgeabhängigen.

Welche dieser Massnahmen ist nun wann geeignet? Jede angeordnete Massnahme muss die Stufenfolge beachten; sie muss verhältnismässig sein. Unverhältnismässig ist ein vormundschaftlicher Eingriff nicht nur dann, wenn er zu stark, sondern auch, wenn er zu schwach ist. In jedem Fall ist also zu fragen: Muss der oder die Betroffene vor der eigenen Handlungsfähigkeit geschützt werden? Wenn ja, ist eine Bevormundung oder Verbeiratung angebracht.

Immer, wenn es bloss um die Regelung vermögensrechtlicher Schwierigkeiten geht, sollte nicht bevormundet, sondern verbeiratet oder verbeiständet werden. In der Praxis besteht immer wieder die Gefahr, dass unter dem Vorwand der Interessen eines Mündels handfeste Interessen des Gemeinwesens oder der Verwandtschaft verfolgt werden. So geschehen etwa im Fall eines Gemeindepräsidenten, der seinen eigenwilligen Bruder, mit dem keine friedliche Erbteilung möglich war, vormundschaftlich massregeln wollte und damit bei den kantonalen Instanzen durchkam, vor Bundesgericht dann aber glücklicherweise scheiterte.

Wer wird bevormundet?

Das Gesetz behandelt zuerst den schärfsten Eingriff in die persönliche Freiheit, die Bevormundung oder Entmündigung. Es nennt einerseits die Bevormundung Unmündiger, also noch nicht Zwanzigjähriger (Art. 368), und zählt andererseits verschiedene Gründe für die Bevormundung Erwachsener auf (Art. 396 bis 372). Schliesslich folgen einige wichtige Verfahrensbestimmungen (Art. 373 bis 375).

Die Bevormundung Unmündiger

Zweiter Abschnitt: Die Bevormundungsfälle

Art. 368

A. Unmündigkeit

¹ Unter Vormundschaft gehört jede unmündige Person, die sich nicht unter der elterlichen Gewalt befindet.

² Die Zivilstandsbeamten, Verwaltungsbehörden und Gerichte haben der zuständigen Behörde Anzeige zu machen, sobald sie in ihrer Amtstätigkeit von dem Eintritt eines solchen Bevormundungsfalles Kenntnis erhalten.

Gemäss Artikel 14 und 15 (siehe Seite 42) ist unmündig, wer das zwanzigste Altersjahr noch nicht vollendet hat und weder verheiratet noch mündig erklärt worden ist. Es ist nur eine Frage der Zeit, bis durch eine Gesetzesänderung das Mündigkeitsalter auf 18 herabgesetzt wird.

Wer unmündig ist, steht unter elterlicher Gewalt; fehlt diese, wird er bevormundet. Im Gegensatz zu allen anderen Entmündigungsgründen wird hier nicht abgeklärt, ob der oder die Betroffene schutzbedürftig ist oder nicht. Alle Kinder, alle Jugendlichen werden bevormundet, wenn sie nicht unter elterlicher Gewalt stehen. Nur ausnahmsweise kann die Bevormundung eines Unmündigen, der nicht unter elterlicher Gewalt steht, unterlassen werden. So werden beispielsweise Jugendliche, die bereits über 18jährig sind, in der Regel vorzeitig mündig erklärt.

Sind Jugendliche bevormundet, stehen dem Vormund oder der Vormündin die Rechte und Pflichten im Umfang der elterlichen Gewalt zu. Die Vertretungsbefugnis des Vormundes ist jedoch durch die Überwachungsfunktion der Vormundschafts- und Aufsichtsbehörden eingeschränkt.

Wann können Mündige bevormundet werden?

Durch die Bevormundung oder Entmündigung wird einer natürlichen Person die Mündigkeit entzogen. Das bewirkt den Entzug der Handlungsfähigkeit, und die entmündigte Person wird unter ein besonderes Schutz- und Abhängigkeitsverhältnis gestellt.

Die Entmündigung bedeutet also einen massiven Verlust des Handlungsspielraums und schränkt die Persönlichkeit schwer und dauerhaft ein. Die «Hilfe», welche die Bevormundung bringen sollte, wird daher von den Betroffenen oft als Bedrohung empfunden. Wer unter Verfolgungswahn leidet, kämpft dann nicht nur gegen Windmühlen, sondern auch noch gegen den aufgezwungenen Vormund. Soll das Gemeinwesen vor renitenten Mitbürgern kapitulieren, wenn vormundschaftliche Massnahmen von Anfang an als zwecklos erscheinen? Diese Frage stellt sich vor allem bei den Zehntausenden von Alkoholikern und Drogensüchtigen. In den grösseren Städten hat die Kapitulation längst eingesetzt; es fehlt das Personal, es fehlen die Institutionen, welche die Schutzbedürftigen, die sich nicht helfen lassen wollen, unter die Fittiche nehmen könnten.

Die Entmündigung bewirkt nicht nur ein Abhängigkeitsverhältnis und den Entzug der Handlungsfähigkeit. Auch der politische und wirtschaftliche Handlungsspielraum ist eingeschränkt: Wer wegen Geisteskrankheit oder -schwäche bevormundet ist (Art. 369), kann nicht Nationalrat werden, weil er oder sie auf Bundesebene nicht stimmberechtigt ist (in den Kantonen ist die Regelung des Stimmrechts uneinheitlich). Sodann sind Bevormundete nicht prozessfähig und nicht betreibungsfähig. Bevormundete können also ohne Zustimmung des Vormunds weder als Schuldner noch als Gläubiger an einem Betreibungsverfahren teilnehmen. Bevormundete können nicht Bundesbeamte werden. Auch bleiben ihnen gewisse Berufskategorien verschlossen (beispielsweise je nach kantonalen Vorschriften der Anwaltsberuf). Sodann können sie auch nicht die Stellung eines militärischen Vorgesetzten bekleiden.

Auch im persönlichen Bereich ist die Einschränkung durch die Entmündigung gravierend: Für eine Heirat muss der Vormund zustimmen (Art. 99); die elterliche Gewalt wird entzogen (Art. 296 Abs. 2); der Vormund ist befugt, nötigenfalls gegen den Willen des Bevormundeten dessen Wohnung zu betreten, und er kann seinen Schützling, wenn Gefahr im Verzug ist, in einer Anstalt unterbringen (Art. 406 Abs. 2).

Die schweren Einschränkungen einer Entmündigung sollen nicht leichtfertig verhängt werden. Deshalb sind im Gesetz die einzelnen Bevormundungsgründe abschliessend aufgezählt (Art. 369 bis 372). Sie bestehen immer aus einem Schwächezustand (zum Beispiel Alkoholismus) und einer sich daraus ergebenden Notlage oder Hilfsbedürftigkeit (Unfähigkeit, die eigenen Angelegenheiten zu besorgen, Gefährdung der eigenen Sicherheit oder der Sicherheit anderer).

1. Grund: Geisteskrankheit/Geistesschwäche

Art. 369

B. Unfähigkeit Mündiger
I. Geisteskrankheit und Geistesschwäche

¹ Unter Vormundschaft gehört jede mündige Person, die infolge von Geisteskrankheit oder Geistesschwäche ihre Angelegenheiten nicht zu besorgen vermag, zu ihrem Schutze dauernd des Beistandes und der Fürsorge bedarf oder die Sicherheit anderer gefährdet.

² Die Verwaltungsbehörden und Gerichte haben der zuständigen Behörde Anzeige zu machen, sobald sie in ihrer Amtstätigkeit von dem Eintritt eines solchen Bevormundungsfalles Kenntnis erhalten.

Wegen Geisteskrankheit zu entmündigen ist ein Mensch, bei dem *auf die Dauer* psychische Störungen oder psychische Symptome und Verhaltensweisen auftreten, die einen *stark auffallenden Charakter* haben und die einem besonnenen Laien den Eindruck *uneinfühlbarer, qualitativ tiefgehend abwegiger, grob befremdender und daher prinzipieller Störungszeichen* machen (Definition nach Berner Kommentar Nr. 26 zu Art. 369). Zudem muss dieser Mensch wegen seiner Geistesschwäche in besonderem Mass *schutzbedürftig* sein.

Wichtig an dieser Definition ist der Umstand, dass der Begriff der Geisteskrankheit der Alltagssprache entnommen wird. Geisteskrank ist, wer vom besonnenen Laien als geisteskrank empfunden wird. Die Medizin verwendet den Begriff Geistesschwäche nicht und das Wort Geisteskrankheit nur noch selten; sie spricht von psychischen Störungen als Sammelbegriff. Der im ZGB verwendete Begriff deckt sich deshalb nicht mit dem medizinischen: Jeder nach Artikel 369 Geisteskranke ist psychisch gestört im medizinischen Sinn, doch nicht jeder psychisch Kranke im medizinischen Sinn ist auch rechtlich geisteskrank.

Eine Entmündigung darf nur ausgesprochen werden, nachdem ein Gutachten eingeholt worden ist. Das Gutachten muss sich sowohl zum Vorhandensein des Entmündigungsgrundes Geistesschwäche/-krankheit als auch zur besonderen Schutzbedürftigkeit äussern. Denn neben der Geisteskrankheit oder -schwäche bedarf es einer besonderen dauernden Schutzbedürftigkeit, damit entmündigt werden darf. Diese äussert sich in folgenden Punkten:

Unfähig, die eigenen Angelegenheiten zu besorgen

Zu den eigenen Angelegenheiten gehören insbesondere wirtschaftliche Sachverhalte: Arbeitsplatz, Haushalt, Lohn- und Vermögensverwaltung. Wer in einfachen Verhältnissen lebt, muss unter Umständen dann bevormundet werden, wenn sich diese beispielsweise wegen einer Erbschaft stark verkomplizieren. Häufig genügt in solchen Fällen aber auch ein Beirat. Drei Beispiele aus der Praxis:

– Für eine Bevormundung und gegen eine Beiratschaft hat das Bundesgericht in folgendem Fall entschieden (ZVW 1975 Nr. 17):
Andrea M. hat von ihren Eltern wiederholt Geld erhalten und lebt im übrigen von Sozialversicherungsrenten. In gewissen Zeiten kann sie mit dem Geld nicht umgehen und lässt sich dann von verschiedenen Leuten ausnützen. Es kommt immer wieder zu Krankheitsschüben, während denen Andrea M. an Verfolgungswahn leidet. In ihrem erregten Zustand lehnt sie oft jegliche Hilfe ab. Während des letzten Schubs hat sie auch Möbel zertrümmert und sich dabei verletzt.

Das Bundesgericht begründete, warum eine Bevormundung die einzige Lösung sei und die Beiratschaft allein nicht genüge: Nur ein Vormund habe die Möglichkeit, die Verwendung des Geldes wirksam zu kontrollieren und zu verhindern, dass Andrea M. in Not gerate. Der Vormund könne zwar künftige Möbelzertrümmerungen nicht verhindern, er könne aber die Wohnsituation ändern (Suche eines Wohnheims). Schliesslich sei die Stellung eines Vormunds auch gegenüber Personen, die sich Andrea M. mit unlauteren Absichten näherten, eine wesentlich stärkere.

– Die Beiratschaft statt der Vormundschaft liess das Bundesgericht in einem anderen Fall genügen, es verneinte die spezielle Schutzbedürftigkeit (BGE 96 II 369):
Innert 12 Jahren wird Franca C. sechsmal wegen schizophrener Schübe in die psychiatrische Klinik eingewiesen. In diesen Phasen gefährdet sie sich sowohl persönlich als auch wirtschaftlich stark. So begeht sie einen ernsthaften Selbstmordversuch. Ein anderes Mal fliegt sie unter dem Einfluss von «Stimmen» nach New York und verliert dort ihr Gepäck mit wertvollem Schmuck. Oder sie schreibt sich in einem Luxushotel ein, um auf einen «japanischen Prinzen» zu warten. Franca C. erholt sich in der Klinik jeweils rasch wieder von ihren Schüben.

Klar ist, dass es sich bei ihrem Verhalten um eine Geisteskrankheit im juristischen Sinn handelt; auch in guten Zeiten besteht der Krankheitszustand latent weiter. Trotzdem lässt das Bundesgericht einen Beirat genügen, weil dieser beim Auftreten eines Schubes genauso wie ein Vormund den Arzt einschalten kann, welcher dann die Einweisung in die Klinik veranlasst. «Bessere Gewähr dafür, dass Franca C. beim Eintritt eines neuen Krankheitsschubes rechtzeitig interniert und jede Fehlhandlung vermieden wird, kann auch die Betreuung durch einen Vormund nicht bieten.» Eine Bevormundung würde Franca C. zu hart treffen und «wäre geeignet, ihre berufliche Stelle am neuen Arbeitsplatz zu gefährden».

– Jegliche vormundschaftliche Massnahme lehnte das Bundesgericht 1956 im Fall eines ewigen Theologiestudenten ab. Bei diesem wurde eine Geistesschwäche festgestellt, er lebte sehr sparsam, ging keiner regelmässigen Erwerbstätigkeit nach und verbrauchte langsam sein Vermögen. Der Appelationshof des Kantons Bern hatte den Studenten noch bevormundet: Er müsse «von der verbohrten und hoffnungslosen Absicht, nach 18 Jahren praktisch erfolglosen Studiums weiter Theologie zu studieren, weggebracht und einem praktischen Berufe zugeführt werden». Bei seiner Einsichtslosigkeit helfe nur die Entmündigung. Anderer Meinung war das Bundesgericht: Der Theologiestudent führe zwar ein eigenartiges Leben und seine Zielsetzungen seien wirklichkeitsfremd, aber er stosse mit seiner Schrulligkeit nirgends an, errege kein Ärgernis und komme seinen Verpflichtungen nach. Staatlicher Zwang, nur damit er zu einem höheren Verdienst komme, sei hier nicht am Platz. Heute würde sich keine Vormundschaftsbehörde getrauen, ein solches Entmündigungsverfahren überhaupt in Gang zu setzen.

Dauernd Beistand und Fürsorge bedürfen

Kann jemand seine persönlichen Angelegenheiten (Nahrung, Kleidung, Gesundheitspflege) selber besorgen? Wenn nicht, muss oft bevormundet werden, vor allem bei Alleinstehenden, die in der eigenen Wohnung leben. Die Beiratschaft als Massnahme tritt dann zurück, wenn die persönliche Füsorge im Vordergrund steht.

Ist jemand wegen einer Krankheit oder nach einem Unfall überhaupt nicht in der Lage, am Rechtsleben teilzunehmen, braucht es deswegen nicht notwendigerweise eine Bevormundung. Wird für diese Person in einem Heim oder in der Familie gut gesorgt, ist unter Umständen überhaupt keine vormundschaftliche Massnahme nötig. Denn die persönliche Betreuung wird weitgehend vom Heimpersonal oder von Familienmitgliedern abgedeckt.

Die Sicherheit anderer gefährden

Nur eine schwerwiegende Gefährdung von gewisser Dauer kann zur Entmündigung führen. Ein Beispiel:
Ein 80jähriger mit altersbedingter Arteriosklerosis des Gehirns, beging immer wieder strafbare homosexuelle Handlungen mit Kindern. Er wurde dafür zwar verurteilt, musste aber wegen seines schlechten Gesundheitszustandes nicht ins Gefängnis. Hätte er die Strafe absitzen müssen, wäre eine Bevormundung kaum nötig gewesen, da in den Gefängnissen Sozialdienste bestehen, welche die persönliche und finanzielle Fürsorge meist genügend gewährleisten können.

2. Grund: Verschwendung, Trunksucht, lasterhafter Lebenswandel, Misswirtschaft

Art. 370

II. Verschwendung, Trunksucht, lasterhafter Lebenswandel, Misswirtschaft

Unter Vormundschaft gehört jede mündige Person, die durch Verschwendung, Trunksucht, lasterhaften Lebenswandel oder durch die Art und Weise ihrer Vermögensverwaltung sich oder ihre Familie der Gefahr eines Notstandes oder der Verarmung aussetzt, zu ihrem Schutze dauernd des Beistandes und der Fürsorge bedarf oder die Sicherheit anderer gefährdet.

Bei diesem zweiten Bündel von Entmündigungsgründen handelt es sich um eine schwerwiegende moralische Unfähigkeit, die eigenen Angelegenheiten selbst zu besorgen. Bevormundet wird, nicht weil das Verhalten moralisch verwerflich ist, sondern weil die so Schutzbedürftigen nicht in der Lage sind, ihr Leben in finanzieller und/oder persönlicher Hinsicht menschenwürdig zu führen, oder weil sie die Sicherheit anderer gefährden.

Verschwendung

Damit wegen Verschwendung entmündigt werden darf, braucht es eine Verminderung des eigenen Einkommens oder Vermögens, die als unsinnig zu bezeichnen ist. Diese muss zudem in einem Missverhältnis zu den finanziellen Möglichkeiten stehen. Den Reichen unseres Landes wird der Kauf eines Ferraris meist grossherzig verziehen, nicht aber dem «Büezer», der durch einen solchen Kauf seine Familie der Verarmung aussetzt.

Weil es meist vorwiegend um wirtschaftliche Schutzmassnahmen geht, genügt aber vielfach eine mildere Massnahme (Beirat oder Beistand). Eine

Vormundschaft kann jedenfalls nicht angeordnet werden, wenn nur ein «wenig haushälterisches und nicht immer zweckmässiges Wirtschaften» vorliegt. Die vormundschaftlichen Massnahmen dürfen auch nicht dazu eingesetzt werden, den künftigen Erben das anwartschaftliche Vermögen zu erhalten. Dazu ein Beispiel:

Herr O. aus Affeltrangen, so ist einem Entscheid des Bundesgerichts aus dem Jahr 1926 (BGE 52 II 325) zu entnehmen, verschenkte sein Vermögen weitgehend den Armen und lebte äusserst bescheiden von seinem Einkommen. Herr O. «hat sein Vermögen nicht wie ein Verschwender aus Charakterschwäche verschenkt, sondern zur Überwindung seiner Selbstsucht sowie in der Absicht, sich Verdienste für die Ewigkeit zu sammeln. Ein solches Verhalten findet allerdings seine Schranken an den unumgänglichen Notwendigkeiten des Lebens. Sollte sich eine Person, geschehe es auch aus religiösen Gründen, des letzten Restes ihres Vermögens und der letzten Mittel zur Erhaltung eines menschenwürdigen Daseins entäussern wollen, ohne in der religiösen Gemeinschaft, der sie angehört, für die Zeit der Krankheit und des Alters eine Gewähr für ihren Lebensunterhalt zu haben, so handelte sie nicht mehr vernünftig. Ihre Schenkungen an die Armen gingen zu Lasten ihrer unterstützungspflichtigen Verwandtschaft, und es wäre ein Einschreiten der Vormundschaftsbehörden geboten.» Soweit gingen aber Herrn O.s Schenkungen nicht, und das Bundesgericht entschied schon 1926, er dürfe nicht bevormundet werden.

Misswirtschaft

Misswirtschaft ist Verschwendung nicht nur auf der Ausgaben-, sondern auch auf der Einnahmenseite. Auch in solchen Fällen genügt meist eine Beirat- oder Beistandschaft, wenn die wirtschaftliche und nicht die persönliche Betreuung im Vordergrund steht. Die Bevormundung ist nur dann unumgänglich, wenn auch eine Lohnverwaltung gegen den Willen des oder der Betroffenen notwendig ist.

«Nicht jede Person, die öffentliche Unterstützung beansprucht, ist zu entmündigen. Liegt der Grund in vorübergehenden Schwierigkeiten, die der Betroffene aus eigener Kraft wird überwinden können, besteht für die Entmündigung kein Anlass. Das gleiche gilt auch für eine kranke Person, die für ihren Lebensunterhalt nicht selbst aufkommen kann und deshalb fürsorgeabhängig wird, jedoch durchaus in der Lage ist, die ihr zur Verfügung gestellten Mittel vernünftig einzuteilen.» (BGE 108 II 92)

Nach Auffassung des Bundesgerichtes betrieb aber die 54jährige Witwe Anita W. Misswirtschaft: Sie wohnte mit bis zu 30 Katzen im selben Zimmer. Viermal musste sie wegen ihres «Katzenheims», das kaum ein Einkommen einbrachte, umziehen, weil die Vermieter diese Form von Tierliebe nicht tolerieren wollten. Der zugezogene Psychiater mochte ihre Schrulligkeit in Katzenfragen allerdings nicht als Geisteskrankheit verstanden wissen. Schlussfolgerung des Bundesgerichts damals: «Wegen ihrer übertriebenen Tierliebe hält sie so viele Katzen, dass neben unnötigen Auslagen immer wieder Schwierigkeiten mit Vermietern erwachsen. Sie wird durch die Beschäftigung mit den Katzen davon abgehalten, einer ständigen Arbeit nachzugehen. Sie musste deshalb schon aus öffentlichen Mitteln unterstützt werden. Auf Grund dieser Feststellungen erscheint die Entmündigung wegen Misswirtschaft als gerechtfertigt.»

Als ökonomisch unsinnig und als Misswirtschaft sah es das Bundesgericht beispielsweise auch an, dass jemand seinen Geschäftsbetrieb hartnäckig weiterführte, obwohl dieser objektiv gesehen keine Existenzgrundlage bieten konnte.

Trunksucht

Zwei Prozent der Schweizer Bevölkerung sind alkoholabhängig, doch die wenigsten davon sind bevormundet. Zu bevormunden ist, wer nicht mehr aus eigener Kraft auf den übermässigen Genuss von Alkohol verzichten kann und deshalb Schutz braucht. Unter diese Bestimmung fällt heute auch die Drogensucht (Heroin, Kokain). Nach Artikel 370 können deshalb nicht nur alkohol-, sondern auch drogenabhängige Personen entmündigt werden. Betreibt ein kaum volljähriger Drogenabhängiger Misswirtschaft und führt einen lasterhaften Lebenswandel, ist er selbst dann zu entmündigen, wenn die Erfolgsaussichten einer Vormundschaft wegen seiner Uneinsichtigkeit und ablehnenden Einstellung gering sind (Bezirksrat Hinwil). Das ist schnell gesagt, die Praxis verzichtet aber meist auf vormundschaftliche Massnahmen. Die Behörden wüssten gar nicht, wo sie die Amtsvormünder zur Betreuung der Zehntausenden hernehmen sollten.

Oft genügt auch in diesen Fällen eine weniger tief eingreifende vormundschaftliche Massnahme, vor allem wenn Alkohol- oder Drogenabhängige zu einer freiwilligen Lohnverwaltung bereit sind. Wer jedoch hemmungslos weitertrinkt und dabei den Behörden auffällt, läuft früher oder später in ein Bevormundungsverfahren hinein. Solange allerdings Freunde und Angehörige für Alkoholkranke sorgen, kommt es selten zu vormundschaftlichen Massnahmen.

Nicht unter Vormundschaft gehört, wer sich gelegentlich sinnlos betrinkt, daneben aber seinen Verpflichtungen nachkommt. Nur wer nicht mehr aus eigener Kraft auf den übermässigen Genuss von Alkohol verzichten kann und schutzbedürftig ist, riskiert, von einem – meist nicht als Helfer akzeptierten – Vormund zwangsbetreut zu werden.

Lasterhafter Lebenswandel
Als lasterhaft gilt nicht nur ein «unmoralisches Verhalten in geschlechtlicher Beziehung, sondern jedes Verhalten, das in erheblichem Mass gegen die Rechtsordnung oder die guten Sitten verstösst. Für die Annahme, dass der Lebenswandel lasterhaft sei, genügt eine einzelne Verfehlung nicht, sondern es muss sich um ein fortgesetztes, gewohnheitsmässiges Verhalten handeln, von dem anzunehmen ist, dass es auch in Zukunft andauern würde, wenn keine vormundschaftlichen Massnahmen ergriffen würden.» (BGE 88 II 400 und 405).

Wie bei allen Entmündigungsgründen für Erwachsene muss auch bei lasterhaftem Lebenswandel eine besondere Schutzbedürftigkeit gegeben sein – sei es die Gefahr der Verarmung und des Notstandes, sei es das dauernde Bedürfnis nach Beistand und Fürsorge, sei es die Gefährdung der Sicherheit anderer. So hat das Bundesgericht schon 1957 erklärt (BGE 83 II 272), eine Prostituierte verhalte sich zwar lasterhaft, doch «kann (zumal seitdem die Gefahr der venerischen Erkrankungen sich stark vermindert hat) nicht mit Grund behauptet werden, es spreche eine Vermutung dafür, dass weibliche Prostituierte nach verhältnismässig kurzer Zeit verarmen oder in Not geraten.» Das Bundesgericht ordnete keine vormundschaftliche Massnahme an.

3. Grund: Freiheitsstrafe

III. Freiheitsstrafe

Art. 371

¹ Unter Vormundschaft gehört jede mündige Person, die zu einer Freiheitsstrafe von einem Jahr oder darüber verurteilt worden ist.

² Die Strafvollzugsbehörde hat, sobald ein solcher Verurteilter seine Strafe antritt, der zuständigen Behörde Mitteilung zu machen.

Der Gesetzestext ist zu absolut gehalten: Jede Person, die eine Freiheitsstrafe von mehr als einem Jahr absitzt, müsste danach bevormundet werden; dies offenbar zum Schutz während der Dauer des Strafvollzugs. Das Bundesgericht hat mit Recht wie bei den übrigen Entmündigungsgründen verlangt, dass der oder die Bestrafte in dieser Zeit des Schutzes auch tatsächlich bedürfe. Denn in den Gefängnissen bestehen Sozialdienste, und es gibt häufig kaum persönliche Angelegenheiten, die den Einsatz eines Vormunds nötig machen. Strafgefangene, die mehr als ein Jahr hinter Gittern verbringen, können also eine Bevormundung abwenden, wenn sie stichhaltige Gründe vorbringen, dass sie nicht schutzbedürftig sind.

Auch wenn eine Freiheitsstrafe von mehr als einem Jahr aufgeschoben wird und der Verurteilte stattdessen in ein Drogenrehabilitationszentrum eintritt, ist von einer Entmündigung abzusehen, wenn während dieses Aufenthalts kein tatsächliches Schutzbedürfnis besteht. Eine Vormundschaft darf nicht damit begründet werden, der Verurteilte werde nach der Entlassung aus dem Rehabilitationszentrum Schutz benötigen (BGE 114 II 210).

Wie wird die Jahresfrist berechnet? Massgebend ist die Strafdauer nach Abzug der Untersuchungshaft beim Antritt. Die mögliche bedingte Entlassung nach Verbüssung von zwei Dritteln der Strafe darf nicht berücksichtigt werden.

Das eigene Entmündigungsbegehren

Art. 372

IV. Eigenes Begehren

Einer mündigen Person kann auf ihr Begehren ein Vormund gegeben werden, wenn sie dartut, dass sie infolge von Altersschwäche oder andern Gebrechen oder von Unerfahrenheit ihre Angelegenheiten nicht gehörig zu besorgen vermag.

Auf eigenes Begehren entmündigt werden, das ist ein problematisches Unterfangen. Wie können Leute, die körperlich oder geistig geschwächt sind, ein eigenes Begehren stellen? Deshalb gilt: Die Behörden dürfen das Begehren nicht provozieren, das potentielle Mündel nicht unter Druck setzen. Nur wer urteilsfähig ist, kann überhaupt ein solches Gesuch stellen. Der oder die Schutzsuchende müssen abschätzen können, was es ihnen bringt, wenn ihnen die Handlungsfähigkeit entzogen ist, sie nicht mehr frei über den Wohnsitz bestimmen können und zur Heirat die Zustimmung des Vormunds brauchen.

Noch immer kommt es vor, dass die Behörden mehr oder weniger sanften Zwang ausüben: «Wenn Sie nicht ‹freiwillig› unterschreiben, müssen wir das Entmündigungsverfahren einleiten ...» Ein Verfahren, das teuer und vor allem umständlich für die Behörden ist! Denn bei Zwangsentmündigungen muss, vor allem bei psychischen Störungen, ein Gutachten eingeholt werden, was bei einer Entmündigung auf eigenes Begehren nicht notwendig ist.

Das Bundesgericht toleriert solches Vorgehen bis zu einem gewissen Grad: «Die positive Wirkung der Entmündigung auf eigenes Begehren entfällt, wenn das Entmündigungsbegehren nicht auf der Einsicht des Schutzbedürftigen beruht..., sondern nur auf das Drängen der Vormundschaftsbehörde zurückzuführen ist... Wo die Grenze zwischen einem unzulässigen Beeinflussungsversuch und einem grundsätzlich im Interesse des Schutzbedürftigen liegenden Appell an dessen Einsicht in die Notwendigkeit vormundschaftlicher Massnahmen liegt, ist freilich nicht leicht zu sagen.» (BGE 106 II 298)

Dem eigenen Begehren kann nur entsprochen werden, wenn tatsächlich Bevormundungsgründe vorliegen (Alkoholismus, Altersschwäche etc.). Blosse Unerfahrenheit genügt nicht, denn hier kann der Betroffene ohne weiteres selbst geeignete Beratung suchen. Das Vormundschaftsrecht ist nicht dazu da, der Bevölkerung Vermögensverwalter und Fürsorger oder preisgünstige Prozessvertreter zu vermitteln. Nur wer zur richtigen Wahl und zur Überwachung eines Beraters nicht fähig ist, kann auf eigenes Begehren entmündigt werden. Zudem muss eines der Schutzbedürfnisse vorliegen (siehe Seite 363).

Das freiwillige Begehren gilt gegenüber der Zwangsentmündigung als mildere Massnahme und ist dieser deshalb vorzuziehen. Ein wichtiger Vorteil: Die Massnahme führt eher zum Erfolg, wenn der Vormund auf das Einverständnis seines Mündels zählen kann. Vor allem ältere Leute, aber auch Alkoholkranke kränkt eine Zwangsentmündigung masslos.

Es ist klar, dass die Latte für eine Bevormundung auf eigenes Begehren bedeutend tiefer liegt als für eine Zwangsbevormundung. Wer auf dem Weg zu einer tristen Alkoholikerkarriere ist, kann vielleicht noch aus eigenem Antrieb darlegen, dass er dringend den Schutz der Bevormundung brauche. Wenn dieselbe Person sich aber entschieden dagegen wehrt, hat sie genügend Chancen, vorerst ohne Zwangsmassnahme über die Runden zu kommen, vor allem solange auch das Beziehungsnetz noch funktioniert. Bei Altersschwäche genügt eine leichtere psychische Beeinträchtigung (zum Beispiel Beeinflussbarkeit, Vergesslichkeit, Misstrauen gegenüber Dritten etc.) für eine Bevormundung auf eigenes Begehren. Weil aber häufig bloss die Vermögensverwaltung im argen liegt, hat die Behörde von sich aus zu prüfen, ob nicht eine mildere Massnahme (Beirat- oder Beistandschaft) genügen würde.

Das eigene Begehren kann bis zum Entscheid der Behörde widerrufen werden. Danach ist es sehr schwierig, gegen die eigene Unterschrift anzukämpfen. Nur wenn Willensmängel vorliegen – wenn etwa unzulässiger Druck ausgeübt wurde oder er gar nicht angehört wurde – hat der «freiwillig» Bevormundete Chancen auf Erfolg. Solche Willensmängel sind aber sehr schwierig zu beweisen.

Der Weg durch die Instanzen

C. Verfahren
I. Im allgemeinen

Art. 373

[1] Die Kantone bestimmen die für die Entmündigung zuständigen Behörden und das Verfahren.

[2] Die Weiterziehung an das Bundesgericht bleibt vorbehalten.

II. Anhörung und Begutachtung

Art. 374

[1] Wegen Verschwendung, Trunksucht, lasterhaften Lebenswandels oder der Art und Weise ihrer Vermögensverwaltung darf eine Person nicht entmündigt werden, ohne dass sie vorher angehört worden ist.

[2] Die Entmündigung wegen Geisteskrankheit oder Geistesschwäche darf nur nach Einholung des Gutachtens von Sachverständigen erfolgen, das sich auch über die Zulässigkeit einer vorgängigen Anhörung des zu Entmündigenden auszusprechen hat.

Die Aufgabe der Behörde ist zwiespältig. Sie muss sich fürsorglich um die schwächeren Mitbürgerinnen und Mitbürger kümmern, ihnen aber gleichzeitig möglichst viel Freiraum lassen. Das Gesetz überlässt es den Kantonen, das Entmündigungsverfahren zu regeln. Es lassen sich drei Kategorien unterscheiden (siehe auch Anhang, Seite 771):

– Der Entscheid der Vormundschaftsbehörde (Waisenamt, Gemeinderat) kann an eine oder zwei kantonale Aufsichtsinstanzen weitergezogen werden, die nicht Gerichte, sondern Verwaltungsinstanzen sind (LU, AI, GL, OW, SZ). Die Tatsache, dass bei dieser Gerichtsorganisation nur Verwaltungsinstanzen und kein Gericht angerufen werden können, verstösst gegen die Europäische Menschenrechtskonvention. Gesetzesrevisionen in diesen Kantonen sind im Gang.

– Mischform: Diese besteht, vereinfacht dargestellt, darin, dass der Entscheid der Vormundschaftsbehörde zuerst an eine Verwaltungsinstanz und dann an das Gericht weitergezogen werden kann (AR, NW, SH, VS, UR, ZG, ZH; GR, hier allerdings zuerst an ein Gericht, dann an eine Verwaltungsinstanz). In einzelnen Kantonen wird bloss die Zwangsentmündigung auf diesem Weg entschieden, für die Vormundschaft auf eigenes Begehren existiert ein einfaches Verfahren auf dem Verwaltungsweg (BE, AG, BS, SG, SO, TG).

– Reine Gerichtsverfahren bestehen vor allem in der französischsprachigen Schweiz.

In jedem Fall müssen die Betroffenen angehört und, sofern Verdacht auf eine Geisteskrankheit besteht, auch begutachtet werden. Die Anordnung einer psychiatrischen Begutachtung im Entmündigungsverfahren auch gegen den Willen der Betroffenen verstösst nicht gegen die persönliche Freiheit, wenn ein genügender Anlass dafür besteht. Müssen Betroffene zur Abklärung in eine Anstalt eingewiesen werden, gelten die Grundsätze des fürsorgerischen Freiheitsentzugs (siehe Art. 397a ff., Seite 392). Ist bereits früher ein Gutachten erstellt worden – zum Beispiel bei einem geistig Behinderten von der IV –, braucht es nicht unbedingt eine zweite Beurteilung. Das vermindert die psychische und die finanzielle Belastung des Mündels und seiner Angehörigen.

Die psychiatrische Gutachterin oder der Gutachter sind nicht einfach zu fragen, ob der Betroffene «geisteskrank» sei. Die Frage lautet vielmehr: Unter welchen psychischen Störungen leidet der Betroffene? Ist dieser Zustand dauerhaft und für den besonnenen Laien als auffällig zu bezeichnen? Welche Auswirkungen hat er auf die Lebensführung, Berufsausübung etc.? Die Gutachter müssen weiter nach Behandlungsvorschlägen und Heilungschancen gefragt werden. Ferner interessiert, ob und wieweit sich eine Vormundschaftsmassnahme kontraproduktiv auf den Geisteszustand auswirke, wie bei der Führung des Falles durch Beistand, Beirat oder Vormund auf den Gesundheitszustand Rücksicht genommen werden könne (wie beaufsichtigen, wo unterbringen) und ob es triftige Gründe gebe, dem Betroffenen keine Einsicht ins Gutachten zu gewähren.

Mehrere Entmündigungsgründe

Da das Gesetz nicht regelt, was geschieht, wenn mehrere Entmündigungsgründe vorliegen, hat die Rechtsprechung dafür Grundsätze entwickelt.
– Die Entmündigung auf eigenes Begehren geht vor.
– Eine Entmündigung wegen einer Freiheitsstrafe wird nur erlassen, wenn keine anderen Entmündigungsgründe vorliegen.
– Zur «Konkurrenz» kommt es häufig zwischen den Entmündigungsgründen nach Artikel 369 (Geistesschwäche/-krankheit) und 370 (Trunksucht, Verschwendung etc.). Verschwendet eine psychisch kranke Person ihr Geld, ist sie allenfalls nach beiden Bestimmungen zu entmündigen. Das hat Folgen bei der Aufhebung der vormundschaftlichen Massnahme: Ist jemand wegen Geistesschwäche entmündigt worden, bedarf es nämlich zur Aufhebung erneut eines Gutachtens.

Recht aufs Zuhören

Im Rahmen des Verfahrens haben die Betroffenen, gestützt auf Artikel 4 der Bundesverfassung, einen Anspruch auf rechtliches Gehör. Dazu gehört beispielsweise:
- Die Behörden müssen ein Aktendossier führen.
- Die Betroffenen haben das Recht, in diese Akten Einsicht zu nehmen, sich dazu zu äussern.
- Die Behörden müssen sich mit den Einwänden auseinandersetzen, sie also berücksichtigen.
- Der Fall muss speditiv behandelt werden.
- Der Entscheid muss begründet sein.
- Die Betroffenen haben das Recht auf Beizug eines Anwalts. Die Kosten dafür müssen bei Mittellosigkeit vom Staat übernommen werden (unentgeltliche Rechtsverbeiständung), wenn die Prozessführung nicht aussichtslos erscheint und die Betroffenen nicht in der Lage sind, den Fall allein zu führen.
- Die Behörde muss rechtmässig zusammengesetzt und unvoreingenommen sein.

Gestützt auf diesen Artikel 374 haben die Betroffenen zwar nicht Anspruch auf Anhörung durch die gesamte entscheidende Behörde. Hingegen genügt es nicht, wenn ein Beamter, der in der Sache selbst nicht entscheidungsbefugt ist, die Einvernahme vornimmt. Die Behörde muss den Betroffenen im voraus mitteilen, was sie mit ihnen vorhat. Sie muss ihnen alle wesentlichen Einzeltatsachen und Beweismittel, auf die sie ihren Entscheid stützt, vorhalten. Die Betroffenen müssen über die einzelnen Tatsachen und auch über die Auswirkungen der vormundschaftlichen Massnahme detailliert ins Bild gesetzt werden. Sie können dazu Stellung beziehen, das heisst, sie müssen angehört werden. Diese Anhörung muss in einem ausführlichen Protokoll festgehalten werden. Wenn ein Betroffener aus Desinteresse nicht erscheint, darf die Massnahme nicht einfach durchgezogen werden. Es muss ihm eine zweite Vorladung, verbunden mit der Androhung, beim erneuten Fernbleiben werde die Massnahme erlassen, zugestellt werden.

Wenn eine Massnahme dringend geboten ist, kann die Vormundschaftsbehörde schon vor dem Entscheid vorsorgliche Massnahmen ergreifen (siehe Art. 386). Sie kann beispielsweise die Handlungsfähigkeit vorläufig entziehen und einen gesetzlichen Vertreter (provisorischer Vormund) ernennen.

Diskriminierend: Die Entmündigung wird veröffentlicht

Art. 375

III. Veröffentlichung

¹ Ist ein Mündiger bevormundet, so muss die Bevormundung, sobald sie rechtskräftig geworden ist, wenigstens einmal in einem amtlichen Blatte seines Wohnsitzes und seiner Heimat veröffentlicht werden.

² Die Aufsichtsbehörde kann ausnahmsweise eine Verschiebung der Veröffentlichung bewilligen, solange der Geisteskranke, Geistesschwache oder Trunksüchtige in einer Anstalt untergebracht ist.

³ Vor der Veröffentlichung kann die Bevormundung gutgläubigen Dritten nicht entgegengehalten werden.

Der Entmündigungsentscheid muss veröffentlicht werden. Der Grund dafür: Dritte sollen wissen, wer in seiner Handlungsfähigkeit eingeschränkt ist, welche Geschäftspartner sich also nur mit Zustimmung des Vormunds gültig verpflichten können (siehe Art. 410 und 411, Seite 404).

Allerdings werden die Publikationen in den Amtsblättern in unserer informationsüberfluteten Zeit kaum noch beachtet. Durch diese Veröffentlichungen wird selten ein Geschäft mit einem Entmündigten verhindert. Immerhin, die Bestimmung dient dem Schutz des Mündels, obwohl dieses die Massnahme häufig als diskriminierend empfindet. Dritte können sich nur noch auf ihren guten Glauben berufen, wenn sie vom Mündel arglistig hereingelegt worden sind. Erst die Veröffentlichung bewahrt also urteilsfähige Entmündigte vor den Folgen eines abgeschlossenen Rechtsgeschäfts mit gutgläubigen Dritten.

Wenn ein Entmündigter sich in einer Anstalt (Alkoholabhängige, psychisch Kranke) befindet, wird die Veröffentlichung vorläufig aufgeschoben. Das gilt auch für die heute nur noch seltenen Fälle wegen Verurteilung zu einer Freiheitsstrafe von mehr als einem Jahr.

Wer ist zuständig?

Die folgenden Artikel regeln die Frage der örtlichen Zuständigkeit der Behörden für Anordnung, Führung und Beendigung von vormundschaftlichen Massnahmen.

Dritter Abschnitt: Die Zuständigkeit

Art. 376

A. Bevormundung am Wohnsitze

¹ Die Bevormundung erfolgt am Wohnsitze der zu bevormundenden Person.

² Die Kantone sind berechtigt, für ihre im Kanton wohnenden Bürger die vormundschaftlichen Behörden der Heimat als zuständig zu erklären, insofern auch die Armenunterstützung ganz oder teilweise der Heimatgemeinde obliegt.

Art. 377

B. Wechsel des Wohnsitzes

¹ Ein Wechsel des Wohnsitzes kann nur mit Zustimmung der Vormundschaftsbehörde stattfinden.

² Ist er erfolgt, so geht die Vormundschaft auf die Behörde des neuen Wohnsitzes über.

³ Die Bevormundung ist in diesem Falle am neuen Wohnsitze zu veröffentlichen.

Art. 378

C. Rechte des Heimatkantons

¹ Die Vormundschaftsbehörde der Heimat ist befugt, die Bevormundung von Angehörigen, die in einem andern Kanton ihren Wohnsitz haben, bei der Wohnsitzbehörde zu beantragen.

² Sie kann zur Wahrung der Interessen eines Angehörigen, der in einem andern Kanton bevormundet werden sollte oder bevormundet ist, bei der zuständigen Behörde Beschwerde führen.

³ Wenn über die religiöse Erziehung eines bevormundeten Unmündigen eine Verfügung zu treffen ist, so hat die Behörde des Wohnsitzes die Weisung der heimatlichen Vormundschaftsbehörde einzuholen und zu befolgen.

Bevormundet wird am Wohnsitz des zu Bevormundenden. Hält er sich zum Zweck der Ausbildung an einem andern Ort auf oder lebt er vorübergehend zur

Erziehung, Heilung oder Strafverbüssung in einer Anstalt, begründet dies keinen Wohnsitz (siehe Art. 26, Seite 50). Liegt, etwa bei einem Alkoholabhängigen, kein Wohnsitz vor, ist die Behörde am Aufenthaltsort verpflichtet, tätig zu werden.

Das Alters- oder Pflegeheim, in dem der Lebensabend verbracht wird, ist keine Anstalt im Sinn von Artikel 26. Deshalb kann dort ein Lebensmittelpukt und damit ein Wohnsitz begründet werden. Auch wenn eine pflegebedürftige Person dauernd in einer Familie untergebracht ist, hat sie dort ihren Wohnsitz, und ein Entmündigungsverfahren wird an diesem Ort eingeleitet. Dasselbe gilt für bevormundete Kinder in einer Pflegefamilie; sie begründen dort ihren Wohnsitz, wenn das Pflegeverhältnis bereits eine gewisse Zeit gedauert hat und auf absehbare Zukunft bestehen bleibt.

Örtlich zuständig ist die Behörde des Ortes, wo der Betroffene im Zeitpunkt der Einleitung des Entmündigungsverfahrens (also dann, wenn die Behörde Abklärungen unternimmt und nach aussen in Erscheinung tritt) wohnt. Diese Behörde bleibt auch zuständig, wenn während des Verfahrens eine Wohnsitzveränderung erfolgt. Bei einem Wechsel des Wohnsitzes nach abgeschlossenem Verfahren (mit dem der Vormund und die alte Vormundschaftsbehörde einverstanden sein müssen) wird die Vormundschaftsbehörde am neuen Wohnort zuständig (Art. 377). Es braucht dazu aber eine Übereinkunft zwischen alter und neuer Behörde. Der Wechsel wird meist frühestens nach einem Jahr durchgeführt. Erst dann steht fest, ob das «Zelt» am neuen Ort dauerhaft aufgeschlagen ist.

Bevormundete haben ihren Wohnsitz am Sitz der zuständigen Vormundschaftsbehörde (Art. 25 Abs. 1). Artikel 378, wonach der Heimatkanton der Bevormundeten gewisse Einmischungsrechte hat, ist heute weitgehend bedeutungslos und wird bei der nächsten Revision voraussichtlich ersatzlos gestrichen.

Wie wird man Vormund oder Vormündin?

Sobald die Entmündigung ausgesprochen ist, hat die Vormundschaftsbehörde einen Vormund oder eine Vormündin zu ernennen. Wer kann dieses Amt übernehmen? Und wie wird eine geeignete Person zum Vormund bestellt?

Vierter Abschnitt: Die Bestellung des Vormundes

Art. 379

A. Voraussetzungen
I. Im allgemeinen

¹ Als Vormund hat die Vormundschaftsbehörde eine mündige Person zu wählen, die zu diesem Amte geeignet erscheint.

² Bei besondern Umständen können mehrere Personen gewählt werden, die das Amt gemeinsam oder auf Grund einer amtlichen Ausscheidung der Befugnisse führen.

³ Die gemeinsame Führung einer Vormundschaft kann jedoch mehreren Personen nur mit ihrem Einverständnis übertragen werden.

Art. 380

II. Vorrecht der Verwandten und des Ehegatten

Sprechen keine wichtigen Gründe dagegen, so hat die Behörde einem tauglichen nahen Verwandten oder dem Ehegatten des zu Bevormundenden bei der Wahl den Vorzug zu geben, unter Berücksichtigung der persönlichen Verhältnisse und der Nähe des Wohnsitzes.

Art. 381

III. Wünsche des Bevormundeten und der Eltern

Hat die zu bevormundende Person oder deren Vater oder Mutter jemand als den Vormund ihres Vertrauens bezeichnet, so soll dieser Bezeichnung, wenn nicht wichtige Gründe dagegen sprechen, Folge geleistet werden.

Art. 382

IV. Allgemeine Pflicht zur Übernahme

¹ Zur Übernahme des Amtes sind verpflichtet die männlichen Verwandten und der Ehemann der zu bevormundenden Person sowie alle in bürgerlichen Ehren stehenden Männer, die in dem Vormundschaftskreise wohnen.

² Die Pflicht zur Übernahme des Amtes besteht nicht, wenn der Vormund durch den Familienrat ernannt wird.

Art. 383

V. Ablehnungsgründe

Die Übernahme des Amtes können ablehnen:
1. wer das 60. Altersjahr zurückgelegt hat;

2. wer wegen körperlicher Gebrechen das Amt nur mit Mühe führen könnte;
3. wer über mehr als vier Kinder die elterliche Gewalt ausübt;
4. wer bereits eine besonders zeitraubende oder zwei andere Vormundschaften besorgt;
5. die Mitglieder des Bundesrates, der Kanzler der Eidgenossenschaft und die Mitglieder des Bundesgerichtes;
6. die von den Kantonen bezeichneten Beamten und Mitglieder kantonaler Behörden.

Art. 384

VI. Ausschliessungsgründe

Zu dem Amte sind nicht wählbar:
1. wer selbst bevormundet ist;
2. wer nicht im Besitz der bürgerlichen Ehren und Rechte steht, oder einen unehrenhaften Lebenswandel führt;
3. wer Interessen hat, die in erheblicher Weise denjenigen der zu bevormundenden Person widerstreiten, oder wer mit ihr verfeindet ist;
4. die Mitglieder der beteiligten vormundschaftlichen Behörden, solange andere taugliche Personen vorhanden sind.

Die Vormundschaftsbehörde muss zuerst den Betroffenen oder dessen Eltern befragen, ob sie einen Vertrauensvormund wünschen. Wird kein Name genannt, hat die Behörde in der nahen Verwandtschaft (dazu gehört natürlich auch die Ehefrau oder der Ehemann) nach einem geeigneten Vormund zu suchen. Wenn keine gewichtigen Gründe dagegen sprechen (etwa eine Interessenkollision), sind die nächsten Angehörigen als Vormünder einzusetzen (Art. 380).

Ein Mündel oder eine verheiratete Person haben ein rechtlich geschütztes Interesse an der Ernennung der von ihnen vorgeschlagenen Person zum Vormund oder Beirat. Im Gegensatz zu seinen Eltern oder anderen Verwandten kann das Mündel, wenn sein Wunsch übergangen wird, den Entscheid mit einer staatsrechtlichen Beschwerde ans Bundesgericht weiterziehen.

Wer sich zum Vormund bestellen lassen will, muss für das Amt geeignet, mündig und handlungsfähig sein. Er oder sie muss im Besitz der bürgerlichen Rechte und Ehren sein und einen ehrenhaften Lebenswandel führen. Interessenkollisionen (zum Beispiel Erbenstellung) oder Feindschaft mit dem Mündel sind Ausschliessungsgründe für die Wahl. Auch darf der Vormund nicht gleichzeitig der beteiligten Vormundschaftsbehörde angehören. Wird ein Vormund trotz solcher

Ausschliessungsgründe gewählt, ist seine Wahl nicht einfach nichtig; sie muss innert zehn Tagen angefochten werden (Art. 388 Abs. 2). Erfährt die Behörde von einem Ausschliessungsgrund, muss sie die Wahl von Amtes wegen aufheben. Tritt während der Amtsführung ein Ausschliessungsgrund ein, hat der Vormund sein Amt niederzulegen (Art. 443 Abs. 2).

Für Männer (nicht für Frauen) ist die Übernahme des Amtes dann Bürgerpflicht, wenn die Ehefrau oder Verwandte bevormundet werden, und auch ohne verwandtschaftliche Bande, wenn das Mündel im Vormundschaftskreis wohnt. Für Bundesräte besteht die Amtspflicht nicht. Zu Amt und Bürden eines Vormunds Nein sagen darf auch, wer über sechzig ist, wegen körperlicher Gebrechen das Amt nur mit Mühe führen könnte, über mehr als vier Kinder die elterliche Gewalt ausübt oder bereits eine besonders zeitraubende oder zwei andere Vormundschaften innehat.

Die Bedeutung dieser Ablehnungsgründe von Artikel 383 ist heute allerdings gering. Wenn sich keine Familienangehörigen finden, die für das Amt geeignet sind, werden nur noch selten Privatvormünder bestellt. Obwohl das Konzept des Laienvormundes an sich unter dem Gesichtspunkt der Nachbarschaftshilfe sinnvoll wäre, hat sich die Überzeugung durchgesetzt, dass diese mit den heutigen Problemen einer Vormundschaft meist überfordert sind. Deshalb hat es sich eingebürgert, Berufs- oder *Amtsvormünder* vollzeitlich einzustellen und sie mit der Betreuung von 100 bis 200 Mündeln zu beauftragen. (Die Führung einer Vormundschaft durch mehrere Personen, wie sie in Artikel 379 erwähnt wird, kommt in der Praxis kaum je vor.)

Die Wahl

Art. 385

B. Ordnung der Wahl
I. Ernennung des Vormundes

¹ Die Vormundschaftsbehörde hat mit aller Beförderung den Vormund zu bestellen.

² Das Entmündigungsverfahren kann nötigenfalls schon eingeleitet werden, bevor der zu Bevormundende das Mündigkeitsalter erreicht hat.

³ Wenn mündige Kinder entmündigt werden, so tritt an Stelle der Vormundschaft in der Regel die elterliche Gewalt.

Die Behörde hat rasch zur Wahl zu schreiten, nachdem sie die Betroffenen oder deren Eltern nach allfälligen Wünschen gefragt hat. Die Wahl erfolgt meist auf zwei Jahre. Nach Ablauf dieser Zeit genügt eine einfache Bestätigung im Amt, um dem bisherigen Vormund die Fortsetzung seiner Tätigkeit zu ermöglichen (Art. 415).

Wird ein Kind volljährig und wird es entmündigt, kann die Vormundschaftsbehörde, statt einen Vormund zu bestellen, den Eltern *die Weiterführung der elterlichen Gewalt* gestatten. Diese Möglichkeit wird heute vor allem bei geistig Behinderten öfter ergriffen. Das hat den Vorteil, dass die Vormundschaftsbehörde, nachdem die elterliche Gewalt erstreckt ist, nicht weiter tätig werden muss. Ihre Zustimmung zu gewissen Rechtsgeschäften ist nicht nötig, und es kommt auch zu keiner Veröffentlichung der vormundschaftlichen Massnahme. Die Behörde hat auch kein Recht, von den Eltern Rechenschaftsberichte zu verlangen. Eine Rückgabe der elterlichen Gewalt statt einer Bevormundung ist auch möglich, wenn zum Beispiel das erwachsene Kind psychisch schwer erkrankt und vom Netz der Familie aufgefangen werden kann. Allerdings haben die Eltern keinen Rechtsanspruch auf die Beibehaltung oder «Rückerstattung» der elterlichen Gewalt. Die Vormundschaftsbehörde klärt ab, ob diese Lösung im Kindesinteresse liegt.

Der provisorische Vormund

Art. 386

II. Vorläufige Fürsorge

[1] Wird es vor der Wahl notwendig, vormundschaftliche Geschäfte zu besorgen, so trifft die Vormundschaftsbehörde von sich aus die erforderlichen Massregeln.

[2] Sie kann insbesondere die vorläufige Entziehung der Handlungsfähigkeit aussprechen und eine Vertretung anordnen.

[3] Eine solche Massregel ist zu veröffentlichen.

Nur in dringenden Fällen darf die Vormundschaftsbehörde sogenannt *vorsorgliche Massnahmen* treffen. Sie kann Betroffene provisorisch bevormunden oder verbeiraten, ihnen die Handlungsfähigkeit also ganz oder teilweise beschränken. Dies darf die Behörde ohne vorherige Anhörung der Betroffenen, aber wirklich nur, wenn grosse Gefahr einer persönlichen oder finanziellen Schädigung besteht und sehr wahrscheinlich ein Bevormundungsgrund vorliegt. Als vorsorgliche Massnahme stehen heute der fürsorgerische Freiheitsentzug (siehe Art. 397a ff., Seite 392) oder die Kindesschutzmassnahmen bei Minderjährigen (Art. 307 ff., Seite 319) im Vordergrund. Artikel 386 findet beispielsweise Anwendung, wenn einem Prasser das Konto gesperrt werden oder ein viel zu teurer Mietvertrag gekündigt werden muss. Ein solcher vorsorglicher Entzug der Handlungsfähigkeit darf nicht auf Vorrat erfolgen. Das Bundesgericht erklärte es beispielsweise für unzulässig, diese Massnahme bei einem Alkoholiker aufrechtzuerhalten, als dieser in einer Klinik weilte und keine dringenden Geschäfte anstanden (BGE 113 II 386).

Probleme bei der Wahl

III. Mitteilung und Veröffentlichung

Art. 387

[1] Dem Gewählten wird unverzüglich seine Ernennung schriftlich mitgeteilt.

[2] Zugleich wird die Wahl im Falle der Auskündung der Bevormundung in einem amtlichen Blatte des Wohnsitzes und der Heimat veröffentlicht.

IV. Ablehnung und Anfechtung
1. Geltendmachung

Art. 388

[1] Der Gewählte kann binnen zehn Tagen nach Mitteilung der Wahl einen Ablehnungsgrund geltend machen.

[2] Ausserdem kann jedermann, der ein Interesse hat, die Wahl binnen zehn Tagen, nachdem er von ihr Kenntnis erhalten hat, als gesetzwidrig anfechten.

[3] Wird von der Vormundschaftsbehörde die Ablehnung oder Anfechtung als begründet anerkannt, so trifft sie eine neue Wahl, andernfalls unterbreitet sie die Angelegenheit mit ihrem Berichte der Aufsichtsbehörde zur Entscheidung.

2. Vorläufige Pflicht des Gewählten

Art. 389

Der Gewählte ist trotz der Ablehnung oder Anfechtung bei seiner Verantwortlichkeit verpflichtet, die Vormundschaft zu führen, bis er des Amtes enthoben wird.

3. Entscheidung

Art. 390

[1] Von der Entscheidung macht die Aufsichtsbehörde sowohl dem Gewählten als der Vormundschaftsbehörde Anzeige.

[2] Wird der Gewählte entlassen, so trifft die Vormundschaftsbehörde unverweilt eine neue Wahl.

V. Übergabe des Amtes

Art. 391

Ist die Wahl endgültig getroffen, so erfolgt die Übergabe des Amtes an den Vormund durch die Vormundschaftsbehörde.

Die getroffene Wahl ist dem Gewählten und dem Bevormundeten rasch zur Kenntnis zu bringen. Sie muss auch veröffentlicht werden.

Ist der oder die Gewählte (oder jede Drittperson, die ein Interesse hat) mit der Wahl nicht einverstanden, kann innert zehn Tagen Beschwerde erhoben werden. Die Vormundschaftsbehörde überprüft die Eingabe: Will sie dem Einsprecher recht geben, sucht sie einen neuen Vormund. Will sie den Gewählten im Amt behalten, muss sie die Beschwerde an die Aufsichtsbehörde weiterleiten. Weil heute kaum noch jemand gegen seinen Willen zum Vormund verknurrt wird, ergeben sich hierzu keine interessanten Gerichtsentscheide. Hie und da zu reden und zu urteilen gibt es, wenn der Vorschlag eines Mündels wegen Interessenkollision abgelehnt wird.

Beistandschaft und Beiratschaft

Obwohl eine Beistandschaft viel häufiger errichtet wird als eine Vormundschaft, ist sie (wie auch die Beiratschaft) vom Gesetz nur stiefmütterlich behandelt. Vereinzelte Bestimmungen finden sich an verschiedenen Orten verstreut: Neben den Artikeln 392 bis 397 behandeln die Artikel 417 bis 419 das Amt des Beistandes, und die Artikel 439 und 440 regeln das Ende der Beistandschaft.

Aus dem Gesetz geht nicht klar hervor, wann die Bestimmungen des Vormundschaftsrechts sinngemäss Anwendung finden. Heute ist durch Gerichtsentscheide geklärt, dass die Vormundschaftsbeschwerde (Art. 420) gegen Handlungen des Beistandes ebenso möglich ist wie eine Verantwortlichkeitsklage gegen ihn beziehungsweise gegen die Behörde (ZGB 426 ff.).

In den Artikeln 392 bis 397 über die Beistandschaft sind folgende vormundschaftlichen Massnahmen geregelt:
- Vertretungsbeistandschaft (Art. 392)
- Verwaltungsbeistandschaft (Art. 393)
- Beistandschaft auf eigenes Begehren (Art. 394)
- Mitwirkungsbeiratschaft (Art. 395 Abs. 1)
- Verwaltungsbeiratschaft (Art. 395 Abs. 2)
- Kombinierte Beiratschaft

Die Vertretungsbeistandschaft

Fünfter Abschnitt: Die Beistandschaft

Art. 392

A. Fälle der Beistandschaft
I. Vertretung

Auf Ansuchen eines Beteiligten oder von Amtes wegen ernennt die Vormundschaftsbehörde einen Beistand da, wo das Gesetz es besonders vorsieht, sowie in folgenden Fällen:

1. wenn eine mündige Person in einer dringenden Angelegenheit infolge von Krankheit, Abwesenheit od. dgl. weder selbst zu handeln, noch einen Vertreter zu bezeichnen vermag;

2. wenn der gesetzliche Vertreter einer unmündigen oder entmündigten Person in einer Angelegenheit Interessen hat, die denen des Vertretenen widersprechen;

3. wenn der gesetzliche Vertreter an der Vertretung verhindert ist.

Der Beistand oder die Beiständin wird von der Vormundschaftsbehörde ernannt; diese erteilt ihnen Weisungen und umschreibt den Einsatzbereich (Art. 418). Die Beistandschaft schränkt die Handlungsfähigkeit der Verbeiständeten nicht ein; handelt der Vertreter müssen sie sich dessen Handlungen aber anrechnen lassen. Insofern ist der Handlungsspielraum faktisch doch eingeschränkt. Sind Verbeiständete mit einer Massnahme nicht einverstanden, können sie die Handlungen des Vertreters im voraus durchkreuzen. Der Erfolg der Beistandschaft hängt deshalb vom guten Willen der Verbeiständeten ab. Auch hier gilt im übrigen: In höchstpersönlichen Angelegenheiten (etwa das Jawort vor dem Standesamt, die Errichtung eines Testaments, die Anerkennung eines Kindes, die Beschwerde gegen den Vormund) ist keine Vertretung möglich (siehe Art. 407 ff., Seite 403).

Bei der Vertretungsbeistandschaft geht es darum, den Gesuchsteller *in einem Teilbereich oft vorübergehend zu vertreten.* Sie fällt mit der Erledigung der Angelegenheit automatisch dahin. Eine Vertretungsbeistandschaft wird nötig

– wenn der mündige Gesuchsteller oder die Gesuchstellerin unter einem Schwächezustand leidet (Krankheit, Unfall) oder abwesend ist und weder selber handeln noch einen Vertreter bezeichnen kann (Art. 392 Ziff. 1). Häufigster Anwendungsfall: Jemand leidet unter einer leichten psychischen Störung, und wegen einer Erbschafts- oder Gerichtssache ist rasches Handeln notwendig. Dazu ein Beispiel aus der Gerichtspraxis (Praxis 1985, Nr. 154):

Ein Beamter des Kantons Neuenburg verrannte sich krankhaft in die Idee, seine Entlassung sei nicht rechtsgültig. Er weigerte sich deshalb, irgendwelche Regelungen mit der Pensionskasse zu treffen. Gegen seinen Willen wurde ihm ein Beistand ernannt, der an seiner Stelle das brennende Problem der Freizügigkeitsleistungen regelte.

– wenn der Vertreter einer unmündigen oder entmündigten Person vorübergehend ausgefallen ist (Art. 392 Ziff. 3).

– wenn ein bereits eingesetzter Beistand, Beirat oder Vormund oder die *Eltern* bei einem Geschäft in einen Interessenkonflikt geraten (Art. 392 Ziff. 2). Besonders häufig sind Interessenkollisionen im Zusammenhang mit komplizierten erbrechtlichen Auseinandersetzungen zwischen Kind und überlebendem Elternteil. Kollisionen ergeben sich auch, wenn ein Bevormundeter mit den Handlungen seines Vormunds nicht einverstanden ist und gerichtlich gegen ihn vorgehen will. Oder wenn im Namen des Mündels eine Strafanzeige gegen den Vormund wegen sexuellem Missbrauch erhoben werden soll. Allgemeiner gesagt: Der Beistand nach Artikel 392 Ziffer 2 wird eingeschaltet, wenn es zu Rechtsstreitigkeiten zwischen dem Vertretenen und dem Vertreter kommt, oder bei Rechtsgeschäften zwischen Vormund und Mündel.

Nach Auffasssung des Bundesgerichts ist ein Vertreter schon dann zu bestellen, wenn die *Möglichkeit* einer Interessenkollision besteht. Der ernannte Beistand hat dann abzuklären, ob das vorgesehene Geschäft im Interesse des Vertretenen liegt. Ein Beispiel aus der Gerichtspraxis (BGE 107 II 105E):
Ein Vormund verkaufte das Ferienhaus seines Mündels der eigenen Stieftochter. Das Bundesgericht befand, dass er in diesem Geschäft sein Mündel gar nicht rechtskräftig habe vertreten können. Der Grundstückverkauf wurde über ein Jahr nach Abschluss rückgängig gemacht.

Die Vertretungsbeistandschaft gemäss Artikel 392 kann mit der Vermögensverwaltung (Art. 393) *kombiniert* werden. Vor allem im Kanton Zürich wird diese Kombination als umfassende Massnahme der Sachhilfe in der Altenbetreuung eingesetzt und so eine Bevormundung vermieden. Eine Verbeiständung muss im Gegensatz zur Bevormundung nicht publiziert werden und ist deshalb weniger verletzend. Sofern der oder die Verbeiständete freiwillig mitmacht, kann sogar eine Lohnverwaltung durchgeführt werden, die zwangsweise nur vom Vormund angeordnet werden darf. Diese Beistands-Kombination steht aber bei Widerborstigkeit der Betreuten auf wackligen Füssen und sollte deshalb nur bei zuverlässigen Betroffenen angewendet werden.

Die Verwaltungsbeistandschaft

II. Vermögensverwaltung
1. Kraft Gesetzes

Art. 393

Fehlt einem Vermögen die nötige Verwaltung, so hat die Vormundschaftsbehörde das Erforderliche anzuordnen und namentlich in folgenden Fällen einen Beistand zu ernennen:

1. bei längerer Abwesenheit einer Person mit unbekanntem Aufenthalt;

2. bei Unfähigkeit einer Person, die Verwaltung ihres Vermögens selbst zu besorgen oder einen Vertreter zu bestellen, falls nicht die Vormundschaft anzuordnen ist;

3. bei Ungewissheit der Erbfolge und zur Wahrung der Interessen des Kindes vor der Geburt;

4. bei einer Körperschaft oder Stiftung, solange die erforderlichen Organe mangeln und nicht auf andere Weise für die Verwaltung gesorgt ist;

5. bei öffentlicher Sammlung von Geldern für wohltätige und andere dem öffentlichen Wohle dienende Zwecke, solange für die Verwaltung oder Verwendung nicht gesorgt ist.

Im Gegensatz zum vorangehenden Artikel geht es nicht um die Vertretung eines Menschen in persönlichen oder finanziellen Angelegenheiten. Es geht um ein «herrenloses» Vermögen, das dringend der Verwaltung bedarf und dessen Eigentümer oder Eigentümerin nicht in der Lage ist, selber einen Vertreter zu bestellen und diesen auch zu überwachen. Die Behörde kann nicht nur einen Beistand ernennen, sie kann auch selber dringende Massnahmen einleiten (etwa ein Bankkonto vorläufig sperren). Das Gesetz nennt zahlreiche Beispiele für beistandsbedürftiges Vermögen. Diese Aufzählung ist nicht abschliessend.

Der häufigste Fall ist der in Ziffer 2 genannte, dass eine Person unfähig ist, ihr Vermögen selber zu verwalten oder einen Vertreter zu bestellen. Diese Verwaltungsbeistandschaft wird häufig bei älteren Leuten angewendet, die physisch und psychisch mit der Vermögensverwaltung überfordert sind. Damit wird ihnen die Demütigung der Bevormundung erspart. Bei Aufenthalt in einer Anstalt und Betreuung durch Familienmitglieder genügt diese Massnahme oft, jedenfalls solange Beistand und Verbeiständeter miteinander harmonieren.

Wichtig: Das Einkommen fällt nicht unter den Begriff Vermögen, weshalb der Verwaltungsbeistand nicht zur gesetzlichen Lohnverwaltung berechtigt ist. Diese kann aber freiwillig zwischen dem Beistand und seinem Schützling abgemacht werden.

Im Gegensatz zur Vertretungsbeistandschaft, die mit der Erledigung der Angelegenheit automatisch aufhört, wird die Vermögensverwaltung erst beendet, wenn der Grund, aus dem sie angeordnet wurde, weggefallen und der Beistand entlassen ist (Art. 439 Abs. 1 und 2).

Beistandschaft auf eigenes Begehren

Art. 394

2. Auf eigenes Begehren

Einer mündigen Person kann auf ihr Begehren ein Beistand gegeben werden, wenn die Voraussetzungen der Bevormundung auf eigenes Begehren vorliegen.

Nicht nur die Bevormundung, auch die Beistandschaft kann vom Betroffenen bei der zuständigen Behörde verlangt werden. Beantragt wird eine freiwillige Dauermassnahme, die jedoch die Handlungsfähigkeit (im Gegensatz zur Bevormundung) nicht einschränkt. Deshalb ist sie eine wesentlich mildere Massnahme, die aber nur funktionieren kann, wenn der Verbeiständete wirklich mit dem Beistand zusammenarbeitet und dessen Massnahmen nicht torpediert. Die Beistandschaft auf eigenes Begehren ist eine ganzheitliche Massnahme, sie dient der Vermögensverwaltung *und* der persönlichen Fürsorge (wobei letztere allerdings nicht im Vordergrund stehen darf). Deshalb kann diese Beistandschaft in vielen Fällen eine Zwangsbevormundung ersetzen, vor allem bei alten Menschen. Weniger geeignet erscheint diese Massnahme für Drogen- und Alkoholkranke, da sie im fortgeschrittenen Stadium der Abhängigkeit nur selten zur Kooperation fähig sind.

Voraussetzungen für die Errichtung einer Beistandschaft auf eigenes Begehren sind einerseits Altersschwäche, andere Gebrechen, Unerfahrenheit und andererseits die Unfähigkeit des Gesuchstellers, seine eigenen Angelegenheiten zu besorgen. Er ist also beispielsweise nicht in der Lage, einen Berater selber zu suchen und auch gehörig zu überwachen.

Im Gegensatz zur Bevormundung auf eigenes Begehren (oder zu den Beistandschaften nach Artikel 392 und 393) muss die Beistandschaft nach Artikel 394 ohne weiteres aufgehoben werden, wenn dies der Betreute wünscht. Bei der Aufhebung müssen die Behörden jedoch überprüfen, ob nicht andere Massnahmen angezeigt sind.

Die Beiratschaft – ein Zwitter?

Art. 395

III. Beschränkung der Handlungsfähigkeit

¹ Wenn für die Entmündigung einer Person kein genügender Grund vorliegt, gleichwohl aber zu ihrem Schutze eine Beschränkung der Handlungsfähigkeit als notwendig erscheint, so kann ihr ein Beirat gegeben werden, dessen Mitwirkung für folgende Fälle erforderlich ist:

1. Prozessführung und Abschluss von Vergleichen;

2. Kauf, Verkauf, Verpfändung und andere dingliche Belastung von Grundstücken;

3. Kauf, Verkauf und Verpfändung von Wertpapieren;

4. Bauten, die über die gewöhnlichen Verwaltungshandlungen hinausgehen;

5. Gewährung und Aufnahme von Darlehen;

6. Entgegennahme von Kapitalzahlungen;

7. Schenkungen;

8. Eingehung wechselrechtlicher Verbindlichkeiten;

9. Eingehung von Bürgschaften.

² Unter den gleichen Voraussetzungen kann die Verwaltung des Vermögens dem Schutzbedürftigen entzogen werden, während er über die Erträgnisse die freie Verfügung behält.

Bei der Beiratschaft handelt es sich um eine Vormundschaft an der längeren Leine, um eine Quasivormundschaft. Sie dient in erster Linie dazu, die Handlungsfähigkeit des oder der Betroffenen in bezug auf das *Vermögen* einzuschränken. Darüber hinaus kann sich der Beirat auch um persönliche Belange wie Wohnung, Arbeit etc. kümmern. Diese Belange dürfen aber nur Nebenprodukt einer Betreuung sein, nie Hauptinhalt der Massnahme. Wenn eine Person vorwiegend der dauernden Überwachung und persönlichen Fürsorge bedarf, reicht die Beiratschaft nicht aus. «Die Beiratschaft hat nur dort Platz, wo eine Person ohne Beschränkung der Handlungsfähigkeit ihre wirtschaftliche Existenz und allenfalls diejenige von Angehörigen, für die sie aufzukommen hat, ernstlich gefährden würde, für die Entmündigung jedoch kein genügender Grund vorliegt.» (BGE 103 II 83)

Verbeiratet wird, wenn kein genügender Entmündigungsgrund vorliegt, die Handlungsfähigkeit des Betroffenen jedoch zu seinem Schutz eingeschränkt werden muss. Die Beiratschaft belässt den Betroffenen einen Teil ihrer Handlungsfähigkeit und damit ihrer Selbständigkeit. So wird ihnen beispielsweise die elterliche Gewalt über die Kinder nicht entzogen (anders bei der Vormundschaft, siehe Art. 296 Abs. 2). Auch auf persönlichem Gebiet kann weniger Zwang angewendet werden, zum Beispiel ist es dem Beirat nicht erlaubt, seinen Schützling zwangsweise für eine stationäre Abklärung des Geisteszustands einzuweisen.

Für gewisse Teilbereiche wird den Verbeirateten die Handlungsfähigkeit entzogen. Wirkt der Beirat nicht mit, sind ihre Geschäfte ungültig wie diejenigen der Bevormundeten. Verweigert der Beirat seine Zustimmung zu einem Geschäft, steht dem Schützling die Vormundschaftsbeschwerde offen (Art. 420). Wie bei allen vormundschaftlichen Massnahmen kann nur verbeiratet werden bei einem Schwächezustand der Betroffenen, der sie besonders schutzbedürftig erscheinen lässt (etwa bei unvernünftiger Vermögensverwaltung).

Es gibt zwei Arten der Beiratschaft, die ausserdem kombiniert werden können: die Mitwirkungs- und die Verwaltungsbeiratschaft. Für alle drei Varianten ist auch die Beiratschaft auf eigenes Begehren möglich. Wie bei der Bevormundung (und anders als bei der Beistandschaft) kann die selber beantragte Massnahme nicht einfach auf eigenes Begehren wieder zurückgezogen werden.

Die Mitwirkungsbeiratschaft

Der oder die Verbeiratete handelt selbst, der Beirat wirkt als Berater mit und erteilt die Zustimmung zu den Geschäften. Der Mitwirkungsbeirat ist *nicht* Vertreter. Das bedingt eine Kooperationsbereitschaft des Schützlings. Weil die Mitwirkungsbeiratschaft weniger in die persönliche Freiheit eingreift als die Verwaltungsbeiratschaft, werden an den Schwächezustand und das Schutzbedürfnis der Betroffenen etwas niedrigere Anforderungen gestellt.

Die Beiratschaft muss ausgesprochen werden, wenn jemand die in Artikel 395 aufgezählten Geschäfte nicht abzuschliessen vermag, ohne sein Einkommen oder sein Vermögen zu gefährden (die Aufzählung ist abschliessend). Auch hier ist ein Schutzbedürfnis verlangt, etwa dass der Betroffene, handelte er alleine, sich und seine Familie in eine Notlage bringen würde.

Die Bedeutung dieser Bestimmung für die schwächeren Glieder der Gesellschaft ist gering: Wer von ihnen hat schon ein Haus zu verkaufen, wer besitzt Wertpapiere oder hat Gelegenheit, eine Bürgschaft einzugehen? Von praktischer Bedeutung ist einzig Ziffer 5, wonach für die Gewährung und Aufnahme von Darlehen die Mitwirkung des Beirats erforderlich ist. Darunter fallen nicht nur Kleinkredite, sondern auch Abzahlungskäufe.

Die Verwaltungsbeiratschaft

Den Betroffenen wird die Verwaltung ihres Kapitalvermögens entzogen, sie werden auf diesem Gebiet quasi bevormundet. Der Beirat berät nicht bloss, sondern ist gesetzlicher Vertreter, der ohne und notfalls gegen den Willen des Mündels in Vermögensdingen schalten und walten darf. Verbeiratete behalten aber die Verfügungsgewalt über das Einkommen, zu dem auch die Zinserträge gehören.

Eine Lohnverwaltung ist im Begriff der Vermögensverwaltung nicht enthalten. Deshalb wird eine Entmündigung notwendig, wenn der Schützling mit seinem Lohn nicht zurecht kommt, es sei denn, er überlasse den Lohn freiwillig dem Beirat. Zeigt sich dann aber mit der Zeit, dass der Verbeiratete immer wieder über die Stränge schlägt, und muss ihm auch die Verfügung über Lohn und Zinserträge genommen werden, kommt es doch zur Bevormundung.

Betreibungen gegen das Vermögen eines Verbeirateten sind am Wohnsitz des Beirats einzureichen, gleich wie bei Bevormundeten. Überhaupt sind die Vormundschaftsbestimmungen auf die Verwaltungsbeiratschaft anwendbar, zum Beispiel muss bei der Übernahme des Amtes ein Inventar erstellt werden (Art. 398), und für gewisse Geschäfte bedarf es der Zustimmung durch die Vormundschaftsbehörde (Art. 421 und 422).

Kombinierte Beiratschaft

Die beiden Formen der Beiratschaft können kombiniert werden. Dadurch ist dem Verbeirateten die Vermögensverwaltung ganz entzogen und hinsichtlich der Einkünfte muss er für alle Geschäfte, die in Absatz 1 genant sind, den Beirat zur Mitwirkung beiziehen. Ein Beispiel aus der Praxis:
Kombinierte Beiratschaft statt Vormundschaft entschied das Bundesgericht für Franca C., die innert zwölf Jahren sechsmal wegen schizophrener Schübe in die psychiatrische Klinik eingewiesen wurde, sich dort aber jeweils rasch wieder erholte (ausführliche Beschreibung des Falls siehe Seite 363).

Diese Beiratsform wird vor allem dann angewendet, wenn erhebliche Geldmittel vorhanden sind. Die Verwendung der Zinserträge kann wenigstens teilweise mit der Mitwirkungsbeiratschaft gesteuert werden.

Wer ist zuständig?

Art. 396

B. Zuständigkeit

[1] Die Vertretung durch einen Beistand wird für die der Beistandschaft bedürftige Person von der Vormundschaftsbehörde ihres Wohnsitzes angeordnet.

[2] Die Anordnung einer Vermögensverwaltung erfolgt durch die Vormundschaftsbehörde des Ortes, wo das Vermögen in seinem Hauptbestandteil verwaltet worden oder der zu vertretenden Person zugefallen ist.

[3] Der Heimatgemeinde stehen zur Wahrung der Interessen ihrer Angehörigen die gleichen Befugnisse zu wie bei der Vormundschaft.

Art. 397

C. Bestellung des Beistandes

[1] Für das Verfahren gelten die gleichen Vorschriften wie bei der Bevormundung.

[2] Die Ernennung wird nur veröffentlicht, wenn es der Vormundschaftsbehörde als zweckmässig erscheint.

Diese Bestimmungen regeln das Verfahren für die Errichtung einer Beistandoder Beiratschaft. Sachlich zuständig für die Beistandschaft ist die Vormundschaftsbehörde. Die Kantone sind berechtigt, für die Beistandschaft auf eigenes Begehren und für die Beiratschaft eine andere Zuständigkeitsordnung zu schaffen. Oft sind in den Kantonen auch dafür die Entmündigungsbehörden zuständig.

Örtlich zuständig ist die Behörde am Wohnsitz des Betroffenen (siehe auch Art. 376, Seite 375), mit einer Ausnahme: Wenn es um eine Vermögensbeistandschaft geht, ist die Behörde am Ort, wo das Vermögen zur Hauptsache liegt, zuständig. Das Gesetz sagt nichts zur örtlichen Zuständigkeit bei der Verwaltungsbeiratschaft. Die Rechtsprechung hat diese Lücke gefüllt: Alle drei Spielarten der Beiratschaft sind am Wohnsitz des Betroffenen zu errichten. Die Heimatbehörde hat die gleichen Mitwirkungsrechte wie bei der Entmündigung (siehe Art. 378).

Für das Verfahren zur Errichtung einer Beistand- oder Beiratschaft gelten die gleichen Vorschriften wie bei der Bevormundung. Die Veröffentlichung einer Beistandschaft ist im Gegensatz zur Bevormundung jedoch fakultativ; in der Praxis kommt es fast nie dazu. Anders bei der Beiratschaft: Diese sollte nach herrschender Rechtsauffassung immer (einzige Ausnahme: Heimaufenthalt des Betroffenen) erfolgen, da die Veröffentlichung der beschränkten Handlungsfähigkeit einen gewissen Schutz vor unüberlegten Geschäften des Verbeirateten bietet.

Gegen die Anordnung, Ablehnung und Aufhebung einer Beistand- oder Beiratschaft kann vor Bundesgericht Berufung eingelegt werden.

Die fürsorgerische Freiheitsentziehung

Die nachfolgenden Bestimmungen sind erst 1981 ins Gesetz aufgenommen worden. Sie sollten den bis dahin in den Kantonen herrschenden Wirrwarr von Massnahmen für «Arbeitsscheue und Liederliche» ersetzen. Dies waren Bestimmungen, die oft den Mindestanforderungen der Europäischen Menschenrechtskonvention nicht genügten, insbesondere wegen eines mangelhaften Rechtsschutzes. Dieser ist 1981 zwar verbessert worden, doch immer noch bestehen zahlreiche Mängel.

Der fürsorgerische Freiheitsentzug ist eine selbständige vormundschaftliche Massnahme, die unabhängig von anderen Massnahmen angeordnet werden kann. Sie ist definiert als Entzug der persönlichen Freiheit zum Zweck der persönlichen Fürsorge. Eingewiesen werden nicht bloss bevormundete Personen, es kann auch jeden Mündigen treffen, sogar wenn seine Handlungsfähigkeit vorher in keiner Weise eingeschränkt worden ist.

Die Freiheit wird vor allem den psychisch Kranken zwangsweise entzogen. Pro Jahr werden in den über fünfzig schweizerischen psychiatrischen Anstalten gegen 30 000 Eintritte verzeichnet. Oft erfolgen diese nur scheinbar freiwillig. Gemäss einer wissenschaftlichen Untersuchung (M. Borghi/L. Biaggini, 1992) sind etwa 40 Prozent der Freiwilligen «falsche» Freiwillige, das heisst, sie akzeptieren die Notwendigkeit der Pflege nicht. Meist sind die Betroffenen im Zeitpunkt der Einweisung nicht urteilsfähig. Die Einweisung geschieht also zwar nicht *gegen*, aber zumindest *ohne* den Willen der Patienten.

Wann darf die Freiheit entzogen werden?

Sechster Abschnitt: Die fürsorgerische Freiheitsentziehung

Art. 397*a*

A. Voraussetzungen

[1] Eine mündige oder entmündigte Person darf wegen Geisteskrankheit, Geistesschwäche, Trunksucht, anderen Suchtkrankungen oder schwerer Verwahrlosung in einer geeigneten Anstalt untergebracht oder zurückbehalten werden, wenn ihr die nötige persönliche Fürsorge nicht anders erwiesen werden kann.

[2] Dabei ist auch die Belastung zu berücksichtigen, welche die Person für ihre Umgebung bedeutet.

³ Die betroffene Person muss entlassen werden, sobald ihr Zustand es erlaubt.

Für die Einweisung und die Zurückbehaltung in einer Anstalt muss ein triftiger Grund und ein Schwächezustand vorliegen. Es gibt folgende gesetzlichen Gründe: Geisteskrankheit oder Geistesschwäche, Suchterkrankung und schwere Verwahrlosung. Geisteskrankheit, -schwäche und Suchterkrankung sind Begriffe aus dem Vormundschaftsrecht (siehe Art. 369 und 370, Seite 362 und 365). Schwer verwahrlost ist, wer die minimalen Bedürfnisse von Ernährung und Hygiene nicht mehr stillen kann, so dass eine akute Gefahr der irreversiblen Gesundheitsschädigung besteht (die Nichteinweisung also mit der Menschenwürde schlechthin nicht vereinbar wäre). Fürsorgeabhängigkeit, Prostitution, Liederlichkeit, Arbeitsscheu sind dagegen keine genügenden Gründe für eine Einweisung.

Weiter muss die Schutzbedürftigkeit des Eingewiesenen, eventuell eine übermässige Belastung der Umgebung, dargetan sein, und die Einweisung darf nur erfolgen, wenn dem Schutzbedürftigen nicht anders geholfen werden kann. Sobald es sein Zustand erlaubt, muss der Eingewiesene wieder entlassen werden. Zwei Beispiele sollen den Rahmen abstecken:

– *Nach Gesetz gerechtfertigt war der Freiheitsentzug bei einem Hirngeschädigten aus dem Aargau (AGVE 1990):* «Unzweifelhaft erforderte der Gesundheitszustand des Betroffenen die Unterbringung in einem geschlossenen Raum. Allein auf sich gestellt, hätte er sich wegen der vorhandenen zeitlichen und örtlichen Desorientierung in seiner Umgebung nicht mehr zurechtgefunden, und er wäre im Alltagsleben völlig verloren und ernstlich gefährdet gewesen. Auch bedurfte er unbedingt einer ärztlichen Behandlung.» *Weil der Betroffene das nicht einsah und nicht freiwillig in der Klinik blieb, wurde er zwangsweise eingewiesen.*

– *Andererseits genügt «unbeholfenes, unnatürliches oder forsches Auftreten Frauen gegenüber» nicht für eine Anstaltseinweisung. Verschiedene Frauen hatten sich durch das Benehmen eines leicht verwirrten Mannes, der jedoch nie Gewalt anwendete, belästigt gefühlt. Sie schalteten die Polizei ein, und schon war die Freiheit des «Frauenhelden» fürsorgerisch entzogen. Er musste aber wieder entlassen werden.*

Der 1981 neu eingeführte fürsorgerische Freiheitsentzug hat einen wichtigen Vorteil: Lebt jemand zwangsweise auf Dauer in einer psychiatrischen Klinik, kann unter Umständen auf eine Entmündigung verzichtet und statt dessen ein Beirat ernannt werden. Das erspart die verschiedenen Unannehmlichkeiten der Bevormundung (Publikation, Verlust des Stimmrechts und andere Kränkungen).

Für Unmündige gilt Artikel 310 Absatz 1 und 2 (siehe Seite 323). Kann der Gefährdung des Kindes nicht anders begegnet werden, so muss es die Vormundschaftsbehörde den Eltern (oder Dritten, wenn es sich bei diesen aufhält) wegnehmen und in angemessener Weise unterbringen. Das Verfahren bei Kindern und Jugendlichen ist wie bei den Erwachsenen geregelt.

Der Anstalts-Notstand

Absatz 1 von Artikel 397 spricht von einer «geeigneten Anstalt». Als solche gelten zum Beispiel auch ein Pflegeheim, ein Kinderhaus mit familienpädagogischem Erziehungskonzept, kurz jede Einrichtung, die Menschen aufnimmt und für sie sorgt, gleichzeitig aber ihre Freiheit beschränkt.

Die ideale Anstalt gibt es nicht. Je nach Kanton und Anstalt sind die Fürsorge- und Behandlungsmethoden in den einzelnen Institutionen ganz unterschiedlich. Geeignet ist nach Auffassung des Bundesgerichts eine Institution schon dann, wenn sie mit den ihr «normalerweise zur Verfügung stehenden organisatorischen und personellen Mitteln in der Lage ist, wesentliche Bedürfnisse nach Fürsorge und Betreuung der Eingewiesenen zu befriedigen» (BGE 112 II 496). Ganz ausnahmsweise sei auch eine Arbeitserziehungsanstalt, die sonst nur für Straffällige reserviert ist, geeignet! Es ist allerdings fraglich, ob diese Argumentation der von der Schweiz mitunterzeichneten Europäischen Menschenrechtskonvention standhält.

Im Rahmen der fürsorgerischen Freiheitsentziehung – die ja keine Strafe, sondern eine Hilfe zur Wiedereingliederung sein soll – haben die Betroffenen aber Anspruch darauf, dass alle zumutbaren Anstrengungen unternommen werden, um sie als vollwertige Glieder in die Gesellschaft zurückzuführen. Oft besteht jedoch ein Vollzugsnotstand, weil es viel zuwenig geeignete Anstalten gibt. Manche Kantone lösen das Problem «elegant, indem die psychiatrische Klinik in jedem Fall als geeignet erklärt wird» (M. Borghi/L. Biaggini an der Jahrestagung der Pro Mente Sana 1991).

Der Vollzugsnotstand zeigt sich auch im schon weiter oben beschriebenen Fall eines Hirngeschädigten. Die behandelnden Ärzte der Klinik Königsfelden waren der Ansicht, sie hätten kein wirklich geeignetes Therapieprogramm für ihn. Trotzdem entschied das Gericht (und es windet sich dabei): «In Anbetracht der unbedingten Notwendigkeit, dass frühzeitig mit der Rehabilitation eingesetzt werden muss und dass die Klinik Königsfelden doch über gewisse – wenn auch nicht optimale – therapeutische Behandlungsmöglichkeiten verfügt, ist die Klinik im jetzigen Krankheitszustand – wenn auch nicht eine ideale – so doch zumindest keine ganz ungeeignete Anstalt.» (Aargauische Gerichts- und Verwaltungsentscheide 1990)

Die ambulante Behandlung gilt im übrigen nicht als «Anstalt»; sie kann deshalb auch nicht zwangsweise verordnet werden.

Für renitente Suchtkranke ungeeignet

Grosse Schwierigkeiten bereiten die Alkohol- und Drogenabhängigen. Immer wieder werden sie in verwahrlostem Zustand in psychiatrische Kliniken eingewiesen. Dort ausgenüchtert, weigern sich die des Schutzes wohl Bedürftigen: Ein Entzug komme für sie nicht in Frage. Da die psychiatrischen Kliniken oder andere Institutionen kaum je Entziehungskuren gegen den Willen der Betroffenen anbieten können, erfolgt nach wenigen Tagen oder Wochen die Entlassung. Die Eingewiesenen können nur bei Selbstmordgefahr, bei konkreter Gefährdung Dritter oder solange eine begründete Aussicht auf Besserung oder Heilung in absehbarer Zeit besteht zurückbehalten werden. So ersetzen die psychiatrischen Kliniken heute vielfach die früheren Ausnüchterungszellen auf den Polizeiposten.

Häufig wäre es auch bei Psychischkranken wünschbar, wenn sie nach Abklingen von akuten Verwirrungszuständen oder ähnlichem einen therapeutischen Kontakt in der Klinik aufbauen könnten. Denn zweifellos besteht oft eine sogar dringende Behandlungsbedürftigkeit. Weigert sich ein Patient jedoch, diesen Dialog zu führen, muss er in gebessertem Zustand entlassen werden, wenn keine akute Selbst- oder Drittgefährdung besteht. Dies auf die Gefahr hin, dass schon nach wenigen Wochen eine neue Einweisung notwendig wird.

Wer darf die Freiheit entziehen?

Art. 397*b*

B. Zuständigkeit

[1] Zuständig für den Entscheid ist eine vormundschaftliche Behörde am Wohnsitz oder, wenn Gefahr im Verzuge liegt, eine vormundschaftliche Behörde am Aufenthaltsort der betroffenen Person.

[2] Für die Fälle, in denen Gefahr im Verzuge liegt oder die Person psychisch krank ist, können die Kantone diese Zuständigkeit ausserdem andern geeigneten Stellen einräumen.

[3] Hat eine vormundschaftliche Behörde die Unterbringung oder Zurückhaltung angeordnet, so befindet sie auch über die Entlassung; in den andern Fällen entscheidet darüber die Anstalt.

Art. 397c

C. Mitteilungspflicht — Die vormundschaftliche Behörde am Aufenthaltsort und die andern vom kantonalen Recht bezeichneten Stellen benachrichtigen die vormundschaftliche Behörde am Wohnsitz, wenn sie eine entmündigte Person in einer Anstalt unterbringen oder zurückbehalten oder wenn sie für eine mündige Person weitere vormundschaftliche Massnahmen als notwendig erachten.

Grundsätzlich ist die Vormundschaftsbehörde am Wohnsitz zuständig. Fehlt ein Wohnsitz, muss die Behörde am Aufenthaltsort einschreiten. Für Fälle, in denen Gefahr im Verzug ist, und für psychisch Kranke kann der Kanton eine andere Stelle bezeichnen. Meist sind es die Ärzte, die solche Einweisungen veranlassen. (Eine Liste der kantonalen Behörden findet sich im Anhang, Seite 771.) Die Informationsfäden müssen bei der Vormundschaftsbehörde am Wohnsitz des Betroffenen zusammenlaufen, auch dann, wenn dieser direkt vom Arzt oder von der Behörde am Aufenthaltsort eingewiesen wird. Deshalb verlangt Artikel 397c, dass diese beiden Institutionen die Einweisung der Vormundschaftsbehörde am Wohnsitz mitteilen.

Für die Aufhebung der Massnahme ist die Vormundschaftsbehörde zuständig, wenn sie die Einweisung veranlasst hat. Sonst entscheidet die Anstalt (meist eine psychiatrische Klinik). In der Regel geht die Initiative jedoch, wenn nicht vom Patienten, so von der meist überlasteten Klinik aus. Zurückhaltender mit dem Aufheben sind die Vormundschaftsbehörden, die eine zu frühe Entlassung fürchten müssen. Die Chance ist gross, dass die psychischen Schwierigkeiten, die Sucht, die Verwahrlosung und die Klagen der näheren Umgebung bald danach wieder von vorne beginnen.

Wie kann man sich wehren?

Art. 397d

D. Gerichtliche Beurteilung — [1] Die betroffene oder eine ihr nahestehende Person kann gegen den Entscheid innert zehn Tagen nach der Mitteilung schriftlich den Richter anrufen.

[2] Dieses Recht besteht auch bei Abweisung eines Entlassungsgesuches.

Es genügt, dass innert der Frist von zehn Tagen das Gericht angerufen wird. Eine schriftliche Begründung des Begehrens darf nicht verlangt werden. Gerichtliche Beurteilung kann nicht nur der oder die Betroffene selber verlangen, sondern auch ihnen nahestehende Personen.

Selbst wenn man gegen die Einweisung kein Rechtsmittel ergriffen hat, kann man jederzeit die Entlassung verlangen. Ein einfacher Brief an die Klinikleitung genügt. Diese muss auf das Schreiben eingehen, reagiert sie negativ, kann man das Begehren an die kantonalen Instanzen weiterziehen (Liste im Anhang, Seite 771).

Der Vormund kann sich nicht gegen die Entlassung seines Mündels wehren, wenn die Anstalt diese anordnet. Ein umfassender Rechtsschutz mit Weiterzugsmöglichkeiten bis zum Bundesgericht ist im Gesetz bewusst nur gegen Massnahmen vorgesehen, welche die Freiheit beschränken oder entziehen (siehe auch Beispiel Seite 22).

Verfahrensrechtliche Minimalgarantien

Art. 397*e*

E. Verfahren in den Kantonen
I. Im allgemeinen

Das Verfahren wird durch das kantonale Recht geordnet mit folgenden Vorbehalten:

1. Bei jedem Entscheid muss die betroffene Person über die Gründe der Anordnung unterrichtet und schriftlich darauf aufmerksam gemacht werden, dass sie den Richter anrufen kann.

2. Jeder, der in eine Anstalt eintritt, muss sofort schriftlich darüber unterrichtet werden, dass er bei Zurückbehaltung oder bei Abweisung eines Entlassungsgesuches den Richter anrufen kann.

3. Ein Begehren um gerichtliche Beurteilung ist unverzüglich an den zuständigen Richter weiterzuleiten.

4. Die Stelle, welche die Einweisung angeordnet hat, oder der Richter kann dem Begehren um gerichtliche Beurteilung aufschiebende Wirkung erteilen.

5. Bei psychisch Kranken darf nur unter Beizug von Sachverständigen entschieden werden; ist dies in einem gerichtlichen Verfahren bereits einmal erfolgt, so können obere Gerichte darauf verzichten.

Art. 397*f*

II. Vor Gericht

[1] Der Richter entscheidet in einem einfachen und raschen Verfahren.

² Er bestellt der betroffenen Person wenn nötig einen Rechtsbeistand.
³ Der Richter erster Instanz muss diese Person mündlich einvernehmen.

Die Kantone sind in der Gestaltung des Verfahrens weitgehend frei, müssen jedoch fünf Grundsätze einhalten:
– Sie müssen die Betroffenen über den Grund der Freiheitsentziehung unterrichten und ihnen das rechtliche Gehör gewähren. Dazu gehört auch das Recht, in die Akten Einsicht zu nehmen.
– Die Anstaltsleitung muss den Betroffenen beim Eintritt schriftlich mitteilen, dass sie sich, wenn sie zurückbehalten werden oder ihr Entlassungsgesuch abgelehnt wird, an das Gericht wenden können *(Rechtsmittelbelehrung)*.
– Ein Gesuch um gerichtliche Beurteilung muss sofort an die zuständige Instanz weitergeleitet werden (Beschleunigungsgebot).
– Das Gericht oder die anordnende Stelle können dem Begehren um gerichtliche Beurteilung aufschiebende Wirkung erteilen, das heisst, sie können eine Einweisung bis zum rechtskräftigen Entscheid aufschieben. (In der Praxis kommt dies sehr selten vor.)
– Bei psychisch Kranken muss unter Beizug von Sachverständigen entschieden werden. Es braucht dabei kein eigentliches psychiatrisches Gutachten, sondern es genügt, wenn eine Psychiaterin im richterlichen Gremium sitzt. Diese Expertin muss aber unabhängig sein; sie darf sich nicht in einer früheren Etappe (zum Beispiel als Klinikärztin) mit dem Fall beschäftigt haben.

Vielfach wird übersehen, dass Patienten, die eingewiesen worden sind und sich dagegen vorerst nicht gewehrt haben, jederzeit ein Entlassungsgesuch stellen können. Wird dieses abgelehnt, besteht erneut eine Rekursmöglichkeit (siehe Art. 397d Abs. 2).

Zum Verfahren selber: Die ihrer Freiheit Beraubten müssen so rasch als möglich persönlich einvernommen werden. Die Verfahrenszeit ist heute, angesichts der Schwere des Eingriffs in die Persönlichkeit, noch viel zu lang. Nur in einem Viertel der Fälle wird der Entscheid innert zwei Wochen gefällt; über 40 Prozent der Entscheide dauern länger als einen Monat.

Was geschieht, wenn ein Betroffener entlassen wird, bevor das Verfahren abgeschlossen ist? Das Verfahren wird eingestellt mangels «aktuellem Interesse» an der Klärung einer allenfalls ungerechtfertigten Einweisung (BGE 109 Ia 169 und 109 II 350)! Knapp 30 Prozent der Fälle werden auf diese Weise abgeschlossen, ohne dass überhaupt geprüft werden muss, ob die ursprüngliche Einweisung haltbar war oder nicht. Das wird von den Betroffenen vielfach als stossend empfunden: Sie fühlen sich zu Unrecht eingewiesen und abschätzig behandelt.

Eine Einvernahme bloss durch einen Richter genügt im übrigen nicht. Die Betroffenen sind im Beisein des gesamten Richterkollegiums einzuvernehmen.

Weigert sich ein Betroffener, der gerichtliche Beurteilung verlangt hat, Auskunft zu geben, darf deswegen das Verfahren nicht eingestellt werden. Dann muss aufgrund der Akten, insbesondere der Krankengeschichte der psychiatrischen Klinik, entschieden werden. Das Schweigen des Betroffenen könne – so das Bundesgericht – eben gerade auf die Krankheit zurückzuführen sein, deretwegen er eingeliefert worden ist.

Das Gericht muss den Betroffenen wenn nötig einen Rechtsbeistand zur Seite stellen (Art. 397 Abs. 2). Die Gerichte tun dies fast nie von sich aus, da sie ja davon ausgehen, sie betrachteten die Dinge objektiv.

Ist der Betroffene mittellos, erscheint sein Fall nicht von vornherein aussichtslos und kann er die Sache selbst nicht richtig vertreten (sein Spiess ist wesentlich kürzer als derjenige der einweisenden Behörde), kann er auch einen unentgeltlichen Rechtsbeistand verlangen.

Das Gesetz sagt leider nichts über eine allfällige Zwangsbehandlung (etwa mit Medikamenten) innerhalb der Klinik. Von allen Kantonen der Schweiz kennt nur der Tessin eine gesetzliche Regelung dieses heissen Eisens.

Wie wird die Vormundschaft geführt?

In diesem zweiten Teil des Vormundschaftsrechts (Art. 398 bis 430) geht es um die Fragen: Welches sind die Aufgaben des Vormunds und des Beistands? In welcher Form wirken die Behörden mit, und wann sind diese, wann ist der Vormund für Fehler verantwortlich? Die Kommentierung dieses zweiten Teils fällt kurz aus. Im Vergleich zum ersten Teil des Vormundschaftsrechts haben sich die Gerichte nur wenig mit interessanten Rechtsfragen zu befassen.

Das Amt des Vormunds

Das Amt des Vormunds ist zwar der Elternschaft nachgebildet. Es werden ihm aber fremde Interessen anvertraut; deshalb untersteht er im Gegensatz zu den Eltern einer behördlichen Aufsicht. Der Vormund bekleidet ein Amt, ist deswegen aber nicht Beamter. Seine Aufgaben lassen sich in drei Stichworten zusammenfassen: Fürsorge, Vertretung und Vermögensverwaltung.

Das Vermögen in den Griff bekommen

Elfter Titel: Die Führung der Vormundschaft

Erster Abschnitt: Das Amt des Vormundes

Art. 398

A. Übernahme des Amtes
I. Inventaraufnahme

¹ Bei Übernahme der Vormundschaft ist über das zu verwaltende Vermögen durch den Vormund und einen Vertreter der Vormundschaftsbehörde ein Inventar aufzunehmen.

² Ist der Bevormundete urteilsfähig, so wird er, soweit tunlich, zur Inventaraufnahme zugezogen.

³ Wo die Umstände es rechtfertigen, kann die Aufsichtsbehörde auf Antrag des Vormundes und der Vormundschaftsbehörde die Aufnahme eines öffentlichen Inventars anordnen, das für die Gläubiger die gleiche Wirkung hat wie das öffentliche Inventar des Erbrechts.

Art. 399

II. Verwahrung von Wertsachen

Wertschriften, Kostbarkeiten, wichtige Dokumente u. dgl. sind, soweit es die Verwaltung des Mündelvermögens gestattet, unter Aufsicht der Vormundschaftsbehörde an sicherm Orte aufzubewahren.

III. Veräusserung von beweglichen Sachen

Art. 400

¹ Andere bewegliche Gegenstände sind, soweit es die Interessen des Bevormundeten erheischen, nach Weisung der Vormundschaftsbehörde öffentlich zu versteigern oder aus freier Hand zu veräussern.

² Gegenstände, die für die Familie oder den Bevormundeten persönlich einen besondern Wert haben, sollen wenn immer möglich nicht veräussert werden.

IV. Anlage von Barschaft
1. Pflicht zur Anlage

Art. 401

¹ Bares Geld hat der Vormund, soweit er dessen nicht für den Bevormundeten bedarf, beförderlich in einer von der Vormundschaftsbehörde oder durch kantonale Verordnung hiefür bezeichneten Kasse oder in Werttiteln, die von der Vormundschaftsbehörde nach Prüfung ihrer Sicherheit genehmigt werden, zinstragend anzulegen.

² Unterlässt der Vormund diese Anlage länger als einen Monat, so wird er selbst zinspflichtig.

2. Umwandlung von Kapitalanlagen

Art. 402

¹ Kapitalanlagen, die nicht genügende Sicherheit bieten, sind durch sichere Anlagen zu ersetzen.

² Die Umwandlung soll aber nicht zur Unzeit, sondern unter Wahrung der Interessen des Bevormundeten vorgenommen werden.

V. Geschäft und Gewerbe

Art. 403

Findet sich in dem Vermögen ein Geschäft, ein Gewerbe od. dgl., so hat die Vormundschaftsbehörde die nötigen Weisungen zur Liquidation oder zur Weiterführung zu erteilen.

VI. Grundstücke

Art. 404

¹ Die Veräusserung von Grundstücken erfolgt nach Weisung der Vormundschaftsbehörde und ist nur in den Fällen zu gestatten, wo die Interessen des Bevormundeten es erfordern.

² Die Veräusserung erfolgt durch öffentliche Versteigerung, unter Vorbehalt der Genehmigung des Zuschlags durch die Vormundschaftsbehörde, die beförderlich darüber zu entscheiden hat.

³ Ausnahmsweise kann mit Genehmigung der Aufsichtsbehörde der Verkauf aus freier Hand stattfinden.

Der Gesetzestext ist leicht verständlich, und Gerichtsentscheide sind spärlich; deshalb nur eine kurze Zusammenfassung:

Nach der Amtsübergabe muss sofort das *Vermögen des Mündels festgestellt* werden (Art. 398). Diese Inventarisierung bildet die Grundlage für die vormundschaftliche Vermögensverwaltung. In seltenen (unübersichtlichen) Fällen wird ein öffentliches Inventar erstellt, das heisst, es wird ein Rechnungsruf publiziert, in dem die Gläubiger und Schuldner aufgefordert werden, innert einer bestimmten Frist ihre Schulden und Guthaben den zuständigen Behörden mitzuteilen (zum Verfahren siehe Art. 580 ff.). Wenn sich ein Gläubiger innert dieser Frist schuldhaft nicht meldet, haftet das Mündelvermögen für die Dauer der Vormundschaft nicht mehr.

Die weiteren Vorschriften sollen das *Vermögen sichern* und die *Verwaltung erleichtern*: Wertschriften müssen an einem sicheren Ort deponiert werden (Art. 399). Bewegliche Sachen sind, soweit dies im Interesse des Bevormundeten liegt, zu verkaufen (Art. 400). Überschüssiges Geld ist auf einer vom Kanton bezeichneten Bank (meist Kantonalbank) zinstragend und sogenannt mündelsicher anzulegen. Will der Vormund Obligationen oder Aktien kaufen, braucht er die Zustimmung der Vormundschaftsbehörde (Art. 401). Eine Kapitalanlage, die zuwenig sicher erscheint, muss durch eine sichere Anlage ersetzt werden (Art. 402). Die Vormundschaftsbehörde entscheidet darüber, ob ein Geschäft des Bevormundeten liquidiert oder weitergeführt wird (Art. 403). Ähnliches gilt für Grundstücke; werden diese verkauft, erfolgt dies in der Regel durch eine öffentliche Versteigerung. Die kantonale Aufsichtsbehörde kann allenfalls einen Freihandkauf (also ohne Versteigerung) bewilligen (Art. 404). Diese Bestimmung gilt übrigens auch für den Verwaltungsbeirat, nicht aber für den Mitwirkungsbeirat (für den allein Art. 395 Abs. 1 massgebend ist).

Persönliche Fürsorge leisten

Art. 405

B. Fürsorge und Vertretung
I. Fürsorge für die Person
1. Bei Unmündigkeit
a. Im allgemeinen

¹ Ist der Bevormundete unmündig, so hat der Vormund die Pflicht, für dessen Unterhalt und Erziehung das Angemessene anzuordnen.

² Zu diesem Zwecke stehen ihm die gleichen Rechte zu wie den Eltern, unter Vorbehalt der Mitwirkung der vormundschaftlichen Behörden.

Art. 405*a*

b. Bei fürsorgerischer Freiheitsentziehung

¹ Über die Unterbringung des Unmündigen in einer Anstalt entscheidet auf Antrag des Vormundes die Vormundschaftsbehörde oder, wenn Gefahr im Verzuge liegt, auch der Vormund.

² Im übrigen gelten die Vorschriften über die Zuständigkeit, die gerichtliche Beurteilung und das Verfahren bei fürsorgerischer Freiheitsentziehung gegenüber mündigen oder entmündigten Personen sinngemäss.

³ Hat das Kind das 16. Altersjahr noch nicht zurückgelegt, so kann es nicht selber gerichtliche Beurteilung verlangen.

Art. 406

2. Bei Entmündigung

¹ Steht der Bevormundete im Mündigkeitsalter, so erstreckt sich die Fürsorge auf den Schutz und Beistand in allen persönlichen Angelegenheiten.

² Liegt Gefahr im Verzuge, so kann der Vormund nach den Bestimmungen über die fürsorgerische Freiheitsentziehung die Unterbringung oder Zurückbehaltung in einer Anstalt anordnen.

Bei *Unmündigen* (Art. 405) soll der Vormund die Eltern bestmöglich ersetzen. Er hat die gleichen Rechte wie sie, untersteht aber einer ausgedehnten Aufsicht und Kontrolle durch die vormundschaftlichen Behörden. Beispielsweise benötigt er deren Zustimmung zum Abschluss eines Ausbildungsvertrags oder für einen Wohnortswechsel seines Schützlings (Art. 421 Ziff. 12 und 14).

Auch über die Unterbringung eines Unmündigen in einer Anstalt entscheidet die Vormundschaftsbehörde. Nur in dringenden Fällen darf der Vormund direkt handeln. Für einen fürsorgerischen Freiheitsentzug gelten die entsprechenden Bestimmungen (Art. 397a bis 397f).

Bei *erwachsenen Bevormundeten* geht die persönliche Fürsorge meist weniger weit als bei Kindern. Sie richtet sich nach dem Entmündigungsgrund und umfasst Obhut, Kleidung, Nahrung, Ausbildung etc.

Auch bei der Beirat- oder Beistandschaft ist persönliche Fürsorge gefragt, stellt aber regelmässig nur eine Teilaufgabe dar. Schwerpunkt dieser beiden vormundschaftlichen Massnahmen bildet die Vermögensverwaltung (siehe Art. 392, Seite 383, und 395, Seite 387).

Gesetzlicher Vertreter mit Ausnahmen

Art. 407

II. Vertretung
1. Im allgemeinen

Der Vormund vertritt den Bevormundeten in allen rechtlichen Angelegenheiten, unter Vorbehalt der Mitwirkung der vormundschaftlichen Behörden.

	Art. 408
2. Verbotene Geschäfte	Zu Lasten des Bevormundeten dürfen keine Bürgschaften eingegangen, keine erheblichen Schenkungen vorgenommen und keine Stiftungen errichtet werden.

Art. 409

3. Mirwirkung des Bevormundeten

¹ Ist der Bevormundete urteilsfähig und wenigstens 16 Jahre alt, so hat ihn der Vormund bei wichtigen Angelegenheiten, soweit tunlich, vor der Entscheidung um seine Ansicht zu befragen.

² Die Zustimmung des Bevormundeten befreit den Vormund nicht von seiner Verantwortlichkeit.

Art. 410

4. Eigenes Handeln
a. Zustimmung des Vormundes

¹ Ist der Bevormundete urteilsfähig, so kann er Verpflichtungen eingehen oder Rechte aufgeben, sobald der Vormund ausdrücklich oder stillschweigend zum voraus seine Zustimmung gegeben hat oder nachträglich das Geschäft genehmigt.

² Der andere Teil wird frei, wenn die Genehmigung nicht innerhalb einer angemessenen Frist erfolgt, die er selber ansetzt oder durch den Richter ansetzen lässt.

Art. 411

b. Mangel der Zustimmung

¹ Erfolgt die Genehmigung des Vormundes nicht, so kann jeder Teil die vollzogenen Leistungen zurückfordern, der Bevormundete haftet jedoch nur insoweit, als die Leistung in seinem Nutzen verwendet wurde, oder als er zur Zeit der Rückforderung noch bereichert ist oder sich böswillig der Bereicherung entäussert hat.

² Hat der Bevormundete den andern Teil zu der irrtümlichen Annahme seiner Handlungsfähigkeit verleitet, so ist er ihm für den verursachten Schaden verantwortlich.

Art. 412

5. Beruf oder Gewerbe

Der Bevormundete, dem die Vormundschaftsbehörde den selbständigen Betrieb eines Berufes oder Gewerbes ausdrücklich oder stillschweigend gestattet, kann alle Geschäfte vornehmen, die zu dem regelmässigen Betriebe gehören, und haftet hieraus mit seinem ganzen Vermögen.

Der Vormund oder die Vormündin ist gesetzlicher Vertreter des Entmündigten in vielen Belangen; ihr Schützling ist ja handlungsunfähig. Doch es gilt Besonderheiten zu beachten:

- **Ausnahme 1:** Das urteilsfähige Mündel und nicht der Vormund handelt bei der Ausübung von *höchstpersönlichen Rechten*. Dazu gehören das Jawort vor Standesamt, das Errichten eines Testaments, die Anerkennung eines Kindes als Vater, die Beschwerde gegen den Vormund. Für die Eheschliessung allerdings braucht das Mündel die Zustimmung des Vormundes (Art. 98) und für die Anerkennung eines Kindes diejenige der vormundschaftlichen Behörde (Art. 422 Ziff. 1).

Zu den höchstpersönlichen Rechten gehört auch das Recht, einen Anwalt beizuziehen, um die eigenen Rechte gegenüber dem Vormund oder in einem Strafverfahren zu wahren. Ist das Mündel urteilsfähig, braucht es dazu keine Zustimmung der Vormundschaftsbehörde. Soweit ein Betroffener über freie Mittel verfügt, kann er sich gültig verpflichten. Fehlen diese, muss der Vormund allenfalls Teile des Vermögens freigeben, sofern der Beizug eines Rechtsvertreters sinnvoll ist.

Die Urteilsfähigkeit wird bis zum Beweis des Gegenteils vermutet. Ein nicht urteilsfähiges Mündel kann seine höchstpersönlichen Rechte gar nicht ausüben (siehe Art. 16 und 18, Seite 43 und 45).

- **Ausnahme 2:** Dem oder der Bevormundeten kann von der zuständigen Behörde eine *erweiterte Handlungsfähigkeit* zugesprochen werden, etwa beim selbständigen Betrieb eines Gewerbes oder Berufes (Art. 412) oder bei der Verwaltung des freien Vermögens (Art. 414). Zum freien Vermögen gehört, was Dritte oder der Vormund dem Mündel zur freien Verfügung zuweisen, sowie der Verdienst, den das Mündel mit Zustimmung des Vormunds verdient. Obwohl es nicht im Gesetz steht: Auch diesen Verdienst darf der Vormund verwalten, wenn das Mündel zum vernünftigen Haushalten mit seinem Lohn nicht fähig ist.

Für Handlungen im Rahmen der selbständigen Erwerbstätigkeit haften Bevormundete mit ihrem ganzen Vermögen, bei der Verwendung des freien Vermögens dagegen nur mit diesem allein. Ein Fall aus der Praxis:

Der bevormundete Handorgelspieler Hans S. spielte mit einem Freund häufig gegen Entgelt zum Tanz auf. Er bestellte als Werbemittel Kleber im Wert von ca. 2000 Franken. Der Vormund wollte sie nicht bezahlen, musste dann aber doch aus dem Gesamtvermögen dafür aufkommen. «Aus den eingereichten Unterlagen geht klar hervor, dass die Vormundschaftsbehörde bzw. der Vormund von dieser Tätigkeit wussten, ohne aber nach aussen etwas dagegen zu unternehmen. Indem die Behörden den Bevormundeten gewähren liessen, haben sie diese Tätigkeit stillschweigend genehmigt.» (ZVW 1990, Nr. 5).

- **Ausnahme 3:** Das Mündel kann *unentgeltliche Vorteile* allein entgegennehmen (Art. 19 Abs. 2). Allerdings kann der Vormund die Annahme eines Geschenks untersagen oder eine Rückerstattung anordnen.

Es braucht oft die Zustimmung des Vormunds

Das Alleinhandeln des Mündels ist die Ausnahme, im Normalfall kann es Verpflichtungen nur eingehen, wenn der Vormund vorher oder nachträglich, ausdrücklich oder stillschweigend seinen Segen erteilt. Bei Geschäften von grösserer Tragweite ist meist auch die Zustimmung der Vormundschaftsbehörde notwendig (Art. 421 und 422).

Fehlt die Zustimmung, hängt das Rechtsgeschäft in der Luft. Der andere, handlungsfähige Vertragspartner kann eine angemessene Frist für die Erteilung der Zustimmung selbst ansetzen oder vom Gericht ansetzen lassen. Verweigert der Vormund nachträglich seine Zustimmung, ist das Geschäft ungültig. Dazu ein Beispiel aus der Praxis:

Ein urteilsfähiger Bevormundeter namens W. kaufte für 16 000 Franken ein Cabriolet, konnte dieses aber in der Folge nicht bezahlen. Er musste den Wagen zurückgeben. Wer bezahlte der Garagistin aber den Minderwert, der entstand, weil der Bevormundete einige Tausend Kilometer mit dem Wagen zurückgelegt hatte? Wenn der Bevormundete arglistig gehandelt hat, indem er der Garagistin vorgemacht hat, er sei handlungsfähig und zu einem solchen Geschäft berechtigt, ist er für den verursachten Schaden verantwortlich. Eine solche Arglistigkeit bejahte das Bundesgericht in diesem Fall (BGE 70 II 356): W. habe sich als Geschäftsmann ausgegeben und unrichtige Angaben über seine geschäftliche Situation und über sein Vermögen gemacht. Allenfalls könne auch schon das blosse Verschweigen der Bevormundung als Arglistigkeit angesehen werden, wenn der Bevormundete selbst die Initiative für ein Kaufgeschäft ergreife, ohne seine Bevormundung bekanntzugeben.

In diesem Fall war der Cabriolet-Käufer urteilsfähig. Was aber geschieht, wenn der Bevormundete nicht urteilsfähig ist, wenn es ihm also an der Fähigkeit mangelt, vernunftgemäss zu handeln? Dann tritt die Billigkeitshaftung nach Artikel 54 OR ein: «Aus Billigkeit kann der Richter auch eine nicht urteilsfähige Person, die Schaden verursacht hat, zu teilweisem oder vollständigem Ersatz verurteilen.» Ein reicher Urteilsunfähiger wird sicher eher, wenigstens teilweise, zur Kasse gebeten.

Es ist dem Vormund als gesetzlichem Vertreter verboten, gewisse riskante Geschäfte für sein Mündel abzuschliessen. Das Gesetz zählt dazu (Art. 408): Bürgschaften, erhebliche Schenkungen und das Errichten einer Stiftung. Werden solche Geschäfte dennoch abgeschlossen, sind sie ungültig.

Mitwirkungsrecht der Bevormundeten

Beizuziehen ist ein urteilsfähiger Bevormundeter in der Regel für die Inventaraufnahme und für alle wichtigen Angelegenheiten (gilt auch für Jugendliche ab 16 Jahren). Auch den Rechenschaftsbericht muss der Vormund mit seinem Schützling «soweit tunlich» besprechen. Die Entscheidungsgewalt und die Verantwortung liegen aber immer beim Vormund.

Vermögen verwalten und Rechenschaft ablegen

Art. 413

C. Vermögensverwaltung
I. Pflicht zur Verwaltung und Rechnungsführung

[1] Der Vormund hat das Vermögen des Bevormundeten sorgfältig zu verwalten.

[2] Er hat über die Verwaltung Rechnung zu führen und diese der Vormundschaftsbehörde in den von ihr angesetzten Perioden, mindestens aber alle zwei Jahre, zur Prüfung vorzulegen.

[3] Ist der Bevormundete urteilsfähig und wenigstens 16 Jahre alt, so soll er, soweit tunlich, zur Rechnungsablegung zugezogen werden.

Art. 414

II. Freies Vermögen

Was einem Bevormundeten zur freien Verwendung zugewiesen wird, oder was er mit Einwilligung des Vormundes durch eigene Arbeit erwirbt, kann er frei verwalten.

Die Detailregelungen für die Vermögensverwaltung finden sich in den kantonalen Bestimmungen, die gestützt auf Artikel 425 erlassen worden sind. Die Grundsätze sind auch in den Artikeln 399 bis 404 (siehe Seite 400) festgehalten: Das Vermögen einer bevormundeten Person soll möglichst sicher und gleichzeitig zinstragend (mündelsicher) angelegt werden. Wertvolle Gegenstände sind an einem sicheren Ort aufzubewahren (Banksafe oder sogenannte Schirmlade der Vormundschaftsbehörde, siehe Art. 425, Seite 412). Der Vormund muss regelmässig Rechenschaft ablegen. Spekuliert der Vormund leichtfertig mit dem Geld seines Mündels, ist er für den Schaden haftbar.

Amtsdauer und Entschädigung des Vormunds

Art. 415

D. Amtsdauer

¹ Die Vormundschaft wird in der Regel auf zwei Jahre übertragen.

² Nach Ablauf der Amtsdauer kann der Vormund je auf weitere zwei Jahre mit einfacher Bestätigung im Amte bleiben.

³ Nach Ablauf von vier Jahren ist er befugt, die Weiterführung der Vormundschaft abzulehnen.

Art. 416

E. Entschädigung des Vormundes

Der Vormund hat Anspruch auf eine Entschädigung, die aus dem Vermögen des Bevormundeten entrichtet und von der Vormundschaftsbehörde für jede Rechnungsperiode nach der Mühe, die die Verwaltung verursacht, und nach dem Ertrage des Vermögens festgesetzt wird.

Der Vormund wird normalerweise auf zwei Jahre gewählt. Anschliessend kann sein Amt mit einfacher Bestätigung fortgesetzt werden.

Entschädigt wird der Vormund aus dem Vermögen des Mündels. Wenn dieses kein Vermögen hat, erhält er eine bescheidene Entschädigung aus der Gemeindekasse. (Amtsvormünder werden von den Gemeinden, die sie angestellt haben, bezahlt.) Das Gesetz präzisiert nicht, wie diese Entschädigung festgesetzt wird. Zu Auseinandersetzungen kommt es vor allem dann, wenn ein Anwalt das vormundschaftliche Amt führt und nach dem Anwaltstarif entschädigt werden will. In einem Entscheid des Bundesgerichts (BGE 116 II 399) wird festgestellt, dass es durchaus richtig sein könne, den Anwaltstarif anzuwenden, den Vormundschaftsbehörden aber ein gewisser Ermessensspielraum nach unten zustehe.

Das Amt des Beistands

Zweiter Abschnitt: Das Amt des Beistandes

Art. 417

A. Stellung des Beistandes

¹ Die Beistandschaft hat unter Vorbehalt der Bestimmungen über die Mitwirkung eines Beirates auf die Handlungsfähigkeit der verbeiständeten Person keinen Einfluss.

² Die Amtsdauer und die Entschädigung werden von der Vormundschaftsbehörde festgestellt.

Art. 418

B. Inhalt der Beistandschaft
I. Für ein einzelnes Geschäft

Wird dem Beistand die Besorgung einer einzelnen Angelegenheit übertragen, so hat er die Anweisungen der Vormundschaftsbehörde genau zu beobachten.

Art. 419

II. Für Vermögensverwaltung

¹ Wird dem Beistand die Verwaltung oder Überwachung eines Vermögens übertragen, so hat er sich auf die Verwaltung und die Fürsorge für die Erhaltung des Vermögens zu beschränken.

² Verfügungen, die darüber hinausgehen, darf er nur auf Grund besonderer Ermächtigung vornehmen, die ihm der Vertretene selbst oder, wenn dieser hiezu nicht fähig ist, die Vormundschaftsbehörde erteilt.

Die Bestellung eines Beistands lässt die persönliche Handlungsfähigkeit des Verbeiständeten grundsätzlich unversehrt und beschränkt seine Verpflichtungsfähigkeit nicht. Der Beistand hat – im Gegensatz zum Vormund – keine Zwangsmittel zur Verfügung. Anders der Mitwirkungsbeirat (siehe Art. 395, Seite 387): Wenn er seine Zustimmung zu einem Geschäft verweigert, ist dieses nicht gültig.

Die Kompetenzen des Vertretungsbeistandes müssen von der Vormundschaftsbehörde von Fall zu Fall konkretisiert, massgeschneidert werden. Auch der Beistand, der mit der Vermögensverwaltung beauftragt ist, hat weniger Kompetenzen als der Vormund. Er muss sich nur um die Erhaltung des Vermögens kümmern. Für Verfügungen, die darüber hinaus gehen, muss er die Ermächtigung des Verbeiständeten oder gar der Vormundschaftsbehörde einholen.

Die Behörden wirken mit

Als graue Eminenzen im Hintergrund wirken die Behörden bei allen vormundschaftlichen Massnahmen mit: Sie beaufsichtigen den Vormund (oder Beistand, Beirat), erteilen die Zustimmung zu gewissen Rechtsgeschäften (Art. 421), und sie prüfen und genehmigen seine Rechnung.

Wie kommt diese Aufsicht zum Ausdruck? Die Behörden erteilen dem Vormund Weisungen, und sie behandeln Beschwerden gegen vormundschaftliche Massnahmen. Beschwerdeberechtigt ist einerseits das Mündel, das allenfalls einen Anwalt beiziehen kann, anderseits jede dritte Person, die ein Interesse hat.

Beschwerde gegen Vormund und Behörden

Dritter Abschnitt: Die Mitwirkung der vormundschaftlichen Behörden

Art. 420

A. Beschwerden

[1] Gegen die Handlungen des Vormundes kann der Bevormundete, der urteilsfähig ist, sowie jedermann, der ein Interesse hat, bei der Vormundschaftsbehörde Beschwerde führen.

[2] Gegen die Beschlüsse der Vormundschaftsbehörde kann binnen zehn Tagen nach deren Mitteilung bei der Aufsichtsbehörde Beschwerde geführt werden.

Ist das Mündel oder jemand Dritter, der ein schützenswertes Interesse hat (Angehörige und Freunde, Fürsorgestellen etc.), mit einer Massnahme des Vormundes nicht einverstanden, können sie mit einer Beschwerde an die Vormundschaftsbehörde gelangen. Das Gesetz legt keine Frist für diese Beschwerdeführung fest. Anders bei einer Beschwerde gegen einen Entscheid der Behörde (Art. 420 Abs. 2). Diese muss in der (viel zu kurz bemessenen) Frist von *zehn Tagen* bei der Aufsichtsbehörde eingereicht werden. Die Vormundschaft muss in ihren schriftlichen Entscheiden auf diese kurze Frist hinweisen.

Ein Beispiel für die Beschwerde eines Dritten, der kein genügendes Interesse nachweisen konnte:

Ein Freund der bevormundeten Eva Z. beklagte sich darüber, dass ihr Vormund sie in einer Klage wegen ihrer Katzenhaltung vor dem Bezirksgericht nicht vertreten habe und auch sonst ihre Interessen zuwenig wahrnehme. Der

Bezirksrat Pfäffikon (ZH) trat auf diese Beschwerde nicht ein (ZVW 1979 Nr. 4): «Beim Beschwerdeführer handelt es sich um einen Jugendfreund oder früheren Liebhaber von Eva Z. Dieser nahm in den letzten Jahren die lange abgebrochenen Beziehungen zum Mündel wieder auf und drängte sich in eine Beraterrolle hinein. Die Qualität seiner Beratungen kann das Mündel wegen seines Geisteszustandes nicht beurteilen. Jedenfalls ist in dieser Stellung die Bezogenheit des Beschwerdeführers zur Beschwerdeangelegenheit zu wenig eng, als dass sie rechtlichen Schutz verdienen würde.»

Dem oder der Bevormundeten steht, wie allen Rechtsuchenden, der verfassungsmässige Anspruch auf unentgeltliche Rechtsverbeiständung zu. Die Voraussetzungen dafür: Die Beschwerde darf nicht von vornherein aussichtslos sein. Der Beschwerdeführer muss mittellos sein, darf also über kein Vermögen verfügen, und es muss ihm unmöglich sein, den Fall selber zu führen.

Wann reden die Behörden mit?

Art. 421

B. Zustimmung
I. Der Vormundschaftsbehörde

Die Zustimmung der Vormundschaftsbehörde wird für folgende Fälle gefordert:

1. Kauf, Verkauf, Verpfändung und andere dingliche Belastung von Grundstücken;

2. Kauf, Verkauf und Verpfändung anderer Vermögenswerte, sobald diese Geschäfte nicht unter die Führung der gewöhnlichen Verwaltung und Bewirtschaftung fallen;

3. Bauten, die über die gewöhnlichen Verwaltungshandlungen hinausgehen;

4. Gewährung und Aufnahme von Darlehen;

5. Eingehung wechselrechtlicher Verbindlichkeiten;

6. Pachtverträge, sobald sie auf ein Jahr oder länger, und Mietverträge über Räumlichkeiten, sobald sie auf wenigstens drei Jahre abgeschlossen werden;

7. Ermächtigung des Bevormundeten zum selbständigen Betrieb eines Berufes oder Gewerbes;

8. Prozessführung, Abschluss eines Vergleichs, eines Schiedsvertrages oder eines Nachlassvertrages, unter Vorbehalt der vorläufigen Verfügungen des Vormundes in dringenden Fällen;

9. Eheverträge und Erbteilungsverträge;

10. Erklärung der Zahlungsunfähigkeit;

11. Versicherungsverträge auf das Leben des Bevormundeten;
12. Verträge über die berufliche Ausbildung des Bevormundeten;
13. (aufgehoben)
14. Verlegung des Wohnsitzes des Bevormundeten.

Art. 422

II. Der Aufsichtsbehörde

Die Zustimmung der Aufsichtsbehörde wird, nachdem die Beschlussfassung der Vormundschaftsbehörde vorausgegangen ist, für folgende Fälle gefordert:
1. Adoption eines Bevormundeten oder durch einen Bevormundeten;
2. Erwerb eines Bürgerrechts oder Verzicht auf ein solches;
3. Übernahme oder Liquidation eines Geschäftes, Eintritt in eine Gesellschaft mit persönlicher Haftung oder erheblicher Kapitalbeteiligung;
4. Leibgedings-, Leibrenten- und Verpfründungsverträge;
5. Annahme oder Ausschlagung einer Erbschaft und Abschluss eines Erbvertrages;
6. Mündigerklärung;
7. Verträge zwischen Mündel und Vormund.

Art. 423

C. Prüfung von Berichten und Rechnungen

^{1} Die Vormundschaftsbehörde prüft die periodischen Berichte und Rechnungen des Vormundes und verlangt, wo es ihr notwendig erscheint, deren Ergänzung und Berichtigung.

^{2} Sie erteilt oder verweigert die Genehmigung der Berichte und Rechnungen und trifft nötigenfalls die für die Wahrung der Interessen des Mündels angezeigten Massregeln.

^{3} Die Kantone können der Aufsichtsbehörde eine Nachprüfung und die Genehmigung übertragen.

Art. 424

D. Bedeutung der Zustimmung

Ist ein Geschäft ohne die vom Gesetze verlangte Zustimmung der zuständigen vormundschaftlichen Behörde für den Bevormundeten abgeschlossen worden, so hat es für ihn nur die Wirkung eines ohne Zustimmung seines Vertreters von ihm selbst abgeschlossenen Geschäftes.

Art. 425

E. Kantonale Verordnungen

^{1} Die Kantone haben die Mitwirkung der Behörden auf dem Wege der Verordnung näher zu regeln.

² Sie haben namentlich Bestimmungen aufzustellen über die Anlage und Verwahrung des Mündelvermögens sowie die Art der Rechnungsführung und Rechnungsstellung und der Berichterstattung.

³ Diese Erlasse bedürfen zu ihrer Gültigkeit der Genehmigung des Bundes.

Für gewisse wichtige Handlungen im Prozess oder für Vermögensverfügungen (zum Beispiel Grundstückgeschäfte, Bauprojekte, Ermächtigung des Mündels zur selbständigen Erwerbstätigkeit, Eheverträge etc.) braucht es die Zustimmung der Behörden. Artikel 421 und 422 sind Leitplanken für die Vertretungsmacht des Vormunds.

Bei besonders wichtigen Geschäften überprüft zusätzlich noch die Aufsichtsbehörde den Entscheid der Vormundschaftsbehörde (Art. 422). Darunter fallen der Erwerb eines Bürgerrechts, die Adoption, die Annahme oder Ausschlagung eines Erbvertrags, Verträge zwischen Mündel und Vormund. Auch der freihändige Verkauf von Grundstücken (Art. 404 Ziff. 3) und die Verschiebung der Publikation der Entmündigung (Art. 375) gehören zu diesen Geschäften.

Wird ein solches Geschäft ohne die Zustimmung der Behörden abgeschlossen, bleibt es im Schwebezustand. Wenn die Behörde die Bewilligung nachträglich verweigert, muss es rückgängig gemacht werden (analog zu den Geschäften, die ein Mündel ohne die Zustimmung seines Vormunds tätigt).

Die Artikel 421 und 422 gelten nicht für den Mitwirkungsbeirat, da diesem gar keine Vertreterstellung zukommt. Seine Macht ist bereits durch seinen Auftrag beschränkt, den er nach Artikel 395 Absatz 1 erhält. Anders bei der umfassenderen Verwaltungsbeiratschaft; da es dafür keine ausdrücklichen Vorschriften gibt, gelten die Artikel 421 und 422.

Ein weiteres Betätigungsfeld der Behörden umschreibt Artikel 423, nämlich die Prüfung der regelmässigen, meist jährlichen Berichte und Rechnungen des Vormunds und ihre Genehmigung oder Nichtgenehmigung. Wenn nötig ergreift die Behörde Massnahmen zum Schutz des Mündels.

Die Kantone können detaillierte Vorschriften über die Mitwirkung der Behörden erlassen. Sie haben dies zum Teil mit sehr viel Eifer getan. So bestimmt beispielsweise Paragraph 102 des Einführungsgesetzes zum ZGB des Kantons Zürich: «Die Schirmlade soll in einem sichern, feuerfesten Gewölbe oder feuersichern Schrank untergebracht und wenigstens mit zwei Schlössern versehen sein. Die zwei Schlüssel sollen in der Hand von zwei Mitgliedern ... der Vormundschaftsbehörde liegen. Bei der Öffnung des Schranks haben zwei

Schlüsselinhaber mitzuwirken, und es ist über die Eingänge und Ausgänge gleichzeitig ein Protokoll zu führen.»

Wann haften Vormund und Behörden?

Vierter Abschnitt: Die Verantwortlichkeit der vormundschaftlichen Organe

Art. 426

A. Im allgemeinen
I. Vormund und Behörden

Der Vormund und die Mitglieder der vormundschaftlichen Behörden haben bei der Ausübung ihres Amtes die Regeln einer sorgfältigen Verwaltung zu beobachten und haften für den Schaden, den sie absichtlich oder fahrlässig verschulden.

Art. 427

II. Gemeinden, Kreise und Kanton

¹ Wird der Schaden durch den Vormund oder die Mitglieder der vormundschaftlichen Behörden nicht gedeckt, so haftet für den Ausfall der Kanton.

² Es bleibt jedoch den Kantonen vorbehalten, hinter dem Vormund und der Vormundschaftsbehörde vorerst die beteiligten Gemeinden oder Kreise haften zu lassen.

Art. 428

B. Voraussetzung
I. Betreffend die Mitglieder einer Behörde

¹ Wird die vormundschaftliche Behörde aus der Führung der Vormundschaft verantwortlich, so ist ein jedes Mitglied haftbar, soweit es nicht nachweisen kann, dass ihm kein Verschulden zur Last fällt.

² Jedes der haftbaren Mitglieder trägt den Schaden für seinen Anteil.

Art. 429

II. Im Verhältnis der Organe untereinander

¹ Sind der Vormund und die Mitglieder der Vormundschaftsbehörde zugleich haftbar, so haften letztere nur für das, was vom Vormund nicht erhältlich ist.

² Sind die Mitglieder der Aufsichtsbehörde und diejenigen der Vormundschaftsbehörde zugleich haftbar, so haften die erstern nur für das, was von den letztern nicht erhältlich ist.

³ Aus Arglist haften alle verantwortlichen Personen unmittelbar und solidarisch.

Art. 429a

C. Fürsorgerische Freiheitsentziehung

¹ Wer durch eine widerrechtliche Freiheitsentziehung verletzt wird, hat Anspruch auf Schadenersatz und, wo die Schwere der Verletzung es rechtfertigt, auf Genugtuung.

² Haftbar ist der Kanton unter Vorbehalt des Rückgriffs gegen die Personen, welche die Verletzung absichtlich oder grobfahrlässig verursacht haben.

Art. 430

D. Geltendmachung

¹ Über die Verantwortlichkeitsklage gegen den Vormund und die Mitglieder der vormundschaftlichen Behörden sowie gegen die Gemeinden oder Kreise und den Kanton entscheidet der Richter.

² Die Klage aus der Verantwortlichkeit darf nicht von der vorgängigen Prüfung durch eine Verwaltungsbehörde abhängig gemacht werden.

Vormund und Behörden müssen ihr Amt sorgfältig führen. Sie haften nicht bloss für arglistiges oder grobfahrlässiges Verhalten. Auch leichte Fahrlässigkeit führt zur Schadenersatzpflicht. Grob ist die Fahrlässigkeit bei Verletzung der elementarsten Vorsichtsgebote, leicht fahrlässig handelt, wer bloss unvorsichtig ist. Diese Bestimmungen gelten auch für Beistand und Beirat.

Eine Haftung ist nur gegeben, wenn der Schaden durch eine pflichtwidrige Handlung oder Unterlassung der Amtsträger entstanden ist. So wurde beispielsweise die Haftung eines Vormundes verneint, dessen Mündel ohne sein Wissen Waren im Wert von 700 000 Franken bestellt hatte. Das Bundesgericht dazu (BGE 115 II 15): «Besondere Vorkehren, um Beeinträchtigungen des Vermögens von Drittpersonen zu verhindern, hat der Vormund nur zu treffen, wenn gewichtige Anzeichen bestehen, dass bedeutende Drittinteressen einer hohen Gefährdung ausgesetzt sind.»

Die Klage ist beim Zivilrichter am Wohnsitz des Vormunds oder am Wirkungsort der Behörde anzubringen (Art. 430). Wer haftet in welcher Reihenfolge? Trifft den Vormund ein Verschulden, haftet er. Reicht sein Vermögen zur Deckung des Schadens nicht aus, kann der Rest von der Vormundschaftsbehörde verlangt werden, wenn sie ebenfalls schuldhaft gehandelt, zum Beispiel ihre Aufsichtspflicht vernachlässigt hat. Hätte die Vormundschaftsbehörde kein Geld (was kaum je zutreffen wird), käme die Aufsichtsbehörde zur Kasse – sofern auch ihr ein Vorwurf gemacht werden kann. Dieses Prinzip nennt man *Kaskadenhaftung*, im Gegensatz zur solidarischen Haftung, bei der man wählen kann, von wem man den Schadenersatz fordert.

Solidarisch, also gemeinsam mit dem Vormund, haften die Behörden dann, wenn sie den Schaden erheblich mitverursacht haben. Solidarisch haften auch alle, die arglistig gehandelt haben, so etwa ein Behördenmitglied, das mit einem Vormund zusammen Wertschriften des Mündels veruntreut.

Innerhalb der Vormundschaftsbehörde haften alle Mitglieder entsprechend ihrem Verschulden anteilmässig. Nur wenn diese Mitglieder den Schaden nicht selber decken können, haftet der Kanton (Art. 427 Abs. 1).

Bei einem ungerechtfertigten fürsorgerischen Freiheitsentzug haftet demgegenüber zuerst der Kanton (Art. 429a), hat aber allenfalls ein Rückgriffsrecht auf Behördenmitglieder oder Vormund, wenn diese grobfahrlässig gehandelt haben. Die Frage lautet: War die Einweisung im Zeitpunkt der Verfügung korrekt, oder war sie widerrechtlich? Die Behörden haben einen weiten Ermessensspielraum; wird dieser missbraucht oder überschritten, haftet der Kanton. Zur Diskussion stehen Schadenersatzansprüche und allenfalls eine Genugtuung, wenn der Eingewiesene in seinen persönlichen Verhältnissen schwer verletzt wurde.

Die Vormundschaft ist zu Ende

Wenn die Vormundschaft beendigt ist, gelangen die Bevormundeten wieder in den Besitz ihrer Handlungsfähigkeit, falls nicht eine andere Massnahme angeordnet wird. Damit endigt auch das Amt des Betreuers, der aber noch den Papierkram in Form eines Schlussberichts und der Schlussrechnung erledigen muss.

Nicht mehr bevormundet

Zwölfter Titel: Das Ende der Vormundschaft

Erster Abschnitt: Das Ende der Bevormundung

Art. 431

A. Bei Unmündigen

¹ Die Vormundschaft über eine unmündige Person hört mit dem Zeitpunkt auf, da die Mündigkeit eintritt.

² Bei der Mündigerklärung setzt die zuständige Behörde zugleich den Zeitpunkt fest, mit dem die Mündigkeit eintritt, und ordnet die Veröffentlichung in einem amtlichen Blatte an.

Art. 432

B. Bei Verurteilten

¹ Die Vormundschaft über eine zu Freiheitsstrafe verurteilte Person hört auf mit der Beendigung der Haft.

² Die zeitweilige oder bedingte Entlassung hebt die Vormundschaft nicht auf.

Art. 433

C. Bei andern Bevormundeten
I. Voraussetzung der Aufhebung

¹ Die Vormundschaft über andere Personen endigt mit der Aufhebung durch die zuständige Behörde.

² Die Behörde ist zu dieser Aufhebung verpflichtet, sobald ein Grund zur Bevormundung nicht mehr besteht.

³ Der Bevormundete sowie jedermann, der ein Interesse hat, kann die Aufhebung der Vormundschaft beantragen.

Art. 434

II. Verfahren
1. Im allgemeinen

¹ Die Ordnung des Verfahrens erfolgt durch die Kantone.

² Die Weiterziehung an das Bundesgericht bleibt vorbehalten.

Art. 435

2. Veröffentlichung

¹ Wurde die Entmündigung veröffentlicht, so ist auch die Aufhebung zu veröffentlichen.

² Die Wiedererlangung der Handlungsfähigkeit hängt von der Veröffentlichung nicht ab.

Art. 436

3. Bei Geisteskrankheit

Die Aufhebung einer wegen Geisteskrankheit oder Geistesschwäche angeordneten Vormundschaft darf nur erfolgen, nachdem das Gutachten von Sachverständigen eingeholt und festgestellt ist, dass der Bevormundungsgrund nicht mehr besteht.

Art. 437

4. Bei Verschwendung, Trunksucht, lasterhaftem Lebenswandel, Misswirtschaft

Die Aufhebung einer wegen Verschwendung, Trunksucht, lasterhaften Lebenswandels oder wegen der Art und Weise der Vermögensverwaltung angeordneten Vormundschaft darf der Bevormundete nur dann beantragen, wenn er seit mindestens einem Jahre mit Hinsicht auf den Bevormundungsgrund nicht mehr Anlass zu Beschwerden gegeben hat.

Art. 438

5. Bei eigenem Begehren

Die Aufhebung einer auf eigenes Begehren des Bevormundeten angeordneten Vormundschaft darf nur erfolgen, wenn der Grund des Begehrens dahingefallen ist.

Art. 439

D. Im Falle der Beistandschaft
I. Im allgemeinen

¹ Die Vertretung durch den Beistand hört auf mit der Erledigung der Angelegenheit, für die er bestellt worden ist.

² Die Vermögensverwaltung hört auf, sobald der Grund, aus dem sie angeordnet wurde, weggefallen und der Beistand entlassen ist.

³ Die Beistandschaft des Beirates endigt mit der Aufhebung durch die zuständige Behörde nach den Vorschriften über die Aufhebung der Vormundschaft.

Art. 440

II. Veröffentlichung

Das Aufhören der Beistandschaft ist in einem amtlichen Blatt zu veröffentlichen, wenn deren Anordnung veröffentlicht wurde oder die Vormundschaftsbehörde es sonst für angezeigt erachtet.

Die Behörde müsste von sich aus tätig werden, wenn eine Vormundschaft nicht mehr nötig ist. In der Praxis geschieht dies allerdings viel zu selten. Bevormundete werden verwaltet, statt dass man sie auf ein Leben ohne Betreuung vorbereitet. Natürlich ist in vielen Fällen eine lebenslange Vormundschaft vorprogrammiert. Hauptziel der vormundschaftlichen Massnahme muss es aber sein, sich selbst überflüssig oder eine mildere Massnahme möglich zu machen.

Wer eine Beistandschaft auf eigenes Begehren errichten liess, kann diese Massnahme jederzeit wieder aufheben lassen. Anders bei den Verbeirateten und Bevormundeten: Sie müssen dartun, dass der Grund für die vormundschaftliche Massnahme weggefallen ist.

Ein Jahr Wohlverhalten wird von denjenigen verlangt, die nach Artikel 370 wegen Verschwendung, Trunksucht, lasterhaftem Lebenswandel oder Misswirtschaft bevormundet worden sind. Für Geisteskranke gibt es keine solche Frist; für sie darf eine Bevormundung aber nur mit dem Segen eines ärztlichen Gutachtens aufgehoben werden. Dies gilt auch für die Aufhebung einer kombinierten Beiratschaft, obwohl eine entsprechende Vorschrift fehlt.

Bei Minderjährigen hört die Vormundschaft mit dem Erreichen der Mündigkeit auf (Art. 431), bei Strafgefangenen mit der Entlassung aus der Haft (Art. 432). Alle anderen Vormundschaften enden mit der Aufhebung durch die zuständige Behörde. Weigern sich die Behörden, einem Begehren um Aufhebung der Vormundschaft zu entsprechen, kann letztinstanzlich das Bundesgericht angerufen werden.

Gemäss einem Entscheid des Bundesgerichts (BGE 117 II 379) müssen Betroffene auch bei einem Begehren um Aufhebung der Vormundschaft von einer Delegation der entscheidenden Behörde angehört werden. Es sei nicht einzusehen, warum beim Entscheid über das Fortführen der Vormundschaft weniger strenge Verfahrensgarantien gelten sollten als für die Bevormundung selber.

Die Vertretungsbeistandschaft endigt mit der Erledigung der Angelegenheit, für die sie eingerichtet wurde (Art. 439 Abs. 1). Alle anderen Beirat- und Beistandschaften werden durch Beschluss der Behörde aufgehoben (Art. 439 Abs. 2 und 3).

Ist eine Vormundschaft aufzuheben, wenn sie sich als zwecklos erweist, weil das Mündel sich beispielsweise beharrlich jeglicher persönlicher Fürsorge entzieht? Das Gesetz sagt dazu nichts, doch erwecken einzelne Entscheide den Eindruck von Zweckoptimismus: Ein ganz klein bisschen mache die Massnahme immer noch Sinn...

Wie schon bei der Anordnung, muss auch bei der Aufhebung die Stufenfolge der vormundschaftlichen Massnahmen berücksichtigt werden. Es kann beispielsweise sein, dass die Gründe für eine Bevormundung weggefallen sind und die konkreten Umstände nach einer milderen Massnahme (Beirat- oder Beistandschaft) rufen.

Der Vormund hört auf

Zweiter Abschnitt: Das Ende des vormundschaftlichen Amtes

Art. 441

A. Handlungsunfähigkeit, Tod

Das Amt des Vormundes hört mit dem Zeitpunkt auf, da er handlungsunfähig wird oder stirbt.

Art. 442

B. Entlassung, Nichtwiederwahl
I. Ablauf der Amtsdauer

Das Amt des Vormundes hört auf mit Ablauf der Zeit, für die er bestellt worden ist, sofern er nicht bestätigt wird.

Art. 443

II. Eintritt von Ausschliessungs- oder Ablehnungsgründen

¹ Tritt während der Vormundschaft ein Ausschliessungsgrund ein, so hat der Vormund das Amt niederzulegen.

² Tritt ein Ablehnungsgrund ein, so kann der Vormund in der Regel die Entlassung vor Ablauf der Amtsdauer nicht verlangen.

Art. 444

III. Pflicht zur Weiterführung

Der Vormund ist verpflichtet, die notwendigen Geschäfte der Vormundschaft weiter zu führen, bis sein Nachfolger das Amt übernommen hat.

Art. 445

C. Amtsenthebung
I. Gründe

¹ Macht sich der Vormund einer groben Nachlässigkeit oder eines Missbrauchs seiner amtlichen Befugnisse schuldig, begeht er eine Handlung, die ihn der Vertrauensstellung unwürdig erscheinen lässt, oder wird er zahlungsunfähig, so ist er von der Vormundschaftsbehörde seines Amtes zu entheben.

² Genügt er seinen vormundschaftlichen Pflichten nicht, so kann ihn die Vormundschaftsbehörde, auch wenn ihn kein Verschulden trifft, aus dem Amte entlassen, sobald die Interessen des Bevormundeten gefährdet sind.

Art. 446

II. Verfahren
1. Auf Antrag und von Amtes wegen

¹ Die Amtsenthebung kann sowohl von dem Bevormundeten, der urteilsfähig ist, als auch von jedermann, der ein Interesse hat, beantragt werden.

² Wird der Vormundschaftsbehörde auf anderem Wege ein Enthebungsgrund bekannt, so hat sie von Amtes wegen zur Enthebung zu schreiten.

Art. 447

2. Untersuchung und Bestrafung

¹ Vor der Enthebung hat die Vormundschaftsbehörde die Umstände des Falles zu untersuchen und den Vormund anzuhören.

² Bei geringen Unregelmässigkeiten kann die Enthebung bloss angedroht und dem Vormund eine Busse bis auf 100 Franken auferlegt werden.

Art. 448

3. Vorläufige Massregeln

Ist Gefahr im Verzuge, so kann die Vormundschaftsbehörde den Vormund vorläufig im Amte einstellen und nötigenfalls seine Verhaftung und die Beschlagnahme seines Vermögens veranlassen.

Art. 449

4. Weitere Massregeln

Neben der Amtsenthebung und der Verhängung von Strafen hat die Vormundschaftsbehörde die zur Sicherung des Bevormundeten nötigen Massregeln zu treffen.

Art. 450

5. Beschwerde

Gegen die Verfügungen der Vormundschaftsbehörde kann die Entscheidung der Aufsichtsbehörde angerufen werden.

Das Amt des Vormunds wird automatisch aufgehoben, wenn er stirbt oder selbst handlungsunfähig wird. Aus seinem Amt entlassen werden kann der Vormund, wenn ihn die Behörde nicht wiederwählt, wenn er es selber verlangt oder wenn Ablehnungsgründe vorliegen.

Wird das Mündel aus der Vormundschaft entlassen, teilt ihm die Behörde in einer Verfügung mit, die Vormundschaft sei aufgehoben und der Vormund müsse den Fall abschliessen. Aber auch wenn die vormundschaftliche Massnahme automatisch aufhört (Erreichen der Mündigkeit, Ende der Freiheitsstrafe), bedarf es einer Entlassung des Vormunds, Beistands oder Beirats durch ausdrücklichen Beschluss der Vormundschaftsbehörde (Art. 435 Abs. 1).

Sehr selten nur wird ein Vormund seines Amtes enthoben, etwa bei grober Pflichtverletzung oder Amtsmissbrauch und bei Zahlungsunfähigkeit. Es gibt kaum Entscheide über solche Fälle. Gelegentlich berichtet die Presse von Vormündern, die Gelder ihrer Mündel veruntreuen und dafür strafrechtlich verfolgt werden.

Was folgt nach dem Ende?

Dritter Abschnitt: Die Folgen der Beendigung

Art. 451

A. Schlussrechnung und Vermögensübergabe

Geht das vormundschaftliche Amt zu Ende, so hat der Vormund der Vormundschaftsbehörde einen Schlussbericht zu erstatten und eine Schlussrechnung einzureichen sowie das Vermögen zur Übergabe an den Bevormundeten, an dessen Erben oder an den Amtsnachfolger bereit zu halten.

Art. 452

B. Prüfung des Schlussberichtes und der Schlussrechnung

Der Schlussbericht und die Schlussrechnung werden durch die vormundschaftlichen Behörden in gleicher Weise geprüft und genehmigt wie die periodische Berichterstattung und Rechnungsstellung.

Art. 453

C. Entlassung des Vormundes

[1] Sind der Schlussbericht und die Schlussrechnung genehmigt und das Mündelvermögen dem Bevormundeten, dessen Erben oder dem Amtsnachfolger zur Verfügung gestellt, so spricht die Vormundschaftsbehörde die Entlassung des Vormundes aus.

[2] Die Schlussrechnung ist dem Bevormundeten, dessen Erben oder dem neuen Vormunde zuzustellen unter Hinweis auf die Bestimmungen über die Geltendmachung der Verantwortlichkeit.

[3] Gleichzeitig ist ihnen von der Entlassung des Vormundes oder von der Verweigerung der Genehmigung der Schlussrechnung Mitteilung zu machen.

Der Vormund hat einen Schlussbericht und eine Schlussrechnung zu verfassen. Er übergibt das Vermögen dem Mündel oder bei dessen Tod den Erben. Dem Vormund wird, wenn alles in Ordnung ist, von der Behörde Décharge erteilt; der Bevormundete erhält davon Kenntnis. Er wird auch darauf hingewiesen, dass er bei schuldhaftem Verhalten des Vormunds oder der Behörden allenfalls eine Verantwortlichkeitsklage erheben kann.

Verjährung der Ansprüche des Mündels

D. Geltendmachung der Verantwortlichkeit
I. Ordentliche Verjährung

Art. 454

¹ Die Verantwortlichkeitsklage gegenüber dem Vormund und den unmittelbar haftbaren Mitgliedern der vormundschaftlichen Behörden verjährt mit Ablauf eines Jahres nach Zustellung der Schlussrechnung.

² Gegenüber den Mitgliedern der vormundschaftlichen Behörden, die nicht unmittelbar haftbar sind, sowie gegenüber den Gemeinden oder Kreisen und dem Kanton verjährt die Klage mit Ablauf eines Jahres, nachdem sie erhoben werden konnte.

³ Die Verjährung der Klage gegen die Mitglieder der vormundschaftlichen Behörden, gegen die Gemeinden oder Kreise oder den Kanton beginnt in keinem Falle vor dem Aufhören der Vormundschaft.

II. Ausserordentliche Verjährung

Art. 455

¹ Liegt ein Rechnungsfehler vor oder konnte ein Verantwortlichkeitsgrund erst nach Beginn der ordentlichen Verjährungsfrist entdeckt werden, so verjährt die Verantwortlichkeitsklage mit Ablauf eines Jahres, nachdem der Fehler oder der Verantwortlichkeitsgrund entdeckt worden ist, in jedem Falle aber mit Ablauf von zehn Jahren seit Beginn der ordentlichen Verjährungsfrist.

² Wird die Verantwortlichkeitsklage aus einer strafbaren Handlung hergeleitet, so kann sie auch nach Ablauf dieser Fristen noch so lange geltend gemacht werden, als die Strafklage nicht verjährt ist.

E. Vorrecht der Ersatzforderung

Art. 456

Bei der Pfändung und im Konkurse des Vormundes oder der Mitglieder der vormundschaftlichen Behörden hat die Ersatzforderung des Bevormundeten ein Vorrecht nach dem Bundesgesetz vom 11. April 1889 über Schuldbetreibung und Konkurs.

Es gibt zwei Verjährungsfristen für Ansprüche des Mündels gegen den Vormund und seine Amtsführung:
- Die **ordentliche** Frist bei fahrlässiger oder absichtlicher Verursachung eines Schadens beträgt bloss ein Jahr. Die Frist für die Klage gegen den

Vormund beginnt mit der Zustellung der Schlussrechnung an den Bevormundeten zu laufen. Die subsidiäre (nachfolgende) Klagefrist gegen die Behörde fängt erst zu laufen an, wenn feststeht, wieviel der Bevormundete vom primär haftenden Vormund erhalten hat.
- Die **ausserordentliche** Frist wegen Rechnungsfehlern oder nachträglich bemerkten Verantwortlichkeitsgründen (zum Beispiel unvorsichtige Vermögensanlage) endigt ein Jahr nach der Entdeckung des Fehlers. Die absolute Verjährungsfrist beträgt zehn Jahre. Entdeckt man einen Fehler erst nach diesen zehn Jahren, kann nicht mehr geklagt werden.

Die Frist für Verantwortlichkeitsansprüche wegen eines unberechtigten fürsorgerischen Freiheitsentzugs eines Mündels (Art. 429a) beginnt erst mit der Aufhebung der Vormundschaft zu laufen. Wenn keine Vormundschaft besteht, verjähren Ansprüche aus dem fürsorgerischen Freiheitsentzug ein Jahr nach dessen Aufhebung.

In einem Konkurs des Vormunds sind die Forderungen des Mündels privilegiert und in der zweiten Klasse (von fünfen) eingeteilt (Art. 219 des Schuldbetreibungs- und Konkursgesetzes). Die Guthaben in einem Konkursverfahren werden zuerst an die Privilegierten der ersten, dann an die der zweiten Klasse ausbezahlt.

Erbrecht 6

Franz M. ist jung gestorben. Er hinterlässt seine Frau, Kinder, Geschwister und Eltern. In seinem Nachlass befindet sich ein Haus, das mit hohen Hypotheken finanziert ist, Wertschriften in beträchtlicher Höhe, zudem eine Arztpraxis. Was soll damit geschehen? Soll die Familie alles erhalten? Gehören Eltern und Geschwister auch dazu? Soll der Sohn, der ebenfalls Arzt ist, die Praxis erben und die Tochter leer ausgehen? Durfte Herr M. testamentarisch einen grossen Teil seines Vermögens seiner Freundin vermachen, mit der er seit Jahren zusammengelebt hat? Oder fällt gar der ganze Nachlass an den Staat?

Das sind Fragen, auf die das Erbrecht eine Antwort gibt. In der ersten Abteilung wird geregelt, wer zum Kreis der Erben gehört, was eine Erblasserin oder ein Erblasser «von Todes wegen» anordnen kann und welchen Formvorschriften Testament und Erbvertrag genügen müssen. In der zweiten Hälfte des Erbrechts ist festgehalten, wie die Erbschaft auf die Gesamtheit der Erben (Erbengemeinschaft) und dann von der Gemeinschaft auf die einzelnen Teilhaberinnen und Teilhaber übergeht. Es ist die Rede von Sicherheitsvorschriften, Teilungsregeln, Ausgleich von Erbvorbezügen, Ausschlagen einer überschuldeten Erbschaft etc.

Wer erbt?

Im Erbrecht der Römer und Germanen ging es nicht primär um eine Zuordnung von Vermögen und Wertgegenständen, sondern um eine Neuordnung der Herrschaftsverhältnisse über Familie und Hof. Bei den Römern bewirkte der Tod des pater familias (Familienvater), der die Macht über alle Personen und das gesamte Vermögen der Familie hatte, dass die (männlichen) Kinder nun volle Rechtsfähigkeit erhielten. Bei den Germanen ging es um den Übergang des Hofes, auf dem die ganze Grossfamilie lebte, auf einen neuen Herrn. Erst mit dem Aufkommen und der gesetzlichen Verankerung des Privateigentums im 18. und 19. Jahrhundert wandelte sich diese Regelung der Macht- und Familienverhältnisse zur Vorstellung, dass ein Erblasser seinen Nachlass im Rahmen der gesetzlichen Bestimmungen jemandem zuwenden kann und dass die Erben ihren Anteil zu privatem Eigentum erhalten.

Auch das heutige schweizerische Erbrecht geht vom Grundgedanken aus, dass Menschen letztwillig (mit Testament oder Erbvertrag, siehe Art. 467, Seite 436) darüber bestimmen können, was nach ihrem Tod mit ihrem Vermögen geschehen soll, wer also erben soll. Diese Verfügungsfreiheit ist allerdings beschränkt; die Familie wird vom Erbrecht bevorzugt behandelt. Das zeigt sich sowohl in der gesetzlichen Erbfolge, welche auf der Familienangehörigkeit beruht, als auch im Pflichtteilsrecht der überlebenden Ehegattin (bzw. des Ehegatten), der Nachkommen und allenfalls auch der Eltern (siehe Art. 471).

Das Erbrecht ist also ein konservatives Rechtsgebiet, das nicht allen heutigen Formen von Lebensgemeinschaften genügend Rechnung trägt. Der Familiengedanke hat sicher da seine Berechtigung, wo die Familienangehörigen sich gegenseitig Unterstützung und Fürsorge leisten. Aber gerade die Fürsorge wird zunehmend vom Gemeinwesen übernommen. Und die vielen Lebenspartner ohne Trauschein, die genauso für einander sorgen, finden in der gesetzlichen Regelung keinen Platz.

Weil die Berechtigung, grosse Vermögen in einer Familie anzuhäufen, umstritten ist, weil beim Erbgang Unternehmen auch unter inkompetenten Einfluss geraten, weil durch Konzentration einerseits «Riesenunternehmen» entstehen können, auf der anderen Seite vor allem in der Landwirtschaft die Zersplitterung ein Problem darstellt, hat es schon immer kritische Überlegungen gegeben, das Erbrecht sei grundsätzlich abzuschaffen. Einziges Zugeständnis an diese Kritik ist die Erbschaftssteuer, welche allerdings nicht im ZGB, sondern in kantonalen Steuergesetzen geregelt ist und in verschiedenen Ländern weit höher ausfällt als in der Schweiz.

Blutsverwandte zuerst

Dritter Teil: Das Erbrecht

Erste Abteilung: Die Erben

Dreizehnter Titel: Die gesetzlichen Erben

Art. 457

A. Verwandte Erben
I. Nachkommen

¹ Die nächsten Erben eines Erblassers sind seine Nachkommen.

² Die Kinder erben zu gleichen Teilen.

³ An die Stelle vorverstorbener Kinder treten ihre Nachkommen, und zwar in allen Graden nach Stämmen.

Art. 458

II. Elterlicher Stamm

¹ Hinterlässt der Erblasser keine Nachkommen, so gelangt die Erbschaft an den Stamm der Eltern.

² Vater und Mutter erben nach Hälften.

³ An die Stelle von Vater oder Mutter, die vorverstorben sind, treten ihre Nachkommen, und zwar in allen Graden nach Stämmen.

⁴ Fehlt es an Nachkommen auf einer Seite, so fällt die ganze Erbschaft an die Erben der andern Seite.

Art. 459

III. Grosselterlicher Stamm

¹ Hinterlässt der Erblasser weder Nachkommen noch Erben des elterlichen Stammes, so gelangt die Erbschaft an den Stamm der Grosseltern.

² Überleben die Grosseltern der väterlichen und die der mütterlichen Seite den Erblasser, so erben sie auf jeder Seite zu gleichen Teilen.

³ An die Stelle eines vorverstorbenen Grossvaters oder einer vorverstorbenen Grossmutter treten ihre Nachkommen, und zwar in allen Graden nach Stämmen.

⁴ Ist der Grossvater oder die Grossmutter auf der väterlichen oder der mütterlichen Seite vorverstorben, und fehlt es auch an Nachkommen des Vorverstorbenen, so fällt die ganze Hälfte an die vorhandenen Erben der gleichen Seite.

⁵ Fehlt es an Erben der väterlichen oder der mütterlichen Seite, so fällt die ganze Erbschaft an die Erben der andern Seite.

Art. 460

IV. Umfang der Erbberechtigung

Mit dem Stamm der Grosseltern hört die Erbberechtigung der Verwandten auf.

Wenn keine, eine ungültige oder eine nicht die gesamte Erbschaft umfassende Verfügung vorliegt, tritt die *gesetzliche Erbfolge* ein. Der effektive Kontakt der Erben zum Verstorbenen, Zu- oder Abneigungen sind nicht entscheidend. Ein Freund, eine unverheiratete Lebensgefährtin oder eine aufopfernde Betreuungsperson sind ausgeschlossen.

Die gesetzliche Erbfolge beruht auf einem *Parentelensystem* (siehe Abbildung). Das Gesetz verwendet für «Parentel» den Begriff Stamm (beispielsweise in Art. 458 Abs. 1). Derselbe Begriff wird aber auch für die Unterteilung einer Parentel verwendet (etwa in Art. 458 Abs. 3 für die Unterteilung der elterlichen Parentel in die Stämme der Schwester, des Bruders etc.). In diesem Kommentar wird für die erste Bedeutung konsequent der Begriff Parentel gesetzt.

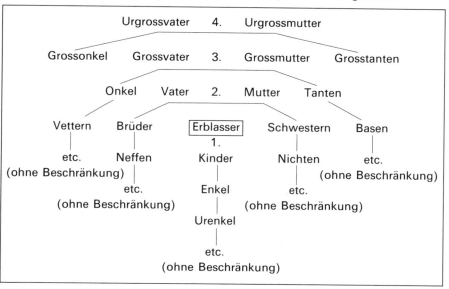

Schema der Parentelenordnung (die zu einer Parentel Gehörenden sind durch Striche verbunden)

Die gesetzliche Ordnung bestimmt, in welcher Reihenfolge Familienangehörige erben können. Das Erbrecht der Familie ist auf drei Parentelen beschränkt. Nicht zu den Parentelen gehören beispielsweise der Stiefvater oder die Schwägerin, denn sie sind nicht blutsverwandt und deshalb keine gesetzlichen Erben. Auch die überlebende Ehegattin oder der Ehegatte sind nicht blutsverwandt; sie erben aber immer zusätzlich neben den Parentelen (siehe Art. 462). Wenn keine Familienangehörigen im Sinn des Parentelensystems vorhanden sind, erbt das Gemeinwesen (siehe Art. 466).

Das Gesetz enthält fünf Grundregeln:

1. Erben aus einer dem Verstorbenen *näherstehenden Parentel* schliessen solche aus der nachfolgenden Parentel aus. Leben zum Beispiel Kinder einer Erblasserin zum Zeitpunkt ihres Todes, dann ist die Parentel der Eltern ausgeschlossen; bei einer Erblasserin ohne Kinder, aber mit noch lebenden Eltern ist die Parentel der Grosseltern ausgeschlossen.

2. Innerhalb einer Parentel erbt nur die *oberste Generation*, es sei denn, dass eine Person dieser Generation als Erbe ausfällt. Leben also beide Eltern noch, so erben die Geschwister der Erblasserin nichts.

3. Geschwister in der gleichen Parentel erben untereinander gleich viel *(Gleichheitsprinzip)*.

4. Fällt eine Person als Erbe ausser Betracht, zum Beispiel weil sie vor der Erblasserin gestorben ist, die Erbschaft ausschlägt (siehe Art. 572), enterbt wurde (Art. 478) oder erbunwürdig ist (Art. 541), so treten ihre Kinder an ihre Stelle *(Eintrittsprinzip).* Dazu ein Beispiel:

Der Erblasser, ein Witwer, hinterlässt zwei Söhne und eine Tochter. Eine weitere Tochter ist vorverstorben; aus ihrer Ehe sind zwei Nachkommen hervorgegangen. Wer erbt? Die lebenden Kinder je ¼; die zwei Nachkommen der vorverstorbenen Tochter zusammen ebenfalls ¼ (an Stelle ihrer Mutter).

♀ Emma ¼	²⁄₈
♂ Heinz ¼	²⁄₈
♂ Hans ¼	²⁄₈
△ Lisa ¼ ─┬─ ♂ Urs ⅛	⅛
└─ ♂ Karl ⅛	⅛
	⁸⁄₈

Zeichenerklärung: ♀ Frau   ♂ Mann   ▲ Erblasser oder Erblasserin   △ vorverstorben

Wäre auch der Sohn Hans vorverstorben und hätte drei Nachkommen hinterlassen, würden diese an Stelle ihres Vaters erben. Wäre zudem noch Enkel Karl vorverstorben und hätte zwei Nachkommen hinterlassen, ergäbe sich folgendes Bild:

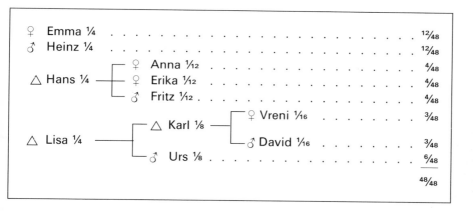

5. Treten keine Nachkommen an die Stelle eines ausgefallenen Erben, so kommt sein Teil den gleichstufigen Miterben zugut *(Anwachsungsprinzip)*. Primär erfolgt die Anwachsung zugunsten des eigenen Stammes. Ein Beispiel:

Vater und Schwester einer kinderlosen Erblasserin sind vorverstorben; sie hinterlässt ihre Mutter, einen Halbbruder sowie eine Nichte und einen Neffen. Nichte und Neffe erben je ¼, die Mutter ½. Wenn der Neffe zum Beispiel das Erbe ausschlägt, wächst sein Teil der Nichte an. Wenn Nichte und Neffe ausfallen, erbt die Mutter alles. Wenn auch die Mutter vorverstorben wäre, würde der Halbbruder erben.

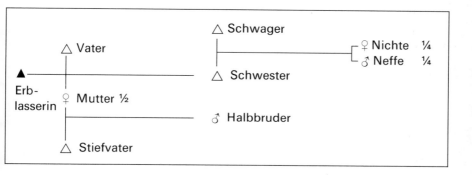

Und schliesslich ein Beispiel für das Zusammenspiel der verschiedenen Regeln:
Der kinderlose Erblasser hinterlässt eine Stiefmutter (A), eine Schwester (B), einen Halbbruder (F) und vier Nichten (G bis K) von vorverstorbenen Geschwistern (C und D). Die leiblichen Eltern sind beide gestorben.

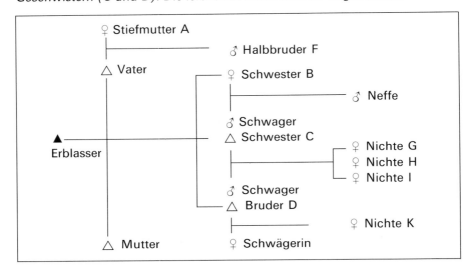

1. Stiefmutter A fällt ausser Betracht.
2. Der Anteil der Mutter verteilt sich auf die Stämme B,C und D, derjenige des Vaters geht an die Stämme B, C, D und den Halbbruder F.
   B erhält . . . . $1/3 \times 1/2 + 1/4 \times 1/2 = 7/24$
   Auf die Stämme C und D fällt je . . . . $1/3 \times 1/2 + 1/4 \times 1/2 = 7/24$
   F erhält . . . . $1/4 \times 1/2 = 3/24$
3. Die Nichten G bis K treten in die Anteile ihrer verstorbenen Mutter C bzw. ihres Vaters D ein.
   G, H, I erhalten je . . . . $1/3 \times 7/24 = 7/72$
   K erhält . . . . $7/24 = 21/72$
4. Schwager und Schwägerinnen fallen ausser Betracht, ebenso der Neffe, dessen Mutter B Erbin ist.
5. Es ergibt sich folgende Erbaufteilung:
   B . . . . $7/24 = 21/72$
   G, H, I je . . . . $7/72 = 21/72$
   K . . . . $7/24 = 21/72$
   F . . . . $3/24 = 9/72$

   Total . . . . $72/72$

Aussereheliche Verwandte

Die Unterscheidung zwischen ehelichen und ausserehelichen Verwandten ist überholt; der entsprechende Artikel 461 wurde aufgehoben. Das frühere Recht, wonach ein ausserehliches Kind (und seine Nachkommen) nur beim mütterlichen Erbteil den ehelichen gleichgestellt war, gilt nur noch in den seltenen Fällen, bei denen die Zahlvaterschaft nicht dem neuen Recht unterstellt wurde und der Erblasser vor dem 1. Juli 1978 gestorben ist.

Adoptivkinder

Nur Blutsverwandte sowie die Ehegattin oder der Gatte sind gesetzliche Erben. Halb- oder Stiefverwandte gehen leer aus, es sei denn, sie treten an die Stelle eines vorverstorbenen Blutsverwandten. Eine weitere Ausnahme von der Blutsverwandtschaft bilden die Adoptivkinder. Seit dem 1. April 1973 gibt es nur noch die Volladoption (siehe Art. 267, Seite 279). Adoptivkinder werden im Erbrecht heute gleich behandelt wie leibliche Kinder. Ihr Erbrecht zu den leiblichen Eltern erlischt. Die frühere Regelung, welche Adoptivkinder erbrechtlich stärker in der leiblichen Familie beliess, gilt also nur noch für die seltenen altrechtlichen Adoptionen, die nicht dem neuen Recht unterstellt wurden.

Überlebende Ehegatten erben mit

B. Überlebender Ehegatte

Art. 462

Der überlebende Ehegatte erhält:

1. wenn er mit Nachkommen zu teilen hat, die Hälfte der Erbschaft;

2. wenn er mit Erben des elterlichen Stammes zu teilen hat, drei Viertel der Erbschaft;

3. wenn auch keine Erben des elterlichen Stammes vorhanden sind, die ganze Erbschaft.

Überlebende Ehegatten sind immer Erben. Je entfernter die anderen Erben sind, desto grösser ist ihr Anteil. Wenn Kinder da sind, beträgt dieser Erbteil ½, unabhängig von der Anzahl der Kinder. Erben Ehegatten zusammen mit der elterlichen Parentel, beträgt ihr Anteil ¾. Ein Beispiel:

Franz V. hinterlässt seine Ehefrau Lena, seinen Vater und zwei Geschwister. Aus der Ehe sind keine Kinder hervorgegangen. Die Ehefrau erbt ¾. Der Vater erhält die Hälfte von ¼, also ⅛. Der restliche ⅛ geht an die beiden Geschwister.

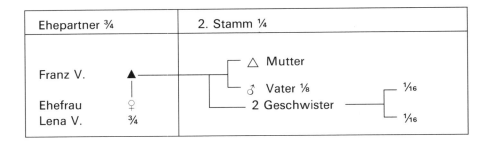

Sind neben dem überlebenden Ehegatten nur noch Erben der grosselterlichen Parentel vorhanden, fällt der ganze Nachlass an den überlebenden Ehegatten.

Güterrecht vor Erbrecht

Mit dem Tod wird die Ehe aufgelöst. Es kommt zur güterrechtlichen Auseinandersetzung. Dabei werden die Vermögensteile von Mann und Frau ausgeschieden, und die überlebende Ehegattin (oder der Ehegatte) erhält ihr Eigengut und die Hälfte der beiden Errungenschaften (beim ordentlichen Güterstand der Errungenschaftsbeteiligung, siehe auch Art. 181 ff., Seite 216). Erst das noch verbleibende Vermögen – also das Eigengut des Verstorbenen und die andere Hälfte der Errungenschaften – bildet den Nachlass, an dem die Ehegattin neben den übrigen Erben nochmals einen Anteil zugut hat.

Vor der Gesetzesänderung von 1988 waren die Erbteile der überlebenden Ehegatten kleiner. Waren Nachkommen vorhanden, betrug der Erbteil nur ¼. Daneben bestand jedoch das Recht, an Stelle des Eigentumsviertels die Hälfte des Nachlasses zur lebenslänglichen Nutzniessung zu wählen. Das war zum Beispiel ein Vorteil, wenn die überlebende Gattin auf diese Weise lebenslänglich im gemeinsamen Haus bleiben konnte. Dieses Problem ist im neuen Recht nun bei der Teilung der Erbschaft geregelt (siehe Art. 612a, Seite 517.)

Wann erbt der Staat?

D. Gemeinwesen

Art. 466

Hinterlässt der Erblasser keine Erben, so fällt die Erbschaft an den Kanton, in dem der Erblasser den letzten Wohnsitz gehabt hat, oder an die Gemeinde, die von der Gesetzgebung dieses Kantons als berechtigt bezeichnet wird.

Nach dem alten Recht hatten allenfalls noch lebende Urgrosseltern und die Geschwister der Grosseltern ein Nutzniessungsrecht neben dem Staat. Heute endet die gesetzliche Erbberechtigung der Verwandten ganz mit der grosselterlichen, dritten Parentel (siehe Art. 460), und das Erbe fällt unbelastet dem Staat zu. Das Gemeinwesen erbt auch, wenn die Erben unbekannt sind (siehe Art. 555).

Testament und Erbvertrag: die Verfügungen von Todes wegen

Mit den Verfügungen von Todes wegen können Menschen zu Lebzeiten bestimmen, was mit ihrem künftigen Nachlass geschehen soll. Für diese Verfügungen muss man sich an die vom Gesetz vorgesehenen Formen (Testament oder Erbvertrag) halten, die strenger sind als bei Rechtsgeschäften unter Lebenden.

Die Abgrenzung ist manchmal schwierig. Eine Verfügung von Todes wegen liegt vor, wenn sie ihre Wirkung erst im Nachlass, also nach dem Tod, entfaltet. Eine Vollmacht, die über den Tod der Vollmachtgeberin hinaus gelten soll, ist also keine letztwillige Verfügung, weil sie bereits zu Lebzeiten gilt. Auch keine letztwilligen Verfügungen sind zum Beispiel ein Vertrag, der beim Tod einer Person aufgelöst sein soll, oder die Abmachung, beim Tod eines Gesellschafters solle die Gesellschaft unter den Verbleibenden weitergeführt werden. Häufiger Anlass zu Streitigkeiten sind unentgeltliche Zuwendungen (Schenkungen) auf den Tod hin. Deshalb sieht das Gesetz vor, dass Schenkungsversprechen, die erst beim Tod des oder der Schenkenden vollziehbar sind, dem Erbrecht unterstellt werden (Art. 245 Abs. 2 OR). Problematisch ist auch die Begünstigung aus einer Lebensversicherung, welche formfrei erklärt werden kann, also nicht den strengen Vorschriften für Testament oder Erbvertrag unterliegt, je nach Vermögenslage aber die Pflichtteilsrechte der gesetzlichen Erbinnen und Erben verletzen kann (siehe Art. 476 und 522).

Wann ist eine Verfügung gültig?

Vierzehnter Titel: Die Verfügungen von Todes wegen

Erster Abschnitt: Die Verfügungsfähigkeit

Art. 467

A. Letztwillige Verfügung

Wer urteilsfähig ist und das 18. Altersjahr zurückgelegt hat, ist befugt, unter Beobachtung der gesetzlichen Schranken und Formen über sein Vermögen letztwillig zu verfügen.

Art. 468

B. Erbvertrag

Zur Abschliessung eines Erbvertrages bedarf der Erblasser der Mündigkeit.

C. Mangelhafter Wille

Art. 469

¹ Verfügungen, die der Erblasser unter dem Einfluss von Irrtum, arglistiger Täuschung, Drohung oder Zwang errichtet hat, sind ungültig.

² Sie erlangen jedoch Gültigkeit, wenn sie der Erblasser nicht binnen Jahresfrist aufhebt, nachdem er von dem Irrtum oder von der Täuschung Kenntnis erhalten hat oder der Einfluss von Zwang oder Drohung weggefallen ist.

³ Enthält eine Verfügung einen offenbaren Irrtum in bezug auf Personen oder Sachen, und lässt sich der wirkliche Wille des Erblassers mit Bestimmtheit feststellen, so ist die Verfügung in diesem Sinne richtig zu stellen.

Das Recht über den Nachlass zu verfügen, ist ein absolut höchstpersönliches Recht (siehe Seite 47). Es muss sicher sein, dass diese Verfügung ganz dem freien Wunsch und Willen des Erblassers oder der Erblasserin entspricht. Man muss daher urteilsfähig (siehe Art. 16, Seite 43) und 18 Jahre alt, für den Erbvertrag sogar mündig (siehe Art. 14, Seite 42) sein. Erblasser müssen selbst handeln, sie können sich nicht vertreten lassen.

Die Verfügung darf nicht unter Täuschung, Drohung, Zwang oder unter dem Einfluss von Irrtum zustande kommen. Eine mangelhafte Verfügung ist ungültig, muss aber innert einem Jahr angefochten werden (siehe Art. 519 bis 521, Seite 468). Wenn ein Erblasser jedoch den Mangel (Irrtum, Täuschung, Drohung) beheben könnte und dies binnen Jahresfrist nicht tut, dann soll die Verfügung gültig sein und kann nicht mehr angefochten werden. Ein offensichtlicher Irrtum bei der Bezeichnung von Personen oder Sachen kann im Sinn der wirklichen Meinung berichtigt werden. Wenn zum Beispiel der Neffe ein Klavier erhalten soll, das im Testament beschriebene Klavier jedoch längst verkauft ist und die Erblasserin das neu angeschaffte Klavier gemeint hat, bekommt der Neffe das Instrument trotz der falschen Bezeichnung im Testament.

Pflichtteile: Schranken der Verfügungsfreiheit

Zweiter Abschnitt: Die Verfügungsfreiheit

Art. 470

A. Verfügbarer Teil
I. Umfang der Verfügungsbefugnis

¹ Wer Nachkommen, Eltern oder den Ehegatten als seine nächsten Erben hinterlässt, kann bis zu deren Pflichtteil über sein Vermögen von Todes wegen verfügen.

II. Pflichtteil

² Wer keine der genannten Erben hinterlässt, kann über sein ganzes Vermögen von Todes wegen verfügen.

Art. 471

Der Pflichtteil beträgt:
1. für einen Nachkommen drei Viertel des gesetzlichen Erbanspruches;
2. für jedes der Eltern die Hälfte;
3. für den überlebenden Ehegatten die Hälfte.

Das Recht, über den Nachlass zu verfügen und damit die gesetzliche Erbfolge abzuändern, ist beschränkt zugunsten der Nachkommen und Eltern sowie des Ehegatten oder der Gattin; dies unabhängig davon, ob diese Personen auch Familiensinn aufweisen. Das alte Recht (vor dem 1. Januar 1988) nannte auch noch Pflichtteile für die Geschwister, welche durch die Kantone aufgehoben oder auf deren Nachkommen ausgedehnt werden konnten. Dieses Pflichtteilsrecht der Geschwister ist heute abgeschafft.

Pflichtteil ist immer eine Quote des gesetzlichen Erbteils. Wer also keinen gesetzlichen Erbanspruch hat, ist auch nicht pflichtteilsgeschützt. Wenn zum Beispiel Kinder erben, sind die Eltern des Erblassers ausgeschlossen. Überlebende Ehepartner sind immer geschützt, weil sie ja zusätzlich erben.

Für die Berechnung der Pflichtteilsquoten muss man immer zuerst die gesetzlichen Erbteile kennen. Hinterlässt ein Vater beispielsweise einen Nachlass von 200 000 Franken, bestehen folgende Pflichtteile:
- 150 000 Franken für die Tochter als einzige gesetzliche Erbin (gesetzlicher Erbteil das Ganze, Pflichtteil ¾ davon)
- 75 000 Franken für die Tochter, wenn die Ehefrau ebenfalls erbt, und 50 000 Franken für die Ehefrau (gesetzlicher Erbteil je die Hälfte, Pflichtteile: Tochter ¾, Ehefrau ½ davon)
- 100 000 Franken für die Ehefrau als einzige gesetzliche Erbin (gesetzlicher Erbteil das Ganze, Pflichtteil ½ davon)
- 100 000 Franken für die Eltern des Verstorbenen als einzige Erben (gesetzlicher Erbteil das Ganze, Pflichtteil ½ davon)
- 25 000 Franken für die Eltern, wenn die Ehefrau ebenfalls erbt (gesetzlicher Erbteil ¼, Pflichtteil ½ davon), und 75 000 Franken für die Ehefrau (gesetzlicher Erbteil ¾, Pflichtteil ½ davon).

Die verfügbare Quote

Frei verfügen können wir nur über den Teil des Nachlasses, der nicht pflichtteilsgeschützt ist, über die verfügbare Quote. Sie macht die Differenz zwischen der Summe aller Pflichtteile und dem gesamten Nachlass aus. In Bruchteilen ausgedrückt beträgt die verfügbare Quote:
- ¼ mit Kindern als einzigen gesetzlichen Erben
- ⅜ mit Kindern und Ehefrau (oder Ehemann) als gesetzlichen Erben
- ½, wenn nur die Frau oder der Mann erbt
- ½ mit Eltern als einzigen gesetzlichen Erben
- ½ mit Ehefrau (oder Mann) und Eltern als gesetzlichen Erben

Leben neben dem Ehepartner noch ein Elternteil des Verstorbenen und seine Geschwister, so erhöht sich die verfügbare Quote um ¹⁄₁₆, da die Geschwister den Anteil des bereits gestorbenen Elternteils erben, aber nicht pflichtteilsgeschützt sind. Erben nur ein Elternteil und die Geschwister des Verstorbenen, beträgt die verfügbare Quote gar ¾.

Diese verfügbare Quote kann der Erblasser beliebig verteilen; er kann sie wohltätigen Zwecken, Freundinnen etc. zukommen lassen oder auch einzelne Pflichtteilserben, zum Beispiel die überlebende Ehegattin, damit zusätzlich begünstigen. Gegenüber den pflichtteilsgeschützten Ehegatten sind Lebenspartner und Lebenspartnerinnen ohne Trauschein benachteiligt: Sie können nur im Rahmen der verfügbaren Quote begünstigt werden.

Zusätzliche Begünstigung der Ehegatten

Art. 473

IV. Begünstigung des Ehegatten

¹ Der Erblasser kann dem überlebenden Ehegatten durch Verfügung von Todes wegen gegenüber den gemeinsamen und den während der Ehe gezeugten nichtgemeinsamen Kindern und deren Nachkommen die Nutzniessung an dem ganzen ihnen zufallenden Teil der Erbschaft zuwenden.

² Diese Nutzniessung tritt an die Stelle des dem Ehegatten neben diesen Nachkommen zustehenden gesetzlichen Erbrechts.

³ Im Falle der Wiederverheiratung entfällt die Nutzniessung auf jenem Teil der Erbschaft, der im Zeitpunkt des Erbganges nach den ordentlichen Bestimmungen über den Pflichtteil der Nachkommen nicht hätte mit der Nutzniessung belastet werden können.

Gegenüber gemeinsamen und während der Ehe gezeugten nichtgemeinsamen Kindern können Eheleute einander die Nutzniessung (siehe Art. 745 ff., Seite 636) am ganzen Nachlass einräumen. Das heisst, die Witwe darf beispielsweise im Haus wohnen bleiben, es auch vermieten (aber nicht verkaufen) oder sie kann die Zinsen des ganzen Vermögens beanspruchen (nicht aber das Vermögen selbst angreifen). Nichtgemeinsame Kinder, die nicht während der Ehe gezeugt wurden, können diese Nutzniessung allerdings anfechten, soweit dadurch ihre Pflichtteile verletzt werden.

Zusätzlich neben der Nutzniessung können sich Eheleute auch noch mit der daneben verfügbaren Quote zu Eigentum begünstigen. Unter Juristen ist umstritten, ob dies maximal ⅛, ⅖ oder ⅜ der Erbschaft sein soll.

Falls sich ein so begünstigter Ehegatte wieder verheiratet, können alle Erben ihren Pflichtteil beanspruchen, der für alle Nachkommen zusammen ⅜ (drei Viertel vom gesetzlichen Erbteil, der die Hälfte ausmacht) beträgt.

Berechnung der Pflichtteile und der verfügbaren Quote

Art. 474

V. Berechnung des verfügbaren Teils
1. Schuldenabzug

¹ Der verfügbare Teil berechnet sich nach dem Stande des Vermögens zur Zeit des Todes des Erblassers.

² Bei der Berechnung sind die Schulden des Erblassers, die Auslagen für das Begräbnis, für die Siegelung und Inventaraufnahme sowie die Ansprüche der Hausgenossen auf Unterhalt während eines Monats von der Erbschaft abzuziehen.

Art. 475

2. Zuwendungen unter Lebenden

Die Zuwendungen unter Lebenden werden insoweit zum Vermögen hinzugerechnet, als sie der Herabsetzungsklage unterstellt sind.

Art. 476

3. Versicherungsansprüche

Ist ein auf den Tod des Erblassers gestellter Versicherungsanspruch mit Verfügung unter Lebenden oder von Todes wegen zugunsten eines Dritten begründet oder bei Lebzeiten des Erblassers unentgeltlich auf einen Dritten übertragen worden, so wird der Rückkaufswert des Versicherungsanspruches im Zeitpunkt des Todes des Erblassers zu dessen Vermögen gerechnet.

Oft genügt zur Abklärung der Frage, ob durch ein Testament Pflichtteile verletzt sind, die Bruchrechnung nicht; der Betrag muss auch zahlenmässig ermittelt werden. Dazu braucht es verschiedene rechnerische Operationen. Zuerst werden die zur Erbschaft gehörenden Vermögenswerte ermittelt. Bei einem verheirateten Erblasser muss dazu vorgängig die güterrechtliche Auseinandersetzung erfolgen (siehe Art. 181 ff., Seite 216). Alle Erbschaftsaktiven werden in einem Inventar aufgelistet. Ihr Wert wird geschätzt (Verkehrswert, Marktpreis, mutmasslicher Verkaufswert), und zwar ihr Wert zur Zeit des Todes, nicht etwa zum Zeitpunkt der Schätzung oder gar erst der Erbteilung.

Massgebend ist das *Reinvermögen*. Es sind daher vom Nachlass sämtliche Schulden zur Zeit des Todes sowie gewisse Erbschaftsschulden abzuziehen. Es ist umstritten, ob die Aufzählung der Erbschaftsschulden im Gesetzestext (Art. 474 Abs. 2) erschöpfend ist oder ob zum Beispiel Kosten der Testamentseröffnung, der amtlichen Verwaltung und der Teilung auch abgezogen werden können.

Der Pflichtteilsschutz ist nur wirksam, wenn er nicht durch Zuwendungen umgangen werden kann, welche ein Erblasser oder eine Erblasserin zu Lebzeiten an einzelne Erben oder auch an Drittpersonen macht. Schenkt beispielsweise ein Vater kurz vor seinem Tod seinem Lieblingssohn die wertvolle Briefmarkensammlung, werden die anderen Erben um einen Teil ihres Erbes geprellt. Solche Zuwendungen sind deshalb zum Vermögen hinzuzurechnen, soweit ihre Herabsetzung gefordert werden kann (Art. 527 zählt auf, welche Zuwendungen dazugehören, siehe Seite 472).

Das gleiche Problem stellt sich, wenn eine Drittperson als *Begünstigte in einer Lebensversicherung* eingesetzt wird. Vor allem Versicherungen, die auf die ganze Lebenszeit abgeschlossen sind und bei denen der Sparanteil der Prämie den Risikoanteil überwiegt, können die Pflichtteile der gesetzlichen Erben verletzen. Deshalb wird der Rückkaufswert einer solchen Lebensversicherung zum Nachlass hinzugerechnet. Die Versicherungen sind verpflichtet, über die Höhe dieses Rückkaufswerts Auskunft zu geben, und diese Auskunft kann man vom Eidgenössischen Versicherungsamt überprüfen lassen.

Die Enterbung

Art. 477

B. Enterbung
I. Gründe

Der Erblasser ist befugt, durch Verfügung von Todes wegen einem Erben den Pflichtteil zu entziehen:

1. wenn der Erbe gegen den Erblasser oder gegen eine diesem nahe verbundene Person ein schweres Verbrechen begangen hat;

2. wenn er gegenüber dem Erblasser oder einem von dessen Angehörigen die ihm obliegenden familienrechtlichen Pflichten schwer verletzt hat.

Art. 478

II. Wirkung

¹ Der Enterbte kann weder an der Erbschaft teilnehmen noch die Herabsetzungsklage geltend machen.

² Der Anteil des Enterbten fällt, sofern der Erblasser nicht anders verfügt hat, an die gesetzlichen Erben des Erblassers, wie wenn der Enterbte den Erbfall nicht erlebt hätte.

³ Die Nachkommen des Enterbten behalten ihr Pflichtteilsrecht, wie wenn der Enterbte den Erbfall nicht erlebt hätte.

Art. 479

III. Beweislast

¹ Eine Enterbung ist nur dann gültig, wenn der Erblasser den Enterbungsgrund in seiner Verfügung angegeben hat.

² Ficht der Enterbte die Enterbung wegen Unrichtigkeit dieser Angabe an, so hat der Erbe oder Bedachte, der aus der Enterbung Vorteil zieht, deren Richtigkeit zu beweisen.

³ Kann dieser Nachweis nicht erbracht werden oder ist ein Enterbungsgrund nicht angegeben, so wird die Verfügung insoweit aufrecht erhalten, als sich dies mit dem Pflichtteil des Enterbten verträgt, es sei denn, dass der Erblasser die Verfügung in einem offenbaren Irrtum über den Enterbungsgrund getroffen hat.

Art. 480

IV. Enterbung eines Zahlungsunfähigen

¹ Bestehen gegen einen Nachkommen des Erblassers Verlustscheine, so kann ihm der Erblasser die Hälfte seines Pflichtteils entziehen, wenn er diese den vorhandenen und später geborenen Kindern desselben zuwendet.

² Diese Enterbung fällt jedoch auf Begehren des Enterbten dahin, wenn bei der Eröffnung des Erbganges Verlustscheine nicht mehr bestehen, oder wenn deren Gesamtbetrag einen Vierteil des Erbteils nicht übersteigt.

Durch die *Strafenterbung* kann in der Verfügung von Todes wegen einem Erben sein Pflichtteil entzogen werden. Es braucht dazu aber ein schwer schuldhaftes Verhalten dieses Erben gegenüber Familienmitgliedern. Wer etwa seine Unterstützungspflichten gegenüber Geschwistern und Eltern oder gegenüber seinen Kindern schwer vernachlässigt hat (Art. 328), wer bei der Verteilung des grossväterlichen Nachlasses betrogen hat etc., der kann enterbt werden. Wenn der Erblasser das Verhalten verziehen hat, entfällt der Enterbungsgrund.

Verbrechen gegen Dritte ausserhalb der Familie oder ein fehlerhaftes Verhalten unter dem Einfluss einer Krankheit (zum Beispiel in einer manischen

Phase) sind kein Grund zur Enterbung. Und auch ein Vater, der mit der Heirat oder der Berufswahl seiner Tochter nicht einverstanden ist, kann sie nicht einfach enterben; solche Entscheidungen liegen in ihrem eigenen Freiheitsbereich.

Der Enterbte hat zwei Möglichkeiten, sich zu wehren. Schwieriger: Er strengt eine Ungültigkeitsklage an und beweist, dass der im Testament angegebene Enterbungsgrund auf einem offenbaren Irrtum des Verstorbenen beruht. Gelingt dieser Beweis, erhält der Enterbte seinen ganzen Erbteil. Einfacher ist es, mit einer Herabsetzungsklage wenigstens den Pflichtteil zu verlangen. Denn dagegen muss nun die Person, die von der Enterbung profitieren würde, den Beweis erbringen, dass der im Testament angegebene Grund auch wirklich vorliegt. Das dürfte noch weit schwieriger sein, weil diese Person die Vorgänge zwischen Erblasser und Enterbtem oft kaum kennt. Wenn im Testament im übrigen gar kein Enterbungsgrund angegeben ist, hat der oder die Enterbte mindestens Anspruch auf den Pflichtteil, bei Nachweis eines offenbaren Irrtums auch auf den vollen Erbteil.

Die Enterbungen wirken nur gegen die Enterbten selbst. Ihre Erben behalten ihre Rechte, wie wenn die Enterbten vorverstorben wären. Der Erbteil einer enterbten Tochter fällt also an die Enkelin.

Mit der *Präventiventerbung* (Art. 480) kann ein Erblasser die Hälfte des Pflichtteils vor den Gläubigern eines überschuldeten Erben für dessen Nachkommen retten. Damit eine solche Enterbung zulässig ist, müssen bei Erbgang Verlustscheine für mehr als ein Viertel des gesetzlichen Erbteils vorliegen. Die Präventiventerbung entfällt, wenn der Enterbte im Zeitpunkt des Erbgangs keine Nachkommen hat.

Was kann in Testament und Erbvertrag angeordnet werden?

Dritter Abschnitt: Die Verfügungsarten

Art. 481

A. Im allgemeinen

¹ Der Erblasser kann in den Schranken der Verfügungsfreiheit über sein Vermögen mit letztwilliger Verfügung oder mit Erbvertrag ganz oder teilweise verfügen.

² Der Teil, über den er nicht verfügt hat, fällt an die gesetzlichen Erben.

Das Zusammenspiel zwischen gesetzlichen Erben, Pflichtteilserben und verfügbarer Quote wurde auf den vorhergehenden Seiten erläutert und wird in Artikel 481 noch einmal zusammengefasst. Die folgenden Artikel 482 bis 497 behandeln die verschiedenen Arten von Anordnungen, welche Erblasser treffen können (inhaltliche Gestaltung der Verfügung). Solche Anordnungen müssen alle in der Form des Testaments (im Gesetz letztwillige Verfügung genannt) oder des Erbvertrags erfolgen. Die Aufzählung in diesen Artikeln ist jedoch nicht vollständig. Daneben gibt es weitere mögliche Anordnungen eines Erblassers, für die teilweise erleichterte Formanforderungen gelten:
- Einsetzen eines Willensvollstreckers (nur in Testamentsform, Art. 517)
- Teilungsvorschriften (Art. 608 Abs. 1 und 610 Abs. 1)
- Widerruf eines Testaments (Art. 509 bis 511)
- Anordnungen über die Ausgleichungspflicht (Art. 626, 629, 631)
- Begründung von Stockwerkeigentum (Art. 712d Abs. 3)
- Anerkennung der Vaterschaft (Art. 260 Abs. 3). Normalerweise anerkennt ein Vater sein Kind schon zu Lebzeiten im Rahmen eines Anerkennungsverfahrens oder eines Vaterschaftsprozesses. Ein unerkannt gebliebener Vater kann aber sein Kind auch noch sozusagen auf dem Totenbett anerkennen, was erbrechtliche Konsequenzen hat.

Auflagen und Bedingungen

B. Auflagen und Bedingungen

Art. 482

¹ Der Erblasser kann seinen Verfügungen Auflagen oder Bedingungen anfügen, deren Vollziehung, sobald die Verfügung zur Ausführung gelangt ist, jedermann verlangen darf, der an ihnen ein Interesse hat.

² Unsittliche oder rechtswidrige Auflagen und Bedingungen machen die Verfügung ungültig.

³ Sind sie lediglich für andere Personen lästig oder sind sie unsinnig, so werden sie als nicht vorhanden betrachtet.

Es ist oft schwierig zu entscheiden, ob ein Passus in einem Testament eine Auflage oder eine Bedingung enthält oder ob es sich um ein Vermächtnis, einen blossen Rat oder einen Wunsch des Erblassers handelt. Entscheidend ist sein Wille, der sich aus der Auslegung seiner Anordnung ergibt.
• Mit der **Auflage** kann der Erblasser ein Verhalten (Tun, Dulden oder Unterlassen) seiner Erben oder Vermächtnisnehmer anordnen. Sie kann etwa folgendes beinhalten:

- Anordnungen über Abdankung und Bestattung
- Teilungsvorschriften
- Verbot, einen geerbten Gegenstand zu verkaufen, oder Pflicht, ihn einem Miterben anzubieten
- Anordnungen über die Nutzung von Nachlassobjekten (zum Beispiel Zulassen der Öffentlichkeit in einen Park)

Ist eine Auflage mit einem Nachlassobjekt verbunden, belastet sie den Erben, der dieses Objekt in der Teilung zugesprochen erhält. Eine Auflage kann aber auch eine selbständige Verfügung ohne Bezug zu einem bestimmten Nachlassobjekt sein; dann sind alle gesetzlichen Erbinnen und Erben gemeinsam damit belastet.

Haben die einem Pflichtteilserben auferlegten Leistungen einen Vermögenswert, so sind sie bei der Berechnung seines Pflichtteiles abzuziehen.

Mit der Auflage kann der Erblasser nicht etwas «für ewig» anordnen (zum Beispiel die öffentliche Zugänglichkeit eines Parkes). Auflagen gelten meist für die Lebzeit des belasteten Erben. Für zeitlich unbeschränkte Anordnungen könnte ein Erblasser zum Beispiel eine Stiftung errichten oder ein Vermächtnis ausrichten.

Wird eine Auflage nicht erfüllt, hat jeder und jede, die ein berechtigtes Interesse nachweisen kann, das Recht einer Klage, der *Vollziehungsklage*. Das können die Destinatäre einer Leistung sein, aber auch Erben, die nicht mit der Auflage belastet sind. Erbschaftsverwalter und Willensvollstrecker haben in einem solchen Fall nicht nur das Recht, sondern die Pflicht zur Klage. Zu ihren Aufgaben gehört ja auch der Vollzug solcher Anordnungen.

• Eine **Bedingung** kann nur als Nebenbestimmung einer Verfügung vorkommen. Die Wirksamkeit der Verfügung ist vom Eintritt oder Ausbleiben dieser Bedingung abhängig. Soll zum Beispiel Rita B. 10000 Franken erhalten, wenn sie ein eigenes Geschäft eröffnet, dann erhält sie dieses Geld eben nicht, wenn sie die Bedingung nicht erfüllt.

Eine Verfügung mit unsittlicher, rechtswidriger oder unmöglicher Bedingung wird hinfällig. Bei einer ebensolchen Auflage kommt es auf die Auslegung des Willens des Erblassers an, ob allenfalls bloss die Auflage wegfallen oder die ganze Verfügung ungültig sein soll. Es ist zum Beispiel unsittlich, wenn der Erblasser durch eine solche Bedingung oder Auflage einen Konfessionswechsel, eine Heirat oder eine Berufswahl erzwingen will, eine Handlung also, die der eigenen Überzeugung eines Menschen entspringen soll.

Bedingungen und Auflagen, die unsinnig oder für andere Personen lästig sind, ohne jemandem zu nützen, gelten als nicht geschrieben. Der Rest der Verfügung bleibt gültig.

Die Erbeinsetzung

Art. 483

C. Erbeinsetzung

¹ Der Erblasser kann für die ganze Erbschaft oder für einen Bruchteil einen oder mehrere Erben einsetzen.

² Als Erbeinsetzung ist jede Verfügung zu betrachten, nach der ein Bedachter die Erbschaft insgesamt oder zu einem Bruchteil erhalten soll.

Mit der Erbeinsetzung kann eine Erblasserin einer dritten Person neben oder anstelle von gesetzlichen Erben eine Erbenstellung einräumen – immer vorausgesetzt, die Pflichtteile werden dadurch nicht verletzt. Es kann dies zum Beispiel ein Freund sein oder sogar eine juristische Person, etwa eine wohltätige Stiftung, nicht aber der geliebte Schosshund, da Tiere rechtlich als Sachen gelten. Ein so eingesetzter Erbe gehört mit zur Erbengemeinschaft und hat alle damit verbundenen Rechte und Pflichten, haftet also zum Beispiel solidarisch für die Schulden der Erbschaft.

Das Vermächtnis

Art. 484

D. Vermächtnis
I. Inhalt

¹ Der Erblasser kann einem Bedachten, ohne ihn als Erben einzusetzen, einen Vermögensvorteil als Vermächtnis zuwenden.

² Er kann ihm eine einzelne Erbschaftssache oder die Nutzniessung an der Erbschaft im ganzen oder zu einem Teil vermachen oder die Erben oder Vermächtnisnehmer beauftragen, ihm Leistungen aus dem Werte der Erbschaft zu machen oder ihn von Verbindlichkeiten zu befreien.

³ Vermacht der Erblasser eine bestimmte Sache, so wird der Beschwerte, wenn sich diese in der Erbschaft nicht vorfindet und kein anderer Wille des Erblassers aus der Verfügung ersichtlich ist, nicht verpflichtet.

Art. 485

II. Verpflichtung des Beschwerten

¹ Die Sache ist dem Bedachten in dem Zustande und in der Beschaffenheit, mit Schaden und mit Zuwachs, frei oder belastet auszuliefern, wie sie sich zur Zeit der Eröffnung des Erbganges vorfindet.

² Für Aufwendungen, die der Beschwerte seit der Eröffnung des Erbganges auf die Sache gemacht hat, sowie für Verschlechterungen, die seither eingetreten sind, steht er in den Rechten und Pflichten eines Geschäftsführers ohne Auftrag.

Art. 486

III. Verhältnis zur Erbschaft

¹ Übersteigen die Vermächtnisse den Betrag der Erbschaft oder der Zuwendung an den Beschwerten oder den verfügbaren Teil, so kann ihre verhältnismässige Herabsetzung verlangt werden.

² Erleben die Beschwerten den Tod des Erblassers nicht, oder sind sie erbunwürdig, oder erklären sie die Ausschlagung, so bleiben die Vermächtnisse gleichwohl in Kraft.

³ Hat der Erblasser ein Vermächtnis zugunsten eines der gesetzlichen oder eingesetzten Erben aufgestellt, so kann dieser es auch dann beanspruchen, wenn er die Erbschaft ausschlägt.

Mit dem Vermächtnis oder Legat erhält die bedachte Person keine Erbenstellung. Sie haftet also nicht für Schulden und gehört nicht zur Erbengemeinschaft. Im Gegensatz zu einer Destinatärin bei einer Auflage hat sie aber ein obligatorisches Forderungsrecht (siehe Art. 562, Seite 491) gegen die mit dem Vermächtnis belasteten Erben auf die Ausrichtung der vermachten Sache, Forderung, Geldsumme oder des Rechts (Nutzniessung, Wohnrecht etc.). Das bedeutet, dass ein Vermächtnisnehmer in der *Forderungklage* verlangen kann, dass das Vermächtnis an ihn persönlich ausgerichtet wird, und dass er Schadenersatz verlangen kann, wenn ein belasteter Erbe den Vermächtnisgegenstand allenfalls bereits verkauft hat.

Im Gegensatz dazu kann eine Destinatärin einer Auflage mit der *Vollziehungsklage* nicht eine unmittelbare Leistung an sich verlangen, sondern bloss die Vollziehung der Auflage. Aus dieser Vollziehung kann sich dann allenfalls indirekt eine Leistung zugunsten der Destinatärin ergeben. Wenn zum Beispiel ein Testament die Anordnung enthält: «Jedes arme Kind meiner Wohngemeinde soll jeden Samstag einen Apfel aus meinem Obstgarten erhalten», so ist dies eine Auflage, die auch auslegungsbedürftig ist. (Was versteht das Testament unter «arm»?) Wer keinen Apfel erhält, hat nicht Anspruch auf

Schadenersatz. Wenn jedoch eine bestimmte Person in einem Vermächtnis das Recht erhält, die Früchte eines bestimmten Apfelbaums zu gebrauchen, so hat sie auf diese Äpfel eine Forderung und allenfalls auch einen Anspruch auf Schadenersatz.

Inhalt eines Vermächtnisses kann ein Natural- oder ein Geldwert sein. Es kann auch einen Gegenstand betreffen, der sich gar nicht im Nachlass befindet (sogenanntes Verschaffungsvermächtnis).

Eine Erblasserin weiss, dass ihrer langjährigen Haushälterin das alte Sofa einer Freundin besonders gut gefällt und dass die Freundin das Sofa verkaufen würde. Sie verpflichtet deshalb ihre Erben testamentarisch, dieses Sofa zu kaufen und es der Haushälterin als Vermächtnis zukommen zu lassen.

Bis zu seinem Tod kann der Erblasser über sein Vermögen frei verfügen. Auch eine bedachte Person muss daher eine vermachte Sache in dem Zustand hinnehmen, den diese beim Erbgang hat, und hat auch keine Sicherheit, dass die Sache oder Geldsumme dann wirklich noch vorhanden ist.

Durch die Ausrichtung von Vermächtnissen dürfen die Pflichtteile nicht verletzt werden. Pflichtteilsberechtigte Erbinnen und Erben können die verhältnismässige Herabsetzung verlangen.

Vermächtnisse sind nicht an die beschwerte Person gebunden. Fällt ein beschwerter Erbe weg, belastet das entsprechende Legat die Person, die an seine Stelle tritt. Auch ein einzelner Erbe kann, zusätzlich zu seinem Erbteil, mit einem Vermächtnis bedacht werden. Er hat Anspruch auf Ausrichtung dieses Vermächtnisses, bevor das Erbe verteilt wird (sogenanntes Vorausvermächtnis). Er kann auch die Erbschaft ausschlagen und das Vermächtnis trotzdem annehmen. Bei unklaren Formulierungen wird jedoch vermutet, es handle sich nicht um ein zusätzliches Vermächtnis an einen Erben, sondern bloss um eine Teilungsvorschrift (siehe Art. 608 Abs. 3, Seite 514).

Diese beiden in den Absätzen 2 und 3 von Artikel 486 festgehaltenen Bestimmungen sind jedoch nur Auslegungsregeln. Ein Erblasser kann demnach in seinem Testament auch etwas anderes vorsehen.

Ersatzbegünstigte und Nacherben

Art. 487

E. Ersatzverfügung   Der Erblasser kann in seiner Verfügung eine oder mehrere Personen bezeichnen, denen die Erbschaft oder das Vermächtnis für den Fall des Vorabsterbens oder der Ausschlagung des Erben oder Vermächtnisnehmers zufallen soll.

F. Nacherbeneinsetzung
I. Bezeichnung des Nacherben

Art. 488

¹ Der Erblasser ist befugt, in seiner Verfügung den eingesetzten Erben als Vorerben zu verpflichten, die Erbschaft einem andern als Nacherben auszuliefern.

² Dem Nacherben kann eine solche Pflicht nicht auferlegt werden.

³ Die gleichen Bestimmungen gelten für das Vermächtnis.

II. Zeitpunkt der Auslieferung

Art. 489

¹ Als Zeitpunkt der Auslieferung ist, wenn die Verfügung es nicht anders bestimmt, der Tod des Vorerben zu betrachten.

² Wird ein anderer Zeitpunkt genannt, und ist dieser zur Zeit des Todes des Vorerben noch nicht eingetreten, so geht die Erbschaft gegen Sicherstellung auf die Erben des Vorerben über.

³ Kann der Zeitpunkt aus irgend einem Grunde nicht mehr eintreten, so fällt die Erbschaft vorbehaltlos an die Erben des Vorerben.

III. Sicherungsmittel

Art. 490

¹ In allen Fällen der Nacherbeneinsetzung hat die zuständige Behörde die Aufnahme eines Inventars anzuordnen.

² Die Auslieferung der Erbschaft an den Vorerben erfolgt, sofern ihn der Erblasser nicht ausdrücklich von dieser Pflicht befreit hat, nur gegen Sicherstellung, die bei Grundstücken durch Vormerkung der Auslieferungspflicht im Grundbuch geleistet werden kann.

³ Vermag der Vorerbe diese Sicherstellung nicht zu leisten, oder gefährdet er die Anwartschaft des Nacherben, so ist die Erbschaftsverwaltung anzuordnen.

IV. Rechtsstellung
1. Des Vorerben

Art. 491

¹ Der Vorerbe erwirbt die Erbschaft wie ein anderer eingesetzter Erbe.

² Er wird Eigentümer der Erbschaft unter der Pflicht zur Auslieferung.

2. Des Nacherben

Art. 492

¹ Der Nacherbe erwirbt die Erbschaft des Erblassers, wenn er den für die Auslieferung bestimmten Zeitpunkt erlebt hat.

² Erlebt er diesen Zeitpunkt nicht, so verbleibt die Erbschaft, wenn der Erblasser nicht anders verfügt hat, dem Vorerben.

> ³ Erlebt der Vorerbe den Tod des Erblassers nicht, oder ist er erbunwürdig, oder schlägt er die Erbschaft aus, so fällt sie an den Nacherben.

Für den Fall, dass ein ursprünglich vorgesehener Erbe oder Vermächtnisnehmer ausfällt, können Erblasser eine Ersatzperson einsetzen (Ersatzerbeneinsetzung).

Sie können jedoch auch für einen Erben oder Vermächtnisnehmer einen Nachfolger oder eine Nachfolgerin vorsehen. Damit wird die Erbschaft in zeitlicher Hinsicht aufgespalten. Die Vorberechtigten haben dann nicht mehr die Stellung von Volleigentümern, weil sie das Erbgut zwar gebrauchen, aber nicht verbrauchen dürfen. Sie müssen es den Nacherben erhalten. Damit das nicht gefährdet wird, sind Sicherungsmassnahmen vorgesehen (Inventar, Sicherstellung, bei Grundstücken Vormerkung im Grundbuch, allenfalls Erbschaftsverwaltung). Weil damit die Vorberechtigten nur noch eine ähnliche Stellung haben wie Nutzniesser (vor allem in bezug auf die Haftung und das Tragen von Kosten und Lasten), kann durch eine solche Nachbegünstigung allenfalls auch ein Pflichtteil verletzt werden (siehe Art. 531).

Der Erblasser kann in seiner Verfügung die Stellung der Vorberechtigten auch stärken, diese zum Beispiel von der Sicherstellungspflicht befreien oder ihnen sogar die freie Verfügung über das Erbgut zugestehen (sogenannte Nacherbeneinsetzung auf den Überrest).

Eine Nacherbschaft darf nur einmal angeordnet werden. Einen zweiten oder dritten Nacherben einzusetzen ist verboten. Dieses Verbot kann allerdings leicht überspielt werden, weil Erblasser den Ausliefertermin (nach gesetzlicher Vermutung der Tod des Vorerben) beliebig festsetzen, ihn also auch weit über den Tod des Vorerben hinausschieben können. In einem solchen Fall geht die Vorerbenstellung auf die Erben der Vorerben über, und die Nacherben kommen erst zum festgesetzten Termin, sozusagen an dritter Stelle, zum Zug.

Errichten einer Stiftung

G. Stiftungen

Art. 493

> ¹ Der Erblasser ist befugt, den verfügbaren Teil seines Vermögens ganz oder teilweise für irgend einen Zweck als Stiftung zu widmen.
>
> ² Die Stiftung ist jedoch nur dann gültig, wenn sie den gesetzlichen Vorschriften entspricht.

In einer letztwilligen Verfügung, also in einem Testament (nicht aber im Erbvertrag), kann auch eine Stiftung errichtet werden (mehr zu den Stiftungen siehe Art. 81 ff., Seite 103). Die Zuwendung des Vermögens an diese Stiftung kann in der Form einer Erbeinsetzung, eines Vermächtnisses oder einer Auflage erfolgen. Solche Zuwendungen können selbstverständlich auch bereits bestehenden Stiftungen zukommen, oder eine Erbin oder ein Vermächtnisnehmer kann über eine Auflage verpflichtet werden, eine Stiftung zu errichten. Immer müssen jedoch auch hier allfällige Pflichtteilsrechte beachtet werden.

Der Erbvertrag

H. Erbverträge
I. Erbeinsetzungs- und Vermächtnisvertrag

Art. 494

¹ Der Erblasser kann sich durch Erbvertrag einem andern gegenüber verpflichten, ihm oder einem Dritten seine Erbschaft oder ein Vermächtnis zu hinterlassen.

² Er kann über sein Vermögen frei verfügen.

³ Verfügungen von Todes wegen oder Schenkungen, die mit seinen Verpflichtungen aus dem Erbvertrag nicht vereinbar sind, unterliegen jedoch der Anfechtung.

II. Erbverzicht
1. Bedeutung

Art. 495

¹ Der Erblasser kann mit einem Erben einen Erbverzichtvertrag oder Erbauskauf abschliessen.

² Der Verzichtende fällt beim Erbgang als Erbe ausser Betracht.

³ Wo der Vertrag nicht etwas anderes anordnet, wirkt der Erbverzicht auch gegenüber den Nachkommen des Verzichtenden.

2. Lediger Anfall

Art. 496

¹ Sind im Erbvertrag bestimmte Erben an Stelle des Verzichtenden eingesetzt, so fällt der Verzicht dahin, wenn diese die Erbschaft aus irgend einem Grunde nicht erwerben.

² Ist der Verzicht zugunsten von Miterben erfolgt, so wird vermutet, dass er nur gegenüber den Erben des Stammes, der sich vom nächsten ihnen gemeinsamen Vorfahren ableitet, ausgesprochen sei und gegenüber entfernteren Erben nicht bestehe.

3. Rechte der Erbschaftsgläubiger

Art. 497

Ist der Erblasser zur Zeit der Eröffnung des Erbganges zahlungsunfähig, und werden seine Gläubiger von den Erben nicht befriedigt, so können der Verzichtende und seine Erben insoweit in Anspruch genommen werden, als sie für den Erbverzicht innerhalb der letzten fünf Jahre vor dem Tode des Erblassers aus dessen Vermögen eine Gegenleistung erhalten haben und hieraus zur Zeit des Erbganges noch bereichert sind.

Erbverträge unterscheiden sich in der Errichtungsform (nur eine Form, die der öffentlichen Verfügung ist möglich) und auch inhaltlich von Testamenten. Im Testament trifft eine Erblasserin oder ein Erblasser einseitig Anordnungen über ihren künftigen Nachlass. Sie sind dadurch nicht gebunden und können das Testament auch jederzeit wieder abändern. Der Erbvertrag dagegen ist *zweiseitig*; er beinhaltet eine Abmachung über den künftigen Nachlass, an welche die beteiligten Vertragsparteien gebunden bleiben. In einem Erbvertrag können zum Beispiel Eltern und ihre Kinder die Geschäftsnachfolge im Familienbetrieb regeln.

Der Erbvertrag kann neben diesen vertraglichen Abmachungen auch einseitige Einzelanordnungen im Sinn einer letztwilligen Verfügung enthalten; diese sind nicht bindend, sondern frei widerruflich. Gewisse Anordnungen müssen immer frei widerruflich bleiben, zum Beispiel die Einsetzung eines Willensvollstreckers oder die Errichtung einer Stiftung.

Eheleute kombinieren häufig ehe- und erbvertragliche Abmachungen. Dadurch kann zum Beispiel die überlebende Ehegattin bestmöglich begünstigt, die Geschäftsnachfolge geregelt oder ein Grundstück vor dem Verkauf gerettet werden. Für solche Verträge ist der Beizug von Fachleuten (Rechtsanwälte, Notare) ratsam. Ein Beispiel:

Erich und Dora R. wollen sich gegenseitig bestmöglich begünstigen. Sie vereinbaren die Zuweisung des gesamten güterrechtlichen Vorschlags (siehe Seite 234) und der verfügbaren Erbquote an den überlebenden Teil. Zugleich stellen sie fest, was mit dem Nachlass beim Tod des zweitversterbenden Partners geschehen soll; sie weisen die verfügbare Quote einer Stiftung zu.

- Im **positiven Erbvertrag** verpflichtet sich ein Erblasser, eine bestimmte Person zu begünstigen durch Erbeinsetzung, Vermächtnis oder Auflage. Die Vertragspartnerin kann die Begünstigungserklärung bloss entgegennehmen oder selbst auch eine Gegenleistung versprechen. Mit seiner erbvertraglichen Verpflichtung bindet sich der Erblasser, keine gegenteiligen Verfügungen zu erlassen, und kann diese Bindung ohne schriftliche Zustimmung der Vertragspartnerin auch nicht mehr aufheben (siehe Art. 513). Die Vertragspartnerin ist jedoch nicht gebunden, sie kann das Erbe ausschlagen. Wenn sie selbst jedoch im Erbvertrag eine Gegenleistung verspricht, ist sie an diese gebunden.

Solange der Erblasser lebt, kann er allerdings über sein Vermögen frei verfügen, es also gebrauchen oder verbrauchen. Vor allem mit Schenkungen kann er den Sinn des Erbvertrags aushöhlen. Solche Schenkungen sind unter Umständen anfechtbar; bei einem Missbrauch besteht allenfalls ein Rücktrittsrecht des Vertragspartners, oder der Erblasser beziehungsweise seine Erben werden schadenersatzpflichtig. Ein Beispiel für einen positiven Erbvertrag:

Die alleinstehende Susanne H. bewohnt seit langem eine Wohnung im eigenen Zweifamilienhaus. Die andere Wohnung bewohnt eine Bauernfamilie, welche auch das dazugehörige Land bestellt. Im Erbvertrag vermacht Susanne H. Haus und Land dieser Familie, welche sich verpflichtet, das Land zu bestellen und Susanne H. bis an ihr Lebensende zu pflegen und zu verköstigen. Wenn im Vertrag nichts anderes abgemacht ist, steht es Susanne H. grundsätzlich frei, zu ihren Lebzeiten über Haus und Land zu verfügen.

- Im **negativen Erbvertrag** (Erbverzichtsvertrag) verzichten ein oder mehrere Erben auf ihr Erbe oder einen Teil ihres Anspruchs. Der Verzicht kann ohne oder mit Gegenleistung (Erbauskauf) abgemacht werden. Ist eine Gegenleistung versprochen und wird sie nicht eingehalten, kann der oder die Verzichtende auf den Verzicht zurückkommen (Art. 514). Beim Erbverzicht kann jemand auch auf seinen Pflichtteil verzichten. Mit solchen Verträgen können klare Verhältnisse geschaffen werden, oder eine Erbin, die zum Beispiel Geld für den Aufbau eines eigenen Geschäfts braucht, kann ihren Teil im voraus beziehen, ohne dass die anderen Erben zu kurz kommen müssen. Auch dazu ein Beispiel:

Die verwitwete Frau B. mit Sohn und Tochter sowie einem eigenen Haus entschliesst sich, Herrn F. zu heiraten, der ebenfalls verwitwet ist, Kinder hat und ein Haus besitzt. Schliessen die beiden keinen Erbverzichtsvertrag, erbt die überlebende Ehepartei die Hälfte des Nachlasses der verstorbenen. Weil die Nachkommen des Erstversterbenden gegenüber ihrem Stiefvater oder ihrer Stiefmutter kein Erbrecht besitzen, könnten sie nur die eine Hälfte der Liegenschaft ihres leiblichen Elternteils erben, während die Nachkommen des zweitversterbenden Ehepartners im Ergebnis anderthalb Liegenschaften erhielten. Durch einen gegenseitigen Erbverzichtsvertrag kann dies verhindert werden, indem Frau B. und Herr F. vereinbaren, dass das Nachlassvermögen «gemäss seiner Herkunft» den blutsverwandten Erben zufallen soll.

Der oder die Verzichtende wird nicht Erbe, haftet also auch nicht für Erbschaftsschulden. Hat er oder sie eine Gegenleistung erhalten, die sich im Zeitpunkt des Todes als zu gross erweist, können Pflichtteilserben die Herabsetzung verlangen (siehe Art. 516). Erbschaftsgläubiger haben ebenfalls das

Recht zur Herabsetzungsklage (siehe Art. 524) und können unter gewissen Voraussetzungen (Erblasser zahlungsunfähig, Gegenleistung innert der letzten fünf Jahre ausgezahlt) auch auf Herausgabe der Bereicherung klagen. Das bedeutet, dass sie herausverlangen können, was der Verzichtende von den empfangenen Gegenständen und Werten effektiv noch hat. Nicht unter Bereicherung fällt, was nicht mehr vorhanden ist, unentgeltlich veräussert oder ohne bleibenden Vorteil verbraucht wurde; auch an einem Wertzuwachs eines zugewendeten Gegenstand können sich die Erbschaftsgläubiger nicht beteiligen.

Formvorschriften für Testamente

Vierter Abschnitt: Die Verfügungsformen

Art. 498

A. Letztwillige Verfügungen
I. Errichtung
1. Im allgemeinen

Der Erblasser kann eine letztwillige Verfügung entweder mit öffentlicher Beurkundung oder eigenhändig oder durch mündliche Erklärung errichten.

Die Anordnungen über den Nachlass müssen in den gesetzlich vorgesehenen Formen erfolgen, sonst sind sie ungültig (siehe Art. 520, Seite 468).

Missverständlich ist die Behandlung dieser Vorschriften unter dem Titel «Verfügungsformen». Nachfolgend werden zwar die beiden verschiedenen Formen einer Verfügung von Todes wegen – das Testament (oder letztwillige Verfügung) und der Erbvertrag – behandelt, in formaler Hinsicht besteht zwischen ihnen aber nur ein Unterschied: Für den Erbvertrag ist die Form der öffentlichen letztwilligen Verfügung vorgeschrieben, während es für die Errichtung eines Testaments auch noch andere Formen gibt. Der massgebende Unterschied zwischen den beiden Verfügungsarten ist inhaltlicher Natur: Der Erbvertrag bindet, sobald er unterzeichnet ist; die Wirkung des Testaments dagegen tritt konsequent erst mit dem Erbgang ein. Der Testator bleibt vorher frei, kann die testamentarischen Anordnungen jederzeit abändern, vernichten, widerrufen etc. Es handelt sich ja nicht um eine Abmachung mit einer anderen Person wie beim Erbvertrag.

Ungültig sind gemeinschaftliche Testamente (solche mehrerer Personen auf demselben Stück Papier) oder Testamente, die aufeinander Bezug nehmen (korrespektive Verfügungen, etwa: «Meine Frau soll Alleinerbin sein, wie auch sie mich für den Fall ihres Vorversterbens als alleinigen Erben einsetzt.»). Gegenseitige Abmachungen können nur im Erbvertrag getroffen werden.

Das öffentliche Testament

Art. 499

2. Öffentliche Verfügung
a. Errichtungsform

Die öffentliche letztwillige Verfügung erfolgt unter Mitwirkung von zwei Zeugen vor dem Beamten, Notar oder einer anderen Urkundsperson, die nach kantonalem Recht mit diesen Geschäften betraut sind.

Art. 500

b. Mitwirkung des Beamten

[1] Der Erblasser hat dem Beamten seinen Willen mitzuteilen, worauf dieser die Urkunde aufsetzt oder aufsetzen lässt und dem Erblasser zu lesen gibt.

[2] Die Urkunde ist vom Erblasser zu unterschreiben.

[3] Der Beamte hat die Urkunde zu datieren und ebenfalls zu unterschreiben.

Art. 501

c. Mitwirkung der Zeugen

[1] Der Erblasser hat unmittelbar nach der Datierung und Unterzeichnung den zwei Zeugen in Gegenwart des Beamten zu erklären, dass er die Urkunde gelesen habe und dass sie seine letztwillige Verfügung enthalte.

[2] Die Zeugen haben auf der Urkunde mit ihrer Unterschrift zu bestätigen, dass der Erblasser vor ihnen diese Erklärung abgegeben und dass er sich nach ihrer Wahrnehmung dabei im Zustande der Verfügungsfähigkeit befunden habe.

[3] Es ist nicht erforderlich, dass die Zeugen vom Inhalt der Urkunde Kenntnis erhalten.

Art. 502

d. Errichtung ohne Lesen und Unterschrift des Erblassers

[1] Wenn der Erblasser die Urkunde nicht selbst liest und unterschreibt, so hat sie ihm der Beamte in Gegenwart der beiden Zeugen vorzulesen, und der Erblasser hat daraufhin zu erklären, die Urkunde enthalte seine Verfügung.

[2] Die Zeugen haben in diesem Falle nicht nur die Erklärung des Erblassers und ihre Wahrnehmung über seine Verfügungsfähigkeit zu bezeugen, sondern auch mit ihrer Unterschrift zu bestätigen, dass die Urkunde in ihrer Gegenwart dem Erblasser vom Beamten vorgelesen worden sei.

Art. 503

e. Mitwirkende Personen

¹ Personen, die nicht handlungsfähig sind, die sich infolge eines strafgerichtlichen Urteils nicht im Besitz der bürgerlichen Ehren und Rechte befinden, oder die des Schreibens und Lesens unkundig sind, sowie die Verwandten in gerader Linie und Geschwister des Erblassers und deren Ehegatten und der Ehegatte des Erblassers selbst können bei der Errichtung der öffentlichen Verfügung weder als beurkundender Beamter noch als Zeugen mitwirken.

² Der beurkundende Beamte und die Zeugen sowie die Verwandten in gerader Linie und die Geschwister oder Ehegatten dieser Personen dürfen in der Verfügung nicht bedacht werden.

Art. 504

f. Aufbewahrung der Verfügung

Die Kantone haben dafür zu sorgen, dass die mit der Beurkundung betrauten Beamten die Verfügungen im Original oder in einer Abschrift entweder selbst aufbewahren oder einer Amtsstelle zur Aufbewahrung übergeben.

Für Laien birgt die selbständige Abfassung eines Testaments gewisse Risiken. Es ist oft ratsam, sich von Fachleuten (insbesondere Rechtsanwälten) beraten zu lassen oder die letztwillige Verfügung von einer öffentlichen Urkundsperson aufsetzen zu lassen. So sollten keine Formfehler unterlaufen, und die Verfügungsfähigkeit wird durch Zeugen bestätigt. Das öffentliche Testament eignet sich auch für Personen, die kein eigenhändiges Testament errichten können, weil sie krank, altersschwach, blind oder des Schreibens unkundig sind. Es entstehen allerdings gewisse Kosten, die von Kanton zu Kanton verschieden sind und meist vom Wert des Nachlasses abhängen. Es empfiehlt sich, diese Kosten zuerst abzuklären.

Neben der Urkundsperson, welche das Testament aufsetzt, braucht es zwei Zeugen oder Zeuginnen, die bestätigen, dass alles wie im Gesetz vorgesehen ablief und dass der Erblasser verfügungsfähig (siehe Art. 467, Seite 436) war. Sofern der Erblasser nicht blind oder des Lesens unkundig ist, erfahren die Zeugen nichts über den Testamentsinhalt. Die mitwirkenden Personen dürfen mit dem Erblasser nicht verwandt sein. Sie selbst oder ihnen nahestehende Personen dürfen auch nicht im Testament bedacht werden. Damit soll garantiert werden, dass alles korrekt und ohne Beeinflussung abläuft.

Dokumente können verlorengehen oder zerstört werden. Um dieses Risiko auszuschalten, wird das Original oder eine Abschrift öffentlich aufbewahrt. Beim eigenhändigen Testament ist eine solche Aufbewahrung freiwillig (siehe Art. 505 Abs. 2); die Erblasser sind selbst dafür verantwortlich, dass bei ihrem

Tod das Testament gefunden wird. Sie können es auch selbst aufbewahren oder einer Vertrauensperson (einer Anwältin, dem späteren Willensvollstrekker) oder einer Bank zur Aufbewahrung geben. Jedermann ist verpflichtet, ein solches Testament nach dem Tod der zuständigen Behörde abzuliefern (siehe Art. 556).

Das eigenhändige Testament

Art. 505

3. Eigenhändige Verfügung

¹ Die eigenhändige letztwillige Verfügung ist vom Erblasser von Anfang bis zu Ende mit Einschluss der Angabe von Ort, Jahr, Monat und Tag der Errichtung von Hand niederzuschreiben sowie mit seiner Unterschrift zu versehen.

² Die Kantone haben dafür zu sorgen, dass solche Verfügungen offen oder verschlossen einer Amtsstelle zur Aufbewahrung übergeben werden können.

Das eigenhändige Testament ist die Form für das «stille Kämmerlein». Weil keine Dritten mitwirken, welche den korrekten Ablauf bezeugen können, sind dafür strenge Formerfordernisse vorgesehen, damit die Echtheit und Ernsthaftigkeit des letzten Willens gewährleistet ist. Die Gerichtspraxis nimmt es sehr streng mit diesen Formvorschriften; ein Teil der Lehre tritt dafür ein, dass zur Auslegung auch hinsichtlich der Form Elemente ausserhalb des Testaments (ein Brief, eine Äusserung gegenüber Erben etc.) herangezogen werden können. Bei Unsicherheit oder komplizierten Verhältnissen empfiehlt es sich, das Testament von Fachleuten überprüfen zu lassen.

Das Testament muss *eigenhändig geschrieben* sein, also von Hand, selbst geformt. Damit besteht Gewähr für seine Echtheit, und gleichzeitig soll erreicht werden, dass die Verfasserin oder der Verfasser beim Schreiben über den Inhalt nachdenken, ob sie diesen wirklich wollen. Bei älteren Leuten darf die schreibende Hand allenfalls von Dritten gestützt werden, mehr jedoch nicht. Das Geschriebene muss ihre individuellen Züge tragen. Das ist auch der Fall, wenn jemand in Blockschrift oder in einer fremden Sprache, selbst in Stenographie schreibt. Verweise auf andere Texte, welche den Formvorschriften nicht genügen (zum Beispiel eine mit Schreibmaschine geschriebene Liste), sind nicht möglich. Das *ganze Testament* (inkl. Ort, Datum und Unterschrift) muss eigenhändig geschrieben sein.

Orts- und Zeitangaben müssen genau sein. Nicht der Wohnort, sondern der Errichtungsort (das Spital, das Ferienhaus) muss aufgeführt sein. Als Zeitangabe muss der genaue Tag des Testamentsabschlusses angegeben werden. Die Angaben müssen richtig sein. Sind Wendungen unklar («Ich habe diesen letzten Willen zu Hause an meinem 80. Geburtstag verfasst.»), dann ist das Testament nur gültig, wenn Zeugen bestätigen können, es sei tatsächlich am 1. April 1992 in der Wohnung der Erblasserin in Zürich geschrieben worden. Fehlt eine Ortsangabe überhaupt, können auch Zeugen das Testament nicht mehr retten.

Neueren Entscheiden des Bundesgerichts kann die Tendenz entnommen werden, bei versehentlich falscher Form oder unvollständiger Einhaltung einer Formvorschrift ein Testament nicht mehr unbedingt als ungültig zu erklären, wenn der Mangel gemessen am Zweck der Formvorschrift belanglos ist. Dazu ein Beispiel:

Ein von W.B. eigenhändig verfasstes Testament enthielt zu Beginn die Ortsangabe «Kriens», am Ende zweimal «Littau». Es war einleitend und abschliessend mit der Datumsangabe «10. März 1986» versehen. W.B. war bereits am 8. März 1986 gestorben. Das Bundesgericht bestätigte, dass ausserhalb des Testaments liegende Beweismittel zur Auslegung hinzugezogen werden können. Die Auslegung des Testaments und Zeugenbefragungen ergaben, dass W.B. das Testament an seinem Wohnort in Littau und nicht am früheren Wohnort Kriens errichtet haben musste. Dass hier kein Mangel vorlag, war klar, weil der richtige Ort Littau auch im Testament enthalten war. Nicht so bei der Zeitangabe, diese war offensichtlich falsch. Zwar nicht aus dem Testament, aber aufgrund von Zeugenbefragungen wurde klar, dass W.B. das Testament effektiv an seinem Todestag, am 8. März 1986, geschrieben haben musste. Das Bundesgericht erklärte das Testament trotz dieses Mangels als gültig, weil die versehentlich falsche Datierung keine Zweifel an der Echtheit und Endgültigkeit des erblasserischen Willens aufbrachte (BGE 117 II 117).

Anders läge die Situation, wenn der mit der Formvorschrift angestrebte Zweck gefährdet wäre, wenn zum Beispiel bei inhaltlichen Mängeln des Datums die Reihenfolge mehrerer Verfügungen nicht mehr korrekt ermittelt werden könnte.

Die *Unterschrift* dient der Selbstidentifikation; es muss der Wille zum Ausdruck kommen, dass der hingesetzte Namenszug als Unterschrift gelte. Dazu ist nicht der volle Name nötig, es genügen unter Umständen Initialen, ein Pseudonym oder eine Verwandtschaftsbezeichnung («Euer Vater»). Die Überschrift «Testament von Fritz H.» ist jedoch keine Unterschrift.

Das Testament muss nicht ausdrücklich als solches bezeichnet werden. Es kann sich beispielsweise auch aus einem Brief ergeben. Wenn es mehrere Seiten umfasst, muss deren Zusammengehörigkeit erkennbar sein (Seitenzahlen, Heftklammer etc.). Es spielt keine Rolle, womit oder worauf das Testament geschrieben wird; der im Film vom Indianerpfeil getroffene Cowboy schreibt es noch schnell mit dem Pistolenlauf in den Wüstensand.

Eigenhändige Testamente, vollständig von Hand geschrieben

Testament

Ich, Maria Berger, geboren am 12. Dezember 1920, wohnhaft in Bern, Hirschengraben 10, treffe die folgenden letztwilligen Verfügungen:

I

Ich hebe mein Testament vom 12. März 1970 vollständig auf und ersetze es durch die nachfolgenden Bestimmungen:

II

Meinem Ehemann Franz wende ich von meinem Nachlass die verfügbare Quote zu Eigentum und den Rest zur Nutzniessung zu.

III

Nach dem Tod meines Mannes steht unserem Sohn Paul das Recht zu, die Eigentumswohnung am Hirschengraben 10 in Bern auf Anrechnung an seinen Erbteil in sein Alleineigentum zu übernehmen. Als Anrechnungswert gilt der Verkehrswert, wie er innert 3 Monaten nach dem Tod des zweitversterbenden Ehegatten festgelegt wird.

Bern, den 5. August 1989   Maria Berger

> Mein letzter Wille:
>
> Ich, Hanspeter Huber, geboren am 1.1.1918, wohnhaft am Bahnhofplatz 10 in Aarau, vermache alles, was ich noch habe, dem lieben Gott.
>
> St. Moritz, den 1.1.1992
>
> Hanspeter Huber

Auch das zweite Beispiel ist handschriftlich abgefasst. Es erfüllt alle Formvorschriften. Zur Zeit der Niederschrift war Hanspeter Huber offensichtlich in St. Moritz. Allerdings weist das Testament einen anderen Mangel auf: Als Erben können nur Personen im Sinn des Gesetzes eingesetzt werden, der liebe Gott ist keine solche Person.

Das Nottestament

Art. 506

4. Mündliche Verfügung
a. Verfügung

¹ Ist der Erblasser infolge ausserordentlicher Umstände, wie nahe Todesgefahr, Verkehrssperre, Epidemien oder Kriegsereignisse verhindert, sich einer der andern Errichtungsformen zu bedienen, so ist er befugt, eine mündliche letztwillige Verfügung zu errichten.

² Zu diesem Zwecke hat er seinen letzten Willen vor zwei Zeugen zu erklären und sie zu beauftragen, seiner Verfügung die nötige Beurkundung zu verschaffen.

³ Für die Zeugen gelten die gleichen Ausschliessungsvorschriften wie bei der öffentlichen Verfügung.

Art. 507

b. Beurkundung

¹ Die mündliche Verfügung ist sofort von einem der Zeugen unter Angabe von Ort, Jahr, Monat und Tag der Errichtung in Schrift zu verfassen, von beiden Zeugen zu unterschreiben und hierauf mit der Erklärung, dass der Erblasser ihnen im Zustande der Verfügungsfähigkeit unter den obwaltenden besonderen Umständen diesen seinen letzten Willen mitgeteilt habe, ohne Verzug bei einer Gerichtsbehörde niederzulegen.

² Die beiden Zeugen können statt dessen die Verfügung mit der gleichen Erklärung bei einer Gerichtsbehörde zu Protokoll geben.

³ Errichtet der Erblasser die mündliche Verfügung im Militärdienst, so kann ein Offizier mit Hauptmanns- oder höherem Rang die Gerichtsbehörde ersetzen.

Art. 508

c. Verlust der Gültigkeit

Wird es dem Erblasser nachträglich möglich, sich einer der andern Verfügungsformen zu bedienen, so verliert nach 14 Tagen, von diesem Zeitpunkt an gerechnet, die mündliche Verfügung ihre Gültigkeit.

Die Bezeichnung mündliche Verfügung trifft den Kern der Sache nicht, auch beim öffentlichen Testament äussert sich der Testator ja mündlich (vor dem Notar beispielsweise). Hier handelt es sich um ein Nottestament, das nur möglich ist, wenn wegen einer Notsituation die Erklärung nicht vor der öffentlichen Urkundsperson abgegeben werden kann und auch ein eigenhändiges Testament ausser Betracht fällt (Verletzung, Alter, fehlendes Material etc.). Damit ein Nottestament gültig ist, braucht es zwei Zeuginnen oder Zeugen, welche die Erklärung gleichzeitig hören und dann *sofort* handeln. Sie müssen die Umstände, die Erklärung und das Vorhandensein der Verfügungsfähigkeit schriftlich oder mündlich der zuständigen kantonalen Gerichtsbehörde bekanntgeben. Dauert dies zu lange (drei Tage gelten schon als zu lang, wenn nicht ganz besondere Umstände zur Verzögerung beitragen) oder wird die Erklärung bloss mit der Post geschickt statt persönlich übergeben, so ist das Testament ungültig. Ein Nottestament wird auch ungültig, wenn ein Testator, der sich wider Erwarten erholt, nicht innert 14 Tagen selbst ein reguläres Testament verfasst.

Wie wird ein Testament geändert oder aufgehoben?

Art. 509

II. Widerruf und Vernichtung
1. Widerruf

¹ Der Erblasser kann seine letztwillige Verfügung jederzeit in einer der Formen widerrufen, die für die Errichtung vorgeschrieben sind.

² Der Widerruf kann die Verfügung ganz oder zum Teil beschlagen.

Art. 510

2. Vernichtung

¹ Der Erblasser kann seine letztwillige Verfügung dadurch widerrufen, dass er die Urkunde vernichtet.

² Wird die Urkunde durch Zufall oder aus Verschulden anderer vernichtet, so verliert die Verfügung unter Vorbehalt der Ansprüche auf Schadenersatz gleichfalls ihre Gültigkeit, insofern ihr Inhalt nicht genau und vollständig festgestellt werden kann.

Art. 511

3. Spätere Verfügung

¹ Errichtet der Erblasser eine letztwillige Verfügung, ohne eine früher errichtete ausdrücklich aufzuheben, so tritt sie an die Stelle der frühern Verfügung, soweit sie sich nicht zweifellos als deren blosse Ergänzung darstellt.

² Ebenso wird eine letztwillige Verfügung über eine bestimmte Sache dadurch aufgehoben, dass der Erblasser über die Sache nachher eine Verfügung trifft, die mit jener nicht vereinbar ist.

Während des Schreibens, solange also das Testament mit allen erforderlichen Zusätzen (Ort, Datum, Unterschrift) noch nicht abgeschlossen ist, sind Änderungen, Korrekturen etc. immer möglich, auch wenn sie im Text sichtbar bleiben. Spätere Änderungen und Ergänzungen bedürfen wieder der vollständigen Form einer selbständigen Verfügung.

Auch für die Aufhebung eines Testaments braucht es wieder die Form einer selbständigen Verfügung (Testament, Erbvertrag). Damit keine Unklarheiten entstehen, ist der Hinweis empfehlenswert, allfällige bisherige Verfügungen seien ausdrücklich aufgehoben. Fehlt dieser Hinweis, muss nach dem Tod durch Auslegung der verschiedenen Urkunden anhand aller Umstände ermittelt werden, ob es sich bei einem späteren Dokument bloss um eine Ergänzung handle und in welchem Umfang ursprüngliche Verfügungen wohl noch gelten sollten. Ein Beispiel:

In seinem ersten Testament vermacht Alfred F. seiner Freundin 10 000 Franken und lässt in einem späteren dem Tierschutzverein 10 000 Franken zukommen. Die zweite Verfügung hebt die erste vermutlich nicht auf, da die Erbschaft zur Ausrichtung beider Beträge genügt. Vermutungsweise handelt es sich auch um eine Ergänzung, wenn Alfred F. das zweite Testament ausdrücklich als solche bezeichnet (zum Beispiel «Nachtrag»).

Ein Erblasser kann eine ursprüngliche Verfügung auch ganz oder teilweise vernichten (zerreissen, verbrennen, wegwerfen, durchstreichen etc.). Wichtig ist, dass sein Wille zum Ausdruck kommt. Die Vernichtung einer blossen Abschrift eines öffentlichen Testaments genügt nicht, da ja ein Exemplar öffentlich aufbewahrt ist. Was und wieviel aufgehoben sein soll, ist wiederum eine Frage der Auslegung anhand aller Umstände. War eine Veränderung nicht gewollt, geschieht sie aus Zufall oder durch Dritte, so ist die Verfügung nur soweit ungültig, als ihr Inhalt nicht wieder hergestellt werden kann. Auch dazu ein Beispiel:

Emma M. errichtete im Jahr 1977 eine eigenhändige letztwillige Verfügung, in welcher sie ein Vermächtnis aussetzte. Zu einem unbestimmten späteren Zeitpunkt strich sie diese Verfügung. Die Streichung erfolgte ohne handschriftliche Orts- und Datumsangabe; sie wurde auch nicht mit einer Unterschrift bestätigt. Nach dem Tod von Emma M. klagte der Vermächtnisnehmer auf Feststellung der Ungültigkeit der Streichung und auf Ausrichtung des Vermächtnisses. Letztinstanzlich stellte das Bundesgericht fest, dass das Gesetz mit den Artikeln 509 bis 511 drei gleichwertige Wege aufzeichne, wie ein Testament aufgehoben werden könne. Damit habe der Gesetzgeber für die Vernichtung oder Teilvernichtung eines Testamentes eine von den strengen, das Erbrecht beherrschenden Formvorschriften abweichende, erleichterte Form ausdrücklich zugelassen. Die Ungültigkeitsklage wurde daher abgewiesen und die Streichung des Vermächtnisses geschützt (BGE 116 II 411).

Auch durch Verfügung über eine Sache zu Lebzeiten kann eine letztwillige Anordnung faktisch aufgehoben werden. Verschenkt zum Beispiel ein Erblasser das Klavier, das er in seinem Testament eigentlich seiner Tochter zugesprochen hat, dann kann sie dieses Klavier bei seinem Tod nicht mehr erben. Für das Vermächtnis geht dies schon aus Absatz 3 von Artikel 484 hervor.

Formvorschriften für Erbverträge

B. Erbverträge
I. Errichtung

Art. 512

[1] Der Erbvertrag bedarf zu seiner Gültigkeit der Form der öffentlichen letztwilligen Verfügung.

[2] Die Vertragschliessenden haben gleichzeitig dem Beamten ihren Willen zu erklären und die Urkunde vor ihm und den zwei Zeugen zu unterschreiben.

Art. 513

II. Aufhebung
1. Unter Lebenden
a. Durch Vertrag und letztwillige Verfügung

[1] Der Erbvertrag kann von den Vertragschliessenden jederzeit durch schriftliche Übereinkunft aufgehoben werden.

[2] Der Erblasser kann einseitig einen Erbeinsetzungs- oder Vermächtnisvertrag aufheben, wenn sich der Erbe oder Bedachte nach dem Abschluss des Vertrages dem Erblasser gegenüber eines Verhaltens schuldig macht, das einen Enterbungsgrund darstellt.

[3] Die einseitige Aufhebung hat in einer der Formen zu erfolgen, die für die Errichtung der letztwilligen Verfügungen vorgeschrieben sind.

Art. 514

b. Durch Rücktritt vom Vertrag

Wer auf Grund eines Erbvertrages Leistungen unter Lebenden zu fordern hat, kann, wenn sie nicht vertragsgemäss erfüllt oder sichergestellt werden, nach den Bestimmungen des Obligationenrechtes den Rücktritt erklären.

Art. 515

2. Vorabsterben des Erben

[1] Erlebt der Erbe oder Vermächtnisnehmer den Tod des Erblassers nicht, so fällt der Vertrag dahin.

[2] Ist der Erblasser zur Zeit des Todes des Erben aus dem Vertrage bereichert, so können die Erben des Verstorbenen, wenn es nicht anders bestimmt ist, diese Bereicherung herausverlangen.

Für den Erbvertrag gibt es nur die Form der öffentlichen Verfügung (siehe Art. 499 bis 503, Seite 455), wobei vorgesehen ist, dass beide Parteien gleichzeitig ihren Willen kundtun und ihre Unterschrift unter den Vertrag setzen. Das gilt selbstverständlich, wenn beide Parteien im Vertrag letztwillig verfügen.

Wenn eine Vertragspartei nur zustimmt oder eine Gegenleistung zu Lebzeiten verspricht, dann sind für sie die Formvorschriften nicht gleich streng; sie kann sich beispielsweise vertreten lassen. Um sicher zu gehen, empfiehlt sich jedoch auch hier immer die exakte Form für beide Parteien. Eine Hinterlegung des Erbvertrags wie beim öffentlichen Testament ist im Gesetz nicht vorgeschrieben, jedoch je nach kantonaler Vorschrift nötig oder möglich.

Weil der Erbvertrag eine Bindung erzeugt, kann er nur unter erschwerten Bedingungen abgeändert oder aufgehoben werden. Ohne besonderen Grund ist dies nur möglich, wenn beide Parteien es wollen. Dafür ist die Form eines neuen Erbvertrags selbstverständlich zugelassen, es genügt jedoch auch eine einfache schriftliche Vereinbarung zwischen den Parteien. Eine Aufhebung des Erbvertrags ohne schriftliche Zustimmung der Gegenpartei ist denkbar,
- wenn im Erbvertrag ein Widerruf ausdrücklich vorgesehen ist, zum Beispiel für den Fall, dass der Vertragspartner eine Bedingung nicht erfüllt.
- wenn nachträglich ein Enterbungsgrund eintritt; dann kann der Erbvertrag allerdings nur in Testamentsform aufgehoben werden.
- wenn die versprochene Gegenleistung nicht erbracht oder nicht sichergestellt wird.
- wenn Formfehler (Art. 520) oder Willensmängel (Art. 469) vorliegen.
- bei Vorversterben, wenn also der vertragliche Erbe vor dem Erblasser stirbt. Allenfalls können die Erben des Vorverstorbenen mit einer Bereicherungsklage zurückfordern, was von der Gegenleistung noch vorhanden ist.
- bei einer Scheidung, und zwar fallen in diesem Fall die Ansprüche aus Erbverträgen von Gesetzes wegen dahin (Art. 154 Abs. 2).

Bei einem Erbauskauf (siehe Art. 495, Seite 451, Kommentar Seite 453) hat die verzichtende Partei allenfalls ein Rücktrittsrecht, wenn die versprochene Abfindung nicht geleistet wird. Die Rechtslehre will auch einem erbvertraglich Begünstigten, der seine Leistung erbracht hat, ein Rücktrittsrecht zugestehen, wenn der Erblasser arglistig sein Vermögen verschwendet oder die Ausrichtung eines Vermächtnisses verunmöglicht.

Später hinzukommende Pflichtteilserben

Art. 516

C. Verfügungs-
beschränkung

Tritt für den Erblasser nach Errichtung einer Verfügung von Todes wegen eine Beschränkung der Verfügungsfreiheit ein, so wird die Verfügung nicht aufgehoben, wohl aber der Herabsetzungsklage unterstellt.

Ob Testament oder Erbvertrag, in welcher Form auch jemand von Todes wegen verfügt hat, es stellt sich die Frage, ob eine letztwillige Verfügung ungültig wird, wenn später ein neuer Pflichtteilserbe hinzukommt. Das Problem stellt sich zum Beispiel bei einer neuen Heirat einer Erblasserin und der Geburt eines Kindes, aber auch bei der Adoption. In der Verfügung selbst kann für einen solchen Fall bereits eine Regelung getroffen sein (etwa: «Sollte ich weitere Pflichtteilserben bekommen, fällt dieser Erbvertrag ohne weiteres dahin.»). Die Erben können auch den Nachweis versuchen, dass ein Irrtum vorliegt (Art. 469), dass der Erblasser nicht so verfügt hätte, wenn er die neuen Tatsachen gekannt hätte. Ist in der Verfügung nichts vorgesehen, können neu hinzutretende Pflichtteilserben ihren Pflichtteil mit der Herabsetzungsklage fordern.

Die Willensvollstrecker

Fünfter Abschnitt: Die Willensvollstrecker

Art. 517

A. Erteilung des Auftrages

[1] Der Erblasser kann in einer letztwilligen Verfügung eine oder mehrere handlungsfähige Personen mit der Vollstreckung seines Willens beauftragen.

[2] Dieser Auftrag ist ihnen von Amtes wegen mitzuteilen, und sie haben sich binnen 14 Tagen, von dieser Mitteilung an gerechnet, über die Annahme des Auftrages zu erklären, wobei ihr Stillschweigen als Annahme gilt.

[3] Sie haben Anspruch auf angemessene Vergütung für ihre Tätigkeit.

Art. 518

B. Inhalt des Auftrages

[1] Die Willensvollstrecker stehen, soweit der Erblasser nichts anderes verfügt, in den Rechten und Pflichten des amtlichen Erbschaftsverwalters.

[2] Sie haben den Willen des Erblassers zu vertreten und gelten insbesondere als beauftragt, die Erbschaft zu verwalten, die Schulden des Erblassers zu bezahlen, die Vermächtnisse auszurichten und die Teilung nach den vom Erblasser getroffenen Anordnungen oder nach Vorschrift des Gesetzes auszuführen.

[3] Sind mehrere Willensvollstrecker bestellt, so stehen ihnen diese Befugnisse unter Vorbehalt einer anderen Anordnung des Erblassers gemeinsam zu.

Ist nichts anderes vorgesehen, haben die Erbinnen und Erben für den Nachlass zu sorgen. Fürchtet ein Erblasser aber, dass deren Interessen seinen Anordnungen zuwiderlaufen, dass es zwischen verschiedenen Begünstigten zum Streit kommen könnte oder dass den Erben die nötigen Kenntnisse für die Nachlassliquidation fehlen, so kann er testamentarisch für diese Aufgabe einen oder mehrere Willensvollstrecker vorsehen. Er kann sie sowohl nebeneinander als auch nacheinander (für den Fall, dass eine Person ausfällt) einsetzen. Es können irgendwelche handlungsfähige Personen bezeichnet sein, Vertrauenspersonen, einzelne Erbinnen oder Erben, mit einem Vermächtnis Bedachte, eine Rechtsanwältin, auch eine juristische Person (zum Beispiel ein Treuhandbüro) oder gar eine Behörde.

Für die als Willensvollstrecker Eingesetzten besteht eine Bedenkfrist von 14 Tagen ab Mitteilung, niemand kann also gegen seinen Willen zu diesem Amt verpflichtet werden. Im weiteren ist eine angemessene Vergütung gesetzlich vorgesehen, welche praxisgemäss bei etwa drei Prozent des Bruttovermögens liegt. Der Erblasser kann die Vergütung auch selber bestimmen, nicht aber ausschliessen. Setzt er die Vergütung zu niedrig an, kann der Willensvollstrecker von den Erben eine Erhöhung verlangen. Im Streitfall entscheidet das Gericht.

Das Amt *endet* mit der Erfüllung der Aufgabe; ein Rücktritt des Willensvollstreckers ist jederzeit möglich (Art. 404 OR), die Erben jedoch haben kein Kündigungsrecht. Bei schwerer Pflichtverletzung oder Unfähigkeit, die Aufgabe zu erfüllen (Abwesenheit, Krankheit etc.), kann die vom Kanton bezeichnete Aufsichtsbehörde einen Willensvollstrecker allerdings entlassen.

Die Erblasserin oder der Erblasser kann die *Aufgaben* des Willensvollstreckers speziell bezeichnen oder ihn allgemein einsetzen, wobei dann die gesetzliche Regelung (Art. 518) zum Zug kommt. Zu den Aufgaben gehört vor allem folgendes:
- Genaue Aufzeichnung aller Vermögenswerte zur Feststellung des Nachlasses. Diese Inventarisierung ist nicht unbedingt nötig, wenn sie von Amtes wegen sowieso erfolgt, zum Beispiel für Steuern oder als Sicherungsmassregel (Art. 553).
- Verwaltung der Erbschaft. Dazu hat der Willensvollstrecker ein Verfügungsrecht. Er muss ja Gegenstände unterhalten, veräussern, Rechtsgeschäfte weiterführen, selbst welche abschliessen etc.
- Bezahlen der fälligen Schulden. Bei Überschuldung ist eine Meldung ans Konkursamt nötig (siehe Art. 595).
- Ausrichten von Vermächtnissen, Erfüllen von Auflagen, Errichten von Stiftungen
- Teilen der Erbschaft. Dazu muss der Willensvollstrecker allenfalls zuerst die güterrechtliche Auseinandersetzung zwischen den Eheleuten vornehmen

(siehe Seite 232 für die Errungenschaftsbeteiligung), dann die Teilung gemäss den Anordnungen des Erblassers und unter Berücksichtigung der gesetzlichen Bestimmungen vorbereiten. Gegen den Willen auch nur eines einzigen Erben oder einer Erbin kann er die Teilung jedoch nicht durchführen; das ist Sache des Gerichts (siehe Art. 604).

Willensvollstrecker vertreten weder die Interessen des Erblassers noch der Erben. Sie haben zwar den Anordnungen des Erblassers, ebenso jedoch dem Recht allgemein (gesetzlich und vertraglich) zu folgen. Insofern haben sie eine selbständige Stellung, die auch «privates Amt» genannt wird.

Der Willensvollstrecker ist dafür zuständig, alles durchzusetzen, was im Testament rechtsgültig verfügt worden ist. Er kann Sachen einfordern, die zum Nachlass gehören, Prozesse führen, die den Nachlass angehen etc. Er kann jedoch bei Unklarheiten das Testament nicht auslegen, und er kann auch nicht in einen Streit um dessen Gültigkeit oder um Pflichtteile eingreifen. In solchen Fragen sind die betroffenen Erben und Begünstigten Partei, und das Zivilgericht entscheidet. Den Erben gegenüber ist der Willensvollstrecker nach den Bestimmungen des Auftrags zu regelmässiger Rechenschaft verpflichtet (Art. 400 OR) und ist ihnen verantwortlich, wird also bei unsorgfältiger Amtsführung schadenersatzpflichtig (Art. 398 OR).

Die Ungültigkeitsklage

Sechster Abschnitt: Die Ungültigkeit und Herabsetzung der Verfügungen

Art. 519

A. Ungültigkeitsklage
I. Bei Verfügungsunfähigkeit, mangelhaftem Willen, Rechtswidrigkeit und Unsittlichkeit

¹ Eine Verfügung von Todes wegen wird auf erhobene Klage für ungültig erklärt:

1. wenn sie vom Erblasser zu einer Zeit errichtet worden ist, da er nicht verfügungsfähig war;
2. wenn sie aus mangelhaftem Willen hervorgegangen ist;
3. wenn ihr Inhalt oder eine ihr angefügte Bedingung unsittlich oder rechtswidrig ist.

² Die Ungültigkeitsklage kann von jedermann erhoben werden, der als Erbe oder Bedachter ein Interesse daran hat, dass die Verfügung für ungültig erklärt werde.

Art. 520

II. Bei Formmangel

¹ Leidet die Verfügung an einem Formmangel, so wird sie auf erhobene Klage für ungültig erklärt.

² Liegt die Formwidrigkeit in der Mitwirkung von Personen, die selber oder deren Angehörige in der Verfügung bedacht sind, so werden nur diese Zuwendungen für ungültig erklärt.
³ Für das Recht zur Klage gelten die gleichen Vorschriften wie im Falle der Verfügungsunfähigkeit.

Art. 521

III. Verjährung

¹ Die Ungültigkeitsklage verjährt mit Ablauf eines Jahres, von dem Zeitpunkt an gerechnet, da der Kläger von der Verfügung und dem Ungültigkeitsgrund Kenntnis erhalten hat, und in jedem Falle mit Ablauf von zehn Jahren, vom Tage der Eröffnung der Verfügung an gerechnet.

² Gegenüber einem bösgläubigen Bedachten verjährt sie im Falle der Verfügungsunfähigkeit des Erblassers oder der Rechtswidrigkeit oder Unsittlichkeit unter allen Umständen erst mit dem Ablauf von 30 Jahren.

³ Einredeweise kann die Ungültigkeit einer Verfügung jederzeit geltend gemacht werden.

Es wurde bereits ausgeführt, dass eine Verfügung von Todes wegen mangelhaft sein kann. Die Gefahr für Unklarheiten ist sehr gross, vor allem weil ja rechtsunkundige Leute solche Verfügungen «im stillen Kämmerlein» schreiben dürfen (eigenhändiges Testament). Das Gesetz hält die wichtigsten Mängel in Artikel 519 noch einmal fest:
- **Fehlende Verfügungfähigkeit** (siehe Art. 467 und 468): Ein Erblasser ist beispielsweise noch nicht 18.
- **Willensmängel** (Art. 469): Ein Testament ist unter Drohung zustande gekommen.
- **Rechts- und Sittenwidrigkeit**: Mit Auflagen und Bedingungen darf zum Beispiel die persönliche Freiheit der Erben nicht unbillig eingeschränkt werden (siehe Art. 482). Das Geliebtentestament (Zuwendung zum Kauf von Liebesdiensten) gilt als unsittlich.
- Am häufigsten aber sind **Formmängel** (etwa ein teilweise mit Schreibmaschine geschriebenes eigenhändiges Testament); sie machen die ganze Verfügung von Todes wegen ungültig.

Vom Gesetz nicht aufgezählt sind die **krassen Mängel**. Sie können von vornherein keine Wirkungen entfalten und machen die Verfügung nichtig. Sie können auch zeitlich unbeschränkt durch Einrede oder Feststellungsklage geltend gemacht werden. Krasse Mängel sind:

- Verfügungen ohne Verfügungswille (Geschäfte unter Lebenden, Scherzerklärungen etc.)
- Verfügungen, die nicht vom Erblasser oder von der Erblasserin stammen (zum Beispiel Fälschungen)
- Fehlende Verfügungsmacht (die Sache gehört gar nicht dem Erblasser)
- Verfügungen, welche gar keinen Sinn ergeben
- Bloss lästige oder unsinnige Bedingungen und Auflagen

Mangelhafte Verfügungen sind aber trotz Mängeln wirksam, wenn niemand dagegen klagt. Sie sind nicht von selbst ungültig, sondern bloss *anfechtbar*. Erben können also entscheiden, dass sie den Willen des Verstorbenen ernst nehmen und sein Testament trotz eines Formfehlers akzeptieren wollen. Die Ungültigkeitsklage steht vor allem den gesetzlichen Erben zu, daneben auch anderen Begünstigten (durch Vermächtnis, Auflage oder andere Anordnungen). Gläubiger, Erbeserben oder ein neidischer Schwiegervater haben kein Klagerecht.

Die Klage muss ein Jahr ab Kenntnis der Verfügung eingereicht werden, spätestens aber zehn Jahre nach der Eröffnung des letzten Willens; bei den in Artikel 521 Absatz 2 aufgezählten besonders krassen Fällen sind es maximal 30 Jahre. Wenn eine Gegenpartei mit einem eigenen Begehren gegen den Besitzer von Erbschaftsgegenständen (Herausgabe, Teilung) kommt, so kann dieser die Ungültigkeit des Testaments ohne zeitliche Befristung einredeweise entgegenhalten. Dazu ein Beispiel:

Barbara V. hat ihr Testament nicht von Hand, sondern auf der Schreibmaschine geschrieben. Sie erklärt darin, ihre Freundin könne die 50 von ihr ausgeliehenen Bücher als Legat behalten. Wenn die Erben von Barbara V. diese Bücher trotzdem für den Nachlass wollen, müssen sie innerhalb eines Jahres seit Kenntnis des formungültigen Testaments die Ungültigkeitsklage einreichen. Verpassen sie diese Frist, ist die Klage verjährt, und die Freundin kann die Bücher behalten. Wenn Barbara V. ihrer Freundin in einem ungültigen Testament aber 50 genau bezeichnete Bücher aus ihrer Bibliothek vermacht und die Freundin viele Jahre nach dem Tod von Barbara V. die Herausgabe dieser Bücher verlangt, so können ihr die Erben die Einrede entgegenhalten, das Testament sei ungültig. Die Freundin kann sich in diesem Fall nicht auf die abgelaufene Verjährungsfrist berufen.

Was machen nun die mit einer solchen Ungültigkeitsklage konfrontierten Richterinnen und Richter? Zuerst sind unklare Formulierungen auszulegen. Das geschieht bei einem Erbvertrag nach dem Vertrauensprinzip (siehe Art. 2, Seite 24); im übrigen muss das Gericht fragen, was der Erblasser oder die Erblasserin wirklich gewollt hat (Willensprinzip).

- Dabei ist zuerst vom **Wortlaut** auszugehen. Ist dieser klar, so gibt es nichts auszulegen; schriftlich festgehaltene 50 000 Franken können beispielsweise nicht in 10 000 Franken umgewandelt werden, auch wenn die Erblasserin einmal von 10 000 Franken gesprochen haben sollte.
- Wenn im Testament eine **Absicht** angegeben ist, hilft dies bei der Auslegung (zum Beispiel: «Ich möchte meinen Freund weitest möglich begünstigen.»).
- Weiter sind auch **Umstände ausserhalb** des Testaments von Bedeutung, beispielsweise andere mündliche oder schriftliche Äusserungen, die Beziehung des Erblassers zu Personen, die sich um den Nachlass streiten, etc.
- Auch das **Gesetz** selber enthält Auslegungshilfen. So soll die Zuwendung einer Erbschaftsquote im Zweifelsfall kein Vermächtnis, sondern eine Erbeinsetzung sein (siehe Art. 483 Abs. 2; weitere Beispiele Art. 484 Abs. 3, 486 Abs. 3, 543 Abs. 2, 608 Abs. 3, 626).

Ob und allenfalls unter welchen Umständen eine mangelhafte Anordnung nicht bloss ausgelegt, sondern auch ergänzt werden kann, ist umstritten.

Ergibt sich durch die Auslegung für das Gericht keine Lösung, wird die Ungültigkeitsklage gutgeheissen, womit die Verfügung rückwirkend unwirksam wird, wie wenn sie gar nie bestanden hätte. Je nach Situation werden auch nur einzelne Anordnungen für ungültig erklärt, wenn die Auslegung ergibt, dass der Erblasser die übrigen Anordnungen allein auch hätte bestehen lassen. Allerdings gilt das Urteil nur zwischen den Prozessparteien. Nicht am Prozess beteiligte Personen können sich unter Umständen weiterhin auf die ganze oder teilweise Ungültigkeit berufen, auch wenn das Gericht anders entschieden hat.

Die Herabsetzungsklage

B. Herabsetzungsklage
I. Voraussetzungen
1. Im allgemeinen

Art. 522

¹ Hat der Erblasser seine Verfügungsbefugnis überschritten, so können die Erben, die nicht dem Werte nach ihren Pflichtteil erhalten, die Herabsetzung der Verfügung auf das erlaubte Mass verlangen.

² Enthält die Verfügung Bestimmungen über die Teile der gesetzlichen Erben, so sind sie, wenn kein anderer Wille des Erblassers aus der Verfügung ersichtlich ist, als blosse Teilungsvorschriften aufzufassen.

Art. 523

2. Begünstigung der Pflichtteilsberechtigten

Enthält eine Verfügung von Todes wegen Zuwendungen an mehrere pflichtteilsberechtigte Erben im Sinne einer Begünstigung, so findet bei Überschreitung der Verfügungsbefugnis unter den Miterben eine Herabsetzung im Verhältnis der Beträge statt, die ihnen über ihren Pflichtteil hinaus zugewendet sind.

Art. 524

3. Rechte der Gläubiger

¹ Die Konkursverwaltung eines Erben oder dessen Gläubiger, die zur Zeit des Erbganges Verlustscheine besitzen, können, wenn der Erblasser den verfügbaren Teil zum Nachteil des Erben überschritten hat und dieser auf ihre Aufforderung hin die Herabsetzungsklage nicht anhebt, innerhalb der dem Erben gegebenen Frist die Herabsetzung verlangen, soweit dies zu ihrer Deckung erforderlich ist.

² Die gleiche Befugnis besteht auch gegenüber einer Enterbung, die der Enterbte nicht anficht.

Art. 525

II. Wirkung
1. Herabsetzung im allgemeinen

¹ Die Herabsetzung erfolgt für alle eingesetzten Erben und Bedachten im gleichen Verhältnis, soweit nicht aus der Verfügung ein anderer Wille des Erblassers ersichtlich ist.

² Wird die Zuwendung an einen Bedachten, der zugleich mit Vermächtnissen beschwert ist, herabgesetzt, so kann er unter dem gleichen Vorbehalt verlangen, dass auch diese Vermächtnisse verhältnismässig herabgesetzt werden.

Art. 526

2. Vermächtnis einer einzelnen Sache

Gelangt das Vermächtnis einer einzelnen Sache, die ohne Schädigung ihres Wertes nicht geteilt werden kann, zur Herabsetzung, so kann der Bedachte entweder gegen Vergütung des Mehrbetrages die Sache selbst oder anstatt der Sache den verfügbaren Betrag beanspruchen.

Art. 527

3. Bei Verfügungen unter Lebenden
a. Fälle

Der Herabsetzung unterliegen wie die Verfügungen von Todes wegen:

1. die Zuwendungen auf Anrechnung an den Erbteil, als Heiratsgut, Ausstattung oder Vermögensabtretung, wenn sie nicht der Ausgleichung unterworfen sind;

2. die Erbabfindungen und Auskaufsbeträge;

3. die Schenkungen, die der Erblasser frei widerrufen konnte, oder die er während der letzten fünf Jahre vor seinem Tode ausgerichtet hat, mit Ausnahme der üblichen Gelegenheitsgeschenke;

4. die Entäusserung von Vermögenswerten, die der Erblasser offenbar zum Zwecke der Umgehung der Verfügungsbeschränkung vorgenommen hat.

Art. 528

b. Rückleistung

¹ Wer sich in gutem Glauben befindet, ist zu Rückleistungen nur insoweit verbunden, als er zur Zeit des Erbganges aus dem Rechtsgeschäfte mit dem Erblasser noch bereichert ist.

² Muss sich der durch Erbvertrag Bedachte eine Herabsetzung gefallen lassen, so ist er befugt, von der dem Erblasser gemachten Gegenleistung einen entsprechenden Betrag zurückzufordern.

Art. 529

4. Versicherungsansprüche

Versicherungsansprüche auf den Tod des Erblassers, die durch Verfügung unter Lebenden oder von Todes wegen zugunsten eines Dritten begründet oder bei Lebzeiten des Erblassers unentgeltlich auf einen Dritten übertragen worden sind, unterliegen der Herabsetzung mit ihrem Rückkaufswert.

Art. 530

5. Bei Nutzniessung und Renten

Hat der Erblasser seine Erbschaft mit Nutzniessungsansprüchen und Renten derart beschwert, dass deren Kapitalwert nach der mutmasslichen Dauer der Leistungspflicht den verfügbaren Teil der Erbschaft übersteigt, so können die Erben entweder eine verhältnismässige Herabsetzung der Ansprüche oder, unter Überlassung des verfügbaren Teiles der Erbschaft an die Bedachten, deren Ablösung verlangen.

Art. 531

6. Bei Nacherbeneinsetzung

Eine Nacherbeneinsetzung ist gegenüber einem pflichtteilsberechtigten Erben im Umfange des Pflichtteils ungültig.

Art. 532

III. Durchführung

Der Herabsetzung unterliegen in erster Linie die Verfügungen von Todes wegen und sodann die Zuwendungen unter Lebenden, und zwar diese in der Weise, dass die spätern vor den frühern herabgesetzt werden, bis der Pflichtteil hergestellt ist.

Art. 533

IV. Verjährung

¹ Die Herabsetzungsklage verjährt mit Ablauf eines Jahres von dem Zeitpunkt an gerechnet, da die Erben von der Verletzung ihrer Rechte Kenntnis erhalten haben, und in jedem Fall mit Ablauf von zehn Jahren, die bei den letztwilligen Verfügungen von dem Zeitpunkte der Eröffnung, bei den andern Zuwendungen aber vom Tode des Erblassers an gerechnet werden.

² Ist durch Ungültigerklärung einer spätern Verfügung eine frühere gültig geworden, so beginnen die Fristen mit diesem Zeitpunkte.

³ Einredeweise kann der Herabsetzungsanspruch jederzeit geltend gemacht werden.

Pflichtteile sind gewissen Erben garantierte Anteile am Nachlass. Sie können verletzt werden durch Verfügungen von Todes wegen und Geschäfte unter Lebenden (Erbvorbezug, Schenkungen etc.). Wie die mangelhaften sind auch solche Verfügungen grundsätzlich wirksam, wenn sie nicht angefochten werden. Eine Klage gegen pflichtteilsverletzende Anordnungen hat nicht deren volle Ungültigkeit zur Folge; die Verfügung wird nur soweit *herabgesetzt*, bis die Pflichtteile erreicht sind. Gegenstand der Herabsetzung kann jedoch nur eine gültige Verfügung sein. Leidet die Verfügung an einem Ungültigkeitsmangel, muss zuerst eine Ungültigkeitsklage erhoben werden. Wer im Zweifel ist, ob ein Testament ungültig ist oder nur Pflichtteile verletzt, sollte im Hauptantrag auf Ungültigkeit, im Eventualantrag auf Herabsetzung klagen.

Die Herabsetzungsklage wird nicht nur gegen Pflichtteilsverletzungen in positiven Verfügungen angestrengt, sondern auch in folgenden Fällen:
– Anfechtung einer Enterbung (Art. 479 Abs. 3)
– Schutz der Vertragspartei bei Erbverträgen (Art. 494 Abs. 3)
– Schutz vor Aushöhlung des Erbteils durch Vermächtnisse (Art. 486 Abs. 1)

Gegenstand der Herabsetzung ist jede Anordnung, welche Erblasser und Erblasserinnen in einer Verfügung von Todes wegen treffen können: Erbeinsetzung, Nacherbeneinsetzung, Vermächtnis, Auflage; ebenso die Begünstigungen durch Versicherungen, Nutzniessung und Renten, welche Verfügungen von Todes wegen oder Zuwendungen unter Lebenden sein können; dann die lebzeitigen Zuwendungen, wie sie Artikel 527 aufzählt. Hier geht es vor allem um die bis fünf Jahre vor dem Tod erfolgten Schenkungen sowie um frühere Schenkungen, wenn sie offenbar nur gemacht wurden, um Pflichtteile zu umgehen. Die weiteren Ziffern des Artikels entspringen dem Gedanken, dass auch berechtigte Ungleichbehandlungen der Nachkommen die Pflichtteile nicht verletzen sollten. Auch Eheverträge können allenfalls der Herabsetzung unterliegen, wenn sie die Pflichtteile verletzen (siehe Art. 216, Seite 239).

Die Herabsetzung kann dazu führen, dass Empfänger von Leistungen diese zurückerstatten müssen. Für gutgläubige Empfänger ist dies nur im Rahmen der Bereicherung vorgesehen, das heisst die Herabsetzung betrifft nur Gegenstände oder Werte, die der Empfänger zum Zeitpunkt des Erbgangs effektiv noch hat. Bedachte aus Erbvertrag mit Gegenleistung sind ebenfalls geschützt; sie können unter Umständen im gleichen Verhältnis einen Teil der Gegenleistung verrechnen oder zurückfordern.

Für die Berechnung der Pflichtteile sind alle herabsetzbaren Verfügungen zum Wert am Todestag miteinzubeziehen (siehe Art. 474 bis 476, Seite 440). Effektiv herabgesetzt wird jedoch nur, bis die Pflichtteile aufgefüllt sind. Dies geschieht nach der gesetzlichen Reihenfolge: Zuerst werden alle Verfügungen von Todes wegen verhältnismässig herabgesetzt, dann kommen nötigenfalls auch die lebzeitigen Zuwendungen nach Datum der Ausrichtung dazu, zuerst die jüngste, zuletzt die älteste.

Die Herabsetzungsklage kann von den Pflichtteilserbinnen und -erben erhoben werden und, im Gegensatz zur Ungültigkeitsklage, auch von den Gläubigern, wenn die Pflichtteilserben nicht klagen und nicht enterbt wurden (siehe Art. 480, Seite 442). Die Klage richtet sich meist auf Wiederherstellung der Pflichtteile (allgemein, ohne bestimmten Betrag), kann aber auch mit einer Leistungsklage (Erbin A verlangt von Erbe B 2000 Franken) oder einer Teilungsklage (siehe Art. 604, Seite 513) verbunden werden. Die Fristen sind die gleichen wie bei der Ungültigkeitsklage, ebenso können besitzende Erben sich einredeweise ohne zeitliche Begrenzung wehren (siehe Seite 470). Ein Beispiel für die Verjährungsfristen:

Herbert B. hinterlässt Frau und Kinder. Im Ehevertrag hat er den ganzen Vorschlag seiner Frau zukommen lassen, was die Pflichtteile der Kinder verletzt. Aus Pietätsgründen aber warten diese nach dem Tod ihres Vaters zu. Nach zwei Jahren beginnt die Mutter, ihren Kummer im Alkohol zu ertränken, und verschleudert das Erbe. Die Kinder riskieren nun, ihren Pflichtteilsanspruch von ⅜ des Nachlasses des verstorbenen Vaters nicht mehr im Prozess durchsetzen zu können, da er verjährt ist.

Klagen aus Erbverträgen

Siebenter Abschnitt: Klagen aus Erbverträgen

Art. 534

A. Ansprüche bei Ausrichtung zu Lebzeiten des Erblassers

¹ Überträgt der Erblasser sein Vermögen bei Lebzeiten auf den Vertragserben, so kann dieser ein öffentliches Inventar aufnehmen lassen.

² Hat der Erblasser nicht alles Vermögen übertragen oder nach der Übertragung Vermögen erworben, so bezieht sich der Vertrag unter Vorbehalt einer andern Anordnung nur auf das übertragene Vermögen.

³ Soweit die Übergabe bei Lebzeiten stattgefunden hat, gehen Rechte und Pflichten aus dem Vertrag unter Vorbehalt einer anderen Anordnung auf die Erben des eingesetzten Erben über.

Art. 535

B. Ausgleichung beim Erbverzicht
I. Herabsetzung

¹ Hat der Erblasser dem verzichtenden Erben bei Lebzeiten Leistungen gemacht, die den verfügbaren Teil seiner Erbschaft übersteigen, so können die Miterben die Herabsetzung verlangen.

² Der Herabsetzung unterliegt die Verfügung jedoch nur für den Betrag, um den sie den Pflichtteil des Verzichtenden übersteigt.

³ Die Anrechnung der Leistungen erfolgt nach den gleichen Vorschriften wie bei der Ausgleichung.

Art. 536

II. Rückleistung

Wird der Verzichtende auf Grund der Herabsetzung zu einer Rückleistung an die Erbschaft verpflichtet, so hat er die Wahl, entweder diese Rückleistung auf sich zu nehmen oder die ganze Leistung in die Teilung einzuwerfen und an dieser teilzunehmen, als ob er nicht verzichtet hätte.

Grundsätzlich haben Erbverträge erst nach dem Tod des Erblassers eine Wirkung. Erst dann treten Erbinnen und Erben in ihre Rechte ein. Unter Umständen kann es aber im Interesse der Parteien sein, mit dem Erbvertrag eine Vermögensübernahme zu Lebzeiten zu verbinden. Dazu ein Beispiel:

Bei Artikel 494 wurde das Beispiel von Susanne H. gezeigt (siehe Seite 453), welche ihr Haus und Land einer Familie vermachte und sich als

Gegenleistung Unterhalt und Pflege versprechen liess. Man nennt dies Erbverpfründung (Art. 521 Abs. 2 OR). Damit die Familie ihren Verpflichtungen nachkommen kann, könnte Susanne H. Land und Haus auch schon zu ihren Lebzeiten auf die Familie übertragen.

Verschiedene Probleme, die sich aus solchen Situationen ergeben (Schuldenhaftung, Umfang des Vermögensüberganges, Vererblichkeit der übertragenen Rechte und Pflichten), werden in Artikel 534 geregelt. Eine weitere erbvertragliche Problematik stellt sich beim Erbauskauf (siehe Art. 495 Abs. 1). Auch dazu ein Beispiel:

Noch zu Lebzeiten hat Heinz C. von seinem Vater den Coiffeursalon überschrieben erhalten und dafür erbvertraglich auf sein zukünftiges Erbe verzichtet. Nach Jahren schwerer Krankheit stirbt der Vater mittellos. Für die pflichtteilsberechtigte Frau C. bleibt nichts. Sie hat Anspruch auf einen Viertel des Werts des Coiffeursalons, kann also die Herabsetzung verlangen (Art. 527 Ziff. 2). Heinz C. hat nun die Wahl, seiner Mutter diesen Betrag zu bezahlen oder das ganze Geschäft in die Erbschaft einzuwerfen und dann an der Erbteilung mitzumachen, wie wenn er nie verzichtet hätte.

Die Eröffnung des Erbgangs: Das Erben beginnt

Zweite Abteilung: Der Erbgang

Fünfzehnter Titel: Die Eröffnung des Erbganges

Art. 537

A. Voraussetzung auf Seite des Erblassers

¹ Der Erbgang wird durch den Tod des Erblassers eröffnet.

² Insoweit den Zuwendungen und Teilungen, die bei Lebzeiten des Erblassers erfolgt sind, erbrechtliche Bedeutung zukommt, werden sie nach dem Stande der Erbschaft berücksichtigt, wie er beim Tode des Erblassers vorhanden ist.

Art. 538

B. Ort der Eröffnung und Gerichtsstand

¹ Die Eröffnung des Erbganges erfolgt für die Gesamtheit des Vermögens am letzten Wohnsitze des Erblassers.

² Die Klagen auf Ungültigerklärung oder Herabsetzung einer Verfügung des Erblassers sowie auf Herausgabe oder Teilung der Erbschaft sind beim Richter dieses Wohnsitzes anzubringen.

Ausgangspunkt des Erbgangs ist der *Zeitpunkt des Todes* des Erblassers oder der Erblasserin. Der Begriff und Beweis des Todes ist im Personenrecht (Art. 31 bis 34, Seite 71) geregelt. Dieser Zeitpunkt ist massgebend für die Umschreibung des Nachlasses (Gesamterbmasse mit allen Aktiven und Passiven); dazu gehören auch die Zuwendungen zu Lebzeiten, soweit ihnen erbrechtliche Bedeutung zukommt. Alle Positionen werden mit ihrem Wert im Zeitpunkt des Todes eingesetzt.

Dieser Augenblick ist auch massgebend für die Bestimmung des Ortes, an welchem der Erbgang eröffnet wird. Für das ganze Vermögen ist es der letzte Wohnsitz des Erblassers, unabhängig davon, wo das Vermögen liegt (zum Beispiel ein Haus in einem anderen Kanton). Welches der letzte Wohnsitz ist, bestimmt sich nach Artikel 23 bis 25 (siehe Seite 49). Es ist also bedeutungslos, wo ein Erblasser gestorben ist. Am Ort des letzten Wohnsitzes werden nicht nur die zuständigen Behörden tätig, dort besteht auch die Zuständigkeit der Gerichte für allfällige Streitigkeiten (Gerichtsstand). Im einzelnen ist dieser Ort massgebend für die Sicherungshandlungen (Art. 551 Abs. 1), das öffentliche

Inventar (Art. 581), die amtliche Liquidation (Art. 595), die Geltendmachung von Ansprüchen aus Erbrecht (Art. 519 ff., 522 ff. 598 ff., 604) sowie für die Erhebung der Erbschaftssteuer.

Wer ist erbfähig, wer erbunwürdig?

C. Voraussetzungen auf Seite des Erben
I. Fähigkeit
1. Rechtsfähigkeit

Art. 539

[1] Jedermann ist fähig, Erbe zu sein und aus Verfügungen von Todes wegen zu erwerben, sobald er nicht nach Vorschrift des Gesetzes erbunfähig ist.

[2] Zuwendungen mit Zweckbestimmung an eine Mehrheit von Personen insgesamt werden, wenn dieser das Recht der Persönlichkeit nicht zukommt, von allen Zugehörigen unter der vom Erblasser aufgestellten Zweckbestimmung erworben oder gelten, wo dieses nicht angeht, als Stiftung.

2. Erbunwürdigkeit
a. Gründe

Art. 540

[1] Unwürdig, Erbe zu sein oder aus einer Verfügung von Todes wegen irgend etwas zu erwerben, ist:

1. wer vorsätzlich und rechtswidrig den Tod des Erblassers herbeigeführt oder herbeizuführen versucht hat;
2. wer den Erblasser vorsätzlich und rechtswidrig in einen Zustand bleibender Verfügungsunfähigkeit gebracht hat;
3. wer den Erblasser durch Arglist, Zwang oder Drohung dazu gebracht oder daran verhindert hat, eine Verfügung von Todes wegen zu errichten oder zu widerrufen;
4. wer eine Verfügung von Todes wegen vorsätzlich und rechtswidrig unter Umständen, die dem Erblasser deren Erneuerung nicht mehr ermöglichten, beseitigt oder ungültig gemacht hat.

[2] Durch Verzeihung des Erblassers wird die Erbunwürdigkeit aufgehoben.

b. Wirkung auf Nachkommen

Art. 541

[1] Die Unfähigkeit besteht nur für den Unwürdigen selbst.

[2] Seine Nachkommen beerben den Erblasser, wie wenn er vor dem Erblasser gestorben wäre.

II. Erleben des Erbganges
1. Als Erbe

Art. 542

[1] Um die Erbschaft erwerben zu können, muss der Erbe den Erbgang in erbfähigem Zustand erleben.

² Stirbt ein Erbe, nachdem er den Erbgang erlebt hat, so vererbt sich sein Recht an der Erbschaft auf seine Erben.

Art. 543

2. Als Vermächtnisnehmer

¹ Der Vermächtnisnehmer erwirbt den Anspruch auf das Vermächtnis, wenn er den Erbgang in erbfähigem Zustand erlebt hat.

² Stirbt er vor dem Erblasser, so fällt sein Vermächtnis, wenn kein anderer Wille aus der Verfügung nachgewiesen werden kann, zugunsten desjenigen weg, der zur Ausrichtung verpflichtet gewesen wäre.

Art. 544

3. Das Kind vor der Geburt

¹ Das Kind ist vom Zeitpunkt der Empfängnis an unter dem Vorbehalt erbfähig, dass es lebendig geboren wird.

² Wird es tot geboren, so fällt es für den Erbgang ausser Betracht.

Art. 545

4. Nacherben

¹ Auf dem Wege der Nacherbeneinsetzung oder des Nachvermächtnisses kann die Erbschaft oder eine Erbschaftssache einer Person zugewendet werden, die zur Zeit des Erbfalles noch nicht lebt.

² Ist kein Vorerbe genannt, so gelten die gesetzlichen Erben als Vorerben.

Jede Person ist erbfähig. Es ist dies ein Teil der Rechtsfähigkeit (siehe Art. 11, Seite 41). Ein Erbe oder eine Erbin muss den Zeitpunkt des Todes des Erblassers erleben, um den Erbanspruch erwerben zu können. Die Erbfähigkeit geht zurück bis zum Zeitpunkt der Zeugung (siehe Art. 31 Abs. 2, Seite 71); ungeborene Kinder sind, sofern sie lebend geboren werden, Erben. Sogar noch nicht gezeugte Kinder können als Nacherben oder Nachvermächtnisnehmer eingesetzt sein (siehe Art. 488). Auch juristische Personen sind erbfähig, wenn ihnen im Zeitpunkt des Todes des Erblassers Rechtspersönlichkeit zukommt (siehe Art. 52, Seite 79). Sogar eine Gruppe von Personen (zum Beispiel die Kegelrunde, bei der ein Erblasser mitgemacht hat) ist erbfähig, wenn der Kreis nicht zu gross und genau bestimmbar ist. Sonst wird der vermachte Erbteil in eine Stiftung mit entsprechendem Zweck umgewandelt (Art. 493). Tiere sind nicht erbfähig; sie sind juristisch gesehen Sachen.

Die Erbfähigkeit kann vom Gesetz her ausgeschlossen sein. Das ist vorgesehen für die an einem öffentlichen Testament mitwirkenden Personen, also die

Zeugen und die Urkundsperson (siehe Art. 503). Daneben gibt es verschiedene Gründe für eine *Erbunwürdigkeit*, deren Sinn eine Enterbung von Gesetzes wegen für die Fälle ist, in denen der Erblasser selbst eine solche nicht mehr aussprechen kann. Die Gründe dafür sind denn auch etwa dieselben wie bei der Enterbung. Erbunwürdig ist,
- wer einen Erblasser getötet hat oder versucht hat, ihn zu töten (Art. 540 Ziff. 1).
- wer einen Erblasser daran gehindert hat, seine letztwillige Verfügung nach seinem Willen aufzusetzen (Ziff. 2 und 3).
- wer eine letztwillige Verfügung vernichtet hat (Ziff. 4).

Anders als bei der Enterbung können aber alle Erbinnen und Erben oder Vermächtnisnehmer als erbunwürdig erklärt werden, nicht nur die Pflichtteilserben. Zur Erbunwürdigkeit führen nur Handlungen (Töten, Verfügung vernichten etc.) gegen den Erblasser oder die Erblasserin, nicht aber solche gegen weitere Familienangehörige. Auf die Nachkommen wirkt sich die Erbunwürdigkeit in keinem Fall aus.

Verschollene als Erblasser oder als Erben

D. Verschollenheit
I. Beerbung eines Verschollenen
1. Erbgang gegen Sicherstellung

Art. 546

¹ Wird jemand für verschollen erklärt, so haben die Erben oder Bedachten vor der Auslieferung der Erbschaft für die Rückgabe des Vermögens an besser Berechtigte oder an den Verschollenen selbst Sicherheit zu leisten.

² Diese Sicherheit ist im Falle des Verschwindens in hoher Todesgefahr auf fünf Jahre und im Falle der nachrichtlosen Abwesenheit auf 15 Jahre zu leisten, in keinem Falle aber länger als bis zu dem Tage, an dem der Verschollene 100 Jahre alt wäre.

³ Die fünf Jahre werden vom Zeitpunkte der Auslieferung der Erbschaft und die 15 Jahre von der letzten Nachricht an gerechnet.

Art. 547

2. Aufhebung der Verschollenheit und Rückerstattung

¹ Kehrt der Verschollene zurück, oder machen besser Berechtigte ihre Ansprüche geltend, so haben die Eingewiesenen die Erbschaft nach den Besitzesregeln herauszugeben.

² Den besser Berechtigten haften sie, wenn sie in gutem Glauben sind, nur während der Frist der Erbschaftsklage.

Art. 548

II. Erbrecht des Verschollenen

¹ Kann für den Zeitpunkt des Erbganges Leben oder Tod eines Erben nicht nachgewiesen werden, weil dieser verschwunden ist, so wird sein Anteil unter amtliche Verwaltung gestellt.

² Die Personen, denen bei Nichtvorhandensein des Verschwundenen sein Erbteil zugefallen wäre, haben das Recht, ein Jahr seit dem Verschwinden in hoher Todesgefahr oder fünf Jahre seit der letzten Nachricht über den Verschwundenen beim Richter um die Verschollenerklärung und, nachdem diese erfolgt ist, um die Aushändigung des Anteils nachzusuchen.

³ Die Auslieferung des Anteils erfolgt nach den Vorschriften über die Auslieferung an die Erben eines Verschollenen.

Art. 549

III. Verhältnis der beiden Fälle zueinander

¹ Haben die Erben des Verschollenen die Einweisung in sein Vermögen bereits erwirkt, so können sich seine Miterben, wenn ihm eine Erbschaft anfällt, hierauf berufen und die angefallenen Vermögenswerte herausverlangen, ohne dass es einer neuen Verschollenerklärung bedarf.

² Ebenso können die Erben des Verschollenen sich auf die Verschollenerklärung berufen, die von seinen Miterben erwirkt worden ist.

Art. 550

IV. Verfahren von Amtes wegen

¹ Stand das Vermögen oder der Erbteil eines Verschwundenen während zehn Jahren in amtlicher Verwaltung, oder hätte dieser ein Alter von 100 Jahren erreicht, so wird auf Verlangen der zuständigen Behörde die Verschollenerklärung von Amtes wegen durchgeführt.

² Melden sich alsdann innerhalb der Auskündungsfrist keine Berechtigten, so fallen die Vermögenswerte an das erbberechtigte Gemeinwesen oder, wenn der Verschollene niemals in der Schweiz gewohnt hat, an den Heimatkanton.

³ Gegenüber dem Verschollenen selbst und den besser Berechtigten besteht die gleiche Pflicht zur Rückerstattung wie für die eingewiesenen Erben.

Das Gesetz behandelt die Auswirkungen der Verschollenheit auf das Erbrecht an dieser Stelle, weil bei Verschollenen Tatsache und Zeitpunkt des Todes ungewiss sind. Ist ein Erblasser oder eine Erblasserin verschollen, so können die Erben die Verschollenerklärung verlangen (Voraussetzungen dazu siehe

Art. 35 bis 38, Seite 72, Kommentar Seite 74) und ihr Erbe antreten. Sie müssen jedoch für eine bestimmte Zeit (normalerweise fünf oder fünfzehn Jahre) Sicherheit leisten für den Fall, dass der oder die Verschollene lebt und zurückkommt.

Sind Erben im Zeitpunkt des Todes eines Erblassers verschollen, wird ihr Erbteil unter amtliche Verwaltung gestellt. Die Personen, denen dieser Erbteil zufallen würde, wenn der verschollene Erbe tot wäre, können die Verschollenerklärung verlangen und um Aushändigung des Erbteils nachsuchen. Tun sie dies nicht von selbst, wird das Verfahren nach zehn Jahren amtlicher Verwaltung von Amtes wegen eingeleitet.

Was geschieht vor der Erbteilung?

In einfachen Erbfällen einigen sich die Erbinnen und Erben hoffentlich rasch. Bei komplizierteren Nachlässen jedoch oder wenn es unter den Erben Streit gibt verstreicht viel Zeit, bis der Nachlass überhaupt festgestellt und dann unter die Erben verteilt werden kann. Die Sicherungsvorschriften von Artikel 551 bis 559 sollen gewährleisten, dass in dieser Zeit alles mit rechten Dingen zugeht. Wenn gar die Gefahr besteht, dass mit einem Nachlass nur Schulden zu erben sind, will möglicherweise keiner der Erben das Erbe antreten. Wie ein Erbe die Erbschaft ausschlagen kann und was sonst für Möglichkeiten bestehen, ist in den Artikeln 566 bis 597 geregelt.

Die Sicherung des Nachlasses

Mit dem Tod eines Menschen entstehen auch hinsichtlich des Nachlasses viele Ungewissheiten. Was hat er oder sie an Vermögen hinterlassen? Wie setzt sich der Nachlass zusammen? Wer ist in diesem Zeitpunkt im Besitz solcher Vermögenswerte? Wer erbt welche Gegenstände oder Werte? Ist ein Testament vorhanden? Die Sicherungsmassregeln sollen diese Unsicherheiten über den Nachlass und über den Willen von Erblasser oder Erblasserin bis zur endgültigen Verteilung überbrücken helfen.

Sechzehnter Titel: Die Wirkungen des Erbganges

Erster Abschnitt: Die Sicherungsmassregeln

Art. 551

A. Im allgemeinen

[1] Die zuständige Behörde am letzten Wohnsitze des Erblassers hat von Amtes wegen die zur Sicherung des Erbganges nötigen Massregeln zu treffen.

[2] Solche Massregeln sind insbesondere in den vom Gesetze vorgesehenen Fällen die Siegelung der Erbschaft, die Aufnahme des Inventars, die Anordnung der Erbschaftsverwaltung und die Eröffnung der letztwilligen Verfügungen.

[3] Ist ein Erblasser nicht an seinem Wohnsitze gestorben, so macht die Behörde des Sterbeortes derjenigen des Wohnortes hievon Mitteilung und trifft die nötigen Massregeln zur Sicherung der Vermögenswerte, die der Erblasser am Orte des Todes hinterlassen hat.

Welche Massnahmen allenfalls notwendig sind, ergibt sich erst aus den Gegebenheiten im konkreten Fall. Besteht die Gefahr, dass Unberechtigte Erbschaftssachen als Gut betrachten, das niemandem gehört, oder dass wirkliche wie vermeintliche Erben sofort vollendete Tatsachen schaffen wollen, muss die zuständige Behörde am *letzten Wohnsitz* des Erblassers eingreifen. Welche Massnahmen notwendig sind, liegt im Ermessen dieser Behörde. Das Gesetz regelt nicht alle möglichen Massnahmen. Für Vermögenswerte, die an einem allfälligen anderen Sterbeort liegen, handelt die dortige Behörde und orientiert die Behörde am letzten Wohnsitz darüber. Die Kantone regeln in den Einführungsgesetzen zum ZGB oder in den Prozessordnungen, welche konkrete Behörde für welche Massnahme zuständig sein soll (siehe Tabelle im Anhang, Seite 773). Sie haben dafür auf Gemeinde-, Bezirks-, Kreis- oder Kantonsebene teils richterliche, teils administrative Behörden vorgesehen.

Siegelung und Inventar

Art. 552

B. Siegelung der Erbschaft

Die Siegelung der Erbschaft wird in den Fällen angeordnet, für die das kantonale Recht sie vorsieht.

Art. 553

C. Inventar

¹ Die Aufnahme eines Inventars wird angeordnet:

1. wenn ein Erbe zu bevormunden ist oder unter Vormundschaft steht;

2. wenn ein Erbe dauernd und ohne Vertretung abwesend ist;

3. wenn einer der Erben sie verlangt.

² Sie erfolgt nach den Vorschriften des kantonalen Rechtes und ist in der Regel binnen zwei Monaten seit dem Tode des Erblassers durchzuführen.

³ Die Aufnahme eines Inventars kann durch die kantonale Gesetzgebung für weitere Fälle vorgeschrieben werden.

Das ZGB schreibt für die in Artikel 553 aufgezählten Umstände (ein Erbe ist bevormundet, dauernd und ohne Vertretung abwesend, verlangt dies ausdrücklich) sowie bei der Nacherbeneinsetzung (Art. 490) ein *Sicherungsinventar* vor. Dieses Inventar ist ein Verzeichnis aller Vermögenswerte und Schulden mit einer Schätzung der einzelnen Vermögensstücke.

Die Kantone können in ihren Gesetzen als Vorbereitungshandlung die Siegelung oder weitere Sicherungsmassnahmen vorsehen, zum Beispiel Schlüssel in die eigene Verwaltung nehmen, Türschlösser auswechseln, Konten- und Grundbuchsperren verfügen etc. Viele Kantone ordnen ein *Steuerinventar* an, welches ein besonderes Sicherungsinventar überflüssig macht.

Die Erbschaftsverwaltung

Art. 554

D. Erbschaftsverwaltung
I. Im allgemeinen

¹ Die Erbschaftsverwaltung wird angeordnet:

1. wenn ein Erbe dauernd und ohne Vertretung abwesend ist, sofern es seine Interessen erfordern;
2. wenn keiner der Ansprecher sein Erbrecht genügend nachzuweisen vermag oder das Vorhandensein eines Erben ungewiss ist;
3. wenn nicht alle Erben des Erblassers bekannt sind;
4. wo das Gesetz sie für besondere Fälle vorsieht.

² Hat der Erblasser einen Willensvollstrecker bezeichnet, so ist diesem die Verwaltung zu übergeben.

³ Stirbt eine bevormundete Person, so liegt, wenn keine andere Anordnung getroffen wird, die Erbschaftsverwaltung dem Vormunde ob.

Art. 555

II. Bei unbekannten Erben

¹ Ist die Behörde im ungewissen, ob der Erblasser Erben hinterlassen hat oder nicht, oder ob ihr alle Erben bekannt sind, so sind die Berechtigten in angemessener Weise öffentlich aufzufordern, sich binnen Jahresfrist zum Erbgange zu melden.

² Erfolgt während dieser Frist keine Anmeldung und sind der Behörde keine Erben bekannt, so fällt die Erbschaft unter Vorbehalt der Erbschaftsklage an das erbberechtigte Gemeinwesen.

Grundsätzlich steht die Verwaltung des Nachlasses bis zur Teilung den Erben und Erbinnen gemeinsam zu (siehe Art. 602, Seite 511). Überall da, wo dieses gemeinsame Handeln in Frage gestellt ist, wird eine Erbschaftsverwaltung angeordnet. Dies ist dann der Fall, wenn nicht alle Erben anwesend oder bekannt sind oder wenn kein Erbe sein Recht genügend nachweisen kann (rechtliche Ungewissheit der Erbfolge). Auch wenn bei einer Nacherbeneinsetzung keine Sicherstellung vorgenommen wird (Art. 490), wenn ein Erbe oder ein Erblasser verschollen ist (Art. 546 und 548) oder wenn die amtliche Liquidation verlangt wird (Art. 595), muss eine Erbschaftsverwaltung angeordnet werden.

Wenn in einem Testament Willensvollstrecker bezeichnet sind, umfasst ihre Aufgabe auch das Amt des Erbschaftsverwalters (siehe Art. 518, Seite 466). Im übrigen gehen die Aufgaben eines Erbschaftsverwalters aber weniger weit. Er ist besorgt für das Inventar und verwaltet den Nachlass bestmöglich, bis die Teilung durchgeführt werden kann. Im Gegensatz zum Willensvollstrecker hat er mit einer allfälligen güterrechtlichen Auseinandersetzung und mit der Vorbereitung der Teilung nichts zu tun.

Erbschaftsverwalter und Willensvollstrecker unterstehen einer Aufsichtsbehörde (siehe Art. 595 Abs. 3, Seite 507). Bei Problemen der Zweckmässigkeit von Anordnungen, der Inaktivität oder Parteilichkeit kann bei dieser Behörde Beschwerde erhoben werden. Für Rechtsfragen (Ungültigkeit einer Verfügung, Verletzung eines Pflichtteils, Teilungsklage etc.) bleiben aber allein die Zivilgerichte zuständig.

Einreichen und Eröffnen der Testamente

Art. 556

E. Eröffnung der letztwilligen Verfügung
I. Pflicht zur Einlieferung

[1] Findet sich beim Tode des Erblassers eine letztwillige Verfügung vor, so ist sie der Behörde unverweilt einzuliefern, und zwar auch dann, wenn sie als ungültig erachtet wird.

[2] Der Beamte, bei dem die Verfügung protokolliert oder hinterlegt ist, sowie jedermann, der eine Verfügung in Verwahrung genommen oder unter den Sachen des Erblassers vorgefunden hat, ist bei persönlicher Verantwortlichkeit verbunden, dieser Pflicht nachzukommen, sobald er vom Tode des Erblassers Kenntnis erhalten hat.

[3] Nach der Einlieferung hat die Behörde, soweit tunlich nach Anhörung der Beteiligten, entweder die Erbschaft einstweilen den gesetzlichen Erben zu überlassen oder die Erbschaftsverwaltung anzuordnen.

Art. 557

II. Eröffnung

[1] Die Verfügung des Erblassers muss binnen Monatsfrist nach der Einlieferung von der zuständigen Behörde eröffnet werden.

[2] Zu der Eröffnung werden die Erben, soweit sie den Behörden bekannt sind, vorgeladen.

³ Hinterlässt der Erblasser mehr als eine Verfügung, so sind sie alle der Behörde einzuliefern und von ihr zu eröffnen.

Art. 558

III. Mitteilung an die Beteiligten

¹ Alle an der Erbschaft Beteiligten erhalten auf Kosten der Erbschaft eine Abschrift der eröffneten Verfügung, soweit diese sie angeht.

² An Bedachte unbekannten Aufenthalts erfolgt die Mitteilung durch eine angemessene öffentliche Auskündung.

Nach dem Tod eines Menschen muss zunächst einmal festgestellt werden, wer überhaupt Erbin oder Erbe ist. Alle möglichen Erben müssen orientiert sein, denn es laufen ja die Anfechtungsfristen für allfällige Herabsetzungs- und Ungültigkeitsklagen. Die zuständigen Behörden müssen entscheiden, ob und welche Sicherungsmassregeln sie treffen. Aus diesen Gründen schreibt das Gesetz die allgemeine Pflicht vor, alle Dokumente, die möglicherweise eine letztwillige Verfügung enthalten, einzureichen. Das trifft auch für Verfügungen zu, die eventuell ungültig sind. Ob auch Erbverträge eingereicht und eröffnet werden müssen, ergibt sich aus dem kantonalen Recht. Wer dieser Einreichungspflicht nicht nachkommt, kann schadenersatzpflichtig werden, ist allenfalls erbunwürdig und macht sich strafrechtlich schuldig wegen Unterdrückung von Urkunden (Art. 254 StGB).

Alle möglichen Begünstigten (gesetzliche Erben, Vermächtnisnehmer) werden informiert, bei unbekanntem Aufenthalt mit öffentlicher Auskündigung (meist Publikation im Amtsblatt, eventuell öffentlicher Aushang). Innert Monatsfrist nach Einreichen der letzten Verfügung, findet die *Eröffnung* statt, und die zuständige Behörde gibt allen gesetzlichen und eingesetzten Erbinnen und Erben, den Vermächtnisnehmerinnen und Vermächtnisnehmern und allfälligen Willensvollstreckern den Inhalt aller Verfügungen bekannt. Diese Eröffnung wird auch durchgeführt, wenn die Anwesenden bereits Kenntnis vom Inhalt der Verfügungen haben.

Der Erbschein

Art. 559

IV. Auslieferung der Erbschaft

¹ Nach Ablauf eines Monats seit der Mitteilung an die Beteiligten wird den eingesetzten Erben, wenn die gesetzlichen Erben oder die aus einer frühern Verfügung Bedachten nicht ausdrücklich deren Berechtigung bestritten haben, auf ihr Verlangen von der Behörde eine Bescheinigung darüber ausgestellt, dass sie unter Vorbehalt der Ungültigkeitsklage und der Erbschaftsklage als Erben anerkannt seien.

² Zugleich wird gegebenen Falles der Erbschaftsverwalter angewiesen, ihnen die Erbschaft auszuliefern.

Sofort nach Einreichen der Urkunden entscheidet die zuständige Behörde über den vorläufigen Besitz am Nachlass. Normalerweise überlässt sie die Erbschaft den gesetzlichen Erben oder der Erbengemeinschaft. Die Erbengemeinschaft kann einen Vertreter oder eine Vertreterin bestimmen. Bei unklaren Verhältnissen ordnet die Behörde die Erbschaftsverwaltung an. Sie kann ihren Entscheid auch wieder abändern, insbesondere wenn die Eröffnungsverhandlung neue Erkenntnisse bringt.

Die Berechtigten benötigen einen Ausweis, um über die Erbschaft verfügen zu können (Abwicklung der Rechtsbeziehungen zu Banken, Grundbuch, Drittpersonen etc.). Dies ist die *Erbbescheinigung*, die je nach Umständen und Inhalt der letztwilligen Verfügung den gesetzlichen oder eingesetzten Erben ausgestellt wird. Sind Willensvollstrecker, Erbschaftsverwalter oder Erbenvertreter mit der Angelegenheit betraut, können und müssen diese von Amtes wegen verfügen und erhalten spezielle Bescheinigungen.

Eine Erbbescheinigung wird nur auf Antrag ausgestellt. Artikel 559 nennt nur die Erbbescheinigung für eingesetzte Erben. Sind gesetzliche Erben mit der Bescheinigung nicht einverstanden (zum Beispiel weil sie das Testament für ungültig halten), so können sie innert Monatsfrist Einsprache erheben. In der Praxis erhalten aber auch gesetzliche Erben nötigenfalls eine Erbbescheinigung, wobei der Entscheid darüber im Ermessen der Behörde liegt und diese bei Unklarheiten eine Erbschaftsverwaltung anordnet oder fortbestehen lässt.

Die Erbbescheinigung verschafft keine Erbrechte, nur eine provisorische Legitimation, über den Nachlass bis zur Teilung verfügen zu dürfen. Gestützt darauf wird den Erbberechtigten gemeinsam die Erbschaft belassen oder ausgeliefert, bis die rechtlichen Verhältnisse endgültig geklärt sind, nötigenfalls in den Gerichtsverfahren über Gültigkeit oder Herabsetzung der letztwilligen Verfügung oder eine Erbschaftsklage. Ein Beispiel:
Die Töchter R. haben von ihrer Mutter eine Liegenschaft geerbt. Eine Renovation ist dringend notwendig. Weil sie dafür Geld brauchen, wollen sie bei der Bank eine Hypothek aufnehmen. Gegenüber dem Grundbuchbeamten benötigen sie dazu eine Erbbescheinigung. Soll nur eine der Töchter stellvertretend für die anderen mit dem Grundbuchbeamten verhandeln, braucht sie zusätzlich eine Vollmacht von ihren Schwestern.

Ja zur Erbschaft

Zweiter Abschnitt: Der Erwerb der Erbschaft

Art. 560

A. Erwerb
I. Erben

¹ Die Erben erwerben die Erbschaft als Ganzes mit dem Tode des Erblassers kraft Gesetzes.

² Mit Vorbehalt der gesetzlichen Ausnahmen gehen die Forderungen, das Eigentum, die beschränkten dinglichen Rechte und der Besitz des Erblassers ohne weiteres auf sie über, und die Schulden des Erblassers werden zu persönlichen Schulden der Erben.

³ Der Erwerb der eingesetzten Erben wird auf den Zeitpunkt der Eröffnung des Erbganges zurückbezogen, und es haben die gesetzlichen Erben ihnen die Erbschaft nach den Besitzesregeln herauszugeben.

Mit dem Tod des Erblassers gehen sowohl die Aktiven (alle Vermögenswerte und -gegenstände) als auch die Passiven (alle Schulden) von Gesetzes wegen auf die Erbengemeinschaft über, also an alle gesetzlichen und/oder eingesetzten Erbinnen und Erben gemeinsam (siehe Art. 602, Seite 511). Dieser Übergang erfolgt unabhängig davon, wer nach Artikel 556 Absatz 3 und Artikel 559 provisorisch und vorläufig bis zur Teilung den Besitz und/oder eine Erbbescheinigung erhält. Die vorläufigen Besitzer sind zwar für ihre Handlungen gegenüber den letztlich berechtigten Erbinnen und Erben verantwortlich (siehe Art. 938 ff., Seite 698); im Grund genommen tragen aber die definitiven Erben Nutzen und Gefahr auch für die Zwischenzeit bis zur Teilung. Dazu ein Beispiel:
Armin L. hinterlässt als gesetzliche Erbin nur eine Tochter, die jedoch nicht auffindbar ist und den Kontakt zu ihrem Vater schon lange abgebrochen hat. In seinem Testament setzt er seinen Freund C. als Erben ein und verpflichtet ihn, seiner Freundin D. 100000 Franken als Vermächtnis auszurichten. Der Nachlass besteht im wesentlichen aus einer Liegenschaft im Wert von 500000 Franken. C. erhält eine Erbbescheinigung, damit er die im Zusammenhang mit der Liegenschaft nötigen Verwaltungshandlungen vornehmen kann. Später taucht die Tochter plötzlich auf und will nun ihr Erbe antreten. C. ist ihr gegenüber verantwortlich, wenn er das Haus hat verlottern lassen, von den Mietern keine Mietzinsen verlangt oder die Liegenschaft einfach der Freundin D. überlassen hat. Ist aber das Haus ohne sein Verschulden abgebrannt, so

kann ihn die Tochter dafür nicht haftbar machen, weil sie als gesetzliche Erbin die Gefahr allein trägt.

Nur gewisse höchstpersönliche, unvererbliche Rechte eines Erblassers gehen nicht auf die Erben über. Es sind dies zum Beispiel die Mitgliedschaft in einem Verein (siehe Art. 70, Seite 95), Nutzniessungs- und Wohnrechte (siehe Art. 749 und 776, Seite 637 und 645).

Vermächtnisnehmer, Erbengläubiger, Erbschaftsgläubiger: Wer kommt zuerst dran?

Art. 562

III. Vermächtnisnehmer
1. Erwerb

[1] Die Vermächtnisnehmer haben gegen die Beschwerten oder, wenn solche nicht besonders genannt sind, gegen die gesetzlichen oder eingesetzten Erben einen persönlichen Anspruch.

[2] Wenn aus der Verfügung nichts anderes hervorgeht, so wird der Anspruch fällig, sobald der Beschwerte die Erbschaft angenommen hat oder sie nicht mehr ausschlagen kann.

[3] Kommen die Erben ihrer Verpflichtung nicht nach, so können sie zur Auslieferung der vermachten Erbschaftssachen, oder wenn irgend eine Handlung den Gegenstand der Verfügung bildet, zu Schadenersatz angehalten werden.

Art. 563

2. Gegenstand

[1] Ist dem Bedachten eine Nutzniessung oder eine Rente oder eine andere zeitlich wiederkehrende Leistung vermacht, so bestimmt sich sein Anspruch, wo es nicht anders angeordnet ist, nach den Vorschriften des Sachen- und Obligationenrechtes.

[2] Ist ein Versicherungsanspruch auf den Tod des Erblassers vermacht, so kann ihn der Bedachte unmittelbar geltend machen.

Art. 564

3. Verhältnis von Gläubiger und Vermächtnisnehmer

[1] Die Gläubiger des Erblassers gehen mit ihren Ansprüchen den Vermächtnisnehmern vor.

[2] Die Gläubiger des Erben stehen, wenn dieser die Erbschaft vorbehaltlos erworben hat, den Gläubigern des Erblassers gleich.

Art. 565

4. Herabsetzung

¹ Zahlen die Erben nach Ausrichtung der Vermächtnisse Erbschaftsschulden, von denen sie vorher keine Kenntnis hatten, so sind sie befugt, die Vermächtnisnehmer insoweit zu einer verhältnismässigen Rückleistung anzuhalten, als sie die Herabsetzung der Vermächtnisse hätten beanspruchen können.

² Die Vermächtnisnehmer können jedoch höchstens im Umfange der zur Zeit der Rückforderung noch vorhandenen Bereicherung in Anspruch genommen werden.

Nicht nur Erbinnen und Erben, auch Gläubiger und vom Erblasser Begünstigte haben Ansprüche gegen die Erbschaft, welche an die Erbengemeinschaft übergegangen ist. Dabei haben die *Erbschaftsgläubiger* – das sind Personen, die gegen die Erbschaft eine Forderung haben, die nicht auf einer erbrechtlichen Stellung beruht, zum Beispiel die Bank für eine Hypothek auf der sich im Nachlass befindenden Liegenschaft – den Vorrang gegenüber den Vermächtnisnehmern (siehe Art. 594, Seite 505).

Wenn die Erben als Verwalter des Nachlasses Vermächtnisnehmer bevorzugen, können die Erbschaftsgläubiger diese Zuwendungen nach den Regeln des Schuldbetreibungs- und Konkursrechts anfechten und zurückfordern (Art. 285 ff. SchKG). Diese Regeln sehen nämlich vor, dass Gläubiger Handlungen anfechten können, durch die sie benachteiligt werden. Die Gläubiger müssen gegen die Erbschaft eine Betreibung einleiten (Art. 49 SchKG). Wenn sie in der Betreibung einen Verlustschein erhalten oder am Konkurs teilnehmen, können sie alle Schenkungen anfechten, welche die Erben innerhalb der letzten sechs Monate vor der Pfändung oder Konkurseröffnung vorgenommen haben. Kann ein Gläubiger beweisen, dass die Erben eine Schenkung (oder Pfandbestellung, Abschluss einer Versicherung etc.) vorgenommen haben in der Absicht, ihn zu benachteiligen, oder dass sie einen anderen Gläubiger ihm gegenüber bevorzugt haben, so kann er diese Rechtsgeschäfte ohne zeitliche Beschränkung anfechten. Haben die Erben Vermächtnisse ausgerichtet und wussten sie nicht, dass Erbschaftsschulden bestehen, können sie nachträglich die Bereicherung (das heisst, die Gegenstände und Werte, die dann effektiv noch vorhanden sind) wieder zurückfordern, und die Erbschaftsgläubiger können diesen Bereicherungsanspruch pfänden.

Da die Schulden des Erblassers ebenfalls auf die Erbengemeinschaft übergehen, haften die einzelnen Erbinnen und Erben mit ihrem eigenen Vermögen auch für diese Schulden (siehe Art. 603). Es kann also zu einer Benachteiligung der *Erbengläubiger* kommen. Die Erbengläubiger sind daher den Erbschaftsgläubigern gleichgestellt; allfällige Verluste werden nach den Regeln des Schuldbetreibungs- und Konkursrechts verteilt. Das bedeutet, dass aus der

Verwertung der Pfänder zuerst die pfandversicherten Forderungen, zum Beispiel Hypotheken, bezahlt und die übrigen Gläubiger in Klassen aufgeteilt werden. (Die Forderungen von Arbeitnehmern und Arbeitnehmerinnen beispielsweise sind in einer höheren Klasse privilegiert als etwa Sparguthaben.). Gläubiger der gleichen Klasse erhalten prozentual gleich viel; Gläubiger einer nachfolgenden Klasse erhalten nur etwas, wenn die höher privilegierte Klasse voll befriedigt wurde (Art. 219 SchKG).

Diese Gleichstellung gilt nur, wenn die Erben ihre Erbschaft vorbehaltlos annehmen. Verlangt zum Beispiel eine Erbin oder ein Erbschaftsgläubiger die amtliche Liquidation, dann haften die Erben für die Erbschaftsschulden nicht mehr mit dem eigenen Vermögen (siehe Art. 594). Umstritten ist das Verhältnis zwischen Erbengläubigern und Vermächtnisnehmern, wenn eine Erbschaft vorbehaltlos angenommen wird.

Auch die *Vermächtnisnehmer* erhalten ihren Anspruch von Gesetzes wegen mit dem Tod des Erblassers. Sie können ihre Forderung so durchsetzen, wie das in der letztwilligen Verfügung durch den Erblasser angeordnet ist. Geht aus dieser Verfügung dazu nichts hervor, müssen sie warten, bis der mit dem Vermächtnis Beschwerte die Erbschaft angenommen hat beziehungsweise sie nicht mehr ausschlagen kann. Folgende Leistungen werden häufig als Vermächtnisse vermacht:
- Nutzniessung oder Wohnrecht (Art. 745 ff. und 767 ff.): Ein Erblasser verfügt zum Beispiel, dass seine Haushälterin, die ihn die letzten Jahre seines Lebens versorgt und gepflegt hat, auf Lebzeiten in seiner Wohnung bleiben und die Einrichtung benutzen darf.
- Rente, vor allem in der Form einer Leibrente oder einer Verpfründung (Art. 516 ff. OR): Die Leibrente umfasst einen regelmässig auszuzahlenden Geldbetrag, den die Erblasserin zum Beispiel einer armen Verwandten auf Lebzeiten ausrichtet; bei einer Verpfründung werden Kost und Logis «vermacht».
- Versicherungsanspruch: Eine Erblasserin lässt beispielsweise den Anspruch aus einer Lebensversicherung durch Vermächtnis ihrem Konkubinatspartner zukommen. Dieser kann die Leistungen selbst von der Versicherung fordern, ist also in dieser Hinsicht gleich gestellt, wie wenn er im Versicherungsvertrag als Begünstigter genannt wäre.

Nein zur Erbschaft: die Ausschlagung

Art. 566

B. Ausschlagung
I. Erklärung
1. Befugnis

¹ Die gesetzlichen und die eingesetzten Erben haben die Befugnis, die Erbschaft, die ihnen zugefallen ist, auszuschlagen.

² Ist die Zahlungsunfähigkeit des Erblassers im Zeitpunkt seines Todes amtlich festgestellt oder offenkundig, so wird die Ausschlagung vermutet.

Auch wenn die Erbschaft theoretisch mit dem Tod des Erblassers auf die Erbengemeinschaft übergeht, kann niemand gezwungen werden, sie anzunehmen. Persönliche Gründe, ein Verzicht zugunsten anderer Erbinnen und Erben oder die Angst vor einer Überschuldung können Erben dazu bewegen, auf das Erbe zu verzichten, es auszuschlagen. Bei offenkundiger Überschuldung der Erbschaft wird ein solcher Verzicht sogar vermutet.

Art. 567

2. Befristung
a. Im allgemeinen

¹ Die Frist zur Ausschlagung beträgt drei Monate.

² Sie beginnt für die gesetzlichen Erben, soweit sie nicht nachweisbar erst später von dem Erbfall Kenntnis erhalten haben, mit dem Zeitpunkte, da ihnen der Tod des Erblassers bekannt geworden, und für die eingesetzten Erben mit dem Zeitpunkte, da ihnen die amtliche Mitteilung von der Verfügung des Erblassers zugekommen ist.

Art. 568

b. Bei Inventaraufnahme

Ist ein Inventar als Sicherungsmassregel aufgenommen worden, so beginnt die Frist zur Ausschlagung für alle Erben mit dem Tage, an dem die Behörde ihnen von dem Abschlusse des Inventars Kenntnis gegeben hat.

Art. 569

3. Übergang der Ausschlagungsbefugnis

¹ Stirbt ein Erbe vor der Ausschlagung oder Annahme der Erbschaft, so geht die Befugnis zur Ausschlagung auf seine Erben über.

² Die Frist zur Ausschlagung beginnt für diese Erben mit dem Zeitpunkte, da sie von dem Anfall der Erbschaft an ihren Erblasser Kenntnis erhalten, und endigt frühestens mit dem Ablauf der Frist, die ihnen gegenüber ihrem eigenen Erblasser für die Ausschlagung gegeben ist.

³ Schlagen die Erben aus und gelangt die Erbschaft an andere Erben, die vorher nicht berechtigt waren, so beginnt für diese die Frist mit dem Zeitpunkte, da sie von der Ausschlagung Kenntnis erhalten haben.

Art. 570

4. Form

¹ Die Ausschlagung ist von dem Erben bei der zuständigen Behörde mündlich oder schriftlich zu erklären.

² Sie muss unbedingt und vorbehaltlos geschehen.

³ Die Behörde hat über die Ausschlagungen ein Protokoll zu führen.

Grundsätzlich wird vermutet, dass Erben das Erbe annehmen wollen. Um die Ungewissheit über die Annahme möglichst kurz zu halten, müssen die Erbinnen und Erben innert drei Monaten seit Kenntnis des Erbfalls oder allenfalls des Inventars handeln. Bei einer offenkundigen Überschuldung müssen sie in dieser Frist handeln, wenn sie die Erbschaft trotzdem annehmen wollen. Für Erbeserben beginnt eine neue dreimonatige Frist, sobald sie Kenntnis von der Ausschlagung durch die Erben haben.

Die Ausschlagung muss mündlich oder schriftlich bei der zuständigen Behörde (siehe Anhang, Seite 773) erfolgen. Eine Ausschlagung, die mit Bedingungen oder Vorbehalten verknüpft wird, ist ungültig; die Erbschaft gilt in einem solchen Fall als angenommen. Bei denselben Behörden können die Erben auch eine «Annahmeerklärung» abgeben, welche einen verbindlichen Verzicht auf Ausschlagung bedeutet, da die Erbschaft den Erben ja grundsätzlich sowieso zufallen würde.

Ja nicht einmischen

Art. 571

II. Verwirkung der Ausschlagungsbefugnis

¹ Erklärt der Erbe während der angesetzten Frist die Ausschlagung nicht, so hat er die Erbschaft vorbehaltlos erworben.

² Hat ein Erbe sich vor Ablauf der Frist in die Angelegenheiten der Erbschaft eingemischt oder Handlungen vorgenommen, die nicht durch die blosse Verwaltung der Erbschaft und durch den Fortgang der Geschäfte des Erblassers gefordert waren, oder hat er Erbschaftssachen sich angeeignet oder verheimlicht, so kann er die Erbschaft nicht mehr ausschlagen.

Wenn die Ausschlagung nicht frist- und formgerecht erklärt wird, gilt die Erbschaft als angenommen. Aber auch, wer sich Erbschaftssachen aneignet, sie verheimlicht oder sich über die notwendigen Verwaltungshandlungen hinaus in Nachlassangelegenheiten einmischt, verwirkt seinen Anspruch auf Ausschlagung. Eine solche Einmischung kann folgenreiche Auswirkungen haben, weil damit auch die Vermutung der Ausschlagung bei offenkundiger Überschuldung der Erbschaft entfällt.

Eine Einmischung liegt zum Beispiel vor, wenn eine Erbin eine Erbbescheinigung verlangt, eine Erbschafts- oder Herabsetzungsklage einleitet oder sich in ein Teilungsgeschäft einlässt. Nicht als Einmischung gilt es, wenn jemand blosse Verwaltungshandlungen vornimmt (fällige Steuern oder andere Schulden bezahlt, dringende Ausbesserungen an einem Haus machen lässt etc.) oder wenn er Geschäfte des Erblassers fortführt (zum Beispiel eine Betreibung fortsetzt oder einen bereits durch den Erblasser abgeschlossenen Vertrag erfüllt).

Was bewirkt die Ausschlagung?

Art. 572

III. Ausschlagung eines Miterben

¹ Hinterlässt der Erblasser keine Verfügung von Todes wegen und schlägt einer unter mehreren Erben die Erbschaft aus, so vererbt sich sein Anteil, wie wenn er den Erbfall nicht erlebt hätte.

² Hinterlässt der Erblasser eine Verfügung von Todes wegen, so gelangt der Anteil, den ein eingesetzter Erbe ausschlägt, wenn kein anderer Wille des Erblassers aus der Verfügung ersichtlich ist, an dessen nächsten gesetzlichen Erben.

Art. 573

IV. Ausschlagung aller nächsten Erben
1. Im allgemeinen

¹ Wird die Erbschaft von allen nächsten gesetzlichen Erben ausgeschlagen, so gelangt sie zur Liquidation durch das Konkursamt.

² Ergibt sich in der Liquidation nach Deckung der Schulden ein Überschuss, so wird dieser den Berechtigten überlassen, wie wenn keine Ausschlagung stattgefunden hätte.

Art. 574

2. Befugnis des überlebenden Ehegatten

Haben die Nachkommen die Erbschaft ausgeschlagen, so wird der überlebende Ehegatte von der Behörde hievon in Kenntnis gesetzt und kann binnen Monatsfrist die Annahme erklären.

Art. 575

3. Ausschlagung zugunsten nachfolgender Erben

¹ Die Erben können bei der Ausschlagung verlangen, dass die auf sie folgenden Erben noch angefragt werden, bevor die Erbschaft liquidiert wird.

² In diesem Falle ist seitens der Behörde den folgenden Erben von der Ausschlagung der vorgehenden Kenntnis zu geben, und wenn darauf jene Erben nicht binnen Monatsfrist die Annahme der Erbschaft erklären, so ist sie auch von ihnen ausgeschlagen.

Art. 576

V. Fristverlängerung

Aus wichtigen Gründen kann die zuständige Behörde den gesetzlichen und den eingesetzten Erben eine Fristverlängerung gewähren oder eine neue Frist ansetzen.

Die Erbenstellung des oder der Ausschlagenden entfällt rückwirkend auf den Zeitpunkt des Erbgangs. Der Anteil eines gesetzlichen Erben vererbt sich auf Miterben oder Nachkommen, wie wenn er vorverstorben wäre. Der Anteil eines eingesetzten Erben fällt einem allenfalls im Testament genannten Ersatzerben oder sonst den gesetzlichen Erbinnen und Erben zu. Haben alle gesetzlichen Erben ausgeschlagen, kommt es zur konkursamtlichen Liquidation (siehe Art. 597, Seite 508).

Zuvor wird aber dem überlebenden Ehegatten oder der Ehegattin – wenn sie und ihre Nachkommen ausgeschlagen haben – nochmals die Möglichkeit gegeben, die Erbschaft anzunehmen. Oft bewegen Pietätsgründe eine überlebende Ehepartei zu diesem Schritt. Möglicherweise ist die Erbschaft auch gerade wegen ihrer Forderungen überschuldet – zum Beispiel wenn eine Frau ihrem Mann seinerzeit ein Darlehen zum Aufbau des eigenen Geschäfts gewährt hat –, so dass für sie die Annahme der Erbschaft keine Gefahr birgt. Ein weiterer Sonderfall tritt ein, wenn die ausschlagenden Erben verlangen, dass zuerst den Nachberufenen noch eine neue Frist für eine allfällige Annahme der Erbschaft gewährt wird.

Kommt es schliesslich doch zur konkursamtlichen Liquidation und ergibt diese einen Erlös, so geht dieser trotz Ausschlagung an die Erben und Erbinnen.

Alle Ausschlagungsfristen können aus wichtigen Gründen verlängert oder es können neue Fristen angesetzt werden. Wichtige Gründe liegen nur vor, wenn das Versäumnis entschuldbar ist zum Beispiel durch Abwesenheit, Krankheit, Unklarheiten im Inventar. Nicht entschuldbar ist etwa Nachlässigkeit oder auch Rechtsunkenntnis, insbesondere über die Dreimonatsfrist.

Vermächtnisse ausschlagen

Art. 577

VI. Ausschlagung eines Vermächtnisses

Schlägt ein Vermächtnisnehmer das Vermächtnis aus, so fällt es zugunsten des Beschwerten weg, wenn kein anderer Wille des Erblassers aus der Verfügung ersichtlich ist.

Das Vermächtnis begründet eine obligatorische Forderung, das heisst, das Recht der Vermächtnisnehmerinnen oder Vermächtnisnehmer in einer Klage gegen die belasteten Erben zu verlangen, dass das Legat an sie persönlich ausgerichtet wird, und sonst allenfalls Schadenersatz zu fordern (siehe Art. 484 ff., Seite 446). Den Vermächtnisnehmern steht es frei, ob sie die Verjährungsfrist gemäss Artikel 601 unbenutzt verstreichen lassen wollen, das Legat ausdrücklich oder stillschweigend annehmen, durch Übereinkunft mit dem Beschwerten mit oder ohne Gegenleistung darauf verzichten oder einseitig darauf verzichten im Sinn einer Ausschlagung. Dabei können sie im Gegensatz zu den Erbinnen und Erben auch Bedingungen oder Vorbehalte anbringen oder das Legat nur teilweise annehmen, soweit sie dadurch nicht gegen den erblasserischen Willen handeln.

Rechte der Gläubiger

Art. 578

VII. Sicherung für die Gläubiger des Erben

[1] Hat ein überschuldeter Erbe die Erbschaft zu dem Zwecke ausgeschlagen, dass sie seinen Gläubigern entzogen bleibe, so können diese oder die Konkursverwaltung die Ausschlagung binnen sechs Monaten anfechten, wenn ihre Forderungen nicht sichergestellt werden.

[2] Wird ihre Anfechtung gutgeheissen, so gelangt die Erbschaft zur amtlichen Liquidation.

[3] Ein Überschuss dient in erster Linie zur Befriedigung der anfechtenden Gläubiger und fällt nach Deckung der übrigen Schulden an die Erben, zu deren Gunsten ausgeschlagen wurde.

Art. 579

VIII. Haftung im Falle der Ausschlagung

[1] Schlagen die Erben eines zahlungsunfähigen Erblassers die Erbschaft aus, so haften sie dessen Gläubigern gleichwohl insoweit, als sie vom Erblasser innerhalb der letzten fünf Jahre vor seinem Tode Vermögenswerte empfangen haben, die bei der Erbteilung der Ausgleichung unterworfen sein würden.

² Die landesübliche Ausstattung bei der Verheiratung sowie die Kosten der Erziehung und Ausbildung werden von dieser Haftung nicht getroffen.
³ Gutgläubige Erben haften nur, soweit sie noch bereichert sind.

Das Ausschlagen einer Erbschaft kann für Dritte – für die Gläubiger eines Erben wie diejenigen des Erblassers – Konsequenzen haben. Schlägt ein Erbe aus, weil er das geerbte Vermögen nicht an seine Gläubiger weiterreichen will, haben diese einen gewissen Schutz. Sie können innert sechs Monaten nach der Ausschlagung durch ihren Schuldner die amtliche Liquidation verlangen und erhalten dann einen allfälligen Überschuss. Ergänzend dazu können sie nötigenfalls auch bei Pflichtteilsverletzungen die Herabsetzung verlangen, wenn der überschuldete Erbe das unterlässt (siehe Art. 524, Seite 472).

Erbschaftsgläubiger dagegen sind praktisch schutzlos. Sie können nur hoffen, dass ein zahlungsfähiger Erbe oder eine Erbin die überschuldete Erbschaft annimmt, sonst gehen sie leer aus. Schlagen die Erben aus, haften sie allerdings für gewisse Werte und Gegenstände, die sie in den letzten fünf Jahren vor dem Tod des Erblassers erhalten haben. Gutgläubige Erben haften nur im Umfang der noch bestehenden Bereicherung.

Das öffentliche Inventar: eine Zwischenlösung

Dritter Abschnitt: Das öffentliche Inventar

Art. 580

A. Voraussetzung

¹ Jeder Erbe, der die Befugnis hat, die Erbschaft auszuschlagen, ist berechtigt, ein öffentliches Inventar zu verlangen.

² Das Begehren muss binnen Monatsfrist in der gleichen Form wie die Ausschlagung bei der zuständigen Behörde angebracht werden.

³ Wird es von einem der Erben gestellt, so gilt es auch für die übrigen.

Das öffentliche Inventar beruht auf einem *öffentlichen Aufruf*. Im Gegensatz zu verwandten Inventaren (amtliches Inventar nach Art. 553, Inventar bei der amtlichen Liquidation nach Art. 595) hat es nicht nur informativen Charakter, sondern *beschränkt die Haftung* der Erben und schiebt die Frist zum Entscheid über die Annahme der Erbschaft hinaus. Die Ausschlagung ist für die Erben nämlich oft eine unbefriedigende Lösung, einerseits aus Pietätsgründen, anderseits weil die Überschuldung der Erbschaft oft nicht klar ersichtlich ist, vor allem weil Schätzungen immer mit Ungewissheiten behaftet sind.

Mit der Annahme der Erbschaft unter öffentlichem Inventar erhalten die Erben das Vermögen in natura und können trotzdem abschätzen, ob sie dies mehr kostet, als sie dabei gewinnen. Auch den Erbschaftsgläubigern ist damit besser gedient, weil sie meistens mehr erhalten als bei einer konkursamtlichen Liquidation, welche die Folge einer Ausschlagung durch alle Erben ist.

Die Erbinnen und Erben, welche den Entscheid über die Ausschlagung treffen müssen, können in derselben Form (siehe Art. 570) bei der zuständigen kantonalen Behörde das öffentliche Inventar verlangen. Wer allerdings die Erbschaft ausdrücklich oder durch Einmischung (siehe Art. 571) bereits angenommen hat, wer sie ausgeschlagen oder die konkursamtliche Liquidation verlangt hat, ist nicht mehr antragsberechtigt. Im Gegensatz zur Ausschlagungsfrist von drei Monaten beträgt die Frist zur Annahme unter öffentlichem Inventar nur *einen Monat*, dafür wird damit der endgültige Entscheid hinausgeschoben. Ob diese Frist von einem Monat aus wichtigen Gründen verlängert oder neu angesetzt werden kann, ist umstritten. Hat ein Erbe das Begehren gestellt, gilt es auch für alle anderen Erbinnen und Erben.

Wie läuft ein öffentliches Inventar ab?

Art. 581

B. Verfahren
I. Inventar

[1] Das öffentliche Inventar wird durch die zuständige Behörde nach den Vorschriften des kantonalen Rechtes errichtet und besteht in der Anlegung eines Verzeichnisses der Vermögenswerte und Schulden der Erbschaft, wobei alle Inventarstücke mit einer Schätzung zu versehen sind.

[2] Wer über die Vermögensverhältnisse des Erblassers Auskunft geben kann, ist bei seiner Verantwortlichkeit verpflichtet, der Behörde alle von ihr verlangten Aufschlüsse zu erteilen.

[3] Insbesondere haben die Erben der Behörde die ihnen bekannten Schulden des Erblassers mitzuteilen.

Art. 582

II. Rechnungsruf

¹ Mit der Aufnahme des Inventars verbindet die Behörde einen Rechnungsruf, durch den auf dem Wege angemessener öffentlicher Auskündung die Gläubiger und Schuldner des Erblassers mit Einschluss der Bürgschaftsgläubiger aufgefordert werden, binnen einer bestimmten Frist ihre Forderungen und Schulden anzumelden.

² Die Gläubiger sind dabei auf die Folgen der Nichtanmeldung aufmerksam zu machen.

³ Die Frist ist auf mindestens einen Monat, vom Tage der ersten Auskündung an gerechnet, anzusetzen.

Art. 583

III. Aufnahme von Amtes wegen

¹ Forderungen und Schulden, die aus öffentlichen Büchern oder aus den Papieren des Erblassers ersichtlich sind, werden von Amtes wegen in das Inventar aufgenommen.

² Die Aufnahme ist den Schuldnern und Gläubigern anzuzeigen.

Art. 584

IV. Ergebnis

¹ Nach Ablauf der Auskündungsfrist wird das Inventar geschlossen und hierauf während wenigstens eines Monats zur Einsicht der Beteiligten aufgelegt.

² Die Kosten werden von der Erbschaft und, wo diese nicht ausreicht, von den Erben getragen, die das Inventar verlangt haben.

Art. 585

C. Verhältnis der Erben während des Inventars
1. Verwaltung

¹ Während der Dauer des Inventars dürfen nur die notwendigen Verwaltungshandlungen vorgenommen werden.

² Gestattet die Behörde die Fortsetzung des Geschäftes des Erblassers durch einen Erben, so sind dessen Miterben befugt, Sicherstellung zu verlangen.

Art. 586

II. Betreibung, Prozesse, Verjährung

¹ Die Betreibung für die Schulden des Erblassers ist während der Dauer des Inventars ausgeschlossen.

² Eine Verjährung läuft nicht.

³ Prozesse können mit Ausnahme von dringenden Fällen weder fortgesetzt noch angehoben werden.

Das Inventar besteht aus einer Zusammenstellung aller Aktiven (Vermögenswerte) und Passiven (Schulden), wobei alle Beteiligten (Erben, Banken, Vermögensverwalter, Vormundschaft etc.) *umfassende Auskunft* geben müssen. Im Gegensatz zum Sicherungsinventar (Art. 553) muss jeder einzelne Inventarwert geschätzt werden, nötigenfalls unter Beizug von Experten. Für die Schätzung ist der Verkehrswert (mutmasslicher Verkaufswert) zur Zeit des Todes des Erblassers massgebend.

Forderungen und Schulden, die sich aus öffentlichen Büchern (Grundbuch, Viehverschreibungsprotokoll, Register für Eigentumsvorbehalte, Betreibungsamt, Steuerregister etc.) oder aus Papieren des Erblassers (Geschäftsbücher, Bankrechnungen, Verträge, Korrespondenz etc.) ergeben, werden von Amtes wegen aufgenommen. Vermutete Gläubiger und Schuldner werden angeschrieben. Im übrigen erfolgt ein öffentlicher Rechnungsruf. Dadurch werden einerseits Forderungen und Schulden möglichst zuverlässig ermittelt, anderseits wird die Erbenhaftung begrenzt.

Nach Ablauf der Auskündungsfrist wird das Inventar zur Einsicht aufgelegt, damit auch allfällige Berichtigungen angebracht werden können. Die Kosten der Inventaraufnahme lasten in erster Linie auf der Erbschaft.

Damit die Basis für die Inventur möglichst zuverlässig ist, ruhen Betreibungen und Prozesse während dieser Zeit, und es laufen auch keine Verjährungsfristen. Verwaltungshandlungen sind auf das Notwendige beschränkt.

Was bewirkt das Inventar?

Art. 587

D. Wirkung
I. Frist zur Erklärung

[1] Nach Abschluss des Inventars wird jeder Erbe aufgefordert, sich binnen Monatsfrist über den Erwerb der Erbschaft zu erklären.

[2] Wo die Umstände es rechtfertigen, kann die zuständige Behörde zur Einholung von Schätzungen, zur Erledigung von streitigen Ansprüchen u. dgl. eine weitere Frist einräumen.

Art. 588

II. Erklärung

[1] Der Erbe kann während der angesetzten Frist ausschlagen oder die amtliche Liquidation verlangen oder die Erbschaft unter öffentlichem Inventar oder vorbehaltlos annehmen.

[2] Gibt er keine Erklärung ab, so hat er die Erbschaft unter öffentlichem Inventar angenommen.

Art. 589

III. Folgen der Annahme unter öffentlichem Inventar
1. Haftung nach Inventar

¹ Übernimmt ein Erbe die Erbschaft unter öffentlichem Inventar, so gehen die Schulden des Erblassers, die im Inventar verzeichnet sind, und die Vermögenswerte auf ihn über.

² Der Erwerb der Erbschaft mit Rechten und Pflichten wird auf den Zeitpunkt der Eröffnung des Erbganges zurückbezogen.

³ Für die Schulden, die im Inventar verzeichnet sind, haftet der Erbe sowohl mit der Erbschaft als mit seinem eigenen Vermögen.

Art. 590

2. Haftung ausser Inventar

¹ Den Gläubigern des Erblassers, deren Forderungen aus dem Grunde nicht in das Inventar aufgenommen worden sind, weil sie deren Anmeldung versäumt haben, sind die Erben weder persönlich noch mit der Erbschaft haftbar.

² Haben die Gläubiger ohne eigene Schuld die Anmeldung zum Inventar unterlassen, oder sind deren Forderungen trotz Anmeldung in das Verzeichnis nicht aufgenommen worden, so haftet der Erbe, soweit er aus der Erbschaft bereichert ist.

³ In allen Fällen können die Gläubiger ihre Forderungen geltend machen, soweit sie durch Pfandrecht an Erbschaftssachen gedeckt sind.

Art. 591

E. Haftung für Bürgschaftsschulden

Bürgschaftsschulden des Erblassers werden im Inventar besonders aufgezeichnet und können gegen den Erben, auch wenn er die Erbschaft annimmt, nur bis zu dem Betrage geltend gemacht werden, der bei der konkursmässigen Tilgung aller Schulden aus der Erbschaft auf die Bürgschaftsschulden fallen würde.

Nach Abschluss des Inventars hat jeder Erbe und jede Erbin die Möglichkeit, innert einer (unter Umständen verlängerbaren) Frist von einem Monat die Erbschaft auszuschlagen, die amtliche Liquidation zu verlangen (siehe Art. 593 ff., Seite 505), die Erbschaft vorbehaltlos (Art. 560) oder unter öffentlichem Inventar anzunehmen. Diese Möglichkeit besteht auch, wenn die Ausschlagungsfrist eigentlich bereits abgelaufen ist. Wenn ein Erbe keine Erklärung abgibt, gilt die Erbschaft als unter öffentlichem Inventar angenommen. — Erben, die *vorbehaltlos* annehmen, haften mit der Erbschaft und dem eigenen Vermögen für alle Schulden.

– Bei *Annahme unter öffentlichem* Inventar ist die Haftung auf die im Inventar verzeichneten Schulden beschränkt. Für Forderungen, die aus entschuldbaren Gründen nicht inventarisiert sind, haften die Erben nur im Rahmen ihrer Bereicherung, das heisst, nur mit den Werten, die sie aus der Erbschaft noch haben. Ebenfalls auf die Bereicherung beschränkt ist die Haftung für Bürgschaftsschulden, da diese Schuld oft noch ungewiss ist, wenn die Erbinnen und Erben sich entscheiden müssen.

Auch bei der Annahme unter öffentlichem Inventar bleibt ein gewisses Restrisiko. Nachlassobjekte können überbewertet sein. Der Wert einer Sache kann seit dem Inventar abgenommen haben. Vor Überraschungen durch private Forderungen ist man zwar mit dem öffentlichen Inventar weitgehend geschützt, aber die *öffentlich-rechtlichen Forderungen* (vor allem Steuerrechnungen) unterliegen nicht den Regelungen des ZGB. Je nach den kantonalen Steuergesetzen haften Erben für Steuerschulden auch dann, wenn diese nicht im Inventar aufgenommen wurden. Auch pfandversicherte Forderungen können immer geltend gemacht werden, soweit sie durch das Pfand gedeckt sind; eine Bank kann also die Hypothek auf dem geerbten Haus jederzeit zurückfordern. Die öffentlich-rechtliche Gesetzgebung in Bund und Kantonen ist sehr unterschiedlich; dazu ein paar Beispiele:

Artikel 43 der Vollzugsverordnung zum Bundesgesetz über die AHV sieht die Erbenhaftung für geschuldete AHV-Beiträge des Erblassers vor, behält jedoch Artikel 589 des ZGB ausdrücklich vor. Das Eidgenössische Versicherungsgericht hat daraus den Schluss gezogen (BGE 97 V 221), diese Beitragsforderungen müssten im öffentlichen Inventar enthalten sein, damit die Erben dafür haften. Im Gegensatz dazu sagt Artikel 117 des Bundesratsbeschlusses über die Erhebung einer direkten Bundessteuer, die Forderungen der direkten Bundessteuer müssten nicht im öffentlichen Inventar angemeldet werden; das heisst, die Erben haften für diese Forderungen in jedem Fall. Artikel 168 des bernischen Steuergesetzes schliesslich sieht die Anmeldung von Steuerforderungen im öffentlichen Inventar zwar auch vor, dies wird aber als blosse Ordnungsvorschrift und nicht als Pflicht ausgelegt. Das Bundesgericht schützte diesen Entscheid mit dem Hinweis, die kantonal bernische Auslegung sei nicht willkürlich, weil Artikel 589 des ZGB nicht ohne weiteres auf das öffentliche Steuerrecht anwendbar sei (BGE 102 Ia 483). Die Erben, die mit ihrem Einspruch bis ans oberste Gericht gelangt waren, mussten daher Steuerforderungen von mehr als 20 000 Franken bezahlen, obwohl diese im öffentlichen Inventar nicht angemeldet waren.

Wenn der Staat erbt

F. Erwerb durch das Gemeinwesen

Art. 592

Fällt eine Erbschaft an das Gemeinwesen, so wird von Amtes wegen ein Rechnungsruf vorgenommen, und es haftet das Gemeinwesen für die Schulden der Erbschaft nur im Umfange der Vermögenswerte, die es aus der Erbschaft erworben hat.

Erbt das Gemeinwesen, weil keine gesetzlichen Erben vorhanden sind und keine letztwillige Verfügung getroffen wurde (Art. 466), so wird immer ein öffentliches Inventar angeordnet. Die obigen Regeln werden sinngemäss angewendet.

Die amtliche Liquidation

Vierter Abschnitt: Die amtliche Liquidation

Art. 593

A. Voraussetzung
I. Begehren eines Erben

¹ Jeder Erbe ist befugt, anstatt die Erbschaft auszuschlagen oder unter öffentlichem Inventar anzunehmen, die amtliche Liquidation zu verlangen.

² Solange jedoch ein Miterbe die Annahme erklärt, kann dem Begehren keine Folge gegeben werden.

³ Im Falle der amtlichen Liquidation werden die Erben für die Schulden der Erbschaft nicht haftbar.

Art. 594

II. Begehren der Gläubiger des Erblassers

¹ Haben die Gläubiger des Erblassers begründete Besorgnis, dass ihre Forderungen nicht bezahlt werden, und werden sie auf ihr Begehren nicht befriedigt oder sichergestellt, so können sie binnen drei Monaten, vom Tode des Erblassers oder der Eröffnung der Verfügung an gerechnet, die amtliche Liquidation der Erbschaft verlangen.

² Die Vermächtnisnehmer können unter der gleichen Voraussetzung zu ihrer Sicherstellung vorsorgliche Massregeln verlangen.

Zwischen der Annahme der Erbschaft unter öffentlichem Inventar und der Ausschlagung steht die amtliche Liquidation. Die Vermögen der Erbschaft und der Erben bleiben dadurch rechtlich und tatsächlich getrennt, bis die Erbschaftsverhältnisse amtlich bereinigt sind. Im Unterschied zur Annahme unter öffentlichem Inventar (bei der die Erbschaft ausgehändigt wird und die Erben die Schulden selber regeln) wird dabei der Nachlass versilbert, soweit dies für die Deckung der Schulden nötig ist; dafür entfällt aber die Haftung der Erben für diese Schulden. Auf die Liquidation haben die Erben keinen Einfluss, sie können auch nicht in beschränktem Umfang (zum Beispiel für die nötigen Verwaltungshandlungen) über die Erbschaft verfügen.

Bei der amtlichen Liquidation behalten die Erbinnen und Erben ihre Erbenstellung. Ansonsten ist der Unterschied zur Ausschlagung nicht gross. Einen allfälligen positiven Erlös erhalten die Erben in beiden Fällen. Wenn allerdings von zwei Erben A die Erbschaft ausschlägt und B die amtliche Liquidation verlangt, geht der Erlös nur an B. Im Gegensatz zur Ausschlagung muss die Liquidation nicht vom Konkursamt durchgeführt werden, wenn die Erbschaft nicht verschuldet ist. Ein spezialisierter Verwalter kann die Erbschaft oft besser versilbern, was auch für die Gläubiger vorteilhaft sein kann.

Die amtliche Liquidation kann jede Erbin und jeder Erbe verlangen, sofern sie die Erbschaft noch nicht ausgeschlagen, ausdrücklich oder stillschweigend (Art. 560), durch Einmischung (Art. 571) oder unter öffentlichem Inventar (Art. 588) angenommen haben. Die Frist ergibt sich je nach Entscheidung der Erben. Jeder Miterbe kann die Liquidation jedoch verhindern, indem er die Erbschaft vorbehaltlos oder unter öffentlichem Inventar annimmt. Dieser Erbe haftet dann allerdings allein für allfällige Schulden.

Auch Erbschaftsgläubiger können die amtliche Liquidation verlangen, wenn sie begründete Besorgnis haben, dass ihre Forderungen nicht befriedigt oder sichergestellt werden. Die Frist beträgt für sie drei Monate. Ihrem Gesuch steht auch die Annahme der Erbschaft durch eine Erbin oder einen Erben nicht entgegen. Erbengläubiger können die Liquidation nur verlangen, wenn sie eine Ausschlagung durch einen überschuldeten Erben erfolgreich angefochten haben (Art. 578). Vermächtnisnehmer haben nur das Recht auf Sicherstellung (zum Beispiel amtliche Verwaltung), nicht aber auf Liquidation.

Wie läuft die amtliche Liquidation?

Art. 595

B. Verfahren
I. Verwaltung

[1] Die amtliche Liquidation wird von der zuständigen Behörde oder in deren Auftrag von einem oder mehreren Erbschaftsverwaltern durchgeführt.

² Sie beginnt mit der Aufnahme eines Inventars, womit ein Rechnungsruf verbunden wird.

³ Der Erbschaftsverwalter steht unter der Aufsicht der Behörde, und die Erben sind befugt, bei dieser gegen die von ihm beabsichtigten oder getroffenen Massregeln Beschwerde zu erheben.

Art. 596

II. Ordentliche Liquidation

¹ Zum Zwecke der Liquidation sind die laufenden Geschäfte des Erblassers zu beendigen, seine Verpflichtungen zu erfüllen, seine Forderungen einzuziehen, die Vermächtnisse nach Möglichkeit auszurichten, die Rechte und Pflichten des Erblassers, soweit nötig, gerichtlich festzustellen und sein Vermögen zu versilbern.

² Die Veräusserung von Grundstücken des Erblassers erfolgt durch öffentliche Versteigerung und darf nur mit Zustimmung aller Erben aus freier Hand stattfinden.

³ Die Erben können verlangen, dass ihnen die Sachen und Gelder der Erbschaft, die für die Liquidation entbehrlich sind, schon während derselben ganz oder teilweise ausgeliefert werden.

Die amtliche Liquidation wird von der im kantonalen Gesetz zuständigen Behörde durchgeführt. Diese kann die Aufgabe auch Erbschaftsverwaltern übertragen; das kann eine Rechtsanwältin, ein Notar etc. oder allenfalls auch die Willensvollstreckerin sein, nie jedoch ein Erbe. Wie beim öffentlichen Inventar werden die Aktiven und Passiven aufgenommen und ein Gläubiger- und Schuldnerruf publiziert. Das Inventar hat aber nicht die gleiche Bedeutung wie beim öffentlichen Inventar; auch verspätet gemeldete Forderungen werden immer berücksichtigt. Sobald das versilberte Vermögen jedoch auf die angemeldeten Gläubiger verteilt ist, können verspätete Forderungen nur noch bei den Erbinnen und Erben geltend gemacht werden, und zwar nur in dem Umfang, wie diese noch etwas aus dem Nachlass erhalten haben.

Im Gegensatz zur Erbschaftsverwaltung von Artikel 594 müssen hier die Verwalter die Erbschaft auch liquidieren, das heisst sie versilbern, die Schulden zurückzahlen etc. Verbleibt am Schluss noch ein Nettovermögen, wird dieses der Erbengemeinschaft herausgegeben (siehe Art. 560). Entbehrliche Gegenstände, etwa Grossvaters abgewetzter Ohrensessel mit emotionalem, aber keinem wirtschaftlichen Wert, können den Erben schon vor dem Abschluss der Liquidation herausgegeben werden.

Konkursamtliche Liquidation

Art. 597

III. Konkursamtliche Liquidation

Ist die Erbschaft überschuldet, so erfolgt die Liquidation durch das Konkursamt nach den Vorschriften des Konkursrechtes.

Die Erbschaft wird durch das Konkursamt liquidiert, wenn alle Erbinnen und Erben ausschlagen. Es ist jedoch auch möglich, dass eine überschuldete Erbschaft nicht von allen Erben ausgeschlagen wird. Die zuständige amtliche Liquidationsbehörde stellt die Überschuldung oft erst nach der Inventaraufnahme fest. Unverzüglich nach dieser Feststellung muss sie oder der Erbschaftsverwalter den Antrag auf Eröffnung einer konkursamtlichen Liquidation stellen. Die Liquidation wird nach den Regeln des Konkursrechtes durchgeführt. Ergibt sich wider Erwarten doch ein Überschuss, so fällt er den Erbinnen und Erben zu (Art. 573 Abs. 2).

Die Erbschaftsklage

Fünfter Abschnitt: Die Erbschaftsklage

Art. 598

A. Voraussetzung

[1] Wer auf eine Erbschaft oder auf Erbschaftssachen als gesetzlicher oder eingesetzter Erbe ein besseres Recht zu haben glaubt als der Besitzer, ist befugt, sein Recht mit der Erbschaftsklage geltend zu machen.

[2] Der Richter trifft auf Verlangen des Klägers die zu dessen Sicherung erforderlichen Massregeln, wie Anordnung von Sicherstellung oder Ermächtigung zu einer Vormerkung im Grundbuch.

Art. 599

B. Wirkung

[1] Wird die Klage gutgeheissen, so hat der Besitzer die Erbschaft oder die Erbschaftssachen nach den Besitzesregeln an den Kläger herauszugeben.

[2] Auf die Ersitzung an Erbschaftssachen kann sich der Beklagte gegenüber der Erbschaftsklage nicht berufen.

	Art. 600
C. Verjährung	¹ Die Erbschaftsklage verjährt gegenüber einem gutgläubigen Beklagten mit Ablauf eines Jahres, von dem Zeitpunkte an gerechnet, da der Kläger von dem Besitz des Beklagten und von seinem eigenen bessern Recht Kenntnis erhalten hat, in allen Fällen aber mit dem Ablauf von zehn Jahren, vom Tode des Erblassers oder dem Zeitpunkte der Eröffnung seiner letztwilligen Verfügung an gerechnet. ² Gegenüber einem bösgläubigen Beklagten beträgt die Verjährungsfrist stets 30 Jahre.

Es kommt vor, dass der Nachlass oder Teile davon sich im Besitz von Personen befinden, die nicht erbberechtigt sind. Die Erben müssen den Besitz an sich ziehen können. Dazu stellt ihnen das Gesetz zwei Klagen zur Verfügung:
- Mit der **Eigentumsklage oder Vindikation** (siehe Art. 641, Seite 537) können sie geltend machen, schon die Erblasserin sei Eigentümerin einer Sache gewesen und dieses Eigentumsrecht stehe nun den Erben zu.
- Grundlage der **Erbschaftsklage** ist die Zugehörigkeit eines Gegenstandes zur Erbschaft. Diese Klage hat gegenüber der Vindikation verschiedene Vorteile: Sie bezieht sich nicht nur auf das Eigentum an einzelnen Gegenständen, sondern auf alle Erbschaftssachen im Besitz einer Drittperson insgesamt. Es steht ein einheitlicher Gerichtsstand, der Wohnsitz des Erblassers, zur Verfügung, während für die Vindikation der Wohnsitz der jeweiligen Beklagten oder der Ort der gelegenen Sache Gerichtsstand ist. Mit der Erbschaftsklage können nicht nur einzelne Sachen herausverlangt, sondern alle erbrechtlichen Positionen, zum Beispiel auch ein Grundbucheintrag oder Ersatzwerte für veräusserte Sachen, geltend gemacht werden.

Klagegrund bei der Erbschaftsklage ist die Erbberechtigung der Kläger oder Klägerinnen und die Tatsache, dass der Beklagte nicht Erbe ist. Die Klage kann mit der Herabsetzungs- und/oder Ungültigkeitsklage kombiniert werden gegen Beklagte, die sich fälschlicherweise auf eine letztwillige Verfügung stützen. Sind jedoch beide Parteien Erben, steht nicht die Erbschafts-, sondern die Teilungsklage zur Verfügung (siehe Art. 604, Seite 513). Ein Beispiel:
Fritz B., der Freund der Erblasserin, benützt seit Jahren ihr Auto. Die Erben verlangen es heraus. Fritz B. behauptet, die Erblasserin habe ihm das Auto testamentarisch vermacht und schon vorher geschenkt. Im Prozess kann er die Schenkung nicht beweisen, und das Testament, auf das er sich beruft, erweist sich als ungültig. Fritz B. selbst hat es geschrieben, die Verstorbene hat nur ihre Unterschrift darunter gesetzt. Die Erben haben mit ihrer Erbschaftsklage also

Erfolg. Wäre Fritz B. jedoch mit der Erblasserin verheiratet gewesen, würde er ebenfalls zur Erbengemeinschaft gehören, und die Erbschaftsklage müsste abgewiesen werden. Das Auto gehört ja zum Nachlass, an welchem Fritz B. in diesem Fall auch beteiligt wäre, und es wäre daher eine Frage der Teilung, wer zuletzt den Besitz daran zugesprochen erhält.

Zur Erbschaftsklage berechtigt sind nicht die einzelnen Erbinnen und Erben, sondern die Erbengemeinschaft als Ganzes oder gegebenenfalls ein Willensvollstrecker. Die Klage richtet sich gegen die Besitzer eines oder mehrerer Nachlasswerte, die deren Zugehörigkeit zum Nachlass bestreiten. Auf Verlangen kann das Gericht die zur Sicherung notwendigen Massnahmen treffen.

Wenn die Klage gutgeheissen wird, geschieht die Herausgabe nach den Besitzesregeln (siehe Art. 938 bis 940, Seite 698). Je nachdem, ob der Beklagte bös- oder gutgläubig war, muss er Schadenersatz leisten für alles, was den Erben seinetwegen entgangen ist, oder er erhält ersetzt, was er für den Unterhalt der Sache ausgegeben hat. Auf eine Ersitzung (siehe Art. 661 bis 663 und 728) kann er sich nicht berufen. Auch die Verjährungsfristen hängen von der Gut- oder Bösgläubigkeit ab (zum guten Glauben siehe Art. 3, Seite 28).

Klage der Vermächtnisnehmer

Art. 601

D. Klage der Vermächtnisnehmer

Die Klage des Vermächtnisnehmers verjährt mit dem Ablauf von zehn Jahren, von der Mitteilung der Verfügung oder vom Zeitpunkt an gerechnet, auf den das Vermächtnis später fällig wird.

Die Klage der Vermächtnisnehmer ist keine eigentliche Erbschaftsklage. Sie kann sich nur gegen letztwillig beschwerte Personen (in der Regel Erben) richten und hat die Erfüllung der Forderung zum Gegenstand, nicht aber die Herausgabe von Erbschaftssachen (siehe Art. 486 und 562, Seite 447 und 491). Ein Beispiel:

Die Erblasserin hat ihrem Gärtner eine Uhr vermacht. Dieser kann sie von den Erben verlangen. Ist die Uhr aber bei einer Freundin der Erblasserin, kann der Gärtner gegen sie nicht vorgehen. Er muss gegen die Erben auf Erfüllung seiner Forderung klagen. Dann ist es Sache der Erben, die Uhr zu beschaffen und an den Gärtner weiterzugeben, sonst werden sie schadenersatzpflichtig.

Die Verjährungsfrist für Vermächtnisnehmer beträgt zehn Jahre (Art. 127 OR). Diese Frist beginnt frühestens mit dem Empfang der amtlichen Mitteilung vom Vermächtnis.

Die Teilung der Erbschaft

Zwischen dem Tod eines Erblassers und der endgültigen Teilung seines Nachlasses verstreichen oft Monate, manchmal auch Jahre; Vermächtnisse und Stiftungen müssen ausgeschieden, Vorbezüge ausgeglichen, eine Liegenschaft muss geschätzt, der Wert einer Nutzniessung berechnet werden... In dieser Zeit gehört die Erbschaft den Erbinnen und Erben gemeinsam. Sie sind grundsätzlich frei in der Verteilung; nur wenn sie sich nicht einigen können, kommen die gesetzlichen Vorschriften zum Zug. Anders ist das bei Erben von landwirtschaftlichen Betrieben: Für sie gelten Sondervorschriften, die neu im Bundesgesetz über das bäuerliche Bodenrecht (BGBB, siehe Seite 520) zusammengefasst sind.

Die Erbengemeinschaft

Siebenzehnter Titel: Die Teilung der Erbschaft

Erster Abschnitt: Die Gemeinschaft vor der Teilung

Art. 602

A. Wirkung des Erbganges
I. Erbengemeinschaft

¹ Beerben mehrere Erben den Erblasser, so besteht unter ihnen, bis die Erbschaft geteilt wird, infolge des Erbganges eine Gemeinschaft aller Rechte und Pflichten der Erbschaft.

² Sie werden Gesamteigentümer der Erbschaftsgegenstände und verfügen unter Vorbehalt der vertraglichen oder gesetzlichen Vertretungs- und Verwaltungsbefugnisse über die Rechte der Erbschaft gemeinsam.

³ Auf Begehren eines Miterben kann die zuständige Behörde für die Erbengemeinschaft bis zur Teilung eine Vertretung bestellen.

Art. 603

II. Haftung der Erben

¹ Für die Schulden des Erblassers werden die Erben solidarisch haftbar.

² Die angemessene Entschädigung, die den Kindern oder Grosskindern für Zuwendungen an den mit dem Erblasser gemeinsam geführten Haushalt geschuldet wird, ist zu den Erbschaftsschulden zu rechnen, soweit dadurch nicht eine Überschuldung der Erbschaft entsteht.

Sind mehrere gesetzliche und/oder eingesetzte Erbinnen und Erben vorhanden, geht die Erbschaft mit dem Tod des Erblassers von Gesetzes wegen auf sie alle über. Bis zur Teilung bilden diese Personen automatisch eine Erbengemeinschaft, ob sie dies wollen oder nicht. Vermächtnisnehmer und durch Auflagen Begünstigte gehören nicht zur Erbengemeinschaft.

Diese Gemeinschaft hat an der Erbschaft ein *Gesamteigentum* im Sinn von Artikel 652 ff. (siehe Seite 553), jedoch mit einigen Besonderheiten. Für jedes Handeln in Nachlassangelegenheiten ist *Einstimmigkeit* nötig; nur in dringenden Fällen hat das Bundesgericht einem einzelnen Erben zugestanden, allein für den Nachlass tätig zu werden. Die Gemeinschaft kann aber einstimmig eine Vertreterin oder einen Verwalter bevollmächtigen. Bei Uneinigkeit kann jede Erbin und jeder Erbe die Einsetzung eines Erbenvertreters beantragen. Gegebenenfalls handeln auch Willensvollstrecker oder Erbschaftsverwalter für die Erbschaft.

Gegenstand der Erbengemeinschaft bildet die unverteilte Erbschaft. Die Gemeinschaft hat an allen Sachen und Rechten das Eigentum und den Besitz, den Gebrauch und die Nutzung und muss alle Verwaltungs- und Verfügungshandlungen vornehmen.

Für die Schulden des Erblassers oder der Erblasserin werden die einzelnen Erben *solidarisch haftbar*. Jede Erbin und jeder Erbe haftet also zusätzlich mit dem eigenen persönlichen Vermögen dafür. Ein Gläubiger kann nach seiner Wahl die Erbengemeinschaft, also alle Erben zugleich, oder einen Erben nach dem anderen belangen. Bezahlt ein Erbe die ganze Schuld, werden auch die anderen davon befreit. Die Erbengemeinschaft kann rechtlich selbständig betrieben werden (Art. 49 SchKG). Gerade wegen dieser weitgehenden Haftung besteht für jedes einzelne Mitglied der Erbengemeinschaft die Möglichkeit, ein öffentliches Inventar oder die amtliche Liquidation zu verlangen und im Extremfall die Erbschaft auszuschlagen.

Solidarische Haftung besteht für alle Erbschaftsschulden, also für die Schulden, die der Erblasser noch selbst eingegangen ist. Sie erstreckt sich aber auch auf die Erbgangsschulden (Bestattungskosten, Leichenmahl, Kosten für die Erbschaftsverwaltung etc.) und den sogenannten Lidlohn (das ist die Entschädigung, die Kindern oder Enkeln für unentgeltliche Mitarbeit im Haushalt oder Gewerbe des Verstorbenen zusteht; siehe Art. 334, Seite 343).

Die Erbengemeinschaft endet von Gesetzes wegen, sobald nur noch ein einziger Erbe vorhanden ist, zum Beispiel weil alle anderen sterben oder die Erbschaft ausschlagen. Der wichtigste normale Beendigungsgrund ist die Erbteilung. Anstelle einer Teilung können die Erbinnen und Erben aber auch die Umwandlung in eine andere Gemeinschaft (Kollektiv-, Aktiengesellschaft etc.) vereinbaren. Bei einer Teilliquidation (wenn zum Beispiel einzelne Erben auf ihren Teil verzichten oder ausbezahlt werden) besteht die Erbengemeinschaft unter den verbliebenen fort.

Jeder Erbe kann die Teilung verlangen

Art. 604

B. Teilungsanspruch

¹ Jeder Miterbe kann zu beliebiger Zeit die Teilung der Erbschaft verlangen, soweit er nicht durch Vertrag oder Vorschrift des Gesetzes zur Gemeinschaft verpflichtet ist.

² Auf Ansuchen eines Erben kann der Richter vorübergehend eine Verschiebung der Teilung der Erbschaft oder einzelner Erbschaftssachen anordnen, wenn deren sofortige Vornahme den Wert der Erbschaft erheblich schädigen würde.

³ Den Miterben eines zahlungsunfähigen Erben steht die Befugnis zu, zur Sicherung ihrer Ansprüche sofort nach dem Erbgange vorsorgliche Massregeln zu verlangen.

Art. 605

C. Verschiebung der Teilung

¹ Ist beim Erbgang auf ein noch nicht geborenes Kind Rücksicht zu nehmen, so muss die Teilung bis zum Zeitpunkte seiner Geburt verschoben werden.

² Ebensolange hat die Mutter, soweit dies für ihren Unterhalt erforderlich ist, Anspruch auf den Genuss am Gemeinschaftsvermögen.

Art. 606

D. Anspruch der Hausgenossen

Erben, die zur Zeit des Todes des Erblassers in dessen Haushaltung ihren Unterhalt erhalten haben, können verlangen, dass ihnen nach dem Tode des Erblassers der Unterhalt noch während eines Monats auf Kosten der Erbschaft zuteil werde.

Die Erbengemeinschaft ist nur als Übergangsstadium gedacht. Sobald alle Erbinnen und Erben bekannt sind (zum Beispiel ein noch nicht geborenes Kind zur Welt gekommen ist) und die Fristen für die Annahme beim öffentlichen Inventar oder für die Ausschlagung abgelaufen sind, kann jede Erbin und jeder Erbe die Teilung verlangen. Die Erbengemeinschaft kann aber auch in stillschweigendem Einverständnis oder vertraglich beliebig lange weitergeführt werden. Der Teilungsanspruch verjährt nicht.

Wird die Teilung in einem Zeitpunkt verlangt, in welchem ein Schaden entstehen könnte (beispielsweise bei schlechter Marktlage für Liegenschaften), kann ein Miterbe beim Gericht verlangen, dass die Teilung aufgeschoben wird. Vorsorgliche Massnahmen zum Schutz vor einem zahlungsunfähigen Erben können im Teilungsprozess oder auch separat (siehe Art. 551, Seite 484) verlangt werden.

Die *Teilungsklage* kann von jedem Mitglied der Erbengemeinschaft erhoben werden. Sie richtet sich gegen die Miterben und kann verschiedene Begehren enthalten: Zuweisung von Objekten; Feststellen der Erbquoten, der Bewertung, der auszugleichenden Beträge; Feststellung des gesamten Nachlasses mit Vornahme der Teilung. Die Klage kann auch mit der Ungültigkeits- oder Herabsetzungsklage verbunden werden. Sie garantiert nur der Klägerin oder dem Kläger ihren Anteil und den Austritt aus der Erbengemeinschaft. Die Teilung des übrigen Nachlasses kann nicht verlangt werden, wenn die Miterben die Gemeinschaft unter sich fortführen wollen.

Die Durchführung der Teilung oder: Wer erbt was?

Zweiter Abschnitt: Die Teilungsart

Art. 607

A. Im allgemeinen

[1] Gesetzliche Erben haben sowohl unter sich als mit eingesetzten Erben nach den gleichen Grundsätzen zu teilen.

[2] Sie können, wo es nicht anders angeordnet ist, die Teilung frei vereinbaren.

[3] Miterben, die sich im Besitze von Erbschaftssachen befinden oder Schuldner des Erblassers sind, haben hierüber bei der Teilung genauen Aufschluss zu geben.

Art. 608

B. Ordnung der Teilung
I. Verfügung des Erblassers

[1] Der Erblasser ist befugt, durch Verfügung von Todes wegen seinen Erben Vorschriften über die Teilung und Bildung der Teile zu machen.

[2] Unter Vorbehalt der Ausgleichung bei einer Ungleichheit der Teile, die der Erblasser nicht beabsichtigt hat, sind diese Vorschriften für die Erben verbindlich.

[3] Ist nicht ein anderer Wille des Erblassers aus der Verfügung ersichtlich, so gilt die Zuweisung einer Erbschaftssache an einen Erben als eine blosse Teilungsvorschrift und nicht als Vermächtnis.

II. Mitwirkung der Behörde	**Art. 609** ¹ Auf Verlangen eines Gläubigers, der den Anspruch eines Erben auf eine angefallene Erbschaft erworben oder gepfändet hat, oder der gegen ihn Verlustscheine besitzt, hat die Behörde an Stelle dieses Erben bei der Teilung mitzuwirken. ² Dem kantonalen Recht bleibt es vorbehalten, noch für weitere Fälle eine amtliche Mitwirkung bei der Teilung vorzusehen.
C. Durchführung der Teilung I. Gleichberechtigung der Erben	**Art. 610** ¹ Die Erben haben bei der Teilung, wenn keine andern Vorschriften Platz greifen, alle den gleichen Anspruch auf die Gegenstände der Erbschaft. ² Sie haben einander über ihr Verhältnis zum Erblasser alles mitzuteilen, was für die gleichmässige und gerechte Verteilung der Erbschaft in Berücksichtigung fällt. ³ Jeder Miterbe kann verlangen, dass die Schulden des Erblassers vor der Teilung der Erbschaft getilgt oder sichergestellt werden.

Die Teilung ist grundsätzlich Sache der Erbinnen und Erben. Sie können sogar entgegen den Anordnungen des Erblassers handeln, solange sich nicht ein Erbengläubiger begründet dagegen wehrt. Sie können alles aufteilen, gewisse Werte (zum Beispiel eine Liegenschaft, ein Unternehmen) von der Teilung ausnehmen, das ganze Vermögen versilbern und den Erlös teilen, die Schätzung der Gegenstände selbst vornehmen oder von Dritten durchführen lassen, die ganze Durchführung der Teilung einer Miterbin oder Dritten überlassen etc. Die gesetzlichen Vorschriften kommen nur zur Anwendung, wenn sich die Erben nicht anderweitig einigen.

Bevor die Teilung durchgeführt werden kann, muss das zu teilende Vermögen feststehen. Vermächtnisse, Auflagen, Stiftungen etc. müssen ausgeschieden werden. Es empfiehlt sich auch, die Schulden vorweg zu bezahlen. Die Bezahlung der Schulden oder die Sicherstellung der Gläubiger vor der Teilung kann von jedem Miterben verlangt werden. Anschliessend werden die ausgleichungspflichtigen Vorempfänge der einzelnen Erben hinzugerechnet (siehe Art. 626 ff., Seite 523). Die einzelnen Posten müssen geschätzt werden.

Weil die Erben sich einigen müssen, sind sie auch nach Treu und Glauben verpflichtet, die Teilung zu ermöglichen. Dazu besteht vor allem eine umfassende *Auskunfts- und Mitteilungspflicht*. Die Erbinnen und Erben haben auch bei der Mitwirkung an und Durchführung der Teilung alle die gleiche Stellung, unabhängig von der Höhe ihres quotenmässigen Erbanspruchs. Sie haben auch alle den gleichen Anspruch auf jede Erbschaftssache, soweit nicht der Erblasser eine bestimmte Sache ausdrücklich einer bestimmten Erbin zugewiesen hat. Weitere Ausnahmen von der Gleichstellung gibt es im Gesetz, unter anderem im bäuerlichen Erbrecht.

Erblasser können Anordnungen für die Teilung erlassen. In formeller Hinsicht können sie einen Willensvollstrecker auch mit der Durchführung der Teilung beauftragen. Sie können Gegenstände oder Werte bestimmten Erben zuweisen, eine bestimmte Wertanrechnung verfügen. Von ihrer Anordnung hängt es auch ab, ob sie mit einem zugewiesenen Wert einen Erben speziell begünstigen wollten; im Zweifelsfall vermutet das Gesetz, eine solche Anordnung sei bloss eine Teilungsvorschrift. Diese Teilungsvorschriften der Erblasser sind bindend in dem Sinn, dass jeder Erbe verlangen kann, dass sie eingehalten werden. Sind aber alle Erbinnen und Erben einverstanden, können sie auch eine andere Regelung treffen. Nur die Einsetzung eines Willensvollstreckers können sie nicht torpedieren. Sind sie sich jedoch über die Teilung einig, kann sich der Willensvollstrecker nicht dagegen wehren, selbst wenn diese dem Willen des Verstorbenen widerspricht.

Erbengläubiger oder Dritterwerber von Nachlasswerten können weder die Teilung beantragen noch dabei mitwirken. Indem sie einen schuldnerischen Erben betreiben, können sie aber indirekt die Teilung veranlassen. Zu ihrem Schutz können sie auch verlangen, dass eine amtliche Behörde an Stelle des schuldnerischen Erben mitwirkt. Verschiedene Kantone sehen eine Erweiterung der amtlichen Mitwirkung bei der Erbteilung vor.

Jeder und jede erhält ein Los

Art. 611

II. Bildung von Losen

¹ Die Erben bilden aus den Erbschaftssachen so viele Teile oder Lose, als Erben oder Erbstämme sind.

² Können sie sich nicht einigen, so hat auf Verlangen eines der Erben die zuständige Behörde unter Berücksichtigung des Ortsgebrauches, der persönlichen Verhältnisse und der Wünsche der Mehrheit der Miterben die Lose zu bilden.

³ Die Verteilung der Lose erfolgt nach Vereinbarung oder durch Losziehung unter den Erben.

Art. 612

III. Zuweisung und Verkauf einzelner Sachen

¹ Eine Erbschaftssache, die durch Teilung an ihrem Werte wesentlich verlieren würde, soll einem der Erben ungeteilt zugewiesen werden.

² Können die Erben sich über die Teilung oder Zuweisung einer Sache nicht einigen, so ist die Sache zu verkaufen und der Erlös zu teilen.

³ Auf Verlangen eines Erben hat der Verkauf auf dem Wege der Versteigerung stattzufinden, wobei, wenn die Erben sich nicht einigen, die zuständige Behörde entscheidet, ob die Versteigerung öffentlich oder nur unter den Erben stattfinden soll.

Art. 612*a*

IV. Zuweisung der Wohnung und des Hausrates an den überlebenden Ehegatten

¹ Befinden sich das Haus oder die Wohnung, worin die Ehegatten gelebt haben, oder Hausratsgegenstände in der Erbschaft, so kann der überlebende Ehegatte verlangen, dass ihm das Eigentum daran auf Anrechnung zugeteilt wird.

² Wo die Umstände es rechtfertigen, kann auf Verlangen des überlebenden Ehegatten oder der andern gesetzlichen Erben des Verstorbenen statt des Eigentums die Nutzniessung oder ein Wohnrecht eingeräumt werden.

³ An Räumlichkeiten, in denen der Erblasser einen Beruf ausübte oder ein Gewerbe betrieb und die ein Nachkomme zu dessen Weiterführung benötigt, kann der überlebende Ehegatte diese Rechte nicht beanspruchen; die Vorschriften des bäuerlichen Erbrechts bleiben vorbehalten.

Art. 613

D. Besondere Gegenstände
I. Zusammengehörende Sachen, Familienschriften

¹ Gegenstände, die ihrer Natur nach zusammengehören, sollen, wenn einer der Erben gegen die Teilung Einspruch erhebt, nicht von einander getrennt werden.

² Familienschriften und Gegenstände, die für die Familie einen besonderen Erinnerungswert haben, sollen, sobald ein Erbe widerspricht, nicht veräussert werden.

³ Können sich die Erben nicht einigen, so entscheidet die zuständige Behörde über die Veräusserung oder die Zuweisung mit oder ohne Anrechnung, unter Berücksichtigung des Ortsgebrauches und, wo ein solcher nicht besteht, der persönlichen Verhältnisse der Erben.

Art. 613*a*

I.[bis] Landwirtschaftliches Inventar

Stirbt der Pächter eines landwirtschaftlichen Gewerbes und führt einer seiner Erben die Pacht allein weiter, so kann dieser verlangen, dass ihm das gesamte Inventar (Vieh, Gerätschaften, Vorräte, usw.) unter Anrechnung auf seinen Erbteil zum Nutzwert zugewiesen wird.

II. Forderungen des Erblassers an Erben

Art. 614

Forderungen, die der Erblasser an einen der Erben gehabt hat, sind bei der Teilung diesem anzurechnen.

III. Verpfändete Erbschaftssachen

Art. 615

Erhält ein Erbe bei der Teilung eine Erbschaftssache, die für Schulden des Erblassers verpfändet ist, so wird ihm auch die Pfandschuld überbunden.

IV. Grundstücke
1. Übernahme
a. Anrechnungswert

Art. 617

Grundstücke sind den Erben zum Verkehrswert anzurechnen, der ihnen im Zeitpunkt der Teilung zukommt.

b. Schatzungsverfahren

Art. 618

Können sich die Erben über den Anrechnungswert nicht verständigen, so wird er durch amtlich bestellte Sachverständige endgültig festgestellt.

Wenn die Erben sich nicht einigen können über die Zuteilung der einzelnen Gegenstände und Werte, kann jeder und jede von ihnen die zuständige kantonale Behörde um Hilfe angehen. Diese bildet dann die sogenannten Lose, welche auf die Erben verteilt werden. Dafür kann es keine starren Regeln geben. Der Ortsgebrauch, die persönlichen Verhältnisse und die Wünsche der Erbinnen und Erben werden berücksichtigt, so gut es eben geht. Können sich die Erben auch über die Verteilung der Lose nicht einigen, soll das Schicksal in einer Losziehung entscheiden.

Für gewisse Erbschaftsgegenstände ist eine Teilung mit Nachteilen verbunden oder sogar unmöglich. Es sind dies vor allem Sachen, die bei einer Teilung wesentlich an Wert verlieren würden. Dies gilt auch für mehrere Sachen, die ihrer Natur nach zusammengehören, zum Beispiel für ein Unternehmen, ein Aktienpaket mit Aktienmehrheit, eine Fachbibliothek, eine vollständige Sammlung, eine Werkstatt etc. Für solche Fälle gibt es besondere gesetzliche Regelungen: Gegenstände werden, wenn immer möglich, einzelnen Losen zugewiesen nach der Grundregel, dass die Teilung möglichst in natura erfolgen soll. Nur wenn der Wert eines Objekts für einen Erbteil zu gross ist und die Erben sich über die Zuweisung nicht einigen können, wird diese Sache verkauft. Über die Art des Verkaufs bestimmen wieder in erster Linie die Erben und nur im Streitfall die Behörden. Ein Erbe oder eine Erbin eines Pächters eines landwirtschaftlichen Gewerbes, welche die Pacht weiterführen wollen, können die Zuweisung des gesamten Inventars zum Nutzwert verlangen.

Als weitere Ausnahme zur Gleichbehandlung der Erben sieht das Gesetz, wiederum für den Fall, dass sich die Erben nicht selbst einigen, gewisse feste Zuteilungsregeln vor für Forderungen des Erblassers gegenüber einer Erbin, für verpfändete Erbschaftssachen sowie bei überlebenden Ehepartnern für die gemeinsame Wohnung und den Hausrat. Die überlebende Ehegattin (oder der Gatte) kann die Zuweisung der gemeinsamen Wohnung oder des Hauses und des Hausrats zu Eigentum oder die Nutzniessung daran verlangen (Art. 612a). Dieses Recht steht nur ihr (oder ihm) zu, nicht aber den Kindern. Es kann vom Erblasser in seinem Testament wegbedungen werden.

Wie die Teilung selbst ist auch die *Bewertung* der einzelnen Gegenstände ein Resultat der Verhandlungen unter den Erben. Der Wert muss nicht objektiv sein, sondern ergibt sich aus dem Interesse der einzelnen. Für den einen Erben ist zum Beispiel die alte Fotografie, die über Vaters Schreibtisch hing, soviel «wert» wie die Lithographie eines bekannten Grafikers. Im Streitfall gilt als Bewertungsgrundlage der Verkehrswert oder Marktwert im Zeitpunkt der Teilung. Das sieht Artikel 617 ausdrücklich für Grundstücke vor, es gilt aber auch für andere Gegenstände und Rechte. Für Liegenschaften kann eine amtliche Schätzung verlangt werden (Art. 618). Auch der Erblasser kann in seinem Testament Bewertungsregeln aufstellen und zum Beispiel einer Erbin ein Grundstück zum Steuerwert am Todestag auf Anrechnung an ihren Erbteil vermachen.

Bis es zur endgültigen Teilung kommt, wirken in komplizierten Erbfällen neben den Erben oft Dritte mit. Die Erben können Sachverständige zur Schätzung beiziehen oder ihnen auch weitere Aufgaben übertragen. Auch eine Willensvollstreckerin kann Vorschläge machen. Weiter kann die kantonale Teilungsbehörde angerufen werden. Sie versucht, nach den Richtlinien von Artikel 611 Absatz 2 Lose zu bilden und zuzuweisen. Allerdings kann auch diese Behörde den Teilungsstreit nicht verbindlich entscheiden. Können die Erben ihre Entscheide nicht akzeptieren, bleibt nur die Teilungsklage beim zivilen Gericht (siehe Art. 604).

Sonderfall: das bäuerliche Erbrecht

Die unserem Erbrecht zugrunde liegenden Gedanken (weitgehende Bindung an die Familie, Gleichbehandlung der Nachkommen etc.) wurden und werden immer wieder kritisiert. Schon im Zeitpunkt der Entstehung des Gesetzes lagen Teilentwürfe für ein Sondererbrecht für Gewerbe, Unternehmungen und Bauerngüter vor. Lediglich ein bäuerliches Erbrecht wurde schliesslich durch viele Sonderregelungen im ZGB verwirklicht. Sein Ziel war es, die Bodenzersplitterung zu vermeiden. Wenn immer möglich, sollen landwirtschaftliche Betriebe nicht geteilt werden müssen. Das Land dient den Bauern als Produktionsmittel. Müssten sie es wie Bauland zum Verkehrswert aus dem Nachlass erwerben, so wäre das nicht zu bezahlen. Das bäuerliche Erbrecht wollte also auch eine noch höhere Bodenverschuldung der Bauern vermeiden. Geregelt war das im Gesetz vor allem bei den Bestimmungen zur Erbteilung, einzelne Regelungen hatten aber weitergehende Bedeutung. Die niedrigere Bewertung landwirtschaftlicher Grundstücke hatte beispielsweise auch Auswirkungen auf die Pflichtteilsberechnung, und auch die Regelung des Lidlohnes (siehe Art. 603 und 334 ff.) war vor allem auf bäuerliche Verhältnisse zugeschnitten.

Allerdings haben all diese Regeln agrarpolitisch wenig bewirken können. Die Erben halten sich eben bei der Teilung zu oft an die eigenen, kurzfristigen, egoistischen Interessen (die ja auch dem Gesamtkonzept des Erbrechts zugrunde liegen). In jüngster Zeit hat sich die Lage auf dem landwirtschaftlichen Bodenmarkt aber zugespitzt. Auch die Entwicklungen in Europa haben die Bauern stark verunsichert. Das gesamte bäuerliche Bodenrecht wurde daher in einem neuen Bundesgesetz über das bäuerliche Bodenrecht (BGBB) vom 4. Oktober 1991 zusammengefasst und geregelt (in Kraft ab 1. Januar 1994). Dieses neue Bundesgesetz enthält unter anderem auch umfassende Bestimmungen über die Erbteilung und den Gewinnanspruch der Miterben bei landwirtschaftlichen Betrieben. Die diesbezüglichen Bestimmungen des ZGB (Art. 616 und 619bis bis 625bis) sind damit überflüssig geworden und wurden aufgehoben.

V. Landwirtschaftliche Gewerbe und Grundstücke

Art. 619

Für die Übernahme und Anrechnung von landwirtschaftlichen Gewerben und Grundstücken gilt das Bundesgesetz vom 4. Oktober 1991 über das bäuerliche Bodenrecht.

Obschon Artikel 619 auf das BGBB verweist, würden der Abdruck und eine umfassende Kommentierung dieses Gesetzes den Rahmen des vorliegenden

Buches sprengen. Das BGBB fasst viele bisherige Bestimmungen in einem einheitlichen Gesetz zusammen, nicht nur solche aus dem Erbrecht, sondern auch aus dem Sachenrecht, dem Obligationenrecht, dem öffentlichen Recht etc. Das BGBB soll die Stellung der Selbstbewirtschafter landwirtschaftlicher Betriebe verbessern, langfristig die Existenz bäuerlicher Gewerbe fördern und sichern, reine Kapitalanlagen und die Spekulation mit landwirtschaftlichem Boden verhindern und den Erben und Verwandten bei einem vorzeitigen gewinnbringenden Verkauf des Bodens eine grössere Beteiligung einräumen. Es gilt für Grundstücke, die ausserhalb oder höchstens teilweise innerhalb einer Bauzone liegen, für welche aber die landwirtschaftliche Nutzung zulässig ist. Es gilt auch für gartenbauliche Nutzungen und für gemischte Gewerbe, welche überwiegend landwirtschaftlichen Charakter haben (etwa ein Bauernbetrieb mit Gastwirtschaft).

Erben und Erbinnen, die ein landwirtschaftliches Gewerbe selber bewirtschaften wollen und dafür als geeignet erscheinen, haben in der Erbteilung *Anspruch auf Zuweisung* dieses Gewerbes. Dazu gehören auch das Betriebsinventar (Vieh, Gerätschaften, Vorräte etc.) sowie nichtlandwirtschaftliche Nebenbetriebe, welche eng mit dem landwirtschaftlichen Gewerbe verbunden sind (ein Restaurantbetrieb, eine Metzgerei, eine Brennerei etc.).

Normalerweise wird für die Erbteilung ein Grundstück zum Verkehrswert geschätzt. Boden und Häuser können heute je nach Lage sehr teuer verkauft werden, während sie für einen Bauernbetrieb wenig abwerfen. Weil deshalb mit einem Bauernbetrieb der Verkehrswert kaum erwirtschaftet werden kann, sind landwirtschaftliche Gewerbe selbstbewirtschaftenden Erben oder Erbinnen zum *Ertragswert* an den Erbteil anzurechnen; das Betriebsinventar wird zum Nutzwert eingesetzt und nur das nichtlandwirtschaftliche Nebengewerbe zum Verkehrswert. Eine Familie soll bei normaler bäuerlicher Lebenshaltung leben und den Zins für den Erwerbspreis aufbringen können. Der Ertragswert berechnet sich aus den kapitalisierten jährlichen Erträgnissen; entscheidend ist der Zinssatz.

Gibt es mehrere übernahmewillige Erben, welche die Voraussetzungen für die Zuweisung erfüllen, so kann der Erblasser oder die Erblasserin im Testament oder Erbvertrag entscheiden. Wenn eine solche Verfügung fehlt, hat ein pflichtteilsgeschützter Erbe den Vorrang vor den anderen; im übrigen sind die persönlichen Verhältnisse massgebend. Im Streitfall entscheidet das Gericht.

Wer einen landwirtschaftlichen Betrieb zum Ertragswert zugewiesen erhalten hat, darf diesen während zehn Jahren *nicht veräussern*. Damit soll die Selbstbewirtschaftung gesichert werden. Demselben Zweck dient die Bestimmung, dass Miterben, die das landwirtschaftliche Gewerbe selber bewirtschaften wollen und dafür geeignet erscheinen, ein Kaufrecht zum ursprünglichen Anrechnungspreis haben.

Dadurch, dass bei der Erbteilung ein landwirtschaftliches Gewerbe zu einem Anrechnungswert unter dem Verkehrswert zugewiesen wird, werden die Miterbinnen und Miterben benachteiligt. Sie haben deshalb einen *Gewinnanspruch*, wenn der Erbe, der das landwirtschaftliche Gewerbe oder Grundstück erhalten hat, es innert 25 Jahren seit dem Erwerb veräussert. Es steht ihnen ein Anteil am Gewinn entsprechend ihrer Erbquote zu. Dieser gesetzliche Gewinnanspruch kann jedoch durch schriftliche Vereinbarung zwischen den Erben aufgehoben oder geändert werden.

Wenn das landwirtschaftliche Gewerbe nicht an einen Erben oder eine Erbin zugewiesen werden kann, die sich als Selbstbewirtschafter eignen, so steht den Verwandten (Nachkommen, Geschwistern und Geschwisterkindern, die nicht Erben sind) ein *Kaufrecht* zu – grundsätzlich zum Ertragswert, der je nach Umständen bis maximal zum Verkehrswert erhöht werden kann.

Trotz der Übernahmemöglichkeit zum Ertragswert sind häufig nicht genügend andere Werte im Nachlass, um den Miterben gleich viel zuzuteilen. Für eine Auszahlung der Miterben müssen deshalb die Erben, welche das landwirtschaftliche Gewerbe erhalten, oft Geld aufnehmen. Zur *Verhütung einer Überschuldung* landwirtschaftlicher Grundstücke sieht das Gesetz Belastungsgrenzen für Grundpfandrechte (Hypotheken) vor und enthält Vorschriften über die Gewährung und Rückzahlung von Darlehen.

Das BGBB enthält aber nicht nur Bestimmungen über erbrechtliche Vorgänge bei landwirtschaftlichen Gewerben und Grundstücken. Es regelt alle diesbezüglichen Veräusserungsverträge (zum Beispiel auch Kaufverträge ausserhalb von Erbschaften) und sieht dabei Vorkaufsrechte von Verwandten und Pächtern und weitere kantonale Vorkaufsrechte vor. Der Verkehr mit landwirtschaftlichen Grundstücken wird auch öffentlich-rechtlich beschränkt. Es besteht ein Realteilungsverbot (das Land darf nicht in natura verteilt werden, die Feststellung von Wertquoten ist aber möglich) und ein Zerstückelungsverbot. Ausserhalb des Erwerbs durch Erbgang und der erbrechtlichen Zuteilung braucht jeder Erwerber von landwirtschaftlichem Boden eine behördliche Bewilligung. Die kantonalen Behörden erlassen Verfügungen über solche Bewilligungen und über die Schätzung des Ertragswerts. Gegen solche Verfügungen gibt es Beschwerdemöglichkeiten bei einer kantonalen Beschwerdebehörde und letztinstanzlich die Verwaltungsgerichtsbeschwerde an das Bundesgericht. Für Klagen aus dem Erbrecht ist das Gericht am Wohnsitz des Erblassers zuständig (siehe Art. 538).

Die Ausgleichung: wenn einzelne zuviel haben

Dritter Abschnitt: Die Ausgleichung

Art. 626

A. Ausgleichungspflicht der Erben

¹ Die gesetzlichen Erben sind gegenseitig verpflichtet, alles zur Ausgleichung zu bringen, was ihnen der Erblasser bei Lebzeiten auf Anrechnung an ihren Erbanteil zugewendet hat.

² Was der Erblasser seinen Nachkommen als Heiratsgut, Ausstattung oder durch Vermögensabtretung, Schulderlass u. dgl. zugewendet hat, steht, sofern der Erblasser nicht ausdrücklich das Gegenteil verfügt, unter der Ausgleichungspflicht.

Art. 627

B. Ausgleichung bei Wegfallen von Erben

¹ Fällt ein Erbe vor oder nach dem Erbgang weg, so geht seine Ausgleichungspflicht auf die Erben über, die an seine Stelle treten.

² Nachkommen eines Erben sind in bezug auf die Zuwendungen, die dieser erhalten hat, auch dann zur Ausgleichung verpflichtet, wenn die Zuwendungen nicht auf sie übergegangen sind.

Oft erhalten Kinder von ihren Eltern Geld, um ein eigenes Geschäft zu eröffnen, oder Land, um darauf ein Haus zu bauen. Solche Zuwendungen unter Lebenden werden *Vorempfänge* oder *Erbvorbezüge* genannt. Im Familienkreis werden auch solche bedeutungsvollen Geschäfte oft informell und ohne klare Regelungen abgewickelt. Spätestens beim Erben stellt sich dann die Frage, ob solche Vorempfänge an die Erbteile anzurechnen sind und wenn ja, zu welchem Wert. Vorteilhaft wäre es natürlich, schon beim Abschluss eines solchen Geschäfts die notwendige Regelung zu treffen.

Zum Beispiel vereinbart ein Vater mit seiner Tochter Trudi folgendes: «Für die Einrichtung ihrer Arztpraxis habe ich meiner Tochter Trudi 500 000 Franken gegeben. Sie muss sich diesen Betrag bei einer künftigen Erbteilung anrechnen lassen. Einen Zins muss sie sich nicht anrechnen lassen.»

Das Gesetz geht davon aus, dass Eltern auch beim Erben ihre *Nachkommen* gleich behandeln wollen. Grössere und einmalige Zuwendungen an Nachkommen zu Lebzeiten müssen diese bei der Erbteilung grundsätzlich ausgleichen. Der Erblasser kann die Nachkommen aber von dieser Pflicht dispensieren. Dazu braucht es keine bestimmte Form, es muss also nicht im Testament geschehen. Der Dispens muss jedoch ausdrücklich sein und darf sich nicht bloss aus den

Umständen ergeben, das heisst, der Erblasser muss seinen Willen durch Worte, Schrift oder Zeichen kundtun. Diese Befreiung von der Ausgleichungspflicht kann jederzeit erfolgen, also auch nach der Zuwendung.

Bei den *übrigen gesetzlichen Erben* (Ehegattin oder Ehegatte, Eltern, Geschwister etc.) wird die Ausgleichungspflicht nicht gesetzlich vermutet. Allerdings kann sie ein Erblasser anordnen, wobei diese Anordnung nicht ausdrücklich (direkte zweckgerichtete Äusserung) sein muss, sondern sich auch stillschweigend aus den Umständen ergeben kann. Hier ist umstritten, ob eine solche Anordnung im Zeitpunkt der Zuwendung getroffen werden muss oder auch nachträglich möglich ist. Ein Beispiel:

Eine kinderlose Erblasserin verkauft ihrer Schwester ein wertvolles Collier weit unter dem wirklichen Wert und sagt später bei einem Familienfest beiläufig, ihr ganzes Leben lang habe sie nie eines ihrer Geschwister bevorzugen wollen. Dies könnte, zusammen mit weiteren Umständen, als nachträgliche Ausgleichungsanordnung aufgefasst werden.

Umstritten ist auch die Behandlung der überlebenden *Ehegattin* (oder des Ehegatten), die zu den übrigen gesetzlichen Erben gehört. Die Ausgleichung beruht ja auf dem Gedanken der Gleichbehandlung. Soll die Ehegattin nun gleich wie die Nachkommen oder wie beispielsweise die Geschwister des Erblassers behandelt werden? Sollen die Kinder ihr gegenüber nach der Regelung von Artikel 626 Absatz 2 ausgleichen müssen (Berechtigung), und/oder soll sie bei der Ausgleichungspflicht den übrigen gesetzlichen Erben gleichgestellt sein?

Bei den *eingesetzten Erben*, die nicht zugleich gesetzliche Erben sind, ist einzig die letztwillige Verfügung massgebend. Sie sind nicht zur Ausgleichung verpflichtet, wenn der Erblasser in seiner Verfügung dies nicht angeordnet hat. Für sie kann sich die Ausgleichungspflicht also nicht ausserhalb der Verfügung und durch die Umstände ergeben.

Die Ausgleichungspflicht vererbt sich auch auf die Erben, die aus irgendeinem Grund (Vorversterben, Ausschlagung etc.) an die Stelle der Vorempfänger treten.

Wie wird die Ausgleichung berechnet?

Art. 628

C. Berechnungsart
I. Einwerfung oder Anrechnung

[1] Die Erben haben die Wahl, die Ausgleichung durch Einwerfung in Natur oder durch Anrechnung dem Werte nach vorzunehmen, und zwar auch dann, wenn die Zuwendungen den Betrag des Erbanteils übersteigen.

² Vorbehalten bleiben abweichende Anordnungen des Erblassers sowie die Ansprüche der Miterben auf Herabsetzung der Zuwendungen.

Art. 629

II. Verhältnis zum Erbanteil

¹ Übersteigen die Zuwendungen den Betrag eines Erbanteiles, so ist der Überschuss unter Vorbehalt des Herabsetzungsanspruches der Miterben nicht auszugleichen, wenn nachweisbar der Erblasser den Erben damit begünstigen wollte.

² Diese Begünstigung wird vermutet bei den Ausstattungen, die den Nachkommen bei ihrer Verheiratung in üblichem Umfange zugewendet worden sind.

Art. 630

III. Ausgleichungswert

¹ Die Ausgleichung erfolgt nach dem Werte der Zuwendungen zur Zeit des Erbganges oder, wenn die Sache vorher veräussert worden ist, nach dem dafür erzielten Erlös.

² Verwendungen und Schaden sowie bezogene Früchte sind unter den Erben nach den Besitzesregeln in Anschlag zu bringen.

Art. 631

D. Erziehungskosten

¹ Die Auslagen des Erblassers für die Erziehung und Ausbildung einzelner Kinder sind, wenn kein anderer Wille des Erblassers nachgewiesen wird, der Ausgleichungspflicht nur insoweit unterworfen, als sie das übliche Mass übersteigen.

² Kindern, die noch in der Ausbildung stehen oder die gebrechlich sind, ist bei der Teilung ein angemessener Vorausbezug einzuräumen.

Art. 632

E. Gelegenheitsgeschenke

Übliche Gelegenheitsgeschenke stehen nicht unter der Ausgleichungspflicht.

Die Durchführung der Ausgleichung kann von jedem Erben und jeder Erbin bis zum Abschluss der Teilung verlangt werden. Es bestehen drei Möglichkeiten:
- Der Vorempfang wird in natura in die Erbengemeinschaft eingeworfen.
- Es wird rechnerisch der Wert des Vorempfanges zum Nachlass dazugezählt.
- Der Empfänger schlägt die Erbschaft aus und unterliegt dann lediglich noch der Herabsetzung, das heisst, er muss soviel zurückzahlen, dass die Pflichtteile seiner Miterben gedeckt werden können.

Welche Möglichkeit der Empfänger wählt, hängt von der konkreten Situation ab. Besteht der Vorempfang in einer Sache, so ist das Stichdatum für die Wertbestimmung nämlich der Todestag, und das Objekt kann seither an Wert gewonnen oder verloren haben. Geht es um Geld oder um Sachen, die schon verkauft wurden, steht der Wert des Vorempfangs bereits fest; während der Zeit zwischen Empfang und Todestag konnte die Sache oder das Geld ja genutzt und benutzt werden. Dieser Vorteil kommt dem Vorempfänger zu, wenn der Erblasser nichts anderes bestimmt hat. Seine Aufwendungen zum Erhalt der Sache sollte der Vorempfänger aber in jedem Fall abziehen können.

Artikel 629 ergänzt die Vermutungsregel von Artikel 626 für den Fall, dass ein Erbe im voraus mehr erhalten hat, als sein Erbanteil beträgt. Eine Begünstigungsabsicht des Erblassers oder der Erblasserin kann nicht von vornherein vermutet werden, weil ja bis zum Tod unvorhersehbare Wertschwankungen eintreten können. Es besteht daher auch hier die gesetzliche Vermutung, der Vorempfänger sei zur Ausgleichung verpflichtet. Erblasser können jedoch anders verfügen, wozu in diesem Fall eine formlose Äusserung genügt, die sich auch aus den Umständen ergeben kann.

Gesetzlich von der Ausgleichungspflicht ausgenommen sind die üblichen Gelegenheitsgeschenke zu Geburtstagen, Weihnachten etc. sowie die üblichen Erziehungs- und Ausbildungskosten der Kinder. Da gerade bei der Ausbildung der Kinder grosse Unterschiede bestehen können, kommt es hier auf die Familienverhältnisse an, und es besteht die Möglichkeit einer anderen erblasserischen Anordnung.

Die Vorausbezüge der noch in Ausbildung stehenden oder gebrechlichen Kinder, von denen in Artikel 631 Absatz 2 die Rede ist, betreffen die Zeit zwischen dem Todestag und der Erbteilung. Sie sind wie der Lidlohn (Art. 603 Abs. 2), der Unterhaltsanspruch der schwangeren Mutter (Art. 605 Abs. 2) und der Hausgenossen (Art. 606) Erbschaftsschulden und müssen vor der Erbteilung aus dem Nachlass bezahlt werden.

Die Ausgleichung von Vorempfängen kommt nur in Frage, wenn ein Erblasser sie angeordnet hat oder wenn er bei Vorliegen der gesetzlichen Vermutung keinen Dispens erteilt hat und wenn der Erbe die Erbschaft nicht ausschlägt. Vorbezüge können aber auch die Pflichtteile der (anderen) gesetzlichen Erbinnen und Erben schmälern. Deshalb haben diese, wenn keine Ausgleichung in Betracht kommt, die Möglichkeit einer Herabsetzungsklage (siehe Art. 527 Ziff. 1, Seite 472). Ein Beispiel für das Zusammenspiel der verschiedenen Möglichkeiten:

1980 hatte Herr B. seiner Tochter Erika ein Haus übertragen, das damals 400 000 Franken wert war. Erika musste ihm dafür lediglich 100 000 Franken bezahlen. 1991 starb der Vater; das Haus wies einen Verkehrswert von einer

Million Franken auf. Da Erika das Haus seinerzeit unter dem Verkehrswert kaufen konnte, liegt eine gemischte Schenkung (100 000 Franken Kaufpreis, 300 000 Franken Schenkung) vor. Der ausgleichungspflichtige Betrag berechnet sich folgendermassen:

$$\frac{\text{Wert bei Erbgang} \times \text{geschenkter Betrag}}{\text{Wert bei Vertragsabschluss}}$$

$$\frac{1\,000\,000 \times 300\,000}{400\,000} = 750\,000$$

Herr B. hinterliess kein nennenswertes übriges Nachlassvermögen. Miterben sind eine Schwester und ein Bruder von Erika. Erika müsste zum Ausgleich 750 000 Franken in die Erbschaft einwerfen. Kann oder will sie das nicht tun, kann sie das Haus in den Nachlass einwerfen. Dieses wird dann verkauft und der Erlös unter alle Geschwister verteilt.

Erika kann aber auch die Erbschaft ausschlagen und ist damit der Ausgleichung nicht mehr unterworfen. Weil dadurch der Pflichtteil der Geschwister verletzt wird, können diese die Herabsetzung verlangen. Ihr Pflichtteil beträgt drei Viertel des gesetzlichen Erbanspruchs (siehe Art. 471 Ziff. 1, Seite 438). Umstritten ist die Berechnungsquote des Pflichtteils. Das ist auch vom vermutlichen Willen des Vaters abhängig: Wollte er den geschenkten Anteil der Ausgleichung unterstellen oder nicht? Die Geschwister könnten den Pflichtteil ausgehend vom gesamten Nachlasswert von einer Million Franken berechnen wollen; er würde dann 750 000 (drei Viertel) oder pro Geschwisterteil 250 000 Franken betragen. Erika kann aber einwenden, der geschenkte Anteil unterliege nicht der Herabsetzung, und für die Berechnung nicht von einer Million, sondern vom ausgleichungspflichtigen Nachlasswert von 750 000 Franken ausgehen. Dann würde der Pflichtteil 652 000 Franken (drei Viertel von 750 000) oder 187 500 pro Geschwister betragen.

Was gilt nach der Teilung?

Vierter Abschnitt: Abschluss und Wirkung der Teilung

Art. 634

A. Abschluss des Vertrages
I. Teilungsvertrag

[1] Die Teilung wird für die Erben verbindlich mit der Aufstellung und Entgegennahme der Lose oder mit dem Abschluss des Teilungsvertrages.

² Der Teilungsvertrag bedarf zu seiner Gültigkeit der schriftlichen Form.

Die Einigung über die Teilung ist Sache aller Erben und Erbinnen zusammen. Bei einfachen Verhältnissen nehmen sie die ihnen zugewiesenen Anteile (Sachen und/oder Werte) entgegen, und die Teilung ist dadurch abgeschlossen; für Liegenschaften muss der Eigentümerwechsel noch im Grundbuch eingetragen werden. Bei komplexeren Verhältnissen werden die zugewiesenen Anteile in einem Teilungsvertrag festgehalten. Dieser Vertrag muss schriftlich aufgesetzt sein; einfache Schriftlichkeit genügt auch für die Zuteilung von Grundstücken.

Ist die Teilung einmal abgeschlossen, so ist sie verbindlich. Ab diesem Zeitpunkt ist weder die Herabsetzungs- noch die Ausgleichungsklage mehr möglich.

Verträge über Erbteile

Art. 635

II. Vertrag über angefallene Erbanteile

¹ Verträge unter den Miterben über Abtretung der Erbanteile bedürfen zu ihrer Gültigkeit der schriftlichen Form.

² Werden sie von einem Erben mit einem Dritten abgeschlossen, so geben sie diesem kein Recht auf Mitwirkung bei der Teilung, sondern nur einen Anspruch auf den Anteil, der dem Erben aus der Teilung zugewiesen wird.

Art. 636

III. Verträge vor dem Erbgang

¹ Verträge, die ein Erbe über eine noch nicht angefallene Erbschaft ohne Mitwirkung und Zustimmung des Erblassers mit einem Miterben oder einem Dritten abschliesst, sind nicht verbindlich.

² Leistungen, die auf Grund solcher Verträge gemacht worden sind, können zurückgefordert werden.

Die Dauer vom Zeitpunkt des Todes des Erblassers bis zur Erbteilung kann je nach Umständen beträchtlich sein. Einzelne Erbinnen oder Erben können in dieser Zeit nach Bedürfnis über ihren Anteil verfügen (ihn verkaufen, verschenken, verpfänden etc.). Ein solcher *Vertrag über angefallene Erbteile* muss schriftlich festgehalten werden; einfache Schriftlichkeit genügt auch bei Grundstücken.

– Verkauft (oder verschenkt) eine Erbin an einen Miterben, so wächst diesem der abgetretene Anteil zusätzlich zu seinem eigenen an. Die verkaufende Erbin verliert ihre Erbenstellung.
– Verkauft die Erbin an Drittpersonen, erhalten diese nur eine Forderung auf Übertragung des Anteils nach vollzogener Teilung, jedoch keine Erbenstellung. Diese verbleibt treuhänderisch bei der verkaufenden Erbin. Wegen dieser risikoreichen Stellung können solche Vertragspartner die amtliche Mitwirkung bei der Teilung verlangen (siehe Art. 609).

Vor dem Tod eines Erblassers besteht ein ungewisser Erbanspruch, eine sogenannte Anwartschaft. Darüber können Erben nur mit Zustimmung des Erblassers verfügen *(Vertrag über Erbanwartschaften)*. Umstritten ist, ob Erblasser ihre Zustimmung schriftlich geben müssen. Jedenfalls bindet eine solche Zustimmung, wenn sie nicht formgültig in einem Erbvertrag festgehalten ist, die Erblasser nicht; sie können weiterhin frei über ihr Vermögen verfügen. Will ein Erbe eine solche Anwartschaft verkaufen oder verpfänden, ist dazu ein schriftlicher Vertrag nötig (siehe Art. 900 und Art. 165 OR). Der Erbe behält die Erbenstellung, sein Vertragspartner erhält nur eine Forderung gegen den Erben, hat jedoch keinen Anspruch auf Mitwirkung einer amtlichen Behörde bei der Erbteilung. Wenn der Erbe ausschlägt oder auf sein Erbe verzichtet, wird er gegenüber seinem Vertragspartner schadenersatzpflichtig. Dieser kann auch eine allfällige Gegenleistung zurückfordern, wenn keine Zustimmung des Erblassers vorliegt, der Vertrag also ungültig ist.

Haftung der Erben

Art. 637

B. Haftung der Miterben unter sich
I. Gewährleistung

¹ Nach Abschluss der Teilung haften die Miterben einander für die Erbschaftssachen wie Käufer und Verkäufer.

² Sie haben einander den Bestand der Forderungen, die ihnen bei der Teilung zugewiesen werden, zu gewährleisten und haften einander, soweit es sich nicht um Wertpapiere mit Kurswert handelt, für die Zahlungsfähigkeit des Schuldners im angerechneten Forderungsbetrag wie einfache Bürgen.

³ Die Klage aus der Gewährleistungspflicht verjährt mit Ablauf eines Jahres nach der Teilung oder nach dem Zeitpunkt, auf den die Forderungen später fällig werden.

Art. 638

II. Anfechtung der Teilung

Die Anfechtung des Teilungsvertrages erfolgt nach den Vorschriften über die Anfechtung der Verträge im allgemeinen.

<table>
<tr><td></td><td>Art. 639</td></tr>
<tr><td>C. Haftung gegen-
über Dritten
I. Solidare Haftung</td><td>¹ Für die Schulden des Erblassers sind die Erben den Gläubigern auch nach der Teilung solidarisch und mit ihrem ganzen Vermögen haftbar, solange die Gläubiger in eine Teilung oder Übernahme der Schulden nicht ausdrücklich oder stillschweigend eingewilligt haben.

² Die solidare Haftung der Miterben verjährt mit Ablauf von fünf Jahren nach der Teilung oder nach dem Zeitpunkt, auf den die Forderung später fällig geworden ist.</td></tr>
<tr><td></td><td>Art. 640</td></tr>
<tr><td>II. Rückgriff auf die Miterben</td><td>¹ Hat ein Erbe eine Schuld des Erblassers bezahlt, die ihm bei der Teilung nicht zugewiesen worden ist, oder hat er von einer Schuld mehr bezahlt, als er übernommen, so ist er befugt, auf seine Miterben Rückgriff zu nehmen.

² Dieser Rückgriff richtet sich zunächst gegen den, der die bezahlte Schuld bei der Teilung übernommen hat.

³ Im übrigen haben die Erben mangels anderer Abrede die Schulden unter sich im Verhältnis der Erbanteile zu tragen.</td></tr>
</table>

Der Teilungsvorgang bedeutet, dass der Nachlass, der bisher Gesamteigentum der Erbengemeinschaft war, ins Alleineigentum der einzelnen Erbinnen und Erben übergeführt wird. Dazu gehört die Veräusserung von Aktiven und allenfalls die Übernahme von Passiven. Für Mängel der zugewiesenen Werte haften die Erben einander wie Verkäufer. Gegenüber Vermächtnisnehmern besteht jedoch keine Mängelhaftung (siehe Art. 485, Seite 447).

Bei Mängeln eines Teilungsvertrages (zum Beispiel mangelhafte Form, fehlende Handlungsfähigkeit, Irrtum, Täuschung, Drohung) kann dieser nach den allgemeinen Vorschriften des Obligationenrechts über Verträge angefochten werden.

Wenn die Schulden nicht vor der Teilung zurückbezahlt worden sind (siehe Art. 610 Abs. 3), besteht die *solidarische Haftung* (siehe Art. 603 Abs. 1, Seite 511) gegenüber Gläubigern mit dem ererbten und dem eigenen Vermögen auch nach der Teilung während mindestens fünf Jahren weiter. Die Gläubiger können sich also weiterhin an den oder die zahlungskräftigsten Erben halten. Für die Erben unter sich gilt in erster Linie die von ihnen tatsächlich oder vertraglich getroffene Teilungsvereinbarung. Ist nichts anderes vereinbart, müssen sie die Schulden im Verhältnis zu ihren Erbanteilen übernehmen. Wer extern (den Gläubigern) zuviel bezahlt hat, kann intern (den Miterben gegenüber) Rückgriff nehmen, wobei die Erben untereinander nicht solidarisch, sondern gemäss Vereinbarung oder anteilmässig haften.

Sachenrecht 7

Was ist denn das, Sachenrecht? Der Name sagt's: Es geht um Rechte, die an Sachen bestehen. Aber, was sind juristisch gesehen «Sachen»? Welche «Rechte» kann man an Sachen haben, und was bedeutet das konkret? Und vor allem: Welche Begebenheiten aus dem Alltag werden im Sachenrecht geregelt?

Vieles, was wir tun, geschieht nach den Regeln des Sachenrechts – und zwar, ohne dass uns dies bewusst ist. Oder von einer anderen Seite gesehen: Vieles, was in langen Jahrzehnten und Jahrhunderten so und so gehandhabt wurde, wurde schliesslich zu Recht gemacht, in Gesetzesbestimmungen gegossen. So handeln wir (häufig) gesetzeskonform, ohne uns darüber Gedanken zu machen.

Eigentum und Besitz

Kaufe ich ein Buch, gehört es mir. Juristisch gesprochen ist hier Eigentum übertragen worden: Zuerst habe ich einen Kaufvertrag abgeschlossen, dann das Buch erhalten und bin Eigentümer geworden. An diesem Beispiel lässt sich einiges erklären, was zum Verständnis des Sachenrechts führt. Es zeigt zuerst einmal eines jener Rechte, von denen die Rede sein wird: das Eigentum. Eigentum ist zwar nur eines von vielen möglichen Rechten, die an Sachen bestehen können, aber es ist das umfassendste, absoluteste Recht an einer Sache.

Natürlich ist der Bücherkauf im Alltag eine unauffällige Aktion, juristisch aber läuft dabei einiges ab. Mit dem Erhalt des Buches wird nämlich nicht nur Eigentum, sondern auch Besitz übertragen. Zwar macht die Umgangssprache zwischen diesen beiden Begriffen keinen Unterschied; juristisch gesehen ist Eigentum aber nicht dasselbe wie Besitz.

Beim Bücherkauf muss mir, damit ich Eigentümer werden kann, zuerst der Besitz am Buch übertragen werden. Das geschieht, indem mir die Buchhändlerin das Buch übergibt, in die Hand drückt. Jetzt habe ich die tatsächliche Gewalt über das

Buch; erst jetzt bin ich Eigentümer und kann meine Rechte als Eigentümer auch wirklich ausüben. Oder allgemein gesagt:
- **Eigentum** ist die *rechtliche* Beziehung einer Person zu einer Sache; ist das *Recht*, eine Sache zu beherrschen, mit ihr zu machen, was man will. Das Eigentum wird in den Artikeln 641 bis 729 des ZGB behandelt.
- **Besitz** ist demgegenüber die *tatsächliche* (sichtbare) Herrschaft über eine Sache; man hat die Sache körperlich in den Händen oder in der Wohnung. Das ZGB umschreibt dies so: «Wer die tatsächliche Gewalt über eine Sache hat, ist ihr Besitzer.» (Art. 919 Abs. 1). So ist auch der Dieb Besitzer des gestohlenen Fotoapparats. Besitz verlangt aber nicht unbedingt, dass ich eine Sache immer in unmittelbarer Nähe habe; ich bin auch Besitzer meines Autos auf dem Garagenplatz oder meines Schmucks im Banksafe. Die Artikel 919 bis 941 des ZGB handeln vom Besitz.

Dass in der Alltagssprache zwischen den Begriffen Besitz und Eigentum kein Unterschied gemacht wird, ist übrigens gar nicht so falsch. Denn das Gesetz vermutet, dass, wer eine (bewegliche) Sache in Besitz hat, auch ihr Eigentümer oder ihre Eigentümerin ist (Art. 930, Abs. 1).

Grund- und Fahrniseigentum

Besitz spielt vor allem bei den beweglichen Sachen, Büchern, Autos, aber auch Tieren, eine grosse Rolle, nicht aber bei den unbeweglichen Sachen, den Grundstücken. Und nicht nur hier, sondern ganz grundsätzlich werden diese beiden Arten von Sachen im Sachenrecht in vielem unterschiedlich behandelt. So gibt es eigene Bestimmungen für Eigentum an Fahrnis (bewegliche Sachen) und für Eigentum an Grundstücken (unbewegliche Sachen).

Wo das Gesetz die Rechte an Grundstücken regelt, wird für die meisten vieles unbekannt klingen. Dies ist nicht verwunderlich, denn rund 70 Prozent der Schweizer Bevölkerung gehören der Grund und Boden, auf dem sie wohnen, die Häuser, in denen sie leben, nicht selber. Wer hat denn schon mit «beschränkten dinglichen Rechten» zu tun gehabt oder weiss genau, was ein Schuldbrief, geschweige denn eine Grundpfandverschreibung ist? Gerade diese Begriffe spielen aber im Alltag der meisten Schweizerinnen und Schweizer eine beträchtliche Rolle, wenn auch nur indirekt. Und zwar über die Hypothekarzinsen, mit denen ja die Mietzinse eng gekoppelt sind. Eine Hypothek aber ist meist nichts anderes als ein Schuldbrief oder eine Grundpfandverschreibung; und diese ihrerseits sind beschränkte dingliche Rechte.

Eigentum und beschränkte dingliche Rechte

Die beschränkten dinglichen Rechte bilden neben dem Eigentum die zweite Art von Rechten, die an Sachen bestehen können. Während das Eigentum das umfassende, absolute Recht an einer Sache ist, erlauben die beschränkten dinglichen Rechte (wie der Name sagt) nur einen beschränkten Einfluss auf eine Sache. Am Beispiel einer Hypothek:

Werner R., Eigentümer eines Grundstückes, erhält von seiner Bank eine bestimmte Geldsumme. Als Absicherung für den Kredit errichtet er zugunsten der Bank auf seinem Grundstück ein Grundpfandrecht – etwa einen Schuldbrief oder eben: eine Hypothek. Werner R. bleibt Eigentümer des Grundstücks, die Bank hat ein beschränktes dingliches Recht daran, in diesem Fall ein Pfandrecht. Kann Werner R. den Kredit nicht zurückzahlen (beziehungsweise die Hypothekarzinsen nicht zahlen), darf sich die Bank am Grundstück schadlos halten: es wird versteigert, aus dem Erlös werden die Schulden an die Bank bezahlt.

Ende der achtziger Jahre ist es aber oft und in grossem Stil vorgekommen, dass der Verkaufspreis von solchen Grundstücken unter der Kreditsumme lag, da diese in einer Zeit steigender

Grundstückpreise gewährt wurden. Mit dem Preiszerfall auf dem Immobilienmarkt war das Grundstück überbelastet; am Schluss fehlte Geld in der Kasse, oft auch in den Kassen von Banken, wie der Konkurs der Spar- und Leihkasse Thun zeigte. Die beschränkten dinglichen Rechte können also wirtschaftlich eine grosse Rolle spielen, vor allem im Bereich des Pfandrechts an Grundstücken.

Dingliches Recht und obligatorisches Recht

Für das Verständnis des Sachenrechts ist etwas weiteres wichtig: der Unterschied zwischen einem dinglichen Recht und einem obligatorischen Recht, der nicht nur juristisch von Bedeutung ist:
- Ein **dingliches Recht**, zum Beispiel das Eigentum, richtet sich auf eine *Sache:* Ich bin Eigentümer des Buches.
- Ein **obligatorisches Recht** ist demgegenüber auf eine *Person* bezogen; ich kann von ihr etwas verlangen.

Am Beispiel eines Möbelkaufs lässt sich dieser Unterschied aufzeigen: Im Möbelgeschäft schliesse ich einen Kaufvertrag für eine Polstergruppe ab, die in vier Wochen geliefert werden soll. Der Vertrag (auch «Obligation» genannt) gibt mir zuerst einmal ein obligatorisches Recht gegenüber dem Möbelhändler: Ich kann von ihm verlangen, dass er mir die Polstergruppe liefert. Die Möbel sind aber noch nicht in meinem Eigentum; erst wenn ich sie in meiner Wohnung habe (und damit im Besitz), wird das dingliche Recht Eigentum übertragen.

Auch ein Mietvertrag verschafft mir an einer Wohnung nur ein obligatorisches Recht: der Eigentümer muss dulden, dass ich in der Wohnung wohne. Er selber hat ein dingliches Recht daran, nämlich das Eigentum.

Im Sachenrecht geht es um die dinglichen Rechte, um Rechte also, die an Sachen bestehen können. Die obligatorischen

Rechte, die sich gegen eine Person richten, werden im Obligationenrecht behandelt.

Das Grundbuch

Für einen Teil der Sachen, für die Grundstücke, spielt das Grundbuch eine wichtige Rolle. Dank dem Grundbuch ist jederzeit erkennbar, wem welche Rechte an einem Grundstück zustehen: Ich bin nur (und erst dann) Eigentümer eines Grundstückes, wenn dies auch so im Grundbuch steht. Enthält das Grundbuch keinen Eintrag über Hypotheken an einem Grundstück, kann davon ausgegangen werden, dass dieses Grundstück tatsächlich nicht belastet ist.

Sachenrecht und kantonales oder öffentliches Recht

Im Sachenrecht finden sich zahlreiche Bestimmungen, die den Kantonen einen eigenen Entscheidungsspielraum einräumen oder sie verpflichten, zu bestimmten Fragen selber Gesetze zu erlassen. So bleibt es beispielsweise den Kantonen überlassen, die Grenzabstände von Bäumen, Büschen und Hecken zu regeln. Solche Bestimmungen finden sich meist in den kantonalen Einführungsgesetzen zum ZGB.

Überhaupt spielt, was das Grundeigentum betrifft, das Sachenrecht je länger je mehr eine Nebenrolle. Bedeutender ist hier, was das öffentliche Recht vorschreibt. So ist vieles, was Grundstücke betrifft, heute in Bau- und Zonenordnungen oder auch im Umweltgesetz geregelt.

Das Eigentum allgemein

Vierter Teil: Das Sachenrecht

Erste Abteilung: Das Eigentum

Achtzehnter Titel: Allgemeine Bestimmungen

Art. 641

A. Inhalt des Eigentums

¹ Wer Eigentümer einer Sache ist, kann in den Schranken der Rechtsordnung über sie nach seinem Belieben verfügen.

² Er hat das Recht, sie von jedem, der sie ihm vorenthält, herauszuverlangen und jede ungerechtfertigte Einwirkung abzuwehren.

Eigentum ist das umfassendste, absoluteste Recht an einer Sache. Wer Eigentümer einer Sache ist, kann grundsätzlich frei über diese verfügen; er kann sie verändern oder auch zerstören, kann sie verschenken, vermieten oder verkaufen. Diese Verfügungsmacht ist aber insofern nicht absolut, als auch das Eigentum seine Schranken hat. Die allgemeinste findet sich im Verbot des Rechtsmissbrauchs (siehe Art. 2 Abs. 2, Seite 24, Kommentar Seite 26). Insbesondere für das Eigentum an Grund und Boden bestehen zahlreiche Beschränkungen, die zum Beispiel dem Schutz der Nachbarn oder des öffentlichen Interesses dienen (siehe Art. 680 ff., Seite 573). Weiter finden sich auch ausserhalb des ZGB Bestimmungen, die dem Eigentum Schranken setzen, so in Bau- und Zonenordnungen oder im Umweltgesetz.

Mit dem Eigentum ist auch ein Abwehrrecht gegen Dritte verbunden. Eigentum an einer Sache haben heisst, andere Personen von ihr fernhalten zu dürfen, heisst, die Sache von jeder Person herausverlangen zu können. Um diese Befugnisse durchsetzen zu können, stehen dem Eigentümer oder der Eigentümerin zwei Klagen zur Verfügung:

- Die **Eigentumsfreiheitsklage** richtet sich gegen eine Person, die das Eigentum an einer Sache stört, die auf die Sache – und damit auf das Eigentum daran – in ungerechtfertigter Weise einwirkt.
- Mit der **Eigentumsklage** oder Vindikation kann der Eigentümer die Sache von jeder Person, die sie ihm weggenommen hat, herausverlangen.

In vielen Fällen ist es aber einfacher, wenn sich der Eigentümer oder die Eigentümerin einer Sache nicht mit diesen Klagen wehren, sondern die Hilfen, die ihnen aus dem Besitz der Sache zustehen, in Anspruch nehmen: das Selbsthilferecht, die Besitzesschutz- und die Besitzesrechtsklage (siehe Seite 694). Dann berufen sie sich nicht auf ihr Eigentum an der Sache, sondern darauf, dass sie diese Sache besitzen beziehungsweise besessen haben (zum Unterschied zwischen Besitz und Eigentum siehe Seite 532). Mehr zur Abgrenzung zwischen den Klagen aus Besitz und aus Eigentum findet sich auf Seite 697.

Bestandteil und Zugehör

An einer ganzen Sache, an einer Sacheinheit, kann immer nur *ein* Eigentumsrecht bestehen. Was aber gilt als *eine* Sache im juristischen Sinn? Bei einem Tier beispielsweise macht diese Frage keine Probleme; es ist eine Sacheinheit, und deshalb kann das Hinterteil des Pferdes nicht jemand anderem gehören als das Vorderteil. Klar erscheint dies auch bei einfachen zusammengesetzten Sachen, bei einem Hammer, einem Stuhl oder einer Bohrmaschine. Bei anderen Sachen, die aus verschiedenen Gegenständen zusammengesetzt sind, kann es aber schwieriger sein festzulegen, ob sie wirklich eine Sache oder doch eher verschiedene selbständige Sachen sind. Mit den Begriffen Bestandteil und Zugehör, die unterschiedlich intensive Beziehungen zwischen Gegenständen umschreiben, versucht das Gesetz zu klären, wann mehrere irgendwie miteinander verbundene Gegenstände eine Sacheinheit, ein Ganzes bilden oder wann sie trotzdem noch selbständige Sachen im juristischen Sinn bleiben.

Der Bestandteil

B. Umfang des Eigentums
I. Bestandteile

Art. 642

¹ Wer Eigentümer einer Sache ist, hat das Eigentum an allen ihren Bestandteilen.

² Bestandteil einer Sache ist alles, was nach der am Orte üblichen Auffassung zu ihrem Bestande gehört und ohne ihre Zerstörung, Beschädigung oder Veränderung nicht abgetrennt werden kann.

II. Natürliche Früchte

Art. 643

¹ Wer Eigentümer einer Sache ist, hat das Eigentum auch an ihren natürlichen Früchten.

² Natürliche Früchte sind die zeitlich wiederkehrenden Erzeugnisse und die Erträgnisse, die nach der üblichen Auffassung von einer Sache ihrer Bestimmung gemäss gewonnen werden.

³ Bis zur Trennung sind die natürlichen Früchte Bestandteil der Sache.

Wie schon der Name sagt, ist der Bestandteil ein Teil, der zum Bestand einer Sache gehört. Ohne diesen Teil wäre eine Sache nicht vollständig oder könnte den vorgesehenen Zweck nicht erfüllen. Bestandteile bilden zusammen mit einem oder mehreren anderen Teilen ein Ganzes. Wenn die Abtrennung solcher Teile von der Sache diese zerstören, beschädigen oder verändern würde, gelten sie als Bestandteile im juristischen Sinn. So sind die Räder Bestandteile des Fahrrads, die Zeiger Bestandteile der Uhr, das Dach oder die Fenster Bestandteile des Hauses.

Was Bestandteil einer Sache ist, kann keine eigene Sache sein; es ist deshalb ausgeschlossen, daran neben der (Haupt-)Sache ein eigenes Eigentum oder ein anderes dingliches Recht zu begründen. Wer Eigentümer einer Sache ist, ist auch Eigentümer ihrer Bestandteile. Juristisch wird dieser Grundsatz *Akzessionsprinzip* genannt: Was Bestandteil einer (Haupt-)Sache ist, folgt deren rechtlichem Schicksal.

Das Gesetz bezeichnet in gewissen Fällen Gegenstände als Bestandteile, obwohl dies nach obiger Definition nicht unbedingt so sein müsste:
– Die natürlichen Früchte sind solange Bestandteil ihrer Sache, als sie nicht von ihr getrennt sind (Art. 643). Die Birnen bleiben also solange Eigentum des Baumeigentümers, bis sie gepflückt sind.
– Auch die Pflanzen, die auf einer Liegenschaft wachsen, sind Bestandteil derselben.
– Ebenso ist ein Gebäude Bestandteil der Liegenschaft, auf der es sich befindet. Ein Haus ist also juristisch gesehen keine eigene, selbständige Sache; es ist beispielsweise nicht möglich, ein Haus allein zu verkaufen, das Grundstück, auf dem es steht, aber zu behalten. Das Haus ist Bestandteil des Gundstücks, und Eigentum an diesem umfasst meistens auch das Haus.

Die Zugehör

III. Zugehör
1. Umschreibung

Art. 644

¹ Die Verfügung über eine Sache bezieht sich, wenn keine Ausnahme gemacht wird, auch auf ihre Zugehör.

² Zugehör sind die beweglichen Sachen, die nach der am Orte üblichen Auffassung oder nach dem klaren Willen des Eigentümers der Hauptsache dauernd für deren Bewirtschaftung, Benutzung oder Verwahrung bestimmt und durch Verbindung, Anpassung oder auf andere Weise in die Beziehung zur Hauptsache gebracht sind, in der sie ihr zu dienen haben.

³ Ist eine Sache Zugehör, so vermag eine vorübergehende Trennung von der Hauptsache ihr diese Eigenschaft nicht zu nehmen.

Art. 645

2. Ausschluss

Zugehör sind niemals solche bewegliche Sachen, die dem Besitzer der Hauptsache nur zum vorübergehenden Gebrauche oder zum Verbrauche dienen, oder die zu der Eigenart der Hauptsache in keiner Beziehung stehen, sowie solche, die nur zur Aufbewahrung oder zum Verkauf oder zur Vermietung mit der Hauptsache in Verbindung gebracht sind.

Damit ein Gegenstand Zugehör einer Sache ist, muss er zu dieser in einer Beziehung stehen; mit der Sache verbunden sein, an sie angepasst worden sein etc. Zudem muss die Zugehör zur Erfüllung des wirtschaftlichen Zwecks der (Haupt-)Sache beitragen. Ob eine Sache Zugehör ist, wird auch vom Ortsgebrauch bestimmt. Beispiele:
– Hotelmobiliar ist Zugehör des Hotels. Da der Ortsgebrauch aber anderes bestimmen kann, gilt Hotelmobiliar zum Beispiel in den Kantonen Zürich, Luzern und Bern nicht als Zugehör, sondern als selbständige Sache.
– Waschmaschinen sind Zugehör des Hauses. Sind sie allerdings niet- und nagelfest mit dem Haus verbunden, gelten sie als Bestandteile.

Im Gegensatz zum Bestandteil wahrt die Zugehör ihren eigenständigen Charakter gegenüber der (Haupt-)Sache; der Eigentümer der Zugehör muss nicht identisch sein mit dem Eigentümer der Sache. Aber auch wenn die Zugehör nicht zwingend der (Haupt-)Sache folgen muss, besteht doch die gesetzliche Vermutung, dass mit dem Verkauf der Sache auch die Zugehör verkauft sei. Die Parteien können jedoch etwas anderes vereinbaren.

Das gemeinschaftliche Eigentum

Einige Freundinnen sind es müde, jeden Monat Tausende von Franken für die Miete ihrer Wohnungen zu bezahlen, ohne dass diese ihnen je gehören werden. Sie beschliessen deshalb, zusammen ein Haus zu kaufen. Auch den Geschwistern M. gehört gemeinsam ein Haus; sie haben es von ihrer Mutter geerbt.

Wenn eine Sache mehreren Personen zusammen gehört, spricht das Gesetz von gemeinschaftlichem Eigentum. Es gibt zwei Formen, das Gesamteigentum und das Miteigentum. Den beiden Formen ist gemeinsam, dass die Sache nicht geteilt ist und auch das Eigentumsrecht daran nicht. Die Unterschiede liegen zum einen im Verhältnis der beteiligten Personen zueinander und zum andern in der Frage, ob die (gemeinschaftliche) Sache rechnerisch geteilt werden kann.

Im Fall der Geschwister M. liegt ein *spezielles persönliches Verhältnis* vor, das die Grundlage für ihr gemeinschaftliches Eigentum darstellt: Sie sind Erben. Eine solche enge persönliche Verbundenheit ist immer Grundlage dafür, dass gemeinschaftliches Eigentum nicht als Mit-, sondern als Gesamteigentum angesehen wird. Das Gesetz zählt die Situationen, in denen wegen des speziellen Grundverhältnisses Gesamteigentum vorliegt, abschliessend auf.

Demgegenüber setzt Miteigentum kein spezielles Grundverhältnis voraus. Es kommt zustande, wenn mehrere Personen vereinbaren, dass eine Sache ihnen gemeinsam im Miteigentum gehören soll. Allerdings wird eine Personengruppe, die zusammen ein Haus oder ein Auto kauft, in gewissen Fällen juristisch als einfache Gesellschaft behandelt, und bei dieser besteht von Gesetzes wegen an der gemeinsamen Sache nicht Mit-, sondern Gesamteigentum. Dies ist aber nicht zwingend, und so können die Freundinnen aus dem obigen Beispiel vereinbaren, dass sie ihr Haus im Miteigentum erwerben wollen. Miteigentum kann für die verschiedensten Situationen vereinbart werden, nur dort nicht, wo das Gesetz zwingend Gesamteigentum verlangt.

Obwohl Sachen, die in gemeinschaftlichem Eigentum stehen, körperlich nicht geteilt sind, lassen sich beim Miteigentum die Anteile der einzelnen Personen *rechnerisch ausscheiden*. Jedem Miteigentümer steht ein Bruchteil, eine Quote an der Sache zu, nicht aber ein realer Teil davon. Über die Quote können die einzelnen Miteigentümer frei verfügen. Gehört also ein Haus mehreren Freundinnen zu Miteigentum, kann jede einzelne ihren Teil verkaufen.

Das ist nicht möglich bei den Erben, denen das Haus der Mutter gemeinsam gehört. Denn beim Gesamteigentum müssen immer alle zusammen über das Ganze entscheiden. Es gibt hier keine rechnerisch auf die einzelnen Gesamteigentümer aufgeteilten Quoten. Natürlich steht den Gesamteigentümern intern, das heisst untereinander, ein Anteil an der gemeinsamen Sache zu. Gegen aussen aber besteht nur ein Ganzes, das allen gehört.

Das Miteigentum

C. Gemeinschaftliches Eigentum
I. Miteigentum
1. Verhältnis der Miteigentümer

Art. 646

¹ Haben mehrere Personen eine Sache nach Bruchteilen und ohne äusserliche Abteilung in ihrem Eigentum, so sind sie Miteigentümer.

² Ist es nicht anders festgestellt, so sind sie Miteigentümer zu gleichen Teilen.

³ Jeder Miteigentümer hat für seinen Anteil die Rechte und Pflichten eines Eigentümers, und es kann dieser Anteil von ihm veräussert und verpfändet und von seinen Gläubigern gepfändet werden.

Besteht an einer Sache Miteigentum, gehört sie mehreren Personen gemeinsam. Rechnerisch steht aber jeder Person ein Bruchteil, eine Quote zu. Wird nichts anderes vereinbart, gehören allen gleich grosse Quoten. Bezahlen aber beispielsweise nicht alle gleich viel an den Kaufpreis ihres gemeinsamen Autos, werden sie wohl vereinbaren, die Quote entsprechend dem Preisanteil festzulegen, so dass einer Person 40 Prozent, einer zweiten 30 Prozent und zwei anderen je 15 Prozent des Autos zustehen.

An seinem Anteil hat jeder Miteigentümer und jede Miteigentümerin die Rechte und Pflichten eines (Allein-)Eigentümers. Es versteht sich von selbst, dass jeder auf die anderen Rücksicht nehmen muss. Es sind Absprachen nötig, wann wer die Sache gebrauchen kann, wie damit umzugehen sei etc. Seinen Anteil kann jeder Miteigentümer zum Beispiel verkaufen oder verschenken. Der Käufer tritt an seine Stelle und ist neuer Miteigentümer der Sache (für den Verkauf der ganzen Sache, siehe Art. 648, Seite 548).

Verwaltung der gemeinsamen Sache

Art. 647

2. Nutzungs- und Verwaltungsordnung

¹ Die Miteigentümer können eine von den gesetzlichen Bestimmungen abweichende Nutzungs- und Verwaltungsordnung vereinbaren und im Grundbuch anmerken lassen.

² Nicht aufheben oder beschränken können sie die jedem Miteigentümer zustehenden Befugnisse:

1. zu verlangen, dass die für die Erhaltung des Wertes und der Gebrauchsfähigkeit der Sache notwendigen Verwaltungshandlungen durchgeführt und nötigenfalls vom Richter angeordnet werden;
2. von sich aus auf Kosten aller Miteigentümer die Massnahmen zu ergreifen, die sofort getroffen werden müssen, um die Sache vor drohendem oder wachsendem Schaden zu bewahren.

Kümmern sich mehrere Personen um das Gleiche, sind verschiedene Reibereien wahrscheinlich. Die einen möchten das gemeinsame Auto neu streichen lassen, die anderen stören sich nicht an Rostflecken; eine will es der Freundin für die Ferien vermieten, den anderen passt das gar nicht... Das Bedürfnis, schon im voraus festzulegen, wie die gemeinsame Sache verwaltet und genutzt werden soll, ist von Fall zu Fall verschieden. Im Erstellen solcher Regeln sind die Miteigentümer denn auch grundsätzlich frei; nur weniges wird vom Gesetz zwingend vorgeschrieben.

Wo viele beteiligt sind und vor allem wenn ein Haus gemeinsam zu verwalten ist, empfiehlt es sich aber, eine eigene Ordnung schriftlich aufzustellen. Ist die gemeinsame Sache ein Grundstück, kann die Ordnung auch im Grundbuch angemerkt werden.

Auch das Gesetz bietet eine Lösung, wie Verwaltung und Nutzung geregelt werden kann. Diese ist allerdings kompliziert und insbesondere auf Miteigentum an einem Haus zugeschnitten. Für zwei Fälle schreibt das Gesetz vor, dass jeder Miteigentümer ohne Zustimmung der anderen entscheiden darf:

- Sind **notwendige Massnahmen** zu ergreifen, können sie auch gegen den Willen der Mehrheit durchgeführt werden, notfalls mit Hilfe des Gerichts (Art. 647 Abs. 2 Ziff. 1). Notwendig sind Massnahmen, die vermeiden helfen, dass eine Sache zerstört wird oder dass sich ihr Zustand oder Wert verschlechtert. Beispiele: Generalüberholung eines Autos; Füttern von Tieren; Verkauf von verderblichen Früchten; Bezahlen von Zinsen, Steuern und Versicherungs-

prämien für ein Haus; Reparatur eines defekten Lifts, einer eingeschlagenen Fensterscheibe oder eines Treppengeländers.
- **Dringliche Massnahmen** kann jeder Miteigentümer veranlassen, ohne zuvor die anderen zu fragen. Die Kosten dafür muss die Gemeinschaft tragen. Dringlich sind Massnahmen, die *sofort* vorgenommen werden müssen, damit die Sache nicht beschädigt oder ein bereits bestehender Schaden nicht noch grösser wird. Beispiele: Ersetzen von fehlenden Dachziegeln; Reparatur einer geplatzten Wasserleitung; je nach Umständen das Erheben eines Rechtsvorschlags gegen einen Zahlungsbefehl; die Reparatur eines Autos auf der Ferienreise; Anvisieren des Arztes bei (schweren) Krankheiten von Tieren.

Die Ordnung, die das Gesetz vorsieht

Art. 647a

3. Gewöhnliche Verwaltungshandlungen

^{1} Zu den gewöhnlichen Verwaltungshandlungen ist jeder Miteigentümer befugt, insbesondere zur Vornahme von Ausbesserungen, Anbau- und Erntearbeiten, zur kurzfristigen Verwahrung und Aufsicht sowie zum Abschluss der dazu dienenden Verträge und zur Ausübung der Befugnisse, die sich aus ihnen und aus den Miet-, Pacht- und Werkverträgen ergeben, einschliesslich der Bezahlung und Entgegennahme von Geldbeträgen für die Gesamtheit.

^{2} Mit Zustimmung der Mehrheit aller Miteigentümer kann die Zuständigkeit zu diesen Verwaltungshandlungen unter Vorbehalt der Bestimmungen des Gesetzes über die notwendigen und dringlichen Massnahmen anders geregelt werden.

Art. 647b

4. Wichtigere Verwaltungshandlungen

^{1} Mit Zustimmung der Mehrheit aller Miteigentümer, die zugleich den grösseren Teil der Sache vertritt, können wichtigere Verwaltungshandlungen durchgeführt werden, insbesondere die Änderung der Kulturart oder Benutzungsweise, der Abschluss und die Auflösung von Miet- und Pachtverträgen, die Beteiligung an Bodenverbesserungen und die Bestellung eines Verwalters, dessen Zuständigkeit nicht auf gewöhnliche Verwaltungshandlungen beschränkt ist.

^{2} Vorbehalten bleiben die Bestimmungen über die notwendigen baulichen Massnahmen.

Art. 647c

5. Bauliche Massnahmen
a. Notwendige

Unterhalts-, Wiederherstellungs- und Erneuerungsarbeiten, die für die Erhaltung des Wertes und der Gebrauchsfähigkeit der Sache nötig sind, können mit Zustimmung der Mehrheit aller Miteigentümer ausgeführt werden, soweit sie nicht als gewöhnliche Verwaltungshandlungen von jedem einzelnen vorgenommen werden dürfen.

Art. 647d

b. Nützliche

[1] Erneuerungs- und Umbauarbeiten, die eine Wertsteigerung oder Verbesserung der Wirtschaftlichkeit oder Gebrauchsfähigkeit der Sache bezwecken, bedürfen der Zustimmung der Mehrheit aller Miteigentümer, die zugleich den grösseren Teil der Sache vertritt.

[2] Änderungen, die einem Miteigentümer den Gebrauch oder die Benutzung der Sache zum bisherigen Zweck erheblich und dauernd erschweren oder unwirtschaftlich machen, können nicht ohne seine Zustimmung durchgeführt werden.

[3] Verlangt die Änderung von einem Miteigentümer Aufwendungen, die ihm nicht zumutbar sind, insbesondere weil sie in einem Missverhältnis zum Vermögenswert seines Anteils stehen, so kann sie ohne seine Zustimmung nur durchgeführt werden, wenn die übrigen Miteigentümer seinen Kostenanteil auf sich nehmen, soweit er den ihm zumutbaren Betrag übersteigt.

Art. 647e

c. Der Verschönerung und Bequemlichkeit dienende

[1] Bauarbeiten, die lediglich der Verschönerung, der Ansehnlichkeit der Sache oder der Bequemlichkeit im Gebrauch dienen, dürfen nur mit Zustimmung aller Miteigentümer ausgeführt werden.

[2] Werden solche Arbeiten mit Zustimmung der Mehrheit aller Miteigentümer, die zugleich den grösseren Teil der Sache vertritt, angeordnet, so können sie auch gegen den Willen eines nicht zustimmenden Miteigentümers ausgeführt werden, sofern dieser durch sie in seinem Nutzungs- und Gebrauchsrecht nicht dauernd beeinträchtigt wird, und die übrigen Miteigentümer ihm für eine bloss vorübergehende Beeinträchtigung Ersatz leisten und seinen Kostenanteil übernehmen.

Die Artikel 647a und 647b unterscheiden zum einen zwischen gewöhnlichen und wichtigeren Verwaltungshandlungen und legen zum anderen fest, wer diese vornehmen darf beziehungsweise ob und wann eine Mehrheit der Mitei-

gentümer zustimmen muss. Das Gesetz zählt Beispiele für gewöhnliche und wichtigere Massnahmen auf. Es hängt aber immer von den individuellen Umständen ab, ob in einem konkreten Einzelfall eine gewöhnliche oder eine wichtigere Massnahme geboten ist.
- **Gewöhnliche Verwaltungshandlungen** darf jeder Miteigentümer von sich aus ohne Konsultation der anderen vornehmen. So darf jeder und jede eine defekte Glühbirne ersetzen, eine Fensterscheibe reparieren lassen usw. Die Miteigentümer einer Sache können allerdings auch vereinbaren, dass gewöhnliche Massnahmen nur mit der Zustimmung von beispielsweise einem Drittel oder der Mehrheit vorgenommen werden dürfen. Trotzdem wird im konkreten Fall dann doch jeder Miteigentümer gewöhnliche Verwaltungshandlungen allein vornehmen, da diese regelmässig auch notwendige Handlungen im Sinn von Artikel 647 sind – und solche darf jeder Miteigentümer von sich aus anordnen.
- Für die **wichtigeren Verwaltungshandlungen** braucht es immer die Zustimmung einer Mehrheit der Miteigentümer; der oder die einzelne darf diese nicht allein vornehmen. Und zwar reicht nicht die einfache Mehrheit der Miteigentümer, das Gesetz verlangt eine qualifizierte Mehrheit, «die Mehrheit aller Miteigentümer, die zugleich den grösseren Teil der Sache vertritt», also mindestens 51 Prozent der Anteile auf sich vereinigt. Was als wichtigere Verwaltungshandlung gilt, hängt sehr vom konkreten Einzelfall ab. Je weniger selbstverständlich eine Massnahme unter bestimmten Umständen ist, desto eher muss eine Mehrheit der Eigentümer damit einverstanden sein.
- Das Gesetz trennt die **baulichen Massnahmen** von allen übrigen Verwaltungshandlungen (Art. 647c bis 647e). Damit werden die speziellen Bedürfnisse bei Häusern im Miteigentum berücksichtigt. Oft ist hier die Unterscheidung in gewöhnliche oder wichtige Verwaltungshandlungen nicht sinnvoll, entscheidend ist vielmehr die Frage, ob eine bauliche Massnahme notwendig, nützlich oder gar luxuriös sei. Diese Unterscheidung gilt aber auch bei Häusern nur, wenn es um eine bauliche Massnahme geht. Bei andern Massnahmen im Zusammenhang mit Gebäuden, etwa beim Abschluss eines Mietvertrags oder der Bestellung eines Verwalters, gilt die Unterteilung in übliche oder wichtige Verwaltungshandlungen. Bauliche Massnahmen können an Häusern, Leitungen, Brunnen, Silos oder Lawinenverbauungen in Frage kommen.
– *Notwendige Massnahmen:* Der Begriff notwendig bei baulichen Massnahmen ist identisch mit jenem bei Verwaltungshandlungen im allgemeinen: Bauliche Massnahmen sind notwendig, wenn sie für die Erhaltung des Wertes und der Gebrauchsfähigkeit des Gebäudes erforderlich sind. Notwendige bauliche Massnahmen dürfen nur durchgeführt werden, wenn die Mehrheit der Miteigentümer diesen zustimmt. Diese Regelung klingt klar und eindeutig;

trotzdem kann jeder Miteigentümer Massnahmen durchsetzen, die sofort erledigt werden müssen (dringliche Massnahmen, siehe Art. 647 Abs. 2 Ziff. 2). Jeder einzelne hat zudem ein Recht darauf, dass notwendige Massnahmen ergriffen werden. Machen die anderen nicht mit, kann er ans Gericht gelangen (Art. 647 Abs. 2 Ziff 1).

– *Nützliche Massnahmen* sollen den Wert einer Sache nicht nur erhalten, sondern ihn steigern, sollen die Wirtschaftlichkeit oder Gebrauchsfähigkeit verbessern. Auch notwendige Massnahmen können dies bewirken. Aber während sie der Erhaltung der Sache dienen oder einen möglichen Schaden abwenden, können nützliche Massnahmen unterbleiben, ohne dass dies für den Bestand der Sache von Nachteil wäre. Beispiele: Einbau eines Lifts oder einer Zentralheizung; Erstellen von Garagen oder Scheunen; Aufstocken des Hauses; Ausbau von Mansardenzimmern in eine Wohnung.

Nützliche Massnahmen bedürfen der Zustimmung der Mehrheit aller Miteigentümer, die zugleich den grösseren Teil der Sache vertritt. Da solche Entscheidungen je nach Umständen die Minderheit benachteiligen oder finanziell überfordern können, hat das Gesetz zwei Schutzbestimmungen aufgestellt:

Führen erstens die nützlichen Änderungen dazu, dass einem Miteigentümer beispielsweise die Benutzung der Sache dauernd erschwert wird, können sie nur durchgeführt werden, wenn auch er seine Zustimmung dazu gibt; insofern genügt das qualifizierte Mehr allein nicht (Art. 647d Abs. 2).

Die zweite Schutzbestimmung verlangt Rücksicht auf finanziell schwächere Miteigentümer: Sind sie gegen eine nützliche bauliche Massnahme und sind ihnen die Kosten nicht zuzumuten, insbesondere weil sie in einem «Missverhältnis zum Vermögenswert» ihres Anteils stehen, dann kann die Massnahme nur durchgeführt werden, wenn die übrigen Miteigentümer sich stärker an den Kosten beteiligen, als sie dies anteilsmässig müssten (Art. 647d Abs. 3).

– *Luxuriöse Massnahmen* sind weder notwendig noch nützlich, sie dienen nur der Verschönerung oder dem Vergnügen, fördern die Ansehnlichkeit oder die Bequemlichkeit. Beispiele: Der Hauseingang wird mit Marmor ausgekleidet, im Hausflur ein Springbrunnen eingebaut; die Wände des Hausganges werden von einer Künstlerin bemalt; auch der Einbau eines Lifts in ein zwei- oder dreistöckiges Haus kann Luxus sein.

Auch luxuriöse Massnahmen können den Wert einer Sache steigern, weshalb die Abgrenzung zu den nützlichen Massnahmen nicht immer klar ist. Ein Vergleich der Umbaukosten mit der Wertsteigerung, welche diese für das Haus bedeuten, kann Entscheidungshilfe sein: Je grösser das Missverhältnis, um so eher ist die Massnahme nicht mehr als eine nützliche, sondern als luxuriös zu beurteilen.

Grundsätzlich können luxuriöse Massnahmen nur durchgeführt werden, wenn alle Miteigentümerinnen und Miteigentümer zustimmen. Unter gewissen Bedingungen genügt aber auch ein qualifiziertes Mehr (die Mehrheit aller Miteigentümer, die zugleich den grösseren Anteil der Sache vertritt); dies aber (unter anderem) nur dann, wenn die Massnahme für nicht zustimmende Miteigentümer keine dauernde Beeinträchtigung zur Folge hat (weitere Einzelheiten in Art. 647e Abs. 2).

Nutzung der Sache, Verkauf, Kosten, Rechtsnachfolge

Art. 648

6. Verfügung über die Sache

¹ Jeder Miteigentümer ist befugt, die Sache insoweit zu vertreten, zu gebrauchen und zu nutzen, als es mit den Rechten der andern verträglich ist.

² Zur Veräusserung oder Belastung der Sache sowie zur Veränderung ihrer Zweckbestimmung bedarf es der Übereinstimmung aller Miteigentümer, soweit diese nicht einstimmig eine andere Ordnung vereinbart haben.

³ Bestehen Grundpfandrechte oder Grundlasten an Miteigentumsanteilen, so können die Miteigentümer die Sache selbst nicht mehr mit solchen Rechten belasten.

Artikel 648 handelt von der Beziehung der einzelnen Miteigentümer zur *ganzen* Sache. Jeder Miteigentümer und jede Miteigentümerin kann die Sache vertreten, nutzen und gebrauchen – allerdings nur soweit dies mit den Rechten der anderen verträglich ist.

- Mit der Befugnis, die Sache zu **vertreten**, wird aber nicht jeder Miteigentümer zum gesetzlichen Stellvertreter für die andern. Wie weit der oder die einzelne befugt ist, im Namen der andern beispielsweise Verträge mit Handwerkern einzugehen, entscheidet sich nach den oben besprochenen Bestimmungen über die Verwaltung. Mit Vertretung ist hier gemeint, dass dem einzelnen Miteigentümer gewisse Ansprüche gegenüber Dritten zustehen. Wird beispielsweise ein Fahrrad gestohlen, das mehreren Freundinnen gemeinsam gehört, und sieht eine Miteigentümerin jemanden damit herumfahren, kann sie das Fahrrad herausverlangen und allenfalls auch die dazu notwendigen rechtlichen Schritte einleiten.
- Dass jeder Miteigentümer die Sache **nutzen** kann, bedeutet, dass ihm an den Erträgnissen und Früchten, welche die Sache abwirft, ein Anteil zusteht. Beispiele: Stehen auf einem gemeinsamen Grundstück Apfelbäume, erhält

jeder Miteigentümer einen Teil der Ernte; wird ein Auto, das mehreren Personen gemeinsam gehört, an einen Dritten vermietet, hat jeder Anspruch auf einen Teil des Mietzinses. Wie genau die Verteilung zu erfolgen hat, hängt vom konkreten Fall und von den Abmachungen der Miteigentümer ab.

- Jeder Miteigentümer und jede Miteigentümerin kann die Sache **gebrauchen**, das heisst, er oder sie kann sie benutzen. Dabei dürfen aber die Rechte der andern, die Sache auch zu gebrauchen, nicht beeinträchtigt werden.

Die gemeinsame Sache kann als Ganzes nur verkauft werden, wenn alle Miteigentümerinnen und Miteigentümer zustimmen. Das gleiche gilt, wenn die Sache verpfändet oder wenn die Zweckbestimmung verändert werden soll. Es steht der Gemeinschaft jedoch frei, etwas anderes zu vereinbaren, beispielsweise, dass der Verkauf der Sache schon möglich sei, wenn die Mehrheit zustimmt. Solchen Vereinbarungen müssen aber alle Miteigentümerinnen und Miteigentümer zustimmen.

Für gemeinsame Auslagen müssen alle bezahlen

Art. 649

7. Tragung der Kosten und Lasten

[1] Die Verwaltungskosten, Steuern und anderen Lasten, die aus dem Miteigentum erwachsen oder auf der gemeinschaftlichen Sache ruhen, werden von den Miteigentümern, wo es nicht anders bestimmt ist, im Verhältnis ihrer Anteile getragen.

[2] Hat ein Miteigentümer solche Ausgaben über diesen Anteil hinaus getragen, so kann er von den anderen nach dem gleichen Verhältnis Ersatz verlangen.

Alle Miteigentümer müssen sich an den gemeinsamen Ausgaben beteiligen, und zwar – wenn nichts anderes vereinbart wurde – im gleichen Verhältnis, wie sie Anteil an der Sache haben. Verwaltungskosten können etwa sein: Auslagen für Reparaturen oder für den Unterhalt, Versicherungsprämien; mit Lasten sind Hypothekarzinsen, Beiträge an die Erstellung von Strassen und Trottoirs und ähnliches gemeint.

Rechtsnachfolge

Art. 649a

8. Eintritt des Erwerbers eines Anteils

Die von den Miteigentümern vereinbarte Nutzungs- und Verwaltungsordnung und die von ihnen gefassten Verwaltungsbeschlüsse sowie die richterlichen Urteile und Verfügungen sind auch für den Rechtsnachfolger eines Miteigentümers und für den Erwerber eines dinglichen Rechtes an einem Miteigentumsanteil verbindlich.

Verkauft ein Miteigentümer seinen Anteil, tritt der Käufer an seine Stelle. Er muss sich an die bestehende Verwaltungs- und Nutzungsordnung oder an Beschlüsse der Gemeinschaft halten, auch wenn er diese nicht gekannt hat und sie von der gesetzlichen Regelung abweichen. Dasselbe gilt auch, wenn jemand einen Anteil erbt oder geschenkt erhält.

Ausschluss eines Miteigentümers

Art. 649b

9. Ausschluss aus der Gemeinschaft
a. Miteigentümer

[1] Der Miteigentümer kann durch richterliches Urteil aus der Gemeinschaft ausgeschlossen werden, wenn durch sein Verhalten oder das Verhalten von Personen, denen er den Gebrauch der Sache überlassen oder für die er einzustehen hat, Verpflichtungen gegenüber allen oder einzelnen Mitberechtigten so schwer verletzt werden, dass diesen die Fortsetzung der Gemeinschaft nicht zugemutet werden kann.

[2] Umfasst die Gemeinschaft nur zwei Miteigentümer, so steht jedem das Klagerecht zu; im übrigen bedarf es zur Klage, wenn nichts anderes vereinbart ist, der Ermächtigung durch einen Mehrheitsbeschluss aller Miteigentümer mit Ausnahme des Beklagten.

[3] Erkennt der Richter auf Ausschluss des Beklagten, so verurteilt er ihn zur Veräusserung seines Anteils und ordnet für den Fall, dass der Anteil nicht binnen der angesetzten Frist veräussert wird, dessen öffentliche Versteigerung nach den Vorschriften über die Zwangsverwertung von Grundstücken an unter Ausschluss der Bestimmungen über die Auflösung des Miteigentumsverhältnisses.

Art. 649c

b. Andere Berechtigte

Die Bestimmungen über den Ausschluss eines Miteigentümers sind auf den Nutzniesser und auf den Inhaber eines anderen dinglichen oder vorgemerkten persönlichen Nutzungsrechtes an einem Miteigentumsanteil sinngemäss anwendbar.

Der Ausschluss eines Miteigentümers aus der Gemeinschaft ist eine schwerwiegende Sanktion: dieser verliert sein Eigentum. Ein Ausschluss ist deshalb nur möglich, wenn wichtige Gründe, schwere Verstösse gegen die Gemeinschaft, ihn rechtfertigen. Zudem ist er das letzte Mittel, das ergriffen werden kann, nachdem Mahnungen oder Zurechtweisungen nichts gefruchtet haben. Der Entscheid, ob ein Ausschluss angezeigt sei oder nicht, steht dem Gericht zu und nicht etwa den anderen Miteigentümerinnen und Miteigentümern. Diese können nur darüber entscheiden, ob sie eine entsprechende Klage einreichen wollen. Dazu braucht es, wenn nichts anderes vereinbart worden ist, die Mehrheit der Miteigentümer.

Allgemein gesagt ist ein Ausschluss dann möglich, wenn das Verhalten eines Miteigentümers so ist, dass den anderen «die Fortsetzung der Gemeinschaft nicht mehr zugemutet werden kann». Konkret kann dies etwa der Fall sein, wenn jemand andere Miteigentümer immer wieder belästigt und anpöbelt oder wenn er seinen eigenen Wohnanteil so sehr verlottern lässt, dass dadurch der Zustand des ganzen Hauses in Mitleidenschaft gezogen wird.

Nicht nur sein eigenes Verhalten kann zum Ausschluss eines Miteigentümers führen, sondern auch dasjenige von «Personen, denen er den Gebrauch der Sache überlassen oder für die er einzustehen hat». Damit sind Mieter, Familienangehörige oder andere Personen gemeint, die sich mit Einwilligung des Miteigentümers in der Wohnung aufhalten. Der Ausschluss richtet sich aber auch in solchen Fällen meist gegen den Miteigentümer.

Aufhebung der Gemeinschaft

Art. 650

10. Aufhebung
a. Anspruch auf Teilung

¹ Jeder Miteigentümer hat das Recht, die Aufhebung des Miteigentums zu verlangen, wenn sie nicht durch ein Rechtsgeschäft, durch Aufteilung zu Stockwerkeigentum oder durch die Bestimmung der Sache für einen dauernden Zweck ausgeschlossen ist.

² Die Aufhebung kann auf höchstens 30 Jahre durch eine Vereinbarung ausgeschlossen werden, die für Grundstücke zu ihrer Gültigkeit der öffentlichen Beurkundung bedarf und im Grundbuch vorgemerkt werden kann.

³ Die Aufhebung darf nicht zur Unzeit verlangt werden.

Art. 651

b. Art der Teilung

¹ Die Aufhebung erfolgt durch körperliche Teilung, durch Verkauf aus freier Hand oder auf dem Wege der Versteigerung mit Teilung des Erlöses oder durch Übertragung der ganzen Sache auf einen oder mehrere der Miteigentümer unter Auskauf der übrigen.

² Können sich die Miteigentümer über die Art der Aufhebung nicht einigen, so wird nach Anordnung des Richters die Sache körperlich geteilt oder, wenn dies ohne wesentliche Verminderung ihres Wertes nicht möglich ist, öffentlich oder unter den Miteigentümern versteigert.

³ Mit der körperlichen Teilung kann bei ungleichen Teilen eine Ausgleichung der Teile in Geld verbunden werden.

Das Gesetz schreibt zwingend vor, dass jeder Miteigentümer und jede Miteigentümerin die Aufhebung des Miteigentums verlangen kann. Diese Formulierung ist aber ungenau. Wollen die anderen Miteigentümer an ihrer Gemeinschaft festhalten, kann der einzelne sie nicht dazu zwingen, diese aufzuheben. Er kann nur verlangen, dass das Miteigentum ihm gegenüber aufgehoben wird; der Anspruch reduziert sich also auf ein Austrittsrecht. Grundsätzlich kann dieser Austritt jederzeit verlangt werden, allerdings nicht zur Unzeit, das heisst nicht in einem Moment, der für die anderen einen grossen Nachteil zur Folge hätte.

Die Aufhebung des Miteigentums beziehungsweise das Recht jedes Miteigentümers, aus der Gemeinschaft auszutreten, kann aber aus anderen Gründen ausgeschlossen sein:

− Haben Miteigentümerinnen beispielsweise vereinbart, dass ihre Gemeinschaft 20 Jahre lang bestehen soll, ist vor Ablauf dieser Zeit keine Aufhebung möglich. Ein solcher Ausschluss des Aufhebungsrechts ist für maximal 30 Jahre möglich.

− Handelt es sich beim Miteigentum um Stockwerkeigentum, ist eine Aufhebung grundsätzlich nicht möglich (siehe Art. 712f ff.).

− Es ist zudem möglich, dass der Zweck, dem die gemeinsame Sache dient, eine Aufhebung des Miteigentums ausschliesst; ein typisches Beispiel dafür sind Hecken oder Mauern, die als Grenze zwischen zwei Grundstücken dienen und im Miteigentum der Nachbarn stehen (siehe Art. 670).

Verlangt ein Miteigentümer die Aufhebung, liegt es grundsätzlich an der Gemeinschaft zu entscheiden, wie sie erfolgen soll. Eine Lösung kann auch schon zu Beginn der Gemeinschaft vereinbart worden sein. Soweit von der Sache her möglich, ist denkbar, sie anteilsmässig unter den Miteigentümern (oder unter den Austrittwilligen) aufzuteilen. Auch kann die Sache als Ganzes verkauft und der Erlös anteilsmässig verteilt werden. Weitere Lösungen, aber nicht alle möglichen, nennt das Gesetz.

Können sich die Miteigentümer über die Teilung nicht einigen, muss sie das Gericht vornehmen. Ihm stehen aber nur zwei Möglichkeiten offen: In erster Linie hat es die Sache körperlich zu teilen; nur wenn dies nicht möglich ist, weil dadurch der Wert wesentlich vermindert würde, muss die Sache öffentlich oder unter den Miteigentümern versteigert werden. Das Gericht kann also die Sache nicht direkt einem oder mehreren Miteigentümern unter Auskauf der andern zusprechen. Es kann aber, wenn eine körperliche Teilung zu ungleichen Teilen führt, einen Ausgleich in Geld anordnen.

Das Gesamteigentum

Art. 652

II. Gesamteigentum
1. Voraussetzung

Haben mehrere Personen, die durch Gesetzesvorschrift oder Vertrag zu einer Gemeinschaft verbunden sind, eine Sache kraft ihrer Gemeinschaft zu Eigentum, so sind sie Gesamteigentümer, und es geht das Recht eines jeden auf die ganze Sache.

Art. 653

2. Wirkung

[1] Die Rechte und Pflichten der Gesamteigentümer richten sich nach den Regeln, unter denen ihre gesetzliche oder vertragsmässige Gemeinschaft steht.

[2] Besteht keine andere Vorschrift, so bedarf es zur Ausübung des Eigentums und insbesondere zur Verfügung über die Sache des einstimmigen Beschlusses aller Gesamteigentümer.

[3] Solange die Gemeinschaft dauert, ist ein Recht auf Teilung oder die Verfügung über einen Bruchteil der Sache ausgeschlossen.

Art. 654

3. Aufhebung

[1] Die Aufhebung erfolgt mit der Veräusserung der Sache oder dem Ende der Gemeinschaft.

[2] Die Teilung geschieht, wo es nicht anders bestimmt ist, nach den Vorschriften über das Miteigentum.

Neben dem Miteigentum ist das Gesamteigentum die zweite Möglichkeit gemeinschaftlichen Eigentums (zu den Unterschieden zwischen Mit- und Gesamteigentum siehe Seite 541). Gesamteigentum kann – im Gegensatz zu Miteigentum – nicht beliebig vereinbart werden. Es ist nur soweit gegeben oder möglich, als das Gesetz dies vorsieht; es besteht ein numerus clausus. Beispiele für Gesamthandverhältnisse (Verhältnisse, in denen Gesamteigentum vorgesehen ist) sind etwa die Gütergemeinschaft zwischen Eheleuten (Art. 221, Seite 242), die Erbengemeinschaft (Art. 602, Seite 511), die einfache Gesellschaft (Art. 530 ff. OR), die Kollektivgesellschaft (Art. 552 ff. OR), die Kommanditgesellschaft (Art. 594 ff. OR).

Spezielles persönliches Verhältnis

Damit zwischen mehreren Personen Gesamteigentum an einer Sache entstehen kann, muss zwischen ihnen ein persönliches Verhältnis bestehen; sie müssen, wie es das Gesetz formuliert, «zu einer Gemeinschaft verbunden» sein. Dies ist bei Eheleuten, welche die Gütergemeinschaft wählen, oder bei Erben, denen mit dem Tod des Erblassers der Nachlass im Gesamteigentum zusteht, ohne weiteres ersichtlich. Auch die Gesellschaften, deren Vermögen den Gesellschaftern von Gesetzes wegen in Gesamteigentum gehört (siehe oben), zeichnen sich dadurch aus, dass es bei ihnen stark auf die Persönlichkeit der Gesellschafter ankommt, auf ihre individuellen Fähigkeiten. Dies im Gegensatz zu jenen Gesellschaften, bei denen das finanzielle und nicht das persönliche Engagement im Vordergrund steht, wie dies exemplarisch für die Aktiengesellschaft gilt.

Beim Gesamteigentum kann die Sache nur mit Zustimmung aller Gemeinschafterinnen und Gemeinschafter verkauft oder etwa auch verschenkt werden. Das gleiche gilt für die Verwaltung und Nutzung der Sache. Soll zum Beispiel das Haus, das einer Erbengemeinschaft gehört, vermietet werden, müssen alle Erben einverstanden sein.

Dieses Prinzip liegt dem Gesamteigentum zugrunde, gilt aber in den konkreten Anwendungsfällen (Gütergemeinschaft, Erbengemeinschaft, Kollektivgesellschaft etc.) nur dann, wenn das Gesetz keine andere Lösung vorsieht oder die Gemeinschafter keine anderen Vereinbarungen getroffen haben. Können sich zum Beispiel die Erben, denen ein Haus gemeinsam gehört, nicht über die Nutzung einigen, kann das Gericht auf Antrag eines Erben einen Vertreter bestellen, der dann für die Verwaltung allein zuständig ist (Einzelheiten siehe Art. 602 Abs. 3, Seite 511). Bei Gesellschaften ist es üblich, dass einer der Gesellschafter zur Vertretung berechtigt wird und so die nötigen Handlungen vornehmen kann, ohne zuvor immer alle zu kontaktieren.

Keine rechnerischen Bruchteile

Die Beziehung zwischen den einzelnen Gesamteigentümern ist wegen des persönlichen Grundverhältnisses besonders eng. Es kann nicht zwischen Dein und Mein unterschieden werden. Nicht nur, dass die Sache – gleich wie beim Miteigentum – körperlich nicht geteilt ist, es bestehen auch keine rechnerischen Bruchteile. Es ist nicht möglich, dass ein einzelner seinen Anteil verkauft, weil ihm ja kein solcher zusteht. Allerdings ist richtig, dass jedem Gemeinschafter intern, gegenüber den anderen ein Anteil zusteht. Gegen aussen hat dies jedoch keine Bedeutung.

Der einzelne Gesamteigentümer kann also seinen Anteil nicht verkaufen, aber er kann seinen Anspruch, den er gegenüber der Gemeinschaft hat, verkaufen. Der Käufer tritt dadurch aber nicht an seine Stelle. Er hat nur einen obligatorischen und keinen dinglichen Anspruch gegenüber der Gemeinschaft. Das heisst, dem Käufer gehört die Sache nicht, er wird durch den Kauf nicht Gesamteigentümer (zum Unterschied zwischen obligatorischem und dinglichem Anspruch siehe Seite 535). Ein Beispiel:

Vier Kinder haben nach dem Tod der Mutter ein Haus im Wert von einer Million Franken geerbt. Einem Sohn dauert es zu lange, bis die Erbteilung durchgeführt ist, er will sofort Geld sehen. Er verkauft deshalb seinen Anteil an der Erbschaft einem Freund. Dieser wird dadurch nicht auch Eigentümer am Haus; ihm steht gegenüber den anderen drei Kindern nur eine Forderung zu, die dem Wert des Erbteils des Sohnes, also 250 000 Franken, entspricht.

Ende des Gesamteigentums

Das Gesamthandverhältnis zwischen den Gemeinschaftern endet, wenn die Sache verkauft wird, sei der Käufer einer der Gemeinschafter oder eine Drittperson. Jeder Gemeinschafter und jede Gemeinschafterin hat Anspruch am Erlös gemäss ihrem (internen) Anteil oder gemäss Vereinbarung.

Ansonsten wird das Gesamteigentumsverhältnis erst aufgehoben, wenn das persönliche Grundverhältnis, das ihm zugrunde liegt, zu Ende geht. Erst wenn ein Grund vorliegt, die Gemeinschaft als solche aufzulösen, haben die Gemeinschafter Anspruch auf die Herausgabe ihres Anteils an der Sache (Art. 654). Ein einzelner Gemeinschafter kann also nicht jederzeit seinen Austritt und damit seinen Anteil verlangen, wie dies dem Miteigentümer zusteht. Die Gütergemeinschaft der Eheleute beispielsweise endet mit der Scheidung oder mit dem Wechsel des Güterstandes. Die einfache Gesellschaft oder die Kollektivgesellschaft wird aufgelöst, wenn dies die Gesellschafter vereinbaren, wenn der Zweck, zu welchem die Gesellschaft gegründet wurde, erreicht ist oder etwa auch dann, wenn ein Gesellschafter in Konkurs fällt oder bevormundet wird.

Für die Erbengemeinschaft gilt dieser Grundsatz nicht. Denn jedem Erben und jeder Erbin steht grundsätzlich das Recht zu, jederzeit die Teilung zu verlangen (siehe Art. 604 Abs. 1, Seite 513).

Geht die Gemeinschaft, die dem Gesamteigentum zugrunde liegt, zu Ende, muss das gemeinschaftliche Vermögen aufgeteilt werden, es kommt zu einer Auseinandersetzung. Wie diese durchgeführt wird, können die Gemeinschafter unter sich vereinbaren. Ist eine Einigung nicht möglich, sind für das Auseinandersetzungsverfahren die Gesetzesbestimmungen des entsprechenden Grundverhältnisses massgebend. Erst in letzter Linie können für die Aufteilung von Gesamteigentum die Vorschriften herangezogen werden, die bei der Teilung von Miteigentum gelten (siehe Art. 651, Seite 552).

Gemeinschaftliches Eigentum an landwirtschaftlichen Grundstücken

III. Gemeinschaftliches Eigentum an landwirtschaftlichen Gewerben und Grundstücken

Art. 654a

Für die Aufhebung von gemeinschaftlichem Eigentum an landwirtschaftlichen Gewerben und Grundstücken gilt zudem das Bundesgesetz vom 4. Oktober 1991 über das bäuerliche Bodenrecht.

Für gemeinschaftliches Eigentum an landwirtschaftlichen Grundstücken gilt auch das Bundesgesetz über das bäuerliche Bodenrecht, das am 1. Januar 1994 in Kraft tritt. Ziel dieses Gesetzes ist es, langfristig die Existenz bäuerlicher Betriebe zu sichern und die Spekulation mit landwirtschaftlichem Boden zu verhindern. Es enthält beispielsweise erbrechtliche Bestimmungen, Vorschriften über die Verpfändung und regelt auch alle Veräusserungsverträge (Kauf, Pacht etc.) für landwirtschaftliche Grundstücke und Gewerbe (siehe auch Seite 520).

Das Grundeigentum

Grund und Boden sind ebenfalls Sachen im juristischen Sinn, und zwar sind sie unbewegliche Sachen – dies im Gegensatz zu den beweglichen Sachen wie Bücher, Schmuck oder Haushaltgeräte. Eigentum an Grundstücken behandelt das Sachenrecht in den Artikel 655 bis 712t. Dem Stockwerkeigentum, einer verbreiteten Form von gemeinschaftlichem Eigentum an Grundstücken, widmet das Gesetz speziell die Artikel 712a bis 712t (siehe Seite 590).

Vieles, was bei den beweglichen Sachen formlos möglich ist, ist bei den Grundstücken an strenge Formen gebunden. Einen Staubsauger kann ich per Handschlag kaufen; will ich aber ein Haus erwerben, muss dies in einem öffentlich beurkundeten Vertrag vereinbart werden. Eigentümer des Staubsaugers bin ich, sobald ich ihn in den Händen halte; das Haus gehört aber nicht schon mit Vertragsabschluss mir, sondern erst, wenn ich als neuer Eigentümer im Grundbuch eingetragen bin.

Die Gesetzesartikel über das Grundeigentum schreiben zudem vor, wie weit das Eigentum an Grundstücken vertikal und horizontal reicht; sie enthalten einiges zu Bauten, Leitungen oder Pflanzen, die sich auf dem Grundstück befinden, und regeln auch das Verhältnis zwischen Grundstück-Nachbarn.

Was sind Grundstücke?

Neunzehnter Titel: Das Grundeigentum

Erster Abschnitt: Gegenstand, Erwerb und Verlust des Grundeigentums

Art. 655

A. Gegenstand

[1] Gegenstand des Grundeigentums sind die Grundstücke.

[2] Grundstücke im Sinne dieses Gesetzes sind:
1. die Liegenschaften;
2. die in das Grundbuch aufgenommenen selbständigen und dauernden Rechte;
3. die Bergwerke;
4. die Miteigentumsanteile an Grundstücken.

Der Begriff Grundstück hat juristisch eine weitere Bedeutung als in der Alltagssprache. Was dazu gehört, zählt Absatz 2 auf:
- Liegenschaften: Darunter sind räumlich abgegrenzte Teile der Erdoberfläche zu verstehen, eben die Grundstücke der Alltagssprache. Zu den Liegenschaften gehören auch deren Bestandteile wie Pflanzen, Quellen und Grundwasservorkommen; diese gehören grundsätzlich immer dem Eigentümer des Grundstücks. Dasselbe gilt auch für die Häuser und Bauten. Auch sie sind grundsätzlich keine selbständigen Sachen, sondern Bestandteile des Grundstücks, auf dem sie stehen. Juristisch ist es also eigentlich nicht möglich, nur ein Haus zu kaufen. Vielmehr handelt es sich dabei um den Kauf von Grund und Boden, das Haus wird sozusagen nebenbei mitgekauft.
- Selbständige und dauernde Rechte: Hier sind vor allem das Baurecht (Art. 675) und das Quellenrecht (Art. 704 Abs. 2) zu nennen. Da diese Rechte in ihrer wirtschaftlichen Bedeutung den Liegenschaften nahekommen, werden sie als Grundstücke behandelt (zur grundsätzlichen Frage, was selbständige und dauernde Rechte sind, siehe Seite 649).
- Bergwerke
- Miteigentumsanteile an Grundstücken: Praktisch bedeutsam ist dies vor allem beim Stockwerkeigentum (siehe Art. 712a bis 712t, Seite 590), wo die einzelnen Stockwerkeinheiten wie einzelne Grundstücke behandelt werden.

Der Erwerb von Grundstücken

Eigentum an Grundstücken (und anderen Sachen) kann auf verschiedene Arten erworben werden. Die praktisch bedeutsamste ist die *Eigentumsübertragung* (Art. 657). Der Kauf ist zwar eine häufige, aber nur eine Möglichkeit der Übertragung von Eigentum: Neben Schenkung oder Tausch kann auch der Erbgang, ein Ehevertrag oder ein Gerichtsurteil neue Eigentumsverhältnisse schaffen.

Ab welchem Moment aber gehört nun ein Grundstück der Käuferin – wenn sie den Handwechsel mit dem Verkäufer bei einem Glas Wein mündlich besiegelt hat, wenn die Unterschriften auf dem Kaufvertrag stehen oder erst wenn der Eigentumswechsel im Grundbuch eingetragen ist?

Der Eintrag im Grundbuch ist entscheidend

Art. 656

B. Erwerb
I. Eintragung

¹ Zum Erwerbe des Grundeigentums bedarf es der Eintragung in das Grundbuch.

² Bei Aneignung, Erbgang, Enteignung, Zwangsvollstreckung oder richterlichem Urteil erlangt indessen der Erwerber schon vor der Eintragung das Eigentum, kann aber im Grundbuch erst dann über das Grundstück verfügen, wenn die Eintragung erfolgt ist.

Der Käufer ist erst Eigentümer, wenn der Handwechsel im *Grundbuch eingetragen* ist: Erst ab diesem Moment steht dem Käufer das dingliche Recht am Grundstück zu. Mit Abschluss des Kaufvertrags hat er erst einen obligatorischen Anspruch, dass ihm das Eigentum übertragen werden muss (für den Unterschied zwischen dinglichem und obligatorischem Recht siehe Seite 535). Bis zum Eintrag im Grundbuch bleibt die Verkäuferin Eigentümerin und hat noch alle Befugnisse, die einem Eigentümer zustehen. Sie kann sogar für das gleiche Grundstück noch einen Kaufvertrag abschliessen, denn im Grundbuch ist ja immer noch sie als Eigentümerin aufgeführt. Wenn der Zweitkäufer sich nun zuerst eintragen lässt, wird er rechtmässiger Eigentümer des Grundstücks. Der Erstkäufer kann nur noch Schadenersatz von der Verkäuferin, nicht mehr aber den Eintrag im Grundbuch und damit Eigentum am Grundstück verlangen.

Der Grundsatz, dass das Eigentum erst mit dem Eintrag im Grundbuch vom alten auf den neuen Eigentümer übergeht, gilt allerdings nicht für alle Fälle von Grundstückerwerb:
– Beim Erbgang geht das Eigentum bereits mit dem Tod des Erblassers auf die Erben über.
– Wird die Frage, wer Eigentümer eines Grundstückes ist, durch ein Gerichtsurteil entschieden, kann der Prozessgewinner bereits mit diesem Urteil Eigentümer werden und nicht erst durch den Grundbucheintrag (ob dies im Einzelfall zutrifft, entscheidet nicht das Sachenrecht, sondern das kantonal geregelte Prozessrecht).
– Daneben gibt es noch weitere Fälle, bei denen der Grundbucheintrag nicht Voraussetzung für die Übertragung des Eigentums ist. Dem Erweber stehen schon vor dem Eintrag die Rechte und Pflichten eines Eigentümers zu; allerdings kann er noch nicht grundbuchlich über sein Grundstück verfügen.

Die Eigentumsübertragung

Art. 657

II. Erwerbsarten
1. Übertragung

¹ Der Vertrag auf Eigentumsübertragung bedarf zu seiner Verbindlichkeit der öffentlichen Beurkundung.

² Die Verfügung von Todes wegen und der Ehevertrag bedürfen der im Erbrecht und im ehelichen Güterrecht vorgeschriebenen Formen.

Verträge auf Eigentumsübertragung können etwa sein: Kauf, Schenkungsversprechen, Tausch, freiwillige private Versteigerung, aussergerichtlicher Vergleich, Aufhebung von Miteigentum etc. All diese Verträge müssen öffentlich beurkundet werden. Erfolgt die Eigentumsübertragung durch ein Testament, einen Erb- oder Ehevertrag, müssen die Formerfordernisse der entsprechenden Bestimmungen beachtet werden.

Mit einem Handschlag allein kommt also kein Kaufvertrag zustande, eine öffentliche Beurkundung ist notwendig. Dieses strenge Formerfordernis wurde aus drei Gründen ins Gesetz aufgenommen:
– Verkäufer und Käufer sollen vor voreiligen, unbedachten Vertragsabschlüssen geschützt werden, stellt doch ein Grundstück einen bedeutenden wirtschaftlichen Wert dar.
– Damit später keine Streitereien aufkommen, sollen Verträge über die Übertragung von Grundstücken präzis formuliert sein. Die für die Beurkundung zuständigen Stellen können allfällige Unklarheiten ausmerzen.
– Ein öffentlich beurkundeter Vertrag ist eine sichere Grundlage für den Eintrag im Grundbuch.

Was unter öffentlicher Beurkundung im einzelnen zu verstehen ist, regelt das ZGB nicht. Es liegt an den Kantonen, die Einzelheiten festzulegen. In einigen Kantonen sind die freiberuflichen Notare, in andern die beamteten Notare für die Beurkundung zuständig; wieder andere haben diese Aufgabe dem Grundbuchverwalter oder sonstigen Beamten übertragen.

Der öffentlich beurkundete Vertrag muss alle wesentlichen Elemente enthalten: die genaue Bezeichnung des Grundstücks und namentlich auch den Kaufpreis. Wird, beispielsweise zwecks Umgehung von Steuern, ein tieferer als der tatsächlich vereinbarte Kaufpreis beurkundet, hat dies gemäss bundesgerichtlicher Rechtsprechung die Nichtigkeit des Vertrags zur Folge.

Weitere Erwerbsarten

Neben der Übertragung gibt es noch weitere Formen des Eigentumserwerbs wie die Aneignung, die Bildung neuen Landes, die Bodenverschiebung oder die Ersitzung. Diese Erwerbsarten werden in den Artikeln 658 bis 664 geregelt. Da sie kaum praktische Bedeutung haben, erübrigt es sich, auf diese Bestimmungen näher einzugehen.

Art. 658

2. Aneignung

¹ Die Aneignung eines im Grundbuch eingetragenen Grundstückes kann nur stattfinden, wenn dieses nach Ausweis des Grundbuches herrenlos ist.

² Die Aneignung von Land, das nicht im Grundbuch aufgenommen ist, steht unter den Bestimmungen über die herrenlosen Sachen.

Art. 659

3. Bildung neuen Landes

¹ Entsteht durch Anschwemmung, Anschüttung, Bodenverschiebung, Veränderungen im Lauf oder Stand eines öffentlichen Gewässers oder in anderer Weise aus herrenlosem Boden der Ausbeutung fähiges Land, so gehört es dem Kanton, in dessen Gebiet es liegt.

² Es steht den Kantonen frei, solches Land den Anstössern zu überlassen.

³ Vermag jemand nachzuweisen, dass Bodenteile seinem Eigentume entrissen worden sind, so kann er sie binnen angemessener Frist zurückholen.

Art. 660

4. Bodenverschiebung
a. Im allgemeinen

¹ Bodenverschiebungen von einem Grundstück auf ein anderes bewirken keine Veränderung der Grenzen.

² Bodenteile und andere Gegenstände, die hiebei von dem einen Grundstück auf das andere gelangt sind, unterliegen den Bestimmungen über die zugeführten Sachen oder die Sachverbindungen.

Art. 660a

b. Dauernde

¹ Der Grundsatz, wonach Bodenverschiebungen keine Änderung der Grenzen bewirken, gilt nicht für Gebiete mit dauernden Bodenverschiebungen, wenn diese Gebiete vom Kanton als solche bezeichnet worden sind.

² Bei der Bezeichnung der Gebiete ist die Beschaffenheit der betroffenen Grundstücke zu berücksichtigen.

³ Die Zugehörigkeit eines Grundstücks zu einem solchen Gebiet ist in geeigneter Weise den Beteiligten mitzuteilen und im Grundbuch anzumerken.

Art. 660*b*

c. Neufestsetzung der Grenze

¹ Wird eine Grenze wegen einer Bodenverschiebung unzweckmässig, so kann jeder betroffene Grundeigentümer verlangen, dass sie neu festgesetzt wird.

² Ein Mehr- oder Minderwert ist auszugleichen.

Art. 661

5. Ersitzung
a. Ordentliche Ersitzung

Ist jemand ungerechtfertigt im Grundbuch als Eigentümer eingetragen, so kann sein Eigentum, nachdem er das Grundstück in gutem Glauben zehn Jahre lang ununterbrochen und unangefochten besessen hat, nicht mehr angefochten werden.

Art. 662

b. Ausserordentliche Ersitzung

¹ Besitzt jemand ein Grundstück, das nicht im Grundbuch aufgenommen ist, ununterbrochen und unangefochten während 30 Jahren als sein Eigentum, so kann er verlangen, dass er als Eigentümer eingetragen werde.

² Unter den gleichen Voraussetzungen steht dieses Recht dem Besitzer eines Grundstückes zu, dessen Eigentümer aus dem Grundbuch nicht ersichtlich ist oder bei Beginn der Ersitzungsfrist von 30 Jahren tot oder für verschollen erklärt war.

³ Die Eintragung darf jedoch nur auf Verfügung des Richters erfolgen, nachdem binnen einer durch amtliche Auskündung angesetzten Frist kein Einspruch erhoben oder der erfolgte Einspruch abgewiesen worden ist.

Art. 663

c. Fristen

Für die Berechnung der Fristen, die Unterbrechung und den Stillstand der Ersitzung finden die Vorschriften über die Verjährung von Forderungen entsprechende Anwendung.

Art. 664

6. Herrenlose und öffentliche Sachen

¹ Die herrenlosen und die öffentlichen Sachen stehen unter der Hoheit des Staates, in dessen Gebiet sie sich befinden.

² An den öffentlichen Gewässern sowie an dem der Kultur nicht fähigen Lande, wie Felsen und Schutthalden, Firnen und Gletschern, und den daraus entspringenden Quellen besteht unter Vorbehalt anderweitigen Nachweises kein Privateigentum.

[3] Das kantonale Recht stellt über die Aneignung des herrenlosen Landes, die Ausbeutung und den Gemeingebrauch der öffentlichen Sachen, wie der Strassen und Plätze, Gewässer und Flussbetten die erforderlichen Bestimmungen auf.

Das Recht auf Eintragung im Grundbuch

Art. 665

III. Recht auf Eintragung

[1] Der Erwerbsgrund gibt dem Erwerber gegen den Eigentümer einen persönlichen Anspruch auf Eintragung und bei Weigerung des Eigentümers das Recht auf gerichtliche Zusprechung des Eigentums.

[2] Bei Aneignung, Erbgang, Enteignung, Zwangsvollstreckung oder Urteil des Richters kann der Erwerber die Eintragung von sich aus erwirken.

[3] Änderungen am Grundeigentum, die von Gesetzes wegen durch Gütergemeinschaft oder deren Auflösung eintreten, werden auf Anmeldung eines Ehegatten hin im Grundbuch eingetragen.

Liegt ein öffentlich beurkundeter Vertrag über den Verkauf eines Hauses vor, meldet der bisherige Eigentümer dem Grundbuch, dass die Käuferin oder der Käufer als neue Eigentümer einzutragen seien. Weigert er sich, diese Meldung vorzunehmen, kann der Käufer vom Gericht verlangen, dass es sein Eigentum am Haus feststelle. Mit dem Urteil wird er Eigentümer (je nach Prozessrecht bereits vor dem Grundbucheintrag) und kann die Eintragung ohne Mitwirkung des Verkäufers durchsetzen. In all jenen Fällen, wo der Grundbucheintrag nicht Voraussetzung für die Übertragung des Eigentums ist (siehe Art. 656 Abs. 2, Seite 559), kann der neue Eigentümer die Änderung des Grundbucheintrags selber verlangen.

Verlust von Grundeigentum

Art. 666

C. Verlust

[1] Das Grundeigentum geht unter mit der Löschung des Eintrages sowie mit dem vollständigen Untergang des Grundstückes.

[2] Der Zeitpunkt, auf den im Falle der Enteignung der Verlust eintritt, wird durch das Enteignungsrecht des Bundes und der Kantone bestimmt.

Der erste Absatz dieses Artikels regelt zwei eher seltene Fälle, in denen das Eigentum als solches verlorengeht. Dies ist zum einen dann der Fall, wenn das Grundstück vollständig und ohne Möglichkeit auf Wiederherstellung untergeht. Dies könnte zum Beispiel eintreten, wenn ein Grundstück, das an einem Fluss liegt, versinkt oder weggeschwemmt wird. Der zweite Fall, dass Eigentum an einem Grundstück an sich untergeht, ist die sogenannte Dereliktion, die jedoch praktisch kaum vorkommt. Denn Dereliktion bedeutet, dass der Eigentümer sein Eigentum an einer Sache freiwillig aufgibt, dass er darauf verzichtet. Will ausnahmsweise jemand auf sein Eigentum an einem Grundstück verzichten, muss er das dem Grundbuchamt schriftlich melden, worauf er als Eigentümer gestrichen wird.

Was umfasst das Eigentum an einem Grundstück?

Zweiter Abschnitt: Inhalt und Beschränkung des Grundeigentums

Art. 667

A. Inhalt
I. Umfang

¹ Das Eigentum an Grund und Boden erstreckt sich nach oben und unten auf den Luftraum und das Erdreich, soweit für die Ausübung des Eigentums ein Interesse besteht.

² Es umfasst unter Vorbehalt der gesetzlichen Schranken alle Bauten und Pflanzen sowie die Quellen.

Art. 668

II. Abgrenzung
1. Art der Abgrenzung

¹ Die Grenzen werden durch die Grundbuchpläne und durch die Abgrenzungen auf dem Grundstücke selbst angegeben.

² Widersprechen sich die bestehenden Grundbuchpläne und die Abgrenzungen, so wird die Richtigkeit der Grundbuchpläne vermutet.

³ Die Vermutung gilt nicht für die vom Kanton bezeichneten Gebiete mit Bodenverschiebungen.

Art. 669

2. Abgrenzungspflicht

Jeder Grundeigentümer ist verpflichtet, auf das Begehren seines Nachbarn zur Feststellung einer ungewissen Grenze mitzuwirken, sei es bei Berichtigung der Grundbuchpläne oder bei Anbringung von Grenzzeichen.

	Art. 670
3. Miteigentum an Vorrichtungen zur Abgrenzung	Stehen Vorrichtungen zur Abgrenzung zweier Grundstücke, wie Mauern, Hecken, Zäune, auf der Grenze, so wird Miteigentum der beiden Nachbarn vermutet.

Vertikaler Umfang: Luft und Erdreich gehören dazu

Eine sinnvolle Nutzung von Grund und Boden ist nur möglich, wenn sich das Eigentum nicht allein auf die Oberfläche beschränkt, sondern auch den Luftraum über und das Erdreich unter der Bodenfläche bis zu einem gewissen Teil umfasst. Das Gesetz trägt dem Rechnung, hält aber fest, dass sich das Eigentum nur soweit auch auf Luftraum und Erdreich erstreckt, als daran «ein Interesse besteht». Wie weit dieses sogenannte Ausübungsinteresse im Einzelfall geht, muss aus den konkreten Umständen abgeleitet werden. Das Interesse kann nicht nur ein wirtschaftliches, sondern etwa auch ein ästhetisches (schöne Aussicht) sein.

Dringt etwas oder jemand in den geschützten Eigentumsbereich ein, kann sich der Eigentümer dagegen wehren; einige Beispiele:
- Eine Antenne, die vom Nachbargrundstück in ihren Luftraum ragt, muss sich eine Grundeigentümerin nicht gefallen lassen.
- Sie muss grundsätzlich auch nicht dulden, dass Leitungen über oder unter ihrem Grundstück verlegt werden. Dazu gibt es aber verschiedene Ausnahmen, so das Durchleitungsrecht gestützt auf Nachbarrecht (siehe Art. 691, Seite 580) oder das Recht des Bundes, Telefondrähte gestützt auf das Elektrizitätsgesetz anzubringen.
- Wird ein Tunnel unter seinem Grundstück gebaut, kann sich der Eigentümer dagegen nicht wehren, wenn dieser in einer Tiefe entsteht, die keine Beeinträchtigung erwarten lässt.

Wer Eigentümer eines Grundstückes ist, dem gehören auch die Pflanzen, Quellen und Bauten (Häuser, Scheunen, Dämme, Kanäle, Brunnen etc.), die sich darauf befinden. Diese sind rechtlich keine selbständigen Sachen, sondern Bestandteile des Grundstücks, und es ist – abgesehen von Ausnahmen – nicht möglich, dass am Grundstück und seinen Bestandteilen unterschiedliche Eigentumsverhältnisse bestehen (Akzesssionsprinzip, siehe Art. 642, Seite 538; für das Baurecht als Ausnahme siehe Art. 675 und 779, Seite 646).

Horizontaler Umfang: Wo sind die Grenzen?

Die Artikel 668 bis 670 grenzen den Umfang von Grundstücken horizontal ein und regeln die Mitwirkungspflicht der Nachbarn bei der Festlegung unklarer Grenzen sowie das Eigentumsverhältnis an Grenzmauern und ähnlichem.

Die Abgrenzung zwischen verschiedenen Grundstücken erfolgt zum einen direkt sichtbar durch das Setzen von Marksteinen oder anderen Grenzzeichen, zum andern durch das Zeichnen von Plänen (Grundbuchpläne). Stimmen Plan und Grenzzeichen nicht überein, stellt das Gesetz die Vermutung auf, dass die Grundbuchpläne richtig sind. Diese Vermutung kann aber widerlegt werden.

Ist unklar, wo genau die Grenze zwischen zwei Grundstücken verläuft, ist jeder Grundeigentümer verpflichtet, seinem Nachbarn bei der Festlegung des richtigen Grenzverlaufs mitzuhelfen. Können sich die Nachbarn nicht einigen oder verweigert der eine seine Mithilfe, muss das Gericht die genaue Grenzlinie festlegen (Grenzscheidungsklage).

Es kommt häufig vor, dass Mauern, Hecken oder auch Wasserläufe *auf* der Grenze zwischen zwei Grundstücken stehen; sie befinden sich also zugleich auf beiden Grundstücken und dienen gerade auch der Grenzziehung. Ein weiteres Beispiel solcher Grenzvorrichtungen sind auch Scheidemauern etwa bei Reihenhäusern, die ein gemeinsamer Teil zweier Häuser sind und gleichzeitig deren Grenze bilden. Das Gesetz stellt die Vermutung auf, dass solche Grenzvorrichtungen im Miteigentum der beiden Nachbarn stehen. In diesem Fall steht aber den einzelnen Miteigentümern nicht das Recht zu, jederzeit die Teilung der gemeinsamen Sache zu verlangen, wie dies grundsätzlich beim Miteigentum möglich ist. Denn die gemeinsame Vorrichtung dient dazu, dauernd die Grenze anzuzeigen, und diesem Zweck steht der Teilungsanspruch entgegen (zum Miteigentum allgemein und den sich daraus ergebenden Rechten und Pflichten siehe Art. 646 ff., Seite 542).

Bauten und Einpflanzungen auf dem Grundstück

Art. 671

III. Bauten auf dem Grundstück
1. Boden- und Baumaterial
a. Eigentumsverhältnis

[1] Verwendet jemand zu einem Bau auf seinem Boden fremdes Material oder eigenes Material auf fremdem Boden, so wird es Bestandteil des Grundstückes.

[2] Der Eigentümer des Materials ist jedoch, wenn die Verwendung ohne seinen Willen stattgefunden hat, berechtigt, auf Kosten des Grundeigentümers die Trennung des Materials und dessen Herausgabe zu verlangen, insoweit dies ohne unverhältnismässige Schädigung möglich ist.

³ Unter der gleichen Voraussetzung kann der Grundeigentümer, wenn die Verwendung ohne seinen Willen stattgefunden hat, auf Kosten des Bauenden die Wegschaffung des Materials verlangen.

Art. 672

b. Ersatz

¹ Findet keine Trennung des Materials vom Boden statt, so hat der Grundeigentümer für das Material eine angemessene Entschädigung zu leisten.

² Bei bösem Glauben des bauenden Grundeigentümers kann der Richter auf vollen Schadenersatz erkennen.

³ Bei bösem Glauben des bauenden Materialeigentümers kann er auch nur dasjenige zusprechen, was der Bau für den Grundeigentümer allermindestens wert ist.

Art. 673

c. Zuweisung des Grundeigentums

Übersteigt der Wert des Baues offenbar den Wert des Bodens, so kann derjenige, der sich in gutem Glauben befindet, verlangen, dass das Eigentum an Bau und Boden gegen angemessene Entschädigung dem Materialeigentümer zugewiesen werde.

Art. 674

2. Überragende Bauten

¹ Bauten und andere Vorrichtungen, die von einem Grundstücke auf ein anderes überragen, verbleiben Bestandteil des Grundstückes, von dem sie ausgehen, wenn dessen Eigentümer auf ihren Bestand ein dingliches Recht hat.

² Das Recht auf den Überbau kann als Dienstbarkeit in das Grundbuch eingetragen werden.

³ Ist ein Überbau unberechtigt, und erhebt der Verletzte, trotzdem dies für ihn erkennbar geworden ist, nicht rechtzeitig Einspruch, so kann, wenn es die Umstände rechtfertigen, dem Überbauenden, der sich in gutem Glauben befindet, gegen angemessene Entschädigung das dingliche Recht auf den Überbau oder das Eigentum am Boden zugewiesen werden.

Art. 675

3. Baurecht

¹ Bauwerke und andere Vorrichtungen, die auf fremdem Boden eingegraben, aufgemauert oder sonstwie dauernd auf oder unter der Bodenfläche mit dem Grundstücke verbunden sind, können einen besonderen Eigentümer haben, wenn ihr Bestand als Dienstbarkeit in das Grundbuch eingetragen ist.

² Die Bestellung eines Baurechtes an einzelnen Stockwerken eines Gebäudes ist ausgeschlossen.

Art. 676

4. Leitungen

¹ Leitungen für Wasser, Gas, elektrische Kraft u. dgl., die sich ausserhalb des Grundstückes befinden, dem sie dienen, werden, wo es nicht anders geordnet ist, als Zugehör des Werkes, von dem sie ausgehen, und als Eigentum des Werkeigentümers betrachtet.

² Soweit nicht das Nachbarrecht Anwendung findet, erfolgt die dingliche Belastung der fremden Grundstücke mit solchen Leitungen durch die Errichtung einer Dienstbarkeit.

³ Die Dienstbarkeit entsteht, wenn die Leitung nicht äusserlich wahrnehmbar ist, mit der Eintragung in das Grundbuch und in den andern Fällen mit der Erstellung der Leitung.

Art. 677

5. Fahrnisbauten

¹ Hütten, Buden, Baracken u. dgl. behalten, wenn sie ohne Absicht bleibender Verbindung auf fremdem Boden aufgerichtet sind, ihren besondern Eigentümer.

² Ihr Bestand wird nicht in das Grundbuch eingetragen.

Art. 678

IV. Einpflanzungen auf dem Grundstück

¹ Verwendet jemand fremde Pflanzen auf eigenem Grundstücke, oder eigene Pflanzen auf fremdem Grundstücke, so entstehen die gleichen Rechte und Pflichten, wie beim Verwenden von Baumaterial oder bei Fahrnisbauten.

² Die Bestellung einer dem Baurecht entsprechenden Dienstbarkeit auf Pflanzen und Waldungen ist ausgeschlossen.

Bauen auf fremdem Boden oder mit fremdem Material

Wem gehört ein Haus, wenn der Eigentümer des Bodens dazu Material verwendet, das ihm nicht gehört, oder wenn dem Bauherrn zwar das Material gehört, er aber auf fremdem Boden baut? Solche Fälle dürften eher selten vorkommen, weshalb auf die gesetzlichen Lösungen (Art. 671 bis 673) nur kurz hingewiesen wird. Praktische Bedeutung finden diese beispielsweise dann, wenn aufgrund eines Baurechts erlaubterweise auf fremdem Boden ein Haus errichtet wurde, das Baurecht aber nach Ablauf der vereinbarten Zeit erlischt (das Baurecht wird ausführlich in Art. 779 bis 779l, Seite 646 behandelt).

Ganz egal, ob fremdes Material auf eigenem Boden oder eigenes Material auf fremdem Boden verwendet wurde, der Eigentümer des *Bodens* ist auch Eigentümer der darauf errichteten Baute. Auch wer beispielsweise Baumaterial stiehlt, um damit sein Haus zu renovieren oder gar ein neues Haus auf seinem Boden zu errichten, wird Eigentümer am Material. Der ursprüngliche Materialeigentümer verliert sein Eigentum. Dies ist eine Folge des Akzessionsprinzips (siehe Art. 642, Seite 538), wonach alles, was sich auf einem Grundstück befindet, dessen Bestandteil ist und damit das gleiche rechtliche Schicksal hat wie das Grundstück.

Je nach Umständen kann der Material- oder der Grundeigentümer verlangen, dass das fremde Material wieder entfernt werde; dies allerdings nur, wenn dies «ohne unverhältnismässige Schädigung möglich ist» (Art. 671 Abs. 2). Bleibt das Material auf dem fremden Grundstück, muss der Grundeigentümer dafür eine Entschädigung bezahlen. Deren Höhe hängt davon ab, ob der Grundeigentümer (oder allenfalls der Materialeigentümer) bösgläubig gehandelt hat (Art. 672; zur Bösgläubigkeit siehe Art. 3, Seite 28). Ausnahmsweise kann auch der ursprüngliche Materialeigentümer verlangen, dass ihm das Eigentum an Bau und Boden zugesprochen werde. Dafür muss er aber dem Grundeigentümer eine Entschädigung bezahlen (Art. 673).

Wenn Bauten aufs Nachbargrundstück ragen

Als überragende Bauten (Art. 674) gelten nicht nur solche, die mit Teilen – etwa mit einem Balkon oder einem Erker – in den Luftraum des Nachbargrundstücks ragen. Auch wenn der Bau teilweise direkt auf fremdem Boden steht, wird von überragender Baute gesprochen. Dies kann auch ein Keller sein, der von aussen nicht sichtbar, unterirdisch ins Nachbargrundstück reicht.

Oft ist ein Nachbar mit einer überragenden Baute einverstanden. Dann wird zulasten seines Grundstückes eine Grunddienstbarkeit errichtet, das heisst, er verpflichtet sich, die überragende Baute zu dulden. Damit steht dem Eigentümer der Baute das dingliche Recht zu, dass ein Teil seiner Baute auf fremdem Boden steht. Er bleibt Eigentümer auch dieses überragenden Teils, dies als Ausnahme vom Akzessionsprinzip. Wird die Grunddienstbarkeit im Grundbuch eingetragen, muss auch eine spätere Käuferin des belasteten Grundstücks den Überbau weiterhin dulden (zu den Grunddienstbarkeiten siehe Art. 730 ff., Seite 631).

Ein Grundeigentümer kann aber nicht gezwungen werden, einen auf sein Grundstück ragenden Bauteil zu dulden; er kann verlangen, dass dieser entfernt wird. Dies kann er jederzeit verlangen – also auch Jahre nach Beendigung des Baus –, wenn der Bauende bösgläubig war, also wissen musste, dass der Nachbar nicht einverstanden sein würde.

Anders liegt die Sache, wenn der Bauende gutgläubig war, also davon ausging, er sei zum Bau berechtigt oder der ganze Bau befinde sich auf seinem

Grundstück. Dann kann der Nachbar die Entfernung des überragenden Teils nur verlangen, wenn er rechtzeitig Einsprache erhoben hat. Diese Einsprache muss er anbringen, sobald (objektiv) erkennbar ist, dass auf seinem Boden gebaut wird. Protestiert er zu spät oder überhaupt nicht, riskiert er, dass dem Überbauenden ein dingliches Recht auf den Überbau oder sogar das Eigentum am Boden, auf dem sich der Überbau befindet, zugesprochen wird. Dazu kommmt es allerdings nur, wenn «es die Umstände rechtfertigen»; andernfalls muss das Gericht die Entfernung des Überbaus anordnen. Bei der Beurteilung wird das Gericht etwa die Grösse und den Wert des Überbaus berücksichtigen und fragen, wie lange dieser schon besteht. Andererseits wird es in Betracht ziehen, ob der Nachbar auf den Boden angewiesen ist oder ihn entbehren kann. Wichtig kann auch sein, warum der Nachbar die Einsprache zu spät angebracht hat: War er wegen Krankheit oder Urlaub abwesend? Oder hat er mit dem Protest bewusst zugewartet, um dem Bauenden einen möglichst grossen Schaden zuzufügen?

Leitungen

Artikel 676 bezweckt, dass öffentliche Leitungen vor allem der Elektrizitätswerke und der PTT im Eigentum dieser Betriebe bleiben, obwohl sie durch fremde Grundstücke laufen. (Grundsätzlich müssten auch sie im Eigentum der Grundeigentümer stehen, da ja das Eigentum an Grund und Boden auch alle Bauten umfasst.) Mit der hier getroffenen Lösung wird ermöglicht, dass die Leitungen und Werke, die technisch und wirtschaftlich eine Einheit bilden, auch rechtlich einheitlich behandelt werden können.

Leitungen für Gas, Wasser, Elektrizität etc. bleiben also im Eigentum des Werks, von dem sie ausgehen; sie sind dessen Zugehör (siehe Art. 644, Seite 539). Die Grundstücke, durch die sie führen, werden mit einer Grunddienstbarkeit belastet. Damit sind die Grundeigentümer verpflichtet, die Leitungen zu dulden. Grundsätzlich muss die Dienstbarkeit, damit sie entsteht, im Grundbuch eingetragen werden. Ist die Leitung aber äusserlich erkennbar, entsteht die Dienstbarkeit bereits, wenn diese erstellt sind (zu den Dienstbarkeiten siehe Art. 730 ff., Seite 631).

Fahrnisbauten

Fahrnisbauten (Art. 677) sind Baracken, Hütten, Lagerhäuser oder Zelte, die nur lose und vorübergehend mit dem Boden verbunden sind. Sie gehören nicht zwingend dem Eigentümer des Bodens, auf dem sie stehen, sondern können auch einer anderen Person gehören. Solche Bauten gelten als bewegliche

Sachen und werden nicht wie Grundstücke behandelt. Sie unterstehen den Regeln des Fahrniseigentums (siehe Art. 713 ff., Seite 620).

Einpflanzungen

Pflanzen gehören grundsätzlich dem Eigentümer oder der Eigentümerin des Bodens, auf dem sie stehen. Sind ursprünglich die Eigentümerin der Pflanzen und des Bodens nicht dieselbe Person, fallen die Pflanzen, die auf dem Boden gesetzt wurden, ins Eigentum der Grundeigentümerin (Art. 678). Die rechtlichen Fragen, die sich daraus ergeben, werden gleich gelöst, wie wenn Bauten mit fremdem Material oder auf fremdem Boden errichtet wurden (siehe Art. 671 bis 673). Anders verhält es sich aber, wenn Pflanzen nur vorübergehend auf dem Boden bleiben sollen. Dann werden sie wie Fahrnisbauten behandelt und gehören weiter dem Pflanzeneigentümer (siehe Art. 677). Dies ist beispielsweise bedeutsam bei einem Pächter; die Pflanzen oder Samen, die er während der Pachtzeit verwendet, gehören ihm, nicht dem Eigentümer des Bodens.

Verantwortlichkeit des Grundeigentümers

Art. 679

V. Verantwortlichkeit des Grundeigentümers

Wird jemand dadurch, dass ein Grundeigentümer sein Eigentumsrecht überschreitet, geschädigt oder mit Schaden bedroht, so kann er auf Beseitigung der Schädigung oder auf Schutz gegen drohenden Schaden und auf Schadenersatz klagen.

Ein Eigentümer ist verantwortlich für das, was auf seinem Grundstück passiert. Betreibt er zum Beispiel ein Gewerbe und belästigt damit seine Nachbarn durch Lärm, Geruch oder Rauch, müssen sich diese das nicht gefallen lassen. Allerdings genügt es nicht, dass sie sich gestört fühlen. Erst wenn die Einwirkungen ihre Rechte beeinträchtigen, wenn sie dadurch «geschädigt oder mit Schaden bedroht» werden, stehen ihnen Abwehrmittel zu. Sie können – notfalls gerichtlich – verlangen, dass die *übermässige* Benutzung ganz eingestellt, jedenfalls auf ein erträgliches Mass reduziert wird. Soweit ihnen daraus Schaden entstanden ist, können sie Schadenersatz verlangen. Der Eigentümer des Grundstücks, von dem die Immissionen ausgehen, trägt eine sogenannte Kausalhaftung. Das bedeutet, dass ihm kein Verschulden nachgewiesen werden muss. Es genügt, dass seine Eigentumsausübung übermässig ist und die Nachbarn beeinträchtigt.

Der Schutz von Artikel 679 kann auch präventiv wirken: Sieht jemand voraus, dass eine geplante Benutzung des Nachbargrundstücks ihn mit hoher Wahrscheinlichkeit beeinträchtigen werde, muss er nicht zuwarten, bis der Schaden tatsächlich eingetreten ist. Er kann durch eine Präventivklage versuchen, beispielsweise die Errichtung eines Schweinezuchtbetriebs verbieten zu lassen, wenn mit hoher Wahrscheinlichkeit zu erwarten ist, dass er durch den Gestank in unzumutbarer Weise belästigt werden wird. Je nach Umständen kann er aber auch nur erreichen, dass die befürchteten übermässigen Immissionen durch geeignete Massnahmen auf ein erträgliches Mass reduziert werden.

Beschränkungen des Grundeigentums

Wer Eigentümer eines Grundstückes ist, kann es nach seinem Wunsch nutzen, sei es, dass er darauf Landwirtschaft betreibt, Mietwohnungen erstellt oder es auch einfach sich selbst überlässt. Er kann es auch verkaufen oder verschenken, an wen und wann er will. Er muss nicht dulden, dass andere Personen es betreten oder gar Bauten darauf errichten. Das Eigentum verleiht ihm also die Verfügungsmacht über das Grundstück und Abwehrrechte gegen Dritte (siehe Art. 641).

Der freien Eigentumsausübung setzen aber verschiedene Gesetze, nicht nur das ZGB, Schranken. Das Motiv dazu sind meist öffentliche Interessen der verschiedensten Art, die dem Interesse des einzelnen an der möglichst freien Ausübung seiner Rechte vorgehen.
- Die Bau- und Zonenordnungen beispielsweise schreiben vor, dass in gewissen Zonen überhaupt nicht gebaut werden darf oder dass in anderen nur Wohnungen oder nur Industriebetriebe errichtet werden dürfen.
- Einer Bewilligung bedarf der Verkauf eines Grundstücks an Ausländer.
- Zum Schutz vor Bodenspekulation wurde eine Sperrfrist für den Wiederverkauf von Grundstücken eingeführt.
- Das Bundesgesetz über das bäuerliche Bodenrecht enthält verschiedene Bestimmungen zum Beispiel über den Erwerb, über die Teilung, insbesondere die Erbteilung, und über die Verpfändung von landwirtschaftlichen Grundstücken.

Der Eigentümer kann sich aber auch selbst einschränken, indem er Verpflichtungen eingeht, die seinem Eigentum Grenzen setzen. Das ist etwa der Fall, wenn er sein Haus vermietet oder verpachtet; vor allem aber gilt es, wenn er jemandem an seinem Grundstück beschränkte dingliche Rechte, etwa ein Bau- oder Wegrecht, einräumt (für die beschränkten dinglichen Rechte siehe Seite 629). Auch das ZGB legt dem Eigentümer von Grundstücken einige Beschränkungen auf, insbesondere im Nachbarrecht (Art. 684 ff.), in Notrechten wie dem Notwegrecht (Art. 694) und im gesetzlichen Vorkaufsrecht der Miteigentümer (Art. 682).

Gesetzliche Eigentumsbeschränkungen

B. Beschränkungen
I. Im allgemeinen

Art. 680

[1] Die gesetzlichen Eigentumsbeschränkungen bestehen ohne Eintrag im Grundbuch.

[2] Ihre Aufhebung oder Abänderung durch Rechtsgeschäft bedarf zur Gültigkeit der öffentlichen Beurkundung und der Eintragung in das Grundbuch.

[3] Ausgeschlossen ist die Aufhebung oder Abänderung von Eigentumsbeschränkungen öffentlich-rechtlichen Charakters.

Gesetzliche Eigentumsbeschränkungen sind jene, die sich direkt aus dem Gesetzestext ergeben. Sie finden sich nicht nur im ZGB, sondern etwa auch in Baugesetzen. Eine gesetzliche Eigentumsbeschränkung gilt unabhängig davon, ob sie im Grundbuch eingetragen ist oder nicht. Auch wenn Absatz 1 dies so absolut formuliert, ist es zu relativieren. Nur wenn eine gesetzliche Bestimmung eine Eigentumsbeschränkung *unmittelbar* wirksam werden lässt, gilt sie ohne Grundbucheintrag. Dort, wo das Gesetz bloss den Anspruch, die Möglichkeit einer Eigentumsbeschränkung gewährt, entsteht diese meist erst mit dem Eintrag im Grundbuch.
– Unmittelbare gesetzliche Eigentumsbeschränkungen sind beispielsweise das Vorkaufsrecht der Miteigentümer (Art. 682) oder das Verbot übermässiger Immissionen (Art. 684).
– Mittelbare gesetzliche Eigentumsbeschränkungen sind das Notwegrecht des Nachbarn (Art. 694) oder das Recht zu Notleitungen (Art. 676).

Es stellt sich auch die Frage, ob gesetzliche Eigentumsbeschränkungen durch Vereinbarung zwischen Nachbarn aufgehoben oder abgeändert werden können. Diese Frage kann nicht mit Ja oder Nein beantwortet werden, und ein

Eingehen auf alle Einzelheiten würde den Rahmen dieses Kommentars sprengen. Deshalb nur soviel: Grundsätzlich können die privatrechtlichen Eigentumsbeschränkungen aufgehoben oder abgeändert werden, während dies bei öffentlich-rechtlichen nicht möglich ist.

Beschränkungen beim Veräussern von Grundstücken

Jedem Eigentümer, jeder Eigentümerin steht die Befugnis zu, ihre Sache jederzeit und an eine beliebige Person zu veräussern. Diese Veräusserungsbefugnis kann aber eingeschränkt sein, sei es, weil der Eigentümer freiwillig etwa einen Vorkaufsvertrag eingegangen ist (Art. 681), sei es, weil die Beschränkung von Gesetzes wegen besteht.

Das Vorkaufsrecht

Art. 681

II. Veräusserungsbeschränkungen; gesetzliche Vorkaufsrechte
1. Grundsätze

[1] Gesetzliche Vorkaufsrechte können auch bei der Zwangsversteigerung ausgeübt werden, aber nur an der Steigerung selbst und zu den Bedingungen, zu welchen das Grundstück dem Ersteigerer zugeschlagen wird; im übrigen können die gesetzlichen Vorkaufsrechte unter den Voraussetzungen geltend gemacht werden, die für die vertraglichen Vorkaufsrechte gelten.

[2] Das Vorkaufsrecht entfällt, wenn das Grundstück an eine Person veräussert wird, der ein Vorkaufsrecht im gleichen oder in einem vorderen Rang zusteht.

[3] Gesetzliche Vorkaufsrechte können weder vererbt noch abgetreten werden. Sie gehen den vertraglichen Vorkaufsrechten vor.

Art. 681*a*

2. Ausübung

[1] Der Verkäufer muss die Vorkaufsberechtigten über den Abschluss und den Inhalt des Kaufvertrags in Kenntnis setzen.

[2] Will der Vorkaufsberechtigte sein Recht ausüben, so muss er es innert dreier Monate seit Kenntnis von Abschluss und Inhalt des Vertrages geltend machen. Nach Ablauf von zwei Jahren seit der Eintragung des neuen Eigentümers in das Grundbuch kann das Recht nicht mehr geltend gemacht werden.

³ Der Vorkaufsberechtigte kann seinen Anspruch innerhalb dieser Fristen gegenüber jedem Eigentümer des Grundstücks geltend machen.

Art. 681*b*

3. Abänderung, Verzicht

¹ Die Vereinbarung, mit welcher ein gesetzliches Vorkaufsrecht ausgeschlossen oder abgeändert wird, bedarf zu ihrer Gültigkeit der öffentlichen Beurkundung. Sie kann im Grundbuch vorgemerkt werden, wenn das Vorkaufsrecht dem jeweiligen Eigentümer eines andern Grundstücks zusteht.

² Nach Eintritt des Vorkaufsfalls kann der Berechtigte schriftlich auf die Ausübung eines gesetzlichen Vorkaufsrechts verzichten.

Art. 682

4. Im Miteigentums- und im Baurechtsverhältnis

¹ Miteigentümer haben ein Vorkaufsrecht gegenüber einem jeden Nichtmiteigentümer, der einen Anteil erwirbt.

² Ein Vorkaufsrecht gegenüber jedem Erwerber haben auch der Eigentümer eines Grundstückes, das mit einem selbständigen und dauernden Baurecht belastet ist, an diesem Recht und der Inhaber dieses Rechts am belasteten Grundstück, soweit dieses durch die Ausübung seines Rechtes in Anspruch genommen wird.

³ Vereinbarungen über die Aufhebung oder Änderung des Vorkaufsrechts bedürfen zu ihrer Gültigkeit der öffentlichen Beurkundung und können im Grundbuch vorgemerkt werden.

Art. 682*a*

5. Vorkaufsrecht an landwirtschaftlichen Gewerben und Grundstücken

Für die Vorkaufsrechte an landwirtschaftlichen Gewerben und Grundstücken gilt zudem das Bundesgesetz vom 4. Oktober 1991 über das bäuerliche Bodenrecht.

Das Vorkaufsrecht räumt einer bestimmten Person die Möglichkeit ein, eine Sache selbst zu übernehmen, sobald sie der Eigentümer oder die Eigentümerin einem Dritten verkauft. Artikel 681 spricht nur vom Vorkaufsrecht an Grundstücken. Es ist jedoch auch möglich, ein Vorkaufsrecht an beweglichen Sachen zu errichten. Eine Eigentümerin kann ein solches Vorkaufsrecht in einem Vertrag einräumen oder auch im Testament festlegen. Es kann aber auch gesetzlich vorgeschrieben sein: So steht, wenn ein Miteigentümer seinen Anteil an einer Sache verkaufen will, den anderen Miteigentümern gegenüber jeder Drittperson ein Vorkaufsrecht zu.

Die Person, der das Vorkaufsrecht zusteht, kann die Sache kaufen, sobald ein sogenannter Vorkaufsfall eintritt. Dies ist etwa der Fall, wenn ein Eigentümer mit einem Dritten einen Verkaufsvertrag abgeschlossen hat. Dabei ist erforderlich, dass der Vertrag gültig zustande gekommen ist; sind erst Verhandlungen im Gang, liegt noch kein Vorkaufsfall vor. Auch wenn der Eigentümer die Sache verschenkt oder sie an jemand Dritten vererbt wird, ist dies kein Vorkaufsfall.

Die vorkaufsberechtigte Person übernimmt die Sache zu den gleichen Bedingungen, wie sie der Eigentümer mit dem Dritten vereinbart hat, insbesondere muss sie denselben Preis bezahlen. Es ist aber möglich, bereits im Vertrag über das Vorkaufsrecht den Kaufpreis festzulegen (sogenanntes limitiertes Vorkaufsrecht).

Verkauft der Eigentümer die Sache, an der ein Vorkaufsrecht besteht, muss er die berechtigte Person darüber informieren. Diese hat drei Monate lang Zeit, sich zu entscheiden, ob sie die Sache nun wirklich kaufen will. Verpasst sie diese Frist, gehört die Sache definitiv dem Drittkäufer.

Das Vorkaufsrecht an beweglichen Sachen ist formfrei gültig; ein Vorkaufsrecht an Grundstücken kann nur schriftlich vereinbart werden. Zudem kann es im Grundbuch eingetragen werden, was den Vorteil hat, dass es gegenüber jedem Käufer des Grundstücks wirksam wird. Ist es nicht eingetragen, gilt es nur zwischen den Vertragsparteien. Wenn der Eigentümer das Grundstück also verkauft, ohne die vorkaufsberechtigte Person zu informieren, kann sich der Käufer als Eigentümer eintragen lassen – das Grundbuch enthält ja keinen widersprechenden Eintrag. Die vorkaufsberechtigte Person kann dann auch nicht mehr das Eigentum am Grundstück verlangen, sondern nur noch einen Schadenersatz vom alten Eigentümer. Ein nicht eingetragenes Verkaufsrecht geht zudem unter, wenn es beim ersten Vorkaufsfall nicht ausgeübt wird. Demgegenüber bleibt ein eingetragenes Vorkaufsrecht auch nach dem (erstmaligen) Verkauf an einen Dritten bestehen, sofern nichts anderes vereinbart wurde. Es kann auch gegenüber dem neuen Eigentümer ausgeübt werden, wenn bei ihm ein Vorkaufsfall eintritt. Die Parteien können grundsätzlich frei vereinbaren, wie lange das Vorkaufsrecht gelten soll.

Mit der Begründung von Miteigentum bzw. eines Baurechts entsteht das Vorkaufsrecht von Gesetzes wegen (Art. 682). Es ist keine Vereinbarung zwischen den Parteien nötig; das Vorkaufsrecht ist im Gesetz festgelegt, und es wird vorausgesetzt, dass dies bekannt ist. Achtung: obwohl auch das Stockwerkeigentum Miteigentum ist, besteht dort kein Vorkaufsrecht (siehe Seite 598). Eine Grundbucheintragung der *gesetzlichen* Vorkaufsrechte ist weder möglich noch nötig. Sie haben auch so Wirkung gegen jeden Dritten.

Das gesetzliche Vorkaufsrecht hat im wesentlichen die gleiche Wirkung wie ein vertraglich festgelegtes. Soll es aber modifiziert werden, indem beispielsweise zum voraus der Kaufpreis festgelegt wird, muss dies öffentlich beurkundet und kann im Grundbuch eingetragen werden. Dasselbe gilt, wenn die Parteien für ihren Fall das Vorkaufsrecht ausschliessen wollen.

Das Nachbarrecht

Vieles, was die Beziehungen zwischen Nachbarn regelt, ist in kantonalen Vorschriften festgelegt, in den Einleitungsgesetzen zum ZGB etwa, in Bau- und Planungsgesetzen etc. Auch auf Gemeindeebene finden sich Bestimmungen, zum Beispiel in gesundheitspolizeilichen Erlassen. Das ZGB setzt sozusagen den Rahmen für all diese Vorschriften.

Übermässige Immissionen sind verboten

Art. 684

III. Nachbarrecht
1. Art der Bewirtschaftung

¹ Jedermann ist verpflichtet, bei der Ausübung seines Eigentums, wie namentlich bei dem Betrieb eines Gewerbes auf seinem Grundstück, sich aller übermässigen Einwirkung auf das Eigentum der Nachbarn zu enthalten.

² Verboten sind insbesondere alle schädlichen und nach Lage und Beschaffenheit der Grundstücke oder nach Ortsgebrauch nicht gerechtfertigten Einwirkungen durch Rauch oder Russ, lästige Dünste, Lärm oder Erschütterung.

Mit der Benutzung und Bewirtschaftung eines Grundstücks sind immer auch Immissionen verbunden: Errichtet eine Grundeigentümerin auf ihrem Land ein Haus, hat dies Baulärm zur Folge; ist sie Bäuerin, verursacht ihre Tätigkeit Geruch, Lärm oder auch Rauch; zu einem Mehrfamilienhaus etwa gehören reger Verkehr und spielende Kinder. Solche Immissionen können die Nachbarn stören und ihre Interessen einschränken, was letztlich eine Beschränkung ihrer Eigentumsrechte bedeutet. Artikel 684 soll zu einem Ausgleich zwischen den Interessen der Nachbarn und denjenigen der Grundeigentümerin führen.

Grundsätzlich müssen auch störende, lästige oder gar schädliche Immissionen geduldet werden. Verboten sind sie erst dann, wenn sie *übermässig* sind. Was übermässig ist, muss im konkreten Einzelfall entschieden werden. Dabei spielt eine Rolle, ob sich ein Grundstück auf dem Land oder in der Stadt, in einem Kurort oder einem Bauerndorf befindet, ob es in der Industrie- oder

Wohnzone liegt. Auch der Ortsgebrauch kann zu unterschiedlichen Resultaten führen.

In der Bundesverfassung finden sich zudem Bestimmungen zum Schutz vor übermässigen Immissionen zugunsten der Natur: Gewässerschutz (Art. 24^{quater} BV), Natur- und Heimatschutz (Art. $24^{quinquies}$ BV), Umweltschutz (Art. $24^{septies}$ BV), Bodenrecht (Art. 22ter und 22^{quater} BV). Diese Verfassungsartikel führten zu verschiedenen Gesetzen, etwa zum Raumplanungsgesetz, das unter anderen den Aspekt der Immissionen berücksichtigen muss, zum Beispiel bei der Festlegung von Industrie- und Wohnzonen. Auch finden sich auf Stufe der Gemeinden Bestimmungen, zum Beispiel die Polizeiverordnungen, die konkret dem Schutz des Nachbarn vor übermässigen Immissionen dienen.

Den Nachbarinnen und Nachbarn, die sich gegen übermässige Immissionen wehren wollen, stehen vor allem die in Artikel 679 aufgeführten Klagemöglichkeiten zur Verfügung, also die Klage auf Beseitigung des Schadens, auf Schutz vor drohendem Schaden und auf Schadenersatz. Als Nachbar gilt nicht nur der Eigentümer des Nachbargrundstücks, auch Pächter, Mieter oder ein Baurechtsinhaber können sich gegen unzulässige Immissionen wehren. Zudem können sich nicht nur die Eigentümer, Pächter oder Mieter der benachbarten Grundstücke zur Wehr setzen. Grundsätzlich haben alle Personen, die durch Immissionen übermässig belästigt werden (zum Beispiel Bewohner einer nicht angrenzenden Liegenschaft), die Klagerechte von Artikel 679.

Bauten und Grabungen

Art. 685

2. Graben und Bauen
a. Regel

¹ Bei Grabungen und Bauten darf der Eigentümer die nachbarlichen Grundstücke nicht dadurch schädigen, dass er ihr Erdreich in Bewegung bringt oder gefährdet oder vorhandene Vorrichtungen beeinträchtigt.

² Auf Bauten, die den Vorschriften des Nachbarrechtes zuwiderlaufen, finden die Bestimmungen betreffend überragende Bauten Anwendung.

Art. 686

b. Kantonale Vorschriften

¹ Die Kantone sind befugt, die Abstände festzusetzen, die bei Grabungen und Bauten zu beobachten sind.

² Es bleibt ihnen vorbehalten, weitere Bauvorschriften aufzustellen.

Diese beiden Artikel behandeln Baurecht, das heute aber vor allem durch das eidgenössische und die kantonalen Bau- und Planungsgesetze bestimmt wird. Diese regeln unter vielem anderem auch die Grenzabstände zwischen Häusern. Ganz grundsätzlich gilt aber, dass Grabungen und Bauten nicht dazu führen dürfen, dass das Erdreich des Nachbargrundstücks in Bewegung gerät und die sich darauf befindenden Bauten beschädigt werden.

Pflanzen

Art. 687

3. Pflanzen
a. Regel

¹ Überragende Äste und eindringende Wurzeln kann der Nachbar, wenn sie sein Eigentum schädigen und auf seine Beschwerde hin nicht binnen angemessener Frist beseitigt werden, kappen und für sich behalten.

² Duldet ein Grundeigentümer das Überragen von Ästen auf bebauten oder überbauten Boden, so hat er ein Recht auf die an ihnen wachsenden Früchte (Anries).

³ Auf Waldgrundstücke, die aneinander grenzen, finden diese Vorschriften keine Anwendung.

Art. 688

b. Kantonale Vorschriften

Die Kantone sind befugt, für Anpflanzungen je nach der Art des Grundstückes und der Pflanzen bestimmte Abstände vom nachbarlichen Grundstück vorzuschreiben oder den Grundeigentümer zu verpflichten, das Übergreifen von Ästen oder Wurzeln fruchttragender Bäume zu gestatten und für diese Fälle das Anries zu regeln oder aufzuheben.

Äste und Wurzeln kümmern sich nicht um Eigentumsgrenzen, sie ragen ins Nachbargrundstück oder dringen in fremdes Erdreich ein. Dies muss der Nachbar dulden, sofern es sein Eigentum nicht schädigt. Trifft ihn aber ein Schaden – zuviel Schatten, Verdecken der Aussicht, Schwierigkeiten beim Pflügen etc. –, kann er vom Eigentümer der Pflanze verlangen, dass die Wurzeln oder Äste entfernt werden. Kommt dieser der Aufforderung nicht innert nützlicher Frist nach, steht dem Nachbarn das sogenannte *Kapprecht* zu: Er kann die Wurzeln und Äste selbst abschneiden und für sich behalten. Verzichtet der Nachbar auf Kappung, kann er sich an den Früchten der auf sein Grundstück ragenden Äste schadlos halten. Dieses *Anriesrecht* steht ihm auch dann zu, wenn ihn die überragenden Äste nicht schädigen. Andererseits kann er das

Anriesrecht nur ausüben, wenn die Äste auf bebauten oder überbauten Boden ragen. Den Kantonen steht es frei, das Kapp- und Anriesrecht abweichend von diesen Vorschriften zu regeln. Von dieser Möglichkeit haben aber nur wenige Kantone Gebrauch gemacht.

Wie nahe an der Grenze gepflanzt werden darf, ist nicht im ZGB festgelegt, sondern liegt in der Kompetenz der Kantone. Alle Kantone haben entsprechende Bestimmungen aufgestellt, die sich vor allem in den Einleitungsgesetzen zum ZGB finden. Je nachdem, ob es sich um hochstämmige Bäume oder um Zierbäume, um Sträucher oder Hecken handelt, werden unterschiedliche Grenzabstände festgelegt.

Wasserablauf und Durchleitungsrecht

Art. 689

4. Wasserablauf

¹ Jeder Grundeigentümer ist verpflichtet, das Wasser, das von dem oberhalb liegenden Grundstück natürlicherweise abfliesst, aufzunehmen, wie namentlich Regenwasser, Schneeschmelze und Wasser von Quellen, die nicht gefasst sind.

² Keiner darf den natürlichen Ablauf zum Schaden des Nachbarn verändern.

³ Das für das untere Grundstück nötige Abwasser darf diesem nur insoweit entzogen werden, als es für das obere Grundstück unentbehrlich ist.

Art. 690

5. Entwässerungen

¹ Bei Entwässerungen hat der Eigentümer des unterhalb liegenden Grundstückes das Wasser, das ihm schon vorher auf natürliche Weise zugeflossen ist, ohne Entschädigung abzunehmen.

² Wird er durch die Zuleitung geschädigt, so kann er verlangen, dass der obere Eigentümer die Leitung auf eigene Kosten durch das untere Grundstück weiter führe.

Art. 691

6. Durchleitungen
a. Pflicht zur Duldung

¹ Jeder Grundeigentümer ist gehalten, die Durchleitung von Brunnen, Drainierröhren, Gasröhren u. dgl. sowie von elektrischen ober- oder unterirdischen Leitungen gegen vorgängigen vollen Ersatz des dadurch verursachten Schadens zu gestatten, insofern sich die Leitung ohne Inanspruchnahme seines Grundstückes gar nicht oder nur mit unverhältnismässigen Kosten durchführen lässt.

² Das Recht auf Durchleitung aus Nachbarrecht kann in den Fällen nicht beansprucht werden, in denen das kantonale Recht oder das Bundesrecht auf den Weg der Enteignung verweist.

³ Solche Durchleitungen werden, wenn es der Berechtigte verlangt, auf seine Kosten in das Grundbuch eingetragen.

Art. 692

b. Wahrung der Interessen des Belasteten

¹ Der belastete Grundeigentümer hat Anspruch darauf, dass auf seine Interessen in billiger Weise Rücksicht genommen werde.

² Wo ausserordentliche Umstände es rechtfertigen, kann er bei oberirdischen Leitungen verlangen, dass ihm das Stück Land, über das diese Leitungen geführt werden sollen, in angemessenem Umfange gegen volle Entschädigung abgenommen werde.

Art. 693

c. Änderung der Verhältnisse

¹ Ändern sich die Verhältnisse, so kann der Belastete eine seinen Interessen entsprechende Verlegung der Leitung verlangen.

² Die Kosten der Verlegung hat in der Regel der Berechtigte zu tragen.

³ Wo besondere Umstände es rechtfertigen, kann jedoch ein angemessener Teil der Kosten dem Belasteten auferlegt werden.

Artikel 689 und 690 regeln, wie weit Nachbarn verpflichtet sind, von anderen Grundstücken abfliessendes Wasser aufzunehmen und wieviel Wasser sie entziehen dürfen. Dabei ist der «natürliche Ablauf» massgebend. Insbesondere darf dieser nicht verändert werden, wenn dies dem Nachbarn schaden würde. Dies gilt auch dann, wenn das höher liegende Grundstück entwässert wird. Auch wenn deshalb mehr Wasser zum Unterlieger fliesst, ist dieser verpflichtet, es aufzunehmen, sofern ihm dadurch kein Schaden entsteht. Tritt ein solcher ein, muss der Oberlieger die Leitung auch durch das Nachbargrundstück auf eigene Kosten weiterführen.

Gemäss den Artikeln 691 bis 693 ist jeder Grundeigentümer verpflichtet, das Legen von Leitungen etwa für Gas oder Elektrizität durch sein Grundstück zu erlauben. Dies aber nur dann, wenn die Leitung auf andere Art gar nicht oder nur mit unverhältnismässig hohen Kosten gebaut werden könnte. Zudem muss beim Leitungsbau auf seine Interessen Rücksicht genommen werden, und ein daraus entstehender Schaden muss ihm ersetzt werden. Ändern sich die Verhältnisse, kann er verlangen, dass die Leitungen anderswo verlegt werden.

Wegrecht

Art. 694

7. Wegrechte
a. Notweg

¹ Hat ein Grundeigentümer keinen genügenden Weg von seinem Grundstück auf eine öffentliche Strasse, so kann er beanspruchen, dass ihm die Nachbarn gegen volle Entschädigung einen Notweg einräumen.

² Der Anspruch richtet sich in erster Linie gegen den Nachbarn, dem die Gewährung des Notweges der früheren Eigentums- und Wegeverhältnisse wegen am ehesten zugemutet werden darf, und im weitern gegen denjenigen, für den der Notweg am wenigsten schädlich ist.

³ Bei der Festsetzung des Notweges ist auf die beidseitigen Interessen Rücksicht zu nehmen.

Art. 695

b. Andere Wegrechte

Den Kantonen bleibt es vorbehalten, über die Befugnis des Grundeigentümers, zum Zwecke der Bewirtschaftung oder Vornahme von Ausbesserungen und Bauten das nachbarliche Grundstück zu betreten, sowie über das Streck- oder Tretrecht, den Tränkweg, Winterweg, Brachweg, Holzlass, Reistweg u. dgl. nähere Vorschriften aufzustellen.

Art. 696

c. Anmerkung im Grundbuch

¹ Wegrechte, die das Gesetz unmittelbar begründet, bestehen ohne Eintragung zu Recht.

² Sie werden jedoch, wenn sie von bleibendem Bestande sind, im Grundbuche angemerkt.

Damit ein Grundstück benutzt und bewirtschaftet werden kann, muss sein Eigentümer oft den Weg über fremde Grundstücke wählen. Wie dies im allgemeinen zu geschehen hat, ob und unter welchen Bedingungen fremder Boden begangen werden darf, können die Kantone regeln (Art. 695). Es handelt sich dabei vor allem um Wegrechte, die für die Landwirtschaft von Bedeutung sind.

Das ZGB selbst beschränkt sich darauf, die Möglichkeit eines «Notweges» vorzuschreiben: Hat ein Grundeigentümer keinen Zugang oder keine Zufahrt zu einer öffentlichen Strasse, muss sein Nachbar oder seine Nachbarin dulden, dass er den Weg über ihr Grundstück nimmt (Art. 694). Wegrechte können als Grunddienstbarkeiten errichtet werden (siehe Art. 730 ff., Seite 631).

Einfriedungen

	Art. 697
8. Einfriedigung	¹ Die Kosten der Einfriedigung eines Grundstückes trägt dessen Eigentümer, unter Vorbehalt der Bestimmungen über das Miteigentum an Grenzvorrichtungen. ² In bezug auf die Pflicht und die Art der Einfriedigung bleibt das kantonale Recht vorbehalten.

Unter Einfriedungen sind etwa Mauern, Holzwände, Zäune oder Hecken zu verstehen. Soweit sie als Grenzvorrichtungen dienen, stehen sie im Miteigentum der beiden Nachbarn (siehe Art. 670). Das ZGB stellt nur fest, dass die Kosten für Einfriedungen eines Grundstücks dessen Eigentümer tragen muss. Es bleibt aber den Kantonen überlassen, den Grundeigentümern in gewissen Fällen vorzuschreiben, dass sie Einfriedungen errichten müssen, ob diese auf oder an der Grenze stehen dürfen, welchen Abstand von der Grenze sie haben müssen oder auch ob beispielsweise der Stacheldraht verboten ist.

Unterhaltspflicht

	Art. 698
9. Unterhaltspflicht	An die Kosten der Vorrichtungen zur Ausübung der nachbarrechtlichen Befugnisse haben die Grundeigentümer im Verhältnis ihres Interesses beizutragen.

Leitungen, Wege, Brücken, Bewässerungsanlagen oder etwa auch Stützmauern, die im Interesse des Nachbarn auf dem eigenen Boden geduldet werden müssen, können auch im eigenen Interesse liegen. Deshalb ist es gerechtfertigt, dass nicht allein der Nachbar die ganzen Kosten für diese Vorrichtungen trägt. Je nachdem, wie gross das Interesse eines Grundeigentümers an einer solchen Vorrichtung ist, muss er ebenfalls einen Teil der Erstellungs- und Unterhaltskosten übernehmen.

Recht auf Zutritt und Abwehr

	Art. 699
IV. Recht auf Zutritt und Abwehr 1. Zutritt	¹ Das Betreten von Wald und Weide und die Aneignung wildwachsender Beeren, Pilze u. dgl. sind in ortsüblichem Umfange jedermann gestattet, soweit nicht im Interesse der Kulturen seitens der zuständigen Behörde einzelne bestimmt umgrenzte Verbote erlassen werden.

² Über das Betreten fremden Eigentums zur Ausübung von Jagd und Fischerei kann das kantonale Recht nähere Vorschriften aufstellen.

Art. 700

2. Wegschaffung zugeführter Sachen u. dgl.

¹ Werden Sachen durch Wasser, Wind, Lawinen oder andere Naturgewalt oder zufällige Ereignisse auf ein fremdes Grundstück gebracht, oder geraten Tiere, wie Gross- und Kleinvieh, Bienenschwärme, Geflügel und Fische auf fremden Boden, so hat der Grundeigentümer dem Berechtigten deren Aufsuchung und Wegschaffung zu gestatten.

² Für den hieraus entstehenden Schaden kann er Ersatz verlangen und hat hiefür an diesen Sachen ein Retentionsrecht.

Art. 701

3. Abwehr von Gefahr und Schaden

¹ Kann jemand einen drohenden Schaden oder eine gegenwärtige Gefahr nur dadurch von sich oder andern abwenden, dass er in das Grundeigentum eines Dritten eingreift, so ist dieser verpflichtet, den Eingriff zu dulden, sobald Gefahr oder Schaden ungleich grösser sind als die durch den Eingriff entstehende Beeinträchtigung.

² Für den hieraus entstehenden Schaden ist angemessener Ersatz zu leisten.

Eigentum an einem Grundstück zu haben beinhaltet auch das Recht, anderen Personen das Betreten des eigenen Bodens zu verbieten. Dieses Abwehrrecht hat aber seine Grenzen, wo Interessen anderer Personen überwiegen. So gestattet das ZGB, fremde Wald- und Weidegrundstücke zu betreten, um wildwachsende Pilze oder Beeren zu sammeln (Art. 699) – dies liegt im Interesse der Allgemeinheit, des Gemeinwohls.

Demgegenüber schützen die Artikel 700 und 701 Interessen in Einzelsituationen: Verirrt sich ein Tier auf fremden Boden, ist es dem Tierhalter – mit Erlaubnis des Grundeigentümers – natürlich erlaubt, sein Tier dort auch zu fangen und nach Hause zu schaffen. In einer weiteren Situation schränkt das Gesetz das Abwehrrecht des Grundeigentümers ein: Wenn Schaden nur vermieden, eine Gefahr nur abgewehrt werden kann, wenn jemand dazu fremden Boden betritt, muss dies der Grundeigentümer dulden, «sobald Gefahr und Schaden ungleich grösser sind als die durch den Eingriff entstehende Beeinträchtigung».

Eingriff durch das öffentliche Recht

V. Öffentlich-rechtliche Beschränkungen
1. Im allgemeinen

Art. 702

Dem Bunde, den Kantonen und den Gemeinden bleibt es vorbehalten, Beschränkungen des Grundeigentums zum allgemeinen Wohl aufzustellen, wie namentlich betreffend die Bau-, Feuer- und Gesundheitspolizei, das Forst- und Strassenwesen, den Reckweg, die Errichtung von Grenzmarken und Vermessungszeichen, die Bodenverbesserungen, die Zerstückelung der Güter, die Zusammenlegung von ländlichen Fluren und von Baugebiet, die Erhaltung von Altertümern und Naturdenkmälern, die Sicherung der Landschaften und Aussichtspunkte vor Verunstaltung und den Schutz von Heilquellen.

2. Bodenverbesserungen

Art. 703

[1] Können Bodenverbesserungen, wie Gewässerkorrektionen, Entwässerungen, Bewässerungen, Aufforstungen, Weganlagen, Güterzusammenlegungen u. dgl. nur durch ein gemeinschaftliches Unternehmen ausgeführt werden, und hat die Mehrheit der beteiligten Grundeigentümer, denen zugleich mehr als die Hälfte des beteiligten Bodens gehört, dem Unternehmen zugestimmt, so sind die übrigen Grundeigentümer zum Beitritt verpflichtet. Die an der Beschlussfassung nicht mitwirkenden Grundeigentümer gelten als zustimmend. Der Beitritt ist im Grundbuch anzumerken.

[2] Die Kantone ordnen das Verfahren. Sie haben insbesondere für Güterzusammenlegungen eine einlässliche Ordnung zu treffen.

[3] Die kantonale Gesetzgebung kann die Durchführung solcher Bodenverbesserungen noch weiter erleichtern und die entsprechenden Vorschriften auf Baugebiete und Gebiete mit dauernden Bodenverschiebungen anwendbar erklären.

In allgemeiner Weise hält Artikel 702 fest, dass das Grundeigentum zum allgemeinen Wohl eingeschränkt werden kann. Solche Einschränkungen finden sich nicht nur im ZGB selbst, sondern vor allem in anderen Gesetzen. So schränken die öffentlich-rechtlichen Bau- und Zonenordnungen von Bund und Kantonen das Eigentum des einzelnen ein und schreiben beispielsweise vor, dass in gewissen Zonen keine Gewerbebauten errichtet werden dürfen; sie legen Grenzabstände fest oder verlangen, dass ein neu erstelltes Haus architektonisch in seine Umgebung passt. Einschränkungen des Grundeigentums können weiter etwa aus feuer- oder gesundheitspolizeilichen Interessen, zum

Schutz von Altertümern und Naturdenkmälern etc. gerechtfertigt sein (zur Unterscheidung zwischen öffentlichem Recht und Privatrecht siehe Art. 6, Seite 31).

Einen weiteren Fall, dass Eigentum eingeschränkt werden kann, regelt Artikel 703: Unter bestimmten Voraussetzungen kann eine Minderheit gezwungen werden, an Bodenverbesserungen, sogenannten Meliorationen, mitzuwirken. Dieser Zwang rechtfertigt sich deshalb, weil Land- und Güterzusammenlegungen oder auch Gewässerkorrektionen und Aufforstungen oft nur dann sinnvoll durchgeführt werden können, wenn alle Betroffenen mitmachen. Wie solche Zwangsmeliorationen durchgeführt werden sollen, müssen im wesentlichen die Kantone selbst festlegen; das ZGB stellt nur Minimalvorschriften auf.

Rechte an Quellen und Brunnen

C. Rechte an Quellen und Brunnen
I. Quelleneigentum und Quellenrecht

Art. 704

¹ Quellen sind Bestandteile der Grundstücke und können nur zugleich mit dem Boden, dem sie entspringen, zu Eigentum erworben werden.

² Das Recht an Quellen auf fremdem Boden wird als Dienstbarkeit durch Eintragung in das Grundbuch begründet.

³ Das Grundwasser ist den Quellen gleichgestellt.

II. Ableitung von Quellen

Art. 705

¹ Durch das kantonale Recht kann zur Wahrung des allgemeinen Wohles die Fortleitung von Quellen geordnet, beschränkt oder untersagt werden.

² Ergeben sich hieraus Anstände unter Kantonen, so entscheidet darüber endgültig der Bundesrat.

III. Abgraben von Quellen
1. Schadenersatz

Art. 706

¹ Werden Quellen und Brunnen, die in erheblicher Weise benutzt oder zum Zwecke der Verwertung gefasst worden sind, zum Nachteil des Eigentümers oder Nutzungsberechtigten durch Bauten, Anlagen oder Vorkehrungen anderer Art abgegraben, beeinträchtigt oder verunreinigt, so kann dafür Schadenersatz verlangt werden.

² Ist der Schaden weder absichtlich noch fahrlässig zugefügt oder trifft den Beschädigten selbst ein Verschulden, so bestimmt der Richter nach seinem Ermessen, ob, in welchem Umfange und in welcher Weise Ersatz zu leisten ist.

Art. 707

2. Wiederherstellung

¹ Werden Quellen und Brunnen, die für die Bewirtschaftung oder Bewohnung eines Grundstückes oder für Trinkwasserversorgungen unentbehrlich sind, abgegraben oder verunreinigt, so kann, soweit überhaupt möglich, die Wiederherstellung des früheren Zustandes verlangt werden.

² In den andern Fällen kann diese Wiederherstellung nur verlangt werden, wo besondere Umstände sie rechtfertigen.

Art. 708

IV. Quellengemeinschaft

¹ Bilden benachbarte Quellen verschiedener Eigentümer als Ausfluss eines gemeinsamen Sammelgebietes zusammen eine Quellengruppe, so kann jeder Eigentümer beantragen, dass sie gemeinschaftlich gefasst und den Berechtigten im Verhältnis der bisherigen Quellenstärke zugeleitet werden.

² Die Kosten der gemeinschaftlichen Anlage tragen die Berechtigten im Verhältnis ihres Interesses.

³ Widersetzt sich einer der Berechtigten, so ist jeder von ihnen zur ordnungsgemässen Fassung und Ableitung seiner Quelle auch dann befugt, wenn die Stärke der anderen Quellen dadurch beeinträchtigt wird, und hat hiefür nur insoweit Ersatz zu leisten, als seine Quelle durch die neuen Vorrichtungen verstärkt worden ist.

Art. 709

V. Benutzung von Quellen

Den Kantonen bleibt es vorbehalten, zu bestimmen, in welchem Umfange Quellen, Brunnen und Bäche, die sich in Privateigentum befinden, auch von den Nachbarn und von andern Personen zum Wasserholen, Tränken u. dgl. benutzt werden dürfen.

Art. 710

VI. Notbrunnen

¹ Entbehrt ein Grundstück des für Haus und Hof notwendigen Wassers und lässt sich dieses ohne ganz unverhältnismässige Mühe und Kosten nicht von anderswo herleiten, so kann der Eigentümer vom Nachbarn, der ohne eigene Not ihm solches abzugeben vermag, gegen volle Entschädigung die Abtretung eines Anteils an Brunnen oder Quellen verlangen.

² Bei der Festsetzung des Notbrunnens ist vorzugsweise auf das Interesse des zur Abgabe Verpflichteten Rücksicht zu nehmen.

³ Ändern sich die Verhältnisse, so kann eine Abänderung der getroffenen Ordnung verlangt werden.

VII. Pflicht zur Abtretung
1. Des Wassers

Art. 711

¹ Sind Quellen, Brunnen oder Bäche ihrem Eigentümer von keinem oder im Verhältnis zu ihrer Verwertbarkeit von ganz geringem Nutzen, so kann vom Eigentümer verlangt werden, dass er sie gegen volle Entschädigung für Trinkwasserversorgungen, Hydrantenanlagen oder andere Unternehmungen des allgemeinen Wohles abtrete.

² Diese Entschädigung kann in der Zuleitung von Wasser aus der neuen Anlage bestehen.

Art. 712

2. Des Bodens

Eigentümer von Trinkwasserversorgungen können auf dem Wege der Enteignung die Abtretung des umliegenden Bodens verlangen, soweit es zum Schutz ihrer Quellen gegen Verunreinigung notwendig ist.

Eigentum an Quellen und Brunnen und Eigentum am Boden, aus dem diese entspringen, können nicht getrennt sein (Akzessionsprinzip, siehe Art. 642, Seite 539). Dies gilt grundsätzlich auch für unterirdische Wasseransammlungen, aus denen Quellen entspringen. Auch diese Grundwasservorkommen gehören dem Eigentümer des Bodens, unter dem sie sich befinden; grundsätzlich kann dieser frei darüber bestimmen, wie das Wasser genutzt werden soll. Vor allem bei grossen Grundwassermengen, deren Nutzung im Interesse der Allgemeinheit und nicht nur des jeweiligen Eigentümers liegt, gilt dies aber nicht. So hat das Bundesgericht entschieden, dass grosse und weit ausgedehnte Grundwasser dem öffentlich-rechtlichen Wasserrecht der Kantone unterstehen. Diese haben ihrerseits bedeutende Grundwassermengen weitgehend der privaten Benutzung durch die Grundeigentümer entzogen und zu öffentlichen Gewässern erklärt. Als solche gelten auch die sogenannten Bachquellen, Quellen also, die von Anfang an einen Wasserlauf bilden. Sie stehen nicht im Privateigentum der jeweiligen Grundeigentümer, sondern unter der Hoheit der Kantone (siehe Art. 664 Abs. 3).

Auch wenn an (privaten) Quellen und am Boden, woraus sie entspringen, das gleiche Eigentumsverhältnis bestehen muss, kann anderen Personen an der Nutzung der Quelle ein beschränktes dingliches Recht eingeräumt werden, und zwar in der Form einer Grunddienstbarkeit (siehe Art. 780).

Das Eigentum an Quellen und Brunnen erfährt noch weitere Einschränkungen. So bestehen Schutzvorschriften gegen die Verunreinigung von Quellen (Art. 706 und 707). In Sonderfällen muss der Grundeigentümer das Recht an der Quelle oder sogar am umliegenden Boden an Private abtreten (Privatexpropriation, Art. 711 und 712). Ein Nachbar, der selbst kein oder zuwenig eigenes Wasser hat, kann von der Eigentümerin einer Quelle oder eines Brunnens verlangen, dass ihm ein Anteil daran abgetreten werde (Notbrunnen, Art. 710). Zudem gibt das ZGB den Kantonen die Möglichkeit, zur Sicherung der allgemeinen oder nachbarlichen Wasserversorgung das Eigentum von Grund- und Quelleneigentümern einzuschränken (Art. 705 und 709).

Das Stockwerkeigentum

Was das Gesetz Stockwerkeigentum nennt, ist allgemein besser unter dem Namen Eigentumswohnung bekannt. Beide Begriffe vermitteln den Eindruck, als ob hier Eigentum an einem Stockwerk beziehungsweise an einer Wohnung bestehe. Dies ist aber ungenau. Richtig ist vielmehr, dass bei dieser speziellen Form von Grundeigentum den Stockwerkeigentümern das *ganze* Gebäude *und* der Boden, auf dem es steht, gehört – sie sind Miteigentümer (siehe Art. 646 ff., Seite 542). Sie sind somit durchaus auch Eigentümer «ihrer» Wohnungen. Diese gehören aber nicht jedem oder jeder einzelnen allein, sondern gleichzeitig allen Stockwerkeigentümerinnen und Stockwerkeigentümern. Das Spezielle beim Stockwerkeigentum ist, dass die einzelnen Eigentümer an «ihrer» Wohnung ein Sonderrecht haben, nämlich das Recht, diese allein zu verwalten, zu nutzen und auch baulich zu verändern.

So entstehen zwei Bereiche: Im einen – in der Eigentumswohnung – bestimmt vor allem der oder die einzelne, im andern – im ganzen Gebäude samt Boden aber alle Stockwerkeigentümer als Gemeinschaft. Das Stockwerkeigentum steht somit im Spannungsfeld von gemeinsamen und individuellen Interessen, was zu häufigen Konflikten führen kann.

Auch wenn die Beteiligten Eigentümer sind, sind ihre Rechte, bedingt durch die räumliche Nähe, oft sehr eingeengt. Gerade, was die Art und Weise betrifft, wie sie ihre Wohnungen und vor allem die gemeinsamen Teile wie Hausgang oder Waschküche benutzen können, ähneln ihre konkreten Möglichkeiten eher jenen von Mietern im Mehrfamilienhaus als denjenigen von Einfamilienhausbesitzern. Sie haben sich in der Lautstärke einzuschränken, können die Treppe und die gemeinsamen Gänge nicht als zusätzlichen Raum benutzen und müssen sich untereinander absprechen beim Gebrauch der Waschmaschine. Auch Einschränkungen beim Halten von Tieren müssen sie sich je nachdem gefallen lassen, wenn die anderen das verlangen. Auf der anderen Seite stehen ihnen als Eigentümer mehr Rechte zu, als wenn sie nur Mieter wären. Insbesondere können sie nicht aus ihrer Wohnung geworfen werden, es sei denn, sie benähmen sich krass «daneben». Und vor allem können sie ihre Wohnung verkaufen, verschenken oder auch nur vermieten.

Die räumliche Nähe des Zusammenlebens und die Tatsache, dass beispielsweise über den Unterhalt von Haus und Boden mehrere (manchmal sehr viele) Personen mitzureden haben, verlangt meist eine starke Reglementierung in den verschiedensten Bereichen. Wer ist für die Ordnung im gemeinsamen Bereich zuständig, wer pflegt den Garten und veranlasst Reparaturen an Haus und Heizung? Wann und wie soll eine Renovation am Haus durchgeführt werden, und wer bezahlt dabei wieviel? Solche und viele weitere Fragen werden meist in einem Reglement behandelt. Oft ist dieses aber nicht von den Stockwerkeigentümern selbst aufgestellt worden, sondern sie übernehmen es zusammen mit dem Kaufvertrag. Häufig ist dabei vorgesehen, dass ein Treuhandbüro oder eine Liegenschaftenverwaltung die Verwaltung besorgt, und diesen stehen dann meist beträchtliche Kompetenzen zu. Es steht den Eigentümern zwar frei, jederzeit ein neues Reglement aufzustellen oder jemand anderen mit der Verwaltung zu beauftragen. Dazu müssten sie sich aber zuerst einig sein und ein neues Reglement in einer Versammlung beschliessen. Wie die Erfahrung zeigt, ist es, insbesondere bei grösseren Gemeinschaften, oft sehr schwierig, sich zusammenzuraufen. So machen Stockwerkgemeinschaften von den Rechten, die ihnen eigentlich zustehen, oft zuwenig Gebrauch und lassen sich von vorgegebenen Reglementen bestimmen.

Miteigentum mit einem Sonderrecht

Dritter Abschnitt: Das Stockwerkeigentum

Art. 712*a*

A. Inhalt und Gegenstand
I. Inhalt

[1] Stockwerkeigentum ist der Miteigentumsanteil an einem Grundstück, der dem Miteigentümer das Sonderrecht gibt, bestimmte Teile eines Gebäudes ausschliesslich zu benutzen und innen auszubauen.

[2] Der Stockwerkeigentümer ist in der Verwaltung, Benutzung und baulichen Ausgestaltung seiner eigenen Räume frei, darf jedoch keinem anderen Stockwerkeigentümer die Ausübung des gleichen Rechtes erschweren und die gemeinschaftlichen Bauteile, Anlagen und Einrichtungen in keiner Weise beschädigen oder in ihrer Funktion und äusseren Erscheinung beeinträchtigen.

[3] Er ist verpflichtet, seine Räume so zu unterhalten, wie es zur Erhaltung des Gebäudes in einwandfreiem Zustand und gutem Aussehen erforderlich ist.

Der Boden und das ganze Gebäude stehen im Miteigentum aller Stockwerkeigentümerinnen und -eigentümer, und es gelten zum Teil, vor allem was die Verwaltung und Nutzung des gemeinsamen Teils angeht, dieselben gesetzlichen Regelungen (siehe Art. 646 ff., Seite 542). Beim Miteigentum ist die

Sache rechnerisch in Quoten, Bruchteile zerlegt. An der Quote hat der oder die einzelne die Rechte und Pflichten eines Eigentümers; er kann sie etwa verkaufen, verschenken oder belasten. Der einzelne kann aber nicht über die Sache als *Ganzes* bestimmen; dazu ist nur die Gemeinschaft aller Miteigentümer berechtigt. Dies gilt im wesentlichen auch beim Stockwerkeigentum.

Das Sonderrecht, das den einzelnen Stockwerkeigentümern an bestimmten Teilen — in der Regel handelt es sich dabei um einzelne Wohnungen — zusteht, bedeutet nicht, dass diese Teile im alleinigen Eigentum des jeweiligen Stockwerkeigentümers stünden. Denn das ganze Gebäude steht ja im Miteigentum der Gemeinschaft. Das Sonderrecht verschafft dem einzelnen für seine Wohnung aber eine eigentümerähnliche Stellung; er kann sie frei nutzen, verwalten und baulich gestalten.

- Das Recht der **freien und ausschliesslichen Benutzung** seiner Stockwerkeinheit ist das wichtigste Recht des Stockwerkeigentümers. Er kann seine Stockwerkeinheit vermieten, selbst bewohnen oder auch ein Geschäft darin führen. Allerdings kann im Reglement vorgesehen werden, dass gewisse Nutzungen unzulässig sind oder dass der Gemeinschaft in bestimmten Fällen ein Einspracherecht zusteht. Solche Nutzungsbeschränkungen dürfen aber nicht so weit gehen, dass damit das Wesen des Stockwerkeigentums — eben das Sonderrecht an einzelnen Gebäudeteilen — ausgehöhlt wird. Mögliche Nutzungsbeschränkungen:

– Handelt es sich beim Gebäude gemäss Zweckbestimmung um ein Wohnhaus, ist es zulässig, gewerbliche oder berufliche Tätigkeiten, die unzumutbare Immissionen verursachen, zu verbieten. So kann untersagt sein, Werkstätten, Restaurants, Dancings oder Kinos zu betreiben. Stille Gewerbe (Schriftsteller, Architekten etc.) müssen aber auch in einem Wohnhaus toleriert werden.

– Die Gemeinschaft kann sich bei der Vermietung einer Stockwerkeinheit ein Einspracherecht vorbehalten (siehe Art. 712c, Seite 598). Es ist jedoch nicht zulässig, die Vermietung ganz zu verbieten.

– Das Halten von Tieren, die Lärm verursachen oder Gerüche verbreiten (Raubtiere, grössere Reptilien, Hühner etc.), kann untersagt werden. Demgegenüber ist es nicht gerechtfertigt, einer Stockwerkeigentümerin zu verbieten, Fische oder Hamster zu halten.

– Im Reglement kann verboten werden, besonders lärmige Instrumente wie Schlagzeug oder Trompete zu spielen, oder das Musizieren kann zeitlich (etwa von 8 bis 20 Uhr) eingeschränkt werden. Ein generelles Musizier-Verbot ist aber nicht zulässig.

- **Verwaltungshandlungen**, in denen der einzelne Stockwerkeigentümer frei ist, sind etwa die Reparatur eines Kochherdes, die Renovation der Stockwerkeinheit, das Ersetzen defekter Installationen etc. Aber auch das Vermieten oder Verpachten der Wohnung gehört dazu. Diese Verwaltungshandlungen beziehen sich immer nur auf die «Eigentumswohnung», also die Stockwerkeinheit, an der das Sonderrecht besteht. Die Reparatur der gemeinsamen Waschmaschine aber steht in der Verantwortung der Gemeinschaft.

• Die Befugnis des einzelnen Stockwerkeigentümers, **bauliche Veränderungen und Ausgestaltungen** vorzunehmen, bezieht sich nur auf das Innere der Eigentumswohnung. Alle Teile des Gebäudes, die seine äussere Gestalt und sein Aussehen bestimmen, stehen unter der Kompetenz der Gemeinschaft und können nicht zu Sonderrecht ausgeschieden werden (siehe Art. 712b). Beispiele für Innenausbauten:
- Beseitigung oder Verschiebung von nichttragenden Wänden
- Anbringen von Boden-, Wand- und Deckenbelägen
- Einbau von Möbeln
- Anbringen der Einrichtungen etwa für eine Werkstatt, einen Laden oder eine Arztpraxis
- Einbau von neuen oder zusätzlichen sanitären oder elektrischen Installationen

Baut ein Stockwerkeigentümer seine Wohnung um, darf er dadurch die gemeinschaftlichen Teile in ihrer Funktion nicht beeinträchtigen.

Schranken des Sonderrechts

Schon grundsätzlich gilt, dass bei der Ausübung eines Rechtes auf die Interessen der andern Rücksicht zu nehmen ist. Dieser Grundsatz der schonenden Rechtsausübung gilt bei der Stockwerkgemeinschaft in besonderem Mass. Die enge Beziehung der Stockwerkeigentümer untereinander verlangt von jedem und jeder einzelnen spezielle Rücksicht bei der Ausübung ihres Sonderrechts. Diese Rücksicht gilt es zu beachten zum einen gegenüber jedem einzelnen. Denn auch diesem steht ein Sonderrecht an seiner Einheit zu, das er ungestört ausüben will. Zu unterlassen sind deshalb alle übermässigen materiellen oder immateriellen Immissionen. Was dabei noch erlaubt ist, gleicht im grossen und ganzen dem, was in einer Mietswohnung gilt:
- Radio, Plattenspieler etc. müssen auf Zimmerlautstärke gestellt werden.
- Findet ein Fest statt, soll vor allem nachts darauf geachtet werden, dass die Nachbarn nicht gestört werden.
- In einem Haus, das Gewerberäume enthält, muss ein höherer Lärmpegel in Kauf genommen werden als in einem reinen Wohnhaus.

Bei der Ausübung des Sonderrechts muss nicht nur auf die einzelnen Eigentümerinnen und Eigentümer Rücksicht genommen werden, es dürfen dabei auch nicht die Interessen der Gemeinschaft verletzt werden. Insbesondere dürfen nicht die gemeinsamen Teile der Liegenschaft beschädigt werden. So darf eine Stockwerkeigentümerin keine Wände mit tragender Funktion versetzen; bohrt sie Löcher in die Wände ihrer Wohnung, muss sie aufpassen, dass sie dabei nicht gemeinsame Installationen beschädigt; auch soll der Balkon nicht als Abstellplatz für Müll und Gerümpel missbraucht werden.

Dem einzelnen Stockwerkeigentümer wird aber nicht nur untersagt, bestimmte Dinge zu tun (Unterlassungspflichten), er ist in gewissen Fällen auch zu Handlungen an seiner Einheit verpflichtet (Leistungspflichten). Er muss beispielsweise Unterhaltsarbeiten an seiner Einheit vornehmen, wenn sein Untätigbleiben die Interessen und Rechte der anderen Stockwerkeigentümer verletzen würde. Ist eine Wasserleitung in seiner Wohnung undicht, muss er diese sofort reparieren, damit nicht Feuchtigkeitsschäden an Decke oder Wänden entstehen können. Er muss auch Handwerkern den Zutritt zu seiner Wohnung erlauben, wenn dies für Reparaturen an gemeinschaftlichen Teilen oder an anderen Stockwerkeinheiten nötig ist. Damit das gute Aussehen des Gebäudes nach aussen gewahrt ist, müssen defekte Sonnenstoren, Jalousien, Rolläden und zerbrochene Fensterscheiben repariert und die Pflanzen auf Fensterbrettern und Balkonen gepflegt werden.

Die Stockwerkeinheit als Objekt im Rechtsverkehr

Stockwerkeigentümer haben die gleichen Rechte wie Grundeigentümer, denn das Stockwerkeigentum ist ein Grundstück im Sinn des ZGB (siehe Art. 655 Abs. 2 Ziff. 4). Die Stockwerkeinheit ist ein selbständiges Vermögensobjekt.

Jeder Stockwerkeigentümer kann seine Einheit verkaufen, sie verschenken oder mit einer anderen tauschen. Ein entsprechender Vertrag muss öffentlich beurkundet werden (siehe Art. 657). Während beim Miteigentum die Miteigentümer ein gesetzliches Vorkaufsrecht haben, besteht ein solches beim Stockwerkeigentum nicht. Es kann aber im Begründungsakt oder durch spätere Vereinbarung vorgesehen werden (siehe Art. 712c). Der einzelne Stockwerkeigentumsanteil kann natürlich auch vermietet, verpachtet oder mit einer Hypothek belastet werden.

Gemeinsame Räume oder Eigentumswohnung?

Art. 712*b*

II. Gegenstand

¹ Gegenstand des Sonderrechts können einzelne Stockwerke oder Teile von Stockwerken sein, die als Wohnungen oder als Einheiten von Räumen zu geschäftlichen oder anderen Zwecken mit eigenem Zugang in sich abgeschlossen sein müssen, aber getrennte Nebenräume umfassen können.

² Dem Stockwerkeigentümer können nicht zu Sonderrecht zugeschieden werden:

1. der Boden der Liegenschaft und das Baurecht, kraft dessen gegebenenfalls das Gebäude erstellt wird;

2. die Bauteile, die für den Bestand, die konstruktive Gliederung und Festigkeit des Gebäudes oder der Räume anderer Stockwerkeigentümer von Bedeutung sind oder die äussere Gestalt und das Aussehen des Gebäudes bestimmen;

3. die Anlagen und Einrichtungen, die auch den andern Stockwerkeigentümern für die Benutzung ihrer Räume dienen.

³ Andere Bestandteile des Gebäudes können im Begründungsakt und in gleicher Form auch durch nachherige Vereinbarung der Stockwerkeigentümer als gemeinschaftlich erklärt werden; ist dies nicht geschehen, so gilt die Vermutung, dass sie zu Sonderrecht ausgeschieden sind.

Die Stockwerkeigentümer können nicht jeden beliebigen Teil der Liegenschaft zu Sonderrecht ausscheiden. Das Gesetz setzt hier Schranken: Einerseits schreibt es vor, welche Teile überhaupt nicht als Sonderrecht ausgeschieden werden können, also zwingend gemeinschaftlich genutzt werden müssen. Anderseits stellt es Bedingungen auf für jene Teile, die sonderrechtsfähig sind, das heisst eine «Eigentumswohnung» sein können.

Gemeinschaftliche Objekte

Es liegt im Interesse aller Beteiligten, dass über gewisse Teile der Liegenschaft nicht eine einzelne Person bestimmen kann. Deshalb schreibt das Gesetz zwingend vor, dass neben dem Boden all diejenigen Bauteile, Anlagen und Einrichtungen, die eine gemeinschaftliche Zweckbestimmung haben, nicht zu Sonderrecht ausgeschieden werden können.

- Zwingend gemeinsam ist zuerst einmal der **Boden**, auf dem das Gebäude steht. Er untersteht immer der Nutzungs- und Verwaltungsbefugnis der Gemeinschaft der Stockwerkeigentümer. Im einzelnen sind damit beispielsweise Autoabstellplätze im Freien, offene Innenhöfe oder Kinderspielplätze, aber auch der Garten zwingend gemeinschaftlich.
- Wurde das Gebäude durch ein **Baurecht** errichtet, kann auch dieses nicht zu Sonderrecht ausgeschieden werden (zum Baurecht siehe Art. 779 ff., Seite 646).
- Weiter sind gemeinschaftlich **alle elementaren Gebäudeteile** oder, wie es das Gesetz umschreibt, «die Bauteile, die für den Bestand, die konstruktive Gliederung und Festigkeit des Gebäudes oder der Räume anderer Stockwerkeigentümer von Bedeutung sind». Solche elementaren Gebäudeteile sind etwa das Fundament, tragende Mauern und Stützmauern oder das Dach.
- Aber nicht nur die elementaren Gebäudeteile sind zwingend gemeinschaftlich, auch **alle Teile, welche «die äussere Gestalt und das Aussehen des Gebäudes bestimmen»**, können nicht zu Sonderrecht ausgeschieden werden. Zweck dieser Bestimmung ist, dass die Gemeinschaft und nicht ein einzelner Eigentümer über die bauliche und ästhetische Einheit des Gebäudes bestimmen kann. Die äussere Gestalt hängt von vielen Faktoren ab, etwa von der Art und Zweckbestimmung des Gebäudes, seiner Umgebung und seinem Standort. Deshalb kann erst am konkreten Einzelfall entschieden werden, welche Gebäudeteile das äussere Erscheinungsbild so bestimmen, dass sie zwingend gemeinschaftlich sein müssen. Ohne Zweifel ist aber der Aussenputz ein solcher Teil, ebenso der Fenstersims. Bei den Fenstern ist eine Verallgemeinerung dagegen schon schwieriger. Handelt es sich beispielsweise um einen Glasbau, können die Fenster nicht zu Sonderrecht ausgeschieden werden. Gewöhnliche Fenster dagegen können in gewissem Rahmen sonderrechtsfähig sein, wobei allerdings ihre Grösse und Art nicht verändert werden darf.
- Ebenfalls zwingend gemeinschaftlich sind **gemeinsame Anlagen und Einrichtungen**; all jene Teile also, die ihrer Funktion nach allen Stockwerkeigentümern dienen und im gemeinsamen Interesse erstellt wurden. Dazu gehören etwa:
- Eingangstüre
- Treppenhaus
- Lift
- Waschküche und Trockenraum
- zentrale Heizungsanlage
- Leitungen bis zur Abzweigung zu den einzelnen Einheiten

Gemeinsam durch Vereinbarung
Neben diesen Teilen, die das Gesetz zwingend als gemeinschaftlich erklärt, können die Stockwerkeigentümer auch weitere Räume oder Anlagen in die Verantwortung der Gemeinschaft stellen. Dies darf allerdings nicht für sämtliche Gebäudeteile vereinbart werden, denn zum Wesen des Stockwerkeigentums gehört ja, dass an einzelnen Teilen ein Sonderrecht besteht. Mindestens zwei Einheiten müssen also zu Sonderrecht ausgeschieden sein. Als gemeinsame Teile können beispielsweise bestimmt werden:
- Hauswartswohnung
- Bastel- und Spielräume
- Lager- und Abstellräume
- Gästezimmer

Objekte des Sonderrechts

An allen Teilen, die das Gesetz nicht zwingend als gemeinschaftlich erklärt, können Sonderrechte errichtet werden. Damit dies möglich ist, müssen aber gewisse Voraussetzungen erfüllt sein: Stockwerkeinheiten können nur gebildet werden, wenn sie in sich geschlossene Einheiten sind und einen eigenen Zugang besitzen. Mit diesen beiden Voraussetzungen ist auch gesagt, dass ein sonderrechtsfähiger Teil eine wirtschaftliche Einheit bilden muss.
- **Abgeschlossene Einheit:** Die Erfordernis der Abgeschlossenheit bedeutet, dass ein Sonderrecht nur an Räumen gebildet werden kann. Eine Stockwerkeinheit muss also immer drei Begrenzungen haben: Boden, Wände und Decke oder Dach. Aus welchem Material diese Abgrenzungen sein müssen, hängt von der Zweckbestimmung der Räume ab: Dienen die Räume zum Wohnen, genügen Holzplattenverschläge, wie sie für ein Estrich- oder Kellerabteil ausreichen, nicht; eine Wohnung muss von Mauern oder anderem festem Material umgeben sein. Ein Spezialfall sind die Autoabstellplätze: Wie schon weiter oben gezeigt, kann an Parkplätzen im Freien kein Sonderrecht ausgeschieden werden – der Boden ist ja zwingend gemeinschaftlich. Dasselbe gilt für Abstellplätze auf dem Dach. In Sammelgaragen können hingegen an einzelnen Abstellplätzen Sonderrechte bestehen. Dazu müssen aber die Parkfelder durch abschliessbare Gitter von einander getrennt sein; Bodenmarkierungen allein genügen nicht.
- **Eigener Zugang:** Eine Stockwerkeinheit hat dann einen eigenen Zugang, wenn sie von einem gemeinschaftlichen Teil aus betreten werden kann. Ein Zugang durch andere, in Sonderrecht stehende Räume genügt nicht.
- **Wirtschaftliche Einheit:** Die gesetzlichen Bedingungen für Sonderrecht (Abgeschlossenheit und eigener Zugang) bedeuten letztlich, dass solche

Räume eine wirtschaftliche Selbständigkeit haben. Je nach Zweckbestimmung wird Unterschiedliches verlangt, damit sie als wirtschaftliche Einheiten gelten: Eine Wohnung muss ein Mindestmass an Einrichtungen wie Küche, WC oder Wasserversorgung enthalten; entsprechendes gilt bei einer Werkstatt oder einem anderen Gewerberaum.

Vorkaufs- und Einspracherecht

Art. 712c

III. Verfügung

¹ Von Gesetzes wegen hat der Stockwerkeigentümer kein Vorkaufsrecht gegenüber jedem Dritten, der einen Anteil erwirbt, doch kann es im Begründungsakt oder durch nachherige Vereinbarung errichtet und im Grundbuch vorgemerkt werden.

² In gleicher Weise kann bestimmt werden, dass die Veräusserung eines Stockwerkes, dessen Belastung mit einer Nutzniessung oder einem Wohnrecht sowie die Vermietung nur rechtsgültig ist, wenn die übrigen Stockwerkeigentümer dagegen nicht auf Grund eines von ihnen gefassten Beschlusses binnen 14 Tagen seit der ihnen gemachten Mitteilung Einsprache erhoben haben.

³ Die Einsprache ist unwirksam, wenn sie ohne wichtigen Grund erhoben worden ist, worüber auf Begehren des Einspruchsgegners der Richter im summarischen Verfahren entscheidet.

Vorkaufsrecht und Einspracherecht sind zwei Möglichkeiten der Stockwerkgemeinschaft, sich dagegen zu wehren, dass missliebige Personen in ihren Kreis aufgenommen werden. Um die Verkehrsfähigkeit der Stockwerkeinheiten nicht schon von Gesetzes wegen einzuschränken, hat der Gesetzgeber darauf verzichtet, das Vorkaufsrecht zwingend vorzusehen, wie dies sonst beim Miteigentum der Fall ist. Das Vorkaufsrecht kann aber rechtsgeschäftlich vereinbart werden, entweder bereits im Begründungsakt oder durch eine spätere Vereinbarung.

Dabei kann vorgesehen werden, dass nur bestimmten Stockwerkeigentümern dieses Recht zusteht, beispielsweise nur den direkten Nachbarinnen und Nachbarn. Es können aber auch alle als Vorkaufsberechtigte vorgesehen werden. Weiter kann das Vorkaufsrecht zeitlich begrenzt oder die Höhe des Übernahmepreises zum voraus festgelegt werden. Ein einmal vereinbartes Vorkaufsrecht kann jederzeit wieder aufgehoben oder abgeändert werden, sofern alle Stockwerkeigentümer damit einverstanden sind (Einzelheiten zum Vorkaufsrecht, siehe Art. 681, Seite 574).

Es kann auch vorgesehen werden, dass der Stockwerkeigentümerversammlung die Möglichkeit zusteht, beispielsweise gegen einen Käufer einer Stockwerkeinheit Einsprache zu erheben. Dafür müssen aber wichtige Gründe vorliegen, der Käufer muss für die Stockwerkgemeinschaft unzumutbar sein. Es empfiehlt sich, im Reglement beispielhaft aufzuführen, welche Umstände vorliegen müssen, damit das Einspracherecht ausgeübt werden kann. Ein Einspracherecht kann nicht nur bei Veräusserung der Einheit vorgesehen werden, auch wenn sie mit einer Nutzniessung oder einem Wohnrecht belastet oder vermietet werden soll, kann dies der Einsprache der Gemeinschaft unterliegen. Übt diese ihr Recht aus, kommt das Geschäft nicht zustande.

Vorkaufs- und Einspracherecht können im Grundbuch eingetragen werden und haben dann umfassendere Wirkung gegen Dritte, als wenn sie nicht vorgemerkt werden.

Wie entsteht Stockwerkeigentum?

Art. 712*d*

B. Begründung und Untergang
I. Begründungsakt

¹ Das Stockwerkeigentum wird durch Eintragung im Grundbuch begründet.

² Die Eintragung kann verlangt werden:

1. auf Grund eines Vertrages der Miteigentümer über die Ausgestaltung ihrer Anteile zu Stockwerkeigentum;

2. auf Grund einer Erklärung des Eigentümers der Liegenschaft oder des Inhabers eines selbständigen und dauernden Baurechtes über die Bildung von Miteigentumsanteilen und deren Ausgestaltung zu Stockwerkeigentum.

³ Das Rechtsgeschäft bedarf zu seiner Gültigkeit der öffentlichen Beurkundung oder, wenn es eine Verfügung von Todes wegen oder ein Erbteilungsvertrag ist, der im Erbrecht vorgeschriebenen Form.

Art. 712*e*

II. Wertquoten

¹ Im Begründungsakt ist ausser der räumlichen Ausscheidung der Anteil eines jeden Stockwerkes in Hundertsteln oder Tausendsteln des Wertes der Liegenschaft oder des Baurechts anzugeben.

² Änderungen der Wertquoten bedürfen der Zustimmung aller unmittelbar Beteiligten und der Genehmigung der Versammlung der Stockwerkeigentümer; doch hat jeder Stockwerkeigentümer Anspruch auf Berichtigung, wenn seine Quote aus Irrtum unrichtig festgesetzt wurde oder infolge von baulichen Veränderungen des Gebäudes oder seiner Umgebung unrichtig geworden ist.

Erst wenn das Stockwerkeigentum im Grundbuch eingetragen wird, entsteht es. Für jeden Anteil wird ein eigenes Hauptblatt angelegt. Damit das Stockwerkeigentum aber im Grundbuch aufgenommen werden kann, muss zuerst ein entsprechendes Rechtsgeschäft abgeschlossen werden. So vereinbaren etwa die Käuferinnen einer Liegenschaft, dass diese in Stockwerkeigentum umgewandelt werden soll. Oder der Eigentümer einer Liegenschaft wandelt diese in Stockwerkeigentum um (nach der Eintragung im Grundbuch bleiben vorderhand alle Einheiten in der Hand des Begründers, der sie dann verkaufen, verschenken etc. kann). Ein solcher Begründungsvertrag, aber auch die einseitige Erklärung müssen öffentlich beurkundet werden. Wird jedoch – was auch möglich ist – in einem Testament oder Erbvertrag verfügt, dass eine Liegenschaft in Stockwerkeigentum umzuwandeln sei, muss diese Erklärung die Form aufweisen, die das Erbrecht dafür vorschreibt.

Der Begründungsakt muss als wesentliche Bestandteile zum einen die *Ausscheidung der Stockwerkeinheiten* und zum anderen die *Festlegung der Wertquoten* (siehe weiter unten) enthalten. Diese beiden Elemente sind die sogenannten Essentialien; fehlt eines davon, kann nicht von Stockwerkeigentum gesprochen werden.

Daneben gibt es Punkte, die nicht zwingend für Stockwerkeigentum sind. Damit sie aber für alle Beteiligten gelten, müssen sie im Begründungsakt geregelt sein. Dazu gehören etwa:
- die Begründung eines Vorkaufs- oder Einspracherechts (Art. 712c)
- die Erklärung, dass noch weitere als die gesetzlich zwingenden Gebäudeteile gemeinschaftlich sind (Art. 712b)
- Vorschriften über einen bestimmten Verwendungszweck des Gebäudes (Soll es nur zum Wohnen dienen, oder soll ein Apart-Hotel geführt werden?)
- Bestimmungen darüber, wer für bestimmte Verwaltungshandlungen und bauliche Massnahmen zuständig ist, sofern nicht die vom Gesetz vorgesehene Ordnung übernommen wird (Art. 712g Abs. 2)

Die Wertquote

Die Festsetzung der Wertquote ist ein notwendiges Element bei der Begründung von Stockwerkeigentum. Die Wertquoten müssen feststehen, wenn das Stockwerkeigentum im Grundbuch eingetragen wird. Eine nachträgliche Änderung ist möglich, wenn alle Beteiligten damit einverstanden sind und die Versammlung der Gemeinschaft sie mit einfachem Mehr genehmigt. Jeder Stockwerkeigentümer kann eine Berichtigung verlangen, wenn seine Quote irrtümlicherweise falsch berechnet wurde oder wegen baulicher Veränderungen unrichtig geworden ist.

Die Wertquote ist eine abstrakte Verhältniszahl, ihr Nenner muss in Hundertsteln oder Tausendsteln angegeben werden. Sie legt den Anteil fest, den ein einzelner Stockwerkeigentümer im Verhältnis zum gesamten Miteigentum hat. Die Wertquote ist ein technisches Hilfsmittel, um die Einheit verkehrsfähig zu machen. Allerdings stellt sie nicht unbedingt den wirtschaftlichen Wert der einzelnen Einheit dar: Sie verändert sich beispielsweise nicht, wenn sich der Verkehrswert der Wohnung nach einem luxuriösen Innenausbau erhöht hat. Die Wertquote hat in verschiedener Hinsicht Bedeutung:
– Sie ist massgebend für die Beschlussfähigkeit einer Versammlung der Gemeinschaft: Es müssen die Hälfte aller Stockwerkeigentümerinnen und -eigentümer, die zugleich die Hälfte aller Wertquoten vertreten, anwesend sein (Art. 712p Abs. 1).
– Sie hat Auswirkungen auf die Stimmkraft des einzelnen Stockwerkeigentümers, wenn das Gesetz für einen Beschluss der Gemeinschaft nicht nur eine Mehrheit nach Köpfen, sondern auch nach Anteilen verlangt (Beispiel: Art. 712g Abs. 3).
– Sie ist der Schlüssel zur Verteilung von gemeinschaftlichen Lasten und Kosten auf die einzelnen Stockwerkeigentümer (Art. 712h Abs. 1).

Das Gesetz legt nicht fest, wie die Wertquote zu berechnen sei; die Stockwerkgemeinschaft ist darin also weitgehend frei. Es gibt keine allgemeingültige Methode zur Berechnung der Quote, da die Faktoren, welche sie bestimmen, von Fall zu Fall verschieden sind: Lage der Stockwerkeinheit, Aussicht, Lärmimmissionen etc. Da die Bedeutung der Wertquote gross ist, empfiehlt es sich, für die Berechnung eine Fachperson zu konsultieren.

Das Ende des Stockwerkeigentums

III. Untergang

Art. 712*f*

¹ Das Stockwerkeigentum endigt mit dem Untergang der Liegenschaft oder des Baurechtes und mit der Löschung im Grundbuch.

² Die Löschung kann auf Grund einer Aufhebungsvereinbarung und ohne solche von einem Stockwerkeigentümer, der alle Anteile in seiner Hand vereinigt, verlangt werden, bedarf jedoch der Zustimmung der an den einzelnen Stockwerken dinglich berechtigten Personen, deren Rechte nicht ohne Nachteil auf das ganze Grundstück übertragen werden können.

³ Die Aufhebung kann von jedem Stockwerkeigentümer verlangt werden, wenn das Gebäude zu mehr als der Hälfte seines Wertes zerstört und der Wiederaufbau nicht ohne eine für ihn schwer tragbare Belastung durchführbar ist; doch können die Stockwerkeigentümer, welche die Gemeinschaft fortsetzen wollen, die Aufhebung durch Abfindung der übrigen abwenden.

Stockwerkeigentum ist auf dauernden Bestand angelegt. Es ist aber möglich, seine Dauer bereits im Begründungsakt, in einer späteren Vereinbarung oder im Reglement zu begrenzen. Im Vergleich zum gewöhnlichen Miteigentum ist die Auflösung von Stockwerkeigentum erschwert. So kann der einzelne Stockwerkeigentümer nicht wie ein gewöhnlicher Miteigentümer jederzeit die Auflösung verlangen (siehe Art. 650 Abs. 1, Seite 551). Das Stockwerkeigentum bleibt auch bestehen, wenn alle Einheiten in einer Hand vereint sind, es sei denn, der Betreffende verlange die Löschung im Grundbuch.

- **Untergang der Liegenschaft oder des Baurechts:** Das Stockwerkeigentum geht unter, wenn die Liegenschaft, auf der es errichtet wurde, *vollständig* und ohne Möglichkeit der Wiederherstellung untergeht. Dies ist beispielsweise nicht der Fall, wenn sie von einer Lawine verschüttet und nur das Gebäude zerstört wird (in diesem Fall kann eventuell ein Aufhebungsanspruch bestehen). Von einem vollständigen Untergang kann jedoch gesprochen werden, wenn ein am Seeufer errichtetes Gebäude samt Grund und Boden im Wasser versinkt.

Ist das Stockwerkeigentum aufgrund eines Baurechts entstanden und läuft dieses aus, fällt das Gebäude ins Eigentum des Grundeigentümers (siehe Art. 779c, Seite 647, Kommentar Seite 650). Er kann die Löschung des Grund-

bucheintrags verlangen, der im übrigen nur noch formell besteht. Der Grundbuchverwalter muss alle Beteiligten (die einzelnen Stockwerkeigentümerinnen und -eigentümer, den Baurechtsberechtigten, allfällige Inhaber beschränkter dinglicher Rechte) über die Löschung informieren.
* **Aufhebungsvereinbarung:** Nur mit der Zustimmung aller Beteiligten kann Stockwerkeigentum aufgelöst werden. Es ist nicht zulässig, dafür im Reglement bloss ein einfaches Mehr zu vereinbaren. Sind einzelne Stockwerkeinheiten mit dinglichen Rechten (zum Beispiel mit Hypotheken) belastet und können diese nicht ohne Nachteil auf das ganze Grundstück übertragen werden, bedarf es zur Aufhebung zudem der schriftlichen Zustimmungen der dinglich berechtigten Personen.

Soll das Stockwerkeigentum in gewöhnliches Miteigentum umgewandelt werden, genügt für die Aufhebungsvereinbarung die schriftliche Form. Wird aber das Miteigentum aufgehoben, muss sie öffentlich beurkundet werden.
* **Aufhebungsanspruch:** Grundsätzlich kann ein einzelner Stockwerkeigentümer nicht verlangen, dass das Stockwerkeigentum aufgelöst wird. Ein solcher Anspruch besteht nur ausnahmsweise, wenn folgende drei Voraussetzungen erfüllt sind:
- Das Gebäude ist zu mehr als der Hälfte des Wertes zerstört.
- Der Wiederaufbau ist nur möglich mit einer finanziellen Belastung, die für ihn schwer zu tragen wäre. Dies ist eine subjektive Voraussetzung, die nur im Einzelfall aufgrund der konkreten Umstände geprüft werden kann.
- Die anderen Stockwerkeigentümer wollen weitermachen und zahlen dem Austrittwilligen keine Abfindung aus. Das Gesetz sagt nichts über die Höhe dieser Abfindung; sie wird üblicherweise aufgrund des objektiven Verkehrswerts der Einheit berechnet.

Verwaltung und Nutzung

C. Verwaltung und Benutzung
I. Die anwendbaren Bestimmungen

Art. 712g

¹ Für die Zuständigkeit zu Verwaltungshandlungen und baulichen Massnahmen gelten die Bestimmungen über das Miteigentum.

² Soweit diese Bestimmungen es nicht selber ausschliessen, können sie durch eine andere Ordnung ersetzt werden, jedoch nur im Begründungsakt oder mit einstimmigem Beschluss aller Stockwerkeigentümer.

³ Im übrigen kann jeder Stockwerkeigentümer verlangen, dass ein Reglement über die Verwaltung und Benutzung aufgestellt und im Grundbuch angemerkt werde, das zu seiner Verbindlichkeit der Annahme durch Beschluss mit der Mehrheit der Stockwerkeigentümer, die zugleich zu mehr als der Hälfte anteilsberechtigt ist, bedarf und mit dieser Mehrheit, auch wenn es im Begründungsvertrag aufgestellt worden ist, geändert werden kann.

Um ein reibungsloses Zusammenleben der Beteiligten und ein Funktionieren der Gemeinschaft nach innen zu gewährleisten, muss die Verwaltung und Nutzung der gemeinschaftlichen Teile geregelt sein. Die Bestimmungen über das Stockwerkeigentum führen nun nicht im Detail auf, wer eine einzelne Verwaltungshandlung vornehmen oder anordnen kann. Es wird auf die entsprechenden Regeln des gewöhnlichen Miteigentums, also auf die Artikel 647 bis 647e (siehe Seite 543), verwiesen. Allerdings können die Stockwerkeigentümerinnen und -eigentümer diese Ordnung, wie sie das gewöhnliche Miteigentum vorschreibt, abändern, jedoch nur soweit, als die gesetzlichen Bestimmungen nicht zwingend sind. Jeder Stockwerkeigentümer hat im übrigen das Recht, dass die Verwaltung und Nutzung in einem Reglement festgeschrieben wird.

Was muss die Gemeinschaft bezahlen?

Art. 712h

II. Gemeinschaftliche Kosten und Lasten
1. Bestand und Verteilung

¹ Die Stockwerkeigentümer haben an die Lasten des gemeinschaftlichen Eigentums und an die Kosten der gemeinschaftlichen Verwaltung Beiträge nach Massgabe ihrer Wertquoten zu leisten.

² Solche Lasten und Kosten sind namentlich:
1. die Auslagen für den laufenden Unterhalt, für Reparaturen und Erneuerungen der gemeinschaftlichen Teile des Grundstückes und Gebäudes sowie der gemeinschaftlichen Anlagen und Einrichtungen;
2. die Kosten der Verwaltungstätigkeit einschliesslich der Entschädigung des Verwalters;
3. die den Stockwerkeigentümern insgesamt auferlegten öffentlich-rechtlichen Beiträge und Steuern;
4. die Zins- und Amortisationszahlungen an Pfandgläubiger, denen die Liegenschaft haftet oder denen sich die Stockwerkeigentümer solidarisch verpflichtet haben.

³ Dienen bestimmte gemeinschaftliche Bauteile, Anlagen oder Einrichtungen einzelnen Stockwerkeinheiten nicht oder nur in ganz geringem Masse, so ist dies bei der Verteilung der Kosten zu berücksichtigen.

Die Kosten und Lasten der Eigentumswohnung müssen von den einzelnen Stockwerkeigentümern getragen werden. Es entstehen aber auch Kosten, für welche die Gemeinschaft aufkommen muss, etwa die Entschädigung für den Hauswart oder die Rechnung für eine Reparatur an gemeinschaftlichen Gebäudeteilen. Artikel 712h zählt Beispiele für Kosten auf, welche die Gemeinschaft zu tragen hat. Er hält fest, dass jeder Stockwerkeigentümer an diese Aufwendungen Beiträge zu leisten hat und nach welchem Schlüssel diese zu verteilen sind. Zu den gemeinschaftlichen Kosten und Lasten gehören:
- **Auslagen für den laufenden Unterhalt und für Reparaturen und Erneuerungen:** Kosten für die Heizungswartung oder den Unterhalt des Aufzugs, Kosten für gemeinsame Antennenanlagen, Aufwendungen für die Gartenpflege, Entschädigungen für Reinigungsarbeiten oder für den Kaminfeger, Reparatur des lecken Dachs, Aufwendungen für Feuer- und Wasserschäden etc.
- **Kosten der Verwaltungstätigkeit:** Das Gesetz erwähnt ausdrücklich die Entschädigung für den Verwalter. Unter diesen Titel fallen aber auch der

Lohn des Hauswarts, Spesen und Entschädigungen für Ausschuss-Mitglieder, Auslagen für die Durchführung der Stockwerkeigentümer-Versammlung, Beurkundungs- und Grundbuchgebühren bei der Begründung des Stockwerkeigentums.
- **Öffentlich-rechtliche Beiträge und Steuern:** Nur jene Beiträge und Steuern, die den Stockwerkeigentümern *insgesamt* auferlegt werden, fallen unter diese Ziffer. Wann die Gemeinschaft, wann die einzelnen bezahlen müssen, bestimmen das Steuerrecht oder andere öffentlich-rechtliche Erlasse.
- **Zins- und Amortisationszahlungen:** Damit sind vor allem die Hypothekarzinsen angesprochen. Auch Baurechtszinsen gehören unter diesen Titel.

Wer zahlt wieviel?

Die gemeinschaftlichen Kosten und Lasten werden unter die Stockwerkeigentümer nach Massgabe ihrer Wertquote verteilt. Dieser Grundsatz ist allerdings nicht zwingend. Anstelle der Wertquote kann auch ein anderes Kriterium als Berechnungsgrundlage für den Verteilschlüssel dienen. Zu denken ist etwa an den Verkehrswert der Einheiten, an ihren Steuerwert oder an die Bruttogeschossfläche. Die Verteilung der Kosten nach den Wertquoten kann auch sachlich falsch oder unbefriedigend sein; Beispiele:
− Bestimmte Anlagen oder Einrichtungen dienen nicht allen Stockwerkeigentümern im gleichen Mass. So braucht jemand, der im ersten Stock wohnt, den Lift weniger intensiv als die Bewohner des fünften Stocks.
− Betreibt ein Stockwerkeigentümer ein Gewerbe, verbraucht er möglicherweise mehr Wasser oder Strom.

In einigen Fällen verlangt das Gesetz zwingend, dass Unterschiede bei der Kostenverteilung berücksichtigt werden:
− So zum Beispiel, wenn bestimmte Bauteile, Anlagen oder Einrichtungen einzelnen Stockwerkeigentümern nicht oder nur in geringem Mass dienen (Art. 712h Abs. 3). Dies gilt aber nicht für jede unterschiedliche Benutzung, sondern nur dann, wenn der Nutzen einer Einrichtung für einzelne Stockwerkeigentümer aus objektiven Gründen nur gering oder überhaupt nicht vorhanden ist. Wann dies der Fall ist, bestimmt sich nach den konkreten Umständen.
− Ergreift eine Gemeinschaft gegen den Willen einzelner Stockwerkeigentümer nützliche oder luxuriöse Massnahmen, müssen diese sich an den Kosten nicht beteiligen (siehe Art. 647d Abs. 3 und 647e Abs. 2, Seite 545).
− Richtet eine Stockwerkeigentümerin ihre Einheit baulich besonders aufwendig ein, hat sie einen zustätzlichen Anteil an die Prämien für die Feueroder eine andere Versicherung zu bezahlen (Art. 712m Abs. 1 Ziff. 6).

Soll in einer Gemeinschaft eine andere als die gesetzliche Lösung gelten, muss die Stockwerkeigentümer-Versammlung diese beschliessen (Art. 712m Abs. 1 Ziff. 4). Dabei genügt das einfache Mehr der Anwesenden, sofern das Reglement nichts anderes vorsieht. Besteht aber bereits ein Verteilschlüssel im Reglement, braucht es für die Änderung eine qualifizierte Mehrheit nach Köpfen und Anteilen (Art. 712g Abs. 3).

Was, wenn nicht bezahlt wird?

Die Rechnung für die Reparatur des Daches oder für die Steuern am gemeinsamen Teil der Liegenschaft gehen natürlich an die Adresse der Gemeinschaft. Wenn aber einzelne Stockwerkeigentümer ihre Beiträge gemäss Verteilschlüssel nicht bezahlen, entsteht ein Loch in der Kasse, die Gemeinschaft kann nicht alle Rechnungen begleichen, oder andere Stockwerkeigentümer müssten mehr bezahlen. Deshalb stehen der Gemeinschaft gegenüber säumigen Mitgliedern zwei Sicherungsmittel zur Verfügung, ein Pfandrecht und ein Retentionsrecht.

Art. 712*i*

2. Haftung für Beiträge
a. Gesetzliches Pfandrecht

[1] Die Gemeinschaft hat für die auf die letzten drei Jahre entfallenden Beitragsforderungen Anspruch gegenüber jedem jeweiligen Stockwerkeigentümer auf Errichtung eines Pfandrechtes an dessen Anteil.

[2] Die Eintragung kann vom Verwalter oder, wenn ein solcher nicht bestellt ist, von jedem dazu durch Mehrheitsbeschluss oder durch den Richter ermächtigten Stockwerkeigentümer und vom Gläubiger, für den die Beitragsforderung gepfändet ist, verlangt werden.

[3] Im übrigen sind die Bestimmungen über die Errichtung des Bauhandwerkerpfandrechts sinngemäss anwendbar.

Art. 712*k*

b. Retentionsrecht

Die Gemeinschaft hat für die auf die letzten drei Jahre entfallenden Beitragsforderungen an den beweglichen Sachen, die sich in den Räumen eines Stockwerkeigentümers befinden und zu deren Einrichtung oder Benutzung gehören, ein Retentionsrecht wie ein Vermieter.

Pfandrecht der Gemeinschaft

Ist ein Stockwerkeigentümer mit der Bezahlung seiner Beiträge im Rückstand, kann auf seiner Stockwerkeinheit ein Grundpfand – oder, wie dies in der Alltagssprache heisst, eine Hypothek – zugunsten der Gemeinschaft errichtet werden. Bezahlt der Eigentümer seinen Anteil an den gemeinschaftlichen Kosten nicht, kann die Gemeinschaft die Wohnung versteigern lassen und sich aus dem Verkaufspreis schadlos halten. Auch allfällige Verzugszinsen und Betreibungskosten werden daraus bezahlt. Mit der Eintragung des Gemeinschaftspfandrechts im Grundbuch können ausstehende Beiträge allerdings nur auf drei Jahre zurück sichergestellt werden.

Der Grundbucheintrag kann nur verlangt werden, wenn entweder der Eigentümer die Forderung anerkannt hat oder wenn sie durch ein entsprechendes Gerichtsurteil belegt ist. Im zweiten Fall kann es natürlich lange dauern, bis ein Entscheid vorliegt. Deshalb kann die *vorläufige* Vormerkung des Gemeinschaftspfandrechts im Grundbuch verlangt werden.

Der momentane Eigentümer einer Stockwerkeinheit muss nicht identisch sein mit der Person, welche die Beiträge nicht bezahlt hat. Trotzdem muss er zahlen oder läuft Gefahr, dass seine Eigentumswohnung verwertet wird. Denn das Recht, an einer Einheit ein Grundpfand für ausstehende Beiträge zu errichten, besteht immer gegen den Eigentümer. Kauft also jemand eine Stockwerkeinheit und ist der alte Eigentümer Beiträge schuldig geblieben, kann das Pfand auch gegen den neuen Eigentümer errichtet werden. Bezahlt er die Beiträge, um die Pfanderrichtung abzuwenden, kann er den Betrag vom früheren Eigentümer zurückverlangen.

Wie im einzelnen das Gemeinschaftspfandrecht errichtet wird und welche Wirkungen es hat, ist nicht nur bei den Bestimmungen zum Stockwerkeigentum geregelt. Absatz 3 von Artikel 712i verweist ausdrücklich darauf, dass sinngemäss auch die Bestimmungen über das Bauhandwerkerpfandrecht anzuwenden seien (Art. 837 Abs. 1 Ziff. 3, Abs. 2 und Art. 839 Abs. 2). Zudem gelten auch die allgemeinen Bestimmungen des Grundpfandrechts (Art. 793 bis 823, Seite 655) und im besonderen jene über die Grundpfandverschreibung (Art. 824 bis 835).

Das Retentionsrecht

Neben dem Pfandrecht steht der Gemeinschaft mit dem Retentionsrecht ein zweites Sicherungsmittel zur Verfügung. Es besteht an allen «beweglichen Sachen, die sich in den Räumen eines Stockwerkeigentümers befinden und zu deren Einrichtung oder Benutzung gehören». Dieses Retentionsrecht ist latent immer vorhanden, auch wenn der Eigentümer die Beiträge regelmässig bezahlt.

Kommt er seiner Pflicht nicht nach und will die Gemeinschaft von ihrem Recht Gebrauch machen, muss sie jedoch vom Betreibungsamt die Aufnahme einer Retentionsurkunde verlangen. Darin werden nur soviele Gegenstände aufgeführt, wie ihrem Wert nach den ausstehenden Beiträgen entsprechen. Die Sachen, die in der Retentionsurkunde aufgeführt sind, unterliegen dem Retentionsbeschlag: Auch wenn der Eigentümer diese Gegenstände weiter benutzen kann, darf er sich nicht mehr verkaufen oder verschenken; er darf nicht mehr darüber verfügen. Entfernt er einen dieser Gegenstände aus der Wohnung, kann dieser jederzeit zurückgeschafft werden.

Auch das Retentionsrecht trifft immer den Eigentümer der Einheit, gleichgültig, ob er selbst oder sein Vorgänger die Beiträge nicht bezahlt hat. Und wie beim Pfandrecht können nur die Beiträge der letzten drei Jahre gesichert werden, zuzüglich allfällige Betreibungs- und Retentionskosten.

Artikel 712k verweist ausdrücklich auf das Retentionsrecht des Vermieters gegenüber seinem Mieter, womit die Artikel 268 bis 268b des Obligationenrechts angesprochen sind. Dazu ist ein Hinweis nötig: Mit der Revision des Mietrechts (in Kraft seit 1. Juli 1990) wurde das Retentionsrecht des Vermieters bei Wohnungen abgeschafft; es gilt nur noch bei Geschäftsräumen. Trotzdem haben die Gerichte entschieden, dass das Retentionsrecht der Stockwerkeigentümergemeinschaft auch gelte, wenn die betreffende Stockwerkeinheit dem Wohnen diene.

Die Gemeinschaft als quasi juristische Person

Art. 712*l*

III. Handlungsfähigkeit der Gemeinschaft

¹ Unter ihrem eigenen Namen erwirbt die Gemeinschaft das sich aus ihrer Verwaltungstätigkeit ergebende Vermögen, wie namentlich die Beitragsforderungen und die aus ihnen erzielten verfügbaren Mittel, wie den Erneuerungsfonds.

² Die Gemeinschaft der Stockwerkeigentümer kann unter ihrem Namen klagen und betreiben sowie am Ort der gelegenen Sache beklagt und betrieben werden.

Die Gemeinschaft der Stockwerkeigentümerinnen und -eigentümer ist keine juristische Person (Art. 52 ff.), wird aber vom Gesetz in gewisser Hinsicht wie eine solche behandelt. So kann die Gemeinschaft «unter ihrem eigenen Namen» Vermögen erwerben, allerdings nur, soweit es dazu dient, das gemeinsame Grundstück zu verwalten, nutzen und zu erhalten. Man spricht deshalb von *beschränkter Vermögensfähigkeit*. Dies vereinfacht die gemeinschaftliche

Verwaltung sehr: Es ist ein Sondervermögen vorhanden, aus dem die üblichen Verwaltungskosten gedeckt werden können, ohne dass für jede Bagatelle die einzelnen Stockwerkeigentümer tätig werden müssten.

Der wohl bedeutendste Teil dieses Verwaltungsvermögens besteht aus den Beiträgen der einzelnen Stockwerkeigentümer an die gemeinsamen Kosten. Auch ein Erneuerungsfonds für grössere Unterhalts- und Renovationsarbeiten kann zu diesem Vermögen der Gemeinschaft gehören. Weiter sind auch Ansprüche und Forderungen gegenüber Dritten, welche die Gemeinschaft im Rahmen ihrer Verwaltungstätigkeit erwirbt, Teil des Verwaltungsvermögens. Hat beispielsweise die Gemeinschaft einen Handwerker beauftragt, den Lift zu reparieren, und funktioniert dieser weiter nicht, steht es der Gemeinschaft zu, die Forderung wegen mangelhafter Erfüllung des Auftrags geltend zu machen.

Entsprechend ihrer beschränkten Vermögensfähigkeit ist die Gemeinschaft auch *beschränkt handlungs-, prozess- und betreibungsfähig*. Das erlaubt ihr, unter ihrem Namen Geschäfte abzuschliessen, sofern dies im Rahmen der gemeinschaftlichen Verwaltung liegt. Die Gemeinschaft kann also den Auftrag erteilen, das Dach zu reparieren, das Treppengeländer zu erneuern oder den Garten zu pflegen. Die Gemeinschaft als solche ist dann auch verpflichtet, diese Aufträge zu bezahlen; sie ist also Schuldnerin. Die Gemeinschaft ist aber nicht nur gegen aussen handlungsfähig. Auch gegenüber den einzelnen Stockwerkeigentümerinnen und -eigentümern gilt dies; sie kann zum Beispiel die Errichtung eines Pfandrechts für ausstehende Beiträge verlangen (siehe Art. 712i). Weiter kann die Gemeinschaft auch klagen, beklagt oder betrieben werden, dies alles aber immer nur im Rahmen der gemeinschaftlichen Verwaltung.

Oberste Instanz:
Versammlung der Stockwerkeigentümer

Art. 712*m*

D. Organisation
I. Versammlung der Stockwerkeigentümer
1. Zuständigkeit und rechtliche Stellung

[1] Ausser den in andern Bestimmungen genannten hat die Versammlung der Stockwerkeigentümer insbesondere die folgenden Befugnisse:

1. in allen Verwaltungsangelegenheiten, die nicht dem Verwalter zustehen, zu entscheiden;

2. den Verwalter zu bestellen und die Aufsicht über dessen Tätigkeit zu führen;

3. einen Ausschuss oder einen Abgeordneten zu wählen, dem sie Verwaltungsangelegenheiten übertragen kann, wie namentlich die Aufgabe, dem Verwalter beratend zur Seite zu stehen, dessen Geschäftsführung zu prüfen und der Versammlung darüber Bericht zu erstatten und Antrag zu stellen;

4. jährlich den Kostenvoranschlag, die Rechnung und die Verteilung der Kosten unter den Eigentümern zu genehmigen;

5. über die Schaffung eines Erneuerungsfonds für Unterhalts- und Erneuerungsarbeiten zu befinden;

6. das Gebäude gegen Feuer und andere Gefahren zu versichern und die üblichen Haftpflichtversicherungen abzuschliessen, ferner den Stockwerkeigentümer, der seine Räume mit ausserordentlichen Aufwendungen baulich ausgestaltet hat, zur Leistung eines zusätzlichen Prämienanteils zu verpflichten, wenn er nicht eine Zusatzversicherung auf eigene Rechnung abschliesst.

[2] Soweit das Gesetz nicht besondere Bestimmungen enthält, finden auf die Versammlung der Stockwerkeigentümer und auf den Ausschuss die Vorschriften über die Organe des Vereins und über die Anfechtung von Vereinsbeschlüssen Anwendung.

Das Gesetz lässt der Stockwerkgemeinschaft einen breiten Spielraum, wie sie sich organisiert. Als einziges zwingend vorgeschriebenes Organ ist die Versammlung der Stockwerkeigentümerinnen und -eigentümer vorgesehen. Diese ist immer oberstes Organ der Gemeinschaft, auch wenn – was nicht zwingend ist – ein Verwalter bestellt wird. Die Artikel 712m bis 712p befassen sich speziell mit der Versammlung der Stockwerkeigentümer. Daneben finden sich auch in weiteren Bestimmungen zum Stockwerkeigentum Anordnungen über die Versammlung (Art. 712c Abs. 2, 712e Abs. 2, 712g Abs. 2 und 3, 712i Abs. 2, 712r Abs. 2). Weiter verweist das Gesetz auf die Vorschriften über die Organe des Vereins (Art. 64 bis 69, Seite 89) und auf die Anfechtungsklage gegen Vereinsbeschlüsse (Art. 75, Seite 100), welche Anwendung auf die Versammlung der Stockwerkeigentümer und auf einen allenfalls bestellten Ausschuss finden.

Was liegt in der Kompetenz der Versammlung?

Artikel 712m führt in Absatz 1 einen Katalog von Kompetenzen auf, welche der Versammlung zustehen. Diese Aufzählung ist allerdings nicht abschliessend, weitere Befugnisse finden sich etwa in Artikel 712e Absatz 2 und in Artikel 712g Absatz 2 und 3. Ganz grundsätzlich besteht die gesetzliche Vermutung, dass für eine Tätigkeit die Versammlung zuständig ist.

– Die Versammlung ist für alle Verwaltungshandlungen zuständig, die nicht dem Verwalter zustehen. Die Aufgaben des Verwalters – sofern ein solcher überhaupt eingesetzt worden ist – sind in den Artikeln 712s und 712t erläutert. Als Verwaltungshandlungen gelten hier jene Tätigkeiten, die im Interesse der Gemeinschaft stehen.

– Soll ein Verwalter die Geschäfte der Gemeinschaft besorgen, wird er von der Versammlung bestellt und beaufsichtigt.

– Die Gemeinschaft kann neben dem Verwalter auch einen Ausschuss oder einen Abgeordneten bestellen. Es liegt an der Versammlung, die Aufgaben eines solchen Organs zu bestimmen. Das Gesetz zählt beispielhaft Kontrollfunktionen auf: Beratung und Überprüfung des Verwalters, Bericht und Antrag über dessen Geschäftsführung an den Ausschuss. Dem Ausschuss oder Abgeordneten können aber von der Versammlung auch Entscheidungskompetenzen übertragen werden, etwa das Erstellen einer Hausordnung. Die Versammlung kann zudem auch weitere, im Gesetz nicht genannte Organe bestellen, beispielsweise eine Kontrollstelle, welche die Jahresrechnung überprüft.

– Der Versammlung stehen auch die finanziellen Grundsatzentscheide zu; sie genehmigt den jährlichen Kostenvoranschlag, die jährliche Rechnung und die Verteilung der Kosten unter den Stockwerkeigentümern.

– Es liegt weiter an der Versammlung, über die Schaffung eines Erneuerungsfonds zu entscheiden. Ein solcher ist nicht zwingend vorgesehen, es empfiehlt sich aber, für teure Unterhalts- und Renovationsarbeiten eine Geldreserve anzulegen.

– Das ZGB verlangt nicht, dass sich die Gemeinschaft gegen Schäden versichert. Doch die meisten Kantone schreiben eine Gebäudeversicherung gegen Brand- und Elementarschäden vor. Soweit der Abschluss von Versicherungen nicht obligatorisch ist, liegt es im Ermessen der Versammlung, sich gegen weitere Risiken abzusichern und etwa eine Haftpflicht-, Wasserschaden-, Mobiliar- oder Unfallversicherung für den Hauswart einzugehen.

Einberufung und Leitung der Versammlung

Art. 712*n*

2. Einberufung und Leitung

¹ Die Versammlung der Stockwerkeigentümer wird vom Verwalter einberufen und geleitet, wenn sie nicht anders beschlossen hat.

² Die Beschlüsse sind zu protokollieren, und das Protokoll ist vom Verwalter oder von dem den Vorsitz führenden Stockwerkeigentümer aufzubewahren.

Für die Einberufung der Versammlung ist – sofern ein solcher bestellt wurde – der Verwalter zuständig, es sei denn, das Reglement bestimme etwas anderes. Der Verwalter legt auch den Zeitpunkt fest, wobei jedes Jahr mindestens eine, die ordentliche Versammlung stattfinden muss. Wenn es die Umstände und die Geschäfte verlangen, müssen weitere, ausserordentliche Versammlungen angesetzt werden.

Hat die Gemeinschaft darauf verzichtet, einen Verwalter zu bestellen, kann jeder Stockwerkeigentümer die Versammlung einberufen.

Zudem kann ein Fünftel aller Stockwerkeigentümerinnen und -eigentümer vom Verwalter verlangen, dass er eine Versammlung einberufe (Art. 64 Abs. 3); selber zu Versammlung einladen können sie allerdings nicht. Kommt der Verwalter ihrem Verlangen nicht nach, muss ihn das Gericht dazu auffordern; zur entsprechenden Klage ist jeder Stockwerkeigentümer berechtigt. Das gleiche gilt, wenn es der Verwalter unterlässt, eine Versammlung einzuberufen, obwohl diese nötig wäre. Um zu vermeiden, dass eine Versammlung im Streitfall nur nach einem Gerichtsentscheid stattfinden kann, empfiehlt es sich, im Reglement festzulegen, dass in solchen Situationen jeder Stockwerkeigentümer das Recht hat, die Versammlung einzuberufen.

Die Einladung zur Versammlung muss jedem Mitglied der Stockwerkgemeinschaft zugestellt werden, wobei das Gesetz nicht festlegt, wieviele Tage vor der Versammlung die Einladung erfolgen muss. In der Regel dürfte die Frist aber nicht weniger als zehn Tage betragen, damit sich die Stockwerkeigentümer auf die Versammlung vorbereiten können. Da das Gesetz sich auch darüber ausschweigt, kann eine Versammlungseinladung auch mündlich erfolgen; das Reglement kann aber die Schriftform vorschreiben.

Der Einladung ist eine Traktandenliste beizulegen. Wird an der Versammlung über ein nicht angekündigtes Traktandum beschlossen, ist dieser Beschluss anfechtbar oder nichtig, es sei denn, das Reglement betrachte dieses Vorgehen als zulässig. Was traktandiert wird, entscheidet der Verwalter. Ein Fünftel aller Stockwerkeigentümer können aber beantragen, dass gewisse

Geschäfte auf die Liste gesetzt werden. Es ist umstritten, ob dazu auch jeder Stockwerkeigentümer einzeln berechtigt ist; deshalb empfiehlt sich, eine entsprechende Regelung ins Reglement aufzunehmen. Ist kein Verwalter bestellt, kann allerdings jeder Stockwerkeigentümer Traktanden zur Beschlussfassung unterbreiten.

Sieht das Reglement nichts anderes vor, leitet der Verwalter die Versammlung. Fehlt ein solcher, kann der Leiter oder die Leiterin zu Beginn der Versammlung gewählt werden, oder die im Reglement vorgesehene Person übernimmt die Aufgabe. Die Versammlungsleitung hat unter anderem zu prüfen, ob die Einberufung ordnungsgemäss erfolgt und die Versammlung beschlussfähig ist; sie leitet die Diskussion und führt die Wahlen und Abstimmungen durch.

Das Gesetz verlangt, dass die Beschlüsse (nicht aber die Verhandlungen und Diskussionen) protokolliert werden und dass das Protokoll aufbewahrt wird. Enthält das Reglement keine Bestimmungen dazu, werden die Protokolle solange aufbewahrt, wie die Stockwerkgemeinschaft besteht.

Beschlussfassung und Stimmrecht

Art. 712*o*

3. Ausübung des Stimmrechtes

¹ Mehrere Personen, denen ein Stockwerk gemeinschaftlich zusteht, haben nur eine Stimme, die sie durch einen Vertreter abgeben.

² Ebenso haben sich der Eigentümer und der Nutzniesser eines Stockwerkes über die Ausübung des Stimmrechtes zu verständigen, ansonst der Nutzniesser in allen Fragen der Verwaltung mit Ausnahme der bloss nützlichen oder der Verschönerung und Bequemlichkeit dienenden baulichen Massnahmen als stimmberechtigt gilt.

Art. 712*p*

4. Beschlussfähigkeit

¹ Die Versammlung der Stockwerkeigentümer ist beschlussfähig, wenn die Hälfte aller Stockwerkeigentümer, die zugleich zur Hälfte anteilsberechtigt ist, mindestens aber zwei Stockwerkeigentümer, anwesend oder vertreten sind.

² Für den Fall der ungenügenden Beteiligung ist eine zweite Versammlung einzuberufen, die nicht vor Ablauf von zehn Tagen seit der ersten stattfinden darf.

³ Die zweite Versammlung ist beschlussfähig, wenn der dritte Teil aller Stockwerkeigentümer, mindestens aber zwei anwesend oder vertreten sind.

Grundsätzlich hat jeder Stockwerkeigentümer und jede Eigentümerin in der Versammlung nur eine Stimme, auch wenn ihm oder ihr mehrere Einheiten gehören (Kopfstimmprinzip). Es ist allerdings möglich, im Begründungsakt oder durch einstimmigen Beschluss eine andere Regelung vorzusehen, soweit nicht zwingende Bestimmungen vorgehen. Beispiele:
- eine Stimme pro Stockwerkeinheit
- Wertquotenstimmrecht, die Grösse der Stockwerkeinheit bestimmt die Stimmkraft
- Stimmrecht nach Köpfen und Anteilen

Sind mehrere Personen zusammen Eigentümer der gleichen Stockwerkeinheit, steht ihnen bei der Versammlung nur eine Stimme zu. Sie ist durch einen von ihnen bestimmten Vertreter abzugeben. Das gleiche gilt, wenn an einer Stockwerkeinheit eine Nutzniessung besteht. Eigentümer und Nutzniesser müssen sich darüber einigen, wie sie in der Versammlung stimmen wollen. Gelingt dies nicht, ist der Eigentümer bei jenen baulichen Massnahmen stimmberechtigt, die nur nützlich sind oder der Verschönerung und Bequemlichkeit dienen. In allen anderen Fragen der Verwaltung hat der Nutzniesser das Stimmrecht.

Damit die Versammlung überhaupt gültig Beschlüsse fassen kann, muss die Hälfte aller Stockwerkeigentümerinnen und -eigentümer, die zugleich die Hälfte der Wertquoten auf sich vereinen, anwesend oder vertreten sein; mindestens aber müssen zwei Stockwerkeigentümer anwesend sein. Für die Beschlussfähigkeit der Versammlung ist also ein doppeltes Quorum verlangt: nach Köpfen und Anteilen. Eine Mehrheit ist nicht nötig, die Anwesenheit von genau der Hälfte der Köpfe und Anteile genügt.

Wird diese Voraussetzung mit fortschreitender Versammlung nicht mehr erfüllt, können keine gültigen Beschlüsse mehr gefasst werden, und für nicht behandelte Traktanden muss eine neue Versammlung angeordnet werden. Eine solche muss auch durchgeführt werden, wenn schon zu Anfang der ersten Versammlung das nötige Quorum nicht erfüllt ist. Die zweite Versammlung darf nicht vor Ablauf von zehn Tagen nach der ersten stattfinden. Für die Beschlussfähigkeit dieser zweiten Versammlung genügen ein Drittel der Stockwerkeigentümerinnen und -eigentümer, mindestens aber deren zwei. Wieviele Anteile diese auf sich vereinen, ist unerheblich. Nehmen auch an der zweiten Versammlung zu wenig Personen teil, muss keine dritte einberufen werden. Der Verwalter oder jeder Stockwerkeigentümer kann die erforderlichen Massnahmen selbst treffen oder vom Gericht anordnen lassen.

Die Quoren für die Beschlussfähigkeit der Versammlung können im Begründungsakt oder im Reglement erschwert, nicht aber erleichtert werden. Diese Bestimmung soll die Mehrheit schützen.

Der Verwalter

Art. 712*q*

II. Der Verwalter
1. Bestellung

¹ Kommt die Bestellung des Verwalters durch die Versammlung der Stockwerkeigentümer nicht zustande, so kann jeder Stockwerkeigentümer die Ernennung des Verwalters durch den Richter verlangen.

² Das gleiche Recht steht auch demjenigen zu, der ein berechtigtes Interesse daran hat, wie dem Pfandgläubiger und dem Versicherer.

Art. 712*r*

2. Abberufung

¹ Durch Beschluss der Versammlung der Stockwerkeigentümer kann der Verwalter unter Vorbehalt allfälliger Entschädigungsansprüche jederzeit abberufen werden.

² Lehnt die Versammlung der Stockwerkeigentümer die Abberufung des Verwalters unter Missachtung wichtiger Gründe ab, so kann jeder Stockwerkeigentümer binnen Monatsfrist die richterliche Abberufung verlangen.

³ Ein Verwalter, der vom Richter eingesetzt wurde, kann ohne dessen Bewilligung vor Ablauf der Zeit, für die er eingesetzt ist, nicht abberufen werden.

Das Gesetz verlangt nicht zwingend, dass jede Stockwerkgemeinschaft einen Verwalter habe. Es gibt jedoch jedem Stockwerkeigentümer die Möglichkeit, einen Verwalter durch das Gericht einsetzen zu lassen, wenn zuvor dessen Bestellung durch die Versammlung nicht zustande gekommen ist. Somit steht es in erster Linie der Versammlung als dem obersten Organ der Gemeinschaft zu, über einen Verwalter zu entscheiden. Diese Kompetenz kann nicht an ein anderes Organ abgetreten werden.

Das Recht, den Verwalter durch das Gericht ernennen zu lassen, steht nicht nur jedem Stockwerkeigentümer und jeder Eigentümerin zu, sondern auch jeder Drittperson, die ein «berechtigtes Interesse» nachweist. Ein solches Interesse kann sich zum Beispiel daraus ergeben, dass diese Drittperson geschäftlich mit der Gemeinschaft zu tun hat und einen klaren Ansprechpartner braucht. Neben den im Gesetz genannten Pfandgläubigern und Versicherern können solche Dritte Bauunternehmer, Mieter oder etwa auch Behörden sein.

Der Verwalter kann von der Versammlung jederzeit abberufen werden, Gründe dazu müssen nicht vorliegen. Beruft die Versammlung den Verwalter aber ab, ohne beispielsweise die im Vertrag vorgesehene Kündigungsfrist einzuhalten, muss ihm die Gemeinschaft eine Entschädigung zahlen, es sei denn, es liegen ausreichende Gründe für eine fristlose Kündigung vor. Die Gemeinschaft wird auch entschädigungspflichtig, wenn der Verwalter in einem Auftragsverhältnis stand und die Abberufung zur Unzeit erfolgte.

Wie die Bestellung kann auch die Abberufung des Verwalters durch das Gericht erfolgen. Dies zu verlangen ist jeder Stockwerkeigentümer berechtigt, Dritten steht dieser Anspruch jedoch nicht zu. Auch die Abberufung durch das Gericht kommt – wie die richterliche Bestellung des Verwalters – erst in zweiter Linie in Frage. Erst wenn die Versammlung den Verwalter nicht abberufen hat, obwohl dafür wichtige Gründe vorliegen, kann das Gericht eingreifen. Das Gericht muss innert eines Monats, nachdem die Versammlung eine Abberufung abgelehnt hat, angerufen werden.

Ein wichtiger Grund für die Abberufung liegt dann vor, wenn die Zusammenarbeit mit einem Verwalter nicht mehr zumutbar ist. Konkreter: Der Verwalter gibt der Gemeinschaft Belege nicht heraus, obwohl er durch die Versammlung dazu verpflichtet wurde; er verwaltet die Gelder unsorgfältig; er schikaniert die Stockwerkeigentümer.

Wurde der Verwalter vom Gericht bestellt, kann ihn die Versammlung nicht einfach wieder abberufen. Will die Gemeinschaft nicht mehr mit diesem Verwalter zusammenarbeiten, obwohl die Dauer, für die er eingesetzt wurde, noch nicht abgelaufen ist, muss das Gericht die Einwilligung zur Abberufung geben.

Die Aufgaben des Verwalters

3. Aufgaben
a. Ausführung der Bestimmungen und Beschlüsse über die Verwaltung und Benutzung

Art. 712*s*

[1] Der Verwalter vollzieht alle Handlungen der gemeinschaftlichen Verwaltung gemäss den Vorschriften des Gesetzes und des Reglementes sowie gemäss den Beschlüssen der Versammlung der Stockwerkeigentümer und trifft von sich aus alle dringlichen Massnahmen zur Abwehr oder Beseitigung von Schädigungen.

[2] Er verteilt die gemeinschaftlichen Kosten und Lasten auf die einzelnen Stockwerkeigentümer, stellt ihnen Rechnung, zieht ihre Beiträge ein und besorgt die Verwaltung und bestimmungsgemässe Verwendung der vorhandenen Geldmittel.

[3] Er wacht darüber, dass in der Ausübung der Sonderrechte und in der Benutzung der gemeinschaftlichen Teile des Grundstückes und Gebäudes sowie der gemeinschaftlichen Einrichtungen die Vorschriften des Gesetzes, des Reglementes und der Hausordnung befolgt werden.

b. Vertretung nach aussen	**Art. 712*t***
	¹ Der Verwalter vertritt in allen Angelegenheiten der gemeinschaftlichen Verwaltung, die in den Bereich seiner gesetzlichen Aufgaben fallen, sowohl die Gemeinschaft als auch die Stockwerkeigentümer nach aussen.
	² Zur Führung eines anzuhebenden oder vom Gegner eingeleiteten Zivilprozesses bedarf der Verwalter ausserhalb des summarischen Verfahrens der vorgängigen Ermächtigung durch die Versammlung der Stockwerkeigentümer, unter Vorbehalt dringender Fälle, in denen die Ermächtigung nachgeholt werden kann.
	³ An die Stockwerkeigentümer insgesamt gerichtete Erklärungen, Aufforderungen, Urteile und Verfügungen können durch Zustellung an den Verwalter an seinem Wohnsitz oder am Ort der gelegenen Sache wirksam mitgeteilt werden.

Diese beiden Artikel beschreiben die Aufgaben des Verwalters, die ihm von Gesetzes wegen obliegen. Allerdings handelt es sich dabei nicht um zwingende Anordnungen. Es liegt grundsätzlich in der Kompetenz der Gemeinschaft, die Aufgaben des Verwalters zu umschreiben, sei es im Reglement oder durch einzelne Beschlüsse der Versammlung. Sie kann ihm weniger als die gesetzlichen Aufgaben übertragen oder weitergehende Kompetenzen zusprechen. Diejenigen Kompetenzen jedoch, welche das Gesetz zwingend dem einzelnen Stockwerkeigentümer oder der Versammlung auferlegt, können nicht auf den Verwalter übertragen werden. Artikel 712s regelt die Aufgaben des Verwalters im internen, Artikel 712t diejenigen im Aussenverhältnis.

- **Aufgaben im Innenbereich** sind vor allem administrative Obliegenheiten und finanzielle Verwaltungshandlungen:
  - Einberufung und Leitung der Versammlung, Protokollierung der Beschlüsse
  - Sammeln und Aufbewahren von Belegen und Unterlagen, die ihm im Rahmen der Verwaltungstätigkeit zukommen
  - Informieren der Stockwerkeigentümer bei Vorliegen eines Vorkaufsfalls, sofern ein Vorkaufsrecht übersehen worden ist
  - Weiterleiten von Schreiben, die an die Gemeinschaft gerichtet sind
  - Reinigen des Hauses
  - Erstellen eines jährlichen Kostenvoranschlages und der Jahresrechnung
  - Verteilen der gemeinschaftlichen Kosten und Lasten auf die einzelnen Stockwerkeigentümer

- Bezahlen von Rechnungen, welche die gemeinsame Verwaltung betreffen
- Einziehen der Beiträge von den Stockwerkeigentümern

Sind dringende Vorkehrungen nötig, um Schäden abzuwehren oder zu beheben, muss der Verwalter die nötigen Massnahmen sofort ergreifen, ohne vorher die Versammlung anzurufen. Er muss auch darüber wachen, dass sich die Stockwerkeigentümer an das Gesetz, das Reglement und die Hausordnung halten. Grundsätzlich ist der Aufgabenkreis des Verwalters auf die Erledigung der gemeinschaftlichen Verwaltung begrenzt. Allerdings kann ihn die Versammlung auch dazu ermächtigen, beispielsweise einen Werkvertrag für luxuriöse bauliche Massnahmen abzuschliessen.

- **Aufgaben im Aussenbereich:** Der Verwalter ist die Verbindungsperson zwischen der Gemeinschaft und aussenstehenden Dritten. Er vertritt die Gemeinschaft nach aussen in Angelegenheiten der gemeinsamen Verwaltung und bindet sie durch sein Handeln. Diese externe Vertretungsmacht geht grundsätzlich soweit, wie dem Verwalter auch interne Befugnisse zustehen.

- Abschliessen von Verträgen zur Reparatur von gemeinschaftlichen Gebäudeteilen
- Abschluss von Arbeitsverträgen mit Hauswart oder Reinigungspersonal
- Abschluss von Versicherungsverträgen

Der Verwalter kann die Gemeinschaft auch in Zivilprozessen vertreten. Er benötigt dazu aber, ausser bei summarischen Verfahren, eine Ermächtigung der Versammlung. Verlangt es die Dringlichkeit, kann er jedoch einen Prozess von sich aus einleiten und die Ermächtigung nachträglich einholen.

Das Fahrniseigentum

Das Sachenrecht teilt die Dinge grundsätzlich in zwei verschiedene Arten auf: in die unbeweglichen Sachen oder Grundstücke (Art. 655 bis 712t) und in die beweglichen Sachen, die juristisch Fahrnis heissen. Dem Fahrniseigentum widmet das ZGB insgesamt siebzehn Artikel, fünfzehn davon befassen sich damit, wie Eigentum an beweglichen Sachen erlangt werden kann. Von den sieben Erwerbsarten ist vor allem eine praktisch bedeutsam: In der Regel wird Eigentum durch Übertragung erworben (Art. 714 bis 717), das Eigentum wird von einer Person auf die andere übertragen, sei es zum Beispiel durch Verkauf oder Schenkung. Weniger bedeutend für den Alltag sind die anderen Arten des Eigentumserwerbs wie die Aneignung herrenloser Sachen (Art. 718 und 719), der Fund und der Schatzerwerb (Art. 720 bis 724).

Zwanzigster Titel: Das Fahrniseigentum

Art. 713

A. Gegenstand

Gegenstand des Fahrniseigentums sind die ihrer Natur nach beweglichen körperlichen Sachen sowie die Naturkräfte, die der rechtlichen Herrschaft unterworfen werden können und nicht zu den Grundstücken gehören.

«Beweglich» im Sinn des Gesetzes sind jene körperlichen Sachen, die mit dem Boden nicht fest verbunden sind: Tische, Stühle, Bücher, Schmuck, Fahrzeuge. Auch Tiere sind juristisch nicht mehr als eine Sache. (Dass Tierquälerei trotzdem bestraft werden kann, liegt am Tierschutzgesetz und nicht daran, dass das Sachenrecht Tiere irgendwie gegenüber anderen Sachen abgrenzt.) Weiter werden auch Naturkräfte, soweit sie der «rechtlichen Herrschaft unterworfen werden können und nicht zu den Grundstücken gehören» (zum Beispiel Wärme oder Elektrizität), als Fahrnis behandelt.

Erwerb durch Übertragung

Art. 714

B. Erwerbsarten
I. Übertragung
1. Besitzübergang

[1] Zur Übertragung des Fahrniseigentums bedarf es des Überganges des Besitzes auf den Erwerber.

² Wer in gutem Glauben eine bewegliche Sache zu Eigentum übertragen erhält, wird, auch wenn der Veräusserer zur Eigentumsübertragung nicht befugt ist, deren Eigentümer, sobald er nach den Besitzesregeln im Besitze der Sache geschützt ist.

Meist erwirbt jemand Eigentum an einer Sache, indem er sie vom Eigentümer kauft. Dazu bedarf es zuerst eines Vertrags. Damit ist allerdings der Wechsel des Eigentums noch nicht erfolgt; der Vertrag gibt nur das Recht, das Eigentum zu verlangen. Der Käufer oder die Käuferin werden erst dann Eigentümer, wenn ihnen die Sache übergeben wird, wenn sie tatsächlich Gewalt darüber haben oder, wie es das Gesetz sagt, durch den «Übergang des Besitzes auf den Erwerber» (für Ausnahmen von diesem Grundsatz siehe Art. 717). Eigentümer einer Sache bin ich erst, wenn ich sie im Besitz habe (zum Unterschied von Eigentum und Besitz siehe Seite 532).

Grundsätzlich kann, wer eine Sache erwirbt, nur dann auch ihr Eigentümer werden, wenn der *Veräusserer* selbst Eigentümer oder zur Veräusserung berechtigt war. Davon gibt es eine Ausnahme: Ist der Veräusserer nicht berechtigt, eine Sache jemandem zu verkaufen, zu verschenken etc., erwirbt dieser daran trotzdem Eigentum, wenn er gutgläubig war, wenn er also glaubte, der Veräusserer dürfe ihm das Eigentum übertragen. Allerdings wird auch der Gutgläubige nur Eigentümer, wenn er auch als Besitzer der Sache nach den Besitzesregeln geschützt ist (Besitzesregeln siehe Art. 933 ff., Seite 695).

So wird Anna T. Eigentümerin der Ohrringe, die ihr ihre Freundin schenkt, obwohl diese das gar nicht tun dürfte, da sie die Ohrringe bloss ausgeliehen hat. Denn Anna T. weiss nichts davon, dass die Ohrringe ihrer Freundin gar nicht gehören. Anders wäre es aber, wenn die Freundin die Schmuckstücke gestohlen hätte: Verlangt die Bestohlene die Ohrringe zurück, kann Anna T. sich dagegen nicht wehren, auch wenn sie gutgläubig war. Denn die Besitzesregeln sagen, dass ein Besitzer, dem eine bewegliche Sache gegen seinen Willen abhanden gekommen ist, diese fünf Jahre lang von jedem anderen zurückfordern darf (zum guten Glauben siehe auch Art. 3, Seite 28).

Art. 715

2. Eigentumsvorbehalt
a. Im allgemeinen

¹ Der Vorbehalt des Eigentums an einer dem Erwerber übertragenen beweglichen Sache ist nur dann wirksam, wenn er an dessen jeweiligem Wohnort in einem vom Betreibungsbeamten zu führenden öffentlichen Register eingetragen ist.

² Beim Viehhandel ist jeder Eigentumsvorbehalt ausgeschlossen.

b. Bei Abzahlungs-
geschäften

Art. 716

Gegenstände, die mit Eigentumsvorbehalt übertragen worden sind, kann der Eigentümer nur unter der Bedingung zurückverlangen, dass er die vom Erwerber geleisteten Abzahlungen unter Abzug eines angemessenen Mietzinses und einer Entschädigung für Abnützung zurückerstattet.

3. Erwerb ohne Besitz

Art. 717

¹ Bleibt die Sache infolge eines besondern Rechtsverhältnisses beim Veräusserer, so ist der Eigentumsübergang Dritten gegenüber unwirksam, wenn damit ihre Benachteiligung oder eine Umgehung der Bestimmungen über das Faustpfand beabsichtigt worden ist.

² Der Richter entscheidet hierüber nach seinem Ermessen.

Kann die Verkäuferin einer Sache noch deren Eigentümerin bleiben, auch wenn sie die Sache dem Käufer übergeben hat? An einer solchen Vereinbarung könnte sie beispielsweise ein Interesse haben, wenn der Käufer den Kaufpreis nicht schon bei Übernahme der Sache vollständig bezahlt hat. Mit einem sogenannten *Eigentumsvorbehalt* kann sich die Verkäuferin absichern, damit bleibt sie Eigentümerin, bis der Preis ganz bezahlt ist. Ein solcher Eigentumsvorbehalt ist aber nur gültig, wenn er in einem Register eingetragen wird. Damit sollen Unsicherheiten über Eigentumsverhältnisse vermieden werden. Ein Dritter, der jemandem beispielsweise deshalb Kredit gewährt, weil er glaubt, ein Lager voller Waren stehe in dessen Eigentum, kann sich durch Einblick in das Register vergewissern, dass nicht jemand anderer Eigentümer der Waren ist, und damit seinen Kredit besser absichern. Das Eigentumsvorbehalts-Register führt das Betreibungsamt am Wohnsitz des Erwerbers.

Speziell geht das ZGB auf den Eigentumsvorbehalt bei Abzahlungsgeschäften ein. Bei einem Abzahlungsvertrag bezahlt der Käufer den Preis in Raten und der Verkäufer behält das Eigentum an der Sache häufig solange, bis der ganze Preis bezahlt ist. Der Abzahlungsvertrag wird im OR geregelt (Art. 226a OR). Das ZGB enthält nur diese eine Bestimmung, welche festhält, was bei Rückgabe der Sache an den Verkäufer mit den bereits bezahlten Raten geschehen muss. Der Verkäufer muss den bereits bezahlten Betrag zurückgeben, darf davon aber eine angemessene Summe als Mietzins und als Entschädigung für die Abnützung der Sache zurückbehalten. Eine Vereinbarung, dass der Verkäufer bei Zahlungsrückstand des Käufers die Sache zurückverlangen und die bereits bezahlten Raten behalten darf (sogenannte Verfallsklausel), ist also nicht zulässig.

Käufer und Verkäuferin können auch vereinbaren, dass die Sache, die der Käufer gekauft hat und die jetzt ihm gehört, bei der Verkäuferin bleibt. Eine solche Vereinbarung ist gegenüber Dritten nicht gültig, wenn diese dadurch benachteiligt sind oder wenn damit die Bestimmungen über das Faustpfand (siehe Art. 884 ff., Seite 681) umgangen werden sollen. Zwischen Käufer und Verkäuferin bleibt die Vereinbarung aber auch dann bestehen.

Weitere Erwerbsarten

Art. 718

II. Aneignung
1. Herrenlose Sachen

Eine herrenlose Sache wird dadurch zu Eigentum erworben, dass jemand sie mit dem Willen, ihr Eigentümer zu werden, in Besitz nimmt.

Art. 719

2. Herrenlos werdende Tiere

[1] Gefangene Tiere werden herrenlos, wenn sie die Freiheit wieder erlangen und ihr Eigentümer ihnen nicht unverzüglich und ununterbrochen nachforscht und sie wieder einzufangen bemüht ist.

[2] Gezähmte Tiere werden herrenlos, sobald sie wieder in den Zustand der Wildheit geraten und nicht mehr zu ihrem Herrn zurückkehren.

[3] Bienenschwärme werden dadurch, dass sie auf fremden Boden gelangen, nicht herrenlos.

Art. 720

III. Fund
1. Bekanntmachung, Nachfrage

[1] Wer eine verlorene Sache findet, hat den Eigentümer davon zu benachrichtigen und, wenn er ihn nicht kennt, entweder der Polizei den Fund anzuzeigen oder selbst für eine den Umständen angemessene Bekanntmachung und Nachfrage zu sorgen.

[2] Zur Anzeige an die Polizei ist er verpflichtet, wenn der Wert der Sache offenbar 10 Franken übersteigt.

[3] Wer eine Sache in einem bewohnten Hause oder in einer dem öffentlichen Gebrauch oder Verkehr dienenden Anstalt findet, hat sie dem Hausherrn, Mieter oder den mit der Aufsicht betrauten Personen abzuliefern.

Art. 721

2. Aufbewahrung, Versteigerung

[1] Die gefundene Sache ist in angemessener Weise aufzubewahren.

² Sie darf mit Genehmigung der zuständigen Behörde nach vorgängiger Auskündung öffentlich versteigert werden, wenn sie einen kostspieligen Unterhalt erfordert oder raschem Verderben ausgesetzt ist, oder wenn die Polizei oder eine öffentliche Anstalt sie schon länger als ein Jahr aufbewahrt hat.

³ Der Steigerungserlös tritt an die Stelle der Sache.

Art. 722

3. Eigentumserwerb, Herausgabe

¹ Wer seinen Pflichten als Finder nachkommt, erwirbt, wenn während fünf Jahren von der Bekanntmachung oder Anzeige an der Eigentümer nicht festgestellt werden kann, die Sache zu Eigentum.

² Wird die Sache zurückgegeben, so hat der Finder Anspruch auf Ersatz aller Auslagen sowie auf einen angemessenen Finderlohn.

³ Bei Fund in einem bewohnten Hause oder in einer dem öffentlichen Gebrauch oder Verkehr dienenden Anstalt wird der Hausherr, der Mieter oder die Anstalt als Finder betrachtet, hat aber keinen Finderlohn zu beanspruchen.

Art. 723

4. Schatz

¹ Wird ein Wertgegenstand aufgefunden, von dem nach den Umständen mit Sicherheit anzunehmen ist, dass er seit langer Zeit vergraben oder verborgen war und keinen Eigentümer mehr hat, so wird er als Schatz angesehen.

² Der Schatz fällt unter Vorbehalt der Bestimmung über Gegenstände von wissenschaftlichem Wert an den Eigentümer des Grundstückes oder der beweglichen Sache, in der er aufgefunden worden ist.

³ Der Finder hat Anspruch auf eine angemessene Vergütung, die jedoch die Hälfte des Wertes des Schatzes nicht übersteigen darf.

Art. 724

5. Wissenschaftliche Gegenstände

¹ Werden herrenlose Naturkörper oder Altertümer von erheblichem wissenschaftlichem Wert aufgefunden, so gelangen sie in das Eigentum des Kantons, in dessen Gebiet sie gefunden worden sind.

² Der Eigentümer, in dessen Grundstück solche Gegenstände aufgefunden werden, ist verpflichtet, ihre Ausgrabung zu gestatten gegen Ersatz des dadurch verursachten Schadens.

³ Der Finder und im Falle des Schatzes auch der Eigentümer haben Anspruch auf eine angemessene Vergütung, die jedoch den Wert der Gegenstände nicht übersteigen soll.

Art. 725

IV. Zuführung

¹ Werden jemandem durch Wasser, Wind, Lawinen oder andere Naturgewalt oder zufällige Ereignisse bewegliche Sachen zugeführt, oder geraten fremde Tiere in seinen Gewahrsam, so hat er die Rechte und Pflichten eines Finders.

² Fliegt ein Bienenschwarm in einen fremden bevölkerten Bienenstock, so fällt er ohne Entschädigungspflicht dem Eigentümer dieses Stockes zu.

Art. 726

V. Verarbeitung

¹ Hat jemand eine fremde Sache verarbeitet oder umgebildet, so gehört die neue Sache, wenn die Arbeit kostbarer ist als der Stoff, dem Verarbeiter, andernfalls dem Eigentümer des Stoffes.

² Hat der Verarbeiter nicht in gutem Glauben gehandelt, so kann der Richter, auch wenn die Arbeit kostbarer ist, die neue Sache dem Eigentümer des Stoffes zusprechen.

³ Vorbehalten bleiben die Ansprüche auf Schadenersatz und aus Bereicherung.

Art. 727

VI. Verbindung und Vermischung

¹ Werden bewegliche Sachen verschiedener Eigentümer so miteinander vermischt oder verbunden, dass sie ohne wesentliche Beschädigung oder unverhältnismässige Arbeit und Auslagen nicht mehr getrennt werden können, so entsteht für die Beteiligten Miteigentum an der neuen Sache, und zwar nach dem Werte, den die einzelnen Teile zur Zeit der Verbindung haben.

² Wird eine bewegliche Sache mit einer andern derart vermischt oder verbunden, dass sie als deren nebensächlicher Bestandteil erscheint, so gehört die ganze Sache dem Eigentümer des Hauptbestandteiles.

³ Vorbehalten bleiben die Ansprüche auf Schadenersatz und aus Bereicherung.

Art. 728

VII. Ersitzung

¹ Hat jemand eine fremde bewegliche Sache ununterbrochen und unangefochten während fünf Jahren in gutem Glauben als Eigentum in seinem Besitze, so wird er durch Ersitzung Eigentümer.

² Unfreiwilliger Verlust des Besitzes unterbricht die Ersitzung nicht, wenn der Besitzer binnen Jahresfrist oder mittels einer während dieser Frist erhobenen Klage die Sache wieder erlangt.

> ³ Für die Berechnung der Fristen, die Unterbrechung und den Stillstand der Ersitzung finden die Vorschriften über die Verjährung von Forderungen entsprechende Anwendung.

- **Die Aneignung** (Art. 718 und 719): Eine Sache, die keinen Eigentümer hat, wird herrenlose Sache genannt. An solchen kann Eigentum erworben werden, indem jemand sie in Besitz nimmt mit dem Willen, ihr Eigentümer zu werden. Der Aneignung herrenloser Tiere widmet das ZGB einen eigenen Artikel. Dabei ist die Unterscheidung zwischen gefangenen und gezähmten Tieren wichtig.
- **Der Fund** (Art. 720 bis 722): Wer eine Sache findet, kann deren Eigentümer werden. Allerdings nicht so ohne weiteres und insbesondere nicht sofort, sondern erst nach einer Frist von fünf Jahren. Auch wenn sich der ursprüngliche Eigentümer der Sache innert dieser Frist nicht finden lässt, erwerben der Finder oder die Finderin nur dann Eigentum, wenn sie ihren gesetzlichen Verpflichtungen nachgekommen sind. Das heisst, sie müssen den Eigentümer der Sache benachrichtigen, sofern er ihnen bekannt ist. Ist dies nicht der Fall, muss die Polizei benachrichtigt werden, wenn der Wert der Sache mehr als zehn Franken beträgt. Finder sind zudem dazu verpflichtet, die gefundene Sache angemessen aufzubewahren. Wertvolle Sachen wie Schmuckstücke müssen beispielsweise an einem sicheren Ort, allenfalls sogar in einem Tresor aufbewahrt werden; eine gefundene Katze muss ernährt und bei Krankheit auch ärztlich betreut werden. Kann der Eigentümer der Sache gefunden werden, muss er dem Finder oder der Finderin die Kosten ersetzen, welche diesen wegen des Fundes entstanden sind, und zudem einen Finderlohn bezahlen. Dieser beträgt rund zehn Prozent des Wertes der Sache. Übrigens: Wer eine gefundene Sache einfach so als sein Eigentum betrachtet, kann wegen Fundunterschlagung bestraft werden (siehe Art. 141 StGB).

Ein Sonderfall liegt vor, wenn eine Sache «in einem bewohnten Hause oder in einer dem öffentlichen Gebrauch oder Verkehr dienenden Anstalt» gefunden wird. Solche Anstalten sind zum Beispiel Theater, Sportplätze, öffentliche Verkehrsmittel, Schulhäuser oder Badeanstalten. Der Finder muss die Sache dem Hausherrn, dem Mieter oder dem Aufsichtspersonal abgeben und kann weder Eigentümer der Sache werden noch Finderlohn verlangen. Das Eigentum an der Sache erwirbt allenfalls der Hausherr, Mieter oder die Anstalt; sie haben jedoch keinen Finderlohn zugut.

- **Der Schatzfund** (Art. 723 und 724): Wer träumte nicht schon davon, bei Grabarbeiten im eigenen Garten auf eine Truhe voller Schmuck oder Geldstücke zu stossen. Kann angenommen werden, dass sie schon lange dort liegt und niemandem mehr gehört, wird der Finder Eigentümer, und zwar nicht erst

nach fünf Jahren wie beim Fund, sondern sofort. Stösst man beim Graben aber beispielsweise auf Meteore, antike Münzen oder Vasen oder auf Knochen ausgestorbener Tiere, also auf Gegenstände von erheblichem wissenschaftlichem Wert, fallen diese ins Eigentum des Kantons, auf dessen Gebiet sie gefunden wurden.
- **Die Zuführung** (Art. 725): Die Bestimmungen über den Fund kommen auch zur Anwendung, wenn Naturgewalten oder der Zufall jemandem Sachen zuführen, also etwa, wenn ein Fluss über die Ufer tritt und eine Baumaschine auf ein fremdes Grundstück schwemmt. Dasselbe gilt auch, wenn eine Sache irrtümlicherweise an den falschen Ort gerät: Jemand glaubt, er stecke seinen Geldbeutel in seine Sporttasche, statt dessen erwischt er die ähnliche Tasche seiner Sportkollegin. Stellt diese zu Hause fest, dass sie im Besitz eines fremden Portemonnaies ist, muss sie so vorgehen, wie wenn sie es gefunden hätte.
- **Die Verarbeitung** (Art. 726): Eine Schreinerin zimmert aus fremdem Holz einen Schrank, eine Steinmetzin schlägt aus einem Stück Marmor, das dem Nachbarn gehört, eine Statue. Wem gehört nun der Schrank, die Statue – den Handwerkerinnen oder den Eigentümern der Materialien? Die Antwort gibt der Vergleich zwischen dem Wert der Arbeit und demjenigen des Materials. Ist die Arbeit wertvoller, gehört der Schrank oder die Statue den Handwerkerinnen, ist der Wert des Holzes oder des Marmors höher einzustufen, gehören nun auch der Schrank oder die Statue den Materialeigentümern. Somit kann also jemand zu einem Schrank kommen, ohne dass ihm das Holz gehört beziehungsweise ohne dass er die Arbeit bezahlt hat. Diesem unbefriedigenden Ergebnis trägt das Gesetz Rechnung, indem der Eigentümer des strittigen Schranks der anderen Partei für die Bereicherung Ersatz bezahlen muss (Art. 62 ff. OR); ist ihm ein Verschulden vorzuwerfen, muss er sogar vollen Schadenersatz leisten (Art. 41 ff. und 97 ff. OR).

Auch wenn die Arbeit wertvoller ist als das Material, kann das Gericht dem Materialeigentümer das Eigentum an Schrank oder Statue zuweisen. Nämlich dann, wenn die Handwerkerinnen in bösem Glauben handelten, das heisst, wenn sie wussten oder hätten wissen müssen, dass das Material nicht ihnen gehört und dass sie es nicht verarbeiten dürfen.
- **Die Verbindung und Vermischung** (Art. 727): Aus einigen Metallteilen, die verschiedenen Personen gehören, wird ein Motor hergestellt. Er gehört nun den Eigentümern der Metallteile gemeinsam; sie sind Miteigentümer des Motors, und zwar anteilsmässig entsprechend dem Wert der einzelnen Metallteile (zum Miteigentum siehe Art. 646 ff., Seite 542). Dies ist ein Beispiel für eine Verbindung; eine Vermischung liegt vor, wenn etwa Heizöl verschiedener Eigentümer in einem Gemeinschaftstank gelagert wird. Auch hier besteht Miteigentum am Inhalt des Tanks. Von einer Verbindung oder Vermischung

kann aber nur gesprochen werden, wenn sich die neue Sache nicht ohne wesentliche Beschädigung oder nur mit unverhältnismässigem Aufwand trennen lässt.
- **Die Ersitzung** (Art. 728): Das Institut der Ersitzung spielt im Alltag keine grosse Rolle. Trotzdem ein Beispiel:
Die Tochter erbt von ihrem Vater die Bibliothek; darunter befindet sich aber ein Buch, das nicht ihm gehörte – es gehört einem Freund, der es ihm ausgeliehen hatte. An diesem Buch erwirbt die Tochter nicht sofort Eigentum, sondern erst nach fünf Jahren. Dann hat sie das Buch ersessen. Dies aber nur, wenn sie gutgläubig war, also nicht gewusst hat, dass das Buch gar nicht in die väterliche Bibliothek gehört.

Der Verlust an Fahrniseigentum

Art. 729

C. Verlust

Das Fahrniseigentum geht, trotz Verlust des Besitzes, erst dadurch unter, dass der Eigentümer sein Recht aufgibt, oder dass in der Folge ein anderer das Eigentum erwirbt.

Die wichtige Aussage in dieser Bestimmung ist die, dass das Eigentum an einer Sache nicht schon deshalb verlorengeht, weil man sie nicht mehr im Besitz hat. Diese Aussage deckt sich durchaus mit der Alltagserfahrung: Vergesse ich mein Buch im Zug, verliere ich zwar den Besitz daran, mein Eigentum ist es immer noch. Dasselbe gilt natürlich, wenn jemand in meine Wohnung einbricht und meine ganze Fotoausrüstung stiehlt.

Damit nicht nur der Besitz, sondern auch das Eigentum verloren geht, braucht es mehr. Zum einen kann jemand sein Buch im Zug liegen lassen, weil er es nicht mehr will; er gibt sein Eigentum auf *(Dereliktion)*. Zum andern verliert jemand das Eigentum an einer Sache, wenn er es an eine andere Person überträgt, indem er beispielsweise sein Fahrrad verkauft oder seine Schallplattensammlung verschenkt. Es kann aber auch geschehen, dass jemand sein Eigentum verliert, ohne dass er das will. Verschenkt mein Freund meinen Fotoapparat, den ich ihm geborgt habe, und ist die beschenkte Person gutgläubig, wird diese Eigentümerin, und ich verliere das Eigentum (siehe dazu Art. 714 und 933 ff.)

Die beschränkten dinglichen Rechte

Das Eigentum ist das umfassende Recht an einer Sache. Es erlaubt im Rahmen der Rechtsordnung eine absolute Herrschaft darüber: Eine Eigentümerin kann mit ihrer Sache machen, was sie will, und kann auch jede Person, die sich daran vergreifen will, davon abhalten. Neben dem Eigentum, dem *absoluten* dinglichen Recht an einer Sache, kennt das ZGB als weitere Art von Rechten an Sachen die *beschränkten* dinglichen Rechte. Diese gestatten nur eine genau bestimmte, teilweise Beherrschung der Sache. Soweit ein solches Recht an einer Sache geht, ist auch ihr Eigentümer in seinem eigentlich umfassenden Recht eingeschränkt.

So kann ein Grundeigentümer seiner Nachbarin das Recht einräumen, den Weg zu ihrem Haus über sein Grundstück zu nehmen. Der Nachbarin steht damit am fremden Grundstück ein beschränktes dingliches Recht – in diesem Fall ein Wegrecht – zu. Ihr darf der Eigentümer den Durchgang nicht verwehren, wozu er sonst jederzeit und gegen alle andern berechtigt ist.

Die beschränkten dinglichen Rechte lassen sich, je nachdem, wozu sie berechtigen, in drei Gruppen einteilen: Nutzungsrechte, Verwertungsrechte und eine Mischform:
• Ist eine Sache mit einem **Nutzungsrecht** belastet, kann der oder die Berechtigte sie unmittelbar gebrauchen, wie dies beim Wegrecht der Fall ist. Andere Beispiele für Nutzungsrechte sind Wohn- und Baurechte. Die beschränkten dinglichen Rechte, die eine Nutzung zum Inhalt haben, werden **Dienstbarkeiten** genannt (siehe Art. 730 ff., Seite 631).
• Besteht ein **Verwertungsrecht**, erlaubt dies dem oder der Berechtigten unter bestimmten Umständen, die Sache verkaufen zu lassen und sich am Erlös schadlos zu halten. Es handelt sich dabei um **Pfandrechte**, wobei diese unterschiedlich geregelt sind, je nachdem, ob das Pfand an einem Grundstück (Grundpfand, siehe Art. 793 ff., Seite 656) oder an einer beweglichen Sache (Fahrnispfand, siehe Art. 884 ff., Seite 681) besteht.
• Neben den Dienstbarkeiten und Pfandrechten kennt das ZGB eine dritte Art von beschränkten dinglichen Rechten: die **Grundlasten** (siehe Art. 782 ff., Seite 652). Sie beinhalten sowohl Elemente von Nutzungs- als auch von Verwertungsrechten.

Ausser diesen drei Arten kennt das ZGB keine weiteren beschränkten dinglichen Rechte. Es ist auch nicht möglich, beliebige andere solche Rechte frei zu vereinbaren; es besteht ein numerus clausus.

Die Dienstbarkeiten

Die Dienstbarkeit – in der Umgangssprache besser bekannt unter dem Namen Servitut – erlaubt es, eine Sache, die einer anderen Person gehört, zu gebrauchen (positives Servitut), oder sie untersagt dem Eigentümer, auf seinem Grundstück bestimmte Handlungen auszuüben (negatives Servitut). Einige Beispiele:

Positive Servitute:
- Die Nutzniessung (Art. 745 ff.) gestattet dem Berechtigten, eine fremde Liegenschaft zu gebrauchen und deren Früchte an sich zu nehmen.
- Das Wohnrecht (Art. 776 ff.) ist das Recht, ein fremdes Haus zu bewohnen.
- Das Baurecht (Art. 779 ff.) erlaubt, auf einem fremden Grundstück ein Gebäude zu errichten und es auch zu nutzen, das heisst, es selbst zu bewohnen oder etwa auch zu vermieten.
- Das Quellenrecht (Art. 780) gestattet dem Berechtigten, eine Quelle, die auf einer fremden Liegenschaft entspringt, zu fassen und das Wasser zu nutzen.
- Das Durchleitungsrecht (Art. 676) erlaubt, Leitungen etwa für Wasser, Gas oder Elektrizität durch ein fremdes Grundstück zu führen.

Negative Servitute:
- Der Eigentümer einer Liegenschaft verpflichtet sich gegenüber der Eigentümerin des Nachbargrundstücks, auf seinem Grundstück beispielsweise keine Schweinemästerei zu betreiben oder es überhaupt nicht zu bebauen.

All diese Beispiele zeigen, dass eine Dienstbarkeit vom Eigentümer des belasteten Grundstücks immer ein Nichttun, ein passives Verhalten verlangt.

Das Gesetz unterscheidet zwischen *Grunddienstbarkeiten* und *anderen Dienstbarkeiten*. Gemeinsam ist beiden, dass das (beschränkte) Recht an einem Grundstück besteht. Bei der Grunddienstbarkeit steht diesem dienenden Grundstück ein anderes, das herrschende Grundstück gegenüber. Bei den anderen Dienstbarkeiten steht das Recht einer bestimmten (natürlichen oder juristischen) Person zu.

Was ist eine Grunddienstbarkeit?

Zweite Abteilung: Die beschränkten dinglichen Rechte

Einundzwanzigster Titel: Die Dienstbarkeiten und Grundlasten

Erster Abschnitt: Die Grunddienstbarkeiten

Art. 730

A. Gegenstand

[1] Ein Grundstück kann zum Vorteil eines andern Grundstückes in der Weise belastet werden, dass sein Eigentümer sich bestimmte Eingriffe dieses andern Grundstückes gefallen lassen muss oder zu dessen Gunsten nach gewissen Richtungen sein Eigentumsrecht nicht ausüben darf.

[2] Eine Verpflichtung zur Vornahme von Handlungen kann mit der Grunddienstbarkeit nur nebensächlich verbunden sein.

Die Bedeutung der Grunddienstbarkeiten – als private Vereinbarung zwischen zwei Parteien – hat in den letzten Jahren immer mehr abgenommen. Vieles, was früher auf privater Basis geregelt wurde, wird immer mehr von Bestimmungen des öffentlichen Rechts erfasst. Wollte früher jemand bauen, musste er mit seinen Nachbarn aushandeln, wie er zu seinem Haus fahren und wo er die Leitungen für Gas, Wasser etc. durch fremden Boden legen konnte. Heute legen in erster Linie die Bau- und Zonenordnungen fest, wo und wie überhaupt gebaut werden darf, und im sogenannten Erschliessungsverfahren werden Strassen und Leitungen für ganze Quartiere oder Grossüberbauungen so geplant, dass möglichst alle Grundeigentümer Zufahrt zu ihren Bauplätzen haben und sich an die Leitungen anschliessen können. In diesen Bereichen hat die einzelne private Vereinbarung nur noch zweitrangige Bedeutung. In Siedlungen, die vor der Zeit der Bau- und Zonenordnungen errichtet wurden, haben aber die verschiedenen privatrechtlichen Grunddienstbarkeiten, etwa in der Form von Weg- und Durchleitungsrechten, noch heute ein grosses praktisches Gewicht.

Ansonsten bleibt für privatrechtliche Dienstbarkeiten nur noch in Nischenbereichen Platz. Wird beispielsweise eine mehrere Grundstücke umfassende Grossüberbauung erstellt und werden Parkplätze oder Kinderspielplätze zentral und für alle gemeinsam gebaut, kann eine Grunddienstbarkeit errichtet werden. Das Grundstück, auf dem die Park- und Kinderspielplätze liegen, ist damit belastet, so dass auch die Mieterinnen und Mieter aus den übrigen Häuser der Überbauung die Infrastruktur benutzen können.

Die Grunddienstbarkeit zeichnet sich dadurch aus, dass es dabei immer um zwei Grundstücke geht: Das eine trägt zugunsten des anderen eine Belastung. Das heisst, der Eigentümer des einen, dienenden, Grundstückes muss dulden, dass es der Eigentümer des anderen in einer festgelegten Weise benutzt. Dieses Recht ist nicht an einen bestimmten Eigentümer gebunden, es geht auch auf alle späteren Eigentümerinnen oder Eigentümer des herrschenden Grundstücks über.

Ein aktives Verhalten des belasteten Eigentümers kann bei der Grunddienstbarkeit nie die Hauptleistung sein, allenfalls kann es aber in einem Nebenpunkt verlangt werden. Ist das Grundstück beispielsweise mit einem Wegrecht belastet, kann sein Eigentümer auch verpflichtet sein, den Weg zu unterhalten. Seine Hauptleistung ist aber das Dulden, das Begehen-Lassen seines Grundstücks. Im übrigen sind die verschiedensten Inhalte einer Grunddienstbarkeit möglich: neben den erwähnten Weg- und Durchleitungsrechten etwa ein Weide- oder Holzrecht; das Recht, eine Kiesablagerung auszubeuten; das Recht, dass ein bestimmtes Grundstück nicht bebaut wird oder dass darauf ein bestimmtes Gewerbe nicht ausgeübt wird etc.

Errichtung und Untergang der Grunddienstbarkeit

Art. 731

B. Errichtung und Untergang
I. Errichtung
1. Eintragung

[1] Zur Errichtung einer Grunddienstbarkeit bedarf es der Eintragung in das Grundbuch.

[2] Für Erwerb und Eintragung gelten, soweit es nicht anders geordnet ist, die Bestimmungen über das Grundeigentum.

[3] Die Ersitzung ist nur zu Lasten von Grundstücken möglich, an denen das Eigentum ersessen werden kann.

Art. 732

2. Vertrag

Der Vertrag über Errichtung einer Grunddienstbarkeit bedarf zu seiner Gültigkeit der schriftlichen Form.

Art. 733

3. Errichtung zu eigenen Lasten

Der Eigentümer ist befugt, auf seinem Grundstück zugunsten eines andern ihm gehörigen Grundstückes eine Dienstbarkeit zu errichten.

Art. 734

II. Untergang
1. Im allgemeinen

Jede Grunddienstbarkeit geht unter mit der Löschung des Eintrages sowie mit dem vollständigen Untergang des belasteten oder des berechtigten Grundstückes.

<table>
<tr><td>2. Vereinigung</td><td>

Art. 735

¹ Wird der Berechtigte Eigentümer des belasteten Grundstückes, so kann er die Dienstbarkeit löschen lassen.

² Solange die Löschung nicht erfolgt ist, bleibt die Dienstbarkeit als dingliches Recht bestehen.

</td></tr>
<tr><td>3. Ablösung durch den Richter</td><td>

Art. 736

¹ Hat eine Dienstbarkeit für das berechtigte Grundstück alles Interesse verloren, so kann der Belastete ihre Löschung verlangen.

² Ist ein Interesse des Berechtigten zwar noch vorhanden, aber im Vergleich zur Belastung von unverhältnismässig geringer Bedeutung, so kann die Dienstbarkeit gegen Entschädigung ganz oder teilweise abgelöst werden.

</td></tr>
</table>

Was Grundstücke betrifft, ist vieles mit Bürokratie verbunden. Dies gilt auch, wenn zum Beispiel ein Wegrecht vereinbart werden soll. Zum einen müssen die Einzelheiten des Wegrechts schriftlich in einem Vertrag geregelt werden: Über welches Grundstück soll der Weg führen? Wer darf ihn benutzen? Darf der Weg nur zu Fuss oder auch mit Autos benutzt werden? Muss der Berechtigte für das Wegrecht eine Entschädigung bezahlen, und wie hoch ist die?

Dieser schriftliche Vertrag allein genügt jedoch nicht, damit das Wegrecht gültig besteht. Es muss auch im Grundbuch eingetragen werden.

Wie der Grundbucheintrag das Wegrecht erst entstehen lässt, so geht es mit seiner Löschung auch wieder verloren. Die Löschung kann der Eigentümer des belasteten Grundstücks beispielsweise verlangen, wenn der Berechtigte an der Dienstbarkeit kein oder nur noch ein geringes Interesse hat (Art. 736). Ein Beispiel:

Das Wegrecht über das Nachbargrundstück ist für Hans R. unbedeutend geworden, da er nach dem Bau einer neuen Strasse eine direkte Zufahrtsmöglichkeit zu seinem Haus hat. Sein Nachbar kann deshalb die Löschung des Grundbucheintrags verlangen.

Inhalt der Grunddienstbarkeit

<table>
<tr><td>

C. Inhalt
I. Umfang
1. Im allgemeinen

</td><td>

Art. 737

¹ Der Berechtigte ist befugt, alles zu tun, was zur Erhaltung und Ausübung der Dienstbarkeit nötig ist.

</td></tr>
</table>

^{2} Er ist jedoch verpflichtet, sein Recht in möglichst schonender Weise auszuüben.

^{3} Der Belastete darf nichts vornehmen, was die Ausübung der Dienstbarkeit verhindert oder erschwert.

Art. 738

2. Nach dem Eintrag

^{1} Soweit sich Rechte und Pflichten aus dem Eintrage deutlich ergeben, ist dieser für den Inhalt der Dienstbarkeit massgebend.

^{2} Im Rahmen des Eintrages kann sich der Inhalt der Dienstbarkeit aus ihrem Erwerbsgrund oder aus der Art ergeben, wie sie während längerer Zeit unangefochten und in gutem Glauben ausgeübt worden ist.

Art. 739

3. Bei verändertem Bedürfnis

Ändern sich die Bedürfnisse des berechtigten Grundstückes, so darf dem Verpflichteten eine Mehrbelastung nicht zugemutet werden.

Art. 740

4. Nach kantonalem Recht und Ortsgebrauch

Der Inhalt der Wegrechte, wie Fussweg, gebahnter Weg, Fahrweg, Zelgweg, Winterweg, Holzweg, ferner der Weiderechte, Holzungsrechte, Tränkerechte, Wässerungsrechte u. dgl. wird, soweit sie für den einzelnen Fall nicht geordnet sind, durch das kantonale Recht und den Ortsgebrauch bestimmt.

Art. 741

II. Last des Unterhaltes

^{1} Gehört zur Ausübung der Dienstbarkeit eine Vorrichtung, so hat sie der Berechtigte zu unterhalten.

^{2} Dient die Vorrichtung auch den Interessen des Belasteten, so tragen beide die Last des Unterhaltes nach Verhältnis ihrer Interessen.

Art. 742

III. Veränderungen der Belastung
1. Verlegung

^{1} Wird durch die Ausübung der Grunddienstbarkeit nur ein Teil des Grundstückes in Anspruch genommen, so kann der Eigentümer, wenn er ein Interesse nachweist und die Kosten übernimmt, die Verlegung auf eine andere, für den Berechtigten nicht weniger geeignete Stelle verlangen.

^{2} Hiezu ist er auch dann befugt, wenn die Dienstbarkeit im Grundbuch auf eine bestimmte Stelle gelegt worden ist.

^{3} Auf die Verlegung von Leitungen werden im übrigen die nachbarrechtlichen Vorschriften angewendet.

Art. 743

2. Teilung
a. Des berechtigten Grundstückes

¹ Wird das berechtigte Grundstück geteilt, so besteht in der Regel die Dienstbarkeit zugunsten aller Teile weiter.

² Beschränkt sich die Ausübung der Dienstbarkeit jedoch nach den Umständen auf einen Teil, so kann der Belastete verlangen, dass sie in bezug auf die andern Teile gelöscht werde.

³ Der Grundbuchverwalter teilt dem Berechtigten das Begehren mit und nimmt die Löschung vor, wenn dieser binnen Monatsfrist nicht Einspruch erhebt.

Art. 744

b. Des belasteten Grundstückes

¹ Wird das belastete Grundstück geteilt, so besteht die Last in der Regel auf allen Teilen weiter.

² Wenn jedoch die Dienstbarkeit auf einzelnen Teilen nicht ruht und nach den Umständen nicht ruhen kann, so ist jeder Eigentümer eines nicht belasteten Teiles berechtigt, zu verlangen, dass sie auf seinem Grundstücke gelöscht werde.

³ Der Grundbuchverwalter teilt dem Berechtigten das Begehren mit und nimmt die Löschung vor, wenn dieser binnen Monatsfrist nicht Einspruch erhebt.

Wer an einem andern Grundstück zum Beispiel ein Wegrecht hat, kann dieses Recht ausnützen, auch wenn das dem Grundeigentümer schon lange nicht mehr passt. Er muss aber soweit möglich auch auf die Interessen des Belasteten Rücksicht nehmen. Dies bedeutet jedoch nicht, dass er etwa auf sein Wegrecht verzichten müsste, weil der Belastete einen Weiher für Fischzucht anlegen will und ihn dabei der Weg zum Haus des Nachbarn stört. Denn grundsätzlich geht das Servitut dem Eigentum vor.

Probleme mit der Ausübung eines Wegrechts kann es auch geben, wenn der Berechtigte beispielsweise auf seinem Grundstück ein Mehrfamilienhaus errichtet hat. Alle Mieterinnen und Mieter wollen natürlich den Weg über das fremde Grundstück benutzen. Eine solche massive Änderung in den Bedürfnissen des Berechtigten muss sich der Belastete aber nicht gefallen lassen (Art. 739). Anders verhält es sich, wenn der Berechtigte heiratet und deshalb seine Frau und später auch seine Kinder den Weg benutzen. Eine solche voraussehbare Änderung des Servituts muss der Eigentümer des Grundstücks akzeptieren.

Wie im einzelnen Grunddienstbarkeiten in Anspruch genommen werden dürfen, wird zum Teil auch durch kantonale Gesetze oder durch den Ortsgebrauch bestimmt (Art. 740). Das ZGB regelt selber die Frage, wann der Belastete verlangen kann, dass ein Weg oder eine Leitung an eine andere Stelle seines Grundstücks verlegt wird (Art. 742), oder was passiert, wenn das belastete oder das berechtigte Grundstück geteilt wird (Art. 743 und 744).

Die Nutzniessung

Bei Grunddienstbarkeiten sind immer zwei Grundstücke beteiligt, ein dienendes und ein herrschendes. Demgegenüber ist es bei den «anderen Dienstbarkeiten» eine individuell bestimmte Person, der das Grundstück dient. Auch die Nutzniessung, die bekannteste der anderen Dienstbarkeiten, besteht zugunsten einer genau bezeichneten Person. Das besondere an der Nutzniessung ist aber, dass mit ihr nicht nur Grundstücke, sondern auch bewegliche Sachen belastet werden können.

Zweiter Abschnitt: Nutzniessung und andere Dienstbarkeiten

Art. 745

A. Nutzniessung
I. Gegenstand

[1] Die Nutzniessung kann an beweglichen Sachen, an Grundstücken, an Rechten oder an einem Vermögen bestellt werden.

[2] Sie verleiht dem Berechtigten, wo es nicht anders bestimmt ist, den vollen Genuss des Gegenstandes.

Art. 746

II. Entstehung
1. Im allgemeinen

[1] Zur Bestellung einer Nutzniessung ist bei beweglichen Sachen oder Forderungen die Übertragung auf den Erwerber und bei Grundstücken die Eintragung in das Grundbuch erforderlich.

[2] Für den Erwerb bei beweglichen Sachen und bei Grundstücken sowie für die Eintragung gelten, soweit es nicht anders geordnet ist, die Bestimmungen über das Eigentum.

Bekannt ist die Nutzniessung vor allem aus dem Erbrecht, auch wenn sie seit dem neuen Ehe- und Erbrecht an Bedeutung verloren hat. Oft weisen Eheleute testamentarisch der überlebenden Seite die Nutzniessung am Nachlass oder an Teilen davon zu. Damit steht diesem das Recht zu, den Nachlass zu nutzen, zum Beispiel in der Wohnung zu wohnen, die Dividenden der Aktien zu kassieren etc. Eigentümer des Nachlasses ist aber nicht der Nutzniesser, sondern sind beispielsweise die Kinder des Verstorbenen oder andere Erben.

Allgemein gesagt: Die Nutzniessung erlaubt dem oder der Berechtigten den «vollen Genuss» an der Sache. Ist die Sache beispielsweise ein Grundstück, darf der Nutzniesser die Früchte, die an den Bäumen wachsen, behalten; befindet sich auch ein Mehrfamilienhaus darauf, gehören ihm die Mietzinsen etc. Sollen einzelne Nutzungen von der Nutzniessung ausgeschlossen sein, muss dies speziell vereinbart werden. Die Nutzniessung kann – dies im Gegensatz zu allen anderen Dienstbarkeiten – nicht nur an Grundstücken, sondern auch an beweglichen Sachen, an Rechten oder an einem Vermögen bestehen. Besteht die Nutzniessung zum Beispiel an einem Vermögen, gehören dem Nutzniesser die Zinsen des Bankkontos oder die Dividenden, welche die Aktien abwerfen.

Soll die Nutzniessung an einer beweglichen Sache rechtlich wirksam werden, muss die Sache der Nutzniesserin oder dem Nutzniesser übergeben werden; der Eigentümer darf sie also nicht behalten. Bei einem Grundstück entsteht die Nutzniessung erst mit dem Eintrag im Grundbuch.

Wie endet die Nutzniessung?

Art. 748

III. Untergang
1. Gründe

¹ Die Nutzniessung geht unter mit dem vollständigen Untergang ihres Gegenstandes und überdies bei Grundstücken mit der Löschung des Eintrages, wo dieser zur Bestellung notwendig war.

² Andere Untergangsgründe, wie Zeitablauf, Verzicht oder Tod des Berechtigten, geben bei Grundstücken dem Eigentümer nur einen Anspruch auf Löschung des Eintrages.

³ Die gesetzliche Nutzniessung hört auf mit dem Wegfall ihres Grundes.

Art. 749

2. Dauer

¹ Die Nutzniessung endigt mit dem Tode des Berechtigten und für juristische Personen mit deren Auflösung.

² Sie kann jedoch für diese höchstens 100 Jahre dauern.

Art. 750

3. Ersatz bei Untergang

¹ Der Eigentümer ist nicht verpflichtet, die untergegangene Sache wieder herzustellen.

² Stellt er sie her, so ist auch die Nutzniessung wieder hergestellt.

³ Wird für die untergegangene Sache ein Ersatz geleistet, wie bei der Enteignung und der Versicherung, so besteht die Nutzniessung an dem Ersatzgegenstande weiter.

Art. 751

4. Rückleistung
a. Pflicht

Ist die Nutzniessung beendigt, so hat der Besitzer dem Eigentümer den Gegenstand zurückzugeben.

Art. 752

b. Verantwortlichkeit

¹ Der Nutzniesser haftet für den Untergang und den Minderwert der Sache, insofern er nicht nachweist, dass dieser Schaden ohne sein Verschulden eingetreten ist.

² Aufgebrauchte Gegenstände, deren Verbrauch nicht zur Nutzung gehört, hat er zu ersetzen.

³ Den Minderwert der Gegenstände, der durch den ordnungsgemässen Gebrauch der Sache eingetreten ist, hat er nicht zu ersetzen.

Art. 753

c. Verwendungen

¹ Hat der Nutzniesser Verwendungen gemacht oder Neuerungen vorgenommen, zu denen er nicht verpflichtet war, so kann er bei der Rückleistung Ersatz verlangen wie ein Geschäftsführer ohne Auftrag.

² Vorrichtungen, die er erstellt hat, für die ihm aber der Eigentümer keinen Ersatz leisten will, kann er wegnehmen, ist aber verpflichtet, den vorigen Stand wieder herzustellen.

Art. 754

5. Verjährung der Ersatzansprüche

Die Ersatzansprüche des Eigentümers wegen Veränderung oder Wertverminderung der Sache sowie die Ansprüche des Nutzniessers auf Ersatz von Verwendungen oder auf Wegnahme von Vorrichtungen verjähren mit Ablauf eines Jahres seit der Rückleistung der Sache.

Meist wird die Nutzniessung einer genau bezeichneten Person für die Dauer ihres Lebens versprochen. Dann endet sie mit dem Tod der Berechtigten (Art. 749). Bestand sie an einem Grundstück, geht sie aber erst unter, wenn auch der Eintrag im Grundbuch gelöscht wird (Art. 748).

Geht die Sache, an der eine Nutzniessung besteht, unter, ist deren Eigentümer nicht verpflichtet, sie wieder herzustellen; die Nutzniessung ist somit ebenfalls beendet. Stellt der Eigentümer die Sache aber wieder her, geht auch die Nutzniessung wieder weiter (Art. 750).

Ist die Nutzniessung beendet, müssen der Nutzniesser oder seine Erben die Sache dem Eigentümer zurückgeben. Ist die Sache zugrunde gegangen oder hat sie an Wert verloren, muss der Nutzniesser den Schaden ersetzen, wenn ihn daran ein Verschulden trifft. Den Wertverlust aber, den die Sache durch den ordnungsgemässen Gebrauch erlitten hat, muss er nicht ersetzen.

Was ist dem Nutzniesser erlaubt?

IV. Inhalt
1. Rechte des Nutzniessers
a. Im allgemeinen

Art. 755

[1] Der Nutzniesser hat das Recht auf den Besitz, den Gebrauch und die Nutzung der Sache.

[2] Er besorgt deren Verwaltung.

[3] Bei der Ausübung dieses Rechtes hat er nach den Regeln einer sorgfältigen Wirtschaft zu verfahren.

Art. 756

b. Natürliche Früchte

[1] Natürliche Früchte gehören dem Nutzniesser, wenn sie während der Zeit seiner Berechtigung reif geworden sind.

[2] Wer das Feld bestellt, hat für seine Verwendungen gegen den, der die reifen Früchte erhält, einen Anspruch auf angemessene Entschädigung, die jedoch den Wert der reifen Früchte nicht übersteigen soll.

[3] Bestandteile, die nicht Erzeugnisse oder Erträgnisse sind, verbleiben dem Eigentümer der Sache.

Art. 757

c. Zinse

Zinse von Nutzniessungskapitalien und andere periodische Leistungen gehören dem Nutzniesser von dem Tage an, da sein Recht beginnt, bis zu dem Zeitpunkte, da es aufhört, auch wenn sie erst später fällig werden.

Art. 758

d. Übertragbarkeit

[1] Die Nutzniessung kann, wenn es sich nicht um ein höchst persönliches Recht handelt, zur Ausübung auf einen andern übertragen werden.

[2] Der Eigentümer ist befugt, seine Rechte diesem gegenüber unmittelbar geltend zu machen.

Der Nutzniesser oder die Nutzniesserin dürfen die Sache besitzen und gebrauchen, ihnen gehören die Früchte, seien dies die natürlichen (Äpfel, Nüsse,

Gemüse etc.) oder die zivilen (Miet- oder Pachtzinsen, Bankzinsen etc.). Ein Nutzniesser darf die Sache aber nicht verkaufen oder sie zerstören; dafür müsste er dem Eigentümer Schadenersatz bezahlen (Art. 752). Da die Sache im Besitz des Nutzniessers steht, ist es nur logisch, wenn er sie auch verwaltet. Er muss dabei nach «den Regeln einer sorgfältigen Wirtschaft» verfahren. Was das bedeutet, hängt natürlich sehr davon ab, welche Sache ihm zur Nutzniessung dient. Handelt es sich dabei etwa um ein Haus, muss er die gewöhnlichen Unterhaltsarbeiten wie Anstrich, Dachdecken oder Reparatur von sanitären und elektrischen Anlagen vornehmen (siehe auch Art. 764 ff.).

Die Nutzniessung ist strikt an eine bestimmte Person gebunden und ist deshalb unvererblich; sie kann auch nicht auf eine andere Person übertragen werden. Der Nutzniesser kann also sein Recht weder verkaufen noch verschenken. Allerdings ist es möglich, das der Nutzniesser jemand anderem auf Zeit die Ausübung seines Rechts überlässt. Er kann die Sache zum Gebrauch vermieten, jemandem erlauben, die Früchte von den Bäumen zu ernten etc.

Welche Rechte hat der Eigentümer denn noch?

Art. 759

2. Rechte des Eigentümers
a. Aufsicht

Der Eigentümer kann gegen jeden widerrechtlichen oder der Sache nicht angemessenen Gebrauch Einspruch erheben.

Art. 760

b. Sicherstellung

¹ Der Eigentümer ist befugt, von dem Nutzniesser Sicherheit zu verlangen, sobald er eine Gefährdung seiner Rechte nachweist.

² Ohne diesen Nachweis und schon vor der Übergabe der Sache kann er Sicherheit verlangen, wenn verbrauchbare Sachen oder Wertpapiere den Gegenstand der Nutzniessung bilden.

³ Für die Sicherstellung bei Wertpapieren genügt deren Hinterlegung.

Art. 761

c. Sicherstellung bei Schenkung und gesetzlicher Nutzniessung

¹ Der Anspruch auf Sicherstellung besteht nicht gegenüber demjenigen, der den Gegenstand dem Eigentümer unter Vorbehalt der Nutzniessung geschenkt hat.

² Bei der gesetzlichen Nutzniessung steht der Anspruch unter der besondern Ordnung des Rechtsverhältnisses.

Art. 762

d. Folge der Nichtleistung der Sicherheit

Leistet der Nutzniesser während einer ihm hiefür angesetzten angemessenen Frist die Sicherheit nicht oder lässt er trotz Einspruches des Eigentümers von einem widerrechtlichen Gebrauch der Sache nicht ab, so hat der Richter ihm den Besitz des Gegenstandes bis auf weiteres zu entziehen und eine Beistandschaft anzuordnen.

Steht dem Nutzniesser der volle Genuss an einer Sache zu, bleibt dem Eigentümer oder der Eigentümerin tatsächlich nicht mehr viel davon. Sie haben die Sache nicht in ihrem Besitz, können sie nicht gebrauchen und auch die Früchte stehen dem Nutzniesser zu. Eigentümer bleiben sie aber nach wie vor. Insbesondere dürfen sie einschreiten, wenn der Nutzniesser die Sache unsorgfältig behandelt oder sie für etwas gebraucht, was ihr nicht entspricht. Ist die Sache gefährdet, können die Eigentümer zudem verlangen, dass der Nutzniesser eine Sicherheit leistet, indem er beispielsweise den Wert der Sache in Geld hinterlegt. Notfalls kann das Gericht dem Nutzniesser die Sache wegnehmen und die Verwaltung durch einen Beistand anordnen (Art. 762).

Die Unterhaltskosten

Art. 763

3. Inventarpflicht

Der Eigentümer und der Nutzniesser haben das Recht, jederzeit zu verlangen, dass über die Gegenstände der Nutzniessung auf gemeinsame Kosten ein Inventar mit öffentlicher Beurkundung aufgenommen werde.

Art. 764

4. Lasten
a. Erhaltung der Sache

[1] Der Nutzniesser hat den Gegenstand in seinem Bestande zu erhalten und Ausbesserungen und Erneuerungen, die zum gewöhnlichen Unterhalte gehören, von sich aus vorzunehmen.

[2] Werden wichtigere Arbeiten oder Vorkehrungen zum Schutze des Gegenstandes nötig, so hat der Nutzniesser den Eigentümer davon zu benachrichtigen und ihre Vornahme zu gestatten.

[3] Schafft der Eigentümer nicht Abhilfe, so ist der Nutzniesser befugt, auf Kosten des Eigentümers sich selbst zu helfen.

Art. 765

b. Unterhalt und Bewirtschaftung

[1] Die Auslagen für den gewöhnlichen Unterhalt und die Bewirtschaftung der Sache, die Zinse für die darauf haftenden Kapitalschulden sowie die Steuern und Abgaben trägt im Verhältnisse zu der Dauer seiner Berechtigung der Nutzniesser.

² Werden die Steuern und Abgaben beim Eigentümer erhoben, so hat ihm der Nutzniesser in dem gleichen Umfange Ersatz zu leisten.

³ Alle andern Lasten trägt der Eigentümer, er darf aber, falls der Nutzniesser ihm auf Verlangen die nötigen Geldmittel nicht unentgeltlich vorschiesst, Gegenstände der Nutzniessung hiefür verwerten.

Art. 766

c. Zinspflicht bei Nutzniessung an einem Vermögen

Steht ein Vermögen in Nutzniessung, so hat der Nutzniesser die Kapitalschulden zu verzinsen, kann aber, wo die Umstände es rechtfertigen, verlangen, von dieser Zinspflicht dadurch befreit zu werden, dass nach Tilgung der Schulden die Nutzniessung auf den verbleibenden Überschuss der Vermögenswerte beschränkt wird.

Art. 767

d. Versicherung

¹ Der Nutzniesser hat den Gegenstand zugunsten des Eigentümers gegen Feuer und andere Gefahren zu versichern, soweit diese Versicherung nach ortsüblicher Auffassung zu den Pflichten einer sorgfältigen Wirtschaft gerechnet wird.

² Die Versicherungsprämien hat in diesem Falle, sowie wenn eine bereits versicherte Sache in Nutzniessung kommt, für die Zeit seiner Nutzniessung der Nutzniesser zu tragen.

Der Nutzniesser muss bestimmte Unterhaltsarbeiten nicht nur durchführen, er muss sie auch bezahlen. Zu seinen Pflichten gehören die gewöhnlichen Unterhalts- und Reparaturarbeiten. Allerdings liegt es am Eigentümer, wichtigere Arbeiten, etwa das Erneuern des Verputzes oder der elektrischen und sanitären Anlagen eines Hauses, vorzunehmen. Er trägt grundsätzlich auch die Kosten dafür, kann aber vom Nutzniesser verlangen, dass dieser ihm für die Dauer der Nutzniessung das nötige Geld zinsfrei vorschiesst.

Der Nutzniesser muss auch die mit der Nutzniessung zusammenhängenden Steuern und Abgaben bezahlen. Damit sind die regelmässig wiederkehrenden Einkommens- und Vermögenssteuern gemeint, die dem Ertrag der Nutzniessung entsprechen, oder bei einem Haus die Beiträge für Kehrichtabfuhr, Strassenreinigung etc. Einmalige Abgaben wie Kapitalgewinnsteuer oder Grundstückgewinnsteuer trägt aber der Eigentümer.

Soweit dies üblicherweise zu einer ordnungsgemässen Wirtschaft gehört, muss der Nutzniesser die Sache auch versichern. Dazu gehört bei einem Haus immer eine Feuerversicherung.

Keinen Raubbau treiben

Art. 768

V. Besondere Fälle
I. Grundstücke
a. Früchte

[1] Der Nutzniesser eines Grundstückes hat darauf zu achten, dass es durch die Art der Nutzniessung nicht über das gewöhnliche Mass in Anspruch genommen wird.

[2] Soweit Früchte über dieses Mass hinaus bezogen worden sind, gehören sie dem Eigentümer.

Art. 769

b. Wirtschaftliche Bestimmung

[1] Der Nutzniesser darf an der wirtschaftlichen Bestimmung des Grundstückes keine Veränderungen vornehmen, die für den Eigentümer von erheblichem Nachteil sind.

[2] Die Sache selbst darf er weder umgestalten noch wesentlich verändern.

[3] Die Neuanlage von Steinbrüchen, Mergelgruben, Torfgräbereien u. dgl. ist ihm nur nach vorgängiger Anzeige an den Eigentümer und unter der Voraussetzung gestattet, dass die wirtschaftliche Bestimmung des Grundstückes dadurch nicht wesentlich verändert wird.

Art. 770

c. Wald

[1] Ist ein Wald Gegenstand der Nutzniessung, so kann der Nutzniesser die Nutzung insoweit beanspruchen, als ein ordentlicher Wirtschaftsplan dies rechtfertigt.

[2] Sowohl der Eigentümer als der Nutzniesser können die Einhaltung eines Planes verlangen, der ihre Rechte nicht beeinträchtigt.

[3] Erfolgt im Falle von Sturm, Schneeschaden, Brand, Insektenfrass oder aus andern Gründen eine erhebliche Übernutzung, so soll sie allmählich wieder eingespart oder der Wirtschaftsplan den neuen Verhältnissen angepasst werden, der Erlös der Übernutzung aber wird zinstragend angelegt und dient zur Ausgleichung des Ausfalles.

Art. 771

d. Bergwerke

Auf die Nutzniessung an Gegenständen, deren Nutzung in der Gewinnung von Bodenbestandteilen besteht, wie namentlich an Bergwerken, finden die Bestimmungen über die Nutzniessung am Walde entsprechende Anwendung.

Art. 772

2. Verbrauchbare und geschätzte Sachen

¹ An verbrauchbaren Sachen erhält der Nutzniesser, wenn es nicht anders bestimmt ist, das Eigentum, wird aber für den Wert, den sie bei Beginn der Nutzniessung hatten, ersatzpflichtig.

² Werden andere bewegliche Sachen unter einer Schätzung übergeben, so kann der Nutzniesser, wenn es nicht anders bestimmt ist, frei über sie verfügen, wird aber, wenn er von diesem Rechte Gebrauch macht, ersatzpflichtig.

³ Der Ersatz kann bei landwirtschaftlichen Einrichtungen, Herden, Warenlagern u. dgl. in Gegenständen gleicher Art und Güte geleistet werden.

Der Nutzniesser darf die Sache wohl gebrauchen, die Früchte gehören ihm. Er darf aber keinen Raubbau betreiben und damit die Ertragskraft beispielsweise des Bodens auf längere Sicht schwächen. Ist ein Wald Gegenstand der Nutzniessung, kann dessen Nutzung auch durch einen Wirtschaftsplan geregelt werden (Art. 770).

Ganz grundsätzlich darf der Nutzniesser die Sache nicht umgestalten oder wesentlich verändern. Damit ist es ihm zum Beispiel untersagt, bei einer Nutzniessung an einem Grundstück Gebäude abzureissen oder neue zu errichten oder ganze Baumgärten umzuhauen. Kleinere Änderungen, etwa ein neuer Farbanstrich oder der Einbau einer neuen Küche, sind aber erlaubt, ebenso das Fällen einzelner Bäume.

Spezielles für Nutzniessung an Forderungen

Die folgenden Artikel enthalten Bestimmungen für Nutzniessungen, die nicht an einer Sache, sondern an einer Forderung bestehen. Dies ist beispielsweise der Fall, wenn jemand die Nutzniessung an einem Darlehen hat; die Zinsen stehen dann ihm und nicht dem eigentlichen Gläubiger, dem Darlehensgeber der Foderung, zu. Die praktische Bedeutung der Nutzniessung an Forderungen ist allerdings gering, weshalb auf die einzelnen Artikel nicht näher eingegangen wird.

Art. 773

3. Forderungen
a. Inhalt

¹ Stehen Forderungen in Nutzniessung, so kann der Nutzniesser deren Ertrag einziehen.

² Kündigungen an den Schuldner sowie Verfügungen über Wertpapiere müssen vom Gläubiger und vom Nutzniesser ausgehen, Kündigungen des Schuldners gegenüber beiden erfolgen.

³ Der Gläubiger und der Nutzniesser haben gegeneinander ein Recht auf Zustimmung zu den Massregeln, die im Falle der Gefährdung der Forderung zu einer sorgfältigen Verwaltung gehören.

Art. 774

b. Rückzahlungen und Neuanlage

¹ Ist der Schuldner nicht ermächtigt, dem Gläubiger oder dem Nutzniesser die Rückzahlung zu leisten, so hat er entweder an beide gemeinsam zu zahlen oder zu hinterlegen.

² Der Gegenstand der Leistung, wie namentlich zurückbezahltes Kapital, unterliegt der Nutzniessung.

³ Sowohl der Gläubiger als der Nutzniesser haben Anspruch auf sichere und zinstragende Neuanlage der Kapitalien.

Art. 775

c. Recht auf Abtretung

¹ Der Nutzniesser hat das Recht, binnen drei Monaten nach Beginn der Nutzniessung die Abtretung der seiner Nutzniessung unterstellten Forderungen und Wertpapiere zu verlangen.

² Erfolgt deren Abtretung, so wird er dem bisherigen Gläubiger für den Wert, den sie zur Zeit der Abtretung haben, ersatzpflichtig und hat in diesem Betrage Sicherheit zu leisten, insofern nicht hierauf verzichtet wird.

³ Der Übergang erfolgt, wenn kein Verzicht vorliegt, erst mit der Sicherstellung.

Das Wohnrecht

Art. 776

B. Wohnrecht
I. Im allgemeinen

¹ Das Wohnrecht besteht in der Befugnis, in einem Gebäude oder in einem Teile eines solchen Wohnung zu nehmen.

² Es ist unübertragbar und unvererblich.

³ Es steht, soweit das Gesetz es nicht anders ordnet, unter den Bestimmungen über die Nutzniessung.

Art. 777

II. Ansprüche des Wohnungsberechtigten

¹ Das Wohnrecht wird im allgemeinen nach den persönlichen Bedürfnissen des Berechtigten bemessen.

² Er darf aber, falls das Recht nicht ausdrücklich auf seine Person beschränkt ist, seine Familienangehörigen und Hausgenossen zu sich in die Wohnung aufnehmen.

³ Ist das Wohnrecht auf einen Teil eines Gebäudes beschränkt, so kann der Berechtigte die zum gemeinschaftlichen Gebrauch bestimmten Einrichtungen mitbenutzen.

Art. 778

III. Lasten

¹ Steht dem Berechtigten ein ausschliessliches Wohnrecht zu, so trägt er die Lasten des gewöhnlichen Unterhaltes.

² Hat er nur ein Mitbenutzungsrecht, so fallen die Unterhaltskosten dem Eigentümer zu.

Das Wohnrecht ist eine spezielle Form der Nutzniessung. Wie diese gibt es dem oder der Wohnberechtigten die Möglichkeit, ein Haus, eine Wohnung oder Teile davon zu besitzen und zu gebrauchen, das heisst, dort zu wohnen. Im Gegensatz zur Nutzniessung gehört aber zum Wohnrecht nicht der Fruchtgenuss. Damit ist es den Wohnberechtigten zum Beispiel nicht erlaubt, die Wohnung zu vermieten. Das Wohnrecht ist also noch strikter an eine bestimmte Person gebunden als die Nutzniessung. Soweit für das Wohnrecht nichts anderes bestimmt ist, steht es unter den Regeln der Nutzniessung.

Das Baurecht

Das Baurecht ist nicht nur in den folgenden Artikeln 779 bis 779I geregelt. Auch Artikel 675 handelt vom Baurecht.

Art. 779

C. Baurecht
I. Gegenstand und Aufnahme in das Grundbuch

¹ Ein Grundstück kann mit der Dienstbarkeit belastet werden, dass jemand das Recht erhält, auf oder unter der Bodenfläche ein Bauwerk zu errichten oder beizubehalten.

² Dieses Recht ist, wenn es nicht anders vereinbart wird, übertragbar und vererblich.

³ Ist das Baurecht selbständig und dauernd, so kann es als Grundstück in das Grundbuch aufgenommen werden.

Art. 779a

II. Vertrag

Der Vertrag über die Begründung eines selbständigen und dauernden Baurechtes bedarf zu seiner Gültigkeit der öffentlichen Beurkundung.

III. Inhalt und Umfang

Art. 779*b*

Die vertraglichen Bestimmungen über den Inhalt und Umfang des Baurechtes, wie namentlich über Lage, Gestalt, Ausdehnung und Zweck der Bauten sowie über die Benutzung nicht überbauter Flächen, die mit seiner Ausübung in Anspruch genommen werden, sind für jeden Erwerber des Baurechtes und des belasteten Grundstückes verbindlich.

IV. Folgen des Ablaufs der Dauer
1. Heimfall

Art. 779*c*

Geht das Baurecht unter, so fallen die bestehenden Bauwerke dem Grundeigentümer heim, indem sie zu Bestandteilen seines Grundstückes werden.

2. Entschädigung

Art. 779*d*

¹ Der Grundeigentümer hat dem bisherigen Bauberechtigten für die heimfallenden Bauwerke eine angemessene Entschädigung zu leisten, die jedoch den Gläubigern, denen das Baurecht verpfändet war, für ihre noch bestehenden Forderungen haftet und ohne ihre Zustimmung dem bisherigen Bauberechtigten nicht ausbezahlt werden darf.

² Wird die Entschädigung nicht bezahlt oder sichergestellt, so kann der bisherige Bauberechtigte oder ein Gläubiger, dem das Baurecht verpfändet war, verlangen, dass an Stelle des gelöschten Baurechtes ein Grundpfandrecht mit demselben Rang zur Sicherung der Entschädigungsforderung eingetragen werde.

³ Die Eintragung muss spätestens drei Monate nach dem Untergang des Baurechtes erfolgen.

3. Vereinbarungen

Art. 779*e*

Über die Höhe der Entschädigung und das Verfahren zu ihrer Festsetzung sowie über die Aufhebung der Entschädigungspflicht und über die Wiederherstellung des ursprünglichen Zustandes der Liegenschaft können Vereinbarungen in der Form, die für die Begründung des Baurechtes vorgeschrieben ist, getroffen und im Grundbuch vorgemerkt werden.

V. Vorzeitiger Heimfall
1. Voraussetzungen

Art. 779*f*

Wenn der Bauberechtigte in grober Weise sein dingliches Recht überschreitet oder vertragliche Verpflichtungen verletzt, so kann der Grundeigentümer den vorzeitigen Heimfall herbeiführen, indem er die Übertragung des Baurechts mit allen Rechten und Lasten auf sich selber verlangt.

Art. 779g

2. Ausübung des Heimfallsrechtes

¹ Das Heimfallsrecht kann nur ausgeübt werden, wenn für die heimfallenden Bauwerke eine angemessene Entschädigung geleistet wird, bei deren Bemessung das schuldhafte Verhalten des Bauberechtigten als Herabsetzungsgrund berücksichtigt werden kann.

² Die Übertragung des Baurechtes auf den Grundeigentümer erfolgt erst, wenn die Entschädigung bezahlt oder sichergestellt ist.

Art. 779h

3. Andere Anwendungsfälle

Den Vorschriften über die Ausübung des Heimfallsrechtes unterliegt jedes Recht, das sich der Grundeigentümer zur vorzeitigen Aufhebung oder Rückübertragung des Baurechtes wegen Pflichtverletzung des Bauberechtigten vorbehalten hat.

Art. 779i

VI. Haftung für den Baurechtszins
1. Anspruch auf Errichtung eines Pfandrechts

¹ Zur Sicherung des Baurechtszinses hat der Grundeigentümer gegenüber dem jeweiligen Bauberechtigten Anspruch auf Errichtung eines Pfandrechtes an dem in das Grundbuch aufgenommenen Baurecht im Höchstbetrag von drei Jahresleistungen.

² Ist die Gegenleistung nicht in gleichmässigen Jahresleistungen festgesetzt, so besteht der Anspruch auf das gesetzliche Pfandrecht für den Betrag, der bei gleichmässiger Verteilung auf drei Jahre entfällt.

Art. 779k

2. Eintragung

¹ Das Pfandrecht kann jederzeit eingetragen werden, solange das Baurecht besteht, und ist von der Löschung im Zwangsverwertungsverfahren ausgenommen.

² Im übrigen sind die Bestimmungen über die Errichtung des Bauhandwerkerpfandrechtes sinngemäss anwendbar.

Art. 779l

VII. Höchstdauer

¹ Das Baurecht kann als selbständiges Recht auf höchstens 100 Jahre begründet werden.

² Es kann jederzeit in der für die Begründung vorgeschriebenen Form auf eine neue Dauer von höchstens 100 Jahren verlängert werden, doch ist eine zum voraus eingegangene Verpflichtung hiezu nicht verbindlich.

Auf fremdem Boden bauen

Ein Baurecht gibt die Erlaubnis, auf einem fremden Grundstück ein Haus, eine Strasse oder etwa auch eine Leitung zu bauen und zu benutzen. Der Boden bleibt im Eigentum des Grundeigentümers, die Baute wird aber Eigentum des Bauberechtigten. In der Regel ist das Baurecht ein selbständiges und dauerndes Recht:
- Es ist *selbständig*, wenn es nicht an eine bestimmte Person gebunden ist; es kann deshalb auch vererbt oder auf eine andere Person übertragen (verkauft, verschenkt etc.) werden.
- Es ist *dauernd*, wenn es für mindestens 30 Jahre gelten soll.

Ein selbständiges und dauerndes Baurecht kann im Grundbuch als Grundstück eingetragen werden, was insbesondere bewirkt, dass es etwa mit Dienstbarkeiten und Pfandrechten belastet werden kann. Die Artikel 779 bis 779l gelten nur für selbständige und dauernde Baurechte.

Es ist aber durchaus möglich, dass ein Baurecht an eine bestimmte Person gebunden und deshalb ein unselbständiges Recht ist oder dass es für weniger als 30 Jahre vereinbart wird. Ein solches Baurecht ist eine Dienstbarkeit im Sinn von Artikel 781 und kann nicht als eigenes Grundstück, wohl aber als Dienstbarkeit im Grundbuch eingetragen werden.

Dank dem Baurecht besteht die Möglichkeit, ein eigenes Haus zu bauen, ohne dabei Unsummen für den teuren Boden auszugeben. Dafür muss aber dem Grundeigentümer in der Regel eine Entschädigung in Form des *Baurechtszinses* bezahlt werden. Dieser kann allerdings recht happig ausfallen und kann auch – da er meist mit einer Kostenindexklausel versehen oder an die Hypothekarzinssätze gebunden ist – stark ansteigen.

Für den Grundeigentümer bietet das Baurecht den Vorteil, dass er das wirtschaftlich wertvolle Gut Boden nicht verkaufen muss und trotzdem – ohne selbst Baukosten zu tragen – daraus Geld ziehen kann.

Will ein Berechtigter das Baurecht verkaufen, steht dem Eigentümer des Bodens ein Vorkaufsrecht zu. Umgekehrt gilt dasselbe: Der Bauberechtigte hat ein Vorkaufsrecht, wenn der Eigentümer «seinen» Boden verkaufen will (Art. 682 Abs. 2).

Der Baurechtsvertrag

Im Baurechtsvertrag ist beispielsweise zu regeln, welche Baute errichtet werden darf (Einfamilien- oder Mehrfamilienhaus, Hotel oder Restaurant), wie sie genutzt werden soll (als Gewerbebetrieb oder Wohnhaus), wie lange das Baurecht dauern soll, wie hoch der Baurechtszins ist etc. Handelt es sich um ein selbständiges und dauerndes Baurecht (siehe oben), muss der Vertrag öffentlich beurkundet werden. Andernfalls genügt einfache Schriftlichkeit.

Der Heimfall

Geht die vereinbarte Dauer für das Baurecht zu Ende, fällt das Haus ins Eigentum des Grundeigentümers (Heimfall). Dieser muss dem Bauberechtigten aber eine angemessene Entschädigung bezahlen. Wie diese zu berechnen ist, kann schon im Baurechtsvertrag geregelt werden. Es kann aber auch vereinbart werden, dass der Grundeigentümer gar nichts bezahlen muss.

Grundsätzlich erhält der Grundeigentümer das Haus, das im Baurecht errichtet wurde, erst mit Ablauf der vereinbarten Dauer. Hat der Bauberechtigte aber seine Rechte überschritten oder in grober Weise gegen den Baurechtsvertrag verstossen, verliert er schon früher seine Rechte: Es kommt zum *vorzeitigen Heimfall*. Gründe dafür können etwa sein: Der Bauberechtigte bezahlt nie den Baurechtszins; er erstellt ganz andere Bauten als im Vertrag vereinbart etc. Beim vorzeitigen Heimfall hat der Bauberechtigte immer eine Entschädigung zugut; ihre Höhe hängt auch von seinem Verschulden ab.

Dauer des Baurechts

Das Baurecht dauert so lange, wie es vereinbart wurde, höchstens aber 100 Jahre. Es ist jedoch durchaus möglich, ein Baurecht mehrere Male um weitere 100 Jahre zu verlängern.

Das Quellenrecht

D. Quellenrecht

Art. 780

¹ Das Recht an einer Quelle auf fremdem Grundstück belastet das Quellengrundstück mit der Dienstbarkeit der Aneignung und Ableitung des Quellwassers.

² Es ist, wenn es nicht anders vereinbart wird, übertragbar und vererblich.

³ Ist das Quellenrecht selbständig und dauernd, so kann es als Grundstück in das Grundbuch aufgenommen werden.

Das Quellenrecht erlaubt, eine auf fremdem Boden liegende Quelle zu fassen und das Wasser abzuleiten. Wie das Baurecht kann auch das Quellenrecht als

Grundstück im Grundbuch eingetragen werden, sofern es selbständig und dauernd ist (für die Begriffe selbständig und dauernd siehe Seite 649).

Andere Dienstbarkeiten

Art. 781

E. Andere Dienstbarkeiten

[1] Dienstbarkeiten anderen Inhaltes können zugunsten einer beliebigen Person oder Gemeinschaft an Grundstücken bestellt werden, so oft diese in bestimmter Hinsicht jemandem zum Gebrauch dienen können, wie für die Abhaltung von Schiessübungen oder für Weg und Steg.

[2] Sie sind, soweit es nicht anders vereinbart wird, unübertragbar, und es bestimmt sich ihr Inhalt nach den gewöhnlichen Bedürfnissen der Berechtigten.

[3] Im übrigen stehen sie unter den Bestimmungen über die Grunddienstbarkeiten.

Das ZGB regelt ausführlich Dienstbarkeiten wie die Nutzniessung, das Wohn- und das Baurecht. Daneben kann noch alles mögliche Inhalt einer Dienstbarkeit sein. Artikel 781 sagt dazu, dass Dienstbarkeiten bestellt werden können, «so oft diese in bestimmter Hinsicht jemandem zum Gebrauche dienen können». Durch eine Dienstbarkeit berechtigt ist immer eine Person, sei dies eine natürliche oder eine juristische. Einige Beispiele:
– Ein Schützenverein erhält das Recht, ein Grundstück zu überschiessen.
– Einer Gesellschaft ist es erlaubt, während der Wintersaison einen Skilift und eine Skipiste über ein Grundstück zu führen.
– Den Bürgern und Bürgerinnen einer Gemeinde steht das Recht zu, jedes Jahr eine bestimmte Menge Holz aus einem Waldstück zu nehmen.

Solche Dienstbarkeiten sind regelmässig an eine bestimmte Person oder an einen bestimmten Personenkreis gebunden und können nicht auf andere übertragen werden. Allerdings kann dazu auch etwas anderes vereinbart werden.

Die Grundlasten

Die Grundlast hat heute keine grosse praktische Bedeutung mehr. Es soll deshalb nur kurz das Wesentliche über dieses beschränkte dingliche Recht zusammengefasst werden.

Wie bei der Dienstbarkeit gibt es auch bei der Grundlast ein belastetes Grundstück. Dessen Eigentümer ist aber nicht zu einem Nichttun, einem Dulden verpflichtet, vielmehr muss er aktiv werden, ist zu einer *Leistung* verpflichtet. Diese kann darin bestehen, dass jemand Holz aus seinem Wald oder Milch aus seinem Bauernbetrieb liefern muss. Die Leistung kann sogar in Arbeit bestehen: Der Eigentümer des belasteten Grundstücks muss beispielsweise einen Weg, eine Brücke oder eine Mauer unterhalten. Unter Umständen kann er auch verpflichtet sein, jemandem regelmässig eine bestimmte Summe Geld abzuliefern. Die Leistung kann einer bestimmten Person oder dem jeweiligen Eigentümer eines Grundstücks (des herrschenden Grundstücks) zugut kommen.

Die Grundlast erschöpft sich aber nicht in der Leistungspflicht. Kann der Eigentümer die Leistung nicht erbringen, darf sich der oder die Berechtigte am belasteten Grundstück schadlos halten. Das Grundstück wird versteigert, und der Berechtigte erhält anstelle der Leistung einen entsprechenden Geldbetrag aus dem Erlös. Das Grundstück haftet als *Pfand* für die geschuldete Leistung. Eine solche Pfandhaftung ist bei den Dienstbarkeiten undenkbar. Sie gehört aber wesentlich zur anderen grossen Gruppe der beschränkten dinglichen Rechte, zu den Pfandrechten. Die Grundlast ist also ein Doppelgebilde: Zum einen verpflichtet sie den Eigentümer des belasteten Grundstücks zu einer Leistung, zum andern haftet dieses als Pfand für die vereinbarte Leistung.

Dritter Abschnitt: Die Grundlasten

Art. 782

A. Gegenstand

[1] Durch die Grundlast wird der jeweilige Eigentümer eines Grundstückes zu einer Leistung an einen Berechtigten verpflichtet, für die er ausschliesslich mit dem Grundstücke haftet.

[2] Als Berechtigter kann der jeweilige Eigentümer eines andern Grundstückes bezeichnet sein.

[3] Unter Vorbehalt der Gült und der öffentlich-rechtlichen Grundlasten kann eine Grundlast nur eine Leistung zum Inhalt haben, die sich entweder aus der wirtschaftlichen Natur des belasteten Grundstückes ergibt, oder die für die wirtschaftlichen Bedürfnisse eines berechtigten Grundstückes bestimmt ist.

Art. 783

¹ Die Grundlast bedarf zu ihrer Errichtung der Eintragung in das Grundbuch.

² Bei der Eintragung ist ein bestimmter Betrag als ihr Gesamtwert in Landesmünze anzugeben, und zwar bei zeitlich wiederkehrenden Leistungen mangels anderer Abrede der zwanzigfache Betrag der Jahresleistung.

³ Für Erwerb und Eintragung gelten, wo es nicht anders geordnet ist, die Bestimmungen über das Grundeigentum.

Art. 784

¹ Öffentlich-rechtliche Grundlasten bedürfen, wo es nicht anders geordnet ist, keiner Eintragung in das Grundbuch.

² Gibt das Gesetz dem Gläubiger nur einen Anspruch auf eine Grundlast, so entsteht diese erst mit der Eintragung in das Grundbuch.

Art. 785

Wird eine Grundlast zum Zwecke der Sicherung einer Geldforderung begründet, so steht sie unter den Bestimmungen über die Gült.

Art. 786

¹ Die Grundlast geht unter mit der Löschung des Eintrages sowie mit dem vollständigen Untergang des belasteten Grundstückes.

² Aus Verzicht oder Ablösung oder aus andern Untergangsgründen erhält der Belastete gegenüber dem Berechtigten einen Anspruch auf Löschung des Eintrages.

Art. 787

Der Berechtigte kann die Ablösung der Grundlast verlangen nach Abrede und ferner:

1. wenn das belastete Grundstück zerstückelt und dadurch das Recht des Gläubigers erheblich beeinträchtigt wird;
2. wenn der Eigentümer den Wert des Grundstückes vermindert und zum Ersatz dafür keine andern Sicherheiten bietet;
3. wenn der Schuldner mit drei Jahresleistungen im Rückstand ist.

Art. 788

¹ Der Schuldner kann die Ablösung verlangen nach Abrede und ferner:

1. wenn der Vertrag, auf dem die Grundlast beruht, vom Berechtigten nicht innegehalten wird;

2. nach dreissigjährigem Bestande der Grundlast, und zwar auch dann, wenn eine längere Dauer oder die Unablösbarkeit verabredet worden ist.

² Erfolgt die Ablösung nach dreissigjährigem Bestande, so hat ihr in allen Fällen eine Kündigung auf Jahresfrist voranzugehen.

³ Ausgeschlossen ist diese Ablösung, wenn die Grundlast mit einer unablösbaren Grunddienstbarkeit verbunden ist.

Art. 789

c. Ablösungsbetrag

Die Ablösung erfolgt um den Betrag, der im Grundbuch als Gesamtwert der Grundlast eingetragen ist, unter Vorbehalt des Nachweises, dass die Grundlast in Wirklichkeit einen geringeren Wert hat.

Art. 790

3. Verjährung

¹ Die Grundlast ist keiner Verjährung unterworfen.

² Die einzelne Leistung unterliegt der Verjährung von dem Zeitpunkte an, da sie zur persönlichen Schuld des Pflichtigen wird.

Art. 791

C. Inhalt
I. Gläubigerrecht

¹ Der Gläubiger der Grundlast hat keine persönliche Forderung gegen den Schuldner, sondern nur ein Recht auf Befriedigung aus dem Werte des belasteten Grundstückes.

² Die einzelne Leistung wird jedoch mit Ablauf von drei Jahren seit Eintritt ihrer Fälligkeit zur persönlichen Schuld, für die das Grundstück nicht mehr haftet.

Art. 792

II. Schuldpflicht

¹ Wechselt das Grundstück den Eigentümer, so wird der Erwerber ohne weiteres Schuldner der Grundlast.

² Wird das belastete Grundstück zerstückelt, so treten für die Grundlast die gleichen Folgen ein wie bei der Gült.

Die Pfandrechte

Die Pfandrechte sind die dritte Art von beschränkten dinglichen Rechten, die das ZGB kennt. Sie haben den Zweck, eine Forderung zu sichern.
Robert T. gewährt einer Freundin einen Kredit von 500000 Franken. Um diesen sicherzustellen, verlangt er aber ein Pfand, nämlich Schmuckstücke. Kann ihm die Freundin den Kredit nicht zurückzahlen, hat Robert T. das Recht, die Schmuckstücke versteigern zu lassen und aus dem Verkaufserlös seine Kreditsumme zurückzunehmen. Die Schmuckstücke sichern also den Kredit.

Die Sicherstellung einer Forderung ist der Zweck aller Pfandrechte. Im Fall von Robert T. geht es um ein Pfand an einer beweglichen Sache (Fahrnispfand siehe Art. 884 bis 915, Seite 681). Daneben gibt es auch Pfandrechte an Grundstücken (Grundpfand Art. 793 bis 883).

Allgemeines zum Grundpfand

Hypothek ist ein geläufiges Wort. Aber dass sich dahinter juristisch gesehen ein Grundpfand verbirgt, ist weniger bekannt. Der Begriff Hypothek stammt allerdings aus der Umgangssprache und beinhaltet nicht immer genau dasselbe. So kann «Hypothek» die Tatsache umschreiben, dass jemand einen Kredit erhalten hat und dieser durch ein Grundpfand abgesichert ist. Mit «Hypothek» kann aber auch nur der Kredit als solcher gemeint sein, oder der Begriff bezeichnet lediglich das Grundpfandrecht. Ein Beispiel:
Eine Bank hat Rita L. für den Kauf ihres Hauses eine halbe Million Franken ausgeliehen. Als Sicherheit dafür wird ihr Grundstück mit einem Pfandrecht belastet: Bezahlt sie der Bank die Zinsen nicht (oder kann sie den Kredit nicht zurückzahlen), kann diese das Grundstück durch das Betreibungsamt versteigern lassen. Aus dem Verkaufserlös erhält die Bank ihr Geld zurück (oder auch nur teilweise, wenn sie nämlich eine höhere Kreditsumme gewährt hat, als es der Wert des Bodens rechtfertigte).

Das Beispiel zeigt, dass ein Pfandrecht nicht nur den Zweck hat, eine Forderung zu *sichern*. Damit lässt sich auch der *Wert des Bodens kapitalisieren*, das heisst in Geld umsetzen, welches zur Verfügung steht, um es in die Wirtschaft zu investieren oder etwa den Traum vom Eigenheim zu realisieren. In der Schweiz wird von dieser Möglichkeit, den Bodenwert in Geld umzuwandeln, in grossem Stil Gebrauch gemacht. Praktisch jede Liegenschaft hat Teile ihres Wertes durch Hypotheken verselbständigt. Gesamthaft ist der Schweizer Boden mit einer Summe von über 300 Milliarden Franken belastet und spielt damit in der Volkswirtschaft eine bedeutende Rolle.

Die Mieterinnen und Mieter, die in der Schweiz rund 70 Prozent der Wohnbevölkerung ausmachen, können den Wert der Wohnung oder des Hauses, das sie bewohnen, nicht direkt in Geld umsetzen. Diese Möglichkeit hat nur der Eigentümer. Direkt betrifft sie also das Grundpfandrecht nicht, indirekt aber sehr wohl. Dann nämlich, wenn die Entschädigung, die der Grundeigentümer dafür bezahlen muss, dass er auf sein Grundstück Geld erhalten hat, ansteigt. Die Rede ist vom Hypothkarzins, von dem der Mietzins bekanntlich stark abhängt. Steigt der Hypothekarzins, werden meist auch die Mieten teurer (sinkt dieser, ziehen manchmal auch die Mietzinse nach).

Zweiundzwanzigster Titel: Das Grundpfand
Erster Abschnitt: Allgemeine Bestimmungen
Art. 793

A. Voraussetzungen
I. Arten

¹ Das Grundpfand wird bestellt als Grundpfandverschreibung, als Schuldbrief oder als Gült.

² Die Bestellung anderer Arten des Grundpfandes ist nicht gestattet.

Das ZGB kennt drei Arten von Grundpfandrechten; andere Arten von Pfandrechten an Grundstücken sind nicht erlaubt.
- **Die Grundpfandverschreibung** (Art 824 ff.) hat Sicherungsfunktion.
- **Die Gült** (Art. 847 ff. und 854 ff.) dient vor allem dazu, den Wert des Bodens zu mobilisieren.
- **Der Schuldbrief** (Art. 842 ff. und 854 ff.) ist ebenfalls als Instrument zur Mobilisierung des Bodenwertes gedacht, bietet aber eine bessere Absicherung der Schuld als die Gült.

Klare Forderung und deutlich bestimmtes Grundstück

Art. 794

II. Gestalt der Forderung
1. Betrag

¹ Bei der Bestellung des Grundpfandes ist in allen Fällen ein bestimmter Betrag der Forderung in Landesmünze anzugeben.

² Ist der Betrag der Forderung unbestimmt, so wird ein Höchstbetrag angegeben, bis zu dem das Grundstück für alle Ansprüche des Gläubigers haftet.

Art. 795

2. Zinse

¹ Die Zinspflicht kann innerhalb der gegen Missbräuche im Zinswesen aufgestellten Schranken in beliebiger Weise festgesetzt werden.

² Die kantonale Gesetzgebung kann den Höchstbetrag des Zinsfusses bestimmen, der für Forderungen zulässig ist, für die ein Grundstück zu Pfand gesetzt wird.

Art. 796

III. Grundstück
1. Verpfändbarkeit

¹ Das Grundpfand wird nur auf Grundstücke errichtet, die in das Grundbuch aufgenommen sind.

² Die Kantone sind befugt, die Verpfändung von öffentlichem Grund und Boden, von Allmenden oder Weiden, die sich im Eigentum von Körperschaften befinden, sowie von damit verbundenen Nutzungsrechten besonderen Vorschriften zu unterstellen oder sie zu untersagen.

Art. 797

2. Bestimmtheit
a. Bei einem Grundstück

¹ Bei der Errichtung des Grundpfandes ist das Grundstück, das verpfändet wird, bestimmt anzugeben.

² Teile eines Grundstückes können, solange dessen Teilung im Grundbuch nicht erfolgt ist, nicht verpfändet werden.

Art. 798

b. Bei mehreren Grundstücken

¹ Auf mehrere Grundstücke kann für eine Forderung ein Grundpfandrecht errichtet werden, wenn sie dem nämlichen Eigentümer gehören oder im Eigentum solidarisch verpflichteter Schuldner stehen.

² In allen andern Fällen ist bei der Verpfändung mehrerer Grundstücke für die nämliche Forderung ein jedes von ihnen mit einem bestimmten Teilbetrag zu belasten.

³ Diese Belastung erfolgt, wenn es nicht anders vereinbart ist, nach dem Wertverhältnis der Grundstücke.

Art. 798a

3. Landwirtschaftliche Grundstücke

Für die Verpfändung von landwirtschaftlichen Grundstücken gilt zudem das Bundesgesetz vom 4. Oktober 1991 über das bäuerliche Bodenrecht.

Es ist nicht erlaubt, ein Pfandrecht über eine unbekannte Summe zu errichten. Das heisst, der genaue Betrag, für den ein Grundstück haftet, muss bestimmt und im Grundbuch eingetragen werden. Auch für die Zinsen haftet das Grundstück, dies aber nur, wenn auch der Zinsfuss im Grundbuch aufgeführt ist. Ist der Betrag zum voraus nicht genau bestimmbar, wird im Grundbuch ein Höchstbetrag, für den das Grundstück haftet, eingetragen. Dieser umfasst dann auch die Zinsen sowie allfällige weitere Kosten, etwa die Betreibungskosten. Nur an Grundstücken, die im Grundbuch eingetragen sind, kann ein Grundpfandrecht errichtet werden. Das Grundstück, das verpfändet werden soll, muss genau bezeichnet sein. Eine sogenannte Generalhypothek (was bedeuten würde, dass der ganze jeweilige Grundbesitz des Schuldners verpfändet ist; was er neu erwirbt, fiele ebenfalls unter das Pfandrecht, was er veräussert, wäre nicht mehr erfasst) ist also nicht erlaubt. Grundsätzlich ist es nicht zulässig, nur einen Teil eines Grundstücks zu verpfänden. Man kann aber für einen solchen Teil ein eigenes Grundbuchblatt eröffnen, wodurch er zu einem separaten Grundstück wird und so allein verpfändet werden kann.

Bestellung und Untergang eines Grundpfandes

Art. 799

B. Errichtung und Untergang
I. Errichtung
1. Eintragung

[1] Das Grundpfand entsteht unter Vorbehalt der gesetzlichen Ausnahmen mit der Eintragung in das Grundbuch.

[2] Der Vertrag auf Errichtung eines Grundpfandes bedarf zu seiner Verbindlichkeit der öffentlichen Beurkundung.

Art. 800

2. Bei gemeinschaftlichem Eigentum

[1] Steht ein Grundstück in Miteigentum, so kann jeder Eigentümer seinen Anteil verpfänden.

[2] Steht ein Grundstück in Gesamteigentum, so kann es nur insgesamt und im Namen aller Eigentümer verpfändet werden.

Art. 801

II. Untergang

[1] Das Grundpfand geht unter mit der Löschung des Eintrages sowie mit dem vollständigen Untergang des Grundstückes.

[2] Der Untergang infolge von Enteignung steht unter dem Enteignungsrecht des Bundes und der Kantone.

Erst, wenn das Grundpfand im Grundbuch eingetragen wird, entsteht es. Diesem Schritt muss aber ein erster vorangehen. Meist ist dies ein Vertrag, der öffentlich beurkundet werden muss. Grundlage für den Eintrag im Grundbuch kann aber beispielsweise auch eine testamentarische Verfügung sein. Weiter kann sich der Anspruch auf Errichtung eines Grundpfandrechtes aus dem Gesetz ergeben wie zum Beispiel beim Bauhandwerkerpfandrecht (für die

gesetzlichen Grundpfandrechte siehe auch Art. 837). Nur, wo es das Gesetz ausdrücklich anordnet, kann ein Grundpfandrecht auch ohne Grundbucheintrag bestehen (Art. 808 Abs. 3, 810 Abs. 2, 819 und 836).
Auch für den Untergang eines Grundpfandrechtes ist der Grundbucheintrag ausschlaggebend. Es geht erst unter, wenn der Eintrag gelöscht wird (und natürlich, wenn das Grundstück als solches untergeht).

Grundpfand und Güterzusammenlegung

Probleme können entstehen, wenn bei einer Güterzusammenlegung zum Beispiel Teile von Grundstücken, die mit Grundpfandrechten belastet sind, den Eigentümer wechseln. Die Artikel 802 bis 804 schreiben das Verfahren in solchen Fällen vor.

Art. 802

III. Grundpfänder bei Güterzusammenlegung
1. Verlegung der Pfandrechte

[1] Bei Güterzusammenlegungen, die unter Mitwirkung oder Aufsicht öffentlicher Behörden durchgeführt werden, sind die Grundpfandrechte, die auf den abzutretenden Grundstücken lasten, im bisherigen Range auf die zum Ersatze zugewiesenen Grundstücke zu übertragen.

[2] Tritt ein Grundstück an die Stelle von mehreren einzelnen, die für verschiedene Forderungen verpfändet oder von denen nicht alle belastet sind, so werden die Pfandrechte unter tunlichster Wahrung ihres bisherigen Ranges auf das Grundstück in seinem neuen Umfange gelegt.

Art. 803

2. Kündigung durch den Schuldner

Der Schuldner ist befugt, Pfandrechte auf Grundstücken, die in eine Güterzusammenlegung einbezogen sind, auf den Zeitpunkt der Durchführung dieser Unternehmung mit einer Kündigungsfrist von drei Monaten abzulösen.

Art. 804

3. Entschädigung in Geld

[1] Wird für verpfändete Grundstücke eine Entschädigung in Geld entrichtet, so ist der Betrag an die Gläubiger nach ihrer Rangordnung, oder bei gleicher Rangordnung nach der Grösse ihrer Forderung abzutragen.

[2] An den Schuldner dürfen solche Beträge ohne Zustimmung der Gläubiger nicht ausbezahlt werden, sobald sie mehr als den zwanzigsten Teil der Pfandforderung betragen, oder sobald das neue Grundstück nicht mehr hinreichende Sicherheit darbietet.

Was alles ist vom Pfand betroffen?

Art. 805

C. Wirkung
I. Umfang der Pfandhaft

¹ Das Grundpfandrecht belastet das Grundstück mit Einschluss aller Bestandteile und aller Zugehör.

² Werden bei der Verpfändung Sachen als Zugehör ausdrücklich angeführt und im Grundbuch angemerkt, wie Maschinen und Hotelmobiliar, so gelten sie als Zugehör, solange nicht dargetan ist, dass ihnen diese Eigenschaft nach Vorschrift des Gesetzes nicht zukommen kann.

³ Vorbehalten bleiben die Rechte Dritter an der Zugehör.

Art. 806

II. Miet- und Pachtzinse

¹ Ist das verpfändete Grundstück vermietet oder verpachtet, so erstreckt sich die Pfandhaft auch auf die Miet- oder Pachtzinsforderungen, die seit Anhebung der Betreibung auf Verwertung des Grundpfandes oder seit der Eröffnung des Konkurses über den Schuldner bis zur Verwertung auflaufen.

² Den Zinsschuldnern gegenüber ist diese Pfandhaft erst wirksam, nachdem ihnen von der Betreibung Mitteilung gemacht oder der Konkurs veröffentlicht worden ist.

³ Rechtsgeschäfte des Grundeigentümers über noch nicht verfallene Miet- oder Pachtzinsforderungen sowie die Pfändung durch andere Gläubiger sind gegenüber einem Grundpfandgläubiger, der vor der Fälligkeit der Zinsforderung Betreibung auf Verwertung des Unterpfandes angehoben hat, nicht wirksam.

Das ganze Grundstück mitsamt seinen Bestandteilen und seiner Zugehör fällt unter das Pfandrecht. Gehört eine Zugehör allerdings nicht dem Grundeigentümer, wird sie vom Pfandrecht nicht erfasst (Bestandteil und Zugehör siehe Art. 642 ff., Seite 538).

Ist das verpfändete Grundstück vermietet oder verpachtet, fallen auch die Miet- oder Pachtzinsen unter das Pfandrecht. Allerdings unterliegen nicht alle Zinsen, die seit Errichtung des Pfandrechts bezahlt wurden, der Pfandhaft. Dies gilt nur für Zinsen, die auflaufen ab dem Moment, in dem der Gläubiger den ersten Schritt unternimmt, um sein Pfand zu verwerten, bis dies durchgeführt ist: also ab Anhebung der Betreibung auf Pfandverwertung oder ab Konkurseröffnung bis zur Verwertung des Grundstücks.

Schutzmittel des Pfandgläubigers

III. Verjährung

Art. 807
Forderungen, für die ein Grundpfand eingetragen ist, unterliegen keiner Verjährung.

IV. Sicherungsbefugnisse
1. Massregeln bei Wertverminderung

a. Untersagung und Selbsthilfe

Art. 808
^{1} Vermindert der Eigentümer den Wert der Pfandsache, so kann ihm der Gläubiger durch den Richter jede weitere schädliche Einwirkung untersagen lassen.

^{2} Der Gläubiger kann vom Richter ermächtigt werden, die zweckdienlichen Vorkehrungen zu treffen, und kann solche auch ohne Ermächtigung vornehmen, wenn Gefahr im Verzug ist.

^{3} Für die Kosten der Vorkehrungen kann er vom Eigentümer Ersatz verlangen und hat dafür an dem Grundstück ohne Eintragung in das Grundbuch ein Pfandrecht, das jeder eingetragenen Belastung vorgeht.

b. Sicherung, Wiederherstellung, Abzahlung

Art. 809
^{1} Ist eine Wertverminderung eingetreten, so kann der Gläubiger vom Schuldner die Sicherung seiner Ansprüche oder die Wiederherstellung des früheren Zustandes verlangen.

^{2} Droht die Gefahr einer Wertverminderung, so kann er die Sicherung verlangen.

^{3} Wird dem Verlangen innerhalb einer vom Richter angesetzten Frist nicht entsprochen, so kann der Gläubiger eine zu seiner Sicherung ausreichende Abzahlung der Schuld beanspruchen.

2. Unverschuldete Wertverminderung

Art. 810
^{1} Wertverminderungen, die ohne Verschulden des Eigentümers eintreten, geben dem Gläubiger nur insoweit ein Recht auf Sicherstellung oder Abzahlung, als der Eigentümer für den Schaden gedeckt wird.

^{2} Der Gläubiger kann jedoch Vorkehrungen zur Beseitigung oder Abwehr der Wertverminderung treffen und hat für deren Kosten an dem Grundstück ohne Schuldpflicht des Eigentümers und ohne Eintragung in das Grundbuch ein Pfandrecht, das jeder eingetragenen Belastung vorgeht.

Art. 811

3. Abtrennung kleiner Stücke

Wird ein Teil des Grundstückes, der auf weniger als den zwanzigsten Teil der Pfandforderung zu werten ist, veräussert, so kann der Gläubiger die Entlassung dieses Stückes aus der Pfandhaft nicht verweigern, sobald eine verhältnismässige Abzahlung geleistet wird oder der Rest des Grundstückes ihm hinreichende Sicherheit bietet.

Das eigentliche Recht, das dem Pfandgläubiger zusteht, kommt erst zum Zug, wenn der Schuldner oder die Schuldnerin nicht fristgerecht zahlt. Dann kann der Pfandgläubiger das verpfändete Grundstück versteigern lassen und erhält aus dem Erlös den ihm zustehenden Betrag. Bis es aber – wenn überhaupt – soweit kommt, kann viel Zeit verstreichen, und dem verpfändeten Grundstück kann einiges widerfahren, was seinen Wert vermindert. Dies zu verhindern hat der Pfandgläubiger natürlich ein eminentes Interesse. Je kleiner der Wert des Grundstücks im Fall einer Verwertung, um so grösser ist die Gefahr, dass er sein Geld nur zum Teil oder überhaupt nicht zurückerhält.

Das Gesetz hat diesem Interesse des Pfandgläubigers Rechnung getragen und stellt ihm Schutzmittel zur Verfügung, die der Erhaltung des Wertes des Pfandgegenstands dienen. Seine Möglichkeiten sind verschieden, je nachdem, ob den Eigentümer des Grundstückes ein Verschulden an der Wertverminderung trifft oder nicht. Im ersten Fall gelten die Artikel 808 und 809, im zweiten Artikel 810.

Grundsätzlich muss es sich der Pfandgläubiger natürlich nicht gefallen lassen, dass sein Pfandobjekt gegen seinen Willen verkleinert wird und so an Wert verliert. Wird jedoch ein so kleiner Teil verkauft, dass die Reduktion nicht mehr als fünf Prozent der Forderungssumme ausmacht, muss er diesen Teil aus dem Pfand freigeben. Er kann aber verlangen, dass ihm ein verhältnismässiger Teil der Schuld zurückbezahlt wird, sofern ihm der Rest des Grundstücks nicht mehr genügend Sicherheit bietet. Dank dieser Bestimmung können kleinere Grenz- und Strassenkorrekturen auch ohne die Einwilligung der Pfandgläubiger durchgeführt werden.

Mehrere Pfandrechte auf einem Grundstück: das Pfandstellensystem

Ein Grundstück kann mit verschiedenen Rechten belastet sein, etwa mit einer Hypothek und einem Wegrecht. Dieses kann den Wert der Hypothek insofern schmälern, als es bei der Verwertung des Grundstückes auf den Verkaufspreis drückt. Das Wegrecht steht also dem Interesse des Pfandgläubigers entgegen, der einen möglichst hohen Preis erzielen möchte, damit sein Kredit sicher

gedeckt ist. Noch stärker kann ihn eine zweite Hypothek stören, die ebenfalls aus dem Erlös befriedigt werden soll.
Dürfen Grundstücke, die bereits ein Pfandrecht tragen, später noch mit weiteren Lasten belegt werden, und was gilt bei Pfandrechten untereinander, insbesondere bei der Verwertung?

Art. 812

V. Weitere Belastung

¹ Ein Verzicht des Eigentümers auf das Recht, weitere Lasten auf das verpfändete Grundstück zu legen, ist unverbindlich.

² Wird nach der Errichtung des Grundpfandrechtes eine Dienstbarkeit oder Grundlast auf das Grundstück gelegt, ohne dass der Pfandgläubiger zugestimmt hat, so geht das Grundpfandrecht der späteren Belastung vor, und diese wird gelöscht, sobald bei der Pfandverwertung ihr Bestand den vorgehenden Pfandgläubiger schädigt.

³ Der aus der Dienstbarkeit oder Grundlast Berechtigte hat jedoch gegenüber nachfolgenden Eingetragenen für den Wert der Belastung Anspruch auf vorgängige Befriedigung aus dem Erlöse.

Art. 813

VI. Pfandstelle
1. Wirkung der Pfandstellen

¹ Die pfandrechtliche Sicherung ist auf die Pfandstelle beschränkt, die bei der Eintragung angegeben wird.

² Grundpfandrechte können in zweitem oder beliebigem Rang errichtet werden, sobald ein bestimmter Betrag als Vorgang bei der Eintragung vorbehalten wird.

Art. 814

2. Pfandstellen untereinander

¹ Sind Grundpfandrechte verschiedenen Ranges auf ein Grundstück errichtet, so hat bei Löschung eines Grundpfandes der nachfolgende Grundpfandgläubiger keinen Anspruch darauf, in die Lücke nachzurücken.

² An Stelle des getilgten vorgehenden Grundpfandes darf ein anderes errichtet werden.

³ Vereinbarungen über das Nachrücken von Grundpfandgläubigern haben nur dann dingliche Wirkung, wenn sie vorgemerkt sind.

Art. 815

3. Leere Pfandstellen

Ist ein Grundpfandrecht ohne Vorhandensein eines vorgehenden in späterem Rang errichtet, hat der Schuldner über einen vorgehenden Pfandtitel nicht verfügt, oder beträgt die vorgehende Forderung weniger, als eingetragen ist, so wird bei der Pfandverwertung der Erlös aus dem Pfande ohne Rücksicht auf die leeren Pfandstellen den wirklichen Pfandgläubigern nach ihrem Range zugewiesen.

Art. 816

VII. Befriedigung aus dem Pfande
1. Art der Befriedigung

¹ Der Gläubiger hat ein Recht darauf, im Falle der Nichtbefriedigung sich aus dem Erlöse des Grundstückes bezahlt zu machen.

² Die Abrede, wonach das Grundpfand dem Gläubiger, wenn er nicht befriedigt wird, als Eigentum zufallen soll, ist ungültig.

³ Sind mehrere Grundstücke für die gleiche Forderung verpfändet, so ist die Betreibung auf Pfandverwertung gleichzeitig gegen alle zu richten, die Verwertung aber nach Anordnung des Betreibungsamtes nur soweit nötig durchzuführen.

Art. 817

2. Verteilung des Erlöses

¹ Der Erlös aus dem Verkaufe des Grundstückes wird unter die Grundpfandgläubiger nach ihrem Range verteilt.

² Gläubiger gleichen Ranges haben unter sich Anspruch auf gleichmässige Befriedigung.

Art. 818

3. Umfang der Sicherung

¹ Das Grundpfandrecht bietet dem Gläubiger Sicherheit:
1. für die Kapitalforderung;
2. für die Kosten der Betreibung und die Verzugszinse;
3. für drei zur Zeit der Konkurseröffnung oder des Pfandverwertungsbegehrens verfallene Jahreszinse und den seit dem letzten Zinstage laufenden Zins.

² Der ursprünglich vereinbarte Zins darf nicht zum Nachteil nachgehender Grundpfandgläubiger über fünf vom Hundert erhöht werden.

Art. 819

4. Sicherung für erhaltende Auslagen

Hat der Pfandgläubiger zur Erhaltung der Pfandsache notwendige Auslagen gemacht, insbesondere die vom Eigentümer geschuldeten Versicherungsprämien bezahlt, so kann er hiefür ohne Eintragung in das Grundbuch die gleiche Sicherung beanspruchen wie für seine Pfandforderung.

Grundsätzlich kann der Grundpfandgläubiger dem Eigentümer nicht untersagen, sein Grundstück später mit weiteren Rechten zu belasten. Diese dürfen ihn aber nicht benachteiligen. Stellt sich bei der Verwertung heraus, dass dies doch der Fall ist, wird vorgegangen, als existierten die später errichteten Rechte gar nicht.

Stehen im Grundbuch verschiedene Pfandrechte, muss bei der Verwertung zuerst einmal unterschieden werden, welche Pfandrechte aufgrund von zwingenden gesetzlichen Bestimmungen bestehen und welche in einem freiwilligen Vertrag zwischen zwei Personen vereinbart wurden. Unter den verschiedenen Rechten gilt zwar grundsätzlich eine *Rangordnung*, die sich auf den Zeitpunkt des Eintrags im Grundbuch stützt: Zuerst errichtete Rechte gehen späteren vor (Art. 972). Einige gesetzliche Pfandrechte aber werden bevorzugt behandelt und gehen allen andern vor, unabhängig vom Zeitpunkt, in dem sie entstanden sind (Beispiele: Art. 808 Abs. 3, 810 und 819). Für die anderen gesetzlichen und für alle frei vereinbarten Pfandrechte gilt die Alterspriorität: Zuerst werden bei der Verwertung die früher errichteten Pfandrechte ausbezahlt und nur, wenn noch Geld übrigbleibt, die später entstandenen (Art. 817 ff.).

Weitere Regeln zur Sicherung des Gläubigers

VIII. Pfandrecht bei Bodenverbesserungen
1. Vorrang

Art. 820

[1] Wird ein ländliches Grundstück durch eine Bodenverbesserung, die unter Mitwirkung öffentlicher Behörden zur Durchführung gelangt, im Werte erhöht, so kann der Eigentümer für seinen Kostenanteil zur Sicherung seines Gläubigers ein Pfandrecht in das Grundbuch eintragen lassen, das allen andern eingetragenen Belastungen vorgeht.

[3] Wird eine solche Bodenverbesserung ohne staatliche Subvention durchgeführt, so kann der Eigentümer dieses Pfandrecht für höchstens zwei Dritteile seines Kostenanteiles eintragen lassen.

Art. 821

2. Tilgung der Schuld und des Pfandrechtes

[1] Wird die Bodenverbesserung ohne staatliche Subvention durchgeführt, so ist die Pfandschuld durch Annuitäten von wenigstens 5 Prozent der eingetragenen Pfandsumme zu tilgen.

[2] Das Pfandrecht erlischt für die Forderung und für jede Annuität nach Ablauf von drei Jahren seit Eintritt der Fälligkeit, und es rücken die nachfolgenden Pfandgläubiger nach.

Art. 822

IX. Anspruch auf die Versicherungssumme

¹ Eine fällig gewordene Versicherungssumme darf nur mit Zustimmung aller Grundpfandgläubiger an den Eigentümer des versicherten Grundstückes ausbezahlt werden.

² Gegen angemessene Sicherstellung ist sie jedoch dem Eigentümer zum Zwecke der Wiederherstellung des Unterpfandes herauszugeben.

³ Im übrigen bleiben die Vorschriften der Kantone über die Feuerversicherung vorbehalten.

Art. 823

X. Vertretung des Gläubigers

¹ Ist der Name oder Wohnort eines Grundpfandgläubigers unbekannt, so kann in den Fällen, wo das Gesetz eine persönliche Betätigung des Gläubigers vorsieht und eine solche dringend erforderlich ist, auf Antrag des Schuldners oder anderer Beteiligter dem Gläubiger von der Vormundschaftsbehörde ein Beistand ernannt werden.

² Zuständig ist die Vormundschaftsbehörde des Ortes, wo das Unterpfand liegt.

Wird beispielsweise ein Haus zerstört, auf dem ein Pfandrecht liegt, fällt eine allfällige Versicherungssumme unter die Pfandhaft (Art. 822). Die Versicherungsgesellschaft darf deshalb das Geld dem Grundeigentümer nur auszahlen, wenn alle Pfandgläubiger damit einverstanden sind. Will der Eigentümer mit der Versicherungssumme das Haus wieder aufbauen, kann sie ihm ausbezahlt werden, wenn er Sicherstellung leistet. Zum Beispiel kann das Geld auf ein Sperrkonto übertragen werden, aus dem nur Wiederherstellungsarbeiten bezahlt werden dürfen.

Die einzelnen Grundpfandarten

Artikel 739 zählt die drei Arten von Grundpfandrechten auf, welche das ZGB kennt: die Grundpfandverschreibung, den Schuldbrief und die Gült. Die letzte Art, die Gült, wird heute beinahe nicht mehr gebraucht, während die beiden anderen Arten je nach Region oder Kanton häufiger oder seltener vorkommen. So ist im Kanton Obwalden die Grundpfandverschreibung weit verbreitet, während in Bern ein Grundpfand oft in der Form des Schuldbriefs errichtet wird. Alle drei Arten von Pfandrechten an Grundstücken haben ihre Eigenheiten, auf die zuerst kurz eingegangen wird:

- **Die Grundpfandverschreibung** (Art. 824 ff.) hat vor allem die Aufgabe, eine Forderung abzusichern. Ein Grundstück dient als Pfand und kann verwertet werden, wenn die Forderung nicht bezahlt wird. Zum Wesen der Grundpfandverschreibung gehört zudem, dass der Schuldner nicht nur mit dem Grundstück, sondern mit seinem ganzen Vermögen für die Forderung gerade stehen muss. In der Praxis wird die Grundpfandverschreibung aber auch dazu benutzt, den Wert des Bodens zu mobilisieren, und zwar über die sogenannte Obligation mit Grundpfandverschreibung.
- **Die Gült** (Art 847 ff. und 854 ff.) hat zur Folge, dass der Wert des Bodens in einem Wertpapier verselbständigt wird. Nur das mit der Gült belastete Grundstück haftet für die Forderung, nicht aber das weitere Vermögen des Grundeigentümers. Die Gült ist also das Gegenteil der Grundpfandverschreibung.
- **Der Schuldbrief** (Art. 842 ff. und 854 ff.) soll wie die Gült ebenfalls die Mobilisierung des Bodenwertes in einem Wertpapier ermöglichen. Anders als bei der Gült und gleich wie bei der Grundpfandverschreibung haftet aber nicht nur das Grundstück, sondern das ganze weitere Vermögen des Schuldners. Damit ist der Kredit des Gläubigers besser abgesichert, was eine höhere Belastung des Bodens ermöglicht.

Es ist nicht möglich in diesem Kommentar auf die drei Grundpfandarten im einzelnen einzugehen. Es können nur die wichtigsten Unterschiede beziehungsweise jene Merkmale, in denen sich die Grundpfandarten treffen, dargestellt werden. Im übrigen wird auf den Gesetzestext verwiesen.

Ein erster wichtiger Unterschied liegt darin, dass die Gült und der Schuldbrief den Bodenwert verkehrsfähig machen sollen, während die Grundpfandverschreibung in erster Linie eine Forderung absichert. Daraus ergeben sich folgende Konsequenzen:
- Die Urkunden, in denen Gült und Schuldbrief bestätigt werden (sogenannte Pfandtitel), sind Wertpapiere vergleichbar etwa mit Aktien und Obligationen. Schuldbrief und Gült werden auf speziellen Formularen ausgestellt. Erst dieser Wertpapiercharakter erlaubt, den Wert des Bodens in Umlauf zu bringen. Die Urkunde bei der Grundpfandverschreibung dagegen dient nur als Beweismittel. In der Praxis hat sich allerdings die sogenannte Obligation mit Grundpfandverschreibung herausgebildet, die ebenfalls den Charakter eines Wertpapiers haben kann, jedoch nicht so weitgehend geschützt ist wie die Wertpapiere von Schuldbrief und Gült.
- Die Grundpfandverschreibung dient der Sicherung einer Forderung und ist von dieser abhängig. Wer eine Forderung, die mit einer Grundpfandverschreibung gesichert ist, erwirbt, hat durch den Eintrag des Pfandrechtes im Grund-

buch keine Garantie dafür, dass die Forderung effektiv noch besteht oder dass sie überhaupt je rechtsgültig entstanden ist. Der Schuldner könnte ihm beispielsweise entgegenhalten, dass die Forderung bereits zurückbezahlt sei, dass sie wegen eines Formfehlers gar nicht entstanden sei etc. Kann der Schuldner dafür den Beweis erbringen, geht der Erwerber der Forderung leer aus. Ganz anders bei Schuldbrief und Gült: Wer einen entsprechenden Pfandtitel erworben hat, kann vom Schuldner Zahlung verlangen. Diesem nützt es nichts, wenn er nachweist, dass die Forderung gar nie entstanden ist oder schon zurückbezahlt wurde. Denn diese beiden Pfandtitel geniessen den Gutglaubenschutz des Grundbuches.

Während in den obigen Vergleichen Schuldbrief und Gült im Gegensatz zur Grundpfandverschreibung stehen, finden sich auch zwischen Grundpfandverschreibung und Schuldbrief Gemeinsamkeiten, die sie von der Gült abgrenzen. Die wichtigste: Schuldbrief und Grundpfandverschreibung sind persönliche Forderungen; nicht nur das verpfändete Grundstück, sondern – wenn auch erst in zweiter Linie – auch das weitere persönliche Vermögen des Schuldners haftet dafür. Erhält der Gläubiger bei der Verwertung des Grundstücks nicht seine ganze Forderung zurück, kann er für den Rest noch gegen den Schuldner persönlich vorgehen. Anders bei der Gült: Hier haftet nur das Grundstück; ein Griff auf das weitere Vermögen des Schuldners ist ausgeschlossen.

Die Grundpfandverschreibung

Zweiter Abschnitt: Die Grundpfandverschreibung

Art. 824

A. Zweck und Gestalt

¹ Durch die Grundpfandverschreibung kann eine beliebige, gegenwärtige oder zukünftige oder bloss mögliche Forderung pfandrechtlich sichergestellt werden.

² Das verpfändete Grundstück braucht nicht Eigentum des Schuldners zu sein.

Art. 825

B. Errichtung und Untergang
I. Errichtung

¹ Die Grundpfandverschreibung wird auch bei Forderungen mit unbestimmtem oder wechselndem Betrage auf eine bestimmte Pfandstelle errichtet und behält ungeachtet aller Schwankungen ihren Rang nach dem Eintrag.

² Über die errichtete Pfandverschreibung wird auf Verlangen des Gläubigers ein Auszug aus dem Grundbuch ausgestellt, dem jedoch nur die Eigenschaft eines Beweismittels und nicht eines Wertpapiers zukommt.

³ An Stelle dieses Beweismittels kann die Bescheinigung der Eintragung auf der Vertragsurkunde treten.

Art. 826

II. Untergang
1. Recht auf Löschung

Ist die Forderung untergegangen, so kann der Eigentümer des belasteten Grundstückes vom Gläubiger verlangen, dass er die Löschung des Eintrages bewillige.

Art. 827

2. Stellung des Eigentümers

¹ Ist der Grundeigentümer nicht Schuldner der Pfandforderung, so kann er das Pfandrecht unter den gleichen Voraussetzungen ablösen, unter denen der Schuldner zur Tilgung der Forderung befugt ist.

² Befriedigt er den Gläubiger, so geht das Forderungsrecht auf ihn über.

Art. 828

3. Einseitige Ablösung
a. Voraussetzung und Geltendmachung

¹ Das kantonale Recht kann den Erwerber eines Grundstückes, der nicht persönlich für die darauf lastenden Schulden haftbar ist, ermächtigen, solange keine Betreibung erfolgt ist, die Grundpfandrechte, wenn sie den Wert des Grundstückes übersteigen, abzulösen, indem er den Gläubigern den Erwerbspreis oder bei unentgeltlichem Erwerbe den Betrag herausbezahlt, auf den er das Grundstück wertet.

² Er hat die beabsichtigte Ablösung den Gläubigern schriftlich mit halbjähriger Kündigung mitzuteilen.

³ Der Ablösungsbetrag wird unter die Gläubiger nach ihrem Range verteilt.

Art. 829

b. Öffentliche Versteigerung

¹ Bei dieser Ablösung haben die Gläubiger das Recht, binnen Monatsfrist nach der Mitteilung des Erwerbes gegen Vorschuss der Kosten eine öffentliche Versteigerung des Unterpfandes zu verlangen, die nach öffentlicher Bekanntmachung binnen eines weitern Monats, nachdem sie verlangt wurde, vorzunehmen ist.

² Wird hiebei ein höherer Preis erzielt, so gilt dieser als Ablösungsbetrag.

³ Die Kosten der Versteigerung hat im Falle der Erzielung eines höheren Preises der Erwerber, andernfalls der Gläubiger, der sie verlangt hat, zu tragen.

Art. 830

c. Amtliche Schätzung

Das kantonale Recht kann an Stelle der öffentlichen Versteigerung eine amtliche Schätzung vorsehen, deren Betrag als Ablösungssumme zu gelten hat.

Art. 831

4. Kündigung

Eine Kündigung der Forderung durch den Gläubiger ist gegenüber dem Eigentümer der Pfandsache, der nicht Schuldner ist, nur dann wirksam, wenn sie gegenüber Schuldner und Eigentümer erfolgt.

Art. 832

C. Wirkung
I. Eigentum und Schuldnerschaft
1. Veräusserung

¹ Wird das mit einer Grundpfandverschreibung belastete Grundstück veräussert, so bleibt die Haftung des Grundpfandes und des Schuldners, wenn es nicht anders verabredet ist, unverändert.

² Hat aber der neue Eigentümer die Schuldpflicht für die Pfandforderung übernommen, so wird der frühere Schuldner frei, wenn der Gläubiger diesem gegenüber nicht binnen Jahresfrist schriftlich erklärt, ihn beibehalten zu wollen.

Art. 833

2. Zerstückelung

¹ Wird ein Teil des mit einem Grundpfande belasteten Grundstückes oder eines von mehreren verpfändeten Grundstücken desselben Eigentümers veräussert, oder das Unterpfand zerstückelt, so ist die Pfandhaft mangels anderer Abrede derart zu verteilen, dass jeder der Teile nach seinem Werte verhältnismässig belastet wird.

² Will ein Gläubiger diese Verteilung nicht annehmen, so kann er binnen Monatsfrist, nachdem sie rechtskräftig geworden ist, verlangen, dass seine Pfandforderung innerhalb eines Jahres getilgt werde.

³ Haben die Erwerber die Schuldpflicht für die auf ihren Grundstücken lastenden Pfandforderungen übernommen, so wird der frühere Schuldner frei, wenn der Gläubiger diesem gegenüber nicht binnen Jahresfrist schriftlich erklärt, ihn beibehalten zu wollen.

Art. 834

3. Anzeige der Schuldübernahme

¹ Von der Übernahme der Schuld durch den Erwerber hat der Grundbuchverwalter dem Gläubiger Kenntnis zu geben.

² Die Jahresfrist für die Erklärung des Gläubigers läuft von dieser Mitteilung an.

Art. 835

II. Übertragung der Forderung

Die Übertragung der Forderung, für die eine Grundpfandverschreibung errichtet ist, bedarf zu ihrer Gültigkeit keiner Eintragung in das Grundbuch.

Art. 836

D. Gesetzliches Grundpfandrecht
I. Ohne Eintragung

Die gesetzlichen Pfandrechte des kantonalen Rechtes aus öffentlich-rechtlichen oder andern für die Grundeigentümer allgemein verbindlichen Verhältnissen bedürfen, wo es nicht anders geordnet ist, zu ihrer Gültigkeit keiner Eintragung.

Art. 837

II. Mit Eintragung
1. Fälle

[1] Der Anspruch auf Errichtung eines gesetzlichen Grundpfandes besteht:

1. für die Forderung des Verkäufers an dem verkauften Grundstück;
2. für die Forderung der Miterben und Gemeinder aus Teilung an den Grundstücken, die der Gemeinschaft gehörten;
3. für die Forderungen der Handwerker oder Unternehmer, die zu Bauten oder andern Werken auf einem Grundstücke Material und Arbeit oder Arbeit allein geliefert haben, an diesem Grundstücke, sei es, dass sie den Grundeigentümer oder einen Unternehmer zum Schuldner haben.

[2] Auf diese gesetzlichen Grundpfandrechte kann der Berechtigte nicht zum voraus Verzicht leisten.

Art. 838

2. Verkäufer, Miterben und Gemeinder

Die Eintragung des Pfandrechtes des Verkäufers, der Miterben oder Gemeinder muss spätestens drei Monate nach der Übertragung des Eigentums erfolgen.

Art. 839

3. Handwerker und Unternehmer
a. Eintragung

[1] Das Pfandrecht der Handwerker und Unternehmer kann von dem Zeitpunkte an, da sie sich zur Arbeitsleistung verpflichtet haben, in das Grundbuch eingetragen werden.

[2] Die Eintragung hat bis spätestens drei Monate nach der Vollendung ihrer Arbeit zu geschehen.

[3] Sie darf nur erfolgen, wenn die Forderung vom Eigentümer anerkannt oder gerichtlich festgestellt ist, und kann nicht verlangt werden, wenn der Eigentümer für die angemeldete Forderung hinreichende Sicherheit leistet.

Art. 840

b. Rang

Gelangen mehrere gesetzliche Pfandrechte der Handwerker und Unternehmer zur Eintragung, so haben sie, auch wenn sie von verschiedenem Datum sind, untereinander den gleichen Anspruch auf Befriedigung aus dem Pfande.

Art. 841

c. Vorrecht

[1] Kommen die Forderungen der Handwerker und Unternehmer bei der Pfandverwertung zu Verlust, so ist der Ausfall aus dem den Wert des Bodens übersteigenden Verwertungsanteil der vorgehenden Pfandgläubiger zu ersetzen, sofern das Grundstück durch ihre Pfandrechte in einer für sie erkennbaren Weise zum Nachteil der Handwerker und Unternehmer belastet worden ist.

[2] Veräussert der vorgehende Pfandgläubiger seinen Pfandtitel, so hat er den Handwerkern und Unternehmern für dasjenige, was ihnen dadurch entzogen wird, Ersatz zu leisten.

[3] Sobald der Beginn des Werkes auf Anzeige eines Berechtigten im Grundbuch angemerkt ist, dürfen bis zum Ablauf der Eintragungsfrist Pfandrechte nur als Grundpfandverschreibungen eingetragen werden.

Der Schuldbrief

Dritter Abschnitt: Schuldbrief und Gült

Art. 842

A. Schuldbrief
I. Zweck und Gestalt

Durch den Schuldbrief wird eine persönliche Forderung begründet, die grundpfändlich sichergestellt ist.

Art. 843

II. Schätzung

[1] Das kantonale Recht kann für die Errichtung von Schuldbriefen eine amtliche Schätzung des Grundstückes den Beteiligten zur Verfügung stellen oder allgemein vorschreiben.

[2] Es kann vorschreiben, dass Schuldbriefe nur bis zum Betrage der Schätzung oder bis zu einem Bruchteil des Schätzungswertes errichtet werden dürfen.

Art. 844

III. Kündigung

[1] Der Schuldbrief kann, wenn es nicht anders bestimmt ist, vom Gläubiger und Schuldner je nur auf sechs Monate und auf die üblichen Zinstage gekündigt werden.

² Das kantonale Recht kann einschränkende Bestimmungen über die Kündbarkeit der Schuldbriefe aufstellen.

Art. 845

IV. Stellung des Eigentümers

¹ Die Stellung des Eigentümers der Pfandsache, der nicht Schuldner ist, bestimmt sich nach den Vorschriften über die Grundpfandverschreibung.

² Die Einreden des Schuldners stehen beim Schuldbrief auch dem Eigentümer der Pfandsache zu.

Art. 846

V. Veräusserung, Zerstückelung

Für die Folgen der Veräusserung und der Zerstückelung des Grundstückes gelten die Bestimmungen über die Grundpfandverschreibung.

Die Gült

Art. 847

B. Gült
I. Zweck und Gestalt

¹ Durch die Gült wird eine Forderung als Grundlast auf ein Grundstück gelegt.

² Sie kann nur auf landwirtschaftliche Grundstücke, Wohnhäuser und Baugebiet errichtet werden.

³ Die Forderung besteht ohne jede persönliche Haftbarkeit des Schuldners, und ein Schuldgrund wird nicht angeführt.

Art. 848

II. Belastungsgrenze

¹ Eine Gült kann auf einem landwirtschaftlichen Grundstück bis zum Ertragswert errichtet werden.

² Auf einem nichtlandwirtschaftlichen Grundstück kann eine Gült bis zu drei Fünfteln des Mittelwerts aus dem nichtlandwirtschaftlichen Ertragswert und dem Boden- und Bauwert errichtet werden; die massgebenden Werte werden durch eine amtliche Schätzung ermittelt, die durch das kantonale Recht zu ordnen ist.

Art. 849

III. Haftung des Staates

¹ Die Kantone sind dafür haftbar, dass die Schätzung mit aller erforderlichen Sorgfalt vorgenommen wird.

² Sie haben ein Rückgriffsrecht auf die fehlbaren Beamten.

Art. 850

IV. Ablösbarkeit

¹ Der Eigentümer des mit Gülten belasteten Grundstückes hat das Recht, je auf Ende einer Periode von sechs Jahren mit vorausgehender Kündigung auf ein Jahr die Ablösung der Gült auch dann zu verlangen, wenn der Vertrag auf längere Zeit Unkündbarkeit angeordnet hat.

² Der Gültgläubiger kann die Gültforderung ausser in den vom Gesetz bestimmten Fällen nur je auf Ende einer Periode von 15 Jahren mit vorausgehender jährlicher Kündigungsfrist ablösen.

Art. 851

V. Schuldpflicht und Eigentum

¹ Die Gült hat zum Schuldner den Eigentümer des belasteten Grundstückes.

² Der Erwerber des Grundstückes wird unter Entlastung des bisherigen Eigentümers ohne weiteres Schuldner der Gültforderung.

³ Gültzinse werden von dem Zeitpunkte an zu persönlichen Schulden, wo das Grundstück nicht mehr für sie haftet.

Art. 852

VI. Zerstückelung

¹ Bei Zerstückelung eines mit einer Gült belasteten Grundstückes werden die Eigentümer der Teilstücke Gültschuldner.

² Im übrigen erfolgt die Verlegung der Forderung auf die Teilstücke nach dem gleichen Verfahren, wie es für die Grundpfandverschreibung angeordnet ist.

³ Im Falle der Ablösung hat der Gläubiger binnen Monatsfrist, nachdem die Verlegung rechtskräftig geworden ist, auf ein Jahr zu kündigen.

Art. 853

VII. Kantonale und Erbengülten

Für die Gülten, die unter dem kantonalen Rechte errichtet worden sind, insbesondere betreffend die Zinsbeschränkungen und die Bedeutung der Pfandstelle, sowie für die Erbengülten bleiben die besonderen gesetzlichen Bestimmungen vorbehalten.

Gemeinsame Bestimmungen für Schuldbrief und Gült

C. Gemeinsame Bestimmungen
I. Errichtung
1. Gestalt der Forderung

Art. 854

Schuldbrief und Gült dürfen weder Bedingung noch Gegenleistung enthalten.

2. Verhältnis zur ursprünglichen Forderung

Art. 855

[1] Mit der Errichtung eines Schuldbriefes oder einer Gült wird das Schuldverhältnis, das der Errichtung zu Grunde liegt, durch Neuerung getilgt.

[2] Eine andere Abrede wirkt nur unter den Vertragschliessenden sowie gegenüber Dritten, die sich nicht in gutem Glauben befinden.

3. Eintrag und Pfandtitel
a. Notwendigkeit des Pfandtitels

Art. 856

[1] Bei der Errichtung eines Schuldbriefes oder einer Gült wird neben der Eintragung in das Grundbuch stets ein Pfandtitel ausgestellt.

[2] Die Eintragung hat schon vor der Ausstellung des Pfandtitels Schuldbrief- oder Gültwirkung.

b. Ausfertigung des Pfandtitels

Art. 857

[1] Schuldbrief und Gült werden durch den Grundbuchverwalter ausgestellt.

[2] Sie bedürfen zu ihrer Gültigkeit der Unterschrift des Grundbuchverwalters.

[3] Sie dürfen dem Gläubiger oder seinem Beauftragten nur mit ausdrücklicher Einwilligung des Schuldners und des Eigentümers des belasteten Grundstückes ausgehändigt werden.

c. Form des Pfandtitels

Art. 858

Die Formen des Schuldbriefes und der Gült werden durch Verordnung des Bundesrates festgestellt.

4. Bezeichnung des Gläubigers
a. Bei der Ausfertigung

Art. 859

[1] Als Gläubiger des Schuldbriefes wie der Gült kann eine bestimmte Person oder der Inhaber bezeichnet werden.

[2] Die Ausstellung kann auch auf den Namen des Grundeigentümers erfolgen.

Art. 860

b. Mit Stellvertretung

¹ Bei der Errichtung eines Schuldbriefes oder einer Gült kann ein Bevollmächtigter bestellt werden, der die Zahlungen zu leisten und zu empfangen, Mitteilungen entgegenzunehmen, Pfandentlassungen zu gewähren und im allgemeinen die Rechte der Gläubiger wie des Schuldners und Eigentümers mit aller Sorgfalt und Unparteilichkeit zu wahren hat.

² Der Name des Bevollmächtigten ist im Grundbuch und auf den Pfandtiteln anzumerken.

³ Fällt die Vollmacht dahin, so trifft der Richter, wenn die Beteiligten sich nicht vereinbaren, die nötigen Anordnungen.

Art. 861

5. Zahlungsort

¹ Bestimmt der Pfandtitel es nicht anders, so hat der Schuldner alle Zahlungen am Wohnort des Gläubigers zu leisten, und zwar auch dann, wenn der Titel auf den Inhaber lautet.

² Ist der Wohnsitz des Gläubigers nicht bekannt oder zum Nachteil des Schuldners verlegt worden, so kann sich dieser durch Hinterlegung bei der zuständigen Behörde am eigenen Wohnsitze oder am früheren Wohnsitze des Gläubigers befreien.

³ Sind dem Titel Zinscoupons beigegeben, so ist die Zinszahlung nur an den Vorweiser des Coupons zu leisten.

Art. 862

6. Zahlung nach Übertragung der Forderung

¹ Bei Übertragung der Forderung kann der Schuldner, solange ihm keine Anzeige gemacht ist, Zinse und Annuitäten, für die keine Coupons bestehen, an den bisherigen Gläubiger entrichten, auch wenn der Titel auf den Inhaber lautet.

² Die Abzahlung des Kapitals oder einer Kapitalrate dagegen kann er in allen Fällen wirksam nur an denjenigen leisten, der sich ihm gegenüber im Zeitpunkt der Zahlung als Gläubiger ausweist.

Art. 863

II. Untergang
1. Wegfall des Gläubigers

¹ Ist kein Gläubiger vorhanden oder verzichtet der Gläubiger auf das Pfandrecht, so hat der Schuldner die Wahl, den Eintrag im Grundbuch löschen oder stehen zu lassen.

² Er ist befugt, den Pfandtitel weiter zu verwerten.

Art. 864

2. Löschung

Schuldbrief und Gült dürfen im Grundbuch nicht gelöscht werden, bevor der Pfandtitel entkräftet oder durch den Richter für kraftlos erklärt worden ist.

Art. 865

III. Rechte des Gläubigers
1. Schutz des guten Glaubens
a. Auf Grund des Eintrages

Die Forderung aus Schuldbrief oder Gült besteht dem Eintrage gemäss für jedermann zu Recht, der sich in gutem Glauben auf das Grundbuch verlassen hat.

Art. 866

b. Auf Grund des Pfandtitels

Der formrichtig als Schuldbrief oder Gült erstellte Pfandtitel besteht seinem Wortlaute gemäss für jedermann zu Recht, der sich in gutem Glauben auf die Urkunde verlassen hat.

Art. 867

c. Verhältnis des Titels zum Eintrag

[1] Ist der Wortlaut eines Schuldbriefes oder einer Gült nicht dem Eintrag entsprechend oder ein Eintrag nicht vorhanden, so ist das Grundbuch massgebend.

[2] Der gutgläubige Erwerber des Titels hat jedoch nach den Vorschriften über das Grundbuch Anspruch auf Schadenersatz.

Art. 868

2. Geltendmachung

[1] Die Forderung aus Schuldbrief oder Gült kann sowohl, wenn der Titel auf einen bestimmten Namen, als wenn er auf den Inhaber lautet, nur in Verbindung mit dem Besitz des Pfandtitels veräussert, verpfändet, oder überhaupt geltend gemacht werden.

[2] Vorbehalten bleibt die Geltendmachung der Forderung in den Fällen, wo die Kraftloserklärung des Titels erfolgt oder ein Titel noch gar nicht ausgestellt worden ist.

Art. 869

3. Übertragung

[1] Zur Übertragung der Forderung aus Schuldbrief oder Gült bedarf es in allen Fällen der Übergabe des Pfandtitels an den Erwerber.

[2] Lautet der Titel auf einen bestimmten Namen, so bedarf es ausserdem der Anmerkung der Übertragung auf dem Titel unter Angabe des Erwerbers.

Art. 870

IV. Kraftloserklärung
1. Bei Verlust

[1] Ist ein Pfandtitel oder Zinscoupon abhanden gekommen oder ohne Tilgungsabsicht vernichtet worden, so wird er durch den Richter für kraftlos erklärt und der Schuldner zur Zahlung verpflichtet, oder es wird für die noch nicht fällige Forderung ein neuer Titel oder Coupon ausgefertigt.

[2] Die Kraftloserklärung erfolgt mit Auskündung auf ein Jahr nach den Vorschriften über die Amortisation der Inhaberpapiere.

³ In gleicher Weise kann der Schuldner die Kraftloserklärung verlangen, wenn ein abbezahlter Titel vermisst wird.

Art. 871

2. Aufrufung des Gläubigers

¹ Ist der Gläubiger eines Schuldbriefes oder einer Gült seit zehn Jahren unbekannt und sind während dieser Zeit keine Zinse gefordert worden, so kann der Eigentümer des verpfändeten Grundstückes verlangen, dass der Gläubiger nach den Bestimmungen über die Verschollenerklärung durch den Richter öffentlich aufgefordert werde, sich zu melden.

² Meldet sich der Gläubiger nicht, und ergibt die Untersuchung mit hoher Wahrscheinlichkeit, dass die Forderung nicht mehr zu Recht besteht, so wird der Titel durch den Richter für kraftlos erklärt und die Pfandstelle frei.

Art. 872

V. Einreden des Schuldners

Der Schuldner kann nur solche Einreden geltend machen, die sich entweder auf den Eintrag oder auf die Urkunde beziehen oder ihm persönlich gegen den ihn belangenden Gläubiger zustehen.

Art. 873

VI. Herausgabe des Pfandtitels bei Zahlung

Der Gläubiger hat dem Schuldner auf sein Verlangen bei der vollständigen Zahlung den Pfandtitel unentkräftet herauszugeben.

Art. 874

VII. Änderungen im Rechtsverhältnis

¹ Erleidet das Rechtsverhältnis eine Änderung, wie namentlich bei Abzahlung an die Schuld, Schulderleichterung oder Pfandentlassung, so hat der Schuldner das Recht, sie im Grundbuch eintragen zu lassen.

² Der Grundbuchverwalter hat diese Änderung auf dem Titel anzumerken.

³ Ohne diese Eintragung kann jeder gutgläubige Erwerber des Titels die Wirkung der Änderung im Rechtsverhältnis von sich ablehnen, mit Ausnahme der Abzahlungen, die mit in dem Titel vorgeschriebenen Annuitäten stattfinden.

Ausgabe von Anleihenstiteln mit Grundpfandrecht

Anleihenstitel mit Grundpfandrecht dienen dazu, die Anleihenssumme für ein Grundstück in kleine, selbständige Teile zu zerlegen. Das hat den Vorteil, dass auch kleinere Beträge investiert werden können. Insofern sind sie also vergleichbar mit Wertpapieren wie Aktien des Obligationenrechts. Sie haben diesen gegenüber aber den Vorteil, dass sie durch ein Pfand an einem Grundstück besser abgesichert sind. Da die praktische Bedeutung eher klein ist, wird der Gesetzestext nicht kommentiert.

Vierter Abschnitt: Ausgabe von Anleihenstiteln mit Grundpfandrecht

Art. 875

A. Obligationen für Anleihen mit Pfandrecht

Anleihensobligationen, die auf den Namen der Gläubiger oder auf den Inhaber lauten, können mit einem Grundpfand sichergestellt werden:
1. durch Errichtung einer Grundpfandverschreibung oder eines Schuldbriefes für das ganze Anleihen und die Bezeichnung eines Stellvertreters für die Gläubiger und den Schuldner;
2. durch die Errichtung eines Grundpfandrechtes für das ganze Anleihen zugunsten der Ausgabestelle und Bestellung eines Pfandrechtes an dieser Grundpfandforderung für die Obligationsgläubiger.

Art. 876

B. Ausgabe von Schuldbriefen und Gülten in Serien
I. Im allgemeinen

Die Schuldbriefe und Gülten, die in Serien ausgegeben werden, stehen unter Vorbehalt der nachfolgenden Vorschriften unter dem allgemeinen Schuldbrief- und Gültrecht.

Art. 877

II. Gestalt

[1] Die Titel lauten auf 100 oder ein Vielfaches von 100 Franken.

[2] Alle Titel einer Serie tragen fortlaufende Nummern und haben die gleiche Form.

[3] Werden die Titel nicht vom Grundeigentümer selbst ausgegeben, so muss die Ausgabestelle als Vertreter des Gläubigers und des Schuldners bezeichnet werden.

Art. 878

III. Amortisation

[1] Dem Zinsbetrag, den der Schuldner zu entrichten hat, kann ein Betrag beigefügt werden, der zur allmählichen Tilgung der Serie verwendet wird.

[2] Der jährliche Tilgungsbetrag muss einer gewissen Zahl von Titeln entsprechen.

Art. 879

IV. Eintragung

[1] Die Titel werden im Grundbuch mit einem Eintrag für das ganze Anleihen unter Angabe der Anzahl der Titel eingetragen.

² Ausnahmsweise kann bei einer kleinen Anzahl von Titeln jeder einzelne Titel eingetragen werden.

Art. 880

V. Wirkung
1. Ausgabestelle

Die Ausgabestelle kann, auch wo sie als Vertreter bestellt ist, an den Schuldbedingungen keine Veränderungen vornehmen, die nicht bei der Ausgabe vorbehalten worden sind.

Art. 881

2. Rückzahlung
a. Tilgungsplan

¹ Die Rückzahlung der Titel erfolgt nach dem Tilgungsplan, der bei der Ausgabe aufgestellt worden ist oder von der Ausgabestelle kraft der bei der Ausgabe erhaltenen Vollmacht aufgestellt wird.

² Gelangt ein Titel zur Rückzahlung, so wird sein Betrag dem Gläubiger entrichtet und der Titel getilgt.

³ Eine Löschung des Eintrages darf, wenn es nicht anders vereinbart wird, erst erfolgen, nachdem der Schuldner den Verpflichtungen, auf die der Eintrag lautet, vollständig nachgekommen ist und den Titel samt den Coupons eingeliefert oder für die nicht eingelieferten Coupons die entsprechenden Beträge hinterlegt hat.

Art. 882

b. Aufsicht

¹ Der Eigentümer oder die Ausgabestelle ist verpflichtet, die Auslosungen dem Tilgungsplan gemäss vorzunehmen und die abbezahlten Titel zu tilgen.

² Bei Gülten haben die Kantone die Vornahme dieser Auslosungen und Tilgungen amtlich überwachen zu lassen.

Art. 883

c. Verwendung der Rückzahlungen

Rückzahlungen sind in allen Fällen bei der nächsten Auslosung zur Tilgung von Pfandtiteln zu verwenden.

Das Fahrnispfand

Das Fahrnispfand dient dazu eine Forderung zu sichern. Es ist ein Pfandrecht an einer Fahrnis, wobei der Begriff hier nicht nur die beweglichen Sachen umfasst, die gemäss Artikel 713 Fahrnis sind. Vielmehr kann an allen Sachen, die nicht Grundstücke sind, ein Fahrnispfand errichtet werden, also auch an Forderungen und anderen Rechten. Das Gesetz unterscheidet verschiedene Arten von Fahrnispfandrechten: das Faustpfand und das Retentionsrecht, das

Pfandrecht an Forderungen und anderen Rechten sowie das Versatzpfand. Die Regeln für das Faustpfand gelten im grossen und ganzen auch für die andern Pfandarten, soweit nichts anderes angeordnet ist.

Das Faustpfand

Dreiundzwanzigster Titel: Das Fahrnispfand

Erster Abschnitt: Faustpfand und Retentionsrecht

Art. 884

A. Faustpfand
I. Bestellung
1. Besitz des Gläubigers

[1] Fahrnis kann, wo das Gesetz keine Ausnahme macht, nur dadurch verpfändet werden, dass dem Pfandgläubiger der Besitz an der Pfandsache übertragen wird.

[2] Der gutgläubige Empfänger der Pfandsache erhält das Pfandrecht, soweit nicht Dritten Rechte aus früherem Besitze zustehen, auch dann, wenn der Verpfänder nicht befugt war, über die Sache zu verfügen.

[3] Das Pfandrecht ist nicht begründet, solange der Verpfänder die ausschliessliche Gewalt über die Sache behält.

Art. 885

2. Viehverpfändung

[1] Zur Sicherung von Forderungen von Geldinstituten und Genossenschaften, die von der zuständigen Behörde ihres Wohnsitzkantons ermächtigt sind, solche Geschäfte abzuschliessen, kann ein Pfandrecht an Vieh ohne Übertragung des Besitzes bestellt werden durch Eintragung in ein Verschreibungsprotokoll und Anzeige an das Betreibungsamt.

[2] Der Bundesrat regelt die Führung des Protokolls.

[3] Für die Eintragungen im Protokoll und die damit verbundenen Verrichtungen können die Kantone Gebühren erheben; sie bezeichnen die Kreise, in denen die Protokolle geführt werden, und die Beamten, die mit deren Führung betraut sind.

Der Ausdruck «Faust»-Pfand deutet es an; ein Pfand an beweglichen Sachen kann nur dadurch bestellt werden, dass sie der Pfandgläubiger *in Besitz nimmt:* er muss den in Pfand genommenen Schmuck in der Faust, in seinem tatsächlichen Gewaltbereich haben. Es ist also nicht zulässig, dass die verpfändete Sache beim Eigentümer bleibt. Diese Bestimmung soll verhindern, dass der Schuldner den Eindruck erwecken kann, eine Sache gehöre ihm auch wirtschaftlich noch, und dass gestützt darauf andere Personen ihm weitere Kredite gewähren.

Nur ausnahmsweise muss die verpfändete Sache nicht in den Besitz des Gläubigers übergehen. Ein Beispiel dafür ist die Verpfändung von Vieh, die in einem Register eingetragen werden kann (siehe auch Art. 902).

Art. 886

3. Nachverpfändung

Ein nachgehendes Faustpfand wird dadurch bestellt, dass der Faustpfandgläubiger schriftlich von der Nachverpfändung benachrichtigt und angewiesen wird, nach seiner Befriedigung das Pfand an den nachfolgenden Gläubiger herauszugeben.

Art. 887

4. Verpfändung durch den Pfandgläubiger

Der Gläubiger kann die Pfandsache nur mit Zustimmung des Verpfänders weiter verpfänden.

Cornelia K. hilft ihrem Arbeitskollegen mit 1000 Franken über ein Finanzloch hinweg, und er gibt ihr seine 5000fränkige Münzsammlung als Pfand. Das Pfand hat also mehr Wert als die Forderung. Es ist nun möglich, die Münzen nochmals zu verpfänden, ihr voraussichtlicher Verkaufspreis kann noch weitere Forderungen sicherstellen. Cornelia K., die erste Pfänderin, darf aber keine Nachpfändung vornehmen ohne Einwilligung ihres Kollegen, des Verpfänders.

Art. 888

II. Untergang
1. Besitzesverlust

[1] Das Faustpfandrecht geht unter, sobald der Gläubiger die Pfandsache nicht mehr besitzt und auch von dritten Besitzern nicht zurückverlangen kann.

[2] Es hat keine Wirkung, solange sich das Pfand mit Willen des Gläubigers in der ausschliesslichen Gewalt des Verpfänders befindet.

Art. 889

2. Rückgabepflicht

[1] Ist das Pfandrecht infolge der Tilgung der Forderung oder aus anderem Grunde untergegangen, so hat der Gläubiger die Pfandsache an den Berechtigten herauszugeben.

[2] Vor seiner vollen Befriedigung ist er nicht verpflichtet, das Pfand ganz oder zum Teil herauszugeben.

Art. 890

3. Haftung des Gläubigers

[1] Der Gläubiger haftet für den aus der Wertverminderung oder aus dem Untergang der verpfändeten Sache entstandenen Schaden, sofern er nicht nachweist, dass dieser ohne sein Verschulden eingetreten ist.

[2] Hat der Gläubiger das Pfand eigenmächtig veräussert oder weiter verpfändet, so haftet er für allen hieraus entstandenen Schaden.

Genauso, wie das Pfandrecht erst entsteht, wenn der Gläubiger die Sache in Besitz hat, geht es auch wieder unter, wenn er sie nicht mehr besitzt. Das Pfandrecht geht natürlich auch unter, wenn die Forderung, für die es gerade stehen muss, beglichen wurde. Der Gläubiger muss die Sache zurückgeben.

Da der Gläubiger eine Sache besitzt, die ihm nicht gehört, ist er dafür verantwortlich, dass sie nicht beschädigt wird oder verlorengeht. Ebensowenig darf er sie etwa verkaufen. Für einen Schaden an der Sache muss er aufkommen, wenn er nicht nachweisen kann, dass ihn daran keine Schuld trifft.

Art. 891

III. Wirkung
1. Rechte des Gläubigers

[1] Der Gläubiger hat im Falle der Nichtbefriedigung ein Recht darauf, sich aus dem Erlös des Pfandes bezahlt zu machen.

[2] Das Pfandrecht bietet ihm Sicherheit für die Forderung mit Einschluss der Vertragszinse, der Betreibungskosten und der Verzugszinse.

Art. 892

2. Umfang der Pfandhaft

[1] Das Pfandrecht belastet die Pfandsache mit Einschluss der Zugehör.

[2] Die natürlichen Früchte der Pfandsache hat der Gläubiger, wenn es nicht anders verabredet ist, an den Eigentümer herauszugeben, sobald sie aufhören, Bestandteil der Sache zu sein.

[3] Früchte, die zur Zeit der Pfandverwertung Bestandteil der Pfandsache sind, unterliegen der Pfandhaft.

Art. 893

3. Rang der Pfandrechte

[1] Haften mehrere Pfandrechte auf der gleichen Sache, so werden die Gläubiger nach ihrem Range befriedigt.

[2] Der Rang der Pfandrechte wird durch die Zeit ihrer Errichtung bestimmt.

Art. 894

4. Verfallsvertrag

Jede Abrede, wonach die Pfandsache dem Gläubiger, wenn er nicht befriedigt wird, als Eigentum zufallen soll, ist ungültig.

Wie es dem Wesen eines Pfandes entspricht, kann der Gläubiger die verpfändete Sache notfalls verwerten lassen. Als erstes betreibt er den Schuldner, zahlt dieser nicht, kann er vom Betreibungsamt verlangen, dass die Sache versteigert wird. Aus dem Erlös werden nicht nur die Forderung samt Zinsen, sondern auch die Betreibungskosten beglichen.

Der Gläubiger kann sich nur am Erlös der Sache befriedigen. Eine sogenannte Verfallsklausel (bei Nichtzahlung werde der Gläubiger Eigentümer der Sache) ist nicht gültig.

Es ist möglich, eine Sache mehrfach zu verpfänden. Muss die Sache verwertet werden und deckt der Erlös nicht alle Schulden, werden die Gläubiger jedoch nicht anteilsmässig befriedigt. Es kommt vielmehr auf den *Zeitpunkt der Errichtung* des Pfandes an. Wer es zuerst bestellt hat, erhält nun auch als erster sein Geld zurück. Wer letzter war, erhält nur noch etwas, wenn alle andern bezahlt werden konnten.

Das Retentionsrecht

Art. 895

B. Retentionsrecht
I. Voraussetzungen

¹ Bewegliche Sachen und Wertpapiere, die sich mit Willen des Schuldners im Besitze des Gläubigers befinden, kann dieser bis zur Befriedigung für seine Forderung zurückbehalten, wenn die Forderung fällig ist und ihrer Natur nach mit dem Gegenstande der Retention in Zusammenhang steht.

² Unter Kaufleuten besteht dieser Zusammenhang, sobald der Besitz sowohl als die Forderung aus ihrem geschäftlichen Verkehr herrühren.

³ Der Gläubiger hat das Retentionsrecht, soweit nicht Dritten Rechte aus früherem Besitze zustehen, auch dann, wenn die Sache, die er in gutem Glauben empfangen hat, nicht dem Schuldner gehört.

Art. 896

II. Ausnahmen

¹ An Sachen, deren Natur eine Verwertung nicht zulässt, kann das Retentionsrecht nicht ausgeübt werden.

² Ebenso ist die Retention ausgeschlossen, wenn ihr eine vom Gläubiger übernommene Verpflichtung, oder eine vom Schuldner vor oder bei der Übergabe der Sache erteilte Vorschrift oder die öffentliche Ordnung entgegensteht.

Art. 897

III. Bei Zahlungs-unfähigkeit

¹ Bei Zahlungsunfähigkeit des Schuldners hat der Gläubiger das Retentionsrecht auch dann, wenn seine Forderung nicht fällig ist.

² Ist die Zahlungsunfähigkeit erst nach der Übergabe der Sache eingetreten oder dem Gläubiger bekannt geworden, so kann dieser die Retention auch dann ausüben, wenn ihr eine von ihm vorher übernommene Verpflichtung oder eine besondere Vorschrift des Schuldners entgegensteht.

Art. 898

IV. Wirkung

¹ Kommt der Schuldner seiner Verpflichtung nicht nach, so kann der Gläubiger, wenn er nicht hinreichend sichergestellt wird, die zurückbehaltene Sache nach vorgängiger Benachrichtigung des Schuldners wie ein Faustpfand verwerten.

² Zur Verwertung zurückbehaltener Namenpapiere hat in Vertretung des Schuldners der Betreibungs- oder der Konkursbeamte das Erforderliche vorzunehmen.

Das Spezielle am Retentionsrecht liegt darin, dass der Gläubiger die Sache schon im Besitz hat, *bevor* das Pfand errichtet wird. Ein Beispiel: Bringe ich meine Uhr zur Reparatur und kann ich dann nicht zahlen, hat die Uhrmacherin ein Retentionsrecht an der Uhr. Das Retentionsrecht entsteht dabei nicht durch Vertrag wie das Faustpfand. Es kann ausgeübt werden, weil das Gesetz diese Möglichkeit gibt – das Einverständnis des Schuldners ist dazu nicht notwendig, ihm bleibt gar nichts anderes übrig.

Damit das Retentionsrecht an einer Sache bestellt werden kann, muss sie zur Forderung einen inneren Zusammenhang haben, wie er zwischen einer Sache und ihren Reparaturkosten besteht. Zudem kann es nur ausgeübt werden, wenn die Forderung fällig ist. Wurde beim Auftrag zur Reparatur des Autos beispielsweise vereinbart, dass die Rechnung erst 30 Tage nach Reparatur bezahlt werden müsse, kann der Garagist das Auto vor Ablauf dieser Frist nicht zurückbehalten.

An gewissen Sachen kann überhaupt kein Retentionsrecht ausgeübt werden, zum Beispiel an Briefen oder auch an einem Pass oder Fahrausweis. Es sind Sachen, «deren Natur eine Verwertung nicht zulässt» (Art. 896). Diese Sachen dürfen übrigens auch nicht als Faustpfand genommen werden.

Die Sachen, die als Retentionsrecht zurückbehalten wurden, können, wenn der Schuldner nicht zahlt, verwertet werden wie ein Faustpfand (siehe Art. 884 ff., Seite 681).

Das Pfandrecht an Forderungen und anderen Rechten

Ein Pfand kann nicht nur an körperlichen Sachen bestehen, auch Forderungen können verpfändet werden. Ein Beispiel:
Vera L. hat ihrem Freund ein Darlehen von 10 000 Franken gegeben und hat deshalb eine Forderung über diesen Betrag gegen ihn. Will Vera L. nun ihrerseits Geld aufnehmen, kann sie diese Forderung verpfänden. Ihr Kreditgeber hat sein Darlehen also nicht mit einer Sache (zum Beispiel mit Schmuckstücken) gesichert, sondern mit der Forderung, die Vera L. gegenüber ihrem Freund hat.
Für die Pfandrechte an Schuldscheinen, Wert- und Warenpapieren sowie an anderen Rechten (Erfindungspatente, Urheberrechte, Erbanteil etc.) gelten grundsätzlich die Bestimmungen über das Faustpfand. Während aber dieses formlos (auch mündlich) gültig ist, muss beim Pfandrecht der hier besprochenen Art der Vertrag meist schriftlich aufgesetzt werden.

Zweiter Abschnitt: Das Pfandrecht an Forderungen und andern Rechten

Art. 899

A. Im allgemeinen

¹ Forderungen und andere Rechte können verpfändet werden, wenn sie übertragbar sind.

² Das Pfandrecht an ihnen steht, wo es nicht anders geordnet ist, unter den Bestimmungen über das Faustpfand.

Art. 900

B. Errichtung
I. Bei Forderungen mit oder ohne Schuldschein

¹ Zur Verpfändung einer Forderung, für die keine Urkunde oder nur ein Schuldschein besteht, bedarf es der schriftlichen Abfassung des Pfandvertrages und gegebenenfalls der Übergabe des Schuldscheines.

² Der Pfandgläubiger und der Verpfänder können den Schuldner von der Pfandbestellung benachrichtigen.

³ Zur Verpfändung anderer Rechte bedarf es neben einem schriftlichen Pfandvertrag der Beobachtung der Form, die für die Übertragung vorgesehen ist.

Art. 901

II. Bei Wertpapieren

¹ Bei Inhaberpapieren genügt zur Verpfändung die Übertragung der Urkunde an den Pfandgläubiger.

² Bei andern Wertpapieren bedarf es der Übergabe der Urkunde in Verbindung mit einem Indossament oder mit einer Abtretungserklärung.

Art. 902

III. Bei Warenpapieren

¹ Bestehen für Waren Wertpapiere, die sie vertreten, so wird durch Verpfändung der Wertpapiere ein Pfandrecht an der Ware bestellt.

² Besteht neben einem Warenpapier noch ein besonderer Pfandschein (Warrant), so genügt zur Pfandbestellung die Verpfändung des Pfandscheines, sobald auf dem Warenpapier selbst die Verpfändung mit Forderungsbetrag und Verfalltag eingetragen ist.

Art. 903

IV. Nachverpfändung

Ein nachgehendes Forderungspfandrecht ist nur gültig, wenn der vorgehende Pfandgläubiger vom Gläubiger der Forderung oder vom nachgehenden Pfandgläubiger von der Nachverpfändung schriftlich benachrichtigt wird.

Art. 904

C. Wirkung
I. Umfang der Pfandhaft

¹ Beim Pfandrecht an einer verzinslichen Forderung oder an einer Forderung mit andern zeitlich wiederkehrenden Nebenleistungen, wie Dividenden, gilt, wenn es nicht anders vereinbart ist, nur der laufende Anspruch als mitverpfändet, und der Gläubiger hat keinen Anspruch auf die verfallenen Leistungen.

² Bestehen jedoch besondere Papiere für solche Nebenrechte, so gelten diese, wenn es nicht anders vereinbart ist, insoweit für mitverpfändet, als das Pfandrecht an ihnen formrichtig bestellt ist.

Art. 905

II. Vertretung verpfändeter Aktien

Verpfändete Aktien werden in der Generalversammlung durch die Aktionäre und nicht durch die Pfandgläubiger vertreten.

Art. 906

III. Verwaltung und Abzahlung

¹ Erfordert die sorgfältige Verwaltung die Kündigung und Einziehung der verpfändeten Forderung, so darf deren Gläubiger sie vornehmen und der Pfandgläubiger verlangen, dass sie vorgenommen werde.

² Zahlungen darf der Schuldner, sobald er von der Verpfändung benachrichtigt ist, an den einen nur mit Einwilligung des andern entrichten.

³ Wo diese fehlt, hat er den geschuldeten Betrag zu hinterlegen.

Das Versatzpfand

Diese weitere Art von Pfandrecht, das an Sachen bestehen kann, ist für das Pfandleihgewerbe gedacht: Eine Institution leiht Geld gegen Hinterlegung von Sachen aus. Pfandleiher benötigen eine kantonale Bewilligung.

Dritter Abschnitt: Das Versatzpfand

Art. 907

A. Versatzanstalt
I. Erteilung der Gewerbebefugnis

^{1} Wer das Pfandleihgewerbe betreiben will, bedarf hiezu einer Bewilligung der kantonalen Regierung.

^{2} Die Kantone können bestimmen, dass diese Bewilligung nur an öffentliche Anstalten des Kantons oder der Gemeinden sowie an gemeinnützige Unternehmungen erteilt werden soll.

^{3} Die Kantone können von den Anstalten Gebühren erheben.

Art. 908

II. Dauer

^{1} Die Bewilligung wird an private Anstalten nur auf eine bestimmte Zeit erteilt, kann aber erneuert werden.

^{2} Sie kann jederzeit widerrufen werden, wenn die Anstalt die Bestimmungen, denen ihr Betrieb unterstellt ist, nicht beobachtet.

Art. 909

B. Versatzpfandrecht
I. Errichtung

Das Versatzpfand wird dadurch begründet, dass der Pfandgegenstand der Anstalt übergeben und hiefür ein Versatzschein ausgestellt wird.

Art. 910

II. Wirkung
1. Verkauf des Pfandes

^{1} Ist das Pfand auf den vereinbarten Termin nicht ausgelöst worden, so kann die Anstalt nach vorgängiger öffentlicher Aufforderung zur Einlösung den Pfandgegenstand amtlich verkaufen lassen.

^{2} Eine persönliche Forderung kann die Anstalt nicht geltend machen.

Art. 911

2. Recht auf den Überschuss

^{1} Ergibt sich aus dem Kauferlös ein Überschuss über die Pfandsumme, so hat der Berechtigte Anspruch auf dessen Herausgabe.

² Mehrere Forderungen gegen denselben Schuldner dürfen bei Berechnung des Überschusses als ein Ganzes behandelt werden.

³ Der Anspruch auf den Überschuss verjährt in fünf Jahren nach dem Verkauf der Sache.

Art. 912

III. Auslösung des Pfandes
1. Recht auf Auslösung

¹ Das Pfand kann von dem Berechtigten gegen Rückgabe des Versatzscheines ausgelöst werden, solange der Verkauf nicht stattgefunden hat.

² Kann er den Schein nicht beibringen, so ist er nach Eintritt der Fälligkeit zur Auslösung des Pfandes befugt, wenn er sich über sein Recht ausweist.

³ Diese Befugnis steht dem Berechtigten nach Ablauf von sechs Monaten seit der Fälligkeit auch dann zu, wenn die Anstalt sich ausdrücklich vorbehalten hat, das Pfand nur gegen Rückgabe des Scheines auszulösen.

Art. 913

2. Rechte der Anstalt

¹ Die Anstalt ist berechtigt, bei jeder Auslösung den Zins für den ganzen laufenden Monat zu verlangen.

² Hat die Anstalt sich ausdrücklich vorbehalten, das Pfand gegen Rückgabe des Scheines an jedermann herauszugeben, so ist sie zu dieser Herausgabe befugt, solange sie nicht weiss oder wissen sollte, dass der Inhaber auf unredliche Weise in den Besitz des Scheines gelangt ist.

Art. 914

C. Kauf auf Rückkauf

Der gewerbsmässige Kauf auf Rückkauf wird dem Versatzpfande gleichgestellt.

Art. 915

D. Ordnung des Gewerbes

¹ Die Kantone können zur Ordnung des Pfandleihgewerbes weitere Vorschriften aufstellen.

Besitz und Grundbuch

Die Begriffe Besitz und Eigentum haben in der Umgangssprache die gleiche Bedeutung, juristisch aber bezeichnen sie verschiedenes: Eigentum ist das *Recht* an einer Sache, Besitz die *tatsächliche Macht* über eine Sache gleichgültig, ob das Recht dazu besteht oder nicht. Auch der Dieb ist Besitzer der Sache, die er gestohlen hat; er hat sie tatsächlich in seiner Gewalt, obwohl das Recht daran dem Eigentümer zusteht.

Besitz spielt juristisch eine grosse Rolle. So muss, damit jemand Eigentum an einer Sache erlangen kann, ihm der Besitz übertragen werden: Kaufe ich in einer Buchhandlung ein Buch, bin ich erst, wenn ich es in den Händen halte, sein Eigentümer. Die grosse Bedeutung des Besitzes zeigt sich aber auch darin, dass das Gesetz vermutet, wer Besitzer einer beweglichen Sache sei, sei auch ihr Eigentümer (Art. 930 Abs. 1). Vom äusseren Schein, dem Besitz, wird auf das Recht, das Eigentum, geschlossen. Die Umgangssprache, die zwischen Besitz und Eigentum keinen Unterschied macht, liegt also gar nicht so falsch.

Besitz spielt aber nur für die beweglichen Sachen diese grosse Rolle. Für die Grundstücke hat der Begriff nicht diese Bedeutung, hier ist das Grundbuch ausschlaggebend. Wer dort als Eigentümerin eines Grundstücks oder als Inhaber eines beschränkten dinglichen Rechts aufgeführt ist, gilt als berechtigt.

Besitz und Grundbuch dienen also demselben Zweck: Sie sind das äussere, öffentlich sichtbare Zeichen für den Bestand von Rechten.

Der Besitz

Dritte Abteilung: Besitz und Grundbuch

Vierundzwanzigster Titel: Der Besitz

Art. 919

A. Begriff und Arten
I. Begriff

[1] Wer die tatsächliche Gewalt über eine Sache hat, ist ihr Besitzer.

[2] Dem Sachbesitz wird bei Grunddienstbarkeiten und Grundlasten die tatsächliche Ausübung des Rechtes gleichgestellt.

Art. 920

II. Selbständiger und unselbständiger Besitz

[1] Hat ein Besitzer die Sache einem andern zu einem beschränkten dinglichen oder einem persönlichen Recht übertragen, so sind sie beide Besitzer.

² Wer eine Sache als Eigentümer besitzt, hat selbständigen, der andere unselbständigen Besitz.

Art. 921

III. Vorübergehende Unterbrechung

Eine ihrer Natur nach vorübergehende Verhinderung oder Unterlassung der Ausübung der tatsächlichen Gewalt hebt den Besitz nicht auf.

Art. 922

B. Übertragung
I. Unter Anwesenden

¹ Der Besitz wird übertragen durch die Übergabe der Sache selbst oder der Mittel, die dem Empfänger die Gewalt über die Sache verschaffen.

² Die Übergabe ist vollzogen, sobald sich der Empfänger mit Willen des bisherigen Besitzers in der Lage befindet, die Gewalt über die Sache auszuüben.

Art. 923

II. Unter Abwesenden

Geschieht die Übergabe unter Abwesenden, so ist sie mit der Übergabe der Sache an den Empfänger oder dessen Stellvertreter vollzogen.

Art. 924

III. Ohne Übergabe

¹ Ohne Übergabe kann der Besitz einer Sache erworben werden, wenn ein Dritter oder der Veräusserer selbst auf Grund eines besonderen Rechtsverhältnisses im Besitz der Sache verbleibt.

² Gegenüber dem Dritten ist dieser Besitzesübergang erst dann wirksam, wenn ihm der Veräusserer davon Anzeige gemacht hat.

³ Der Dritte kann dem Erwerber die Herausgabe aus den gleichen Gründen verweigern, aus denen er sie dem Veräusserer hätte verweigern können.

Art. 925

IV. Bei Warenpapieren

¹ Werden für Waren, die einem Frachtführer oder einem Lagerhaus übergeben sind, Wertpapiere ausgestellt, die sie vertreten, so gilt die Übertragung einer solchen Urkunde als Übertragung der Ware selbst.

² Steht jedoch dem gutgläubigen Empfänger des Warenpapiers ein gutgläubiger Empfänger der Ware gegenüber, so geht dieser jenem vor.

Wer eine Sache faktisch in seiner Gewalt hat, ist ihre Besitzerin, ihr Besitzer. Dabei ist natürlich nicht erforderlich, dass man sie immer in Händen hält. Es genügt, dass die Sache im eigenen Einflussbereich ist. Man besitzt die Möbel in seiner Wohnung, auch wenn man in den Ferien weilt; auch das auf dem Parkplatz abgestellte Auto hat man in Besitz.

Allerdings kann nur von Besitz gesprochen werden, wenn die Gewalt über eine Sache für eine gewisse Dauer gedacht ist. Übergibt ein Velobesitzer sein neues Mountainbike einer Freundin für eine Probefahrt «um die Ecke», ist diese deswegen noch nicht Besitzerin, genausowenig wie der Besucher Besitzer des Essbestecks wird, mit dem er speist. Wann die Dauer genügend lang und intensiv ist, um Besitz entstehen zu lassen, ergibt sich aus der sozialen Ordnung, aus der Verkehrsanschauung und nicht aus theoretischen Überlegungen.

Besitz ist die tatsächliche Macht über eine Sache, trotzdem können an der gleichen Sache mehrere Personen Besitz haben. Vermietet jemand seine Wohnung, bleibt er als Eigentümer sogenannt *selbständiger* Besitzer, während die Mieterin *unselbständigen* Besitz hat.

Damit der Besitz an einer Sache erlangt wird, muss sie übergeben werden. Dies ist dann der Fall, wenn sie körperlich ergriffen werden kann. Es genügt aber schon, wenn die Mittel, welche die Gewalt über die Sache verschaffen, übergeben sind. Überreicht der Autoverkäufer seinem Kunden die Schlüssel, ist dieser Besitzer – und damit auch Eigentümer – des Autos. Das gleiche gilt etwa auch für Hausschlüssel.

Besitz kann auch entstehen, ohne dass die Sache effektiv übergeben wird. Dies ist etwa der Fall, wenn eine Velobesitzerin ihrem Freund das Velo verkauft, es aber noch behält, weil die beiden vereinbaren, dass sie es bis Ende des Monats benützen könne. Die Verkäuferin ist unselbständige Besitzerin, ihr Freund selbständiger Besitzer des Fahrrads (Art. 920).

Welche Wirkungen hat der Besitz?

Die wichtigsten Wirkungen, die dem Besitz zukommen, sind in den Artikeln 926 bis 940 festgeschrieben. Sie lassen sich in drei Gruppen einteilen:
- Der Besitz als solcher geniesst einen Schutz, den **Besitzesschutz** (Art. 926 bis 929).
- Insbesondere wird auch das Recht, das mit dem Besitz verbunden ist, geschützt; das ist der **Rechtsschutz** (Art. 930 bis 937).
- Und schliesslich steht – auf der Seite einer Person, die widerrechtlich Besitz hat – deren Pflicht, die Sache herauszugeben und für allfälligen Schaden gerade zu stehen; die **Verantwortlichkeit** (Art. 938 bis 940).

Der Besitzesschutz

C. Bedeutung
I. Besitzesschutz
1. Abwehr von Angriffen

Art. 926

¹ Jeder Besitzer darf sich verbotener Eigenmacht mit Gewalt erwehren.

² Er darf sich, wenn ihm die Sache durch Gewalt oder heimlich entzogen wird, sofort des Grundstückes durch Vertreibung des Täters wieder bemächtigen und die bewegliche Sache dem auf frischer Tat betroffenen und unmittelbar verfolgten Täter wieder abnehmen.

³ Er hat sich dabei jeder nach den Umständen nicht gerechtfertigten Gewalt zu enthalten.

2. Klage aus Besitzesentziehung

Art. 927

¹ Wer einem andern eine Sache durch verbotene Eigenmacht entzogen hat, ist verpflichtet, sie zurückzugeben, auch wenn er ein besseres Recht auf die Sache behauptet.

² Wenn der Beklagte sofort sein besseres Recht nachweist und auf Grund desselben dem Kläger die Sache wieder abverlangen könnte, so kann er die Rückgabe verweigern.

³ Die Klage geht auf Rückgabe der Sache und Schadenersatz.

3. Klage aus Besitzesstörung

Art. 928

¹ Wird der Besitz durch verbotene Eigenmacht gestört, so kann der Besitzer gegen den Störenden Klage erheben, auch wenn dieser ein Recht zu haben behauptet.

² Die Klage geht auf Beseitigung der Störung, Unterlassung fernerer Störung und Schadenersatz.

4. Zulässigkeit und Verjährung der Klage

Art. 929

¹ Die Klage aus verbotener Eigenmacht ist nur zulässig, wenn der Besitzer sofort, nachdem ihm der Eingriff und der Täter bekannt geworden sind, die Sache zurückfordert oder Beseitigung der Störung verlangt.

² Die Klage verjährt nach Ablauf eines Jahres, das mit der Entziehung oder Störung zu laufen beginnt, auch wenn der Besitzer erst später von dem Eingriff und dem Täter Kenntnis erhalten hat.

Egal, ob eine Person zu Recht oder zu Unrecht eine Sache besitzt, sie hat doch die Möglichkeit, jeden Eingriff in ihre tatsächliche Machtsphäre zu verbieten und notfalls dagegen vorzugehen. Je nachdem, ob ein Eingriff immer noch im Gang ist oder bereits länger zurückliegt, kann sie sich entweder selbst wehren (Selbsthilfe, Art. 926), oder sie muss dagegen klagen (Besitzesschutzklage, Art. 927 bis 929). Die Selbsthilfe ist nur erlaubt, unmittelbar nachdem der unstatthafte Eingriff erfolgte: Ich stelle fest, dass jemand meine Aktenmappe stehlen will; dagegen kann ich einschreiten, notfalls – aber erst als letztes Mittel – auch mit (verhältnismässiger) Gewalt. Sehe ich drei Wochen nach dem Diebstahl der Mappe eine Person damit auf der Strasse, ist die Selbsthilfe nicht mehr erlaubt. Ich muss Klage einreichen.

Der Rechtsschutz

II. Rechtsschutz
1. Vermutung des Eigentums

Art. 930

¹ Vom Besitzer einer beweglichen Sache wird vermutet, dass er ihr Eigentümer sei.

² Für jeden früheren Besitzer besteht die Vermutung, dass er in der Zeit seines Besitzes Eigentümer der Sache gewesen ist.

2. Vermutung bei unselbständigem Besitz

Art. 931

¹ Besitzt jemand eine bewegliche Sache, ohne Eigentümer sein zu wollen, so kann er die Vermutung des Eigentums dessen geltend machen, von dem er sie in gutem Glauben empfangen hat.

² Besitzt jemand eine bewegliche Sache mit dem Anspruche eines beschränkten dinglichen oder eines persönlichen Rechtes, so wird der Bestand dieses Rechtes vermutet, er kann aber demjenigen gegenüber, von dem er die Sache erhalten hat, diese Vermutung nicht geltend machen.

3. Klage gegen den Besitzer

Art. 932

Der Besitzer einer beweglichen Sache kann sich gegenüber jeder Klage auf die Vermutung zugunsten seines besseren Rechtes berufen, unter Vorbehalt der Bestimmungen über eigenmächtige Entziehung oder Störung des Besitzes.

Aus der Tatsache, dass jemand eine Sache besitzt, leitet das Gesetz die Vermutung ab, er sei auch deren Eigentümer. Wird ihm dies bestritten, kann er sich mit der Besitzesrechtsklage wehren. Dies gilt aber nur für bewegliche Sachen, bei Grundstücken ist der Grundbucheintrag massgebend. Bewohnt jemand also ein Haus (und ist damit Besitzer), besteht nicht auch die gesetzliche Vermutung, dass er dessen Eigentümer sei. Demgegenüber wird vermutet, dass der Tourist Eigentümer des Fotoapparats sei, mit dem er knipsend durch Zürich spaziert.

Diese Vermutung, Besitzer gleich Eigentümer, gilt nicht nur für den Moment, in dem jemand die Sache besitzt. Sie besteht auch – was selbstverständlich ist – für die Vergangenheit:

Eine Uhr, die Karla M. schon seit Jahren besitzt, schenkt sie ihrer Freundin, die damit neue Besitzerin und neue Eigentümerin der Uhr wird. Für die Zeit, als Karla M. die Uhr noch in Besitz hatte, vermutet das Gesetz, dass sie auch Eigentümerin gewesen sei. Hat Karla M. die Uhr ihrer Freundin nur ausgeliehen, ist diese nicht Eigentümerin. Behauptet nun ein Kollege, die Uhr gehöre ihm, kann die Freundin ihn darauf hinweisen, dass sie die Uhr von Karla M. erhalten habe, dass diese Besitzerin und somit vermutungsweise auch Eigentümerin sei (Art. 931). Mit diesem Hinweis schützt sie im übrigen auch ihr eigenes Recht an der Uhr; sie kann sie nämlich weiterhin benutzen.

Art. 933

4. Verfügungs- und Rückforderungsrecht
a. Bei anvertrauten Sachen

Wer eine bewegliche Sache in gutem Glauben zu Eigentum oder zu einem beschränkten dinglichen Recht übertragen erhält, ist in seinem Erwerbe auch dann zu schützen, wenn sie dem Veräusserer ohne jede Ermächtigung zur Übertragung anvertraut worden war.

Art. 934

b. Bei abhanden gekommenen Sachen

[1] Der Besitzer, dem eine bewegliche Sache gestohlen wird oder verloren geht oder sonst wider seinen Willen abhanden kommt, kann sie während fünf Jahren jedem Empfänger abfordern.

[2] Ist die Sache öffentlich versteigert oder auf dem Markt oder durch einen Kaufmann, der mit Waren der gleichen Art handelt, übertragen worden, so kann sie dem ersten und jedem spätern gutgläubigen Empfänger nur gegen Vergütung des von ihm bezahlten Preises abgefordert werden.

[3] Die Rückleistung erfolgt im übrigen nach den Vorschriften über die Ansprüche des gutgläubigen Besitzers.

Art. 935

c. Bei Geld und Inhaberpapieren

Geld und Inhaberpapiere können, auch wenn sie dem Besitzer gegen seinen Willen abhanden gekommen sind, dem gutgläubigen Empfänger nicht abgefordert werden.

d. Bei bösem Glauben

Art. 936

¹ Wer den Besitz einer beweglichen Sache nicht in gutem Glauben erworben hat, kann von dem früheren Besitzer jederzeit auf Herausgabe belangt werden.

² Hatte jedoch auch der frühere Besitzer nicht in gutem Glauben erworben, so kann er einem spätern Besitzer die Sache nicht abfordern.

5. Vermutung bei Grundstücken

Art. 937

¹ Hinsichtlich der in das Grundbuch aufgenommenen Grundstücke besteht eine Vermutung des Rechtes und eine Klage aus dem Besitze nur für denjenigen, der eingetragen ist.

² Wer jedoch über das Grundstück die tatsächliche Gewalt hat, kann wegen eigenmächtiger Entziehung oder Störung des Besitzes Klage erheben.

Wem eine Sache gestohlen wurde oder sonstwie gegen seinen Willen abhanden gekommen ist, der kann sie grundsätzlich auch vom Besitzer wieder herausverlangen, und zwar während einer Frist von fünf Jahren. Ein Beispiel: *Fabian T. sieht im Schaufenster eines Musikgeschäfts seine Gitarre, die ihm vor einigen Wochen gestohlen wurde. Beweist er, dass er zuvor Eigentümer gewesen ist und dass ihm das Instrument gestohlen wurde (zum Beispiel mit einem Polizeirapport), muss ihm das Musikgeschäft die Gitarre zurückgeben. Ob es aber den Preis zurückerhält, den es dafür bezahlt hat, hängt davon ab, wie es zum Instrument gekommen ist: Hat das Geschäft die Gitarre von einem zufälligen Kunden gekauft, bekommt Fabian T. sein Instrument gratis zurück (Art. 934 Abs. 1). Hat das Geschäft die Gitarre ersteigert oder von einem anderen Musikladen gekauft, muss Fabian T. den Einkaufspreis zurückerstatten (Art. 934 Abs. 2).*

Und wie sieht es aus, wenn das Musikgeschäft die Gitarre einem Freund abgekauft hat, dem sie Fabian T. ausgeliehen hat? Der Freund war im Besitz der Gitarre, und obwohl er keineswegs berechtigt war, sie zu verkaufen, bleibt das Musikgeschäft Eigentümer, sofern es beim Kauf guten Glaubens war, das heisst nicht wissen konnte oder musste, dass die Gitarre dem Verkäufer nicht gehört (Art. 933).

Das bisher Gesagte gilt nur, wenn das Musikgeschäft gutgläubig war. Hat es aber die Gitarre im bösen Glauben gekauft, wusste es also oder hätte es wissen müssen, dass der Verkäufer (egal ob Freund, anderes Musikgeschäft etc.) sie gar nicht hätte verkaufen dürfen, erhält Fabian T. sein Instrument gratis zurück (Art. 936 Abs. 1, zum guten Glauben siehe auch Art. 3, Seite 28).

Klagen aus Besitz oder aus Eigentum?

Die Artikel 926 bis 936 umschreiben die verschiedenen Möglichkeiten, wie jemand sich wehren kann, wenn sein Besitz an einer Sache gestört wird oder verlorengeht: die Besitzesschutz- und die Besitzesrechtsklage. Hat eine Person jedoch eine (bewegliche) Sache nicht nur in Besitz, sondern ist auch deren Eigentümerin, stehen ihr neben den Klagen aus dem Besitz auch jene aus dem Eigentum zur Verfügung (Eigentumsfreiheits- und Eigentumsklage, siehe auch Seite 537; zum Unterschied zwischen Besitz und Eigentum siehe Seite 532).

Wann aber welche Klage sinnvoller oder sogar ausschliesslich anwendbar ist, lässt sich im Rahmen dieses Kommentars nicht abschliessend beantworten. Trotzdem ein Beispiel, das zwar nicht alle Fälle umfassend abhandelt, aber immerhin auf die Fragestellungen hinweist, die zu den verschiedenen Klagen führen können.

Ein wertvolles Ölgemälde gehört Frau F., sie ist seine Eigentümerin. Im Moment befindet sich das Gemälde aber bei Herrn K., einem Bekannten, der es aus Versehen zusammen mit anderen Bildern, die Frau F. ihm ausgeliehen hat, mitnahm. Nach einem Streit will Herr K. das Bild plötzlich nicht mehr zurückgeben; Frau F. muss es also via Justiz zurückverlangen.

Dazu steht ihr als erstes die *Eigentumsklage* zur Verfügung: Frau F. muss nachweisen, dass sie Eigentümerin des Bildes ist. Das kann sie beispielsweise anhand einer Quittung tun. Was aber, wenn ihr ein unterdessen verstorbener Freund das Bild vor Jahren geschenkt hat? Muss sie Zeugen aus dieser Zeit suchen?

Statt den Beweis für ihr Eigentum zu erbringen, kann Frau F. auch nachweisen, dass das Bild in ihrem Bestiz war. Dies ist wahrscheinlich einfacher: Freunde und Bekannte werden bestätigen, dass das Bild seit Jahren in ihrer Wohnung gehangen hat. Somit dürfte eine *Besitzesrechtsklage* gute Chancen auf Erfolg haben. Ohne also ihr Eigentum daran bewiesen zu haben, erhält Frau F. ihr Bild zurück, weil sie dank der Bestätigungen ihrer Bekannten ihren Besitz daran beweisen kann.

Das Beispiel deutet an, welche Vorteile die Besitzesrechtsklage gegenüber der Eigentumsklage haben kann. Dies führt denn auch dazu, dass in der Praxis die Besitzesrechtsklage viel häufiger gebraucht wird als die Eigentumsklage, auch wo diese möglich wäre. Das gilt aber nur für bewegliche Sachen, den nur bei diesen (und nicht etwa bei Grundstücken) ist die Besitzesrechtsklage möglich; sie heisst deshalb auch *Fahrnisklage*.

Weiter ist darauf hinzuweisen, dass die Klagen aus Eigentum natürlich nur möglich sind, wenn jemand Eigentümer und nicht bloss Besitzer einer Sache ist. Zudem kann eine Person ausnahmsweise auch Eigentümerin einer Sache sein, ohne sie je in Besitz gehabt zu haben. In diesen Fällen sind die Klagen aus Besitz nicht möglich; man muss sich mit den Klagen aus Eigentum behelfen. Eine entscheidende Rolle bei der Wahl der Klage kann schliesslich auch die Zeit spielen, die vergangen ist, seit eine Sache abhanden gekommen ist. Der Besitzer einer gestohlenen Sache kann diese zwar von jedem Empfänger zurückverlangen, dies aber nur während fünf Jahren (Art. 934 Abs. 1). War er jedoch Eigentümer der Sache, kann er sie – mit der Eigentumsklage – ohne zeitliche Einschränkungen zurückfordern (ausser die Sache sei bereits ersessen; zur Ersitzung siehe Art. 661 ff. und 728).

Verantwortlichkeit des unrechtmässigen Besitzers

III. Verantwortlichkeit
1. Gutgläubiger Besitzer
a. Nutzung

Art. 938

[1] Wer eine Sache in gutem Glauben besitzt, wird dadurch, dass er sie seinem vermuteten Rechte gemäss gebraucht und nutzt, dem Berechtigten nicht ersatzpflichtig.

[2] Was hiebei untergeht oder Schaden leidet, braucht er nicht zu ersetzen.

b. Ersatzforderungen

Art. 939

[1] Verlangt der Berechtigte die Auslieferung der Sache, so kann der gutgläubige Besitzer für die notwendigen und nützlichen Verwendungen Ersatz beanspruchen und die Auslieferung bis zur Ersatzleistung verweigern.

[2] Für andere Verwendungen kann er keinen Ersatz verlangen, darf aber, wenn ihm ein solcher nicht angeboten wird, vor der Rückgabe der Sache, was er verwendet hat, wieder wegnehmen, soweit dies ohne Beschädigung der Sache selbst geschehen kann.

[3] Die vom Besitzer bezogenen Früchte sind auf die Forderung für die Verwendungen anzurechnen.

2. Bösgläubiger Besitzer

Art. 940

[1] Wer eine Sache in bösem Glauben besitzt, muss sie dem Berechtigten herausgeben und für allen durch die Vorenthaltung verursachten Schaden sowie für die bezogenen oder versäumten Früchte Ersatz leisten.

[2] Für Verwendungen hat er eine Forderung nur, wenn solche auch für den Berechtigten notwendig gewesen wären.

[3] Solange der Besitzer nicht weiss, an wen er die Sache herausgeben soll, haftet er nur für den Schaden, den er verschuldet hat.

Irene B. packt beim Besuch bei ihrer Tante eine Uhr ein, weil sie glaubt, diese sei ein Geschenk an sie. Später stellt sich heraus, dass dem nicht so ist. Irene gibt die Uhr zurück. Aber weil sie die Uhr beim Duschen getragen hat, ist das Zifferblatt angelaufen. Ob Irene B. die Reparatur bezahlen muss, hängt vor allem davon ab, ob sie gut- oder bösgläubig war, und zu einem kleinen Teil auch von ihrem Verschulden.

— Ein widerrechtlicher Besitzer, der *gutgläubig* war, muss nichts für einen Schaden bezahlen, selbst wenn dadurch die Sache unbrauchbar wird; dies unabhängig davon, ob ihn am Schaden eine Schuld trifft. Er kann allenfalls sogar selbst Rechnung stellen für Aufwendungen, die er für die Sache machen musste. Allerdings kann er nur Ersatz verlangen für nützliche und notwendige Ausgaben, also etwa für das Füttern eines Tieres, die Reparaturkosten an einem Auto etc. Hat er aber eine luxuriöse Ausgabe getätigt, zum Beispiel die Autositze mit teuren Fellen bezogen, kann er vom rechtmässigen Eigentümer keinen Ersatz verlangen. Er hat aber das Recht, die Felle wegzunehmen, wenn dies ohne Beschädigung der Sitze möglich ist. Will der rechtmässige Eigentümer die notwendigen und nützlichen Auslagen nicht ersetzen, hat der gutgläubige Besitzer an der Sache sogar ein Retentionsrecht (zum Retentionsrecht siehe Art. 895 ff., Seite 684).

— Ein widerrechtlicher Besitzer, der *bösgläubig* war, haftet für jeden Schaden an der Sache gleichgültig, ob ihn daran ein Verschulden trifft oder nicht (Ausnahme, Art. 940 Abs. 3). Für Ausgaben kann er nur Ersatz verlangen, wenn sie notwendig waren (Fütterung eines Tieres, Reparatur eines vom Sturm beschädigten Daches etc.).

Die Ersitzung

IV. Ersitzung

Art. 941

Der zur Ersitzung berechtigte Besitzer darf sich den Besitz seines Vorgängers anrechnen, insofern auch dessen Besitz zur Ersitzung tauglich gewesen ist.

Wer eine Sache fünf Jahre lang in gutem Glauben besessen hat, wird Eigentümer oder Eigentümerin (siehe Art. 728). An diese Frist kann auch die Zeit, die ein Vorgänger die Sache in Besitz hatte, angerechnet werden; dies natürlich nur dann, wenn auch der Vorgänger gutgläubig war.

Das Grundbuch

Für Grundstücke spielt das Grundbuch eine ähnliche Rolle wie der Besitz für die beweglichen Sachen: Ist eine Person als Eigentümerin eines Grundstücks oder als Pfandgläubigerin eingetragen, wird vermutet, dass ihr diese Rechte auch wirklich zustehen. Der Beweis des Gegenteils ist natürlich möglich.
Die Rechte an Grundstücken entstehen in aller Regel erst mit dem Eintrag ins Grundbuch. Nicht schon der öffentlich beurkundete Vertrag über den Kauf eines Hauses bewirkt den Eigentumswechsel, erst mit dem Grundbucheintrag ist die Käuferin auch Eigentümerin. Auch hier die Ähnlichkeit zum Besitz: Erst mit der Übergabe einer beweglichen Sache geht das Eigentum über, der Kaufvertrag allein genügt nicht.
Das ZGB regelt das Grundbuchrecht nicht abschliessend. Weiteres dazu findet sich in Verordnungen des Bundes und in kantonalen Bestimmungen. Im folgenden wird nicht auf alle Artikel über das Grundbuch im einzelnen eingegangen. Nur über die Wirkungen, die der Eintrag ins Grundbuch hat, wird einiges ausgeführt (siehe Art. 971 ff., Seite 709). Die Regeln, wie das Grundbuch angelegt wird, wie es organisiert wird etc., werden dagegen nicht näher vorgestellt. Dazu nur soviel:
– Das Grundbuch ist öffentlich: Jede Person hat das Recht, das Grundbuch einzusehen und Grundbuchauszüge zu verlangen – dies aber nur, wenn sie «ein Interesse glaubhaft» machen kann (Art. 970). Wer nur aus Neugier wissen möchte, wem ein bestimmtes Haus gehört, wird von den Grundbuchbeamten keine Antwort erhalten. Verlangt jemand aber Einblick ins Grundbuch, weil er oder sie ein Haus kaufen möchte, darf dies nicht verweigert werden.
– Ins Grundbuch können nicht nur dingliche Rechte – also Eigentum oder beschränkte dingliche Rechte – eingetragen werden. Es ist auch möglich, beispielsweise ein Miet- oder Pachtverhältnis vorzumerken (Art. 959). Dadurch erhält ein solches Verhältnis eine stärkere Wirkung, als wenn es nur durch einen Vertrag besteht.

Wie wird das Grundbuch geführt?

Fünfundzwanzigster Titel: Das Grundbuch

A. Einrichtung
I. Bestand
1. Im allgemeinen

Art. 942

[1] Über die Rechte an den Grundstücken wird ein Grundbuch geführt.

[2] Das Grundbuch besteht aus dem Hauptbuch und den das Hauptbuch ergänzenden Plänen, Liegenschaftsverzeichnissen, Belegen, Liegenschaftsbeschreibungen und dem Tagebuche.

2. Aufnahme
a. Gegenstand

Art. 943

[1] Als Grundstücke werden in das Grundbuch aufgenommen:
1. die Liegenschaften;
2. die selbständigen und dauernden Rechte an Grundstücken;
3. die Bergwerke;
4. die Miteigentumsanteile an Grundstücken.

[2] Über die Voraussetzungen und über die Art der Aufnahme der selbständigen und dauernden Rechte, der Bergwerke und der Miteigentumsanteile an Grundstücken setzt eine Verordnung des Bundesrates das Nähere fest.

b. Ausnahmen

Art. 944

[1] Die nicht im Privateigentum stehenden und die dem öffentlichen Gebrauche dienenden Grundstücke werden in das Grundbuch nur aufgenommen, wenn dingliche Rechte daran zur Eintragung gebracht werden sollen oder die Kantone deren Aufnahme vorschreiben.

[2] Verwandelt sich ein aufgenommenes Grundstück in ein solches, das nicht aufzunehmen ist, so wird es vom Grundbuch ausgeschlossen.

3. Bücher
a. Hauptbuch

Art. 945

[1] Jedes Grundstück erhält im Hauptbuch ein eigenes Blatt und eine eigene Nummer.

[2] Das Verfahren, das bei Teilung eines Grundstückes oder bei Vereinigung mehrerer zu beobachten ist, wird durch eine Verordnung des Bundesrates festgesetzt.

b. Grundbuchblatt

Art. 946

[1] Auf jedem Blatt werden in besondern Abteilungen eingetragen:

1. das Eigentum;
2. die Dienstbarkeiten und Grundlasten, die mit dem Grundstück verbunden sind, oder die darauf ruhen;
3. die Pfandrechte, mit denen es belastet ist.

² Die Zugehör wird auf Begehren des Eigentümers angemerkt und darf, wenn dies erfolgt ist, nur mit Zustimmung aller aus dem Grundbuche ersichtlichen Berechtigten gestrichen werden.

Art. 947

c. Kollektivblätter

¹ Mit Einwilligung des Eigentümers können mehrere Grundstücke, auch wenn sie nicht unter sich zusammenhangen, auf ein einziges Blatt genommen werden.

² Die Eintragungen auf diesem Blatt gelten mit Ausnahme der Grunddienstbarkeiten für alle Grundstücke gemeinsam.

³ Der Eigentümer kann jederzeit die Ausscheidung einzelner Grundstücke aus einem Kollektivblatte verlangen, unter Vorbehalt der daran bestehenden Rechte.

Art. 948

d. Tagebuch, Belege

¹ Die Anmeldungen zur Eintragung in das Grundbuch werden nach ihrer zeitlichen Reihenfolge ohne Aufschub in das Tagebuch eingeschrieben, unter Angabe der anmeldenden Person und ihres Begehrens.

² Die Belege, auf deren Vorlegung hin die Eintragungen in das Grundbuch vorgenommen werden, sind zweckmässig zu ordnen und aufzubewahren.

³ An die Stelle der Belege kann in den Kantonen, die eine öffentliche Beurkundung durch den Grundbuchverwalter vornehmen lassen, ein Urkundenprotokoll treten, dessen Einschreibungen die öffentliche Beurkundung herstellen.

Art. 949

4. Verordnungen

¹ Der Bundesrat stellt die Formulare für das Grundbuch auf, erlässt die nötigen Verordnungen und kann zur Regelung des Grundbuchwesens die Führung von Hilfsregistern vorschreiben.

² Die Kantone sind ermächtigt, über die Eintragung der dinglichen Rechte an Grundstücken, die dem kantonalen Rechte unterstellt bleiben, besondere Vorschriften aufzustellen, die jedoch zu ihrer Gültigkeit der Genehmigung des Bundes bedürfen.

Besitz und Grundbuch

4.bis Andere technische Hilfsmittel

Art. 949a

¹ Der Bundesrat kann einen Kanton ermächtigen, das Grundbuch mit elektronischer Datenverarbeitung zu führen.

² Der Bundesrat bestimmt die Voraussetzungen und legt die Anforderungen an eine solche Grundbuchführung fest.

5. Grundbuchpläne

Art. 950

¹ Die Aufnahme und Beschreibung der einzelnen Grundstücke im Grundbuch erfolgt auf Grund eines Planes, der in der Regel auf einer amtlichen Vermessung beruht.

² Der Bundesrat bestimmt, nach welchen Grundsätzen die Pläne anzulegen sind.

Wie ist das Grundbuch organisiert?

II. Grundbuchführung
1. Kreise
a. Zugehörigkeit

Art. 951

¹ Zur Führung des Grundbuches werden Kreise gebildet.

² Die Grundstücke werden in das Grundbuch des Kreises aufgenommen, in dem sie liegen.

b. Grundstücke in mehreren Kreisen

Art. 952

¹ Liegt ein Grundstück in mehreren Kreisen, so ist es in jedem Kreise in das Grundbuch aufzunehmen mit Verweisung auf das Grundbuch der übrigen Kreise.

² Die Anmeldungen und rechtsbegründenden Eintragungen erfolgen in dem Grundbuche des Kreises, in dem der grössere Teil des Grundstückes liegt.

³ Die Eintragungen in diesem Grundbuch sind den andern Ämtern vom Grundbuchverwalter mitzuteilen.

2. Grundbuchämter

Art. 953

¹ Die Einrichtung der Grundbuchämter, die Umschreibung der Kreise, die Ernennung und Besoldung der Beamten sowie die Ordnung der Aufsicht erfolgt durch die Kantone.

² Die kantonalen Vorschriften, ausgenommen jene über die Ernennung und die Besoldung der Beamten, bedürfen der Genehmigung des Bundes.

3. Gebühren

Art. 954

¹ Für die Eintragungen in das Grundbuch und für die damit verbundenen Vermessungsarbeiten dürfen die Kantone Gebühren erheben.

² Für Eintragungen, die mit Bodenverbesserungen oder mit Bodenaustausch zum Zwecke der Abrundung landwirtschaftlicher Betriebe zusammenhangen, dürfen keine Gebühren erhoben werden.

Die Grundbuchbeamten

Art. 955

III. Grundbuchbeamte
1. Haftbarkeit

¹ Die Kantone sind für allen Schaden verantwortlich, der aus der Führung des Grundbuches entsteht.

² Sie haben Rückgriff auf die Beamten und Angestellten der Grundbuchverwaltung sowie die Organe der unmittelbaren Aufsicht, denen ein Verschulden zur Last fällt.

³ Sie können von den Beamten und Angestellten Sicherstellung verlangen.

Art. 956

2. Aufsicht

¹ Die Amtsführung des Grundbuchverwalters unterliegt einer regelmässigen Aufsicht.

² Beschwerden gegen seine Amtsführung und Anstände bezüglich der eingereichten oder einzureichenden Belege und Erklärungen werden, sofern nicht gerichtliche Anfechtung vorgesehen ist, von der kantonalen Aufsichtsbehörde entschieden.

³ Für die Weiterziehung dieser Entscheidungen an die Bundesbehörden wird eine besondere Regelung vorbehalten.

Art. 957

3. Ordnungsstrafen

¹ Amtspflichtverletzungen der Beamten und Angestellten der Grundbuchverwaltung werden von der kantonalen Aufsichtsbehörde mit Ordnungsstrafe geahndet.

² Die Ordnungsstrafe besteht in Verweis, in Busse bis zu 1000 Franken und bei schweren Fällen in Amtsentsetzung.

³ Vorbehalten bleibt die strafgerichtliche Verfolgung.

Welche Rechte werden eingetragen?

B. Eintragung
I. Grundbucheinträge
1. Eigentum und dingliche Rechte

Art. 958

In das Grundbuch werden folgende Rechte an Grundstücken eingetragen:
1. das Eigentum;
2. die Dienstbarkeiten und Grundlasten;
3. die Pfandrechte.

2. Vormerkungen
a. Persönliche Rechte

Art. 959

¹ Persönliche Rechte können im Grundbuche vorgemerkt werden, wenn deren Vormerkung durch das Gesetz ausdrücklich vorgesehen ist, wie bei Vor- und Rückkauf, Kaufsrecht, Pacht und Miete.

² Sie erhalten durch die Vormerkung Wirkung gegenüber jedem später erworbenen Rechte.

b. Verfügungsbeschränkungen

Art. 960

¹ Verfügungsbeschränkungen können für einzelne Grundstücke vorgemerkt werden:
1. auf Grund einer amtlichen Anordnung zur Sicherung streitiger oder vollziehbarer Ansprüche;
2. auf Grund einer Pfändung, eines Konkurserkenntnisses oder einer Nachlassstundung;
3. auf Grund eines Rechtsgeschäftes, für das diese Vormerkung im Gesetz vorgesehen ist, wie für die Heimstätten und die Anwartschaft des Nacherben.

² Die Verfügungsbeschränkungen erhalten durch die Vormerkung Wirkung gegenüber jedem später erworbenen Rechte.

c. Vorläufige Eintragung

Art. 961

¹ Vorläufige Eintragungen können vorgemerkt werden:
1. zur Sicherung behaupteter dinglicher Rechte;
2. im Falle der vom Gesetz zugelassenen Ergänzung des Ausweises.

² Sie geschehen mit Einwilligung aller Beteiligten oder auf Anordnung des Richters mit der Folge, dass das Recht für den Fall seiner späteren Feststellung vom Zeitpunkte der Vormerkung an dinglich wirksam wird.

³ Über das Begehren entscheidet der Richter in schnellem Verfahren und bewilligt, nachdem der Ansprecher seine Berechtigung glaubhaft gemacht hat, die Vormerkung, indem er deren Wirkung zeitlich und sachlich genau feststellt und nötigenfalls zur gerichtlichen Geltendmachung der Ansprüche eine Frist ansetzt.

Art. 961a

d. Eintragung nachgehender Rechte

Eine Vormerkung hindert die Eintragung eines im Rang nachgehenden Rechts nicht.

Art. 962

II. Öffentlich-rechtliche Beschränkungen

¹ Die Kantone können vorschreiben, dass öffentlich-rechtliche Beschränkungen, wie Baulinien u. dgl., im Grundbuch anzumerken sind.

² Diese Vorschriften bedürfen zu ihrer Gültigkeit der Genehmigung des Bundes.

Art. 963

III. Voraussetzung der Eintragung
1. Anmeldungen
a. Bei Eintragungen

¹ Die Eintragungen erfolgen auf Grund einer schriftlichen Erklärung des Eigentümers des Grundstückes, auf das sich die Verfügung bezieht.

² Keiner Erklärung des Eigentümers bedarf es, wenn der Erwerber sich auf eine Gesetzesvorschrift, auf ein rechtskräftiges Urteil oder eine dem Urteil gleichwertige Urkunde zu berufen vermag.

³ Die mit der öffentlichen Beurkundung beauftragten Beamten können durch die Kantone angewiesen werden, die von ihnen beurkundeten Geschäfte zur Eintragung anzumelden.

Art. 964

b. Bei Löschungen

¹ Zur Löschung oder Abänderung eines Eintrages bedarf es einer schriftlichen Erklärung der aus dem Eintrage berechtigten Personen.

² Diese Erklärung kann mit der Unterzeichnung im Tagebuch abgegeben werden.

Art. 965

2. Ausweise
a. Gültiger Ausweis

¹ Grundbuchliche Verfügungen, wie Eintragung, Änderung, Löschung dürfen in allen Fällen nur auf Grund eines Ausweises über das Verfügungsrecht und den Rechtsgrund vorgenommen werden.

² Der Ausweis über das Verfügungsrecht liegt in dem Nachweise, dass der Gesuchsteller die nach Massgabe des Grundbuches verfügungsberechtigte Person ist oder von dieser eine Vollmacht erhalten hat.

³ Der Ausweis über den Rechtsgrund liegt in dem Nachweise, dass die für dessen Gültigkeit erforderliche Form erfüllt ist.

Art. 966

b. Ergänzung des Ausweises

¹ Werden die Ausweise für eine grundbuchliche Verfügung nicht beigebracht, so ist die Anmeldung abzuweisen.

² Wenn jedoch der Rechtsgrund hergestellt ist und es sich nur um eine Ergänzung des Ausweises über das Verfügungsrecht handelt, so kann mit Einwilligung des Eigentümers oder auf richterliche Verfügung eine vorläufige Eintragung stattfinden.

Art. 967

IV. Art der Eintragung
1. Im allgemeinen

¹ Die Eintragungen im Hauptbuche finden nach der Reihenfolge statt, in der die Anmeldungen angebracht oder die Beurkundungen oder Erklärungen vor dem Grundbuchverwalter unterzeichnet worden sind.

² Über alle Eintragungen wird den Beteiligten auf ihr Verlangen ein Auszug ausgefertigt.

³ Die Form der Eintragung und der Löschung sowie der Auszüge wird durch eine Verordnung des Bundesrates festgestellt.

Art. 968

2. Bei Dienstbarkeiten

Die Eintragung und Löschung der Grunddienstbarkeiten erfolgt auf dem Blatt des berechtigten und des belasteten Grundstückes.

Art. 969

V. Anzeigepflicht

¹ Der Grundbuchverwalter hat den Beteiligten von den grundbuchlichen Verfügungen, die ohne ihr Wissen erfolgen, Anzeige zu machen; insbesondere teilt er den Berechtigten, deren Vorkaufsrecht im Grundbuch vorgemerkt ist oder von Gesetzes wegen besteht und aus dem Grundbuch hervorgeht, den Erwerb des Eigentums durch einen Dritten mit.

² Die Fristen, die für die Anfechtung solcher Verfügungen aufgestellt sind, nehmen ihren Anfang mit der Zustellung dieser Anzeige.

Öffentlichkeit des Grundbuches

C. Öffentlichkeit des Grundbuchs
I. Auskunftserteilung und Einsichtnahme

Art. 970

[1] Jedermann ist berechtigt, darüber Auskunft zu erhalten, wer als Eigentümer eines Grundstücks im Grundbuch eingetragen ist.

[2] Wer ein Interesse glaubhaft macht, hat Anspruch darauf, dass ihm Einsicht in das Grundbuch gewährt oder dass ihm daraus ein Auszug erstellt wird.

[3] Die Einwendung, dass jemand eine Grundbucheintragung nicht gekannt habe, ist ausgeschlossen.

Art. 970a

II. Veröffentlichungen

[1] Die Kantone veröffentlichen innert angemessener Frist den Erwerb des Eigentums an Grundstücken. Der Erwerb durch Erbgang wird nicht veröffentlicht.

[2] Die Veröffentlichung umfasst:

a. die Nummer, die Fläche, die Art und die Ortsbezeichnung des Grundstücks sowie die Art der in der Liegenschaftsbeschreibung aufgeführten Gebäude;

b. die Namen und den Wohnort oder den Sitz der Personen, die das Eigentum veräussern und derjenigen, die es erwerben;

c. das Datum des Eigentumserwerbs durch den Veräusserer;

d. bei Miteigentum den Anteil und bei Stockwerkeigentum die Wertquote.

[3] Die Kantone können die Veröffentlichung weiterer Angaben, namentlich der Gegenleistung, vorsehen und auf die Veröffentlichung des Erwerbs kleiner Flächen sowie geringfügiger Anteile oder Wertquoten verzichten. Im Falle einer Erbteilung, eines Erbvorbezugs, eines Ehevertrags oder einer güterrechtlichen Auseinandersetzung dürfen nur die Angaben nach Absatz 2 veröffentlicht werden.

Die Wirkung des Grundbucheintrags

Das Grundbuch kann auf zwei Seiten hin Wirkung erzielen. Vereinfacht kann dies folgendermassen zusammengefasst werden:
- Ist nichts eingetragen, gibt's auch nichts (negative Rechtskraft, Art. 971).
- So, wie es eingetragen ist, ist es auch (positive Rechtskraft, Art. 972 bis 974).

	Art. 971
D. Wirkung I. Bedeutung der Nichteintragung	[1] Soweit für die Begründung eines dinglichen Rechtes die Eintragung in das Grundbuch vorgesehen ist, besteht dieses Recht als dingliches nur, wenn es aus dem Grundbuche ersichtlich ist. [2] Im Rahmen des Eintrages kann der Inhalt eines Rechtes durch die Belege oder auf andere Weise nachgewiesen werden.

Grundsätzlich entstehen dingliche Rechte an Grundstücken erst dann und nur soweit, als sie im Grundbuch vermerkt sind. In der Regel entsteht also das Eigentum, ein Grundpfand oder eine Dienstbarkeit erst, wenn sie eingetragen werden, nicht schon mit Abschluss des Vertrags. Der Eintrag hat sogenannt konstitutive Wirkung für die Entstehung des Rechts. Dieser Grundsatz erfährt allerdings verschiedene Ausnahmen, zum Beispiel:
- **Erbschaft:** Mit dem Tod eines Erblassers treten die Erben und Erbinnen automatisch in dessen Rechte und Pflichten ein. Sie werden somit und in diesem Moment auch Eigentümer an Grundstücken. Eine Änderung des Eintrags empfiehlt sich aber dennoch.
- **Richterliches Urteil:** In bestimmten Fällen entstehen dingliche Rechte an Grundstücken, über die ein Gericht entschieden hat, sobald das Urteil rechtskräftig ist.
- **Notleitungsrecht** (Art. 691): Auch dieses entsteht ohne Eintrag im Grundbuch.

	Art. 972
II. Bedeutung der Eintragung 1. Im allgemeinen	[1] Die dinglichen Rechte entstehen und erhalten ihren Rang und ihr Datum durch die Eintragung in das Hauptbuch. [2] Ihre Wirkung wird auf den Zeitpunkt der Einschreibung in das Tagebuch zurückbezogen, vorausgesetzt, dass die gesetzlichen Ausweise der Anmeldung beigefügt oder bei den vorläufigen Eintragungen nachträglich rechtzeitig beigebracht werden.

³ Wo nach kantonalem Recht die öffentliche Beurkundung durch den Grundbuchverwalter vermittelst Einschreibung in das Urkundenprotokoll erfolgt, tritt diese an die Stelle der Einschreibung in das Tagebuch.

Art. 973

2. Gegenüber gutgläubigen Dritten

Wer sich in gutem Glauben auf einen Eintrag im Grundbuch verlassen und daraufhin Eigentum oder andere dingliche Rechte erworben hat, ist in diesem Erwerbe zu schützen.

² Diese Bestimmung gilt nicht für Grenzen von Grundstükken in den vom Kanton bezeichneten Gebieten mit Bodenverschiebungen.

Art. 974

3. Gegenüber bösgläubigen Dritten

¹ Ist der Eintrag eines dinglichen Rechtes ungerechtfertigt, so kann sich der Dritte, der den Mangel kennt oder kennen sollte, auf den Eintrag nicht berufen.

² Ungerechtfertigt ist der Eintrag, der ohne Rechtsgrund oder aus einem unverbindlichen Rechtsgeschäft erfolgt ist.

³ Wer durch einen solchen Eintrag in einem dinglichen Recht verletzt ist, kann sich unmittelbar gegenüber dem bösgläubigen Dritten auf die Mangelhaftigkeit des Eintrages berufen.

Ist ein Recht im Grundbuch eingetragen, so besteht es auch. Der Eintrag allein genügt aber in aller Regel nicht; daneben ist auch ein Grund nötig, auf den sich der Eintrag stützt, zum Beispiel ein Kaufvertrag. Stellt sich nach Eintrag im Grundbuch heraus, dass der Kaufvertrag beispielsweise über eine Liegenschaft nicht gültig ist, und will die Verkäuferin nun nicht mehr verkaufen, stimmt dies nicht mit dem Grundbucheintrag überein. Die Verkäuferin kann sich notfalls über die *Grundbuchberichtigungsklage* wieder als Eigentümerin einsetzen lassen; eine solche Klage ist grundsätzlich unbefristet lange möglich.

Eine Berichtigungsklage ist aber dann aussichtslos, wenn die Liegenschaft bereits weiterverkauft wurde und der neue Käufer (sogenannter Dritterwerber) gutgläubig war. Das heisst, wenn dieser wegen des Grundbucheintrags davon ausging, dass er die Liegenschaft vom rechtmässigen Eigentümer kaufe. Der Dritterwerber ist in seinem guten Glauben geschützt, und die ursprüngliche Eigentümerin kann das Eigentum an der Liegenschaft nicht mehr erhalten. Sie hat nur noch einen allfälligen Schadenersatzanspruch gegen jenen, mit dem sie der ungültige Vertrag verbindet.

Dieser Schutz des gutgläubigen Dritterwerbers ergibt sich aus dem Hauptzweck, den das Grundbuch erfüllen soll. Das Grundbuch soll Rechtssicherheit über die Rechtsverhältnisse an Grundstücken schaffen. Wer im Grundbuch als Eigentümer eingetragen ist, ist es auch; steht dort, ein Grundstück sei mit einem Schuldbrief über 500 000 Franken belastet, ist dem so; steht dort weiter, über das Grundstück führe ein Notweg zu einem Nachbargrundstück, besteht dieses Notwegrecht etc. Dem Grundbuch darf also geglaubt werden, das ist das Prinzip des *öffentlichen Glaubens des Grundbuchs*.

Natürlich spielt der öffentliche Glaube nicht, wenn ein Verkäufer nach dem Gang zum Grundbuch feststellt, dass der Vertrag zwar ungültig, jetzt aber der Käufer als Eigentümer im Grundbuch vermerkt ist. Er kann den Eintrag berichtigen lassen, und zwar während der ersten zehn Jahre nach dem Handwechsel ohne weiteres (vorausgesetzt, der Vertrag ist wirklich ungültig). Wenn der Handwechsel aber mehr als zehn Jahre zurückliegt, muss geprüft werden, ob der (noch im Grundbuch eingetragene) Käufer damals gut- oder bösgläubig war. Im ersten Fall bleibt er Eigentümer, und die Grundbuchberichtigungsklage wird keinen Erfolg haben; er hat das Haus inzwischen nämlich ersessen (zur Ersitzung siehe Art. 661). War aber von seiten des Käufers Betrug oder sonst böse Absicht im Spiel, war er also bösgläubig, kann der ursprüngliche Eigentümer auf unbeschränkte Zeit den Grundbucheintrag ändern lassen.

Aufhebung und Änderung der Einträge

Art. 975

E. Aufhebung und Veränderung der Einträge
I. Bei ungerechtfertigtem Eintrag

¹ Ist der Eintrag eines dinglichen Rechtes ungerechtfertigt, oder ein richtiger Eintrag in ungerechtfertigter Weise gelöscht oder verändert worden, so kann jedermann, der dadurch in seinen dinglichen Rechten verletzt ist, auf Löschung oder Abänderung des Eintrages klagen.

² Vorbehalten bleiben die von gutgläubigen Dritten durch Eintragung erworbenen dinglichen Rechte und die Ansprüche auf Schadenersatz.

Art. 976

II. Bei Untergang des eingetragenen Rechts

¹ Hat eine Eintragung jede rechtliche Bedeutung verloren, so kann der Belastete deren Löschung verlangen; der Grundbuchverwalter kann die Löschung auch von Amtes wegen vornehmen.

² Entspricht der Grundbuchverwalter dem Begehren oder nimmt er die Löschung von Amtes wegen vor, so teilt er dies den Beteiligten mit.

³ Wer durch die Löschung in seinen Rechten verletzt wird, kann auf Wiedereintragung klagen.

Art. 977

III. Berichtigungen

¹ Berichtigungen darf der Grundbuchverwalter ohne schriftliche Einwilligung der Beteiligten nur auf Verfügung des Richters vornehmen.

² Statt einer Berichtigung kann der unrichtige Eintrag gelöscht und ein neuer Eintrag erwirkt werden.

³ Die Berichtigung blosser Schreibfehler erfolgt von Amtes wegen nach Massgabe einer hierüber vom Bundesrate zu erlassenden Verordnung.

Schlusstitel 8

Die Anwendung bisherigen und neuen Rechts

Schon vor dem Inkrafttreten des ZGB am 1. Januar 1912 kannten die Kantone Gesetze mit zivilrechtlichen Bestimmungen. Das ZGB löste diese kantonalen Gesetze ab und vereinheitlichte sie in einem Bundesgesetz. Kantonale Bestimmungen, die im Widerspruch zum ZGB standen, wurden aufgehoben. Für eine gewisse Übergangsphase stellte sich aber die Frage, auf welche Tatsachen weiterhin die Bestimmungen der alten Gesetze angewendet werden sollten und ab welchem Zeitpunkt nur noch die neuen Bestimmungen des ZGB gelten würden. Diese Fragen sind im Schlusstitel, in einem sogenannten Zwischenrecht (Übergangsrecht, intertemporales Recht), geregelt.

Der Schlusstitel enthält also einerseits Bestimmungen darüber, in welchen Fällen bisheriges und in welchen neues Recht angewendet werden muss, andererseits aber auch Bestimmungen für einzelne Gebiete, welche eine gewisse Zeit lang ein Übergangsrecht vorsehen. Zum Beispiel konnte anlässlich der Revision des Eherechts von 1984 (in Kraft seit 1988) eine Frau, die sich noch unter altem Recht verheiratet hatte, ein Jahr lang gegenüber dem Zivilstandsbeamten erklären, sie wolle neu den Namen, den sie vor der Heirat getragen hatte, dem Familiennamen voranstellen (siehe Art. 8a SchlT).

Dieses Beispiel zeigt, dass die Problematik, welches Recht denn angewendet werden muss, nicht nur bei der Einführung des ZGB im Jahr 1912 bestand, sondern bei jeder Gesetzesrevision des ZGB wieder aktuell wird. Seit 1912 wurde das ZGB in Teilbereichen immer wieder revidiert, und es werden auch in Zukunft neue Revisionen nötig sein. Die im Schlusstitel enthaltenen Regelungen über das intertemporale Recht gelten auch bei den Revisionen, soweit nicht eine Revision selbst dazu neue Bestimmungen enthält.

Ein neues Recht wirkt nicht zurück

Der *Grundsatz der Nichtrückwirkung* besagt, dass Tatsachen, Ereignisse, Handlungen etc. nach den gesetzlichen Bestimmungen beurteilt werden müssen, welche im Zeitpunkt des Geschehens gültig sind. Neue Rechtsnormen sollen also nicht rückwirken, Gesetze haben keine rückwirkende Kraft, bereits gültig erworbene Rechte sollen durch neue Gesetze nicht berührt werden (siehe Art. 1 SchlT). Ein unter bestimmten Gesetzen rechtsgültig zustande gekommenes Rechtsgeschäft, zum Beispiel der Kauf einer Liegenschaft, soll gültig bleiben, auch wenn später die gesetzlichen Regelungen für ein solches Rechtsgeschäft ändern.

Ausnahmen zum Grundsatz der Nichtrückwirkung

Wie zu jedem Grundsatz gibt es auch hier Ausnahmen. Zwingende Bestimmungen des neuen Rechts, welche zu den Grundpfeilern der neuen Rechtsordnung gehören, also grundlegende sozialpolitische und ethische Anschauungen enthalten, sind auch rückwirkend gültig. In der Rechtssprache laufen solche Bestimmungen unter dem Titel *«ordre public»*. Zum Beispiel enthält das ZGB in Artikel 2 und 27 den Grundsatz, dass sich niemand durch ein obligatorisches Rechtsgeschäft, etwa durch einen Vertrag, zeitlich übermässig binden darf. Ein vor 1912 gültig abgeschlossener Vertrag, der für 100 Jahre gelten sollte, könnte also im Widerspruch zum «ordre public» stehen (siehe Art. 2 SchlT).

Eine wichtige Ausnahme ist in Artikel 3 des Schlusstitels enthalten: Wenn durch eine neue gesetzliche Bestimmung der Inhalt eines Rechtsverhältnisses *unabhängig vom Willen der Beteiligten* umschrieben wird, so findet das neue Recht Anwendung, auch wenn das Rechtsgeschäft unter altem Recht entstanden ist. Die unter altem Recht erfolgten Eheschliessungen beispielsweise blieben auch nach dem Inkrafttreten des neuen Eherechts von 1988 selbstverständlich gültig. Die Wirkungen der Ehe jedoch beurteilen sich auch bei den unter altem Recht geschlossenen Ehen nicht mehr nach altem, sondern nach neuem Recht (siehe Art. 8 SchlT).

Artikel 4 des Schlusstitels enthält nicht eine eigentliche Ausnahme vom Grundsatz der Nichtrückwirkung. Darin ist die Rede von Tatsachen, die zwar unter altem Recht eingetreten sind, aber keine rechtlich geschützten Ansprüche begründen. Blosse Erwartungen oder Hoffnungen auf einen Rechtserwerb gelten nicht als wohlerworbene Rechte und sind deshalb nicht vor einer Rückwirkung geschützt.

Beispiele

Das intertemporale Recht ist für Laien, oft aber auch für Juristen ein schwieriges Gebiet. Anstelle einer Kommentierung der vielen Bestimmungen werden nachfolgend anhand von Beispielen einige wichtige Probleme verdeutlicht.
– 1988 trat das neue Eherecht in Kraft. Die Regeln über die Eheschliessung wurden nicht geändert. Nach altem Recht geschlossene Ehen müssten aber so

oder so gültig bleiben (Grundsatz der Nichtrückwirkung, Art. 8 Abs. 2 SchlT). 1988 wurde vor allem auch das eheliche Güterrecht revidiert. Bis zu diesem Zeitpunkt war die Güterverbindung der ordentliche Güterstand, die Regelung also, der eine Ehe von Gesetzes wegen unterstand, wenn die Eheleute nicht etwas anderes vereinbarten. Die Güterverbindung wurde abgelöst vom neuen ordentlichen Güterstand der Errungenschaftsbeteiligung. Im intertemporalen Recht stellte sich nun die Frage, welches Güterrecht für die vor 1988 geschlossenen Ehen gelte. Es ist grundsätzlich das neue Recht (Art. 9d Abs. 1 SchlT). Dies ist ein Anwendungsfall für eine Ausnahme vom Grundsatz der Nichtrückwirkung gemäss Artikel 3 des Schlusstitels. Allerdings wird das alte Güterrecht noch lange zur Anwendung kommen: Eheleute hatten nämlich die Möglichkeit, einander vor dem Inkrafttreten des neuen Rechts bekanntzugeben, dass sie den Güterstand der Güterverbindung beibehalten wollten (Art. 9d Abs. 2 SchlT). Auch Eheverträge, die noch unter dem alten Güterrecht abgeschlossen wurden, sind weiterhin gültig, wenn die Eheleute nichts anderes abgemacht haben. Dabei gelten allerdings für das Sondergut die neuen Vorschriften über die Gütertrennung, weil das neue Recht kein Sondergut mehr kennt (Art. 10 Abs. 1 und 2 SchlT).

— 1973 trat das neue Adoptionsrecht in Kraft. Die altrechtliche Adoption war keine Volladoption: Einige Rechtsbeziehungen zur Ursprungsfamilie blieben bestehen, und die Integration in die Adoptionsfamilie war nicht umfassend. Zum Beispiel war das Erbrecht des Adoptivkinds beschränkt, es galt nur gegenüber den Adoptiveltern, nicht aber zum Beispiel gegenüber Geschwistern. Zudem war das Erbrecht einseitig; die Adoptiveltern hatten keinen Erbanspruch gegenüber den Adoptierten. Seit 1973 bewirkt eine Adoption ein vollständiges Kindesverhältnis mit allen Rechten und Pflichten zwischen Adoptiveltern und -kindern. Erbrechtlich besteht also kein Unterschied mehr zwischen adoptierten und leiblichen Nachkommen. Nach altem Recht ausgesprochene Adoptionen stehen weiterhin unter altem Recht (Grundsatz der Nichtrückwirkung, siehe Art. 12a SchlT). Auf gemeinsames Begehren der Adoptiveltern und des Adoptivkindes konnten solche Adoptionen aber während fünf Jahren, also bis zum 1. April 1978, den neuen Bestimmungen unterstellt werden (Übergangsrecht, Art. 12b SchlT).

— Mit der Revision des Eherechts wurden auch gewisse Bestimmungen im Erbrecht geändert. Die neuen Bestimmungen traten am 1. Januar 1988 in Kraft. Vor 1988 erhielt die überlebende Ehegattin (oder der Gatte) die ganze Erbschaft, wenn keine Nachkommen da waren, nämlich einen Teil als Eigentum, den andern zur Nutzniessung. Gemäss dem neuen Artikel 462 wurden die gesetzlichen Eigentumsanteile der Ehegatten heraufgesetzt, die Nutzniessung am anderen Teil fällt weg. Für das intertemporale Recht ist der Zeitpunkt des Todes des Erblassers oder der Erblasserin massgebend (siehe Art. 15 SchlT).

Wenn also ein Ehegatte vor dem 1. Januar 1988 gestorben ist, kommt die alte Regelung zum Zug (Grundsatz der Nichtrückwirkung). Bei den Formvorschriften für Testamente gilt die sogenannte Meistbegünstigungsklausel. Das bedeutet, dass Testamente, die vor Inkrafttreten des neuen Rechts errichtet wurden, gültig sind, wenn sie entweder den Formvorschriften im Zeitpunkt der Errichtung oder denjenigen im Zeitpunkt des Todes genügen (Art. 16 Abs. 2 SchlT). Erbverträge müssen in der Form des zur Zeit ihrer Errichtung gültigen Gesetzes abgefasst sein (Art. 50 SchlT).

Schlusstitel: Anwendungs- und Ausführungsbestimmungen

Erster Abschnitt: Die Anwendung bisherigen und neuen Rechtes

Art. 1

A. Allgemeine Bestimmungen
I. Regel der Nichtrückwirkung

[1] Die rechtlichen Wirkungen von Tatsachen, die vor dem Inkrafttreten dieses Gesetzes eingetreten sind, werden auch nachher gemäss den Bestimmungen des eidgenössischen oder kantonalen Rechtes beurteilt, die zur Zeit des Eintrittes dieser Tatsachen gegolten haben.

[2] Demgemäss unterliegen die vor diesem Zeitpunkte vorgenommenen Handlungen in bezug auf ihre rechtliche Verbindlichkeit und ihre rechtlichen Folgen auch in Zukunft den bei ihrer Vornahme geltend gewesenen Bestimmungen.

[3] Die nach diesem Zeitpunkte eingetretenen Tatsachen dagegen werden, soweit das Gesetz eine Ausnahme nicht vorgesehen hat, nach dem neuen Recht beurteilt.

Art. 2

II. Rückwirkung
1. Öffentliche Ordnung und Sittlichkeit

[1] Die Bestimmungen dieses Gesetzes, die um der öffentlichen Ordnung und Sittlichkeit willen aufgestellt sind, finden mit dessen Inkrafttreten auf alle Tatsachen Anwendung, soweit das Gesetz eine Ausnahme nicht vorgesehen hat.

[2] Demgemäss finden Vorschriften des bisherigen Rechtes, die nach der Auffassung des neuen Rechtes der öffentlichen Ordnung oder Sittlichkeit widersprechen, nach dessen Inkrafttreten keine Anwendung mehr.

Art. 3

2. Inhalt der Rechtsverhältnisse kraft Gesetzes

Rechtsverhältnisse, deren Inhalt unabhängig vom Willen der Beteiligten durch das Gesetz umschrieben wird, sind nach dem Inkrafttreten dieses Gesetzes nach dem neuen Recht zu beurteilen, auch wenn sie vor diesem Zeitpunkte begründet worden sind.

Art. 4

3. Nicht erworbene Rechte

Tatsachen, die zwar unter der Herrschaft des bisherigen Rechtes eingetreten sind, durch die aber zur Zeit des Inkrafttretens des neuen Rechtes ein rechtlich geschützter Anspruch nicht begründet gewesen ist, stehen nach diesem Zeitpunkt in bezug auf ihre Wirkung unter dem neuen Recht.

Art. 5

B. Personenrecht
I. Handlungsfähigkeit

¹ Die Handlungsfähigkeit wird in allen Fällen nach den Bestimmungen dieses Gesetzes beurteilt.

² Wer indessen nach dem bisherigen Recht zur Zeit des Inkrafttretens dieses Gesetzes handlungsfähig gewesen ist, nach den Bestimmungen des neuen Rechtes aber nicht handlungsfähig wäre, wird auch nach diesem Zeitpunkte als handlungsfähig anerkannt.

Art. 6

II. Verschollenheit

¹ Die Verschollenerklärung steht nach dem Inkrafttreten dieses Gesetzes unter den Bestimmungen des neuen Rechtes.

² Die Todes- oder Abwesenheitserklärungen des bisherigen Rechtes haben nach dem Inkrafttreten dieses Gesetzes die gleichen Wirkungen wie die Verschollenerklärung des neuen Rechtes, wobei aber die vor diesem Zeitpunkte nach bisherigem Recht eingetretenen Folgen, wie Erbgang oder Auflösung der Ehe, bestehen bleiben.

³ Ein zur Zeit des Inkrafttretens des neuen Rechtes schwebendes Verfahren wird unter Anrechnung der abgelaufenen Zeit nach den Bestimmungen dieses Gesetzes neu begonnen oder auf Antrag der Beteiligten nach dem bisherigen Verfahren und unter Beobachtung der bisherigen Fristen zu Ende geführt.

Art. 7

III. Juristische Personen

¹ Personenverbände und Anstalten oder Stiftungen, die unter dem bisherigen Recht die Persönlichkeit erlangt haben, behalten sie unter dem neuen Recht bei, auch wenn sie nach dessen Bestimmungen die Persönlichkeit nicht erlangt hätten.

² Die bereits bestehenden juristischen Personen, für deren Entstehung nach der Vorschrift dieses Gesetzes die Eintragung in das öffentliche Register erforderlich ist, müssen jedoch diese Eintragung, auch wenn sie nach dem bisherigen Recht nicht vorgesehen war, binnen fünf Jahren nach dem Inkrafttreten des neuen Rechtes nachholen und werden nach Ablauf dieser Frist ohne Eintragung nicht mehr als juristische Personen anerkannt.

³ Der Inhalt der Persönlichkeit bestimmt sich für alle juristischen Personen, sobald dieses Gesetz in Kraft getreten ist, nach dem neuen Recht.

Art. 8

C. Familienrecht
I. Eheschliessung, Scheidung und Wirkungen der Ehe im allgemeinen
1. Grundsatz

¹ Für die Eheschliessung, die Scheidung und die Wirkungen der Ehe im allgemeinen gilt das neue Recht, sobald das Bundesgesetz vom 5. Oktober 1984 in Kraft getreten ist.

² Eheschliessungen und Ehescheidungen, die unter dem bisherigen Rechte rechtsgültig geworden sind, bleiben anerkannt.

³ Ehen, die nach dem bisherigen Recht nicht gültig wären, können, sobald das neue Recht in Kraft getreten ist, nur nach dessen Bestimmungen für ungültig erklärt werden, wobei jedoch die vor diesem Zeitpunkt abgelaufene Zeit bei den Fristbestimmungen angerechnet wird.

⁴ Artikel 120 Ziffer 4 dieses Gesetzes in der Fassung vom 29. September 1952 gilt weiterhin für Ehen, die vor Inkrafttreten der Änderung vom 23. März 1990 des Bundesgesetzes über Erwerb und Verlust des Schweizer Bürgerrechts geschlossen worden sind.

Art. 8a

2. Name

Die Frau, die sich unter dem bisherigen Recht verheiratet hat, kann binnen Jahresfrist seit Inkrafttreten des neuen Rechts gegenüber dem Zivilstandsbeamten erklären, sie stelle den Namen, den sie vor der Heirat trug, dem Familiennamen voran.

Art. 8b

3. Bürgerrecht

Die Schweizerin, die sich unter dem bisherigen Recht verheiratet hat, kann binnen Jahresfrist seit Inkrafttreten des neuen Rechts gegenüber der zuständigen Behörde ihres ehemaligen Heimatkantons erklären, sie nehme das Bürgerrecht, das sie als ledig hatte, wieder an.

Art. 9

II. Güterrecht der vor 1. Januar 1912 geschlossenen Ehen

Für die güterrechtlichen Wirkungen der Ehen, die vor dem 1. Januar 1912 geschlossen worden sind, gelten die an diesem Tag in Kraft getretenen Bestimmungen des Zivilgesetzbuches über die Anwendung bisherigen und neuen Rechts.

Art. 9a

IIbis Güterrecht der nach 1. Januar 1912 geschlossenen Ehen
1. Im allgemeinen

¹ Für die Ehen, die beim Inkrafttreten des Bundesgesetzes vom 5. Oktober 1984 bestehen, gilt das neue Recht, soweit nichts anderes bestimmt ist.

² Für die güterrechtlichen Wirkungen der Ehen, die vor Inkrafttreten des Bundesgesetzes vom 5. Oktober 1984 aufgelöst worden sind, gilt das bisherige Recht.

Art. 9*b*

2. Wechsel von der Güterverbindung zur Errungenschaftsbeteiligung
a. Änderung der Vermögensmassen

¹ Für Ehegatten, die bisher unter dem Güterstand der Güterverbindung gestanden haben, gelten im Verhältnis untereinander und gegenüber Dritten die Vorschriften über die Errungenschaftsbeteiligung.

² Die Vermögenswerte jedes Ehegatten werden sein Eigengut oder seine Errungenschaft gemäss den Vorschriften über die Errungenschaftsbeteiligung; durch Ehevertrag begründetes Sondergut wird Eigengut.

³ Die Frau nimmt ihr eingebrachtes Gut, das ins Eigentum des Mannes übergegangen ist, in ihr Eigentum zurück oder macht hierfür eine Ersatzforderung geltend.

Art. 9*c*

b. Vorrecht

Die bisherigen Bestimmungen über die Ersatzforderungen der Ehefrau für das eingebrachte und nicht mehr vorhandene Frauengut bei Konkurs und Pfändung von Vermögenswerten des Ehemannes bleiben nach Inkrafttreten des neuen Rechts noch zehn Jahre anwendbar.

Art. 9*d*

c. Güterrechtliche Auseinandersetzung unter dem neuen Recht

¹ Nach Inkrafttreten des neuen Rechts richtet sich die güterrechtliche Auseinandersetzung unter den Ehegatten für die ganze Dauer des früheren und des neuen ordentlichen Güterstandes nach den Vorschriften über die Errungenschaftsbeteiligung, es sei denn, die Ehegatten haben im Zeitpunkt des Inkrafttretens des neuen Rechts die güterrechtliche Auseinandersetzung nach den Bestimmungen über die Güterverbindung bereits abgeschlossen.

² Vor Inkrafttreten des neuen Rechts kann jeder Ehegatte dem andern schriftlich bekanntgeben, dass der bisherige Güterstand der Güterverbindung nach den Bestimmungen des früheren Rechts aufgelöst werden müsse.

³ Wird der Güterstand aufgelöst, weil eine vor dem Inkrafttreten des neuen Rechts erhobene Klage gutgeheissen worden ist, so richtet sich die güterrechtliche Auseinandersetzung nach dem bisherigen Recht.

Art. 9e

3. Beibehaltung der Güterverbindung

¹ Ehegatten, die unter dem ordentlichen Güterstand der Güterverbindung stehen, ohne diesen Güterstand ehevertraglich geändert zu haben, können bis spätestens ein Jahr nach Inkrafttreten des neuen Rechts durch Einreichung einer gemeinsamen schriftlichen Erklärung beim Güterrechtsregisteramt an ihrem Wohnsitz vereinbaren, die Güterverbindung beizubehalten; das Güterrechtsregisteramt führt ein Verzeichnis der Beibehaltserklärungen, das jedermann einsehen kann.

² Dritten kann der Güterstand nur entgegengehalten werden, wenn sie ihn kennen oder kennen sollten.

³ Für das Sondergut der Ehegatten gelten inskünftig die neuen Vorschriften über die Gütertrennung.

Art. 9f

4. Beibehaltung der gesetzlichen oder gerichtlichen Gütertrennung

Ist von Gesetzes wegen oder auf Anordnung des Richters Gütertrennung eingetreten, so gelten für die Ehegatten die neuen Bestimmungen über die Gütertrennung.

Art. 10

5. Ehevertrag
a. Im allgemeinen

¹ Haben die Ehegatten nach den Bestimmungen des Zivilgesetzbuches einen Ehevertrag abgeschlossen, so gilt dieser Ehevertrag weiter, und ihr gesamter Güterstand bleibt unter Vorbehalt der Bestimmungen dieses Titels über das Sondergut, die Rechtskraft gegenüber Dritten und über die vertragliche Gütertrennung den bisherigen Bestimmungen unterstellt.

² Für das Sondergut der Ehegatten gelten inskünftig die neuen Vorschriften über die Gütertrennung.

³ Vereinbarungen über die Vor- und Rückschlagsbeteiligung bei der Güterverbindung dürfen die Pflichtteilsansprüche der nichtgemeinsamen Kinder und deren Nachkommen nicht beeinträchtigen.

Art. 10a

b. Rechtskraft gegenüber Dritten

¹ Dritten kann der Güterstand nur entgegengehalten werden, wenn sie ihn kennen oder kennen sollten.

² Hat der Ehevertrag keine Rechtskraft gegenüber Dritten, so gelten im Verhältnis zu ihnen fortan die Bestimmungen über die Errungenschaftsbeteiligung.

Art. 10b

c. Unterstellung unter das neue Recht

¹ Ehegatten, die unter Güterverbindung stehen, diesen Güterstand aber ehevertraglich geändert haben, können bis spätestens ein Jahr nach Inkrafttreten des neuen Rechts durch Einreichung einer gemeinsamen schriftlichen Erklärung beim Güterrechtsregisteramt an ihrem Wohnsitz vereinbaren, ihre Rechtsverhältnisse dem neuen ordentlichen Güterstand der Errungenschaftsbeteiligung zu unterstellen.

² In diesem Falle gilt die vertragliche Beteiligung am Vorschlag inskünftig für die Gesamtsumme des Vorschlages beider Ehegatten, sofern nicht durch Ehevertrag etwas anderes vereinbart wird.

Art. 10c

d. Vertragliche Gütertrennung nach bisherigem Recht

Haben die Ehegatten unter dem bisherigen Recht Gütertrennung vereinbart, so gelten für sie inskünftig die neuen Bestimmungen über die Gütertrennung.

Art. 10d

e. Im Hinblick auf das Inkrafttreten des neuen Rechts abgeschlossene Eheverträge

Eheverträge, die vor dem Inkrafttreten des Bundesgesetzes vom 5. Oktober 1984 geschlossen werden, aber erst unter dem neuen Recht ihre Wirkungen entfalten sollen, bedürfen nicht der Genehmigung der Vormundschaftsbehörde.

Art. 10e

f. Güterrechtsregister

¹ Mit Inkrafttreten des Bundesgesetzes vom 5. Oktober 1984 werden keine neuen Eintragungen im Güterrechtsregister mehr vorgenommen.

² Das Recht, ins Register Einsicht zu nehmen, bleibt gewahrt.

Art. 11

6. Tilgung von Schulden bei der güterrechtlichen Auseinandersetzung

Bereitet bei einer güterrechtlichen Auseinandersetzung im Zusammenhang mit dem Inkrafttreten des neuen Rechts die Zahlung von Geldschulden oder die Erstattung geschuldeter Sachen dem verpflichteten Ehegatten ernstliche Schwierigkeiten, so kann er verlangen, dass ihm Zahlungsfristen eingeräumt werden; die Forderung ist sicherzustellen, wenn es die Umstände rechtfertigen.

Art. 11a

7. Schutz der Gläubiger

Ändert sich das eheliche Güterrecht mit dem Inkrafttreten des Bundesgesetzes vom 5. Oktober 1984, so gelten für die Haftung die Bestimmungen über den Schutz der Gläubiger bei Änderung des Güterstandes.

Art. 12

III. Das Kindesverhältnis im allgemeinen

¹ Entstehung und Wirkungen des Kindesverhältnisses stehen, sobald dieses Gesetz in Kraft getreten ist, unter dem neuen Recht; der Familienname und das Bürgerrecht, die nach bisherigem Recht erworben wurden, bleiben erhalten.

² Befinden sich Kinder, die nach dem neuen Recht von Gesetzes wegen unter der elterlichen Gewalt stehen, bei seinem Inkrafttreten unter Vormundschaft, so tritt spätestens mit Ablauf eines Jahres nach diesem Zeitpunkt an deren Stelle die elterliche Gewalt, sofern nicht nach den Bestimmungen über die Entziehung der elterlichen Gewalt das Gegenteil angeordnet worden ist.

³ Eine unter dem bisherigen Recht durch behördliche Verfügung erfolgte Übertragung oder Entziehung der elterlichen Gewalt bleibt auch nach Inkrafttreten des neuen Rechts wirksam.

Art. 12a

III.[bis] **Adoption**
1. Fortdauer des bisherigen Rechts

Die Adoption, die vor Inkrafttreten der neuen Bestimmungen des Bundesgesetzes vom 30. Juni 1972 über die Änderung des Schweizerischen Zivilgesetzbuches ausgesprochen worden ist, steht weiterhin unter dem am 1. Januar 1912 in Kraft getretenen Recht; Zustimmungen, die nach diesem Recht gültig erteilt worden sind, bleiben in jedem Falle wirksam.

Art. 12b

2. Unterstellung unter das neue Recht

¹ Eine nach dem bisherigen Recht ausgesprochene Adoption einer unmündigen Person kann auf gemeinsames Begehren der Adoptiveltern und des Adoptivkindes binnen fünf Jahren nach Inkrafttreten der neuen Bestimmungen diesen unterstellt werden.

² Der Eintritt der Mündigkeit des Adoptivkindes steht diesem Begehren nicht entgegen.

³ Anwendbar sind die neuen Bestimmungen über das Verfahren; die Zustimmung der Eltern ist nicht erforderlich.

Art. 12c

3. Adoption mündiger oder entmündigter Personen

¹ Eine mündige oder entmündigte Person kann nach den neuen Bestimmungen über die Adoption Unmündiger adoptiert werden, wenn das bisherige Recht die Adoption während ihrer Unmündigkeit nicht zugelassen hat, die Voraussetzungen des neuen Rechts aber damals erfüllt gewesen wären.

² Die Vorschriften des bisherigen und des neuen Rechts über die Zustimmung der Eltern zur Adoption Unmündiger finden jedoch keine Anwendung.

³ Das Gesuch ist binnen fünf Jahren seit Inkrafttreten der neuen Bestimmungen zu stellen.

Art. 12d

III.ter Anfechtung der Ehelicherklärung

Für die Anfechtung einer unter dem bisherigen Recht erfolgten Ehelicherklärung gelten sinngemäss die Bestimmungen des neuen Rechts über die Anfechtung einer Anerkennung nach der Heirat der Eltern.

Art. 13

IV. Vaterschaftsklage
1. Hängige Klagen

¹ Eine beim Inkrafttreten des neuen Rechts hängige Klage wird nach dem neuen Recht beurteilt.

² Die Wirkungen bis zum Inkrafttreten des neuen Rechts bestimmen sich nach dem bisherigen Recht.

Art. 13a

2. Neue Klagen

¹ Ist vor Inkrafttreten des neuen Rechts durch gerichtliche Entscheidung oder durch Vertrag eine Verpflichtung des Vaters zu Vermögensleistungen begründet worden und hat das Kind beim Inkrafttreten des neuen Rechts das zehnte Altersjahr noch nicht vollendet, so kann es binnen zwei Jahren nach den Bestimmungen des neuen Rechts auf Feststellung des Kindesverhältnisses klagen.

² Beweist der Beklagte, dass seine Vaterschaft ausgeschlossen oder weniger wahrscheinlich ist als diejenige eines Dritten, so erlischt der Anspruch auf künftigen Unterhalt.

Art. 14

V. Vormundschaft

¹ Die Vormundschaft steht, sobald dieses Gesetz in Kraft getreten ist, unter den Bestimmungen des neuen Rechtes.

² Eine vor diesem Zeitpunkt eingetretene Bevormundung bleibt bestehen, ist aber durch die vormundschaftlichen Behörden mit dem neuen Recht in Einklang zu bringen.

³ Bevormundungen, die nach bisherigem Recht eingetreten sind, nach dem neuen Recht aber nicht zulässig sein würden, sind aufzuheben, bleiben aber bis zum Zeitpunkte der Aufhebung in Kraft.

Art. 14a

VI. Fürsorgerische Freiheitsentziehung

¹ Sobald die Gesetzesänderung vom 6. Oktober 1978 in Kraft ist, steht die fürsorgerische Freiheitsentziehung unter dem neuen Recht.

² Wer sich zu diesem Zeitpunkt in einer Anstalt befindet, ist binnen eines Monats über sein Recht, den Richter anzurufen, zu unterrichten.

Art. 15

D. Erbrecht
I. Erbe und Erbgang

¹ Die erbrechtlichen Verhältnisse und die mit ihnen nach kantonalem Recht untrennbar verknüpften güterrechtlichen Wirkungen des Todes eines Vaters, einer Mutter oder eines Ehegatten werden, wenn der Erblasser vor dem Inkrafttreten dieses Gesetzes gestorben ist, auch nach diesem Zeitpunkt durch das bisherige Recht bestimmt.

² Diese Vorschrift bezieht sich sowohl auf die Erben als auf den Erbgang.

Art. 16

II. Verfügungen von Todes wegen

¹ Eine vor dem Inkrafttreten dieses Gesetzes erfolgte Errichtung oder Aufhebung einer Verfügung von Todes wegen kann, wenn sie nach dem Recht, das zur Zeit ihrer Errichtung gegolten hat, von einem verfügungsfähigen Erblasser errichtet worden ist, nicht deshalb angefochten werden, weil der Erblasser nach dem Inkrafttreten des neuen Rechtes gestorben ist und nach dessen Bestimmungen nicht verfügungsfähig gewesen wäre.

² Eine letztwillige Verfügung kann wegen eines Formmangels nicht angefochten werden, wenn die Formvorschriften beobachtet sind, die zur Zeit der Errichtung oder des Todes gegolten haben.

³ Die Anfechtung wegen Überschreitung der Verfügungsfreiheit oder wegen der Art der Verfügung richtet sich bei allen Verfügungen von Todes wegen nach den Bestimmungen des neuen Rechtes, wenn der Erblasser nach dessen Inkrafttreten gestorben ist.

Art. 17

E. Sachenrecht
I. Dingliche Rechte im allgemeinen

¹ Die beim Inkrafttreten dieses Gesetzes bestehenden dinglichen Rechte bleiben unter Vorbehalt der Vorschriften über das Grundbuch auch unter dem neuen Recht anerkannt.

² In bezug auf ihren Inhalt stehen jedoch das Eigentum und die beschränkten dinglichen Rechte nach dem Inkrafttreten des Gesetzes, soweit es eine Ausnahme nicht vorsieht, unter dem neuen Recht.

³ Wäre ihre Errichtung nach dem neuen Rechte nicht mehr möglich, so bleiben sie unter dem bisherigen Recht.

Art. 18

II. Anspruch auf Eintragung im Grundbuch

¹ Die vor dem Inkrafttreten dieses Gesetzes begründeten Ansprüche auf Errichtung eines dinglichen Rechtes werden als rechtskräftig anerkannt, wenn sie der Form des bisherigen oder des neuen Rechtes entsprechen.

² Die Verordnung betreffend Grundbuchführung bestimmt, welche Ausweise für die Eintragung solcher Ansprüche erforderlich sind.

³ Der vor dem Inkrafttreten dieses Gesetzes durch Rechtsgeschäft festgesetzte Inhalt eines dinglichen Verhältnisses bleibt auch unter dem neuen Recht anerkannt, soweit er nicht mit diesem unverträglich ist.

Art. 19

III. Ersitzung

¹ Die Ersitzung richtet sich von dem Inkrafttreten dieses Gesetzes an nach dem neuen Recht.

² Hat jedoch eine Ersitzung, die auch dem neuen Recht entspricht, unter dem bisherigen Recht begonnen, so wird die bis zum Inkrafttreten dieses Gesetzes abgelaufene Zeit an die Ersitzungsfrist verhältnismässig angerechnet.

Art. 20

IV. Besondere Eigentumsrechte
1. Bäume auf fremdem Boden

¹ Die bestehenden Eigentumsrechte an Bäumen auf fremdem Boden werden auch weiterhin nach kantonalem Recht anerkannt.

² Die Kantone sind befugt, diese Verhältnisse zu beschränken oder aufzuheben.

Art. 20bis

2. Stockwerkeigentum
a. Ursprüngliches

Das vom früheren kantonalen Recht beherrschte Stockwerkeigentum ist den neuen Vorschriften dieses Gesetzes unterstellt, auch wenn die Stockwerke oder Stockwerkteile nicht als Wohnungen oder Geschäftsraumeinheiten in sich abgeschlossen sind.

Art. 20ter

b. Umgewandeltes

¹ Die Kantone können auch Stockwerkeigentum, das in Formen des am 1. Januar 1912 in Kraft getretenen Rechtes in das Grundbuch eingetragen worden ist, den neuen Vorschriften über das Stockwerkeigentum unterstellen.

² Die Unterstellung wird wirksam mit der entsprechenden Änderung der Einträge im Grundbuch.

Art. 20^{quater}

c. Bereinigung der Grundbücher

Die Kantone können zur Durchführung der Unterstellung des umgewandelten Stockwerkeigentums unter die neuen Vorschriften und zur Eintragung des bestehenden eigentlichen Stockwerkeigentums die Bereinigung der Grundbücher anordnen und dafür besondere Verfahrensvorschriften erlassen.

Art. 21

V. Grunddienstbarkeiten

Die vor dem Inkrafttreten dieses Gesetzes entstandenen Grunddienstbarkeiten bleiben nach der Einführung des Grundbuches auch ohne Eintragung in Kraft, können aber, solange sie nicht eingetragen sind, gutgläubigen Dritten gegenüber nicht geltend gemacht werden.

Art. 22

VI. Grundpfandrechte
1. Anerkennung der bestehenden Pfandtitel

[1] Die zur Zeit des Inkrafttretens dieses Gesetzes bestehenden Pfandtitel bleiben in Kraft, ohne dass deren Anpassung an das neue Recht zu erfolgen hat.

[2] Den Kantonen bleibt es jedoch vorbehalten, eine Neuausfertigung der bestehenden Pfandtitel auf der Grundlage des neuen Rechtes mit bestimmten Fristen vorzuschreiben.

Art. 23

2. Errichtung von Pfandrechten

[1] Neue Grundpfandrechte können nach dem Inkrafttreten dieses Gesetzes nur noch in den von diesem anerkannten Arten errichtet werden.

[2] Für deren Errichtung bleiben bis zur Einführung des Grundbuches die bisherigen kantonal-rechtlichen Formen in Kraft.

Art. 24

3. Tilgung von Titeln

[1] Die Tilgung und Umänderung der Titel, die Pfandentlassung u. dgl. stehen nach dem Inkrafttreten des neuen Rechtes unter dessen Vorschriften.

[2] Bis zur Einführung des Grundbuches bestimmen sich jedoch die Formen nach kantonalem Recht.

Art. 25

4. Umfang der Pfandhaft

[1] Der Umfang der Pfandhaft bestimmt sich für alle Grundpfandrechte nach dem neuen Recht.

[2] Hat jedoch der Gläubiger vermöge besonderer Abrede gewisse Gegenstände in rechtsgültiger Weise mit dem Grundstück verpfändet erhalten, so bleibt das Pfandrecht an diesen in Kraft, auch wenn sie nach dem neuen Recht nicht mitverpfändet sein würden.

Art. 26

5. Rechte und Pflichten aus dem Grundpfand
a. Im allgemeinen

¹ Die Rechte und Pflichten des Gläubigers und des Schuldners beurteilen sich, soweit es sich um Vertragswirkungen handelt, für die zur Zeit des Inkrafttretens dieses Gesetzes vorhandenen Pfandrechte nach dem bisherigen Recht.

² In bezug auf die von Gesetzes wegen eintretenden und vertraglich nicht abzuändernden Wirkungen gilt von diesem Zeitpunkte an auch für die schon bestehenden Pfandrechte das neue Recht.

³ Erstreckt sich das Pfandrecht auf mehrere Grundstücke, so bleibt die Pfandhaft nach bisherigem Recht bestehen.

Art. 27

b. Sicherungsrechte

Die Rechte des Pfandgläubigers während des bestehenden Verhältnisses, wie namentlich die Sicherungsrechte und ebenso die Rechte des Schuldners stehen für alle Pfandrechte vom Zeitpunkte des Inkrafttretens dieses Gesetzes an unter dem neuen Recht.

Art. 28

c. Kündigung, Übertragung

Die Kündbarkeit der Pfandforderungen und die Übertragung der Pfandtitel werden bei den Pfandrechten, die zur Zeit des Inkrafttretens dieses Gesetzes bereits errichtet sind, nach dem bisherigen Recht beurteilt, unter Vorbehalt der zwingenden Vorschriften des neuen Rechtes.

Art. 29

6. Rang

¹ Der Rang der Pfandrechte bestimmt sich bis zur Aufnahme der Grundstücke in das Grundbuch nach bisherigem Recht.

² Vom Zeitpunkte der Einführung des Grundbuches an richtet sich der Rang der Gläubiger nach dem Grundbuchrechte dieses Gesetzes.

Art. 30

7. Pfandstelle

¹ In bezug auf die feste Pfandstelle oder ein Recht des Gläubigers auf Ein- oder Nachrücken gilt mit der Einführung des Grundbuches und jedenfalls nach Ablauf von fünf Jahren seit dem Inkrafttreten dieses Gesetzes das neue Recht, unter Vorbehalt der für den Gläubiger bestehenden besondern Ansprüche.

² Die Kantone können weitere Übergangsbestimmungen aufstellen.

Art. 31

8. Einschränkung nach dem Schätzungswert
a. Im allgemeinen

¹ Die Vorschriften dieses Gesetzes über die Beschränkung der Errichtung von Pfandrechten nach dem Schätzungswerte der Pfandsache finden nur auf die künftig zu errichtenden Grundpfandrechte Anwendung.

² Pfandstellen, die unter dem bisherigen Recht in gültiger Weise belastet worden sind, bleiben unter dem neuen bis zu ihrer Löschung gewahrt, und es können die bestehenden Pfandrechte auf diesen Pfandstellen erneuert werden ohne Rücksicht auf die beschränkenden Vorschriften des neuen Rechtes.

Art. 32

b. Fortdauer des bisherigen Rechtes

¹ Die Vorschriften des bisherigen Rechtes über die Belastungsgrenze bleiben für die Errichtung von Schuldbriefen in Kraft, solange die Kantone nicht neue Bestimmungen darüber aufstellen.

² Ausserdem bleiben sie bis zu ihrer Aufhebung durch die Kantone auch in Anwendung für die Errichtung vertragsmässiger Grundpfandverschreibungen auf ländlichen Grundstücken.

Art. 33

9. Gleichstellung bisheriger Pfandarten mit solchen des neuen Rechtes

¹ Die kantonalen Einführungsgesetze können feststellen, dass im allgemeinen oder in bestimmter Beziehung eine Grundpfandart des bisherigen Rechtes einer solchen des neuen Rechtes gleichzuhalten sei.

² Soweit dies geschieht, finden die Bestimmungen dieses Gesetzes mit dessen Inkrafttreten auch Anwendung auf solche kantonale Pfandrechte.

Art. 34

VII. Fahrnispfandrechte
1. Formvorschriften

¹ Fahrnispfandrechte können vom Zeitpunkt des Inkrafttretens dieses Gesetzes an nur in den von diesem vorgesehenen Formen errichtet werden.

² Soweit vor diesem Zeitpunkt ein Fahrnispfand in anderer Form errichtet worden ist, erlischt es mit Ablauf von sechs Monaten, die bei Fälligkeit der Forderung mit dem Inkrafttreten des neuen Rechtes und bei später Fälligkeit mit deren Eintritt oder mit dem Zeitpunkte zu laufen beginnen, auf den die Kündigung zulässig ist.

Art. 35

2. Wirkung

¹ Die Wirkungen des Fahrnispfandrechtes, die Rechte und Pflichten des Pfandgläubigers, des Verpfänders und des Pfandschuldners richten sich vom Zeitpunkte des Inkrafttretens dieses Gesetzes an nach dem neuen Recht, auch wenn das Pfandrecht schon vorher entstanden ist.

² Ein vor dem Inkrafttreten dieses Gesetzes geschlossener Verfallsvertrag verliert mit diesem Zeitpunkte seine Gültigkeit.

Art. 36

VIII. Retentionsrecht

¹ Das Retentionsrecht dieses Gesetzes erstreckt sich auch auf solche Sachen, die vor dessen Inkrafttreten in die Verfügungsgewalt des Gläubigers gekommen sind.

² Es steht dem Gläubiger auch für solche Forderungen zu, die vor diesem Zeitpunkt entstanden sind.

³ Früher entstandene Retentionsrechte unterliegen bezüglich ihrer Wirksamkeit den Bestimmungen dieses Gesetzes.

Art. 37

IX. Besitz

Der Besitz steht mit dem Inkrafttreten dieses Gesetzes unter dem neuen Recht.

Art. 38

X. Grundbuch
1. Anlegung des Grundbuches

¹ Der Bundesrat wird nach Verständigung mit den Kantonen den allgemeinen Plan über die Anlegung des Grundbuches und die Vermessung festsetzen.

² Die bereits vorhandenen grundbuchlichen Einrichtungen und Vermessungswerke sollen, soweit möglich, als Bestandteile der neuen Grundbuchordnung beibehalten werden.

Art. 39

2. Vermessung
a. Kosten

¹ Die Kosten der Vermessung sind in der Hauptsache vom Bunde zu tragen.

² Diese Bestimmung findet auf alle Vermessungen mit Beginn des Jahres 1907 Anwendung.

³ Die nähere Ordnung der Kostentragung wird endgültig durch die Bundesversammlung aufgestellt.

Art. 40

b. Verhältnis zum Grundbuch

¹ In der Regel soll die Vermessung der Anlegung des Grundbuches vorangehen.

Art. 41

c. Zeit der Durchführung

¹ In bezug auf die Zeit der Vermessung ist auf die Verhältnisse der Kantone und auf das Interesse der verschiedenen Gebiete angemessene Rücksicht zu nehmen.

² Die Vermessung und die Einführung des Grundbuches kann für die einzelnen Bezirke eines Kantons nacheinander erfolgen.

² Mit Einwilligung des Bundes kann jedoch das Grundbuch schon vorher angelegt werden, wenn genügende Liegenschaftsverzeichnisse vorhanden sind.

Art. 42

d. Art der Vermessung

¹ Der Bundesrat hat die Art der Vermessung nach Anhörung der Kantone für die einzelnen Gebiete festzustellen.

² Über Gebiete, für die eine genauere Vermessung nicht erforderlich ist, wie Wälder und Weiden von beträchtlicher Ausdehnung, soll eine vereinfachte Planaufnahme angeordnet werden.

Art. 43

3. Eintragung der dinglichen Rechte
a. Verfahren

¹ Bei der Einführung des Grundbuches sollen die dinglichen Rechte, die bereits bestehen, zur Eintragung gebracht werden.

² Zu diesem Zwecke ist eine öffentliche Aufforderung zur Anmeldung und Eintragung dieser Rechte zu erlassen.

³ Die nach bisherigem Recht in öffentlichen Büchern eingetragenen dinglichen Rechte werden, soweit sie nach neuem Recht begründet werden können, von Amtes wegen in das Grundbuch eingetragen.

Art. 44

b. Folge der Nichteintragung

¹ Die dinglichen Rechte des bisherigen Rechtes, die nicht eingetragen werden, behalten zwar ihre Gültigkeit, können aber Dritten, die sich in gutem Glauben auf das Grundbuch verlassen, nicht entgegengehalten werden.

² Der Gesetzgebung des Bundes oder der Kantone bleibt es vorbehalten, alle im Grundbuche nicht eingetragenen dinglichen Rechte auf einen bestimmten Zeitpunkt nach vorausgehender Auskündung für aufgehoben zu erklären.

4. Behandlung aufgehobener Rechte

Art. 45

¹ Dingliche Rechte, die nach dem Grundbuchrecht nicht mehr begründet werden können, wie Eigentum an Bäumen auf fremdem Boden, Nutzungspfandrechte u. dgl. werden im Grundbuch nicht eingetragen, sind aber in zweckdienlicher Weise anzumerken.

² Sind sie aus irgendwelchem Grunde untergegangen, so können sie nicht neu begründet werden.

5. Verschiebung der Einführung des Grundbuches

Art. 46

¹ Die Einführung des Grundbuches nach den Vorschriften dieses Gesetzes kann mit Ermächtigung des Bundesrates durch die Kantone verschoben werden, sobald die kantonalen Formvorschriften, mit oder ohne Ergänzungen, als genügend erscheinen, um die Wirkung des Grundbuches im Sinne des neuen Rechtes zu gewährleisten.

² Dabei ist genau festzustellen, mit welchen Formen des kantonalen Rechtes die vom neuen Recht angeordneten Wirkungen verbunden sein sollen.

6. Einführung des Sachenrechtes vor dem Grundbuch

Art. 47

Das Sachenrecht dieses Gesetzes tritt im allgemeinen in Kraft, auch ohne dass die Grundbücher angelegt worden sind.

7. Wirkung kantonaler Formen

Art. 48

¹ Die Kantone können mit dem Inkrafttreten des Sachenrechtes und vor der Einführung des Grundbuches die Formen, wie Fertigung, Eintragung in Grund-, Pfand- und Servitutenregister bezeichnen, denen sofort Grundbuchwirkung zukommen soll.

² Diese Formen können mit der Wirkung ausgestattet werden, dass auch ohne und vor Einführung des Grundbuches in bezug auf Entstehung, Übertragung, Umänderung und Untergang der dinglichen Rechte die Grundbuchwirkung mit ihnen verbunden ist.

³ Dagegen besteht, solange nicht das Grundbuch selbst eingeführt oder eine andere Einrichtung ihm gleichgestellt ist, eine Grundbuchwirkung zugunsten des gutgläubigen Dritten nicht.

F. Verjährung

Art. 49

¹ Wo eine Verjährung von fünf oder mehr Jahren neu eingeführt ist, wird der abgelaufene Zeitraum einer vor dem Inkrafttreten dieses Gesetzes begonnenen Verjährung angerechnet, wobei jedoch zur Vollendung der Verjährung noch mindestens zwei Jahre seit diesem Zeitpunkte ablaufen müssen.

² Kürzere, durch dieses Gesetz bestimmte Fristen der Verjährung oder der Verwirkung fangen erst mit dem Inkrafttreten dieses Gesetzes zu laufen an.

³ Im übrigen gelten für die Verjährung von diesem Zeitpunkte an die Bestimmungen des neuen Rechtes.

Art. 50

G. Vertragsformen

Verträge, die vor dem Inkrafttreten dieses Gesetzes abgeschlossen worden sind, behalten ihre Gültigkeit, auch wenn ihre Form den Vorschriften des neuen Rechtes nicht entspricht.

Einführungs- und Übergangsbestimmungen

Zweiter Abschnitt: Einführungs- und Übergangsbestimmungen

Art. 51

A. Aufhebung des kantonalen Zivilrechtes

Mit dem Inkrafttreten dieses Gesetzes sind die zivilrechtlichen Bestimmungen der Kantone aufgehoben, soweit nicht bundesrechtlich etwas anderes vorgesehen ist.

Art. 52

B. Ergänzende kantonale Anordnungen
I. Recht und Pflicht der Kantone

¹ Die Kantone treffen die zur Ergänzung dieses Gesetzes vorgesehenen Anordnungen, wie namentlich in bezug auf die Zuständigkeit der Behörden und die Einrichtung der Zivilstands-, Vormundschafts- und Grundbuchämter.

² Soweit das neue Recht zu seiner Ausführung notwendig der Ergänzung durch kantonale Anordnungen bedarf, sind die Kantone verpflichtet, solche aufzustellen, und können sie vorläufig auf dem Verordnungswege erlassen.

³ Die kantonalen Anordnungen zum Verwandtschafts-, Vormundschafts- und Registerrecht sowie über die Errichtung öffentlicher Urkunden bedürfen der Genehmigung des Bundes.

⁴ Kantonale Anordnungen zu den übrigen Bestimmungen des Zivilgesetzbuches bedürfen nur dann einer Genehmigung, wenn sie im Anschluss an eine Änderung des Bundesrechts erlassen werden.

	Art. 53
II. Ersatzverordnungen des Bundes	¹ Hat ein Kanton die notwendigen Anordnungen nicht rechtzeitig getroffen, so erlässt der Bundesrat vorläufig die erforderlichen Verordnungen an Stelle des Kantons unter Anzeige an die Bundesversammlung.
² Macht ein Kanton in einer Sache, die einer ergänzenden Verordnung nicht notwendig bedarf, von seiner Befugnis keinen Gebrauch, so verbleibt es bei den Vorschriften dieses Gesetzes.

Art. 54

C. Bezeichnung der zuständigen Behörden	¹ Wo dieses Gesetz von einer zuständigen Behörde spricht, bestimmen die Kantone, welche bereits vorhandene oder erst zu schaffende Behörde zuständig sein soll.
² Wo das Gesetz nicht ausdrücklich entweder vom Richter oder von einer Verwaltungsbehörde spricht, können die Kantone entweder eine richterliche oder eine Verwaltungsbehörde als zuständig bezeichnen.
³ Das Verfahren vor der zuständigen Behörde ordnen die Kantone.

Art. 55

D. Öffentliche Beurkundung	¹ Die Kantone bestimmen, in welcher Weise auf ihrem Gebiete die öffentliche Beurkundung hergestellt wird.
² Sie haben für die Errichtung von öffentlichen Urkunden in fremder Sprache ordnende Bestimmungen aufzustellen.

Art. 56

E. Wasserrechtsverleihungen	Bis zum Erlass einer bundesrechtlichen Ordnung gilt für die Wasserrechtsverleihungen folgende Bestimmung: Die Wasserrechtsverleihungen an öffentlichen Gewässern können, sobald sie auf wenigstens 30 Jahre oder auf unbestimmte Zeit ausgestellt und nicht als Dienstbarkeit mit einem herrschenden Grundstück verbunden sind, als selbständige und dauernde Rechte in das Grundbuch aufgenommen werden.

Art. 58

J. Schuldbetreibung und Konkurs	Das Bundesgesetz vom 11. April 1889 über Schuldbetreibung und Konkurs wird mit dem Inkrafttreten dieses Gesetzes abgeändert wie folgt:
¹ (Text siehe im genannten Bundesgesetz)

Art. 59

K. Anwendung schweizerischen und fremden Rechtes

[1] Das Bundesgesetz vom 25. Juni 1891 betreffend die zivilrechtlichen Verhältnisse der Niedergelassenen und Aufenthalter bleibt für die Rechtsverhältnisse der Schweizer im Auslande und der Ausländer in der Schweiz, und soweit kantonal verschiedenes Recht zur Anwendung kommt, in Kraft.

[2] (aufgehoben)

[3] Das Bundesgesetz vom 25. Juni 1891 erhält folgende Einfügung: Art. 7 $a-7i$

Art. 60

L. Aufhebung von Bundeszivilrecht

[1] Mit dem Inkrafttreten dieses Gesetzes sind die damit im Widerspruch stehenden zivilrechtlichen Bestimmungen des Bundes aufgehoben.

[2] Insbesondere sind aufgehoben:

das Bundesgesetz vom 24. Dezember 1874 betreffend Feststellung und Beurkundung des Zivilstandes und die Ehe;

das Bundesgesetz vom 22. Juni 1881 betreffend die persönliche Handlungsfähigkeit;

das Bundesgesetz vom 14. Juni 1881 über das Obligationenrecht.

[3] In Geltung bleiben die Spezialgesetze betreffend das Eisenbahn-, Dampfschiff-, Post-, Telegraphen- und Telephonrecht, die Verpfändung und Zwangsliquidation der Eisenbahnen, diejenigen betreffend die Fabrikarbeit und die Haftbarkeit aus Fabrikbetrieb und aus andern Unternehmungen sowie alle Bundesgesetze über Gegenstände des Obligationenrechts, die neben dem Bundesgesetz vom 14. Juni 1881 über das Obligationenrecht erlassen worden sind.

Art. 61

M. Schlussbestimmung

[1] Dieses Gesetz tritt mit dem 1. Januar 1912 in Kraft.

[2] Der Bundesrat ist unter Zustimmung der Bundesversammlung befugt, einzelne Bestimmungen schon früher in Kraft zu setzen.

Anhang

Inhaltsverzeichnis des ZGB nach Artikeln

Einleitung

	Art.	Seite
A. Anwendung des Rechts	1	20
B. Inhalt der Rechtsverhältnisse		
I. Handeln nach Treu und Glauben	2	24
II. Guter Glaube	3	28
III. Richterliches Ermessen	4	29
C. Verhältnis zu den Kantonen		
I. Kantonales Zivilrecht und Ortsübung	5	31
II. Öffentliches Recht der Kantone	6	31
D. Allgemeine Bestimmungen des Obligationenrechtes	7	34
E. Beweisregeln		
I. Beweislast	8	35
II. Beweis mit öffentlicher Urkunde	9	37
III. Beweisvorschriften	10	37

Erster Teil: Das Personenrecht

Erster Titel: Die natürlichen Personen

Erster Abschnitt: Das Recht der Persönlichkeit

	Art.	Seite
A. Persönlichkeit im allgemeinen		
I. Rechtsfähigkeit	11	41
II. Handlungsfähigkeit		
1. Inhalt	12	41
2. Voraussetzungen		
a. Im allgemeinen	13	41
b. Mündigkeit	14	42
c. Mündigerklärung	15	42
d. Urteilsfähigkeit	16	43
III. Handlungsunfähigkeit		
1. Im allgemeinen	17	45
2. Fehlen der Urteilsfähigkeit	18	45
3. Urteilsfähige Unmündige oder Entmündigte	19	45
IV. Verwandtschaft und Schwägerschaft		
1. Verwandtschaft	20	48
2. Schwägerschaft	21	48
V. Heimat und Wohnsitz		
1. Heimatangehörigkeit	22	49
2. Wohnsitz		
a. Begriff	23	49
b. Wechsel im Wohnsitz oder Aufenthalt	24	49
c. Wohnsitz nicht selbständiger Personen	25	49
d. Aufenthalt in Anstalten	26	50
B. Schutz der Persönlichkeit		
I. Vor übermässiger Bindung	27	53
II. Gegen Verletzungen		
1. Grundsatz	28	55
2. Klage	28a	57
3. Gerichtsstand	28b	58
4. Vorsorgliche Massnahmen		
a. Voraussetzungen	28c	59
b. Verfahren	28d	59
c. Vollstreckung	28e	59
d. Schadenersatz	28f	60
5. Recht auf Gegendarstellung		
a. Grundsatz	28g	61
b. Form und Inhalt	28h	61
c. Verfahren	28i	62

	Art.	Seite
d. Veröffentlichung	28*k*	62
e. Anrufung des Richters	28*l*	62
III. Recht auf den Namen		
1. Namensschutz	29	67
2. Namensänderung	30	68
C. Anfang und Ende der Persönlichkeit		
I. Geburt und Tod	31	71
II. Beweis		
1. Beweislast	32	72
2. Beweismittel		
a. Im allgemeinen	33	72
b. Anzeichen des Todes	34	72
III. Verschollenerklärung		
1. Im allgemeinen	35	72
2. Verfahren	36	73
3. Wegfallen des Gesuches	37	73
4. Wirkung	38	73

Zweiter Abschnitt:
Die Beurkundung des Personenstandes

	Art.	Seite
A. Im allgemeinen		
I. Register	39	75
II. Ordnung	40	75
III. Beamte	41	75
IV. Haftbarkeit	42	75
V. Aufsicht		
1. Beschwerden	43	75
2. Ordnungsstrafen	44	76
VI. Berichtigungen	45	76
B. Register der Geburten		
I. Anzeige	46	77
II. Eintragung von Veränderungen	47	77
C. Register der Todesfälle		
I. Anzeige	48	77
II. Nichtauffindung der Leiche	49	77
III. Verschollenerklärung	50	77
IV. Eintragung von Veränderungen	51	77

Zweiter Titel:
Die juristischen Personen

Erster Abschnitt:
Allgemeine Bestimmungen

	Art.	Seite
A. Persönlichkeit	52	79
B. Rechtsfähigkeit	53	80
C. Handlungsfähigkeit		
I. Voraussetzung	54	81
II. Betätigung	55	81
D. Wohnsitz	56	83
E. Aufhebung		
I. Vermögensverwendung	57	83
II. Liquidation	58	83
F. Vorbehalt des öffentlichen und des Gesellschafts- und Genossenschaftsrechtes	59	84

Zweiter Abschnitt:
Die Vereine

	Art.	Seite
A. Gründung		
I. Körperschaftliche Personenverbindung	60	85
II. Eintragung	61	85
III. Vereine ohne Persönlichkeit	62	86
IV. Verhältnis der Statuten zum Gesetz	63	86
B. Organisation		
I. Vereinsversammlung		
1. Bedeutung und Einberufung	64	89
2. Zuständigkeit	65	90
3. Vereinsbeschluss		
a. Beschlussfassung	66	91
b. Stimmrecht und Mehrheit	67	91
c. Ausschliessung vom Stimmrecht	68	92
II. Vorstand	69	93
C. Mitgliedschaft		
I. Ein- und Austritt	70	95
II. Beitragspflicht	71	96
III. Ausschliessung	72	97
IV. Stellung ausgeschiedener Mitglieder	73	97

	Art.	Seite
V. Schutz des Vereinszweckes	74	99
VI. Schutz der Mitgliedschaft .	75	100
D. Auflösung		
I. Auflösungsarten		
1. Vereinsbeschluss . . .	76	101
2. Von Gesetzes wegen. .	77	101
3. Urteil	78	101
II. Löschung des Registereintrages	79	101

Dritter Abschnitt:
Die Stiftungen

	Art.	Seite
A. Errichtung		
I. Im allgemeinen	80	103
II. Form der Errichtung . . .	81	103
III. Anfechtung	82	103
B. Organisation.	83	106
C. Aufsicht.	84	107
D. Umwandlung der Stiftung		
I. Änderung der Organisation	85	109
II. Änderung des Zweckes . .	86	109
E. Familienstiftungen und kirchliche Stiftungen . . .	87	111
F. Aufhebung		
I. Von Gesetzes wegen und durch den Richter	88	111
II. Klagerecht und Löschung im Register	89	112
G. Personalfürsorgestiftungen	89bis	112

Zweiter Teil: Das Familienrecht

Erste Abteilung: Das Eherecht

Dritter Titel:
Die Eheschliessung

Erster Abschnitt:
Das Verlöbnis

	Art.	Seite
A. Verlobung.	90	117
B. Wirkung des Verlöbnisses		
I. Ausschluss der Klage auf Eingehung der Ehe. . . .	91	117
II. Folgen des Verlöbnisbruches		
1. Schadenersatz	92	117
2. Genugtuung	93	118
III. Rückerstattung der Geschenke.	94	118
IV. Verjährung	95	118

Zweiter Abschnitt:
Ehefähigkeit und Ehehindernisse

A. Ehefähigkeit		
I. Ehemündigkeit.	96	120
II. Urteilsfähigkeit	97	120

	Art.	Seite
III. Einwilligung der Vertreter		
1. Bei unmündigen Personen.	98	120
2. Bei entmündigten Personen.	99	120
B. Ehehindernisse		
I. Verwandtschaft	100	122
II. Frühere Ehe		
1. Beweis der Auflösung		
a. Im allgemeinen	101	123
b. Bei Verschollenheit . .	102	123
2. Wartefrist		
a. Für Frauen.	103	123
b. Für Geschiedene . . .	104	123

Dritter Abschnitt:
Verkündung und Trauung

A. Verkündung		
I. Form des Gesuches. . . .	105	125
II. Ort des Gesuches und der Verkündung	106	125
III. Abweisung des Gesuches .	107	125
B. Einspruch		

		Art.	Seite
I.	Einspruchsrecht	108	126
II.	Einspruch von Amtes wegen	109	127
III.	Verfahren		
	1. Mitteilung des Einspruches	110	127
	2. Entscheidung über den Einspruch	111	127
	3. Fristen	112	127
C.	Trauung		
I.	Voraussetzungen		
	1. Zuständigkeit des Beamten	113	128
	2. Verweigerung der Trauung	114	128
	3. Trauung ohne Verkündung	115	128
II.	Trauhandlung		
	1. Öffentlichkeit	116	129
	2. Form der Trauung	117	129
III.	Eheschein und kirchliche Feier	118	129
D.	Verordnungen	119	130

**Vierter Abschnitt:
Die Ungültigkeit
der geschlossenen Ehe**

		Art.	Seite
A.	Nichtigkeit		
I.	Nichtigkeitsgründe	120	130
II.	Pflicht und Recht zur Klage	121	131
III.	Beschränkung und Ausschluss der Klage	122	131
B.	Anfechtbarkeit		
I.	Klage des Ehegatten		
	1. Urteilsunfähigkeit	123	132
	2. Irrtum	124	132
	3. Betrug	125	132
	4. Drohung	126	133
	5. Verjährung der Klage	127	133
II.	Klage der Eltern oder des Vormundes	128	133
C.	Ausschluss der Ungültigkeit Art. 129 (aufgehoben)		
II.	Verletzung der Wartefrist	130	133

		Art.	Seite
III.	Verletzung von Formvorschriften	131	133
D.	Ungültigerklärung		
I.	Bedeutung	132	136
II.	Folgen		
	1. Für die Kinder	133	136
	2. Für die Ehegatten	134	136
E.	Vererblichkeit	135	136
F.	Zuständigkeit und Verfahren	136	136

**Vierter Titel:
Die Ehescheidung**

		Art.	Seite
A.	Scheidungsgründe		
I.	Ehebruch	137	140
II.	Nachstellung nach dem Leben, Misshandlung und Ehrenkränkung	138	141
III.	Verbrechen und unehrenhafter Lebenswandel	139	142
IV.	Verlassung	140	143
V.	Geisteskrankheit	141	143
VI.	Zerrüttung des ehelichen Verhältnisses	142	144
B.	Klage		
I.	Inhalt der Klage	143	148
II.	Zuständigkeit	144	148
III.	Vorsorgliche Massnahmen	145	149
C.	Urteil		
I.	Scheidung oder Trennung	146	158
II.	Dauer der Trennung	147	158
III.	Urteil nach Ablauf der Trennung	148	158
IV.	Stellung des geschiedenen Ehegatten	149	161
V.	Wartefrist	150	161
VI.	Leistungen bei Scheidung		
	1. Entschädigung und Genugtuung	151	163
	2. Unterhalt	152	167
	3. Rente	153	168
VII.	Güterrechtliche Auseinandersetzung		
	1. Bei Scheidung	154	171
	2. Bei Trennung	155	175

	Art.	Seite
VIII. Elternrechte		
1. Ermessen des Richters	156	175
2. Änderung der Verhältnisse	157	181
D. Scheidungsverfahren	158	182

Fünfter Titel:
Die Wirkungen der Ehe im allgemeinen

	Art.	Seite
A. Eheliche Gemeinschaft; Rechte und Pflichten der Ehegatten	159	186
B. Familienname	160	188
C. Kantons- und Gemeindebürgerrecht	161	188
D. Eheliche Wohnung	162	189
E. Unterhalt der Familie		
I. Im allgemeinen	163	190
II. Betrag zur freien Verfügung	164	192
III. Ausserordentliche Beiträge eines Ehegatten	165	193
F. Vertretung der ehelichen Gemeinschaft	166	195
G. Beruf und Gewerbe der Ehegatten	167	198
H. Rechtsgeschäfte der Ehegatten		
I. Im allgemeinen	168	198
II. Wohnung der Familie	169	199
J. Auskunftspflicht	170	201
K. Schutz der ehelichen Gemeinschaft		
I. Beratungsstellen	171	203
II. Richterliche Massnahmen		
1. Im allgemeinen	172	203
2. Während des Zusammenlebens		
a. Geldleistungen	173	204
b. Entzug der Vertretungsbefugnis	174	205
3. Aufhebung des gemeinsamen Haushaltes		

	Art.	Seite
a. Gründe	175	207
b. Regelung des Getrenntlebens	176	207
4. Anweisungen an die Schuldner	177	211
5. Beschränkungen der Verfügungsbefugnis	178	211
6. Veränderung der Verhältnisse	179	213
7. Zuständigkeit	180	213

Sechster Titel:
Das Güterrecht der Ehegatten

Erster Abschnitt:
Allgemeine Vorschriften

	Art.	Seite
A. Ordentlicher Güterstand	181	216
B. Ehevertrag		
I. Inhalt des Vertrages	182	217
II. Vertragsfähigkeit	183	217
III. Form des Vertrages	184	217
C. Ausserordentlicher Güterstand		
I. Auf Begehren eines Ehegatten		
1. Anordnung	185	218
2. Zuständigkeit	186	218
3. Aufhebung	187	218
II. Bei Konkurs und Pfändung		
1. Bei Konkurs	188	218
2. Bei Pfändung		
a. Anordnung	189	218
b. Zuständigkeit	190	219
3. Aufhebung	191	219
III. Güterrechtliche Auseinandersetzung	192	219
D. Schutz der Gläubiger	193	222
E. Zuständigkeit für Klagen über die güterrechtliche Auseinandersetzung	194	223
F. Verwaltung des Vermögens eines Ehegatten durch den andern	195	223
G. Inventar	195a	224

	Art.	Seite

Zweiter Abschnitt:
Der ordentliche Güterstand der Errungenschaftsbeteiligung

A. Eigentumsverhältnisse
  I. Zusammensetzung 196   225
  II. Errungenschaft 197   225
  III. Eigengut
    1. Nach Gesetz 198   228
    2. Nach Ehevertrag . . . 199   228
  IV. Beweis 200   230
B. Verwaltung, Nutzung und Verfügung 201   230
C. Haftung gegenüber Dritten 202   231
D. Schulden zwischen Ehegatten 203   231
E. Auflösung des Güterstandes und Auseinandersetzung
  I. Zeitpunkt der Auflösung . 204   232
  II. Rücknahme von Vermögenswerten und Regelung der Schulden
    1. Im allgemeinen 205   232
    2. Mehrwertanteil des Ehegatten 206   233
  III. Berechnung des Vorschlages jedes Ehegatten
    1. Ausscheidung der Errungenschaft und des Eigengutes 207   234
    2. Hinzurechnung 208   234
    3. Ersatzforderungen zwischen Errungenschaft und Eigengut 209   235
    4. Vorschlag 210   235
  IV. Wertbestimmung
    1. Verkehrswert 211   238
    2. Ertragswert
      a. Im allgemeinen 212   238
      b. Besondere Umstände . 213   239
    3. Massgebender Zeitpunkt 214   239
V. Beteiligung am Vorschlag
  1. Nach Gesetz 215   239
  2. Nach Vertrag
    a. Im allgemeinen 216   239

	Art.	Seite

    b. Bei Scheidung, Trennung, Ungültigerklärung der Ehe oder gerichtlicher Gütertrennung . 217   240
  VI. Bezahlung der Beteiligungsforderung und des Mehrwertanteils
    1. Zahlungsaufschub . . . 218   240
    2. Wohnung und Hausrat 219   241
    3. Klage gegen Dritte . . 220   242

Dritter Abschnitt:
Die Gütergemeinschaft

A. Eigentumsverhältnisse
  I. Zusammensetzung 221   242
  II. Gesamtgut
    1. Allgemeine Gütergemeinschaft 222   243
    2. Beschränkte Gütergemeinschaften
      a. Errungenschaftsgemeinschaft 223   243
      b. Andere Gütergemeinschaften 224   243
  III. Eigengut 225   243
  IV. Beweis 226   243
B. Verwaltung und Verfügung
  I. Gesamtgut
    1. Ordentliche Verwaltung 227   245
    2. Ausserordentliche Verwaltung 228   245
    3. Beruf oder Gewerbe der Gemeinschaft 229   245
    4. Ausschlagung und Annahme von Erbschaften 230   245
    5. Verantwortlichkeit und Verwaltungskosten . . 231   245
  II. Eigengut 232   245
C. Haftung gegenüber Dritten
  I. Vollschulden 233   246
  II. Eigenschulden 234   246
D. Schulden zwischen Ehegatten 235   247
E. Auflösung des Güterstandes und Auseinandersetzung

	Art.	Seite
I. Zeitpunkt der Auflösung .	236	247
II. Zuweisung zum Eigengut .	237	248
III. Ersatzforderungen zwischen Gesamtgut und Eigengut .	238	248
IV. Mehrwertanteil	239	248
V. Wertbestimmung.	240	248
VI. Teilung		
1. Bei Tod oder Vereinbarung eines andern Güterstandes	241	248
2. In den übrigen Fällen .	242	248
VII. Durchführung der Teilung		
1. Eigengut	243	249
2. Wohnung und Hausrat	244	249
3. Andere Vermögenswerte	245	249
4. Andere Teilungsvorschriften	246	249

**Vierter Abschnitt:
Die Gütertrennung**

	Art.	Seite
A. Verwaltung, Nutzung und Verfügung		
I. Im allgemeinen	247	251
II. Beweis	248	251
B. Haftung gegenüber Dritten	249	251
C. Schulden zwischen Ehegatten.	250	251
D. Zuweisung bei Miteigentum	251	252

Zweite Abteilung: Die Verwandtschaft

**Siebenter Titel:
Die Entstehung des Kindesverhältnisses**

*Erster Abschnitt:
Allgemeine Bestimmungen*

	Art.	Seite
A. Entstehung des Kindesverhältnisses im allgemeinen .	252	255
B. Feststellung und Anfechtung des Kindesverhältnisses		
I. Zuständigkeit	253	255
II. Verfahren	254	256

*Zweiter Abschnitt:
Die Vaterschaft des Ehemannes*

	Art.	Seite
A. Vermutung	255	257
B. Anfechtung		
I. Klagerecht.	256	258
II. Klagegrund		
1. Bei Zeugung während der Ehe	256a	258
2. Bei Zeugung vor der Ehe oder während Aufhebung des Haushaltes	256b	258
III. Klagefrist	256c	259
C. Zusammentreffen zweier Vermutungen	257	259
D. Klage der Eltern	258	259
E. Heirat der Eltern.	259	261

*Dritter Abschnitt:
Anerkennung und Vaterschaftsurteil*

	Art.	Seite
A. Anerkennung		
I. Zulässigkeit und Form . .	260	262
II. Anfechtung		
1. Klagerecht	260a	264
2. Klagegrund.	260b	264
3. Klagefrist	260c	264
B. Vaterschaftsklage		
I. Klagerecht.	261	265
II. Vermutung	262	265
III. Klagefrist	263	266

*Vierter Abschnitt:
Die Adoption*

	Art.	Seite
A. Adoption Unmündiger		
I. Allgemeine Voraussetzungen	264	269
II. Gemeinschaftliche Adoption	264a	272
III. Einzeladoption.	264b	272

	Art.	Seite
IV. Alter und Zustimmung des Kindes	265	273
V. Zustimmung der Eltern		
1. Form	265a	274
2. Zeitpunkt	265b	274
3. Absehen von der Zustimmung		
a. Voraussetzungen	265c	275
b. Entscheid	265d	276
B. Adoption Mündiger und Entmündigter	266	277
C. Wirkung		
I. Im allgemeinen	267	279
II. Heimat	267a	279
D. Verfahren		
I. Im allgemeinen	268	280
II. Untersuchung	268a	280
III. Adoptionsgeheimnis	268b	281
E. Anfechtung		
I. Gründe		
1. Fehlen der Zustimmung	269	282
2. Andere Mängel	269a	282
II. Klagefrist	269b	282
F. Adoptivkindervermittlung	269c	283

Achter Titel:
Die Wirkungen des Kindesverhältnisses

Erster Abschnitt:
Die Gemeinschaft der Eltern und Kinder

	Art.	Seite
A. Familienname	270	284
B. Heimat	271	287
C. Beistand und Gemeinschaft	272	288
D. Persönlicher Verkehr		
I. Eltern		
1. Grundsatz	273	289
2. Schranken	274	289
II. Dritte	274a	289
III. Zuständigkeit	275	289

Zweiter Abschnitt:
Die Unterhaltspflicht der Eltern

A. Gegenstand und Umfang	276	292
B. Dauer	277	293

	Art.	Seite
C. Verheiratete Eltern	278	296
D. Klage		
I. Klagerecht und Zuständigkeit	279	297
II. Verfahren	280	297
III. Vorsorgliche Massregeln		
1. Im allgemeinen	281	298
2. Vor der Feststellung der Vaterschaft		
a. Hinterlegung	282	298
b. Vorläufige Zahlung	283	299
3. Zuständigkeit	284	299
IV. Bemessung des Unterhaltsbeitrages	285	300
V. Veränderung der Verhältnisse	286	300
E. Verträge über die Unterhaltspflicht		
I. Periodische Leistungen	287	303
II. Abfindung	288	303
F. Erfüllung		
I. Gläubiger	289	304
II. Vollstreckung		
1. Geeignete Hilfe	290	305
2. Anweisungen an die Schuldner	291	305
III. Sicherstellung	292	305
G. Öffentliches Recht	293	305
H. Pflegeeltern	294	308
J. Ansprüche der unverheirateten Mutter	295	308

Dritter Abschnitt:
Die elterliche Gewalt

	Art.	Seite
A. Voraussetzungen		
I. Im allgemeinen	296	310
II. Verheiratete Eltern	297	311
III. Unverheiratete Eltern	298	312
IV. Stiefeltern	299	313
V. Pflegeeltern	300	313
B. Inhalt		
I. Im allgemeinen	301	314
II. Erziehung	302	314
III. Religiöse Erziehung	303	314

	Art.	Seite
IV. Vertretung		
1. Dritten gegenüber		
a. Im allgemeinen	304	316
b. Handlungsfähigkeit des Kindes	305	316
2. Innerhalb der Gemeinschaft	306	316
C. Kindesschutz		
I. Geeignete Massnahmen. .	307	319
II. Beistandschaft		
1. Im allgemeinen	308	321
2. Feststellung der Vaterschaft	309	322
III. Aufhebung der elterlichen Obhut.	310	323
IV. Entziehung der elterlichen Gewalt		
1. Durch die vormundschaftliche Aufsichtsbehörde	311	325
2. Durch die Vormundschaftsbehörde	312	325
V. Änderung der Verhältnisse	313	327
VI. Verfahren		
1. Im allgemeinen	314	327
2. Bei fürsorgerischer Freiheitsentziehung	314a	327
VII. Zuständigkeit		
1. Der vormundschaftlichen Behörden . . .	315	327
2. Des Richters	315a	328
VIII. Pflegekinderaufsicht . . .	316	330
IX. Zusammenarbeit in der Jugendhilfe	317	330

Vierter Abschnitt:
Das Kindesvermögen

A. Verwaltung	318	331
B. Verwendung der Erträge .	319	332
C. Anzehrung des Kindesvermögens.	320	332
D. Freies Kindesvermögen		
I. Zuwendungen	321	333
II. Pflichtteil	322	333

	Art.	Seite
III. Arbeitserwerb, Berufs- und Gewerbevermögen	323	333
E. Schutz des Kindesvermögens		
I. Geeignete Massnahmen. .	324	334
II. Entziehung der Verwaltung	325	335
F. Ende der Verwaltung		
I. Rückerstattung	326	335
II. Verantwortlichkeit	327	335

Neunter Titel:
Die Familiengemeinschaft

Erster Abschnitt:
Die Unterstützungspflicht

A. Unterstützungspflichtige .	328	336
B. Umfang und Geltendmachung des Anspruches .	329	336
C. Unterhalt von Findelkindern	330	337

Zweiter Abschnitt:
Die Hausgewalt

A. Voraussetzung	331	339
B. Wirkung		
I. Hausordnung und Fürsorge	332	339
II. Verantwortlichkeit	333	340
III. Forderung der Kinder und Grosskinder		
1. Voraussetzungen . . .	334	343
2. Geltendmachung . . .	334bis	343

Dritter Abschnitt:
Das Familienvermögen

A. Familienstiftungen	335	346
B. Gemeinderschaften		
I. Begründung		
1. Befugnis	336	346
2. Form	337	346
II. Dauer.	338	346
III. Wirkung		
1. Art der Gemeinderschaft	339	346

		Art.	Seite
	2. Leitung und Vertretung		
	a. Im allgemeinen	340	347
	b. Befugnis des Hauptes .	341	347
	3. Gemeinschaftsgut und persönliches Vermögen	342	347
IV.	Aufhebung		
	1. Gründe	343	347
	2. Kündigung, Zahlungsunfähigkeit, Heirat . .	344	348
	3. Tod eines Gemeinders .	345	348
	4. Teilungsregel	346	348
V.	Ertragsgemeinschaft		
	1. Inhalt	347	348
	2. Besondere Aufhebungsgründe........	348	348
C.	Heimstätten		
I.	Befugnis der Kantone . .	349	349
II.	Begründung		

		Art.	Seite
	1. Voraussetzung im Gegenstand......	350	349
	2. Verfahren und Form		
	a. Auskündung	351	349
	b. Wahrung der Rechte Dritter........	352	349
	c. Grundbucheintrag . .	353	349
III.	Wirkung		
	1. Verfügungsbeschränkungen........	354	350
	2. Aufnahme von Verwandten	355	350
	3. Bei Zahlungsunfähigkeit	356	350
IV.	Aufhebung		
	1. Beim Tode	357	350
	2. Bei Lebzeiten.....	358	350
	Art. 359 (aufgehoben)		

Dritte Abteilung: Die Vormundschaft

Zehnter Titel:
Die allgemeine Ordnung der Vormundschaft

Erster Abschnitt:
Die vormundschaftlichen Organe

		Art.	Seite
A.	Im allgemeinen	360	354
B.	Vormundschaftliche Behörden		
I.	Staatliche Organe	361	354
II.	Familienvormundschaft		
	1. Zulässigkeit und Bedeutung.........	362	356
	2. Anordnung......	363	356
	3. Familienrat......	364	356
	4. Sicherheitsleistung. . .	365	356
	5. Aufhebung......	366	356
C.	Vormund und Beistand . .	367	357

Zweiter Abschnitt:
Die Bevormundungsfälle

A.	Unmündigkeit	368	360
B.	Unfähigkeit Mündiger		

I.	Geisteskrankheit und Geistesschwäche.....	369	362
II.	Verschwendung, Trunksucht, lasterhafter Lebenswandel, Misswirtschaft . .	370	365
III.	Freiheitsstrafe	371	368
IV.	Eigenes Begehren	372	369
C.	Verfahren		
I.	Im allgemeinen	373	371
II.	Anhörung und Begutachtung........	374	371
III.	Veröffentlichung.....	375	374

Dritter Abschnitt:
Die Zuständigkeit

A.	Bevormundung am Wohnsitze	376	375
B.	Wechsel des Wohnsitzes. .	377	375
C.	Rechte des Heimatkantons	378	375

Vierter Abschnitt:
Die Bestellung des Vormundes

A.	Voraussetzungen		
I.	Im allgemeinen	379	377

	Art.	Seite
II. Vorrecht der Verwandten und des Ehegatten	380	377
III. Wünsche des Bevormundeten und der Eltern	381	377
IV. Allgemeine Pflicht zur Übernahme	382	377
V. Ablehnungsgründe	383	377
VI. Ausschliessungsgründe . .	384	378
B. Ordnung der Wahl		
I. Ernennung des Vormundes	385	379
II. Vorläufige Fürsorge . . .	386	380
III. Mitteilung und Veröffentlichung	387	381
IV. Ablehnung und Anfechtung		
1. Geltendmachung . . .	388	381
2. Vorläufige Pflicht des Gewählten	389	381
3. Entscheidung	390	381
V. Übergabe des Amtes . . .	391	381

Fünfter Abschnitt:
Die Beistandschaft

	Art.	Seite
A. Fälle der Beistandschaft		
I. Vertretung	392	383
II. Vermögensverwaltung		
1. Kraft Gesetzes	393	385
2. Auf eigenes Begehren .	394	386
III. Beschränkung der Handlungsfähigkeit	395	387
B. Zuständigkeit	396	390
C. Bestellung des Beistandes .	397	390

Sechster Abschnitt:
Die fürsorgerische Freiheitsentziehung

	Art.	Seite
A. Voraussetzungen	397a	392
B. Zuständigkeit	397b	395
C. Mitteilungspflicht	397c	396
D. Gerichtliche Beurteilung .	397d	396
E. Verfahren in den Kantonen		
I. Im allgemeinen	397e	397
II. Vor Gericht	397f	397

Elfter Titel:
Die Führung der Vormundschaft

Erster Abschnitt:
Das Amt des Vormundes

	Art.	Seite
A. Übernahme des Amtes		
I. Inventaraufnahme	398	400
II. Verwahrung von Wertsachen	399	400
III. Veräusserung von beweglichen Sachen	400	401
IV. Anlage von Barschaft		
1. Pflicht zur Anlage . . .	401	401
2. Umwandlung von Kapitalanlagen	402	401
V. Geschäft und Gewerbe . .	403	401
VI. Grundstücke	404	401
B. Fürsorge und Vertretung		
I. Fürsorge für die Person		
1. Bei Unmündigkeit		
a. Im allgemeinen	405	402
b. Bei fürsorgerischer Freiheitsentziehung	405a	402
2. Bei Entmündigung . .	406	403
II. Vertretung		
1. Im allgemeinen	407	403
2. Verbotene Geschäfte .	408	404
3. Mitwirkung des Bevormundeten	409	404
4. Eigenes Handeln		
a. Zustimmung des Vormundes	410	404
b. Mangel der Zustimmung	411	404
5. Beruf oder Gewerbe . .	412	404
C. Vermögensverwaltung		
I. Pflicht zur Verwaltung und Rechnungsführung . . .	413	407
II. Freies Vermögen	414	407
D. Amtsdauer	415	408
E. Entschädigung des Vormundes	416	408

	Art.	Seite
Zweiter Abschnitt:		
Das Amt des Beistandes		
A. Stellung des Beistandes . .	417	409
B. Inhalt der Beistandschaft		
I. Für ein einzelnes Geschäft	418	409
II. Für Vermögensverwaltung	419	409

Dritter Abschnitt:
Die Mitwirkung der vormundschaftlichen Behörden

	Art.	Seite
A. Beschwerden	420	410
B. Zustimmung		
I. Der Vormundschaftsbehörde	421	411
II. Der Aufsichtsbehörde . .	422	412
C. Prüfung von Berichten und Rechnungen	423	412
D. Bedeutung der Zustimmung	424	412
E. Kantonale Verordnungen .	425	412

Vierter Abschnitt:
Die Verantwortlichkeit der vormundschaftlichen Organe

	Art.	Seite
A. Im allgemeinen		
I. Vormund und Behörden .	426	414
II. Gemeinden, Kreise und Kanton	427	414
B. Voraussetzung		
I. Betreffend die Mitglieder einer Behörde	428	414
II. Im Verhältnis der Organe untereinander	429	414
C. Fürsorgerische Freiheitsentziehung	429a	414
D. Geltendmachung	430	415

Zwölfter Titel:
Das Ende der Vormundschaft

Erster Abschnitt:
Das Ende der Bevormundung

	Art.	Seite
A. Bei Unmündigen	431	417
B. Bei Verurteilten	432	417
C. Bei andern Bevormundeten		
I. Voraussetzung der Aufhebung	433	417
II. Verfahren		
1. Im allgemeinen	434	417
2. Veröffentlichung . . .	435	418
3. Bei Geisteskrankheit .	436	418
4. Bei Verschwendung, Trunksucht, lasterhaftem Lebenswandel, Misswirtschaft	437	418
5. Bei eigenem Begehren .	438	418
D. Im Falle der Beistandschaft		
I. Im allgemeinen	439	418
II. Veröffentlichung	440	418

Zweiter Abschnitt:
Das Ende des vormundschaftlichen Amtes

	Art.	Seite
A. Handlungsunfähigkeit, Tod	441	420
B. Entlassung, Nichtwiederwahl		
I. Ablauf der Amtsdauer . .	442	420
II. Eintritt von Ausschliessungs- oder Ablehnungsgründen	443	420
III. Pflicht zur Weiterführung .	444	420
C. Amtsenthebung		
I. Gründe	445	420
II. Verfahren		
1. Auf Antrag und von Amtes wegen	446	420
2. Untersuchung und Bestrafung	447	421
3. Vorläufige Massregeln .	448	421
4. Weitere Massregeln . .	449	421
5. Beschwerde	450	421

Dritter Abschnitt:
Die Folgen der Beendigung

	Art.	Seite
A. Schlussrechnung und Vermögensübergabe	451	422
B. Prüfung des Schlussberichtes und der Schlussrechnung	452	422

		Art.	Seite
C.	Entlassung des Vormundes	453	422
D.	Geltendmachung der Verantwortlichkeit		
I.	Ordentliche Verjährung	454	423
II.	Ausserordentliche Verjährung	455	423
E.	Vorrecht der Ersatzforderung	456	423

Dritter Teil: Das Erbrecht

Erste Abteilung: Die Erben

Dreizehnter Titel: Die gesetzlichen Erben

		Art.	Seite
A.	Verwandte Erben		
I.	Nachkommen	457	428
II.	Elterlicher Stamm	458	428
III.	Grosselterlicher Stamm	459	428
IV.	Umfang der Erbberechtigung	460	429
	Art. 461 (aufgehoben)		
B.	Überlebender Ehegatte	462	433
	Art. 463–465 (aufgehoben)		
D.	Gemeinwesen	466	435

Vierzehnter Titel: Die Verfügungen von Todes wegen

Erster Abschnitt: Die Verfügungsfähigkeit

A.	Letztwillige Verfügung	467	436
B.	Erbvertrag	468	436
C.	Mangelhafter Wille	469	437

Zweiter Abschnitt: Die Verfügungsfreiheit

A.	Verfügbarer Teil		
I.	Umfang der Verfügungsbefugnis	470	437
II.	Pflichtteil	471	438
	Art. 472 (aufgehoben)		
IV.	Begünstigung des Ehegatten	473	439
V.	Berechnung des verfügbaren Teils		
	1. Schuldenabzug	474	440
	2. Zuwendungen unter Lebenden	475	440
	3. Versicherungsansprüche	476	440
B.	Enterbung		
I.	Gründe	477	441
II.	Wirkung	478	442
III.	Beweislast	479	442
IV.	Enterbung eines Zahlungsunfähigen	480	442

Dritter Abschnitt: Die Verfügungsarten

A.	Im allgemeinen	481	443
B.	Auflagen und Bedingungen	482	444
C.	Erbeinsetzung	483	446
D.	Vermächtnis		
I.	Inhalt	484	446
II.	Verpflichtung des Beschwerten	485	447
III.	Verhältnis zur Erbschaft	486	447
E.	Ersatzverfügung	487	448
F.	Nacherbeneinsetzung		
I.	Bezeichnung des Nacherben	488	449
II.	Zeitpunkt der Auslieferung	489	449
III.	Sicherungsmittel	490	449
IV.	Rechtsstellung		
	1. Des Vorerben	491	449
	2. Des Nacherben	492	449
G.	Stiftungen	493	450
H.	Erbverträge		
I.	Erbeinsetzungs- und Vermächtnisvertrag	494	451

	Art.	Seite
II. Erbverzicht		
1. Bedeutung	495	451
2. Lediger Anfall	496	451
3. Rechte der Erbschaftsgläubiger	497	452

**Vierter Abschnitt:
Die Verfügungsformen**

	Art.	Seite
A. Letztwillige Verfügungen		
I. Errichtung		
1. Im allgemeinen	498	454
2. Öffentliche Verfügung		
a. Errichtungsform	499	455
b. Mitwirkung des Beamten	500	455
c. Mitwirkung der Zeugen	501	455
d. Errichtung ohne Lesen und Unterschrift des Erblassers	502	455
e. Mitwirkende Personen	503	456
f. Aufbewahrung der Verfügung	504	456
3. Eigenhändige Verfügung	505	457
4. Mündliche Verfügung		
a. Verfügung	506	460
b. Beurkundung	507	461
c. Verlust der Gültigkeit	508	461
II. Widerruf und Vernichtung		
1. Widerruf	509	462
2. Vernichtung	510	462
3. Spätere Verfügung	511	462
B. Erbverträge		
I. Errichtung	512	464
II. Aufhebung		
1. Unter Lebenden		
a. Durch Vertrag und letztwillige Verfügung	513	464
b. Durch Rücktritt vom Vertrag	514	464
2. Vorabsterben des Erben	515	464
C. Verfügungsbeschränkung	516	465

**Fünfter Abschnitt:
Die Willensvollstrecker**

	Art.	Seite
A. Erteilung des Auftrages	517	466
B. Inhalt des Auftrages	518	466

**Sechster Abschnitt:
Die Ungültigkeit und Herabsetzung der Verfügungen**

	Art.	Seite
A. Ungültigkeitsklage		
I. Bei Verfügungsunfähigkeit, mangelhaftem Willen, Rechtswidrigkeit und Unsittlichkeit	519	468
II. Bei Formmangel	520	468
III. Verjährung	521	469
B. Herabsetzungsklage		
I. Voraussetzungen		
1. Im allgemeinen	522	471
2. Begünstigung der Pflichtteilsberechtigten	523	472
3. Rechte der Gläubiger	524	472
II. Wirkung		
1. Herabsetzung im allgemeinen	525	472
2. Vermächtnis einer einzelnen Sache	526	472
3. Bei Verfügungen unter Lebenden		
a. Fälle	527	472
b. Rückleistung	528	473
4. Versicherungsansprüche	529	473
5. Bei Nutzniessung und Renten	530	473
6. Bei Nacherbeneinsetzung	531	473
III. Durchführung	532	473
IV. Verjährung	533	474

	Art.	Seite
Siebenter Abschnitt:		
Klagen aus Erbverträgen		
A. Ansprüche bei Ausrichtung zu Lebzeiten des Erblassers	534	476

	Art.	Seite
B. Ausgleichung beim Erbverzicht		
I. Herabsetzung	535	476
II. Rückleistung	536	476

Zweite Abteilung: Der Erbgang

Fünfzehnter Titel:
Die Eröffnung des Erbganges

	Art.	Seite
A. Voraussetzung auf Seite des Erblassers	537	478
B. Ort der Eröffnung und Gerichtsstand	538	478
C. Voraussetzungen auf Seite des Erben		
I. Fähigkeit		
1. Rechtsfähigkeit	539	479
2. Erbunwürdigkeit		
a. Gründe	540	479
b. Wirkung auf Nachkommen	541	479
II. Erleben des Erbganges		
1. Als Erbe	542	479
2. Als Vermächtnisnehmer	543	480
3. Das Kind vor der Geburt	544	480
4. Nacherben	545	480
D. Verschollenheit		
I. Beerbung eines Verschollenen		
1. Erbgang gegen Sicherstellung	546	481
2. Aufhebung der Verschollenheit und Rückerstattung	547	481
II. Erbrecht des Verschollenen	548	482
III. Verhältnis der beiden Fälle zueinander	549	482
IV. Verfahren von Amtes wegen	550	482

Sechzehnter Titel:
Die Wirkungen des Erbganges

Erster Abschnitt:
Die Sicherungsmassregeln

	Art.	Seite
A. Im allgemeinen	551	484
B. Siegelung der Erbschaft	552	485
C. Inventar	553	485
D. Erbschaftsverwaltung		
I. Im allgemeinen	554	486
II. Bei unbekannten Erben	555	486
E. Eröffnung der letztwilligen Verfügung		
I. Pflicht zur Einlieferung	556	487
II. Eröffnung	557	487
III. Mitteilung an die Beteiligten	558	488
IV. Auslieferung der Erbschaft	559	488

Zweiter Abschnitt:
Der Erwerb der Erbschaft

	Art.	Seite
A. Erwerb		
I. Erben	560	490
Art. 561 (aufgehoben)		
III. Vermächtnisnehmer		
1. Erwerb	562	491
2. Gegenstand	563	491
3. Verhältnis von Gläubiger und Vermächtnisnehmer	564	491
4. Herabsetzung	565	492
B. Ausschlagung		
I. Erklärung		
1. Befugnis	566	494
2. Befristung		
a. Im allgemeinen	567	494

	Art.	Seite
b. Bei Inventaraufnahme .	568	494
3. Übergang der Ausschlagungsbefugnis	569	494
4. Form	570	495
II. Verwirkung der Ausschlagungsbefugnis	571	495
III. Ausschlagung eines Miterben	572	496
IV. Ausschlagung aller nächsten Erben		
1. Im allgemeinen	573	496
2. Befugnis des überlebenden Ehegatten . .	574	496
3. Ausschlagung zugunsten nachfolgender Erben .	575	497
V. Fristverlängerung	576	497
VI. Ausschlagung eines Vermächtnisses	577	498
VII. Sicherung für die Gläubiger des Erben	578	498
VIII. Haftung im Falle der Ausschlagung	579	498

**Dritter Abschnitt:
Das öffentliche Inventar**

	Art.	Seite
A. Voraussetzung	580	499
B. Verfahren		
I. Inventar.	581	500
II. Rechnungsruf	582	501
III. Aufnahme von Amtes wegen.	583	501
IV. Ergebnis	584	501
C. Verhältnis der Erben während des Inventars		
I. Verwaltung	585	501
II. Betreibung, Prozesse, Verjährung	586	501
D. Wirkung		
I. Frist zur Erklärung. . . .	587	502
II. Erklärung	587	502
III. Folgen der Annahme unter öffentlichem Inventar		
1. Haftung nach Inventar	589	503
2. Haftung ausser Inventar	590	503

	Art.	Seite
E. Haftung für Bürgschaftsschulden	591	503
F. Erwerb durch das Gemeinwesen	592	505

**Vierter Abschnitt:
Die amtliche Liquidation**

	Art.	Seite
A. Voraussetzung		
I. Begehren eines Erben. . .	593	505
II. Begehren der Gläubiger des Erblassers	594	505
B. Verfahren		
I. Verwaltung	595	506
II. Ordentliche Liquidation .	596	507
III. Konkursamtliche Liquidation.	597	508

**Fünfter Abschnitt:
Die Erbschaftsklage**

	Art.	Seite
A. Voraussetzung	598	508
B. Wirkung	599	508
C. Verjährung	600	509
D. Klage der Vermächtnisnehmer	601	510

**Siebenzehnter Titel:
Die Teilung der Erbschaft**

**Erster Abschnitt:
Die Gemeinschaft vor der Teilung**

	Art.	Seite
A. Wirkung des Erbganges		
I. Erbengemeinschaft	602	511
II. Haftung der Erben	603	511
B. Teilungsanspruch.	604	513
C. Verschiebung der Teilung .	605	513
D. Anspruch der Hausgenossen	606	513

**Zweiter Abschnitt:
Die Teilungsart**

	Art.	Seite
A. Im allgemeinen	607	514
B. Ordnung der Teilung		
I. Verfügung des Erblassers .	608	514

	Art.	Seite
II. Mitwirkung der Behörde .	609	515
C. Durchführung der Teilung		
I. Gleichberechtigung der Erben	610	515
II. Bildung von Losen	611	516
III. Zuweisung und Verkauf einzelner Sachen	612	516
IV. Zuweisung der Wohnung und des Hausrates an den überlebenden Ehegatten. .	612a	517
D. Besondere Gegenstände		
I. Zusammengehörende Sachen, Familienschriften .	613	517
I.^{bis} Landwirtschaftliches Inventar	613a	517
II. Forderungen des Erblassers an Erben	614	518
III. Verpfändete Erbschaftssachen	615	518
Art. 616 (aufgehoben)		
IV. Grundstücke		
1. Übernahme		
a. Anrechnungswert . . .	617	518
b. Schatzungsverfahren .	618	518
V. Landwirtschaftliche Gewerbe und Grundstücke	619	520
Art. 619bis–625bis (aufgehoben)		

	Art.	Seite
Dritter Abschnitt: Die Ausgleichung		
A. Ausgleichungspflicht der Erben	626	523
B. Ausgleichung bei Wegfallen von Erben	627	523
C. Berechnungsart		
I. Einwerfung oder Anrechnung	628	524
II. Verhältnis zum Erbanteil .	629	525
III. Ausgleichungswert	630	525
D. Erziehungskosten	631	525
E. Gelegenheitsgeschenke . .	632	525
Art. 633 (aufgehoben)		
Vierter Abschnitt: Abschluss und Wirkung der Teilung		
A. Abschluss des Vertrages		
I. Teilungsvertrag	634	527
II. Vertrag über angefallene Erbanteile	635	528
III. Verträge vor dem Erbgang	636	528
B. Haftung der Miterben unter sich		
I. Gewährleistung	637	529
II. Anfechtung der Teilung. .	638	529
C. Haftung gegenüber Dritten		
I. Solidare Haftung	639	530
II. Rückgriff auf die Miterben	640	530

Vierter Teil: Das Sachenrecht

Erste Abteilung: Das Eigentum

Achtzehnter Titel: Allgemeine Bestimmungen

	Art.	Seite
A. Inhalt des Eigentums . . .	641	537
B. Umfang des Eigentums		
I. Bestandteile	642	538
II. Natürliche Früchte	643	538
III. Zugehör		
1. Umschreibung	644	539
2. Ausschluss	645	540
C. Gemeinschaftliches Eigentum		
I. Miteigentum		
1. Verhältnis der Miteigentümer	646	542
2. Nutzungs- und Verwaltungsordnung	647	543
3. Gewöhnliche Verwaltungshandlungen . . .	647a	544

		Art.	Seite
4.	Wichtigere Verwaltungshandlungen	647*b*	544
5.	Bauliche Massnahmen		
a.	Notwendige	647*c*	545
b.	Nützliche	647*d*	545
c.	Der Verschönerung und Bequemlichkeit dienende	647*e*	545
6.	Verfügung über die Sache	648	548
7.	Tragung der Kosten und Lasten	649	549
8.	Eintritt des Erwerbers eines Anteils	649*a*	550
9.	Ausschluss aus der Gemeinschaft		
a.	Miteigentümer	649*b*	550
b.	Andere Berechtigte	649*c*	551
10.	Aufhebung		
a.	Anspruch auf Teilung	650	551
b.	Art der Teilung	651	552
II.	Gesamteigentum		
1.	Voraussetzung	652	553
2.	Wirkung	653	553
3.	Aufhebung	654	553
III.	Gemeinschaftliches Eigentum an landwirtschaftlichen Gewerben und Grundstücken	654*a*	556

Neunzehnter Titel:
Das Grundeigentum

Erster Abschnitt:
Gegenstand, Erwerb und Verlust des Grundeigentums

		Art.	Seite
A.	Gegenstand	655	557
B.	Erwerb		
I.	Eintragung	656	559
II.	Erwerbsarten		
1.	Übertragung	657	560
2.	Aneignung	658	561
3.	Bildung neuen Landes	659	561
4.	Bodenverschiebung		
a.	Im allgemeinen	660	561
b.	Dauernde	660*a*	561
c.	Neufestsetzung der Grenze	660*b*	562
5.	Ersitzung		
a.	Ordentliche Ersitzung	661	562
b.	Ausserordentliche Ersitzung	662	562
c.	Fristen	663	562
6.	Herrenlose und öffentliche Sachen	664	562
III.	Recht auf Eintragung	665	563
C.	Verlust	666	563

Zweiter Abschnitt:
Inhalt und Beschränkung des Grundeigentums

		Art.	Seite
A.	Inhalt		
I.	Umfang	667	564
II.	Abgrenzung		
1.	Art der Abgrenzung	668	564
2.	Abgrenzungspflicht	669	564
3.	Miteigentum an Vorrichtungen zur Abgrenzung	670	565
III.	Bauten auf dem Grundstück		
1.	Boden und Baumaterial		
a.	Eigentumsverhältnis	671	566
b.	Ersatz	672	567
c.	Zuweisung des Grundeigentums	673	567
2.	Überragende Bauten	674	567
3.	Baurecht	675	567
4.	Leitungen	676	568
5.	Fahrnisbauten	677	568
IV.	Einpflanzungen auf dem Grundstück	678	568
V.	Verantwortlichkeit des Grundeigentümers	679	571
B.	Beschränkungen		
I.	Im allgemeinen	680	573
II.	Veräusserungsbeschränkungen; gesetzliche Vorkaufsrechte		
1.	Grundsätze	681	574

	Art.	Seite
2. Ausübung	681a	574
3. Abänderung, Verzicht	681b	575
4. Im Miteigentums- und im Baurechtsverhältnis	682	575
5. Vorkaufsrecht an landwirtschaftlichen Gewerben und Grundstücken	682a	575
Art. 683 (aufgehoben)		
III. Nachbarrecht		
1. Art der Bewirtschaftung	684	577
2. Graben und Bauen		
a. Regel	685	578
b. Kantonale Vorschriften	686	578
3. Pflanzen		
a. Regel	687	579
b. Kantonale Vorschriften	688	579
4. Wasserablauf	689	580
5. Entwässerungen	690	580
6. Durchleitungen		
a. Pflicht zur Duldung	691	580
b. Wahrung der Interessen des Belasteten	692	581
c. Änderung der Verhältnisse	693	581
7. Wegrechte		
a. Notweg	694	582
b. Andere Wegrechte	695	582
c. Anmerkung im Grundbuch	696	582
8. Einfriedigung	697	583
9. Unterhaltspflicht	698	583
IV. Recht auf Zutritt und Abwehr		
1. Zutritt	699	583
2. Wegschaffung zugeführter Sachen u. dgl.	700	584
3. Abwehr von Gefahr und Schaden	701	584
V. Öffentlich-rechtliche Beschränkungen		
1. Im allgemeinen	702	585
2. Bodenverbesserungen	703	585
C. Rechte an Quellen und Brunnen		

	Art.	Seite
I. Quelleneigentum und Quellenrecht	704	586
II. Ableitung von Quellen	705	586
III. Abgraben von Quellen		
1. Schadenersatz	706	586
2. Wiederherstellung	707	587
IV. Quellengemeinschaft	708	587
V. Benutzung von Quellen	709	587
VI. Notbrunnen	710	587
VII. Pflicht zur Abtretung		
1. Des Wassers	711	588
2. Des Bodens	712	588

Dritter Abschnitt:
Das Stockwerkeigentum

	Art.	Seite
A. Inhalt und Gegenstand		
I. Inhalt	712a	591
II. Gegenstand	712b	595
III. Verfügung	712c	598
B. Begründung und Untergang		
I. Begründungsakt	712d	599
II. Wertquoten	712e	599
III. Untergang	712f	602
C. Verwaltung und Benutzung		
I. Die anwendbaren Bestimmungen	712g	604
II. Gemeinschaftliche Kosten und Lasten		
1. Bestand und Verteilung	712h	605
2. Haftung für Beiträge		
a. Gesetzliches Pfandrecht	712i	607
b. Retentionsrecht	712k	607
III. Handlungsfähigkeit der Gemeinschaft	712l	609
D. Organisation		
I. Versammlung der Stockwerkeigentümer		
1. Zuständigkeit und rechtliche Stellung	712m	610
2. Einberufung und Leitung	712n	613
3. Ausübung des Stimmrechtes	712o	614
4. Beschlussfähigkeit	712p	614

II. Der Verwalter
1. Bestellung 712q 616
2. Abberufung 712r 616
3. Aufgaben
   a. Ausführung der Bestimmungen und Beschlüsse über die Verwaltung und Benutzung 712s 617
   b. Vertretung nach aussen 712t 618

Zwanzigster Titel:
Das Fahrniseigentum

A. Gegenstand 713 620
B. Erwerbsarten
I. Übertragung
   1. Besitzübergang 714 620
   2. Eigentumsvorbehalt
      a. Im allgemeinen 715 621
      b. Bei Abzahlungsgeschäften 716 622
   3. Erwerb ohne Besitz . . 717 622
II. Aneignung
   1. Herrenlose Sachen . . 718 623
   2. Herrenlos werdende Tiere 719 623
III. Fund
   1. Bekanntmachung, Nachfrage 720 623
   2. Aufbewahrung, Versteigerung 721 623
   3. Eigentumserwerb, Herausgabe 722 624
   4. Schatz 723 624
   5. Wissenschaftliche Gegenstände 724 624
IV. Zuführung 725 625
V. Verarbeitung 726 625
VI. Verbindung und Vermischung 727 625
VII. Ersitzung 728 625
C. Verlust 729 628

Zweite Abteilung: Die beschränkten dinglichen Rechte

Einundzwanzigster Titel:
Die Dienstbarkeiten und Grundlasten

Erster Abschnitt:
Die Grunddienstbarkeiten

A. Gegenstand 730 631
B. Errichtung und Untergang
I. Errichtung
   1. Eintragung 731 632
   2. Vertrag 732 632
   3. Errichtung zu eigenen Lasten 733 632
II. Untergang
   1. Im allgemeinen 734 632
   2. Vereinigung 735 633
   3. Ablösung durch den Richter 736 633
C. Inhalt
I. Umfang
   1. Im allgemeinen 737 633
   2. Nach dem Eintrag . . 738 634
   3. Bei verändertem Bedürfnis 739 634
   4. Nach kantonalem Recht und Ortsgebrauch . . . 740 634
II. Last des Unterhaltes . . . 741 634
III. Veränderungen der Belastung
   1. Verlegung 742 634
   2. Teilung
      a. Des berechtigten Grundstückes 743 635
      b. Des belasteten Grundstückes 744 635

Zweiter Abschnitt:
Nutzniessung und andere Dienstbarkeiten

		Art.	Seite
A.	Nutzniessung		
I.	Gegenstand	745	636
II.	Entstehung		
	1. Im allgemeinen	746	636
	Art. 747 (aufgehoben)		
III.	Untergang		
	1. Gründe	748	637
	2. Dauer	749	637
	3. Ersatz bei Untergang	750	637
	4. Rückleistung		
	a. Pflicht	751	638
	b. Verantwortlichkeit	752	638
	c. Verwendungen	753	638
	5. Verjährung der Ersatzansprüche	754	638
IV.	Inhalt		
	1. Rechte des Nutzniessers		
	a. Im allgemeinen	755	639
	b. Natürliche Früchte	756	639
	c. Zinse	757	639
	d. Übertragbarkeit	758	639
	2. Rechte des Eigentümers		
	a. Aufsicht	759	640
	b. Sicherstellung	760	640
	c. Sicherstellung bei Schenkung und gesetzlicher Nutzniessung	761	640
	d. Folge der Nichtleistung der Sicherheit	762	641
	3. Inventarpflicht	763	641
	4. Lasten		
	a. Erhaltung der Sache	764	641
	b. Unterhalt und Bewirtschaftung	765	641
	c. Zinspflicht bei Nutzniessung an einem Vermögen	766	642
	d. Versicherung	767	642
V.	Besondere Fälle		
	1. Grundstücke		
	a. Früchte	768	643
	b. Wirtschaftliche Bestimmung	769	643

		Art.	Seite
	c. Wald	770	643
	d. Bergwerke	771	643
	2. Verbrauchbare und geschätzte Sachen	772	644
	3. Forderungen		
	a. Inhalt	773	644
	b. Rückzahlungen und Neuanlage	774	645
	c. Recht auf Abtretung	775	645
B.	Wohnrecht		
I.	Im allgemeinen	776	645
II.	Ansprüche des Wohnungsberechtigten	777	645
III.	Lasten	778	646
C.	Baurecht		
I.	Gegenstand und Aufnahme in das Grundbuch	779	646
II.	Vertrag	779a	646
III.	Inhalt und Umfang	779b	647
IV.	Folgen des Ablaufs der Dauer		
	1. Heimfall	779c	647
	2. Entschädigung	779d	647
	3. Vereinbarungen	779e	647
V.	Vorzeitiger Heimfall		
	1. Voraussetzungen	779f	647
	2. Ausübung des Heimfallsrechtes	779g	648
	3. Andere Anwendungsfälle	779h	648
VI.	Haftung für den Baurechtszins		
	1. Anspruch auf Errichtung eines Pfandrechts	779i	648
	2. Eintragung	779k	648
VII.	Höchstdauer	779l	648
D.	Quellenrecht	780	650
E.	Andere Dienstbarkeiten	781	651

Dritter Abschnitt:
Die Grundlasten

		Art.	Seite
A.	Gegenstand	782	652
B.	Errichtung und Untergang		
I.	Errichtung		
	1. Eintragung und Erwerbsart	783	653

			Art.	Seite

		2. Öffentlich-rechtliche Grundlasten	784	653
		3. Bei Sicherungszwecken	785	653
	II.	Untergang		
		1. Im allgemeinen	786	653
		2. Ablösung		
		a. Durch den Gläubiger	787	653
		b. Durch den Schuldner	788	653
		c. Ablösungsbetrag	789	654
		3. Verjährung	790	654
C.		Inhalt		
	I.	Gläubigerrecht	791	654
	II.	Schuldpflicht	792	654

Zweiundzwanzigster Titel: Das Grundpfand

Erster Abschnitt: Allgemeine Bestimmungen

			Art.	Seite
A.		Voraussetzungen		
	I.	Arten	793	656
	II.	Gestalt der Forderung		
		1. Betrag	794	656
		2. Zinse	795	656
	III.	Grundstück		
		1. Verpfändbarkeit	796	657
		2. Bestimmtheit		
		a. Bei einem Grundstück	797	657
		b. Bei mehreren Grundstücken	798	657
		3. Landwirtschaftliche Grundstücke	798a	657
B.		Errichtung und Untergang		
	I.	Errichtung		
		1. Eintragung	799	658
		2. Bei gemeinschaftlichem Eigentum	800	658
	II.	Untergang	801	658
	III.	Grundpfänder bei Güterzusammenlegung		
		1. Verlegung der Pfandrechte	802	659
		2. Kündigung durch den Schuldner	803	659

			Art.	Seite
		3. Entschädigung in Geld	804	659
C.		Wirkung		
	I.	Umfang der Pfandhaft	805	660
	II.	Miet- und Pachtzinse	806	660
	III.	Verjährung	807	661
	IV.	Sicherungsbefugnisse		
		1. Massregeln bei Wertverminderung		
		a. Untersagung und Selbsthilfe	808	661
		b. Sicherung, Wiederherstellung, Abzahlung	809	661
		2. Unverschuldete Wertverminderung	810	661
		3. Abtrennung kleiner Stücke	811	662
	V.	Weitere Belastung	812	663
	VI.	Pfandstelle		
		1. Wirkung der Pfandstellen	813	663
		2. Pfandstellen untereinander	814	663
		3. Leere Pfandstellen	815	664
	VII.	Befriedigung aus dem Pfande		
		1. Art der Befriedigung	816	664
		2. Verteilung des Erlöses	817	664
		3. Umfang der Sicherung	818	664
		4. Sicherung für erhaltende Auslagen	819	664
	VIII.	Pfandrecht bei Bodenverbesserungen		
		1. Vorrang	820	665
		2. Tilgung der Schuld und des Pfandrechtes	821	665
	IX.	Anspruch auf die Versicherungssumme	822	666
	X.	Vertretung des Gläubigers	823	666

Zweiter Abschnitt: Die Grundpfandverschreibung

			Art.	Seite
A.		Zweck und Gestalt	824	668
B.		Errichtung und Untergang		
	I.	Errichtung	825	668

		Art.	Seite
II.	Untergang		
	1. Recht auf Löschung	826	669
	2. Stellung des Eigentümers	827	669
	3. Einseitige Ablösung		
	a. Voraussetzung und Geltendmachung	828	669
	b. Öffentliche Versteigerung	829	669
	c. Amtliche Schätzung	830	670
	4. Kündigung	831	670
C.	Wirkung		
I.	Eigentum und Schuldnerschaft		
	1. Veräusserung	832	670
	2. Zerstückelung	833	670
	3. Anzeige der Schuldübernahme	834	670
II.	Übertragung der Forderung	835	671
D.	Gesetzliches Grundpfandrecht		
I.	Ohne Eintragung	836	671
II.	Mit Eintragung		
	1. Fälle	837	671
	2. Verkäufer, Miterben und Gemeinder	838	671
	3. Handwerker und Unternehmer		
	a. Eintragung	839	671
	b. Rang	840	671
	c. Vorrecht	841	671

**Dritter Abschnitt:
Schuldbrief und Gült**

		Art.	Seite
A.	Schuldbrief		
I.	Zweck und Gestalt	842	672
II.	Schätzung	843	672
III.	Kündigung	844	672
IV.	Stellung des Eigentümers	845	673
V.	Veräusserung, Zerstückelung	846	673
B.	Gült		
I.	Zweck und Gestalt	847	673
II.	Belastungsgrenze	848	673

		Art.	Seite
III.	Haftung des Staates	849	673
IV.	Ablösbarkeit	850	674
V.	Schuldpflicht und Eigentum	851	674
VI.	Zerstückelung	852	674
VII.	Kantonale und Erbengülten	853	674
C.	Gemeinsame Bestimmungen		
I.	Errichtung		
	1. Gestalt der Forderung	854	675
	2. Verhältnis zur ursprünglichen Forderung	855	675
	3. Eintragung und Pfandtitel		
	a. Notwendigkeit des Pfandtitels	856	675
	b. Ausfertigung des Pfandtitels	857	675
	c. Form des Pfandtitels	858	675
	4. Bezeichnung des Gläubigers		
	a. Bei der Ausfertigung	859	675
	b. Mit Stellvertretung	860	676
	5. Zahlungsort	861	676
	6. Zahlung nach Übertragung der Forderung	862	676
II.	Untergang		
	1. Wegfall des Gläubigers	863	676
	2. Löschung	864	676
III.	Rechte des Gläubigers		
	1. Schutz des guten Glaubens		
	a. Auf Grund des Eintrages	865	677
	b. Auf Grund des Pfandtitels	866	677
	c. Verhältnis des Titels zum Eintrag	867	677
	2. Geltendmachung	868	677
	3. Übertragung	869	677
IV.	Kraftloserklärung		
	1. Bei Verlust	870	677
	2. Aufrufung des Gläubigers	871	678
V.	Einreden des Schuldners	872	678

	Art.	Seite
VI. Herausgabe des Pfandtitels bei Zahlung	873	678
VII. Änderungen im Rechtsverhältnis	874	678

Vierter Abschnitt:
Ausgabe von Anleihenstiteln mit Grundpfandrecht

	Art.	Seite
A. Obligationen für Anleihen mit Pfandrecht	875	679
B. Ausgabe von Schuldbriefen und Gülten in Serien		
I. Im allgemeinen	876	679
II. Gestalt	877	679
III. Amortisation	878	679
IV. Eintragung	879	679
V. Wirkung		
1. Ausgabestelle	880	680
2. Rückzahlung		
a. Tilgungsplan	881	680
b. Aufsicht	882	680
c. Verwendung der Rückzahlungen	883	680

Dreiundzwanzigster Titel:
Das Fahrnispfand

Erster Abschnitt:
Faustpfand und Retentionsrecht

	Art.	Seite
A. Faustpfand		
I. Bestellung		
1. Besitz des Gläubigers	884	681
2. Viehverpfändung	885	681
3. Nachverpfändung	886	682
4. Verpfändung durch den Pfandgläubiger	887	682
II. Untergang		
1. Besitzesverlust	888	682
2. Rückgabepflicht	889	682
3 Haftung des Gläubigers	890	682

	Art.	Seite
III. Wirkung		
1. Rechte des Gläubigers	891	683
2. Umfang der Pfandhaft	892	683
3. Rang der Pfandrechte	893	683
4. Verfallsvertrag	894	683
B. Retentionsrecht		
I. Voraussetzungen	895	684
II. Ausnahmen	896	684
III. Bei Zahlungsunfähigkeit	897	684
IV. Wirkung	898	685

Zweiter Abschnitt:
Das Pfandrecht an Forderungen und andern Rechten

	Art.	Seite
A. Im allgemeinen	899	686
B. Errichtung		
I. Bei Forderungen mit oder ohne Schuldschein	900	686
II. Bei Wertpapieren	901	686
III. Bei Warenpapieren	902	687
IV. Nachverpfändung	903	687
C. Wirkung		
I. Umfang der Pfandhaft	904	687
II. Vertretung verpfändeter Aktien	905	687
III. Verwaltung und Abzahlung	906	687

Dritter Abschnitt:
Das Versatzpfand

	Art.	Seite
A. Versatzanstalt		
I. Erteilung der Gewerbebefugnis	907	688
II. Dauer	908	688
B. Versatzpfandrecht		
I. Errichtung	909	688
II. Wirkung		
1. Verkauf des Pfandes	910	688
2. Recht auf den Überschuss	911	688

	Art.	Seite
III. Auslösung des Pfandes		
1. Recht auf Auslösung	912	689
2. Rechte der Anstalt	913	689
C. Kauf auf Rückkauf . . .	914	689
D. Ordnung des Gewerbes . .	915	689

Vierter Abschnitt:
Die Pfandbriefe

Art. 916—918 (aufgehoben)

Dritte Abteilung: Besitz und Grundbuch

Vierundzwanzigster Titel:
Der Besitz

	Art.	Seite
A. Begriff und Arten		
I. Begriff	919	690
II. Selbständiger und unselbständiger Besitz	920	690
III. Vorübergehende Unterbrechung	921	691
B. Übertragung		
I. Unter Anwesenden	922	691
II. Unter Abwesenden	923	691
III. Ohne Übergabe	924	691
IV. Bei Warenpapieren	925	691
C. Bedeutung		
I. Besitzesschutz		
1. Abwehr von Angriffen	926	693
2. Klage aus Besitzesentziehung	927	693
3. Klage aus Besitzesstörung	928	693
4. Zulässigkeit und Verjährung der Klage	929	693
II. Rechtsschutz		
1. Vermutung des Eigentums	930	694
2. Vermutung bei unselbständigem Besitz	931	694
3. Klage gegen den Besitzer	932	694
4. Verfügungs- und Rückforderungsrecht		
a. Bei anvertrauten Sachen	933	695
b. Bei abhanden gekommenen Sachen	934	695
c. Bei Geld und Inhaberpapieren	935	695
d. Bei bösem Glauben	936	696
5. Vermutung bei Grundstücken	937	696
III. Verantwortlichkeit		
1. Gutgläubiger Besitzer		
a. Nutzung	938	698
b. Ersatzforderungen	939	698
2. Bösgläubiger Besitzer	940	698
IV. Ersitzung	941	699

Fünfundzwanzigster Titel:
Das Grundbuch

	Art.	Seite
A. Einrichtung		
I. Bestand		
1. Im allgemeinen	942	701
2. Aufnahme		
a. Gegenstand	943	701
b. Ausnahmen	944	701
3. Bücher		
a. Hauptbuch	945	701
b. Grundbuchblatt	946	701
c. Kollektivblätter	947	702
d. Tagebuch, Belege	948	702
4. Verordnungen	949	702
4.bis Andere technische Hilfsmittel	949a	703
5. Grundbuchpläne	950	703
II. Grundbuchführung		
1. Kreise		
a. Zugehörigkeit	951	703
b. Grundstücke in mehreren Kreisen	952	703
2. Grundbuchämter	953	703
3. Gebühren	954	703
III. Grundbuchbeamte		
1. Haftbarkeit	955	704

	Art.	Seite
2. Aufsicht	956	704
3. Ordnungsstrafen	957	704
B. Eintragung		
I. Grundbucheinträge		
1. Eigentum und dingliche Rechte	958	705
2. Vormerkungen		
a. Persönliche Rechte	959	705
b. Verfügungsbeschränkungen	960	705
c. Vorläufige Eintragung	961	705
d. Eintragung nachgehender Rechte	961a	706
II. Öffentlich-rechtliche Beschränkungen	962	706
III. Voraussetzung der Eintragung		
1. Anmeldungen		
a. Bei Eintragungen	963	706
b. Bei Löschungen	964	706
2. Ausweise		
a. Gültiger Ausweis	965	706
b. Ergänzung des Ausweises	966	707

	Art.	Seite
IV. Art der Eintragung		
1. Im allgemeinen	967	707
2. Bei Dienstbarkeiten	968	707
V. Anzeigepflicht	969	707
C. Öffentlichkeit des Grundbuchs		
I. Auskunftserteilung und Einsichtnahme	970	708
II. Veröffentlichungen	970a	708
D. Wirkung		
I. Bedeutung der Nichteintragung	971	709
II. Bedeutung der Eintragung		
1. Im allgemeinen	972	709
2. Gegenüber gutgläubigen Dritten	973	710
3. Gegenüber bösgläubigen Dritten	974	710
E. Aufhebung und Veränderung der Einträge		
I. Bei ungerechtfertigtem Eintrag	975	711
II. Bei Untergang des eingetragenen Rechtes	976	712
III. Berichtigungen	977	712

Schlusstitel:
Anwendungs- und Ausführungsbestimmungen

Erster Abschnitt:
Die Anwendung bisherigen und neuen Rechtes

		Art.	Seite
A.	Allgemeine Bestimmungen		
I.	Regel der Nichtrückwirkung	1	717
II.	Rückwirkung		
	1. Öffentliche Ordnung und Sittlichkeit	2	717
	2. Inhalt der Rechtsverhältnisse kraft Gesetzes	3	717
	3. Nicht erworbene Rechte	4	718
B.	Personenrecht		
I.	Handlungsfähigkeit	5	718

		Art.	Seite
II.	Verschollenheit	6	718
III.	Juristische Personen	7	718
C.	Familienrecht		
I.	Eheschliessung, Scheidung und Wirkungen der Ehe im allgemeinen		
	1. Grundsatz	8	719
	2. Name	8a	719
	3. Bürgerrecht	8b	719
II.	Güterrecht der vor 1. Januar 1912 geschlossenen Ehen	9	719
II.bis	Güterrecht der nach 1. Januar 1912 geschlossenen Ehen		
	1. Im allgemeinen	9a	719

	Art.	Seite
2. Wechsel von der Güterverbindung zu Errungenschaftsbeteiligung		
a. Änderung der Vermögensmassen	9b	720
b. Vorrecht	9c	720
c. Güterrechtliche Auseinandersetzung unter dem neuen Recht	9d	720
3. Beibehaltung der Güterverbindung	9e	721
4. Beibehaltung der gesetzlichen oder gerichtlichen Gütertrennung	9f	721
5. Ehevertrag		
a. Im allgemeinen	10	721
b. Rechtskraft gegenüber Dritten	10a	721
c. Unterstellung unter das neue Recht	10b	722
d. Vertragliche Gütertrennung nach bisherigem Recht	10c	722
e. Im Hinblick auf das Inkrafttreten des neuen Rechts abgeschlossene Eheverträge	10d	722
g. Güterrechtsregister	10e	722
6. Tilgung von Schulden bei der güterrechtlichen Auseinandersetzung	11	722
7. Schutz der Gläubiger	11a	722
III. Das Kindesverhältnis im allgemeinen	12	723
III.bis Adoption		
1. Fortdauer des bisherigen Rechts	12a	723
2. Unterstellung unter das neue Recht	12b	723
3. Adoption mündiger oder entmündigter Personen	12c	723
III.ter Anfechtung der Ehelicherklärung	12d	724
IV. Vaterschaftsklage		
1. Hängige Klagen	13	724
2. Neue Klagen	13a	724

	Art.	Seite
V. Vormundschaft	14	724
VI. Fürsorgerische Freiheitsentziehung	14a	724
D. Erbrecht		
I. Erbe und Erbgang	15	725
II. Verfügungen von Todes wegen	16	725
E. Sachenrecht		
I. Dingliche Rechte im allgemeinen	17	725
II. Anspruch auf Eintragung im Grundbuch	18	726
III. Ersitzung	19	726
IV. Besondere Eigentumsrechte		
1. Bäume auf fremdem Boden	20	726
2. Stockwerkeigentum		
a. Ursprüngliches	20bis	726
b. Umgewandeltes	20ter	726
c. Bereinigung der Grundbücher	20quater	727
V. Grunddienstbarkeiten	21	727
VI. Grundpfandrechte		
1. Anerkennung der bestehenden Pfandtitel	22	727
2. Errichtung von Pfandrechten	23	727
3. Tilgung von Titeln	24	727
4. Umfang der Pfandhaft	25	727
5. Rechte und Pflichten aus dem Grundpfand		
a. Im allgemeinen	26	728
b. Sicherungsrechte	27	728
c. Kündigung, Übertragung	28	728
6. Rang	29	728
7. Pfandstelle	30	728
8. Einschränkung nach dem Schätzungswert		
a. Im allgemeinen	31	729
b. Fortdauer des bisherigen Rechtes	32	729
9. Gleichstellung bisheriger Pfandarten mit solchen des neuen Rechtes	33	729

		Art.	Seite
VII.	Fahrnispfandrechte		
	1. Formvorschriften . . .	34	729
	2. Wirkung	35	730
VIII.	Retentionsrecht	36	730
IX.	Besitz	37	730
X.	Grundbuch		
	1. Anlegung des Grundbuches	38	730
	2. Vermessung		
	a. Kosten	39	730
	b. Verhältnis zum Grundbuch	40	730
	c. Zeit der Durchführung	41	731
	d. Art der Vermessung . .	42	731
	3. Eintragung der dinglichen Rechte		
	a. Verfahren	43	731
	b. Folge der Nichteintragung	44	731
	4. Behandlung aufgehobener Rechte	45	732
	5. Verschiebung der Einführung des Grundbuches	46	732
	6. Einführung des Sachenrechtes vor dem Grundbuch	47	732

		Art.	Seite
	7. Wirkung kantonaler Formen	48	732
F.	Verjährung	49	732
G.	Vertragsformen	50	733

**Zweiter Abschnitt:
Enführungs- und
Übergangsbestimmungen**

		Art.	Seite
A.	Aufhebung des kantonalen Zivilrechtes	51	733
B.	Ergänzende kantonale Anordnungen		
I.	Recht und Pflicht der Kantone	52	733
II.	Ersatzverordnungen des Bundes	53	734
C.	Bezeichnung der zuständigen Behörden	54	734
D.	Öffentliche Beurkundung .	55	734
E.	Wasserrechtsverleihungen .	56	734
J.	Schuldbetreibung und Konkurs	58	734
K.	Anwendung schweizerischen und fremden Rechtes . . .	59	735
L.	Aufhebung von Bundeszivilrecht	60	735
M.	Schlussbestimmung	61	735

Verzeichnis der Abkürzungen

AGVE	Aargauische Gerichts- und Verwaltungsentscheide
AHV	Alters-, Hinterbliebenen- und Invalidenversicherung
ALV	Arbeitslosenversicherung
BGBB	Bundesgesetz über das bäuerliche Bodenrecht
BGE	Entscheidungen des Schweizerischen Bundesgerichts
BJM	Basler juristische Mitteilungen
BüG	Bundesgesetz über den Erwerb und Verlust des Schweizer Bürgerrechts
BV	Schweizerische Bundesverfassung
BVG	Bundesgesetz über die berufliche Alters-, Hinterlassenen- und Invalidenvorsorge
EMRK	Europäische Konvention zum Schutz der Menschenrechte und Grundfreiheiten
GVP	St. Gallische Gerichts- und Verwaltungspraxis
IPRG	Bundesgesetz über das Internationale Privatrecht
IV	Invalidenversicherung
OR	Bundesgesetz über das Obligationenrecht
Praxis	Die Praxis des Bundesgerichts (Sammlung der Bundesgerichtsentscheide; französische und italienische Entscheide sind auf deutsch übersetzt)
SchKG	Bundesgesetz über Schuldbetreibung und Konkurs
SchlT	Schlusstitel
StGB	Schweizerisches Strafgesetzbuch
SVG	Bundesgesetz über den Strassenverkehr
VVG	Bundesgesetz über den Versicherungsvertrag
ZGB	Schweizerisches Zivilgesetzbuch
ZR	Blätter für zürcherische Rechtsprechung
ZVW	Zeitschrift für Vormundschaftswesen

Literatur

Allgemein

Textausgaben

W. Schönenberger/P. Gauch, Schweizerisches Zivilgesetzbuch, Textausgabe mit Einleitung, Anmerkungen, Ausführungserlassen und Sachregister
39. Auflage 1992, Schulthess Polygraphischer Verlag, Zürich

W. Schönenberger/P. Gauch, ZGB und OR, Textausgabe mit Einleitung, Anmerkungen, Ausführungserlassen und Gesamtregister
39. Auflage 1992, Schulthess Polygraphischer Verlag, Zürich

H. Aeppli, Schweizerisches Zivilgesetzbuch mit einschlägigen Nebengesetzen und Verordnungen. Mit Anmerkungen und Sachregister
27. Auflage 1992, Verlag Orell Füssli, Zürich

Kommentare

Das vorliegende Buch gibt auf viele Fragen eine Antwort. Falls man aber etwas genauer wissen muss, dann sind die nach Artikel aufgebauten Berner- und Zürcherkommentare am besten geeignet. Allerdings liegen für gewisse Sachgebiete sehr alte Kommentare vor, so dass die neuste Literatur und Rechtsprechung nicht erfasst worden ist. Einsehen kann man diese Kommentare in der Regel bei der grössten Bibliothek im Kanton (Zentral-, Kantons- oder Stadtbibliothek).

Berner Kommentar, Kommentar zum Schweizerischen Privatrecht, herausgegeben von Prof. Dr. H. Hausheer
  Verlag Stämpfli & Cie AG, Bern
Zürcher Kommentar, Kommentar zum Schweizerischen Zivilgesetzbuch
  Schulthess Polygraphischer Verlag, Zürich

Systematische Darstellungen

Nebst den Kommentaren gibt es systematische Darstellungen, die einzelne Themenbereiche nicht nach Artikeln, sondern eben systematisch darstellen. Diese Bücher verschaffen meist einen guten Überblick über ein spezielles Gebiet. Sie eignen sich besser als die Kommentare der Gesetzesartikel, wenn man nicht ein spezielles Problem lösen möchte, sondern einen Überblick gewinnen will.

Schweizerisches Privatrecht, 5 Bände, Hrsg. Gutzwiller
  Verlag Helbing & Lichtenhahn, Basel/Stuttgart 1969

Tuor/Schnyder, Das Schweizerische Zivilgesetzbuch
   10. Auflage 1986, Schulthess Polygraphischer Verlag, Zürich

Einleitungsartikel

H. M. Riemer, Die Einleitungsartikel des Schweizerischen Zivilgesetzbuches
   Verlag Stämpfli, Bern 1987

Personenrecht

M. Pedrazzini/N. Oberholzer, Grundriss des Personenrechts
   3. Auflage 1989, Verlag Stämpfli, Bern
Andreas Bucher, Natürliche Personen und Persönlichkeitsschutz
   Verlag Helbing und Lichtenhahn, Basel 1986
Richard Frank, Persönlichkeitsschutz heute
   Schulthess Polygraphischer Verlag AG, Zürich 1983
U. Lampert/J. Widmer/U. Scherrer, Wie gründe und leite ich einen Verein?
   Vereine und Verbände im schweizerischen Recht. Mit Gesetzestext und Vorlagen
   9. Auflage 1993, Schulthess Polygraphischer Verlag, Zürich

Familienrecht

C. Hegnauer/P. Breitschmid, Grundrecht des Eherechts
   Verlag Stämpfli & Cie AG, Bern 1993
C. Hegnauer, Grundriss des Kindsrechts und des übrigen Verwandtschaftsrechts
   3. Auflage 1989, Verlag Stämpfli, Bern
H. M. Riemer, Grundriss des Vormundschaftsrechts
   Verlag Stämpfli, Bern 1981
Ehe. Ein Ratgeber aus der Beobachter-Praxis
   4. Auflage 1991, Beobachter-Buchverlag, Zürich
Scheidung. Ein Ratgeber aus der Beobachter-Praxis
   6. Auflage 1992, Beobachter-Buchverlag, Zürich
Konkubinat. Ein Ratgeber aus der Beobachter-Praxis
   6. Auflage 1993, Beobachter-Buchverlag, Zürich
Roland Schärer (Hrsg.), Adoptiert. Lebensgeschichten ohne Anfang
   Cosmos Verlag, Muri 1991
Polly Toynbee, Adoptivkinder suchen ihre Mutter
   Fischer TB, Verlag S. Fischer, Frankfurt a. Main 1989
Uwe Gerber, Ja zum angenommenen Kind − Orientierungshilfen für Adoptiv- und
   Pflegeeltern
   Quell Verlag, Stuttgart 1987
Merkblatt für zukünftige Adoptiveltern eines ausländischen Kindes
   Zu beziehen beim Sozialamt der Stadt Zürich, Abteilung Pflegekinder,
   Stauffacherstrasse 60, 8004 Zürich, Tel. 01/246 63 41

Erbrecht

J. N. Druey, Grundriss des Erbrechts
  2. Auflage 1988, Verlag Stämpfli, Bern
M. Küng, Entscheide des Bundesgerichtes zum Erbrecht
  Verlag Paul Haupt, Bern 1991
Testament – Erbfolge – Erbschaft. Ein Ratgeber aus der Beobachter-Praxis
  8. Auflage 1992, Beobachter-Buchverlag, Zürich
Der Lidlohnanspruch
  Herausgegeben und zu beziehen beim Schweizerischen Bauernverband, Laurstrasse 10, 5200 Brugg, Tel. 056/32 51 11

Sachenrecht

Heinz Rey, Die Grundlagen des Sachenrechts und das Eigentum
  Grundriss des Schweizerischen Sachenrechts, Band 1
  Verlag Stämpfli, Bern 1991
H. M. Riemer, Die beschränkten dinglichen Rechte
  Grundriss des Schweizerischen Sachenrechts, Band 2
  Verlag Stämpfli, Bern 1986
Hanspeter Geiser, Leitsätze zum Eigentumsrecht
  Gesetzestexte mit Leitsätzen
  Verlag Stämpfli, Bern 1981
Alfred Koller (Hrsg.), Der Grundstückkauf
  St. Gallen 1989
H.-P. Friedrich, Das Stockwerkeigentum
  Reglement für die Gemeinschaft der Stockwerkeigentümer
  Verlag Stämpfli, Bern 1992
A. Lindenmann, Bäume und Sträucher im Nachbarrecht
  Herausgegeben vom Verband Schweizerischer Gärtnermeister, 1988

Anhang

Adressen

Allgemeine Rechtsauskunftsstellen

Für allgemeine Rechtsauskünfte oder für die Vermittlung eines Anwalts wendet man sich an:

Der Schweizerische Beobachter
Beratungsdienst
Postfach
8021 Zürich
Tel. 01/207 78 78

Anwaltsgemeinschaft
Rümelinsplatz 14
4001 Basel
Tel. 061/281 62 11
14–17.30 Uhr

Demokratische Juristinnen und Juristen
der Schweiz
Rue de Lausanne 18
1700 Fribourg
Tel. 037/23 13 66

Permanence Juridique SA
9, Rue de la Terrassière
1207 Genève
Tel. 022/735 81 83
8.15–18.45 Uhr

Kantonale Anwaltsverbände
Adressen bei:
Schweizerischer Anwaltsverband
Lavaterstrasse 83
8027 Zürich
Tel. 01/202 56 50

Rechtsauskunftsstelle
Anwaltskollektiv
Kernstrasse 8/10
8004 Zürich
Tel. 01/241 24 33
Mo – Fr 12.30–18.30 Uhr

Schaffhauser Verein für Rechtsauskunft
Stadthausgasse 4
8200 Schaffhausen
Tel. 053/4 17 20
Mo – Fr 14–19 Uhr, Sa 8–12 Uhr

Zuständige Behörden Vormundschaft

(vereinfachte Darstellung, nicht alle Sonderfälle berücksichtigt)

Kanton	Vormundschaftliche Behörden	Aufsichtsbehörden (I = 1. Instanz, II = 2. Instanz)	Fürsorgerischer Freiheitsentzug	Entlassungsgesuch beim fürsorgerischen Freiheitsentzug
AG	Gemeinderat	I: Bezirksamt II: Obergericht	Bezirksamt	Verwaltungsgericht
AI	Vormundschaftsbehörde inneres Land; Oberegg: Bezirksrat	Standeskommission	Vormundschaftsbehörde	Kantonsgericht
AR	Gemeinderat	Regierungsrat	Vormundschaftsbehörde	Kantonsgericht
BE	Gemeinderat der Einwohnergemeinde	I: Regierungsstatthalter II: Regierungsrat	Erwachsene: Regierungsstatthalter Unmündige: Vormundschaftsbehörde	Rekurskommission des Obergerichts
BL	Gemeinderat	I: Bezirksstatthalter II: ev. Verwaltungsgericht	Statthalteramt	Verwaltungsgericht
BS	Vormundschaftsrat	I: Justizdepartement II: Verwaltungsgericht	Fürsorgerat	Verwaltungsgericht
FR	Friedensgericht	I: Bezirksgericht II: Kantonsgericht	Friedensgericht	I: Vormundschaftskammer des Bezirksgerichts II: Vormundschaftskammer des Kantonsgerichts
GL	Waisenamt	I: Vormundschaftsdirektion II: Regierungsrat	Waisenamt	Verwaltungsgericht
GR	Kreisweise organisierte Vormundschaftsbehörde	I: Bezirksgerichtsausschuss II: Regierung (Änderung geplant)	Vormundschaftsbehörde	Bezirksgerichtsausschuss
LU	Gemeinderat	I: Regierungsstatthalter II: Regierungsrat	Regierungsstatthalter	Verwaltungsgericht

Kanton	Vormundschaftliche Behörden	Aufsichtsbehörden (I = 1. Instanz, II = 2. Instanz)	Fürsorgerischer Freiheitsentzug	Entlassungsgesuch beim fürsorgerischen Freiheitsentzug
NW	Gemeinderat	I: Justizdirektion NW II: Regierungsrat	Kantonsgericht	Kantonsgericht
OW	Einwohnerrat der Wohnsitzgemeinde	Regierungsrat	Einwohnergemeinderat	Verwaltungsgericht
SG	Vormundschaftsbehörde	I: Justiz- und Polizeidirektion II: Kantonsgericht	Vormundschaftsbehörde	Verwaltungsrekurskommission
SH	Vormundschaftsbehörde	I: Vormundschaftsinspektorat II: Regierungsrat	Vormundschaftsinspektor	Obergericht
SO	Vormundschaftsbehörde	I: Oberamtmann II: Departement des Innern (Änderung geplant)	Departement des Innern	Verwaltungsgericht
SZ	Vormundschaftsbehörde	Regierungsrat	Vormundschaftsbehörde	Verwaltungsgericht
TG	Vormundschaftsbehörde	I: Bezirksrat II: Regierungsrat	Vormundschaftsbehörde	Bezirksgerichtspräsidium
UR	Gemeinderat	Regierungsrat	Vormundschaftsbehörde	Landgericht
VS	Waisenamt	Vormundschaftsamt des Bezirks	Waisenamt	Bezirksgericht
ZG	für Einwohner: Gemeinderat für Bürger mit Wohnsitz in Heimatgemeinde: Burgerrat	Regierungsrat	für Einwohner: Gemeinderat für Bürger mit Wohnsitz in Heimatgemeinde: Burgerrat	Verwaltungsgericht
ZH	Vormundschaftsbehörde	I: Bezirksrat II: Obergericht	Vormundschaftsbehörde, Arzt	Psychiatrische Gerichtskommission

Zuständige Behörden Erbrecht

Kanton	Errichtung öffentlicher Testamente	Aufbewahrung von Testamenten	Einreichung/ Eröffnung von Testamenten	Ausschlagung/ öffentliches Inventar	Erbschein	Siegelung/ Sicherungsinventar
AG	Notar	Gerichtspräsident	Gerichtspräsident	Bezirksgericht	Gerichtspräsident	Gemeinderat, Bezirksgericht
AI	Landschreiber oder Bezirksschreiberei	Erbschaftsbehörde	Präsident der Erbschaftsbehörde	Erbschaftsbehörde	Erbschaftsbehörde	Präsident der Erbschaftsbehörde
AR	Gemeindeschreiber	Gemeinderat	Gemeindehauptmann/ Gemeindeschreiber	Gemeinderat	Erbteilungskommission	Gemeinderat
BE	Notar	Gemeinderat, Notar	Gemeinderat	Regierungsstatthalter	Gemeinderat, Notar	Gemeinderat
BL	Bezirksschreiberei	Bezirksschreiberei	Bezirksschreiberei	Bezirksschreiberei	Bezirksschreiberei	Bezirksschreiberei
BS	Notar	Erbschaftsamt	Erbschaftsamt	Erbschaftsamt	Erbschaftsamt	Erbschaftsamt
FR	Notaire	Notaire	Juge de paix	Président du tribunal d'arrondissement	Juge de paix	Friedensgericht
GE	Notaire	Juge de paix	Juge de paix	Juge de paix	Juge de paix	Juge de paix
GL	Regierungs- oder Gerichtskanzlei, vom Obergericht ermächtigte Anwälte	Waisenamt	Waisenamt	Zivilgerichtspräsident	Waisenamt	Waisenamt

Kanton	Errichtung öffentlicher Testamente	Aufbewahrung von Testamenten	Einreichung/ Eröffnung von Testamenten	Ausschlagung/ öffentliches Inventar	Erbschein	Siegelung/ Sicherungs- inventar
GR	Kreisnotar	Kreispräsident	Kreispräsident	Kreispräsident	Kreispräsident	Kreispräsident
JU	Notaire	Notaire ou conseil communal	Conseil communal	Juge administratif; Recette et administration de district	Conseil communal	Conseil communal und die dazu bezeichnete Behörde
LU	Notar	Depositalbehörde	Teilungsbehörde	Teilungsbehörde	Teilungsbehörde	Teilungsbehörde
NE	Notaire	Président du Tribunal de district	Président du Tribunal de district	Président du Tribunal de district	Président du Tribunal de district	Président du Tribunal de district
NW	Amtschreiber, Amtsnotar, Grundbuchverwalter Handels- und Güterrechts- registerführer, Gemeindeschreiber, Anwälte mit Wohnsitz im Kanton	Amtsnotariat	Gemeinderat	Kantonales Konkursamt	Gemeinderat	Einwohner-, Gemeinderat
OW	Kantonaler Amtsnotar, freie Notare, Gemeindenotare	Gemeindearchiv	Einwohner- gemeinderat	Einwohner- gemeindepräsident/ Obergerichts- kommission	Gemeindeschreiber	Gemeinderat
SG	Bezirks- oder Gemeindeammann, Gemeinderatsschreiber, Anwalt mit St. Gallischem Patent	Bezirksamt oder Gemeinderat	Bezirks- oder Gemeindeammann	Bezirksammann	Bezirks- oder Gemeindeammann	Bezirksammann

Adressen

Kanton	Errichtung öffentlicher Testamente	Aufbewahrung von Testamenten	Einreichung/ Eröffnung von Testamenten	Ausschlagung/ öffentliches Inventar	Erbschein	Siegelung/ Sicherungsinventar
SH	Erbschaftsbehörde	Erbschaftsbehörde	Erbschaftsbehörde	Erbschaftsbehörde	Erbschaftsbehörde	Erbschaftsbehörde
SO	Notar, Amtsschreiber	Amtsschreiberei	Ammann der Einwohnergemeinde	Amtsschreiber, Amtsgerichtspräsident	Amtsschreiber	Gemeindeammann, Vormundschaftsbehörde, Amtsschreiber
SZ	Gemeindeschreiber, Notar, Rechtsanwalt	Vormundschaftsbehörde	Vormundschaftsbehörde	Bezirksgerichtspräsident	Vormundschaftsbehörde	Vormundschaftsbehörde
TG	Notar	Notar	Notar	Bezirksgerichtspräsident	Notar	Teilungsbehörde
TI	Nataio	Nataio	Pretore	Pretore	Pretore	Pretore
UR	Notar	Staats- und Gemeindearchiv	Gemeinderat	Gemeinderat	Zivilstandsbeamter	Gemeinderat
VD	Notaire	Juge de paix	Juge de paix	Juge de paix	Juge de paix	Juge de paix
VS	Notaire	Notaire	Juge de commune	Juge d'instruction	Juge de commune	Gemeinderichter
ZG	Einwohner- oder Gerichtskanzlei	Einwohnerkanzlei/ Gerichtskanzlei	Erbteilungskommission der Gemeinde	Kantonsgerichtspräsident	Erbteilungskommission der Gemeinde	Einwohnerrat oder Erbteilungskommission
ZH	Notar	Notar	Einzelrichter	Einzelrichter	Einzelrichter	Einzelrichter, allenfalls Vormundschaftsbehörde

Die Klage im Erbrecht

	Wer klagt? Legitimation	Wer wird beklagt?	Klage-Art	Klagegrund	Fristen/Verjährung
Klage wegen Bereicherung ZGB 497/579	Gläubiger des Erblassers	Verzichtende Erben bzw. ausschlagende Erben	Leistungsklage	Benachteiligung der Gläubiger des Erblassers	1 Jahr nach Kenntnis bzw. 10 Jahre nach Entstehung des Anspruches
Ungültigkeitsklage ZGB 519	Erben und Vermächtnisnehmer	Begünstigte aus Verfügungen von Todes wegen	Gestaltungs- und Leistungsklage	Verfügungsunfähigkeiten, Willensmangel, Unsittlichkeit Rechtswidrigkeit der Verfügung von Todes wegen	1 Jahr nach Kenntnis bzw. 10 Jahre nach Eröffnung; bei Bösgläubigkeit: 30 Jahre; einredeweise immer
Herabsetzungsklage ZGB 522	Pflichtteilsgeschützte Erben	Begünstigte aus Verfügungen von Todes wegen sowie unter Lebenden	Leistungsklage auf wertmässige Wiederherstellung der Pflichtteile	Überschreitung der Verfügungsbefugnis durch den Erblasser	1 Jahr nach Kenntnisnahme bzw. 10 Jahre nach Eröffnung bzw. nach dem Tod des Erblassers; einredeweise immer
Klage der Vermächtnisnehmer ZGB 562 und 601	Vermächtnisnehmer	Belastete Erben oder Vermächtnisnehmer	Leistungsklage	Anspruch auf ein Vermächtnis aus einer letztwilligen Verfügung, ev. Schadenersatz	10 Jahre nach Fälligkeit
Erbschaftsklage ZGB 598	Gesetzliche oder eingesetzte Erben, *nicht* die Vermächtnisnehmer	Besitzer der Erbschaft	Feststellungs- und Leistungsklage	Fehlendes Recht des Besitzenden auf die Erbschaft	1 Jahr nach Kenntnis bzw. 10 Jahre nach dem Tod des Erblassers; bei Bösgläubigkeit 30 Jahre
Teilungsklage ZGB 604	Erben, *nicht* die Vermächtnisnehmer	Die mit der Teilung nicht einverstandenen Miterben	Feststellungs- und ev. Gestaltungsklage	Auflösung der Erbengemeinschaft und Teilung der Erbschaft	Jederzeit möglich

Stichwortverzeichnis

A

Abänderung der Kinderzuteilung . . 181
- des Scheidungsurteils 168, 181
- von Renten 168
Abwehrrecht des Eigentümers 537, 584
Adoption . . . . 268 ff.
- Altersunterschied 273
- Anfechtung 282
- ausländischer Kinder 270, 283
- Einzel- 272
- Erwachsener 277
- gemeinschaftliche 272
- Pflegekinderbewilligung 269
- Stiefkind 272
- Unmündiger . . . . 268 ff.
- Verfahren . . . . 280 ff.
- Wartefrist 274
- Wirkungen 279
- zuständige Behörden 280
- Zustimmung der leiblichen
  Eltern 274
- Zustimmung des Kindes 273
Adoptionsgeheimnis 281
Adoptivkindervermittlung 283
Akzessionsprinzip 539, 569, 588
Alimente siehe Unterhaltsbeitrag
Alimentenbevorschussung 154, 179, 306
Alkoholismus als Scheidungs-
  grund 142, 147
Amtliche Liquidation . . . . 505 ff.
Amtsvormund 354, 379, 408
Analoge Anwendung gesetzlicher
  Bestimmungen 34
Aneignung bei Fahrnis 626
- bei Grundstücken 561
Anerkennung eines Kindes . . . . 262 ff.
Anfechtbarkeit einer Verfügung . . . 470
Anfechtung der Enterbung 443
- der Vaterschaft . . . . 258 ff.
- der Vaterschaftsanerkennung . . . 264
Anfechtungsklage Vaterschaft . . 258 ff.
Angefallene Erbteile, Vertrag über . 528

Annahme der Erbschaft 490
Anriesrecht 579
Anstalt (Personenrecht) 40, 78
Anwartschaft (Eherecht) 163, 169, 174
- (Erbrecht) 529
Arbeitserwerb des Kindes 334
Aufenthaltsort 51
Auflage (Erbrecht) . . . . 444 ff.
Aufsichtsbehörde beim
  Pflegekinderverhältnis 270
- im Erbrecht, Beschwerde 487
- über die Stiftung 107
- vormundschaftliche 410, 771
- zivilstandsamtliche 76
Ausgleichung . . . . 523 ff.
- bei gemischter Schenkung 527
- und Herabsetzung 526
- von Gelegenheitsgeschenken . . . 526
Ausgleichungsdispens 523
Ausgleichungspflicht 523
- eingesetzte Erben 524
- Nachkommen 523
- übrige gesetzliche Erben 524
Auskunftspflicht
- (Eherecht) 156, 201, 221
- (Erbrecht) 502, 515
Auslegung des Gesetzestextes . . 20 ff.
Ausschlagung der Erbschaft . . . 494 ff.
- des Vermächtnisses 498
- Verwirkung der Befugnis zur . . . 495
Ausschluss aus Verein 97
- der Miteigentümer 550
Aussereheliche
  Vaterschaft . 262 ff., 290, 297, 312
Ausserordentliche Entschädigung 193 ff.
Ausserordentlicher Beitrag . 193 ff., 198
Ausserordentlicher Güterstand . . 157,
          175, 209, 213, 216, 218 ff.
Austritt aus Verein 95

B

Bäuerliches Erbrecht .... 520 ff., 556
- Ertragswert 521
- Gewinnanspruch 522
- Kaufrecht 522
- Realteilungsverbot 522
- Veräusserungsverbot 521
- Zerstückelungsverbot 522
Baurecht . . 568, 596, 602, 630, 646 ff.
- Heimfall 650
- Vorkaufsrecht 576, 649
Bedingung (Erbrecht) . . . . . . 444 ff.
Bedürftigkeitsrente bei
 Scheidung 162, 167
Begünstigung des überlebenden
 Ehegatten 439, 452
Beirat 357, 367, 425
Beiratschaft . . 357 ff., 363, 383, 387 ff.
- kombinierte 390
- Mitwirkungs- 389
- Veröffentlichung 391
- Verwaltungs- 389
- Zuständigkeit 390
Beistand . . . . 357 ff.
- Amt des 409
Beistandschaft . . . 321, 357 ff., 383 ff.
- eigenes Begehren 386
- Aufhebung 419
- für ausserehelische Kinder . . 319, 322
- kombinierte 385
- Vertretungs- 383
- Verwaltungs- 385
- Zuständigkeit 390
Beistandspflicht
- (Eherecht) . 146, 159, 167, 187, 206
- (Kindesrecht) 288, 295
Beschränkte dingliche
 Rechte . . . . 534, 629 ff.
Beschränkung des Grund-
 eigentums . . . . 572 ff.
Besitz . . . . 532, 690 ff.
- Unterschied zum Eigentum 532
- Rechtsschutz 694
Besitzesrechtsklage 694, 697
Besitzesregeln . . . . 621, 695 ff.
Besitzesschutz 693
Besitzesschutzklage 694, 697

Bestandteil 538
Besuchsrecht bei Scheidung 179
- bei vorsorglichen Massnahmen . . 155
- im Eheschutz 210
- im Kindesrecht . . . 274, 289 ff., 321,
 323, 326
Betrag zur freien Verfügung . 151, 153,
 159, 165, 192, 209, 226
Beurkundung, öffentliche . . 560, 594,
 600, 650, 658
Bevormundung (siehe auch
 Entmündigung) . . . . 360 ff.
- Unmündiger 360
Bewährte Lehre und Überlieferung . . 23
Bewegliche Sache siehe Fahrnis
Beweislast 35
Beweisregeln 35
Beweisvorschriften 37
Bigamie 124
Billigkeitsentscheidung 30
Billigkeitshaftung 46, 343, 406
Blutsverwandte siehe Verwandte
Böswillige Verlassung . 143, 189, 208
Brunnenrecht 586
Bundesprivatrecht 18, 31
Bürgerrecht 50, 188, 279
- Ehefrau 137, 159
- Kind 137, 176, 257, 261, 262,
 263, 279, 287

C

Clausula rebus sic stantibus 25

D

Dauernde Rechte 558, 649, 651
Décharge 89, 90, 94, 422
Dereliktion, bei Fahrnis 628
- bei Grundstücken 564
Destinatäre (Erbrecht) 445, 447
- (Personenrecht) . . 84, 104, 112, 113
Dienstbarkeit . . . . 630 ff.
Dingliches Recht 535

Dispositives Recht 86
Drohung siehe Willensmängel
Durchleitungsrecht 580, 630

E

Ehe . . . . 115 ff.
– Anfechtbarkeit . . . . . . 130, 132 ff.
– Nichtigkeit . . . . 123, 130 ff.
– Treuepflicht . . . 140, 146, 159, 187
– Ungültigkeit . . . . 130 ff.
– Unterhaltspflicht . 146, 151, 156, 159, 178, 187, 190
– Wirkungen der . . . . 186 ff.
Eheberatung 203
Ehebruch 140, 162
Ehefähigkeit 121
Ehefähigkeitszeugnis 129
Ehehindernisse . . . . 122 ff.
Eheliche Gemeinschaft . . 138, 146, 159, 186, 195, 202, 206, 208
Eheliche Wohnung . . . 150, 159, 189, 209, 241
Ehelicher Güterstand . . . . 175, 215 ff.
Eheliches Güterrecht . . . . 215 ff.
Ehemündigkeit 120
Eherecht . . . . 115 ff.
Ehescheidung siehe Scheidung
Eheschliessung . . . . 117 ff.
– Einspruch 126
Eheschutz . . . . 202 ff.
Ehetrennung, gerichtliche . . 138, 148, 158 ff., 175, 185
Ehevertrag 175, 215, 217, 231, 238, 240
Eigengut bei
 Errungenschaftsbeteiligung 228
– bei Gütergemeinschaft 244, 250, 251
Eigenhändiges Testament . . . . 457 ff.
Eigentum . . . . 532, 537 ff.
– an beweglichen Sachen siehe Fahrniseigentum
– an Grundstücken siehe Grundeigentum
– gemeinschaftliches (siehe auch Mit- und Gesamteigentum) . . 541 ff.

– Unterschied zum Besitz 532
Eigentumsfreiheitsklage 537
Eigentumsklage 509, 539, 697
Eigentumsübertragung bei
 Fahrnis . . . . 620 ff.
– bei Grundstücken 558, 560
Eigentumsverlust bei Fahrnis 628
– bei Grundstücken 563
Eigentumsvorbehalt 622
Eigentumswohnung siehe
 Stockwerkeigentum
Einfriedungen 583
Eingesetzte Erben 446, 489, 524
Einleitungsartikel . . . . 17 ff.
Einmischung (Erbrecht) 495
Einrede 36
– (Erbrecht) 469, 475
Einspracherecht 598
Einspruch gegen Eheschliessung . . 126
Einwendung 36
Einzeladoption 272
Elterliche Gewalt . . . . 176, 310 ff.
– Abänderung 181
– Entzug der 275, 325
– gemeinsame Ausübung 311
– Mitspracherecht des Kindes 315
– unverheiratete Eltern 312
Elterliche Obhut siehe Obhut
Entbindungskosten . . . 266, 299, 309
Enterbung . . . . 441 ff.
Entlassung des Vormunds 420
Entmündigung . . . . 358, 360 ff.
– auf eigenes Begehren 369
– bei Freiheitsstrafe 368
– bei Geisteskrankheit/-schwäche 362
– bei lasterhaftem Lebenswandel . . 368
– bei Trunksucht 367
– bei Verschwendung,
 Misswirtschaft 365
– Entzug der Handlungsfähig-
 keit 358, 404, 406
– erweiterte Handlungsfähigkeit . . 405
– Gefährdung Dritter 365
– höchstpersönliche Rechte 405
– Mitwirkungsrecht des
 Bevormundeten 407
– Mündiger . . . . 361 ff.
– Schutzbedürftigkeit 352, 363

- Verfahren 371
- Veröffentlichung 374
- vorsorgliche Massnahmen 380
- Zuständigkeit 375, 771
Entmündigungsgründe . . . . . . 361 ff.
Entschädigungsrente . . . . 162, 163 ff.
Entzug der elterlichen Gewalt 275, 325
Entzug der Vertretungsbefugnis 157, 206
Entzug der Freiheit siehe fürsorgerische Freiheitsentziehung
Erbanwartschaft, Vertrag über 529
Erbauskauf 453, 477
Erbeinsetzung 446
- Ersatzerben 448
- Nacherben 448, 480, 485
- Vorerben 450
Erben . . . . 427 ff.
- eingesetzte 446, 489, 524
- solidarische Haftung . . . . . 429 ff., 489, 497, 524
- Gleichstellung der 515, 519
Erbengemeinschaft . . . 486, 489, 492, 510, 511 ff.
- Betreibung 512
- solidarische Haftung 512, 530
Erbengläubiger 491, 499, 506, 515, 516
Erbenvertreter 489, 512
Erbfähigkeit 579
Erbfolge . . . . 429 ff.
- Anwachsungsprinzip 431
- Eintrittsprinzip 430
- gesetzliche . . . . 429 ff.
- Gleichheitsprinzip 430
Erbgang . . . . 478 ff.
Erbrecht . . . . 425 ff.
- bäuerliches . . . . 520 ff., 556
- der Adoptivkinder 279, 433
- der ausserehelichen Verwandten 263, 433
- der Blutsverwandten . . . . . . 428 ff.
- der geschiedenen Ehegatten 162, 171
- der überlebenden Ehegatten . . . 433
- des Gemeinwesens 435
- und Güterrecht 434
- zuständige Behörden . 478, 485, 773
Erbschaft 441, 478, 512

- Ausschlagung . . . . 494 ff.
- Erwerb 490
Erbschaftsgläubiger . . . 453, 491, 499, 500, 506
Erbschaftsklage . . . . 508 ff., 776
- Verjährung 510
Erbschaftsverwaltung 486, 589, 507, 512
Erbschein 488
Erbteilung . . . . 511 ff.
- Bewertung von Erbschaftsgegenständen 519
- Durchführung . . . . 514 ff.
- Gleichstellung der Erben . . . 515, 519
- Losbildung . . . . 516 ff.
- Teilungsanspruch 513
- Teilungsbehörde 519
- Teilungsvorschriften des Erblassers 444, 448, 516
- Zuteilungsregeln 519
- Zuweisung . . . . 516 ff.
Erbteilungsklage 514, 776
Erbteilungsvertrag 528
- Mängel 530
Erbunwürdigkeit 481
Erbverpfründung 477
Erbvertrag . . . . 436, 437, 451 ff., 454, 464, 476
- Abänderung 465
- Aufhebung 465
- Erbauskauf 453, 477
- Formvorschriften 454, 464
- Herabsetzung 475
- negativer 453
- positiver 452
Erbverzichtsvertrag 453, 477
Erbvorbezug 474, 523
Ermessen, richterliches 29
Eröffnung von letztwilligen Verfügungen 487
Errichten einer Stiftung 104, 450
Errungenschaft . . . . 225 ff.
Errungenschaftsbeteiligung . 216, 225 ff.
Errungenschaftsgemeinschaft 244
Ersatzforderung 237, 250
Ersitzung von Fahrnis 628, 699
- von Grundstücken 561, 711
Ertragswert 239, 521

Erwachsenenadoption 527
Erweiterter Lebensbedarf 152
Erwerb der Erbschaft 490
– von Fahrniseigentum . . . . . . 620 ff.
– von Grundeigentum . . . . . . 558 ff.
Erziehung des Kindes . 292, 310, 314 ff.
Europäische Menschenrechts-
  konvention 53, 371, 392
Existenzminimum 152, 168, 179,
  294, 337

F

Fahrnis . . . . 533, 620 ff.
Fahrnisbaute 570
Fahrniseigentum . . . . 533, 620 ff.
Fahrnisklage 697
Fahrnispfand 680
Familienbüchlein 76
Familienhaupt . . . . 339 ff.
– Haftung des 340
Familienname . . . . . . 67 ff., 188, 284
– der Ehefrau 69, 188
– der geschiedenen Frau 161
– des Ehemannes 69, 188
– des Kindes . 69, 137, 176, 257, 261,
  262, 263, 285
Familienrecht . . . . 115 ff.
Familienschein 76, 183
Familienstiftung . . . 79, 103, 111, 345
Familienvormundschaft 356
Faustpfand . . . . 623, 680 ff., 685
Ferienrecht siehe Besuchsrecht
Fiktion 36
Finderlohn 626
Freibetrag (Eherecht) . . 153, 205, 209
Freies Vermögen des Kindes 334
– des Mündels 405
Freiheitsentziehung siehe fürsorgerische
  Freiheitsentziehung
Fund 626
Fürsorgerische Freiheitsent-
  ziehung . . . . 392 ff.
– Alkoholabhängiger 395
– Drogenabhängiger 395

– Entlassungsgesuch 398
– Rechtsschutz 397
– Unmündiger 394
– Voraussetzungen 393
– Zuständigkeit 395, 771

G

Geburt 71
Gegendarstellungsrecht . . . . . . 61 ff.
Gehorsamspflicht des Kindes 315
Geisteskrankheit/-schwäche als
  Ehehindernis 121, 131
– als Entmündigungsgrund 362
– als Scheidungsgrund 143
Gemeinderschaft 345
Gemeinschaftliche Adoption 272
Gemeinschaftliches Eigentum
  (siehe auch Mit- und Gesamt-
  eigentum) . . . . 541 ff.
Genugtuung
– (Eherecht) 119, 162, 166, 229
– (Persönlichkeitsschutz) 58
Gerichtliche Ehetren-
  nung . . . 138, 148, 158 ff., 175, 185
Gerichtsstand 58, 149, 182, 223,
  256, 298, 478, 509
Gesamteigentum 553
– Unterschied zum Miteigentum . . 541
Gesamtgut . 172, 174, 215, 220, 243 ff.
Geschäftsfähigkeit des Kindes 318
Geschlechtsname siehe Familienname
Gesetzeslücke . . . . 21 ff.
– unechte 26
Gesetzesrevision 714
Gesetzesumgehung 25
Gesetzliche Erben 429 ff., 489, 497, 524
Gesetzliche Vermutung 36
Gesetzlicher Güterstand 216
Gesetzlicher Vertreter des
  Kindes 270, 304, 317, 323
– von Erwachsenen . . 358, 389, 403 ff.
Gewässer, öffentliche 588
Gewohnheitsrecht 22
Gleichbehandlung der Nach-
  kommen 523

Grenzvorrichtungen 566, 583
Grenzscheidungsklage 566
Grundbuch . . 536, 559, 563, 573, 576,
　600, 608, 633, 649, 657, 690, 700 ff.
– öffentlicher Glaube des 711
Grundbuchberichtigungsklage . . . 710
Grundbuchsperre 157
Grunddienstbarkeit . . . 569, 570, 582,
　588, 630, 631 ff.
Grundeigentum . . . . 533, 557 ff.
– Beschränkung des 572
Grundlast 629, 652
Grundpfand . . . . 534, 608, 655 ff.
Grundpfandverschrei-
　bung . . . . 534, 656, 666 ff.
Grundsatz der Nichtrückwirkung . . 714
Grundstück . . . 533, 557 ff., 594, 630,
　631 ff., 649, 652, 655 ff., 690, 670 ff.
– Begriff 558
– Dereliktion 564
– Eigentum . . . . 533, 557 ff.
Gründung eines Vereins . . . . . . 85 ff.
Grundwasser 558, 588
Gült . . . . 656, 666 ff., 673
Guter Glaube 28, 696
Gütergemeinschaft . 172, 174, 215, 219,
　220, 221, 242 ff.
Güterrecht der Eheleute . . . . . 215 ff.
– und Erbrecht 434
Güterrechtliche Auseinandersetzung
– bei Errungenschaftsbeteili-
　gung . . . . 232 ff.
– bei Gütergemeinschaft . . . . . 247 ff.
– bei Gütertrennung 252
– bei Scheidung . . . . 171 ff.
Güterstand . . . . 216, 218 ff.
– Auflösung siehe güterrechtliche
　Auseinandersetzung
– ausserordentlicher . . . 157, 175, 209,
　213, 216, 218 ff.
– gesetzlicher 216
Gütertrennung 215, 251
– ausserordentliche . . . 157, 175, 209,
　213, 216, 218 ff.
Gutglaubensschutz 28
Gutgläubigkeit 28

H

Haftung der Eltern für Kinder 340
– der Erben . . 500, 503, 504, 512, 529
– des Familienhaupts 340
– des Vormunds . . . . 414 ff.
– gegenüber Dritten
　(Eherecht) 222, 231, 246
Handelsusanz 31
Handlungsfähigkeit 41, 81
– des Kindes 317
– juristischer Personen 81
– natürlicher Personen 41
– und Vormundschaft . . 358, 360, 384,
　386, 388, 404 ff., 408
Handlungsunfähigkeit . . . . 45 ff.
Hausgewalt . . . . 339 ff.
Heimat . . . . 49 ff.
Heimfall 650
Heimstätte 345, 349
Heirat siehe Eheschliessung
– der Eltern 261
Herabsetzungsklage . 443, 454, 471 ff.,
　496, 509, 514, 526, 776
– bei Verfügung unter Lebenden . . 474
– bei Verfügung von Todes wegen 474
– Verjährung 475
Hinzurechnung 236, 238, 242
Höchstpersönliche Rechte 47
– des Kindes 317
– und Vormundschaft 384, 405
Hypothek (siehe auch Grund-
　pfand) 534, 655
– General- 658

I

Immissionen 571, 577, 592
Indexklausel 166, 167, 179, 302
Individualrechte 53
Inkassohilfe 154, 179, 306
Intertemporales Recht 714
Irrtum siehe Willensmängel

J

Jugendschutz 330
Juristische Person . . . . 40, 78 ff.
- Handelsregistereintrag 79, 87
- Handlungsfähigkeit 81
- Organe der 82
- Rechtsfähigkeit 80
- Rechtspersönlichkeit 79
- unsittlicher Zweck 79
- widerrechtlicher Zweck 79
- Wohnsitz der 83

K

Kantonales Privatrecht 31
Kanzleisperre 157
Kapprecht 579
Kind . . . . 253 ff.
- Anerkennung . . . . 262 ff.
- Anstaltsunterbringung 323, 330, 394
- bei Scheidung . . . . . 153 ff., 175 ff.
- Bürgerrecht 137, 176, 257, 261, 262, 263, 279, 287
- Erziehung . . . . 292, 310, 314 ff.
- Familienname . . . 69, 137, 176, 257, 261, 262, 263
- gesetzlicher Vertreter 270, 304, 317, 323
- Namensänderung 69, 285
- Unterhaltsbeitrag . . . 154, 178, 181, 210, 296 ff., 300 ff.
- Unterhaltsklage 297
Kindesrecht . . . . 253 ff.
Kindesschutz . . . . 319 ff.
- Einzelmassnahmen 319
- Entzug der elterlichen Gewalt . . 325
- Erziehungsaufsicht 320
- Erziehungsbeistand 321
- Obhutsentzug 323
- Verfahren 327
- Zuständigkeit 327
Kindesverhältnis, Entstehung . . 255 ff.
- Klage auf Anfechtung . . . . . 258 ff.
Kindesvermögen . . . . 331 ff.
- Anzehrung 332
- freies 334

- Schutz des 334
Kindeswohl . . . 291, 311, 315, 319 ff.
- Schutz des . . . . 319 ff.
Klage auf Herausgabe der
  Bereicherung 454, 776
Klage des Vermächtnis-
  nehmers 510, 776
Klagefundament 35
Kombinierte Beiratschaft 390
Kombinierte Beistandschaft 385
Konkubinat und Eherecht . . 118, 168, 170
- und Erbrecht 427, 429, 439
- und Kindesrecht . . 69, 262, 285, 296, 303, 312, 322
Konkursamtliche Liquidation . . . 508
Konventionalscheidung . 138, 145, 184
Körperliche Unversehrtheit,
  Recht auf 53, 55
Körperschaft 40, 78
Krasses Missverhältnis der
  Interessen 26

L

Landwirtschaftliches
  Gewerbe . . . . 520 ff., 556
Landwirtschaftliches Grund-
  stück . . . . 520 ff., 556
Lasterhafter Lebenswandel als
  Entmündigungsgrund 368
Lebensstandard . . 151, 153, 159, 165, 178, 190, 192, 196, 210, 300
Legat siehe Vermächtnis
Leitungen . . . 565, 570, 580, 630, 709
Letztwillige Verfügung (siehe auch
  Testament) 436, 444, 451, 454
- Auflage . . . . 444 ff.
- Auslegung . 444, 448, 458, 462, 470
- Bedingung . . . . 444 ff.
- Einreichungspflicht 488
- Eröffnung 487
- mangelhafte . . . . . . 437, 458, 469 ff.
- Verfügungsarten . . . . 443 ff.
- Verfügungsfähigkeit 437
- Vernichtung 454, 463

– Widerruf 444, 454, 462
Lidlohn 343, 512, 520, 526
Liegenschaft . 539, 558, 595, 602, 630
Losbildung (Erbrecht) . . . . . . 516 ff.
Lücken intra legem 29

M

Marginalien 21
Marktwert 519
Mehrwertanteil bei Errungenschafts-
  beteiligung 233, 237
– bei Gütergemeinschaft 250
Melioration 586
Misswirtschaft als
  Entmündigungsgrund 365
Miteigentum . . . . 542 ff., 566
– beim Stockwerkeigentum . . . 591 ff.
– im Eherecht . . . 172, 230, 233, 252
– Unterschied zum Gesamteigen-
  tum 541
– Vorkaufsrecht . . . . 574 ff.
Mitteilungspflicht 515
Mitwirkungsbeiratschaft 389
Mündigkeit 42
– Ehemündigkeit 120
– in religiösen Fragen 315
– Mündigerklärung 42
Mündelsichere Anlage 402, 407
Mutterschaft 255

N

Nachbarrecht . . . . 577 ff.
Nacherbeneinsetzung . . 448, 480, 485
Nachkommen (Erbrecht) . . . . . 429 ff.,
  438 ff., 443, 475, 481, 523
Nachlass 434, 441, 478, 512
– Sicherung des . . . . 484 ff.
Nachverpfändung 682
Name . . . . 66 ff., 188, 284
– der Ehefrau 69, 188
– der juristischen Person 81
– des Ehemannes 69, 188
– des Kindes . . 66, 69, 137, 176, 257,
  261, 262, 263, 285
– Recht auf . . . . 66 ff.
Namensänderung 68
– der Ehefrau 161
– des Kindes 69, 176, 285
Namensanmassung 67
Namensschutz 67
Nasciturus 71, 480
Natürliche Früchte 272, 539, 639
Natürliche Personen . . . . . . 40, 41 ff.
Nebenfolgen der Scheidung . . 138, 184
Nichtrückwirkung 714
Notbedarf 152, 168, 208
Notbrunnen 589
Nottestament 460
Nottrauung 129
Notweg 573, 582
Notwendiger Lebensbedarf 152
Nutzlose Ausübung eines Rechts . . . 26
Nutzniessung . . . . 630, 636 ff.
– des überlebenden Ehe-
  gatten 241, 250, 434, 440, 519
Nutzwert 518, 521

O

Obhut, elterliche 153, 210, 311
– Entzug der 323
– Zuteilung der 153
Obligationenrecht 18, 34, 536
Obligatorisches Recht 535
Öffentliche Beurkundung . . 560, 594,
  600, 650, 658
Öffentliche Register 37
Öffentliche Urkunde 37
Öffentlicher Glaube des Grund-
  buchs 711
Öffentliches Inventar . . . . . . 499 ff.
– Wirkungen des . . . . 502 ff.
Öffentliches Recht 19, 31, 536
– Unterschied zum Privatrecht . . . 32
Öffentliches Testament 455
Ordre Public 715
Organe der juristischen Person 82

– vormundschaftliche	354 ff.
Organisation der Stiftung	106
– des Vereins	89 ff.
Ortsgebrauch	31

P

Parentelensystem	429 ff.
Person	39 ff.
– juristische	40, 78 ff.
– natürliche	40, 41 ff.
Personalfürsorgestiftungen	103, 112
Personenrecht	39 ff.
Persönlicher Verkehr siehe Besuchsrecht	
Persönlichkeitsrechte	53
Persönlichkeitsschutz	53 ff.
Persönlichkeitsverletzung	55 ff.
– Genugtuung	58
– vorsorgliche Massnahmen	59 ff.
Pfandrecht	629, 655 ff.
– an Fahrnis	680 ff.
– an Grundstücken	655 ff.
– beim Stockwerkeigentum	608
Pfandstelle	662
Pflegeeltern	269, 286, 308, 313, 324, 330
Pflegekind	269, 313, 330
Pflegekinderaufsicht	330
Pflege und Erziehung	292, 296, 301, 314
Pflichtteil	437 ff., 474, 526
– Berechnung des	438, 440
Pflichtteilserben	438
– später hinzukommende	465
Präjudizien	23
Präventiventerbung	443
Präventivklage	572
Privatrecht	18, 31
Privatsphäre	56
Privatvormund	354 379, 408
Prozesskostenvorschuss	156, 188
Prozessrecht	35
Pseudonym	66, 67

Q

Qualifiziertes Schweigen	22
Quellenrecht	558, 586, 630, 650
Quote beim gemeinschaftlichen Eigentum	541
Quote, verfügbare	439, 440

R

Randtitel siehe Marginalien	
Recht auf den Namen	66 ff.
– auf körperliche Unversehrtheit	53, 55
– auf Leben	53, 55, 71
Rechtsfähigkeit	41, 80
– der juristischen Person	80
– der natürlichen Person	41
Rechtsmissbrauch	26
Rechtspersönlichkeit	41, 79
Rechtsschutz (Besitz)	694
Rechtssubjekt	40
Rechtsträger	40, 42
Rente siehe Scheidungsrente, Unterhaltsbeitrag	
Retentionsrecht	684
– beim Stockwerkeigentum	608
Revision	714

S

Sache, bewegliche	533, 570, 620 ff.
– unbewegliche	533, 557 ff.
– Verkehrsfähigkeit der	33
Sachenrecht	531 ff.
Schatzfund	626
Scheidemauer	566
Scheidung	138 ff.
– Nebenfolgen	138, 184
– Vorsorgliche Massnahmen	149 ff.
Scheidungsgrund	139 ff.
Scheidungskonvention	138, 145, 170, 176, 183, 184
Scheidungsprozess	138, 149, 156, 162, 182 ff.

– vorsorgliche Massnahmen ... 149 ff.
Scheidungsrente .... 162 ff.
– Abänderung .... 168 ff.
– Bedürftigkeitsrente 162, 167
– Entschädigungsrente ... 162, 163 ff.
– Unterhaltsentschädigungs-
rente .... 162, 163 ff.
– Unterhaltsrente 162, 167
– Verschuldensrente ... 162, 163 ff.
Scheidungsverfahren .... 182 ff.
Schenkung auf den Tod hin 436
Schlusstitel .... 713 ff.
Schuldbrief 534, 656, 667 ff., 672, 675
Schutz der Persönlichkeit ..... 53 ff.
Schwägerschaft 48, 123
Selbständige Rechte .. 558, 649, 651
Selbsthilfe (Besitzesschutz) 694
Servitut siehe Dienstbarkeit
Sicherungsinventar 485
Sicherungsmassregeln
(Erbrecht) .... 484 ff.
Siegelung (Erbrecht) 485
Sittlichkeit 54
Solidarische Haftung
– (Erbrecht) 512, 530
– (Vormundschaft) 415
Sonderrecht .... 590, 591 ff.
Stamm (Erbrecht) 429
Statuten .... 82 ff.
– des Vereins .... 86 ff.
Steuerinventar 486
Stiefeltern 187, 297, 313
Stiefkinderadoption 272
Stiftung .... 78, 103 ff.
– Errichtung der 104, 450
– Organe der 106
Stiftungsaufsicht 107
Stockwerkeigentum .... 590 ff.
– Einspracherecht 598
– Pfandrecht 608
– Retentionsrecht 608
– Sonderrecht .... 590, 591 ff.
– Versammlung der
Stockwerkeigentümer ..... 610 ff.
– Verwalter .... 616 ff.
– Vorkaufsrecht 594, 598
– Wertquote 600, 601, 606, 615
Strafenterbung 442

T

Täuschung siehe Willensmängel
Teilliquidation (Erbrecht) 512
Teilung (Erbrecht) .... 511 ff.
Teilungsbehörde 519
Teilungsklage 514, 776
Teilungsvertrag 528
Testament (siehe auch letztwillige
Verfügung) .... 436 ff.
– Änderung 454, 462
– Aufbewahrung 456
– Aufhebung 462
– Auslegung . 444, 448, 458, 462, 470
– eigenhändiges .... 457 ff.
– Ergänzung 462
– gemeinschaftliches 454
– korrespektives 454
– Not- 460
– öffentliches 455
Trauung 128
Trauungsermächtigung 128
Treuepflicht 140, 146, 159, 187
Trunksucht als Entmündigungs-
grund 367
Treu und Glauben .... 24 ff.

U

Übergangsrecht 714
Überlieferung 23
Überragende Bauten 569
Überschuldung der Erb-
schaft .... 443, 467, 494 ff.
Übung 31
Unehrenhafter Lebenswandel als
Scheidungsgrund 142
Unentgeltliche Rechtspflege siehe
unentgeltlicher Rechtsbeistand
Unentgeltlicher Rechts-
beistand 156, 373, 399, 411
Unentgeltlicher Vorteil .. 46, 317, 406
Ungültigerklärung der Ehe 136
Ungültigkeitsklage (Erbrecht) ... 443,
468 ff., 474, 509, 514, 776

- Verjährung der 470
Unheilbare Zerrüttung . . . 139, 144 ff.
Unmündig siehe Mündigkeit
Unterhalt der
  Familie . . . . . 151, 187, 190 ff., 205
- gebührender 190
Unterhaltsbeitrag
- bei Scheidung und
  Trennung . . . . . . 148, 159, 162 ff.,
  178, 184
- Bevorschussung des . 154, 179, 306
- im Eheschutz 209, 210
- im Kindesrecht . . 270, 288, 297, 300,
  305, 309, 322
- Inkasso 154, 179, 306
- Sicherstellung des . . 157, 211, 307
- und Teuerung . . 166, 167, 179, 302
- vorsorgliche Massnahmen . . . 298 ff.
- während Scheidungs-
  prozess . . . . 151 ff., 154
Unterhaltsentschädigungs-
rente . . . . 162, 163 ff.
Unterhaltsklage . . . . 297 ff.
Unterhaltspflicht der Ehe-
  leute 146, 151, 156, 159, 178,
  187, 190
- der Eltern . . . . . . 270, 279, 292 ff.,
  323, 326
- über Mündigkeit hinaus . . . . 293 ff.
Unterhaltsrente 162, 161
Unterhaltsvertrag 303
Unterstützungspflicht,
  Verwandte . . . . 336 ff.
Unzulässige Berufung auf
  Formgültigkeit 27
Urkundsperson (Erbrecht) . . . 456, 481
Urteilsfähigkeit . . . . 43 ff.
- des Kindes 259, 273, 315, 317
Urteilsunfähigkeit . . . . 43 ff.

V

Vaterschaft
- Anfechtung . . . . 258 ff.
- Anfechtung der Anerkennung . . 264
- Anfechtungsklage . . . . 258 ff.
- aussereheliche 262 ff., 290, 297, 312

- des Ehemanns . . . . 257 ff.
- durch Anerkennung . . . . . . 262 ff.
- durch Heirat 262
- Vermutung 257
- Verschollener 258
Vaterschaftsklage . . . . 265 ff.
Verbrechen als Scheidungsgrund . . 142
- im Erbrecht 442, 481
Verein . . . . 78, 85 ff.
- Auflösung 101
- Ausschluss eines Mitglieds 97
- Décharge 89, 90, 94
- Gründung . . . . 85 ff.
- Mitgliedschaft . . . . 95 ff.
- Statuten . . . . 86 ff.
Vereinsbeschlüsse 91
Vereinsversammlung 89
Vereinsvorstand 93
Vereinszweck 87
Verfallsklausel 622
Verfügbare Quote 439, 440
Verfügung
- Arten der 443
- mangelhafte . . . . . 437, 458, 469 ff.
- unter Lebenden 436, 474, 523
- von Todes wegen siehe letztwillige
  Verfügung, Testament, Erbvertrag
Verfügungsbeschränkung 157,
  209, 212
Verfügungsfähigkeit 437
Verkehrssitte 31
Verkehrswert . 239, 441, 502, 519, 520
Verkündschein 128
Verkündung 125
Verlassung, böswillige . 143, 189, 208
Verletzung der Persönlichkeit . . . 55 ff.
Verletzung familienrechtlicher
  Pflichten 288, 295, 333
Verlöbnis . . . . 117 ff.
Verlöbnisbruch 119
Vermächtnis . . . . 446 ff., 498
- Forderungsklage . 447, 498, 510, 776
- Herabsetzung 448, 474
- Verschaffungs- 448
- Voraus- 448
Vermächtnisnehmer . . . 447, 481, 491,
  510, 512
Vermögen des Kindes . . . . 331 ff.

Vermögensverwaltung (Eherecht) . 223
- (Kindesrecht) 331
- (Vormundschaft) . . . 358, 385, 386, 387, 389, 400, 407
Verschollenerklärung 74
Verschollenheit 74
- des Ehegatten 124
- des Erben 481
- des Erblassers 481
- und Vaterschaft 258
Verschuldensrente . . . . . 162, 163 ff.
Verschwendung als Entmündigungsgrund 365
Vertrag
- siehe Ehevertrag
- siehe Erbvertrag
- über angefallene Erbteile 528
- über Erbanwartschaften 529
- über Unterhaltsbeiträge 303
- Umgehung des 25
Vertrauensprinzip 25
Vertretung der ehelichen Gemeinschaft . . . . 159, 195 ff.
- des Kindes 270, 304, 317, 323
- des Mündels . . . . . 358, 389, 403 ff.
Vertretungsbefugnis 157, 159
- Entzug 195, 206
Vertretungsbeistandschaft 383
Verwaltungsbeiratschaft 382
Verwaltungsbeistandschaft 385
Verwandtenunterstützungspflicht . . . . 336 ff.
Verwandtschaft 48, 123
Vindikation siehe Eigentumsklage
Vollziehungsklage 445, 447
Vorempfang 474, 523
Vorkaufsrecht . . . . 574 ff.
- bei Miteigentum . . . . 574 ff.
- bei Stockwerkeigentum . . . 594, 598
- beim Baurecht 576, 649
- limitiertes 576
Vormund . . 357 ff., 377 ff., 400 ff., 420
- Ablehnungsgründe 379
- Amt des . . . . 400 ff.
- Amtsdauer 408
- Amtsenthebung 421
- Anfechtung 379, 382
- Ausschliessungsgründe 379

- Bestellung . . . . 377 ff.
- Ende des Amts 420
- Entschädigung 408
- Haftung 414
- persönliche Fürsorge 402
- Schadenersatzpflicht 415
- Schweigepflicht 355
- Vermögensverwaltung 400, 407
- Wahl 379
- Zustimmung 406
Vormundschaft . . . . 351 ff.
- Aufhebung 421
- Aufsicht 410, 771
- Ende der 417
- Folgen der Beendigung 422
- Führung der . . . . 400 ff.
- Haftung der Behörden 414
- Massnahmen 358
- Organe 354
- rechtliches Gehör 373
- Verjährung der Mündelansprüche 423
- Zuständigkeit 354
Vormundschaftsbehörde 410, 771
Vormundschaftsbeschwerde 410
Vorname 66
Vorschlag . . . . 174, 234 ff.
Vorschlagsbeteiligung . . 175, 222, 229, 236, 237, 239
Vorsorgliche Massnahmen bei der Unterhaltsklage . . . . 298 ff.
- im Entmündigungsverfahren . . . 380
- im Persönlichkeitsschutz 59
- im Scheidungsprozess . . . . . 149 ff.

W

Wartefrist (Eherecht) . . 124, 135, 161
Wegrecht 582, 629, 633
Wertbestimmung 478, 526
Wertquote (Stockwerkeigentum) . 600, 601, 606, 615
Widerrechtlichkeit 56
Widersprüchliches Verhalten 27
Wiedervereinigung 149, 160
Wilde Adoption 283

Willensmängel
- bei Eheschliessung 134
- bei Verfügungen von Todes
  wegen 437
Willensvollstrecker . . . . . . 466 ff., 487
Wohlerworbene Rechte 715
Wohnrecht 241, 250, 630, 646
Wohnsitz . . . . 49 ff., 83
- der Ehefrau 51
- der juristischen Person 83
- des Bevormundeten 376
- des Kindes 51
- selbständiger 51
- unselbständiger 51
Wohnung der Familie 189, 199

Z

Zerrüttung siehe unheilbare Zerrüttung
Zivile Früchte 272, 639
Zivilstandsregister 76
Zugehör 538, 539
Zustimmung des Vormunds 406
- zur Adoption 273, 274
Zuweisung der Erbschafts-
  gegenstände . . . . 516 ff.
Zuwendung unter Lebenden . 474, 523
Zweck des Vereins 87
Zweckwidrige Verwendung eines
  Rechtsinstituts 25
Zwingendes Recht 86

Beobachter RATGEBER

Ehe Sie sich in den Haaren liegen.

Seit einiger Zeit ist das neue Eherecht in Kraft. Fragen tauchen auf, bei verheirateten Männern und Frauen genauso wie bei jungen Paaren, die kurz vor der Hochzeit stehen.

Was bedeutet das neue Eherecht für unseren Alltag? Wie steht es nun mit der Gleichberechtigung? Wer bestimmt über das Geld? Wie sieht's beim Erben aus?

Diese und viele weitere Fragen werden in diesem Ratgeber beantwortet. Anhand von leichtverständlichen Beispielen beleuchten kompetente Fachleute das neue Eherecht von allen Seiten.

Ein Handbuch für alle Paare, die ihre Verantwortung in der Ehe ernst nehmen.

 184 Seiten

Beobachter-Ratgeber gibt es noch zu vielen weiteren Themen.
Erhältlich in Ihrer Buchhandlung.

„DER BEOBACHTER IST KÄUFLICH."

**Aber nur am Kiosk.
Oder im Abo:
Telefon 155 52 52.**

der schweizerische
Beobachter
Gut, gibt es den Beobachter.